제5차 증보판

한국정당정치사
― 위기와 통합의 정치 ―

심지연 지음

백산서당

제5차 증보판 머리말

　2004년 11월 '위기와 통합'을 주제로 정당사를 정리하여 『한국정당정치사』라는 제목으로 책을 펴낸 후 다섯 번째 증보판을 내게 되었다. 1945년 8월 15일 해방 이후부터 2002년 12월 노무현 후보의 당선에 이르기까지 총선과 대선 등을 포함하여 역대 각종 선거를 전후해서 나타났던 정당들의 행태를 분석한 내용을 정리하여 한 권의 책으로 엮은 것이 계기가 되어, 이명박·박근혜·문재인·윤석열·이재명으로 정부가 바뀔 때마다 증보판을 내다 보니 햇수로 20년을 훌쩍 넘기게 되었다.

　4차 증보판이 5년 만에 나온 것과는 달리, 윤석열정부하의 정당구도를 분석하여 추가한 5차 증보판은 3년 만에 나왔다. 탄핵으로 윤석열정부가 헌법에 규정된 5년 임기를 다 채우지 못하고 물러남에 따라 증보판도 2년 일찍 세상에 나오게 된 것이다. 그러나 비록 윤석열정부가 3년밖에는 집권하지 못했지만, 그 기간에 있었던 정당과 정치인의 빈번한 이합집산 현상만큼은 5년 집권한 정권 못지않았다. 또한 한국정치의 구조적 특징으로 굳어진, 분열하면 패배해 위기에 처하게 되고 통합하면 승리한다는 '위기와 통합의 정치'도 어느 시기에 비해서도 뒤지지 않을 정도로 극명하게 재현되었다.

　바꾸어 말하면, 윤석열정부는 3년밖에 지속되지 않았음에도 정당과 정치인들이 분열하고 통합하는 이합집산 현상은 5년을 채운 정부 못지않은 규모와 속도로, 즉 압축적으로 전개되었다고 할 수 있다. 22대 총선과 21대 대선이 이를 상징적으로 보여주었다. 윤석열정부가 출범할 수 있었던 것은 후보단일화를 통해 분열을 극복하고 통합을 이루었기 때문이었다. 그러나 출범 이후에는 통합의 의의를 망각하고 갈등과 분열로 치달았다. 그 결과는 22대 총선에서의 참패였다.

총선 참패 이후에도 국민의힘은 내부적인 분열을 극복하고 통합을 위해 노력하기보다는 갈등과 반목을 일삼았다. 이로 인해 21대 대선에서 승리를 도모하기 어려운 국면에 놓이고 말았다. 여기에 설상가상으로 윤석열이 '통치행위'를 명분으로 비상계엄을 선포하는 무리수를 둔 데다가, 국민의힘 의원의 상당수가 이에 동조하는 바람에 국민적 분노를 초래하고 말았다. 그리고 대선후보 경선 과정에서 발생한 당내의 갈등과 반목을 해소하지 못해 여론의 따가운 눈총을 받기도 했다. 이것뿐만이 아니었다. 후보 경선 이후에도 비상식적인 방식으로 후보 교체를 시도하려 한 것을 비롯하여, 후보단일화 문제를 놓고 통합을 이루지 못한 상태에서 대선에 임했다. 이러한 여러 가지 요소가 복합적으로 작용하여 국민의힘은 대선에서도 패배하게 된 것이다.

더불어민주당에도 갈등적인 요인이 없지는 않았다. 그러나 국민의힘처럼 수습 불가능할 정도에까지 이르지는 않았기에, 사법 리스크를 비롯하여 당 안팎에서 제기된 분열적인 요인을 극복하고 이재명을 중심으로 통합을 이룰 수 있었다. 통합을 이룬 까닭에 민주당은 인적·물적 자원을 총동원할 수 있는 체제로 당을 전환하는 게 가능했다. 그 결과 총선에서 승리했고, 그 여세를 몰아 야권 연대도 이루어 대선에서 승리할 수 있었다. 분열로 인한 원심력보다는 통합으로 인한 구심력이 더 크게 작용했기 때문인데, 그 덕분에 '위기와 통합의 정치'가 암시하는 명제(命題)대로 이재명정부가 출범할 수 있게 되었다.

여러 차례 언급했지만, 이처럼 정당과 정치인이 이합집산을 통해 유권자의 지지를 동원하는 행태는 누가 보더라도 바람직한 현상이 아닌 건 분명하다. 정치권력을 장악하기 위해서는 어쩔 수 없다고는 하지만 세계 정당사상, 이와 유사한 사례가 없는 것만 보더라도 정상이 아니라는 것은 누구나 알 수 있다. 그에 따르는 폐단과 지불해야 하는 비용이 만만치 않기 때문이다.

단적인 예로 빈번한 이합집산으로 인해 수시로 당의 명칭과 노선이 바뀌어 정당으로서는 정체성의 확립, 자체가 사치라고밖에는 할 수 없게 된 것을 들 수 있다. 정체성 확립이 불가능한 상태이기에 선거 때마다 지역 연고와 학연, 혈연이 동원되는 사태가 나타날 수밖에 없었다.

그리고 이제는 유권자도 이에 익숙해져 정당의 정강·정책에는 별반 관심을 기울이지 않는 일종의 탈정책화·탈정치화 현상이 고착되고 말았다. 5·10선거 이후 치러진 역대 선거가 이러한 범주에서 벗어나지 않았고, 그 결과 한국의 정당정치는 '위기와 통합의 정치'가 구조화되는 경로를 밟게 된 것이다.

이러다 보니 정당정치 자체가 이합집산이 무한 반복되는 구조로 변질되고 블랙홀처럼 모든 이슈를 빨아들여, 정당의 정강·정책의 제시가 무의미한 일로 되어버렸다. 따라서 정치발전을 이루기 위해서는 정당과 정치인들 간의 이합집산의 고리를 끊는 것이 가장 중요한 과제라고 할 수 있다. 이러한 인식을 바탕으로 한국 정당정치의 건강한 발전을 위한 해법을 고민해 보겠다는 다짐과 함께 5차 증보판의 머리말을 마무리하고자 한다.

2025년 7월
심지연

제4차 증보판 머리말

2차 증보판을 낸 지 4년 만에 3차 증보판이 나온 것과 달리, 4차 증보판은 그 이전의 증보판처럼 5년 만에 나오게 되었다. 탄핵으로 인해 임기를 채우지 못하고 박근혜정부가 4년 만에 물러났기에 3차 증보판은 4년 만에 내야 했지만, 문재인정부는 5년 임기를 다 채웠기 때문에 꼬박 5년을 기다려야 했다. 저자는 지난 5년 동안 우리 정당들의 이합집산 현상이 진정으로 종식되기를 기대했다. 그러나 이러한 기대와 달리 정당의 분열과 통합, 그리고 정치인들의 이합집산이 5년 내내 있었고 심지어는 위성정당이라는 정당사상 전례가 없는 정당마저 급조되는 현상도 나타났다.

문재인정부 하에서 치러진 20대 대선에서도 한국정치의 특징이라고 할 수 있는 '위기와 통합의 정치'는 전과 다름없이 여지없이 반복되었다. 한국 선거사에서 유례를 찾아볼 수 없을 정도로 치열한 경쟁과 상호비방이 전개되었고 후보들에 대한 비호감도가 역대 어느 때보다도 높은 선거였다. 그림에도 불구하고 위기를 느낀 후보들이 통합을 추진했고 이 과정에서 최종적으로 통합을 이룬 정당의 승리로 선거가 마무리된 사실만은 하등 변함이 없었다.

만일 결선투표제가 도입되었더라면 후보들 사이의 단일화 작업이나 통합 노력은 나타나지 않았을 것이라는 주장도 있으나, 저자의 생각은 다르다. 모두가 다 아는 사실이지만 결선투표라는 것은 1차 투표에서 과반수 득표자가 나오지 않았을 경우, 1위와 2위 득표자를 놓고 한 차례 더 선거를 치르는 제도이다. 결론적으로 1위 후보와 2위 후보는 당선을 위해 나머지 후보들과 제휴나 연대를 모색할 수밖에 없고, 이 과정에서 단일화와 유사한, 1차 투표에서 탈락한 후보들의 지지를 이끌어내기 위한 과정을 거치게 된다.

어떤 형태로건 후보들 사이에 담합이나 협상이 진행된다는 점에서 우리와 전혀 다를 바 없다. 투표를 두 번 하건, 한 번만 하건 간에 어차피 상대방보다 더 많은 표를 얻기 위해서는 후보들 사이에 좋은 의미건, 나쁜 의미건 합종연횡이 이루어질 수밖에 없기 때문이다. 단지 유권자를 동원하는 과정이 한 번 있느냐, 두 번 있느냐의 차이만 있을 뿐이다. 이와 동시에 두 차례 선거에 소요되는 막대한 비용을 그 사회가 기꺼이 지불할 의향이나 여력이 있느냐 하는 점도 차이라면 차이라고 할 수 있다.

현실적으로 후보단일화가 승리의 지름길이었음은 이미 치러진 여러 차례의 크고 작은 선거에서 확인되었기에 후보들은 물론이고, 지지자들도 단일화작업에 커다란 관심을 표명하고 이를 촉구했다. 이에 따라 국민의힘 윤석열 후보나 더불어민주당 이재명 후보는 상호경쟁적으로 국민의당 안철수 후보와 단일화를 이루기 위해 엄청난 노력을 기울였다. 우여곡절 끝에 안철수 후보가 단일화의 대상으로 윤석열 후보를 선택하고 양당이 통합하기로 함에 따라, 2022년 3월 9일에 실시된 제20대 대통령선거는 윤석열 후보의 승리로 막을 내리게 되었다. 이로써 한국정치에서 '위기와 통합'이라는 명제는 또다시 입증되었다고 할 수 있다.

이처럼 '위기와 통합의 정치'는 20대 대선에서도 그대로 나타났기에 이제는 어느 누구도 부인할 수 없을 정도로 한국정치의 특징으로 정착되었다고 할 수 있다. 그리고 이와 같은 현상은 당분간 지속되리라고 본다. 해방 이후부터 한국정치의 구조적인 특징으로 자리잡은 이상 쉽사리 바뀌지 않을 것이기 때문이다.

3차 증보판 이후 우리 사회는 코로나 팬데믹 사태로 인해 적지 않은 변화를 겪었다. 지인들과의 만남이 어려워졌을 뿐만 아니라, 마음 놓고 돌아다니지도 못하는 세상이 되어버렸다. 서민들의 삶이 팍팍해졌고, 남북관계를 포함하여 한반도 주변 정세도 녹록지 않게 돌아가고 있다. 이러한 여건 속에서 증보판 작업을 착수한다는 것이 무리라고 생각되어 몇 차례 망설였지만, '위기와 통합'이라는 현상이 재현되는 사태를 그대로 두고 보고만 있을 수는 없다는 생각에서 다시 시작했다.

  이제 새로 시작되는 "용산 시대"에는 '위기와 통합의 정치'가 재현되지 않기를 간절히 바라고 있지만, 다시 반복된다면 5차 증보판도 준비해야 하는 건 아닌지 하는 말을 끝으로 머리말을 대신하려고 한다.

2022년 5월
심지연

제3차 증보판 머리말

2차 증보판을 낸지 4년 만에 3차 증보판을 내게 되었다. 박근혜정부가 정상적으로 작동되어 5년의 임기를 제대로 채웠더라면 1년 뒤에나 증보판이 나와야 하겠지만, 탄핵으로 파면되어 중도 하차하는 바람에 1년 정도 앞당겨진 것이다. 그럼에도 불구하고 이 책을 관통하고 있는 '위기와 통합의 정치'라는 명제는 박근혜정부 4년에도 그대로 적용된다고 할 수 있다. 지난 4년간 치러진 크고 작은 선거 모두가 이 테두리 안에서 이루어졌기 때문이다.

13년 전 '위기와 통합'을 주제로 한국정당사를 정리할 때만 해도 이것이 한국정치의 특징으로 구조화되어 지속적으로 우리의 정당정치를 지배할 것이라는 생각은 하지도 않았다. 이것이 구조화되지 않기를 기대했을 뿐만 아니라, 만일 구조화된다면 한국정치의 발전을 기대하기는커녕 앞날은 결코 밝지 않다고 생각했기 때문이다.

그러나 3차에 걸쳐 증보판을 내는 과정에서 '위기와 통합'은 숙명처럼 한국정치와는 떼려야 뗄 수 없는 관계라는 것을 뼈저리게 느끼게 되었다. '인간은 정치적인 동물'이기에 백보를 양보해서 권력을 추구하는 것이 당연하다고는 하지만, 권력 추구를 위해 이렇게 집요하고 지속적으로 이합집산이 이루어지는 현상은 세계적으로도 유례가 없기 때문이다.

이처럼 권력 장악을 최상의 목표로 하여 빈번하게 이합집산을 하다 보니 권력 장악에 성공한 정당은 자신을 선(善)으로, 패배한 측을 악(惡)으로 규정하게 된다. 이로 인해 정치가 일종의 선악론(善惡論) 게임으로 변질되는 현상이 나타나 상대방을 이단시하여 포용보다는 배제를 앞세우는 독선적 행태가 반복되게 된다. 그리고 장기적인 안목에서 정책을 수립하기보다는 단기적인 이해득실만을 따지게 되어 과거에 자신이 했던 말을 뒤집는 일도 마다하지 않게 된다. 이러다 보니 권력의 주체만 바뀌었을 뿐 여야의 입장은 하나도 바뀌지 않았다는 비판이 나와 정치에 대한 혐오감만을 부추기게 되는 것이다.

한국정치에서 '위기와 통합의 정치'가 근절될 수 있는 기회가 여러 차례 있었지만, 그때마다 구심력보다는 원심력이 작용하여 분열의 길로 들어서 오늘에 이르게 되었다. 멀게는 1955년 자유민주파와 민주대동파의 분열이 그러했고, 6월항쟁 이후에는 김영삼과 김대중의 분열이 그러했으며, 가까이는 새정치민주연합이나 새누리당의 분열이 그러했다.

이와 같은 분열이 없었더라면 이합집산 현상은 종식될 수도 있었을 텐데, 그러지 못함으로 해서 '위기와 통합의 정치'가 공고화되어 가고 있는 것이다. 지금 이 순간에도 정치권에서 위기 극복을 위한 수단으로 또다시 통합이 거론되고 있는 현실을 볼 때, '위기와 통합'은 앞으로도 상당 기간 지속될 것이라는 비관적인 생각이 든다.

한국정치에 나타난 이러한 현상에 대해 서술만 할 것이 아니라, 왜 이러한 현상이 나타났는지에 대한 근원적인 분석과 함께 이를 종식시키기 위한 방안은 무엇인지 해법을 제시해야 하겠지만, 13년 전에 쓴 후기에서 이미 밝혔듯이 이는 "보다 깊은 성찰과 식견, 그리고 보다 많은 시간이 요구되는 직업"이기에 저자의 능력 밖이라는 변명 아닌 변명으로 마무리를 하고 싶다. 많은 질책이 있으리라고 생각하지만, 이는 후일의 작업으로 남겨두고자 한다.

2017년 9월 1일

한남동에서 심지연

제2차 증보판 머리말

2004년 한국정치를 분석하는 하나의 키워드로 '위기와 통합'을 들고 이에 입각하여 한국정치사를 기술했지만, 개인적으로는 이러한 분석이 더 이상 적실성을 갖게 되지 않기를 바라고 있다. 끊임없이 반복되는 정치인과 정당의 이합집산현상이 정치에 대한 국민의 혐오감과 피로감만을 더하고 있기 때문이다.

그러나 이러한 현상은 필자의 개인적인 바람과는 반대로, 이명박정부 하에서도 조금도 변하지 않고 그대로 나타났다. 2012년의 대선과 17·18·19대 총선에서, 그리고 지방선거와 각종 재·보궐선거에서도 여지없이 '위기와 통합의 정치'가 나타남으로써 한국정치의 구조적인 특징으로 자리 잡고 있는 것이다.

이는 여야를 불문하고 정당과 정치인들이 위기 극복방안으로 한결같이 통합을 추진했기 때문에 나타난 현상이라고 할 수 있다. 정치권이 자기쇄신과 반성 그리고 변화된 시대상황에 부합되는 정책의 제시를 통해 국민의 지지를 획득하려고 하기보다는 이합집산이라는 정치적 담합을 통해 손쉽게 국민의 지지를 동원하려고 하기 때문이다.

정치권의 이러한 행태가 바뀌지 않는 한, 정치권에 대한 국민의 불신이 종식되기를 바라기는 어렵다고 생각한다. 본질은 그대로 둔 채, 적당히 외형만 바꾸는 식의 정치는 이제 국민이 용인할 수 있는 한계를 벗어났다고 보기 때문이다.

이와 같은 조짐은 비록 미완으로 끝나고 말았지만, '안철수 현상'으로 대변되는 '새 정치'에 대한 국민의 지지에서 적나라하게 나타났다고 생각된다. 현실에 안주하며 변화를 거부하는 정치권의 행태에 대한 일종의 경고였던 것인데, 기성 정치권이 '새 정치'에 대한 국민의 기대에 부응하기 위해서는 무엇보다도 '위기와 통합'의 패러다임으로부터 벗어나야 한다. 기득권 유지를 위해 경쟁적으로 몸집을 불리는 정치가 아니라, 시대적 아픔에 동참하며 이를 치유하기 위해 선의의 경쟁을 벌이는 정치가 필요하다는 것이다. 그리고 정치권이 이와 같은 각오로 임할 때 한국정치는 한 단계 업그레이드될 수 있다고 국민은 느끼고 있기 때문이다.

그렇다고 해서 '새 정치'가 한국정치를 치유하는 만병통치약과 같은 처방이라고 주장하려는 것은 아니다. 또한 '새 정치'가 실시되면, '위기와 통합의 정치'가 단시일 내에 종식될 것이라고 말하려는 것도 아니다. 이와 반대로 이합집산의 낡은 정치풍토를 정화시키기 위해서는 새로운 정치풍토가 정착되어야 한다는 것을 강조하려는 것이다.

이런 의미에서 '새 정치'는 '위기와 통합의 정치'와 정면대결을 벌여야 하는 상황에 처해있다는 것을, 그리고 '새 정치'가 이 대결에서 승리하기 위해서는 콘텐츠를 보다 충실히 해야 한다는 것을 지적하고 싶다. 이렇게 될 경우 지금까지 한국정치를 지배해온 '위기와 통합의 정치'는 종식될 수 있을 것이지만, 그렇지 못할 경우 오히려 '새 정치'는 '위기와 통합의 정치'에 흡수될 위험성마저 있다고 생각한다.

새로운 정치와 낡은 정치가 대립하고 있는 시점에서 출범한 박근혜정부 하에서 어떤 식으로 정당구도가 전개될지 초미의 관심사가 아닐 수 없다. 지난 시절과 마찬가지로 '위기와 통합의 정치'가 위력을 발휘할지, 아니면 '새 정치'가 국민의 지지 속에서 싹을 틔울지 향후 5년간 인내심을 갖고 지켜볼 일이다.

2013년 8월 10일
삼청동 연구실에서
심지연

증보판 머리말

'위기와 통합의 정치'라는 주제로 책을 출판한 지 5년 만에 증보판을 내게 되었다. 당시 '위기와 통합'이라는 필자 나름대로의 틀에 맞추어 노무현정부가 출범하기 전까지 우리나라 정당들의 행태를 분석했던 것인데, 이명박정부가 출범한 이상 이제는 과거가 된 노무현정부 시대의 정당들의 행태도 분석할 필요성이 생겼기 때문이다. 그러나 보다 정확하게는 5년 단임의 헌법구조로 인해 5년마다 정부가 바뀌고 있기 때문에 이 책 역시 5년마다 증보되어야 할 운명을 지니게 되었다고 하는 것이 더 옳은 표현인지도 모른다.

증보판을 준비하면서 상호 모순되는 두 가지 상념이 뇌리에서 떠나지 않고 필자를 괴롭혔다.

하나는 초판에서 필자가 한국정치의 구조적 특징이라고까지 주장했던 '위기와 통합의 정치'가 노무현정부에서도 그대로 재현되기를 바라는, 연구자로서 갖는 일종의 오기(傲氣)와 같은 것이었다. '위기와 통합의 정치'라는 필자의 가설이 노무현정부에서도 입증되기를 바라는 마음에서 위기에 처한 정치인이나 정당이, 이를 극복하기 위한 방편으로 통합하려는 모습을 보여주기를 내심 기대했다는 것이다. 이는 필자의 가설 그대로 정당과 정치인이 이합집산을 반복하는 행태를 연출해 주기 바라는, 지극히 이기적이고 개인적인 생각이라고 할 수도 있다.

다른 하나는 정치발전이라는 측면에서 갖게 되는 기대로, 이제는 정당과 정치인의 이합집산현상은 종식되어야 한다는 일종의 당위론과 같은 것이었다. 정치권의 끊임없는 합종연횡으로 인해 정치적 정체성을 확립한 정당이나 정치인, 유권자가 많지 않고 이로 인해 지연이나 혈연

학연을 통해 지지를 동원하는 전근대적인 정치풍토가 만연해 있는 것이 우리의 현실이다. 따라서 정치발전을 위해서는 그와 같은 행태가 중단되어야 하고, 필자의 가설이 부정되는 것이 곧 공공의 이익에 부합된다고 하는 생각 또한 무시할 수 없었다.

이처럼 두 개의 상반된 생각이 충돌하는 가운데 노무현정부 5년간의 정당구도에 관한 분석에 착수했다. 분석 결과, 노무현정부 하에서도 정치권의 이합집산은 그 이전과 하등의 차별성을 보이지 않고 반복되는 것으로 나타나, '위기와 통합의 정치'라는 가설은 여전히 유효한 것으로 드러났다. 이런 의미에서 연구자로서 갖는 개인적인 기대는 충족되었다고 할 수 있다.

그러나 다른 한편에서 아쉬움이 많이 남는 것도 사실이다. 필자의 가설이 현실에 부합되지 않는다고 하더라도 우리의 정치가 발전되는 것이 더 바람직하다고 생각했고, 개혁을 강조했던 노무현정부에서는 한국정치의 고질병인 정치인의 이합집산이 더 이상 나타나지 않기를 바랐기 때문이다.

그럼에도 불구하고 필자는 희망을 버리지 않고 있다. 정당의 제도화가 한국정치 발전의 시금석이라고 믿고 있는 필자로서는 이명박정부가 정계개편을 구실로, 새로운 여당을 만들려는 시도를 하지 않고 한나라당을 그대로 둔 것에 의미를 부여하고 있기 때문이다. 그리하여 이명박정부 하에서는 필자의 희망이 실현되지 않을까 진망해보기도 한다.

권력을 장악하자마자 여당을 새로 창당하는 것이 한국정당사의 관례였던 것에 비추어 볼 때, 한나라당이 여당으로 존속된다는 것은 정당사적으로 분명히 발전이라고 할 수 있다. 그것이 의도한 것이었건 아니었건 간에, 권력자가 새로운 여당을 만들지 않음으로써 한나라당은 나름대로 정체성을 갖추고 제도화할 수 있는 가능성을 갖게 되었다고 보기 때문이다. 그리고 한국정당사를 통해 정치권의 이합집산 대부분이 여당에서 비롯된 것임을 감안할 때 여당인 한나라당의 제도화는 야당의 제도화를 의미하기 때문이다.

이처럼 여당이 존재론적으로 안정되고 또 여당의 정체성이 확립되면, 야당도 자동적으로 안정되고 정체성 확립을 위해 노력할 것이라고 생각한다. 이렇게 되면 유권자로서는 정당의 정체성을 보고 동질감을 느끼는 정당에 표를 던질 것이기 때문에 지금까지와는 다른 형태로 정당 간 경쟁이 이루어질 것이다. 탈당이나 분당 또는 합당을 통해서가 아니라 정체성을 분명히 하고 그에 입각하여 유권자에게 정책을 제시하며, 유권자는 이를 판단의 근거로 삼아 투표를 하는 방식으로 정당경쟁이 이루어진다는 의미에서 정당발전에 기여하게 된다는 것이다.

물론 앞으로 더 지켜보아야 하겠지만, 한나라당의 존속은 일차적으로 '위기와 통합의 정치' 대신에 '정체성과 정책의 정치'가 한국정당정치의 특징으로 자리 잡을 수 있는 단초를, 극히 미미하나마 마련한 것이라는 점에서 의미가 있다고 할 수 있다. 개인적으로 그렇게 되지 않기를 바라지만, 5년 후에 다시 '위기와 통합'이라는 틀을 적용하는 일은 없었으면 하는 바람에서 그와 같은 생각을 했다고 할 수도 있다. 그러나 보다 근본적으로는 정당이나 정치인이 정체성을 분명히 하고 이에 입각하여 유권자들이 원하는 정책을 제시하는 구도로 정치가 바뀌는 것이 바람직하며, 이것이 정치발전과 정당발전의 지름길이라고 생각하기 때문이다.

시기적으로 노무현정부 출범 2년차(정확히 말하면 1년 7개월)에 초판의 머리말을 썼는데, 공교롭게도 이명박정부가 출범한 지 1년 7개월 만에 다시 증보판의 머리말을 쓰게 되었다. 그동안 많은 분들의 격려와 도움, 그리고 충고와 지적이 있었다. 이 분들에게 깊이 감사드리며 앞으로도 지속적으로 수정 보완할 것을 약속드리는 것으로 인삿말을 대신하고자 한다.

2009년 9월 30일
삼청동 연구실에서
심지연

책머리에

해방 이후 오늘에 이르기까지 수없이 많은 정당이 생성·소멸됐고 또 이들이 끊임없이 이합집산을 반복해 왔으며 현재도 반복을 거듭하고 있어, 한국정당사에 대한 연구는 여당과 야당의 이름을 시대적으로 나열하는 것으로부터 출발한다고 해도 과언이 아니라고 할 수 있다. 사정이 이렇다 보니 한국정치사 자체도 정치권력의 장악을 위해 새로운 정당을 만드는 과정의 연속으로 변질되고 말았다. 권력의 장악과 권력에의 접근을 위해서라면 이념도 수단도 가리지 않고, 동지도 적도 없이 합종연횡을 거듭하는 정치행태가 일상적으로 이루어지고 있는 것, 이것이 바로 우리의 정치현실인 것이다.

이 때문에 한국정치에 대한 이해는 정당에 관한 분석에서 출발해야 한다고 생각한다. 현실적으로 정치권력의 장악과 유지, 권력에 대한 도전과 응전, 권력을 향한 의지와 이로 인한 좌절, 이 모든 것이 정당을 매개로 해서 이루어지고 있어 한국정치에서 정당의 역할은 아무리 강조해도 지나치지 않기 때문이나. 이와 동시에 해방 후 정부수립에서부터 오늘에 이르기까지 중요한 정치적 사건치고 정당의 결성이나 정치인의 이합집산과 관련되지 않은 것은 없었기 때문에 정당 연구의 중요성이 그 어느 때보다도 강조된다고 할 수 있다.

한국정치에서 정당이 이처럼 중요한 위치를 차지하기는 하지만, 단순히 이들의 생성과 소멸을 정리하는 것만으로는 한국정치의 본질을 이해하는 데 충분하다고 할 수 없다. 정당을 정권별로 분류하고 기록하는 것에 불과할 것이기 때문이고, 또 이러한 연대기적인 작업은 너무나도 많이 이루어졌기 때문이다. 따라서 한국정치의 본질을 이해하기 위해서는 정치인이나 정당의 반복되는 정치행태의 근저에 있는 기본패턴을 찾아내고 왜, 어떻게 해서 그러한 양상이 나타났는지, 그리고 이 양상은 앞으로 어떠한 방향으로 전개될 것인지를 설명하고 예측할 수 있는 분석틀을 제시하는 것이 필요하다.

이런 의미에서 한국 정당정치의 본질을 분석하는 하나의 틀로 '위기와 통합'이라는 가설을 제시하고, 이에 입각해서 한국의 정당정치를 살펴보고자 했다. 이 가설은 정당이 분열하면 위기에 처하게 되지만, 통합하면 위기를 극복할 수 있다는 지극히 단순하고도 경험적인 사실에서 출발한다. 정당이 끊임없이 반복해 온 이합집산의 현상 밑바탕에는 권력으로부터의 배제라고 하는 위기의식이 있었고, 이러한 위기의식 때문에 다른 정당과 합당을 모색하고 추진한다는 것이다. 그리하여 합당이 성공적으로 이루어졌을 경우 위기에서 벗어나 선거에서 승리할 수 있으나, 합당에 성공하지 못했거나 분열했을 경우 패배로 이어져 정당의 존립 자체도 어려워지는 상황을 맞게 된다는 것이다.

이를 입증하기 위해 해방정국에서부터 2002년 대선 직전까지 있었던 정당의 통합과 분열을 각종 선거와 연결해서 분석했다. 그리고 그 동안 있었던 제반 정치제도의 변화가 정치사적으로, 정당사적으로 어떠한 의미를 지녔고 또 그 영향은 무엇인지에 관해서도 부차적으로 살펴보았다.

정당 차원과는 별도로 개별 정치인 차원에서도 당적을 옮기는 일이 빈번하게 발생하고 있는데, 이 역시 밖으로 내세운 명분과 달리 위기의식에서 나온 경우가 대부분인 것으로 생각된다. 권력의 상실이나 박탈감, 또는 권력으로부터의 소외나 배제를 개인에게 닥친 위기로 인식하고, 이에서 벗어나기 위해 권력에의 접근을 모색하는 것이다. 극히 드물게는 권력의 횡포나 전횡으로부터 도피하기 위한 목적에서 탈당하는 경우도 없지는 않았으나, 그 반대의 경우가 대부분이어서 당적변경에 대한 국민의 시선이 곱지만은 않은 것이다.

'위기와 통합'이라는 가설은 유기체처럼 살아 움직이는 정치현상을 지나치게 도식적으로 재단하는 면이 없지도 않다. 그러나 복잡하게 얽힌 한국정치의 한 단면을 체계적으로 설명하고 분석하는 데는 도움을 줄 수 있을 것으로 생각한다. 정당과 정치인이 내세우는 현란한 구호나 미사여구에 매몰될 것이 아니라, 배후에 감춰져 있는 실체를 밝힌다는 의미에서도 정치권력의 장악에 초점을 맞추는 작업으로 단순화할 필요가 있기 때문이다.

이와 같은 인식에 대해 권력 지상주의라는 비판이 있을 수 있다고 생각한다. 그러나 지금까지 정치인과 정당의 이합집산은 권력정치적인 측면에서 이루어졌으며, 이는 어느 누가 보더라도 자명한 사실이기 때문에 도덕주의적인 측면에서의 접근만으로는 사건의 본질을 정확히 파악하기 어렵다고 생각한다. 도덕적 기준을 배제하라는 것이 아니라, 현상을 객관적으로 규명하는 작업이 선행돼야 하고 그런 다음에 판단해야 공정하고 올바른 평가가 이루어질 수 있기 때문이다.

그렇다고 해서 '위기와 통합의 정치'가 한국의 모든 정치현상에 적용된다고 주장하는 것은 물론 아니다. 단지 정치인의 합종연횡과 정당의 이합집산을 분석할 수 있는 하나의 도구로 활용할 수 있다는 것을 말하고자 할 뿐이다. 그리고 이를 통해 개략적이기는 하지만, 한국정치의 한 단면을 일관성 있게 이해하는 데 도움을 줄 수 있을 것으로 생각한다는 것이다.

한국의 정치현실을 분석하는 데 서구에서 개발된 이론의 도입과 적용을 무조건 배척해서는 안 되겠시만, 서구이론의 적용은 한국의 현실에 적합한 이론을 개발하려는 노력과 병행할 경우에만 의미를 가질 수 있다. 바로 이러한 생각에서 '위기'와 '통합'을 주제로 해서 가설을 구성해 보았다. 정치(精緻)하고 세련되지는 못하지만, 이제는 한국인의 시각으로 한국의 정치를 분석해야 할 때도 되었다는 생각에서 시도해 보았다. 미진한 점이 적지 않으나, 이 점은 지속적인 연구를 통해 수정·보완해 나가야 할 부분이라고 생각한다.

2004년 9월 30일

제 5 차 증 보 판
한국정당정치사 / 차 례

제4차 증보판 머리말
제3차 증보판 머리말
제2차 증보판 머리말
증보판 머리말
책머리에

| 제 1 장 | 위기와 통합의 정치—한국 정당구도 재편성 연구 ············ 21
  1. 머 리 말 · 21
  2. 정당구도의 이론적 배경 · 24
  3. 정당정치의 기원 · 28
    1) 남한의 정당정치 · 29 / 2) 북한의 정당정치 · 32
  4. 정당구도 재편성의 유형 · 36
    1) 통합정당 창립운동 · 37 / 2) 통일전선 결성 · 41 / 3) 좌우합작운동 · 47 /
    4) 남·북 노동당의 결성 · 50
  5. 맺 음 말 · 56

| 제 2 장 | 이승만정부하의 정당구도 분석 ································ 59
  1. 머 리 말 · 59
  2. 이승만정부의 성립과 위기요인 · 61
    1) 5·10선거 · 62 / 2) 헌법제정과 대통령 선출 · 68 / 3) 한민당의 배제와
    위기 발생 · 72
  3. 위기극복과 정치세력의 통합 · 77
    1) 민주국민당 결성과 내각제 개헌투쟁 · 78 / 2) 자유당 창당과 대통령
    직선제 개헌 · 83 / 3) 반독재 호헌투쟁과 민주당·진보당의 창립 · 92
  4. 이승만정부의 붕괴와 정당구도의 재편성 · 107
    1) 이승만정부의 붕괴 · 108 / 2) 정당구도의 재편성 · 113
  5. 맺 음 말 · 116

| 제 3 장 | 장면정부하의 정당구도 분석 ·································· 119
  1. 머 리 말 · 119
  2. 민주당의 집권과 분열 · 121
    1) 과도정부 출범과 내각제개헌 · 122 / 2) 신·구파의 대립과 7·29선거 · 124 /
    3) 총리 지명과 신민당 창당 · 134
  3. 혁신진영의 활동 · 141
    1) 7·29총선 이전 · 142 / 2) 7·29총선 이후 · 145
  4. 정당구도의 붕괴와 각 정치세력의 입장 · 148
    1) 신파의 입장 · 149 / 2) 구파의 입장 · 152 / 3) 혁신계의 입장 · 154
  5. 맺 음 말 · 156

| 제 4 장 | 박정희정부하의 정당구도 분석 1―1961. 5~1972. 10 ········ 159
  1. 머 리 말 · 159
  2. 군부의 정당구도 개편시도 · 161
    1) 장면정권 인수 · 162 / 2) 중앙정보부 창설 · 166 / 3) 헌법개정 · 169 /
    4) 정치활동 규제 · 170 / 5) 정당법 제정과 선거법 개정 · 173
  3. 정치활동 재개와 정당구도의 재편성 · 175
    1) 민정이양 · 176 / 2) 여권의 위기와 통합 · 179 / 3) 야권의 분열과 위기 · 184
  4. 공화당의 승리와 신민당 출범 · 189
    1) 5대 대선과 6대 총선 · 190 / 2) 공화당의 승리와 내분 · 193 / 3) 야권의 내분
    과 통합 · 197
  5. 3선개헌과 40대기수론 · 204
    1) 6대 대선과 7대 총선 · 205 / 2) 3선개헌 · 209 / 3) 40대기수론 · 214
  6. 1971년 선거와 정당의 무력화 · 218
    1) 1971년 대선과 총선 · 219 / 2) 공화당의 무력화 · 225 / 3) 신민당의 무력화 · 227
  7. 맺 음 말 · 231

| 제 5 장 | 박정희정부하의 정당구도 분석 2―1972. 10~1979. 10 ····· 233
  1. 머 리 말 · 233
  2. 10월유신과 정당구도의 재편성 · 235
    1) 10월유신과 대통령직선제 폐지 · 236 / 2) 정당구도 재편성과 대의제도의
    왜곡 · 240
  3. 여권의 분열과 이원화: 민주공화당과 유신정우회 · 244
    1) 공화당의 재출범과 위축 · 244 / 2) 준정당으로서의 유신정우회 · 247

4. 야권의 분열과 통합: 신민당·민주통일당·재야·252
   1) 신민당의 체제정비·253 / 2) 민주통일당의 재편성 시도·258 / 3) 준정당으로서의 재야·261
5. 9·10대 총선과 유신체제의 종말·265
   1) 9대 총선·266 / 2) 10대 총선·268 / 3) 여권의 무력화와 유신체제의 종말·271
6. 맺음말·274

| 제6장 | 최규하정부하의 정당구도 분석 ·················· 277
1. 머리말·277
2. 최규하정부의 출범과 정당구도의 변화·279
   1) 10·26사태와 최규하정부 출범·279 / 2) 정당구도의 변화·282
3. 12·12사태의 발생과 정치권의 인식·288
   1) 12·12사태의 발생·288 / 2) 정치권의 인식·291
4. 공화당의 내분과 신민당의 갈등·293
   1) 정풍운동과 공화당의 내분·293 / 2) 신민당의 갈등·296
5. 신군부의 전면적 등장과 이중권력구조 형성·300
   1) 5·17조치와 신군부의 전면적 등장·300 / 2) 국가보위비상대책위원회 설치·304 / 3) 이중권력구조 형성과 최규하의 하야·306
6. 맺음말·310

| 제7장 | 전두환정부하의 정당구도 분석 ·················· 313
1. 머리말·313
2. 개헌과 정당구도 개편·314
   1) 전두환의 대통령 취임과 헌법개정·315 / 2) 국가보위입법회의 설치·320 / 3) 정당구도 개편시도·323
3. 패권정당제의 추진·332
   1) 패권정당 창당·333 / 2) 위성정당의 출현·336 / 3) 12대 대선과 11대 총선·341
4. 패권정당제의 파탄·347
   1) 민주화추진협의회 결성과 신한민주당 창당·348 / 2) 12대 총선과 패권의 붕괴·354 / 3) 6·29선언과 직선제개헌·358
5. 야권의 분열과 패배·363
   1) 야권의 분열·363 / 2) 13대 대선: 여당의 승리와 야권의 위기·373
6. 맺음말·376

| 제 8 장 | 노태우정부하의 정당구도 분석 ················· 379
1. 머 리 말 · 379
2. 선거법개정과 13대 총선 · 381
   1) 선거법개정 · 381 / 2) 13대 총선 · 383 / 3) 제1차 여소야대와 여당의 위기 · 387
3. 3당합당과 정당구도 재편 · 392
   1) 여권의 재편: 민주자유당 창당 · 393 / 2) 야권의 재편: 민주당 창당 · 399
4. 통일국민당 창당과 14대 총선 · 402
   1) 통일국민당 창당 · 403 / 2) 14대 총선과 제2차 여소야대 · 406
5. 후보경선과 14대 대선 · 411
   1) 민자당의 대통령후보 경선 · 411 / 2) 국민당과 민주당의 대통령후보 선출 · 415 / 3) 14대 대선 · 418
6. 맺 음 말 · 423

| 제 9 장 | 김영삼정부하의 정당구도 분석 ················· 425
1. 머 리 말 · 425
2. 민주당과 민자당의 분열 · 427
   1) 민주당의 분열: 김대중의 정계복귀와 새정치국민회의 창당 · 427 / 2) 민자당의 분열: 김종필의 탈당과 자유민주연합 창당 · 433
3. 신한국당 창당과 15대 총선 · 437
   1) 신한국당 창당 · 437 / 2) 15대 총선 · 440
4. DJP연합과 15대 대선 · 444
   1) DJP연합과 후보단일화 · 445 / 2) 신한국당의 경선과 분열 · 449 / 3) 15대 대선 · 453
5. 맺 음 말 · 459

| 제 10 장 | 김대중정부하의 정당구도 분석 ················· 461
1. 머 리 말 · 461
2. 공동정권 출범과 6·4지방선거 · 463
   1) 공동정권의 출범과 여대야소 추진 · 463 / 2) 6·4지방선거 · 466 / 3) 한나라당의 체제정비와 이회창의 복귀 · 468
3. 새천년민주당 창당과 16대 총선 · 471
   1) 내각제개헌 갈등 · 471 / 2) 새천년민주당 창당과 DJP공조 파기 · 474 / 3) 16대 총선 · 477
4. DJP공조의 복원과 붕괴 · 480
   1) DJP공조의 복원과 자민련의 교섭단체 등록 · 481 / 2) 임동원 해임건의안 통

과와 DJP공조 붕괴 · 484
5. 16대 대선 · 487
   1) 민주당 경선 · 487 / 2) 한나라당 경선 · 490 / 3) 국민통합21 창당과 후보단일화 · 492
6. 맺 음 말 · 494

| 제 11 장 | 노무현정부하의 정당구도 분석 ················· 497
1. 머리말 · 497
2. 새천년민주당의 분열 · 499
   1) 민주당의 내분과 대북송금특검법 공포 · 500 / 2) 신당추진모임 발족 · 509
3. 열린우리당 창당 · 513
   1) 국민참여 통합신당 등록 · 513 / 2) 대통령의 민주당 탈당과 열린우리당 창당 · 516
4. 대통령 탄핵과 17대 총선 · 521
   1) 대통령 탄핵안 가결 · 522 / 2) 17대 총선과 여대야소 · 531 / 3) '4대 개혁법안' 입법 추진과 열린우리당의 갈등 · 541
5. 재·보궐선거와 제4회 지방선거 · 544
   1) 재·보궐선거와 여소야대 재현 · 545 / 2) 연정론과 여권의 내분 · 547 / 3) 제4회 지방선거와 한나라당 승리 · 550
6. 열린우리당 소멸 · 554
   1) 여권의 갈등과 대통령 탈당 · 555 / 2) 대통합민주신당으로 흡수 · 563
7. 17대 대선 · 569
   1) 한나라당 경선 · 570 / 2) 대통합민주신당 경선 · 574 / 3) 17대 대선 · 579
8. 맺음말 · 585

| 제 12 장 | 이명박정부하의 정당구도 분석 ················· 587
1. 머 리 말 · 587
2. 18대 총선 · 589
   1) 정당구도 · 590 / 2) 공천과정 · 600 / 3) 총선 결과 · 605
3. 지도체제 개편과 2009년 재·보궐선거 · 608
   1) 여야의 지도체제 개편 · 609 / 2) 2009년 재·보궐선거 · 611
4. 제5회 지방선거와 7·28재·보궐선거 · 620
   1) 제5회 지방선거 · 621 / 2) 7·28재·보궐선거 · 628
5. 4·27재·보궐선거와 서울시장 보궐선거 · 634

1) 4·27재·보궐선거·635 / 2) 여야의 체제 정비와 서울시장 보궐선거·641 / 3) 여야의 지도체제 개편·648
　6. 19대 총선과 18대 대선·657
　　　1) 19대 총선·658 / 2) 18대 대선·668
　7. 맺음말·697

| 제 13 장 | 박근혜정부하의 정당구도 분석 ·················· 699
　1. 머리말·699
　2. 4·24재·보궐선거와 여야의 지도체제 개편·700
　　　1) 안철수의 귀국과 4·24재·보궐선거·701 / 2) 여야의 지도체제 개편·707 / 3) 10·30재·보궐선거·717
　3. 제6회 지방선거와 통합진보당 해산·719
　　　1) 새정치민주연합 창당·720 / 2) 제6회 지방선거와 새누리당의 권력지형 변화·725 / 3) 7·30재·보궐선거와 새정치민주연합의 지도체제 개편·732 / 4) 통합진보당 해산 결정·741
　4. 4·29재·보궐선거와 20대 총선·743
　　　1) 4·29재·보궐선거·745 / 2) 국회법 개정과 새누리당의 내분·748 / 3) 새정치민주연합의 분열·755 / 4) 진보세력의 결집·763 / 5) 국민의당 창당과 20대 총선·765
　5. 대통령 탄핵과 19대 대선·779
　　　1) 여야의 지도체제 개편·781 / 2) 대통령 탄핵 추진과 새누리당의 분열·793 / 3) 대통령 파면과 19대 대선·805
　6. 맺음말·817

| 제 14 장 | 문재인정부하의 정당구도 분석 ·················· 819
　1. 머리말·819
　2. 여·야의 지도체제 개편과 신당 창당·820
　　　1) 여·야의 지도체제 개편·821 / 2) 신당 창당·831
　3. 제7회 지방선거와 여·야의 지도체제 개편·835
　　　1) 제7회 지방선거와 재·보궐선거·836 / 2) 여·야의 지도체제 개편·839 / 3) 4·3 국회의원 보궐선거·848
　4. 선거법 개정과 21대 총선·851
　　　1) 선거법 개정과 위성정당 출현·852 / 2) 야권의 재편과 21대 총선·857

5. 서울·부산시장 보궐선거 · 875
  1) 여·야의 보궐선거 전략 · 876 / 2) 서울·부산시장 보궐선거 · 887
6. 여·야의 지도체제 개편과 20대 대선 · 889
  1) 여·야의 지도체제 개편과 후보 경선 · 889 / 2) 윤석열 검찰총장의 사퇴와 여·야의 후보 경선 · 897 / 3) 후보단일화와 20대 대선 · 910
7. 맺음말 · 918

| 제 15 장 | 윤석열정부하의 정당구도 분석 ·································· 921
1. 머리말 · 921
2. 정권 교체와 여·야의 지방선거 대책 · 923
  1) 국민의힘 · 924 / 2) 더불어민주당 · 928
3. 제8회 지방선거와 국회의원 보궐선거 · 931
  1) 제8회 지방선거 · 932 / 2) 6·1 국회의원 보궐선거 · 936
4. 여·야의 지도체제 개편 · 940
  1) 국민의힘 · 941 / 2) 더불어민주당 · 948 / 3) 정의당 · 952
5. 강서구청장 보궐선거와 여당의 지도체제 개편 · 954
  1) 강서구청장 보궐선거 · 955 / 2) 여당의 지도체제 개편 · 957
6. 22대 총선과 여·야의 지도체제 개편 · 962
  1) 신당 창당 · 963 / 2) 선거법 개정과 위성정당 출현 · 967 / 3) 국민의힘의 갈등과 22대 총선 · 972 / 4) 여·야의 지도체제 개편 · 977
7. 비상계엄 선포와 대통령 탄핵 · 983
  1) 12·3 비상계엄 선포와 해제 · 984 / 2) 대통령 탄핵안 가결 · 985 / 3) 한동훈 대표체제 붕괴 · 988 / 4) 대통령 파면 · 990
8. 21대 대선 · 992
  1) 여·야의 대선후보 경선 · 993 / 2) 사법 리스크와 후보단일화 추진 · 1003
9. 맺음말 · 1011

◇ 후 기 · 1013
◇ 찾아보기 · 1017

| 제 1 장 |

위기와 통합의 정치
― 한국 정당구도 재편성 연구 ―

1. 머리말

 우리의 현실을 분석함으로써 보다 나은 미래를 건설하기 위한 방안의 모색은 해방 이후부터 각 분야에서 활발하게 이루어졌다. 바로 이러한 작업의 일환으로 해방 다음날인 1945년 8월 16일에는 조선학술원이 설립돼 학계의 중지를 모으기도 했다.[1] 정치학도 이에 예외는 아니어서 외국의 새로운 이론을 도입해 한국의 정치현실 또는 정치문화를 이해하기 위한 노력을 꾸준히 전개해 왔다. 이러한 연구는 비단 국내뿐만 아니라 국외에서도 활발하게 진행돼 이 분야에 관한 업적이 상당히 축적돼 있는 실정이다.[2]
 특히 1980년대 이후 현대정치사에 관한 관심이 폭발적으로 증대됐

---

[1] 조선학술원은 "첫재로 이론적으로나 기술적으로나 조선 경제체제 재건과 국토계획에 관한 근본적 검토를 가하고, 둘재로 정치경제와 사회문화의 성격을 규정할 수 있는 핵심문제에 대한 과학적 토의를 거듭함으로써 신정부의 요청에 대한 국책적 건의안을 준비하며, 셋재로 장래의 학술체제와 고차적인 사회연구 태세를 확립하고저" 설립됐다고 그 취지를 밝혀, 제반 현실에 대한 분석에 중점을 두었음을 알 수 있다. 『學術』 解放記念論文集, 第1集(서울신문사 출판국, 1946), 229쪽.
[2] 한국정치에 관한 연구업적의 정리는 손호철, "한국정치 연구 50년," 『韓國政治學會 五十年史: 1953-2003』(한국정치학회, 2003), 198-222쪽 참조.

고,3) 이러한 학문적 수요를 반영해 그 동안 일차자료가 많이 발굴됨으로써4) 공백으로 남아 있던 부분에 대한 연구도 어느 정도 이루어져 오늘에 이르렀다. 따라서 이제는 지금까지의 연구성과와 발굴결과를 토대로 해서 한국정치를 이해할 수 있는 이론이나 분석틀을 개발해야 할 때라고 생각한다.

그러나 지금까지의 연구는 대부분이 어떤 일관된 분석틀이나 주제를 설정하고 이를 기초로 해서 한국정치를 분석했다기보다는,5) 일정 시기에 전개됐던 정치상황에 대한 기술이나 이에 대한 인과관계 설명에 불과했음을 시인하지 않을 수 없다. 이와 아울러 주제 또는 시기별로 나누어 여러 명의 연구자들이 정치현상을 분석하는 식의 공동연구가 주를 이루고 있다.6) 냉전의 전개와 제반 정치적 여건으로 인해 역사적 사실의 규명조차 제대로 이루어질 수 없는 분위기였고, 사실의 정리 그 자체

---

3) 현대사에 대한 관심이 폭발적으로 증대된 배경에 대해서는 심지연, "포괄적인 시각에서 현대사 접근을,"『展望』(1987년 4월), 50-52쪽 참조.
4) 이의 가장 전형적인 것으로는 金南植, 李庭植, 韓洪九 3인이 엮어 1986년 돌베개에서 펴낸『韓國現代史 資料叢書』15권이 있다. 국사편찬위원회에서도 미 국립문서보관처에 소장돼 있는 주한미군 정치고문 문서를 1994년『大韓民國史資料集』이라는 제목하에 10권으로 엮어 출판했다. 이와 아울러 <대동신문>, <자유신문>, <중앙신문>, <현대일보> 등을 비롯한 해방 당시의 신문 13종을 영인해서 수록한『解放空間新聞資料集成』24권(선인문화사, 1997)과『우리신문』,『民主衆報』,『全國勞動者新聞』등이 출판돼 연구에 커다란 도움을 주고 있다.
5) 이러한 작업의 가장 전형적인 것으로는 Gregory Henderson, *Korea: The Politics of the Vortex* (Cambridge: Harvard University Press, 1978)를 들 수 있다. 여기서 헨더슨은 동질성과 중앙집권이라는 개념을 가지고 한국사회를 분석하고, 그 결과 한국은 뿔뿔이 흩어진 원자화된 사회로 변모됨으로써 그 안에서 개인도 가족도 당파도 관료적인 상승기류에 광적으로 휘말려들고 있다고 주장했다.
6) 이러한 연구의 전형적인 것으로 다음의 것들을 들 수 있다. 金雲泰 外,『韓國政治論』(博英社, 1982); 崔相龍 編,『現代韓國政治와 國家』(法文社, 1986); 安淸市 編,『現代韓國政治論』(法文社, 1992); 金相俊 編,『韓國의 政治』(法文社, 1993); 金浩鎭 編,『韓國現代政治史』(法文社, 1995); 이우진・김성주 편,『현대한국정치론』(사회비평사, 1996); 한국정치외교사학회 편,『한국현대정치사』(집문당, 1997).

가 무엇보다도 필요했기 때문에 편의상 그러했는지도 모른다.

그러나 정치학이 도입돼 사회과학의 한 분야로 확고하게 자리잡은 이상, 이제는 정치현실 전반을 분석할 수 있는 이론의 정립이 필요한 때라고 생각한다. 이러한 의미에서 여기에서는 정치변동의 주체 또는 객체로서 한국정치의 중심부를 차지하고 있는 정당의 존재양상과 행태를 분석함으로써 한국정치를 설명할 수 있는 하나의 가설을 수립하려고 한다. 해방 이후 수많은 정당이 결성·소멸되고 이합집산을 거듭하는 행태를 보여 왔는데, 이와 같은 정당의 존재양상에 대한 분석을 통해 한국정치의 근저에 자리잡고 있는 하나의 흐름을 찾고 이를 통해 한국정치를 이해할 수 있는 단서를 찾아보려는 것이다.

결론부터 간략하게 언급한다면 한국의 정당은 여야 구별 없이 위기시에 결합하려는 경향이 있으며, 이에서 한 걸음 더 나아가 위기로부터 탈출해 정국을 주도하려는 의도에서 또한 결합을 하고 있다는 것이다. 그러나 대부분의 경우 이 과정에서 정당이 상호 대등한 입장에서 대화와 협상을 통해 힘을 합쳐 위기를 극복해 나가는 것이 아니라, 통합 또는 흡수라는 방식을 통해 힘의 우위를 확보하고 이 바탕 위에서 위기를 탈출하려는 비정상적인 행태를 취해 왔다. 정당 사이에서 나타나는 이러한 행태는 조선조 사회의 발전양상과 궤를 같이하는 것으로,[7] 이런 의미에서 오늘날의 정당정치는 조선조의 정치문화를 그대로 이어 가고 있다고 할 수 있다.

이처럼 한국정치의 이론화작업이 시급한 실정임을 감안해, 현대 한국정치 전반을 조망하고 이해할 수 있는 하나의 가설을 수립하기 위한 의도에서 일차적으로 해방정국에서 나타난 정당의 존립양상과 행태를 분석하려고 한다. 즉 '위기와 통합'이라는 개념을 가지고 한국정치 특유의

---

[7] 헨더슨은 조선조 사회는 화해가 아니라 흡수합병(merging)에 의해 발전했기 때문에 규칙과 규율을 만든다거나 거기에 복종할 수 없었다고 주장했는데, 이러한 분석은 오늘의 현실에도 적용되는 것으로 생각된다. Gregory Henderson, *Korea: The Politics of the Vortex*, p.47.

예측 불가능하고 역동적인 정치상황을 해방정국에서부터 분석·설명하려고 하는 것이다. 그러나 이는 어디까지나 가설에 불과하기 때문에 엄밀한 검증작업이 필요하며, 앞으로 수정과 보완작업이 이루어져야 할 것으로 생각한다.

2. 정당구도의 이론적 배경

일반적으로 정당이 존재하는 양상을 가리키는 것으로 정당체제 또는 정당제도라는 용어를 쓰고 있다. 정당체제나 정당제도란 영어의 'party system'을 번역한 것으로, 정당의 존립이 국가나 사회의 체제 및 형태와 같이 역사나 문화의 변화 결과로 이루어졌다는 의미가 내포된 역사·문화 지향적인 용어이다. 'party system'은 또한 정당 전체의 상호작용을 설명하는 동적인 의미가 내포돼 있다고 하는 측면에서 정당체제라는 말로도 번역·사용되고 있다.[8]

그러나 정당제도 또는 정당체제라는 용어는 비교적 정치가 안정된 국가에서 나타나는 정당의 존재양상을 설명하는 데는 적합하다고 할 수 있지만, 역동적이고도 변화무쌍한 한국의 정당정치를 분석하는 데는 충분하다고 할 수 없다. 한국의 경우 정당간의 경쟁이 제한되거나 정당의 존립 그 자체가 용납되지 않았는가 하면, 유권자의 의사와는 완전히 무관하게 정당간 이합집산이 이루어지고, 정당지도자의 의사에 따라 당이 새로 생겨나거나 명칭이 바뀌는 등 불안정한 풍토였기 때문이다. 따라서 기존의 안정된 체제와는 근본적으로 다른, 유동적이고 가변적인 상황하에서 나타나는 정당의 존립양상과 행태를 설명할 수 있는 별도의

---

8) 李廷植, "정당체제," 尹正錫·申命淳·沈之淵 編, 『韓國政黨政治論』(法文社, 1996), 167쪽.

용어가 필요하다고 생각한다.

즉, 한국의 정당정치를 이해하기 위해서는 정당 사이에, 또는 정당 내부에 힘의 관계가 인위적으로 작용하는 현상에 대한 분석이 전제돼야 한다. 정당의 존립 그 자체에 권력의 의지가 개입되고 권력에 의해 왜곡되는 현상이 발생하기 때문에, 이러한 역학적인 측면을 설명할 수 있는 별도의 용어가 필요하다는 것이다. 이와 같이 정당의 존립에 정치권력이 작용해 크게 영향을 미치고 있는 현실을 감안해 여기에서는 정당구도라는 말을 사용하려고 한다.

원래 구도란 미술용어로 "미적 효과를 얻기 위해 모든 부분을 전체적으로 조화되게 배치하는 도면구성의 요령"9)을 가리킨다. 작가가 작품을 완성하기 위해 자신의 의도에 따라 여러 요소를 배치하는 일을 말하는 것이다. 이 '구도'라는 용어가 갖는 의미를 확대할 경우 정당구도라는 용어의 사용이 가능하며, 나아가 정당정치를 설명하는 데 활용할 수 있다. 이는 마치 화가가 캔버스를 구획하듯이 정당의 존립양상에 권력자나 특정 정치지도자의 의지가 크게 작용하는 상황을 가리킨다. 또 이 경우는 정당 사이의, 그리고 정당 내부의 단순히 평면적인 관계뿐 아니라 역학적 관계도 설명할 수 있는 보다 포괄적인 개념으로 쓰일 수 있다.

알란 웨어의 분석에 의하면, 불안정한 한국의 정당구도와 달리 1950년대부터 1980년대 사이에 23개의 중요한 자유민주주의 국가 중 정당제도의 근본적인 변화를 겪은 나라는 단지 4개국이며, 약간의 변화가 있었던 나라는 3개국에 불과했다.10) 그는 정당제도의 안정과 변화에 관계되는 것으로 정치제도, 유권자의 구성, 그리고 사회적 균열과 정치적 가치 등 세 가지를 들고, 이 세 가지 요소에 변화가 있으면 정당제도가 불안정하며 변화가 초래된다고 주장했다.11)

---

9) 이희승 편, 『국어대사전』(民衆書林, 1995), 389쪽.
10) 정당제도가 근본적으로 바뀐 나라는 벨기에, 프랑스, 인도, 이스라엘이며 어느 정도 바뀐 나라는 노르웨이, 덴마크, 아이슬란드이다. Alan Ware, *Political Parties and Party Systems* (Oxford: Oxford University Press, 1996), p.213.

어느 한 나라의 정치제도가 바뀔 때 정당제도도 바뀌게 되는데, 대개 민주주의가 불안정하기 때문에 발생하는 경우가 많다고 할 수 있다. 정치제도의 변화에는 경쟁원리의 변화, 즉 선거법이나 선거제도의 변화도 포함된다. 이 경우 자유민주주의 국가에서는 대중과 엘리트의 관계에 변화가 오며, 새로운 규칙으로부터 손해를 입을 것이 명백한 측은 이를 만회하기 위해 비합법적인 수단에 의존하려는 유혹에 빠지게 되고, 이로 인해 정당체제도 불안정하게 되는 것이다. 유권자의 변화란 유권자의 구성상태가 바뀌는 것을 말하는데, 이민이 발생했다든지 영토의 변경이 있었다든지 또는 새로운 유권자층이 출현한 것 등을 들 수 있다.

서구사회에서 나타나는 정당체제의 변화를 정당이 토대로 삼고 있는 기존의 사회적 균열구조가 바뀌고 있기 때문에 발생하는 것으로 파악하는 견해도 있다.[12] 이에 대해서는 '탈물질주의(post-materialism) 정치' 또는 '분배정치'(distributive politics)로부터의 독립이라는 두 가지 개념이 사용되고 있다.[13]

잉글하트는 서구사회에서 새로운 정치의 등장을 시민들의 정치적 가치관의 변화에 초점을 맞추어 이를 '탈물질주의 정치'라는 개념으로 정식화했다. 즉 후기산업사회로 접어들면서 경험하게 된 전례없는 물질적 풍요는 환경·여성 등과 같은 새로운 가치관에 우선순위를 두게 만들었고, 이러한 가치관이 확대되면서 종래 경제적 평등의 가치를 존중하는

---

11) Alan Ware, *ibid.*, pp.217-233.
12) 립셋과 로칸은 현재의 정당체제를 과거 몇 세기에 걸친 사회적 갈등과 균열의 산물로 파악하고 있다. 즉 민족주의혁명과 산업혁명이 발생한 후 중심부와 주변부, 국가와 교회, 토지와 공업, 자본과 노동의 네 가지 균열이 서로 얽혀 정당체제를 형성함으로써 오늘날 정당정치의 특징을 이루고 있다는 것이다. Seymour Martin Lipset and Stein Rokkan, "Cleavages, Structures, Party Systems, and Voter Alignment," Peter Mair (ed.), *The West European Party System* (Oxford: Oxford University Press, 1990), pp.91-111.
13) 장훈, "서구 정당체제의 재정렬," 김재한 편, 『정당구도론』(나남, 1994), 210-219쪽 참조.

'물질주의'와 환경·여성 등을 중시하는 '탈물질주의'간에 새로운 사회적 균열이 등장하게 됐다는 것이다. 그는 탈물질주의 정치의 대두로 발생한 새로운 균열이 단순히 정치적 가치관의 차원에만 머무르지 않고, 정당체제에 반영되기에 이르렀다고 주장했다. 그리하여 녹색당과 같은 새로운 정당의 성장이 촉진됐다는 것이다.14)

이와는 대조적으로 파네비앙코는 성장위주로 발전한 서구자본주의가 위기에 처함에 따라 새로운 균열이 발생하고, 이에 따라 새로운 정치가 등장하고 있는 것으로 파악하고 있다. 후기산업사회에서 대두되는 제반 문제, 예컨대 환경오염, 여성해방, 작은 정부의 실현 등에 관한 것은 어느 특정 계급에 국한되지 않고 전사회적으로 영향을 미치며, 이는 종래의 좌우개념으로는 이해할 수 없는 문제라는 것이다.

즉 정치적 갈등과 가치관의 박탈이 계급을 초월해서 전사회적인 성격을 갖게 됐고, 이로 인해 등장한 정치는 분배를 둘러싸고 벌어지는 전통적인 정치적 갈등에 기초한 균열구조로부터 독립된 성격을 갖는다고 주장했다. 따라서 후기산업사회의 균열구조는 새로운 정치의 등장으로 인해 복잡 다원화됐고, 정당에 있어서도 조직상의 변화를 초래한다는 것이다.15) 이와 달리 정당제도의 안정과 변화를 선거제도나 정부기구와 같은 제도적 변화, 투표행태에 영향을 미치는 사회경제적 변화, 마지막으로 정당의 조직변화 등과 연계해서 설명하는 학자도 있다.16)

장기적으로는 우리도 서구의 경우처럼 정치제도의 변화와 새로운 균열의 발생이 정당구도의 변화를 초래한다고 할 수 있다. 그러나 이것만

---

14) Ronald Inglehart, "Political Action, the Impact of Values, Cognitive Level and Social Background," S. H. Barnes, M. Kaase (eds.), *Political Action. Mass Participation in Five Western Democracies* (London: Sage Publications, 1979) p.353.
15) Angelo Panebianco, *Political Parties: Organization & Power* (Cambridge: Cambridge University Press, 1988), pp.269-273.
16) Peter Mair, *Party System Change: Approaches and Interpretations* (Oxford: Clarendon Press, 1997), p.5.

으로는 한국정당사에서 빈번하게 발생했던 정당간의 이합집산 현상을 충분하게 설명할 수 없다. 정치제도는 물론 선거법이나 선거제도의 변화가 없었음에도 불구하고 정당구도가 바뀌었기 때문이다. 또한 정부수립 이후 강화된 반공정책으로 이념적 대립이나 균열이 작용할 수 없는 상황이었고, 최근 들어 지역감정이라는 새로운 균열이 대두할 때까지는 별다른 균열요소도 없었던 것이 우리의 현실이었기 때문이다. 이와 아울러 사회현상 자체를 변화시킬 정도로 새로운 가치관이나 균열이 대두되고 있는 상황도 아니었다.

따라서 정당구도 변화에 관한 분석은 정치제도의 변화나 새로운 균열의 발생과 연관시키기보다는 변화가 일어나는 시기의 정치적 상황에 대한 분석에서 출발해야 한다고 생각한다. 정당구도에 변화가 있었던 시점의 정치상황을 면밀히 분석해 보면, 대개의 경우 정당은 존립 자체가 어려울 정도로 위기에 처해 있었다. 내외적인 제반 여건으로 존립에 위협을 느낄 정도로 위기에 처한 정당은 이로부터 탈출하기 위해 다른 정당과 통합하거나 흡수함으로써 상황의 변화를 시도했다. 이것이 한국에서 나타나는 정당구도 재편성의 일반적인 형태라고 할 수 있다.

3. 정당정치의 기원

일반적으로 정당정치는 18세기 영국에서 시작됐다고 하나, 정당정치란 용어는 대단히 애매모호한 개념이다. 이 말은 정부 내의 정당을 의미하며, 정당이 하나의 적절한 구성요소로서 정부의 영역에 참여한다는 의미로 사용될 수도 있다. 그러나 정부의 정책결정에 대해 실제적으로 접근할 수 있는 가능성을 갖지 못하고 단지 국민과 정부 사이에서 연계고리로서만 존재하고 있는 정당, 그리고 정부의 영역 내에 있지 않고 그 외부에 있는 정당도 있기 때문에 이에 관한 구분은 명확하게 이루어져

야 한다.17)

정당정치란 실제로 유럽에서 선거권이 대중화돼 가던 시기의 의회민주주의를 추상적으로 표현한 것에 지나지 않는다. 특히 영국의 관행을 학문적으로 분석·이해하는 것을 기초로 한 것이 확실하며, 역사적으로 보면 불과 수천의 유권자에 의한 군주정부보다는 수백만의 유권자를 전제로 한 민주주의에 적용한 것이라고 할 수 있다. 순수하게 민주주의 이론에서 보면, 정당정치라는 것은 개개인으로 조직된 정당이 선거의 결과에 의해 결정되는 지위에 따라 정부를 구성하며, 이 정부가 일반 대중에 대해 책임을 지는 경우를 의미한다.18)

한국의 경우 1948년 8월 이전까지는 정부가 수립되지 않았기 때문에 정부의 영역 내에 있던 정당은 하나도 없었다. 군정이 선포돼 미군의 직접통치가 실시되던 상황에서 집권당이라는 개념은 존재할 수 없었고, 단지 정부 주변에서 작용하고는 있으나 통치하지 않는 정당이 있거나, 정부의 영역에 관련되지 않고 외부에 있는 정당이 있었을 뿐이다. 따라서 1945년 8월부터 1948년 8월까지의 시기는 엄밀한 의미에서 책임정치가 원천적으로 구현될 수 없는 상황이었다.

1) 남한의 정당정치

해방 이후 미군이 상륙하기 전까지 비교적 대중적 지지기반 위에서 정당의 형태를 갖추고 있었던 것은 조선공산당과 한국민주당이었고, 이 외에 국민당과 건국동맹이 정당으로 발전하기 위한 준비를 하고 있는

---

17) 정부의 영역 밖에 있는 정당을 사르토리는 대사형정당(ambassador party)이라 명명하고 있는데, 원외정당이 이에 해당된다고 할 수 있다. Giovanni Sartori, *Parties and Party Systems: A Framework for Analysis*, Vol.1 (Cambridge: Cambridge University Press, 1976), p.19.

18) 尹正錫, "정당정치의 이론적 접근," 尹正錫·申命淳·沈之淵 編,『韓國政黨政治論』, 33-34쪽.

정도였다. 이처럼 몇 안 되는 정당이 해방 한 달 만에는 50여 개로, 두 달 즈음에는 100여 개로 늘어나고 있어[19] 일제 식민통치하에서 정치에 대한 갈증이 얼마나 심했는지를 여실히 나타내고 있다.

정당의 숫자가 이처럼 많아지게 된 것은 일차적으로는 하지 사령관이 1945년 9월 17일 정당의 대표를 만나 시국문제와 관리추천에 관한 의견을 교환하겠다고 말하고, 그에 따른 사무적인 절차를 발표했기 때문이다.[20] 부임 후의 기자회견에서 그는 정당의 건전한 발전이 신정부 수립의 기본조건이라는 신념을 갖고 있다고 밝히고, 정당의 대표가 군정청에 면담을 신청해 정부수립에 관한 구상을 직접 피력할 수 있도록 하는 절차를 발표한 것이다.

정당의 숫자가 늘어난 또 하나의 원인은 1945년 10월 16일 귀국한 이승만 박사가 '1단체, 대표 2인, 표결권 1표'의 원칙하에서 정당 통일운동을 전개했기 때문이기도 하다. 그는 민족의 통일이 없으면 국제정세가 자주독립을 용인하지 않는다고 주장하면서,[21] 정당 통일운동을 주도하는 기구로 독립촉성중앙협의회를 구성했다. 그러나 이 과정에서 정당의

---

19) 陳學柱, "解放된 政黨運動," 『民心』 제1권 1호(1945년 11월), 65쪽.
20) 1945년 9월 17일 미군정당국은 다음과 같은 담화를 발표, 정당의 대표를 만나 제반 견해를 청취하겠다고 밝혔다. "하지 中將은 各 團體가 重要한 團으로서 組織이 되고 認識이 되면 그 代表者를 引見할 터이다. 하지 中將은 就任以來 激務 中에 잇으므로 面會時間은 五分으로 限定한다. 이 面會를 爲하여 하지 中將은 自己의 通譯官이 잇으니 各 代表者는 通譯을 同行하지 않어도 좋다. 各 團體가 面會하러 올 때에는 左記 몇 項目을 반듯이 지켜 주며 意見書는 三頁以上이 되지 않도록 써주기를 바란다. △ 政黨의 名稱 △ 重要 幹部의 氏名 △ 政綱 及 政見(簡略히) △ 政黨으로서 推戴할 者를 左에 列記할 일. ① 學務局長代理 適任者 ② 法務局長代理 適任者 ③ 財務局長(以下同) ④ 交通局長 ⑤ 農商局長 ⑥ 鑛工局長 ⑦ 京畿道知事 ⑧ 京城府尹 ⑨ 高陽郡守. 現狀으로 推理하건대 各 政黨이 大衆의 뜻을 網羅하엿다고는 볼 수 없다. 交通 通信機關이 整備되는 대로 各 政黨은 變할 것이니 그때는 또다시 그 黨의 名稱과 政綱을 제출하라." <朝鮮人民報>, 1945년 9월 18일.
21) 李鍾榮, 『大東政論』(大東新聞社, 1946), 55쪽.

규모나 세력과 관계없이 일률적으로 2인의 대표를 인정하고 엄밀한 심사도 거치지 않은 채 회의를 진행함으로써 하루아침에 정당이 결성되는 사태가 벌어진 것이다. 이에 따라 정당의 대표가 아닌 사람도 참석하는 현상이 빚어지는 바람에 좌익진영이 반발하기도 했다.22)

이러한 조치로 인해 입신출세를 위한 방편의 하나로 정당이 급조되기도 했고, 아무런 정치적 기반도 없는 사람들이 정당을 만들어 정당대표로 참가하는 현상이 빚어지기도 했다. 또한 일제시대의 행적을 호도하기 위한 차원에서 정당을 만드는 등 사리사욕을 취하려는 불순한 의도가 내포된 경우도 적지 않았다.

정당 난립현상이 극심해지자, 1946년 2월 23일 미군정장관은 어떤 형식으로든 정치활동을 목표로 조직된 3인 이상의 단체는 군정청에 등록할 것을 골자로 하는 군정법령 제55호 '정당에 관한 규칙'을 공포했다.23) 정당등록을 유도함으로써 정당의 난립을 방지하고 정당정치의 제도화를 이루려고 하는 의도에서 나온 조치였다. 세간에 '정당등록법'이라고 알려진 이 규칙은 당원명부를 비롯해서 정당의 조직활동 및 자금관계 등에 관한 일체의 사항을 보고할 것을 규정했는데, 이에 의거해서 군정당국은 정당의 비밀활동을 금지하고 정당의 본부나 지부가 사전에 등록하지 않고 이전하는 경우에는 해체를 명할 수도 있었다.

이에 대해 좌익진영은 일제시대 치안유지법 이상의 악법으로 인민의

---

22) 이에 대해 李康國은 "李博士 面談을 爲하여 自意로 登錄한 群小 似而非政黨에까지 大衆的 地盤을 갖인 大政黨과 同格으로 參加의 '恩典'이 나리였으니 그것은 眞摯한 統一運動이 아니라 謀略的 野合의 企劃이였다"고 비난했다. 李康國, "李博士와 中央協會," 『人民』 2권 1호(1946년 1・2월 합병호), 12-13쪽.
23) 이에 따르면 정당활동의 범위는 다음과 같다. "단체 또는 협회의 명의로나 단체 또는 협회가 행한 활동이 공론, 서면 혹은 구두형식의 일반 선전 또는 일반적 행동을 포함하야 그것이 법률, 정체기구, 역직원의 선발, 추천, 선임 급 임면, 시정, 제반 수속, 법률의 제정, 집행, 시행을 포함한 정부의 정책, 대외관계와 국민의 권리, 권력, 의무, 자유 급 특권에 대하여서 통치와 관련하여 영향을 미치난 경향이 있을 때에는 정치적 활동이 됨."

정치생활을 제재하려는 것이 분명하다며 반발을 보이기도 했다.24) 사태가 이에 이르자 군정당국은 국민이 정당의 소속인원과 그 재정상황을 알 권한이 있으며, 과거 정당을 이용한 테러가 발생했기 때문에 이를 시행하려 한 것이라 해명하고, 규칙의 일부 조항을 완화하기도 했다.

군정법령 55호는 해방정국에서 소규모 정당의 난립을 막고 적실성 있는 정당의 견해를 수용함으로써 정당정치를 제도화하기 위한 최초의 조치였으나, 소기의 성과를 거두지는 못했다. 전세계적인 규모로 냉전이 전개되자 미군정은 남한 내 우익진영을 육성하고 좌익진영에 대해서는 배제정책을 쓰지 않을 수 없는 상황에 봉착했기 때문에, 정당의 건전한 육성과 발전이라는 제도화문제에는 신경을 쓸 여유조차 없었던 것이다. 따라서 정당의 분출현상은 지속됐고, 그 결과 미소공동위원회와 협의를 신청한 정당·사회단체의 수가 400여 개에 달하는 사태가 벌어지기도 했다.25)

2) 북한의 정당정치

북한에 진주한 소련군은 각 도별로 주둔하고 있던 일본군의 항복을 받고 이들의 무장을 해제하며 도청의 행정사무를 접수해 그 지역에 결성된 인민위원회에 행정 및 치안업무를 이양했다. 남한에 진주한 미군이 군정을 선포하고 직접통치를 실시한 것과 달리 소련군은 이처럼 인

---

24) <朝鮮人民報>, 1946년 2월 27일. 정당등록법 반대운동은 조선인민당에서 주도 했는데, 인민당은 2월 22일 이 법이 국가 건설도상에서 반드시 있어야 할 자유로운 정치행동을 구속·저해할지도 모른다는 우려를 표명하고, 대책마련을 위해 공산당, 독립동맹, 전평, 전농 등 각 정당과 사회단체 대표 30여 명을 인민당 본부로 초치, 회의를 가졌다. 인민당 주도하에 진행된 정당등록법 반대 움직임에 대해서는 심지연,『人民黨研究』(경남대학교 극동문제연구소, 1991), 85-87쪽.
25) 미군사령부의 정보보고에 의하면 모두 432개의 단체가 미소공위와의 협의에 참여하겠다고 신청했다. 이에 관한 분류 및 상세한 내용에 대해서는『美軍政情報報告書』제14권(日月書閣, 1986), 319쪽.

민위원회에 행정업무를 맡기는 간접통치 방식을 취했는데, 이 점에서 소련군은 한국인과의 직접적인 마찰이 일어날 소지를 사전에 줄일 수 있었다.

각 도에 설치된 인민위원회는 1945년 10월 8일부터 10일까지 평양에서 연합회의를 개최해 단일조직으로 정비할 것을 결의했는데, 이는 북한에 통일적인 체제를 마련해 동구에서와 같은 소비에트화 작업을 추진하기 위한 것이었다. 인민위원회의 정비가 일단락되자 소련군 사령관은 1945년 10월 12일 정당·사회단체의 결성과 활동을 허가한다는 내용의 성명서를 발표했다. 이를 계기로 북한에서는 처음으로 본격적인 정치활동이 전개됐다. 정당정치의 개시를 선언한 이 조치에 입각해 최초로 결성된 정당이 조선공산당 북조선분국이었으며, 이후 조선민주당, 천도교청우당, 조선신민당 등의 정당과 각종 노동조합과 문화단체 등이 조직됐다.

이에 대해 북한에서는 민주주의의 언론과 출판, 집회, 결사의 자유가 확보돼 4개의 '민주정당'과 90개의 '민주주의 사회단체'가 조직됐다고 발표됐다.[26] 그러나 소련군 사령관의 성명서는 정치활동의 목적과 활동이 반드시 반일적이고 민주주의적이어야 한다는 것과 정당·사회단체는 강령과 규약, 그리고 지도부의 인적사항을 반드시 지방자치기관과 군사령부에 등록하도록 함으로써[27] 북한에서의 정치활동은 소련군의 규제와 간섭을 받지 않을 수 없었다. 비록 정당등록법이 공포됐다고는 하나 남한에서 정당의 결성이 점령 초기 이데올로기에 관계없이 비교적 자유롭게 이루어질 수 있었던 반면, 북한에서는 점령 초기부터 정당의 결성에 엄격한 제한이 가해졌다.[28]

---

26) 金基石 編, 『北韓의 現狀과 將來』(朝鮮政經社, 1947), 85쪽.
27) 朝鮮中央通信社, 『朝鮮中央年鑑(1949년판)』, 58쪽.
28) 명령서는 정당·사회단체의 조직원칙을 다음과 같이 규정했다. "일제의 잔재를 근절하고 민주주의의 초보와 공민의 자유를 자기과업으로 하는 모든 반일 민주주의 단체의 결성과 활동을 허가하며 노력대중께 자유적 직업동맹 보험회

실제로 북한에서는 공산주의 계통의 정당·사회단체만이 그 존립을 허용받았으며, 다른 정당의 경우는 위성정당에 불과한 실정이었다.29) 남한에서 먼저 창당된 천도교청우당의 당원 일부가 월북, 북한의 천도교도들을 규합해 1946년 2월 결성한 청우당의 경우 그 성격이 반(半)적색단체라고 해서 존재를 인정받았다.30) 그러나 조선민주당의 경우는 달랐다. 신탁통치 문제의 대두를 계기로 당수인 조만식이 연금상태에 있어 당이 제대로 활동할 수 없는 상태에 처했기 때문이다.31) 이와 아울러 소련군은 "조선인민의 창발적 노력에 의하여 새 조선을 건설할 수 있도록 각 방면으로 도와주었다"고 주장하고 있으나, 실제로 정당·사회단체들의 활동과 역할은 소련군의 요구와 지령을 실행하며 사회질서를 유지하는 작업에서 소련군을 돕는 보조적인 것에 국한됐다.

이를 볼 때 북한에서는 정당정치의 활성화를 기대할 수 없는 분위기였기 때문에 진정한 의미에서 정치활동의 자유가 보장됐다고 보기는 어렵다. 상황이 이러했기 때문에 북한 내에서는 애초부터 친미적인 정당의 존재가 인정되지 않았으며, 그러한 사회적 요소에 대해서는 공산당과 소련군의 공동 내사에 의해 한밤에 납치했다는 비판까지 제기되고

사 문화 계몽협회 등 결성권을 줄 것." 柳文華 編, 『해방후 4년간의 國內外 重要日誌』(民主朝鮮社, 1949), 11쪽.
29) 이러한 정당체제를 사르토리는 패권정당 체제라고 불렀다. 그에 의하면 패권정당은 공식적으로도 실제적으로도 권력을 둘러싼 경쟁을 허용하지 않으며, 패권정당 이외의 정당은 존재 자체는 허용되지만 어디까지나 이차적 범주의 정당, 허가를 받은 정당으로서만 허용될 뿐이라는 것이다. 그리고 패권정당에 대한 적대나 평등한 기반 위에서의 경쟁은 용인되지 않으며, 실제로 정권교체는 일어나지 않으며 일어날 수도 없고, 그 가능성도 생각할 수 없다고 설명했다. Giovanni Sartori, *Parties and Party Systems: A Framework for Analysis*, p.230.
30) 金基石 編, 『北韓의 現狀과 將來』, 29쪽.
31) 북한의 자료에 의하면 曺晩植은 당원들에게 인민위원회를 배척하라는 지시를 내리고, 반동분자와 파괴분자로 당을 영도하려고 획책했기 때문에 당대열에서 쫓겨난 것으로 돼 있다. 北朝鮮民戰 中央書記局, 『記錄』(노동당출판사, 1947), 11-12쪽.

있는 것이다.32)

따라서 소련군 사령관이 발표한 성명서는 사회주의제도의 정착을 위한 조치였을 뿐, 민주주의사회에 적용할 수 있는 정당정치의 개시를 선언한 조치라고 할 수는 없다. 단지 사회주의를 실현하기 위한 단체의 결성과 활동의 자유를 허가한 데 불과한 것이었다. 이를 반영하듯 북한에서 미소공동위원회와의 협의에 참가신청을 한 단체의 숫자는 39개에 지나지 않아, 숫자 면에서 남한과는 크게 대조를 이루었다.33) 뿐만 아니라 이들 모두가 북조선민주주의민족통일전선에 소속돼 있는 단체였기 때문에 정책과 노선상의 자율성이 객관적으로 보장돼 있다고 보기 어려운 실정이었다.34)

---

32) 金昌順, 『北韓 十五年史』(知文閣, 1961), 53쪽.
33) 북한의 참가신청 정당은 북조선노동당, 북조선민주당 및 천도교청우당 3개뿐이며, 사회단체로는 북조선직업총동맹, 북조선농민동맹, 북조선민주여성동맹, 북조선문학동맹 등 35개였다. 이들 단체의 명칭과 대표자의 성명에 대해서는 北朝鮮中央民戰 書記局, 『쏘米共同委員會에 關한 諸般 資料集』(北朝鮮中央民戰 書記局, 1947), 221-224쪽.
34) 1946년 7월 22일 평양에서 결성된 북조선민전은 "미제국주의자들의 책동과 음모 밑에서 조선을 또다시 식민지로 팔아먹으려는 음모가 적라라하게 폭로되고 있는 정세에 감하여 우리의 통일전선을 더욱 견고히 하며 확대하여야" 한다고 주장하고, "해방 이후 인민의 창의에 의해 조직된 진정한 인민정권기관인 인민위원회를 강화 발전시킬 것" 등을 기본과업으로 삼은 단체이다. 이처럼 북조선민전은 북한에서 실시된 제반 사회주의적인 개혁을 공고히 하며 북한의 정권기관인 임시인민위원회를 강화하기 위해 결성된 단체였으며, 북한정권을 수립하는 과정에서 "소련군대의 끊임없는 원조로써 막대한 역할을 하였다"고 스스로 분석되는 단체였기 때문에, 이에 가입한 정당과 사회단체는 독자성을 발휘할 여지가 없었다고 할 수 있다. 朝鮮中央通信社, 『朝鮮中央年鑑(1949년판)』, 88-95쪽.

4. 정당구도 재편성의 유형

　남북한에 정당이 결성되면서부터 시작된 정당정치는 국내외적인 여건의 변화에 많은 영향을 받게 되는데, 그 중 가장 두드러진 것은 정당구도의 재편성이다. 위상의 변화를 초래할지도 모르는 상황이 전개되자 정당들은 이를 극복하기 위한 방안을 모색했고, 그 일환으로 통합운동이 대두된 것이다. 통합은 유사한 이념을 견지하고 있는 정당 사이에서 이루어지는 것이 일반적인 현상이나, 민족의 통일이라는 명제를 내걸고 이념을 초월한 상태에서 모든 정당과 정파를 결합하려는 움직임이 나타나기도 했다.

　해방정국에서 나타난 정당구도의 재편성은 크게 네 가지 유형으로 나눌 수 있다. 해방 직후 우익진영 내에서 각 정파를 망라해 거대정당으로 출범하려고 했던 통합정당 창립운동, 정당 창립 후에 있었던 각 당 각 파를 망라하려는 통일전선 결성 움직임, 온건중도파로 분류할 수 있는 정치세력들이 시도했던 좌우합작운동, 그리고 좌익진영이 대중정당으로 발전하기 위한 의도에서 시도한 남·북 노동당의 결성이 그것이다.

　각각의 재편성은 나름대로 특색이 있으나 위기상황으로부터의 탈출을 모색했다는 점에서는 동일하다고 할 수 있으며, 추후 한국의 정당정치에서 나타나는 정당구도의 변화는 모두 이 유형으로 범주화할 수 있다. 재편성이 추진되면서 내부에서 주도권 장악을 위한 경쟁이 치열하게 전개되기도 했는데, 이 과정에서 소외된 일부 세력은 별도의 통합을 추진하기도 했다. 소외세력이 별도로 정당을 결성하는 이러한 행태 역시 한국정당사에서 그대로 반복되고 있음을 알 수 있다.

1) 통합정당 창립운동

우익진영 내부에서 비록 부분적이기는 하지만 통합정당을 창립하려는 움직임이 나타나게 된 근본적인 계기가 된 것은 조선인민공화국(이하 인공) 수립의 선포였다. 여운형이 주도하는 건국준비위원회(이하 건준)가 일제와 투쟁해 온 국내외 각계각층을 망라한 혁명투사 1천여 명을35) 소집해 민족의 장래를 진지하게 토의한 결과, 정부를 즉시 수립하기로 해서 선포했다는 것이 인공이었다.36) 좌익진영이 주도한 인공이 이처럼 우익진영의 통합을 촉발했다는 것은 어떤 의미에서는 역설적인 현상이라고 하지 않을 수 없다. 좌익진영의 왕성한 활동이 상대적으로 정적이고 소극적인 우익진영에 자극을 주어 활로를 모색하게 한 것이다.

우익진영으로서는 인공이 정부로서 기능을 하게 된다면, 자신들은 존립이 불가능할지도 모른다는 위기의식을 느끼지 않을 수 없었다. 인공의 강령에 규정된 대로 노동자·농민 등 대중생활의 급진적 향상을 기하는 정책이 채택된다면, 토지개혁을 비롯한 각종 사회주의화 정책이 추진될 것은 명약관화한 일이었기 때문이다.37) 이럴 경우 우익진영은 정치적 입지가 크게 축소되고 기득권을 포기할 수밖에 없는, 우익진영으로서는 최악의 상황이 초래되는 것이다. 이처럼 좌익진영의 정국 주도에 크게 당황한 우익진영은 자구책을 마련하지 않을 수 없었고, 여기에서 자연스럽게 우익진영 통합문제가 제기돼 평소 친분이 있던 인물들

---

35) 이에 대해 당시 경기여고 강당에 모인 이들은 인민대표와는 거리가 먼 사람들이 대부분이었고, 노동자도 재건파가 파견한 '조직공작자'가 침투돼 있는 철도노동자를 중심으로 경인지역의 공장에서 동원된 사람뿐이었다는 주장도 제기되고 있다. "통일일보 회장 故 李榮根 회고록 下,"『月刊朝鮮』(1990년 9월), 432쪽.
36) 民戰事務局 編, 『朝鮮解放年報』(文友印書舘, 1947), 85쪽.
37) 인공의 강령 및 시정방침에 관해서는 民戰事務局 編, 『朝鮮解放年報』, 88-89쪽 참조.

을 중심으로 뭉치게 된 것이다.

해방 직후부터 우익진영 내에는 정당 결성을 위한 움직임이 몇 갈래 있었다. 구자옥, 김도연, 백남훈, 유억겸, 윤보선, 윤치영, 이순탁, 이운, 최승만, 최윤동, 장덕수, 허정, 홍성하 등이 한국국민당 결성을 준비하고 있었고, 김병로, 김약수, 김용무, 나용균, 박명환, 박찬희, 백관수, 신윤국, 원세훈, 이인, 정광호, 조병옥, 함상훈 등이 조선민족당 창당을 추진하고 있었다.38) 이들은 인공이 선포돼 정강과 시정방침을 발표하고 조직을 정비하는 등 정부로서 본격적인 활동에 나서자, 이에 적극적으로 대처할 필요성을 강하게 느꼈다.

그리하여 "해방 직후부터 날뛰는 적색분자들을 분쇄"하기 위해서는 우익진영의 단결이 필요하다고 주장하고, 한국국민당측에서 장덕수, 정노식, 백남훈 3인이, 조선민족당측에서 김병로, 원세훈, 백관수 3인이 나와 합당을 위한 협상을 갖고, 당명을 한국민주당(이하 한민당)으로 정하고 합당을 서둘렀다.39) 여기에다 미군의 상륙이 임박해지자 정당은 아니지만 국민대회준비회를 조직해 미군과 임시정부를 환영하기 위한 준비를 하고 있던 송진우를 중심으로 한 김성수, 김준연, 서상일, 장택상, 설의식 등 동아일보 관계자들이 동참해 우익진영의 대동단결을 도모하고 있었다.

이들은 좌익진영의 발호를 더 이상 방치할 수 없다는 데 인식을 같이 하고, 1945년 9월 8일 발기인 명의의 성명서를 통해 이를 분명히 했다. 이들은 인공의 선포가 인심을 현혹하고 질서를 교란하는 죄를 저지른 것이며, 이러한 행위는 피 한 방울 흘리지 않고 정권을 탈취하겠다는 야망을 가진 일제 주구의 행위라고 비난했다.40) 9월 16일 창당대회를 가진 한민당은 다시 한번 중경 임시정부 지지를 선언하면서 인공 타도를 다짐했다.

---

38) 李起夏, 『韓國政黨發達史』(議會政治社, 1960), 58쪽.
39) 白南薰, "韓國民主黨 創黨秘話," 『眞相』(1960년 4월), 15쪽.
40) 李革 編, 『愛國 삐라全集』 제1집(祖國文化社, 1946), 48-49쪽.

한민당의 출현은 정국에 커다란 파문을 일으켰다. 우선 한민당의 표현대로 창당도 하기 전부터 공산당과 정면투쟁을 선언했기 때문이다.41) 이들은 팽창 일로에 있는 좌익진영에 투쟁·대항하기 위해서는 무엇보다도 우익진영의 대동단결이 필요하다는 데 인식을 같이하고 한민당의 창립에 나섰던 것이다. 이들은 소련군의 지령을 받고 조직된 것이 건준이라고 생각하고 있었기 때문에 이를 타도해야 한다고 주장했고, 건준을 비롯해서 인공 인민위원회 등 좌익집단을 타도하는 데 한민당이 중대한 역할을 했다고 자부했다. 좌익이 발광적으로 태동해 어느 누구도 감히 나서지 못하고 있을 때, 민족진영을 대표해서 건준 타도로 공산주의와 대결했다는 것이다.42)

우익진영의 대표적인 인물들이 모여 만든 한민당은 한국정당사에서 최초로 그리고 본격적으로 정당 사이의 이념적 대결의 막을 여는 계기를 만든 정당이다.43) 한민당이 결성되고 나서 우익진영은 처음으로 정면에서 공산당과 대항할 수 있을 정도로 조직력과 자금력을 갖출 수 있었기 때문이다.

우익진영을 대표할 수 있는 인물들이 통합해서 만든 것이 한민당이라고 한다면, 공산당은 좌익진영을 대표하는 인물들이 결합해서 만든 정당이라고 할 수 있다. 해방 직후 먼저 공산당 결성에 나선 사람은 이영, 정백, 최용달, 서중석 등으로, 이들은 8월 16일 서울 종로 장안빌딩에 모여 조선공산당 결성을 마쳤다. 이외에도 최익한, 이우적, 하필원 등이 동대문에서 공산당을 조직하기로 하고 공산당 서울시당부라는 간판을 내걸었다. 이처럼 당조직을 서두른 인물들은 주로 공산주의 운동선상에서 이미 탈락했거나 운동을 청산하고 일선에서 물러나 있던 경력의 소유자가 대부분이었다.44)

---

41) 白南薰, 『나의 一生』(解慍 白南薰先生紀念事業會, 1968), 152쪽.
42) 趙炳玉, 『나의 回顧錄』(民敎社, 1959), 145쪽.
43) 沈之淵, 『韓國民主黨硏究 I』(풀빛, 1982), 49쪽.
44) 김남식, 『南勞黨硏究』(돌베개, 1984), 18쪽.

일제시대 경성콤그룹을 이끌었던 박헌영[45] 역시 공산당 결성을 모색했지만, 곧바로 행동에 나서기보다는 국내정세의 파악에 힘썼다. 그리고 장안파공산당 와해공작에 나서면서, 다른 한편으로는 공산당재건준비위원회를 구성하고 정식으로 "현정세와 우리의 임무"라는 테제를 제기해 잠정적인 정치노선으로 통과시켰다. 이른바 "8월테제"가 공산당 재건준비위원회 명의로 발표되자, 비로소 사람들은 박헌영의 존재와 재건파의 발족을 알게 됐다.[46] 박헌영이 당 재건준비위원회라는 이름을 표방하고 공산당 결성에 착수한 것은 1925년 4월에 창당돼 1928년에 해체된 조선공산당을 재건하겠다는 의도의 표시로, 이는 과거의 전통을 계승함으로써 자신이 주도하는 당의 정통성을 주장하기 위한 것이었다.

당 재건준비위원회가 발족되고 "8월테제"가 공표되자 공산주의자들은 동요하기 시작했는데, 특히 장안파는 커다란 충격을 받았다. 공산주의운동의 가장 큰 결함의 하나로 지적되는 파벌싸움과 분열에 염증을 느꼈던 공산주의자들은 모두 파벌의 청산과 당의 통일을 바라고 있었기 때문에, 장안파로서도 당재건을 위해 뭉치자는 재건파의 주장을 외면할 명분이 없었다. 대세에 몰려 장안파는 1945년 8월 24일 중앙집행위원회를 소집해 공산주의운동을 통일·강화한다는 명분 아래 당의 해체를 결의하기에 이르렀다.[47] 해체를 결의한 장안파는 재건파와 더불어 당의 통일을 모색하기로 하고 9월 8일 새로운 당 결성을 위한 열성자대회를 서울 계동에 있는 홍증식의 집에서 열었다.[48]

---

45) 동지들이 일제의 탄압과 유혹에 못 이겨 전향 또는 전략의 길을 밟거나 국경을 넘어 안전지대로 가서 생활한 것에 비해, 朴憲永은 이들과는 정반대로 비밀조직에 참가해 공산당 재건에 분망했으며 탄압에 비례해 혁명의식은 날로 앙양됐다고 묘사됐다. 金午星, 『指導者論』(朝鮮人民報社, 1946), 121쪽.
46) "8월테제"에 대한 분석은 김남식·심지연, 『박헌영노선 비판』(世界, 1986), 25-60쪽 참조.
47) 大檢搜査局, 『左翼事件搜査實錄』第1券(大檢察廳, 1965), 24쪽.
48) 열성자대회는 장안파 주재 아래 개최된 것으로, 재건파를 대표해서 박헌영이 참석했다. 이날 이영, 최익한, 정백, 정재달, 하필원, 이승엽, 이정윤, 현칠종, 안

이날 두 시간 가까운 회의 끝에 장안파는 일제와 친일파를 근본적으로 파괴하고 그 잔재를 숙청하기 위한 민족적 투쟁을 전개하기 위해서는 통일된 혁명적 전위의 의식적이고 조직적인 지도가 필요하다는 데 인식을 같이하고, 통합된 새로운 중앙위원회의 구성을 박헌영에게 일임한다고 결정했다. 이로써 1945년 9월 11일 박헌영을 중심으로 한 통합된 공산당이 출범했고, 이를 근거로 당 기관지 창간호에 "조선공산당은 마침내 통일 재건되엿다"는 제목의 머리기사를 실을 수 있었다.[49] 좌익진영이 통일되지 못할 경우 좌익의 나약함이 폭로되는 동시에 반동세력의 강화를 초래해 인민의 불행을 가져올 것이므로, 이러한 상태를 극복하기 위해서는 무엇보다도 좌익이 통일돼야 한다는 논리였다.[50]

이처럼 우익진영의 주류가 한민당으로 통합되는 것과 마찬가지의 과정을 밟아 좌익진영의 주류도 공산당으로 통합됐다. 좌우 양측은 해방 후 전개되는 제반 상황을 일종의 위기상태로 인식하고, 이의 극복을 위해서는 같은 이념을 가진 세력의 통합이 무엇보다 필요하다고 생각했다. 그리하여 비록 이념은 달랐지만 대동단결을 주장하는 목소리는 동일했고, 이러한 명분에 공감해 일차적으로 공산당과 한민당이 좌우 양 진영의 통합된 세력으로 출현하게 됐다.

2) 통일전선 결성

해방 후 결성된 대부분의 정당이 당원 20~30명에 불과한 소규모 정

기성, 이우적, 김상혁, 정종근, 강병도, 조두원, 권오직, 최원택, 이청원, 김두현, 홍인의, 박헌영 외에도 60여 명이 참석했다. <解放日報>, 1945년 9월 25일.
49) 이에 대해 조선공산당 기관지 <解放日報>는 다음과 같이 보도했다. "熱誠者大會에 黨再建準備委員會 代表가 參席하야 討議한 結果 여러 優秀한 구룹과 要素는 再建委員會에 合流 吸收되여 統一하지 안으면 안 된다고 決定하얏다. 여기에서 分裂은 克服되고 行動의 統一은 漸次 實現되기 始作한 것이다." <解放日報>, 1945년 9월 19일.
50) <解放日報>, 1945년 9월 25일.

당이었으며, 그 중에는 앞서 언급한 것처럼 반민족분자들이 호신책을 도모하기 위해 결성한 정당도 적지 않았다. 이러한 현상을 건전치 못한 것으로 파악하고, 이를 극복하려는 움직임이 제기되기도 했다. 그러나 군소 정당·사회단체의 성격으로 보아 정당의 난립은 당연한 현상이라는 지적이 나올 정도로 소기의 성과를 거두지는 못했다.51) 이에 대해 일부에서는 해방 후의 자유로운 분위기에서 견해를 같이하는 사람끼리 모인 정당과 사회단체가 속출하는 것은 자연적인 현상이라고 보았고, 시일이 지나면 가까운 것끼리 통합돼 두세 개의 정당으로 정리될 것으로 내다보기도 했다.52) 정당 속출현상을 일시적인 것으로 간주하고 점차 통합·정리될 것으로 예측한 것이다.

정당의 통합을 최초로 모색한 모임은 1945년 10월 5일 열린 정당통일 간담회였다.53) 이 자리에서는 초당적 견지에서 힘을 합쳐 건국작업에 착수하는 방안에 대한 토의가 있었으나, 주최측의 준비부족과 참석자측의 무성의와 견해차이로 아무런 결실도 얻지 못하고 말았다.54)

정당통일을 위한 두 번째 모임은 10월 12일에 있었는데, 건국동맹을 비롯해서 공산당, 한민당, 국민당 등 4개 정당의 대표가 참석했다.55) 이

---

51) 朝鮮通信社, 『朝鮮年鑑(1947년판)』(朝鮮通信社, 1946), 22쪽.
52) <朝鮮人民報>, 1945년 10월 3일.
53) 간담회는 무속속의 梁謹煥이 주선해 건국동맹의 呂運亨, 崔謹愚, 국민당의 安在鴻, 한민당의 宋鎭禹, 白寬洙, 張德秀, 金炳魯, 공산당의 李鉉相, 金炯善, 趙東祐, 인공의 崔容達, 許憲이 참석했다. 이날 간담회의 발언내용은 "各 政黨首腦懇談會," 『朝鮮週報』 1권 1호(1945. 10. 15), 4-12쪽에 수록.
54) 이날 간담회가 열리게 된 것은 呂運亨, 崔謹愚, 梁謹煥 등 몇 사람이 모인 자리에서 청년들이 "국내 요인들의 행동통일을 위하여 노력하여야 되지 않겠느냐"는 견해를 제시한 데서 비롯됐다. 간담회의 배경과 회의 분위기에 대해서는 "통일일보 회장 故 李榮根 회고록 下," 『月刊朝鮮』(1990년 9월), 440-441쪽 참조. 참석자의 견해차이란 대한민국임시정부 지지와 조선인민공화국 지지는 "根本的 이데오로기가 다르지 않습니까"라는 宋鎭禹의 발언에서 집약적으로 나타났다. "各 政黨首腦懇談會," 『朝鮮週報』 1권 1호(1945. 10. 15), 12쪽.
55) 이날 참석자의 소속과 명단은 다음과 같다. 건국동맹: 崔謹愚, 咸鳳石. 공산당:

날 공산당은 통일전선 결성은 4개 정당만이 할 일이 아니고, 모든 정당과 문화단체 내지 종교단체를 망라해야 한다고 제안했으나, 한민당의 반대로 결론을 내리지 못하고 말았다.

한편 10월 14일에는 한민당이 불참한 가운데 건국동맹, 국민당, 공산당 등 54개 정당·사회단체가 모여 정당통일위원회를 개최하고, 개인의 주의주장을 버리고 정당통일위원회의 결정과 정책에 따를 것을 결의하기도 했다.56) 이처럼 정당의 통일을 위한 노력이 진행되는 상황에서 이승만이 귀국해 민족의 대동단결을 강조하자 정당 통일운동은 한층 활기를 띠게 됐다. 그러나 이박사가 주도하는 독립촉성중앙협의회가 그 구성과 운영에 문제가 있다는 지적이 공산당으로부터 제기되자, 좌익진영은 이박사와 거리를 두기 시작했고 끝내 그가 주도하는 통일운동에는 참여하지 않았다.57)

통일전선 결성이 여의치 않게 되자, 현실적으로 정계에 영향력을 발휘하고 있는 인민공화국측과 대한민국임시정부측을 통합해 새로운 정치조직을 결성하려는 움직임이 1946년 초에 일어나기도 했다. 양 단체를 변증법적으로 지양해 민족 전체의 의사를 반영할 수 있는 기구를 조직하려고 한 것이다. 그러나 이 역시 아무런 성과를 거두지 못하고 말았

李觀述, 金炯善, 安好郁. 한민당: 張德秀, 金炳魯. 국민당: 崔錫柱, 嚴雨龍 <每日新報>, 1945년 10월 13일.

56) <朝鮮人民報>, 1945년 10월 15일.
57) 좌익진영은 이박사는 덮어놓고 뭉치자는 무원칙 통일론자이며, 민족통일의 명예를 독점하려는 야욕으로 독촉을 졸속 조직했고, 결국은 반동세력의 괴뢰이며 친일파 민족반역자의 포로로 화하고 만 정체가 폭로됐다고 비난했다. 李康國, "非常國民會議의 解剖," 『新世代』 1권 2호(1946년 5월), 19쪽. 朴憲永이 이박사의 제의로 구성되는 독촉에 대해 비민주적이며 참가한 단체 중에는 모 정당에서 만든 정당이 많다며 반대한 것에 대해 좌담회에 참석한 한민당의 咸尙勳은 다음과 같이 비판했다. "黨首인 朴憲永씨가 그런 말씀을 했다는 것은 적어도 一黨의 責任者로서 할 말이 아니고 이것은 民族統一戰線에서 스스로 離脫하는 落伍者이라고 생각합니다." "座談會: 政黨統一과 經濟對策," 『春秋』 제5권 1호(1946년 2월), 20쪽.

다. 신탁통치 문제의 대두를 계기로 정국의 주도권을 장악했다고 생각한 임시정부측에서 정통성을 주장하며 인공과의 통합에 소극적으로 나왔기 때문이다.58)

정부차원의 통합논의가 무산되자 다시 정계에 큰 비중을 차지하고 있던 정당을 중심으로 행동의 통일을 모색해 보자는 움직임이 일어났다. 1946년 1월 6일 공산당, 국민당, 한민당, 인민당의 4개 정당이 모여 탁치문제의 대두를 계기로 발생한 국내 정계의 분열과 대립을 해소하고 민족통일의 분위기를 조성하기로 의견의 일치를 보았다. 회의를 마친 후 4당 대표들은 탁치문제와 테러문제에 관해 공동성명을 발표했다.59) 당시 탁치문제는 전 민족의 관심사항이었고, 테러문제는 한민당의 수석총무인 송진우가 괴한에 의해 피살당함에 따라 정계의 관심사항이 돼 회합이 이루어진 것이다. 이처럼 4개 정당 명의로 공동성명이 발표되자 통일논의는 급속도로 진전되는 양상을 보였다.

그러나 공동성명 발표 다음날에 한민당은 긴급 간부회의를 열고 공동성명 중 탁치문제에 관한 조항은 한민당이 견지해 오던 반탁정신을 몰각한 것이기 때문에 이를 승인하지 않는다고 결의하는 바람에60) 통일논의는 다시 원점으로 돌아가고 말았다. 결의문의 구절이 탁치를 지지하는 듯한 인상을 줄 우려가 있다는 이유에서였다. 이와 아울러 국민당도

---

58) 인공과 임정의 통합논의 경위에 대해서는 심지연, 『人民黨硏究』, 50-55쪽 참조.
59) 4당 공동성명의 전문은 다음과 같다. "一. 莫府三相會議의 朝鮮에 關한 決定에 對하야 朝鮮의 自主獨立을 保障하고 民主主義의 發展을 援助한다는 精神과 意圖는 全面的으로 支持한다. 信託(國際憲章에 의하야 疑懼되는 信託制度)는 새로 樹立되는 政府가 自主獨立의 精神에 基하야 解決케 함. 二. 政爭의 手段으로 暗殺과 테로行動을 敢行함은 民族團結을 破壞하며 國家獨立을 妨害하는 自滅行動이다. 祖國의 統一을 爲하야 싸우는 憂國之士는 모든 이러한 反民族的 테로行動을 絶對反對하는 同時에 모든 秘密的 테로團體와 結社의 反省을 바라며 그들의 自發的으로 解散하고 各自 眞正한 愛國運動에 誠心으로 參加하기 바란다." 朝鮮通信社, 『朝鮮年鑑(1947年版)』, 24-25쪽.
60) <東亞日報>, 1946년 1월 9일.

독자적인 입장을 취하겠다고 밝힘으로써 정당간의 행동통일을 모색했던 공동성명은 무효화되고 말았다. 이후 4개 정당 외에 신한민족당이 새로 참가해 5개 정당회의를 개최, 정당간의 통합문제를 논의했으나 아무런 결론도 내리지 못하고 말았다.

이처럼 해방 직후부터 1946년 초까지 남한에서는 이념의 차이를 떠나 정부차원 또는 정당차원에서 통합을 모색하는 모임이 여러 번 있었다. 정당·사회단체들이 분단과 탁치문제로 초래된 위기를 극복하기 위해서는 힘을 합쳐야 한다고 느꼈기 때문이다. 그러나 정당구도를 근본적으로 바꾸어야만 극복할 수 있는 매우 엄중한 위기였음에도 불구하고, 당시의 정당은 자신의 입장을 지나치게 강조하는 바람에 민족적 역량을 모두 집결시킬 수 없었다. 그리하여 결국은 민족의 역량을 이념에 따라 재단하는 사태가 초래됨으로써 우익진영은 우익진영대로, 좌익진영은 좌익진영대로 행동통일을 위한 별도의 기구를 설치했다.[61]

이후 양 진영의 통일전선은 사사건건 대립하며 정국의 주도권을 장악하기 위해 총력을 기울였다. 민족이 위기에 처해 있다고 분석했으면서도, 그리고 이의 극복을 위해서는 민족이 통일을 이루는 길밖에 없다는 것을 인식하고 있었음에도 불구하고 좌우는 끝내 통합을 이루지 못하고 말았다.

북한의 경우 1946년 2월 8일 북조선임시인민위원회가 출범하면서 민주개혁이라는 명칭을 내걸고 사회주의화가 본격적으로 추진됐으며, 체제의 공고화를 위해 각 정당과 사회단체에서도 소속 당원과 구성원을 동원하는 일에 적극 나섰다. 북한에서의 이러한 동원작업은 제1차 미소공위가 무기 휴회되자 보다 조직적이고 체계적인 양상을 띠게 되는데, 그 일환으로 통일전선이 결성되게 됐다. 이는 1946년 7월 22일 김일성의

---

61) 좌익진영은 통일전선체로서 민주주의민족전선(약칭 민전)을 결성했으며, 우익진영은 김구와 이승만 양파로 나누어져 통합이 추진되다가 탁치문제를 계기로 남조선대한민국대표민주의원(약칭 민주의원)이라는 단일적인 단체를 결성하게 된다.

제의에 의해 이루어진 것으로, 그는 미국의 침략야욕과 친일파 민족반역자들의 발호로 정부수립이 방해를 받고 있다고 단언하고[62] 조국이 위기상태에 처했음을 강조했다. 그리하여 정당·사회단체가 개별적 입장에서 전개하던 주민 동원작업을 지양하고 유기적인 통일을 이루어 이를 극복하자고 주장했다.

이에 따라 북한의 4개 정당(북조선공산당, 조선신민당, 북조선민주당, 천도교청우당)과 북조선직업총동맹 등 15개 단체가 참여해 북조선민주주의민족통일전선(약칭 북조선민전)을 결성했다. 북조선민전을 결성하기 위한 각 정당·사회단체 지도자회의에서는 통일전선을 견고하게 확대하며 인민대중을 광범위하게 조직해 북조선임시인민위원회 주위에 튼튼히 결집시킬 것을 결의했으며, 기본과업으로 인민의 정권기관인 인민위원회를 강화·발전시킬 것 등을 제시했다.[63]

이념적 대립이 극복되지 않은 상태에서 위기탈출 방안으로 좌우 양진영이 별도의 구심점을 형성하기 위해 노력했던 남한과 달리, 북한에서는 민주역량을 강화·발전시킨다는 명목으로 사회주의적 성향의 정당·사회단체의 존립만이 용납됐고 이러한 이념적 동질성을 바탕으로 통일전선을 결성했던 것이다. 남북한이 처하고 있는 체제상의 차이가 이처럼 통일전선 결성방식의 차이를 낳았으며, 이를 계기로 북한의 정당은 자율성과 독자성을 상실하게 됐고, 이로 인해 북한의 정당구도는

---

62) 북한은 통일전선 결성의 필요성을 다음과 같이 서술했다. "쏘미공동위원회 사업의 파탄과 그후에 있어서 남조선에서 진행되어지는 여러 가지 형편은 조선에 대한 미제국주의자들의 침략적 야욕과 친일파 민족반역자들의 책동 밑에서 민주주의임시정부 수립과 민주발전을 방해할 뿐만 아니라 민주주의 정당 사회단체들을 탄압하게 됐다. 남조선의 이러한 정세와 북조선의 급속한 민주발전은 북조선의 민주주의적 제정당과 사회단체의 유기적인 통일을 더욱 요구하였으며 반동세력과의 투쟁은 강철같이 단결된 민주역량의 결속을 또한 절실히 요구하게 되었다." 朝鮮中央通信社, 『朝鮮中央年鑑(1949年版)』, 88쪽.

63) 북조선민전 중앙위원회에서 제시한 과업은 모두 8개 항인데, 전문은 朝鮮中央通信社, 『朝鮮中央年鑑(1949年版)』, 88-89쪽 수록.

획일성과 단순성을 띠게 된다.

3) 좌우합작운동

제1차 미소공위가 아무런 진전 없이 무기휴회에 들어가자 남한 내에서는 경색된 정국을 타개하기 위한 모임이 정치인들 사이에서 몇 갈래로 나뉘어 전개됐다. 그 중 한 흐름이 이른바 중간파라 불리는 여운형과 김규식이 주도한 좌우합작운동으로, 이들은 우선 중도세력이 합친 후 극좌와 극우 양측의 협력을 얻어 통일정부를 수립하려고 했다.

이들은 무엇보다도 미소공위의 무기휴회를 민족의 위기로 파악했다. 그리고 일부에서 추진하는 대로 단독정부가 수립될 경우 민족의 분열과 국토의 분단이 영구화돼 민족상잔의 비극을 초래할 위험이 있다고 느꼈다. 미소공위의 성공만이 한반도문제를 해결할 수 있는 길이라고 믿었던 여운형은 미소공위의 휴회로 정부수립이 지연되는 데 대해 커다란 우려를 표명하고,[64] 좌우가 자주 만나 민족의 대표기관을 만들자고 주장했다. 김규식의 경우도 국토분단의 위험을 극복하고 통일 민족국가의 건설을 이루기 위해서는 좌우가 합작하지 않을 수 없다고 인식하고 있었다.[65] 따라서 이들은 국가와 민족 앞에 다가온 위기로부터 탈출하기 위해서는 좌우의 합작으로 미소공위의 속개를 촉구해야 하며, 이를 성공시켜야만 한반도 전체의 통일을 이룩할 수 있다고 보았고, 이것이 정부수립의 첩경이라고 생각하고 있었다.

여운형과 김규식이 느꼈던 위기의식에 미군정당국도 공감, 1946년 5월 하순부터는 미군정측이 주선해 두 사람 사이의 사적인 모임은 본격적으로 좌우합작에 관한 의견을 교환하는 모임으로 바뀌었다. 당시 미국은 중국에서 국공합작을 적극적으로 추진하고 있었고, 한반도문제도

---

64) <獨立新報>, 1946년 5월 26일.
65) 宋南憲, "尤史 金奎植," 한국사학회 편, 『韓國 現代人物論 II』(乙酉文化社, 1987), 107쪽.

좌우합작에 의해 미소공위를 재개시켜 해결할 수 있으리라는 희망을 갖고 있었기 때문에 이를 후원했던 것이다. 이를 반영해 하지 사령관은 남한의 민중이 정치지도자간에 협동이 있기를 바라고 있으므로, 미군사령관으로서 합작노력을 전적으로 인정하고 지지한다는 내용의 특별성명을 발표하기도 했다.66)

이에 힘입어 1946년 7월 10일에는 우측 대표로 김규식, 원세훈, 김붕준, 안재홍, 최동오 5인이 선임됐고, 좌측 대표로 여운형, 허헌, 정노식, 이강국, 성주식 5인이 선임돼 좌우합작위원회가 구성됐다. 이후 좌우 양측은 합작의 원칙으로 5원칙과 8원칙을 각각 제시, 합작의 조건을 논의했다. 좌익이 제시한 5원칙의 골자는 3상회의 결정의 전면지지, 인민위원회로의 정권이양, 토지개혁, 친일파 배제 등이었고, 우익측이 제시한 8원칙의 골자는 남북을 통한 합작으로 임시정부를 수립하며, 미소공위의 재개를 요청하며, 탁치문제는 임시정부 수립 후 결정하며, 전국적으로 언론의 자유를 절대 보장한다는 것 등이었다. 양측이 제시한 원칙은 종래의 주장을 되풀이한 것으로, 외형상으로는 합작원칙이나 실상은 불합작원칙이라는 평가가 나올 정도로 새로운 의사의 표시는 없었다.67) 이로 인해 우익측은 좌익을 공산혁명을 고집해 "합작을 불가능케 하려 한다"고 비난했고,68) 좌익측은 우익을 "반동적인 이승만노선의 재판"이라고 비난했다.69)

합작원칙 제시 후 각 진영이 내부분열과 대립으로 합작에 진전을 보지 못하자, 하지 사령관은 46년 8월 24일 김규식, 여운형 양인에게 회담의 성공을 희망하는 내용의 서신을 보내기도 했으며, 여운형은 김일성의 진의를 파악하고 타개책을 모색하기 위해 북한을 방문하기도 했다.70) 어느 누구보다도 민족의 위기를 피부로 깊이 느꼈던 여운형과 김

---

66) <서울신문>, 1946년 6월 30일.
67) 吳基永, "五原則과 八原則,"『新天地』제1권 8호(1946년 8월), 17쪽.
68) 咸尙勳, "左右合作 五原則에 對한 批判,"『新天地』제1권 8호(1946년 8월), 30쪽.
69) 權泰燮, "右翼八原則의 分析과 그 批判,"『新天地』제1권 8호(1946년 8월), 35쪽.

규식이었기 때문에, 이들은 비공식적으로 회의를 거듭하며 절충을 모색하다가 합작 7원칙에 합의하고 10월 7일 이를 발표했다.

합작 7원칙은 3상결정에 의거해 통일된 정부를 수립하며, 토지개혁에 대해서는 몰수, 유조건몰수, 체감매상 등으로 토지를 농민에게 무상 분배하며, 친일파문제를 처리할 입법기구의 설치를 제안할 것 등이었다. 7원칙이 발표되자 미군정측은 민족의 통일을 위해 진력하는 애국열에 찬사를 보낸다는 내용의 성명을 발표하기도 했다. 그러나 중간파와 미군정측의 만족과는 반대로 좌익진영이나 우익진영의 주류는 불만을 나타냈다.

좌익진영의 통일전선체라고 할 수 있는 민전은 의장단회의를 열고, 좌우합작을 반대한다는 성명을 발표했다. 합작이 본연의 사명을 떠나 남북통일과 독립을 방해하는 입법기관 설치문제를 중심으로 전개되고 있기 때문에 배격하지 않을 수 없으며, 좌익측이 제시한 5원칙만이 독립을 달성하기 위한 유일한 길이기 때문에 이를 떠난 합작에는 절대 반대한다고 주장했다.[71] 우익진영의 큰 축을 이루고 있던 한민당도 합작위에서 제시한 원칙에 반대하기는 마찬가지였다. 즉 합작 7원칙에 모호한 점이 있다고 논평하고, 이는 합작위원회 자체 내의 약정이지 다른 정당·사회단체에 대한 구속력은 없는 것이라고 단언했다. 한민당이 이처럼 7원칙을 반대한 것은 7원칙에 규정된 토지개혁의 내용이 자신들의 지지기반이라고 할 수 있는 지주계급의 이익에 정면으로 배치되는 것이었기 때문이다.[72]

민족적 위기에서 벗어나기 위해 이념적으로 가까운 중간적인 정치세력이 우선 결합하고, 이를 바탕으로 정당·사회단체를 망라해 통일정부를 수립하려 했던 좌우합작의 구상은 이처럼 양 진영 내에서 주도권을 장악하고 있다고 확신했던 세력에 의해 거부당하고 말았다. 이들은 독

---

70) 呂運弘, 『夢陽 呂運亨』(靑廈閣, 1967), 210쪽.
71) <獨立新報>, 1946년 10월 13일.
72) 沈之淵, 『韓國現代政黨論』(창작과비평사, 1984), 79쪽.

자적으로도 능히 정국을 주도할 수 있다고 생각했다. 그리고 자신이 원하는 구도로 정당들의 위상을 구조화하려고 했기 때문에, 자신의 위상에 변화를 초래할지도 모르는 정당구도라고 생각한 좌우합작에 반대한 것이다. 이는 바꾸어 말하면 민족적 위기의 극복보다는 계급적 이익의 확보를 우선시한 것으로, 합작의 필요성을 느끼지 못한 행위의 소산이라고 할 수 있다.

비록 미군정측이 후원했다고 하더라도 좌우합작은 민족적 위기를 극복하기 위한 방안으로 제시된 것이었다. 그러나 좌우 양 진영의 주류가 반대함으로써 합작은 별다른 진전을 보지 못했다. 이로써 극좌와 극우를 배제한 채 중간세력을 구심점으로 해서 새로운 정당구도를 마련하고, 이를 바탕으로 통일정부를 수립하려고 한 노력은 실패로 끝나고 말았다. 그렇지만 당시 좌우합작위원회가 한미 공동회담을 개최해 미군정의 실정과 경찰의 부당한 조치 및 통역정치의 폐단에 대한 시정을 요구하는 등 정국과 민생의 안정을 위해 노력하고 기여한 측면은 높이 평가해야 할 부분이라고 할 수 있다.[73]

4) 남·북 노동당의 결성

(1) 북조선노동당

남한에서 정당구도를 재편성하기 위해 좌우합작이 추진되는 것과 궤를 같이해 북한에서도 비슷한 시기에 정당의 구도를 재편성하는 작업이 추진됐다. 북한 나름대로 위기라고 할 수 있는 국면이 형성되자 이를 극복할 필요가 있었던 것이다. 그러나 남한에서의 재편성이 개인 또는 정당차원에서 먼저 주도하는 형태로 이루어진 반면, 북한의 경우에는 권력이 주도적으로 정당구도를 개편하는 형식을 취하고, 이것이 다시 남

---

[73] 1946년 10월 대구지역을 중심으로 전국적으로 발발한 유혈사태에 대해 좌우합작위원회는 보고서를 통해 그 원인을 분석하고 수습책을 제시했다. 심지연, 『대구 10월항쟁 연구』(청계연구소, 1991), 38-39쪽 참조.

한의 정당에 영향을 미치는 양상으로 전개됐다. 바로 이것이 북조선공산당과 조선신민당을 합쳐 북조선노동당(이하 북로당)이 출범하게 된 배경이라고 할 수 있으며, 이로 인해 북한은 종래의 4당 구도에서 3당 구도로 바뀌게 된다.

일차적으로 소련군당국은 미소공위의 휴회로 통일정부 수립이 지연됨으로 인해 생긴 일반 민중의 불만을 해소해야만 했다. 조만식을 제거하면서까지 3상결정에 반대하는 세력을 제거했고 미소공위의 성공으로 한반도문제가 해결되리라 확신했던 소련군측으로서는74) 정부수립 지연에 따르는 일종의 위기를 극복해야만 했다. 이에 따라 무엇인가 강력한 조치를 취할 필요가 있었고, 바로 이러한 필요성에서 보다 광범위하고 대중적인 지지기반을 갖춘 거대정당의 출현이 요청됐다.

합당을 어느 당에서 먼저 제의했는가 하는 문제에 대해서는 신민당이 먼저 제의했다는 주장과 공산당이 먼저 제의했다는 주장이 엇갈리고 있다.75) 그러나 이는 형식에 불과한 것이고, 실제로는 신민당의 영향력이 증대하는 것을 막기 위해 소련군당국이 합당하도록 압력을 가한 것이라는 분석이 보다 설득력이 있다고 할 수 있다.76) 즉 "광범하게 근로대중을 조직하며 훈련하며 영도하며 또 투쟁에로 이끌고 나갈 수 있는 근로

---

74) <解放日報>, 1946년 1월 17일.
75) 김일성은 북조선노동당 창립내회에서 신민당이 먼저 합당을 제의했다고 수상하고 있다. 북조선로동당 중앙본부, 『북조선로동당 창립대회: 제 재료』, 13쪽. 이와 반대로 민전은 공산당이 먼저 합당을 제의했다고 기록하고 있다. 民主主義民族戰線 編, 『朝鮮解放年報』(文友印書館, 1946), 455쪽. 이처럼 양측의 주장이 엇갈려 이 문제는 앞으로 규명해야 할 사항의 하나로 남아 있다.
76) 공산당은 실질적인 권력을 장악하고 있었고 신민당은 광범위한 지지기반을 갖고 있었기 때문에 양당은 통합의 필요성을 느꼈다. 그러나 바로 이러한 상호 필요성 때문에 합당을 먼저 제안한다는 것은 스스로 자신의 열세를 인정하는 상황이 됐다. 따라서 제3자의 주선과 중재 없이 합당은 불가능했고, 바로 이런 점에서 합당문제는 소련군의 이해와도 부합돼 추진될 수 있었던 것이다. 『美軍政情報報告書』 제12권(日月書閣, 1986), 211쪽.

인민의 전위부대로서 활동'[77])할 수 있는 정당을 만들어 본격적으로 민주기지를 건설하기 위한 것이었다.

원래 공산당과 신민당은 사상과 이념에 차이가 있었으며 경쟁적으로 당원을 확보하기 위해 노력했지만, 어느 면에서 합당은 예견된 것이기도 했다. 공산당은 노동자계급의 전위정당으로서 노동자·농민의 이익과 그들의 정치적 해방을 쟁취하는 데서 그 존재의의를 찾고 있었으며, 신민당은 계급·계층을 불문하고 누구나 참여할 수 있는 정치결사로서 근로인민과 지식층, 소시민은 물론 양심적인 자산가까지 포섭해 왔다.[78] 그러나 북한의 통일전선체인 북조선민전이 결성돼 사회주의적인 개혁이 강력히 추진되고 있었고, 공산당이 엄연히 존재하며 정국의 주도권을 장악하고 있는 마당에 신민당은 공산당과 보조를 같이하는 것 외에는 달리 정권에 참여할 방도가 없었다.

그리하여 1946년 7월 29일에는 양당 확대연석회의가 개최돼 양당이 합당하기로 최종 결정을 보았다. 양당의 합당은 지방별로 합당대회를 거친 후 8월 28일부터 30일까지 평양에서 창립대회를 개최함으로써 이루어졌다. 북로당 창립대회에서 김일성과 김두봉은 합당의 의의를 다시 한번 강조했다.[79] 양당의 합당으로 북한에서 공산당과 신민당의 활동은 공식적으로 막을 내리고, 거대정당인 북로당이 출범해 정국을 주도하는 정당구도가 된다.

---

77) 朝鮮中央通信社, 『朝鮮中央年鑑(1949年版)』, 89쪽.
78) <獨立新報>, 1946년 8월 4일.
79) 이 자리에서 김일성은 진정한 민주주의를 위한 투쟁을 완수하기 위해 양당이 합당한 것이며 이는 시대적 요청이라고 주장했고, 김두봉은 긴박한 객관적 정세가 양당을 긴밀하게 단결하고 통일할 것을 요구하고 있다고 주장했다. 두 사람의 발언 전문은 북조선로동당 중앙본부, 『북조선로동당 창립대회: 제 재료』, 2-33쪽 수록.

(2) 남조선노동당

북로당은 창립을 마친 후 남한에서 공산당, 인민당, 신민당 3당이 합당을 추진하는 것이 인민들의 모든 민주주의 역량을 단결시키기 위한 거대한 역사적 의의를 갖는 것이라는 내용의 결의문을 채택했다. 이에 박헌영도 합당을 먼저 실현하지 못한 것이 유감이라고 할 정도로[80] 남한의 좌익진영은 커다란 자극을 받아 합당을 추진, 정당구도에 커다란 변화를 초래하게 된다. 이를 계기로 남한 내 좌익 3당의 합당공작이 활발하게 추진됐으며, 미군정의 후원하에 추진되던 좌우합작이 이의 영향을 받아 잠시 중단되기도 했다.

당시 박헌영과 공산당은 감당할 수 없을 정도로 위기에 처해 있었다. 미소공위가 무기 휴회되자 곧바로 미군정당국에 의해 조선정판사 위조지폐사건이 발표됐고, 당 기관지인 <해방일보>가 무기 정간처분을 받았으며, 당 간부가 체포되고 당사마저 폐쇄당하는 등 공산당은 이미지가 실추돼 큰 타격을 받지 않을 수 없었다. 또한 당내 박헌영의 리더십에 반기를 들고 사사건건 이의를 제기하는 세력의 존재 역시 극복하지 않으면 안 되는 위기의 하나였다.[81] 이와 아울러 중간파가 중심이 돼서 미군정의 후원 아래 좌우합작을 추진하자, 그는 더욱더 위기의식을 느꼈다. 합작의 배후에는 우익정권을 수립해 종국적으로는 공산당을 배제하려는 음모가 도사리고 있다고 파악했기 때문이다.[82]

이처럼 박헌영 자신이 위기에 처해 있다고 인식하고 위기탈출을 위한 방안으로 '신전술'을 채택하며 미군정과 투쟁을 개시하려던 상황에서[83]

---

80) <朝鮮人民報>, 1946년 8월 2일.
81) 공산당 내의 파벌문제에 관해서는 張福成, 『朝鮮共産黨 派爭史』(大陸出版社, 1949) 참조.
82) 박헌영은 "暴力下에 强制合作은 絶對反對"라는 제목의 글에서, 합작이란 반동적인 친일파 영도하에 있는 우익의 주장을 실현하기 위한 것으로, 인민들은 이러한 관제적인 강제 통일을 절대 반대할 권리를 당당히 갖고 있다고 주장했다. <朝鮮人民報>, 1946년 8월 5일.
83) 박헌영은 1946년 7월 26일을 기점으로 "수세에서 공세로, 퇴거에서 진격으로"

대두된 것이 북로당의 창립이었고, 또 북로당에 의한 남한 좌익진영의 합당 촉구였다. 그리하여 위기를 극복하기 위한 방안으로 한편으로는 신전술을 지시해 미군정의 옳지 못한 정책에 대해 맞서 싸울 것을 촉구하면서, 다른 한편으로는 3당 합당을 추진했다. 위기에서 탈출하기 위해 강온 양면전술을 구사한 것이다.

남한에서의 합당은 인민당이 먼저 제기함으로써 이루어지게 된다. 인민당은 1946년 8월 1일과 2일 이틀간 중앙위원회를 개최해 합당문제를 논의했고, 3일에는 중앙집행위원회를 열어 만장일치로 공산당과 신민당 양당에 합당을 제안하기로 결의했다. 인민당은 합당 제안문에서 "민주주의적 건설을 현단계의 과업으로 하고 있는 이상 그 세력을 분산시키고 때로는 무용의 마찰을 가져올 우려가 없지 않은 정당의 별립은 무의미하다고 생각"[84]하기 때문에 3당은 '한 개의 거대한 정당'으로 통합해야 한다고 주장했다.

인민당의 합당제의에 공산당과 신민당 모두 적극적인 찬성을 표했다. 국내정세가 하나의 크고 참된 민주정당의 출현을 요구하고 있으며, 합당의 취지가 민주역량을 전면적으로 확대·강화하는 것이기 때문에 동의한다는 것이었다. 위기극복의 방안으로 힘을 합치자는 원칙에 3당은 쉽게 의견의 일치를 보았다. 이로써 남한의 3당 합당은 순조롭게 진행되는 것처럼 보였다. 그러나 각 당 내부에서 합당의 방법문제를 놓고 이견이 대두, 합당문제는 난항을 겪게 됐다. 각 당이 내부적으로 충분한 논의와 민주적인 절차를 거치지 않고 서두르는 바람에 오히려 주류와 비주류의 분열만 노정되는 사태를 빚고 만 것이다.[85] 이는 북한에서처럼 권력을 확고하게 장악하고 있는 정당과의 합당이 아니었기 때문에 반대

돌진하라는 지령, 이른바 신전술을 내렸다. 朴馹遠, 『南勞黨 總批判』 上卷(極東情報社, 1948), 48쪽.

84) <朝鮮人民報>, 1946년 8월 5일.

85) 합당의 방법문제로 인해 빚어진 각 당의 내분상태에 대해서는 김남식, 『南勞黨研究』, 252-257쪽 참조.

의사에 대해 견제 또는 수렴할 수 있는 자원이 없는 탓이기도 했다.

합당문제를 둘러싸고 빚어진 당내 분규는 지도부의 대립에만 그친 것이 아니라 하부 당원에까지 미쳐 공산당은 간부파와 대회파로, 신민당은 중앙파와 반중앙파로, 인민당은 31인파와 48인파로 나누어지게 됐다. 결국 3당이 6개 파로 갈렸고, 이 6개 파가 박헌영과 여운형을 중심으로 재편되는 사태가 벌어져, 양측이 합당의 주도권을 놓고 치열한 경쟁을 벌이게 됐다. 여기서 박헌영을 추종하는 세력은 남조선노동당(이하 남로당)을 결성하는 방향으로 나아갔고, 여운형을 따르는 세력은 사회노동당(이하 사로당)을 결성하는 방향으로 나아갔다.

이처럼 합당이 두 갈래로 추진돼 우열을 가늠할 수 없는 대립이 지속되는 바람에 북로당이 남한의 좌익진영에 영향력을 행사할 수 있는 공간이 형성됐다. 양측이, 마치 1925년 조선공산당 각 파벌이 코민테른의 인준을 받기 위해 경쟁했던 것처럼[86] 경쟁적으로 북로당의 인준을 받기 위해 노력했기 때문이다. 이런 상황에서 북로당은 1946년 11월 16일 사로당을 분파주의로 규정하는 결정서를 발표, 사로당을 재기 불능의 상태로 만들었다.[87] 이 결정서를 계기로 사로당은 열세를 만회할 길이 없어졌다.[88] 북로당의 창립에 영향을 받아 남한에서도 합당을 추진한 것

---

[86] 바로 이 때문에 공산당은 해체되는 수모를 당했다고 김일성은 다음과 같이 주장했다. "1920년대 조선공산당 관계자들이 감자도장을 가지고 저마끔씩 국제당으로 찾아다니었지만, 그것은 령도권쟁탈을 위한 파벌행각이었지 공산주의운동을 발전시키기 위한 참다운 의미에서의 활동이 아니였습니다. 그런 행각 끝에 차례진 것이 바로 조선공산당 해산이라는 수치스러운 결과였고 1국1당제에 의한 다른 나라 당에로의 의무적인 전당이였습니다." 김일성, 『세기와 더불어』 8 (조선로동당출판사, 1998), 106-107쪽.

[87] 북로당은 "남조선 '사회노동당'에 관한 결정서"에서 박헌영 선생을 수위로 한 남조선노동당 창건사업을 절대 지지한다고 주장하면서, 사로당을 조직하는 것은 미군정의 반인민적 통치를 합리화시키는 것이라고 매도했다. 결정서 전문은 <獨立新報>, 1946년 11월 27일.

[88] 이후 사로당은 해체되고, 사로당 결성을 추진했던 인물들이 다시 중심을 이루어 후일 근로인민당을 결성했다. 근로인민당의 결성과정 및 그 조직에 대해서는

인데, 위기극복 방안의 모델이 된 북로당이 사로당을 비판하고 나서자 사로당은 존립근거를 박탈당한 것이나 마찬가지였기 때문이다.

북로당의 사로당 견제로 남로당은 남한 좌익진영 내에서 지도적 지위를 차지할 수 있게 됐다. 그러나 남로당의 주도권 장악이 자체의 노력에 의한 것이라기보다는 북로당의 지원에 힘입은 것이었기 때문에, 남로당의 자율성은 훼손될 수밖에 없었다. 이와 아울러 남로당 지도부가 미군정의 수배를 피해 북한에 피신해 당의 활동이 자유롭지 못해 상대적으로 위축된 상태였기 때문에, 제반 측면에서 남로당은 북로당에 의존하는 구조가 됐다. 따라서 박헌영은 남로당의 결성으로 리더십 위기에서 벗어날 수는 있었지만, 역학관계라는 측면에서 보면 이는 좌익진영 내에서 북로당의 우위를 확고하게 만드는 계기가 됐다고 할 수 있다.

5. 맺음말

해방정국에서 활동한 정당들은 위기상황에 처할 때마다 이를 극복하기 위해 다방면으로 많은 노력을 기울였다. 이러한 행위 중 가장 전형적으로 나타난 것은 다른 정당 또는 정파간의 통합이었다. 위기에 대한 인식이나 처방은 각각 달랐으나, 정당 또는 정치지도자들은 독자적인 노력만으로는 이에서 벗어날 수 없다고 믿었기 때문에 통합을 모색한 것이었다.

당시 위기의 본질은 미소 양군의 진주로 인한 국토의 분단과 정부수립의 지연으로부터 초래된 것이었다. 그럼에도 불구하고 위기에 대한 인식이나 이를 해결하기 위한 과제의 설정은 이념에 따라 달리하고 있었는데, 이로 인해 정계는 합리적인 방안을 모색하지 못하고 좌우로 나

심지연, 『人民黨硏究』, 158-168쪽 참조.

누어져 갈등과 대립을 계속하게 된다.[89] 민족적 견지에서 생각하고 상황을 파악하려고 하기보다는 정파의 이익을 앞세워 정국을 주도하려고 했기 때문이다.

이처럼 분열적 양상을 보인 데 대한 반작용으로 해방정국 초기에는 모든 정당과 정파를 통합해 통일전선을 결성하려는 움직임이 있었으나, 제대로 결실을 맺지 못하고 말았다. 민족적 위기의 실체에 대한 인식이 달랐던 데다 초기에만 해도 각 정당이 독자적인 정국주도를 자신하고 있었기 때문이다. 결국 통일전선 결성은 정파적 이익을 떠난 몇몇 독지가들의 개인적인 희망사항에 그치고 말았으며, 이로 인해 단일적인 정당구도를 마련하고자 하는 시도는 불발로 끝나고 말았다.

정당들이 독자적인 정국주도에 대한 자신감을 잃게 된 것은 1차 미소공동위원회가 무기 휴회된 1946년 5월 이후부터였다. 한반도문제에 대한 미국과 소련의 견해차이가 표면화돼 통일정부의 수립이 어려워졌으며, 단독정부를 수립하는 방향으로 정국이 전개됐기 때문이다. 이와 같은 민족의 분열과 국토의 분단이라는 위기에 당면해 가장 적극적으로 이를 극복하려고 한 세력은 여운형과 김규식을 중심으로 한 중간파들이었다. 이들의 통합노력은 좌우합작이라는 명분하에 추진됐으나, 역시 결실을 맺지는 못하고 말았다. 좌우익을 불문하고 중간진영의 통합이 결국은 자신의 계급적 이익을 손상시킬 것이라고 생각했기 때문에 반대한 것이다. 또한 중간파가 주도하는 정당구도가 정착될 경우 초래될지도 모르는 자신들의 정치적 위상의 변화에 대해서도 불안해했기 때문에 양 진영이 모두 반대한 것이었다.

해방정국에서 정당구도의 변화가 본격적으로 일어나는 계기가 된 것은 정당제도가 다원화된 남한사회가 아니라, 단일화된 북한사회에서 있었던 북로당의 창립이었다. 북한을 점령하고 있던 소련군이 당시 대내

---

89) 해방의 의미 및 그 과제에 대한 각 진영의 입장에 관해서는 沈之淵, "해방의 의미와 해방정국의 전개," 金浩鎭 編, 『韓國現代政治史』, 38-46쪽 참조.

외적으로 처했던 위기를 극복하기 위해, 그리고 소련군의 후원에 힘입어 북한을 실질적으로 통치하고 있던 북조선공산당이 당면하고 있던 위기에서 벗어나기 위해 조선신민당과 통합을 실현했던 것이다.

북한에서 정당구도를 바꾼 통합은 일차적으로는 소련군과 공산당이 자신들이 처한 위기를 극복하기 위한 의도에서 이루어진 것이었지만, 부수적으로는 남한의 정당구도를 바꾸는 결과를 빚기도 했다. 당시 위기국면에 처해 이에서 벗어나기 위한 방안을 모색하고 있던 남한의 좌익진영 역시 현실적인 대안으로 통합을 추진했기 때문이다. 당 내외적으로 반발이 따르기는 했지만 남로당이 결성됐고, 좌익진영은 남로당의 주도하에 위기극복에 나서게 된다.

남로당의 결성은 한반도 좌익진영의 역학관계라는 측면에서 볼 때 북로당의 우위를 인정하는 하나의 전환점이 된다. 이를 계기로 남로당은 북로당의 노선에 추종하는 현상이 나타났고, 이후 북한은 남한의 좌익세력에 대한 후원자로 자처하게 됐기 때문이다. 당시 남로당 결성은 남한 우익진영의 분발과 결속을 촉진시켰는데, 바로 이 점에서 북로당은 간접적이기는 하지만 남한의 정치에도 영향을 미쳤다고 할 수 있다.

엄밀한 의미의 정당정치가 정착될 수 없었던 해방정국이었지만, 정당들은 정국을 주도하기 위해 나름대로 온갖 노력을 기울였다. 이 과정에서 내외적으로 대두되는 위기를 극복하기 위한 방안으로 다른 정당과의 통합을 모색, 세력의 극대화를 꾀하고, 이를 통해 정당들은 새로운 가능성을 추구했던 것이다.

| 제 2 장 |

이승만정부하의 정당구도 분석

1. 머 리 말

　대내외적인 위기를 극복하기 위한 의도에서 정당간 통합을 모색했던 해방정국의 정치행태는 정부가 수립된 이후에도 그대로 나타나고 있기는 마찬가지여서, 이것이 한국 정당정치의 특징 중의 하나로 자리잡고 있음을 알게 된다. 이러한 위기와 통합의 정치행태는 무소속 후보들의 대대적인 원내진출로 인해 더욱 분명하게 나타나는데, 상대적으로 지지기반이 약했던 당시의 정당으로서는 이들의 흡수를 통한 세력확대로 자신이 처한 위기를 극복하고, 나아가 정권을 장악하려고 했던 것이다.
　1948년 5월 10일 실시된 제헌의원 선거에는 무소속 후보가 대거 출마해 해방정국에서 나타났던 불안정한 정당구도가 그대로 반영됐다. 즉 전체 출마자 948명 중 417명(44%)이 무소속이었으며, 이 중 85명이 당선, 원내의석의 42.5%를 점했던 것이다.[1] 그러나 이러한 현상은 1950년 5월 30일에 실시된 2대 의원선거에서는 더욱 심화돼 전체 출마자 2,209명 중 무소속 후보는 1,513명으로 68.5%나 됐으며, 이 중 126명이 당선돼 전체 의석의 60%를 차지했다.[2] 또한 1954년 5월 20일 실시된 3대 의원선거에서 무소속 후보가 전체 출마자 1,207명 중 797명(66%)이나 됐고, 이 중

---

1) 中央選擧管理委員會, 『歷代國會議員 選擧現況』(1971), 69쪽.
2) 中央選擧管理委員會, 『歷代國會議員 選擧現況』(1971), 173쪽.

68명이 당선돼 전체 의원 203명 중 33.5%를 차지했다.[3]

　3회에 걸쳐 나타난 이와 같은 무소속 강세현상은 본질적으로 정당정치가 정착되지 못한 신생국가에서 흔히 나타나는 현상이라고 할 수도 있다. 우리의 경우에는 이들이 정당에 대한 귀속감 없이 전근대적인 동기에 따라 이합집산을 반복하는 바람에 정당구도는 더욱더 복잡한 양상을 띠게 된다. 분단상태로 인해 정치무대에서 이데올로기에 입각한 정당균열이 원천적으로 봉쇄된 상황이었기 때문에, 봉건시대의 유산이라고 할 수 있는 지연이나 학연, 혈연과 같은 전근대적인 요소가 상대적으로 강하게 작용할 수밖에 없었고, 이로 인해 원칙 없는 결합과 분열이 지속적으로 나타난 것이다.

　이러한 요인 외에도 정부수립 이후 본격적으로 전개된 권력투쟁이 정당구도를 재편성하게 하는 방향으로 작용했다. 정치권력을 장악하기 위해 정당간에 치열한 권력투쟁이 전개됐고, 이 과정에서 위기극복의 논리가 적용된 것이다. 이는 권력의 상실 또는 약화라고 하는 정치적 위기를 극복하기 위해 노력하는 과정에서, 또는 정치권력의 탈취를 통해 위기를 극복하려고 투쟁하는 과정에서 기존의 정당구도에 변화를 주는 조치가 취해졌음을 의미하는 것이었다.

　여기서 한 가지 지적할 것은 정부수립 이전과 이후에 나타난 위기의 성격이 달랐음에도 불구하고, 위기극복을 위한 정당의 행태는 통합이라는 동일한 행태로 나타났다고 하는 점이다. 해방정국에서는 정당구도의 재편성을 초래한 위기의 본질이 정당의 존립 자체와 관련된 것이었던 반면, 정부수립 이후 초래된 위기는 주로 정치권력의 획득 및 유지와 관련된 것이었다. 이는 여야의 개념이 모호했던 해방정국과 달리, 정부수립 이후에는 권력의 주체가 비교적 명확하게 드러났고 권력투쟁의 목표와 방향이 분명해졌기 때문에 나타난 현상이다. 또한 정부수립 이후에는 건국이념이라고 할 수 있는 자유민주주의를 부정하지 않는 한 존립

---

　3) 中央選擧管理委員會, 『歷代國會議員 選擧現況』(1971), 251쪽.

자체가 부인되는 일은 없었으므로, 정당의 존립의의를 오로지 정치권력의 획득에만 두었기 때문에 초래된 현상이었다고 할 수 있다.

정당구도의 재편성에 관해 여기에서 다루려고 하는 시기는 정부수립 이후 4월혁명이 발발하기까지로, 이는 이승만이 대통령으로 집권하고 있던 기간에 해당된다. 이 동안 몇 차례의 정치적 위기가 있었고, 이의 극복을 목표로 해서 민주국민당(이하 민국당), 자유당, 민주당, 그리고 진보당이 결성됐다. 이들 정당의 결성을 계기로 정당구도에 커다란 변화가 있었음은 물론이다. 이외에도 노농당, 민주혁신당, 통일당 등이 결성됐으나 정당구도에 영향을 줄 정도로 적실성을 갖춘 정당은 아니었기 때문에 분석의 대상에서는 제외했다.

2. 이승만정부의 성립과 위기요인

미·소 양군에 의한 한반도의 분할점령은 남북한에 이념과 체제를 달리하는 별도의 정치체제를 정착시켰는데, 이는 한민족의 염원과는 거리가 먼 것이었다. 일제 식민통치의 잔재를 제거함으로써 민족정기를 바로 세우고, 38도선을 경계로 한 분단상태를 극복함으로써 민족이 하나로 되며, 봉건적인 제반 관행과 제도를 타파함으로써 시민사회의 자유와 권리를 향유하게 하는 것이야말로 어느 누구도 부인할 수 없는 민족의 이상이었다.

그러나 좌우 양 진영은 민족의 이상 실현과는 거리가 먼, 자신이 처한 입장과 노선에 따라 별도의 과제를 내세우면서 대립·갈등하는 양상을 보였고, 여기에 미국과 소련이라는 외세가 개입함으로써 결국은 분단으로 이어졌던 것이다. 해방 3년간 이와 같은 과정을 거치면서 남한에는 이승만을 대통령으로 하는 정부가 수립됐고, 북한에는 김일성을 수상으로 하는 정부가 수립됐다.4) 남한의 경우 이승만정부가 성립됨과 동시에 위기요인이 배태되게 되는데, 이는 이승만정부 성립에 절대적으로 기여했던 한민당과의 권력투쟁으로 인한 것이었다.

1) 5·10선거

해방정국에서 단독정부 수립설이 최초로 제기된 것은 제1차 미소공위가 개회중인 1946년 4월 6일로, 이날 AP통신은 다음과 같이 보도했다.

> 進行中에 있는 共同委員會는 南北統一의 朝鮮自治政府 樹立案이 卒然히 解決될 것 같지 않어 美占領軍 當局은 南朝鮮만에 限하야 朝鮮政府 樹立에 着手했다.5)

이에 대해 단독정부 수립을 반대하고 통일정부 수립을 요구하는 의견이 각계에서 제기됐으며, 미군정측도 정식으로 이를 부인, 단정설은 잠잠해지는 듯했다. 그러나 당시 자신의 정치구상을 설명하기 위해 전국을 순회중이던 이승만이 1946년 6월 3일 이른바 '정읍발언'을 통해 남한만이라도 임시정부를 수립하는 것이 필요하다고 다음과 같이 역설함으로써 단정설을 다시 한번 제기했다.

> 無期休會된 共委가 再開될 氣色도 보이지 않으며 統一政府를 苦待하나 如意케 되지 않으니 우리는 南方만이라도 臨時政府 或은 委員會 같은 것을 組織하여 三八 以北에서 蘇聯이 撤退하도록 世界公論에 呼訴하여야 될 것이니 여러분도 決心하여야 될 것이다.6)

---

4) 해방 후 좌우의 대립 및 단독정부 출현과정에 대해서는 심지연, "해방의 의미와 해방정국의 전개," 金浩鎭 편, 『韓國現代政治史』(法文社, 1995), 46-74쪽 참조.
5) 朝鮮通信社, 『朝鮮年鑑(1947年版)』, 29쪽.
6) <서울신문>, 1946년 6월 4일.

다음날인 6월 4일 이의 진의를 묻는 기자들에게 그는 개인적인 생각이라고 밝히고, 일반민중은 단독정부와 같은 무슨 조직이 있기를 희망하고 있다고 주장했다.[7] 나아가 그는 1946년 6월 29일에는 전민족의 공의라고 단언하면서 민족통일총본부라는 단체를 설립, 자신의 구상을 실천하기 위해 총력을 기울였다. 선거를 통한 자율정부 수립만이 주권을 회복하는 길이라고 강조하면서 자율정부 수립운동을 전개해 나갔던 것이다.[8]

자율정부 수립운동에 대해 좌익진영은 미소공위를 결렬시키고 반소·반공운동을 일으킴으로써 단독정부를 수립하려는 것이라고 맹렬히 비난했다.[9] 그러나 한민당의 경우는 생각이 달랐다. 이승만의 노선에 적극 호응한 것이다. 그리하여 한민당은 미·소관계에 비추어 통일정부의 수립이 어렵다고 판단하고 좌익측의 비난에 대해서는 그 이유를 이해할 수 없다고 반박했다.[10] 이들은 남한에 정부를 수립하는 것이 남북을 영구적으로 분단하는 것이 아니라 하루빨리 남북을 통일시키는 수단과 방법이라고 주장했다.[11] 통일을 이루기 위해서는 통일을 담당할 모체가 없어서는 안 되므로, "단독정부의 수립은 부득이한 조치이며 통일에의 일보 전진"[12]이라는 논리였다.

한편 협의대상 문제로 미소공위가 아무런 진전을 보지 못하고 정체상태에 빠지자, 미국은 한반도문제를 유엔에 상정하고 미소공위의 휴회를 제의했다.[13] 이로써 미소공위는 결렬됐으며, 한반도문제는 유엔으로 이관돼 유엔의 결정을 기다리지 않을 수 없게 됐다. 이는 결과적으로 미국

---

7) <서울신문>, 1946년 6월 6일.
8) 이에 대해서는 李仁秀, 『대한민국의 건국』(촛불, 1995), 91-106쪽 참조.
9) <서울신문>, 1946년 6월 5일.
10) <서울신문>, 1946년 6월 8일.
11) 李相敦, 『鬪爭 三十年: 李相敦政治評論集』(신민당 출판국, 1969), 40쪽.
12) 咸尙勳, 『朝鮮獨立과 國際關係』(生活社, 1948), 64쪽.
13) 미소공위에 임하는 미국과 소련 양국의 입장 및 남한 정치세력의 입장에 대해서는 심지연, 『미소공동위원회 연구』(청계연구소, 1989), 3-68쪽 참조.

이 자신의 영향력이 절대적으로 미치는 유엔을 통해 자신의 의사를 관철시키려고 한 것이었다.

한반도문제를 의제로 채택한 유엔은 한반도문제를 조사하기 위해 임시위원단을 구성해 서울에 파견하기로 결정했다. 이 위원단의 조사결과를 토대로 임시정부 수립방안을 결정하려고 한 것이다. 이들의 입국에 대해 한민당을 비롯한 우익진영은 민주정부 수립을 위한 조치라고 해서 크게 환영한 반면, 남로당, 민전 등 좌익진영은 외부의 간섭 없는 자주정부를 수립해야 한다고 주장하면서 이들의 입국을 반대했다.14)

1948년 초 서울에 도착한 유엔임시위원단은 한국의 정치지도자들과 면담을 가졌는데, 일차적으로 김구, 김규식, 김성수, 이승만 등 우익 및 중도진영 인사들과 만났다. 이들은 박헌영, 허헌 등 좌익진영 지도자들과도 면담을 추진했으나 뜻을 이루지 못했고, 김두봉, 김일성 등 북한의 지도자들과도 면담을 추진했으나 소련의 거부로 이 역시 이루어지지 않았다. 결과적으로 유엔위원단은 남한 내의 우익 및 중도진영 정치지도자들의 견해만 청취한 셈이 되고 말았다.

유엔위원단과 면담한 정치지도자들의 견해는 크게 단독선거론과 남북협상론 두 가지 노선으로 분류된다. 단독선거론은 이승만과 김성수로 대표되며 남북협상론은 김구와 김규식으로 대표된다. 이후 양자는 사사건건 대립하게 되는데, 이는 통일을 원하기는 하나 소련의 반대로 불가능한 현실을 감안해 남한만이라도 우선 선거를 실시해 정부를 수립하자는 현실주의 노선과, 단독선거는 국토분단을 초래하므로 반대하며 민족의 염원인 통일을 이루기 위해 끝까지 노력해야 한다는 이상주의 노선 사이의 갈등이라고도 할 수 있다.

1946년 중반부터 단독선거론을 견지했던 이승만은 "하루 바삐 남한에서 선거를 실시하여 삼분지 이 이상의 인구를 가진 남한에서 통일정부를 수립하여 가지고 그 정부를 원조해서 국권과 강토를 먼저 회복시켜

---

14) <朝鮮日報>, 1948년 1월 16일.

원동 평화를 보장시켜야 한다"15)고 주장했다. 김성수의 경우도 이박사와 마찬가지로 단독선거를 주장했다. 전신의 자유스러운 활동을 도모하기 위해서는 먼저 몸의 절반만이라도 속박에서 벗어나야 하는 것과 마찬가지로, 통일을 이루기 위해서는 우선 남한만이라도 총선거를 실시해 정부를 수립해야 한다는 것이었다.16)

이와 반대로 김구는 미·소 양군이 철퇴한 후, 남북 요인회담을 통해 선거를 준비하고 총선거를 실시해 통일정부를 수립해야 할 것이라고 주장했다.17) 김규식도 단독선거가 실시되면 국토가 영원히 분단될 것이므로 이를 주장하는 사람은 역사적으로 책임을 져야 할 것이라고 강조하면서, 남북 요인회담을 통해 자율적으로 결정할 것을 주장했다.18)

유엔위원단은 이와 같은 면담내용을 토대로 유엔에 보고를 했고, 유엔소총회는 1948년 2월 16일 남북한 총선거는 불가능하므로 선거가 가능한 지역에서만이라도 총선거를 실시하기로 결의했다. 이에 대해 우익진영은 크게 환영의 뜻을 표했다. 이는 총선거를 주권국가로 출발하는 첫 단계로 인식한 결과였고, 이에 따라 이들은 유엔의 결의대로 급속히 선거를 실시할 것을 요구했다.19) 또한 이들은 남북협상을 주장하는 것은 동기야 어떠했든 간에 소련의 주장을 전적으로 지지해 선거를 방해하고 중앙정부 수립을 저지하려는 국제적 모략에 지나지 않는다고 강력히 비난했다.20)

이와 반대로 좌익진영은 유엔의 결정은 한민족을 멸시한 것으로 받아들였다. 유엔에서 어떤 국가의 장래에 관한 문제를 결정할 때는 그 나라 사람을 참가시켜야 함에도 불구하고 이를 거부하고 잘못된 결정을 내렸

---

15) <서울신문>, 1948년 1월 27일.
16) 仁村紀念會, 『仁村 金性洙傳』(仁村紀念會, 1979), 533쪽.
17) <東亞日報>, 1948년 1월 28일.
18) <東亞日報>, 1948년 1월 28일.
19) 趙炳玉, 『民族運命의 岐路』(警務部警察公報室, 1948), 31쪽.
20) 金俊淵, 『韓國民主黨小史』(韓國民主黨宣傳部, 1948), 76쪽.

다는 것이었다. 그리고 단독선거를 반대하는 투쟁은 민족의 통일과 독립을 희망하는 중대한 투쟁이므로, 민족적 양심이 있는 인사들은 단호히 궐기해 미 침략자의 시도를 실패시켜야 한다고 주장했다.[21] 이후 좌익진영은 총선거를 파탄에 빠뜨리기 위해 전국적으로 선거 반대투쟁을 전개했다.[22]

한편 남북협상을 주장했던 김구의 경우, 1948년 2월 10일 단독정부 수립을 반대하는 내용의 "삼천만 동포에게 읍고함"이라는 장문의 성명서를 발표했다. 여기서 그는 "통일정부가 가망없다고 단독정부를 주장할 수 없는 것이다. 단독정부를 중앙정부라고 명명하여 자기위안을 받으려 하는 것은 군정청을 남조선과도정부라고 하는 것이나 다름없는 것이다"[23]고 비난하고, 통일된 조국을 건설하려다가 38선을 베고 쓰러질지언정 일신의 구차한 안일을 취해 단독정부를 세우는 데는 협력하지 않겠다고 밝혔다. 이후 김구, 김규식 두 사람은 연명으로 김일성, 김두봉 양인에게 남북의 정치인들끼리 만나 통일정부 수립방안을 포함한 제반 문제를 토의하는 자리를 갖자고 제의하는 내용의 편지를 발송하고, 남북협상에 참석하기 위해 평양을 다녀오기도 했다.[24]

선거 반대투쟁이나 남북협상 제안이 있었음에도 불구하고 미군정은 유엔의 결정에 따른 총선거를 실시하기 위해 국회의원 선거법을 제정, 3월 17일 공포하는 등 제반 준비를 해 나갔다. 특히 이승만은 총선거의 실시는 독립의 쟁취이며, 독립을 주장하는 것은 잃었던 국권과 강토를 되찾아 3천만이 자유롭게 사는 것이라고 단언했다. 그리고 독립주의와

---

21) 許憲, 『五月九日 亡國選擧를 反對하야 總蹶起하라』(발행처 및 출판년도 미상), 3쪽.
22) 좌익진영이 전개했던 선거 반대투쟁에 대해서는 김남식, 『南勞黨硏究』(돌베개, 1984), 303-333쪽 참조.
23) <서울신문>, 1948년 2월 12일.
24) 남북협상의 제의배경 및 그 진행과정에 대해서는 정해구, "남북한 분단정부 수립 및 남북협상에 관한 연구," 『韓國史論』 27(國史編纂委員會, 1997), 99-108쪽 참조.

독립반대 중에서 어느 것이 성공해야 할 것인지 잘 생각해서 투표하자고 주장했다.25)

한민당도 총선거 실현으로 독립이 눈앞에 닥쳐옴을 보고 환호 용약하지 않을 수 없다고 주장하면서, 선거를 반대하는 것은 이유 여하를 불문하고 독립을 지연시키고 군정을 영구히 존속시키는 것이라고 비난했다.26) 당시 한민당원으로 경찰계통의 책임을 맡고 있던 조병옥은 2만 5천 명의 경찰만으로는 치안유지가 불가능하다고 판단, 하지 사령관에 경찰을 보조하는 치안단체가 필요하다고 제의, 향보단(鄕保團)을 설치하고 투표장 주변의 경비를 담당하도록 하는 조치를 취하기도 했다.27)

좌익진영의 선거 반대투쟁과 중도진영의 선거불참이 있었으나 5·10선거는 예정대로 실시됐다. 당시 전체 유권자의 75%가 등록하고 등록유권자의 95.2%가 투표에 참가함으로써28) 반대운동은 소기의 성과를 거두지 못하고 말았다.29) 이렇게 치러진 5·10선거에서 선출된 의원들은 헌법을 제정하는 작업에 나섰고, 이 헌법에 근거해서 대한민국정부가 수립됨으로써 이승만이 주도했던 자율정부 수립운동은 나름대로 성과를 거두었다고 할 수 있다.

---

25) 이승만, "총선거를 앞두고 국내 투표자에게," 『民主朝鮮』 2권 3호(1948년 4월), 32쪽.
26) 金俊淵, 『韓國民主黨小史』, 78쪽.
27) 趙炳玉, 『나의 回顧錄』, 202-204쪽. 후일 유엔위원단의 시리아 대표가 향보단의 문제점을 지적하자, 한민당은 경찰만으로는 선거의 자유 분위기를 유지할 수 없었기 때문에 향보단을 조직해 경찰에 협력하도록 한 것이라고 주장했다. 李起夏, 『韓國政黨發達史』(議會政治社, 1961), 197쪽.
28) 임명산 옮김, 『UN위원단 보고서』(돌베개, 1984), 129쪽.
29) 남로당은 5·10선거가 미군과 경찰 및 테러단의 삼엄한 무장계엄령하에 강요된 것이며, 허위투표와 대리투표가 이루어져 무효라고 주장하면서 '단선단정 분쇄의 구국투쟁'을 더 힘차게 확대할 것을 선동했다. <노력인민>, 1948년 5월 25일.

2) 헌법제정과 대통령 선출

5·10선거에서 198명의 의원이 선출됐으나 누가 국회를 소집할 것이며, 무엇을 근거로 회의를 소집할 것인지에 관해 당선자들 상호간 또는 당선자와 미군정측 사이에 빈번한 협의가 있었다. 그 결과 1948년 5월 21일 신익희 의원 등의 주선으로 '국회소집을 위한 준비위원회'가 결성됐고, 이 위원회의 결의에 따라 5월 27일 소집된 예비회의에서 개원일자를 5월 31일로 하기로 결정했다.30)

국회 개원 다음날인 6월 1일 헌법 및 정부조직법기초위원회(이하 헌법기초위원회) 위원 30명을 선출했는데, 이들은 6월 4일부터 전문위원인 유진오가 마련한 초안을 중심으로 헌법의 기초에 착수했다.31)

선거에서 한민당은 91명의 후보를 내고 이 중 29명을 당선시킨 데 불과했지만, 한민당의 영향이 미치는 의원의 숫자가 적지 않아 원내 최대세력을 형성하고 있었기 때문에32) 한민당은 국회 내의 분위기를 주도하

---

30) 大韓民國國會 事務處, 『國會史: 制憲議會 第2代國會 第3代國會』(大韓民國國會 事務處, 1971), 10-11쪽.

31) 兪鎭午는 정부형태를 내각제에 가깝게 하려고 했는데, 그 이유로 세 가지를 들었다. 첫째, 대통령이 국무를 원활하고 강력하게 수행하려면 싫건 좋건 간에 국회 내 다수의 지지를 받을 수 있는 자를 국무총리와 국무위원에 임명하지 않으면 안 되고, 둘째, 당시 대통령은 국회에서 선출하도록 돼 있으므로 국회에 대해 독립적인 지위를 갖기 곤란하며, 셋째, 격심한 정쟁을 완화 또는 조정하는 역할을 하는 인물이 필요하기 때문에 그러한 역할을 대통령에게 맡기고 대통령으로 하여금 정쟁에 초연한 태도를 취하는 것이 바람직하기 때문이라는 것이었다. 兪鎭午, 『民主政治에의 길』(一潮閣, 1963), 184쪽.

32) 당시 한민당의 의원 숫자는 많게는 89명(趙炳玉, 『나의 回顧錄』, 民敎社, 1959, 344쪽) 또는 84명(仁村紀念會, 『仁村 金性洙傳』, 544쪽)부터 적게는 60여 명(大韓民國國會, 『國會十年誌』, 大韓民國國會, 1960, 85쪽)까지 집계됐다. 이처럼 숫자가 늘어나게 된 것은 한민당 후보로 출마하지 않고, 독촉국민회나 대동청년단 또는 민족청년단 간판을 걸거나 무소속으로 위장하고 당선된 의원과 무소속 의

고 있었다. 뿐만 아니라 한민당 출신으로 헌법기초위원회에 소속된 의원이 14명이나 됐고, 이 중 서상일은 헌법기초위원회 위원장으로 선출돼 한민당은 헌법제정을 주도할 수 있는 위치에 있었다.[33]

당시 국회의장으로 선출된 이승만은 대통령중심제를 선호해 "내각책임제는 비민립적"이라고 주장하기도 했다.[34] 그럼에도 불구하고 한민당은 내각책임제를 지지하기로 했고,[35] 또 대부분의 의원들도 내각책임제를 지지하고 있었다.[36] 헌법기초위원회의 다수 위원들도 직접선거라면 몰라도 국회에서 간접으로 선출되는 대통령에게 행정책임까지 부여하는 대통령중심제로 하면 전제정치가 될 우려가 있다고 생각했기 때문에 내각책임제를 선호하고 있었다.[37]

국회 내의 분위기가 자신의 의도와 달리 내각책임제 헌법을 채택하는 방향으로 나아가자, 이승만은 6월 15일 헌법기초위원회에 출석해 권력구조를 대통령중심제로 바꿀 것을 요구했다.[38] 그는 "지금 헌법기초위원에서 심의되고 있는 것과 같은 헌법이라면 대통령의 권한이 너무 약해서 도저히 일을 해 나갈 수 없으니, 나 같은 사람은 모든 것을 다 그만두고 국민운동이나 하겠다"[39]고 말해 자신은 정치 일선에서 물러나겠다는 뜻을 밝혔다.

전혀 예기치 못한 상황의 발생에 한민당은 즉시 간부회의를 소집하고

　　　원들을 포섭했기 때문이나. 父昌星, "韓民黨은 어데로 가나?," 『新天地』 3권 6호 (1948년 7월), 25쪽.
33) 金俊淵, 『나의 길』(東亞出版社, 1966), 26쪽.
34) 大韓民國國會 事務處, 『國會史: 制憲國會 第2代國會 第3代國會』, 11쪽.
35) 仁村紀念會, 『仁村 金性洙傳』, 547쪽.
36) 許政, 『내일을 위한 證言』(샘터사, 1979), 151쪽.
37) 金永上, "憲法을 싸고도는 國會風景," 『新天地』 3권 6호(1948년 7월), 25쪽.
38) 大韓民國國會 事務處, 『國會史: 制憲國會 第2代國會 第3代國會』, 11쪽.
39) 金俊淵, 『나의 길』, 26쪽. 이승만은 내각책임제는 영국이나 일본과 같은 군주제도에서 발전해 온 것이기 때문에 민주주의가 수행되기 어렵다는 것을 이유로 들었다. "李在鶴篇," 『事實의 全部를 記述한다』(希望出版社, 1966), 136쪽.

원내전략을 협의했다.40) 이 자리에서 당위원장인 김성수는 당내 반대를 무마하며, 내각책임제냐 대통령중심제냐 하는 문제보다 독립이 선결문제라는 이유로 이승만의 요구를 받아들일 수밖에 없다는 결론을 내렸다.41) 여기서 한민당 인사들은 그의 요구를 받아들이는 대신 국무총리 이하 과반수 국무위원을 확보한다는 데 의견을 모았다.42) 대통령중심제 헌법을 제정하는 대가로 내각의 실권을 장악한다는 의도에서 이를 위한 전략의 수립에 나섰다. 그리하여 한편으로는 권력구조 변경의 불가피성을 홍보하는 등 '원내에 대한 맹렬한 분해공작'에 나섰으며, 다른 한편으로는 이승만에 대한 접근을 시도하는 등 '밀접한 아부'를 했다.43)

이러한 대통령중심제로의 권력구조 변경에 대해 독재화할 우려가 있다고 하면서 강력히 반대한 의원 중의 한 사람이 조봉암이었다. 이 바람에 그는 본회의에서 발언권이 주어지지 않아, 단지 자신의 견해를 문서로 제출, 속기록에 남기는 것으로 만족해야 했다.44)

---

40) 당시의 분위기를 許政은 다음과 같이 설명했다. "헌법기초위원회라는 공식기구를 통해 확정된 헌법안에 이박사라는 한 개인이 승복하지 않고 오히려 헌법안이 한 개인에게 승복하는 그런 일이 있을 수 있느냐, 한 사람의 반대 때문에 헌법의 기본구조가 갑자기 바뀔 수 있느냐 하며 의아한 생각을 갖는 사람도 있었을 것이다. 그러나 당시의 정세로는 李承晩 박사의 집권은 불가피한 것이었으므로 그의 반대는 중대한 의미를 갖고 있었다. 이박사를 제외하고는 건국 초의 막중하고 다난한 국사를 강력하게 수행하지 못한다는 정치가와 국민의 공통된 의견이 제헌작업의 방향전환의 배경이었다." 許政, 『내일을 위한 證言』, 151쪽.
41) 仁村紀念會, 『仁村 金性洙傳』, 548쪽. 한편 조병옥은 당간부들에게 대통령중심제를 채택할 것을 종용했다. 그 이유로 첫째, 건국 초기인 만큼 민주주의에 대한 이해가 미숙하고 군소정당의 난립으로 내각제로는 정국의 안정을 기할 수 없으며, 둘째, 정부가 다수 의원의 지지를 받지 못할 경우 알력관계가 생겨 국정운영은 교착상태에 빠질 것이므로 국정을 원활하고 신속히 처리하는 데는 대통령제를 택하는 것이 좋으며, 셋째, 이박사의 덕망과 민주주의에 대한 숭고한 이상과 신념을 존경하고 믿기 때문이라고 밝혔다. 趙炳玉, 『나의 回顧錄』, 216-217쪽.
42) 徐丙珇, 『政治史의 現場: 證言 第一共和國』(中和出版社, 1981), 155쪽.
43) 崔興朝, 『民主國民黨의 內幕』(新聞의 新聞社, 1957), 40쪽.
44) 曺奉岩은 대통령제를 다음과 같이 강력하게 반대했으나, 한민당 계열 다수의

한민당이 당초의 내각책임제 주장을 굽히고 이승만의 주장에 따름으로써 6월 22일의 제 17차 헌법기초위원회는 내각책임제 헌법안을 대통령중심제로 번안하기에 이르렀다.45) 이로써 헌법은 제정도 되기 전부터 권력구조가 바뀌는 기현상을 맞게 됐는데, 이는 우리의 헌정사에서 권력자의 의지에 따라 마음대로 헌법이 유린되는 최초의 사례가 된다.

대통령중심제를 골자로 한 헌법안은 1948년 6월 23일 제17차 본회의에 상정됐고, 3차에 걸친 독회를 마치고 7월 17일 공포됐다. 공포된 헌법의 절차에 따라 국회는 7월 20일 제33차 본회의에서 이승만을 대통령으로, 이시영을 부통령으로 선출했다. 이로써 이승만정부가 성립됐지만, 권력구조 변경에 따른 후유증은 끝내 한민당과의 갈등으로 이어졌고 이로 인해 정부수립 이후 최초의 위기가 초래됐다.

제압으로 대통령중심제가 채택됐다고 주장했다. "美國式 大統領制, 그것도 우리 朝鮮 같은 데서는 適合치 않다고까지 생각합니다. 왜 그러냐 하면 人民이 選擇한 大統領이라도 어느 한 사람에게 그러한 强大한 權限을 長時間 賦與하면 獨裁될 弊端이 있을 것을 念慮한 것인데 況次 國民의 大多數는 想像도 못할 일입니다. 지금 우리 同胞들은 어서 하로 바삐 南北統一된 自由獨立國家를 세우고 이 人民이 굶어죽지 않을 緊急策을 實施하여 주기를 鶴首苦待하고 있는 이 판에 萬一 우리들이 아무 것도 한 일은 없이 우리 人民을 마음대로 휘둘르고 마음대로 處罰할 수 있는 무서운 大統領만을 만드러 세운다면 우리들은 本意 아닌 人民의 敵이 될 것이며 우리들을 選擧한 同胞들에게 돌을 맞을 것입니다. 萬一 大統領에게 과연 큰 權力을 주어야 되겠다고 생각한다면 그러자면 當然히 人民 앞에 내놓고 물어봐야 되고 人民의 選擇에 맡겨야 될 것입니다." 曺奉岩, 『우리는 왜 改憲을 反對했나』(大韓敎學株式會社, 1950), 20-21쪽.

45) 한민당 출신의 기초위원인 金俊淵은 10분 내에 원안을 파기하고 대통령중심제로 고치는 수완을 발휘했다. 柳珍山, 『해뜨는 地平線』(한얼문고, 1972), 43쪽. 급작스럽게 고친 내용에 대해 金性洙는 기안자인 兪鎭午를 불러 의견을 들을 것을 제의했고, 兪鎭午는 이에 대해 별다른 이의를 제기하지 않아 헌법기초위원회에서 번안동의를 하여 대통령중심제로 수정하고, 다음날 본회의에 제출했다. 金俊淵, 『나의 길』, 26-27쪽.

3) 한민당의 배제와 위기 발생

이승만이 대통령으로 선출되자 한민당은 당위원장인 김성수가 국무총리로 지명될 것으로 예상하고, 한민당·조민당·독촉국민회 등으로 구성되는 연립내각을 구상했다.46) 한민당은 이승만이 귀국한 직후부터 그에 대한 정신적·물질적 후원을 아끼지 않은 데다 그의 노선을 절대적으로 추종해 왔다. 한민당의 협조가 없었더라면 대통령중심제의 헌법은 탄생하지 못했을 것이라는 분석에서 알 수 있듯이,47) 그리고 그가 대통령에 피선되기까지 '가장 전위적인 역할'을 한 것이 한민당이었다는 주장에서 알 수 있듯이,48) 한민당은 이에 대한 보상으로 한민당내각의 출현을 기대했던 것이다. 그리고 이는 비단 한민당뿐 아니라 일반국민들도 어느 정도는 예상하고 있던 것이기도 했다.49)

그러나 한민당에게는 국무총리 자리를 주지 않는다는 것이 이승만의 생각이었다. 그는 조각 등 인사문제에 대해서 친분관계나 사적인 관계에 구애되지 않고 일을 잘할 수 있는 인사를 등용하겠다는 말로,50) 또는 정당이나 정파주의를 초월해서 오직 민의를 따를 것이라는 말로51) 간접적으로 한민당을 제외할 방침임을 밝혔다.

이러한 분위기에 대해 한민당은 무책임한 정치인들의 잡음에 구애되지 말고 성격이 뚜렷한 강력한 정부를 수립할 것을 주장했다.52) 약체정부를 수립할 경우 혼란이 초래될 것이기 때문이라고 그 이유를 밝혔지

---

46) 文昌星, "韓民黨은 어데로 가나?," 『新天地』 3권 7호(1948년 8월), 27쪽.
47) 許政, 『내일을 위한 證言』, 151쪽.
48) 愛山同門會, 『愛山餘滴: 李仁先生 隨想評論』(世文社, 1961), 81쪽.
49) 許政, 『내일을 위한 證言』, 154쪽.
50) <東亞日報>, 1948년 7월 21일.
51) <서울신문>, 1948년 7월 23일.
52) <東亞日報>, 1948년 7월 24일.

만, 협조에 대한 보상을 강력히 기대한 발언이었다.

한민당의 이러한 기대와 달리 이승만은 이윤영을 국무총리로 지명했다. 지명이유로 그는 민의를 존중하는 뜻에서 국회의원 중에서 택했다는 것과 통일을 위해 북한을 대표할 수 있는 인물이 돼야 한다는 것 등을 고려했다고 밝혔다. 그는 "몇몇 정당을 포함해서 정부를 조직하게 되면 정당주의로 권리를 다투게 되는 중에서 행정처리를 진행하기 어려울 것"53)이라고 주장하고, 한민당의 김성수에 대해서는 국무총리보다 덜 중대하지 않은 책임을 맡기려 한다고 말했다.

표면적인 이유로는 건국 초기에 가장 중요한 재정문제를 김성수에게 맡기겠다는 것이었지만,54) 내면적으로는 자신이 무력화될지도 모른다고 우려했기 때문이다. 미군정도 한민당을 재벌정당으로 인정하는 터인데, 국무총리직을 차지하고 내각을 조직하면 권력이 한민당에 일방적으로 집중돼 한민당 세상이 되고 민주주의는 싹트지 못할 것이라는 일부의 주장이 나오는 것처럼55) 이승만은 한민당의 비대화를 우려했던 것이다.

이윤영의 총리지명은 일반의 예상을 뛰어넘는 것으로, 당시의 정국을 놀라게 할 정도로 정치적으로 변신한 것이었다는 평을 들었다.56) 즉 특정 정당이나 정파가 국정을 책임지도록 하는 조각이 아니라, 거국내각을 명분으로 이대통령의 출현에 결정적 역할을 했던 한민당을 배제했다는 것이다. 이윤영의 인준문제는 한민당의 반대로 표결결과 가 52, 부 132, 기권 2로 부결됐고, 이를 계기로 이대통령과 한민당의 사이는 벌어지고 말았다.

이승만은 본래부터 파당정치를 할 우려가 있다고 해서 정당을 불신하고 있었던 데다, 자신의 권위에 도전할 가능성이 있는 세력이 비대해지는 것을 원하지 않았기 때문에57) 한민당을 배제한 것이었다. 또한 미군

---

53) <서울신문>, 1948년 7월 28일.
54) 仁村紀念會, 『仁村 金性洙傳』, 553쪽.
55) 李允榮, 『白史 李允榮回顧錄』(史草, 1984), 142쪽.
56) 柳珍山, 『해뜨는 地平線』, 46쪽.

정시대의 제반 실정이 한민당을 중심으로 한 친일 특권계급의 발호에서 유래한 것이라고 판단하고 있었다.58) 심지어 한민당의 수탈로 농민들이 산 속으로 들어가 반란군이 됐으며, 한민당은 착취와 학정, 그리고 민중에 대한 오도 등의 비판을 받고 있었기 때문에 이들의 등용을 꺼려했다는 분석이 나오기도 했다.59)

이외에도 미소공위 참여문제를 놓고 한민당이 1947년 6월 이승만의 방침과 배치되는 행동을 보였기 때문이라고 하기도 했다. 당시 이승만의 강력한 참가보류 요청이 있었음에도 불구하고 한민당은 공산주의의 지배를 받지 않는 정부를 수립하고 탁치를 반대하기 위해서라는 명분하에 당론으로 미소공위 참가를 결정했다. 지도력에 커다란 훼손을 당한 이승만은 한민당에 대해 좋지 않은 감정을 가졌기 때문에, 미소공위에 참가하면서 탁치를 반대할 수 있다고 주장하는 것은 이해하기 어렵다고 비난을 했었다.60) 한민당의 배제는 이때의 '앙심'이 작용한 측면도 적지 않았던 것으로 분석되고 있다.61)

한민당으로서는 이승만이 귀국한 직후부터 후원을 아끼지 않았기 때문에62) 그에 대해 느끼는 배신감은 이루 말할 수 없었다. 그러나 한민당이 권력에서 배제당한 것은 어떤 면에서는 대원군이 민비를 간택한 것과 마찬가지로 한민당 스스로 초래했다는 분석이 제기되기도 했다.63) 외척의 발호를 두려워해 집안이 번성하지 않은 민비를 며느리로 간택한 것처럼 한민당도 주변에 인물이 없는 단출한 이승만을 택했다는 것이다.

---

57) 柳珍山, 『해뜨는 地平線』, 46쪽.
58) 崔興朝, 『民主國民黨의 內幕』, 40쪽.
59) 崔興朝, 『民主國民黨의 內幕』, 55쪽.
60) <서울신문>, 1947년 6월 10일.
61) 孫世一, 『李承晩과 金九』(日潮閣, 1970), 270쪽.
62) 한민당은 李박사가 귀국하자 경제력이 있는 친척이 없다는 점에 유의해 그에게 숙소를 마련해 주기도 했고, 매달 15만 원씩 정치자금을 제공하기도 했다. 이경남, 『雪山 張德秀』(東亞日報社, 1981), 319쪽.
63) 李仁, 『半世紀의 證言』(明知大學出版部, 1974), 340쪽.

그리고 한민당이 이대통령에 의해 거세되는 사태를 맞이한 것은 마치 대원군이 민비에 의해 권좌에서 쫓겨난 것과 같다는 의미에서 나온 분석이었다.

예기치도 않게 총리지명에서 탈락하자 한민당의 불만은 극에 달했다. 이윤영은 북한에서 월남했기에 남한에 특별한 지역연고가 없는 상황이어서, 김성수가 자신의 선거구를 양보하면서까지,[64] 그리고 관계기관에 손을 써 주면서까지[65] 국회의원으로 당선되게 한 인물이었다. 이 때문에 한민당의 불만은 더욱 클 수밖에 없었다. 한민당 몫의 의석을 차지한 주제에 국무총리직까지 넘보게 됨에 따라 한민당으로서는 도저히 인준에 동의할 수 없는 상황이었던 것이다.[66]

1차 지명이 부결되자 이대통령은 2차로 이범석을 총리로 지명했다. 총리로 지명되자 이범석은 한민당 위원장인 김성수를 찾아가 인준에 협조해 줄 것을 요청했다. 이 자리에서 김성수는 12부 4처 중에서 적어도 6석을 한민당에 배정해 줄 것을 요구해 긍정적인 언질을 받고 인준에 동의했다.[67] 그러나 조각과정에서 한민당은 각료 한 사람도 추천하지

---

64) 仁村紀念會, 『仁村 金性洙傳』, 550쪽.
65) 李允榮, 『白史 李允榮回顧錄』, 134쪽.
66) 한민당계 의원들은 7월 29일 모임을 갖고, 李允榮의 총리 재인준 요청은 절대로 불가능한 것이며 끝끝내 반대할 방침이라고 밝힘으로써 李允榮의 총리지명에 대한 극도의 불쾌감을 숨기지 않았다. <서울신문>, 1948년 7월 30일. 한편 李允榮 자신은 인준이 거부된 이유를 다음과 같이 세 가지로 분석했다. "한민당과 임정파, 그 외에도 몇 파에서 총리운동이 맹렬하다가 의외의 인물에 임명이 떨어지매, 남에는 인물이 없어서 구태여 이북인에게 총리를 시키느냐는 지방색이 살아나 감정을 지배한 것이 그 첫째 동기이다. 또 이승만 박사는 우리가 지지해 오며 온갖 생활비까지 대어 왔는데, 그는 우리를 안중에 두지도 않고 외면한 결과는 우리 당 체면문제다. 그 고집도 좀 꺾어야겠다는 맹목적인 감정이 대두된 것이 그 둘째 동기이다. 그리고 우선 거부부터 해 놓아야 재차에는 우리에게 돌아온다는 야심의 발로가 그 세째 동기라고 본다." 李允榮, 『白史 李允榮回顧錄』, 141쪽.
67) 仁村紀念會, 『仁村 金性洙傳』, 552쪽.

못하고 소외되고 말았다. 한민당원인 김도연, 이인 등이 각각 재무장관과 법무장관으로 임명됐으나, 이는 당의 추천에 의한 것이 아니라 순전히 개인자격으로 발탁된 것이었다.68) 이로써 한민당의 실망과 이대통령에 대한 배신감은 이루 말할 수 없는 것이 됐다.

대통령중심제 헌법이 제정될 때까지 이승만과 한민당은 서로의 필요에 의해 협조해 왔다. 그러나 일단 대통령에 당선돼 권력을 장악하자 이대통령은 생각이 바뀌었다. 실권을 장악한 이상 한민당의 도움은 필요 없다는 생각이었고, 이 연장선상에서 그는 군정관리를 배제할 방침임을 선언한 것이었다.69)

정부가 수립되면 실권을 잡으리라던 당내외의 예상과 달리 이처럼 조각에서 철저히 배제되자, 한민당은 정부에 대해 시시비비주의로 임할 것임은 물론 편달과 감시를 게을리 하지 않을 것임을 선언했다.70) 결과적으로 끊임없이 불안요인을 만들고 사회를 혼란케 하는 분해공작을 자행하기로 했다는 주장이 제기될 정도로71) 한민당은 이승만정부에 대한 적개심을 감추지 않았던 것이다.

이로써 건국 초기 모든 정파가 글자 그대로 대동단결을 이루어 건국에 따르는 제반 문제의 해결을 위해 매진해야 했음에도 불구하고, 정국은 이와 정반대의 길을 걸어가게 됐다. 치열한 권력투쟁에 휘말려 산적한 민생문제는 뒷전으로 밀리고 만 것이다. 한민당은 이승만정부 타도를 위해, 이승만은 권력을 유지하기 위해 필사적일 수밖에 없었고, 여기에서 정부수립 이후 최초의 위기가 발생할 소지가 마련됐던 것이다.

---

68) 愛山同門會, 『愛山餘滴: 李仁先生 隨想評論』, 87쪽. 이에 대해 한민당은 자당 출신 중 국무위원으로 입각한 사람은 재무장관 金度演 한 사람뿐이어서 정부와의 관련은 극히 박약하다고 주장했다. <東亞日報>, 1948년 8월 7일.
69) 韓太壽, 『韓國政黨史』(新太陽出版社, 1961), 113쪽.
70) 仁村紀念會, 『仁村 金性洙傳』, 554쪽.
71) 崔興朝, 『民主國民黨의 內幕』, 40-41쪽.

3. 위기극복과 정치세력의 통합

조각과정에서 한민당이 배제됨으로 해서 한민당과 대통령의 관계는 종래의 협조관계에서 갈등관계로 변모되고 말았다. 이를 계기로 양자 사이의 권력투쟁이 본격화됐으나, 양자 모두 자체 내부의 취약성으로 인해 위기에 빠지게 된다. 이는 상호 보완적이었던 관계가 일시에 단절됨으로 해서 초래된 위기로, 이승만의 경우 전국적인 조직을 갖춘 강력한 정치집단이 적대세력으로 바뀜으로 해서, 한민당의 경우 최고권력자와 정면에서 대결함으로 해서 각각 위기에 처하게 되고 만 것이다.

정부수립 이후 최초로 초래된 위기를 극복하기 위해 양자는 여타의 다른 세력과 통합을 모색했다. 통합을 이루어 세력을 확대하고 위기를 극복하며, 이에서 더 나아가 한편은 권력을 유지하려 했고, 다른 한편은 이를 탈취하려고 한 것이다.

이러한 방식의 위기극복 행태를 최초로 보인 정당은 한민당이었다. 자신이 처한 위기에서 벗어나기 위해 권력으로부터 소외된 다른 세력과 통합해 민주국민당(이하 민국당)을 결성한 것이다. 통합으로 세력을 확대한 민국당이 본격적인 공세에 나서자, 집권세력은 위기의식에서 별도의 통합을 시도해 결성한 정당이 자유당이었다. 집권 자유당이 거대해지면서 독재화의 경향을 띠게 되자 야권은 다시 위기에 처하게 됐고, 이러한 위기를 극복하기 위해 민국당은 또다시 통합을 시도해 민주당을 결성했다. 민주당 역시 권력 주변에 소외돼 있던 여러 정파의 통합으로 출현한 것이었음은 물론이다.

이처럼 자유당과 민주당이 결성돼 권력투쟁을 전개했지만, 이는 보수진영 내부에 국한된 것으로 혁신적 이념의 소유자들과는 거리가 먼 정치행위였다. 당시 혁신세력은 별도의 통합을 모색하게 되는데, 이러한 움직임이 진보당의 결성으로 이어졌다. 이는 보수 양당구도로 정국이 재편되는 방향으로 나아감에 따라, 자신들의 입지축소에서 초래되는 위기를 극복하기 위한 자구책의 일환으로 나타난 것이었다.

1) 민주국민당 결성과 내각제 개헌투쟁

초당파 정치를 표방한 이승만의 한민당 배제전략으로 권력에의 접근이 차단되자 한민당 의원들의 탈당사태가 나타나기 시작했다. 새로운 권력핵심에 접근하기 위한 방편으로 한민당과의 관계를 청산했던 것이다. 1948년 8월 2일 발기인 중의 한 사람이었던 윤치영이 한민당의 당리당략적인 편견을 지적하는 내용의 성명을 발표하고 탈당한 뒤를 이어[72] 다음날인 8월 3일에는 9명의 의원이 국정수행상 중대한 견해차이가 있다는 성명을 발표하고 탈당했다.[73]

행정부에서 소외된 한민당은 이승만의 대통령 취임으로 공석이 된 국회의장 보궐선거에 김동원을 출마하도록 했으나 부의장인 신익희에 패배했고, 이어서 실시된 부의장 후임 선거에서도 김준연이 김약수에 패배, 입법부에서조차 점차 그 세력이 위축돼 갔다. 이처럼 대통령과의 반목이 표면화되면서, 그리고 국회 내에서의 위상이 저하되면서 한민당은 종래의 방만한 조직을 유지하기 어렵게 됐다. 미군정시대에는 준여당으

---

72) 李允榮에 대한 총리인준 부인이 민의에 어긋나는 것이라는 李대통령의 담화가 있자, 한민당 盧鎰煥 의원은 원내발언을 통해 "大統領이 任命한 總理를 國會가 否決한 것은 民意에 反하리라는 뜻이 內包돼 있는데, 이는 帝國主義國家에 있어서의 天皇陛下에 類似한 言辭로서 이것이 國內外에 波及하는 影響은 甚大한 것이니 이를 徹底히 糾明해야 할 것이며 同時에 談話의 取消를 要求하는 바"라고 비난했다. 이에 대해 尹致暎은 盧의원을 반역자로 규정하고 탈당을 선언했다. 文昌星, "韓民黨은 어데로 가나?," 29쪽. 탈당 직후 尹致暎은 초대 내무장관으로 임명됐다.
73) 이들 9명의 이름은 다음과 같다. 姜己文, 文時煥, 朴瓚鉉, 徐二煥, 李周衡, 李浩錫, 張柄晩, 鄭顯模, 韓巖國. <京鄕新聞>, 1948년 8월 4일.

로 기능하면서 11개 부서까지 두었으나, 이제 이를 1국 3부로 감축하게 된 것이다.[74] 이러한 당세의 위축으로 인해 한민당은 새로운 진로를 모색하지 않을 수 없게 됐다.

이와 같은 상황에서 한민당이 일차적으로 시도한 것은 헌법개정을 통한 권력구조 변경이었다. 권력구조를 대통령중심제로 바꾸는 데 누구보다도 앞장섰던 종래의 입장에서 표변해 정부가 수립되는 바로 그날에 내각제로 헌법을 개정하는 것도 무리는 아니라는 주장을 편 것이다.[75] 불과 한 달 전까지만 해도 이승만의 뜻을 받들어 대통령중심제의 불가피성을 역설하던 것을 생각하면 아이러니가 아닐 수 없지만, 이는 위기국면에서 벗어나기 위한 선택으로 내각제개헌을 무기로 해서 권력을 탈취하겠다는 전략이었다.

그러나 냉정히 분석할 때, 한민당의 위기는 본질적으로는 당세의 위축에서 초래되는 것이라기보다는 국민의 지지를 상실했기 때문에 초래된 것이라고 할 수 있다. 당위원장인 김성수의 표현대로 한민당은 국민들로부터 인기를 잃고 있었다.[76] 미군정시대의 제반 실정에 대한 책임뿐만 아니라 정부수립 이후에 보였던 반민중적인 입법태도로 대중의 반감을 샀기 때문이다. 즉 한민당은 반민족행위자 처벌법 제정과정에서

---

74) 1국 3부는 사무국, 당무부, 선전부, 재정부이다. <東亞日報>, 1948년 9월 28일.
75) 한민당 조사부장인 咸尙勳은 <동아일보>에 "常道를 失한 憲政, 憲法改正論 擡頭 必然"이라는 제목의 기고문을 실었다. 여기서 그는 "內閣責任制가 理想的이라 하야 國會에 提案되었다가 어떤 政治的 關係로 大統領中心制로 하기로 改正되어 提出되었다"고 전제, 권력구조가 바뀌게 된 것과 한민당과는 아무런 관련이 없는 것처럼 비켜 가면서 李承晩정부의 인적 구성에 대해 비난했다. 그는 첫째, 국회 내 정치세력을 무시한 헌정의 상도를 잃은 내각이며, 둘째, 인물중심이 아니라 정실관계의 내각이며, 셋째, 경기·경상을 중심으로 한 지방적 색채가 농후하고 이북을 배제한 비전국적 내각이며, 넷째, 3류 4류의 인물로 구성돼 적재적소주의를 취하지 않은 내각이며, 다섯째, 각료간에 이념의 통일이 없는 내각이라고 지적했다. 이어서 그는 내각의 근본적인 개조를 요구하고, 그렇지 않으면 헌법개정도 무리는 아니라고 주장했다. <東亞日報>, 1948년 8월 15일.
76) 仁村紀念會, 『仁村 金性洙傳』, 557쪽.

미온적 태도를 보였으며 농지개혁법 제정과정에서도 지주의 이익을 대변했다.77) 이러한 태도는 당시 진보적이고 민중적인 입장을 견지했던 원내 소장파들과는 크게 대조를 이루는 것이었는데, 이로 인해 한민당은 인기를 잃고 있었다.78)

당세위축과 인기하락이라는 사태를 맞자, 한민당 수뇌부는 현재의 상태로는 위기를 극복할 수 없다는 인식을 갖게 됐다. 민중과 유리됐던 과거를 거울삼아 대담하게 당내를 정화하고 양심적인 국내파와의 규합으로 국면을 새롭게 타개해야 한다는 지적을79) 수용하지 않을 수 없게 된 것이다. 이는 군정시대의 정치적 상처를 만회하고 새로운 의미에서 당을 정비해야 한다는 것을 의미했다.80)

또한 당시 정계 일각에서는 건전한 보수정당의 출현이 시급하고 또 분산된 여론을 취합·조정해서 국정에 반영시키는 좀더 강력한 정당조직이 필요하다는 의견이 대두됐으며, 일반국민들의 입장에서도 자신들의 권익을 옹호해 주는 보수정당의 출현을 기대하고 있었다.81) 이와 같은 대내외적인 여건이 성숙돼 한민당은 대한국민당의 신익희 세력과 대동청년단의 지청천 세력과 결합을 도모하게 됐고, 이러한 노력이 결실을 보아 1949년 2월 10일 민주국민당(이하 민국당)이 출범하게 됐다.82)

---

77) 이에 대한 한민당의 대책에 대해서는 沈之淵,『韓國民主黨 硏究 I』, 113-121쪽 참조.
78) 李起夏,『韓國政黨發達史』, 204쪽. 이로 인해 한민당은 친일파 지주집단이라는 비판에서 벗어나기가 어려웠다고 스스로도 분석했다. 趙炳玉,『나의 回顧錄』, 344쪽.
79) 文昌星, "韓民黨은 어데로 가나?," 30쪽.
80) 柳珍山,『해뜨는 地平線』, 53쪽. 한편 趙炳玉은 정당은 분산된 국민의 여론을 종합 조정해 국정에 반영시키도록 하는 조직체로, 범국민적 입장에서 일반국민의 권익옹호를 위해 존재하지 않으면 안 된다고 주장하고, 이러한 정당관에 입각할 때 보수정당인 한민당과 대한국민당은 병립경쟁이 불필요한 존재라고 단언했다. 趙炳玉,『나의 回顧錄』, 343쪽.
81) 申昌鉉,『海公 申翼熙』(海公申翼熙先生紀念會, 1992), 790쪽.
82) 李대통령은 金性洙가 민국당 창당사실을 통보하러 오자 "정권에 도전하지 말

민국당의 진로를 밝히는 자리에서 신익희는 민국당은 국회의 중심세력이 돼 민주주의의 창달과 발전을 위해 노력하며, 민족진영의 본산으로서 모든 반민족적·반국가적 반역도배와 광범위한 투쟁을 전개할 것을 다짐했다.[83] 이는 사실상 내각제개헌을 관철하겠다는 것을 의미한 것으로 민국당의 개헌동기는 아주 단순했다. 내각의 실권을 장악하리라던 기대가 빗나가게 되자, 이에 대한 반감으로 정부를 타도하고 내각제를 관철시키려고 한 것이었다.[84]

그리하여 1950년 1월 27일 헌법기초위원회 위원장으로서 대통령중심제로의 번안에 앞장섰던 서상일 등 79명은 연명으로 내각책임제를 골자로 하는 개헌안을 제출했다.[85] 이들은 "민주정치는 의회정치, 의회정치는 정당정치, 정당정치는 책임정치"라는 슬로건을 내걸고 개헌운동을 전개했다.[86] 그러나 치안이 확립되고 통일된 후에 논의해도 되므로 개헌은 시기상조라며 반대하는 견해도 적지 않았다. 특히 자신들이 주도한 헌법을 고치자고 하는 것은 완전한 자기부인으로, 개헌에 앞서 자기비판부터 해야 할 것이라는 주장이[87] 제기돼 설득력을 얻기도 했다.

라"는 말을 했다. 이에 대해 金性洙는 李대통령이 "마치 자신을 어린아이 다루듯 한다"고 하는 불평을 申翼熙에게 토로하면서 "천상천하 유아독존"이라는 말로 비난했다. 申昌鉉, 『海公 申翼熙』, 793쪽.

83) 申昌鉉, 『申翼熙先生 演說集』(行政評論社, 1965), 90쪽.
84) 崔興朝, 『民主國民黨의 內幕』, 52쪽.
85) 이들은 권력집중으로 실정이 허다하나 현행 헌법으로는 책임을 물을 수도 없거니와 책임을 지는 사람도 없으므로, 내각책임제를 실시해 책임정치를 구현하기 위해 개헌을 제안했다고 밝혔다. 개헌안의 골자는 대통령은 국가의 원수로 하고 국무총리를 행정권의 수반으로 하며, 국회는 행정부를 불신임할 수 있고 대통령은 국회해산권을 가지며, 천재지변 등 선거가 불가능할 경우에는 1년을 초과하지 않는 범위 내에서 국회의원의 임기를 1년 연장할 수 있도록 하는 것 등이었다. 大韓民國國會 事務處, 『國會史: 制憲國會 第2代國會 第3代國會』, 258쪽.
86) 韓太壽, 『韓國政黨史』, 118쪽.
87) 曺奉岩은 한민 계열에서 개헌안을 제안한 것은 자기 행동을 자기 자신이 부인하는 것이며, 인민과의 약속을 이행하지 않는 것이고, 인민을 무시하는 것이며,

민국당의 주도로 개헌 움직임이 가시화되자 이승만은 이는 민족이 원하지 않는 것이며, 우리의 형편으로는 허용될 수 없는 것이라며 반대의 뜻을 분명히 했다.[88] 이승만의 반대에도 불구하고 개헌안이 제출되자, 그는 헌법제정시에 내각제로 하자는 의견도 있었으나 양해한 후에 대통령제를 택한 것이라고 주장하고, 이를 다시 내각제로 하려는 것은 헌법의 중대한 취지를 전복시키려는 것이므로 묵인할 수 없는 일이라고 비난했다.[89] 표결을 앞둔 3월 3일 그는 다시 담화를 통해 의원들이 헌법의 중요한 정강을 개정하기 시작하면 민주정체의 근본을 동요케 하는 것이고, 국회에서 임의로 번복한다면 국가 자체의 근본을 요동시키는 것이라고 비난했다.[90]

대통령의 설득과 반대파들의 노력으로 3월 14일의 표결에서 내각제개헌안은 출석 179, 가 79, 부 33, 기권 66, 무효 1로 부결되고 말았다. 당시 민국당은 개헌안이 통과되면 김성수, 서상일, 신익희 등 당내 거물급 인사들이 입각하고, 중요하지 않은 자리는 타 당에 양보해 외관상 연립내각을 형성하려고 계획했었다.[91]

민국당의 내각제 개헌투쟁은 참담한 패배로 끝나고 말았지만, 개헌투쟁이 전혀 성과가 없는 것만은 아니었다. 한국전쟁 진행과정에서 국민방위군사건과 거창양민학살사건이 발생하자 국회를 무대로 맹렬한 공세를 펼칠 수 있었다. 또한 이시영의 부통령직 사임으로 공석이 된 부통령 선거에서 통합효과로 확대된 세력을 동원해 김성수를 당선시킬 수 있었으며, 이어 실시된 국회의장 선거에서 신익희가 당선됨으로써 민국당은

인민을 모욕하는 것이라고 비난했다. 그리고 정말로 개헌을 하려면 "다시 信任을 받은 뒤에 行動하는 것이 人民의 代表로서 當然히 取할 行動'이라고 주장했다. 曺奉岩, 『우리는 왜 改憲을 反對했나』, 28쪽.
88) 公報處, 『大統領 李承晚博士 談話集』(公報處, 1953), 24쪽.
89) 公報處, 『大統領 李承晚博士 談話集』, 25쪽.
90) 公報處, 『大統領 李承晚博士 談話集』, 26쪽.
91) 李起夏, 『韓國政黨發達史』, 211쪽.

차기 대통령선거에서 유리한 위치를 점할 수 있었다.

이러한 민국당 세력의 팽창, 확대에 이승만정부는 위기의식을 느끼지 않을 수 없었다. 국회 내에서의 균형이 상실됐을 뿐만 아니라 정부시책의 혼란을 야기할 우려가 대두됐기 때문이다.[92] 이와 같은 분위기로 국회와 이대통령 사이에 적지 않은 마찰이 있었으며, 이것이 초대 대통령의 임기종료를 앞두고 이승만을 대통령직에서 물러나게 하려는 움직임으로 표면화되자, 이승만의 대통령 재선은 도저히 불가능한 상황이 되고 말았다.[93] 이승만으로서는 최대의 위기를 맞이한 셈이었고, 이러한 위기로부터의 탈출을 모색하지 않으면 안 되는 상황에 처한 것이다.

2) 자유당 창당과 대통령직선제 개헌

1952년 대통령선거를 앞둔 시점에서 국회는 야권이 우세한 세력분포를 보여,[94] 국회에서 간선으로 선출하게 돼 있는 당시의 헌법규정으로는 이승만이 재선될 수 없는 분위기였다. 당시 국회에서 반정부운동의 선두에 선 것은 민국당으로, 민국당은 이대통령과 결사적인 대결을 벌여 재선을 강력하게 희망하고 있던 그를[95] 정치적 위기상태로 몰아넣은

---

92) 李起夏, 『韓國政黨發達史』, 217쪽.
93) 許政, 『내일을 위한 證言』, 180쪽.
94) 당시 원내교섭단체에 관한 규정이 없고 의원들의 이합집산이 빈번하게 이루어졌기 때문에, 교섭단체별로 정확한 의석수를 확인할 수는 없고 개략적인 파악만 가능할 뿐이다. 1951년 당시 의석분포는 여당격인 신정동지회가 70석이었고, 나머지는 야권으로 민국당 40석, 공화구락부 35석, 민우회 25석, 무소속 5석으로 분석되고 있다. 韓太壽, 『韓國政黨史』, 187쪽.
95) 李대통령이 재선을 바란 것은 개인적인 집권욕 때문만은 아니었다는 주장도 제기되고 있다. 즉 전쟁을 승리로 이끌고 통일을 이루려면 자신의 계속적인 영도가 꼭 필요하다고 확신했으며, 단독정부 수립과 국토분단에 대한 책임감을 느껴 자신의 힘으로 반드시 통일을 이루고 말겠다는 집념 때문에 재선을 일종의 사명으로 인식했다는 것이다. 許政, 『내일을 위한 證言』, 180쪽.

것이다. 이러한 위기를 극복하기 위해 이승만이 창당한 것이 자유당이었다.

평소 정당무용론을 주장하던 이승만은 1951년 광복절을 기해 신당조직에 관한 자신의 구상을 밝혔다. 지금까지 자신은 정당조직이 이르다고 생각해 왔으나, 이는 사색편당의 역사와 습관대로 정당이 구성될 경우 국가에 커다란 위험을 주기 때문에 편당주의를 타파하기 전에는 정당을 조직하는 것이 어렵다는 것을 의미한 것이었다고 해명했다.96) 그리고 일민주의를97) 출발로 정당한 정당을 만들어 민족의 복리를 발전시키는 데 협력을 원하는 사람들은 전국적으로 대동단결하는 것이 필요하다고 역설했다. 한민당의 뒤를 이은 민국당의 공세로 자신의 위치가 불안하다고 생각했기 때문에, 정당을 무시하던 종래의 입장을 포기하고 자신을 위한 집단인 정당을 조직하려고 한 것이다.98) 정당을 통해 내각제공세를 파탄시키고 위기에서 벗어나 자신의 정치적 위상을 확고히 하며, 나아가 대통령직의 재선을 도모한다는 것이었다.99)

---

96) 公報處, 『大統領 李承晩博士談話集』, 61-62쪽.
97) 一民主義는 세계일민주의와 민족일민주의가 결합한 것으로, 세계의 모든 사람은 동포로서 서로 싸우거나 빼앗지 말고, 있고 없는 것을 서로 나누어 가지며 의좋게 협력해 행복하게 잘 살도록 건설해 가자는 것이며, 우리 겨레는 형제로서 서로 사랑하고 서로 존경하고 서로 아끼고 도와 삼천만이 한마음이 돼 남북통일과 완전 자주독립을 이룩한다는 것을 골자로 하고 있다. 우남전기편찬위원회, 『우남노선: 리승만박사 투쟁노선』(동아출판사, 1958), 91-92쪽. 그러나 일민주의라는 이념은 자유당이 창당된 후에는 다시 언급되지 않아, 그의 "사상이라기보다 편의상 일시 차용한 것으로 보이며, 그나마 논리를 갖춘 이념이라기보다는 황당무계하다는 평조차 얻고 있는 그러한 것"이라는 비판이 제기됐다. 金道鉉, "1950년대의 李承晩論," 陳德奎 외, 『1950年代의 認識』(한길사, 1981), 87쪽.
98) 李起夏, 『韓國政黨發達史』, 218쪽.
99) 1952년 초 李대통령은 白斗鎭 국무총리서리에게 함경도 출신 安鳳益이 희사한 1億圜짜리 수표를 보이면서 정당을 만들겠다는 뜻을 밝혔다. 이 자리에서 李대통령은 "民主政治는 與野政黨이 必要하고 兩派가 맞서는 가운데서 더 좋은 생각이 나는 法"이라고 주장했는데, 이 말에는 민주적인 방식을 따르겠다는 뜻도 없

이처럼 자유당의 창당이 권력재창출을 위한 것이 분명했음에도 불구하고, 그는 정당을 만드는 것은 많은 사람을 모아 세력을 갖겠다는 것이 아니라 민주국가의 기본적 주의를 진전시키겠다는 것이라고 주장했다. 이어 "극소수 인물의 권위자들이 정권을 잡아서 대중인민의 자유와 이익을 빼앗아 해국해민(害國害民)하는 폐단을 막고…… 정부는 영구히 우리 국민 전체의 수중에서 소수분자에 빼앗기지 말게 하며…… 자기가 버는 것과 자기가 가지는 것을 세력가에게 빼앗기는 손해를 받지 않고……"100)라고 말해 민국당을 소수의 특권계급으로 매도했다.

이대통령이 신당조직에 관한 구상을 밝히자, 그를 추종하는 인사들이 원내외로 나누어져 별도로 신당을 결성하기 위한 준비에 나섰다. 이와 때를 같이해 정부는 1951년 11월 30일 양원제와 대통령직선제를 골자로 하는 개헌안을 제출했는데,101) 이는 민국당의 공세를 견제하고 신당 결성운동에 박차를 가하려는 고도의 전략이 내포된 것이었다고 할 수 있다.102) 왜냐하면 개헌안 제출과 동시에 민의를 반영하라는 국민운동이 각지에서 전개됐고, 다른 한편으로는 신당 결성작업이 급속도로 추진돼 12월 23일에는 원내와 원외가 별도로 주도하는 2개의 자유당 결성대회가 경쟁적으로 개최됐기 때문이다.103) 권력을 향한 무한경쟁이 이루어

지는 않았지만 대통령선거를 위한 전위적인 기반이 필요하다는 것이었다고 白斗鎭은 분석했다. 白斗鎭, 『白斗鎭回顧錄』(大韓公論社, 1975), 266-267쪽.
100) 公報處, 『大統領 李承晩博士 談話集』, 63쪽.
101) 양원제는 국회의 신중하지 못한 결의와 과오를 피하며 다수당의 전제를 방지하고 정부와의 충돌을 완화할 수 있는 장점이 있으며, 주권재민의 민주국가에서 공무원은 언제든지 국민에 대해 책임을 져야 하며 대통령 역시 공무원의 한 사람으로서 주권자인 국민의 의도가 그에게 직접 반영·침투돼야 한다는 뜻에서 정부는 양원제와 대통령직선제 개헌안을 제출했다고 밝혔다. 大韓民國國會 事務處, 『國會史: 制憲國會 第2代國會 第3代國會』, 623쪽.
102) 당시 국회의 세력분포로 보아 개헌안의 통과는 무망했음에도 불구하고 李대통령에 아첨을 일삼던 무리들이 개헌안 제출을 건의했다는 주장도 제기되고 있다. 許政, 『내일을 위한 證言』, 181-182쪽.
103) 일반적으로 원내파는 대통령간선제를 주장했고, 원외파는 직선제를 주장한

지고 있는 현상의 전형적인 예라고 할 수 있다.[104]

　자유당이 결성대회에서 채택한 선언은 이승만의 민국당에 대한 평소의 견해를 그대로 반영한 것으로, 민국당을 봉건사상에서 탈피하지 못한 독선적 관료주의의 군상이라고 비난하고, 군정시대부터 관권을 농단했으며 악질적인 모리간상배를 조성해 국정을 모독하고 경제를 파탄시켰다고 주장했다. 그리고 정부수립 이후에는 헌법정신에 반역하며 시대의 흐름에 역류하고 전쟁을 기화로 정권을 독점하기 위해 국내외적으로 모략과 중상을 일삼아 국가의 위신과 민족의 신의를 훼손했다고 비난했다.[105]

　정부에서 제출한 개헌안은 1952년 1월 18일의 표결에서 재석 163, 가 19, 부 143, 기권 1로 부결되고 말았다. 당시 정부는 양원제가 되면 의원들의 활동무대가 넓어져 의원들 거의가 찬성해 대통령선거권을 양보할 것으로 판단했으나, 의원들의 입장에서는 자신의 최대 권한인 대통령선거권을 양보할 리 없었고 입법권의 독점을 포기할 이유가 없었기 때문에 반대한 것이었다.[106] 그리고 비록 자유당이 결성됐다고는 하나 원내와 원외로 나뉘어 대통령에 대한 충성경쟁을 전개하고 있었고 개헌문제에 대한 입장도 달랐기 때문에, 효율적인 대응전략을 마련하지 못했던

　　것으로 알려지고 있다. 원내외 자유당의 창당과정에 대해서는 孫鳳淑, "李博士와 自由黨의 獨走," 李起夏 외, 『한국의 政黨』(한국일보사, 1987), 239-245쪽 참조.

104) 이러한 현상을 Henderson은 정부를 상류계급의 모든 에너지를 가차없이 흡수해 모든 사람을 급속히 빨아들이는 거대한 회오리바람으로 표현했다. 회오리바람은 순식간에 그들을 정상 가까이 끌어들이는가 하면 다음 순간에는 그들을 내몰아 무자비하게 처형하거나 유배 보내는 식으로 이루어지고 있으며, 조선조 500년의 역사에서 이를 빼면 무엇이 남아 있는지 모를 정도라고 그는 주장했다. Gregory Henderson, *Korea: The Politics of the Vortex* (Cambridge: Harvard University Press, 1978), 29-32쪽.

105) 中央選擧管理委員會, 『大韓民國政黨史』第1輯(中央選擧管理委員會, 1981), 212쪽.

106) 李起夏, 『韓國政黨發達史』, 224쪽.

것도 개헌안이 부결되는 원인의 하나였다.

개헌안이 부결되자 이승만은 민중이 절실히 알아서 교정할 줄로 믿는다는 말로[107] 개헌안 부결을 반대하는 민중대회의 개최를 예고했다. 이러한 예고대로 민중대회가 개최됐고, 이 대회에서 민의를 배반한 국민대표를 소환하자는 운동이 전개됐다. 이에 대해 이대통령은 국회의원을 소환하는 것이 헌법에 없다고 말하나 소환하지 말라는 조건 또한 없으므로, 주권자인 국민이 자기 대표를 소환하는 것을 이론적으로나 법리적으로 막을 사람은 없을 것이라고 주장하면서[108] 민중을 선동했다.

이처럼 결성중인 자유당이 강제로 민의를 동원하며 직선제개헌 움직임을 본격화하는 상황에서 민국당은 당의 중흥책은 내각제개헌의 추진에 있다고 판단하고, 이의 추진을 위해 5억 원의 정치자금을 마련하기로 했다.[109] 민국당은 조달된 자금을 민국당 소속의원들과 무소속구락부, 민우회 등에 생활보조비 또는 정치자금이라는 명목으로 제공하고, 내각제를 지지하는 원내자유당과 제휴해 124명의 서명을 받아낼 수 있었다. 이는 권력구조를 변경하는 데 있어 국가와 민족의 장래보다는 정치자금이 더 영향력을 발휘한다는 것을 명백히 보여주는 사례라고 할 수 있다. 정치자금의 제공으로 개헌선 확보에 성공한 민국당은 1952년 4월 17일 국회에 개헌안을 제출했다.[110]

내각제개헌안이 제출되자 정부는 이미 부결된 바 있는 직선제개헌안과 대동소이한 내용의 개헌안을[111] 1952년 5월 14일 재차 국회에 제출,

---

107) 公報處, 『大統領 李承晩博士 談話集』, 67쪽.
108) 公報處, 『大統領 李承晩博士 談話集』, 69쪽.
109) 趙炳玉, 『나의 回顧錄』, 345쪽.
110) 개헌안의 골자는 대통령은 '행정권의 수반'이라는 것을 '국가의 원수'로 고치고, 행정부에 국회해산권을 주되 국회는 국무원불신임권을 가지며, 행정권에 속한 모든 국무의 수행은 국무총리와 국무위원으로 구성된 국무원이 행사하는 것 등이다. 大韓民國國會 事務處, 『國會史: 制憲國會 第2代國會 第3代國會』, 730쪽.
111) 개헌안의 골자는 대통령과 부통령을 직선하며, 양원제를 택하나 하원에 우월권을 주며, 상원은 대통령이 임명하는 관선의원 3분의 1과 민선의원 3분의 2로

국회에 두 개의 개헌안이 계류되는 사태가 빚어졌다. 이와 같은 분위기에서 실시된 지방의회의원 선거에서 원외자유당은 관권을 동원해 보궐선거에 이어 민국당을 압도하는 승리를 거두었다. 이에 힘입어 자유당은 각종 유령단체를 내세워 국회에 대한 불신과 반감을 노골적으로 표명했다. 이들 유령단체는 전쟁의 참화를 입은 국민들의 의사는 전쟁 이전에 구성된 국회와 그 의사가 다르며, 국회에서 군소 정파들이 이해득실과 정략에 몰두하며 이합집산을 반복하는 바람에 국민의 의사를 대변할 자격을 상실했다고 하면서,112) 국회의원 소환과 국회해산을 요구하며 연일 시위에 나섰다.

군중시위가 계속되는 상황에서도 민국당을 비롯한 야권은 정부의 직선제개헌을 저지한다는 방침에는 변화가 없었고, 이를 위한 기구로 호헌구국투쟁위원회를 구성했다. 직선제개헌안이 야권의 완강한 반대에 봉착하자, 정부는 5월 25일 잔여 공비를 소탕한다는 명목으로 계엄령을 선포했다. 개헌안을 통과시키기 위한 의도에서 일부러 정치파동을 유발한 것이었다.113) 이른바 '부산정치파동'이었다.

의도된 정치파동으로 정국이 극도로 혼미해진 상황에서 장택상이 이끄는 신라회가 중심이 돼 국회에 계류중인 두 개의 개헌안을 발췌, 양측

구성하는 것 등이다. 大韓民國國會 事務處, 『國會史: 制憲國會 第2代國會 第3代國會』, 731쪽.

112) 韓太壽, 『韓國政黨史』, 191쪽.

113) 계엄령이 선포되자 국회는 명백한 이유가 없다는 이유로 해제를 요구했으나 정부는 응하지 않았다. 이에 대해 "계엄령 본래 사명은 고사하고 반대파 국회의원 억압에 이용하였으며 영구집권을 위한 정치적 목적을 위해 이를 최대한으로 활용하였다"고 분석됐다. 徐珉濠, 『나의 獄中記』(同志社, 1962), 118쪽. 정치파동의 경위에 대해서는 申柄湜, "釜山政治波動과 李承晩體制의 確立," 『상지대학교 병설 전문대학 논문집』 제16집(상지대학교 병설 전문대학, 1997), 141-161쪽 참조. 원내자유당은 이승만과 장면 두 사람 중에서 누구를 대통령후보로 할 것인지에 대해 의견의 일치를 보지 못하자, 비밀투표를 해서 행동의 통일을 기하기로 했다. 그러나 공교롭게도 투표하기로 한 그날 밤 계엄령이 선포되는 바람에 무산되고 말았다. "李在鶴篇," 『事實의 全部를 記述한다』, 141쪽.

의 접근을 시도했다.114) 이는 대통령을 직선으로 뽑는 대신, 국무총리의 제청에 의한 국무위원의 임명과 면직, 그리고 국무원에 대한 국회의 불신임권을 인정하는 것으로 표면적으로는 두 개헌안의 내용을 혼합한 것이지만, 대통령직선제를 관철시켰다는 의미에서 이대통령의 의도가 전적으로 반영된 것이었다.115)

  발췌개헌안은 의원들을 연행, 이틀간이나 감금한 뒤인 7월 4일 밤 기립표결을 강행한 끝에 재석 166, 가 163으로 통과됐다. 이로써 재선의 위기를 넘길 수 있게 된 이승만은 국민들이 애국심에서 분투노력한 충정을 국회에서 존중해 거의 전적으로 통과됐다고 치하하는 담화를 발했다. 여기서 그는 정치파동을 불러일으킨 군중시위를 "각 지방 국민들의 애국성심으로 분투노력한 일반동포들의 공심과 여러 대표들이 부산에 와서 많은 시일을 경과하여 거의 풍찬노숙하고 견디기 어려운 곤란을 겪으며 불법한 일이나 망행하는 일이 없이 조리 있게 노력한 충성"116)으로 표현했다. 그리고 자신은 후보자가 되기를 원하지 않는다는 말로 개인적인 권력욕 때문에 개헌한 것은 아니었다고 변명했지만, 곧바로 2대 대통령선거에 출마함으로써 이는 거짓이었음이 판명됐다.

---

114) 張澤相은 신라회에서 발췌개헌안을 제출해 난국을 수습하게 됐는데, 그 이면에는 공개할 수 없는 국제적인 모종의 계획이 있었다고 말하고, 당시 발췌개헌만이 유일한 방법이었다고 주장했다. 張澤相, 『大韓民國建國과 나』(滄浪張澤相記念事業會, 1992), 111-112쪽. 여기서 국제적인 모종의 계획이란 한국의 정국안정을 위해 미국이 개입한다는 것으로, 정치혼란이 계속되면 유엔군이 계엄을 선포하고 권력을 장악하겠다고 비밀각서를 보내온 것을 말한다. 이럴 경우 상황이 더욱 악화되기 때문에 난국을 수습하기 위해서는 개헌안을 지지하는 수밖에 없다고 생각해서 많은 의원들이 찬성한 것이라고 증언했다. 尹吉重, 『이 시대를 앓고 있는 사람들을 위하여』(호암출판사, 1991), 126쪽.

115) 徐珉濠는 발췌개헌안이 비록 정부와 국회측 개헌안을 절충해서 이루어진 것이라고 할지라도 정부가 의도한, 李대통령의 재선 야심을 충족시킬 수 있도록 대통령직선제로 바꾼 점만 보아도 정부측의 승리로 개헌파동은 끝난 셈이라고 주장했다. 徐珉濠, 『나의 獄中記』(同志社, 1962), 30쪽.

116) 公報處, 『大統領 李承晩博士 談話集』, 91쪽.

창당과정부터 원내외의 갈등이 끊이지 않던 자유당은 1953년 10월 들어 이범석 계열을 축출하고 이승만을 중심으로 한 확고한 지도체제를 갖추어 명실공히 집권여당의 위상을 지니게 됐다. 이로써 이승만은 민국당에 대항할 수 있는 지지정당을 처음으로 갖게 됐고, 정당적 기반을 이용해 자신이 원하는 대로 민중을 동원하고 권력을 강화할 수 있었다.

대통령 추종세력이 정당의 형태로 규합되면서 자유당은 곧 통합의 위력을 발휘하기 시작했다. 1954년 5월 20일 실시된 3대 의원선거에서 자유당은 114명이나 당선된 반면, 민국당은 15명의 당선에 그쳐 교섭단체조차 구성하지 못하고 결국 무소속과 합쳐 무소속동지회를 구성하는 것으로 만족해야 했다. 물론 자유당 승리의 이면에는 노골적인 관권의 개입이 있었지만,117) 원내외에서 이승만을 추종하는 세력이 결합함으로써 나타난 통합효과도 무시할 수 없는 요인이었던 것으로 생각된다.

이처럼 조직을 정비하고 세력을 확대한 자유당은 개헌정족수를 확보하기 위해 선거법 위반혐의로 신변의 위험을 느끼고 있던 무소속의원들을 영입, 이승만의 집권연장을 꾀했다. 그리고 이러한 의도의 일환에서 자유당은 1954년 9월 6일 136명의 서명을 받아 국민투표제 도입과 현 대통령에 한해 중임제한 규정의 적용을 배제한다는 등의 내용을 골자로 한 개헌안을 제출했다. 이들은 헌정 7년의 실제 운용에 비추어 볼 때, 일부 수정 또는 보완을 필요로 할 뿐만 아니라 국제정세의 변화와 국내 실정에 비추어 새로운 제도로의 이행을 절감하기 때문에 개헌안을 제안했다고 그 이유를 밝혔다.118)

개헌안이 제출되자 이승만은 개헌안의 골자는 국민투표라고 주장하고, 자신은 지위를 염두에 두고 있지 않으며 이에 관심도 없다고 발언했다.119) 권력에는 관심도 없고 오로지 국민이 원한다면 그에 따를 뿐이

---

117) 李起夏, 『韓國政黨發達史』, 236쪽.
118) 大韓民國國會 事務處, 『國會史: 制憲國會 第2代國會 第3代國會』, 1071쪽.
119) 公報室, 『大統領 李承晩博士 談話集』, 第2輯(公報室, 1956), 50쪽. 국민투표제를 채택한 이유로 자유당은 민주국가에서 주권은 국민에게 있으므로 국민을 명

라는 식이었다. 이러한 고도의 수사적인 발언과 달리 개헌안은 이승만의 종신집권을 꾀하고, 이를 통해 자유당의 권력기반을 더욱 공고히 하고 야당세력을 무력화시키기 위한 조치였던 것임이 분명했다.

왜냐하면 자유당이 제출한 개헌안은 11월 27일의 표결에서 재적 203, 재석 202, 가 135, 부 60, 기권 7로 개헌정족수에 1명이 부족해 부결된 것으로 선포됐음에도 불구하고, 이틀 뒤인 11월 29일 가결된 것으로 선포했기 때문이다. 4사5입할 경우 개헌정족수는 135명이기 때문에 부결선포는 잘못됐다는 것이었다. 이른바 4사5입개헌인데, 이는 전형적인 권력남용 사례라고 할 수 있다.120)

개헌안 통과로 이승만의 대통령 3선이 가능해졌고 이를 통해 자유당이 계속 집권할 수 있는 길이 마련됐다. 그러나 무리하게 개헌을 추진함으로 해서 초래된 민심의 이반과 야권의 반발 또한 적지 않았다. 두 차례 개헌안을 통과시키는 과정에서 자유당의 폭력성과 위법성이 노골적으로 표출되자 국민들이 등을 돌렸고, 당 지도부의 반민주성에 반발해 자유당 의원 중 일부가 탈당하는 사태가 발생했기 때문이다.

또한 민국당을 포함한 야권 또한 자유당의 전횡에 가까운 국정운영에 적지 않은 위협을 느껴 무엇인가 조치를 취하지 않으면 안 된다는 위기의식을 갖게 됐다. 이런 상태가 지속된다면 정권쟁취는 영원히 불가능할지도 모른다고 인식하기 시작한 것이다. 4사5입개헌으로 야기된 이와 같은 위기의식이 바로 야권의 결속을 강화하는 방향으로, 나이가 단일야당을 출현시키는 둘도 없는 자극제의 역할을 하게 된다.121)

실상부하게 주권자로 하기 위해서는 국가운명을 좌우하는 중요사항에 대한 최후 결정권을 실정법상으로 국민에게 부여해야 한다고 주장했다. 국민투표에 부치는 사항은 대한민국의 주권의 제약 또는 영토의 변경을 가져올 국가안위에 관한 중대사안으로 국한했다.

120) 4사5입 개헌과정에 대해서는 解放二十年史編纂委員會 編, 『解放二十年史』(希望出版社, 1965), 716-720쪽.
121) 嚴詳燮, 『權力과 自由』(耕久出版社, 1957), 72쪽.

3) 반독재 호헌투쟁과 민주당·진보당의 창립

(1) 양당의 창립배경

이승만의 종신집권 음모에서 비롯된 개헌안이 4사5입이라는 변칙적인 방식으로 국회에서 처리되자, 민국당 의원과 무소속 의원들은 개헌파동에 대한 수습책을 협의했다. 이 자리에서 소선규, 윤병호, 장택상, 조병옥 등 7명이 수습위원으로 선출됐는데, 이들은 원내교섭단체를 구성하는 동시에 신당을 결성하자는 결론에 도달했다. 이에 따라 자유당의 횡포에 맞서기로 한 60명의 의원들은 1954년 11월 30일 호헌동지회(이하 호동)라는 명칭으로 교섭단체를 등록했고, 이를 모체로 신당발기준비위원회를 구성했다.122)

호동은 헌법수호를 위해 계속 투쟁할 것을 다짐하는 한편, 원내외에 존재하는 반자유당 세력을 단일야당으로 규합하는 작업을 추진하기로 했다. 이처럼 야권을 하나로 통합해 자유당에 대항하고 위기를 극복하기 위한 의도에서 신당 창립작업이 추진되자, 자유당은 이를 북한과 연계시켜 탄압하려고 했으나 조작으로 판명되는 바람에 뜻을 이루지 못한 사건이 발생하기도 했다.123) 정치적 반대파를 공산당으로 매도하는 전형적인 용공조작 수법을 동원한 것이다.

그러나 신당을 추진하는 과정에서 결정적인 문제점으로 등장한 것은 이와 같은 외부의 방해공작이 아니라 내부적인 요인이었다. 호동의 내부에서 보수성향의 자유민주파와 혁신성향의 민주대동파간의 견해차이로 단일야당을 출현시킨다는 계획에 차질이 생긴 것이다.124) 즉 김준연,

---

122) 趙炳玉,『나의 回顧錄』, 360쪽.
123) 李起夏,『韓國政黨發達史』, 246-247쪽.
124) 호동이 이처럼 양파로 나뉘게 된 것은 이념문제라기보다 대통령후보 문제와 함께 당의 주도권문제가 얽혀 있기 때문이라는 분석도 제기되고 있다. 자유민주파는 민국당 계열의 지방조직을 중심으로 당을 조직해 주도권을 장악하려고 했

신익희, 조병옥 등으로 대표되는 자유민주파는 조봉암처럼 과거의 행적이 불분명한 인물은 배제하고 보수우익 진영만 규합하자고 주장했으며, 서상일, 신도성 등으로 대표되는 민주대동파는 반독재투쟁을 효율적으로 하기 위해서는 대야당을 구성해야 한다고 주장함으로써 균열이 발생한 것이다.

자신의 문제로 신당 추진작업이 지연되자 조봉암은 성명을 발표했다. 해방 이후 즉시 공산당과 절연하고 대한민국에 비록 미미하나마 모든 심정을 바쳐 왔고 공산주의가 인류에 끼치는 해독을 누구보다 깊이 알고 있기 때문에, 이론적으로나 실제적으로 대공투쟁에 여생을 바칠 것이라는 내용이었다.125) 이와 동시에 그는 어떠한 독재정치도 반대할 것임을 강조하고 독재에 반대하기 위해서라면 지팡이를 짚고서라도 따라갈 것이라고 언명, 호동 참여를 강력히 희망했다.

일종의 전향성명서를 발표한 것이었는데, 그럼에도 불구하고 자유민주파는 조봉암의 참여를 극력 반대했다. 그가 과거를 반성한다는 내용의 성명을 발표했지만, "수년 전에 그와 같은 성명을 발표하고 그 취지에 따라서 행동했다면 모르되, 지금 와서 신당에 참가하기 위해서 무슨 성명을 한다는 것은 믿을 수 없는 것으로서 용납할 수 없는 것"126)이라

던 반면, 민주대동파는 민국당 계열의 독주를 막기 위한 의도에서 曺奉岩을 비롯한 외부인사들을 영입하려고 했다는 것이다. 李起夏, 『韓國政黨發達史』, 248쪽.
125) 曺奉岩은 해방 후 공산당이 하는 일에 직접 참여해 보니 민족의 자주독립과 민족이 잘살기 위한 노력이라기보다는 완전히 소련의 괴뢰놀음에 불과한 것이 드러났으며, 공산당은 소련의 이익과 정책을 위해서는 독립을 하지 않아도 좋다는 기본강령 아래 움직였고, 노동자·농민이 모두 잘살게 된다는 것은 오직 공산당이 독재정권을 잡는다는 전제조건하에서만 성립되며, 그렇지 않으면 굶어 죽어도 좋다는 식의 본색이 확실히 드러났다고 주장했다. 曺奉岩, 『우리의 當面政策』(三空出版社, 1993), 73-74쪽.
126) 金俊淵은 "張勉도 曺奉岩은 물론이고 曺奉岩 계열만 들어와도 自己는 新黨에 참가하지 않겠다"고 해서 曺奉岩을 참가시키지 않고 당이 결성됐다고 주장했다. 金俊淵, 『나의 길』, 41쪽.

는 이유에서였다. 또한 그의 정치적 성분을 잘 알고 있으므로, 그와 함께 보수당을 한다는 것은 있을 수 없다는 입장에서였다.127) 이와 같은 김준연과 조병옥의 주장이 강력하게 반영돼128) 조직요강에 "좌익 전향자와 악질 부역자를 제외한다"고 결정함으로써 조봉암을 비롯한 일부 야권세력의 신당참여가 원천적으로 봉쇄되고 말았다. 결론적으로 말해 자유당과 대항하기 위해 원칙을 무시하고 사회주의나 사회민주주의를 이념으로 하는 사회민주당과 같은 정당을 만들어서는 안 된다는 것이었다.129)

신당 창당과정에서 나타난 이와 같은 이념상의 대립은 자유당에 반대하는 야권세력이 통합해 단일정당으로 출범하는 데 커다란 장애요인으로 작용했고, 이로 인해 반독재 호헌투쟁은 효율적으로 전개될 수 없었다. 민주당과 진보당이 별도로 창립돼 위기극복을 위한 야권의 노력이 분산됐기 때문이다.

---

127) 金度演, 『나의 人生白書』(康友出版社, 1968), 269쪽.
128) 尹濟述先生文集刊行委員會, 『芸齋選集』上(成志社, 1989), 110쪽. 그러나 曺奉岩의 참여를 반대한 대표적인 인물은 金俊淵이며, 趙炳玉은 신중한 자세를 취하다가 曺奉岩의 참여문제가 복잡하게 되고 교섭이 난관에 얽히는 것을 보고, 그 문제가 이유가 돼 신당운동이 중지될 수는 없지 않느냐는 태도를 보였다는 주장도 있다. 柳珍山, 『해뜨는 地平線』, 113쪽.
129) 趙炳玉은 회고록에서 曺奉岩의 참여를 거부한 이유를 다음과 같이 들었다. "나는 美軍政의 警務部長으로 있을 때부터 曺奉岩氏의 政治的 行狀을 너무나 잘 알고 있었기 때문이었다. 曺奉岩氏는 南勞黨 '헤게모니' 爭奪戰에 있어서 軍政의 暴力征服을 反對하였던 까닭에 朴憲永에게 敗北當해 反幹派로 몰렸던 것이다. 그는 本質的으로 共産主義者요, 그의 著書 『當面課題』에서는 社會主義者로 自處하면서 自己의 政治理念의 變함 없음을 밝히었던 것이다. 그러므로 曺奉岩氏는 政治的 方面으로써 政治的 改宗을 한 것이라고 나는 생각하였기 때문에 그의 新黨加入을 積極的으로 反對하였던 것이다." 趙炳玉, 『나의 回顧錄』, 372-373쪽.

⑵ 민주당의 창립과 활동

야권이 당면하고 있는 위기를 극복하기 위해 단일야당을 출범시키려던 계획은 이처럼 이념적 균열로 성사되지 못하고 말았다. 자유민주파는 한국사회의 구조와 성분으로 보아 계급정당은 있을 수 없으며, "일부의 논객들이 계급정당을 운위하고 있으나, 그것은 한국의 사회적 현실을 몰각하고 관념과 낭만의 환상적 사회주의에 사로잡혀 그러한 주장을 하게 되는 것"130)이라고 민주대동파의 입장을 강력히 비판했기 때문이다. 이러한 신념에서 자유민주파는 조봉암 등 민주대동파와의 유대를 포기하고 독자적으로 정당조직을 추진, 1955년 7월 17일 신당발기준비위원회를 조직했으며, 8월 3일에는 발기준비위원 총회를 열고 본격적인 창당준비에 착수했다.131)

신당창당에 앞서 민국당은 1955년 9월 18일 중앙집행위원회를 개최하고 당의 해체문제를 토의했다. 이 자리에서 서울, 충남, 전남, 전북, 경남 등 5개 도당 위원장들은 연명으로 "발전적인 민국당의 해체와 신당에 거당적 참가를 요청하자"고 제안해 절대적인 다수로 이를 통과시켰다. 당시 민국당의 해체를 반대한 세력은 극소수에 불과했는데, 이들은 10년의 전통을 가진 정당을 신당창당 이전에 해체하는 것은 경솔하며 시기상조라는 입장이었고, 해체를 찬성하는 측은 신당의 정강정책은 민국당의 이념과 동일하며 신당 발기인의 대다수가 민국당원으로 신당을 주도하는 입장에 있다는 것 등을 이유로 들었다.132)

민주당은 이처럼 호동의 출현에서 민국당의 해체에 이르는 과정을 거쳐 4사5입 파동이 일어난 지 근 10개월 만인 1955년 9월 18일 창당됐다. 창당선언에서 민주당은 책임정치의 구현과 민주세력의 결집·강화만이

---

130) 趙炳玉, 『民主主義와 나』(永信文化社, 1959), 365쪽.
131) 비록 曺奉岩의 입당이 거절되기는 했지만, 그의 불참이 보수세력을 결속시키는 데 장애가 되지 않았다는 주장도 제기됐다. 高興門, 『정치현장 40년: 못다 이룬 민주의 꿈』(無碍, 1990), 69쪽.
132) 中央選擧管理委員會, 『大韓民國政黨史』 第1輯, 225쪽.

국정쇄신의 방도임을 확신한다고 주장하면서 민주당의 성립이 시대적 요청임을 강조했다. 그리고 정강에서 "공정한 자유선거에 의한 대의정치와 내각책임제 구현"을 주장했고, 정책에서 호헌·준법정신의 구현, 국민의 기본권 보장, 선거에 대한 관권간섭 배제, 국방력의 확보 등 26개 항을 제시했다.

이날 400명의 중앙위원이 선출됐으며, 중앙위원회는 신익희를 대표최고위원, 곽상훈·백남훈·조병옥·장면 4인을 최고위원으로 선출했다. 비록 민주대동파를 포용하지는 못했지만 민주당은 한민당으로부터 내려오는 민국당 계열과 장면·정일형 등의 흥사단계, 자유당 탈당인사, 그리고 무소속구락부 등을 합쳐 33명의 의원을 확보할 수 있었고, 이를 기반으로 자유당과 대결하기 위한 진용을 짜 나갔다.133)

당시 민주당의 인적 요소에는 자유당에 반대하는 보수성향의 인사라는 것 외에는 동질성을 찾을 수 없었기 때문에, 야당으로서의 견제력을 이용해 자신을 비싸게 행정부에 넘겨 보려는 동기에서 가입하거나 후원해 보려는 인물이 없지 않다고 하는 비판을 받기도 했다.134) 또한 그 연장선상에서 민주당에 참여한 인사들의 면면을 볼 때, 보수성이라고 하는 측면에서는 자유당과 하등의 차별성을 나타내지 못했다는 분석이 제기되기도 하나,135) 민주당의 창당은 자유당에 대한 견제라는 면에서, 그리고 민주당이 처한 위기를 극복한다는 면에서 그 의의를 찾을 수 있다.

민주당은 1956년 5월 15일의 3대 정·부통령선거에 대비해 그 해 3월

---

133) 당직을 인선하는 과정에서 한민당에서 민국당을 거치면서 함께 정치활동을 했던 이른바 민국계와 반독재 호헌이라는 명분에 공감해 참여한 비민국계가 조직부장을 서로 차지하려고 치열한 경합을 벌였다. 여기서 민국계를 구파, 비민국계를 신파로 부르게 됐는데, 이를 볼 때 민주당은 창당 직후부터 구파와 신파의 신경전이 시작됐다고 할 수 있다. 高興門,『정치현장 40년: 못다 이룬 민주의 꿈』, 70-71쪽.

134) 嚴尙燮,『權力과 自由』, 70-71쪽.

135) 白雲善, "民主黨과 自由黨의 政治理念논쟁," 陳德奎 외,『1950年代의 認識』, 98쪽.

28일 전국대회를 열고 대통령후보에 신익희, 부통령후보에 장면을 지명했다. 당시 4사5입개헌으로 자유당으로부터 민심이 이탈되고, 자유당에서 주장하고 선전하는 것이 비록 진실하고 사리에 맞는 것이었다고 할지라도 국민이 이를 믿지 않았기 때문에 민주당은 정권교체의 가능성을 확신하고 있었다. 이에 고무돼 대회에서 민주당은 정권을 장악하겠다는 의지를 강력히 표명하고, "못살겠다 갈아보자"는 구호와 '책임정치'를 내걸고 선거운동에 나섰다.

5·15선거에서 자유당의 이승만 후보에 맞설 수 있는 대통령후보를 내세운 정당은 민주당과 진보당추진위뿐으로, 양측은 후보단일화 협상을 몇 차례 벌였지만 견해차이로 실현하지 못하고 있었다. 그러던 중 민주당 신익희 후보가 급서하는 바람에 이승만 후보의 3선은 결정적인 것이 되고 말았다. 30만 군중이 운집한 한강 백사장에서 내각책임제를 실시해 책임정치를 구현하겠다고 연설한136) 신익희 후보가 갑자기 뇌일혈로 사망했기 때문이다. 이로써 대통령선거는 이승만 후보와 조봉암 후보로 압축됐고, 민주당 내에서도 조봉암을 지지하자는 주장이 나오기도 했다. 그러나 김준연이 "조봉암은 좌익노선을 추구하는 사람이니 이승만 대통령을 밀어야 된다"137)고 선언하는 바람에 이승만의 3선은 의심의 여지가 없게 됐다.

비록 정권교체의 꿈을 이루지는 못했지만, 민주당은 장면 후보가 자유당의 이기붕 후보를 누르고 부통령에 당선되는 바람에 칭딩에 기울인 노력은 어느 정도 보상을 받은 셈이 됐다. 이로써 민주당은 정권교체의 실현 가능성을 발견했다고 할 수 있고, 이 점에서 부분적이기는 했지만 야권통합의 효과를 본 것이다. 이러한 징후는 1958년 5월 2일에 실시된 4대 국회의원선거에서도 나타났다. 자유당의 126석에 이어 민주당은 79석을 차지, 괄목할 만한 성장을 보인 것이다. 특히 서울과 부산 등을 비

---

136) 申翼熙 후보의 연설 전문은 申昌鉉 편, 『申翼熙先生演說集』, 410-424쪽 수록.
137) 선거 후 金俊淵이 당선 축하인사를 하자, 李대통령은 "미스터 金이 支持해 주어서!"라며 고마움을 표했다. 金俊淵, 『나의 길』, 42쪽.

롯한 중요 도시에서 민주당이 압승함으로써 정권교체의 가능성은 더욱 높아졌다고 할 수 있다.138)

이러한 현상은 자유당의 독재에 염증을 느껴 민심이 이탈함으로써 나타난 것이라고 할 수 있다. 이처럼 객관적인 정세가 민주당에 유리하게 작용했음에도 불구하고 민주당은 이를 적극 활용하지는 못했다. 당의 영도권문제를 놓고 신파와 구파의 갈등이 표면화됐기 때문이다. 여기서 구파라고 하면 한민당에 참여한 이래 민국당을 거쳐 민주당에 이른 인맥을 말하는 것으로 이들이 당내 주류를 형성하고 있었고, 신파는 4사5입 파동 이후 신당 창립운동에 참여해 민주당에 합류한 인맥을 말하는데 이들이 당내에서 비주류를 형성하고 있었다.

민주당 내 신·구파 사이의 갈등이 계속되고 있는 상황에서 4대 대통령선거가 다가오자 자유당은 이승만과 이기붕을 정·부통령 후보로 선출하고 선거준비에 박차를 가했다. 선거일이 가까워질수록 민주당 내부의 갈등은 더욱더 첨예해졌다. 이는 구파의 조병옥과 신파의 장면 두 사람이 대통령후보 지명을 놓고 경쟁을 벌였기 때문인데, 양파 사이에 흑색선전이 난무하고 일부 지구당에서는 폭력사태가 발생하기도 했다.139)

1959년 11월 26일 개최된 지명대회에서 구파의 조병옥이 가까스로 대통령후보로 지명됐고,140) 신파는 대통령후보와 당수직 분리론을 내세워 장면이 대통령후보가 되지 못한 대신 대표최고위원에 당선될 수 있었다. 이로써 양파는 가까스로 세력균형을 유지, 충돌을 모면하고 선거준비에 나설 수 있었다.

---

138) 당시 민주당은 서울의 16개 의석 중 14석을 차지했으며, 이외에 인천의 3개 의석 전부, 전주 2개 의석 전부, 광주 3개 의석 중 2석, 대구 6석 중 3석, 부산 10개 의석 중 7석을 차지했다. 中央選擧管理委員會, 『歷代國會議員選擧狀況』, 263-272쪽에서 작성.

139) 尹濟述先生文集刊行委員會, 『芸齋選集』上, 127쪽.

140) 당시 966명의 대의원이 참석한 가운데 실시된 지명선거에서 趙炳玉 484표, 張勉 481표, 기권 1표로, 구파 趙炳玉이 지명됐다. 金度演, 『나의 人生白書』, 330쪽.

그러나 지명대회 이후 전열을 정비하고 선거운동에 임하는 과정에서 조병옥 후보가 신병치료차 입원중인 미국에서 급서하는 바람에 민주당은 또다시 대통령후보 없는 선거를 치러야 했다. 이로 인해 선거의 관심은 자연 자유당의 이기붕 후보와 민주당의 장면 후보로 압축된 부통령 선거로 집중될 수밖에 없었다. 당시의 헌법규정에 의하면 대통령이 궐위된 때에는 부통령이 대통령직을 승계하도록 돼 있었기 때문이다.

이렇게 되자 자유당은 무슨 수를 써서라도 자당의 이기붕 후보를 당선시킨다는 방침을 세웠다. 이승만이 고령으로 임기중 사망할지도 모르며, 이럴 경우 정권이 민주당으로 넘어갈 것을 우려했기 때문에 더욱 그러했다. 자당 후보를 당선시켜야 한다는 강박관념에 사로잡혀 자유당은 사상 유례없는 부정선거를 획책하게 됐다. 선거인명부를 조작하는가 하면 사전투표, 공개투표 등을 계획하고 지령해 민심을 기만하려고 한 것이다.[141]

조병옥 후보의 급서에 대한 국민의 애도를 득표로 연결시킨다는 전략으로 임했던 민주당은 정부와 자유당에 의해 부정선거가 자행되자, 3·15 선거가 모든 경찰국가 수법을 총동원해 최고의 포악선거를 단행한 것이라고 하면서 선거무효를 선언했다.[142] 학생과 시민들도 선거를 앞두고 또 선거 당일에 자행된 부정선거에 대해 전국적으로 규탄에 나섰다.

역사적인 4월혁명이 발생한 것인데, 이는 곧 이대통령의 하야로 이어졌으며 자유당을 와해상태로 몰아넣었다. 자유당의 와해로 상대적으로 소수파였던 민주당이 국회에서 주도권을 장악하는 계기가 마련됐으며, 이 계기를 활용해 민주당은 한민당 시절부터 주장해 오던 개헌작업에 착수할 수 있었다. 그리하여 1960년 6월 15일 내각책임제와 양원제를 골자로 하는 새로운 헌법이 탄생했다.

국회를 해산하고 새로운 선거법에 의해 7월 29일 실시된 5대 민의원

---

141) 자유당의 부정선거 계획에 관해서는 陳德奎 외, 『1950年代의 認識』, 447-451쪽 참조.
142) 李起夏 외, 『韓國의 政黨』, 351쪽.

선거와 초대 참의원선거에서 민주당은 압도적인 승리를 거두었다. 전국 233개 민의원 의석 중에서 75.1%에 해당하는 175석을, 서울시 16개 선거구에서 15석을, 참의원 의석 58석 중 53.4%인 31석을 차지했던 것이다.143) 이로써 창당 5년 만에 민주당은 정권을 장악할 수 있게 됐다.

(3) 진보당의 창립과 해체

자유민주파의 반대로 민주당 합류가 좌절된 인사들은 1955년 9월 1일 모임을 갖고,144) 별도의 정당을 창립한다는 데 뜻을 같이했다. 주로 해방 직후 조선인민당, 독립전선 및 민족자주연맹에 참여했던 인사들이 중심이 됐고, 여기에 민국당 비주류와 족청계 일부, 그리고 신라회 일부가 참여했다.145)

이들은 민주당이 창당되자, 여러 차례 공식·비공식 모임을 갖고 진보적인 신당의 창립을 모색하기로 했다. 그리하여 1955년 12월 22일에는 진보당추진위원회(이하 진보당추진위)를 구성하고146) 조봉암 등 12명의 발기인 명의로 취지문과 강령초안을 발표했다.147) 이를 볼 때 진보

---

143) 中央選擧管理委員會, 『大韓民國政黨史』 第1輯, 248-249쪽.
144) 이날 曺奉岩, 徐相日, 張建相, 鄭華岩, 崔益煥, 朴ününgi, 徐世忠, 鄭伊衡, 尹吉重, 愼道晟, 金基喆 등 40여 명이 참석했다. 鄭太榮, 『韓國社會主義政黨史』(世明書館, 1995), 424쪽 참조.
145) 朴己出, 『韓國政治史』(東京: 民族統一硏究所, 1977), 164쪽.
146) 이에 대해 曺奉岩은 다음과 같이 회고했다. "일부 반대자들은 혁신적인 분자들의 활발한 진출을 두려워해서 야당 통일전선적인 신당구성을 파괴하고 소위 자유민주주의자만의 조그만 당을 만들게 된 까닭에 그때의 신당을 만들자던 서상일씨외 많은 분들의 발의로 자본주의적인 자유민주주의 정당이 아니고 혁신적인 정당, 공산주의도 자본주의도 다 같이 부정하고 새 인류의 새 이상으로 만인 공존의 복지사회를 건설하자는 혁신정당을 만들자는 것에 합치되어서 진보당추진위원회를 만들어서 조직활동을 하게 되었고……." 권대복, 『進步黨』(지양사, 1985), 392쪽.
147) 12인의 명단은 다음과 같다. 金星淑, 朴己出, 朴容義, 徐相日, 申肅, 申伯雨, 楊雲山, 李東華, 張志弼, 鄭求參, 鄭寅泰, 曺奉岩. 취지문에서 이들은 관료적 특권정

당추진위의 출현은 아이러니컬하게도 보수우익 정당의 발족에 따른 부산물의 하나였다고 할 수 있다.148)

진보당추진위는 3대 정·부통령선거가 촉박한 시점임을 감안해 창당에 앞서 조봉암을 대통령후보로, 서상일(후일 그의 사퇴로 朴己出로 변경)을 부통령후보로 각각 선출했다.149) 진보당추진위가 선거대책위원회를 구성하고 본격적인 선거활동에 임하자, 원내 일부에서 정권교체를 이루기 위해서는 야당과의 연합전선 구축이 시급하다는 문제를 제기했다.150) 이에 대해 조봉암은 진보당이 지향하는 정강에 어떠한 야당이라도 응해 오면 자당의 입후보를 취소할 용의가 있음을 밝혔다. 조봉암의 제의를 놓고 민주당과 진보당추진위 사이에, 그리고 신익희와 조봉암 사이에 몇 차례 협상이 있었으나, 민주당 신익희 후보의 급서로 후보단일화는 끝내 이루어지지 못했다.151) 선거에 앞서 그는 "부패된 내정을

치, 자본가적 특권경제를 쇄신해 진정한 민주 책임정치와 대중본위의 균형있는 경제체제를 확립할 것을 기약하고, 국민대중의 토대 위에 신당을 발기할 것임을 밝혔다. 강령에서는 공산독재는 물론 자본가와 부패분자의 독재도 배격하며 진정한 민주주의체제를 확립해 책임있는 혁신정치를 실현할 것임을 다짐했다. 강령초안은 鄭太榮, 『韓國社會民主主義政黨史』(世明書館, 1995), 458-464쪽 수록.

148) 진보당은 이념상으로는 민주당과 완전히 맞서는 사회주의자들의 집단이며, 좌경적·이단적 존재라는 인상을 씻지 못했다는 주장도 제기됐다. 韓太壽, 『韓國政黨史』, 246쪽. 이승만은 조봉암이 공산주의자라고 생각했기 때문에 진보당을 허용하려 들지 않았으나, 이와 반대로 자유당은 야당세력의 분산을 위해 진보당이라는 야당이 하나 더 생기는 것이 좋다고 생각했다. "李在鶴篇", 『事實의 全部를 記述한다』, 158쪽.

149) 진보당추진위 내부에서 대통령후보 선출문제를 놓고 曺奉岩을 지지하는 측과 徐相日을 지지하는 측으로 나누어져 갈등이 빚어졌다. 이 자리에서 愼道晟은 曺奉岩에게 아직은 혁신정당에 정권이 돌아올 시기가 아니니 후보를 徐相日에게 양보하라고 제의했고 曺奉岩도 이를 인정했으나, 曺奉岩 계열에서 반대하는 바람에 무산됐다. 金學俊, 『李東華評傳』, 202-203쪽.

150) 후보단일화를 위한 야당협상론은 4월 초순경 權仲敦, 金洪植, 宋邦鏞 의원 등이 중심이 돼서 제기한 것이다. 金度演, 『나의 人生白書』, 281쪽.

151) 진보당은 4월 초순 후보단일화 협상용의를 표명하고, '수탈 없는 경제체제',

개혁하여 민주역량의 신장을 도모할 것이며, 평화적인 방법으로 남북통일을 실현하겠다"는 입후보자로서의 포부를 밝혔다.152) 그리고 수탈정책을 폐지하고 노동자의 자유로운 단결권과 단체교섭권을 보장한다는 등 10개 항의 선거공약을 발표했다.

5·15선거에서 조봉암은 이승만의 504만여 표에 비해 216만여 표로 유효투표의 30%를 획득하고, 181개 선거구 중 20개 이상의 선거구에서 이승만 후보를 앞질렀다.153) 당시 "투표에는 이기고 개표에는 졌다"는 그의 탄식에서 나타나는 것처럼, 관권과 금권의 개입 및 투개표 부정시비를 감안한다면 이는 놀라운 득표라고 하지 않을 수 없다.154) 5·15선거를

'평화적 남북통일', '책임정치의 구현' 3가지 조건을 제시했다. 이에 대해 민주당도 '내각책임제와 경찰의 중립화', '유엔 감시하의 남북한 총선거', '경제조항의 재검토' 등의 조건을 제시했다. 이후 단일화협상에 申翼熙, 曺奉岩 양인이 직접 담판에 임했으나 하등의 성과를 보지 못했다. 민주당은 "孤立化된 進步黨이 野黨協商의 提起로 人氣戰術을 써서 民主黨과 協商을 推進하는 中에 時間을 벌고 또 輿論을 喚起시켜서 그들의 位置에 國民의 耳目이 集中토록 하려는 術策에 不過한 것이며 結果는 아무런 所得도 없을 것"이라는 생각했기 때문에 曺奉岩과의 후보단일화에 반대했다는 것이다. 金度演, 『나의 人生白書』, 282쪽. 후보단일화 결렬에 대해 진보당측은 申翼熙의 발언을 인용하며, 민주당의 형편이 대통령후보 포기를 용납하지 않고 있으며, 또 부통령후보인 張勉이 후보를 사양할 형편에 있지 않으므로 더 이상 논의를 진전시키지 말자는 묵계가 이루어졌다고 주장했다. 朴己出, 『來日을 찾는 마음』(新書閣, 1968), 85쪽.

152) <東亞日報>, 1956년 4월 13일.
153) 中央選擧管理委員會, 『大韓民國選擧史』 第1輯(1973), 1012-1019쪽.
154) 이에 대해 朴己出은 당시 투개표과정에 진보당 관계자가 입회하지 못해 曺奉岩의 표를 크게 줄이는 한편, 李承晩의 표는 불려 놓는 상투적인 수법을 동원해 李承晩의 당선을 날조했다고 주장했다. 만일 공정한 투개표가 이루어졌다면 曺奉岩의 표는 6백만 표를 넘고, 李承晩의 표는 1백만 표 전후가 됐을 것이라고 단언한 朴己出은, 이러한 득표는 李承晩의 독재와 자유당의 부정부패에 대한 전국민의 불만이 나타난 것이며, 특히 曺奉岩이 내세운 정치혁신과 평화통일이라는 구호에 국민들이 압도적인 지지를 보낸 것이라고 분석했다. 朴己出, 『韓國政治史』, 166-167쪽.

통해 조봉암의 정치적 비중이 더욱 높아지자, 여당인 자유당은 물론 야당인 민주당마저 위기의식을 느끼지 않을 수 없었다. 보수의 기치를 내걸고 정부수립 이후 정계를 양분해 온 자유·민주 양당구도가 진보적인 성향을 띤 제3당의 출현으로 해체될지도 모르는 상태에 처했기 때문이다. 이에 보수 양당은 심리적 위축을 느끼고 대처방안 마련에 나서지 않으면 안 되게 됐던 것이다.

선거결과에 크게 고무된 조봉암은 본격적인 창당작업에 나섰다.[155] 선거에서 나타난 열기를 그대로 창당작업으로 연결시켜야 한다는 생각에서였다. 이에 반대한 것은 서상일, 이동화, 장건상 등으로 이들은 광범위한 민주세력을 결집시키기 위해서는 창당작업을 늦춰야 한다고 주장하고, 당명도 진보당에서 민주혁신당으로 바꿀 것을 주장했다.[156]

이처럼 창당시기와 주도권문제를 놓고 진보당추진위에 내분이 발생하게 되자, 더 이상 내부에서 연대하는 것은 불가능해지고 말았다. 이는 4사5입 파동으로 인해 초래된 위기를 극복하기 위해 민주대동파라는 명칭으로 결합했던 세력들이 선거를 통해 자신들의 위상이 확인되자, 위기가 극복됐다고 판단하고 별도의 길을 추구했기 때문이다.[157] 이들은 정계의 제3세력으로서 확고한 위치를 장악했다고 자신하는 순간, 제3세력 내에서 주도권을 장악하기 위해 본격적인 권력투쟁에 돌입할 태세를

---

155) 5·15선거에 대해 조봉암은 자신들이 취한 길은 옳았다고 다음과 같이 회고했다. "자유당을 치기 위해서는 어떠한 야합이라도 하여야 되느니, 연립정부의 무슨 자리를 타합하자느니, 심지어는 이박사 타도가 곧 독립운동이니까 모든 정파가 다 민주당으로 들어가자느니 하는 따위의 잠꼬대 때문에 진보당 발전에 많은 손실을 입었던 것도 사실이었습니다. 그러나 우리들은 끝내 올바른 정치행동을 취했었습니다." 조봉암, "나의 정치백서," 권대복, 『進步黨』, 393쪽.
156) 鄭太榮, 『韓國社會民主主義政黨史』, 440-442쪽.
157) 이와 같은 내분의 발생은 대통령선거가 끝난 후 자유당이 제3당의 영도자로서 위치를 굳힌 죽산에 대한 합법적인 암살방침의 하나로 당을 분열하는 공작을 전개했기 때문이라고 尹吉重은 주장했다. 尹吉重, 『靑谷 尹吉重回顧錄: 이 시대를 앓고 있는 사람들을 위하여』(호암출판사, 1991), 159-160쪽.

갖추었다. 이로 인해 내부적인 연대의식이 와해돼 민주혁신당 추진세력의 이탈이 일어났고, 진보당추진위의 전반적인 전열 또한 약화돼 후일 보수진영의 총공세를 받는 사태를 맞이하게 된다.

민주혁신세력과 결별한 조봉암을 중심으로 한 세력은 1956년 11월 10일에 창당대회를 개최했다. 창당대회에서 조봉암은 개회사를 통해 복지사회 건설을 다짐했다. 그가 목표로 했던 복지사회는 인류의 이상을 한국 실정에 적용해 실천하는 것으로, 그는 이를 한국의 진보주의라고 주장하고 다음과 같이 설명했다.

> 민주적 평화적 방법으로 국토를 통일해서 완전한 자주, 통일, 평화의 국가를 건설하자는 것이고, 모든 사이비 민주주의를 지양하고 혁신적인 참된 민주주의를 실시하여 참으로 인민의, 인민에 의한, 인민을 위한 정치를 펼치자는 것이고, 또 계획적인 경제체제를 수립해서 민족자본을 육성·동원시키고 산업을 부흥시켜 국가의 번영을 촉구하자는 것이고, 또 조속히 사회보장제도를 실시해서 모든 국민의 생활을 보장하고 향상시키려는 것이고, 교육제도를 개혁해서 점차적으로 교육의 국가보장 제도를 실시하여 이 나라에 새로운 민족문화를 창조하고, 나아가서는 세계의 문화진운에 이바지하자는 것입니다.[158]

이날 또한 당의 강령도 채택했는데, 강령에서 "안으로 민주세력의 대동단결을 추진하고 밖으로 민주우방과 긴밀히 제휴하여 민주세력이 결정적 승리를 얻을 수 있는 평화적 방식에 의한 조국통일의 실현을 기한다"고 선언했다.[159] 진보당의 이러한 평화통일론은 정부와 자유당의 북진통일론에 정면으로 도전하는 것이었다.[160] 그리고 이는 3대 대통령선

---

158) 鄭太榮, 『韓國社會民主主義政黨史』, 449쪽에서 재인용.
159) 강령초안은 徐相日, 尹吉重, 曺奉岩, 李東華 등이 의견을 교환하는 자리에서 초안작성 의뢰를 받은 李東華가 작성했다고 한다. 金學俊, 『李東華評傳』(民音社, 1987), 203쪽.
160) 진보당의 평화통일 정책은 반공주의자들의 북진통일 운동을 약화시키고 무

거 이후 눈에 띄게 세력을 신장해 온 진보당이 4대 국회의원선거에서 원내교섭단체를 구성할지도 모른다고 우려했던 보수진영에게 좋은 공격거리를 제공한 셈이었다.161)

조봉암을 중심으로 한 진보세력의 도전에 직면한 보수진영은 여야를 불문하고 무슨 수를 써서라도 도전을 물리쳐야 했고, 여기서 과거 그의 경력을 활용하게 됐다. 일제시대 공산당과 고려공산청년회의 창립멤버였고 그후 국내외에서 활발하게 공산당활동을 했던 것이 하나의 좋은 구실이 됐던 것이다. 또한 일부 인사들의 이탈로 진보당의 세력이 약화됐으며, 이로 인해 당의 혁신적인 성격을 중화시켜 줄 인물도 없어 진보당은 이념적인 공세에 취약할 수밖에 없었다.

진보당에 대한 보수진영의 우려가 표면화돼서 나타난 것은 진보당사건을 통해서였다. 1958년 1월 13일 당위원장 조봉암을 포함한 당의 핵심간부가 모두 구속되는 사태가 발생했고, 2월에는 진보당이 불법화됐다. 조봉암에게 간첩혐의가 주어졌고, 1심과 2심, 그리고 3심을 거쳐 그에게 사형이 선고됐으며, 재심이 기각된 다음날 바로 사형이 집행됐다.162)

력하게 했으며, 나아가 그것을 해체시키는 기능을 가지고 있었다고 분석되고 있다. 徐仲錫, "진보당 연구: 조봉암·진보당의 평화통일론을 중심으로,"『國史館論叢』第66輯(國史編纂委員會, 1995), 301-302쪽.
161) "1957년 10월 9일 자유당의 책임자이며 국회의장인 李起鵬과 민주당 대표최고위원 趙炳玉, 그리고 무소속의 중신 張澤相은 비밀리에 회동했다. 이들은 이 자리에서 전 공산주의자인 曺奉岩과 남북협상파인 朴己出에 의해 영도되고 있는 진보당은 옳지 않으며 그대로 방치할 수 없다는 점에서 의견을 같이했다. 이들은 또한 진보당에 대해 어떤 조치를 강구해야 하며, 적어도 1958년 5월에 실시될 예정인 국회의원선거에 참가하지 못하게 해야 한다는 데 의견의 일치를 보았다"는 음모론적 주장이 제기됐다. 朴己出,『韓國政治史』, 173-174쪽.
162) 재판이 공정하게 이루어졌는지에 관해서는 많은 논란이 제기되고 있다. 재판과정에서 간첩혐의가 추가됐고 그 증거로 梁明山이라는 인물이 등장했으나, 1심에서 재판부는 曺奉岩에게 5년형을 언도했을 뿐 나머지 간부에 대해서는 무죄를 선고했다. 진보당은 불법결사가 아니며 국헌을 위배하지 않았다는 이유에서였다. 그러자 재판결과에 항의하는 반공청년단원들이 법원에 난입해 행패를 부

진보당사건이 발표되자 1958년 2월 25일 정부는 "대한민국 관계법령에 의거하여 진보당의 등록을 취소한다"고 발표함으로써 진보당은 한국 정당사에서 소멸되고 말았다.163) 조봉암은 무죄 석방되는 간부들에게 당을 재건해 투쟁하라고 당부했지만, 그가 없는 상황에서 권위주의체제에 도전하며 평화통일을 역설한다는 것은 불가능한 일이나 마찬가지였다. 진보적 이념에 동조해 대통령선거 운동기간 동안 연대했던 인물들은 이미 당을 떠나 위기극복을 위한 통합을 기대할 수 없었으며, 진보당 자체가 처음부터 그가 핵심이 돼서 추진해 온 정당이었고, 미처 조직화가 이루어지지 않은 상태에서 불법화됐기 때문에, 재건이라는 과정을

리는 사건이 발생했고, 2심에서는 검사의 구형대로 曺奉岩과 梁明山에게 사형이 선고됐다. 그리고 재심이 청구됐지만 상고심을 맡았던 재판부가 다시 심리해 이를 기각했기 때문이다. 한편 해방정국에서 수도경찰청장으로 활약했던 張澤相은 죽산이 정신착란증에 걸리지 않은 이상 김일성의 첩자로부터 돈 몇 푼에 팔릴 사람이 아니라면서 구명운동에 직접 나섰다. 張炳惠·張炳初 편, 『滄浪 張澤相自敍傳: 大韓民國 建國과 나』(滄浪張澤相紀念事業會, 1992), 124-125쪽. 죽산은 형집행시 다음과 같이 자신의 심정을 밝혔다. "이박사는 소수가 잘살기 위한 정치를 했고 나와 나의 동지들은 국민 대다수를 고루 잘살게 하기 위한 민주주의 투쟁을 했다. 나에게 죄가 있다면 많은 사람이 고루 잘살 수 있는 정치운동을 한 것밖에 없다. 나는 이박사와 싸우다 졌으니 승자로부터 패자가 이렇게 죽음을 당하는 것은 흔히 있을 수 있는 일이다. 다만 내 죽음이 헛되지 않고 이 나라의 민주발전에 도움이 되기 바랄 뿐이다." <中央日報>, 1982년 8월 23일.
163) 당시 吳在璟 공보실장의 담화를 통해 밝힌 진보당의 등록취소 사유는 다음과 같다. "1. 진보당은 대한민국과 유엔의 입장을 무시하고 북한 괴뢰집단과 소련 및 중공이 주장하고 있는 바와 같이 '첵코' '파란' 및 인도 등 적성국가를 주로 하여 구성되는 감시단 감시하에 남북 통일선거를 실시할 것을 공식 선언하고 있다. 2. 동당 간부들은 북한 괴뢰집단이 밀파한 간첩·파괴공작대들과 항상 접선하여 동당이 북한공산당과 접선해 왔다는 사실만으로도 동당은 대한민국의 합법적인 정당으로서 인정받을 자격이 없다. 3. 동당은 목적달성의 전제단계로서 공산당 비밀당원과 공산당 동조자들을 국회의원에 당선시켜 그들을 통해 대한민국을 음해 제거하려고 기도해 왔다. 지금으로부터 진보당 이름으로 행하여지는 여하한 활동도 이는 불법으로 인정될 것이며 의법처단을 받을 것이다." 中央選擧管理委員會, 『大韓民國政黨史』 第1輯, 234쪽.

밟을 수 없었던 것이다.164)

4. 이승만정부의 붕괴와 정당구도의 재편성

4사5입개헌 이후 민심의 이탈로 정부와 자유당은 정상적인 방법으로는 권력의 유지가 불가능하다는 것을 깨닫게 됐다. 비록 5·15선거에서 이승만이 대통령으로 당선되기는 했지만, 민주당 장면 후보의 부통령 당선을 저지할 방도가 없었기 때문이다.165) 또한 이승만의 3선도 민주당 신익희 후보의 사망으로 강력한 상대가 없었기 때문에 가능했던 것이라고 판단됐기 때문에 더욱 그러했다.166) 이후 정권유지에 불안을 느낀 자유당은 국가보안법과 지방자치법을 개정해 억압장치를 더욱 강화했으며, 1959년 4월에는 <경향신문>을 폐간하는 등167) 집권연장을 위해서는 수단과 방법을 가리지 않는 독재정권의 본성을 노골적으로 드러내기 시작했다.

이와 같은 자유당의 민주주의 원칙에 대한 침해는 끝내 학생과 시민

---

164) 鄭太榮, 『曺奉岩과 進步黨』(한길사, 1991), 297쪽.
165) 부통령선거의 개표결과는 3일이 지난 5월 18일까지도 발표되지 않아 민심이 흉흉해진 상태였다. 일례를 들어 대구의 총투표수는 18만인데, 張勉 후보는 李起鵬 후보에게 8만 표나 앞서 있었음에도 불구하고 발표가 지연되고 있었다. 이러한 실정을 李대통령에 이야기하자 그는 잘될 것이라고 대답함으로써, 마지못해 선거결과를 수용할 것임을 시사했다. 다음날인 19일 아침 李대통령은 "나는 부통령에 張勉씨가 당선된 줄로 안다"는 성명을 발표해 張勉의 부통령 당선이 확정됐다. 金俊淵, 『나의 길』, 42-43쪽.
166) 서울에서 李承晩 후보가 205,253표밖에 얻지 못한 데 비해, 申翼熙 후보를 지지해 무효가 된 것이 284,359표나 됐던 것을 감안하면, 李承晩의 당선이 쉬운 일이 아니었다는 것을 알 수 있다.
167) <경향신문> 폐간의 원인과 경위에 대해서는 韓培浩, "京鄕新聞 廢刊決定에 대한 연구," 陳德奎 외, 『1950年代의 認識』, 125-154쪽 참조.

들의 봉기를 유발했고, 마침내는 이승만정부의 존립을 불가능하게 만들었다. 정부와 자유당으로서는 아무리 권위주의적 통치를 시도한다고 하더라도 밑으로부터 모여 올라오는 민주주의적인 압력을 더 이상 억누를 수 없었다. 이로 인해 자유당을 집권당으로 해서 이승만정부하에서 지속됐던 정당구도 역시 재편성되는 길을 밟게 된다.[168]

1) 이승만정부의 붕괴

이승만이 자신이 처한 정치적 위기를 극복하기 위해 다양한 사회집단을 결합해 출범시킨 자유당은, 통합된 에너지를 발휘해 대통령직선제를 관철시켰으며 중임 제한규정을 삭제하는 등 대통령 개인의 권력을 유지·확대하는 데 총력을 경주했다. 이들 집단은 이승만에 대한 충성심이나 전국적인 조직망, 명부상이기는 하지만 수십만에 달하는 회원 등으로 볼 때, 민국당이 주도하는 국회에 맞서 대중을 동원하려 했던 이승만의 입장에서는 매우 요긴한 자원이었다.[169]

그렇지만 이들을 동원해 자신의 권력을 강화하는 과정에서 나타난 물리적인 폭력과 변칙적인 국회운영, 그리고 대통령을 정점으로 한 비민주적인 의사결정구조로 인해 자유당은 정당으로서 이익을 표출하고 여론을 수렴하는 기능을 제대로 하지 못하게 된다. 이들에게 존재했던 것은 자유로운 토론구조라기보다는 단지 강력한 위계질서였고, 정치적 능력보다 경찰력을 비롯한 물리력의 보유와 사용이 더 중요한 것이었기

---

168) 李承晩정부하에서의 정당체제는 '권위주의적 정당체제'(李廷植, "정당체제," 尹正錫 외, 『韓國政黨政治論』, 法文社, 1996, 180-185쪽), 또는 '패권정당 체계적 성격을 갖는 사이비 양당정치'(안철현, "제1-2공화국 정당정치의 전개과정과 특성," 안희수 편, 『한국정당정치론』, 나남출판, 1995, 270쪽)로 정의되고 있다.
169) 이들은 李承晩을 총재로 추대한 국민회, 대한부인회, 대한청년단, 대한노동조합총연맹, 그리고 대한농민조합총연맹으로, 이 5개 단체의 파견대표들이 당조직의 중심을 이루었다. 韓太壽, 『韓國政黨史』, 188쪽.

때문이다.170) 사실상 이들 집단은 민주주의와 시민사회의 발달에 따라 나타난 근대적 의미의 이익집단이라고는 할 수 없는 것들이었다. 공유하고 있는 신념이라든가 이데올로기는 물론, 구속력도 없고 오직 대통령에 대해 반복적으로 충성을 표명하는 집단에 불과했으며, 특정의 이익을 정책화할 의사도 능력도 없는 집단들이었다.171)

이처럼 개인적인 권력욕을 실현하기 위한 목적에서 전근대적 성격의 집단들을 규합해 만든 정당이었기 때문에, 자유당은 한국사회에서 특정 계급이나 특정 세력의 이익을 대변하는 것과는 무관하게 이승만 개인의 의지를 관철하는 부속물로 전락하고 말았다. 행정관료들을 당의 간부로 삼고, 합법적인 방법으로는 해결할 수 없는 정치적 사안이 발생할 때마다 이들 단체를 하부조직으로 동원, 적극 활용했던 것이다. 이와 같은 상황으로 인해 정치체제는 형식적인 면에서는 대의민주주의를 표방했으나, 내용 면에서는 독재정치 체제로의 퇴화를 거듭해 갔다.172)

정치체제가 이처럼 독재화의 경향을 띠어 가는 것과 동시에 자유당 내부에서 분열의 조짐이 나타나기 시작했다. 당의 주도권문제와 관련해서 지도부 내에서 균열이 일어난 것이다. 이처럼 불리하게 전개되는 상황에 대해 자유당은 모든 자원을 효과적으로 동원할 수 없게 됨으로써 더욱더 커다란 위기국면에 처하게 되며, 결국 행정관료와 경찰을 비롯한 물리력에 의존할 수밖에 없는 비효율적인 구조로 변하고 만다.

자유당 세력의 분열은 모두 세 차례에 걸쳐 나타났다. 당의 내분은 이승만의 권위주의적 리더십으로 인해 확산되지는 않았지만 당의 약화를 초래했으며, 민주적인 의회의 제도화에 부정적인 영향을 미쳤고, 결과적으로는 정부의 붕괴로 이어졌다.

당의 분열이 처음으로 나타난 것은 2대 정·부통령 후보를 지명하기

---

170) 안철현, "제1-2공화국 정당정치의 전개과정과 특성," 안희수 편,『한국정당정치론』, 257-258쪽.
171) Gregory Henderson, *Korea: The Politics of the Vortex*, pp.294-295.
172) 최장집,『한국민주주의의 조건과 전망』(나남출판, 1996), 84쪽.

위해 1952년 7월 19일 대전에서 소집된 자유당 임시전당대회였다.173) 이 자리에서 이승만을 대통령후보로 지명한다는 데는 이견이 없었으나, 부통령후보 지명문제를 놓고 의견의 충돌이 있었다. 우여곡절 끝에 자유당 창당에 주도적인 역할을 했던 이범석이 부통령후보로 지명됐지만, 선거결과 함태영이 부통령으로 당선되는 이변이 발생했다.174) 이는 당 총재인 이승만이 당의 지명을 무시하고 함태영을 지지한 데서 초래된 결과인데,175) 선거 후 결국 이대통령에 의해 이범석 계열의 제거가 이루어지게 된다.176) 이를 계기로 자유당 내에서 이범석계와 반이범석계의 대립갈등이 심화됐다. 이대통령의 견제로 결국 이범석을 추종하던 민족청년단 세력이 떨어져 나갔다. 이는 자유당 청년조직의 공백을 초

---

173) 자유당 임시전당대회에서 나타난 당내갈등에 대해서는 韓太壽,『韓國政黨史』, 195-196쪽 참조.
174) 각 부통령후보의 득표상황은 다음과 같다. 咸台永 2,944,822, 李範奭 1,815,692, 趙炳玉 575,260, 李甲成 500,972, 李允榮 458,483, 錢鎭漢 302,471, 任永信 190, 211, 白性郁 181,388. 中央選擧管理委員會,『大韓民國政黨史』第1輯, 217쪽.
175) 이에 대해 李在鶴은 李대통령이 부통령으로 누구를 당선시켜야 한다는 태도를 정식으로 발표하지는 않았으나, 족청계 세력이 너무 확대되는 것을 싫어했기 때문에 발생한 것으로 분석하고 있다. "李在鶴篇,"『事實의 全部를 記述한다』, 144쪽. 이와 달리 尹致暎은 대통령이 족청세력의 비대화를 꺼린 나머지 咸台永의 당선을 지령해 자유당과 경찰이 총력을 기울여 咸台永을 당선시켰다고 주장하고 있다. 尹致暎,『民政으로 가는 길』(文宣閣, 1963), 44쪽.
176) 李대통령이 부통령으로 누구를 당선시켜야 한다는 것을 정식 발표하지는 않았다. 단지 원내자유당에서 咸台永을 밀기로 했는데, 이 결정을 본 지 1주일 만에 정부에서 咸씨를 밀게 됐다는 소문이 떠돌았다는 것이다. "李在鶴篇,"『事實의 全部를 記述한다』, 144쪽. 1953년 9월 10일 李範奭 계열을 제거하면서 李대통령은 자유당 내에 민족청년단이 세력을 부식하려고 해서 자유당이 분규상태에 이르렀고, 당내에 통일정신이 미약하게 돼 더 이상 허용할 수 없는 지경에 이르렀기 때문에 잘라내야 된다는 내용의 성명을 발표했다. 公報處,『大統領 李承晩博士談話集』, 130쪽. 이후 李대통령은 국무회의 석상에서 족청계 국무위원 명단을 적어 가지고 와서 누구누구는 족청계라고 하는데 곤란하니, 족청과의 관계를 끊으라고 한 적이 한두 번이 아니었다. 白斗鎭,『白斗鎭回顧錄』, 208쪽.

래했고, 결과적으로 이는 자유당의 약화로 이어질 수밖에 없었다.177)

두 번째로 자유당의 분열이 나타난 것은 1955년 11월 29일 개헌안의 4사5입 가결선포 직후로, 개헌안 처리방식에 환멸을 느낀 자유당 의원들이 탈당하면서부터였다. 12월 6일 손권배 의원의 탈당에 이어 9일에는 김영삼, 김재곤, 김재황, 김홍식, 민관식, 성원경, 신정호, 신태권 이태용, 한동석, 황남팔 등 12명의 의원이 집단으로 탈당했으며,178) 10일에는 도진희 의원의 탈당이 있었다. 모두 14명의 당 소속의원들이 탈당해 당세가 위축됐을 뿐 아니라, 단일야당의 출현에 둘도 없는 자극제를 제공함으로써 자유당은 치명상을 입게 됐다.179) 변칙적인 계산방식으로 개헌안을 통과시키기는 했지만,180) 민심이 등을 돌려 자유당과 정부를 신뢰하지 않게 돼 정치적으로는 이득보다 더 큰 손실을 입었던 것이다. 의원들의 분열과 탈당으로 인한 당세의 약화는 3대 정·부통령선거에서 바로 나타나 이기붕 후보는 낙선되고 말았다.

세 번째로 당의 분열이 나타나기 시작한 것은 1957년 3월 개최된 제8차 전당대회에서 당헌을 개정하면서부터였다. 대회에서 자유당은 당헌

---

177) 李鍾元은 李範奭의 출당을 계기로 자유당은 李起鵬체제로 변모되고 말았는데, 자유당의 이와 같은 권력구조 변화에는 미국의 관여를 부정할 수 없다고 주장했다. 李鍾元, "李承晚政權とアメリカ: 冷戰の變容と代替勢力の摸索," 『アメリカ研究』 第30号(アメリカ學會, 1996年 3月), 89쪽.
178) 閔寬植은 자유당을 탈당한 지 4년 만인 1958년 9월 민주당에 입당했다. 입당 성명에서 그는 "짓밟히는 國民主權을 擁護하고, 또는 暴力과 不法이 無法天地처럼 橫行天下하는 政治惡을 防止하느라고 果敢했던 지난 四年間의 無所屬議員 生活도 결코 順坦한 길은 아니었읍니다. 이제 나는 그 以上의 苦難과 荊棘의 길이 앞에 있을 것을 覺悟하면서 더 참을 수 없는 政治的 現實과 對決하기 爲하여" 민주당에 입당한다고 밝혔다. 閔寬植, 『落第生』(重書閣, 1964), 76쪽.
179) 嚴詳燮, 『權力과 自由』, 311쪽.
180) 당시 葛弘基 공보처장은 "改憲通過에 必要한 定足數는 正確하게 計算할 때 135.333이지만 端數를 計算한 前例가 없었다. 따라 改憲案은 通過되였다는 것이 政府의 見解이다"고 담화를 발표했다. 李馨, 『事件中心으로 본 三代國會』(韓國日報社, 1958), 50쪽.

을 개정하고 당기구를 개편해, 당의 운영을 소수의 당무위원으로 구성되는 당무회에 일임했다. 이는 사실상 당운영의 과두화를 초래하는 조치로, 이를 계기로 당내에 강경파와 온건파의 대립이 발생하게 됐다. 성격상의 차이라는 사소한 이유에서 유래된 양파의 대립은 점차 권력투쟁으로 변모돼 4대 국회의원선거, 내각제개헌론 시비, 국가보안법파동 등을 거치면서 보다 심각한 양상을 띠게 된다.[181] 이 과정에서 강경파들이 세력을 장악하면서 온건파를 배제했으며, 강경파 주도로 부정선거계획을 수립함으로써 학생과 시민들의 저항을 촉발하게 된다.

이와 같이 주기적으로 나타난 당의 분열을 방지하고 통일성을 유지하기 위해 이승만은 통제조치를 강화했는데, 그 골자는 이기붕을 비롯한 4인방에 의한 후보자 공천관리와 반당분자에 대한 징계조치 등이었다. 그리고 대통령 자신의 위치를 유지하기 위해 가능한 모든 수단을 동원해서라도 입법과정을 위반하도록 종용하거나 묵인함으로써 절차적 민주주의를 잠식했던 것이다.[182]

이러한 조치는 민주적 절차에 따른 여야간 대화와 타협에 의한 정국운영이 아니라 물리력과 강제력을 동원한 억압에 의한 통치를 의미하는 것으로, 이는 일시적으로는 안정을 기할 수는 있지만 장기적인 안정은 도모할 수 없는 것이었다. 그리하여 의회의 제도적인 퇴행은 물론이고 민주주의 자체의 퇴행을 초래했고, 마침내 국민적 저항에 직면해 더 이상 정당으로서 기능을 할 수 없는 상태에 봉착하고 말았다. 따라서 이승만정부의 붕괴는 어떤 의미에서는 자유당의 분열에 기인한 것이었다고 할 수 있다.

---

181) 강경파와 온건파의 대립에 대해서는 호광석, 『한국 정당체계 분석』(들녘, 1996), 107-108쪽 참조.
182) 백영철, 『제1공화국과 한국민주주의』(나남출판, 1995), 276쪽.

2) 정당구도의 재편성

정부수립 이후 여러 차례 정당구도의 변화가 있었다. 한민당이 해소되고 민국당이 결성됐으며, 사회의 직능집단들을 동원해 자유당이 창당됐고, 이에 자극을 받아 민주당과 진보당이 각각 창립됐다. 이처럼 정치권에서 적실성을 갖춘 새로운 정당이 출현할 때마다 역학관계의 변화가 뒤따라 정당구도가 안정을 보이지 못하고 재편성됨으로써 많은 수의 정당이 해소되거나 활동을 정지당하기도 했다.

일반적으로 정당의 발생원인에 대해서는 공공선과 집단행동이론, 사회적 선택과 투표이론, 그리고 정치적 야망론이 제기되고 있으며,[183] 정당구도의 재편성에 관해서는 정당이 토대로 삼고 있는 기존 균열구조의 변화 때문이라는 균열이론, 당에 대한 충성심이나 지지를 바꾸는 식으로 국민이 재편성될 때 정당이 생긴다고 하는 재편성이론, 그리고 사회적·정치적 불만 때문에 발생한다는 불만의 정치화론 등을 들고 있다.[184] 그러나 이승만정부하의 정당구도 재편성에 대해 이러한 이론을 기계적으로 적용할 수는 없다고 생각한다. 당시의 중요 정당들이 사회의 균열구조를 반영해서 형성된 것도 아니었고, 정당에 대한 충성심의 변화나 정부정책의 변화를 반영해 창당된 것도 아니었으며, 사회적·정치적 변화에 대한 불만에서 적실성 있는 정당이 출현한 것도 아니었기 때문이다.

우리의 경우 해방과 동시에 정치활동이 허용되면서 처음으로 생성된 정당이 끊임없이 통합과 분열을 거듭하면서 명맥을 이어 왔다고 할 수 있다. 따라서 이승만정부하의 정당구도를 분석할 때는 정당의 존재를

---

183) John H. Aldrich, *Why Parties?* (Chicago: The University of Chicago Press, 1995), pp.29-57.
184) 안희수, "정당의 형성이론과 한국정당의 발전과정," 『한국정당정치론』, 42-46쪽.

기정사실로 인정한 바탕 위에서 출발해야 한다. 물론 이들의 기원을 더 깊이 천착해 조선시대 동・서(東西) 양인의 성립과 분열까지 소급해 갈 수도 있겠지만,185) 이러한 맥락은 일제 식민통치를 거치면서 단절되고 말았기 때문에 현실적으로는 해방정국에서부터 분석하는 것이 더 적합하다고 생각한다.

정당을 이처럼 당위의 존재로 간주할 경우, 정당구도의 변화를 초래하는 것은 다른 어떤 요인보다 위기의식이라고 할 수 있다. 정당의 존립 자체가 위태롭거나 권력투쟁에서 패배할지도 모른다는 인식이 정당으로 하여금 생존을 위한 변신을 모색하도록 하고, 이것이 기존의 정당구도에 변화를 일으켰다는 것이다. 여기서 나타난 변화의 가장 전형적인 형태는 정당의 통합이었다. 정당간 또는 정치세력이나 사회집단과의 통합을 통해 세력을 확대하고, 이를 바탕으로 당면한 위기를 극복하기 위해서였다.

한국의 정당이 서구의 정당처럼 열성적인 당원의 확보를 통해186) 생존을 도모하는 것이 아니라, 통합을 통해 세력확대를 꾀하며 위기를 극복하려고 하는 것은 나름대로 이유가 있다고 할 수 있다. 이는 대부분의 정당이 간부정당의 형태를 띠고 있기 때문이다. 명망가를 중심으로 당이 결성되며, 이들의 재정적 기여에 의해 당이 운영되고, 이들이 주도적으로 정책을 개발한다든지 선거운동을 하는 간부정당 특유의 구조를 띠고 있는 것이다.187) 따라서 당세의 확장은 당원의 확대에서 찾기보다

---

185) 이에 대해서는 裵成東, "정당정치의 역사적 배경," 尹正錫 외, 『韓國政黨政治論』, 43-72쪽 참조.

186) 당원의 확충은 정당조직의 기본으로, 이를 통해 정당은 헌신적이고 열성적인 인력을 확보할 수 있고, 선거에서 유권자를 동원해 지지를 이끌어 낼 수 있으며, 당의 사활이 달린 자금을 마련할 수 있고, 미래의 정치지도자들을 충원할 수 있고, 유권자와 정치적인 의사소통을 원활히 할 수 있으며, 정책결정에 많은 도움을 받을 수 있는 이점이 있다. Moshe Maor, *Political Parties and Party Systems* (London: Routledge, 1997), pp.95-96.

187) 간부정당의 구조와 성격에 대해서는 Maurice Duverger, *Political Parties* (Lon-

많은 수의 명망가를 영입하는 데서 찾게 된다. 물론 당원을 확보하기 위한 입당제도가 있기는 하지만 이는 형식에 불과하며, 당원의 재정적 기여라는 것도 거의 없는 것이나 다름이 없는 상황이기 때문에, 당원은 정당구도의 변화에 전혀 변수가 되지 않는 실정이다.

한국에서 대부분의 정당이 간부정당 형태를 취하고 있는 것은 선거권 확대를 위한 의식적인 노력이 없는 상태에서 모두에게 보통선거권이 주어진 데다 선거의 역사도 지나치게 짧았기 때문이라고 할 수 있다. 보통선거 실시시기는 대부분의 서구국가에 비해서도 빠른 편이라고 할 수 있는데, 우리의 경우 대부분의 서구국가들이 경험한 투표권의 점진적인 확대를 내용으로 하는 '선거권자격 제한체제'를 거치지 않고 최초의 선거에서 보통선거를 단번에 실시함으로써 문제점이 일시에 나타났던 것이다.[188] 보통선거 실시에 적합한 정치적 토양, 즉 민주주의적 경쟁의 규칙이나 제도를 실천해 본 경험이 전혀 없는 상태에서 갑자기 선거권이 주어졌기 때문에, 일반대중들은 정당활동에 소극적이고 수동적일 수밖에 없었다. 이와 아울러 해방 직후의 혼란과 불안정으로 생계유지에 급급했기 때문에, 일반대중들은 반강제적인 동원이나 금전적 유인요인 없이는 정치참여를 할 이유가 없기도 했다. 이로 인해 명망가 중심으로 정당이 결성되고 이들 위주로 정치활동이 전개돼 대중정당이 정착되지 못하고 있는 것이다.

이와 같은 정치환경의 구조적인 제한으로 인해 정당간에 통합이 이루어질 경우 당원은 언제고 동원의 대상일 뿐 주체가 되는 일은 없었다. 당은 당원에 대해서는 하등 의미를 부여하지 않았으며, 오로지 명망가로 간주되는 간부들의 거취만이 고려의 대상이 됐다.[189] 이런 이유로

---

don: Metheun & Co. Ltd., 1967), pp.63-67 참조.
188) 최장집,『한국민주주의의 조건과 전망』, 20쪽.
189) 이러한 현상에 대해 金成熺는 정당의 구조가 선거지반을 개인적으로 영유하고 있는 국회의원을 중핵으로 하고 있는 이상 불가피한 것이며, 이는 자유당이나 민주당이나 본질적으로 하등의 차이가 없었다고 주장했다. 金成熺,『政治의

해서 정당은 위기가 닥치면 당원확대를 통한 방식보다는 다른 정당이나 정파와의 통합을 시도, 명망가들을 끌어들이게 된다. 우리 정치현실에서 정당구도의 재편성은 이와 같은 양상으로 이루어졌으며, 이로 인해 한국정당사에서 정당정치가 연속성을 띠지 못하고 단락을 이룰 수밖에 없었던 것이다.

5. 맺음말

앞서 살펴본 것처럼 이승만정부하에서 중요 정당은 통합으로 위기를 극복하는 데 어느 정도 성공했다고 할 수 있다. 민국당의 경우가 그러했고, 자유당과 민주당이 그 전철을 밟았다. 이는 보수세력뿐 아니라 진보적인 성향을 띤 세력도 마찬가지여서, 혁신진영은 진보당을 결성해 위기극복에 나섰다. 이처럼 이승만정권하에서 정당은 통합을 통한 새로운 인물의 영입으로 기존 조직의 확대를 기함으로써 위기라고 판단되는 난관을 넘겼던 것이다.

그러나 이 기간 동안 정당이 위기에 직면했을 때 통합을 시도했고, 또 통합을 이루어 정당이 위기극복에 성공했다는 가설을 입증하기 위해서는 그 반대의 경우는 어떠한지를 살펴보아야 한다. 이를 위해서는 정당의 내분과 정당의 위상간에 어떠한 관계가 성립되는지를 역으로 분석할 필요가 있다. 즉 정당 내부에서 갈등으로 통합에 금이 갈 경우 정당이 위기에 봉착한다고 한다면, 앞서의 가설은 입증된다고 할 수 있기 때문이다.

여기서 우리는 진보당과 자유당의 두 가지 사례를 들 수 있다. 진보당의 경우 대통령선거를 앞두고 통합을 이루었을 때는 상당한 파괴력을

世界와 政黨의 空間』(大旺社, 1990), 173쪽.

발휘했지만, 선거 후 분열되자 조봉암을 비롯한 당간부들이 검거·투옥되는 사건을 맞아 결국 불법화되고 말았다. 자유당의 경우도 내분과 동시에 당세의 약화가 초래돼 민주적인 규범과 절차를 무시하고 물리력과 강제력에 의존할 수밖에 없는 상황에 처했고 이 때문에 국민적 저항에 직면, 와해됨으로써 비극적인 종말을 맞이했다. 이는 정당 내부에서 분열이 발생하면 통합의 효과를 잃게 돼 결국 위기에 처하게 된다는 것을 입증하는 사례라고 할 수 있다.

이처럼 우리의 정당은 위기에 처하면 다른 정당 또는 정파와의 통합으로 위기를 극복하려고 했으며, 이것을 구조화하는 정치문화를 가지고 있다는 가설을 세울 수 있다. 그리고 내부적으로 분열이 생겨 통합에 금이 갈 경우 정당은 위기에 처하기 때문에, '위기와 통합'이라는 가설의 역 또한 성립이 가능하다고 할 수 있다.

| 제 3 장 |

장면정부하의 정당구도 분석

1. 머 리 말

앞서 살펴본 바와 같이 이승만정부하에서 나타났던 정당구도의 재편성은 '위기와 통합'이라는 말로 요약할 수 있다. 즉 위기가 닥쳐 존립 그 자체가 어렵게 됐을 때 이를 극복하기 위해 정당은 통합에 나섰으며, 통합과정이 순탄하지 않았을 경우 정당은 위기에서 빠져나오지 못하고 해체의 길을 밟게 됐다는 것이다. 이러한 양상은 자유당이 해체되고 민주당 장면정부가 들어선 이후에도 그대로 지속됐는데, 이로써 장면정부 시기는 '위기와 통합'이 한국 정당정치의 특징으로 구조화되기 시작하는 기간이라고 할 수도 있다.

4월혁명 이후 국민의 압도적 지지를 받아 민주당이 집권하자, 자유당 치하와는 다른 양상으로 정당정치가 전개되리라는 것이 일반의 예상이었다. 그러나 집권한 민주당 역시 변하지 않고 종래의 행태를 답습함으로써 '위기와 통합'이라는 재편성양상을 구조화해 나간 것이다. "역사 이래 자유민주주의의 실현을 위하여 성심성의껏 노력하고 이에 대한 새로운 비젼을 제시한 것이 제2공화국이었음은 사실"[1]이라는 주장을 글자 그대로 인정한다고 하더라도, 민주당은 정당구도에 있어서만은 아무런 변화나 개혁의 징후도 보여주지 않고 이승만시대의 행태를 그대로

---

1) 雲石先生紀念出版委員會, 『한알의 밀이 죽지 않고는』(카톨릭출판사, 1967), 73쪽.

반복하고 있었다.

이에 대해 집권기간이 짧고 시간이 너무 촉박했다는 반론을 제기하기도 한다.2) 그러나 집권 9개월 동안 파벌과 인맥에 따라 이합집산하는 현상을 시정하려는 하등의 구체적인 노력도 기울이지 않았기 때문에, 구태의연하게 파쟁에만 급급했다는 비판을 면할 길이 없는 것 또한 사실이다.3)

장면정부하의 정당구도는 크게 두 갈래로 나누어서 분석할 수 있다. 하나는 "이 나라의 민주주의를 올바른 방향으로 이끌기 위한 촉진제"4)였다는 민주당의 행태와, 다른 하나는 "보수정당과는 정책이나 이념에서 조금은 더 진보적인 정당을 만들자는 원칙"5)하에 추진된 혁신정당 결성 움직임이다. 이들을 살펴봄으로써 이승만정부하에서 나타났던 정당구도의 재편성양상이 그 이후에도 과연 그대로 반복되고 있는지, 만약에 그렇다면 그 원인은 무엇인지 밝혀 보려는 것이다.

당시 민주당이나 혁신계 정당 외에도 조선민주당이나 한국독립당, 공화당 등의 정당이 활동하고 있거나 결성을 준비하고 있었다. 그러나 이들의 경우 정당으로서의 적실성을 상실하고 있었기 때문에6) 분석의 대상에서 제외했다.

---

2) 송원영은 5·16쿠데타가 없었더라면 장정권은 그 해 5월부터 본격적으로 일을 했을 것이라고 주장했다. 송원영, 『제2공화국』(샘터사, 1990), 250쪽.
3) 尹致暎, 『民政으로 가는 길』(文宣閣, 1963), 79쪽.
4) 雲石先生紀念出版委員會, 『한알의 밀이 죽지 않고는』, 39쪽.
5) 尹吉重, 『이 시대를 앓고 있는 사람들을 위하여』(호암출판사, 1991), 151쪽.
6) Sartori의 분석에 의하면 정당으로서 적실성이라는 것은 정치적으로 의미 있는 정당을 말하는 것으로, '정권담당의 가능성'(governing potential)이나 다당제하에서 '연합형성의 가능성'(coalition potential)을 가진 것을 의미한다. 정권담당 가능성이 없다는 것은 오랜 기간 당세가 극히 미약해 무시되는 것을 말하며, 연합형성 가능성이 없다는 것은 이념이나 규모 면에서 정권을 장악하기 위한 정당간 경쟁전술에 아무런 영향도 미칠 수 없다는 것을 말한다. Giovanni Sartori, *Parties and Party Systems* (Cambridge: Cambridge University Press, 1976), pp.121-125.

2. 민주당의 집권과 분열

민주당이 7·29선거에서 압승해 제1당으로서 정권을 장악했지만, 창당 이후 지속된 신·구파의 갈등이 종식될 기미를 보이지 않아 당의 분열은 어느 정도 예견되기도 했다.[7] 이승만의 장기집권과 자유당의 횡포로 민국당을 비롯한 야권의 존립이 위기에 처하게 되자, 혁신계가 빠지기는 했지만 독재타도라는 기치하에 여러 이질적인 요소가 결합한 것이 민주당이다. 그러나 막상 이러한 위기가 종식되자 "처음부터 단일적인 정치세력이 아니었던"[8] 타성이 그대로 나타났다. 그리하여 민주당은 더 이상 통합을 유지할 필요성을 느끼지 못하고 별도의 길을 걷고 말았다.

민주당 신·구파의 대립현상은 4대 대통령후보 지명전에서 처음으로 나타났으며, 4·19 이후 장면의 부통령직 사임문제와 내각제개헌 논의과정에서, 그리고 선거 직후 국무총리 지명 및 인준과정 등에서 극명하게 나타났고, 구파가 별도의 정당으로 떨어져 나감으로써 분당이라는 최악의 사태를 맞이하고 말았다. 이로써 민주당은 혁명정신을 망각한 부질없는 당내의 파쟁 때문에 무정부상태에 가까운 정국의 혼란을 빚어냈다는 비판과[9] 함께 결국 군사쿠데타 앞에 속수무책으로 붕괴되는 비극을

---

[7] 신파와 구파의 구성상 특징에 대해 송원영은, 신파의 경우 일제시대 관료출신과 이북출신이 많았으며, 구파의 경우 반일 내지 지주계급 출신이 주로 많았다고 개략적으로 분석했다. 송원영, 『제2공화국』, 211-212쪽. 柳珍山도 이와 유사한 견해를 제시하고 있다. 즉 구파는 항일 독립운동가가 많았으며, 신파는 관료출신이 많은 편이라고 분석했다. 柳珍山, 『해뜨는 地平線』(한얼문고, 1972), 121쪽.

[8] 柳珍山, 『해뜨는 地平線』, 120쪽.

[9] 車基璧, "4·19·過渡政府·張勉政權의 의의," 姜萬吉 외, 『4월혁명론』(한길사, 1983), 171쪽.

맞이하게 된다.

1) 과도정부 출범과 내각제개헌

하야 직전 이승만으로부터 수석국무위원인 외무부장관으로 임명된 허정은 정치권력에 그리 큰 욕심이 없는 것으로 보였기 때문에, 그가 주도하는 과도정부는 자유당이나 민주당 양쪽 모두로부터 환영을 받았다. 자유당의 입장에서는 그가 대통령과 긴밀한 관계였기 때문에 사회정치적 구조에 급격한 변화는 없을 것으로 생각하고 환영했다.10) 민주당의 경우도 환영하기는 마찬가지였는데, 과도정부가 정치권력에 관심이 없는 것처럼 보이는 사람들로 구성됐으며, 민주당 스스로 아직 정권을 인수할 채비가 돼 있지 않은 데다 차기 선거의 승리를 확신하고 있었기 때문에 당내의 구파와 신파 어느 편도 그를 반대하지 않았던 것이다.11)

"비혁명적 방법에 의한 혁명과업의 수행"을 원칙으로 내세웠던 허정 과도정부는 당시의 국회를 해산시키지 않고 개헌안을 통과시킨다는 방침이었다.12) 당시 개헌의 절차에 대해서는 '선개헌 후선거'냐, '선선거 후개헌'이냐 하는 문제로 이견이 작지 않았다.13) 그러나 새로운 국회를

---

10) 韓昇洲, 『제2공화국과 한국의 민주주의』(종로서적, 1983), 58-59쪽.
11) 許政 과도정부의 출현에 대해 구파나 신파 모두가 반대하지 않고 이를 수용하는 자세를 보였다. 구파는 許政을 중심으로 과도정부를 수립토록 하는 것이 좋겠다는 결론을 내렸다. 金度演, 『나의 人生白書』(康友出版社, 1968), 351쪽. 신파의 경우도 당시의 시국을 수습하기 위해서는 어쩔 수 없는 임기응변의 조치라고 해서 이를 받아들였다. 雲石先生紀念出版委員會, 『한알의 밀이 죽지 않고는』, 59-60쪽.
12) 許政, 『내일을 위한 證言』(샘터사, 1979), 244쪽.
13) '先선거 後개헌'은 잡음이 생기기 쉬우니 곧 선거를 실시해 이를 방지할 뿐 아니라 공백상태를 메우고 정국을 안정시키는 것이 필요할 뿐더러, 헌법을 제정하는 것도 새로 선출된 의원의 손으로 하는 것이 옳다는 주장이다. 즉 먼저 개헌하려면 자유당 국회에서 해야 하는데, 이는 국민도 원하지 않을 것이므로 새 술은 새 부대에 담아야 한다는 격으로 선거를 먼저 실시해야 한다는 것이었다. 이

성립시킨 다음 개헌문제를 처리한다면 시국안정에 시간이 더 걸리고 뜻밖의 어떤 사태가 날지도 모른다는 우려에서 허정은 개헌에서 총선거에 이르는 과정은 짧으면 짧을수록 좋다고 판단했고,14) 이 판단에 따라 국회는 논쟁을 끝내고 먼저 개헌을 하기로 합의를 보았다. 그리하여 내각제로의 권력구조 변경을 비롯해서 정당의 헌법적 보장, 법관 선거제, 헌법재판소 신설 등 55개 항목에 이르는 개헌안이 1960년 5월 10일 본회의에 상정됐고, 6월 15일에는 215명의 출석의원 중 찬성 208, 반대 3의 압도적인 찬성으로 통과돼 이 날짜로 공포됐다.

이는 당시 비록 소수파이기는 하나 4월혁명 이후 국회의 주도권이 민주당에 있었던 만큼 자유당도 내각제개헌이라는 대세에 따르지 않을 수 없었던 상황에서 나온 것이라고 할 수 있다.15) 이로써 민주당은 한민당 창당 이래의 내각제개헌의 숙원을 푼 셈이 됐다.

한편 개헌안의 통과로 자유당은 정치세력으로서는 완전히 붕괴된 것이나 다름없게 됐고, 소속의원들은 일신의 안전을 도모하기에 급급해 구심점을 형성하지 못하고 뿔뿔이 흩어지고 말았다.16) 당간부 대부분이

에 반해 '先개헌 後선거'는 모든 것은 제도가 마련되고 이에 의거해서 실천에 옮기는 것이 순서인 것처럼 헌법을 개정한 후에 선거를 실시해야 잡음이 없을 것이라는 주장이었다. 白南薰,『나의 一生』(解慍 白南薰先生紀念事業會, 1973), 333쪽.
14) 許政,『내일을 위한 證言』, 250쪽.
15) 당시 민주당은 하루가 급한 총선일정을 감안해 개헌안을 속히 처리한다는 입장이었으나, 자유당 의원들은 개헌안이 "통과되면 볼장을 다 보는 셈"이라는 생각에서 3·15선거사범 공소시효 만기일인 6월 14일은 넘기자는 입장이었다. 이러한 심정에서 자유당 의원들이 본회의장을 빠져 나가는 바람에 국회 운영위원회는 개헌안 표결을 6월 15일에 처리하기로 함으로써 수습됐다. 송원영,『제2공화국』, 127-128쪽.
16) 許政,『내일을 위한 證言』, 251쪽. 이와는 반대되는 견해도 제시되고 있다. 이에 의하면 4·19 후 민주당 의원 5명과 자유당 의원 5명으로 내각책임제 개헌기초위원회를 구성했는데, 이 자리에서 부정축재 및 부정선거사범 처벌을 위한 법령 제정문제가 논의돼 자유당도 반대하지 않겠다고 말했으나, 민주당측에서 행

부정선거의 원흉으로 투옥되는 사태가 일어나자 104명의 자유당 의원이 당을 탈퇴해 일부가 헌정동지회를 구성하는가 하면, 다른 일부는 의원직을 사퇴해 4대 국회 말에는 소속의원이 48명밖에 남지 않았다.[17]

이들 자유당 잔류파 인사들과 원외인사들은 서로 힘을 합해 제1야당으로 기능해 보려는 노력에서 6월 12일 전당대회를 개최하고 참의원에 11명의 후보를, 민의원에 54명의 후보를 내세우기도 했다.[18] 그러나 참의원 58석 중 4석, 민의원 233석 중 2석을 차지하는 데 그쳐 이들의 계획은 무산되고 말았다. 민의를 무시하고 권력에만 의존한 독주 끝에 자유당은 창당 9년 만에 해체되는 비극적인 종말을 맞고 만 것이다.[19]

2) 신·구파의 대립과 7·29선거

(1) 신파와 구파의 대립

신·구파의 대립에 대해서는, 여러 정치세력이 통합해 등장한 정당인 민주당이 그 세력을 강화하는 과정에서 정치적 감각을 달리해 자연스럽게 신파와 구파로 갈라진 것이기 때문에 이를 "환멸과 혹평의 엇갈리는 상황으로 해석할 수만도 없다"[20]는 주장이 제기되기도 한다. 그러나 거대여당인 민주당의 내분이 자신들의 의도대로 양당체제로 발전해 정치체제의 안정에 기여하는 것이 아니라, 그 정반대의 방향으로 작용했기

위시의 법에 의해 처벌하지 않은 사건을 응벌하기 위해 소급법을 제정하지 않는다고 했으며, 양측이 이 원칙에 합의했기에 "自由黨은 마지막으로 國家에 봉사한다는 정신으로 內閣責任制 改憲案의 통과에 최선을 다하였다"는 것이다. "李在學編," 『事實의 全部를 記述한다』(希望出版社, 1966), 176쪽.

17) 李廷植, 『解放三十年史』 제3권(成文閣, 1976), 98쪽.
18) 孫鳳淑, "李博士와 自由黨의 獨走," 李起夏 외, 『한국의 政黨』(한국일보사, 1987), 301쪽.
19) 역사적 과오인 3·15부정선거를 저질렀기 때문에 자유당은 복구될 수 없는 것이었다고 스스로도 분석했다. "李在學編," 『事實의 全部를 記述한다』, 186쪽.
20) 柳珍山, 『해뜨는 地平線』, 184쪽.

때문에 비판의 대상이 되지 않을 수 없다.[21]

또한 신파와 구파의 대립은 당내에서 파벌간의 권력투쟁으로만 끝난 것이 아니라 분당으로 이어져, 인맥에 따른 이합집산의 전형적인 사례를 남겼다는 점에서도 긍정적 평가를 받기는 어렵다. 정당사적으로는 양파의 대립과 분열이 당시의 정당구도 자체를 재편하는 방향으로 작용했기 때문에 커다란 의미를 지니는 사건이라고 할 수 있으나, 결과적으로 이는 정부수립 이후 최초로 정당정치 붕괴의 원인을 스스로 제공한 행위였기 때문에 이에 대한 비판적 분석이 필요하다고 생각된다.

민주당 내 양파의 대립은 시기적으로 여러 단계를 거치면서 확산되는 측면을 보였는데, 각 단계가 통합의 효과를 상쇄하는 방향으로 작용해 결국 분당에까지 이르게 된다. 이러한 민주당의 내분은 야당세력의 통합을 두려워한 자유당이 끈질기게 이간책을 써서 유도한 측면도 없지 않다는 지적이 제기되기도 했다.[22] 그러나 이는 분열을 유인하는 하나의 요인은 될지언정, 분열을 합리화하는 요인까지는 될 수 없는 것이라고 생각한다.

민주당 내의 이견은 협상선거법과 보안법파동 때부터 나타나기 시작했다. 협상선거법이란 4대 국회의원선거를 앞두고 구파의 조병옥이 자유당의 이기붕 등과 만나 부정선거의 소지를 없애기 위해 선거법 개정 협상을 벌인 데서 유래한다.[23] 1958년 1월 1일의 선거법 통과를 계기로

---

21) 劉載一, "韓國政黨體制의 形成과 變化: 1950-1961"(高麗大 政治學博士學位論文, 1996), 195쪽.
22) 閔寬植, 『落第生』(重書閣, 1964), 130쪽.
23) 선거법 개정협상에서 각급 선거위원회에 야당측 위원의 참가, 투·개표시 야당 참관인 입회 등의 조항을 삽입했지만, 언론 통제조항의 삭제는 자유당의 완강한 반대로 관철시키지 못했다. 이를 두고 당시 언론과 신파측은 협상을 주도했던 趙炳玉을 강력히 비판했다. 이 일로 그는 당 대표최고위원직에서 물러나게 됐다. 趙炳玉, 『나의 回顧錄』(民敎社, 1959), 384-387쪽. 자유당 내에서도 협상선거법에 반대하는 견해도 있었으나, 선거법 협상을 주도했던 李在鶴이 자유당 원내총무 金法麟과 내무위원장 韓熙錫을 만나 그대로 추진하기로 의견을 모았고

신·구파의 갈등이 노골화됐는데, 신파측에서는 당이 망했다고 보따리를 싸자는 말까지 할 정도로 구파를 원망했다.24) 그러나 개정된 선거법에 따라 그해 5월 2일 실시된 선거에서 비록 교묘한 부정선거는 이루어졌을지라도 자유당의 129석에 비해 민주당은 79석을 얻음으로써 반대론자들의 단견을 입증하는 사태가 발생, 노출됐던 당내 양파의 대립은 일시적으로 봉합되기도 했다.25)

한편 보안법파동은 1958년 12월 24일 자유당이 국가보안법을 변칙적으로 처리한 데서 빚어진 것이었다. 보안법안이 제출되자 구파측은 한국의 특수한 사정 등으로 보안법 자체가 불필요한 것은 아니므로 내용에서 국민기본권을 침해하지 말 것과 관권개입이라는 독소조항을 삭제하는 선에서 처리한다는 입장이었음에 반해, 신파측은 보안법의 전면거부를 주장하고 분과위원회에서의 제안설명 자체를 봉쇄한다는 입장이었다.26) 결국 보안법은 법사위의 날치기 통과에 이어 경호권을 발동해 자유당 의원만으로 통과되고 말았는데,27) 이 과정에서 양파의 감정이 악화됐던 것이다. 이에 대해 자유당은 그 해 2월 6일 KNA기 납북사건이 발생했음에도 불구하고 그 주모자들을 처벌할 적당한 법규가 없어 그러한 범죄를 다스릴 법을 만들자는 취지에서 보안법이 마련된 것이었으나, 여야간의 감정이 악화될 무렵 국회가 개회되는 바람에 야당이 반대하게

또 국회의장 李起鵬도 지지했기 때문에 협상선거법을 통과시키는 방향으로 당론을 결정했다. 李在鶴은 趙炳玉이 협상선거법은 "野黨에 유리한 법이니 통과되어야 한다"고 찬성해 통과될 수 있었다고 회고했다. "李在鶴編,"『事實의 全部를 記述한다』(希望出版社, 1966), 153쪽.

24) 尹濟述先生文集刊行委員會,『芸齋選集』上(成志社, 1989), 119쪽.
25) 4대 국회 민주당 의원총회에서 원내총무를 선출하는데, 구파의 柳珍山과 신파의 吳緯永이 경쟁해 柳珍山이 43 대 39의 근소한 차이로 당선됐다. 당내 양파의 대립은 이처럼 팽팽한 상태였고, 당내문제에서 예각적으로 대립하는 사태가 빈번하게 발생했다. 柳珍山,『해뜨는 地平線』, 132쪽.
26) 柳珍山,『해뜨는 地平線』, 138-139쪽.
27) 보안법파동에 대해서는 孫鳳淑, "李博士와 自由黨의 獨走," 290-291쪽 참조.

된 것이라고 해명했다.28)

보안법파동으로 여야간에 극한적인 대치상황이 벌어지자, 민주당 구파의 조병옥, 유진산 등은 자유당의 이기붕, 이재학 등과 비밀리에 만나 정국 타개방안을 논의했다. 이 자리에서 이들은 내각제개헌을 골자로 하는 수습대책을 논의했는데, 협상이 진전되면서 내각제와 대통령제를 절충하는 선에서 헌법을 개정하기로 합의했다. 이러한 비밀협상이 언론에 보도되자 민주당 신파는 크게 반발했다. 개헌논의에서 따돌림을 당한 데다 부통령 승계권을 무용지물로 만들려는 음모가 있다고 반대한 것이었다.29) 결국 1959년 4월 14일 민주당 중앙상무위는 개헌협상에 제동을 걸고 대통령직선제를 원칙으로 한다고 결정했고, 이승만도 반대함으로써 개헌은 물거품이 되고 말았다. 이는 개헌문제를 놓고 민주당 신·구파의 갈등이 자유당 내의 온건·강경파의 대립과 중첩돼 나타난 현상이었다.

민주당 내부의 대립은 1959년 11월 26일에 개최될 제5차 전당대회 및 4대 정·부통령후보 지명대회를 앞두고 양파가 경쟁적으로 세력확대에 나섬으로써 더욱 격화된다. 이 과정에서 신파측은 대통령후보와 대표최고위원직을 분리하자며 분리론을 주장했고, 구파는 한 사람이 겸임토록 하자며 겸점론을 주장했다.30) 양파는 또한 자파를 대통령후보로 옹립하

---

28) 자유당은 보안법을 통과시키는 일 자체보다 국회가 사사건건 소수야당에 끌려 다니기만 한다면 아무 일도 할 수 없기 때문에, 다수결의 원칙에 입각해 국사를 처리하는 계기를 만들기 위해, 즉 야당의 버릇을 고치기 위한 비상대책으로 통과시킨 것이 2·4파동이라고 설명했다. "李在鶴編," 『事實의 全部를 記述한다』, 154-155쪽.

29) 高興門, 『정치현장 40년: 못다 이룬 민주의 꿈』(武碩, 1990), 99-100쪽.

30) 분리론의 근거는 첫째, 내각제를 공약한 만큼 대통령후보와 국무총리 예상자를 별개로 구상해 미리 배정해 두어야 하며, 둘째, 권력분립 원칙에 의한 상호견제가 민주주의의 본질임에 비추어 양직을 독점하면 당운영이 독재화할 우려가 있으며, 셋째, 두 지도자를 아끼는 뜻과 두 파로 나뉘어 있는 당원들의 동지애를 결속시키려면 대회가 끝난 후 어느 편이든 승리감에 도취하거나 패배감에 자폭

기 위해 별도의 대변인까지 두고 경쟁을 벌였는데, 이의 전초전과 같은 것이 도당위원장 선거로 각종 중상모략이 나오고 금력과 폭력이 판을 치기도 했다.31) 대회를 전후해서 한때 분당위기에 처할 정도였으나 갈라지면 둘 다 망한다는 것을 알았기 때문에 상당한 노력을 기울였으며,32) 이것이 여의치 않자 구파의 조병옥은 한때 후보를 포기한다는 성명을 내기도 했다.33) 결국 조병옥이 3표 차이로 대통령후보에 지명되기는 했지만, 폭력을 동원하면서까지 두 파 사이에 전개되는 치열한 경쟁에 환멸을 느낀 일부가 탈당하는 사태가 벌어지기도 했다.34) 한편 대통령후보로 지명된 조병옥이 신병치료차 미국으로 가게 되자, 신파측 인사들이 위문은 고사하고 선거비용을 내놓고 가라고 하여, "저런 것들하고 어떻게 당을 함께 할 수 있을까 싶어 한심스러웠다"35)고 할 정도로 후보 지명대회를 전후해서 양파는 감정이 좋지 않았다.

양파가 감정적으로 대립하는 또 하나의 계기가 된 것은 4월혁명이 한

함 없이 혼연일체로 되기 위해서는 두 지도자에 직책을 안배해야 한다는 것이었다. 겸점론의 근거는 첫째, 국무총리 예상자를 미리 배정하는 것은 지명과 당선을 착각한 사고방식에서 나온 것이므로 이는 개헌 이후에나 논의할 사항이며, 둘째, 대통령후보로 지명된 사람이 당수를 겸하는 것이 당의 임전태세를 확립하는 불가피한 방법이며, 셋째, 정강정책을 중심으로 집결된 정당이므로 선의의 경쟁결과가 당원에게 승리감이나 패배감을 줄 리 만무하며 선거에서 혼연일체를 이루려면 누가 지명되더라도 지명받은 사람을 중심으로 당이 운영돼야 한다는 것이었다. 閔寬植,『落第生』, 131-132쪽.

31) 尹濟述先生文集刊行委員會,『芸齋選集』上, 127-128쪽.
32) 白南薰,『나의 一生』, 344쪽.
33) 성명서에서 그는 "金力 暴力 警察과 野合 등등의 虛構 重傷이 튀어나온 것은 黨을 위해 千萬遺憾된 일"이라면서 후보지명 경쟁을 포기하는 것만이 당의 분규를 수습하고 당을 살리는 길이며 국민을 위하는 도리라고 주장했다. 성명서의 전문은 柳珍山,『해뜨는 地平線』, 162-164쪽에 수록.
34) 민주당 의원 중 金周黙 宋榮柱 兪昇濬 趙定勳 4명은 탈당했으며, 金朔은 탈당 즉시 자유당에 입당했다. 李起夏,『韓國政黨發達史』(議會政治社, 1961), 388쪽.
35) 尹濟述先生文集刊行委員會,『芸齋選集』上, 129쪽.

창 진행중인 4월 23일 단행된 장면의 부통령직 사임이었다. 장면 자신은 이대통령의 하야를 촉구하기 위해 민주당 중진들과 사전에 충분히 의견을 나누고 사임한 것이라고 주장했다.36) 그러나 구파의 입장은 달랐다. 사전에 아무런 합의가 없었으며 당간부 대부분도 모르는 일이었다고 주장,37) 이를 수긍하지 않아 감정의 골이 깊음을 드러냈다. 장면의 부통령직 사임 사흘 뒤에 이승만의 대통령직 하야성명이 발표돼, "하야를 평화적으로 촉진시키기 위해서는 내가 대통령직을 계승하여 이대통령 자신이나 자유당에 보복하려는 의사가 전혀 없음을 보여주어야"38) 했다는 주장이 전혀 근거가 없는 것은 아니었음을 알 수 있다. 그러나 정국의 전개를 신중하게 생각하고 이를 어떻게 풀어 나갈 것인가를 고려해 결정한 다음 사임한 것이 아니라, 도의적 고민과 당파적 이해의 차원에서 결정한 것이었다는 지적이39) 더 설득력이 있다고 할 수 있다.

---

36) 張勉은 부통령직을 사임한 이유를 세 가지 들었다. 첫째, 대통령직 승계권을 갖고 있는 자신이 사임함으로써 李대통령으로 하여금 안심하고 대통령직을 내놓게 하려는 것이었고, 둘째, 李정권하의 부통령으로서 대통령이 실정의 책임을 지고 물러나는 마당에 당이 다르다는 이유로 책임을 회피하고 계속 머물러 있는 것은 정치도의상 용납할 수 없는 일이며, 셋째, 李대통령이 역경에 빠진 틈을 타서 그 자리를 차지하겠다는 야심을 가진 것 같은 인상, 즉 남의 불행에 편승해서 권력을 잡는다는 인상을 남기는 것은 부도덕한 일이라는 것이다. 雲石先生紀念出版委員會,『한알의 밀이 죽지 않고는』, 57-58쪽.

37) 金度演은 張勉의 부통령직 사퇴가 李대통령의 하야를 촉진했다고 볼 수도 있겠지만, 만약 당시 부통령직을 사퇴하지 않았다면 대통령 자리를 물려받아 사태를 수습할 수 있었고, 그 경우 정국의 추이는 다른 방향으로 전개됐을 것이라면서 아쉬움을 나타냈다. 金度演,『나의 人生白書』, 349쪽. 趙炳玉 사망 이후 민주당 신파와 구파 사이에는 당 공식기구를 통한 대화의 채널이 막힌 지 오래였으며, 張勉의 사임은 공식기구에서 거론조차 되지 않았을 뿐만 아니라 사전에 구파측에 언질도 주지 않은 채 결행돼 구파로서는 부통령직 사임에 저의가 있는 것으로 의심했다. 高興門,『정치현장 40년: 못다 이룬 민주의 꿈』, 126쪽.

38) 金在淳,『새 지평선에 서서: 한 샘터인의 나라 생각』(샘터사, 1991), 266쪽.

39) 이정희, "제2공화국의 정치환경과 張勉의 리더십," 韓國政治學會 編,『韓國現代政治史』(法文社, 1995), 254쪽.

양파의 감정적 대립은 내각제개헌을 추진하는 과정에서 더욱 격화되는데, 신파는 개헌이 되지 않는다고 하더라도 손해될 것이 없다는 입장에서 개헌에 소극적이었고, 구파는 개헌만이 구파 집권의 길이라고 생각하고 있었기 때문에 개헌에 아주 적극적이었다.40) 신파로서는 자파의 영수 장면이 국무총리와 부통령을 역임한 바 있어, 개헌을 하지 않는다고 하더라도 집권 가능성이 있는 유력자로 등장했다고 판단하고 있었다.41) 신파의 입장은 내각책임제 개헌보다는 정·부통령선거를 다시 하는 것이 급선무라는 것이었고, 구파의 입장은 대통령선거를 다시 한다는 것은 혼란을 초래할 뿐이고 대통령제로는 올바른 민주정치의 시행을 보장할 수 없다고 주장했다.42) 이처럼 헌법개정 문제를 놓고 양파의 입장이 엇갈렸으나, 민심의 흐름과 여론을 업고 나선 구파의 논리에 자유당이 합세함에 따라 신파는 내각제개헌에 동의하게 된다. 이로써 내각제개헌을 추진하는 방향으로 나아가게 된 것이다.43)

양파는 공천원칙을 놓고도 갈등을 보였는데, 이는 공천이 양파의 세력균형에 직접적인 영향을 미치기 때문이었다. 구파는 신파의 권력장악을 방지하기 위해 자유당원도 입후보 할 수 있는 개방적인 방식을 추구한 반면, 신파는 당에 대한 과거의 충성으로 공천의 기준을 삼으려고 했다. 즉 구파는 50개 정도의 선거구를 민주당 공천후보 없이 남겨두어야 하며, 당내경쟁이 치열한 지역은 비록 민주당원이 아니더라도 표를 많이 얻을 수 있는 인사를 공천하자는 입장이었다. 이에 반해 신파는 모든

---

40) 송원영, 『제2공화국』, 123쪽.
41) 中央選擧管理委員會, 『大韓民國政黨史』第1輯(1973), 253쪽. 신파측에서 "大統領 直選制 그대로 하여 먼저 선거를 다시 실시하자"고 주장하는 바람에 자유당이 한동안 곤란에 처하기도 했다. "李在鶴篇," 『事實의 全部를 記述한다』, 170쪽.
42) 李英石, 『野黨 40年史』(인간사, 1987), 94-95쪽.
43) 내각책임제와 대통령중심제는 어느 것이 더 민주적이라고 판단할 수 없다는 주장에서, 그리고 장면 박사가 내각제를 지지함으로써 대세가 결정됐다는 주장에서, 신파측이 대통령중심제에 비중을 두고 있었음을 알 수 있다. 송원영, 『제2공화국』, 126쪽.

지역에서 우선적으로 고려돼야 할 것은 후보자가 자유당과 과거 협력한 사실이 있는가 여부, 그리고 지난 부통령선거에서 민주당 장면 후보의 당선을 위해 얼마나 활동했는가 여부라고 주장했다.

이처럼 상반되는 주장으로 미루어 보아 양파는 서로 협력하고 싶은 생각이 전혀 없었는데, 이러한 감정은 공천결과를 에워싸고 확연하게 노출됐다. 이 때문에 이들이 같은 당에 머물러 있었던 "유일한 이유는 당이 과도정부의 명백한 상속자로 인정되고 있었기 때문"[44]이라는 분석이 설득력을 갖게 됐다.

(2) 7·29선거

7·29선거에서 아주 특기할 만한 것은 민주당의 공천단계부터 신파와 구파 사이에 치열한 경합이 벌어졌으며, 공천에서 탈락한 사람들이 승복하지 않고 대거 무소속으로 출마했다는 사실이다. 이 때문에 구파 공천, 신파 공천이라는 말이 공공연히 나돌았고 거의 대부분의 선거구에서 양파 후보끼리 경쟁을 벌이는 사태가 발생했다.[45] 그리고 선거운동 기간에 각파는 별도로 자금을 마련해 당의 공천 후보보다는 자파 후보를 지원했고 당 선거대책본부의 지시보다 파벌 참모의 지시대로 움직였다.[46]

이로 인해 당을 갈라 국민의 심판을 받자는 분당론이 제기되기도 했

---

44) 韓昇洲, 『제2공화국과 한국의 민주주의』, 106쪽.
45) 柳珍山, 『해뜨는 地平線』, 184쪽. 당시 양파는 민의원선거에서는 현역의원은 일단 모두 공천하며, 나머지 지역은 신파와 구파 동수로 공천하기로 합의를 보았다. 송원영, 『제2공화국』, 130쪽. 그러나 경쟁이 확산되면서 자파를 지지하는 방향으로 나아갔으며, 그 결과 구파는 55개 선거구에서 당의 공천후보와 경쟁을 했고, 신파는 26개 선거구에서 경쟁을 벌였다. <京鄕新聞>, 1960년 7월 6일.
46) 閔寬植, 『落第生』, 152-153쪽. 당시 신파는 중앙당본부에 장면·오위영·김영선이 주축이 된 전략지휘부를 가동시켰고, 구파는 윤보선·유진산·고흥문을 주축으로 전업회관에 지휘본부를 차렸다. 高興門, 『정치현장 40년: 못다 이룬 민주의 꿈』, 127쪽.

으나, 국민이 민주당의 분열을 원하지 않을 뿐 아니라 새로운 당명을 걸고 선거에 임하는 일도 용이한 일이 아니어서 보류하고 적당한 시기를 기다리기로 했다.47) 자파 소속이 아닌 공천자 가운데 포섭 가능한 인사끼리 지원하는 양상도 벌어졌고, 상대방 진영의 중진들이 지원유세에 나서는 것을 견제할 목적으로 대항후보를 내세우기도 했다. 이처럼 양파는 물과 기름과도 같아 도저히 당을 같이할 수 없다는 심경이었지만 현실적으로도 선거를 앞두고 당을 쪼갤 수는 없었다.

1960년 7월 29일 실시된 선거에서 민주당은 민의원에 301명의 후보자가 출마해 175명의 당선자를 냄으로써 58.1%의 당선율을 나타냈으며, 참의원의 경우 60명의 후보자가 출마해 31명의 당선자를 냄으로써 51.7%의 당선율을 나타냈다. 이는 의석수에서 민의원의 경우 75.1%, 참의원의 경우 53.4%를 차지하는 것으로,48) 어느 모로 보아도 민주당의 압도적인 승리라고 할 수 있었다. 비록 내부적으로는 분당의 기운이 싹트고 있었지만, 외형상으로는 원내외의 다양한 정치세력이 반독재투쟁을 효율적으로 하기 위해 통합했던 민주당이라는 틀을 그대로 유지한 결과 이룩한 성과였다.

민주당의 승리는, 창당 이후 여러 차례 내분을 거듭해 실망을 안겨 주었지만, 자유당독재에 혐오감을 느끼고 있던 국민들에게는 민주당 외에는 달리 대안이 없기 때문이기도 했다. 이로 인해 국민들은 평소 민주당의 행태에 대해 그다지 만족하고 있지 않았음에도 불구하고49) 다시 한 번 민주당에 표를 던졌다. 덕분에 민주당은 7·29선거에서 압도적인 의석을 차지한 제1당으로 정권을 장악할 수 있었다.50) 이로써 민주당은 한

---

47) 白南薰, 『나의 一生』, 345쪽.
48) 中央選擧管理委員會, 『歷代國會議員選擧狀況』(1971), 446-449 및 488-493쪽 참조.
49) 특히 협상선거법 처리과정에서 언론문제를 소홀히 했다고 하여 언론계는 민주당에 비판적이었다. 李馨, 『事件中心으로 본 三代國會』(韓國日報社, 1958), 292-293쪽.

국정당사에서 정책대안의 제시나 민생안정을 위한 노력과 관계 없이도 정권을 장악할 수 있다는 하나의 사례를 제공한 셈이 됐다. 독재정치가 지속되는 한 야당은 단지 존재 그 자체만으로도 의의가 있다고 국민들은 생각하고 있었기 때문이다.

선거가 끝난 후 신파와 구파는 같은 민주당에 속해 있으면서도 완전히 별개의 정당처럼 행동했는데, 이는 정권의 향배가 현실적인 문제로 제기되자 위기극복이라는 명분은 더 이상 자리잡을 여지가 없어졌기 때문에 나타난 현상이었다. 그리하여 양파는 별도로 당선자총회를 개최하고 각각 13인소위원회와 23인위원회를 조직했으며,[51] 소속이 분명하지 않은 의원과 무소속 의원들을 상대로 포섭을 위한 경쟁에 본격적으로 돌입했다.

비록 내부에 분열적인 요소가 잠재해 있다고 할지라도, 당시 민주당이 정국안정을 위해 취할 수 있는 가장 좋은 길은 분당을 회피하고 타

---

[50] 민주당이 선거에서 압승한 이유를 김수진은 다음과 같이 들고 있다. 첫째, 민주당이 전국적인 조직을 갖춘 유일한 정치세력으로 유일하게 전 지역구에 후보를 내세울 수 있었고, 둘째, 4·19와 그에 뒤이은 민주이행 과정을 정치사회에서 이끈 유일한 세력이며, 셋째, 선거 이전 정부·경찰·기업의 적극적인 협조를 얻을 수 있는 준여당의 지위를 확보하고 있었던 점을 들었다. 김수진, "제2공화국의 정당과 정당정치," 백영철 편, 『제2공화국과 한국민주주의』(나남출판, 1996), 177쪽. 한편 박기출은 이와는 다른 시각에서 민주당의 승리를 분석했다. 그에 의하면 민주당은 과도정부의 적극적 내지는 소극적 지원을 받았으며, 혁신정당을 빨갱이나 용공세력으로 모해해 유권자를 자극했으며, 매표와 대리투표 등 금권선거의 자행으로 승리를 거두었다는 것이다. 朴己出, 『來日을 찾는 마음』(新書閣, 1968), 102-103쪽.

[51] 이들의 명단은 각각 다음과 같다. 13인소위원회(신파측): 金相敦, 洪翼杓, 李相喆, 李哲承, 梁炳日, 曺在千, 金溶珍, 桂珖淳, 吳緯泳, 韓通淑, 鄭一亨, 李泰鎔, 玄錫虎. 23인위원회(구파측): 金山, 閔寬植, 洪吉善, 姜永薰, 申珏休, 李敏雨, 陳馨夏, 兪鎭靈, 趙漢栢, 尹濟述, 曺泳珪, 劉沃祐, 權仲敦, 朴海禎, 鄭憲柱, 金泳三, 申仁雨, 鄭順謨, 高湛龍, 柳珍山, 蘇宣奎, 李晶來, 徐範錫. 中央選擧管理委員會, 『大韓民國 政黨史』 第1輯, 249쪽.

협하는 것이었고, 이에 따라 당파나 정실에 구애되지 않고 적재적소의 원칙에 따라 인재를 등용하는 것이었다.52) 그랬더라면 국민들도 후일 군사정권하에서 자유와 권리를 유린당하는 사태를 맞이하지 않았을 것이지만, 불행하게도 사태는 이와는 정반대로 진행됐다.

　당내에 잠재돼 있던 분열적 요소가 선거에서 민주당이 압승을 거두자마자 표면화됨으로써 글자 그대로 "너무 많이 당선되니까 당이 쪼개지게 됐다"53)는 분석이 나올 정도가 됐다. 위기 속에서 어렵게 통합을 성사시켜 권력을 획득했음에도 불구하고 선거가 끝나자마자 그 효과를 망각하고 만 것이다. 그 결과 민주당은, 비록 형식과 내용은 달랐지만, 자유당과 마찬가지로 한국정당사에서 해체당하는 운명을 피할 수 없게 되고 말았다.

3) 총리 지명과 신민당 창당

(1) 분당론과 총리 지명

　민주당 내에서 분당론을 먼저 제기한 쪽은 구파로, 선거가 끝난 지 1주일도 채 안 된 1960년 8월 4일 성명을 통해 공식적으로 분당의사를 밝혔다. 이들은 자파측 당선자가 신파측 당선자보다 많아 분당을 하더라도 제1당이 되며, 이럴 경우 대통령직과 국무총리직을 모두 차지하게 될 것이라는 계산에서 분당론을 공식화한 것이었다.54) 분당을 통해 대통령에 윤보선, 국무총리에 김도연을 각각 당선시켜 구파가 정부의 모

---

52) 김진배, 『가인 김병로』(가인기념회, 1983), 373쪽.
53) 尹濟述先生文集刊行委員會, 『芸齋選集』上, 138쪽.
54) 구파는 한 정당이 민의원 의석의 3분의 2 이상을 차지하면 일당독재의 우려가 있으므로 건전한 야당의 존재가 정국의 안정을 위해 필요하며, 민주당 신·구파가 형식적인 혼합체로 운영된다면 강력한 국정수행에 난점이 있으며, 국민의 여망에 따라 책임있는 정권담당에 매진하며 7·29선거 때의 폭력, 파괴, 부정개표 등 반민주적인 행위를 규탄하기 위해서라며 분당론을 폈다. 中央選擧管理委員會, 『大韓民國政黨史』第1輯, 249쪽.

든 요직을 독점한다는 것이었는데,55) 이를 계기로 민주당은 치열한 권력투쟁 국면에 접어들게 된다.

구파의 권력 독점전략에 맞서 신파는 대통령과 국무총리직의 분리, 즉 요직안배를 명분으로 내세우고 대통령직을 구파에 양보하는 대신, 내각제하에서 권력의 핵심이라고 할 수 있는 국무총리직을 차지한다는 전략을 세웠다.56) 대통령으로 구파의 윤보선을 밀면 그는 일반국민의 상식과 정치도의라는 것을 존중해 사리에 좇아 총리를 지명할 것이고, 이럴 경우 신파의 장면을 국무총리로 지명하지 않을 수 없으리라는 계산이었다.

양파가 다 윤보선을 대통령으로 추대한다는 데는 이의가 없었기 때문에 윤보선은 국회에서 무난히 대통령으로 선출될 수 있었다.57) 대통령이 된 윤보선은 구파의 전략대로 국무총리에 김도연을 지명했으나,58)

---

55) 이들은 대통령, 국무총리는 신파나 구파 한편에서 되도록 힘쓰고 경우에 따라서는 야당으로 있을 것을 각오하는 동시에, 다른 사람들이 새 정당을 만들기를 기다릴 것 없이 스스로 보수정당을 만들 것을 생각했다고 밝히고 있다. 白南薰, 『나의 一生』, 345쪽. 구파가 이런 전략을 세운 것은 구파 내에서 윤보선, 김도연 두 계열의 단합을 고려한 때문이었다는 분석도 있다. 즉 구파의 단합을 위하다보니 두 요직을 구파가 모두 차지하겠다는 생각을 갖게 됐고, 이에 따라 자연적으로 신파와의 결별선언이 나오게 됐다는 것이다. 高興門, 『정치현장 40년: 못다 이룬 민주의 꿈』, 129쪽.

56) 雲石先生出版紀念委員會, 『한알의 밀이 죽지 않고는』, 62-63쪽. 신파측의 이러한 전략을 구파는 "舊派側에 對하여 行動統一을 攪亂시키는 戰略"이라고 지적했다. 金度演, 『나의 人生白書』, 362쪽.

57) 이에 대해 尹潽善은 당시 자신이 대통령 또는 국무총리 후보로 오르내리고 있는 것이 괴로운 일이었다고 말하고, 신파에서 자신을 먼저 대통령후보로 추대한 것은 두말할 것도 없이 자신을 대통령후보로 지명함으로써 유력한 국무총리 경쟁자인 자신을 사전에 제거하려는 정략적인 작전 때문이었다고 주장했다. 尹潽善, 『救國의 가시밭길』(韓國政經社, 1967), 83-84쪽.

58) 1차로 金度演을 총리로 지명한 데 대해서는 구파 내에서도 비판의 소리가 제기됐다. 尹濟述은 尹潽善이 1차로 金度演을 지명한 것은 "비정치적이고 비상식적인 처사"로, 이것이 대한민국 정치를 그르치는 원인의 하나가 됐다고 주장했

그는 국회의 인준표결에서 부결(가 111, 부 112)되고 말았다. 2차 지명에 나선 윤보선은 신파의 장면을 지명했는데, 장면은 구파와 무소속 일부를 포섭해 국회의 인준(가 117, 부 107)을 얻을 수 있었다.[59] 이로써 신파는 조각의 주도권을 장악하게 됐고, 장면을 국무총리로 하는 정부가 탄생하게 됐다.

신파에 패배한 구파는 장면이 총리로 인준되자, 즉시 회합을 갖고 정치적 생리를 달리하는 신파와는 더 이상 제휴할 수 없다는 데 의견을 같이했다.[60] 이들은 분당해 건전한 야당으로 발족한다는 방침하에 별도의 원내교섭단체를 등록하기로 합의했다. 그러나 파벌을 초월해 거국내

다. 尹濟述先生文集刊行委員會,『芸齋選集』上, 141쪽. 한편 閔寬植도 이와 유사한 견해를 피력했다. 즉 구파의 尹대통령이 1차로 신파의 張勉을 지명하고 실패했을 경우 金度演을 지명하는 것이 정치도의상 또는 정략상으로도 타당했던 것이라고 주장하고, 만일 그랬더라면 분당되지 않고 난국을 수습할 태세를 갖추었을 것이라고 강조했다. 閔寬植,『落第生』, 154-155쪽. 그러나 정작 당사자인 尹潽善은 여러 의원들의 의견을 타진한 결과 한결같이 金度演이 張勉보다 많은 표를 가지고 있을 뿐 아니라 金度演을 지명하는 것이 여론에 합치된다고 해서 지명했으나, 자신이 지명하는 바로 그날 저녁 구파 인사 6~7명이 신파로 넘어갔다고 주장했다. 尹潽善,『救國의 가시밭길』, 90-91쪽. 金度演도 구파 인사들 중 몇몇은 신파측에 가담해 반대투표를 했기 때문에 인준에 실패했다고 주장했다. 金度演,『나의 人生白書』, 368쪽.

59) 張勉 인준을 위해 신파는 구파 의원들을 신파로 끌어들이는 데 만만치 않은 거액의 정치자금을 제공했다. 정일형,『오직 한길로』(을지서적, 1991), 275쪽. 구파 중진의 한 사람으로 張勉을 지지했던 鄭憲柱는 인터뷰에서 "당시에는 당이 깨지면 안 된다는 생각뿐이었다"면서 구파 의원인 趙明煥, 崔瑗浩, 韓鍾建 등에게 張勉 지지를 부탁했다. <대한매일>, 1999년 4월 2일. 張勉이 인준된 것은 당시 국회의장인 郭尙勳이 구파의 요직 독점에 노여움을 느껴 金度演의 인준을 적극 방해하고 공작을 한 결과라는 주장도 있다. "郭尙勳篇,"『事實를 全部를 記述한다』(希望出版社, 1966), 262-263쪽. 이러한 견해와 달리 朴己出은 미국 개입설을 주장했다. 즉 張勉에 대한 인준이 이루어진 것은 친미정권을 수립하려는 미국의 뜻에 따라 許政 과도정부가 민주당 신파의 의회진출을 적극 도왔기 때문이라는 것이다. 朴己出,『韓國政治史』(東京: 民族統一硏究院, 1977), 201-204쪽.

60) 金度演,『나의 人生白書』, 369쪽.

각을 구성하라는 여론에 밀려 일단은 조각문제를 놓고 신파와의 협상에 응하지 않을 수 없었다. 양파는 조각협상에서 신파 5석, 구파 5석, 무소속 2석으로 각료직을 안배한다는 데 의견의 일치를 보았다.61) 국민의 뜻을 존중해 거국내각을 구성하기로 한 것이다.

그러나 원칙에 대한 합의와 달리 각료직 배분문제를 놓고 양파는 의견의 일치를 보지 못했다. 이에 대해 신파는 각계를 망라할 계획으로 널리 포섭해 보았지만, 불행히도 구파 인사들이 신파 총리하에서 생사라도 같이할 동지적 협조의 기색을 보여주지 않았다고 불만을 토로했고,62) 구파는 구파대로 거국내각을 출범시키기로 했으나 신파 쪽의 일방적인 거부태도에 부딪쳐 결국 실현되지 못하고 말았다고 불평했다.63) 권력분배 문제를 놓고 갈등이 일자 신·구파 영수회담이 열리기도 했다. 그러나 상호 불신하고 있는 상황에서 양측이 만족할 만한 수준의 각료직 분배는 이루어질 수 없었다. 합의를 보지 못함에 따라 신파측은 1960년 8월 23일 일방적으로 각료명단을 발표하고 말았다.

이날 발표된 장면정부의 내각은 누가 보더라도 거국내각이라기보다는 민주당 신파내각이었고, 신파 중에서도 13인소위원회에 의해 독점됐다는 인상을 주었다.64) 따라서 구파와의 관계는 물론 악화됐고, 신파 내부에서도 조각에서 소외된 소장파는 소장파동지회를 따로 조직해 별도의 규약을 채택할 정도였다. 이에 대해 구파는 "새 정부로 말하면 그 재목 하나하나는 별로 나무랄 데가 없었으나 발판이 불안정"65)하다는 평가를 내렸다. 구파가 배제되고 신파 위주로 이루어진 조각에 대한 불만

---

61) 柳珍山, 『해뜨는 地平線』, 188쪽.
62) 雲石先生出版紀念委員會, 『한알의 밀이죽지 않고는』, 65쪽.
63) 尹潽善, 『救國의 가시밭길』, 92쪽.
64) 당시 14명의 각료 중 구파는 교통의 鄭憲柱 의원뿐이었는데, 이는 鄭의원이 개인적으로 구파에서 신파로 넘어간 것이어서 신파 단독내각이라고 할 수 있다. 大韓民國國會, 『國會史: 第4·5·6代 國會』, 313-314쪽.
65) 尹潽善, 『救國의 가시밭길』, 94쪽.

으로 구파는 8월 31일 민주당 구파동지회라는 명칭으로 별도의 교섭단체 등록을 했다.66) 이를 기점으로 구파는 민주당이라는 틀을 떠나 장면 정부의 시책을 사사건건 비난·공격해 사실상 분당의 길로 접어들었다.

(2) 신민당 창당

구파의 반발이 예상 밖으로 거세지자 장면 총리는 내각이 성립된 지 2주일 만인 1960년 9월 12일 개편에 나섰는데, 2차 조각 역시 좋은 평을 받지 못했다. 신파와 구파의 제휴라는 모양새를 강조하다 보니 야합이라는 비판이 나오게 된 것이다. 이 과정에서 장면은 구파와 개별적으로 교섭하며 "어떻게 해서라도 협조를 얻어 보조를 맞추어 보려고 노력을 끊임없이 계속하였다"67)고 회고했다. 그러나 구파는 "연립내각으로 비상시의 정국수습에 임하게 되었으나 신파측과의 알력이 조장"68)됐다고 주장해, 개각은 애초의 의도와는 달리 정국안정에 아무런 도움도 주지 못하고 말았다.

이를 계기로 구파는 당 중앙상임위원회의 출석을 거부하며 사실상 당의 기능을 마비시키다가, 1960년 9월 22일 신당발족을 선언했다. 양파의 결합이 불가능할 정도로 사태가 악화된 것이다. 상황이 이에 이르자 9월 23일 신파는 민주당이라는 명칭으로 별도의 교섭단체를 등록했다.69) 이로써 구파와 신파는 완전히 결별, 분당으로 종말을 고하고 말았다. 위기 종식과 더불어 본격화된 당내갈등이 결국 분열을 초래해 민주당이 갈라지고 만 것이다.

신파와 결별한 구파는 1961년 2월 20일 신민당을 창당하고 위원장에

---

66) 金度演을 대표로 한 민주당 구파동지회는 모두 87명이었다. 이들의 명단은 大韓民國國會 事務處, 『國會史: 資料編』, 238쪽.
67) 雲石先生出版紀念委員會, 『한알의 밀이 죽지 않고는』, 66쪽.
68) 金度演, 『나의 人生白書』, 370쪽.
69) 金相敦을 대표로 한 민주당은 모두 96명이었다. 이들의 명단은 大韓民國國會事務處, 『國會史 ; 資料編』, 241쪽 참조.

김도연, 간사장에 유진산을 각각 선출했다. 신민당은 창당선언에서 장면 정권이 "혁명정권으로서의 본연의 임무에 대한 자각이나 실천은커녕 구정권의 부패요소를 고스란히 물려받아 한갓 정권유지에만 급급하는 판"70)이라고 비판하고, 자신들은 4월혁명 정신을 받들어 자유당정권의 부정요소를 완전히 청소하고 민주주의 신질서를 확립하겠다고 주장했다. 구파는 하나의 정당이 국회에서 3분의 2를 차지하면 1당독재를 하기 쉬우며, 여당과 맞설 수 있는 강력한 야당이 존재함으로써 여당의 전횡을 막아 진정한 대의정치를 구현할 수 있다는 점을 들어71) 자신들의 탈당을 합리화했다. 이들은 또 보수 양당체제를 구축해 사회주의를 표방하는 세력의 등장을 막고 양당이 서로 견제·감시·독려하는 관계를 형성함으로써 바람직한 의회민주주의를 발전시킬 수 있다고 주장했다.72)

분당으로 구파가 갈라져 나간 데 대해 신파의 대표인 장면 총리는 "보이지 않는 세력다툼을 제1선에서 당하는 나로서는 지긋지긋한 시련"73)이었다고 회고하고, 어떻게 해서든지 정권을 와해시키려는 구파의 노력이 집요하게 계속돼 나라가 잘될 리 없었다고 주장했다. 그러나 민주당 신파가 원내 안정의석을 확보하고 있던 마당에74) 정국 불안정의 모든 책임을 구파에게 돌리는 것은 무책임한 발상이라고 하지 않을 수 없다. 왜냐하면 정권타도를 목표로 신당조직을 추진한 것이 아니라 보

---

70) 中央選擧管理委員會, 『大韓民國政黨史』 第1輯, 254쪽.
71) 金度演, 『나의 人生白書』, 375쪽.
72) 柳珍山, 『해뜨는 地平線』, 188쪽.
73) 雲石先生出版紀念委員會, 『한알의 밀이 죽지 않고는』, 67쪽.
74) 원내 신·구파의 세력분포 변화는 다음과 같다.

	신파	구파
당선자대회(60. 8. 5)	95	85
구파동지회 교섭단체 등록(60. 8. 31)	95	86
민주당 교섭단체 등록(60. 9. 22)	95	86
신민당 교섭단체 등록(60. 11. 24)	116	65
제38회 국회개원(61. 5. 3)	131	60

劉載一, "韓國政黨體制의 形成과 變化," 196쪽.

수 양당체제 확립을 위해 야당운동을 시작했다는 구파의 주장은75) 논외로 한다고 하더라도, 다수의석을 확보한 신파만이라도 통합을 유지했다면 위기에 처하는 일은 없었거나 위기가 닥쳤더라도 이를 충분히 극복할 수 있었을 것이기 때문이다.

그 단적인 예로 신풍회와 정안회의 활동을 들 수 있다. 신파 내 30여명의 소장파 의원들로 구성된 신풍회가 "과연 당내 서클인가를 의심케 하는 경우가 많았다"76)고 할 정도로 내부에서 항상 반대하는 입장에서 공세를 취했다. 특히 이들은 총리인준 당시의 노력을 내세워 당 요직배분을 강력히 주장하고 당 기구개편을 위한 전당대회 조기소집을 요구했음에도 불구하고77) 장정권은 별다른 대책을 마련하지 못했다. 또한 구파에서 신파로 새로 합류한 합작파들도78) 조각에 불만을 표시하고 정안회라는 서클을 만들어 당내 야파를 자처하며 통합을 저해하는 방향으로 나아갔다.79) 따라서 신파 내에서만이라도 노장파와 소장파, 정안회 등으로 분열되는 일 없이 장면의 리더십 아래 당의 단결을 유지하고 있었더라면 상황은 달라질 수도 있었을 것으로 생각되기 때문에,80) 정권을

---

75) 金度演,『나의 人生白書』, 376쪽.
76) 송원영,『제2공화국』, 224쪽.
77) 李基澤,『韓國野黨史』(백산서당, 1987), 149쪽.
78) 당시 신·구파 어느 편에도 가담할 수 없는 의원의 숫자가 25명 정도 됐는데, 이들의 불투명한 입장으로 정국이 불안정할 수도 있다는 생각에서 柳珍山은 이들의 민주당 입당이 정국안정에 도움이 되므로 이를 저지해서는 안 된다는 내용의 성명을 발표했다. 이를 계기로 25명의 의원이 민주당 교섭단체에 입당했다. 柳珍山,『해뜨는 地平線』, 193-194쪽. 송원영은 당시 신민당 간사장으로 있던 柳珍山이 민주당 신파의 원내 안정의석 확보공작을 적극적으로 저지하지 않았기 때문에 신파측이 안정의석을 확보하게 됐다고 하면서 "유진산씨가 '간접적으로' 동조한 것"이라고 고마움을 밝혔다. 송원영,『제2공화국』, 152쪽.
79) 中央選擧管理委員會,『大韓民國政黨史』第1輯, 252쪽.
80) 혁신계에서조차 張勉은 정치철학의 빈곤으로 총리가 된 후에도 아무 일도 못하고 시간만 허송했으며, 사회개혁이나 선거쇄신은 엄두도 못 내고 감투놀음과 이권싸움을 하는 무능으로 점철했다고 비난했다. 尹吉重,『이 시대를 앓고 있는

장악한 신파측이 일차적으로 모든 책임을 지지 않을 수 없는 것이다.

3. 혁신진영의 활동

4월혁명 이후 혁신진영의 입장은 "한마디로 국민대중의 생활형편을 급속히 개선하려면 사회주의정책이 실시되어야 한다는 것"[81]이었고, 이에 대한 정서적 공감과 물질적 토대도 마련돼 있다고 생각하고 있었다. 그리하여 이들은 혁신세력의 규합과 결집을 목표로 활발한 활동을 전개했다. 이와 같은 상황이었기 때문에 장면 총리는 민주당정권에 공격의 화살을 퍼부은 외부세력의 하나로 '좌익계의 소위 혁신세력'을 들었으며,[82] 일부의 분석에서도 '민주당정권 후반기 동안의 좌파의 소요'가 군부개입을 정당화하는 근거로 제시되고 있다.[83]

이들 혁신진영은 4월혁명의 과업이 제대로 수행되고 또 완성되기 위해서는 새로운 실천적 주체세력의 결성이 필요한데, 자신들이 규합·집결함으로써 주체세력 형성을 주도하고 촉진시킬 수 있다고 확신했다. 그리고 이는 혁신세력이 책임지고 있는 역사적 과업의 일부이기 때문에 혁신세력을 모으고 진용을 강화해 혁명완수에 적극 이바지할 수 있는 태세를 갖추겠다고 다짐했다.[84]

혁신진영은 이와 같은 인식과 다짐 아래 7·29선거에 참여했는데, 이들

사람들을 위하여』, 203-204쪽.
81) 서중석, "4월혁명운동기 혁신정치운동의 배경," 『社會科學硏究』 第2輯(서강대학교 사회과학연구소, 1993), 190쪽.
82) 혁신세력 외에도 민주당정권을 공격한 집단으로 張勉은 '구 자유당의 잔여부대'와 '한민계의 구파'를 들었다. 雲石先生出版紀念委員會, 『한알의 밀이 죽지 않고는』, 73쪽.
83) 韓昇洲, 『제2공화국과 한국의 민주주의』, 171쪽.
84) 金學俊, 『李東華評傳』(民音社, 1987), 228쪽.

의 활동 역시 일반적으로 정당구도가 재편성되는 '위기와 통합'이라는 틀 내에서 분석이 가능하다. 혁명 후 전개된 선거공간에서, 그리고 선거에 패배한 뒤 급진적으로 고양돼 가는 사회분위기 속에서 이들이 보여준 활동양상은 기존 보수정당이 보였던 행태와 전혀 다를 바가 없었기 때문이다.

1) 7·29총선 이전

4·19가 발발하자 혁신세력은 이를 민주혁명으로까지 끌어올려야 한다는 인식하에서 혁신정당의 결성을 추진했다. 혁신계의 분석에 따르면 혁신정당의 출현은 시대적 사명이자 국민적 요청이라는 것이다. 즉 미국은 자유당의 실정을 시정하려는 생각은 하지 않고 정권을 민주당에 무사히 넘겨주려고만 하고 있고, 친미세력의 약화를 두려워해 자유당 관계자의 처벌을 원치 않아 국민의 불만을 사고 있는 데다, 과도정부와 민주당은 4월혁명을 '친미 보수세력'간의 정권교체로 끝내려는 정치적 한계를 나타내고 있기 때문에 대중들이 실망해 전국적으로 새로운 정치의 실현을 요구하고 혁신정당의 출현을 고대하고 있다는 것이다.[85]

이들은 혁신정당만이 완전한 민주국가의 확립과 참다운 복지사회의 실현이라는 역사적 대과업을 완수할 수 있다고 주장하며, 사회민주주의를 지도원리로 하는 사회대중당 창당준비에 나섰다.[86] 이들은 민주주의의 완전쟁취를 위해 민주혁명의 완수와 평화적 통일의 달성, 그리고 민주적 복지사회의 실현이라는 역사적 대과업을 담당해 완수할 것임을 선언했다.[87]

---

85) 朴己出, 『韓國政治史』(東京: 民族統一研究院, 1976), 199-200쪽.
86) 당시 사회대중당 창당준비에는 중간파 사회민주주의 세력이 모두 참여한 것으로 분석되고 있다. 이들에 관한 분류는 鄭太榮, 『韓國社會主義政黨史』(世明書館, 1995), 533-538쪽 참조.
87) 사회대중당이 추구하려고 한 민주주의의 완전쟁취는 정치적인 것만이 아니라

이와 아울러 사회대중당 준비위원회는 허정 과도정부에 대해 진보당 사건과 조봉암 처형사건 등에 대한 철저한 규명을 요구했는데,[88] 이는 과거 진보당 지지세력을 규합하려는 의도라고 할 수 있다. 이처럼 여러 성향의 사회민주주의 세력을 규합해 단일 대중정당으로 출범한다는 목표를 세웠으나, 현실적으로는 그렇게 되지 못했다. 혁신세력의 규합과 결집이라는 애초의 의도와는 달리 내부적으로 파벌화와 분열이 계속됐기 때문이다.[89]

　창당 준비과정에서 떨어져 나간 일부 혁신계 정치인들은 각각 자신을 중심으로 하는 정당을 만드는 데 분주했다. 이는 멀리는 일제시대와 해방정국에서, 그리고 가까이는 진보당운동에서 나타났던 것과 같은 고질적인 파벌현상이 재현된 것으로, 이로써 혁신계의 대동단결은 실패로 끝나고 말았다. 통합을 이루지 못해 혁신계 스스로 위기를 자초했던 전철을 그대로 밟는 형세가 되고 만 것이다. 결국 혁신세력은 사회대중당, 한국사회당, 혁신동지총연맹 등으로 갈라져 서로 경쟁을 벌였고,[90] 이

　　사회·경제적 의미를 지니고 있는 것으로, 이 점은 다음의 인용을 볼 때 분명히 드러난다. "여기서 우리가 留念하지 않으면 안 될 것은 二十世紀 後半인 오늘에 있어서의 民主主義는 政治的 民主主義임에 그칠 수는 없고 그것은 同時에 社會的 經濟的 民主主義의 性格 및 內容을 具有하지 않으면 안 된다는 點이다. 그러므로 우리의 四月民主革命은 政治的 諸自由의 完全實現을 그 任務로 삼아야 할 뿐 아니라 더 나아가서 自由 平等의 實質的 具現──즉 社會的 經濟的 意味에 있어서의 實現──을 그 使命으로 삼지 않으면 아니 된다. 그리고 이것은 우리가 이제부터는 民主的 政治的 諸自由를 全國民大衆이 그 內容과 實質에서 均等하게 享有할 수 있게끔 國民大衆의 經濟的 文化的 諸條件을 改善 向上시켜야 함을 意味하는 것이다." "宣言,"『社會大衆黨創黨準備委員代表者大會關係文集』(1960. 6. 13), 38쪽.

88) "許政 過渡內閣에 보내는 멧세지,"『社會大衆黨創黨準備委員代表者大會關係文集』(1960. 6. 13), 33쪽.
89) 金學俊,『李東華評傳』, 228쪽.
90) 부산시 동구(을)는 공천에서 탈락한 사람이 다른 정당 후보로 출마해 혁신계끼리 경쟁을 벌인 아주 전형적인 지역이라고 할 수 있다. 총 8명이 출마한 이

로 인해 7·29선거결과에서 나타나는 바와 같이 참담한 실패를 맛보지 않을 수 없었다.[91]

이들로서는 집권당으로 부각되고 있던 민주당이 신파와 구파로 나누어져 있기 때문에 자신들이 비록 소수일지라도 의석을 차지하게 되면 상당한 영향력을 발휘할 수 있을 것으로 기대했고, 또한 의회라는 합법적인 정치무대를 통해 자신들의 정치이념을 대중 사이에 전파시키려고 했다.[92] 그러나 통합을 이루지 못하고 분열되는 바람에 참패로 끝나고 만 것이다. 혁신세력을 자처하는 집단이 셋으로 나누어지게 돼 선거운동 과정에서 입후보자에 대한 조정이 이루어지지 않았으며, 경합지역에서는 자신이 '진짜 혁신'임을 자랑하기 위해 보수진영 이상으로 다른 계열을 비난하는 일이 발생하기도 했다. 이러한 혁신계 내부의 대립과 분열양상은 혁신세력 자체에 대한 국민의 기대를 근본적으로 상실케 하는 요인으로 작용해 선거에서 패배하게 된 것이다.[93]

혁신계 전체의 분열뿐만 아니라, 진보당의 옛 조직을 활용해 조직적으로 가장 앞섰다는[94] 사회대중당의 경우도 마찬가지였다. 내부적으로 완전한 통합이 이루어지지 않아 후보단일화를 이루지 못하는 바람에[95]

선거구에 한국사회당의 李鍾淳, 혁신동지총연맹의 崔天澤, 사회대중당의 尹愚賢 3인이 출마했다. 이들 3인이 얻은 표를 합치면 13,143표로, 당선자인 민주당의 李鍾麟이 얻은 12,696표보다 더 많았다. 中央選擧管理委員會, 『歷代國會議員選擧狀況』(1971), 413쪽.

91) 당시 혁신계의 입후보 분포 및 이에 대한 분석은 韓昇洲, 『제2공화국과 한국의 민주주의』, 96-99쪽 참조.
92) 金學俊, "4·19이후 5·16까지의 進步主義運動," 姜萬吉 외, 『4월혁명론』(한길사, 1983), 211쪽.
93) 朴已出, 『來日을 찾는 마음』, 98-99쪽.
94) 金學俊, "4·19이후 5·16까지의 進步主義運動," 213쪽.
95) 모두 9명이 출마한 부산 동래구의 경우, 사회대중당 후보만 4명(李軫鎬, 姜辰國, 宋炳珍, 玉瑛振)이나 출마해 이전투구하는 양상을 보였다. 이 선거구에서 민주당의 金命洙 후보가 9,241표를 얻어 당선됐는데, 사회대중당 후보들이 얻은 표를 모두 합치면 15,852표나 돼 혁신계 후보의 난립이 혁신계의 의회진출에 얼

선거참패의 한 원인을 제공하기도 했다. 즉 단시일 내에 여러 집단이 모였기에 당이 이념적인 순화를 이루지 못한 약점을 노출한 데다, 심지어는 출마자의 성분을 정확히 파악하지 못해 지방에서 결정된 공천자를 중앙에서 무원칙하게 바꿈으로써 당원끼리 대립하는 사태가 발생하기도 했다. 이로 인해 내부에서 "이렇게 하고도 참패 아니할 수 있겠냐"96) 하는 탄식이 나올 정도로 사회대중당 자체도 분열상을 나타냈다.

결국 혁신계는 4월혁명이라는 새로운 정치상황을 맞았음에도 불구하고 통합을 이루지 못함으로써 민의원 4명(尹吉重, 徐相日, 金成淑, 朴權熙)과 참의원 3명(鄭相九, 崔達喜, 李勳九)을 당선시키는 선에 머물러야 했다. 이로써 의회를 통해 자신들의 정치이념을 전파한다는 목표의 실현은 어렵게 되고 말았다. 통합에 실패함으로써 세력확장이 불가능해진 것이다. 이에 따라 이들은 존립근거와 활동을 의회 내가 아닌 '장외'로 옮겨야 했고,97) 이로 인해 이들의 활동은 현실과 동떨어져 더욱 관념적으로 될 수밖에 없었다.

2) 7·29총선 이후

선거가 혁신진영의 기대와 달리 참패로 끝나자, 이들은 위기의식을 느끼고 선거패배의 원인을 다각도로 분석했다. 이들은 직접적으로는 자신들이 국민들에게 인기는 있었으나 표로 연결되지 못한 것은 혁신계가 단결하지 못했기 때문이라고 파악했다.98)

이들은 또한 선거패배의 원인(遠因)으로 4월혁명 이후 혁신진영이 놀

　　마나 부정적인 영향을 미쳤는지 알 수 있다. 中央選擧管理委員會, 『歷代國會議員 選擧狀況』(1971), 414쪽.
96) 朴己出, 『來日을 찾는 마음』, 97쪽.
97) 김광식, "4월혁명과 혁신세력의 등장과 활동," 사월혁명연구소 편, 『한국사회 변혁운동과 4월혁명』(한길사, 1990), 201쪽.
98) 尹吉重, 『이 시대를 앓고 있는 사람들을 위하여』, 203쪽.

랄 만한 범위로 조직적 팽창을 과시하자, 이에 경악한 민주당이 모함을 했고 또 미국의 경계심을 자아내 국민들이 위구심을 품게 됐다는 것을 들었다.99) 이와 아울러 선거자금의 부족과 함께 오랫동안 정치 일선에서 격리돼 있었기 때문에 한국적인 불법적 선거수법과 부정행위를 이해하지 못하고 있었으며,100) 과도정부에서 민주당, 자유당, 자유당계 무소속 등 친미세력에 대해서는 선거운동의 자유를 허락했으나, 사회대중당의 후보, 특히 남한 단독선거에 반대한 후보에 대해서는 철저한 선거방해와 탄압을 가한 것도 패배의 한 요소라고 주장했다.101)

이와 같이 분석한 혁신계는 "유권자들은 혁신정당들에 대해 비장하리만큼 냉담했다"102)는 인식과 함께 "국민은 혁신세력의 단일화를 희망하고 있다"103)는 주장까지 했다. 이러한 분석과 인식에 따라 선거패배 이후 통합을 모색하려는 움직임이 혁신계 내부에서 다시 전개됐다. 그러나 이러한 움직임 역시 리더십 갈등과 이념적 대립을 나타내 통합을 이루지 못하고 통일사회당, 사회대중당, 혁신당, 사회당의 4갈래로 나뉘고 말았다.104) 진보당운동의 전철을 밟아 선거 이전의 행태를 그대로 반복

---

99) 朴己出, 『來日을 찾는 마음』, 94쪽.
100) 朴己出, 『來日을 찾는 마음』, 97-98쪽. 후일 윤치영은 민주당이 일방적으로 승리한 이면에는 온갖 부정과 무자비한 폭력, 그리고 막대한 선거자금의 유포가 있었기 때문이며, 특히 민주당은 대재벌로부터 선거자금을 염출했다고 주장했다. 尹致英, 『民政으로 가는 길』, 69쪽.
101) 朴己出, 『韓國政治史』, 202쪽. 결국 '빨갱이'라는 중상모략 때문에 일반대중이 혁신정당에 등을 돌렸다는 주장인데, 이는 당시의 사회분위기를 충분히 분석한 결과 나온 것은 아니었다고 생각된다. 왜냐하면 6·25와 같은 참혹한 이데올로기적 갈등을 경험했기 때문에, 당시에 이미 '반혁신 또는 교조적인 반공의식'이 일반대중의 태도 속에 강하게 잠재하고 있어 혁신세력에 대해 제한적인 지지만 보냈다는 것을 부정하기는 어렵기 때문이다. 이갑윤, "제2공화국의 선거정치," 백영철 편, 『제2공화국과 한국민주주의』, 203쪽.
102) 金學俊, 『李東華評傳』, 230쪽.
103) 朴己出, 『來日을 찾는 마음』, 105쪽.
104) 이들의 분열원인 및 그 경위에 대해서는 鄭太榮, 『韓國社會主義政黨史』, 548-

하고 만 것이다. 이 때문에 이들은 선거 이후 혁신진영에 불리하게 돌아가고 있는 국면에 효율적으로 대처하는 전략을 마련할 수 없었다.

분열을 거듭하던 혁신계는 1960년 12월에 실시된 지방의회선거에서는 아예 완패해 정치세력으로서 혁신계는 종말을 고한 것처럼 보였다.[105] 그러나 '2대 악법' 반대투쟁과 통일운동을 통해 이들은 다시 통합을 모색하게 되는데,[106] 이때 이미 이들의 주장은 위험한 것이고 "일부 불순분자들의 조종에 의한 반국가적이고 반사회적인 것"[107]으로 규정되고 있었다. 즉 이들의 활동은 "반공문화권에서 위축되어 있던 용공 혁신세력의 준동"[108]으로서, 국가의 존립을 위태롭게 하므로 단호한 조치를 취해야 한다는 것이 당시의 분위기였다. 따라서 위기를 극복하기 위한 통합에 다시 나선다고 할지라도 성공한다는 보장도 없었을 뿐만 아니라 시간적으로도 너무 늦고 만 것이다.

이처럼 혁신진영은 단일 대중정당을 결성해 보수 대 혁신이라는 정치구도의 수립을 모색했지만 실패하고 말았다. 혁신적 이념에도 불구하고 행태 면에서는 기존의 보수정당과 마찬가지로 이합집산하는 모습만 보여주었기 때문이다. 이는 당시의 혁신세력이 "대중과 민중운동에 기초하지 못하고 지식인 명망가에 의존하고 있음을 보여주는"[109] 하나의 증거라고 할 수 있다. 이처럼 민중에 뿌리를 내리지 못했기 때문에 혁신진영은 한국정당사에서 보수정당과 하등 다를 바 없는 정치인들만의 단체로 전락하고 말았고 그들과 유사한 행태를 보일 수밖에 없었던 것이다.

559쪽 참조.
105) 서중석, "4월혁명운동기 혁신정치운동의 배경," 210쪽.
106) '2대 악법'이란 장면정권이 제정하려고 했던 반공법과 데모규제법을 말하는 것으로, 이를 계기로 해서 혁신계는 1961년 3월 15일 '반민주악법반대 공동투쟁위원회'를 결성하고 행동의 통일을 모색했다. 이에 대해서는 鄭太榮, 『韓國社會主義政黨史』, 560-565쪽 참조.
107) 尹潽善, 『救國의 가시밭길』, 96쪽.
108) 정일형, 『오직 한길로』, 277쪽.
109) 김광식, "4월혁명과 혁신세력의 등장과 활동," 196쪽.

4. 정당구도의 붕괴와 각 정치세력의 입장

 민주당 신파가 집권한 지 9개월 만에[110] 쿠데타를 일으켜 정권을 장악한 군부는 장면정권 인수를 선언한 군사혁명위원회 포고 제4호를 통해 모든 정당과 사회단체의 정치활동을 금지시켰다.[111] 이로써 1948년 8월 15일의 정부수립 이후 '위기와 통합'의 틀 내에서 결성돼 이합집산이 반복되던 정당구도는 단번에 붕괴되고 말았다.
 쿠데타세력은 4·19 이후 초래된 용공사상의 대두, 경제적 위기, 고질화된 정치풍토, 그리고 사회적 혼란과 국민도의의 퇴폐 등을 들고 애국심에 불타는 젊은 행동가 집단으로서 정의와 양심의 편에 선 군부가 이러한 민족의 자멸을 구하기 위해 일어서지 않을 수 없었다면서 '군사혁명의 필연성'을 역설했다.[112] 그리고 민주당정권의 실정 때문에 "국정

---

110) 張勉이 총리인준을 받은 날짜가 1960년 8월 19일이었고 8월 23일 조각을 발표했기 때문에 1961년 5월 16일까지는 9개월간의 집권이라고 하는 것이 사리에 맞는다. 그럼에도 불구하고, 張勉은 '민주당정권 8개월'이라는 말로 집권기간을 8개월로 주장하고 있다. 雲石先生出版紀念委員會, 『한알의 밀이 죽지 않고는』, 82쪽. 송원영도 '장정권 8개월'이라고 해서 집권기간을 한 달 줄여서 말하고 있다. 송원영, 『제2공화국』, 147쪽.
111) 1961년 5월 16일 계엄사령관 張都暎의 명의로 발표된 군사혁명위원회 포고 제4호는 조국의 현실적인 위기를 극복하고 국민의 열망에 호응키 위한다는 명목으로 張勉정권을 인수하고, 민의원·참의원·지방의회를 해산하며, 일체의 정당·사회단체의 정치활동을 금지하고, 張勉정권의 전 국무위원과 정부위원을 체포하며, 국가의 일체의 기능은 군사혁명위원회가 집행한다는 등의 내용을 골자로 한 것이었다. 韓國軍事革命史編纂委員會, 『韓國軍事革命史』 第1輯 下(韓國軍事革命史編纂委員會, 1963), 5쪽.
112) 이들은 "健全한 組織과 國政擔當 能力을 가진 反共精神이 透徹한 國軍에 의해서 國家的 運命이 救濟됐다는 것은 퍽이나도 多幸한 일이요, 5·16革命 當時 國民

이 극도로 문란해 국가운명을 위기에 몰아넣고 말았으니 5·16군사혁명으로 인한 그들의 패망은 당연하다"113)고 주장했다.

이와 같은 주장은 당시 어느 정도 사회적 공감대를 형성한 부분도 없지는 않았다. 4·19 이후 민주정치가 제대로 운영되지 않아 무정부상태가 초래됐기 때문에, 5·16은 "이 위험한 고비에 군인들이 들고일어나 조국의 운명을 위기일발에서 건져 놓은 것"114)이라는 것이다. 따라서 국민 모두가 한 사람도 빠짐없이 혁명과업 완수에 참가해 이를 성공시켜야 한다는 주장이었다. 일부 정치인도 군부의 주장에 수긍, 엄숙한 혁명선언이 내려지는 것을 보고 "당연히 올 것이 왔구나" 하는 마음의 충격을 아니 느낄 수 없었다고 회고하기도 했다.115)

일부에서는 이처럼 군부가 일으킨 쿠데타에 동조하기도 했으나, 쿠데타로 정권을 빼앗겼거나 정치활동이 금지된 정치인들의 견해는 달랐다. 정권욕에 눈이 어두운 군부가 민주주의를 유린했다는 것이었다. 그러나 쿠데타 발발의 직접적인 원인에 대해서는 신파와 구파, 그리고 혁신계가 견해를 달리했는데, 이는 당시 각 정치세력이 자신이 처한 입장에서 정세를 분석했기 때문인 것으로 생각된다.

1) 신파의 입장

신파의 대표로 총리에 지명됐던 장면은 정권이 무능·부패했기 때문에 쿠데타를 일으켰다는 공언은 앞뒤가 어긋나는 것이라고 하면서, 민

이 晩時之歎을 發하고 '올 것이 왔다'는 歡聲을 發한 것도 充分한 理由가 있는 것이다'라고 주장했다. 韓國軍事革命史編纂委員會, 『韓國軍事革命史』 第1輯 上, 194쪽.

113) 韓國革命裁判史編纂委員會, 『韓國革命裁判史』 第1輯(韓國革命裁判史編纂委員會, 1962), 201쪽.
114) 兪鎭午, 『民主政治에의 길』(一潮閣, 1963), 85-86쪽.
115) 閔寬植, 『落第生』, 172-173쪽.

주당정권이 과오를 저지른 것이 아니라 집권한 지 18일 만에 정권전복 모의를 시작해 정권을 쥐고야 말겠다는 야심을 가진 군부를 너무 믿었기 때문에 정권을 빼앗긴 것이라고 주장했다.116) 이와 아울러 그는 구파에 대한 원망의 뜻을 강하게 나타냈는데, 윤보선이 쿠데타를 진압할 의향이 있었다면 5·16은 결코 성공하지 못했을 것이라고 주장했다. 그는 "윤대통령은 이러한 사태가 벌어지기를 바랐던 바이고, 먼저 내통을 받았을 때에도 기대하고 있던 일이었기 때문에 '올 것이 왔다'는 말을 하게 되지 않았던가"117)라고 반문하면서, 윤보선이 쿠데타에 동조했다는 식으로 주장했다.

이어서 장면은 민주당 덕분에 대통령이 됐으며, 제2공화국의 원수이므로 도의상으로라도 총리와 운명을 같이해야 옳은 일임에도 불구하고 대통령이 정부가 전복되기만을 바라고 있었다는 것은 도저히 상상할 수도 없는 일이며 상식적으로도 용납할 수 없는 일이라고 비난했다. 그리고 자신의 비서를 1군사령관에게 보내 쿠데타 진압을 포기하도록 했는데, 국군통수권을 쥐고 있는 대통령의 태도가 이런 것을 알고는 쿠데타가 진압되리라는 희망을 포기하는 수밖에 없었고, 이로써 나라의 운명이 결정됐다고 회고했다.118)

신파측의 다른 정치인도 구파, 특히 윤보선에 대해 서운한 감정을 나타내기는 마찬가지였다. 대통령의 권한으로 쿠데타를 진압해야 하지 않

---

116) 雲石先生紀念出版委員會, 『한알의 밀이 죽지 않고는』, 84쪽.
117) 雲石先生紀念出版委員會, 『한알의 밀이 죽지 않고는』, 89쪽.
118) 雲石先生紀念出版委員會, 『한알의 밀이 죽지 않고는』, 89쪽. 이에 대해 尹潽善은 "군의 통수권이 대통령에게 있는지 국무총리에게 있는지 좌우간에 확정되어 있지 않았으나, 장총리는 국무총리에게 있다는 견해를 발표한 적이 있다"는 말로 자신에게는 책임이 없다는 식으로 변명했다. 尹潽善, 『救國의 가시밭길』, 113-114쪽. 과도정부 수반이었던 許政도 "윤대통령이 적어도 장면정부와는 운명을 같이할 정도의 양식은 갖고 있으리라고 생각했으나, 그는 그대로 대통령의 자리에 눌러앉아 있었다"고 회고하며 윤보선의 비양식적인 행동을 비난했다. 許政, 『내일을 위한 證言』, 289쪽.

겠느냐는 건의에 어물거리며 "단지 나로서는 어쩔 수 없는 입장"이라는 답변만 했다거나,[119] "올 것이 왔다"면서 라디오방송을 통해 사태수습을 위해 모든 국민이 협력해 줄 것과 총리 이하 모든 국무위원들이 시급히 출두할 것을 요구한 행위는 "헌법을 지켜야 하는 대통령으로서는 매우 유감스러운 일"[120]이라는 식으로 비난했다. 대통령으로서 군의 충정을 모르는 것은 아니지만 행동으로까지 나온 것은 지나친 일이라고 타일렀어야 함에도 불구하고, "올 것이 왔다"라고 말해 쿠데타를 합리화했으므로 반(反)헌법적인 행동을 했다는 것이다.[121]

쿠데타가 발발하자, 신파는 사사건건 시비만 하던 구파 본연의 모습이 드러났다는 식으로 쿠데타와 구파를 연결지었다. 자신들은 헌신적으로 노력했고 밤을 새워 가며 일을 했음에도 불구하고 구파가 협력하지 않아 자신들의 성의가 미처 결실을 보지 못했다는 것이다.[122] 이는 결과적으로 구파가 탈당해 민주당이 분열되는 바람에 정국이 혼란스러워져 쿠데타의 빌미를 제공했고, 또 대통령이 이에 동조함으로써 정권이 붕괴됐다는 인식이었다.

신파측에서 주장하는 이러한 요소가 전혀 없는 것도 아니었다. 그러나 본질적으로는 앞서 살펴본 것처럼 권력을 장악한 신파 내에서만이라도 분열적인 요소를 제거하고 통합을 이루어 약체내각이라는 지적을 불식시켰어야 했다. 통합을 통해 눈앞에 전개되고 있는 위기를 극복하려고 노력했어야 함에도 불구하고, 장면정권은 당의 분열을 수수방관한 채 사태를 낙관하며 이의 수습을 외면했던 것이다. 이 때문에 장면은 위

---

119) 정일형, 『오직 한길로』, 304쪽.
120) 송원영, 『제2공화국』, 305쪽.
121) 송원영은 장면 총리가 자신의 권한을 행사해 군을 동원하고 쿠데타군을 격퇴시킬 수 있다는 것을 알았으면서도 그렇게 하지 않았는데, 이는 국군끼리 피를 흘리는 것을 원치 않았으며 피를 흘릴 바에는 차라리 쿠데타를 일으킨 군에게 정권을 주는 편이 낫겠다는 생각 때문이었다고 주장했다. 송원영, 『제2공화국』, 311-312쪽.
122) 김재순, 『새 지평선에 서서: 한 샘터인의 나라생각』, 266쪽.

기극복의 리더십을 발휘하지 못했는데, 이를 볼 때 어떤 의미에서는 정권의 붕괴를 자초한 것이라고 할 수도 있다.

2) 구파의 입장

민주당 구파의 입장은 쿠데타 발발의 직접적인 원인은 장면정권의 무능과 내분 때문이라고 주장했는데, 이런 의미에서 이들은 군부와 의견의 일치를 보였다고 할 수 있다. 한때는 동지였던 민주당 양파와 쿠데타 세력 사이에 "적의 적은 동지"라는 너무나도 역설적인 등식이 성립한 것이다.

구파는 흔히 지적되는 것처럼 민주당 신·구파의 분열로 쿠데타가 발생했다는 것은 천박하기 짝이 없는 견해로 피상적인 관찰이며 상식 이하의 편견이라고 주장하면서, 5·16쿠데타는 장면정권의 기초가 박약하기 때문에 발생한 것이라고 주장했다.[123] 야당의 길을 걷는 것이 고달픈 일임에도 불구하고 구파가 분당해 야당의 길을 택함으로써 쿠데타의 원인을 제공하기는커녕, 여야의 기능에 충실한 보수 양당체제를 구축해 오히려 헌정에 이바지했다는 것이다.

이러한 인식의 연장선상에서 이들은 장면정권이 대내외 제반 정책의 수립에서 갈피를 잡지 못하는 정책적 빈곤을 나타냈으며, 정실인사로 정치적 부패를 초래했고, 확고한 목표 없이 우왕좌왕하며 무능했기 때문에 용공세력이 팽창해 정치적 위기가 조성됐으며 정권교체를 바라는 여론이 높아 갔다고 주장했다. 상황이 이러함에도 불구하고 장면정권은 국민의 불안을 해소시킬 만한 아무런 조치도 취하지 못하는 형편이었기 때문에 정책다운 정책도 실현하지 못하고 치안문제는 더욱 심각해졌으며,[124] 정권에 연연하면서 내부의 파쟁수습에 급급하다가 쿠데타로 타

---

123) 柳珍山, 『해뜨는 地平線』, 202-203쪽.
124) 白南薰, 『나의 一生』, 353쪽.

도되고 말았다고 분석했다.125)

한편 "올 것이 왔다"는 말로 쿠데타를 방조 내지는 동조한 것이 아니냐는 신파측의 의혹에 대해 당사자인 윤보선은 자신의 말이 쿠데타를 고대하고 있었던 것같이 전해지고 있으나, 이는 사실이 아니라고 주장했다. 단지 이는 당시 '4월 위기설' 또는 '5월 위기설' 등 위기설이 끊이지 않아 무슨 일이든지 터지고야 말 것만 같아 "올 것이 왔구나"라고 한 탄하는 심정에서 한 말에 불과하다는 것이다.126) 그는 자신의 "처신이 불가피하고도 만부득이한 미봉책"127)이었다는 것은 시인했는데, 이는 당시로서 자신은 어느 한쪽을 분명하게 선택하기가 어려운 처지였기 때문이라고 변명했다.128)

한편 쿠데타 발발 사흘 후인 5월 19일 윤보선은 대통령직을 그만둔다는 하야성명을 발표했다가 이를 번복했는데, 자신이 하야함으로써 야기되는 국제외교상의 문제로 인해 국민에게 돌이킬 수 없는 중죄를 짓고 말 것이라는 중압감에서 하야를 번복했다고 주장했다.129) 이러한 행위로 윤보선은 군사정부에 협조한다는 인상을 주지 않을 수 없었고,130) 이 때문에 신파들의 비판을 집중적으로 받게 됐다.

당시 윤보선의 이와 같은 처신에 대해서는 같은 구파 내에서도 엇갈리는 평가가 나오고 있다. 이를 긍정적으로 평가하는 측에서는 착잡한

---

125) 金度演,『나의 人生白書』, 386쪽.
126) 尹潽善,『救國의 가시밭길』, 110-111쪽.
127) 尹潽善,『외로운 선택의 나날』(東亞日報社, 1991), 67쪽.
128) 이러한 윤보선의 주장과 달리 쿠데타 주역의 한 사람이었던 柳原植은 윤대통령과 막역한 사람의 소개로 사전에 교감이 있었으며, 쿠데타 직후 청와대에서 만났을 때에도 윤대통령은 계엄령선포는 적절한 시기에 잘한 것으로 알고 있다면서 계엄령을 추인했다고 주장했다. 柳原植,『5·16秘錄 革命은 어디로 갔나』(人物硏究所, 1987), 289쪽.
129) 尹潽善,『외로운 선택의 나날』, 97쪽.
130) 이 점에 대해서는 그 자신도 시인하고 다음 기회를 기다리게 됐다고 주장했다. 尹潽善,『救國의 가시밭길』, 96쪽.

심정이기는 하지만, "만약 윤대통령마저 사임하게 된다면 헌법기관이 전무하게 되는 터라 국내외적으로 사태가 매우 복잡하게 될 것"131)이므로, 그가 유임한 것은 대한민국을 위해서 다행한 일이라고 주장했다. 이와 반대로 부정적인 견해도 제시됐다. 즉 내란에 휩싸일 가능성이 많다고 해서 쿠데타를 일으킨 군대를 진압하지 않고 합법화시켜 준다면, 언제라도 군 일부가 쿠데타를 일으키고 그것이 빈번히 성공되는 사례를 만들어 놓았다는 것이다.132) 이와 아울러 그의 처신은 하야성명을 내고도 군인들이 만류하니까 못 이긴 듯이 눌러앉아 있다가 결국은 자기의 동지들을 제재하는 법에 찬성한 행위로, 결국 하라는 것은 안 하고 하지 말라는 짓만 한 것이라고 비난했다.133)

3) 혁신계의 입장

5·16에 대해 혁신계는 신파나 구파 어느 한편의 잘못이 아니라, 민주당이 기본적으로 정국을 잘못 이끌어 갔기 때문에 발생한 것으로 파악했다. 민주당이 지나치게 비대해져 자만심이 생겨 분열된 데다 정국을 이끌어 갈 만한 경륜이나 지적 능력도 없었기 때문에 정치적 혼란을 초래해 맥없이 무너지고 말았다는 것이다.134) 정권의 무능 외에도 혁신계는 미국에 대해 의혹의 눈길을 멈추지 않았는데, 4월혁명 이후 남북교류와 통일에 대한 민중의 열망이 높아지는 것에 당황한 미국이 개입한 것이 또 하나의 원인이라고 주장했다.135)

민주당이 분열되고 무능했다는 분석과는 별도로 혁신계는 군인들이 병력을 동원해 권력을 쟁취한 행위 그 자체에 대해서는 처음에 아주 긍

---

131) 白南薰, 『나의 一生』, 355쪽.
132) 柳珍山, 『해뜨는 地平線』, 227-228쪽.
133) 尹濟述先生文集刊行委員會, 『芸齋選集』上, 150쪽.
134) 尹吉重, 『이 시대를 앓고 있는 사람들을 위하여』, 203쪽.
135) 朴己出, 『韓國政治史』, 212쪽.

정적으로 평가했다. 이들은 좋은 때가 왔다고 기뻐하며 쿠데타 발발 다음날인 5월 17일 한자리에 모여 자신들의 이념과 같은 혁신정치가 출현할 것 같으므로 거족적으로 환영하는 성명서를 발표하자는 데 의견의 일치를 보았으며, 성명서는 사태의 추이를 보아 가며 발표하기로까지 했던 것이다.136) 이는 혁신계가 '5·16혁명'을 주도한 군인들이나 자신들의 생각이 아무 것도 다를 바 없다는 확신을 가졌기 때문이다.137)

5·16에 대한 최초의 이러한 긍정적 평가는 군부가 혁신계를 탄압하면서 부정적인 것으로 바뀌게 되지만,138) 그럼에도 불구하고 "그 시점에서 혁명을 일으킬 만한 인물이라면 그래도 사상적으로 어느 정도 개발되어 있을 것이 틀림없으리라는 막연한 기대"139)를 가졌던 것은 사실이다. 그리고 기성 정치인이나 구정치인들과는 달리 혁명공약을 실천하겠다고 맹세한 사실을 들어 "혁명공약이 착착 진행되어 그 일단계 과업이 성취되면 군인은 어김없이 원래의 자리로 돌아가리라고"140) 굳게 믿고 있었다. 이와 같이 쿠데타세력에 대해 혁신계가 초기에 보였던 기대와 호의는 선거에서의 패배와 민주당정권에 대한 반감이 은연중에 작용했기 때문인 것으로 생각된다. 새롭게 전개되는 정치현실에서 나름대로 활로를 모색해 보려는 의도가 작용했는지도 모른다.

---

136) "張建相編,"『事實의 全部를 記述한다』, 444쪽.
137) "一部 사람들은 이 분들이 社會主義의 經濟體制를 또는 社會主義的인 方法을 採擇하고 있는 것같이 말하고 있으나"라는 분석에서 나타나는 것처럼 초기에 혁신계는 군인들이 사회주의 또는 사회민주주의적인 성향이 있는 것으로 파악했기 때문에 기대를 걸었던 것이다. 朴己出,『來日을 찾는 마음』, 136쪽.
138) 이의 가장 전형적인 것으로는 朴己出, "五·一六 구데타 批判,"『來日을 찾는 마음』, 119-154쪽 참조.
139) 金學俊,『李東華評傳』, 239-240쪽.
140) 尹吉重,『이 시대를 앓고 있는 사람들을 위하여』, 227쪽.

5. 맺음말

처음부터 민주당은 위기를 극복하기 위해 이질적인 요소들이 뭉쳐 결성한 정당이었다. 그러나 막상 위기가 종식되자 양 파벌이 별도의 행동에 나선 결과, 다시 위기에 빠지는 전형적인 '위기와 통합'의 행태를 보였다. 신파와 구파 모두 파벌의 이익을 초월해 국민의 기대를 실천에 옮기려는 자세를 취하지 않은 채 파벌싸움에만 몰두했고, 이로 인해 위기를 초래한 것이다.

이들 양파는 4월혁명의 과업을 실현하기 위한 창조적인 활동은 전혀 보이지 않았는데, 이는 민주당이 스스로의 힘에 의해서라기보다는 4·19라는 타력에 의해 집권한 것이었기 때문이라고 생각된다. 타력에 의해 집권했기에 지도력에 공백이 생길 수밖에 없었고, 이로 인해 태생적 한계인 파벌적 대립을 극복하지 못하고 표류하게 된 것이다.141)

이처럼 4월혁명 후 민주당은 본래의 통합정신을 망각한 신파와 구파의 갈등을 극복하지 못함으로써 일차적으로 분당이라는 위기를 맞았다. 독재가 타도됐다고 확신한 이상 양파는 별도의 이해관계에 따라 이합집산을 다시 할 수밖에 없었는데, 여기서 크게 작용한 것은 권력의 독점과 분배였다.142) 권력경쟁에서 승리한 신파는 권력을 독점하려 했고 패배한 구파는 권력의 분배를 요구했지만, 타협을 보지 못해 분당으로 이어진 것이다.143)

---

141) 안철현, "제1-2공화국 정당정치의 전개과정과 특성," 안희수 편, 『한국정당정치론』(나남출판, 1995), 277쪽.
142) 심지연, "민주당정권의 본질," 사월혁명연구소 편, 『한국사회 변혁운동과 4월혁명』(한길사, 1990), 255쪽.
143) 이와 같은 현상에 대해 7·29선거 직후 민주당을 탈당한 郭尙勳은 다음과 같

통합에 실패해 위기에 처한 것은 민주당만이 아니었다. 혁신진영도 마찬가지였다. 정치적으로나 사회적으로 고양된 분위기를 이용해 제도권 진입을 위해 대동단결을 이루었어야 했음에도 불구하고 통합을 이루지 못하고 분열상만을 나타내면서 유권자의 지지를 얻지 못한 것이다. 이로써 혁신진영은 하나의 정치세력으로 성장할 수 있는 기회를 놓치고 말았다.

한편 구파의 이탈로 분당이 된 이상 위기극복의 책임은 전적으로 신파측의 몫이 될 수밖에 없었기 때문에 정권을 장악한 신파만이라도 통합된 모습으로 정국을 주도했어야 했다. 그러나 신파는 이마저 하지 못했다. 내부에서 노장파, 소장파, 그리고 구파에서 신파로 합류한 합작파 사이에서 또다시 권력의 독점과 분배문제로 대립과 갈등이 끊이지 않았다. 이처럼 각 파가 분열돼 파벌싸움을 벌이는 과정에서 장면 총리는 지도자로 부상할 만한 지도력을 발휘한 바 없는데, 이로 인해 "정치적으로 미숙"[144)]했다는 평을 피할 길이 없게 됐다.

그리고 쿠데타 발발 이후에도 55시간 동안이나 수녀원에 피신함으로써 장면은 총리로서 "국가를 통치할 경륜이 부족하고 패기도 없었던 것이 아닌가 하는 생각"[145)]을 떠올리게 하는 행태를 보였기에 민주당은 분당에 이어 또 다른 위기를 맞게 됐다. 그러나 이 위기는 신파의 위기에만 그친 것이 아니라, 구파와 혁신계를 포함한 정당구도 전반의 붕괴로 이어졌다는 데 문제의 심각성이 있다. 왜냐하면 정당의 해산과 정치활동 금지조치에 이어 군부는 1962년 3월 16일 정치활동정화법을 공포,

---

이 회고했다. "우리는 이기고 그리고 졌다. 국민은 '獨裁와 싸운 政黨에 마음놓고 찍어 달라'는 우리의 호소에 눈물겹도록 호응했지만 우리는 국민을 배반했고 기만한 바가 됐다. 국민 앞에 공약한 우리의 경륜을 하나도 실현하지 못하고 黨은 두 갈래로 나누어졌고 힘찬 제2공화국 건설이라는 民族의 명령을 정면으로 거역했다." "郭尙勳篇," 『事實의 全部를 記述한다』, 269쪽.

144) 金容三, "탄생 1백주년 張勉의 67년 생애," 『月刊朝鮮』(1999년 3월), 218쪽.
145) 尹吉重, 『이 시대를 앓고 있는 사람들을 위하여』, 203쪽.

구시대 정치인으로 분류한 정치인들의 정치활동을 1968년 8월 15일까지 전면 금지시켰기 때문이다.146)

결국 정당구도를 새로이 짜야만 하는 사태에까지 이르게 된 것이다. 이는 모두가 통합된 힘을 바탕으로 4월혁명의 정신을 승계해 민주국가의 토대를 굳건히 하는 과업에 매진해야 했음에도 불구하고, 이를 등한시하고 권력쟁취에만 몰두한 결과 초래된 현상이었다.

---

146) 군부는 정치활동정화법의 목표는 부정부패 정치의 재대두를 방지하고 참신한 정치도의를 확립함으로써 진정하고도 굳건한 민주주의의 토대를 구축하기 위한 것이라 밝히고, 후안무치한 구 정치인들을 방치한 채 민간에 정권을 이양한다면 정치적 부패가 다시 대두할 것이기 때문에 부득이 일부 인사들의 정치활동을 규제하지 않을 수 없다는 내용의 담화를 발표했다. 이 법에 따라 정치정화위원회가 설치됐고, 이 위원회는 3,600명을 정치활동 적격 여부 심판 대상자로 분류하고 이 중에서 일차로 李承晩, 張勉 등 2,907명을 정치활동 금지자로 공고했다. 담화의 전문은 韓國軍事革命史編纂委員會, 『韓國軍事革命史』 第1輯 下, 67-68쪽 수록.

| 제 4 장 |

박정희정부하의 정당구도 분석 1
― 1961. 5 ~ 1972. 10 ―

1. 머리말

4월혁명 이후 수립된 장면정부가 집권 9개월 만인 1961년 5월 16일 군인들이 일으킨 쿠데타로 전복됨으로써 위기와 통합의 틀 속에서 민주당 신·구파가 각각 여야로 나누어져 경쟁을 벌이던 정당구도는 붕괴되고 만다. 자유당정권의 독재와 부정부패에 염증을 느낀 나머지 국민들의 압도적인 지지를 얻어 민주당은 7·29총선에서 정권을 장악할 수 있었다. 그러나 이와 같은 지지에도 불구하고 민주당은 내분으로 통합을 유지하지 못하고 분열돼 있었기 때문에 과거의 자유당과 마찬가지로 위기를 극복하지 못한 것이다.

쿠데타를 주도한 군부는 기성의 정당구도와 정치인들에 대해 강한 불신감을 갖고 있었다.[1] 이 때문에 이들은 과업을 완수한 뒤에는 "참신하고 양심적인 정치인들에게 언제든지 정권을 이양하고 우리들 본연의 임무에 복귀할 준비를 갖춘다"는 혁명공약을 내걸기까지 했다. 그러나 정권을 접수한 후 모든 정당과 사회단체의 정치활동을 중지시켰던 이들은

---

1) 이들은 정치에 초연해야 할 군인이 일어나지 않으면 안 되는 이유로 용공사상의 대두, 경제적 위기, 고질화된 정치풍토, 그리고 사회적 혼란과 국민도의의 퇴폐를 들었다. 韓國軍事革命史編纂委員會 編, 『韓國軍事革命史』 第1輯 上(國家再建最高會議 韓國軍事革命史編纂委員會, 1963), 173-190쪽.

'참신하고 양심적인 정치인'에게 정권을 물려주려고 하기보다는 자신들이 직접 '참신하고 양심적인 정치인'임을 자처했고, 이 과정에서 내부적으로 갈등을 겪기는 했지만 민주공화당(이하 공화당)을 만들었다. 기성정치에 대한 불신감의 표현으로 이들은 창당선언에서 "새로운 가치의 창조와 새로운 지도세력의 규합으로 낡은 질서에로의 역행을 막으려 한다"2)고 강조하기까지 했다.

야권의 경우도 정치활동이 재개되자, 군인들에게 빼앗긴 권력을 되찾기 위해 전열을 재정비하는 과정을 밟아 나갔다. 이 과정에서 민정당은 "민원이 이처럼 만연하고 외우내환이 이처럼 충일한 이 날 이 땅에서 남을 탓하기 전에 먼저 자기반성이 요구"된다고 밝혔고,3) 민주당도 "정당의 체질을 개혁하고 새로운 기풍, 새로운 각오, 새로운 설계로써 미처 펴지 못한 이념을 구현하기 위하여 새 출발을 할 것을 결의한다"4)고 선언했다. 이 밖에도 자유민주당과 국민의 당 등이 결성됐는데, 이들 정당은 군사통치와 공포정치를 종식시키고 민주정치를 구현할 것을 목표로 내세웠고, 한결같이 과거와는 다른 참신한 정치풍토를 마련하겠다고 다짐했다.

이처럼 1963년 1월 1일 이후 정치활동이 재개되면서 결성된 정당 모두가 '낡은 정치질서의 타파'나 '자기반성' 또는 '새로운 기풍'을 표방했기 때문에, 새로운 여야관계가 조성되고 정당구도도 전혀 다른 양상으로 전개될 것으로 예상됐다. 그러나 그 이후의 정치사나 정당사를 살펴볼 때 이들이 내세운 구호는 단순히 선언적인 차원에만 머물고 말았다는 것을 알 수 있다. 공화당의 경우 주류와 비주류 사이에 갈등이 끊이지 않아 '낡은 정치질서'에 그대로 안주하는 양상을 보였으며, 민주당과 민정당의 경우도 신·구파로 나뉘게 된 감정의 골을 끝내 극복하지 못

---

2) 民主共和黨, 『民主共和黨 四年史』(民主共和黨 企劃調査部, 1967), 9쪽.

3) 中央選擧管理委員會, 『大韓民國政黨史』 第1輯(中央選擧管理委員會, 1981), 442쪽.

4) 中央選擧管理委員會, 『大韓民國政黨史』 第1輯, 500쪽.

하고 이합집산을 거듭함으로써 체질개선과는 거리가 먼 행태를 보였기 때문이다.

따라서 5·16 이후 전개된 정당의 존재양상과 정치행태를 종합적으로 분석할 때, 한국 정당구도의 특징이라고 할 수 있는 '위기와 통합'이라는 기존의 틀이 그대로 반복되고 있음을 알 수 있다. 정당이 위기에 처하면 통합을 모색하게 되며 통합에 성공했을 경우 위기를 극복할 수 있으나, 통합을 이루지 못하고 분열할 경우 위기에 빠져 최종적으로는 정당의 존립 그 자체도 불가능하게 된다는 가설이 과거에 그랬던 것처럼 박정희정부[5)]하에서도 성립된다는 것이다.

바로 이와 같은 가설, 즉 한국의 정당구도는 외형적 변화와 달리 내면적으로는 과거의 행태를 그대로 답습하고 있다는 것을 밝히는 것이 이 장의 목적이다. 한국 정당구도의 특징이라고 할 수 있는 '위기와 통합의 정치'는 시대가 바뀌어도 전혀 차별성을 나타내지 않고 그대로 나타나고 있다는 것이 이 장의 요지로, 이의 입증을 위해 관련자들의 회고록을 포함해 각종 1차자료를 참조했다.

2. 군부의 정당구도 개편시도

5·16을 주도한 세력은 자유당정권의 실정이 민주당정권에 의해서도 그대로 되풀이되고 있으므로, 민주당은 간판만 다를 뿐 내용적으로 자

---

5) 엄밀한 의미에서 朴正熙정부라고 하면 그가 대통령에 취임한 1963년 12월 17일을 기점으로 해서 피살된 날짜인 1979년 10월 26일까지 분석하는 것이 더 정확하다고 할 수 있다. 그러나 5·16 직후부터 그가 실권을 장악하고 정치 전반에 영향을 미쳤기 때문에 1961년 5월 이후부터를 분석의 시점으로 잡았다. 한편 10월유신으로 다시 한번 정당구도가 붕괴되는 사태가 발생했기 때문에 여기에서는 일단 1972년 10월까지만 다루었다.

유당과 조금도 다를 바 없기 때문에 교체하지 않으면 안 된다고 생각했다. 그리하여 기존의 정당구도를 완전히 개혁하려는 의도를 노골적으로 드러냈다.6) 그리고 정당정치의 비정상적인 압력으로 정치적 부정과 부패가 사회 모든 조직의 세포에까지 스며들어 있기 때문에 이를 제거하지 않는 한, 혁명을 치르고 난 지금 당장 선거를 실시한다고 하더라도 나쁜 독소가 사라지지 않을 것이라고 강조하며 사회재건을 주창하기까지 했다.7)

이와 같은 논리에 따라 정권을 인수한 직후부터 이들은 정치제도 전반의 개편을 모색했고, 이 과정에서 헌법개정과 아울러 각종 기구와 제도를 도입 또는 신설했다. 여기서 일차적으로 만든 것이 중앙정보부(이하 정보부)였고 정치정화법의 제정이었다. 정보와 자금을 장악한 정보부를 통해 자신들이 바라는 방향으로 정국을 이끌어 가고, 정치정화라는 명목으로 공민권을 제한해 자신들의 정권장악에 장애가 되는 정치인들을 사전에 정치의 장으로부터 제거하기 위한 의도에서였다. 이와 아울러 정당법과 선거법의 제정 및 개정을 통해 정당구도와 선거제도를 혁신적으로 바꾸었는데, 이는 자신들이 장악한 권력을 계속 유지하기 위한 의도가 내포된 것이었다.8)

1) 장면정권 인수

쿠데타를 일으키고 군사혁명위원회 명의로 비상계엄 조치를 취한 박정희 소장 일행은 청와대에서 윤보선 대통령을 만나, 병력을 동원해 헌정을 중단시킨 자신들의 행위를 '인조반정'에 비유하며 지지해 줄 것을

---

6) 朴正熙, 『國歌와 革命과 나』(向文社, 1963), 74쪽.
7) 朴正熙, 『우리 民族의 나갈 길』(東亞出版社, 1962), 231쪽.
8) 군부가 취한 이러한 조치는 군부의 장기집권을 목표로 한 것으로, 방법론적인 면에서 패권정당제 방식이라고 김용호는 주장했다. 金容浩, "민주공화당의 패권정당운동," 『韓國政治硏究』 제3호(서울大學校 韓國政治硏究所, 1991), 220쪽.

요구했다. 이 자리에서 윤보선이 적극적으로 쿠데타를 지지하지는 않았으나 "소극적이나마 혁명의 필연성을 인정하는 데 의견의 일치"9)를 보았고, 이로 인해 쿠데타가 성공한 것은 사실이었다. 군인들과의 면담이 끝난 후 윤보선은 특별방송을 통해 국민들에게 혼란방지와 질서유지에 노력할 것과 총리 이하 전 국무위원이 사태를 수습해 줄 것을 호소했으며,10) 군부대의 동요가 바람직하지 않다는 대통령의 친서를 야전군 부대에 보내11) 이들의 출동을 막았기 때문이다.

윤보선의 이러한 행위는 "올 것이 왔다"는 발언과 함께 쿠데타를 합법화한 조치라는 비난을 장면정부 내외로부터 받는 요인이 됐고,12) 이로 인해 그는 심리적 부담에서 벗어나기 어려웠다. 정치활동 재개 이후

---

9) 韓國軍事革命史編纂委員會 編, 『韓國軍事革命史』 第1輯 上, 247쪽.
10) 특별방송 전문은 韓國軍事革命史編纂委員會 編, 『韓國軍事革命史』 第1輯 下, 8쪽에 수록.
11) 윤보선은 자신의 친서가 비상사태를 비호하는 것으로 전해질지도 모른다는 우려마저 없지 않았으나, 국군 사이에 피를 흘리는 사태가 일어나서는 안 될 것이라는 생각에서 "청와대 비서관 4명을 2개 조로 나누어 6명의 야전군 수뇌부 장성들에게 친서를 소지시켜 밀파"한 것이라고 주장했다. 윤보선, 『尹潽善회고록: 외로운 선택의 나날』(東亞日報社, 1991), 42쪽.
12) 윤보선은 쿠데타 소식을 듣자마자 자신은 무심결에 "온다던 것이 왔구나"라고 말했는데, 이것이 자주 인용되고 오해의 불씨를 불러일으켜 자신이 마치 쿠데타를 고대하고 있었던 것처럼 전해지기도 했으나, 실은 전혀 그런 의미가 아니었다고 주장했다. 윤보선, 『尹潽善회고록: 외로운 선택의 나날』, 14쪽. 이에 대해 장면은 윤대통령이 쿠데타세력과 내통하고 있었기 때문에 그런 말을 한 것이라고 비난했다. 雲石先生紀念出版委員會, 『張勉博士回顧錄: 한알의 밀이 죽지 않고는』(카톨릭출판사, 1967), 89쪽. 한편 윤보선에게 사전에 이야기했고 대통령 자신도 반드시 성공하도록 하라고 격려까지 한 바 있다고 말한 장본인인 유원식은 쿠데타 직후 박정희 소장과 함께 청와대로 가서 대통령을 만나 계엄령의 추인을 요구했다. 그는 윤보선이 당시 미군사령관의 요구대로 군을 동원해 쿠데타를 진압하는 데 동의했더라면 5·16은 성공하지 못했을 것이라며 "군사혁명의 일등공신이 윤보선 대통령"이라는 말이 나오는 것도 무리는 아니라고 주장했다. 유원식, 『5·16비록: 혁명은 어디로 갔나』(人物研究所, 1987), 305쪽.

윤보선이 다시 정치 일선에 나서게 된 이유 중의 하나도 바로 5·16을 합법화한 책임을 져야 한다는 주위의 권유와 설득이었음을 감안할 때,13) 그리고 그를 비판하는 측의 견해를 종합해 볼 때,14) 아마도 이 문제는 평생 그를 압박했음이 틀림없었을 것으로 생각된다.

　쿠데타가 일어났다는 소식을 듣고 수녀원으로 피신했던 장면 총리는 윤보선과 장도영 두 사람 때문에 쿠데타가 성공했다고 주장하면서 모든 책임을 이들에게 미루었다.15) 자신은 침식을 잊어버릴 정도로 양심껏 일을 했다지만, 객관적 상황과 일반적 평가는 이와 달랐다.16) 이 때문에 그는 69차 임시각의에서 계엄령을 추인하고 내각 총사퇴를 의결, 권력

---

13) 柳珍山, 『해뜨는 地平線』(한얼문고, 1972), 255쪽.
14) 윤보선의 이러한 행보는 "이제 올 것이 왔다"면서 군사쿠데타를 찬양했다가, 그 뒤 3공화국 시절에는 극한투쟁으로만 일관했고, 또 5공화국을 지지함으로써 이 땅에 잘못된 군사문화를 접속시키는 데 이바지한 것으로, 그의 정치노선이 무엇인지 이해하기 어렵다는 평가를 받았다. 金龍泰, 『金龍泰自敍錄』第1卷(集文堂, 1990), 258-259쪽.
15) 장면은 장도영이 양다리를 짚지 않고 처음부터 굳세게 나갔거나, 미군사령관을 만난 윤보선이 진압할 뜻을 표시했다면 쿠데타는 결코 성공하지 못했을 것이라고 주장했다. 雲石先生紀念出版委員會, 『張勉博士回顧錄: 한알의 밀이 죽지 않고는』, 89쪽. 그러나 군통수권이 장면에게 있었기 때문에 장면은 마음만 먹었다면 충분히 쿠데타 진압명령을 내릴 수 있었다. 그럼에도 불구하고 그 자신은 아무런 조치를 취하지 않고 55시간씩이나 수녀원에 숨어 있으면서 군동원에 반대한 대통령만 비난했다. 후일 이에 대해 그는 "쿠데타 진압을 명령하면 필연적으로 내란이 일어나고 피를 흘려야 합니다. 쿠데타군도 내 형제요 진압군도 내 동포요. 내가 잃었던 정권을 찾기 위해 동포 형제들의 피를 흘리게 할 수는 없었소"라고 말했는데, 윤보선도 이런 명분을 내걸고 자기 합리화를 하는 것으로 보아 하등의 설득력이 없는 변명에 불과한 것으로 생각한다. 金容三, "탄생 1백주년 張勉의 67년 생애," 『月刊朝鮮』(1999년 3월), 216쪽.
16) 장면은 "당시의 정치상황에 대한 정확한 상황진단과 그에 대한 적절한 처방을 결여했으며, 또 그것을 수행해 나갈 추진력이 결여되어 있었다"는 평가를 받고 있다. 金旺植, "張勉총리: 리더쉽과 治績 功過," 『남북한 정치지도자의 리더쉽과 治績 功過』(한국정치학회 충청지회, 1998), 87쪽.

에서 물러나는 수밖에 없었다. 내각이 사퇴하자 방송을 통해 쿠데타를 지지해 줄 것을 당부했던[17] 윤보선은 5월 19일 오후 대통령직 하야성명을 발표했다가 다음날 이를 번복함으로써 다시 한번 파문을 일으켰다.[18]

정권을 접수한 군사혁명위원회는 1961년 5월 20일 그 명칭을 국가재건최고회의(이하 최고회의)로 개칭했다. 30명의 혁명위원과 2명의 고문으로 구성된 최고회의는 최고 권력기관으로서 입법·사법·행정 3권을 장악하고 군정을 실시해 나갔는데, 정권이양이 순조롭게 이루어지면서 최고회의 의장 장도영과 부의장 박정희 사이에 주도권문제를 놓고 갈등이 발생했다. 여기서 양다리를 걸치며 뒤늦게 쿠데타에 동참한 장도영측이 패배하는 바람에 그를 포함한 44명이 '반혁명사건'으로 재판을 받게 됐고,[19] 1961년 7월 3일에는 박정희가 최고회의 의장에 취임함으로써 그는 정치권력을 완전히 장악한 명실상부한 최고권력자가 됐다.

의장에 취임한 박정희는 군정에 대한 비판이 국내외에서 고조되자, 8월 12일 특별성명을 통해 1963년 여름까지 정권을 이양할 것이며 정부

---

17) 5월 18일 내각이 총사퇴를 단행하자 윤보선은 계엄추인 선포방송을 통해 "愛國的인 軍事革命은 이 나라의 難局을 打開하기 위하여 좋은 契機"라고 말하고 국무위원들이 자진해서 총사직을 단행했다고 주장했다. 담화 전문은 韓國軍事革命史編纂委員會 編, 『韓國軍事革命史』 第1輯 下, 52쪽 수록.

18) 윤보선은 고별회견장에서 사태가 무사히 수습됐다고 생각해서 하야성명을 냈으나, 자신의 하야가 나라 일을 해롭게 하는 옳지 않은 일이라고 느껴 번의하게 됐다고 밝혔다. 이러한 뜻밖의 번의는 기자들이 의아하게 생각할 정도였다고 그는 회고하기까지 했다. 윤보선, 『尹潽善회고록: 외로운 선택의 나날』, 79쪽. 이 부분에 대해 유원식은 장면내각이 사퇴하자 윤보선이 조각을 하려고 시도하다가 여의치 않자 하야하겠다고 발표한 것이라고 주장했다. 이러한 행위는 민주당 정부를 배반하고 사욕을 채우려는 것이며, 사표를 낸다고 했다가 다시 이를 철회한 것은 비루한 심성의 발로라고 비판했다. 유원식, 『5·16비록: 혁명은 어디로 갔나』, 302쪽.

19) 이에 관해서는 韓國軍事革命史編纂委員會 編, 『韓國軍事革命史』 第1輯 上, 350-354쪽 참조.

형태는 대통령중심제로 하고 국회는 단원제로 할 것이라고 밝혔다.[20] 민간인에게 정권을 이양하겠다는 내용의 특별성명에 대해 미국과 일본이 지지를 보냈으나, 이는 미국 및 일본 방문을 앞두고 나온 일종의 유화조치에 불과한 것이었다. 정권을 넘길 의사가 전혀 없었다는 것이 후일 민정이양 문제를 놓고 전개된 일련의 과정에서 분명하게 나타났기 때문이다.

2) 중앙정보부 창설

권력장악에 성공한 군부는 일반국민을 동원하기 위한 목적에서 재건국민운동본부를 설치하는 한편, 자신들의 권력을 유지·강화하기 위한 방안으로 정보부를 설치했다. 이는 자신들에 대한 지지를 확산하기 위한 국민운동을 전개하는 것과 동시에 반대세력의 형성과 활동을 원천적으로 봉쇄하기 위한 것이었다.

재건국민운동은 그 목적이 국가재건을 위한 범국민운동을 적극 촉진하기 위한 것이라고 밝히고, 주요사업으로 용공 중립사상의 배격, 내핍생활의 독려, 근면정신의 고취, 국민도의의 앙양, 정서관념의 순화 등을 열거했다.[21] 그러나 실제로는 '군사혁명에 대한 국민대중의 정치적 지지'를 동원해 "군사혁명의 지도자가 영도하는 정책적 과정에서 충분한 성과와 지지를 획득"[22]하려는 의도를 지닌 것이었다. 이 운동은 낡은 사회인습의 타파나 부정부패 추방을 위한 국민운동을 전개한다는 대외적인 구호와 달리, 내면적으로는 군정에 대한 불만이 '낡은 사회인습'에서 비롯된 것이라는 인식을 일반인에게 주입해 군사쿠데타의 지지를 유도하는 민중차원의 운동을 전개하려는 것이었다.

---

20) 담화 전문은 韓國軍事革命史編纂委員會 編,『韓國軍事革命史』第1輯 下, 66-67쪽 수록.
21) "재건국민운동에 관한 법률" 제1조 및 제2조.
22) 韓國軍事革命史編纂委員會 編,『韓國軍事革命史』第1輯 上, 1968쪽.

국민운동본부의 설치에 이어 정보부도 창설됐는데, 이는 국가재건최고회의법 제18조에[23] 근거한 것이었다. 정보부는 정보기관의 중복으로 인한 예산의 낭비를 막고 각 정보기관에서 수집한 정보를 통합해 이를 국가수준에서 분석할 '국가 판단기구' 설립의 필요성에 따라 만든 것이라고 밝히고 있다. 그리고 해방 이후 16년 동안 정치, 경제, 사회, 문화 등 각 방면에 뿌리박힌 구악을 과감히 일소해 혁명과업을 성공적으로 뒷받침할 강력한 중앙 집행기관이 시대적으로 요청됐고, 이러한 역사적 필연성에 입각해 정보부가 창설됐다고 주장했다.[24]

정보부 직원은 무소불위의 권한을 갖고 있었는데, 이는 그 직원이 업무를 수행하는 데 전 국가기관으로부터 필요한 협조와 지원을 받을 수 있도록 규정해 놓은 정보부법 때문이었다. 그러나 이 법은 1961년 6월 10일에 제정됐음에도 불구하고 정보부는 이미 그 이전부터 활동하고 있었기 때문에,[25] 정보부 창설 자체가 초법적인 조치였음을 알 수 있다. 그리고 정보부의 존재에 대해서는 최고위원들도 모를 정도로 철저히 비밀에 부쳐져 있었는데, 이로 인해 최고위원들 사이에 갈등이 빚어지기도 했다.[26]

정보부법에는 정보부의 기능이 간첩활동이나 반정부활동에 관한 정보와 최고회의가 필요로 하는 정보를 수집·제공하며 각종 정보활동을

---

23) 국가개건최고회의법 제18조 1항은 다음과 같다. "공산세력의 간접침략과 혁명과업 수행의 장애를 제거하기 위하여 국가재건최고회의에 중앙정보부를 둔다."
24) 韓國軍事革命史編纂委員會 編, 『韓國軍事革命史』 第1輯 上, 1743쪽.
25) 중앙정보부법 부칙 제2조는 "본법 시행 당시의 국가재건최고회의 중앙정보부는 본법에 의하여 설치된 것으로 간주한다"고 돼 있다. 이를 볼 때 정보부 창설은 이미 쿠데타 모의와 동시에 계획된 것이었으며, 쿠데타 성공 직후 비밀리에 창설돼 활동했고, 그 실체가 장도영을 비롯한 일부 최고위원들 사이에 알려질 무렵에 가서야 비로소 법적 근거를 마련한 것으로 분석된다.
26) 1961년 6월 4일 장도영은 박정희와 김종필이 유사 이래 최대의 정보기구인 정보부를 비밀리에 만들고 있다는 사실을 자신에게 말했다고 김형욱은 회고했다. 김형욱·박사월, 『金炯旭회고록』 제1부(아침, 1985), 187쪽.

조정·감독하는 것으로 돼 있다.27) 그러나 실제로는 쿠데타 주도세력이 집권하기 위한 정치공작에 더 치중하고 있었다. 4대 의혹사건과 공화당 사전조직의 배후로 정보부가 지목받고 있는 것이 그 단적인 예라고 할 수 있는데, 이는 공화당 창당에 참여한 인사들조차 인정하고 있는 사실이었다.

4대 의혹사건은 김종필이 정보부의 조직과 권력을 이용해 정치자금을 마련하기 위해 일으킨 것으로,28) 그는 불법적으로 조성한 돈으로 정치활동이 금지돼 있는 상황이었음에도 불구하고 공화당 사전조직에 씀으로써 물의를 빚었다.29) 공화당의 사전조직 외에도 정보부는 재야정치인에 대한 사찰과 야권분열 공작에도 관여된 것으로 알려졌다.30) 이러한 공작 때문에 한국의 국정은 모두 정보부가 좌우하게 됐다는 지적을 받게 됐던 것이다.31)

---

27) 장도영은 김종필이 중앙정보부 설치법안을 갖고 3번이나 찾아왔는데, 그대로 하면 정보부장이 대통령보다 더 권력이 강해질지도 모른다고 우려했다고 회고했다. 장도영,『장도영 회고록: 望鄕』(숲속의 꿈, 2001), 327쪽. 이를 반영하듯 정보부가 적발한 반혁명·반국가 음모사건은 13건에 검거인원만 해도 127명이나 되며, 공금횡령 등 공무원 5,911명의 부정부패를 적발했고, 252명의 간첩과 193명의 간첩 방조자, 125명의 월북 기도자를 검거했다고 밝혔다. 韓國軍事革命史 編纂委員會 編,『韓國軍事革命史』第1輯 上, 1743-1744쪽.
28) 4대 의혹사건이란 새나라자동차사건과 워커힐사건, 빠찡꼬사건, 증권파동을 말하는 것으로, 이에 관해서는 김형욱·박사월,『金炯旭회고록』제1부, 115-120쪽 참조. 그러나 증권파동은 최고회의 의장인 박정희가 국고금을 빼내 김종필에게 주고 증권조작을 한 것이며, 후일 문제가 되자 엉뚱한 사람에게 책임을 씌운 것이라는 주장도 있다. 유원식,『5·16비록: 혁명은 어디로 갔나』, 370쪽.
29) 李英石 編,『鄭求瑛回顧錄』(中央日報社, 1987), 29쪽.
30) 김재춘 정보부장의 경우 많은 야당인사들을 만나 범국민정당을 만드는 데 협조해 줄 것을 당부할 정도로 정치에 직접 개입했으며, 이 과정에서 일부 인사들은 포섭되기도 했다. 金度演,『나의 人生白書』(康友出版社, 1968), 454쪽.
31) 金大中,『행동하는 양심으로』(금문당출판사, 1985), 83쪽.

3) 헌법개정

1961년 8월 12일 정권이양 시기에 관한 성명을 발표하는 자리에서 박정희는 정치활동을 허용하는 시기는 1963년 초가 될 것이며, 정부형태는 대통령중심제로 하고 국회는 단원제로 할 것임을 밝혔다. 군부가 대통령제를 선호한 것은 내각제를 채택했던 제2공화국에서 총리인준을 둘러싸고 돈으로 표를 사고파는 행위가 있었으며, 이로 인해 정국이 안정을 기할 수 없었다는 판단에서 나온 것이라고 생각되는데, 기본적으로 군부는 내각제가 되면 불안과 동요를 면할 수 없을 것이라는 인식을 갖고 있었다.[32]

이들은 또한 과거의 헌법이 운영과 제도의 면에서 이론과 현실이 유리되는 모순을 내포하고 있어 시대적 요청에 부응하는 헌법이 절실히 요청된다고 생각했다.[33] 이와 같은 인식을 반영한 헌법을 개정하기 위해 군부는 최고회의 위원들을 중심으로 헌법심의위원회를 발족시켰다. 한편 당시 학계의 일부도 내각제하에서 정쟁이 격화됐고 행정부의 무력화라는 결함이 극명하게 나타나 혁명이라는 대수술을 받게 됐다는 생각에서 대통령제의 채택은 납득할 수 있는 일이라는 견해를 제시하기도 했다.[34]

군부의 입장과 학계의 견해가 반영돼 대통령중심제와 국회단원제를 골자로 하는 헌법개정안은 1962년 11월 5일 공고됐다. 이날 박정희는 최고회의 의장 명의의 담화를 통해 질서유지와 경제부흥을 위해 일할 수 있는 정부형태인 대통령제를 택해 대통령에게 행정의 모든 책임을 귀일시키는 동시에 정국의 안정을 기했다고 주장했다. 그리고 종전의 국회가 비능률적이고 연중 개회로 정부의 업무수행에 많은 지장을 주었던

---

32) 朴正熙, 『우리 民族의 나갈 길』, 205-206쪽.
33) 韓國軍事革命史編纂委員會 編, 『韓國軍事革命史』 第1輯 下, 69쪽.
34) 兪鎭午, 『民主政治에의 길』(一潮閣, 1963), 164쪽.

폐단을 시정하고, 능률적이고 합리적인 의회정치를 보장하기 위해 단원제로 하고 회기를 제한했다고 강조하면서 헌법개정안에 찬성해 줄 것을 당부했다.35)

헌법개정안이 12월 17일의 국민투표에서 압도적인 지지를 받자 박정희는 담화를 발표했다. 담화에서 그는 "새 헌법의 확정은 혁명정부가 공약한 민정이양의 순조로운 진척을 증명하는 것"36)이라면서, 새 헌법으로 민주주의는 성장을 기하게 될 것이라고 단언했다. 그러나 후일 대통령에게 책임을 귀일시킨 결과 권력집중 현상이 나타났고, 국회의 회기를 제한한 결과 입법부가 약화된 것으로 드러났다.

4) 정치활동 규제

정보부를 창설, 군정 반대세력에 대한 탄압에 나섰던 군부는 민정 출범에 앞서 구정치인들의 출마를 제한하는 문제를 검토하기 시작했다. 군부의 입장에서 볼 때 구정치인들이야말로 자신들의 집권연장에 직접적으로 장애가 되는 요소였기 때문에, 이들의 처리문제는 '최상급의 정치적 현안'이 돼 최고위원들 사이에서 여러 차례 논의가 이루어졌다.37) 그 결과 1962년 3월 16일 "정치활동을 정화하고 참신한 정치풍토를 확립함을 목적"으로 하는 정치활동정화법(이하 정정법)이 제정됐다.38)

---

35) 韓國軍事革命史編纂委員會 編, 『韓國軍事革命史』 第1輯 下, 71쪽.
36) 韓國軍事革命史編纂委員會 編, 『韓國軍事革命史』 第1輯 下, 73쪽.
37) 韓國軍事革命史編纂委員會 編, 『韓國軍事革命史』 第1輯 上, 288쪽. 이러한 내용이 보다 구체적으로 나타난 것은 1961년 8월 12일 최고회의 의장의 '정권이양 시기에 관한 성명'으로, 여기서 "구정치인 중 부패부정한 정치인은 정치진출을 방지하기 위한 입법조치를 취한다"고 밝혔다.
38) 정정법 제2조는 정치활동의 범위를 다음과 같이 규정했다. 1. 공직선거에 있어서 후보자가 되는 일. 2. 공직선거에 있어서 특정 후보자의 당선 또는 낙선을 위하여 선거에 관한 연설을 하거나 선거에 영향을 미치는 언행을 행하는 일. 3. 정당 또는 정치적 사회단체 결성의 발기 또는 준비를 위한 직위에 취임하거나 정

소급입법적인 성격을 띤 정정법은 그날로 대통령 윤보선의 재가를 얻어 공포·시행됐다. 정정법은 소급입법도 문제일 뿐만 아니라 제정근거 자체가 없었음에도 불구하고 사후에 이를 제정할 수 있는 근거를 만들어 넣은 것이었기 때문에 더욱 위헌적인 요소를 띠게 됐다. 즉 정정법 제정과 동시에 정정법의 근거가 되는 국가재건비상조치법 제22조 3항을 개정함으로써[39] 이중으로 위헌적인 요소를 지닌 법이었다.

정정법은 그 목적이 낡은 정치에 책임이 있는 고위 정객과 비정(秕政)에 공모됐던 정객에게 반성의 기회를 제공하기 위한 것이라고 규정하고 있다.[40] 그러나 근본적으로 정정법은 반대세력의 결집과 출마를 제한함으로써 장차 있을 민정이양에서 군부의 집권에 유리한 환경을 조성하기 위한 의도에서 만든 것이었다. 즉 민간정부에 정권을 이양하지 않으려는 군부의 계산된 속셈이 들어 있는 것이었고,[41] 이러한 의도가 있었기 때문에 기성 정치인들의 반발과 불만이 끊이지 않았던 것이다.

정정법 제정으로 장면 총리 이하 전 국무위원과 국회의원 등 총 4,374명의 정치인들이 1968년 8월 15일까지 정치활동을 할 수 없게 됐다. 정정법에는 적격심판 청구조항을 두어 해당자로서 정치활동을 하고 싶은 정치인은 사유서 등을 갖춰 정치정화위원회에 정치활동 적격심판을 청구할 수 있도록 했다.[42] 이 조항에 따라 2,934명에 달하는 정치인이 적

    당 또는 정치적 사회단체에 가입하거나 그 고문 기타 이에 준하는 직위에 취임하는 일. 4. 정치적 집회의 주최자 또는 연사가 되는 일. 5. 전 각호 이외에 특정한 정당, 정치적 사회단체 또는 정치인의 정치활동을 원조하거나 방해하는 일.
39) 1962년 3월 16일자로 공포·시행된 '국가재건비상조치법 중 개정의 건'은 "국가재건최고회의는 정치활동을 정화하고 참신한 정치도의를 확립하기 위하여 5·16군사혁명 이전 또는 이후에 특정한 지위에 있었거나 특정한 행위를 한 자의 정치적 행동을 일정한 기간 제한하는 특별법을 제정할 수 있다"는 제22조 제3항을 신설한다고 돼 있다.
40) 朴正熙, 『國家와 革命과 나』, 86쪽.
41) 高興門, 『정치현장 40년: 못다 이룬 민주의 꿈』(無碍, 1990), 139쪽.
42) 정정법 제9조는 적격판정을 신청하지 않았더라도 "최고회의 의장은…… 혁명

격판정을 요구했으나 나머지 정치인은 청구조차 하지 않았다. 정치활동 적격판정이라는 말 자체가 선거를 앞두고 야당 및 구정치인 사이에 혼란을 야기하려는 저의가 숨어 있는 것이라는 비판과 함께,[43] 민주헌정 질서 아래 평화적인 정치활동을 하던 정치인의 활동을 금지해 놓고 군인들이 일방적으로 만들어 놓은 판정기준 밑에 들어와 심판을 받으라는 것은 그야말로 모순이요 위험하기 짝이 없는 사고방식이라는 생각에서 신청을 하지 않은 것이다.[44]

정정법이 공포되자 윤보선은 1962년 3월 22일 대통령직 하야성명을 표하고 최고회의에 사표를 제출했다. 그는 정치인의 활동을 제한하는 취지의 입법이 국가의 인화와 단결에 해롭다고 생각해서 사표를 제출한다고 밝혔지만,[45] 이러한 내용의 성명은 정정법에 서명한 행위와는 배치되는 것이어서 비판의 대상이 되지 않을 수 없었다. 정정법에 서명한 행위는 국가와 민족을 위해 재능을 발휘할 수 있는 정치인들의 활동을 무더기로 봉쇄하는 유례없는 법에 도장을 찍은 것이라는 비판이 바로 그것이었다.[46]

과업 수행에 현저한 공헌이 있다고 인정하는 자에 대하여 그 정치적 행동의 금지를 해제할 수 있다"는 예외조항을 두어 정치인으로 하여금 군정을 지지하도록 유도했다.

43) 李哲承, 『政治放學 十年 리포트』(集賢閣, 1970), 102쪽.
44) 柳珍山, 『해뜨는 地平線』, 247쪽.
45) 윤보선은 정정법이 '천하에 둘도 없는 악법'이지만 자신이 결재하지 않는다고 해서 그 법이 효력을 상실하는 것은 아니었고, 결재하지 않을 경우 자신은 헌법에 명시된 임무를 포기하는 것이 돼 위헌의 올가미를 쓸 뿐이기 때문에 서명하지 않을 수 없었다고 주장하고, 이것을 계기로 대통령직에서 물러날 수 있는 명분을 찾았다고 회고했다. 윤보선, 『尹潽善회고록: 외로운 선택의 나날』, 106-107쪽. 그러나 정정법은 "본법 시행 당시의 대통령은 본법의 적용을 받지 아니한다"는 부칙을 두고 있었기 때문에, 정정법의 적용을 피하기 위해 서명하고 물러난 것이라는 추측도 가능할 것으로 생각된다. 이 때문에 서명을 하나 안 하나 마찬가지라고 하면서 자기만 빠져 나온, 안 할 짓을 한 행위라는 비판을 받았다. 尹濟述先生文集刊行委員會, 『芸齊選集』上(成志社, 1989), 154쪽.

대통령의 사표를 접수한 최고회의는 3월 24일 대통령 보궐선거를 하지 않고 최고회의 의장이 대통령권한을 대행하도록 비상조치법의 일부를 개정한 후, 대통령 권한대행으로 박정희 최고회의의장을 선출했다. 이로써 박정희는 쿠데타를 일으킨 지 10개월 만에 권력의 최정상에 오르게 됐다.

5) 정당법 제정과 선거법 개정

국민투표를 앞두고 헌법개정안에 대한 담화를 통해 박정희는 정당정치를 확립하고 의회주의를 합리화하겠다고 밝혔다.[47] 구정치인을 대체할 수 있도록 세대교체를 촉진하는 한편, 정치자금에 대한 공식적인 조달제도를 마련하지 않으면 한국정치를 일신할 수 없다는 생각에서 이와 같은 언급을 한 것이었다.[48] 이를 구체화하기 위해 군부는 정당법을 제정하고 선거법을 개정했다.

파당의식 속에서 국회가 정쟁을 위한 무대가 됨으로써, 의사당이 시장바닥과 다를 것이 없고 의원이 정치브로커로 변해 버린 혼란상태를 그대로 두고서 진정한 정당정치와 민주주의가 발전하기를 바라는 것은, 쓰레기통에서 장미꽃이 피기를 바라는 것과 조금도 다를 바 없다는 것이었다.[49] 이러한 논리와 입장을 반영해 1962년 12월 31일 제정된 정당

---

46) 柳珍山, 『해뜨는 地平線』, 255쪽.
47) 박정희는 '정당정치의 체제 확립'과 '의회주의의 합리화'에 대해 다음과 같이 말했다. "민주정치는 의회정치이며 의회정치는 정당정치라는 근대 민주국가의 원리에 따라서, 또한 건전한 정당정치의 확립으로 민주주의의 요체인 책임정치의 실천을 위하여 정당에 관한 규정을 두어 정당국가적 체제의 정비를 꾀하였읍니다." "국회의 단원제에 의한 국회의 능률화와 아울러 그 운용과 절차의 경제화, 국회의원의 행동규제에 의한 정치적 정화와 같은 의회주의의 합리화를 꾀하였읍니다." 韓國軍事革命史編纂委員會 編, 『韓國軍事革命史』 第1輯 下, 72쪽.
48) 朴正熙, 『國家와 革命과 나』, 77쪽.
49) 朴正熙, 『우리 民族의 나갈 길』, 21쪽.

법은 "국민의 정치적 의사형성에 참여하는 데 필요한 조직을 확보하고 정당의 민주적인 조직과 활동을 보장함으로써 민주정치의 건전한 발달에 기여함"을 목적으로 한다고 규정했다.

당시 정당법의 공포는 종전의 무질서했던 정당체제를 새롭게 하고 새로운 정당체제를 통해 의회정치 질서의 확보와 향상을 도모하려는 취지에서 이루어진 것이라는 주장이 제기됐다.[50] 그러나 정당의 구성, 성립, 발기인의 수와 자격, 법정지구당 수 등의 면에서 요건을 지나치게 강화하고 또 선관위에 등록하도록 함으로써 본래의 의도와는 달리 정당설립의 자유(헌법 제7조)와 집회·결사의 자유(헌법 제18조)를 제한하는 측면이 없지 않았다.

군부는 또한 정당이 국민의 정치의사를 표현하는 필수적인 기구이기 때문에, 대통령이나 국회의원으로 입후보하려면 반드시 정당의 추천을 받도록 규정함으로써 후보의 난립을 막고 올바른 정당정치를 구현하겠다는 각오를 갖고 있었다.[51] 이러한 각오가 구체화돼 1963년 1월 16일 국회의원 선거법이 개정됐다. 개정 선거법은 두 가지 점에서 과거와는 크게 다른 내용을 지닌 것이었다.

첫째, 정당공천제를 채택해 무소속의 출마를 금지시켰고, 의원이 탈당할 경우 의원직을 상실하도록 했다. 무소속 의원들이 활동하면 올바른 정당정치가 저해돼 혼란이 야기되며, 의원들이 당을 옮기는 것은 돈에 매수돼 일어나는 것이므로 금지해야 한다고 생각했기 때문에[52] 이와 같은 조항을 둔 것이다. 이들이 이러한 생각을 갖게 된 것은 민주당이 신·구파로 나뉘어 이합집산을 거듭하며 파당싸움만 벌인 나머지 민족을 파멸 직전까지 몰아넣었다고 보았기 때문이다.[53]

둘째, 기존의 소선거구 직선방식에 사상 처음으로 전국구 비례대표제

---

50) 尹致暎, 『民政으로 가는 길』(文宣閣, 1963), 395쪽.
51) 韓國軍事革命史編纂委員會 編, 『韓國軍事革命史』 第1輯 下, 71쪽.
52) 韓國軍事革命史編纂委員會 編, 『韓國軍事革命史』 第1輯 下, 71쪽.
53) 朴正熙, 『우리 民族의 나갈 길』, 23쪽.

를 도입한 것을 들 수 있다. 비례대표제의 도입은 군정종식과 민정이양을 위해 1961년 9월 터키에서 실시된 총선거과정을 돌아보고 귀국한 시찰단이 건의해 이루어진 것으로, 이들은 득표수에 따라 의석을 배분하는 것이 사표를 방지하고 직능대표를 의회에 흡수할 수 있다고 보아 이를 건의했던 것이다.54) 이와 아울러 개정 선거법에서는 제1당에 비례대표 의석의 절반을 배분하고, 3석 이상 확보하지 못하거나 총 유효득표수의 5% 이상 획득하지 못한 정당에는 비례대표 의석을 배분하지 않음으로써 소수당의 난립을 방지하는 조항을 두었다.

3. 정치활동 재개와 정당구도의 재편성

자신들의 권력장악에 유리한 방향으로 정치의 틀을 바꾼 군부는 1963년 1월 1일 정치활동 재개를 허용했다. 기성 정치인들이 활동을 재개한다고 하더라도 정보부의 창설과 정정법, 정당법 등 제도적·법적 장치를 통해 집권이 가능하다고 생각했기 때문에 정치활동을 허용한 것이다.55) 그러나 정치활동이 재개되면서 자신들의 예상과는 다른 방향으로 정국이 전개되자, 군부는 한때 군정연장과 정치활동 중지를 선언하기도 했으나 내외의 강한 반발에 부딪쳐 취소하게 된다.

우여곡절 끝에 정치활동이 재개되면서 여권은 군부를 중심으로 정당

---

54) 이때 시찰단이 제출한 보고서는 1963년 민정이양 과정에서 참고자료로 활용됐다. 金龍泰, 『金鏞泰自敍錄』 第1卷(集文堂, 1990), 146쪽.
55) 이와 같은 조치를 취했기 때문에 군부는 '정치활동 재개에 즈음한 담화'에서 자신 있게 "대부분의 정치인 여러분은 한때 불신받은 기성세대였음을 자성하고 시대적 조류에 역행함이 없이 명랑하고 질서 있는 정치환경을 조성함으로써 그 불명예를 회복하는 데 힘써야 할 것"이라고 훈계조로 당부했던 것이다. 韓國軍事革命史編纂委員會 編, 『韓國軍事革命史』 第1輯 下, 67쪽.

을 결성, 공화당을 창당했고, 야권은 민주당 신파와 구파가 각각 중심이
돼서 민주당과 민정당을 결성했다. 이처럼 새로운 정당구도가 형성되는
과정에서 여야 모두 과거와 마찬가지로 이합집산의 양상을 띠게 되는데,
여기서 위기와 통합이라고 하는 기존의 틀이 그대로 반복되고 있음을
알 수 있다.

1) 민정이양

정치활동 재개로 가장 활기를 되찾은 집단은 군부가 '자성'할 것을 요
구했던 기성 정치인들이었다. 이들은 정당결성을 위해 소규모 모임을
가지면서 자유민주주의와 평화적 정권교체의 실현을 선언하며 지지자
확대에 나섰는데, 1963년 2월에는 민정당과 민주당이 각각 창당 발기인
대회를 개최했다. 이들은 정당을 결성하면서, 헌정질서를 타도하고 수립
된 군정에 대한 강력한 비판과 아울러 군부의 재집권의도를 분쇄할 것
임을 선언했다.

군정에 대한 비판이 강화되자 박정희는 '정국수습을 위한 2·18성명'을
발표했다.56) 성명에서 그는 정치인들이 체질개선을 이루기는커녕 구태
를 벗어나지 못한 데 대해 실망과 장래에 대한 불안을 금할 수 없으며,
대부분의 정당이 정부시책을 반대하고 혁명이념을 무시하는 태도를 보
여 유감스럽게 생각하지 않을 수 없다고 지적했다. 그리고 "4·19정신과
5·16정신을 받들어 혁명과업을 계승할 것," "5·16혁명의 정당성을 인정
하고 앞으로는 정치적 보복을 일체 하지 않을 것" 등 9개 항의 제안을
내걸고, 이 제안이 수락된다면 자신은 민정에 참여하지 않을 것이라고
선언했다. 그는 정치활동 허용조치가 건전한 정치인으로 하여금 차기
정국을 담당케 하기 위한 것이었는데, 구태의연한 정치인들이 재등장했

---

56) 성명 전문은 韓國軍事革命史編纂委員會 編, 『韓國軍事革命史』 第1輯 下, 73-74
쪽.

을 뿐만 아니라 구악이 더욱 힘을 길러 가는 것을 보고 우려했기 때문에 부득이 이렇게 제안하지 않을 수 없다고 주장했다.57)

민정에 참여하지 않겠다는 박정희의 제안에 대해 야권 정치인들은 크게 환영의 뜻을 표했다. 그리하여 1963년 2월 27일에는 여야 정치지도자와 군 대표 3천여 명이 한 자리에 모여 그가 제시한 정국수습 방안을 지지하는 선서식을 가졌다. 이날 박정희는 정당법과 선거법을 통해 새로운 정치질서를 수립하고 정치권의 세대교체를 이루려고 했으나 실패하고 말았다고 시인했다.58) 그리고 이로 인해 부패와 무능, 혼란의 가능성이 있으므로 자발적 각성과 노력이 필요하다고 당부하고, 정국의 혼란이 재현될 경우 돌아오게 될 책임을 명심하라고 강조한 후, 다시 한번 민정에는 참여하지 않을 것임을 분명히 했다.

그의 발언을 입증이라도 하려는 듯 최고회의는 정정법 해당자 268명을 제외한 2,322명의 정치인에 대해 정치활동 금지를 해제하는 조치를 내렸지만, 이는 군부의 민정참여를 위한 명분축적에 불과했다.59) 박정희의 이러한 민정불참 선언은 재야정치인이 자신의 제안을 지키지 않았다는 구실을 붙여 불참선언을 무효화하고, 정치참여를 위한 명분을 더욱 강하게 하려는 의도에서 벌인 정치적 연극이었던 것이다.60) 왜냐하면 민정불참을 선언한 지 8일 만인 3월 7일에 그는 구정치인의 2선 후퇴를 요구했고, 군인들이 군정연장을 요구하는 데모가 시작되자 3월 16

---

57) 朴正熙, 『國家와 革命과 나』, 144쪽.
58) 韓國軍事革命史編纂委員會 編, 『韓國軍事革命史』 第1輯 下, 75쪽.
59) 윤보선, 『윤보선回顧錄 외로운 선택의 나날』, 187쪽.
60) 당시 군부는 민정 참여파와 불참파로 나누어져 치열하게 대립했으며, 이 과정에서 2·18성명은 박의장이 군부 내에서 민정참여를 반대하는 세력의 입장에 동조해 발표한 것이라는 견해도 제시됐다. 후일 박의장이 민정에 참여한 것은 구정치인들이 5·16을 비난하는 성명을 발표하자 민정 참여파가 이를 꼬투리 잡아 민정에 참여해야 한다고 주장했고, 박의장이 이를 수용해서 이루어진 것이지 처음부터 연극을 하려고 한 것은 아니었다는 것이다. 한국사회연구소, 『人間 金在春』(한국사회연구소, 1987), 69쪽.

일 기다렸다는 듯이 군정 4년 연장 가부를 묻는 국민투표를 실시하며 정치활동을 중지시키겠다는 성명을 발표했기 때문이다. 군정연장이 불가피한 이유로 그는 정당의 난립과 정치인의 무상한 이합집산 등 정계의 혼란을 들었다.61)

박정희의 3·16성명에 대해 재야정치인들이 일제히 반대하고 군정연장을 반대하는 데모를 벌였다.62) 케네디 미국 대통령도 기자회견에서 민정복귀를 희망한다고 밝히고, 친서를 보내 순조로운 민정이양이 이루어지기를 바란다고 밝혔다.63) 이처럼 군정연장에 대한 반발이 커지게 되자, 그는 4월 8일 군정연장을 위한 국민투표 실시를 보류하며 정치활동을 다시 허용하겠다는 내용의 성명을 발표했다.64)

박정희 자신은 4·8성명이 군정도 민간도 아닌 상호 대등한 입장에서 차기 정권을 선의의 경쟁으로 결정하려는 것, 즉 "혁명 주체세력이 민간인의 자격으로 제3공화국에 참여한다는 내용"이라고 주장했다.65) 그로서는 4·8성명의 본질은 3공화국의 부패를 감시하고 타락을 방지함으로써 다시는 혁명의 비극을 되풀이하지 않게 하려는 3·16성명에 귀일하겠다는 것이라고 강조했지만, 이는 박정희의 출마를 기정사실화하는 것이었다. 박정희의 출마가 가시화되자, 재야정당은 군부의 원대복귀를 강력

---

61) 성명 전문은 韓國軍事革命史編纂委員會 編, 『韓國軍事革命史』 第1輯 下, 75-77쪽 수록.
62) 3월 19일 윤보선, 김준연, 장택상, 이범석은 박의장을 방문하고 3·16성명의 철회를 요청했으며, 3월 20일에는 윤보선과 허정이 주도해 시청 앞에서 가두데모를 벌였고, 3월 22일에는 변영태, 김도연 등 정계 중진 150여 명이 민주구국선언대회를 연 후 데모를 벌였다. 李基澤, 『韓國野黨史』(백산서당, 1987), 180쪽.
63) 편지 전문은 한국정신문화연구원 현대사연구소 편, 『5·16과 박정희정부 수립』(한국정신문화연구원, 1999), 507쪽 수록.
64) 성명 전문은 韓國軍事革命史編纂委員會 編, 『韓國軍事革命史』 第1輯 下, 77-78쪽. 박의장이 3·16성명을 수정한 것은 재야세력의 반발도 있었지만, 잉여농산물 수송중단이라는 미국의 식량압력에 굴복했기 때문이었다는 주장도 제기되었다. 한국사회연구소, 『人間 金在春』, 79쪽.
65) 朴正熙, 『國家와 革命과 나』, 149쪽.

히 요구했다.

2) 여권의 위기와 통합

(1) 공화당 사전조직

공화당 사전조직 작업은 민정이양 뒤에도 박정희가 국가원수와 같은 지위에서 국가를 이끌어 나갈 수 있는 방법을 모색한 결과 나온 것이었다.[66] 이 과정에서 당시 정보부장이었던 김종필의 주도로 공화당 창당작업이 이루어졌다. 창당작업은 1962년 1월 4일 정보부의 정치공작대 형식으로 서울 충무로의 간판 없는 사무실에서 태동됐는데, 정보부 요원들이 모든 실무적인 업무를 맡아 극비리에 진행한 공화당 창당작업은 많은 문제점을 지닌 것이었다. 특히 정당의 사전조직은 1980년 하극상 사건을 일으킨 군부에 의해 다시 반복됨으로써 한국정당사에 좋지 않은 선례를 남겨 놓았다.

공화당 사전조직의 가장 큰 문제점 중의 하나는 도덕성문제로, 모든 정치활동이 금지된 상태에서 이루어졌다는 사실이다. 구정치인들을 부패하고 무능한 정치인집단으로 매도하며 정치활동을 금지시켜 놓고, 자신들은 아무런 제재도 받지 않은 채 정치활동을 한다는 것은 누가 보더라도 받아들이기 어려운, 도저히 용납할 수 없는 반도덕적인 행위였다. 야당의 발을 묶어 놓은 상황에서 사전조직을 한 행위는 불공정행위의 극에 달한 것이었기 때문에, 공화당에 참여한 인사조차 형평의 원칙에서 벗어난 잘못된 처사였다고 시인하지 않을 수 없었다.[67]

공화당 사전조직은 도덕적인 문제뿐 아니라 정치적으로도 좋지 않은 문제점이 있었다. 정보부라는 막강한 권력기관을 동원해 정당을 조직하는 행위는 공무원과 경찰을 동원해 자유당을 조직한 행태와 조금도 다

---

66) 金永雄, 『雲庭 金鍾泌의 어제와 오늘』(敎育社, 1985), 57-58쪽.
67) 李英石 編, 『鄭求瑛回顧錄』, 29쪽.

를 바 없는 것이었다. 이 때문에 공화당은 출발부터 민중에 직접 뿌리를 내리지 못하고 권력에 기생하게 돼 전혀 자생력을 갖출 수 없었다. 이로 인해 후일 정당으로서 제 기능을 하지 못하고 권력자에 의존하는 주변적인 위치로 전락하고 말았다.[68]

이에 덧붙여 법적으로도 문제점을 안고 있었는데, 당을 조직하는 데 소요되는 자금을 각종 의혹사건을 통해 불법적으로 조성하고 조달했기 때문이다.[69] 권력을 동원해 정치자금을 만들고 이것으로 중앙은 물론이고 지방까지도 사전조직을 하며 선거에 대비했는데, 이는 권력형 비리의 전형이 아닐 수 없다. 의혹사건을 권력투쟁의 산물로 치부하려는 견해도 없지 않으나,[70] 이는 어디까지나 정치공작으로 인해 초래된 것이었고, 또 미봉책으로 넘어가려고 했기 때문에 지탄과 비난을 받았던 것이다.[71]

공화당이 사전조직을 해 나가면서 안고 있던 또 하나의 문제점은 최고회의 내의 권력투쟁이었다. 1962년 6월경에야 김종필 주도로 비밀리에 공화당 창당작업이 추진되고 있다는 것을 알게 된 합동수사본부장 겸 육군방첩대장인 김재춘은 강력하게 창당작업의 중지를 요구했다. 여

---

68) 공화당이 주변적 위치로 전락한 것은 당내 김종필계와 반김종필계의 갈등과정에서 '제도적 지배파'인 김종필이 '개인적 지배파'에 패배함으로써 초래된 것이라고 파악하고, 이로 인해 박정희 1인의 인위적인 지배체제가 확립됐다는 분석도 있다. 장훈, "민주공화당의 실패한 경험," 『박정희시대의 정당정치와 연합형성』(한국정치학회 기획학술회의 발표논문, 2000), 2-4쪽.
69) 공화당을 사전 조직하는 데 1년 동안 3억 원의 자금이 소요된 것으로 추산되는데, 이 자금은 4대 의혹사건을 통해 김종필이 조달한 것으로 돼 있다. 金永雄, 『雲庭 金鍾泌의 어제와 오늘』, 61쪽.
70) 金龍泰는 4대 의혹사건은 권력투쟁 과정에서 반김종필계가 김종필을 제거하기 위해 터뜨린 것이라고 주장했다. 金龍泰, 『金龍泰自敍錄』 제1卷, 157-158쪽.
71) 김형욱은 의혹사건은 김종필이 중앙정보부의 조직과 권력을 이용해 정치공작금을 마련한 결과 발생한 것이라고 주장, 권력투쟁설을 일축했다. 김형욱·박사월, 『金炯旭회고록』 제1부, 215쪽. 그러나 유원식은 의혹사건의 배후로 박정희를 지목했다. 유원식, 『5·16비록: 혁명은 어디로 갔나』, 365쪽.

기에는 두 사람 사이의 라이벌의식과, 정보부와 방첩대라는 두 기관의 경쟁의식도 작용한 것이지만, 김종필의 지나친 독주로 인해 초래된 측면이 크다고 할 수 있다. 창당작업에 박차를 가하면서도 김종필은 민정이양 후 동료들의 장래에 대해서는 한마디의 언급도 하지 않았는데, 이것이 최고위원들 사이에 불만을 사는 요인이 됐던 것이다.72)

이와 같은 요인이 작용해 김재춘, 김동하 등을 중심으로 한 최고위원들은 김종필이 지나치게 독주한다고 비난하면서 김종필 제거를 강력히 주장했다. 이들은 명분상으로는 사무국 중심으로 당을 조직하면 의원들이 소신껏 일할 수 없다는 이유를 내세웠다.73) 그러나 실제로는 당의 헤게모니 문제와 관련된 것으로 이미 중앙과 지방의 조직까지 마쳐 김종필의 독무대가 되다시피 한 공화당에 참여할 경우 자신들의 입지가 축소될지도 모른다고 생각했기 때문이다. 이들은 박의장에게 김종필계가 당에서 물러나야 한다고 집단적으로 건의했고, 이러한 건의가 받아들여져 창당준비위원장이었던 김종필은 창당 하루 전인 1963년 2월 25일 당을 떠나 외유의 길에 오르게 됐다.

사전조직은 이와 같이 여러 가지 문제점을 지녔기 때문에 공화당은 내외로부터 비판의 대상이 돼 그 기반이 매우 불안한 상태에 있었다. 그러나 이때는 야권이 아직 정비되기 전이었기 때문에 공화당은 상대적으로 유리한 위치에서 민정이양을 위한 선거에 임할 수 있었다. 이처럼 형평의 원칙에 어긋나는 전형적인 불공정경쟁의 틀을 비밀리에 준비하고

---

72) 김형욱・박사월, 『金炯旭회고록』 제1부, 242-243쪽.
73) 장훈은 공화당이 시도한 사무국 중심의 정당운영과 사무총장제를 대중정당 모델의 핵심이라고 주장하고 있다. 장훈, "민주공화당의 실패한 경험," 10쪽. 창당 주역의 한 사람인 金龍泰는 공화당은 기존 정당의 단점을 보완해 영국 보수당 방식으로 당을 운영하려 했기 때문에 2원 조직을 한 것이라고 하여, 대중정당 모델을 따르려고 했다는 분석과는 다른 주장을 하고 있다. 金龍泰, 『金龍泰自敍錄』 第1卷, 157쪽. 일반적으로도 대중정당의 기준은 사무국 중심의 운영 여부가 아니라, 당원 등록제와 당비 납부제의 존재 여부를 들고 있다. Maurice Duverger, *Political Parties* (London: Methuen & Co. Ltd., 1967), pp.63-71.

있었으면서도, 박정희는 대외적으로는 계속 불출마를 선언했다. 이 때문에 2·18성명이나 2·27성명은 민정참여를 합리화하기 위해 벌인 '대사기극'이라는 주장이 계속 나오지 않을 수 없게 됐던 것이다.74)

(2) 공화당의 위기와 통합

김종필 주도로 공화당이 사전에 조직되는 것에 반발했던 김재춘은 정계개편을 주장했다. 기성정당을 전면적으로 개편함으로써 새로운 정치분위기를 형성해 인도의 국민회의 같은 범국민정당을 만들자는 것이었다.75) 이와 같은 주장에 동조하듯 박정희는 자유민주주의를 표방하는 민족세력이 단결해 애국정당을 만드는 것이 필요하다고 말했다. 그리고 공보실장을 통해 정치적 분쟁에 앞서 하나의 목표를 향해 뭉칠 것을 강조했는데, 이는 새로운 엘리트들의 집결을 의미하는 것이라고 밝힘으로써 범국민정당은 활기를 띠고 추진되게 됐다.76)

범국민정당 결성추진에 당황한 공화당은 성명을 통해 참신한 인사들을 중심으로 범국민적 민족주체 세력의 형성을 위해 노력할 것이며, 당을 해체하지 않고 당세확장에 매진할 것을 다짐했다.77) 이러한 성명에도 불구하고 공화당에 참여했던 인사 상당수가 범국민정당으로 빠져나가는 일이 발생했고 공화당에 대한 유형무형의 압력이 가해져, 공화당

---

74) 유원식, 『5·16비록: 혁명은 어디로 갔나』, 364쪽.
76) 김재춘이 범국민정당을 추진한 것은 박의장이 혁명공약을 살리고 국민 앞에 떳떳하게 내세울 수 있는 정치적 이슈를 찾아내라는 지시에 따른 것이었지, 자발적으로 나선 것은 아니었다. 박의장의 지시에 따라 최고회의 안에 柳陽洙를 위원장으로 하고 吉在號, 洪鍾哲, 柳炳賢, 朴泰俊을 위원으로 하여 범국민정당 조직을 연구하는 정책소위원회가 구성됐고, 金在春은 이를 적극 후원했다. 한국사회연구소, 『人間 金在春』, 78-79쪽.
76) 박의장은 1963년 4월 10일 연내 민정이양이 가능하다고 보며, 정국의 안정을 위해 범국민정당이 필요하다는 소신을 밝힌 바 있다. 韓國軍事革命史編纂委員會 編, 『韓國軍事革命史』第1輯 下, 308쪽.
77) 성명 전문은 民主共和黨, 『民主共和黨四年史』, 69-70쪽 수록.

은 일종의 와해상태에 놓이기도 했다.78)

　범국민정당 출현으로 위기의식을 느낀 공화당은 선거체제 확립을 위한 전환점을 만들기 위해 1963년 5월 25일 임시전당대회를 개최했다. 이날 박의장을 공화당의 대통령후보로 지명하자는 긴급동의가 제의돼 가결됐다. 이 결의를 전달받은 박정희는 "수락할 용의가 있으나, 필요한 절차가 있으므로 어느 정도의 시간적 여유를 달라"고 답변했는데,79) 공화당은 이 말이 사실상 공화당 후보를 수락한 것으로 받아들이고 크게 환영하는 분위기였다.

　공화당이 박정희를 대통령후보로 추대했음에도 불구하고, 범국민정당 관계자들은 1963년 6월 1일 기획위원회를 소집해 6월 7일에 발기선언을 할 것을 결정하고 창당작업을 계속 추진했다. 이 작업을 측면 지원하기 위해 김재춘은 박정희가 공화당만 기대하고 출마하지는 않을 것이며 범국민정당 추진인사들은 박정희의 출마를 기정사실로 보고 당 결성을 서두르고 있다고 주장했다.80) 그러나 박정희는 6월 3일 자신과 최고위원들은 범국민정당 운동에서 손을 떼기로 했다고 선언해 김재춘의 발언을 부인했다.81) 이로써 친여세력의 주류로 자리잡기 위해 전개됐던 범국민정당 운동에 동요가 일게 됐다.

　여권이 공화당과 범국민정당 두 갈래로 나뉘어 혼선과 마찰이 일어나게 되자, 박정희는 1963년 7월 4일 여권의 통합과 최고위원들간의 반목을 예방하기 위해 두 집단이 합류할 것을 요구했다. 그는 친여세력이 아집과 소아를 버리고 대동단결할 때임을 인식하고, 단일화의 실현에 지

---

78) 상황이 이렇게까지 전개된 것은 박의장 자신이 공화당 참여에 대해 최종적으로 결심을 하지 못했기 때문이다. 그리하여 그는 범국민정당측에 자금을 건네기도 하고 김재춘 정보부장에게 적극 지원하라고 지시하기도 했다. 李英石 編, 『鄭求瑛回顧錄』, 53-54쪽.
79) 民主共和黨, 『民主共和黨 四年史』, 89쪽.
80) 한때 김재춘은 공화당 해체를 요구하기까지 했다. 金龍泰, 『金龍泰自敍錄』第1卷, 158쪽.
81) 民主共和黨, 『民主共和黨 四年史』, 80-81쪽.

장을 주는 친여세력은 일체 배제할 것이라고 단언했다.82) 박정희가 이 처럼 양측의 합류를 촉구하고, 7월 12일에는 공화당 해체를 주장하며 범국민정당을 막후에서 지원했던 김재춘을 정보부장에서 무임소장관으로 전보 조치함으로써 여권은 순조롭게 분열을 극복할 수 있었다. 이로써 공화당은 통합에 성공해 여권의 중심으로 자리잡을 수 있게 됐고, 이에 반대하는 세력은 별도로 자유민주당을 결성하는 방향으로 나아갔다.

3) 야권의 분열과 위기

(1) 민정당 결성

윤보선은 국민투표에서 대통령중심제 개헌안이 확정되자 1962년 12월 22일 기자회견을 갖고 계엄령 해제와 정정법에 묶인 정치인의 구제를 요청하는 한편, 정치인들이 단결해 민주수호에 앞장설 것을 당부했다. 그의 회견은 군정종식을 갈망하던 국민이나 정치인들에게 많은 자극을 주어 범야권이 단결해 단일정당을 결성하는 것이 필요하다는 인식을 갖게 만들었다. 그러나 막상 그 자신은 이 일에 앞장서야 한다는 생각은 갖고 있지 않았다.83)

---

82) 박정희는 한편으로는 공화당 조직을 강화하도록 하면서, 다른 한편으로는 범국민정당의 움직임에 관심을 기울이는, 이른바 양다리를 걸치고 있었다. 한국사회연구소, 『人間 金在春』, 84쪽. 이처럼 한편에 치우치지 않고 양당이 별도로 조직을 확대해 나가도록 한 것은 양당이 가능한 한 광범위한 지지세력을 확보하도록 하고 이를 통합하려는 의도에서 나온 것으로, 이는 일종의 정당시장을 위장하는 조치라고 볼 수 있다. 일반적으로 복수정당의 존재는 반대파를 회유하는 데 보다 유리하며 하나의 정당보다 많은 정보를 수집할 수 있는 기능적 유용성이 있어 권위주의 체제에서 많이 채용하고 있다. 박의장이 처음에는 양당을 경쟁시키다가 나중에 통합을 종용한 것은 이 방식을 원용한 것으로 분석된다. 정당시장의 기능에 대해서는 Giovanni Sartori, *Parties and Party Politics* (Cambridge: Cambridge University Press, 1976), 231-232쪽.
83) 처음에는 미온적 태도를 보여 윤보선을 정치 일선으로 끌어내는 데 애를 먹었다고 윤제술은 회고했다. 尹濟述先生文集刊行委員會, 『芸齊選集』 上(尹濟述先生

윤보선의 이러한 생각을 바꾸어 놓은 것이 유진산이었다. 그는 책임 있는 자리에 나서지 않겠다는 윤보선에게 진정한 민정이양과 군정종식 이라는 역사적 과업과 요청 앞에 선구적으로 나설 것을 촉구했다.[84] 이 와 아울러 그는 정치자금을 마련해서 전달하기도 했다.[85] 이를 계기로 윤보선은 정치활동의 전면에 나섰고, 군정종식을 위해서는 일단 재야세 력이 뭉쳐야 한다는 데 뜻을 같이하게 됐다. 그리하여 1963년 1월 3일 이인, 김병로, 전진한과 4자회담을 갖고 범야세력의 대동단결을 촉구하 는 공동성명을 발표했으며, 5인회담과 확대회의에서 야권인사들은 범야 단일정당으로 가칭 민정당 결성의 합의를 이끌어 내기도 했다.

그러나 4차에 걸친 실무자회의에서 구체적인 성과를 보지 못해 단일 정당 결성은 사실상 결렬되고 말았다. 결국 야권은 분산된 채 독자적으 로 정당을 조직하는 방향으로 나아갔는데, 이는 민주당의 신파와 구파, 그리고 무소속의 갈등이 재연됐기 때문에 나타난 현상이었다.[86]

文集刊行委員會, 1989), 154쪽.
84) 그는 윤보선에게 5·16을 합법화한 책임과 정정법 서명으로 유능한 정치인들의 정치활동을 봉쇄한 데 대한 책임을 지고 시국의 부름에 응해야 한다고 설득했 다. 柳珍山, 『해뜨는 地平線』, 255쪽. 반군정운동에 앞장서라는 건의에 대해 윤 보선은 과오를 저질렀다고 하면서도 출마를 권하는 것은 이율배반이고, 다른 속 셈에서 비롯된 것임을 짐작할 수 있다고 주장했다. 윤보선, 『尹潽善회고록: 외로 운 선택의 나날』, 177쪽.
85) 유진산은 고흥문을 찾아가 야당재건을 위한 자금조달을 부탁했고, 이 부탁을 받은 고흥문은 윤보선을 찾아가 상당액의 돈다발을 전달했다. 선두에 설 것을 고사하던 윤보선은 돈을 받자 민정실현을 위해 일선에 서기로 결심하고 행동에 나섰다. 高興門, 『정치현장 40년: 못다 이룬 민주의 꿈』, 143쪽.
86) 야권단일화 움직임 및 결렬의 배경에 대해서는 中央選擧管理委員會, 『大韓民國 政黨史』 第1輯, 436-437쪽. 갈등의 핵심은 누가 대통령후보가 되느냐 하는 것이 었다. 민주당 신파는 장면이 정정법에 묶여 있는 상황에서 윤보선이 후보가 될 공산이 크며, 그럴 경우 자신들은 들러리 역할을 할 수밖에 없다는 우려에서 단 일야당에 반대한 것이라고 윤보선은 분석했다. 윤보선, 『尹潽善회고록: 외로운 선택의 나날』, 182-183쪽.

민주당 신파측의 이탈이 있었지만 민정당 창당 준비작업은 그대로 추진돼 1963년 1월 27일에는 발기인대회를 개최하고, 준비위 대표지도위원에 김병로, 지도위원에 윤보선, 이인 김법린, 전진한, 서정귀 등을 선출했다. 민정당은 내부적으로 지방조직을 에워싸고 알력이 발생하기도 했으나, 5월 14일 창당대회를 갖고 김병로를 대표최고위원으로 선출하고, 윤보선을 대통령후보로 지명했다. 후보 수락연설에서 윤보선은 민정당이 존재하는 것은 민주주의를 다시 찾는 데 있으며, 민정당이 이 목적을 향해 최선을 다한다면 자신도 대통령에 당선될 가망이 있다고 생각한다고 밝혀[87] 대통령 당선에 커다란 기대를 걸고 있음을 비쳤다.

창당 후에도 민정당은 야권통합을 위해 노력하는 한편, 다른 야당과 함께 공동으로 대여투쟁에 나섰다. 그 일환으로 민정당은 공화당의 대통령후보로 지명된 박정희가 공직을 유지한 채 출마하겠다고 밝히자 이를 비난하고 공직사퇴를 강력히 촉구했으며, 4대의혹사건 규명투쟁위원회를 결성했고, 한일문제특별위원회를 구성해 군정의 대일 저자세를 비판하기도 했다.

(2) 민주당 결성

신파측 인사들은 정치활동이 허용되자 1963년 1월 3일 박순천의 집에 모여 정당결성을 추진했다. 이들은 쿠데타세력에 의해 무능정권이라는 낙인이 찍혔지만, 찬연한 반독재투쟁의 전통과 미처 다하지 못했지만 집권당으로서의 책무까지 가졌던 민주당을 영원히 파산시켜 버리기에는 너무나 아쉽다고 생각했다. 그리고 민정으로 복귀되는 시점에서 과거 민주당정권에 대한 국민의 심판을 요구하는 것이 공당의 사명이며, 정치인으로서 취해야 할 마땅한 태도라는 생각을 갖고 있었고, 이런 생각에서 민주당을 다시 창당해야 한다고 주장했다.[88] 이들은 1963년 2월 1

---

87) 윤보선, 『尹潽善회고록: 외로운 선택의 나날』, 207쪽.
88) 정일형, 『오직 한길로』(을지서적, 1991), 314쪽.

일 창당준비대회를 개최하고 2월 4일에는 선관위에 민주당창당준비위 결성을 신고함으로써 본격적인 창당작업에 나섰다.

창당 준비과정에서 민주당 역시 내분이 발생했는데, 이는 허정이 주도하는 신정당과의 합류문제를 놓고 견해가 엇갈렸기 때문이다. 창당작업을 주도하다시피 했던 이상철이 신정당과의 합류를 선언하자, 정일형, 성태경 등은 이에 반발하며 민주당 고수를 주장한 것이다. 합류·고수 양파는 몇 차례 교섭을 가졌으나 끝내 타협을 이루지 못해 결별하고 말았다. 여기서 고수파는 민주당 잔류를 선언하고 박순천을 중심으로 창당작업에 박차를 가했다. 한편 신정당 창당에 참여했던 합류파는 허정 측근과의 갈등으로 대부분이 다시 민주당으로 복귀하는[89] 전형적인 이합집산 양상을 보여주었다.

내부적으로 갈등을 겪던 민주당은 1963년 7월 18일 창당대회를 개최하고 총재에 박순천을 선출했으나 대통령후보는 지명하지 않았다. 대신 민주당은 야당연합으로 대통령후보 단일화를 위해 모든 노력을 경주할 것을 다짐했다. 실질적인 군정종식을 이루기 위해서는 야권이 단일후보를 옹립하는 것이 바람직하다는 견해에 따른 것이었다.[90] 그러나 민주당이 이러한 생각을 갖게 된 배경에는 당내에 대중적인 지명도가 있는 인물이 없기 때문이기도 했다.

(3) 야권 후보단일화 추진

야권의 정치인들은 민정당이나 민주당같이 별도로 정당을 결성하면서도 통합을 이루기 위한 노력을 게을리 하지 않았다. 야권후보의 단일화는 당시 많은 국민들이 바라고 있는 것이기도 했는데, 이는 야권이 한데 뭉치지 않고서는 공화당으로 통합돼 있는 여권과 겨루어 선거에서

---

89) 中央選擧管理委員會,『大韓民國政黨史』第1輯, 500쪽.
90) 민주당이 후보를 내세우지 않은 것은 군사독재 세력과 재야민주 세력의 결전에서 민주세력이 전열을 가다듬지 못하면 결과적으로 이적행위가 되므로 실질적인 단일후보를 내세우기 위해서였다고 주장했다. 정일형,『오직 한길로』, 315쪽.

승리할 가능성이 적다고 생각했기 때문이다.91) 이와 같은 여망에 따라 통합을 위한 움직임은 1963년 6월 말부터 가시화됐고, 통합을 촉진하기 위해 윤보선은 민정당 후보직을 사퇴하기도 했다. 이에 힘입어 7월 18일에는 민정당의 김병로, 신정당의 허정, 민우당의 이범석 3인이 모여 무조건 통합을 다짐하는 성명을 발표했다. 이에 따라 통합추진위가 구성됐고, 8월 1일에는 통합신당인 국민의 당 창당발기인대회가 개최되기까지 했다.

이처럼 야권이 단일정당 출범을 선언하긴 했지만, 국민의 당은 완전한 의미의 통합을 이루지는 못했다. 일차적으로 지구당조직책 선정을 둘러싸고 민정계와 신정계, 민우계, 무소속이 모두 불만을 나타냈으며, 대통령후보 사전 조정문제를 놓고 민정계와 비민정계 사이에 의견이 크게 대립됐기 때문이다. 이들은 후보선출을 위해 몇 차례 막후협상을 벌이기도 했으나 합의에 이르지 못했으며, 9월 5일의 창당대회 겸 후보 지명대회에서도 아무런 결론을 내지 못했다.92)

9월 6일 속개된 대회에서도 아무런 결론이 나지 않자 민정당은 9월 12일 별도의 지명대회를 열고 윤보선을 다시 대통령후보로 지명했다.93) 국민의 당도 9월 14일 허정을 후보로 지명하고94) 별도로 후보등록을 했

---

91) 柳珍山, 『해뜨는 地平線』, 280쪽.
92) 윤제술은 후보단일화를 이루지 못한 것은 윤보선이 자신이 후보가 돼야겠다고 끝까지 고집했기 때문이라고 주장했다. 尹濟述先生文集刊行委員會, 『芸齊選集』 上, 155쪽.
93) 윤보선은 자신이 하고 싶어 후보가 된 것이 아니라 대부분의 당원들이 강력하게 밀고 나갔고, 또 여론이 자신에게 많이 기울어 있었기 때문에 나선 것이라고 주장했다. 윤보선, 『尹潽善회고록: 외로운 선택의 나날』, 234쪽. 이에 대해 유진산은 윤보선이 군정과 대결한다는 의미에서 양보를 했더라면, 국민들은 말할 수 없이 감동해 허정이 당선됐을 것이고, 국민의 여망인 군정종식도 이루어졌을 것이 분명하다고 주장했다. 柳珍山, 『해뜨는 地平線』, 287쪽.
94) 허정은 사람들이 대부분 자신을 대통령후보로 원하고 있어 국민의 당 창당대회에서 윤보선의 후보지명은 사실상 어려운 형편이었기 때문에 윤씨측에서 사전조정을 주장했다고 회고했다. 許政, 『내일을 위한 證言』(샘터사, 1979), 295쪽.

다. 이 파동으로 단일정당 결성을 기대했던 국민들이 크게 실망하는 바람에 야권에 대한 신뢰에 금이 가기 시작했다. 그리하여 야당진영은 국민들로부터 많은 질책과 지탄을 받아야 했으며, 많은 자금을 소진했고, 그리고 선거에 필요한 시간만 허비하고 말았다.95)

4. 공화당의 승리와 신민당 출범

1963년 10월 15일 실시된 5대 대통령선거에서 민정당의 윤보선 후보가 공화당의 박정희 후보에 패배함으로써 야권은 통합의 위력을 새삼 느끼지 않을 수 없었다. 선거를 앞두고 여권은 분열을 극복하고 공화당의 기치 아래 통합해 집권에 성공한 반면, 야권은 통합의 기치를 들었으면서도 내부적으로는 분열의 길로 치달음으로써 자신들이 목표로 했던 군정종식을 이루지 못하고 만 것이다. 이러한 현상은 대통령선거뿐만 아니라 그 해 11월 26일 실시된 6대 국회의원선거에서도 그대로 나타났는데, 이는 야권이 분열된 상태로 총선에 임했기 때문이다.

정권교체를 위해서는 무엇보다 통합이 필요하다는 것을 깨닫게 된 야권은 6대 대선에 대비해 통합을 이루고 신민당을 결성했다. 그러나 의원직 사퇴를 둘러싸고 벌어진 선명논쟁과 통합과정에서 생긴 앙금으로 야당은 어렵사리 이룬 통합의 효과도 제대로 보지 못하고 또다시 위기에 처하고 말았다. 이로써 위기와 통합이라는 한국 정당구도의 기본적 특성은 변함없이 나타났다고 할 수 있다.

---

95) 高興門, 『정치현장 40년: 못다 이룬 민주의 꿈』, 150쪽.

1) 5대 대선과 6대 총선

　모두 7명의 후보가 등록한%) 5대 대통령선거는 쿠데타로 정권을 장악한 군부가 국민의 신임을 받아 재집권에 성공하느냐, 아니면 군정종식을 내건 구정치인이 집권해 진정한 의미의 민정이양을 이루느냐 하는 점에서 국민들의 지대한 관심을 끌었다. 이와 아울러 야권이 추진하던 후보단일화 작업도 관심의 대상이 되지 않을 수 없었고, 선거운동 과정에서 윤보선에 의해 제기된 사상논쟁도 언론의 집중적인 조명을 받았다.

　민정참여 문제를 놓고 여러 차례 말을 바꾸었던 박정희는 출마를 결심한 후 '혁명의 책임자'로서 자신이 세우려는 미래의 정치상을 밝히는 글에서 "참신한 인사를 제외한 구정치인은 제2선으로 물러서게 하고, 새 역사의 창조에 원동력이 될 신세력 중간층의 등장을 지원한다"97)고 강조했다. 아울러 그는 붕당을 망국의 근원이라고 보고 이의 출현을 막을 것이라고 단언함으로써 야권에서 반복적으로 나타나고 있는 이합집산 현상을 집중적으로 비판했다. 야권의 분열상에 대한 비판은 유권자들에게 어느 정도 설득력이 있었다고 할 수 있는데, 야권의 패배는 결국 정치활동이 재개된 이후 야권 내에서 일어났던 대립과 갈등이 크게 작용한 것으로 분석됐기 때문이다.98)

　통합정당인 국민의 당을 출범시켜 가면서도 후보를 단일화하지 못하던 야권은 1963년 10월 2일 허정이 후보사퇴를 선언함으로써 후보단일

---

96) 등록한 후보의 명단은 다음과 같다. 정민회 卞榮泰, 공화당 朴正熙, 추풍회 吳在泳, 자유민주당 宋堯讚, 민정당 尹潽善, 국민의 당 許政, 신흥당 張履奭.
97) 朴正熙, 『國家와 革命과 나』, 283쪽.
98) 공화당은 야권이 후보단일화 실패와 이후 야당 내의 亂鬪相爭으로 치명적인 타격을 입었다고 주장했다. 民主共和黨, 『民主共和黨 四年史』, 104쪽. 김도연도 근소한 표차이를 볼 때, 여타 후보들이 끝까지 사퇴하지 않아 패배했다면서 공화당과 비슷한 주장을 했다. 金度演, 『나의 人生白書』, 461쪽.

화에 근접할 수 있었다. 국민의 당 후보인 허정은 야권이 후보단일화를 이루지 못하고 분열된 상태로는 공화당을 이길 전망이 어둡다고 보았기 때문에 자신이 사퇴하는 수밖에 없다는 생각에서 물러선 것이었다.[99] 허정의 사퇴에 이어 선거 8일 전인 10월 7일 옥중에서 출마했던 자유민주당(이하 자민당)의 송요찬도 후보를 사퇴했다. 송요찬 역시 야권이 후보를 단일화해 군정종식을 이룰 수 있기를 바라는 마음에서 사퇴를 선언한 것이었는데,[100] 두 후보의 사퇴로 야권은 사실상 후보단일화를 이룬 것이나 마찬가지였다. 그러나 후보 자체를 내지 않았던 민주당이 선거운동 과정에서 제3자적 입장을 취하고 있었기 때문에 야권은 후보단일화에 따른 소기의 성과를 볼 수 없었다.

5대 대통령선거에서 가장 국민의 관심을 끈 문제 중의 하나는 사상논쟁이었다. 이는 1963년 9월 24일 윤보선 후보가 전주 유세에서 '여수·순천반란사건'(이하 여순사건) 관련자가 정부 안에 있다고 말한 데 이어, 25일 서울 유세에서 박정희 후보가 여순사건과 관련이 있다고 폭로한 것이 발단이 돼서 발생했다. 이후의 유세에서 윤보선은 황태성사건을 비롯해서 박정희가 여순사건에 직접 관련돼 있었다는 자료를 공개하며 그의 사상과 공화당의 순수성에 대해 계속 의문점을 제시했다.[101]

사상논쟁이 제기되자 공화당은 이를 역이용하는 전략으로 나갔다. 우선 사상논쟁이 과거 선량한 시민을 빨갱이로 몰아치던 한민당의 매카시즘적 수법을 되풀이하는 소행이라고 반박했다.[102] 그리고 공직채용에서 연좌제를 폐지하겠다고 다짐하고 민정이 수립되면 감옥에 갇혀 있는 혁신계 인사들을 석방하겠다고 공약했다. 이로써 공화당은 반사이익을 보

---

99) 그는 윤보선은 원칙적으로 대통령에 나설 자격이 없다고 생각하면서도 후보단일화를 이루기 위해 용퇴한 것이라고 주장했다. 許政, 『내일을 위한 證言』, 298쪽.
100) "宋堯讚篇," 『事實의 全部를 記述한다』(希望出版社, 1966), 477쪽.
101) 윤보선, 『尹潽善회고록: 외로운 선택의 나날』, 244-255쪽.
102) 民主共和黨, 『民主共和黨 四年史』, 117쪽.

았다고 할 수 있는데,103) 이 점에 대해서는 야권도 어느 정도 공감하는 부분이 있었다.104)

선거결과 15만여 표의 차이로 공화당의 박정희 후보가 당선되자 윤보선은 축하전문과 함께 꽃다발을 보내 축하의 뜻을 표했다. 그러나 선거부정으로 패배했다는 생각에는 변함이 없었기 때문에 윤보선은 선거가 끝난 지 29일 만인 11월 13일 대통령 당선무효 및 선거무효 소송을 제기하고 정신적 대통령임을 자부하기도 했다.105) 그러나 이는 국민의 호응보다는 민주주의 신봉자로서 의심되는 사고방식이라는 비판을 불러일으키는 쪽으로 작용했다.106)

1963년 11월 26일 실시된 제6대 국회의원선거의 경우 야권이 민정당, 민주당, 자민당, 국민의 당 등 4개 정당으로 분열돼 있었기 때문에 여당인 공화당의 승리는 어느 정도 예견돼 있는 것이기도 했다. 이 때문에 일부에서는 이 4개 정당만이라도 연합전선을 펴지 않으면 공화당에 어부지리만 주게 되므로 조정기구 같은 것을 구성하자고 제의하기도 했다.

---

103) 정구영은 윤보선이 사상논쟁을 제기해 국민의 미움을 산 반면, 공화당은 이를 역이용해 근소한 차이나마 표를 더 많이 얻은 것이라고 주장했다. 李英石 編, 『鄭求瑛回顧錄』, 59쪽.

104) 고흥문은 박정희의 연좌제 폐지공약으로 인해 사상논쟁은 윤보선에게 다소 불리하게 작용했다고 주장했다. 高興門, 『정치현장 40년: 못다 이룬 민주의 꿈』, 152쪽. 김대중도 사상논쟁을 제기한 것은 과거 어두웠던 기억을 되살아나게 하는 것으로, 윤보선씨가 정권을 쥐게 되면 공포정치와 공산당 날조방식의 정치를 하게 될지도 모른다는 두려운 생각을 품게 해 충분히 이길 수 있는 선거를 패배로 이끌었다고 주장했다. 金大中, 『행동하는 양심으로』, 88쪽.

105) 그는 대통령선거에서 투표에는 이기고 개표에는 졌다면서, 국민의 정신적 대통령이라고 자부한 것은 국민들이 열광적인 지지를 보내주어 국민을 대하는 자신의 마음이 대통령이 된 것 못지않다는 표현을 그렇게 했을 뿐이라고 주장했다. 윤보선, 『尹潽善회고록: 외로운 선택의 나날』, 267쪽.

106) 페어플레이 정신을 발휘해 꽃다발까지 보내놓고, 선거에서 졌다고 감정적으로, 그리고 변칙적으로 정권타도에만 집착하는 것은 민주주의 신봉자로서 크게 의심되는 사고방식이라는 비판을 받았다. 柳珍山, 『해뜨는 地平線』, 287-288쪽.

그러나 각 당 이해관계의 상충과 후보자들의 고집, 특히 비례대표제 채택으로 득표율을 높이지 않으면 안 되는 상황이었기 때문에 사전조정이나 연합전선은 이룰 수 없었다. 그 결과는 예상했던 대로 야당의 공멸을 자인하지 않을 수 없었다.[107]

6대 총선을 앞두고 4개 야당은 공동으로 선거법 개정투쟁을 선언하는 등 야당붐 조성에 노력했으나, 분열된 상태였기 때문에 좋지 못한 결과가 나타났다. 이에 대해 공화당이 권력과 금력을 동원해 선거를 혼란상태로 몰아갔기 때문,[108] 또는 야당에 불리한 선거법 때문이라는[109] 분석도 있었다. 그러나 결정적인 원인은 단일야당을 형성하지 못한 데 있었고,[110] 이러한 분석이 공감대를 얻어 6대 국회가 개원되면서 야당통합 운동이 시작됐다.

2) 공화당의 승리와 내분

대통령선거에 이어 국회의원선거에서도 공화당이 승리하자 박정희는 1963년 12월 2일 창당준비위원장이었던 김종필을 당의장에 지명, 당체제를 정비하는 조치를 취했다. 당의장으로 복귀한 김종필은 창당과정에서 나타난 분열상을 의식해 분열하지 말자고 강조했고, 당 소속의원들

---

107) 金度演, 『나의 人生白書』, 466-467쪽.
주요 정당의 입후보 수, 당선자 수, 득표율 및 당선율 (지역구/전국구)

	민주공화당	민정당	민주당	자유민주당	국민의 당
입후보자 수	131/ 31	131/ 30	120/ 20	117/ 16	109/ 20
당선자 수	88/22	27/14	8/5	6/3	2/0
득표율(%)	33.5	20.1	13.6	8.1	8.8
당선율(%)	67.9	25.9	9.2	7.0	1.8

中央選擧管理委員會, 『歷代國會議員選擧狀況』(中央選擧管理委員會, 1971), 597-615쪽에서 재작성.

108) 윤보선, 『尹潽善회고록: 외로운 선택의 나날』, 267-269쪽.
109) 高興門, 『정치현장 40년: 못다 이룬 민주의 꿈』, 152쪽.
110) 정일형, 『오직 한길로』, 316쪽.

도 파당행위를 구악 중의 하나로 규정하고 집권당으로서 책임의식을 자각한다는 선서식을 가졌다.111) 이는 여권이 분열을 극복하고 통합한 결과 선거에서 승리했다는 것을 깨달았기 때문인데, 이를 깨닫고 선서식을 갖는 순간 공화당에는 내부적으로 분열의 씨앗이 싹트고 있었다.

공화당 내분의 징후는 6대 국회 개원을 앞둔 시점에서 의장 내정문제를 둘러싸고 나타났다. 이는 국회의장으로 정구영을 내정하고 그에게 통보까지 한 상태에서 갑자기 이효상으로 바꾸어 발표했기 때문에 발생한 것인데,112) 이를 계기로 공화당 내에서 군출신과 민간인들 사이에 불신이 자리잡게 됐다.113) 이와 아울러 첫 내각구성에서 공화당은 책임정치 구현을 위해 당원의 중용을 강력히 요구했으나, 대부분의 요직에 기성 정치인 출신이 임명되는 사태가 발생하자 당의 반발을 초래하기도 했다.114) 이처럼 국회와 행정부의 요직임명을 놓고 군과 민간인 출신 사이에 보이지 않는 알력이 생겨 당의 단결에 금이 갔던 것이다.

공화당의 내분은 정부가 한일회담 조기타결을 시도하고 야당과 학생들이 이에 반대하는 데모를 전개하는 과정에서 본격화됐다. 한일협상 추진에 반대했던 3민회의 김준연은 1964년 3월 26일 박정권이 일본으로부터 1억 3천만 불을 받아 정치자금으로 썼다는 비난과 동시에 그 내역

---

111) 民主共和黨, 『民主共和黨 四年史』, 149쪽.

112) 국회의장 인선문제에서 대통령은 윤치영을 내정하고 있었고, 당료파는 정구영을 추천하고 있었기 때문에 혼선이 생겼다고 김용태는 주장했다. 따라서 이 중 누구 하나를 지명할 경우 당내 결속에 차질이 있을지도 모르므로, 김용태가 건의해 제3자인 이효상을 지명했다는 것이다. 金龍泰, 『金龍泰自敍錄』 第1卷, 198쪽.

113) 정구영은 이효상이 김종필 사단에 도전하는 신주류 4인체제를 만들어 내는 징검다리 역을 한 인물이라 평가하고, 그의 등장으로 공화당은 출발 초의 첫 요직편성부터 상호불신의 씨가 뿌려졌다고 개탄했다. 李英石 編, 『鄭求瑛回顧錄』, 65-67쪽.

114) 경제관료에 민간인 출신을 기용한 데 대해 군출신들은 "왜 썩어빠진 구정권 사람들만 추천하느냐"고 항의하는 일도 없지 않았다. 金龍泰, 『金龍泰自敍錄』 第1卷, 199쪽.

을 공개했다.115) 이를 계기로 여야가 극한 대립하는 양상을 보이고 정국의 대치상태가 계속되자, 공화당 내외의 비주류라고 할 수 있는 반김종필 세력이 제휴해 퇴진공작을 전개했다.

비주류는 난국을 수습하고 나라를 건지는 길은 국민적 비난의 표적이 되고 있는 김종필을 공직에서 물러나게 하는 것밖에는 없다고 주장했다.116) 이에 대해 당의 주류라고 할 수 있는 70여 명의 국회의원과 사무국 요원들이 반발해 사퇴문제는 일단락되는 듯했다. 그러나 데모가 격화되고 6월 3일 계엄령이 선포되자 김종필은 사퇴하고 다시 외유의 길에 오르게 된다. 김종필이 사퇴하자 당 사무국의 축소와 기구개편이 뒤따라 당내에서 주류의 입지는 축소되고 말았다.117)

주류와 비주류의 충돌은 1964년 전당대회를 앞두고 다시 발생했다. 비주류는 당헌개정을 통해 당체제와 운영의 개혁을 주장했고, 김종필을 중심으로 한 주류는 개혁요구를 해당행위로 간주하고 개혁을 지지하는 대통령 측근의 배제를 주장했다. 총재 주재 아래 열린 당무회의에서도 양측은 결론을 내리지 못했으나, 중도파의 타협안을 받아들여 당헌개정 문제는 전당대회에서 당무회의나 중앙상임위원회에 위임키로 했다.118) 당시 체제개편 문제를 둘러싸고 전개된 대립에서 정구영은 주류의 입장을 대변한 반면, 백남억, 박준규, 민관식, 현오봉, 구태회, 김진만 등은 비주류의 입장에서 당의 개편을 요구했다. 이후 당내에 혁명주체와 비

---

115) 일본으로부터 받았다는 정치자금의 내역에 대해서는 허도산 편,『建國의 元勳 朗山 金俊淵』(자유지성사, 1998), 372-373쪽 참조.
116) 비주류는 김종필이 정보부장 재직 당시 한일회담에 관여한 것이 국회나 학생들에게 자극을 준 것이기 때문에 퇴진해야 한다고 주장했다. 金龍泰,『金龍泰自敍傳』第1卷, 209쪽.
117) 김종필의 사퇴는 비주류의 주장도 있었지만, 당시 합참의장을 비롯한 군부의 시국판단이 크게 영향을 미치기도 했다. 李英石 編,『鄭求瑛回顧錄』, 81-83 및 115-120쪽 참조.
118) 양측이 각각 주장한 내용에 대해서는 中央選擧管理委員會,『大韓民國政黨史』第1輯, 325-326쪽 참조.

주체, 대의기구와 사무기구, 주류와 비주류, 강경파와 온건파 등으로 나누어져 공화당의 갈등은 끊이지 않았다.119)

1965년 12월 들어 국회의장단 개선문제를 놓고 공화당은 또다시 내부적으로 갈등을 겪게 되는데, 사건의 발단은 박정희의 의장단 유임조치에서 비롯됐다. 유임조치에 대해 당 소속의원들은 의장단 후보는 의원총회에서 선임한다는 당헌을 무시한 것이므로 따를 수 없다고 반발했고, 이 바람에 대통령이 지명한 이효상은 1차투표에서 과반수를 얻지 못하는 일이 일어났다. 박정희는 이러한 사태가 자신의 권위에 도전하는 반란행위라고 규정, 주류와 비주류간의 파벌싸움을 없애야겠다는 생각에서 한때 항명 주동자의 제명을 지시하기도 했다.120) 의장단 선거를 둘러싸고 일어난 당내 혼선은 정구영의 박정희 면담과 김종필의 당의장 복귀로 수습의 가닥을 잡았지만,121) 공화당의 균열은 더욱 확대되고 있었다.

이처럼 몇 차례 내분을 겪은 이후 공화당은 당 총재의 직접통제 아래 놓여 일사불란한 체제를 유지, 안정적 기반을 구축했다고 자부할 수 있게 됐다. 그러나 당의 안정에 비례해 공화당은 주변화되고 무력화되는 조짐이 나타났고, 이로 인해 당도 비민주적으로 운영될 수밖에 없는 구조가 되고 말았다.122)

---

119) 당헌개정을 요구한 6인의 비주류는 모두 기성 정치인들로, 이들은 자유당과 민주당 출신이 각각 3명씩이었다. 이에 대해 김용태는 집을 지은 사람은 그 집에서 살지 못한다는 말이 있듯이 공화당은 혁명주체가 만들었지만, 정치에 미숙한 탓이었는지 아니면 순진한 탓이었는지 주도권은 어느새 구정치인들이 쥐었다고 주장했다. 金龍泰, 『金龍泰自敍錄』 第1卷, 253쪽.
120) 李英石 編, 『鄭求瑛回顧錄』, 146-147쪽.
121) 이러한 사태를 공화당은 원내요직 개선문제를 둘러싸고 잡음이 노골화됐지만, 박총재의 영도력과 의원들의 애당심으로 무난히 극복됐다고 기록했다. 民主共和黨, 『民主共和黨 四年史』, 349쪽.
122) 김종필이 당의장으로 복귀했지만 아무런 실권도 없었고, 당 간부들은 이후락과 김형욱 등 대통령 측근의 그늘에서 김종필을 견제하는 실정이었다. 李英石

3) 야권의 내분과 통합

(1) 민중당 결성

33.5%의 득표에 불과한 공화당이 63%의 의석을 획득한 것이 야당난립 때문이라고 생각한 야권은 통합의 필요성을 절감했다. 이에 따른 통합 움직임이 처음 구체적으로 나타난 것은 민주당, 자민당, 국민의 당 3당의 단일 교섭단체 구성을 위한 협상이었다. 3당의 협상은 순조롭게 이루어져 당시 국회법상 원내교섭단체 구성요건인 10석에 미달되는 자민당과 국민의 당이 민주당과 단일 교섭단체를 구성하기로 합의를 보았다. 그 결과 1963년 12월 8일 3당의 '민'자를 따서 3민회로 등록을 하고 원내활동에서 공동보조를 취했다.

야권통합 움직임이 두 번째로 구체화된 것은 민정당과 3민회가 정부가 추진하는 한일회담 조기타결에 반대하는 공동성명의 채택이었다. 당시 정부는 일본과 국교를 조기에 정상화함으로써 경제개발에 필요한 자본을 유치하려고 했는데,123) 야당은 모임을 갖고 정부의 입장을 굴욕적인 자세라고 강력히 비난했다. 이것이 계기가 돼 야권은 1964년 3월 6일에는 대일굴욕외교반대 범국민투쟁위원회를 결성했으며, 3월 15일부터는 굴욕외교 반대를 위한 전국 주요도시 유세에 돌입했다.

굴욕외교 반대운동을 전개하는 과정에서 3민회는 각 당에서 7명씩 선임해 3당통합추진위원회를 구성, 3당통합이 가시화되는 단계에 이르기

編, 『鄭求瑛回顧錄』, 151쪽.

123) 박정희는 경제개발에는 방대한 외화가 필요한데, 미국의 돈이건 서독의 돈이건, 심지어는 일본의 투자이건 받아들여야 한다는 생각을 갖고 있었기 때문에 한일협정을 조기에 타결해야 한다고 주장했다. 朴正熙, 『우리 民族의 나갈 길』, 178-179쪽. 이러한 생각에서 그는 1962년 11월 김종필을 일본으로 보내, 金・오히라 메모를 토대로 타결을 모색하도록 했다. 그의 생각이 이러했기 때문에 정부는 야당이 아무리 반대해도 한일협정을 조기에 성사시키겠다는 방침을 세워 놓고 있었다. 高興門, 『정치현장 40년: 못다 이룬 민주의 꿈』, 153쪽.

도 했다. 그러나 마지막 고비에서 자민당이 지구당 조직책 비율문제에 불만을 품고 합류를 거부하는 바람에 1964년 9월 17일 자민당이 빠지고 국민의 당만 민주당에 합류하게 됐다.[124] 3민회의 대열에서 이탈한 자민당은 11월 26일 김준연의 주도로 민정당에 합류했다.[125] 이로써 야권은 일단 민정당과 민주당으로 양분됐다.

야권통합은 민정당과 민주당이 통합을 선언하고 민중당을 결성함으로써 일단락을 짓게 된다. 한일회담 추진과정에서 나타난 정부의 굴욕적인 자세와 국익을 외면한 내막이 밝혀지고 학생들과 야당의 반대데모가 치열해지면서, 야당통합의 필요성은 더욱 강조됐고 국민들도 이를 강력히 요망했기 때문에 양당이 통합을 모색하게 된 것이다. 그리하여 1965년 3월 16일 야당통합 추진 15인 전권대표의 인선이 각각 이루어졌고, 3월 25일에는 양당의 전권대표 30명이 모여 야당통합만이 야당이 살고 국민이 사는 유일한 길이라는 내용의 공동성명을 발표했다. 이후 통합논의는 급진전을 보여 민정당과 민주당은 5월 3일 통합을 선언하고 민중당 창당을 공식화했으며, 6월 14일 창당대회를 가짐으로써 마침내 야권은 단일야당을 결성하는 데 성공했다.

(2) 민중당의 내분과 위기

민정당과 민주당이 통합을 선언하고 민중당을 창당함으로써 단일야당을 바라는 국민의 여망은 실현되는 것처럼 보였다. 그러나 국민의 여망 속에 탄생한 민중당은 출범한 지 한 달여 만인 1965년 7월 28일 통합의 한 축이었던 윤보선이 탈당하는 바람에 내분의 소용돌이에 휩싸여 통합의 취지를 무색하게 만들고 말았다. 윤보선의 탈당뿐만 아니라 의원직 사퇴문제를 놓고 민중당 내의 강경파와 온건파가 대립했고, 이 과정에서 강경파가 탈당해 별도로 신한당을 창당하는 사태가 발생했다.

---

124) 정일형, 『오직 한길로』, 317쪽.
125) 金俊淵, 『나의 길』(東亞出版社, 1966), 57쪽.

이로 인해 야권은 또다시 분열돼 위기에 처하고 말았다.

윤보선의 탈당은 여러 요인이 복합적으로 작용해서 일어난 것이었다. 그 자신은 "의원직사퇴도 불사하고 한일협정을 저지하겠다고 수차 공언했는데, 나 스스로 그 약속을 지키지 않는다면 국민은 과연 누구를 믿고 나라 일을 맡길 것인가를 생각하면, 나의 탈당은 결코 부자연스런 일이 아니었다고 쉽게 수긍할 것"[126]이라면서 한일협정 비준을 저지하는 가장 효과적인 방법은 야당의원의 총사퇴뿐이라고 주장했다. 복수정당을 규정한 헌법에 의해 야당이 없는 국회비준은 위헌이며 무효가 될 것이므로, 야당의원이 모두 탈당하고 의원직을 사퇴함으로써 야당 없는 국회를 만들자는 논리였다. 그러나 이는 표면적으로 내세운 명분에 불과했고, 실제로는 당내 역학관계에 대한 불만 때문에 탈당한 것이었다.[127]

기본적으로 그는 민정당과 민주당의 통합에 회의적인 입장이었다. 양당이 합치는 것이 시대적 사명이기는 하지만 과거 민주당 시절의 구파와 신파가 각각 중심이 된 민정당과 민주당이 화합한다는 것이 여간 어려운 일이 아니며, 5·16 이전부터 대립하던 두 정파가 아무 잡음 없이 뭉친다는 것이 믿어지지 않는다는 것이었다.[128] 그럼에도 불구하고 이해관계에 얽매여 정파 타령만 하고 있을 수는 없는 일이었기에 그는 통합을 추진했다고 밝혔다.

통합에 대한 윤보선의 회의적인 입장은 그가 민정당 대표최고위원 경선에서 패배하자 부정적인 것으로 바뀌게 된다. 그는 조직적인 투쟁을 하기 위해서는 대표 자리에 있는 것이 유리하다고 생각하고 민중당 대표최고위원 경선에 출마했다. 당시 당의 규모로나 다른 무엇으로도 그의 당선은 확실했고 그 자신도 그렇게 믿고 있었으나,[129] 예상과 달리

---

126) 윤보선, 『尹潽善회고록: 외로운 선택의 나날』, 319쪽.
127) 창당 직후부터 민중당은 당직 배분문제를 놓고 민정계와 민주계가 대립하다가 창당 40일 만인 7월 24일에야 당직이 확정되는 사태가 발생하기도 했다. 中央選擧管理委員會, 『大韓民國政黨史』第1輯, 558쪽.
128) 윤보선, 『尹潽善회고록: 외로운 선택의 나날』, 312쪽.

그는 박순천에게 지고 말았다. 생각지도 않던 패배를 당하자 그의 실망
은 대단했고,130) 이후 그는 박순천의 지도노선이 미온적이라고 비판하
기 시작했다.

대표경선에서 윤보선이 패배한 것은 신파측 인사들이 그를 싫어한 데
다 진산파동으로 그 자신이 커다란 상처를 입었기 때문이다.131) 경선패
배가 원인이 됐는지 그는 합당할 때 우려했던 대로 정파간의 속셈이 달
라 의견통일이 어려웠다고 주장하며, 의견의 분열은 야당의 고질적인
병폐로 국민으로부터 지탄을 받는 요인이라고 분석했다.

이처럼 야당의 분열상을 비판하면서도 그 자신은 분열의 길을 걷는
모순된 태도를 보였다. 민중당으로의 통합을 선언하는 자리에서 20년간
에 걸친 정치인들의 이합집산이 끝을 맺고 단일야당으로 결실을 보게
된 것이라고 추켜세웠던132) 민중당을 탈당하고 선명야당의 출현을 다시
제창했기 때문이다.

윤보선의 탈당을 계기로 민중당 내에서 한일협정 비준저지 방법문제
를 놓고 의견이 엇갈려 당은 내분상태에 빠지고 말았다. 여기서 강경파
는 탈당해 의원직을 포기하면 공화당이 비준안을 단독 처리하지 못할
것이므로 총선을 하지 않을 수 없을 것이고, 그리 되면 총선결과에 따라

---

129) 尹濟述先生文集刊行委員會, 『芸齊選集』 上, 173쪽.
130) 윤보선은 투표결과에 깨끗이 승복했으며 당원들이 자신을 고문으로 추대했
다고 주장하고 있다 그러나 최고위원직 수락을 거부했기 때문에 고문으로 추대
된 것이므로 깨끗한 승복과는 거리가 멀었다. 李基澤, 『韓國野黨史』, 207쪽.
131) 尹濟述先生文集刊行委員會, 『芸齊選集』 上, 173쪽. 진산파동은 1964년 8월 2일
국회에서 공화당이 단독으로 언론윤리위원회법을 통과시키자, 민정당 내 강경
파들이 공화당과 유진산이 야합했다고 들고일어섬으로써 발생했다. 언론법 통
과를 계기로 윤보선은 유진산을 제명하려 했고, 이에 맞서 유진산을 지지하는
당원들이 윤보선의 집을 점거하는 일이 벌어졌다. 이것이 세칭 '1차 진산파동'
으로 유진산의 제명은 중앙위원 365명이 참석한 가운데 찬성 189, 반대 171로
결정됐다. 둘 사이의 관계가 악화된 원인 및 그 경위에 대해서는 高興門, 『정치
현장 40년: 못다 이룬 민주의 꿈』, 157-161쪽 참조.
132) 윤보선, 『尹潽善회고록: 외로운 선택의 나날』, 313쪽.

비준안을 처리토록 하자는 입장이었다. 반면에 온건파는 공화당은 비준안을 단독으로라도 처리할 것이며, 선거를 실시한다고 하더라도 비준안 처리 후에 한다면 야당은 재출마 명분도 찾을 수 없다는 입장이었다.133)

윤보선 탈당 후 7명의 민중당 의원이 탈당, 모두 8명의 의원이 의원직을 상실했는데, 탈당의 이유는 제각각이었다. 국민에게 약속했으므로 지켜야 한다는 견해가 제시되기도 했고,134) 의원총회에서 결의했기 때문에 사퇴해야 한다는 견해도 있었는가 하면,135) 정권의 들러리가 돼 허울뿐인 의회투쟁을 벌이는 것보다는 통일된 행동으로 의원직을 버리는 편이 차라리 낫다는 이유를 들기도 했다.136) 이에 대해 복귀를 주장한 측은 국회로 복귀하는 것이 국민에 대한 실언이라는 것을 인정하지만, 위기에 직면한 조국의 운명을 바라보면서 소절(小節)에만 구애될 수 없다고 주장했다. 개인보다는 당, 당보다는 국가가 더 소중한 것이므로, 감정에 사로잡혀 당원과 의원간, 국민과 의원 및 의원간에 불신을 자아내는 일은 삼가고 당의 결속을 굳게 함으로써 국난을 타개해야 한다는 것이었다.137)

야당인 민중당이 이처럼 의원직 사퇴문제로 내분을 겪고 있는 와중에 월남파병 동의안과 한일협정 비준안은 공화당 의원만으로 국회에서 통과되고 말았다. 이후 민중당은 국회복귀를 결의했고 민중당을 탈당한 의원들은 신한당을 창당하는 방향으로 나아가, 야권은 통합을 선언한 지 5개월여 만에 다시 분열되고 말았다.

(3) 신민당 출범

민중당의 온건파들이 원내복귀를 선언하자, 강경파들은 1965년 11월

---

133) 高興門,『정치현장 40년: 못다 이룬 민주의 꿈』, 171쪽.
134) 尹濟述先生文集刊行委員會,『芸齊選集』上, 176쪽.
135) 金在光,『里程標: 어둠을 헤치고』(東亞政經硏究會, 1991), 42쪽.
136) 정일형,『오직 한길로』, 360쪽.
137) 錢鎭漢,『이렇게 싸웠다』(무역연구원, 1996), 321쪽.

1일 집단으로 탈당하고 신당참여를 공식 선언했다. 이들은 한일협정 반대 투쟁과정에서 민중당이 진정한 민족관과 헌정관을 보여주지 못했기 때문에 탈당하는 것이라면서, 선명한 야당이 출현할 경우 참여하겠다고 밝혔다.[138] 그러나 이들 강경파가 신당을 추진하는 과정에서 일부의 이탈과 새 인물의 합류가 전과 마찬가지로 반복됨으로써 비록 소규모이기는 하지만 이합집산 현상이 그대로 나타나기도 했다.

신당은 1966년 2월 15일 창당 발기인대회를 갖고 명칭을 신한당으로 결정하고, 창당준비위의 수석대표로 윤보선을 선출했다. 이들은 민중당이 정부와 여당의 불의에 항거하지 못한다면 최소한 양심과 신의라도 간직해야 하는데, 그마저 하지 않아 야당의 분열과 부재를 초래했다고 비판하고 선명야당의 기치를 내걸었다.[139] 발기인대회를 마친 신한당은 부산, 대구 등 6대 도시에서 공화·민중 양당을 비판·공격하는 유세를 벌이는 한편, 3월 30일의 창당대회에서 윤보선을 총재로 추대하는 동시에 대통령후보로 지명했다. 일찍부터 윤보선은 1967년 대통령선거에 대비하고 있었는데, 이것이 바로 그가 탈당한 진정한 이유이기도 했다.

체제정비와 원내활동을 병행하던 민중당도 신한당에 뒤지기는 했지만 선거에 따른 준비를 했다. 그 일환으로 민중당 대표 박순천은 1966년 10월 22일 대통령후보 지명대회를 가질 예정이라고 밝히고, 5·16에 관여했거나 5·16정권에 참여한 사람은 후보로 내세울 수 없다고 주장해 윤보선의 독주에 제동을 걸었다. 이와 아울러 민중당 수뇌부는 이범석, 백낙준, 유진오 등을 상대로 교섭을 진행한 결과, 유진오가 대통령 후보로 가장 합당하다는 당내외의 여론에 따라 그를 후보로 옹립하기로 했다.[140] 이에 따라 민중당은 전당대회에서 유진오를 대통령후보로 지명하고 본격적인 선거준비에 나섰다.

---

138) 中央選擧管理委員會, 『大韓民國政黨史』第1輯, 574쪽.
139) 李基澤, 『韓國野黨史』, 215쪽. 유진산은 신한당의 이러한 비판으로 결과적으로 덕을 본 것은 집권당이었다고 주장했다. 柳珍山, 『해뜨는 地平線』, 329쪽.
140) 柳珍山, 『해뜨는 地平線』, 328쪽.

이처럼 야권이 분열돼 유력한 야당후보가 두 명이나 되는 사태가 발생하자, 정권교체를 실현하려면 무엇보다 야당통합이 이루어져야 한다는 여론이 다시 강하게 일었다. 통합하지 않으면 위기를 극복할 수 없는 상황에 이른 것이다. 이에 사태의 심각성을 깨달은 일부 야당 인사들은 우선 대통령후보만이라도 단일화해야 한다는 생각에서 '야당후보 단일화추진위원회'를 구성했고,[141] 민중당의 후보로 지명된 유진오도 상황을 인식하고 윤보선을 찾아가 후보단일화를 제의했다.
　처음에 신한당과 윤보선은 실현 가능성이 없다며 양당통합과 후보단일화에 소극적인 입장이었다.[142] 그러나 주위의 강권과 여론의 압력에 굴복하지 않을 수 없어 단일화를 위한 협상에 나서게 됐다. 협상결과 대통령후보는 윤보선이, 대표위원은 유진오가 맡기로 결정됐다.[143]
　민중·신한 양당이 1967년 2월 7일 합당 선언대회를 가짐으로써 신민

---

141) 정일형,『오직 한길로』, 366-367쪽.
142) 윤보선은 자신은 후보단일화에 적극적이었지만, 신한당의 간부들이 선명야당을 표방하고 있는 상황에서 구태의연한 민중당과 합당할 수 없다는 입장이었다고 주장했다. 윤보선,『尹潽善회고록: 외로운 선택의 나날』, 335쪽. 윤보선의 이러한 주장은 사실과 다르다. 그는 처음에는 민중당을 공화당 통치질서의 일부로 규정하고 타협의 여지를 주지 않고 계속 단일화를 거부했다. 정일형,『오직 한길로』, 367쪽.
143) 윤보선 자신은 당수가 돼 진정한 선명야당을 만들어 가려는 포부가 더 강했고 후보가 되려는 생각은 조금도 없었으나, 유진오가 사양하는 바람에 자신이 하는 수 없이 후보가 됐다고 주장했다. 윤보선,『尹潽善회고록: 외로운 선택의 나날』, 337쪽. 윤보선의 이러한 주장은 사실과 다른 것으로 생각된다. 윤제술에 의하면 윤보선에게 당수가 되라고 했으나 끝내 후보가 되겠다고 고집했다는 것이다. 윤제술은 윤보선이 한번 해 보더니 맛을 들인 모양이라고 비판하면서 윤보선이 인기는 있으나 첫 후보 때보다 많이 떨어졌고, 대통령이 되지도 못하고 돼서도 안 된다고 생각해 그에게 당수직을 권했으나 듣지 않았다고 주장했다. 尹濟述先生文集刊行委員會,『芸齊選集』上, 180쪽. 고흥문도 민중당을 깬 장본인이 신민당의 기수로 다시 등장하는 것은 잘못된 것이며, 그 자신에게는 기회가 될지 몰라도 야당으로서는 치명적인 후퇴를 의미할 수도 있다고 분석했다. 高興門,『정치현장 40년: 못다 이룬 민주의 꿈』, 178쪽.

당은 정식 출범했다. 이 자리에서 윤보선은 "형식적인 통합이 아닌 정식적 통합"을 강조했고, 박순천은 "진실로 합쳐야 국민의 올바른 지지를 받을 것"이라고 주장함으로써 기존의 이합집산과는 다른 결심과 각오로 임하고 있다는 것을 나타냈다. 그리고 통합선언문에서 겨레에 희망을 주는 단 하나의 길은 난립된 재야정당들이 구원을 씻고 무조건 통합하는 것이며, 만난을 극복하고 통합해 신민당을 창당한 것은 '한국정당사의 기적'이라고 자부했다.144) 이러한 자부심을 가지고 신민당은 6대 대통령선거에 임했다.

5. 3선개헌과 40대기수론

1967년 대선과 총선을 앞두고 여야 모두 내부적으로 분열을 극복하고 체제정비에 나섰는데, 두 선거 모두 여당의 승리로 끝났다. 통합의 강도 면에서 야권이 여권에 뒤졌을 뿐만 아니라, 개헌을 의식한 정부와 여당이 관권과 금권을 동원해 부정선거를 자행했기 때문이다.

대통령선거의 경우 야권이 후보를 단일화하기는 했지만, 내부에서조차 신바람이 나지 않아 그저 절차를 밟아 주는 데 불과했다고 밝힐 정도로 신민당은 통합이 되지 않은 상태였다.145) 한편 국회의원선거의 경우 개헌선 확보를 목표로 관권을 동원하는 바람에 부정선거 시비가 일어 국회가 장기간 공전하는 사태를 빚기도 했다.

개헌선을 확보한 공화당은 대통령의 3선을 금지한 헌법조항의 개정에 나섰는데 이 과정에서 공화당은 다시 내분을 겪었으며, 신민당도 지도체제 정비문제를 놓고 내분에 휩싸이게 된다. 이로써 양당 모두 분열의

---

144) 中央選擧管理委員會, 『大韓民國政黨史』 第1輯, 597쪽.
145) 尹濟述先生文集刊行委員會, 『芸齊選集』 上, 183쪽.

위기에 처하게 됐다. 여기서 공화당의 경우 4인체제의 확립으로 반김종필 세력이 당의 실권을 장악하게 되며, 신민당의 경우 40대기수론의 등장으로 세대교체를 이루게 된다.

1) 6대 대선과 7대 총선

(1) 6대 대선

1967년 3월 24일 정부는 6대 대통령선거를 5월 3일 실시한다고 공고했다. 4월 3일 등록을 마감한 결과 모두 7명이 출마했으나,[146] 4월 28일 대중당의 서민호가 후보직을 사퇴하는 바람에[147] 선거는 다시 박정희와 윤보선 두 후보의 대결로 압축됐다.

윤보선은 분열됐던 야권이 통합돼 사실상 단일후보나 마찬가지였기 때문에 선거에서의 승리를 확신했으며, 유세하는 동안 승리할 수 있다는 자신감을 갖게 됐다고 회고했다.[148] 공화당도 승리를 낙관하고 있었다. 이미 1963년 대선에서 윤보선과 한번 겨루어 이긴 적이 있으며, 4년간 경제개발에 어느 정도 성공했고, 윤보선이 당내 분란 탓에 영향력이 약화됐다는 점 등을 들어 박정희가 당선될 것으로 보고 있었다.[149] 재대결을 앞두고 양측 모두 자신의 승리를 확신했지만, 선거결과는 116만여 표의 차이로 박정희 후보가 윤보선 후보를 누르고 당선됐다.

개표가 끝난 후 윤보선은 자신의 패배는 부정선거 때문이었다고 분석

---

146) 후보자 등록현황은 다음과 같다. 1번 정의당 李世鎭, 2번 한국독립당 錢鎭漢, 3번 신민당 尹潽善, 4번 대중당 徐珉濠, 5번 민중당 金俊淵, 6번 민주공화당 朴正熙, 7번 통한당 吳在泳.
147) 그는 '대통령후보를 사퇴하면서'라는 성명을 통해 무엇보다 정권교체를 갈망하는 절실하고 안타까운 현실을 깨달았기에 후보를 사퇴한다고 말하고, "옳다고 믿는 후보에게 표를 몰아 던져 줌으로써 이 나라의 민주주의를 꽃피게 해 주시기를 바란다"고 밝혔다. 徐珉濠, 『이래서 되겠는가』(環文社, 1970), 389쪽.
148) 尹潽善, 『尹潽善회고록: 외로운 선택의 나날』, 344쪽.
149) 李英石 編, 『鄭求瑛回顧錄』, 135-136쪽.

했다. 공명선거가 이루어졌더라면 틀림없이 이겼을 텐데, 관권, 금권, 청중 강제동원, 불법 선거운동, 유령유권자 조작, 선거인명부 고의적 누락, 투·개표과정에서의 부정 등 사상 유례없는 부정선거가 자행돼 패배했다는 것이었다.150) 선거가 끝난 지 사흘 후 그는 심신의 피로가 가중돼 일단 정계에서 물러나 더 강력하게 투쟁할 힘을 축적하는 계기로 삼겠다면서 정계은퇴를 발표했다.

패인을 부정선거에서 찾은 윤보선과 달리, 같은 당의 윤제술은 처음부터 당세의 차이로 보아 누가 나가더라도 대통령이 되지 않을 것이라고 판단하고 있었다. 이런 판단을 했기 때문에 윤제술은 대통령후보 대신 당수가 되는 것이 당과 윤보선을 위해서 현명한 일이라고 생각했지만 윤보선의 판단이 흐려 일을 그르쳤고, 이 때문에 윤보선은 지고도 진 줄을 모르는 것 같았다고 주장했다.151)

한편 공화당은 일하는 대통령이라는 생산적 정치의 이미지와 그 동안 추진한 공업화정책이 국민들로부터 열렬한 지지를 받았기 때문에 박정희가 당선된 것으로 평가했다.152) 이와 아울러 공화당은 6대 대선이 여촌야도라는 전통적 관념을 뒤집어 놓았으며 광주와 전주, 수원을 제외한 전 도청소재지에서 승리를 거두어153) 생산적 정치와 구체적인 성과가 구체성 없는 구호보다 소중하게 받아들여진 결과라고 주장했다.

(2) 7대 총선

대통령선거가 끝난 지 한 달여 만인 1967년 6월 8일 실시된 7대 국회의원선거에서 공화당은 대선 승리의 여세를 몰아 "박대통령 일하도록

---

150) 尹潽善,『외로운 선택의 나날』, 346쪽.
151) 尹濟述先生文集刊行委員會,『芸齊選集』上, 180-181쪽.
152) 民主共和黨,『民主共和黨史 1963-1973』(民主共和黨, 1973), 399쪽.
153) 이러한 현상에 대해서 윤천주는 1963년의 남북분포가 6대 대선에서는 동서분포로 바뀐 것으로 분석했다. 尹天柱,『우리나라의 選擧實態』(서울大學校出版部, 1981), 69쪽.

밀어주자 공화당"이라는 구호를 내세워 득표활동에 나섰고, 신민당은 대선 무효화투쟁을 선거전략으로 삼고 "단일야당 밀어주어 일당독재 막아내자"는 구호를 내걸고 선거에 임했다. 선거결과는 공화당 129석, 신민당 45석, 대중당 1석으로 집계됐으나,154) 부정선거 시비로 야당이 등원을 거부하는 바람에 7대 총선은 기나긴 후유증을 남기게 됐다.

선거에 앞서 공화당의 김종필이나 정구영은 의석이 지난 총선보다 10석 정도 줄어든 100석 정도를 예상하고 있었다. 1963년에는 야당이 민정, 민주, 자민, 국민의 당 등 4개 정당으로 분열돼 있었지만, 67년도에는 이들이 신민당 하나로 통합돼 야당성향의 표가 신민당 한 곳으로 모일 것이라고 생각했기 때문이다. 이들은 7대 총선이 힘든 선거가 될 것이라 각오하고, 선거를 계기로 권력의 시녀에서 성격을 탈피해 국민에 뿌리를 내려 자주적인 정당으로 탈바꿈하겠다는 기대를 갖고 선거에 임했다.

그러나 이들의 예상과 기대는 권력 핵심부의 의도와는 거리가 있는 것이었다. 정보부장과 내무장관이 막대한 자금을 동원하고 공무원을 투입해 개헌선인 3분의 2를 상회하는 의석을 공화당에 안겨 공화당의 압승을 만들어 냈기 때문이다.155) 이 바람에 공화당은 승리를 반가워하기

154) 정당별 입후보 수, 당선자 수, 득표율 및 당선율 (지역구/전국구)

	입후보수	당선자수	득표율(%)	의석률(%)
공화당	131/29	102/27	50.6	74
신민당	131/31	28/17	32.7	26
대중당	65/9	1	2.3	

中央選擧管理委員會, 『歷代國會議員選擧現況』, 728-747쪽에서 재작성.

155) 李英石 編, 『鄭求瑛回顧錄』, 171-172쪽. 선거를 앞두고 국무회의는 대통령과 국무총리 등 국무위원과 정부위원이 선거운동을 할 수 있도록 선거법 시행령 개정안을 의결했으나, 중앙선거관리위원회는 공무원의 정치적 중립을 규정한 헌법조항에 위배된다는 이유를 들어 개정안이 부당하다는 해석을 내렸다. 그러나 선관위는 대통령은 당총재 자격으로 유세를 할 수 있다고 함으로써 대통령의 공화당 후보 지원유세가 시작됐고, 각 지역의 개발공약을 남발해 타락선거, 금권선거라는 낙인이 찍히게 됐다. 尹天柱, 『우리나라의 選擧實態』, 71-73쪽.

보다는 놀라고 당황해 선거의 뒤끝이 어떻게 전개될 것인지 걱정하는 입장이 되고 말았다.

신민당은 7대 총선을 선거사상 최악의 타락·부정선거로 규정, 선거무효와 전면 재선거를 당론으로 확정하고 6·8선거 무효화투쟁위원회를 조직했다. 투표에서 개표에 이르기까지 집권세력의 불법·탈법으로 투표장과 개표장을 무법천지로 만들어 야당 참관인들이 퇴장하는 일이 전국 각지에서 벌어졌고,156) 공산독재에서나 가능한 공개투표가 진행돼 야당후보가 선거를 포기할 수밖에 없는 상황에 이르렀으며,157) 금력의 동원과 행정적 간섭으로 공명선거의 희망을 완전히 꺾어 버린158) 엄청난 부정하에서 치러진 선거라는 것이었다. 이후 신민당은 등원을 거부하고 부정선거 시인과 책임자 인책을 요구했다.

공화당 스스로도 선거가 끝난 다음 "야당이 주장하는 불법·부정선거는 아니라 하더라도 모처럼의 깨끗하고 질서 있게 끝을 맺은 5·3대통령선거의 '이메지'를 완전히 씻을 만한 타락되고 혼탁한 분위기의 선거이었음에는 틀림이 없었다"159)고 부정선거를 자인할 정도였다. 그리하여 8명의 당선자를 제명하는 조치를 취했고 대통령의 유감표명과 동시에 당 차원의 선거부정조사특별위원회를 구성해 선거의 정치적 책임을 국회에서 규명할 용의가 있음을 밝혔다. 이와 아울러 공화당은 국회 정상화를 위해 야당에 협상을 제의했다.

선거가 끝난 지 약 5개월 만에 열린 여야협상에서 양당은 선관위법, 정당법, 선거법, 정치자금법 등을 개정하며 6·8선거 부정조사특별위원회

---

156) 金在光, 『里程標: 어둠을 헤치고』, 45쪽.
157) 정일형, 『오직 한길로』, 370쪽.
158) 柳珍山, 『해뜨는 地平線』, 331쪽.
159) 民主共和黨, 『民主共和黨史 1963-1973』, 409쪽. 한편 김용태는 6·8선거가 사상 유례없는 불법·부정선거였으나, 여야가 똑같이 부정과 불법을 저질렀다고 주장했다. 즉 여당은 원내 안정세력을 구축한다는 명분으로, 야당은 원내 견제세력을 확보한다는 명분으로 싸우다 보니 서로 온갖 수법을 동원해 혼탁상을 빚었다는 것이다. 金龍泰, 『金龍泰自敍錄』 第1卷, 284쪽.

법을 제정하기로 합의했다.160) 이로써 1967년 11월 29일 신민당 소속의
원들이 등원해 의원선서를 마침으로써 7대 국회는 6월 8일 선거 이후
174일 만에 정상화될 수 있었다.

  정부와 공화당이 이처럼 탈법과 불법을 동원해 전국적인 부정선거를
자행한 것은 대통령의 3선을 금지한 헌법의 개정을 목표로 하고 있었기
때문이다.161) 박정희의 장기집권을 위해서는 개헌이 필요했고, 개헌을
하기 위해서는 국회의석 3분의 2 이상을 확보해야 했는데, 개헌선 확보
는 부정선거를 하지 않고서는 도저히 불가능했기 때문이다. 이러한 이
유로 행정조직을 총동원, 정보부장과 내무장관을 비롯한 권력의 중심부
가 전국 각지를 누비며 선거운동을 독려하고 자금을 뿌렸다는 비판을
받았다.162)

2) 3선개헌

  7대 총선을 왜 그토록 무모하고 부정한 방법으로 치러야 했는지 의아
해하던 공화당 소속의원들은 해를 넘기고서 그것이 3선개헌을 위한 의

---

160) 정구영은 여야가 선거법에 규정한 선거사범 처리시효에 관계없이 선거부정
    을 조사해서 제명할 수 있게 특별위원회를 만들기로 한 것은 소급입법적 성격
    이 있어, 자신은 법률가적인 입장에서 받아들일 수 없다고 주장했다. 李英石 編,
    『鄭求瑛回顧錄』, 178쪽. 위헌론에 대해 유진산은 끝까지 맞서 논쟁을 벌였으나
    허사였다고 하면서, 여야간에 허송세월을 하다가 의미 없는 기록을 남긴 채 한
    장의 휴지가 되고 말았다고 회고했다. 柳珍山, 『해뜨는 地平線』, 333쪽.
161) 金大中, 『행동하는 양심으로』, 108쪽; 김영삼, 『민주주의를 위한 나의 투쟁』
    1(백산서당, 2000), 230쪽.
162) 정구영은 당시 공화당 내에 4인체제와 김종필계 두 파벌의 경쟁이 있었으며,
    양 파벌 모두 원내 다수의석 확보를 목표로 했다고 밝혔다. 여기서 김종필은 박
    대통령 이후 시대의 승계를 노리고 있었기 때문에 개헌을 바라지 않았으나, 4인
    체제는 박대통령의 계속 집권에서 자신들의 입지를 유지하려고 했기 때문에 개
    헌을 구상했고, 이것 때문에 개헌선 확보를 위해 관권과 금력을 동원했다고 주
    장했다. 李英石 編, 『鄭求瑛回顧錄』, 180쪽.

석확보가 목표였다는 것을 알게 됐다. 당내에서 당의장인 김종필을 소외시키고 개헌을 추진하려는 세력이 부상했다.163) 이른바 4인체제의 등장으로, 이들은 개헌을 방해하는 세력이라면 어느 누구도 가차없이 제거한다는 강한 의지를 갖고 있었다.164) 이와 달리 1965년 말 당에 복귀, 의장직을 맡고 있던 김종필은 개헌에 반대하는 입장이었다. 이로써 공화당은 개헌문제를 놓고 추진파와 반대파가 대립하는 양상을 빚었다.

이처럼 양파가 힘겨루기를 하는 과정에서 한국국민복지회(이하 복지회)사건이 발생했다. 복지회는 일반적으로 3선개헌을 저지하고 김종필을 옹립하기 위해 김용태가 중심이 돼서 조직한 공화당 내 서클로 알려져 있다.165) 그러나 복지회사건의 당사자인 김용태는 이는 개헌을 추진하는 측에서 개헌반대 움직임을 사전에 봉쇄하기 위해 조작한 사건이며, 자신은 미리 파 놓은 함정에 빠진 것에 불과하다고 주장했다.166) 이 사건을 계기로 김용태 등 3인이 제명당하고 개헌 반대세력에 대한 탄압과 회유가 잇달자, 1968년 5월 30일 김종필은 당의장직과 국회의원직 사퇴를 발표하고 정계은퇴를 선언했다. 공직사퇴라는 배수진을 치고 개헌 반대의사를 대외적으로 표명한 것이었다.

물밑에서 논의되던 개헌문제는 1969년 들어 공론화되기 시작했다. 1월 6일 사무총장 길재호는 시행과정을 통해 드러난 현행 헌법의 미비점을 보완하기 위해 헌법의 일부를 개정하는 문제를 신중히 검토중이라고 밝혔다.167) 다음날인 1월 7일 당의장서리 윤치영도 사견임을 전제하고

---

163) 4인체제는 白南檍 정책위의장, 吉在號 사무총장, 金成坤 재정위원장, 金振晩 당무위원을 말하는 것으로, 이들 4인이 당의 요직을 차지하면서 당의장인 김종필을 견제, 당의장은 허울만 좋은 형식적인 자리에 불과했다. 李英石 編, 『鄭求瑛回顧錄』, 230쪽.

164) 예춘호, 『예춘호 政治回顧錄 그 어두움의 증인이 되어』(成正出版社, 1987), 14쪽.

165) 김형욱·박사월, 『金炯旭회고록』 제2부, 232-234쪽.

166) 金龍泰, 『金龍泰自敍傳』, 300-301쪽. 정구영도 복지회사건이 조작이라는 데 동의하고 있다. 李英石 編, 『鄭求瑛回顧錄』, 218-221쪽.

근대화라는 지상명령을 수행하기 위해 개헌문제를 연구할 필요가 있다고 주장했다. 그는 민족중흥을 위해 강력한 리더십을 계속 유지하는 것이 필요하며, 이를 위해 대통령 연임 금지조항을 폐지하는 것이 시대적 요청이라고 강조했다.167) 개헌논의가 제기되면서 의원총회 석상에서 이에 반대하는 목소리가 강력히 대두되는 바람에 박정희는 개헌논의의 중단을 지시하기도 했다. 그러나 이는 외형적인 것에 불과했을 뿐 개헌작업은 4인체제와 청와대 비서실장, 정보부장 등을 중심으로 은밀히 추진됐다.169)

개헌 추진파에 맞서 반대파는 반격의 기회를 노리고 있었는데, 이들의 움직임은 권오병 문교장관 해임건의안 표결에서 행동으로 나타났다. 이른바 4·8항명으로 신민당에서 권문교에 대한 해임건의안을 제출하자, 개헌 반대파는 격론 끝에 이를 가결시키자는 결론을 내렸다. 이들은 개헌 반대세력의 사기를 북돋고 개헌 추진론자들에게 개헌에 대한 희망을 버리도록 하는 집단행동이 필요하다는 생각에서 찬성표를 던져 해임건의안을 통과시키고 말았다.170) 해임건의안이 통과되자 박정희는 주동자를 색출해서 문책할 것을 지시했고, 이에 따라 당기위원회는 양순직 등

---

167) 길재호는 박대통령이 1970년대에도 계속 집권한다면 국민 모두 잘살게 될 것이라고 확신한다면서, 헌법은 정치현실과 질서를 충실히 반영할 수 있어야 하며 그 운영과정에서 문제점이 생길 때에는 시정함으로써 헌법이 국가의 최고법규라는 실질을 갖추도록 해야 할 것이라고 주장했다. 그리고 가장 핵심적인 문제는 대통령 중임 금지조항으로, 북의 도발이나 급변하는 세계정세, 민족의 웅비라는 거창한 꿈 등을 감안할 때 강력한 리더십을 갖춘 박대통령이 계속 집권해야 하며, 이를 위해 중임 금지조항을 고쳐야 한다고 역설했다. 吉在號, 『웃음이 활짝 필 때』(大地社, 1969), 78-81쪽.
168) 民主共和黨, 『民主共和黨史 1963-1973』, 503쪽. 개헌론의 배경에는 "既存 法制度의 迫害와 彈壓 속에서 寧日이 없는 鬪爭의 歲月을 보내야 하는 不運"으로부터 지도자를 해방시켜야 한다는 견해도 들어 있었다. 吳致成, 『現實의 再發見』(三耳社, 1967), 207쪽.
169) 金永雄, 『雲庭 金鍾泌의 어제와 오늘』, 69-70쪽.
170) 예춘호, 『예춘호 政治回顧錄: 그 어두움의 증인이 되어』, 77쪽.

5명의 의원을 반당행위자로 규정해 제명했다.

4·8항명사태 이후 개헌운동은 본궤도에 올랐고 개헌 반대파에 대한 징계조치를 계기로 정치의 주도권은 개헌 반대세력에서 추진세력으로 이동하고 말았다. 개헌 반대론자들의 구심점이 제거됐기 때문이다.[171]

개헌운동의 첫 번째 징후로 나타난 것이 대통령과 정보부장의 직접적인 설득이었다. 이들은 반대파 의원들을 개별적으로 불러 적지 않은 정치자금을 제공하며 회유했다.[172] 다른 하나는 김종필의 변신이었다. 그는 북의 도발위기가 높아지고 있는 상황에서 국가를 안정과 번영으로 이끌기 위해서는 대통령의 강력한 영도가 필요하므로 개헌을 지지한다고 밝히면서 반대세력에 대한 설득에 나섰다. 그의 설득으로 개헌 반대세력은 점차 축소되고 약화되고 말았다.[173] 이와 같은 강압과 회유, 설득으로 공화당 내 40여 명에 달하던 개헌반대 의원들이 개헌을 지지하는 쪽으로 태도를 바꾸었다.[174]

4·8항명을 놓고 표면화된 공화당의 분열은 권력과 금력을 동원한 강압과 회유 덕분에 어느 정도 통합돼 개헌선을 확보 수 있었지만 안심할 수 있는 상황은 아니었다.[175] 이 때문에 본회의장에서 정상적으로 의사

---

171) 이에 대해 정구영은 개헌 반대파가 자신들의 결속력을 보이기 위해 해임건의안을 통과시키면 대통령의 비위를 거슬러 역습당할 우려가 있으므로 하지 않는 것이 좋겠다고 주장했으나, 이는 채택되지 않았다. 李英石 編, 『鄭求瑛回顧錄』, 247-249쪽.

172) 예춘호, 『예춘호 政治回顧錄: 그 어두움의 증인이 되어』, 94쪽.

173) 김용태는 김종필이 개헌추진에 동조한 것은 혁명주체라는 정치적 숙명과 박대통령과의 개인적인 관계에서 그 한계를 벗어나지 못했기 때문이라고 분석했다. 金龍泰, 『金龍泰自敍錄』 第1卷, 323쪽. 1969년 6월부터 9월까지 김종필은 하루도 빠짐없이 개헌 저지파를 회유·설득하기 위해 뛰어다녔는데, 그것이 그의 일과의 전부라고 해도 과언이 아니었다. 예춘호, 『예춘호 政治回顧錄: 그 어두움의 증인이 되어』, 100-101쪽.

174) 공화당 소속의 의원신분으로 개헌에 끝까지 반대한 의원은 鄭求瑛 하나였고, 芮春浩, 金達洙, 楊淳稙은 4·8항명파동으로 제명돼 무소속 상태에서 개헌에 반대했다.

진행을 할 경우 당내에서 야당에 동조하는 세력이 있을 것으로 보고, 본회의장을 피해 제3별관으로 옮겨 변칙처리를 했다. 1969년 9월 14일 새벽 2시의 일로, 이 자리에는 공화당 107명, 정우회 11명, 대중당 1명, 무소속 3명, 모두 122명이 참석했고, 농성으로 통고조차 받지 못해 불참기권으로 반대하게 된 의원은 49명이었다.[176] 이로써 한국의 민주주의는 초대 대통령에 한해 3선을 허용한 개헌안이 4사5입 방식으로 통과됐다고 선포한 1954년 11월 29일의 상태로 퇴보하고 말았다.[177] 15년 전의 역사가 그대로 재현된 것이다.[178]

---

175) 이 때문에 공화당은 정상적으로 표결할 경우 부결될지도 모른다고 생각했다. 그리하여 야당으로 하여금 본회의장에서 농성을 하도록 유도했고, 이를 빌미로 공화당은 변칙적인 방법으로 개헌안을 통과시켰다는 주장도 제기됐다. 李英石 編, 『鄭求瑛回顧錄』, 335-336쪽.

176) 이에 대해 공화당은 철통같은 당내 결속작업의 결과로 개헌안은 압도적인 찬성을 얻어 통과됐다고 주장하고, 국회표결이 야당의 참여 없이 특별회의실에서 처리된 것은 경위야 어찌됐든 불행한 일이라고 기록했다. 民主共和黨, 『民主共和黨史 1963-1973』, 560-561쪽.

177) 3선개헌으로 공화당의 패권정당제 수립을 위한 노력이 수포로 돌아갔다는 주장도 제기되고 있다. 金容浩, "민주공화당의 패권정당운동," 223쪽. 그러나 3선개헌이 공화당의 패권을 보장하기 위한 것이 아니라, 박대통령의 패권적 지배를 제도화하기 위한 의도에서 단행된 것이었기 때문에, 3선개헌을 패권정당제 수립노력의 실패로 규정하는 것은 논리의 비약이라고 생각된다.

178) 1968년 국정의 구호는 '중단없는 전진'이었는데, 이는 중단 없는 전진을 위해 개헌을 해야 한다는 것으로 3선개헌의 신호였다. 李英石 編, 『鄭求英回顧錄』, 346쪽. 한편 박정희는 자신의 '중단없는 전진'에 대해 다음과 같이 설명했다. "우리는 지난 10년 동안의 귀중한 경험을 살려 앞으로의 10년 동안을 자립경제에로의 완전한 전환을 위한 계속적 고도성장 속에 최저생활의 보장, 생활환경의 정비, 노동조건의 개선, 보다 공평한 소득분배 등을 주축으로 하는 복지사회의 개발을 향해 더욱더 굳센 의지와 의욕을 가지고 전진해 나아가고자 한다." 박정희, 『民族의 底力』(광명출판사, 1971), 243-244쪽.

3) 40대기수론

(1) 진산체제 출범

3선개헌 저지를 위해 당을 해체하기까지 했던 신민당은[179] 개헌안이 국민투표에서 통과되자 지도체제 정비에 나섰다. 대표위원인 유진오가 개헌반대 투쟁과정에서 발발한 신병을 치료하기 위해 일본으로 떠나 지도체제에 공백이 초래됐기 때문이다. 그러나 지도체제 정비에 따른 임시전당대회 소집문제를 놓고 당내에서 주류와 비주류가 대립하는 바람에 신민당은 또다시 통합된 힘을 발휘할 수 없었다. 유진산을 중심으로 한 주류측은 전당대회를 조속히 개최해 당권을 장악하려 했고, 이에 맞서 비주류측은 반진산 연합전선을 형성하고 전당대회 연기와 유진오체제 유지를 주장했다.[180]

주류측은 당이 활로를 찾기 위해서는 지도체제를 정비해야 한다는 입장이었다. 즉 개헌저지 실패와 당수의 신병으로 당이 침체돼 있어 능동적인 국정참여 방안을 모색해야 하며, 1971년 양대 선거를 앞두고 당세를 확장할 필요가 있기 때문에 지도체제를 개편하고 정비하지 않을 수 없다는 것이었다.[181] 이에 맞서 비주류측은 외국에서 와병중인 당수에게 사퇴를 종용했다는 불미스러운 말이 나오는 것은 이해할 수 없다는 입장이었다.[182] 그러나 유진오가 대표위원직을 사퇴하는 바람에 1970년 1월 26일 전당대회 개최에 동의하지 않을 수 없었다.

---

[179] 3선개헌이 추진되자 신민당 소속의원 曺興萬, 延周欽, 成樂炫 3명은 당론과 달리 개헌을 지지한다고 밝히고, 제명을 요구했다. 무소속으로 의원직을 유지하고 개헌안에 찬성하려는 의도에서였다. 반개헌 전선에 균열이 생기자 9월 7일 신민당은 이들 3인을 제외한 나머지 의원 전원을 제명한 후 당의 해산을 결의했다. 이로써 소속정당이 없어지게 된 3인은 자동적으로 의원직을 박탈당했다.

[180] 李基澤, 『韓國野黨史』, 254쪽.

[181] 柳珍山, 『해뜨는 地平線』, 346쪽.

[182] 정일형, 『오직 한길로』, 410쪽.

선거에 앞서 유진산은 당 내외의 여론과 근대적 의미의 자유민주 정당을 육성시켜야겠다는 평소의 염원을 달성하기 위해 출마했다고 밝혔다.183) 정일형은 오도된 지도노선을 바로잡고 자신의 경륜과 경험을 참다운 야당 발전에 바치고자 하는 결심에서 출마했다고 주장했다.184) 3명의 후보가 출마한 전당대회에서 주류측 후보인 유진산이 2차투표 끝에 이재형, 정일형을 누르고 대표위원으로 선출돼 신민당은 이른바 진산체제로 접어들었다. 유진산이 신민당의 대표위원으로 선출되자 이재형을 지지했던 윤보선은 2월 2일 선명야당론을 내세우며 신민당을 탈당함으로써185) 신민당의 통합에 균열이 가기 시작했다.

(2) 40대기수론

전당대회 개최문제를 놓고 찬반양론이 한참 전개되던 1969년 11월 8일 당시 원내총무였던 김영삼은 대통령후보 지명전에 나서겠다고 선언했다. 그는 빈사상태에 빠진 민주주의를 회생시키고 국민의 염원인 평화적 정권교체의 전통을 세우는 평화혁명의 기수가 되겠다고 선언하면서, 전당대회에서 차기 대통령후보 지명을 겸하게 하고 당이 바로 선거체제로 돌입할 것을 제의했다.186)

40대기수론이 제기되자, 이를 당내의 보수적인 질서에 대한 도전으로

---

183) 柳珍山, 『해뜨는 地平線』, 347쪽.
184) 정일형, 『오직 한길로』, 411쪽.
185) 윤보선은 신민당이 야당의 당위성을 부정하며 공화당 통치질서의 일부분으로 전락하고 말았다고 비판하고, 유진산이 당수가 된 이상 그와는 당을 같이할 수 없다는 결론을 내렸다고 주장했다. 尹潽善, 『尹潽善회고록: 외로운 선택의 나날』, 358-359쪽. 정일형은 윤보선 탈당 이후 張俊河, 朴載雨, 趙漢柏 의원 등이 신민당을 탈당해 金相敦, 金善太 등과 국민당을 발족시키고, 자신에게도 참여를 권유했지만, 분열은 이적행위가 될 것이므로 신당을 만드는 것보다 신민당을 정화함으로써 국민의 신임을 회복하는 것이 옳다고 강조했다. 정일형, 『오직 한길로』, 414쪽.
186) 성명서 전문은 김영삼, 『민주주의를 위한 나의 투쟁』 1, 333-336쪽 수록.

받아들인 당의 원로와 중진들은 처음에는 냉소적인 반응을 보였다.187) 그러나 유진산의 정치적 이미지가 야당후보로서는 난감하며, 당내에 새로운 바람이 불지 않으면 침체에서 헤어날 수 없다는 분위기가 형성된 데다,188) 같은 40대인 김대중과 이철승이 합류하자 40대기수론은 새로운 국면으로 접어들었다.189) 그리하여 중진들도 점차 비록 40대 인사들의 정치적 경력이 만족할 만하지는 않더라도, 악조건 속에서 박정권과 싸우기 위해서는 젊은 후보가 출현해야 한다는 일반국민의 여망에 따르지 않을 수 없었다.190)

대통령후보 지명대회를 앞두고 대표위원인 유진산도 후보가 되기 위해 집요하게 노력했으나 관철되지 않았다. 역사의 흐름은 40대의 몫이라는 주변의 설득에 그는 김영삼, 김대중, 이철승 세 명의 후보 가운데서 지명권만이라도 행사하려고 했으나, 이 역시 김대중이 거부하는 바람에 실현되지 못했다.191) 결국 그는 지명대회 하루 전날 중앙상임위에

---

187) 40대기수론을 구상유취라며 상대하려 하지 않던 유진산은 처음에는 "突發的으로 자신들의 利益에 결부시켜 黨 內外에 충격을 부각시켜 所期한 결과, 즉 指名을 노린다는 것은 黨內에 많은 相對的인 條件을 誘發케 하여 保守野黨의 人和와 序列에 금을 긋게 한 것"이라고 비판했다. 柳珍山, 『해뜨는 地平線』, 387쪽. 윤제술도 처음에는 "하도 엉뚱한 일이라 입을 열지 못했다"고 회고했다. 尹濟述先生文集刊行委員會, 『芸齊選集』 上, 200쪽.
188) 高興門, 『정치현장 40년: 못다 이룬 민주의 꿈』, 198쪽.
189) 김대중은 우리 사회의 모든 분야 지도층이 30대 후반에서 40대로 이루어져 있음에도 불구하고 신민당만이 노장 인사들이 지배하고 있다고 분석하고, 노장층은 경험과 지혜는 더할지 몰라도 사생결단을 방불케 하는 투쟁에는 40대가 나서야 한다고 주장했다. 金大中, 『내가 걷는 70年代』(汎友社, 1970), 78-79쪽.
190) 정일형, 『오직 한길로』, 420쪽.
191) 김대중은 대통령후보는 전국에서 모인 대의원의 자유의사에 의해 결정되는 것이 원칙이며 당수의 지명으로 뽑히는 것은 더욱 아니기 때문에 당수의 후보지명권을 거부했다고 밝혔다. 그리고 자신은 유진산과는 정치적 인맥으로나 계통으로나 다르고 여당에 대한 태도에도 차이가 있어 유진산이 자신을 지명하지는 않았을 것이라고 주장했다. 金大中, 『행동하는 양심으로』, 117쪽.

서 김영삼을 추천하는 것으로 만족해야 했다.

대표위원의 추천으로 1970년 9월 29일의 대통령후보 지명대회는 김영삼의 승리가 예상된 대회였다. 그러나 예상과 달리 1차투표에서 총투표 885표 중 김영삼 421, 김대중 382, 백지 78, 기타 4표로 김영삼은 과반수인 443표에서 22표가 모자라 어느 누구도 과반수를 얻지 못했다. 결국 2차투표로 이어져 총투표 884표 중 김대중 458, 김영삼 410, 기타 16표로, 과반수에서 16표를 더 얻은 김대중이 후보로 지명됐다.[192]

김대중은 후보 수락연설에서 새로운 시대의 선두에 서서 국민의 자유와 행복을 위해 싸워 반드시 장기집권을 방지하는 동시에 민주적인 정권교체를 실현하겠다고 강조했고, 김영삼은 김대중의 승리를 위해서라면 전국 방방곡곡 어디든지 갈 것이라고 다짐했다. 대회가 끝난 후 신민당은 단합된 힘으로 독재를 뿌리뽑겠다고 결의했다. 이처럼 후보지명 경쟁은 침체상태에 빠져 있던 신민당에 새로운 활력과 희망을 불러일으켰고,[193] 이를 통해 당은 결속을 다짐할 수 있었다.

---

[192] 김대중은 당수의 후보 지명권을 거부한 것과 자신의 정책에 대한 국민적 공감 덕분에 승리했다고 주장하고, 2차투표에서 이철승계 표가 자기에게 돌아오기로 약속돼 있었고 또 그렇게 돼야 할 상황이라고 강조했다. 金大中,『행동하는 양심으로』, 118쪽. 이에 대해 김영삼은 1차투표 직후 김대중과 이철승 사이에 당권을 건 흥정이 있어 자신을 지지하기로 한 이철승계의 표가 김대중 지지로 바뀌는 바람에 패배했다고 주장했다. 김영삼,『민주주의를 위한 나의 투쟁』1, 343-344쪽. 윤제술은 이철승은 생각지도 않고 김대중만 염두에 두고 전라도 대의원들에게 전라도 사람을 밀어 달라고 지역감정에 호소했는데, 이것이 편협한 방법이었지만 효과가 있었다고 주장했다. 尹濟述先生文集刊行委員會,『芸齊選集』上, 202쪽. 한편 이영석은 김대중이 후보로 지명된 배경에는 당시 정권이 공작했을 가능성과 함께 유진산이 김영삼을 추천한 후 오히려 득표운동을 방해해 김영삼이 패배했다고 주장했다. 이영석,『야당, 한 시대의 종말』(成正出版社, 1990), 49-54쪽. 고흥문은 "김대중 승리의 배경에는 여러 원인이 있지만 김형욱의 협조와 박대통령의 공작도 빼놓을 수 없을 것"이라고 보다 직접적으로 공작설을 제기했다. 高興門,『정치현장 40년: 못다 이룬 민주의 꿈』, 215쪽.

[193] 김수진, "박정희시대의 야당연구,"『박정희시대의 정당정치와 연합형성』(한

그러나 이는 외형적인 것에 불과했고, 내부적으로 당의 결속은 물론 40대 3인의 단합도 헝클어졌다. 후보 지명과정에서 대표위원과 후보 모두 너무나 많은 상처를 입었고 또 상호간에 앙금이 쌓였기 때문이다.[194]

6. 1971년 선거와 정당의 무력화

당내 반대세력을 억누르고 야권의 참여를 봉쇄한 채 변칙적인 방법으로 3선개헌을 단행한 박대통령과 공화당은 1971년 대통령선거에서 크게 고전했다. 선거는 공화당이 승리했지만 개헌을 추진하는 과정에서, 그리고 선거과정에서 민심 이반현상이 뚜렷하게 나타났기 때문이다. 이러한 현상은 국회의원선거에도 그대로 반영돼 야당의석의 증대로 나타났고, 공화당은 야당의 공세 앞에 분열상을 노출하는, 이른바 10·2항명사태를 빚기도 했다. 항명사태 이후 공화당은 권력의 감시와 견제로 자생력을 잃은 정당이 되면서 무력화의 길을 걷게 된다.

신민당의 경우 40대기수론으로 당의 면모를 일신하는 데는 성공했다. 그러나 전국구 공천문제를 둘러싸고 발생한 당내 폭력사태로 당은 분열상태에 놓이고 말았다. 이른바 2차 진산파동이 발생한 것이다. 이로 인해 신민당 내에 주류와 비주류의 갈등은 극에 달했고 별도의 전당대회인 반당대회를 치르는 사태까지 발생했다. 이로써 하나의 당에 두 개의

국정치학회 기획학술회의 발표논문, 2000), 11쪽.

194) 유진산의 경우 자신의 추천이 뒤집어졌다는 것 때문에 어떤 형태로건 신임을 다시 묻지 않을 수 없었고, 김영삼의 경우 추천을 받고도 패배했다는 것 때문에, 그리고 이철승의 경우 김영삼을 지지하겠다는 약속을 하고도 지키지 않았다는 것 때문에 상처를 입고 있었다. 승자인 김대중도 이재형, 정일형, 이철승에게 당수로 밀겠다고 한 약속 때문에 곤경에 처하기는 마찬가지였다. 李英石, 『野黨 40 年史』(인간사, 1987), 274-276쪽.

지도부가 존재하는 기형적인 현상이 나타났다. 이처럼 파벌의 이익만 추구하며 내분을 일삼는 고질적인 행태를 보이자, 민심 또한 떠나고 말아 신민당 역시 무력한 존재로 전락할 수밖에 없었다.

이처럼 1971년 대선과 총선 이후 양당은 내적 요인으로 인해 무력화의 길을 걸었다. 여야를 불문하고 정당이 제 기능을 하지 못하는 사태가 초래된 것이다. 이와 같이 무력한 정당구도의 지속은 권력자로 하여금 기존의 정당구도를 개편해 새로운 형태의 구도로 바꾸어야 한다는 유혹을 갖게 하기에 충분한 것이었다.

1) 1971년 대선과 총선

(1) 7대 대선

1971년 4월 27일의 7대 대통령선거에 대비해 공화당은 당의 지도부를 개편, 선거체제를 갖추었다. 3선개헌의 필요성을 처음 언급했던 길재호를 사무총장으로 복귀시키는가 하면, 윤치영 대신 백남억을 당의장으로 임명했다. 이와 아울러 1968년 5월 복지회사건으로 정계은퇴를 선언했던 김종필을 총재 상임고문으로 임명해 개헌 반대세력을 흡수하는 동시에 6·8선거 직후 제명했던 의원들을 입당시켰고, 4·8항명파동으로 제명됐던 양순직, 예춘호 두 의원을 입당시켜[195] 내외적으로 공화당 세력의 대동단결을 도모했다.

9월 후보 지명대회를 마친 후 신민당은 주류와 비주류가 대통령선거에 대비해 단합하기보다는 11월로 예정된 전당대회에서 당권을 장악하기 위한 준비에 나서는 바람에 힘이 분산되기 시작했다. 신민당의 분열

---

195) 예춘호는 자신이 만든 정당에 돌아가서 다시 한번 소신대로 일한다는 것을 명분으로 삼아 복당했으나, 돌이켜보면 자신이 야당으로 변신했을 때 공화당이 입을지도 모를 재난이나 부작용을 막고 관용을 베푼다는 이점도 얻는다는 공화당의 일거양득 계산에 놀아난 셈이 됐다고 주장했다. 예춘호, 『예춘호 재야활동 회고록』(언어문화, 1996), 22쪽.

은 진산체제 출범 직후 선명야당의 기치를 든 윤보선이 탈당해 국민당을 창당하는 바람에 어느 정도 예고된 것이기는 했지만, 주류와 비주류의 갈등은 예상을 초월한 것이었다.

주류는 유진산의 재신임을 위한 전열정비에 나서 당풍쇄신동지회 가입 서명운동을 전개했고, 이에 맞서 비주류는 지명대회 승리의 여세를 몰아 당권을 쟁취한다는 전략을 마련해 수권태세강화위원회 가입 서명작업에 나섰다. 그러나 당권장악을 위한 경쟁이 지속되면 될수록 선거에 중대한 차질을 빚을 것이라는 현실론에 굴복해 양파는 협상을 갖고 전당대회를 연기하기로 합의했다.[196] 결국 적전휴전이라는 명분을 찾아 주류와 비주류의 대결사태는 피했지만, 이는 분열을 극복한 것이 아니라 단순히 덮어 놓은 미봉책에 불과한 것이었기 때문에 언제 다시 폭발할지 모르는 상황이었다.

등록한 7명의 후보 중 2명이 사퇴한[197] 가운데 치러진 7대 대선 결과 공화당의 박정희 후보가 신민당의 김대중 후보보다 94만여 표를 더 얻어 대통령에 당선됐다. 선거과정에 대해 박정희는 투표와 개표가 평화롭고 순조롭게 진행됐고 선거가 공명정대하고 질서정연하게 끝난 것을 기쁘게 생각한다고 밝혔다.[198] 반면에 김대중은 투·개표과정에서 부정이 개입돼 표면적으로는 패배했지만 민심을 얻었다는 점에서 자신이 승리한 선거라고 주장했으며,[199] 대표위원인 유진산도 관권개입과 엄청난

---

196) 李英石,『野黨 40年史』, 275쪽.
197) 등록한 후보자는 다음과 같다. 1번 공화당 朴正熙, 2번 신민당 金大中, 3번 국민당 朴己出, 4번 민중당 成輔慶, 5번 자민당 李鍾潤, 6번 정의당 陣福基, 7번 통일사회당 金哲. 이 중 김철은 4월 24일, 성보경은 4월 26일 각각 후보를 사퇴했다. 박기출은 사퇴하지 않고 끝까지 선거운동을 했는데, 그는 자신의 선거운동이 정부·여당·정보부뿐만 아니라 친미보수 양당체제의 틀을 벗어나지 않으려는 언론기관에 의해서도 묵살당했으며 각종 간섭과 방해를 받았다고 주장했다. 朴己出,『韓國政治史』(東京: 民族統一研究院, 1976), 302-303쪽.
198) 民主共和黨,『民主共和黨史 1963-1973』, 707-709쪽.
199) 金大中,『행동하는 양심으로』, 146쪽.

매표행위가 자행돼 패배했다고 주장했다.200) 그러나 내부적 요인을 지적하는 견해도 제시됐는데,201) 주류와 비주류의 대립과 후보 지명과정에서 있었던 반목이 선거에 적지 않은 영향을 준 것은 사실이었다. 김대중이 김영삼을 누르고 대통령후보가 되기는 했으나, 신민당은 여전히 김영삼을 지명했던 유진산이 장악하고 있었기 때문이다. 후보를 중심으로 통합이 이루어지지 않았기 때문에 당의 전폭적인 지원을 받지 못했던 것도 패인 중의 하나였던 것이다.202)

1971년 대통령선거에서 나타난 가장 큰 특징은 지역감정에 따른 투표현상으로, 여야 모두 이에 대해 우려를 표명하면서도 상대방에게 책임을 전가하기에 바빴다. 이러한 지역투표 현상은 후일 정당구도의 형성에 영향을 미쳐 지역주의 선거연합으로 발전, 한국 정당정치의 발전에 장애를 초래했을 뿐만 아니라 사회통합을 저해함으로써 민주화로의 진행을 크게 지연시키는 방향으로 작용했다.203)

(2) 8대 총선

8대 국회의원선거에 나설 후보 공천문제를 놓고 공화당과 신민당 모두 내부적으로 커다란 갈등을 겪었다. 공화당의 경우 현역의원 61명이

---

200) 柳珍山, 『해뜨는 地平線』, 396쪽.
201) 김영삼은 무엇보다 당이 단합된 모습을 보여주는 것이 중요했음에도 불구하고 이를 보여주지 못했으며, 야당이 정권교체를 바라는 국민의 기대에 부응하지 못했기 때문에 패배했다고 분석했다. 김영삼, 『민주주의를 위한 나의 투쟁』 1, 348-350쪽. 이 점에 대해서는 김대중도 동의해 신민당이 표면상으로는 통일된 듯이 보였지만, 자신이 당권을 장악하지 않았고 당내에 정부여당과 암거래를 하는 세력도 있어 정권교체를 이루지 못한 것이라고 분석했다. 김대중, 『행동하는 양심으로』, 146쪽.
202) 김태랑, 『우리는 산을 옮기려 했다』(하서출판사, 2002), 92쪽.
203) 1963년부터 실시된 3번의 대선에서 영남인들은 다른 지방보다 평균 20% 정도 박정희 후보를 더 지지했으며, 1971년 선거에서는 호남인들도 다른 지방보다 평균 20% 정도 김대중 후보를 더 지지했다. 이갑윤, 『한국의 선거와 지역주의』(오름, 1998), 36쪽.

공천에서 탈락해 재공천율이 51%에 불과했고, 신민당의 경우 전국구 공천문제에서 비롯된 파동 때문에 당의 기능이 마비될 정도로 혼란에 빠졌다.

공화당은 1971년 1월 16일 공천자 명단을 발표했는데, 소속의원 125명 중 재공천은 64명에 불과했다. 탈락된 의원 중에는 당의 중진도 상당수 포함돼 있었으며, 이에 대한 항의 및 집단탈당이 빚어져 공천 후유증을 겪었다. 공화당의 공천은 당직자들이 총재인 대통령과 긴밀히 접촉했고 당의 원로인 김종필, 윤치영, 정일권 등이 개입해 공천이 이루어진 것이라고 기록돼 있다.204) 그러나 김종필 계열이라고 할 수 있는 김택수, 박종태, 신윤창 등 구주류 핵심들이 탈락된 것으로 보아 그가 개입한 것으로 보기는 어렵다.205) 이러한 현상은 김종필의 공화당 복귀 후 김종필계와 4인체제 사이의 대립·갈등관계가 반영된 것이라고 할 수 있는데, 갈등관계의 표출로 공화당은 총선에서 부진을 면치 못하게 된다.206)

대선과정에서 내분을 겪었던 신민당은 총선을 앞두고 두 차례나 더 파동에 휩싸이게 된다. 하나는 총선거부 문제 때문에 발생한 것이었고, 다른 하나는 전국구 공천문제를 둘러싸고 일어난 것이었다. 당시 일부 야당과 종교인들은 대선에서 부정이 만연했던 것처럼 국회의원선거에서 노 부성이 만연해 하나마나 한 선거가 될 것이기 때문에 선거를 거부해야 한다고 주장했고, 신민당 대통령후보였던 김대중도 이에 동의하는

---

204) 民主共和黨,『民主共和黨史 1963-1973』, 679쪽.
205) 이 때문에 김종필은 필요할 때만 끌어들여 이용되고 그렇지 않을 때에는 항상 주변인으로 남아 떠돌이 정객처럼 부침이 잦은 정치 풍운아로 묘사됐다. 金永雄,『雲庭 金鍾泌의 어제와 오늘』, 76쪽.
206) 김용태는 공화당 창당을 주도해 왔던 구주류는 대부분 도태되고 명맥만 이어갈 뿐이고, 혁명주체 중에서 구정치인들과 야합한 인사들이 당의 주도권을 쥔 것이 당의 실상이라고 주장했다. 그리고 입후보한 구주류 27명도 당 집행부와 기관의 견제로 낙선, 너무나도 어처구니없는 자중지란을 겪었다고 주장해 내분 때문에 선거결과가 부진했음을 시인했다. 金龍泰,『金龍泰自敍錄』第1卷, 358쪽.

입장이었다.207) 이에 반해 신민당 대표인 유진산은 의회민주주의를 당의 기본노선으로 천명해 왔고 정권교체와 민주주의의 소생을 위해 국민이 당에 성원과 지지를 보내는 것이기 때문에, 선거를 포기할 이유가 없다며 선거에 참여해야 한다는 입장을 보였다.208) 여기서 당의 선거대책위원회는 선거거부가 실현성이 없으므로 더 이상 거론하지 않기로 결정, 선거거부를 주장했던 측은 뒷맛이 씁쓸한 채 선거에 참여하게 됐다.209)

전국구 공천파동은 당의 대표인 유진산이 지역구를 사퇴하고 중앙선관위에 자신이 직접 나가 전국구 1번으로 후보등록을 한 데 대한 반발에서 일어난 것으로, 이로 인해 신민당은 업무를 볼 수 없을 정도로 마비상태에 빠지고 말았다. 이른바 제2진산파동으로, 이 파동은 외형적으로는 공천 탈락자들과 이에 격분한 비주류측이 당사를 점거하고 폭력을 행사함으로써 당무를 마비시킨 사태였다. 그러나 내면적으로는 박정권의 공작정치와 정권교체에 실패한 김대중계의 불만, 납득하기 어려운 유진산의 행동, 그리고 40대 후보들의 김대중 견제 등의 요인이 복합적으로 작용해 유진산의 지역구 사퇴를 구실 삼아 터진 비극적인 파벌싸움이었다.210) 당이 분열의 위기에 처하자 중진들이 중재에 나서 전당대회 의장인 김홍일을 당수대행으로 하여 내분을 수습하고 선거에 임했다.

---

207) 金大中, 『행동하는 양심으로』, 147쪽.
208) 柳珍山, 『해뜨는 地平線』, 425쪽.
209) 金大中, 『행동하는 양심으로』, 147쪽.
210) 高興門, 『정치현장 40년: 못다 이룬 민주의 꿈』, 219쪽. 유진산과 김대중 두 사람은 서로 상대방에게 책임을 전가했지만, 총선 이후 구성된 특별조사위원회의 보고에 따라 당 상임위원회는 김대중의 공개사과를 요구하는 결의문을 채택했다. 이에 따라 김대중은 파동에 대한 연대책임을 지고 공개 사과함으로써 매듭을 지었다. 中央選擧管理委員會, 『大韓民國政黨史』 第1輯, 774쪽. 후일 김상현은 진산파동을 계기로 김대중이 당권을 잡기 위해 일을 꾸몄으며 자신도 당권을 잡자고 권했는데, 당시 유진산을 도와 당을 수습하는 것이 옳았다고 주장하고, 그런 일을 꾸민 것은 인생의 치욕이었다고 회고했다. 김상현, 『믿음의 정치를 위하여』(학민사, 1992), 196쪽.

1971년 5월 25일 실시된 8대 총선에 임하는 양당 모두 이처럼 내부에 분열적인 요소를 안고 있었다. 그러나 선거결과 공화당 118석, 신민당 89석, 국민당 1석, 민중당 1석으로 의정사상 최초로 여야가 균형을 이루는 국회가 됐다.211) 선거결과에 대해 신민당의 주류는 3선개헌으로 집권한 박정권을 견제하라고 많은 표를 몰아주었기 때문,212) 비주류의 김대중은 자신이 대통령선거 때보다 더 큰 열의를 가지고 전국을 뛰어다녔기 때문,213) 파동의 당사자인 유진산은 파동만 없었다면 원내 제1당이 되고도 남았을 것214) 등 모두 아전인수격으로 해석했다.

그러나 신민당의 괄목할 만한 진출과 공화당의 저조는 일차적으로 공화당이 공천과정에서 빚어진 후유증을 극복하지 못한 상태로 선거에 임했기 때문에 나타난 것이라고 할 수 있다. 공화당이 신민당보다 상대적으로 더 분열된 상태에서 선거에 임했기 때문에 공화당은 총선에서 통합된 힘을 발휘할 수 없었고, 이것이 선거결과에 그대로 나타난 것이다.

이와 아울러 신민당이 선전한 배경에는 공화당의 너그러운 양보, 즉 여당이 일정한 선까지만 승리하겠다는 계산이 작용한 것이라는 분석도 제시됐는데,215) 이 역시 설득력을 갖는다. 왜냐하면 박정희는 선거를 이틀 앞둔 시점에서 "이번 선거가 나로서는 마지막 기회"라고 밝혔고, 이 말은 그 다음해에 사실로 드러났기 때문이다.

---

211) 정당별 입후보 수, 당선자 수, 득표율 및 당선율 (지역구/전국구)

	입후보 수	당선자 수	득표율(%)	의석률(%)	당선율(%)
공화당	153/40	86/27	47.8	56	58.5
신민당	153/33	65/24	43.5	44	47.8
국민당	121/14	1/0	4.0		0.7
민중당	37/10	1/0	1.4		2.0

中央選擧管理委員會, 『歷代國會議員選擧現況』, 846-865쪽에서 재작성.
212) 高興門, 『정치현장 40년: 못다 이룬 민주의 꿈』, 223쪽.
213) 金大中, 『행동하는 양심으로』, 151쪽.
214) 柳珍山, 『해뜨는 地平線』, 430쪽.
215) 李英石, 『野黨 40年史』, 295쪽.

2) 공화당의 무력화

총선이 끝난 후 당정개편에 나선 박정희는 김종필을 국무총리에 임명하고 오치성을 비롯한 김종필의 측근들을 입각시켜 김종필내각을 출범시키는 한편, 김종필의 반대세력인 4인체제에게 당의 지휘를 맡겼다. 이는 당과 내각을 분리함으로써 서로 견제하고 독주하지 못하도록 쐐기를 박는 일종의 분할통치였는데,216) 이로 인해 양자는 더욱 갈등관계에 놓여 공화당은 다시 한번 파동에 휩싸이게 된다.

파동은 신민당이 각종 시국사건에 대한 책임을 물어 3부 장관(경제기획원장관, 내무장관, 법무장관)에 대한 해임건의안을 제출한 데서 비롯됐다. 해임건의안이 제출되자 당총재인 박정희는 이를 부결시킬 것을 지시했지만, 1971년 10월 2일의 본회의 표결에서 오치성 내무장관 해임건의안이 통과되고 말았다.217) 4인체제의 영향력 아래 있던 당 소속의원 20명 이상이 총재의 지시를 무시하고 해임건의안에 찬표를 던지는, 이른바 10·2항명사태가 발생한 것이다. 자신의 지시가 무시되는 항명사태가 일어나자 박정희는 당에 대해 조속한 처리를 지시했고, 이에 따라 주동인물로 지목된 길재호, 김성곤 두 의원은 탈당을 강요, 의원직을 상실하게 됐다.

사건의 발단은 내무장관에 임명된 오치성이 4인체제의 보호 아래 있는 도지사, 경찰국장, 시장, 군수 등 내무관료들을 제거한 데서 일어난 것으로, 4인체제는 이것이 김종필 총리가 지시해서 이루어진 것으로 보았다. 이로써 행정부와 당 사이에, 즉 김종필과 4인체제 사이에 해묵은 암투가 재연해 균열이 생기기 시작했고, 4인체제는 기회가 오기만을 기

---

216) 金永雄, 『雲庭 金鍾泌의 어제와 오늘』, 80쪽.
217) 신민당은 오치성 내무장관에 대한 해임건의 이유로 '실미도 특수범 난동사건', '광주단지 사건', 'KAL빌딩 사건' 등으로 사회질서를 혼란케 해 치안 공백 상태를 노출했다는 것을 들었다. 民主共和黨, 『民主共和黨史 1963-1973』, 741쪽.

다리고 있다가 야당에서 해임건의안을 제출하자 이에 편승한 것이다. 그러나 내무관료에 대한 인사조치는 4인체제가 너무 비대해졌고 이들이 대통령의 뜻과는 다른 구상을 갖고 있었기 때문에,218) 이들에게 경고를 보내는 의미에서 박정희가 내무장관에게 지시해서 이루어진 것이었다.219) 그런데도 4인체제는 이를 김종필의 지시로 보고 그를 견제하겠다는 생각에서 내무장관을 제거하기로 작정하고, 이를 실천에 옮겨 항명사태가 일어난 것이다.

항명사태를 자신의 일사불란한 지도방침에 대한 도전으로 받아들인 박정희는 당내에 어떠한 반목이나 파벌투쟁도 용납하지 않겠다고 밝혔는데, 이는 전체주의 정당에서나 가능한 발상이었다.220) 항명사태를 처리하면서 대통령이 파벌의 존재를 부인하고 내각과 당을 견제와 균형으로 이끌어 가겠다는 방침을 강조한 것을 계기로 공화당은 주류·비주류의 구분이나 파벌이라는 말이 나오는 일 없이 일사불란한 지도체제를 유지할 수 있었다.

총재의 입장에서 보면 일사불란한 지도체제가 당을 이끌어 가는 데 효율적일지 모른다. 그러나 이러한 체제는 이익을 표출·집약함으로써 정책에 반영하고 정부를 통제하는 정당 본연의 기능과는 배치되는 것이

---

218) 3선개헌을 추진하는 데 커다란 공을 세웠던 4인체제는 박대통령이 3선만 할 것이라 생각하고 그 이후 시대를 대비해 신민당의 유진산과 협상, 내각제를 하려는 준비를 하고 있었다. 박대통령은 더 오래 집권할 작정을 하고 있는 판에 4인체제가 엉뚱하게도 내각제개헌으로 자신들의 집권을 꿈꾸며 집단행동을 보이자, 이들을 제거한 것이 10·2항명파동이라는 것이다. 李英石 編,『鄭求瑛回顧錄』, 359쪽.

219) 이만섭,『證言臺: 청와대담판과 나의 직언』(문호사, 1989), 117쪽.

220) 지도자에 대한 복종이 강요되는 정당은 이념적으로 쇠퇴하게 마련이며, 복종이 강요될수록 여론이 수렴되는 것이 아니라 지도자의 견해만 메아리처럼 되돌아올 뿐이다. 그리고 모든 것이 지도자 주도로 이루어짐으로써 당원은 자발적으로 행동하는 것이 아니라 지시에만 따르는 피동적인 자세를 갖게 된다. Maurice Duverger, *Political Parties*, pp.176-177.

없기 때문에 많은 문제점을 안고 있었다. 일차적으로 정당이 사회의 다양한 견해를 수렴해 국가에 전달하는 교량으로서의 기능을 다하지 못하는 상황에 처함으로써 존재의의를 찾을 수 없게 됐기 때문이다. 이로 인해 공화당은 무력화의 길을 걷지 않을 수 없었다.

더군다나 항명에 따른 파동을 당이 자율적으로 판단해 수습한 것이 아니라 정보부에서 조사하고 처리했기 때문에, 공화당은 주변부로 밀려나 더욱더 무력해졌다.221) 이처럼 집권여당이 제 구실을 하지 못하고 무력화됨으로써 국회의 기능도 이에 비례해서 약화됐고, 결국 국회가 완전히 권력의 시녀로 전락하는 사태가 초래됐다.

3) 신민당의 무력화

신민당은 2차 진산파동으로 초래된 지도체제의 공백을 메우기 위해 1971년 7월 20일 임시전당대회를 개최했다. 김홍일, 김대중, 양일동 3인이 출마한 첫날 2차투표까지 치렀으나 과반수를 얻은 후보가 없어 다음날인 21일 다시 선거가 실시됐다. 결국 3차투표에서 김홍일이 대의원 875명 가운데 444표를 얻어, 370표를 얻은 김대중을 74표차로 누르고 당대표로 선출됐는데, 대회가 끝나자 김대중을 지지하는 청년들이 선거결과에 불만을 품고 주류측 대의원들에게 난동을 부리는 사태가 발생하기도 했다.222)

김홍일체제를 출범시킨 신민당은 어느 때보다도 많은 의석을 확보하

---

221) 항명사태 이후 거의 대부분의 공화당 소속의원들이 정보부에 소환돼 조사를 받았다. 金龍泰,『金龍泰自敍錄傳』第1卷, 379쪽.
222) 中央選擧管理委員會,『大韓民國政黨史』第1輯, 775쪽. 폭력사태에 대해 김대중은 자연발생적인 것으로 자신과는 아무런 관계가 없다고 주장했으나, 이를 믿는 사람은 아무도 없었다고 김영삼은 반박하고, 야당의 전당대회에서 이처럼 대규모 폭력사태가 발발한 것은 처음이라고 지적했다. 김영삼,『민주주의를 위한 나의 투쟁』1, 353-354쪽.

고 있었지만, 당시 사회 각계에서 활발히 전개되고 있던 민주화운동에 호응해 저항다운 저항 한번 해 보지 못했다. 이는 당대표인 김홍일이 당내에 확고한 지지기반이 없어 중심세력을 형성하지 못한 데다223) 투쟁의 방법론을 둘러싸고 발생한 당내의 불협화음을 조정해 내지 못했기 때문에 생긴 일이었다. 분열의 조짐이 보일 때일수록 당내의 파벌대립을 극복하고 구심점을 만들었어야 했는데, 그 동안 누적된 감정상의 대립이 이를 불가능하게 만든 것이다.

이러한 대립은 1972년 5월 말로 예정된 전당대회가 가까워질수록 더욱 치열해졌다. 당내 제일 큰 계보로서 김홍일체제를 출범시키는 데 결정적인 역할을 했던224) 유진산이 재기를 위한 준비에 나서 세력을 확대해 나가자, 이에 반대하는 세력들이 반진산의 기치 아래 모이기 시작했기 때문이다. 유진산으로서는 전국구 공천파동으로 자신의 명예가 크게 훼손됐기 때문에 결코 그대로 물러설 수는 없다는 생각을 갖고 있었다. 그리하여 보수야당의 질서를 잡고 어려운 시기를 뚫고 나가는 기량은 자신이 제일이라고 자부하면서 당수직에 공식으로 도전하고 나선 것이다.225) 반진산운동의 선두에 섰지만 조직상으로는 열세였던 김대중은 김홍일이 유진산의 재기에 반대하자, 독자적인 대결보다는 김홍일과 제휴하고 그를 앞세워 반진산 연합전선을 확대한다는 생각이었다.226)

이와 같이 진산계와 반진산계 사이에 당권경쟁이 격화되는 가운데, 5월로 예정된 전당대회는 7월로, 7월에서 다시 8월로, 또다시 9월로 연기됐다. 이처럼 대회가 연기된 것은 반진산연합이 조직상의 열세를 만회

---

223) 김홍일체제는 재기를 노리는 유진산과 1975년 대선을 겨냥하고 있던 김대중, 김영삼, 이철승, 그 밖에 당내 파벌의 틈 사이에서 강력한 리더십을 발휘할 수 없었다. 高興門,『정치현장 40년: 못다 이룬 민주의 꿈』, 224쪽.
224) 김홍일이 대표로 선출될 수 있었던 것은 재기를 겨냥한 유진산이 새로운 당수의 출현을 기피하고, 파벌이 없어 과도체제일 수밖에 없는 김홍일체제의 유지를 원했기 때문이다. 李英石,『野黨 40年史』, 297-300쪽.
225) 高興門,『정치현장 40년: 못다 이룬 민주의 꿈』, 224-225쪽.
226) 李英石,『野黨 40年史』, 311쪽.

할 시간이 필요해서 연기를 결정하고 이를 강력히 요구했던 데다, 재기의 명분을 축적하기 위해 진산계가 이를 수용했기 때문이다.

대회 연기를 거듭하던 신민당은 임시정무회의를 열고 9월 26, 27일 이틀간 시민회관에서 전당대회를 열기로 확정하고 이를 공고까지 했다. 그러나 대의원 선정문제를 놓고 양측은 다시 견해차이를 보였다. 진산계는 지구당위원장의 대의원 임명제를 주장한 반면, 반진산계는 지구당위원회에서 대의원을 선출하자고 주장해 양파의 주장이 맞섰다.[227] 이 문제에 대해 양파는 일단 당규대로 지구당위원장이 대의원을 임명하는 방식으로 대회를 치르기로 합의했다.

그러자 김홍일 대표는 각 파벌간의 대립이 심각한 상황에서 전당대회를 치를 수 없다고 판단한다는 입장을 밝히고, 9월 24일까지 대립사태가 계속되면 당수 책임 아래 대회 연기의 결단을 내리겠다고 단언했다. 대회의 연기와 강행문제를 놓고 9월 25일 김홍일, 유진산, 양일동, 김대중 4인이 협상을 벌였지만 이견을 좁히지는 못했다. 유진산과 양일동은 한 달 연기를 주장한 반면, 김홍일과 김대중은 연말까지 연기할 것을 주장했기 때문이다.

전당대회 직전인 9월 26일 오전에도 협상은 계속됐으나 전날처럼 아무런 결론도 내리지 못하게 되자, 진산계는 이미 공고된 일정에 따르지 않을 수 없다면서 시민회관에서 대회를 강행했다. 반진산 연합세력이 불참한 가운데 대회에 참석한 대의원들은 표결 없이 유진산을 당수로 선출했다. 이날의 전당대회는 재적 대의원 874명 중 445명이 참석해 성원이 된 합법적인 대회라고 진산계는 주장했다. 대회가 끝나자, 진산계

---

227) 당시 당권탈환을 노리는 진산계는 지구당위원장을 많이 확보하고 있었던 반면, 김홍일과 김대중을 비롯한 반진산계는 일선당원의 지지를 받고 있었다. 따라서 대의원을 지구당위원장이 임명토록 한다면 진산계가 유리할 것이고, 지구당에서 선출한다면 그 반대가 될 것이기 때문에 대의원 선정문제를 놓고 양측은 첨예하게 대립했던 것이다. 金弘壹, "10月維新은 野黨分裂로 시작됐다,"『新東亞』(1986년 11월), 268쪽.

는 미리 확보해 둔 당의 직인으로 중앙선관위에 당대표의 명의변경을 접수시켜 합법적인 대표로 복귀했다.228)

대회 연기를 주장했던 반진산연합은 시민회관 대회는 상당수 대의원의 도장이 도용된 사실이 발견돼 무효라고 주장하고,229) 다음날인 27일 효창동 김홍일 대표의 집에서 또 하나의 전당대회를 개최했다. 이들은 재적 874명의 대의원 중 483명의 참석으로 성원이 됐다고 주장하고, 26일의 대회가 불법·무효라는 것과 전당대회는 12월까지 연기한다는 것 등을 결의했다. 이와 아울러 직인을 도난당했다고 주장하고, 당대표의 명의를 변경해서는 안 된다는 이의신청을 법원에 접수시켰다.

이로써 신민당은 시민회관파와 효창동대회파로 양분되고, 하나의 정당에 두 개의 지도부가 존재하는 기형적인 정당이 되고 말았다. 대의원 전원이 참석한 것이 아니라 반쪽만 참석한 반당대회였기 때문에 어느 한쪽도 정통성을 주장하기 어려운 상황이 됨으로써 법통싸움은 결국 법원으로 넘어가게 됐다.230) 이처럼 정통성이 사법적 판단에 좌우되는 상황에 처했기 때문에 신민당 역시 정당으로서의 기능을 발휘할 수 없어 무력해지고 말았다. 당권경쟁으로 촉발된 내분이 확대돼 무력화의 길, 즉 두 개의 당으로 분열되는 과정으로 접어든 것이다. 이로써 신민당은 창당 이래 최대의 위기를 맞게 됐다.

---

228) 진산계는 당시 반진산계의 사무총장이 보관하고 있던 당의 직인을 사전에 입수해 중앙선거관리위원회에 당대표 변경을 신청했고, 서류상 아무런 하자가 없자 선관위는 대표 변경신청을 접수했다. 高興門, 『정치현장 40년: 못다 이룬 민주의 꿈』, 226쪽.
229) 金在光, 『里程標: 어둠을 헤치고』, 53쪽.
230) 김홍일은 9월 27일 서울민사지방법원에 유진산 대표를 상대로 당수직무정지 가처분신청을 냈으며, 29일에는 시민회관 전당대회 무효소송을 제기했다. 中央選擧管理委員會, 『大韓民國政黨史』 第1輯, 783쪽.

7. 맺음말

 쿠데타를 일으킨 군부는 기존의 정당구도를 해체하고 자신들의 집권에 유리한 정당구도를 만들기 위해 여러 가지 새로운 제도를 도입했다. 정보부의 창설과 정정법의 제정, 그리고 정당법의 도입 등을 통해 집권기반의 확대와 정당구도의 안정적 유지를 도모했으나, 정당정치의 특징은 조금도 변하지 않았다. 위기와 통합이라는 기존의 틀이 그대로 반복돼 나타났기 때문이다. 이러한 현상은 기존 정치인들이 결성한 정당뿐만 아니라 군인들이 주체가 돼서 새로운 정치를 표방하고 조직한 공화당에서도 똑같이 나타났으므로, 한국 정당정치의 구조적인 특징으로 자리를 잡았다고 할 수도 있다.

 공화당은 창당과정에서 내부갈등을 겪어 한때 분열의 위기에 처하기도 했다. 그러나 이를 극복하고 통합에 성공함으로써 1963년 실시된 대통령 및 국회의원선거에서 승리할 수 있었다. 야권의 경우 후보단일화를 추진하는 과정에서 민주당시대에 있었던 신·구파의 갈등이 그대로 나타나 완전한 통합을 이룰 수 없는 상태에서 분열상을 노출한 채 선거를 치러야 했다. 이 때문에 야권은 공화당에 승리를 빼앗기고 말았다.

 1963년 선거가 끝난 후 여야 정당은 또다시 위기와 통합의 정치행태를 나타냈다. 공화당의 경우 주류와 비주류 사이에 대립이 심화돼 위기에 처했으나, 대통령의 직접통제로 통합을 유지할 수 있었다. 당이 권력의 직접적인 통제를 받음으로써 무력해지기는 했지만, 통합된 힘으로 공화당은 1967년의 대통령선거에서 승리할 수 있었다. 야권도 지난 선거와 마찬가지로 분열과 통합을 반복했는데, 대선 직전에 출범한 신민당이 완전한 통합과는 거리가 먼 것이어서 패배하게 된다. 국회의원선거에서도 신민당은 불완전한 통합상태 그대로 선거에 임했던 데다, 장기집권을 염두에 두고 권력이 선거에 개입하는 바람에 공화당은 개헌선을 확보할 수 있었다. 그러나 이를 계기로 공화당은 권력의 주변부로 밀려남으로써 자율성을 잃은 정당이 되고 만다.

위기와 통합의 현상은 3선개헌안이 변칙적으로 통과된 이후 1971년의 대선에서도 그대로 나타났다. 개헌안을 처리하는 과정에서 비록 회유와 강권을 동원한 것이기는 했지만 공화당은 당내 반대세력 대부분을 통합하는 데 성공했다. 그러나 40대기수론을 내건 신민당은 내부적으로 세대간의 불화와 40대 후보들 사이의 대립, 그리고 당수와 후보 사이의 알력 등으로 내부적으로 반목과 갈등이 끊이지 않았다. 내외적으로 통합된 공화당과 통합의 외형만 유지하고 있는 신민당과의 대결이었기 때문에 공화당은 대통령선거에서 승리할 수 있었다.

분열할 경우 위기가 초래된다는 가설은 1971년 총선의 경우에도 그대로 적용된다. 당시 후보 공천과정에서 양당 모두 분열적인 요소를 안고 있어 위기에 처해 있었다. 공화당의 경우 3선개헌 이후 세력이 크게 신장된 4인체제와 세력이 위축된 구주류 사이에 보이지 않는 갈등이 재연됐고, 신민당의 경우 전국구 공천과정에서 당무가 마비될 정도로 갈등을 빚었다. 이와 같은 상황에서 대선 승리로 인해 상대적으로 위기의식을 덜 느낀 공화당은 통합에 소극적이었고, 위기의식에 사로잡힌 신민당은 파벌의 주체들이 적극적으로 수습에 나섰다. 그 결과 공화당은 총선에서 부진상을 보인 반면 신민당은 약진할 수 있었다.

총선 부진으로 공화당은 더욱 주변화, 무력화의 길을 걸어 정당으로서의 기능을 하지 못하는 사태에 직면하게 됐다. 일시적으로 통합됐던 신민당은 총선 이후 또다시 대립과 갈등을 반복해 반당대회를 치를 정도로 내분이 심화됐다. 당이 두 조각으로 나누어지는 지경에 이르렀으므로 신민당 역시 무력해질 수밖에 없었다. 이처럼 1971년 선거 후 여야 모두 정당으로서의 기능을 다하지 못하는 정당 무력화현상이 나타났고, 이 현상은 1972년 10월 17일의 비상사태 선포로 인한 정당활동 중단조치로 이어져 정당구도는 다시 한번 재편성되는 과정을 겪게 된다.

| 제 5 장 |

박정희정부하의 정당구도 분석 2
― 1972. 10 ~ 1979. 10 ―

1. 머리말

　쿠데타로 정권을 장악한 박정희를 중심으로 한 군부는 기존 정당을 해체하고 자신들의 권력장악과 유지에 유리한 방향으로 정당구도를 개편했다. 중앙정보부 창설과 정치인의 활동을 규제하는 정치활동정화법의 제정, 정당 등록요건을 대폭 강화한 정당법의 제정, 그리고 비례대표제를 도입한 선거법의 개정 등이 바로 그것이었다. 이와 같이 강압적으로 재편성한 정당구도 덕분에 쿠데타 주도세력이 조직한 공화당은 대통령선거에서 승리해 정권을 장악할 수 있었다.
　군부가 주도한 정당구도 개편으로 정국의 주도권이 민간 정치인집단으로부터 군출신 정치인집단으로 넘어가는 등 정당의 존립양상에 많은 변화가 발생했다. 그럼에도 불구하고 기본적으로 '위기와 통합'이라는 정당정치의 행태는 하나도 변하지 않고 그대로 나타났다. 정당이 내부적으로 분열할 경우 위기에 처해 선거에서 부진을 면하지 못하게 되나, 구성원이 단합해 통합에 성공하면 위기를 극복해 좋은 선거결과를 가져올 수 있다는 가설이 5·16 이후 있었던 3차례의 대선과 3차례의 총선에서도 그대로 적용돼 나타났던 것이다.
　정변이나 쿠데타의 발생에도 불구하고 위기와 통합의 정치가 계속적으로 반복되고 있는 것은 정치권뿐 아니라 유권자들 역시 기존의 투표

행태를 그대로 반복하고 있다는 것을 의미한다. 정당이 내분에 처할 경우 유권자를 효율적으로 동원하기 어려운 측면도 있지만, 유권자로서도 내분양상을 보이고 있는 정당보다는 단결되고 내부적으로 통합된 정당에 투표하는 경향을 보이는 것이다. 따라서 우리 정치풍토에서 '위기와 통합의 정치'는 정당과 유권자를 동시에 적용시킬 수 있는 가설임을 알 수 있다.

이와 같은 가설에서 적실성 있는 정당 모두가 분열상을 나타낼 때, 유권자들은 기존 정당에 대한 지지를 철회한다는 제2의 가설을 이끌어 낼 수 있다. 정당이 내분으로 위기를 극복하지 못하거나 제 기능을 다하지 못할 때, 유권자들은 기존 정당의 대안으로 새로운 정치집단의 출현을 기대하게 된다는 것이다. 기성 정당 및 정치인에 대한 신뢰가 약화될 때 그 대안으로 기성 정치권과는 거리를 둔 새로운 인물들이 정치활동을 전개하게 되는데, 이처럼 유권자의 기대에 부응해서 출현한 정치세력을 일반적으로 재야라고 부를 수 있다.

이들 재야는 정치와는 직접 관련이 없는 분야에서 활동하다가 정치권이 제 기능을 다하지 못해 국민의 여망에 부응하지 못할 때, 자의 또는 타의에 의해 정치에 발을 들여놓음으로써 부분적으로 정당의 기능을 수행하게 된다. 여론을 수렴한다든지, 민주화운동을 전개함으로써 정치교육 또는 정치사회화 기능을 수행한다든지, 이러한 운동을 통해 새로운 유형의 엘리트를 충원한다든지 하는 식으로 국가와 사회를 연결하는 교량의 역할을 하고 있는 것이다.

재야가 정치무대에서 하나의 독립적인 변수로 등장한 것은 10월유신 이후부터이다. 이들은 기성 정치권이 침묵을 지키고 있을 때 권위주의적이고 억압적인 통치에 도전하면서 유신체제의 철폐와 민주화를 강력히 요구했다. 이러한 용기 있는 행동이 국민의 광범위한 지지를 받음으로써 재야는 정당에 준하는 하나의 정치집단으로 활동하면서 기성 정당에 뒤지지 않는 영향력을 발휘할 수 있었다.

엄밀한 의미에서 정당이라고는 할 수 없지만, 정치의 장에서 이루어지고 있는 재야의 활동 역시 위기와 통합의 틀 안에서 분석할 수 있다. 정당과 마찬가지로 재야도 분열할 경우 정치적 영향력이 감소하는 위기에 처하게 되며, 이를 극복하기 위해서는 통합해야 한다는 것이다. 이는 유신기간 동안에 구조화돼 민주화로 이행되는 시기까지 지속됐던 현상으로, 위기와 통합의 정치는 정당뿐만 아니라 재야에도 해당된다. 즉 유신 이후의 한국정치도 위기와 통합이라는 틀을 사용해서 분석할 수 있으며, 이는 유권자의 기대에 부응해 새로운 정치행위자로 등장한 재야의 경우에도 해당된다고 할 수 있다.

2. 10월유신과 정당구도의 재편성

1972년 10월 17일 오후 7시 박정희는 특별선언을 통해 전국에 비상계엄을 선포하고 국회 해산, 정당 및 정치활동 중지 등 헌법 일부 조항의 효력을 정지하는 조치를 취했다.[1] 특별선언에서 그는 민족적 사명을 저버린 무책임한 정당과 그 정략의 희생물이 돼 온 대의기구에 대해 과연 그 누가 민족의 염원인 평화통일의 성취를 기대할 수 있겠으며 남북대화를 진정으로 뒷받침할 것이라고 믿겠느냐고 반문했는데,[2] 이는 정당구도의 재편성을 합리화하기 위해 평화통일과 남북대화를 구실로 정당을 무책임한 집단으로 매도한 것에 다름 아니었다. 5·16 이후 집권을 위해 자신이 직접 만들어 놓은 정당구도가 장기집권에 부합되지 않자 재편성에 나선 것이었다. 정당구도의 재편성을 통해 영구집권을 도모한 이 조치는 정치사적으로 두 가지 의미를 지닌다. 대통령직선제 폐지로

---

1) 유신의 기원 및 정치적 배경에 관해서는 임혁백, "유신의 역사적 기원: 박정희의 마키야벨리적인 순간," 『박정희시대의 한국: 국가·시민사회·동맹체제』(한국정치학회 한국정치사 기획학술회의, 2000. 4. 7), 10-38쪽 참조.
2) 『박정희대통령 연설문집』 제9집(대통령비서실, 1973), 323쪽.

인한 국민의 참정권 박탈과 대의제도 왜곡이 바로 그것이다.

1) 10월유신과 대통령직선제 폐지

특별선언으로 국회의 기능을 수행하게 된 비상국무회의는 특별선언이 발표된 지 열흘 뒤인 10월 27일 헌법개정안을 의결하고 이를 공고했다.3) 비상국무회의는 개헌안 제안이유에서 국력의 분산과 낭비를 지양하고 이를 조직화함으로써 능률의 극대화를 기하며 민주주의의 한국적 토착화를 가능케 하는 유신적 개혁을 단행하는 것만이 국가의 안전과 조국의 평화적 통일을 기약하는 유일한 길임을 확신한다고 주장했다.4)

이는 국토의 분단과 준전시라는 특수한 상황을 극복할 수 있는 보다 능률적인 제도가 필요하다는 박정희의 의지가 그대로 반영된 것이었다. 그는 우리가 받아들였던 서구 민주제도는 특수한 환경 속에서 생성·발전한 그들의 제도이며 그들이 당면한 문제를 해결하면서 오랜 세월 동안 꾸준히 개선한 것이므로, 이러한 서구의 제도를 그대로 다른 나라에 이식할 경우 제 기능을 발휘하지 못할 뿐만 아니라 오히려 부작용을 가져오기 쉽다는 생각을 갖고 있었다. 그리고 이 땅에 참된 민주정치를 정착시키는 작업은 남의 제도를 그대로 모방하기보다는 우리의 현실과 과제, 문화와 전통이 서구와는 다르다는 사실을 인식하는 데서 시작해야 한다고 주장했다. 이러한 신념의 연장선상에서 그는 우리의 역사적 상황과 현실에 맞는 새로운 제도를 마련해야 한다고 결심했고, 10월유신이야말로 결정적으로 새로운 민주제도를 확립하는 계기가 됐다고 단언했던 것이다.5)

---

3) 개헌안이 이처럼 신속하게 공고된 것은 박정희의 지시로 이미 초안이 마련돼 있었기 때문이었다고 유신헌법 제정에 주도적인 역할을 했던 韓泰淵은 밝혔다. <東亞日報>, 2001년 12월 10일.
4) 中央選擧管理委員會, 『大韓民國政黨史』 第2輯(中央選擧管理委員會, 1981), 36쪽.
5) 朴正熙, 『民族中興의 길』(光明出版社, 1978), 51쪽.

박정희가 한국적 민주주의를 확립했다고 굳게 믿은 유신헌법의 골자 중의 하나는 대통령직선제를 폐지하고 간선제를 채택한 것이었다. 개헌을 추진하는 과정에서 많은 무리가 있었을 뿐만 아니라 1971년 대통령 선거 유세에서 그는 이번 선거가 마지막 기회이며 부정부패를 일소하고 유능한 후계자를 육성하겠다고 밝혔다. 그리고 앞으로 자신은 1기만 더 재임할 수 있다고 3선개헌에 대한 해석을 내리기까지 했기 때문에,[6] 더 이상의 대통령 출마는 제도적으로도 불가능했다.

이와 같이 자신이 한 말에 대한 책임을 회피하는 수단으로 그는 헌법의 효력을 정지시키고 대통령 선출규정 자체를 바꾸는 조치를 취했다. 즉 "조국의 평화적 통일을 추진하기 위한 온 국민의 총의에 의한 국민적 조직체로서 조국통일의 신성한 사명을 가진 국민의 주권적 수임기관"[7]이라는 통일주체국민회의(이하 국민회의)를 신설하고 여기서 대통령을 선출하도록 한 것이다. 그리고 대통령 선출과정에 정당이나 사회단체가 개입할 수 있는 여지를 원천적으로 봉쇄해 버렸다.[8] 이를 볼 때 내세운 명분은 무엇이 됐든 유신헌법은 국민참정권을 박탈해 사실상 박정희의 단독출마와 영구집권을 보장하기 위한 장치에 불과한 것이었다고 할 수 있다.

---

6) 民主共和黨, 『民主共和黨史 1963-1973』(民主共和黨, 1973), 707쪽.
7) 유신헌법 제35조.
8) 1972년 11월 24일 비상국무회의를 주재한 자리에서 박정희는 통일주체국민회의 대의원은 유신의 이념을 적극 찬성·지지하고 이 이념을 전국민에게 생활화시킬 수 있는 덕망 있는 인사를 선출할 것을 지시했다. 그리고 통일주체국민회의 대의원선거법 제42조 1항은 "후보자는 합동연설회에서 연설을 함에 있어서 오직 후보자 자신의 경력, 입후보의 취지와 유신과업에 관한 주견만을 발표할 수 있다. 다만 어떠한 방법으로라도 특정인, 정당, 기타 정치단체나 또는 사회단체를 지지 또는 반대할 수 없다"고 돼 있고, 2항은 "관할 선거관리위원회 위원장이나 위원은 후보자가 제1항에 정하여진 사항 이외의 내용을 발표할 때에는 이를 제지하여야 하며, 그 명령에 불응할 때에는 연설의 중지, 기타 필요한 조치를 취하여야 한다"고 규정해 놓았다. 이로써 유신헌법을 반대하는 사람은 원천적으로 통일주체국민회의 대의원이 될 수 없었다.

비상국무회의가 공고한 유신헌법은 11월 21일 실시된 국민투표에서 전체 유권자 91.90%의 참가와 총투표자 91.5%의 찬성으로 확정됐다. 그러나 반대의견이 철저히 억압된 상태에서 치러진 국민투표였고,[9] 박정희 외에는 어느 누구도 대통령후보가 되는 것이 불가능했기 때문에[10] 정당성이 결여된 헌법이었다. 그리고 정당성 시비로 인해 유신헌법은 국민투표로 확정된 지 2년 3개월 만에 다시 국민투표의 대상이 되는 수모를 겪지 않을 수 없었다.[11] 그럼에도 불구하고 박정희는 투표결과만을 놓고 국민적 정당성을 확보했다고 선언했는데, 바로 그 순간부터 유신헌법에 대한 국민적 저항은 더욱 격렬해져 긴급조치를 계속 선포하지 않으면 체제 자체가 유지될 수 없는 역설적인 현상이 나타났다.

유신헌법에 의한 첫 대통령선거는 1972년 12월 23일 통일주체국민회의 대의원(이하 통대)의 첫 소집과 동시에 실시돼 박정희의 당선으로 막

---

[9] 비상국무회의에서 공포한 국민투표법 제28조는 "누구든지 국민투표의 대상이 되는 사항에 관한 찬성 또는 반대를 위하여 다음 각 호에 해당하는 행위를 하지 못한다"고 규정해 유신헌법에 대해서는 어떠한 반대의사도 공개적으로 표현할 수 없게 해 놓았고 정당 참관인제도도 폐지했다.

[10] 유신헌법 제39조에 의하면 대통령은 통일주체국민회의에서 토론 없이 무기명 투표로 선거하며 재적대의원 과반수의 찬성을 얻은 자를 대통령 당선자로 한다고 규정돼 있고, 통일주체국민회의법 제18조(대통령선거 조항)에는 대통령후보가 되기 위해서는 대의원 200인 이상의 추천을 받아 통일주체국민회의 사무처에 등록하도록 돼 있다. 이와 같은 조항으로 박정희 외에는 어느 누구도 대통령후보로 등록조차 할 수 없었다.

[11] 박정희는 "국민투표 실시에 즈음한 특별담화"를 통해 "우리의 안전과 자유, 평화와 번영을 위하여 현행 헌법을 계속 수행하고 이를 바탕으로 하는 유신체제를 더욱 발전시켜 나갈 것인가! 아니면 또다시 혼란과 퇴영의 낡은 체제로 돌아갈 것인가!"를 판가름해야 할 것이라고 주장했다. 『박정희대통령 연설문집』 제12집(대통령비서실, 1975), 77쪽. 이와 같은 박정희의 제의에 의해 1975년 2월 12일 실시된 유신헌법에 대한 국민투표에 전체 유권자의 79.8%가 참가했고 총투표자의 73.1%가 찬성표를 던졌다. 야당은 찬반에 관한 의사표현이 금지된 상태에서 실시되는 국민투표는 의미가 없다는 이유로 국민투표 거부운동을 전개했고, 이로 인해 정당성 시비는 끊이지 않았다.

을 내렸다.12) 그러나 다른 사람은 후보로 출마하는 것 자체가 불가능했기 때문에 선거는 형식에 불과한 것이었고, 이러한 구조는 유신헌법에 의해 1978년 7월 6일 실시된 두 번째 대통령선거에서도 마찬가지였다. 혼자 출마해 대통령에 당선됨으로써 대통령선거는 의례적인 행사에 불과한 것이 됨으로써 국민적 관심의 대상이 될 수 없었다. 국민뿐만 아니라 정당조차 참여할 여지가 없어 정당의 존재이유가 의문시되는 상황이었다. 참정권 박탈로 기형적 현상이 초래됐음에도 불구하고 박정희는 대의원들이 이성과 양심에 따라 조국의 평화적 통일을 책임지고 있는 대통령을 선출함으로써 지난날과 같이 과열된 선거로 빚어지는 혼란과 불안, 국정의 낭비와 비능률을 겪지 않고 국가목표를 달성하는 데 모든 노력을 경주할 수 있게 됐다고 자신했다.13)

이처럼 대통령선거에서 정당의 개입이 봉쇄됨에 따라 야당은 물론 여당인 공화당마저 정치과정에서 배제되는 사태가 발생했다. 이로 인해 체제유지를 위해 유권자를 교육하고 동원하는 정당의 기능이 마비된 것이나 마찬가지 상태가 됨으로써 체제는 탄력성을 잃을 수밖에 없었다. 정책결정에 주도적 역할을 해야 하는 정당이 정책결정과정에서 소외됨으로써 무기력해졌고, 정당을 비롯한 제도권정치가 제 기능을 다하지 못함에 따라 기성 정치인에 대한 불신과 아울러 비제도권의 정치참여가 이루어지는 정치공간이 형성되기 시작했다.

제도권의 위축으로 지금까지 정치권에 소속되지 않았던 인물들이 정치현안에 대해 국민의 의사를 대변하고 정치과정에 개입하는 새로운 현상이 나타난 것이다. 기성 제도와는 거리를 두고 활동하는 재야세력이 형성·대두돼 이들이 정치의 장에 본격적으로 참여하는 시대가 전개됐다. 따라서 유신시대는 제도권정치와 비제도권정치가 공존하는 이중적인 정치구조하에 있었다고 할 수 있다.

---

12) 8대 대통령선거에는 박정희 후보가 대의원 515명의 추천을 받아 단독 등록했는데, 그는 재적 2,359명 중 2,357표를 얻었다.
13) 朴正熙, 『民族中興의 길』, 59쪽.

2) 정당구도 재편성과 대의제도의 왜곡

정치사적으로 유신헌법이 지니는 두 번째 의미는 기존 정당구도의 틀을 송두리째 뒤바꾸어 대의제도를 크게 왜곡시키는 조치를 취했다는 것이다. 국회기능의 대폭적인 축소와 함께[14] 일체의 정당 및 정치활동을 중지하는 조치를 취함으로써 야당은 물론이고 여당마저 아무런 활동을 할 수 없었다. 이 조치로 인해 공화당은 당의 간판을 내리고 당사에는 계엄군이 주둔해 중앙당사는 당원은 물론 국회의원 신분을 가진 당간부도 출입이 금지되는 수모를 겪었으며,[15] 신민당의 경우 체제에 순응하는 정당으로 만들기 위해 반정부적인 성향의 의원들이 연행돼 폭행과 고문을 당하는 사태가 발생하기도 했다.[16]

정당활동을 중지시킨 후 마련한 유신헌법에도 정당설립의 자유와 복수정당제는 보장된다는 규정을 두기는 했다. 그러나 전체의석의 3분의 1을 대통령이 추천하도록 함으로써,[17] 국민의 심판을 전혀 받지 않은 인

---

14) 1973년 2월 2일 비상국무회의는 의장의 권한을 강화한 반면 국회의 제반 기능을 대폭 축소하는 방향으로 국회법을 개정·공포했다. 이에 대해 신민당은 "국회의 권능을 약화시키고 국회의원이 국민의 대표자로서 책임과 사명을 다하기 어렵게 한 개악"이라고 비판했고, 통일당도 비상국무회의가 국회법을 다룬 것 자체가 국회의 존재를 무시한 것이라고 비난했다. 大韓民國國會事務處, 『國會史』 第9代 國會(大韓民國國會事務處, 1984) 32쪽.
15) 民主共和黨, 『民主共和黨史 1963-1973』, 786쪽.
16) 이의 전형적인 예로는 최형우를 들 수 있다. 그를 중심으로 조윤형, 박종률, 김록영, 김경인, 강근호 등은 1975년 2월 28일 고문 폭로대회를 개최해 유신체제의 폭력성을 고발했다. 이에 관해서는 최형우, 『더 넓은 가슴으로 내일을』(고려원, 1993), 141-144쪽.
17) 유신헌법 제76조 1항은 "국회는 국민의 보통·평등·직접·비밀선거에 의하여 선출된 의원 및 통일주체국민회의가 선거하는 의원으로 구성한다"고 규정돼 있고, 당시 국회의원선거법 제147조에는 "국민회의에서 선거할 의원의 후보자는 대통령이 국민회의에 일괄 추천한다"고 돼 있다. 이로써 국회는 국민의 대의

물이 국민의 의사를 반영하고 대변하는 국회의석의 3분의 1이나 차지하는 기형적인 구조를 만들어 놓았다. 이들 임명제 의원은 유신정우회(이하 유정회)라는 별도의 교섭단체를 만들어 유신이념을 전파하는 일에 앞장섬으로써 민의를 더욱 왜곡시키는 역할을 했으며, 나중에는 국회의장으로 지명·선출되기까지 함으로써 야당의 극단적인 반발을 사는 일이 벌어지기도 했다.

이와 동시에 한 선거구에서 1명의 의원을 선출하는 소선거구제를 폐지하고 2명의 의원을 선출하는 1구2인제를 채택한 것도 대의제도를 극단적으로 왜곡하는 조치였다고 할 수 있다. 선거구의 크기와 관계없이 일률적으로 2명씩 뽑도록 함으로써 야권의 분산을 유도하고 상대적으로 여당에게 유리하도록 선거제도를 바꾼 것이다. 이와 같은 조치로 인해 여당인 민주공화당은 유신체제하에서 처음 실시된 1973년 2월 27일의 9대 총선에서 73명의 당선자를 낼 수 있었다.[18] 38.7%의 득표밖에 하지 못한 공화당으로 하여금 직선제 의석의 50%를 차지하게 할 정도로 대표성을 왜곡하는 제도였던 것이다.

한편 신민당의 경우 52명의 당선자를 냄으로써 득표율 32.6%를 상회하는 36.3%의 의석을 차지함으로써 제1야당의 프리미엄을 어느 정도 누릴 수 있었다. 그러나 민주통일당의 경우 10.1%의 득표를 하고도 1.4%인 2석을 차지하는 데 그침으로써 1구2인제는 여야 동반당선을 목표로 한 제도라는 비난을 면하기 어려웠다.[19] 이러한 제도 덕분에 대통령이

　기관이 아니라 대통령의 의사를 반영하는 기관이 될 수밖에 없었고 3권분립도 이루어질 수 없었다.

[18] 공화당은 전국 73개 선거구 중 경기도 제7선거구(김포·고양·강화)에서는 2인 모두 당선됐고, 서울 제6선거구(마포·용산)는 한 사람도 당선자를 내지 못했다. 이처럼 제도 덕분에 동반 당선된 것임에도 공화당은 "서울을 비롯한 大都市에서 우리 당 후보가 대거 당선하였던 것은 選擧史上 하나의 획기적인 記錄으로서 높이 평가되었던 것"이라고 자의적으로 해석했다. 民主共和黨, 『民主共和黨史 1963-1973』, 808쪽.

[19] 이와 같은 결과가 나타났기 때문에 민주통일당은 "야당을 자처하던 신민당은

추천하는 의원과 합할 경우 여권은 전체 의석의 3분의 2나 되어, 국회는 대의기관이라는 표현이 무색할 정도로 대통령에 예속되는 현상이 초래됐다.

이와 같은 표의 굴절현상은 유신체제하에서 두 번째로 실시된 1978년 12월 12일의 10대 총선에서는 어느 정도 완화됐다. 그러나 10대 총선은 더 큰 의미에서 선거에서 나타난 민심을 왜곡함으로써 체제의 비민주성을 여실히 나타냈고, 결과적으로는 유신체제 자체의 파탄을 초래하는 요인으로 작용했다. 야당인 신민당이 여당인 공화당보다 1.1% 포인트 더 많이 득표했음에도 불구하고 적은 수의 당선자를 내는 사태가 발생했기 때문이다.[20]

이처럼 유권자의 의사를 왜곡하고 굴절시키는 제도임에도 불구하고 박정희는 민주적 절차와 능률을 조화시킨 유신제도는 이 땅에 참된 민주정치가 발전할 기틀을 마련했으며, 이러한 생산적인 민주제도로의 개혁이 있었기 때문에 70년대의 어려운 시련 속에서도 당면한 과업을 차질 없이 수행할 수 있었다고 주장했다.[21] 또한 유신체제는 대통령이 국회를 좌지우지할 수 있게 만들어 놓았기 때문에 반민주적인 제도라는 비판에 대해,[22] 그는 고전적인 3권분립이 결코 절대적인 것도 아니고 현대사회의 복잡한 문제를 해결하는 데 적당치 못한 면도 있으며, 오늘날은 오히려 국가권력의 유기적인 통합을 강화해 나가는 추세에 있다고

국민주권 찬탈극인 2·27선거에 공동정범으로 적극 참여함으로써 행정부의 시녀화한 국회에 50여 석을 배급받아 현정권에 동화하고 있다"고 주장하고, 여야 나눠먹기라고 비판했다. 玄谷梁一東先生 文集發刊委員會, 『民主統一黨 反維新鬪爭史』(玄谷梁一東先生 文集發刊委員會, 1995), 60쪽.

20) 공화당은 31.7%의 득표에 68명의 당선자를 내 전체의석의 44.2%를 차지했고, 신민당은 32.8%의 득표에 61명의 당선자를 내 39.6%의 의석을 차지했다. 원내 제1당과 2당이 이처럼 의석률에서 이득을 본 반면, 통일당은 7.4% 득표에 3명의 당선자를 내 전체의석의 1.9%밖에 차지하지 못할 정도로 손해를 보았다.
21) 朴正熙, 『民族中興의 길』, 61-62쪽.
22) 尹潽善, 『尹潽善회고록: 외로운 선택의 나날』(東亞日報社, 1991), 365쪽.

반박했다. 그리고 유신체제는 이러한 현대국가의 추세를 발전적으로 받아들여 행정부와 입법부가 서로 협조하면서 상호 보완될 수 있는 긴밀한 제도를 마련한 것이라고 단언했다.23)

1구2인제의 채택과 아울러 박정희는 정당구도를 재편성하려는 시도의 일환으로 정당공천제를 폐지하고 무소속의 출마를 허용하는 방향으로 국회의원 선거법을 바꾸었고 정당의 존속요건을 크게 낮추었다.24) 이는 5·16 이후 정당정치를 정착시킨다는 명분에서 자신이 취했던 조치를25) 정면으로 부정하는 것이므로 10월유신은 박정희의 집권연장을 위한 구실에 불과했다는 것을 알 수 있다. 즉 입후보를 원하는 사람은 정당이 발부하는 의원후보자 추천서를 첨부해 선거관리위원회에 등록하도록 정당추천을 후보 등록요건으로 규정한 선거법을 개정, 정당의 공천 없이도 출마가 가능하도록 했고, 국회의원이 임기중 당적을 이탈하면 의원직을 상실하도록 한 규정도 삭제함으로써 마음대로 당적을 바꾸는 것이 가능하도록 했다.

이는 후보의 난립을 유도함으로써 여당후보의 당선을 유리하게 하려는 의도가 내포된 것이라고 할 수 있지만, 결과적으로 이는 야권뿐만 아니라 여당에도 영향을 미치는 양날의 칼로 작용하게 된다. 여당의 공천을 받지 못한 인물이 무소속으로 출마해 여권 표를 잠식하는 일도 발생

---

23) 朴正熙, 『民族中興의 길』, 61쪽.
24) 법정지구당 수를 국회의원 지역구 총수의 2분의 1 이상에서 3분의 1로 낮추었고, 지구당의 분산도 서울·부산·道 중 5곳 이상에 분산되도록 한 것을 3곳 이상으로 완화했으며, 법정당원 수도 100인 이상에서 50인 이상으로 줄였다.
25) 박정희는 "헌법개정안 제안에 즈음한 담화"를 통해 "政黨은 國民의 政治意思를 表現하는 必須的인 機構입니다. 그런데도 不拘하고 過去에는 政黨을 通하지 않고 政治活動을 하는 所謂 無所屬 國會議員이 있어서 올바른 政黨政治를 沮害한 事例가 많았습니다. 그래서 이 憲法改正案은 大統領이나 國會議員은 그 立候補에 반드시 所屬政黨의 推薦을 받도록 規定하여 올바른 政黨政治를 期하였읍니다"라고 설명하기까지 했다. 韓國軍事革命史編纂委員會 編, 『韓國軍事革命史』第1輯 下(韓國軍事革命史編纂委員會, 1963), 71쪽.

했기 때문이다.26)

3. 여권의 분열과 이원화: 민주공화당과 유신정우회

유신체제 성립을 계기로 박정희는 전체의석의 3분의 2에 달하는 방대한 수의 의원집단을 자신이 의도하는 대로 움직일 수 있게 됐다. 다수의석 확보를 통해 정권의 안정을 도모한다는 구상에서 이와 같은 제도를 도입한 것이다. 그러나 숫자를 과신한 나머지 입법부의 존재를 무시하고 정책결정에서 효율성만 앞세운 유신통치는 관료적 권위주의의 전형이라는 비판을 받았고,27) 이로 인한 정통성의 결여로 체제안정을 기하기가 어려웠다. 또한 다수의석 확보가 자동적으로 체제안정으로 연결될 것이라는 박정희의 기대도 실현될 수 없었는데, 이는 여권이 공화당과 유정회 두 개의 집단으로 분열돼 있었기 때문이다. 분열된 두 집단이 벌이는 충성경쟁이 오히려 체제 자체를 불안하게 하는 요소로 작용하는 경우도 있었다.

1) 공화당의 재출범과 위축

유신조치로 당의 모든 활동이 중지되자 "당으로서도 적잖은 충격을 받았던 것"28)이라고 고백할 정도로 공화당은 이 과정에서 소외돼 있었

---

26) 가장 전형적인 예로 이후락을 들 수 있다. 10대 총선에서 그는 경남 제4선거구(울산·울주)에 무소속으로 출마해 신민당의 최형우와 함께 당선됐다. 이 때문에 공화당은 이 지역에서 당선자를 내지 못했다.
27) 관료적 권위주의 이론으로 유신체제를 분석한 글에 관해서는 張達重, "경제성장과 정치변동," 韓國政治學會 編, 『韓國의 政治』(法文社, 1993), 296-302쪽 참조.
28) 民主共和黨, 『民主共和黨史 1963-1973』, 786쪽.

다. 설상가상으로 유신헌법에 대한 국민투표와 통대선거 및 대통령선거가 치러지는 동안 집권여당으로서 아무런 역할도 하지 못하는 수모를 당함으로써 정당으로서의 존재이유 자체가 의심될 정도로 공화당은 위축됐다.

정치활동은 박정희가 유신헌법에 의해 대통령에 취임하는 1972년 12월 27일 재개됐지만, 어느 누구도 당의 진로를 예측할 수 없어 당원의 불안과 회의는 극에 달했다. 특히 대통령이 공화당의 총재직을 계속 가질 것인지 하는 문제는 당원뿐 아니라 일반국민들에게도 커다란 관심사가 아닐 수 없었다. 대통령이 국회의석의 3분의 1을 추천할 수 있게 된 마당에 여당조직을 별도로 둘 것이라고는 예상되지 않았기 때문이다.

이러한 일반의 예상을 깨고 박정희는 1972년 12월 31일 공화당에 편지를 보내 총재직을 계속 유지할 뜻임을 비쳤다. 편지에서 그는 공화당이 솔선해서 국민 혁명정신의 주체적 사명을 다해 국민총화 기반의 구축에 모든 역량을 집결해 줄 것과 정치유신의 최선두에 서서 혼신의 노력을 다해 줄 것을 당부했다.29) 그리고 1973년 1월 12일 연두기자회견에서 그는 여당 총재직을 그대로 갖고 정치풍토 개선에 앞장서겠다고 선언함으로써30) 공화당을 활용할 의사임을 분명히 드러냈다. 비록 절대권력을 확보하는 조치를 취했다고는 하지만, 정당조직을 이용해 국민의 지지를 동원하지 않고서는 권력의 유지가 불가능하다고 간파했기 때문이다.

지지의 동원이라는 측면에서 활용가치를 인정받게 된 데 대해 공화당은 크게 안도하면서 당무회의를 개최, 유신과업 수행에 앞장설 것을 다짐하고 유신이념에 적응할 수 있도록 당의 강령을 수정했다.31) 그리고

---

29) 民主共和黨, 『民主共和黨史 1963-1973』, 792쪽.
30) 연두기자회견에서 박대통령은 총재직을 그대로 갖고 정치질서를 바로잡는 데 앞장설 것이므로, 여당인 공화당도 유신과업 수행에 앞장설 수 있도록 당의 체질과 기구를 개선해 나가야 한다고 주문했다. 『박정희대통령 연설문집』 제10집 (대통령비서실, 1974), 40쪽.

당의 시도지부를 폐지하고 지방사무국 기구를 개편해 사무국을 연락실과 연락소로 축소하는 식으로 당헌을 개정했다. 당헌을 개정하면서 당기구뿐 아니라 당의 기능도 대폭 축소하는 방향으로 나아갔는데, 이 중에는 정당기능의 일부를 부인하는 내용도 들어 있었다. 즉 대통령 후보자, 국회의원 전국구 후보자, 각급 지방의회의원 후보자 및 지방자치단체장 후보자의 당 추천기능을 삭제한다고 해 놓음으로써32) 정당으로서 가장 중요한 기능인 정치지도자 충원기능을 포기하고 만 것이다.

이처럼 유신체제 성립과 더불어 공화당은 대통령선거에 더 이상 참여할 수 없었으므로 명목상의 여당으로 되고 말았다는 지적을 피하기 어려웠다.33) 권력쟁취라는 정당의 목표 자체가 사라져 버려 권력에 기생할 수밖에 없는 상황이 되고 말아 공화당은 통치에 참여하지 않는 것은 물론이고 정치과정에서도 배제되고 만 것이다. 비록 정치활동이 재개돼 정당으로 재출범하기는 했지만, 공화당은 앞서 살펴본 바와 같이 정당으로서의 기능을 일부 포기함으로써 활동이 크게 위축될 수밖에 없었다. 이로 인해 공화당은 대사형정당과 같은 처지로 전락,34) 유명무실한 존재가 되고 말았다.

이 밖에도 공화당은 유신헌법 자체가 정당이 정권장악을 위한 경쟁을 벌일 수 없도록 했고 새 정당법은 정당이 유신체제에 스스로 적응할 수 있는 체제를 갖추도록 규정했다고 해석함으로써 스스로 입지를 크게 좁히고 말았다.35) 공화당으로서는 유신과업 수행에 앞장서는 것만이 "당

---

31) 새 강령 제1항은 "우리는 10月維新의 精神으로 民族的 主體性을 確立하고 民主主義의 土着化를 이룩한다"고 규정, 공화당의 존재이유를 유신정신의 구현으로 표방했다.
32) 民主共和黨, 『民主共和黨史 1963-1973』, 794쪽.
33) 金容浩, "민주공화당의 패권정당운동," 『韓國政治硏究』 제3호(서울大學校 韓國政治硏究所, 1991), 224쪽.
34) 대사형정당(ambassador party)이란 정부의 영역에 관련되지 않고 주변부에 있는 정당을 가리킨다. Giovanni Sartori, *Parties and Party Systems* (Cambridge: Cam- bridge University Press, 1976), p.19.

의 존립기반을 유지하느냐 못하느냐" 하는 당의 운명에 직결되는 문제라고 파악하고 있었지만 이 역시 쉬운 일은 아니었다. 유신이념의 구현을 지상목표로 삼는 정치집단인 유정회와 경쟁하지 않으면 안 됐기 때문이다.

박정희의 입장에서는 공화당과 유정회 두 집단의 충성경쟁을 유도해 권력기반을 강화한다는 생각이었겠지만, 오히려 이는 여권의 분열을 초래함으로써 통합된 힘을 발휘할 수 없도록 만들었다. 여권조직의 이원화에 따른 비능률과 이로 인한 상호 갈등과 반목이 작용했기 때문이다. 이와 같은 구조로 인해 공화당은 사회와 국가를 연결하는 정당의 기능과 역할을 방기한 채 권력자의 의지를 사회에 전달하는 작업에만 열중하게 됐다. 정당의 기능을 방기한 결과 공화당은 국민의 지지로부터 멀어져 갔고, 이것이 체제의 파국을 불러오는 또 하나의 원인으로 작용한 것이다.

2) 준정당으로서의 유신정우회

대통령의 추천으로 국회의석의 3분의 1이나 차지하게 된 의원들은 유정회라는 별도의 교섭단체를 만들고 정당처럼 활동했다. 유정회는 당원이 하나도 없었음에도 불구하고 일반 정당의 당직자와 같은 직책의 간부를 두고 이들을 총칭해 회직자라고 불렀다.[36] 의원의 숫자만 놓고 볼

---

35) 民主共和黨, 『民主共和黨史 1963-1973』, 793쪽. 그러나 당시의 정당법 어디에도 정당이 유신체제에 적응하는 태세를 갖추어야 한다는 조항은 없었다. 이를 볼 때 별도의 친여집단이 출현하게 된 데 대해 공화당은 크게 위축돼 있었다는 것을 알 수 있다. 이와 같은 현상에 대해 김종필은 10·26 직후 "행정은 있되 정치는 없는 어려운 상황 속에서 민주공화당의 창당이념은 퇴색하지 않을 수 없었고, 따라서 국민의 여론과 열망을 국정에 반영시킨다는 본래의 기능을 제대로 수행하지 못한 것을 깊이 반성하지 않을 수 없다"고 회고했다. 金鍾泌, 『새 歷史의 鼓動』(瑞文堂, 1980), 22쪽.

36) 유정회 규약에는 회를 대표하는 회장 1인이 있었고, 유정회 업무를 심의·결

때 가장 많았기 때문에 유정회는 제1교섭단체로 등록됐고, 이를 빌미로 국회를 주도하려고 시도함으로써 야당인 신민당은 물론이고 여당인 공화당과도 마찰을 빚는 일이 발생했다.37)

선거를 치르지 않고 국회의석을 차지하게 됐기 때문에 유정회는 원천적으로 국민의 지지나 여론에 신경을 쓸 필요가 없었다. 추천권자인 대통령 한 사람의 마음에 들기만 하면 다시 추천을 받아 의원직을 유지할 수 있는 구조였기 때문이다. 이는 국민의 선거로 선출된 의원의 임기를 6년으로 한 데 반해, 유정회 의원의 임기는 3년으로 한 헌법조항으로 인해 더욱 심화될 수밖에 없었다. 이러한 구조적 모순에도 불구하고 박정희는 간접선거를 통해 각 분야에서 유능하고 양심적인 인재들이 국회에 진출하는 길이 열려 국회는 입법기관 본연의 기능을 회복할 수 있게 됐다고 주장했다.38)

이와 같은 박정희의 의지를 반영해 유정회는 10월유신의 홍보에 적극 앞장섰다. 즉 10월유신 이념을 의회정치에 구현함으로써 한국적 민주주의의 발전에 기여함을 목적으로 한다는 규약을 내걸었으며, 유신의 의미에 대해 정당의 운영과 선거제도를 개선해 생산적인 국회상의 구현을 추구한 것이라고 해석하면서39) 자신의 존재의의를 '생산적인 국회상의

정하기 위해 회장을 의장으로 하는 정책위원회를 두었다. 정책위원회의 구성원은 의장, 부의장, 국회부의장, 무임소장관, 원내총무, 대변인, 각 분과위원회 위원장 등이었다.

37) 유신 이후 첫 국회인 9대 국회의 공화당 원내총무였던 金龍泰는 야당 총무보다 유정회 총무를 상대하기가 더 어려웠다고 토로했는데, 이는 원내에서 제일 많은 의석을 갖고 있음에도 제1교섭단체의 지위를 공화당에 물려주고 제2의 자리에 머물러 있는 데 대한 불만에 기인한 것으로 보인다. 또한 공화당 내의 공명주의자들이 유정회와의 충성경쟁에서 뒤질 수 없다는 무분별한 강경론을 펴는 것도 갈등의 소지가 됐다. 金龍泰, 『金龍泰自敍錄』 第1卷(集文堂, 1990), 486, 499 및 522쪽.

38) 朴正熙, 『民族中興의 길』, 59쪽.

39) 維新政友會, 『偉大한 前進: 維新 6年間의 발자취』(東方圖書株式會社, 1978), 40쪽.

구현'에서 찾았다. 그리고 유신은 모든 정치활동을 안정 속에서 번영을 뒷받침해 주는 생산적인 것으로 귀일시켰으며, 국가지도자에게 강력한 영도권을 부여함으로써 정치적 안정의 기조를 확립하는 것이라고 주장했다. 또한 선거전에서 낭비와 선동을 배제하도록 제도개선을 단행하고 조국 근대화작업을 정쟁의 대상이 될 수 없도록 하는 정치운영의 틀을 마련했다고 함으로써, 자신들의 국회 진출을 선거에서 낭비와 선동을 배제한 제도개혁과 연관시켰다.

이처럼 10월유신에서 자신의 존재의의를 찾는 유정회였기 때문에, 유신이념의 홍보에서 공화당이 아무리 유신과업의 완수를 위해 민족대열의 선두에 서겠다는 선서를 했다고 하더라도 유정회의 상대가 될 수 없었다. 유신조치에 적지 않은 충격을 받은 공화당과 달리 유정회의 출범 자체가 "10월유신 이념을 의회정치에 구현함으로써 한국적 민주주의의 건전한 발전에 기여함을 목적으로"40) 한 것이었기 때문이다. 따라서 유신이념의 홍보와 실천에서 공화당은 유정회에 비해 구조적으로 열세를 면하기 어려웠고, 이 바람에 여권 내의 역학관계에서 공화당의 입지는 축소될 수밖에 없었다.

공화당과 유정회의 관계를 더욱 복잡하고 경쟁적인 것으로 만든 것은 상호교류가 이루어지도록 한 유정회의 인적 구성에서 비롯됐다고 할 수 있다. 9대 총선을 앞두고 실시된 공화당의 공천에서 당의 정책위의장을 비롯해 5명의 중진이 탈락돼 당은 물론 사회를 놀라게 했다. 그러나 공화당에서 탈락된 이들 중진 5명은 후일 대통령이 추천하는 유정회 의원 후보명단에 포함됨으로써 여당성향 인사들에 대한 분할통치를 통해 대통령 개인에 대한 충성경쟁을 유도하고 있음을 드러냈다. 당시 청와대 대변인은 지구당 공천에서 공화당 중진이 탈락한 것은 신진인사에게 길을 터 주기 위한 것이고, 이들이 대통령 추천 명단에 포함된 것은 유신과업 수행에 참여할 기회를 열어 주는 것이 국가적으로 유익하다고 판

---

40) 維新政友會規約 제2조, 『維新政友』 9월(창간호), 139쪽.

단했기 때문이라고 설명했다.41) 그러나 이는 양 집단을 경쟁시켜 권력 기반을 강화하겠다는 의도의 표현으로 볼 수밖에 없는 조치였다.42)

이와 같이 유신과업의 수행을 놓고 공화당과 유정회가 경쟁하는 상황은 9대 총선뿐 아니라 10대 총선에도 그대로 나타났다. 그러나 9대 총선처럼 공화당에서 유정회로 적을 옮기는 일방적인 것이 아니라 쌍방향적으로 나타났다. 즉 공화당 공천에서 탈락한 사람이 유정회 후보명단에 올라가는가 하면, 이와 반대로 유정회 출신이 공화당의 공천을 받는 경우도 생긴 것이다.43) 이처럼 체제유지를 위해 여권을 두 집단으로 분리해 놓고 경쟁을 유도하는 바람에 공화당의 공천권과 유정회의 추천권을 동시에 갖고 있는 박정희 개인으로서는 절대적인 충성을 즐길 수 있었다. 그러나 권력에 대한 충성에 몰두한 나머지 정당 본연의 기능의 하나인 유권자의 지지·동원노력을 등한시하게 되는 현상이 나타나면서 체제의 내구성이 훼손되지 않을 수 없었고, 이는 결국 유신체제의 파탄으로 이어졌다.

유정회의 존재는 이처럼 여권의 분열로 이어져 체제유지에 역기능적인 요소로 작용했을 뿐만 아니라, 야권의 반발을 초래해 유신체제를 붕괴시키는 직접적인 요인으로 작용했다. 이전에 야당을 하던 사람이 유

---

41) 유정회 의원 후보명단에는 공화당 공천에서 탈락한 具泰會, 金振晩, 玄梧鳳, 閔丙權, 金在淳 등 당의 중진이 있었고 金龍星, 咸鍾贊 등 전 신민당 인사들이 포함돼 있었다. 民主共和黨,『民主共和黨史 1963-1973』, 811쪽. 당시 유정회 의원으로 추천돼 공화당을 탈당한 사람은 김종필을 포함해 모두 29명이었다. 中央選擧管理委員會,『大韓民國政黨史』第2輯, 40쪽.
42) 이러한 구조적 요인 때문에 공화당 의원들은 정치적으로 다른 입장이었음에도 불구하고 신민당 의원들에 대해서는 같은 지역구 의원으로서 공감대를 갖고 있었고, 유정회 의원을 기피하는 기색이 역력했다. 盧在賢,『靑瓦臺 비서실 2』(中央日報社, 1993), 103쪽.
43) 10대 총선에서 공화당에 공천신청을 한 유정회 의원은 12명이나 됐으며, 3기 유정회 의원으로 대통령이 추천한 후보명단에는 공화당 현직의원이 5명, 전직 의원이 8명이나 돼 양 집단 사이에는 긴장관계가 성립되지 않을 수 없었다.

신을 지지한다고 도장을 찍고 어깨띠를 매고 다니다가 국회에 들어와 가장 강경하고 선명한 체하고 자신의 잘못된 과거를 만회라도 할 양 강경의 기치를 높이 들고 나오는 일도 있었다는 비판도 있었고,44) 몇몇 인사들은 재빨리 기회를 포착해 변절의 탈을 쓰고 독재의 하사품이 내려지기를 기다리는 추한 모습을 보였다는 지적을 받기도 했다.45) 그러나 야당의 반대가 유신체제에 대한 국민적 저항과 결합해 유신체제를 무너뜨리는 결정적 요인이 됐다는 데 대해서는 누구도 부정할 수 없다고 생각한다.

이러한 현상은 10대 국회의장을 선출하는 과정에서 가장 전형적으로 나타났다. 당시 신민당이 공화당보다 1.1%를 더 득표한 상황에서 박정희가 유정회의 백두진을 의장으로 지명했고 신민당이 이에 반발해 퇴장하기로 하자, 이를 체제에 대한 도전으로 간주하는 사태가 발생했다.46) 국민의 직선에 의하지 않고 대통령이 지명한 유정회 의원을 의장으로 내정한 것은 지역구 출신과 국민을 무시한 처사라는 것이 신민당에서 내세운 반대이유였다.47) 여야가 협상을 벌여 결국 야당의 전원 퇴장이 아닌 일부 퇴장은 양해한다는 선에서 절충이 됐지만,48) 이 사건을 계기로 유정회와 신민당 사이에는 넘을 수 없는 감정의 골이 생겼고, 이를

---

44) 辛道煥, 『천하를 준다 해도』(史草, 1991), 334-335쪽.
45) 尹潽善, 『尹潽善회고록: 외로운 선택의 나날』, 367쪽.
46) 사건의 경위에 대해서는 李英石, 『野黨 40年史』(인간사, 1987), 345-347쪽 참조.
47) 김영삼, 『김영삼회고록』 2(백산서당, 2000), 101쪽.
48) 당시 여당은 유신체제에 대한 반대가 아니라 백두진 개인을 반대하는 것으로 하여 신민당이 표결에 참여해서 반대투표를 하는 방향으로 유도하려고 시도했으나 타협은 이루어지지 않았다. 이에 대해 당사자인 백두진은 "耳目口鼻가 멀쩡한 나를 反對한다는 것은 명분이 서지 않고 反對하는 眞正한 理由를 가리게 되는 것을 留意하였음인지 그와 같은 協議도 이루어지지 않았다"고 회고했는데, 이는 사태의 본질과 심각성을 파악하지 못한 것이었다. 白斗鎭, 『白斗鎭回顧錄』 續編(裕林出版社, 1981), 326쪽. 신민당 소속의원 대부분이 퇴장한 가운데 실시된 의장선거는 재적 231명 중 165명만 참여, 이 중 찬성 155표의 지지를 얻는 데 그쳤다. 大韓民國國會, 『國會史, 第10代 國會』(國會事務處, 1992), 55쪽.

계기로 신민당 지도부에 대한 여권의 반격이 시작됐다.

이처럼 유정회는 국회에 가장 많은 의석을 보유하고 있었으면서도 국민의 직접선거로 선출된 의원이 아니라는 것 때문에 공화·신민 양당으로부터 동시에 견제를 받았다. 이 때문에 유신체제 수호의 전위대 역할도 다할 수 없었다. 여론을 외면한 채 권력의 전위기구로 화한 결과, 원래의 의도와는 반대로 체제에 부담이 되는 집단으로 전락하고 만 것이다. 이는 국민의 심판을 받지 않는 상태에서, 그리고 하부조직이 전혀 없는 상태에서 권력에 기생해 지도부만 갖추고 정당 행세를 한 준정당의 피할 수 없는 운명이라고 할 수 있다. 정당의 기능은 전혀 하지 못하면서 정당의 외형을 갖춘 준정당 유정회의 존재로 말미암아 여권은 통합을 이루지 못하고 분열돼 위기를 극복할 수 없게끔 구조화된 상태가 바로 유신체제였던 것이다.

4. 야권의 분열과 통합: 신민당·민주통일당·재야

국회가 해산되고 정치활동이 중단되는 사태가 발생했지만 신민당은 이를 속수무책으로 바라보는 수밖에 없었다. 유신체제는 독재에 대한 민심의 저항을 막는 데 한계에 봉착한 박정희가 장기집권의 궁여지책으로 생각해 낸 정권 연장책에 불과한 것이라고 생각하고 있었지만,[49] 이를 즉각 실천에 옮겨 반대행동에 나설 수 있는 용기가 없었기 때문이다.

정치활동 재개가 이루어지면서 신민당은 일차로 체제정비를 서둘렀는데, 당총재의 권한을 강화하는 방향으로 당헌개정이 이루어지는 역설적인 현상이 나타났다. 당내에서 이와 같은 기류가 감지되자 일부의 이탈이 발생했다. 유신체제에 대한 당의 태도가 미온적이라는 이유로 당

---

49) 김영삼, 『김영삼회고록』 2, 26쪽.

을 비판하면서 민주통일당(이하 통일당)을 결성해 떨어져 나간 것이다. 한편 제도정치권에 소속되지 않은 재야인사들이 유신체제에 대한 반대운동을 보다 강력하게 전개함으로써 신민당은 선명성 시비에 말려들고 정체성을 되찾아야 하는 사태에 처하기도 했다. 이러한 사태를 맞아 신민당은 새로운 지도체제를 정비하고 야권통합에 노력한 결과 유신체제를 무너뜨리는 데 결정적인 역할을 할 수 있었다.

1) 신민당의 체제정비

유신선포 이후 신민당 내부에서 다시 구성되는 국회에 참여하는 문제를 놓고 비공식적인 의견교환이 있었다. 여기서 일부는 유신체제를 부인하는 의미에서 총선을 거부하자는 의견을 제시하기도 했으나, 선관위가 당수로 인정한 유진산은 '긍정 속의 부정'이라는 논리로 총선참여를 밀고 나갔다.50) 그러나 총선을 앞두고 유진산의 이미지가 좋지 않으므로 다른 사람이 당수의 권한을 대행하도록 하자는 논의가 일자, 유진산은 1973년 1월 22일 정일형을 당수권한대행으로 지명하고 일선에서 물러났다. 그러나 이는 일시적인 후퇴에 불과한 것임이 판명됐다.

유신헌법이 확정된 후 반대파인 김홍일측이 무더기 소송을 취하해 유진산은 아무런 저항 없이 당수직을 수행할 수 있었음에도 불구하고 사퇴했기 때문이다. 이는 선거를 앞두고 잠정적으로 후퇴함으로써 제3당인 민주통일당의 출현에 따른 당의 동요를 최소한도로 억제하고 자신의 이미지가 가져올 손실을 덜어야겠다는 생각에서 취한 것이었다.51) 이와

---

50) 高興門, 『정치현장 40년: 못다 이룬 민주의 꿈』(無碍, 1990), 230쪽.
51) 이에 대해 정일형은 유진산 당수가 자신의 이미지로는 도저히 국민에게 투표 공작이 불가능한 것으로 자인하고 자기에게 당수권한대행을 맡아 줄 것을 간곡히 청했기 때문에 사명감을 통감하고 부득이 그 직책을 맡았다고 주장했다. 정일형, 『오직 한길로: 항일 반독재투쟁사』(을지서적, 1991), 446쪽. 그러나 신도환은 전당대회에서 당수로 선출된 사람을 물러나게 한다는 것은 이해할 수 없는

같은 유진산의 의도를 반영하기라도 하듯이 선거가 끝난 3월 11일 당은 그의 당수직 사퇴서 반려를 결의했고, 이에 따라 48일 만에 그는 다시 당수로 복귀했다.

당수로 복귀한 유진산은 당헌개정에 나서 당대표의 명칭을 총재로 바꾸고 총재에게 강력한 권한을 부여하는 당헌을 마련했다.52) 1973년 5월 7일 개최된 전당대회에서 그는 아무 경쟁도 없는 상태에서 만장일치로 총재에 추대돼 그 어느 때보다 막강한 권한을 행사할 수 있었다. 이로써 10월유신은 부수적으로 유진산의 신민당 내 입지와 위상을 크게 높이는 결과를 낳았다.53)

유진산이 유신의 간접적인 수혜자로서 군림할 수 있었다고는 하지만, 유신헌법에 대한 국민의 반대여론을 끝까지 무시하고 있을 수는 없었다. 유신체제에 대한 타협적인 노선이 국민의 집중적인 비판의 대상이 됐고, 이로 말미암아 그의 리더십에 반대하는 세력이 당 내외에서 대두했기 때문이다. 이와 같은 사태가 발생하자 그는 1974년 1월 4일의 기자회견에서 유신헌법 개헌을 위한 투쟁을 신민당의 당면목표로 설정했다. 개헌에 전력투구하기로 한 그의 결단에 따라 1월 8일의 신민당 정무회의는 개헌추진을 당론으로 확정했는데, 바로 그날 대통령 긴급조치 제1호와 2호가 선포돼 신민당의 개헌투쟁에는 제동이 걸렸다. 유진산의 이러한 노선은 그때까지 걸어온 온건노선을 청산하고 강경노선으로 선회하는 것을 의미하는 것이었다.54) 그러나 긴급조치 선포로 충격을 받고 쓰

일이라고 주장하고, 정일형이 당수권한대행을 맡게 된 것을 계기로 당 대표자를 변경해 당권을 차지하려 했다고 비판했다. 辛道煥, 『천하를 준다 해도』, 337-338쪽.

52) 개정된 당헌에 의하면 총재는 5명의 부총재를 포함해 모든 당직 임명권을 가졌고, 대회가 선출키로 돼 있는 30명 이내의 정무위원 선정도 백지위임을 받아 막강한 권한을 행사할 수 있었다. 李英石, 『野黨 40年史』(인간사, 1987), 316쪽.

53) 이러한 현상이 나타났기 때문에 "10월유신이라는 불행한 사태는 신민당의 분열을 막아 준 결과가 됐다"는 주장이 신민당 내에서 나왔던 것이다. 高興門, 『정치현장 40년: 못다 이룬 민주의 꿈』, 226쪽.

러져 입원하는 바람에 유진산은 개헌투쟁을 주도할 수 없었다.

신민당의 개헌투쟁은 1974년 8월 22일 개최된 임시전당대회에서 김영삼이 총재로 선출됨으로써 본격적으로 전개되게 된다. 그는 자신의 총재 당선은 국민의 뜻에 부응해 독재정권에 도전하겠다는 정치적 용기와 야당성을 회복하겠다는 구호가 국민 속에 한 걸음 더 가까이 있는 대의원들의 마음을 움직인 것이라고 파악했다.55) 총재로 당선된 후 가진 기자회견에서 그는 대여투쟁의 기본원칙은 의회 본위가 될 것이라 밝히고, 행정부가 국회를 경시하고 여당이 야당을 무시하는 비민주적 작풍은 절대 용납하지 않을 것임을 정부·여당에 엄숙히 경고한다고 강조했다.

이후 김영삼은 개헌추진을 당의 노선으로 확정하고 대여 강경투쟁을 전개했다. 이러한 노선에 따라 신민당은 1974년 10월 21일에는 국회에 '헌법개정기초심의특별위원회 구성결의안'을 제출했고, 당내에 헌법개정 추진기구를 설치했다. 한편 신민당 지도위원회는 "유신체제의 폐지와 민주주의 회복을 위한 시대적 사명감을 통감하며, 이를 위해 민주적 개헌을 지상과업으로 추진하는 김영삼 총재의 지도노선에 적극적인 지지를 표한다"는 결의문을 채택,56) 당의 개헌투쟁을 적극 옹호했다.

김영삼의 개헌투쟁은 각 도에 개헌추진 도지부 현판식 거행을 비롯해서 긴급조치로 구속된 인사들의 석방건의, 민주화와 인권에 대한 강조 등 다양한 방식으로 전개됐다. 그는 개헌투쟁을 보다 효율적으로 하기 위해 야권통합을 적극 추진했다. 이러한 노력이 결실을 맺어 1975년 3월 31일에는 윤보선, 김영삼, 김대중, 양일동 4인이 만나 야권통합의 원칙에 합의할 수 있었다. 당내 일부의 반대가 있었지만, 그로서는 민주회복을 위해 전열을 확대하고 수권정당 체제를 갖추기 위해 야권통합은 절실하며, 이에 따르는 다소의 부작용은 민주회복이라는 명분 앞에 인내로써 용해시킬 수밖에 없다고 주장했다. 이에 따라 신민당과 통일당의

---

54) 李英石, 『野黨 40年史』, 319쪽.
55) 김영삼, 『김영삼회고록』 2, 46-47쪽.
56) 中央選擧管理委員會, 『大韓民國政黨史』 제2집, 225쪽.

통합을 위해 양당을 대표해 김영삼과 양일동은 여러 차례 회담을 갖고 방법과 절차를 논의했으나, 견해차이로 합의에 도달하지는 못했다.57)

김영삼으로서는 일차적으로 신민당과 통일당으로 나누어진 야권을 통합하고, 이차적으로 재야세력까지 통합하는 야당을 만들어 유신체제를 정면으로 돌파한다는 전략이었다. 비록 성사되지는 않았으나 분산된 상태로는 승산이 없다고 생각했기 때문에 통합을 모색한 것이었다. 야권통합으로 유신체제를 극복한다는 김영삼의 전략에 대해 신민당 내의 반발도 적지 않았다. 비주류의 반발은 지도체제 개편문제로부터 출발해 당권경쟁으로 표면화됐다. 정권의 전횡을 제지하기 위해서는 한 사람이 독주하는 단일지도체제로는 역부족이기 때문에, 당내 원로정치인들의 경험과 젊은 동지들의 힘을 합칠 수 있는 집단지도체제로 당의 운영방향을 전환해야 한다는 것이었다.58)

지도체제를 개편하는 문제를 놓고 전개된 신민당 내 주류와 비주류의 갈등은 폭력사태로 이어져, 예정된 전당대회조차 제대로 개최하지 못하는 지경에 이르고 말았다. 비주류측이 사전에 폭력으로 대회장을 점거하고 독자적으로 대회를 치르자, 이에 대항해 주류측도 별도의 대회를 개최했기 때문이다. 이 바람에 1976년 5월 25일의 신민당 전당대회는 '각목대회'라는 별명을 얻게 됐고, 1972년 9월에 있었던 '반당대회'와 마

---

57) 이 부분에 대해 김영삼은 회고록에서 전혀 언급하고 있지 않으나, 양일동은 전당대회를 열어 통합을 결의했으나 신민당이 회의적인 태도를 보였고, 김영삼이 청와대를 방문한 후부터는 부정적인 태도로 나왔기 때문에 통합야당의 꿈이 사라진 것이라고 주장했다. 玄谷梁一東先生 文集發刊委員會, 『民主統一黨 反維新鬪爭史』, 104쪽.

58) 辛道煥, 『천하를 준다 해도』, 354-355쪽. 한편 고흥문은 김영삼이 김옥선파동 때에도 제대로 대처하지 못했으며, 박대통령과 회담을 마친 후에는 아무런 설명도 없이 상황이 급변했다는 이유만으로 유신체제에 대한 전면반대에서 체제 내의 비판으로 선회하는 등 지도노선이 전면적인 오류에 빠져 있다고 생각해 그와 결별을 선언하고 비주류에 합세했다. 高興門, 『정치현장 40년: 못다 이룬 민주의 꿈』, 254-255쪽.

찬가지로 당이 두 파로 나누어지는 사태가 발생했다. 당이 공중 분해하는 상황에 처하게 되자, 중도파의 중재로 양파는 타협에 나서 7명의 최고위원과 1명의 대표최고위원을 두는 집단지도체제를 채택하기로 합의했다. 이를 토대로 사태가 발생한 지 3개월 만에 열린 수습 전당대회에서 '참여하의 개혁'이라는 기치를 내건 이철승이 대표최고위원에 당선됐다.59)

대표로 선출된 이철승은 자신의 정치철학이자 소신이라며 중도통합론을 제창했다.60) 모든 정치적 대상이 되는 문제의 해결을 추구하는 데 항상 중도통합의 정신에 따를 것이라고 선언하고, 이 노선이야말로 유신체제로 인해 발생한 정치적 갈등을 조정하고 화해시키는 원리라고 그는 주장했다. 그러나 김영삼은 물론 당권경쟁에서 그를 도왔던 인사들마저 중도통합론이 온당하고 합리적인 문제 해결책이라는 데 동의하지 않아 공허한 노선이 되고 말았다.61) 바로 이 때문에 그는 1979년 5월 30

---

59) 대표최고위원 경선에는 김영삼, 이철승, 정일형 3명이 나섰는데, 1차투표 결과 김영삼 349표, 이철승 263표, 정일형 134표였다. 2차투표에서 정일형이 이철승 지지를 선언하고 경합을 포기하는 바람에 이철승 389표, 김영삼 364표로 이철승이 당선됐다. 이에 대해 김영삼은 박정희와 중앙정보부 및 경찰의 야당탄압의 결과라고 주장, 박정희에게 당권을 빼앗긴 것이라고 회고했다. 김영삼, 『김영삼회고록』 2, 95-97쪽.
60) 중도통합론에 대해 그는 "안보 지상주의와 자유 지상주의간의 극한대립으로 국정이 표류하고 있는 정치상황에서 야당이 '참여하의 개혁'이라는 전제하에 냉정을 되찾아 현실을 직시함으로써 정치 활성화와 정치발전을 이룩하고 국민적 통합기반을 구축해 민생복지를 기하는 것으로서 결국 명분투쟁 아닌 실질투쟁을 의미하는 것"이라고 풀이했다. 李哲承, 『中道統合論과 나』(신유, 1992), 64쪽.
61) 김영삼은 비판기능을 잃고 독재체제 내에서 안주하려는 당에 대해 민심과 당원들의 실망이 커졌고, 내부적으로 야당성 회복이 신민당의 문제로 떠올라 중도통합론을 비판하는 당원들이 '야당성회복투쟁위원회'를 결성해 자신을 지주로 삼았다고 주장했다. 김영삼, 『김영삼회고록』 2, 98쪽. 한편 이철승은 당시 일반대중은 독재권력과의 대화나 타협 자체가 독재권력을 도와주는 것이라고 믿고 있었으며, "일방적으로 탄압을 받고 있는 국민과 독재권력 사이에 무슨 타협과 조정이 성립될 수 있는가" 반문하는 분위기에서 여야가 대화의 정치보다는 대

일 개최된 전당대회에서 재야세력의 지지를 받은 김영삼에게 패배하고 말았다.62)

당권을 다시 장악한 김영삼은 유신체제에 대한 정면대결의 길에 나서 대정부질문이나 외신기자 회견 등 기회가 있을 때마다 박정희의 장기집권을 비판했다. 그리고 통일당과의 통합을 선언함으로써 여권에 대한 압박을 더욱 가중시켜 나갔다. 통합을 통해 유신체제를 극복한다는 전략을 다시 채택한 것이다. 이처럼 신민당이 김영삼 주도로 야당을 통합하고 유신체제에 대해 강도 높은 비판과 도전을 계속하자 정권차원에서 신민당과 김영삼을 무력화시키려는 시도가 이루어졌다. 이에 따라 총재단 직무집행정치 가처분신청 제기를 비롯해서 김영삼의 의원직을 제명하는 사태까지 일어났으나, 민심의 이반으로 유신체제는 종말을 고하고 말았다.

2) 민주통일당의 재편성 시도

1972년 9월 신민당의 전당대회가 '반당대회'로 막을 내리면서 당권을 둘러싸고 벌어진 신민당의 내분은 중앙선거관리위원회에 의해 유진산의 승리로 막을 내렸다. 양측의 서류를 검토한 결과 유진산측에서 제출한 서류가 형식적 요건을 갖추었다는 결정을 내렸기 때문이다. 이후 선포된 유신조치로 신민당 내에서 유진산체제는 더욱 공고화되고 반대파의 입지는 더욱 축소되고 말았다.

이와 같이 유진산이 신민당을 완전히 장악하는 사태가 발생하자, 이

결과 전투정치를 해야 한다고 선동하는 사람 때문에 중도통합론이 허약한 기회주의로 비쳤다고 분석했다. 李哲承, 『中道統合論과 나』, 56쪽.
62) 총재 선출을 위한 1차투표 결과 이철승 292표, 김영삼 267표, 이기택 92표, 신도환 87표, 김옥선 11표 등으로 당선에 필요한 과반수를 얻은 후보가 없어 2차 투표를 실시했다. 2차투표에서 이기택이 김영삼을 지지한 결과 김영삼이 378표를 얻어 367표를 얻은 이철승을 누르고 총재로 당선됐다.

에 반발한 일부 세력이 당을 나와 1973년 1월 8일 민주통일당 발기인대회를 갖고 창당준비위원회를 구성했다. 이들은 양일동을 창당준비위원장으로 선출하고 본격적인 창당작업에 나섰다. 이처럼 야권이 분열되는 바람에 야당끼리 선명경쟁을 벌여야 하는 구조가 되자 대여투쟁은 뒷전으로 밀리는 형국이 됐다. 이 때문에 신민당은 이들의 탈당을 만류하기도 했으나 통일당의 창당을 막을 수는 없었다.63)

통일당 발기인들은 신민당이 현실참여라는 구실로 유신체제를 긍정적으로 받아들여 국민의 기대에 어긋나는 방향으로 선회했기 때문에 창당하게 됐다고 주장했다.64) 새로운 야당의 기치를 들게 된 것은 신민당이 변질·타락해 야당의 구실을 할 수 없게 됐기 때문이라는 것이었다. 이들 발기인은 1973년 1월 27일 창당대회를 개최하고 대표최고위원에 양일동, 상임고문에 김홍일·윤보선을 선출하고, 창당선언에서 사이비 야당정치인과 정상모리배를 제거하고 양식을 지닌 투철한 야당인사만으로 전국조직을 재정비하는 작업을 선행할 것을 다짐했다.65) 창당대회에서 통일당은 국민에게 보내는 메시지를 통해 총선에 임해 민주정치의 교두보가 될 원내의석을 다수 확보하는 데 주력하겠다고 다짐했다.

선거를 앞두고 통일당은 공명선거만 보장된다면 30여 석은 무난히 확보할 수 있다고 장담했다. 신민당이 보여준 무기력한 대여투쟁은 국민에게 실망과 분노를 안겨주었기 때문에 통일당으로서는 승산이 있다는 것이었다. 그러나 선거결과 통일당의 기대와는 달리 2명만 당선됨으로써 통일당의 정당 재편성 시도는 불발로 그치고 말았다.66) 기대에 미치

---

63) 신도환은 현정권과 싸우려면 신민당을 갖고 싸워야 하며, 당수가 마음에 들지 않으면 언제든지 바꿔칠 수도 있다면서 극구 만류했으나 분당해 나갔다고 회고했다. 辛道煥, 『천하를 준다 해도』, 301쪽.
64) 玄谷梁一東先生 文集發刊委員會, 『民主統一黨 反維新鬪爭史』, 44쪽.
65) 玄谷梁一東先生 文集發刊委員會, 『民主統一黨 反維新鬪爭史』, 47쪽. 선거를 앞두고 통일당은 신민당을 전적으로 공격하며 사꾸라당·준여당으로 몰아 세웠다고 당시 신민당 권한대행을 맡아보던 정일형은 회고했다. 정일형, 『오직 한길로: 항일·반독재투쟁사』, 446쪽.

지 못하는 결과가 나오자, 통일당은 선거결과가 방증하듯이 9대 총선은 집권당과, 그와 야합한 신민당의 동반당선을 위한 형식적인 선거에 불과했다고 비난했다. 2·27총선은 조작된 참패로서 관권에 의해 투표와 개표가 조작돼 당의 유력자가 낙선했다는 것이었다.[67]

객관적으로 분석할 때 관권의 개입이 없었다고 할 수는 없다. 그러나 보다 근본적으로 유권자들은 유신조치로 거대해진 여권을 효율적으로 견제하기 위해서는 야권이 단합해야 한다고 생각했기 때문에 그와 같은 결과가 나타난 것이었다. 분열의 원인이 어디에 있건 유권자들은 먼저 당을 떠난 집단에 대해 분열의 책임을 물은 것으로 분석된다.

선거참패로 원내교섭단체 구성이 불가능해지자 통일당은 원내보다는 원외활동에 치중했다. 유신체제에 비판적인 재야인사들이 전개하는 개헌청원 서명운동을 환영·지지하고 이에 적극 참여한 것이다. 이와 동시에 신민당에 대한 태도를 바꾸어 개헌운동을 전개하는 데 공동보조를 취하고 통합을 추진하기로 했다. 분열된 상태로는 유신체제에 대한 도전을 효율적으로 할 수 없다는 것을 인식했기 때문이다. 여기서 더 나아가 양일동은 통합의 외연을 대폭 확대해야 한다는 생각을 갖고 있었다. 단순한 정당끼리의 통합에 의의가 있는 것이 아니라 모든 재야원로와 사회단체의 구성원, 그리고 긴급조치로 구속됐다가 석방된 인사들의 전폭적인 지원이 뒷받침되는 범야세력의 총통합이 이루어져야 한다는 것이었다.[68]

이처럼 야권통합의 필요성을 인식한 통일당은 1975년 5월 7일 전당대회를 개최하고 신민당과 통합을 위한 모든 절차를 완료했다. 그러나 양

---

66) 통일당은 전국 73개 선거구 중 57개 선거구에 후보등록을 하고 선거에 임했으나, 김록영(전남 광주), 김경인(전남 목포) 2인만 당선됐다. 그러나 1973년 12월 28일 대법원 판결에 의해 박병배(충남 대전)의 당선이 확정됨으로써 통일당의 의원은 3인이 됐다.
67) 玄谷梁一東先生 文集發刊委員會, 『民主統一黨 反維新鬪爭史』, 52쪽.
68) 中央選擧管理委員會, 『大韓民國政黨史』 第2輯, 343쪽.

당의 통합은 끝내 이루어지지 못했다. 통합에 적극적이던 신민당 총재 김영삼이 내외적인 도전으로 리더십 위기에 봉착해 이를 추진할 여유가 없었기 때문이다.69) 이후 통일당은 기회가 있을 때마다 신민당에 통합을 제의하고 범야세력의 결집을 요구했다. 이에 대해 긍정적인 반응이 다시 나온 것은 김영삼이 총재로 다시 선출된 1979년 5월 이후였다.

  신민당과 통일당이 통합에 합의하고 이를 통해 반유신투쟁을 강화하려는 움직임을 보이자 정부와 여권은 이를 저지하기 위해 총력을 기울였다. 그러나 이미 이때는 야권통합을 향한 열망은 어느 누구도 제어할 수 없을 정도로 거대한 흐름을 형성하고 있었고, 국민도 박정희의 장기집권에 염증을 느끼고 있었다. 이 때문에 그렇게 강하게 보이던 유신체제도 끝내는 내부로부터 붕괴되는 사태를 맞지 않을 수 없게 됐다.

3) 준정당으로서의 재야

  유신조치로 정당구도가 재편성되면서 나타난 가장 커다란 특징 중의 하나는 준정당의 출현이었다. 정상적인 상태로 정당의 기능을 수행하는 것이 아니라, 비정상적인 상태로 정당의 기능 일부만을 수행하는 집단이 출현한 것이다. 하부조직인 당원 없이 단지 상부조직인 지도부만 존재해 정치과정에 참여하거나 참여하려는 양상을 나타냈기 때문에 정당에 가깝다는 의미에서 준정당이라고 불러도 무방하다고 생각한다. 여권의 경우 앞서 살펴본 바와 같이 유정회가 준정당의 범주에 들었고, 야권

---

69) 1975년 5월 김영삼은 박정희와 가진 단독회담의 내용을 공개하지 않아 두 사람 사이에 모종의 밀약이 있었지 않느냐는 의심을 받았고, 같은 해 10월 유신체제 비판으로 같은 당의 김옥선 의원이 사퇴하는 사태가 일어났음에도 수수방관하는 태도를 보여 당 내외로부터 거센 비판을 받고 있었다. 이에 대해 김영삼은 박정희가 두 사람이 나눈 대화는 밖에서 절대 이야기하지 않기로 약속했고 "한 번 약속한 것은 끝까지 지킨다"는 것을 신조로 살아왔기 때문에 박정희가 살해될 때까지 함구한 것이라고 회고했다. 김영삼, 『김영삼회고록』, 2, 88쪽.

의 경우 재야로 불리는 집단이 이에 해당됐다.

한국정당사에서 재야가 영향력 있는 정치세력으로 존재하게 된 근본적인 원인으로는 유신선포 이후 더욱 강화된 비민주적이고 권위주의적인 통치를 들 수 있다. 정치제도가 정상적인 기능과 역할을 하지 못하는 상황에서는 비정상적인 정치참여 현상이 나타나게 되는데, 이와 같은 맥락에서 재야의 출현을 이해할 수 있는 것이다. 유신체제는 정권에 대한 도전을 원천적으로 봉쇄했을 뿐 아니라 국민의 자유와 권리를 극도로 억압했다. 그럼에도 불구하고 유신 초기에는 제도정치권에 있던 어느 누구도 이에 저항할 엄두를 내지 못하고 있었다. 유신을 선포하는 과정에서 엄청난 물리적 폭력이 동원됐고 정치활동이 허용된 이후에도 살얼음판을 걷는 듯 아슬아슬하고 험악한 분위기가 계속됐기 때문이다.[70]

이러한 상황에서 체제의 비민주성과 폭력성을 과감하게 지적하고 이의 시정을 가장 먼저 용감하게 요구한 것은 대학생이었다. 그 뒤를 이어 종교인, 언론인, 지식인, 문인 등 정치권 밖에 있던 사람들이 민주주의를 회복하기 위해서는 반드시 개헌을 해야 한다는 논리를 펴며 개헌 청원운동을 전개했다. 이 운동은 국민의 광범위한 지지와 호응을 받게 됐고, 이에 힘입어 이들은 조직화될 수 있었고 정치적인 영향력을 발휘하는 새로운 정치행위자로 등장할 수 있게 됐다. 이들은 기능적인 면에서 정당과 유사한 부분도 있어 준정당이라고 불리지만, 형식적인 면에서는 기존의 제도적인 틀에 얽매이지 않고 행동하기 때문에 비제도권이라고 불리기도 했다.

유신체제 자체가 재야가 생성되는 토양이었다고 한다면, 김대중 납치사건은 재야가 보다 견고한 정치세력으로 조직화되는 계기를 부여한 사건이었다. 외유중이던 그는 유신체제가 들어서자 귀국하지 않고 미국과 일본 등지에서 반유신운동을 전개하고 있었다.[71] 이러던 그가 1973년 8

---

70) 尹潽善, 『尹潽善회고록: 외로운 선택의 나날』, 367쪽.
71) 김대중은 동경에서 귀국준비를 하고 있다가 유신이 선포되자, 국내에서는 어느 누구도 아무 말도 하지 못하고 또 말할 사람도 없으므로 국외에 머물면서 독

월 8일 투숙하고 있던 동경의 한 호텔에서 구국동맹행동대로 자칭하는 청년들에 의해 납치돼 닷새 뒤인 8월 13일 밤 자택으로 귀환, 국내는 물론 전세계에 큰 충격을 주었다.72)

사건발생 이후 그는 자택에서 연금상태에 놓였다가 70여 일 만에 연금이 해제되자, 기자회견을 통해 자신의 해외활동이 결과적으로 국가에 누를 끼치게 된 것에 대해 미안하게 생각한다고 밝혔다. 그리고 지금으로서는 정치활동을 할 생각이 없으며 한일간의 우호에 금이 가는 것을 원치 않는다는 내용의 성명을 발표했다.73)

이후 대학가에 유신헌법 철폐와 납치사건 진상규명을 요구하는 시위가 계속 벌어졌고, 언론계에서도 사실보도를 요구하는 자유언론 선언이 잇달았다. 대학생과 언론인의 민주화열기가 사회 각계에 영향을 미쳐, 1974년 11월 27일에는 종교계, 학계, 언론계, 정계 등 사회 각 분야를 망라하는 인사 50여 명이 모여 민주회복국민회의를 발족시켰다.74) 이들은 자유와 민주주의를 쟁취하기 위해 노력할 것을 다짐했고, 이의 연장선상에서 장준하, 백기완 등은 개헌청원 100만인 서명운동을 주도했다. 이처럼 유신체제에 대한 저항은 처음에는 제도정치권 안에 있는 야당에 의해서가 아니라 제도권 밖에 있는 일반 사회인사들에 의해 주도됐기 때문에, 한때 신민당은 유신헌법에 대한 저항운동을 벌이지 않았다는 지적을 받기도 했다.75)

개헌청원 서명운동이 조직적으로 전개되고 통일당 외에 신민당도 이

재정권과 끝까지 싸울 것을 굳게 결의했다고 회고했다. 金大中, 『행동하는 양심으로』(금문당출판사, 1985), 179-180쪽.
72) 납치사건에 관해서는 金大中先生拉致事件 眞相糾明을 위한 市民의 모임 編, 『金大中 拉致事件의 眞相』(푸른나무, 1995) 참조.
73) 그의 성명 전문은 合同通信社, 『合同年鑑』 1974(合同通信社, 1974), 50쪽 수록.
74) 민주회복 운동은 전국적으로 확산돼 1975년 1월 초순에는 자연발생적으로 생겨난 지방조직이 50여 개나 될 정도로 국민의 광범위한 지지를 받았다. 尹潽善, 『尹潽善회고록: 외로운 선택의 나날』, 391쪽.
75) 李基澤, 『韓國野黨史』(백산서당, 1987), 307쪽.

에 동참을 선언, 개헌투쟁이 탄력을 받게 되자 박정희는 개헌논의 자체를 전면 금지하는 내용의 대통령 긴급조치를 연달아 선포했다. 긴급조치로 많은 사람들이 구속되는 사태가 발생했지만, 제도권 정당인 신민당과는 달리 민주회복국민회의를 중심으로 한 재야의 개헌투쟁은 중단되지 않았다.76) 탄압을 계기로 국민들이 민주회복국민회의를 심정적으로 지지하면서 재야의 내포와 외연이 보다 심화되고 확대됐기 때문이다.

재야의 정치세력화와 조직화는 1976년 3월 1일 명동성당에서 윤보선, 함석헌, 김대중 등이 주도해 '3·1민주구국선언'을 발표한 것을 계기로 더욱 강화됐다. 구국선언 서명자들은 긴급조치 철폐와 구속인사 석방, 의회정치 회복 등을 요구했는데, 이 사건으로 11명이 구속되고 9명이 불구속 입건돼 재판을 받음으로써 사회적으로 커다란 파장을 일으켰다. 재판이 진행되면서 법정진술을 통해 이론적으로, 그리고 실천적으로 유신체제의 비민주성과 폭력성이 날카롭게 지적됐고, 이것이 다시 개헌투쟁을 촉발하는 요인으로 작용해 재야의 지지기반은 더욱 확대됐다. 국제적으로도 이 사건은 많은 관심을 끌어 미국을 비롯한 우방국가들조차 박정권을 비난하는 성명을 발표할 정도였다.77)

재야에 대한 국민의 지지확대는 재야단체의 양산으로 이어져 해직기자협의회, 해직교수협의회, 자유실천문인협의회, 정의구현전국사제단, 민주주의와 민족통일을 위한 국민연합 등 사회 각 부문별로 재야단체가 결성됐다.78) 이들 단체는 독자적으로 또는 연합을 통해 민주회복운동을 전개했는데, 이 과정에서 민주주의의 가치가 강조됨으로써 부수적으로

---

76) 긴급조치가 선포되자 신민당은 개헌운동 추진을 당분간 중지하기로 결의했다고 윤보선은 주장했다. 尹潽善, 『尹潽善회고록: 외로운 선택의 나날』, 401쪽.

77) 사태가 이처럼 심각했음에도 불구하고 유정회 회장인 백두진은 성당에서 불법행위를 함으로써 신성해야 할 종교의 명예를 손상시켰고 국민의 이름을 도용했으며, 선언내용이 정부에 대한 비판행위가 아니라 정부전복을 직접 선동하고 있다는 점에서 분명히 반국가적 행위라고 주장했다. 白斗鎭, 『白斗鎭回顧錄』 續編, 41쪽.

78) 이에 대해서는 尹一雄, 『在野勢力들』(평범서당, 1985) 참조.

국민에 대한 정치교육 기능을 수행하기도 했다.

한편 민주회복운동이 양과 질의 면에서 성장·발전함에 따라 이 운동을 효율적으로 이끌어 나가는 문제가 중요한 과제로 등장했다. 비조직적이고 산발적이기 쉬운 대중운동을 민주회복이라는 최종목표로 수렴해 나가는 역량을 필요로 하게 된 것이다. 이러한 시대적 요청에 따라 역량을 지닌 인물이 재야의 엘리트로 부상해 민주회복운동을 이끌어 나가는 현상이 나타났다. 엘리트의 출현은 조직의 발전과정에서 으레 나타나기 마련인 것으로, 재야단체도 이에서 예외가 될 수 없었다. 이들은 민주화운동에 도덕적인 가치를 부여하는 일과 동시에 운동을 이끌어 나갈 엘리트들을 충원하는 일도 게을리 하지 않았다.

이와 같은 과정을 거쳐 재야의 재생산과정은 완결될 수 있었다. 그리고 이를 통해 준정당으로서 재야의 정치참여가 본격적으로 이루어졌던 것이다. 결론적으로 재야의 준정당으로서의 활동으로 말미암아 신민당과 통일당의 반유신투쟁에 가속도가 붙어 유신체제는 국민적 저항에 봉착하면서 종말을 맞이할 수밖에 없게 된 것이다.

5. 9·10대 총선과 유신체제의 종말

박정희는 정당구도를 재편성하고 선거법을 바꾸면서까지 영구집권을 꾀했지만, 상황은 그의 의도와는 정반대로 전개됐다. 영구집권을 보장하는 제도라고 확신했던 유신체제는 국민의 지지를 받을 수 없는 제도였기 때문이다. 이러한 국민적 정서는 그대로 선거에 반영돼 10대 총선에서는 득표율에서 공화당이 신민당에 뒤지는 사태가 발생했다. 야당과 재야의 공동 노력으로 유신의 선포가 평화통일과 남북대화라는 명분과 달리 영구집권을 위한 구실에 불과하다는 것이 명백해졌기 때문이다.

선거결과 민의의 소재가 확연히 밝혀지자 여야의 대응태세는 크게 대조됐다. 여권은 분열되는 양상을 나타낸 반면 야권은 통합되는 양상을 보인 것이다. 이러한 여야의 대결과정에서 유신체제가 붕괴됨으로써 통합을 추진한 야권이 결국 정국의 주도권을 장악하게 됐다.

1) 9대 총선

전국 73개 선거구에서 146명의 의원을 선출하는 9대 총선은 유권자의 71.4%만 투표함으로써 유신헌법에 대한 국민투표 때의 투표율 91.9%와는[79] 비교도 되지 않는 낮은 투표율을 나타냈다. 이는 5·16 이후 실시된 총선은 물론 역대 어느 총선보다 낮은 투표율이어서,[80] 정치에 대한 국민의 냉소와 불신이 그 어느 때보다도 높았다고 할 수 있다. 이는 강압적인 분위기 탓에 국민투표에는 마지못해 참여했지만, 여당의 당선을 보장한 것이나 마찬가지인 1구2인제에 대해서는 참여의 의미를 느끼지 못했기 때문이다.

9대 총선에 공화당은 80명을, 신민당은 87명을 공천했다. 여야 모두 2명 전원의 당선을 확신했거나 후보조정이 어려운 선거구에 대해서는 복수공천(공화당 7곳, 신민당 14곳)을 했는데, 신민당의 복수공천 지역이 공화당보다 두 배나 많은 것은 그만큼 후보의 조정이 어려웠음을 나타내는 증거라고 할 수 있다.[81]

---

79) 유신헌법에 대한 찬반토론은 엄격히 금지됐을 뿐만 아니라 비상계엄령이 선포되고 언론은 사전검열 절차를 거쳐야 했고 누구 하나 이의를 제기할 수 없는 상태에서 치러졌기 때문에, 국민투표는 사상 유례없는 투표율과 찬성률을 보인 것이라고 윤보선은 분석했다. 尹潽善, 『尹潽善회고록: 외로운 선택의 나날』, 364쪽.
80) 역대 총선의 투표율은 다음과 같다. 초대(1948. 5. 10) 95.5%, 2대(1950. 5. 30) 91.9%, 3대(1954. 5. 20) 91.1%, 4대(1958. 5. 2) 90.7%, 5대(1960. 7. 29) 84.3%, 6대(1963. 11. 26) 72.1%, 7대(1967. 6. 8) 76.1%, 8대(1971. 5. 25) 73.2%.
81) 신민당은 공천과정에서 계보간의 이해가 우선적으로 고려되고, 하나라도 자기 계보가 더 차지하려는 데 신경을 쓰다가 좋은 인재를 잃는 경우가 많았고, 이 때문에 내적 진통이 심했다. 辛道煥, 『천하를 준다 해도』, 333쪽.

선거결과 공화당은 73명, 신민당은 52명, 통일당은 2명의 당선자를 냈다. 그리고 무소속 출마를 허용한 선거법에 따라 5·16 이후 처음으로 19명의 무소속 후보가 당선됐다. 공화당이 직선제 의석의 절반이나 차지할 수 있게 된 것은 무엇보다도 한 선거구에서 2명을 뽑는 선거제도 때문이었다. 다음으로 1972년 9월에 있었던 신민당 전당대회의 후유증 및 이로 인한 내부의 갈등과 통일당 창당으로 이어지는 야권의 분열을 들 수 있다.

9대 총선에서 공화당은 전국 73개 선거구 중 서울 제6선거구(마포·용산)를 제외한 72개 선거구에서 1명씩의 당선자를 냈고, 경기도 제7선거구(김포·고양·강화)에서는 2명의 당선자를 냈다. 이것만 보아도 공화당의 주장대로 '박대통령에 대한 국민의 신뢰의 표시'[82]로 공화당이 승리한 것이 아니라, 원래 여야의 동반당선을 목표로 제도를 만들어 놓았기 때문이라는 것을 알 수 있다. 2명을 뽑을 경우 여당성향 표는 여당후보 한 명에게 집중되는 반면, 야당성향 표는 여럿으로 분산돼 상대적으로 여당후보가 유리하게 돼 있기 때문에 나타난 결과였다.

1구2인제는 이처럼 근본적으로 여당에 유리하게 작용하는 제도적인 특성이 있는 데다 신민당의 내분과 야권의 분열이 겹침으로써 공화당은 반사이익을 누릴 수 있었다. 1972년 9월 전당대회의 여파로 신민당은 유진산계와 김홍일계가 법정투쟁에 대비해 대의원 포섭에 총력을 기울였고, 이 바람에 분열의 위기에 처해 당으로서의 기능을 잃고 있었으나. 신민당의 내분은 유신선포에 따른 정치활동 금지로 잠시 중단됐지만, 정치활동이 재개되면서 분당으로까지 악화됐다. 통일당의 창당이 바로 그것이었다. 이처럼 신민당의 일부가 떨어져 나감에 따라 종래 신민당을 지지했던 야당성향의 표가 분산됐고, 이로 인해 공화당은 반사적인 이익을 볼 수 있었다.[83]

---

82) 中央選擧管理委員會, 『大韓民國政黨史』 第2輯, 81쪽.
83) 8대 총선(1971. 5. 25)에서 공화당의 득표율은 48.8%, 신민당의 득표율은 44.4%였는데, 9대 총선에서는 각각 38.7%와 32.6%로 낮아졌다. 한편 9대 총선에서

통일당의 경우 기대에 훨씬 미치지 못하는 2명밖에 당선되지 않았는데, 이는 선명노선의 표방에 가치를 둔 유권자보다는 야당통합에 가치를 부여한 유권자가 더 많았기 때문에 나타난 현상이라고 할 수 있다. 유권자의 대부분이 새로운 야당을 창당하기보다는 야권의 통합으로 유신체제를 극복하는 것이 더 효율적이라고 본 것이다. 이 때문에 선명노선을 표방한 의도와는 반대로 야당분열의 책임을 추궁받는 입장에 놓이게 됐고, 이로 인해 통일당은 득표에 커다란 지장을 받게 된 것이다. 이를 볼 때 유신조치로 정당구도가 재편성됐지만, 정당이 분열하면 위기에 처하게 되는 '위기와 통합의 정치'는 그대로 지속됐다고 할 수 있다.

2) 10대 총선

전국 77개 선거구에서 154명을 선출하는 10대 총선은 1978년 12월 12일 실시됐는데, 공화당은 77명, 신민당은 81명, 그리고 통일당은 63명을 공천했다. 신민당의 복수공천 지역이 4곳인 데 비해 공화당은 단 한 군데도 복수공천을 하지 않았다. 유신체제를 반대하는 민주회복운동이 국민의 적지 않은 지지를 받고 있어,[84] 공화당으로서는 여당표를 분산시키는 복수공천을 피하는 동시에 동반당선의 이점을 최대한 살리려는 의도에서 1명씩만 공천한 것이었다.

10대 총선의 투표율은 비교적 높은 77.1%였는데, 이는 9대 총선에 비해 5.7%나 높은 것이었다. 유신에 대한 냉소적인 분위기로 투표율이 가

통일당은 10.1%를 득표했다. 양당 모두 9대에서 지지율이 떨어졌는데, 신민당의 지지율 하락(11.8%p)이 공화당의 지지율 하락(10.1%p)보다 큰 것은 야당표가 신민당과 통일당으로 분산됐기 때문이다. 이는 9대에서 신민당과 통일당이 얻은 표를 합할 경우 42.7%가 되어, 8대 총선에서 신민당의 득표율에 근접하고 있는 것을 보면 분명히 알 수 있다.

84) 1975년 5월 13일에 대통령 긴급조치가 발동된 이래 전국 각지에서는 하루도 끊이지 않고 크고 작은 민주회복운동이 전개됐다. 이에 관한 요약은 金三雄 編, 『민족 민주 민중선언』(일월서각, 1984), 250-253쪽 참조.

장 낮았던 9대 총선과 달리, 민주회복운동에 대한 호응으로 많은 유권자들이 투표에 참여했기 때문이다. 투표결과 공화당은 신민당보다 당선자를 많이 냈지만,85) 득표율 면에서는 신민당이 공화당보다 1.1%나 더 많았다. 이로써 유신체제는 국민의 지지를 잃은 것으로 판명되고, 유신체제에 의존했던 정부와 여권은 정국을 주도하지 못하고 수동적인 대응으로 일관할 수밖에 없었다.

총선을 앞둔 후보 공천과정에서 공화당이나 신민당 모두 내부적인 진통을 겪었고, 여야 모두 공천 탈락자들이 무소속으로 출마해 며칠 전까지만 해도 자신이 소속했던 정당의 후보와 대결하는 사태가 발생했다. 그러나 이로 인한 후유증은 신민당보다 공화당이 더 컸다. 야권의 경우 어느 정도의 분열은 늘 있는 것으로 인식됐기 때문에 파괴력이 덜했다. 그러나 일사불란한 단결을 강조했던 여권의 경우 무소속의 대거 출마는 리더십의 부재와 연결돼 여당성향 유권자의 이탈과 이로 인한 여당후보의 낙선으로 이어져 당의 위기를 초래했기 때문이다. 이들은 대부분 친여성향임을 내세워 공화당 공천자의 무기력함, 소지역 대결형식의 지역감정 등에 호소하는 전략을 폄으로써 공화당 후보가 고전을 면치 못하게 했다.86)

공천과정에서 공화당은 일차적으로 같은 여권에 속하는 유정회의 도전을 받았다. 유정회 소속으로 공화당에 공천을 신청한 의원은 모두 12

---

85) 당선자는 공화당이 68명, 신민당이 61명, 통일당이 3명, 무소속이 22명이었다. 선거결과 여야의 당선이 비슷하게 나타난 데 대해 제도 본래의 기능이 발휘되지 못한 불가피한 현상이라는 분석도 있다. "主要政黨이 두 個밖에 없던 우리 政治社會에서는 從前의 좁은 範圍에서 두 政黨候補 中 1名을 뽑던 것이 倍加된 範圍에서 같은 方式에 의할 때 두 個 政黨候補를 모두 뽑는 結果가 됐다.…… 異質的인 社會構造와 政治文化가 創出한 制度를 移植할 때 이와 같은 差跌은 過渡期的 現象으로서 不可避하게 생긴다고 본다." 尹天柱, 『우리나라의 選擧實態』(서울 大學校出版部, 1981), 128쪽.
86) 무소속으로 출마해 당선된 친여 중진은 李厚洛, 金振晩, 崔致煥 등이었다. 이들은 1979년 6월 12명의 다른 무소속 의원들과 함께 공화당에 입당했다.

명이나 됐고, 이 중 6명이 공천을 받음으로써 공화당 현역의원 6명이 낙천되는 사태가 일어났다. 한편 유정회는 개인자격임을 전제로 이들 6명과 공화당 공천자에 대해 선거 지원활동을 벌였지만,87) 잠재적인 경쟁자라는 인식을 지우기 어려웠기 때문에 양측의 공조는 형식에 그칠 수밖에 없는 한계를 안고 있었다.

유정회와의 긴장관계, 친여 무소속 출마로 인한 여당표의 이탈, 그리고 야권의 공세로 인한 심리적 위축 등으로 공화당은 사기가 저하된 상태였다. 이로 인해 집권여당으로서 동원할 수 있는 모든 역량을 집결할 수 없었고, 역량이 분산된 상태로 선거에 임함으로써 신민당보다 득표율이 낮아졌던 것이다.

신민당 역시 공천과정에서 계파간의 이해관계로 진통을 겪기는 했지만,88) 각 계파가 민주회복이라는 목표는 공유하고 있었기 때문에 선거기간에 비교적 통합을 유지할 수 있었다. 재야에서 전개하는 민주회복운동 또한 거시적으로 신민당에 유리하게 작용했다고 볼 수 있다. 김영삼을 중심으로 한 신민당 일부는 재야와 연합해 유신체제 극복을 위한 투쟁을 공동으로 전개했기 때문이다. 부분적이기는 하지만 야권이 통합상태를 유지한 덕분에 신민당은 좋은 결과를 낼 수 있었던 것이다.89)

---

87) 공화당 공천을 받은 유정회 의원 6명은 金鍾泌, 玄梧鳳, 具泰會, 李道先, 具範謨, 崔永喆이었다. 당시 유정회 회장인 白斗鎭은 유정회 행정실장을 대동하고 6명의 지역구를 순방하며 지원했고, 다른 의원들도 공화당 후보를 지원, 공화·유정 합동작전을 펴기도 했다. 合同通信社, 『合同年鑑』 1979, 127쪽.

88) 신민당은 최고위원 6명과 金泳三, 鄭憲柱 등 8명으로 공천심사위원회를 구성하고 공천작업에 임했으나, 이해관계가 맞지 않아 진통을 겪었다. 이 과정에서 현역의원 중 4명(朴璨, 吳世應, 韓柄宷, 金命潤)을 품위실추, 해당행위 등의 책임을 물어 공천에서 제외했다. 이들은 모두 무소속으로 출마했는데, 김명윤을 제외하고는 모두 당선됐다.

89) 이와 같은 결과에 대해 신민당 내에는 두 갈래의 해석이 나왔다. 이철승계는 '참여하의 개혁'에 대한 국민의 지지라고 해석했고, 김영삼 등은 신민당이 예뻐서가 아니라 공화당이 싫어서 준 것이며 민주회복에 앞장서라는 의미라고 해석했다. 高興門, 『정치현장 40년: 못다 이룬 민주의 꿈』, 262쪽.

총선에서 통일당은 20명 당선을 목표로 신민당과 선명경쟁을 벌였으나 3명이 당선되는 데 그쳤다. 10대 총선에서도 공화당과 신민당의 동반당선 현상이 어느 정도 나타난 데다[90] 선거를 앞두고 일부 당원이 당의 운영과 시국관을 이유로 탈당했기 때문이다.[91] 제도적 요인과 아울러 통일당 자체의 내분으로 통합의 명분을 신민당이 선점하고 있었기 때문에 선거결과가 기대에 크게 미치지 못한 것이다. 야권통합을 지속적으로 촉구하기는 했지만, 통합의 주도권을 쥘 수 없는 상황이었기 때문에 신민당에 압도당한 것이다.

3) 여권의 무력화와 유신체제의 종말

10대 총선이 끝난 후 대통령 비서실은 "국민의 절대지지를 얻는 데는 실패한 것이나 다름없다"면서 공화당의 선거대책을 비롯해 의원 및 내각과 공무원의 자세에서 나타난 문제점을 지적하고, 국정 전반에 대한 획기적인 쇄신책이 필요하다고 건의했다.[92] 공화당이 방대한 조직을 갖고 있었음에도 불구하고 야당의 공세에 속수무책으로 수세에 몰렸으며, 선거기간에 중앙당의 통제기능이 마비상태에 있었고, 6년 임기의 보장으로 안일한 생각을 갖고 지역구 관리를 소홀히 함으로써 선거구민의 저항을 초래했으며, 행정부가 국민을 의식하지 않고 독주함으로써 유권자의 반감을 샀다는 것이었다. 또 야당의 공세에 대해 차원 낮은 지역구 공약사업 위주에 그쳐 서민층 유권자의 괴리감만 조장한 것 등을 패배

---

90) 전국 77개 선거구 중 53개 선거구에서 공화당과 신민당의 후보가 같이 당선되는 동반당선 현상이 나타났다. 그러나 9대(73개 선거구 중 71개 선거구)에 비하면 10대의 동반 당선율은 훨씬 낮았다.
91) 통일당의 유력한 정치위원인 李相敦, 柳靑, 朱燾允 등이 선거에 앞서 집단 탈당했다. 合同通信社, 『合同年鑑』 1979, 129쪽.
92) 청와대 수석비서관이 10대 총선에 관해 분석한 보고서의 전문은 白斗鎭, 『白斗鎭回顧錄』 續編, 307-311쪽 수록.

의 원인으로 들었다. 간접적이기는 하지만, 유신체제에 대한 국민적 저항에 공화당이 소극적으로 대응했다는 것을 가리키는 것이었다.

그러나 선거 패인에 대한 공화당의 분석은 달랐다. 국민이 장기집권을 원하지 않고 있다는 것을 들어, 유신체제에 대한 국민적 저항을 직접적인 패인으로 들었다. 장기집권에 대한 국민적 염증, 물가고, 강압적인 부가세 실시에 따른 저항 등으로 대도시에서 참패를 면할 수 없었다는 것이었다.[93] 장기집권의 폐단과 아울러 김용태는 총선 직전에 실시된 통대선거에서 후보들의 과다한 물량공세가 공화당 후보에게 결정적인 타격을 주었다고 지적했다. 즉 대의원선거에 나선 후보들의 무제한적인 금품살포로 유권자들이 물질적 공여를 바라게 됐는데, 이러한 욕구를 충족시킬 방법이 없어 공화당이 패배했다는 것이다. 미세하지만 패배요인의 분석을 놓고 여권 내부에서 견해차이가 발생했다고 할 수 있다.

선거패배로 인한 심리적 위축은 공화당에만 그친 것이 아니었다. 유신의 기수를 자처한 유정회도 위기의식이 팽배할 수밖에 없었는데, 이는 제3기 유정회 의원 추천에 그대로 반영됐다. 2기 추천 때는 23명만 교체한 데 비해 3기에서는 48명을 교체한 것이다. 이와 동시에 공화당 및 정부와 조정·연락업무를 담당하는 기획조정실을 신설했는데,[94] 이는 여권의 행동통일을 유도하기 위한 것이었다. 여권이 공화당과 유정회로 나누어져 있는 상태로는 야권의 공세를 효율적으로 대처할 수 없다는 것을 뒤늦게 깨달은 결과였다.

유정회는 또한 1979년 3월 10일에는 10대 국회 개원에 앞서 유신이념의 기수로서 조국번영을 위해 온갖 정성과 정열을 바쳐 왔음을 영광으로 생각한다는 내용의 결의문을 채택했다.[95] 총선패배로 위축된 유신체제 수호의지를 확인하기 위한 조치였다.

---

93) 金龍泰, 『金龍泰自敍錄』 第2卷(集文堂, 1990), 443쪽.
94) 維新政友會史 編纂委員會, 『維新政友會史』(維新政友會史 編纂委員會, 1981), 217쪽.
95) 결의문 전문은 維新政友會史 編纂委員會, 『維新政友會史』, 218쪽 수록.

총선이 끝난 후 박정희는 국정 전반에 대한 획기적인 쇄신이 필요하다는 수석비서관의 건의에 따라 정부와 공화당, 그리고 유정회 및 국회에 대한 요직개편에 착수했다. 그러나 요직개편은 대통령의 통치권에 의한 인사가 아니라 엉뚱하게도 타의가 개재돼 한국정치를 망쳐 놓게 되는 빌미를 제공하는 결과를 빚고 말았다. 대통령 경호책임자가 국회와 여권의 인사권까지 쥐고 흔드는 일이 나타났고, 그에 의해 국무위원이나 공화당 간부의 대통령 면담도 철저하게 통제됐기 때문이다.96) 이와 같은 구조로 인해 공화당은 집권당이 아니라 여권의 한 부분으로서 행정부의 한 내조자에 불과한 위치로 전락, 정국수습에 적극적으로 나설 수 없었다.

공화당이 집권당으로서 제 역할을 다하지 못하고 소극적인 자세로 임한 것과는 반대로, 신민당은 선명노선을 표방한 김영삼을 중심으로 반유신투쟁을 본격적으로 전개했다. 무소속으로 당선된 의원들을 영입해 당세를 확장하고,97) 통일당 및 재야세력과 연합해 정면대결의 길에 나선 것이다. 선거승리의 여세를 몰아 야권통합을 시도하며 공세에 나선 신민당과 달리 공화당은 그저 무기력하게 지시에 따르고만 있었다. 선거패배와 여권 내부의 역학관계 변화로 정국을 주도할 수 있는 위치에 있지 않았기 때문이다.

여기서 문제는 역학관계의 변화 자체가 아니라 이러한 변화가 정책결정과정을 왜곡했다는 데 있다. 물리적 강제력을 과신한 경호실장이라는 새로운 요소의 개입으로 정책결정이 탄력적으로 이루어지지 못했고, 선

---

96) 권력이 대통령 경호실장으로 집결돼 여권 요직의 인사가 그의 입김에 좌우지되게 됨으로써 여권은 물론 극소수의 야권 정객도 그에게 아첨을 떨기 시작했다는 것이다. 金龍泰, 『金龍泰自敍錄』 第2卷, 357쪽.
97) 당시 신민당에 입당한 의원으로는 韓柄采, 朴燦, 吳世應, 孫周恒, 金鉉圭, 李相玖, 芮春浩 등이었다. 이들의 입당으로 신민당의 의원수는 68명이 돼 공화당의 68명과 같아졌다. 공화당은 이에 당황해 나머지 무소속 의원 15명을 전원 입당시킴으로써 간신히 1당이 됐다.

거 패배요인을 분석하는 과정에서 나타난 이견으로 여권이 내부적으로 분열되기 시작했기 때문이다. 이로 인해 여권의 대응은 강경 일변도로 나아갈 수밖에 없게 됐다. YH사건이나 신민당 총재단 직무집행정지 가처분신청, 그리고 김영삼의 의원직 제명 등에서 나타나듯이 대화와 타협을 통해 정국을 풀어 나가려고 하기보다는 강경조치와 정치공작을 통해 김영삼체제를 와해시키려고 한 것이다.[98]

여권의 이와 같은 조치로 정국은 더욱 경색될 수밖에 없었다. 신민당과 재야는 물론 국민마저 여권이 취한 제반 조치를 정당성이 결여된 권력남용의 산물로 간주하고 복종하지 않았기 때문이다. 1979년 10월 중순 부산과 마산에서 시작된 유신체제에 대한 저항운동이 전국민적인 지지를 받은 것이 바로 그 증거라고 할 수 있다. 물리적인 탄압만으로는 도저히 체제를 유지할 수 없을 정도로 상황이 악화되자, 이에 당황한 여권은 체제유지를 위해 무엇인가 조치를 취하려고 했다. 그러나 때는 너무 늦은 뒤였다. 1979년 10월 26일 유신체제를 지키는 최일선 기관의 책임자에 의해 박정희가 피살되는 사태를 맞았기 때문이다. 이로써 철옹성처럼 견고하게만 보이던 유신체제도 종말을 맞지 않을 수 없었다.

6. 맺 음 말

지금까지 살펴본 바와 같이 '위기와 통합의 정치'는 1972년 10월 17일 대통령 특별선언에 의해 유신체제가 성립된 이후에도 한국 정당정치의 특징으로 그대로 나타나고 있음을 알 수 있다. 헌법을 개정하고 정당법과 선거법까지 개정하면서 정당구도를 재편성했지만, 결과는 그 이전과

---

[98] 김영삼체제를 와해시키기 위해 여권이 취한 공작에 관해서는 李英石, 『野黨 40 年史』, 360-373쪽 참조.

마찬가지였음이 드러난 것이다. 안정적인 집권을 위해 아무리 제도적인 보완을 한다고 할지라도 정당이 내부의 분열을 극복하지 못할 경우 위기에 처할 수밖에 없는 것이다. 이와 반대로 아무리 난관에 처해 있다고 할지라도 정당이 내외적인 통합을 이루기만 하면 이를 극복해 나갈 수 있다는 것 또한 분명히 드러났다.

10월유신의 선포 자체가 정당정치로부터의 일탈을 목표로 한 것이었지만, 정당을 완전히 배제한 것은 아니었기 때문에 기존 정당정치의 양상이 그대로 반복된 것이다. 유신 이후 공화당과 신민당의 행태에서, 그리고 준정당으로 기능했던 유정회와 재야의 행태에서 이것이 전형적으로 나타났다.

1972년 12월 27일 정치활동이 재개된 이후의 공화당은 이름만 같았지 예전의 공화당이 아니었다. 권력의 주변부에 위치하면서 정책결정의 절차적 합리화를 위해 존재하는 정치인집단에 불과했다. 10대 총선 이후에는 선거패배로 이러한 위상마저 흔들리게 되면서 여권은 분열의 길을 걷게 됐고, 결과적으로 위기를 극복하는 데 실패하고 말았다.

10대 총선 이후 내외적인 통합을 추진하면서 민주회복운동에 매진했던 신민당의 경우 공화당과는 정반대의 양상을 보였다. 당내 일부의 반대가 있었지만 야권통합은 국민적 지지를 받아 돌이킬 수 없을 정도로 대세를 이루었고, 이를 근거로 유신체제로 인해 봉착했던 위기상황을 극복함으로써 반유신투쟁을 탄력적으로 전개할 수 있었다. 이러한 투쟁과정에서 적지 않은 탄압을 받았지만, 분열되지 않고 통합을 유지했기 때문에 결과적으로 신민당은 유신체제의 종말을 지켜볼 수 있었다.

유신체제에 대해 정면도전을 시도했던 통일당의 경우 명분상으로는 신민당보다 앞섰지만, 이것이 득표와 연결되지 않아 소수당에 머물게 됐다. 유권자는 신민당보다 통일당에 야권분열의 책임이 있다고 판단했기 때문이다. 이 때문에 통일당은 창당 이후 지속적으로 야권통합을 주장했지만, 통합추진 분위기로 인해 발생한 효과는 신민당의 몫이 되고 말아 정국을 주도할 수는 없었다.

| 제 6 장 |

최규하정부하의 정당구도 분석

1. 머리말

 10·26사태로 대통령이 피살되고 유신헌법 제48조의 규정에 따라 최규하 국무총리가 대통령 권한대행에 취임함으로써 한국의 정당구도는 또다시 재편성의 소용돌이에 휩싸이게 된다. 절대권력을 행사하며 정당정치를 왜곡해 왔던 유신체제가 하루아침에 붕괴돼 더 이상 제도로서 작동할 수 없는 상황에 처함으로써 정당정치의 틀을 새로 짜기 않으면 안 됐기 때문이다.
 여야 모두 권력의 공백상태가 갑자기 초래된 데 대해 당황해하기는 마찬가지였고, 또 이러한 상태가 어떤 방향으로 전개될지 몰라 처음에는 극도로 신중한 태도를 취했다. 그러나 국민의 자유와 권리를 억압하는 권위주의적인 정치체제가 더 이상 지속돼서는 안 된나는 데 국민적 공감대가 형성돼 있었기 때문에, 정치권은 나름대로 변화를 모색하지 않을 수 없었다.
 이처럼 정치권이 변화를 모색하는 과정에서 수구세력의 저항과 정치권의 이합집산이라는 전혀 상반되지만 상호 분리할 수 없는 현상이 나타났다. 한편으로는 체제변화가 기득권의 소멸로 이어질 것을 우려한 측으로부터 조직적인 반발이 있었고, 다른 한편으로는 새로운 체제를 구축한다는 명분을 내세운 정치인들이 본격적으로 합종연횡에 나선 것이다. 이는 새로운 정당구도가 형성되는 과정에서 일차적으로 기득권을 지키고 이에 안주하려는 세력과 이를 인정하지 않고 변화를 모색하려는 세력 사이에, 이차적으로 기득권의 부인과 함께 체제변화를 추구하는 세력들 사이에 권력투쟁이 발생하고 있음을 의미한 것이었다.

이와 같은 현상은 수구세력과 현상타파 세력의 대결에 현상타파 세력 내부의 갈등이 중첩됨으로써 나타난 것으로, 권력투쟁은 수구세력의 승리로 막을 내리게 된다. 일사불란하게 통합된 수구세력에 비해 현상타파 세력은 내부적으로 분열을 거듭하고 있었기 때문이다. 이로써 한국정치의 특징이라 할 수 있는 '위기와 통합의 정치'는 최규하정부하에서도 그대로 나타났다고 할 수 있다. 통합에 성공한 집단이 통합을 이루지 못한 집단과의 투쟁에서 승리한다는 가설이 다시 한번 입증된 것이다.

정당사적으로 이러한 의미가 있음에도 불구하고 최규하정부는 극히 단명에 그쳤기 때문에 일반적으로 과도기적인 현상으로 간주하는 경향이 있다. 그리하여 독립적인 주제로 삼아 분석되기보다는 박정희정부나 전두환정부의 분석에 따르는 종속적인 주제로 다루어지고 있는 실정이다.[1] 그러나 비록 짧은 기간이기는 하지만 그 시기에 정당구도의 근본적인 틀이 바뀌었고 상당기간 그 틀이 지속됐기 때문에, 별도의 주제로 분석하는 것이 바람직한 접근방식이라고 생각한다.

이와 같은 문제의식에 입각해 이 장에서는 최규하정부하에서 정당구도가 어떻게 재편성됐는지, 그리고 한국 정당정치의 특징이라고 할 수 있는 '위기와 통합의 정치'가 어떤 양상으로 전개됐는지를 살펴보려고 한다. 이를 위해 정치인들의 자서전과 전기를 비롯한 1차자료와 당시의 상황을 설명한 2차자료 등 각종 문헌을 중점적으로 분석하는 문헌연구

---

1) 현대정치사를 분석한 대부분의 저서들이 최규하정부를 독립적인 주제로 다루지 않고 있는데, 이는 다음의 책들을 보더라도 알 수 있다. 崔相龍 외, 『現代韓國政治와 國家』(法文社, 1986); 安淸市 편, 『現代韓國政治論』(法文社, 1992); 金相俊 외, 『韓國의 政治』(法文社, 1993); 金浩鎭 외, 『韓國現代政治史』(法文社, 1995); 이우진·김성주 공편, 『現代韓國政治論』(사회비평사, 1996); 유병용 외, 『한국현대정치사』(집문당, 1997).

방식을 택했다.

2. 최규하정부의 출범과 정당구도의 변화

1979년 12월 6일 소집된 통일주체국민회의는 최규하를 10대 대통령으로 선출했다. 이로써 최규하정부가 박정희정부의 뒤를 이어 공식 출범했으며, 이를 계기로 유신체제하에서 비정상적인 방식으로 작동되던 정당구도를 개편하는 문제가 본격적으로 논의되기 시작했다. 기존의 정당구도가 지속돼서는 안 된다는 데 여야 모두 공감하고 있었기 때문이다.

그러나 최규하정부의 성립 자체가 과도적인 것이었고 최규하 자신이 정당기반을 가진 정치인이 아닌 행정관료 출신이었기 때문에 정당개편을 주도할 수는 없었다.[2] 또한 권력의 구심점도 밖으로 드러나지 않은 상태였으므로 정국의 불투명성은 더욱 높아졌다. 이와 같은 성격으로 인해 최규하정부 초기에는 개헌문제를 포함해 정당구도 개편논의가 공공연하게 이루어졌다고 하는 점에서 '서울의 봄'으로 호칭되지만, 권력의 소재가 불분명해 정국에 대한 예측이 불가능했다는 점에서 '안개정국'이라고 불리는 이중적인 상황이 전개됐다.

1) 10·26사태와 최규하정부 출범

10월 26일 밤 11시 긴급 소집된 임시국무회의는 대통령의 유고로 최규하 국무총리가 대통령의 권한을 대행하게 됐으며, 국가의 안전과 사회질서 유지를 위해 제주도를 제외한 전국에 비상계엄 선포를 의결했다

---

[2] 최규하는 정치가라기보다 행정가로 매사에 너무 신중하다 보니 대수롭지 않은 결재서류까지 며칠씩 묵혀 두는 습관이 있어 해당 국무위원들로부터 큰 불만을 샀다는 평을 받았다. 金龍泰, 『金龍泰自敍錄』 第2卷(集文堂, 1990), 428쪽.

고 발표했다. 군사쿠데타를 일으킨 지 18년 만에, 3선개헌을 한 지 10년 만에, 그리고 유신을 선포한 지 7년 만에 박정희가 가장 신임하던 측근 중의 하나인 정보부장에 의해 피살됨으로써 생긴 일이었다. 권력의 공백상태를 메우기 위한 헌법절차에 따라 대통령권한대행에 취임한 최규하는 10월 27일 특별담화를 통해 국민에게 정부와 군을 신뢰하고 동요 없이 직분을 다해 줄 것을 당부했다. 그리고 대외관계에 있어서도 미국을 비롯한 우방국가들과 기존의 우호협력 관계는 아무런 변동이 없으므로 국가적 위기를 의연하게 극복해 줄 것을 호소했다.[3]

권한대행 취임 후 최규하는 공화당과 유정회 등 여권 관계자들을 만나 시국수습책을 협의하고, 11월 10일에는 시국에 관한 특별담화를 발표했다. 여기서 그는 개헌문제를 포함한 정치발전 문제는 신중하고 진지한 연구와 검토를 거쳐 합헌적 절차에 따라 질서정연하게 다루어야 한다고 전제하고, 헌법에 규정된 시일 내에 법이 정하는 절차에 따라 대통령선거를 실시해 새로 선출되는 대통령에게 정부를 이양하는 것을 정부의 방침으로 확정했다고 언명했다. 그리고 "새로 선출되는 대통령은 현행 헌법에 규정된 잔여 임기를 채우지 않고 현실적으로 가능한 한 빠른 기간 내에 각계각층의 의견을 광범하게 들어서 헌법을 개정하고, 그 헌법에 따라 선거를 실시하여야 한다"[4]고 밝혔다.

최규하의 이 담화는 통일주체국민회의(이하 국민회의)에서 뽑는 대통령 보궐선거에 자신이 후보로 나서겠다는 것이었다. 이에 대해 공화당과 신민당, 재야는 표면적으로는 각기 다른 반응을 보였다. 공화당 의장서리 박준규는 총재상임고문들과 협의한 결과 공화당은 대통령 보궐선거에 후보를 내지 않기로 했다고 밝혀 최규하의 대통령 취임을 수용한 반면,[5] 신민당 총재 김영삼은 유신헌법에 의한 대통령선거는 잘못이라

---

3) 특별담화의 제목은 '국가비상시국에 관한 대통령권한대행 특별담화'로 전문은 玄石崔圭夏大統領八旬記念文集發刊委員會, 『玄石片貌』(1998), 185-186쪽 수록.

4) 玄石崔圭夏大統領八旬記念文集發刊委員會, 『玄石片貌』, 193쪽.

5) 中央選擧管理委員會, 『大韓民國政黨史』 第2輯(中央選擧管理委員會, 1981), 177쪽.

고 지적하고, 시간을 끌수록 혼란이 일어나므로 3개월 이내에 헌법을 개정하고 대통령선거를 해야 한다고 주장했다.6) 한편 재야측은 최규하의 담화는 질서와 안정을 구실로 부정과 부패의 구조 속에서 얻어낸 기득권을 어떤 일이 있더라도 유지하겠다는 자들의 의사표명임이 분명하다고 비난했다.7)

당시 공화당은 과도체제에는 정당이 참여하지 않는 것이 옳다는 것을 이유로 보궐선거에 불참했는데, 이는 유신체제와 공화당을 분리한다는 측면이 없지 않았다. 그러나 다른 측면에서 볼 때 공화당이 군이나 관료세력을 실질적으로 이끌어 나갈 수 없었다는 것, 즉 공화당이 과도적 역할마저 주도할 입장이 되지 못한다는 한계를 드러낸 것이기도 했다.8) 신민당의 경우 헌법개정 후 대통령선거 실시를 주장했지만, 단독으로 개헌을 실현할 힘이 없었을 뿐만 아니라 가택연금중에 있는 김대중의 입장을 고려해야 했다. 그에게 공평한 기회를 주지 않으려 한다는 비난을 받지 않기 위해서도 대통령선거를 서둘러서는 안 됐다. 이와 같은 공화·신민 양당의 정황으로 인해 최규하정부의 출범을 가능하게 하는 시간과 기회가 주어졌고, 시간이 다시 상황을 바꾸어 가는 식으로 사태가 전개돼 갔다.9)

1979년 12월 6일 실시된 대통령 보궐선거에서 국민회의 사무처에 단

---

6) 김영삼, 『김영삼회고록』 2(백산서당, 2000), 175쪽.
7) 윤보선, 함석헌, 김대중을 공동의장으로 한 '민주주의와 민족통일을 위한 국민연합'은 11월 11일 최규하의 담화는 "국민의 민주주의에의 열망을 파렴치하게도 외면한 배신행위"라고 비난하고, "유신체제의 연장인 최규하 대행의 즉각 퇴진," "국회 주도의 민주헌법 제정" 등을 요구하는 성명을 발표했다. 예춘호, 『서울의 봄: 그 많은 사연』(언어문화, 1996), 67쪽.
8) 이영석, 『야당, 한 시대의 종말』(成正出版社, 1990), 119쪽.
9) 이는 당시 3김씨 모두 갑자기 불어닥친 정치상황으로 스스로의 영역을 다지는 데 필요한 시간을 갖지 못하는 바람에 자신이 몸담고 있는 정당 내에서조차 정지작업을 할 수 없었기 때문에 일어난 현상이었다. 金龍泰, 『金龍泰自敍錄』 第2卷, 431쪽.

독으로 등록한 최규하 후보가 찬성 2,465표, 무효 84표로 압도적인 다수의 지지를 받아 10대 대통령에 당선됐다. 대통령에 당선된 다음날인 12월 7일 최규하는 국무회의 의결을 거쳐 대통령 긴급조치 9호를 해제하고 김대중에 대한 보호관찰 조치도 해제했다. 이로써 형식적이기는 하지만 개헌논의를 억압하던 법적 규제와 특정인의 정치활동에 대한 제약도 풀리고, 정치권에서 활발한 개헌논의와 함께 다양한 형태의 정치활동이 전개됐다.[10] 일시적인 것으로 드러나기는 했지만, '서울의 봄'을 예고할 정도로 권위주의적인 제반 제도와 관행을 타파하려는 시도가 최규하정부의 출범과 동시에 가시적으로 나타난 것이다.

2) 정당구도의 변화

유신체제하에서 지속되던 정당구도는 10·26사태로 변화를 맞이하지 않을 수 없었다. 권력을 동원해 민의를 왜곡하고 대의제도를 유린하던 권위주의적 통치방식이 더 이상 지속되기 어려운 상황에 봉착했기 때문이다. 공화당과 유정회를 포함한 여권의 경우 권력핵심과의 연결이 단절됨으로써 구성원의 사기저하와 아울러 조직이 위축되는 국면에 처했다. 이와 반대로 신민당을 주축으로 한 야권의 경우 집권 가능성이 높아졌다는 판단하에서 조직확대에 나섰다. 유신체제의 붕괴로 초래된 정당구도의 대조적인 변화양상이었다.

(1) 여권의 위축

10·26사태의 발발로 여권은 충격에 휩싸였다. 전혀 예상치도 못한 사태였기 때문이다. 3분의 2를 넘는 의석을 점유하고 있었지만, 이것이 국민의 자발적 지지에 의해 이루어진 것이 아니라 법적·제도적 장치와

---

10) 권력의 공백상태에서 전개되는 정치권의 이와 같은 동향을 이기택은 이성의 논리가 아니라 그저 본능의 충동에 따라 움직이는 활동으로 묘사했다. 이기택, 『호랑이는 굶주려도 풀을 먹지 않는다』(새로운 사람들, 1997), 156쪽.

강권에 의해 조성된 것이어서 와해될지도 모르는 운명에 처했기 때문이다. 또한 권력의 뒷받침이 없는 상태에서 방대한 조직을 유지하고 자립을 모색하는 것이 불가능에 가까운 일이라는 것을 어느 누구보다 잘 알고 있었기에 여권은 위축될 수밖에 없었다. 이와 같은 상황에서 여권이 당면한 일차적인 과업은 리더십의 확립이었으나, 이 역시 쉬운 일이 아니었다. 여권 자체가 공화당과 유정회로 양분된 데다 양자 모두 구심점이 없는 상태였기 때문이다.

당총재를 잃은 공화당의 한 간부는 '청천벽력과 같은 사건'으로 세계사에서도 드문 일이며 인간으로서 가장 야만성을 드러낸 표본이라고 개탄했지만,[11] 주어진 현실을 받아들이지 않을 수 없었다. 지도체제 정비와 당의 진로를 협의하기 위해 공화당은 1979년 11월 10일 당총재 상임고문, 당무위원 연석회의를 소집했다. 이 자리에서 전당대회 소집이 곤란할 경우 당무회의에서 당총재를 선출할 수 있도록 당헌을 개정하고, 유신헌법 절차에 따라 실시하는 대통령 보궐선거에 당의 후보를 내세울 것인지 여부에 대한 결정은 당의장서리와 총재 상임고문단에게 일임하기로 했다.[12] 당헌 개정안은 11월 12일 열린 의원총회에서 추인을 받았고, 개정된 당헌에 따라 김종필을 정구영, 박정희에 이어 공화당의 3대 총재로 선출했다.

한편 박준규 외장서리는 대변인을 통해 상임고문들과 협의한 결과 국민회의에서 실시하게 될 대통령 보궐선거에 공화당은 후보자를 내지 않기로 결정했다고 발표했다. 이에 대해 김종필의 측근을 비롯해 대부분의 의원들은 반발하고 후보를 내기로 결의하기도 했다. 그러나 11월 6일

---

11) 여권의 한 간부는 집에서 기르는 개도 주인을 알아보고 주인이 위급할 때는 자신의 몸을 던져 주인을 구하는 법인데, 자신을 키워 주고 아껴 준 은인에게 총부리를 겨눈다는 것은 개만도 못한 동물 이하의 짓이며, 인간으로서 티끌만한 양심이 있었던들 그런 일은 하지 못했을 것이라고 탄식했다. 金龍泰, 『金龍泰自敍錄』第2卷, 426쪽.

12) 合同通信社, 『合同年鑑』1980(合同通信社, 1980), 159쪽.

김종필 자신은 총재 취임사를 통해 출마하지 않겠다고 선언함으로써 공화당은 형식적인 면뿐만 아니라 실질적인 면에서도 집권여당의 지위를 잃게 됐다. 이미 군부에 가까이 접근해 있던 행정부의 장관들과 공화당 내 반김종필계 사람들이 군부의 힘을 얻어 권한대행으로 있던 최규하를 대통령으로 밀기로 했기 때문에 김종필로서도 어쩔 수 없었던 것이다.13) 가장 많은 의석에 오랜 집권경험을 갖고 있었음에도 불구하고 절대권력에 의존함으로써 여론으로부터 외면을 당하고 있었기 때문에 생긴 일이었다.

유정회의 경우 구성성분상 단체행동은 애초부터 불가능했다. 직능별 특성을 감안해 사회 각계에서 활약하던 전문가들을 개별적으로 모은 집단이었기 때문에 결속도도 없었고, 권력의 비호가 없는 상황이었기 때문에 이들로서는 행동을 같이할 아무런 인센티브도 없었다. 따라서 정당이 아닌 정치단체로서 유정회는 10·26사태 이후에는 아무런 의미가 없는 존재에 불과했고, 제각기 살길을 찾는 각개약진이 본격화될 수밖에 없었다.14)

11월 13일 유정회는 진로모색을 위해 의원총회를 소집했다. 이 자리에서 일부는 '사라진 추천권자'와 운명을 같이해서 의원직을 사퇴하자는 자폭론을 제기하기도 했다. 그러나 냉엄한 정치현실에 심정적으로 대처할 수 없다는 중론에 밀려 자폭론은 푸념 정도로 그치고 말았다. 그리하여 정치도의적 책임을 지고 사의를 표명한 태완선의 사표를 수리하고 그 후임으로 최영희를 유정회 3대 의장으로 추대하는 한편,15) 규약

---

13) 이영석,『야당, 한 시대의 종말』, 120쪽. 이와 반대로 김종필이 주변의 출마권유를 거부한 것은 국민 직접선거의 공명한 선출로 심판을 받겠다는 민주적인 신념 때문이었다는 주장도 제기되고 있다. 金永雄,『雲庭 金鍾泌의 어제와 오늘』(敎育社, 1985), 155쪽. 그러나 허삼수는 김종필의 불출마는 당시 계엄사령관이었던 정승화가 김종필에게 대통령에 출마하지 말라고 권유했기 때문이라고 주장했다. 허삼수,『나의 진실』(해냄출판사, 1988), 54-55쪽.
14) 盧在賢,『靑瓦臺 비서실』2(中央日報社, 1993), 120쪽.
15) 원래 유정회 의장은 추천권자인 대통령의 지명에 의해 선출되는 것이었으나,

을 개정해 기획조정실을 폐지하는 선에서 그치고 말았다. 기획조정실은 10대 국회 출범시 공화당·유정회·행정부 3자간의 업무조정 및 연락을 위해서 만든 것이었으나, 10·26사태 이후 정부 및 공화당과의 관계가 바뀌어 존속의의가 없어졌다고 판단했기 때문이다.

새로운 국면을 맞이해 이처럼 공화당과 유정회 모두 지도부를 새로 구성하고 진로를 모색했다. 그러나 조직과 자금을 비롯해서 모든 것이 위축된 데다 권력 금단현상으로 인해 여권은 일종의 심리적 공황상태에 빠지고 말았다. 그리고 장래마저 불확실했기 때문에 극한적인 여야대립을 지양하고 정국안정에 기여한다는 식으로 잠정적 진로를 설정하는 수밖에 없었다.

(2) 야권의 확대

10·26사태가 발발하자 야권, 특히 신민당에는 단연 활기가 돌았다. 더이상 박해와 탄압을 받는 일이 없을 뿐만 아니라 그에 대한 보상도 기대할 수 있게 됐다고 생각했기 때문이다. 유신 치하인 10대 총선에서 공화당보다 1.1%나 더 많은 표를 얻은 사실이 있었음에 비추어 그 어느 때보다 집권 가능성이 높아졌다고 판단하고 있어 더욱 활기를 띨 수밖에 없었고, 이에 비례해 신민당의 조직도 더욱 확대돼 갔다.

신민당의 일차적인 활동무대는 국회였다. 김영삼의 의원직 제명에 반발해 소속의원들이 제출한 사퇴서가 1979년 11월 5일 공화당과 유정회 의원들에 의해 본회의에서 일괄 반려되자,16) 신민당은 11월 9일 국회 복귀를 결의했다. 국회에 들어온 신민당은 개헌을 위한 정지작업에 나

대통령권한대행인 최규하가 이를 하려고 하지 않았다. 이에 유정회 의원들의 이심전심과 공화당의 호의적 반응 등이 조합돼 최영희가 추대된 것이다. 維新政友會史 編纂委員會, 『維新政友會史』(維新政友會史 編纂委員會, 1981), 335쪽.
16) 김영삼의 의원직 제명에 격분한 신민당과 통일당 의원 69명이 의원직 사퇴서를 제출하자, 여권 내에서는 "이 기회에 본때를 보이자"는 식의 선별 수리론, 심지어는 김영삼 구속 주장까지 나왔었다. 盧在賢, 『靑瓦臺 비서실』 2, 112-113쪽.

서 헌법개정심의특별위원회의 여야 동수 구성을 관철시켰다.17) 이는 국회에서 개헌논의를 주도함으로써 정국을 신민당에 유리하게 이끌어 간다는 전략이라고 할 수 있다. 이러한 전략의 일환으로 11월 16일 신민당은 이민우 부총재의 국회 대표연설을 통해 평화적 정권교체의 전통을 확립해 후세에 물려주기 위해서는 보복 없는 정치가 뿌리내려야 한다고 주장하고, 평화적 정권교체는 역사의 순리이며 반드시 이룩해야 할 민족적 과업이라는 것을 강조했다.18)

10·26사태에 대해 김영삼은 유신체제가 청산돼야 할 체제라고 하는데 국민적 합의가 이루어져 왔으며, 이러한 국민적 합의가 귀결돼 나타난 것이라고 주장했다. 그리고 무엇보다 정치역량의 집결이 필요하다고 강조했다. 제반 상황을 고려할 때 신민당의 집권이 역사의 순리라는 인식에 입각한 발언이었다.19) 그로서는 10·26의 성과를 정치현실 속에서 구체화하기 위해서는 산발적인 역량의 총체화를 이룩해야 한다는 것이었고, 이를 신민당을 구심점으로 해서 할 것을 주장한 것이다. 신민당에 결함이 없는 것은 아니지만, 달리 대안이 제시되지 않는 상황에서 구심점의 형성과 민주역량의 결집을 늦출 수 없기 때문에 신민당을 중심으로 뭉쳐야 한다는 것이었다.20)

---

17) 헌법개정심의특별위원회는 여야 위원 총수를 여권 14명(공화당 7, 유정회 7), 야권 14명(신민당 13, 통일당 1) 총 28명으로 구성하며 3분의 1 이상의 요구가 있을 때 회의를 소집할 수 있도록 했다. 이로 인해 신민당은 회의 단독소집이 가능한 반면 공화당은 불가능했다. 이를 보더라도 개헌논의는 신민당의 주도로 이루어지고 있었음을 알 수 있다.
18) 大韓民國國會 事務處, 『第103回 國會本會議 會議錄』 第7號(1979. 11. 16), 4쪽.
19) 진정으로 민주주의를 지켜 왔던 정치세력이 조국의 민주화를 주도하는 것은 지극히 당연한 일이며, 고여 있는 물처럼 정지돼 있는 것이 아니라 시대적 상황에 따라 자기쇄신과 개편의 유연성을 보여 왔기 때문에 신민당이 집권하는 것이 역사의 순리라고 김영삼은 주장했다. 김영삼, 『나와 조국의 진실』(일월서각, 1983), 122쪽.
20) 김영삼, 『나와 조국의 진실』, 120쪽.

이와 같은 김영삼의 생각과 신민당의 전략은 신민당 총재단에 대한 직무집행정지 가처분신청이 취하되자 더욱 본격화됐다. 야당 총재로서 김영삼의 지위가 법적으로도 완전히 회복됐을 뿐만 아니라, 소수였지만 4월혁명 이후의 민주당처럼 국회에서 개헌논의를 주도할 수 있는 정치적·사회적 분위기가 형성됐기 때문이다.

제도정치권을 중심으로 활동한 김영삼과 달리 김대중은 재야세력을 중심으로 정치활동을 전개했다. 1976년 3월 1일의 민주구국선언 사건으로 공민권 제한을 받아 공개적이고 공식적인 활동이 불가능했던 데다, 신민당 조직을 김영삼이 장악하고 있어 그의 영향력이 부분적으로밖에는 미치지 못했기 때문이다. 김대중은 1979년 3월 1일 결성한 '민주주의와 민족통일을 위한 국민연합'(약칭 국민연합)을 통해 재야세력을 규합하는 한편, 이를 통해 자신의 정치적 영향력을 확대해 나갔다.[21] 활동범위와 영역이 커지고 그의 주변에 많은 사람들이 모여들자 그는 새로운 인물들을 영입하여[22] 본격적으로 조직확대를 도모해 나갔다.

이처럼 야권은 위축 일로를 걷고 있던 여권과 달리 확대되는 양상을 보였다. 그러나 야권이 동심원을 그리며 확대되는 것이 아니라 제도권과 비제도권으로 나누어져 확대되는 바람에 김영삼과 김대중 두 사람의 조직이 겹치면서 갈등을 빚는 양상이 발생하기도 했다.[23] 그럼에도 불구하고 야권 전체의 외연은 확장됐는데, 이는 시대상황의 반영이라고 할 수 있다.

---

21) 김대중은 역경에도 쉬지 않고 재야에 영향을 주고 있었고 재야의 지도자로서 확고한 위치를 차지하고 있었다. 이 때문에 재야는 김대중과 불가분의 관계에 있었고 누구보다 김대중에 가까웠다. 예춘호, 『서울의 봄: 그 많은 사연』, 69쪽.
22) 김대중은 權魯甲, 金玉斗, 韓和甲 등 이전부터 그를 추종하던 비서 외에 비서실장 芮春浩, 비서실차장 金載瑋, 경호실장 朴成哲, 공보비서 李協, 의전비서 柳勳根 등을 선임했다. 權魯甲, 『金大中とともに』(たちばな出版, 2001), 123쪽.
23) 그러한 예로 예춘호를 들 수 있다. 그는 김대중과 김영삼이 서로 자기편에 넣으려고 해서 아주 난처했다고 회고했다. 예춘호, 『서울의 봄: 그 많은 사연』, 68-69쪽.

3. 12·12사태의 발생과 정치권의 인식

유신체제가 내부적인 모순으로 종식을 고하게 되자 일반국민들의 민주화열망은 더욱 힘차게 분출되기 시작했다. 이러한 열망에 부응해 사회 각 분야에서 권위주의적인 요소를 해체하고 민주주의를 정착시키기 위한 노력이 전개됐고, 정치권도 여야 구별 없이 새로 조성된 정치환경에 적응하기 위해 변화를 모색했다.

정치권의 이와 같은 변신노력과는 달리 군 일부는 정치환경의 급변으로 초래된 권력 공백상태를 활용해 정치권력을 장악하려는 움직임을 보였고, 여기에 기득권에 안주해 변화를 두려워한 일부 정치인 및 관료집단이 합세해 권위주의체제로의 회귀를 도모했다. 이것이 1979년 12월 12일 발생한 사태의 본질이었다.

이들은 10·26 이후 그릇돼 가기만 하던 국정의 방향을 바로잡고 국가관을 다시 세울 계기를 마련해야 한다는 생각에서 본의 아니게 국정의 표면에 나선 것이라고 주장했다.[24] 그러나 이는 수구논리에 근거해 정치권력을 장악하기 위한 변명에 불과한 것으로 판명됐다. 정치권이 사태를 안이하게 인식하고 대응한 결과였다.

1) 12·12사태의 발생

최규하가 국민회의에서 대통령으로 선출된 지 1주일 만인 1979년 12월 12일 밤 합동수사본부장인 전두환 보안사령관의 지시로 군 수사기관이 계엄사령관인 정승화 육군참모총장을 포함한 일부 장성을 체포하는

---

24) 全斗煥,『새 歷史와 自主民族國家』(乙酉文化社, 1981), 41쪽.

이른바 12·12사태가 발생했다.25) 긴급조치 9호 해제와 김대중에 대한 보호관찰 조치 해제를 비롯한 일련의 유화책이 발표됐던 데다, 이날 낮에는 근 4개월을 끌어 오던 신민당 총재단에 대한 직무정지 가처분신청이 취하돼 김영삼 총재를 비롯한 4명의 부총재가 법적 지위를 다시 회복한 터였다.26) 공교롭게도 두 개의 전혀 상반된 내용의 사건이 같은 날 발생했기 때문에 많은 사람들은 정치적 판단을 유보하고 사태의 추이를 주시했다.

가처분신청을 통해 총재 직무대행자를 세워 신민당을 길들이려던 시도는, 신민당 의원 전원이 의원직 사퇴서를 제출하는 등 완강한 저항에 부딪쳐 아무런 진전이 없었을 뿐만 아니라 박정희의 피살로 이를 추진할 주체가 없어졌다. 이로 인해 권력의 후원을 잃게 된 신청인들은 가처분신청을 취하할 수밖에 없었다. 민주주의가 승리하는 순간이었다. 그러나 바로 그날 밤 정상적인 지휘계통을 밟지 않고 군대를 동원해 상관을 체포하는 하극상사건이 발생함으로써 민주주의는 다시 좌절을 맛보지 않을 수 없었다. 국회에서 개헌논의가 이루어지고 있음에도 불구하고 이후 행정부 차원에서 별도로 개헌연구에 착수함으로써 개헌작업에 혼선이 초래됐기 때문이다.27)

12·12사태를 주도한 전두환은 정승화가 김재규의 심복들과 내통하면서 국정의 방향을 오도하고 있음을 알았다고 주장했다. 그리고 정승화

---

25) 국방부는, 鄭昇和는 金載圭의 범행에 묵시적으로 동조했고 범행 관련자의 혐의 은닉, 관용조치 등을 꾀했으며, 나머지 구속된 장성들은 정승화 체포를 저지하기 위해 조직적인 저항을 자행했다고 발표했다. <東亞日報>, 1979년 12월 24일.
26) 가처분신청을 제기했던 曺逸煥, 兪棋濬, 尹完重 3인은 "시대적 흐름에 부응하여야 한다는 책임감과 신민당이 정권적 차원에서 일해 나가야 한다는 역사적 책무를 감안, 무조건 가처분신청을 철회하기로 하였다"고 밝혔다. <東亞日報>, 1979년 12월 12일.
27) 김영삼의 표현에 의하면 12·12 이후 최규하의 태도가 변했으며 행정부의 입장도 애매하기 짝이 없었고 새삼스레 헌법연구반을 편성해 유럽으로 보내는 등 법석을 떨었다고 주장했다. 김영삼, 『김영삼회고록』 2, 177쪽.

가 계엄사령관직에 그대로 있으면서 영향력을 미치는 것은 국가기강 확립이라는 측면에서 결코 바람직하지 못하다는 결론을 내렸기 때문에, 합동수사본부장 자격으로 정승화를 연행해 혐의내용을 밝히기로 결심한 것이라고 강조했다. 그러나 수사관들의 정당한 연행요구에 응하지 않고 무력으로 저항하고 추종세력으로 하여금 병력을 동원해 합동수사본부를 습격하고자 했기 때문에, 그와 함께 병력을 동원하려던 추종자들을 체포하지 않을 수 없었다고 주장했다. 전두환은 이것이 오래도록 누적돼 온 군 내부의 부조리와 부패를 일소하는 좋은 전기가 됐으며 헌정질서를 수호하는 길이었다고 단언했다.[28]

그러나 그 이후 전개된 정치현실을 감안하면, 12·12사태는 전두환이 정권을 장악하기 위해 사전에 치밀하게 조직하고 준비해 자신을 추종하는 군부집단을 동원한 것이었음을 알 수 있다. 이는 사후에 대통령의 재가를 받아 자신들이 한 행위와 조치를 합법화했다는 사실과,[29] 구정치인들이 정권욕에 눈이 팔려 파쟁과 선동을 일삼아 혼란을 가중시키며 혹세무민적 발언으로 민심을 자극시키는 데 앞장서고 있으므로 군으로서는 구국의 결단을 내리지 않을 수 없었다는 발언에서[30] 확인할 수 있다. 여기에 다시 대법원이 12·12사태를 군사반란 사건으로 확정 판결함으로써, 12·12가 권력장악을 위해 군을 동원한 쿠데타적 사건이었다는 것은 결코 번복할 수 없는 사실이 되고 말았다.[31]

---

28) 全斗煥, 『새 歷史와 自主民族國家』, 40쪽. 이에 대해 허삼수는 계엄사령관이 10·26 이후의 사회적 분위기에 편승, 막강한 지위를 이용해 계속 수사를 견제하고 방해했기 때문에 불가피하게 취해진 조치라고 주장했다. 허삼수, 『나의 진실』, 27-28쪽.
29) 鄭昇和, 『12·12사건, 鄭昇和는 말한다』(까치, 1987), 238쪽.
30) 全斗煥, 『새 歷史와 自主民族國家』, 43쪽.
31) 12·12사태에 대한 법률적 해석에 대해서는 김도형, "12·12군사반란행위상의 쟁점," 민주사회를 위한 변호사모임 편, 『12·12, 5·18판결 평석집』(민주사회를 위한 변호사모임, 1997), 29-59쪽 참조.

2) 정치권의 인식

12·12사태에 대해 정치권은 군 내부 강·온파의 충돌로 이해하고, 처음에는 이를 심각하게 받아들이지 않았다.32) 사태의 본질이 즉각적으로 알려지지 않았을 뿐 아니라 이를 주도한 군부집단에 관한 정확한 정보도 갖고 있지 않았기 때문이다. 10·26 이후에는 공화당마저 행정부와 군부 내의 기반이 취약한 상태였던 것을 감안한다면,33) 야권은 더욱 정보가 취약할 수밖에 없는 상태였다. 신민당의 경우 민주화 일정에 차질을 가져올지도 모른다는 일부의 우려가 없지 않았으나 낙관론이 지배적이었던 것을34) 보아도 이를 알 수 있다. 이처럼 정치권 대부분이 국민의 민주화열망을 어느 누구도 거역하지 못할 것이라는 막연한 기대감에서 12·12사태에 대한 부정적 판단을 유보하고 있었다.

이와 같은 인식을 갖고 있었기 때문에 1979년 12월 21일 최규하가 대통령 취임사에서 과도정부와는 엄연히 다른 위기관리정부를 천명했음에도 불구하고 3김씨를 비롯한 정치권은 이를 대수롭지 않게 생각했다.35) 자신이 이끄는 정부를 국난타개를 위한 위기관리정부로 규정한 최규하는 특별한 사정이 없는 한 1년 정도면 국민 대다수가 찬동할 수 있는 헌법을 마련할 수 있을 것으로 생각하며, 가급적 빠른 시일 안에 공명정대한 선거를 실시할 수 있게 되기를 바란다고 밝혔다.36) 이러한 정치일정에 대해 공화당과 신민당은 각각 다른 반응을 나타냈다.

---

32) 高興門,『정치현장 40년: 못다 이룬 민주의 꿈』(無碍, 1990), 284-285쪽.
33) 金東英,『타오르는 民主聖火』(形成社, 1986), 35쪽.
34) 李基澤,『韓國野黨史』(백산서당, 1987), 363쪽.
35) 정권이양이 주된 목적인 과도정부와 달리, 위기관리정부란 단 몇 달을 집권해도 통상정부 이상의 대권을 행사하겠다는 의미가 있는 것이라고 분석됐다. 高興門,『정치현장 40년: 못다 이룬 민주의 꿈』, 285쪽.
36) 玄石崔圭夏大統領八旬記念文集發刊委員會,『玄石片貌』, 200-201쪽.

공화당은 국민의 의사가 충분히 반영된 헌법을 마련하기 위해 1년은 부득이한 시한으로 여겨진다고 동의한 반면, 신민당은 국가 장래에 또 하나의 불안요인을 내포하고 있는 것이므로 정치일정을 앞당길 것을 요구했다.37) 이와 같은 공화당과 신민당의 입장은 김종필과 김영삼의 견해를 각각 반영한 것으로, 양당 모두 '위기관리'라는 용어가 내포하고 있는 의미보다는 정치일정에 초점을 맞추고 있었다. 김종필은 1년은 무리가 가지 않는 절차이며 일부 국민은 참기 어려울지 모르지만 인내와 여유를 가져야 한다고 함으로써 최규하의 입장을 두둔한 반면, 김영삼은 개헌에 1년이 필요하다는 주장에 대해 국민은 의아하게 생각하고 있으므로 단시일 내에 마치도록 하는 것이 바람직하다고 강조했다.38) 집권을 자신하고 있었으므로 두 사람 모두 '위기관리'의 함의를 간과하고 정치일정에만 신경을 쓴 것이다.

한편 김대중의 경우, 자택연금에서 해제돼 활동을 재개하기는 했지만 아직 복권이 되지 않은 상태였기 때문에 정치활동에 신중을 기했다.39) 설사 정치활동을 했다고 하더라도 계엄하의 검열로 인해 제대로 보도되지 않았기 때문에 12·12사태 및 최규하의 대통령 취임에 대해 그가 어떤 생각을 갖고 있었는지는 정확하게 알려지지 않고 있다. 그러나 4월 말까지는 조용하게 지켜보는 것이 좋겠다는 측근의 건의가 있었기 때문에40) 12·12에 관한 공식적인 견해표명은 유보했을 것으로 분석된다.

---

37) 中央選擧管理委員會,『大韓民國政黨史』第2輯, 62쪽.
38) <東亞日報>, 1979년 12월 21일.
39) 김대중은 복권이 된 1980년 2월 29일 이전까지는 '유력 재야인사'라는 호칭으로 신문에 보도됐다. 金東英,『타오르는 民主聖火』, 34쪽.
40) 예춘호는 하나회가 생길 때부터 그들과 가깝게 지낸 박종규를 만나 12·12사태에 대해 물어보았다. 박종규는 "아는 것은 없지만 4월 말까지는 조용하게 지켜보는 것이 좋겠다"는 의견을 제시했다. 그의 말에서 와 닿는 것이 있어 그 느낌을 그대로 김대중에게 전했다고 회고했다. 예춘호,『서울의 봄: 그 많은 사연』, 61쪽.

4. 공화당의 내분과 신민당의 갈등

최규하정부가 들어서고 12·12사태의 파장이 외면적으로 진정되는 기미를 보이자 기존 정치권은 본격적으로 정권장악을 위한 경쟁에 나섰다. 다시는 군의 정치개입이 없으리라는 확신과 민주화가 진전돼 공정하고 자유로운 선거가 치러지리라는 것을 전제로 해서 조직의 정비와 확대에 나선 것이다. 공화당의 경우 총재인 김종필이 경쟁에 뛰어든 반면, 야권의 경우 김영삼, 김대중 두 사람이 양보할 의사가 없음을 밝혀 모두 3인이 다투는 양상을 나타냈다.

이 과정에서 조직 내부에 쌓여 있던 반목과 대립이 함께 표출되는 바람에 경쟁양상은 더욱 복잡해져 여야를 불문하고 통합을 이룰 수 없었고, 이를 틈타 신군부는 전면에 나설 수 있는 명분을 축적해 갔다. 기존 정치권이 3김씨를 중심으로 재편되면서 경쟁을 전개하는 것과는 별도로 전두환을 중심으로 한 신군부가 범상치 않은 모의를 하고 있었던 것이다. 그럼에도 불구하고 정치권은 신군부의 동향을 주시하지 않았는데,[41] 이들의 움직임이 심상치 않다는 것을 깨달았을 때는 이미 늦은 뒤여서 아무런 조치도 취할 수 없었다.

1) 정풍운동과 공화당의 내분

당헌개정을 통해 3대 총재로 선출된 김종필은 전면적인 당직개편 작

---

[41] 당시 정치권은 군부의 재등장 가능성에 대해 미처 생각하지 못하고 있었다. 가능성이 없는 것도 아니었지만 군인들이 더 이상 나서지 않을 것이라는 막연한 기대감에서 정정당당하고 자유로운 경쟁을 통해 권력을 장악하겠다는 일념뿐이었다. 최형우, 『더 넓은 가슴으로 내일을』(깊은사랑, 1993), 213쪽.

업에 착수하는 한편 11월 17일에는 신민당을, 19일에는 통일당을 각각 방문했다. 그는 김영삼 및 양일동과 만나 정치권이 공정한 경쟁을 하며 평화적 정권교체를 위한 기틀의 마련에 공동으로 노력하기로 한다는 데 의견의 일치를 보았다.42) 권력구조 변화와 정당구도 개편을 앞두고 야권과의 관계를 재설정하고, 자신이 중심이 돼 집권당으로서의 위상을43) 되찾기 위한 활동에 본격적으로 나선 것이다.

김종필의 이러한 활동은 최규하가 대통령에 취임한 직후 제동이 걸리기 시작했다. 소장파 의원들이 중심이 돼 전개한 정풍운동이 당의 통합을 저해하는 방향으로 작용했기 때문이다. 1979년 12월 24일 17명의 소장파 의원은 부정부패자, 권력으로 치부한 자, 도덕적으로 타락한 자, 권력만을 추구하는 해바라기 정치인 등은 당에서 자퇴 또는 당직에서 제외토록 하라는 내용의 5개 항의 결의문을 채택하고 전직 장관을 포함한 15명 정도의 퇴진을 요구했다.44) 이에 대해 김종필은 당의 단합을 위해

---

42) 中央選擧管理委員會, 『大韓民國政黨史』 第2輯, 178쪽.
43) 김종필은 공화당이 "집권당은 아니지만 因果관계를 따져 볼 때 세계 政黨史上 유례를 찾아볼 수 없는 묘한 위치에 처해 있다"고 설명했다. <東亞日報>, 1979년 12월 21일.
44) 결의문의 내용은 다음과 같다. ① 양심 있는 말을 못하고 행동해야 할 때 행동하지 못하고 신념의 정치 아닌 感의 정치를 앞세워 民心에 유리된 절름발이 政局을 초래한 것을 반성한다. ② 朴正熙 대통령의 理念을 계승 발전하고 상황변화에 따른 정치를 발전시킨다. ③ 모든 공직자와 여야 정치인의 부패타락을 방지하고 깨끗하고 명랑하며 품위 있는 정치풍토를 조성한다. ④ 당을 창조적으로 개혁하고 정부와의 관계에서 독자적이고 주체적인 입장을 정립한다. 여당으로만이 아니고 야당으로서도 국민에 뿌리박는 全天候 정당이 되기 위해 黨內민주주의를 창달하고 참신한 인사를 과감히 영입한다. ⑤ 분열과 분파를 지양해야 하지만 미봉적인 단합이 아니라 생명력 있는 단합을 이룩하며 정풍운동을 위하여 권력의 그늘에서 부정 부패한 자, 정치를 빙자해서 치부한 자, 도덕적으로 타락한 자, 해바라기 정치작태는 일소해야 한다. 이러한 사항이 현저한 사람은 당을 떠나고 그 밖의 관련자들은 당직에서 물러나야 한다. <東亞日報>, 1979년 12월 25일.

자제해 줄 것을 당부했다. 정풍으로 참신한 이미지를 부각시키는 일도 중요하지만 시간적인 여유가 필요하다고 생각했기 때문이다.45)

소장파의 정풍운동은 10·26사태 이후 사회 각계각층에 '새로운 자세'와 '새로운 바람'이 필요하다는 여론을 의식하고 나온 것이었다. 그러나 겸허하지 못한 독선적인 자세로 인해 오히려 당의 내분을 초래하는 계기가 됐다는 지적도 받았다.46) 왜냐하면 소장파가 정풍운동의 대상으로 삼았던 이후락이 총재 취임 4개월 만에 김종필의 리더십에 정면으로 도전했기 때문이다. 그는 1980년 3월 24일 가진 기자회견에서 김종필의 총재 취임 자체가 불법이라고 주장하고, 김종필은 박대통령에 대해 배은 망덕했으며 정치인으로서 위선을 저질렀다고 비난했다.47)

이처럼 정풍운동이 예상치도 않던 김종필에 대한 비난으로 귀결됨으로써 김종필 개인은 물론이고 당에 엄청난 상처를 주게 되자, 4월 7일 공화당은 이후락을 포함해 정풍을 주도한 의원 등 4명을 제명했다. 당의 규율확립을 위해 불가피했다고는 하지만 이로써 공화당은 내부적으로 분열의 길을 걷게 됐다. 정풍운동이 당내에 상호불신과 오해를 불러일으켜 통합을 불가능하게 만들었기 때문이다.

정풍파는 제명조치에 대해 유감을 표하고, 자신들의 주장이 당내 분파작용이나 지도력 손상을 목적으로 한 것이 아니라 새로운 민주질서 창조라는 국민의 여망에 따라 순수한 충성심에서 정풍운동을 추진한 것이었다고 밝혔다.48) 그러나 이후락의 폭로와 도전에서 나타나듯 "제 살

---

45) 정풍운동에 대해 김종필은 "방대한 조직을 살리고 오늘과 내일을 볼 때 서두르는 것만이 현명한가는 다시 생각해야 할 것"이라면서 조건반사적으로, 감정적으로 처리해서는 안 된다고 주장했다. <東亞日報>, 1980년 2월 28일.
46) 갑작스러운 정치변화에 하나로 뭉쳐 겸허한 자세로 국민의 심판을 기다릴 줄 아는 자세가 필요함에도, 정풍 또는 숙당을 내세우며 대결의 양상을 보였던 것은 소영웅주의에 다름 아니며, 이것은 결국 군인정치를 초래한 무모한 짓이었다고 김용태는 주장했다. 金龍泰, 『金龍泰自敍錄』 第2卷, 450-451쪽.
47) <朝鮮日報>, 1980년 3월 25일.
48) 中央選擧管理委員會, 『大韓民國政黨史』 第2輯, 186쪽.

베어먹는 불행"을 자초한 꼴이 됨으로써 내분을 확대하고, 결과적으로는 공화당의 종말을 재촉하는 결정적인 요인으로 작용했다.49) 그리하여 어떤 의미에서는 새로 등장하려는 신군부세력에 정권탈취의 빌미를 제공한 셈이 됐다고 할 수 있다.

2) 신민당의 갈등

김종필 한 사람만 주자로 나선 공화당과 달리 신민당은 김영삼, 김대중 두 사람이 주자로 나섬으로써 더욱 분열되는 양상을 보였다. 10·26사태로 신민당 총재로서 법적·현실적 지위를 회복한 김영삼은 신민당의 집권이 역사의 순리라는 신념 아래 정권장악을 위한 경쟁에 뛰어들었고,50) 연금상태에서 풀려나 뒤늦게 정치활동에 나선 김대중은 유신정권의 탄압을 받아 가장 인망이 높다는 자신감에서 경쟁에 나섰다.51) 두 사람 사이의 경쟁은 김대중에 대한 복권조치 이후 신민당의 대통령후보 단일화문제가 구체적으로 거론되면서 확대돼 양대 추종세력간에 본격적인 암투로까지 발전했다.52)

후보문제를 둘러싼 양자 사이의 갈등은 충분히 예상됐던 것이기 때문에 이를 막기 위해 1980년 초부터 소장파 의원들을 중심으로 야권통합과 대통령후보 단일화 움직임이 일어났다. 이들은 1980년 1월 9일 재야 인사와 신인 영입을 통해 범야세력을 통합할 것과 대통령후보 지명대회는 야권을 총규합한 후에 소집할 것, 그리고 대통령후보는 사전에 단일

---

49) 金龍泰, 『金龍泰自敍錄』第2卷, 460쪽.
50) <東亞日報>, 1980년 2월 29일.
51) 權魯甲, 『金大中とともに』, 123쪽.
52) 이에 대해 서석재는 김영삼은 수권정당으로 부각된 신민당의 분열현상은 막아야 한다고 역설한 반면, 시국관을 달리하는 일부 세력은 수권정당이 되기 위한 전제조건으로 특정인에게 대통령후보를 미리 보장하라고 요구함으로써 안개정국의 혼돈과 불안은 고조될 수밖에 없었다고 주장했다. 서석재, 『영원한 촌놈』(문학사상사, 1995), 166-167쪽.

화로 조정할 것 등을 총재에게 건의했고, 2월 25일에는 후보단일화 추진을 위한 결의문을 채택하고 서명운동에 착수했다.53) 이러한 움직임이 있자 김영삼과 김대중은 3월 6일 단독회담을 갖고, 사전조정을 통해 대통령후보 문제를 협의한다는 등 3개항에 합의했다.54) 이와 같이 합의했음에도 불구하고 김영삼으로부터 사전조정이 안 될 경우 전당대회에서 표대결로 결정해야 한다는 주장이 나옴으로써 단일화작업이 순탄치만은 않을 것임을 예고했다.

양자 사이의 의견대립은 기본적으로 대통령후보를 상대방에게 양보하지 않겠다는 생각에서 출발한 것이었지만, 이에 덧붙여 부차적인 요인들도 없지 않았다. 그 중 하나로 지지기반의 차이를 들 수 있다. 당권을 장악하고 있는 김영삼은 재야세력을 영입해 당을 보강한다는 신민당 중심론을 주장한 반면, 당내기반이 상대적으로 취약하지만 재야의 지지를 받는 김대중은 재야세력 중심론을 폈다. 김영삼의 경우 유신체제를 무너뜨린 장본인이 자신과 신민당인 만큼 10·26 이후의 대체세력은 당연히 신민당이 돼야 한다는 생각에서 신민당이 중심이 돼야 한다고 주장했다.55) 이와 반대로 김대중은 신민당에서 자신을 후보로 지명하지 않을 경우 재야를 중심으로 신당을 만들어 대통령선거에 바로 나설 수

---

53) 서명운동에 대해서는 양측 모두 부정적인 입장이었다. 김영삼측은 단일화가 이상적이기는 하지만 현실적으로 불가능하다면서 "선의의 경쟁을 하되 과열을 막고, 이에 앞서 공정한 경쟁바탕을 마련하는 것이 바람직하다"는 견해를 밝혔고, 김대중측은 "사전조정에 앞서 在野人士의 입당 등 汎民主勢力의 총집결이 이루어져야 하며 이러한 전제조건이 충족되지 않은 상태에서는 극한대립만 초래할 것"이라며 비판적인 태도를 취했다. <東亞日報>, 1980년 2월 27일.

54) 두 사람이 합의한 3개 항은 첫째, 대통령후보 지명에 관한 문제는 헌법의 귀추가 명백해질 때까지 과열경쟁을 피하고, 둘째, 민주세력의 단합과 민주체제의 회복을 위해서는 서로 긴밀한 협력이 필요하며, 셋째, 신민당과 재야 민주세력은 합심해서 민주회복과 민생안정에 주력한다는 것이었다. 中央選擧管理委員會, 『大韓民國政黨史』第2輯, 307쪽.

55) 김영삼, 『김영삼회고록』 2, 184쪽.

도 있다는 생각을 갖고 있었기 때문에 재야를 중시했던 것이다.56)

두 번째 견해차이는 조직확대의 방법론, 즉 김대중의 입당문제57) 및 재야인사의 영입폭을58) 놓고 나타났다. 이 문제를 해소하기 위해 3월과 4월 두 사람은 두 차례 회담을 가졌으나 구체적인 실천방안에 대해서는 합의를 보지 못했다. 김영삼은 신민당이 수권정당의 면모를 갖춘 뒤 재야인사에게 문호를 개방할 것이라고 말하고 김대중의 입당을 촉구한 반면, 김대중은 자신의 입당은 유보한 채 재야인사 영입뿐만 아니라 통일당 등 정치단체와의 통합으로 범야연합을 이룩하는 데 초당적인 자세를 보여야 한다는 의견을 제시했다.59)

마지막으로 시국관의 차이를 들 수 있다. 김대중은 시국을 비관적으로 전망하고 있었던 데 반해, 김영삼은 잘될 것이라는 낙관적 인식을 갖고 있었다. 시국관의 차이가 보다 구체적으로 표출된 것은 1980년 4월 14일 보안사령관 전두환의 중장 진급과 중앙정보부장 서리 겸직을 놓고서였다. 정보부장 겸직으로 전두환은 국무회의 참가자격을 갖게 됐고,

---

56) 李英石,『野黨 40年史』(인간사, 1987), 416-417쪽.
57) 김영삼은 1979년 5월 30일 전당대회에서 윤보선, 김대중 두 사람의 승낙을 직접 받고 신민당 상임고문으로 추대했음에도 불구하고, 김대중은 당에 입당한 사실이 없다면서 자신을 비롯한 재야인사의 입당문제를 원점에서 협상해야 한다는 이상한 논리를 들고 나왔다고 지적했다. 김영삼,『김영삼회고록』2, 251쪽.
58) 김영삼측은 중앙상무위원 수를 대폭 늘리기로 당헌개정을 검토하는 등 재야인사에 대폭 문호를 개방하는 방향으로 나아갔으나, 중앙상임위원회 의장선거에서 김대중측이 지원한 후보가 패배하자 김대중은 신민당 입당을 포기했다고 주장했다. 신민당이 대통령후보를 경선할 경우 전초전과 같은 성격을 띠고 있는 선거에서 패배했기 때문에 신민당 내의 지지기반을 믿을 수 없게 돼 입당을 포기했다는 것이다. 최형우,『더 넓은 가슴으로 내일을』, 208-209쪽. 이에 대해 김대중측은 김영삼 총재가 "재야에서 올 사람이 몇 사람 안 된다," "민주인사에 대해서도 입당에 따른 심사절차를 거쳐야 한다"고 말하는 등 매듭이 풀리기 어려운 실정에 있었다고 주장했다. 김옥두,『다시 김대중을 위하여』(살림터, 1995), 250쪽.
59) 中央選擧管理委員會,『大韓民國政黨史』第2輯, 307쪽.

이를 계기로 내각에 직접 개입할 수 있게 됐다. 이에 대해 김영삼은 "혼란을 수습하는 데 도움이 되기를 기대한다"면서 사실상 지지를 표명한 데60) 반해 김대중은 '중대한 사태의 악화'로 민주주의가 대단히 위태롭다고 생각했다.61)

이와 같은 요인으로 두 사람의 갈등은 표면화돼 양파 사이에는 폭력충돌까지 발생, 통합은 성사되기 어려운 상황이 됐다. 이는 결국 4월 7일 김대중의 신민당 입당 포기선언으로 이어져62) 두 사람을 에워싼 정치세력은 결정적으로 분열되고 말았다. 이에 대해 김대중은 재야와 신민당의 통합이 바람직하지만, 역사관과 인식의 차이로 입당을 포기했는데 잘한 것 같다고 밝혔다. 그리고 자신은 정치를 20~30년간 해 온 프로이므로 정치일정이 분명해진 뒤에 신당을 만들어도 충분히 해낼 수 있다고 주장,63) 정권장악에 자신감을 피력했다.

이후 신민당 내에서 김대중을 추종하는 의원들은 별도의 모임을 가짐으로써64) 신민당은 두 개의 파벌로 나누어져 제 갈 길로 갈라서게 됐다. 통합을 이루지 못함으로써 김영삼, 김대중 두 사람도 분열의 논리에 편승해 상호비난의 대열에 합류하게 됐고, 이를 전후해서 신군부에서는 김대중 비토론이 공공연히 나돌았고 신당론도 무성해져 갔다.65)

---

60) 이기택은 전두환의 겸직조치가 권력을 행사하겠다는 의지의 표현이었음에도 불구하고 김영삼이 이를 지지한 것은 '커다란 오류'라고 지적했다. 이기택, 『호랑이는 굶주려도 풀을 먹지 않는다』, 166쪽.
61) 김옥두, 『다시 김대중을 위하여』, 249쪽.
62) 신군부는 김대중의 신민당 입당 거부를 정상적인 정당활동이나 합법적 방법에 의해서는 정권획득이 여의치 못할 것으로 판단해 사조직과 추종세력을 총투입, 정부에 대한 국민의 불신풍조를 심화시키고 선동을 통해 혼란과 폭력혁명 사태를 일으켜 정부를 전복하고 정권을 장악하기 위한 행동으로 분석했다. 戒嚴史編輯委員會, 『戒嚴史: 10·26事態와 國難克服』(陸軍本部, 1982), 116쪽.
63) <東亞日報>, 1980년 4월 26일.
64) 김대중을 추종하는 신민당 의원 24명은 5월 6일 김대중의 집에 모여 朴永祿을 소집책으로 하는 간담회를 구성하기로 하고 신당을 결성하기 위한 준비에 나섰다. 李英石, 『野黨 40年史』, 426쪽.

5. 신군부의 전면적 등장과 이중권력구조 형성

　공화당과 신민당을 비롯한 정치권이 정권장악을 위한 경쟁에 몰입해 있는 동안 산발적으로 전개되던 학생들의 시위는 점차 조직화되는 양상을 보였다. 이와 동시에 민주화운동이 사회 각 부문으로 확산되고 노동자들의 시위도 점차 격렬해지는 양상을 보였다. 특히 대학생들이 신군부와 최규하정부를 비난하고 비상계엄 해제와 조속한 민주화를 요구하며 도심에서 대규모 시위를 벌임에 따라 정국은 초긴장상태에 빠져들었다. 혼란상태가 지속될 경우 군부가 개입할지도 모른다는 우려가 광범위하게 확산돼 갔다.

　상황이 예상치 않은 방향으로 흐르자 사태의 절박성을 느낀 김영삼과 김대중은 5월 16일 회합을 갖고 대학생들에게 자제를 호소하는 한편, 힘을 모아 민주화투쟁에 앞장설 것을 다짐했다. 통합을 거부했던 두 사람이 모처럼 결속을 과시했지만, 이미 때는 너무 늦어 아무런 조치도 취할 수 없는 상태가 되고 말았다. 12·12사태를 일으킨 신군부집단이 5·17조치를 통해 전면적으로 등장, 정치권이 손을 쓸 겨를도 없이 전격적으로 권력을 탈취했기 때문이다.

1) 5·17조치와 신군부의 전면적 등장

　하극상사태를 일으켜 군부를 장악한 전두환을 중심으로 한 신군부는 학생들의 시위가 격렬해지는 것을 기화로 정권장악에 나섰다. 이들의 정권장악 구상이 구체적으로 윤곽을 드러낸 것은 1980년 4월 14일 전두

---

65) 高興門, 『정치현장 40년: 못다 이룬 민주의 꿈』, 287쪽.

환 보안사령관의 중앙정보부장 서리 겸임발령이었다. 청와대측은 겸임 발령이 계엄령하에서 군이 보안·정보·수사업무 등을 통합 조정토록 하기 위한 것이라고 밝혔다.66) 그러나 실제로는 정보부장의 신분으로 국무회의에 참석해 정책결정에 직접 참여함으로써 자신의 집권 정지작업을 하기 위한 것에 불과했다. 전두환의 겸직문제에 대해 "불행한 역사가 반복되지 않게 하는 것이 우리 모두의 사명"이라고 경고했다거나67) "대통령을 젖혀 두고 실질적인 막강한 권한을 휘두를 수 있게 된 것"이라고 분석했다지만,68) 김영삼이나 김대중 둘 다 서로 비난하기에 바빠 어느 누구도 힘을 합쳐 이를 저지하자고 제의하지는 않았다.

신군부의 움직임이 심상치 않았음을 나타내는 또 하나의 사건은 5월 13일에 있었던 박종규의 공화당 탈당이었다. 그는 입당할 때 기대하고 생각했던 것과는 당의 분위기와 현실이 너무나 달랐기 때문에 당을 떠나기로 했다고 주장하고, 4월 3일 대통령에게 편지를 보내 자신의 부정축재 여부를 조사해 줄 것을 공식 요청했다고 공개했다.69) 그는 조사 결과 어떤 흠이라도 나오면 깨끗이 정계에서 은퇴할 것이라고 밝혔는데, 이는 신군부의 정치권에 대한 대대적인 사정이 임박했음을 암시하는 것이었다. 사전에 정보를 입수하고 주변을 정리함과 동시에 정치인의 부정축재 문제를 공론화함으로써 일반국민으로 하여금 정치인에 대한 부정적 이미지를 갖도록 하기 위한 것이었다.70)

이와 같이 준비를 마친 신군부는 민주화열망에 부응해 사회 각 분야에서 권위주의적인 제반 요소를 제거하고 민주주의를 정착시키기 위해

---

66) <東亞日報>, 1980년 4월 14일.
67) 김영삼,『김영삼회고록』2, 191쪽.
68) 김옥두,『다시 김대중을 위하여』, 247쪽.
69) <東亞日報>, 1980년 5월 13일.
70) 박종규는 예춘호를 불러 최규하 대통령에게 자기에 관한 부정축재 조사청원을 낼 생각이라고 말하면서 당분간 조용히 지내는 것이 좋겠다고 충고했다. 이것이 언제 있었던 일인지 밝히지 않고 있으나 4월 3일 박종규가 편지를 보낸 것으로 보아 3월 말경으로 예측된다. 예춘호,『서울의 봄: 그 많은 사연』, 89쪽.

노력하는 과정에서 발생하는 진통을 사회혼란으로 규정했다. 이어 사회혼란에서 발생하는 위기를 극복한다는 명분으로 비상계엄을 전국으로 확대하는 이른바 5·17조치를 취했다.71) 이 조치를 통해 모든 정치활동을 금지시킨 신군부는 강력한 대통령후보 물망에 올랐던 3김씨를 비롯해서 자신들의 권력장악에 장애가 될 만한 인물들을 사전에 제거하고 국정의 전면에 등장할 수 있었다.

전두환은 10·26 이후 민주화를 빙자한 자유방임적이며 무정부적인 정치과열이 사회의 가치를 뒤흔들면서 끝없는 혼란의 수렁을 확산시키고 있다고 분석했다. 특히 구습에 젖어 있는 정치인들이 국가적 위기 속에서 안보와 민생, 경제안정과 같은 국가유지의 기본과제에 대해서는 아무런 관심을 나타내지 않은 채 권력쟁취에만 급급해 선동과 혹세로 민심을 자극시키는 데 앞장서 혼란을 가중시켰다고 비난했다. 공화당을 비롯한 구여권의 일부는 구체제의 부인에 몰두하면서 자기 모욕적인 처신을 보였고, 신민당을 비롯한 야권은 자파에 유리하기만 하다면 온갖 반안보적·반사회적 언동도 서슴지 않았다는 것이다.72)

그는 또한 대부분의 국민이 '조용하고 착실한 정치발전'을 원하고 '급격한 변화'가 아니라 '안정적인 진화'를 통해 구시대의 유산이 합리적으로 청산되고 그 바탕 위에서 단계적 발전이 이루어지기를 바라고 있는데 반해, 선동정치인의 영향을 받아 노동계와 학원이 사회혼란을 일으켜 정치발전을 저해했다고 분석했다.73) 그는 혼란과 소요사태의 발생을 불순한 정치세력과 연계시키고, 소요사태의 배후로 김대중을 지목했다.

---

71) 신군부는 계속되는 학생들의 시위로 경찰의 소요진압 능력이 한계점에 달했으며, 대학생들의 시위에 고교생과 근로자, 불량배 등 불만세력이 합세할 경우 병력투입이 소요될 것이기 때문에 조치를 취할 필요가 있다고 보았다. 그리하여 희생을 줄이기 위해 시위가 소강상태에 있는 5월 17일 주말을 기해 병력투입을 단행하지 않을 수 없었다고 주장했다. 戒嚴史編輯委員會, 『戒嚴史: 10·26事態와 國難克服』, 124-125쪽.
72) 全斗煥, 『새 歷史와 自主民主國家』, 43-44쪽.
73) 全斗煥, 『새 歷史와 自主民主國家』, 46쪽.

배후에서 김대중이 학생들을 교묘하게 조종해 민중봉기를 일으켜 정권을 탈취하려고 5월 22일을 D데이로 잡기까지 했다는 것이다. 이 때문에 5월 17일 정부는 국무회의를 열고 지역계엄을 전국계엄으로 확대하는 조치를 취하게 됐다고 그는 주장했다.74)

이처럼 신군부가 정치권을 제압하고 국정의 전면에 등장할 수 있었던 것은 기본적으로 그들이 잘 결집돼 있었기 때문이다. 신군부가 권력의 진공상태에서 권력을 잡겠다는 목표 아래 전두환을 중심으로 일사불란하게 뭉쳐 준비작업을 하고 있었던 데 반해, 정치권은 군의 이와 같은 동향에 무감각했을 뿐 아니라 분열돼 있었다.75) 공화당도 내분을 겪고 있었지만, 신군부에 맞서 가장 강력하게 저항할 수 있는 잠재력을 갖고 있던 신민당이 대통령후보 문제를 놓고 내부분열로 기력을 상실하는 바람에 자멸을 재촉한 셈이 됐다. 이로 인해 김영삼과 김대중은 민주주의가 가능할 때 단결하지 못하고 분열함으로써 실현이 가능해 보이던 민주주의가 좌절되는 결과를 초래하고 말았다는 비난을 받았다.76)

신군부집단은 10·26사태 이후 일부 정치인들의 무분별한 언동과 불순세력의 준동으로 사회 모든 분야에서 무질서와 혼란이 가중돼 건국 이래 최대의 위기와 시련에 직면했다고 확신하고, 국가의 안전을 유지하기 위해 부득이 비상계엄 확대조치를 취하지 않을 수 없었다고 주장했다.77) 정치인과 학생들의 자제와 이성회복을 기다리고 있기에는 국가적 위기가 너무 심각하기 때문에, 계엄질서를 강화할 필요가 있어 이 조치가 불가피했다는 것이다. 그러나 신군부 집권 이후의 행태를 볼 때, 5·17조치는 몇몇 정치군인들이 자신의 정치적 욕망을 달성시키기 위한 변명에 불과한 것으로 판명됐다. 그들의 집권 8년은 문자 그대로 폭정과 압정, 부정부패와 부조리의 연속으로 우리의 역사를 크게 후퇴시켰다는

---

74) 全斗煥, 『새 歷史와 自主民主國家』, 52쪽.
75) 이기택, 『호랑이는 굶주려도 풀은 먹지 않는다』, 159-160쪽.
76) 高興門, 『정치현장 40년: 못다 이룬 민주의 꿈』, 295쪽.
77) 國家保衛非常對策委員會, 『國保委白書』(國家保衛非常對策委員會, 1980), 10쪽.

비판에 직면했기 때문이다.[78]

2) 국가보위비상대책위원회 설치

비상계엄의 전국확대 조치에 따라 계엄사령부는 1980년 5월 17일 24시를 기해 일체의 정치활동을 중지시키고, 대학에 대한 휴교와 영장 없는 체포·구금·검색 등을 내용으로 하는 계엄포고령 제10호를 발표했다. 이와 동시에 김종필, 김대중, 이후락 등 26명의 정치인을 권력형 축재와 학생시위 및 노사분규 선동혐의로 연행했으며, 김영삼을 가택 연금하는 등 정치권을 무력화하는 일련의 조치를 취했다. 정치권이 정권 경쟁에 몰두해 내분과 갈등을 반복하고 있는 동안 전열을 정비한 신군부가 전격적으로 권력탈취에 나서 잠재적인 정적의 제거에 나선 것이다.

이와 같은 일련의 조치에 대해 최규하는 특별담화를 통해 일부 정치인과 학생 및 근로자들의 무책임한 경거망동이 혼란과 무질서, 선동과 파괴가 난무하는 무법지대를 만들어 국가가 중대한 위기에 직면해 있다면서, 이러한 상태가 더 이상 계속된다면 국기마저 흔들릴 우려가 없지 않아 단안을 내리게 됐다고 주장했다.[79] 그리고 이미 자제와 화합으로 국가적 시련을 극복하자고 호소한 바 있음에도 불구하고 민주적 기본질서를 부정하고 있기 때문에, 대통령으로서 헌법과 관계법규의 규정에 따라 국가의 기강과 사회안정에 필요한 조치를 취한 것이라고 밝혔다.

그렇지만 일반국민의 생각은 달랐다. 객관적으로 볼 때 계엄을 확대할 이유가 없었다. 이러한 인식에 기초해 5월 18일 광주에서는 5·17조치를 반대하는 시위가 평화적으로 전개됐으나,[80] 이에 대한 군 특수부대

---

78) 金龍泰, 『金龍泰自敍錄』 第2卷, 551쪽.
79) <東亞日報>, 1980년 5월 18일.
80) 광주에서 학생 및 시민들의 민주화운동은 후일 역사적으로 평가돼 결국 신군부의 퇴진과 권위주의 정치문화의 타파 및 사회정의의 실현을 요구하는 변혁의 고리로 연결됐다. 이에 대해서는 최장집, "광주민주항쟁의 영향과 그 변화"(한

요원들의 강경진압은 사상 유례없는 유혈비극을 낳아 사태를 더욱 악화시켰다는 것이었다.[81]

그럼에도 불구하고 신군부는 국가보위비상대책위원회(이하 국보위)를 설치, 사태를 자신들의 권력탈취를 합리화하는 구실로 활용했다. 즉 국가의 존립과 생존을 위태롭게 했던 '광주사태'와 같은 일이 되풀이돼서는 안 되겠다는 판단 아래, 정치·사회·경제적인 혼란을 미연에 방지하고 효율적인 계엄업무를 추진하기 위해 5월 31일 관계법에 따라 대통령의 자문보좌기관으로 설치했다는 것이다.[82] 그리고 이를 통해 전국 비상계엄하에서 행정부와 계엄당국간의 긴밀한 협조체제를 이루고 계엄업무를 효율적으로 추진함으로써 국기를 튼튼히 다지고 누적된 병폐를 과감히 제거할 수 있게 됐다고 주장했다.

신군부가 주장한 긴밀한 협조체제란 기능이 전문화된 방대한 국정을 계엄당국이 단독으로 처리하기 어렵기 때문에 치안과 국방은 계엄사령부가, 행정과 사법업무는 국보위가 각각 관장토록 한다는 것이었다. 신군부는 협조체제가 수립됨으로써 행정부와 계엄사, 국보위가 혼연일체가 된 가운데 국법의 테두리 내에서 국정을 효율적으로 운영하고 일체의 부조리와 사회악을 척결할 수 있게 됐고, 새로운 국가질서와 청신한 사회기풍을 진작하고 국가안보를 보다 공고히 할 수 있는 여건을 조성하게 됐다고 강조했다.[83]

신군부가 조성했다는 새로운 여건이란 정치풍토의 쇄신이었다. 이는

국정치학회 주최 5·18학술심포지엄 발표논문, 1997. 5. 8) 참조.
81) 신군부는 불순 용공분자들과 일부 정치인 추종세력, 그리고 극렬 문제학생들이 유포한 악성 유언비어에 자극된 일부 시민들이 시위에 참가해 진압경찰 및 계엄군과 충돌하는 치안부재의 무법천지가 1주일 이상 지속되는, 정부수립 이후 가장 격렬한 소요사태가 발생하여, 5월 27일 계엄군을 광주로 진입시켜 희생을 최소한으로 줄이면서 사태를 진압했다고 주장했다. 國家保衛非常對策委員會, 『國保委白書』, 13-14쪽.
82) 國家保衛非常對策委員會, 『國保委白書』, 14쪽.
83) 國家保衛非常對策委員會, 『國保委白書』, 17쪽.

국가 비상시국을 초래한 가장 무거운 책임은 기성 정치인에게 있으므로, 이들 부패·비리 정치인을 척결해 정치풍토를 새롭게 한다는 것을 의미했다. 즉 권력형 부정축재자들을 색출해 심화된 국민의 대정부 불신을 불식하고, 정치적 비리와 부정행위자에 대한 조사도 병행해 국민과의 위화감 해소를 위해 노력한다는 것이었다. 이와 동시에 사회안정을 저해하고 학원·노조의 소요를 배후 조종해 사회불안을 가중시켰던 김대중과 그 추종세력을 검거했다고 밝혔다.[84]

5·17조치는 국보위 설치와 함께 유력 정치인들을 정치권에서 퇴출시킴으로써 신군부의 권력장악을 기정사실로 공식화했다. 이처럼 자신이 전면에 나서 권력을 장악한 것임에도 불구하고 전두환은 "위기극복의 주도적 역할을 맡아 온 나에게, 새 역사를 창조할 굳건한 바탕을 마련해야 하는 임무가 부여된 것"[85]이라고 주장했다. 자신의 의사와 관계없이 권력이 주어졌다는 것이다. 그러나 그의 행위는 후일 5·18특별법의 제정으로 역사의 심판을 받아 국헌을 문란케 한 내란행위로 규정됐다.

3) 이중권력구조 형성과 최규하의 하야

국보위의 의장은 대통령이 되고 그 운영은 대통령이 의제를 정해 소집하고 주재하도록 돼 있어[86] 외견상 대통령이 국보위를 장악하고 있는 것처럼 보였다. 그러나 국보위의 위임사항을 심의·조정하기 위해 산하에 상임위원회를 두고, 이 상임위원회가 13개 분과위원회를 통해 분야별 소관사항에 관한 기획·조정·통제업무를 관장하도록 함으로써 구

---

84) 國家保衛非常對策委員會, 『國保委白書』, 33-34쪽.
85) 全斗煥, 『새 歷史와 自主民主國家』, 57쪽.
86) 국보위는 대통령 외에 국무총리, 부총리 겸 경제기획원장관, 외무·내무·법무·국방·문교·문공부장관, 중앙정보부장, 대통령비서실장, 계엄사령관, 합참의장, 각군 참모총장, 보안사령관과 대통령이 임명하는 10인 이내의 위원으로 구성됐다.

조적으로 국보위의 제반 업무 자체를 상임위원장이 통제할 수 있도록 해 놓았다.[87] 국보위 설치를 통해 신군부의 권력탈취를 합법화한 것이라고 할 수 있는데, 이로써 국보위가 정부 밖에서 또 하나의 정부로 기능하는 이중권력구조가 형성됐다.

바로 이러한 구조에 착안해 상임위원장에 취임한 전두환은 국보위의 설치로 국가권력과 통치권위의 중추부가 확고히 수립됨으로써 구정치인이 역사에서 퇴장하게 됐고, 이로 인해 부패와 비리 및 선동, 외세의존 성향, 외래사상에 대한 비주체적 동경경향이 제거되기 시작했다고 주장했던 것이다.[88] 그는 현정부가 과도기에 있다는 이유 때문에 각 분야에서 부조리와 비능률이 만연되고 있으며 무사안일에 빠져 국가의 기본바탕마저 흔들리고 있다고 지적했다. 그리고 이러한 국가적 시련을 극복하고 국가발전의 기틀을 마련하기 위해서는 국가의 안정과 건전한 발전을 저해하는 모든 혼란요인을 배제하는 데 최우선적인 역점을 두어야 한다고 강조했다.[89]

권력 공백상태에 따르는 반국가적·반사회적 현상을 타파하기 위해서는 국보위와 같은 국가권력의 사령탑을 발족시키는 것이 필수적인 과제라는 것이었다. 국보위가 신군부의 집행기관으로서의 위상을 지니고

---

[87] 1980년 5월 27일 대통령령 제9897호로 공포된 '국가보위비상대책위원회 설치령' 제1조는 "대통령을 보좌하고 국가를 보위하기 위한 국책사항을 심의하기 위하여 대통령 소속하에 국가보위비상대책위원회를 설치한다"고 돼 있다. 그러나 30명 이내의 위원으로 구성되는 상임위를 설치해 국보위의 위임사항을 처리하도록 하고, 상임위의 사무를 분장 처리하기 위해 분과위원회를 둘 수 있도록 함으로써 대통령이 지명하는 상임위원장이 사실상 전권을 행사하게 돼 있었다.
[88] 全斗煥,『새 歷史와 自主民主國家』, 57쪽.
[89] 1980년 6월 5일 국보위 상임위원회 분과위원장 및 위원에 대한 훈시에서 전두환은 '용공 내지 사회주의적 정치활동', '권력형 부조리', '부정부패와 권모술수' 등 9가지의 혼란요인 및 사회적 병폐를 들고, 이러한 것들이 깨끗이 시정돼야 민주복지사회의 기틀이 확립될 수 있을 것이라고 주장했다. 훈시 전문은 國家保衛非常對策委員會,『國保委白書』, 225-227쪽 수록.

있음을 나타내는 것이라고 할 수 있다.

출범 이후 국보위는 안보태세 강화, 경제난국 타개, 정치발전 도모, 사회악 일소 등 4대 기본목표를 제시하고, 국가적 비상시국을 초래한 가장 무거운 책임이 기성 정치인에게 있기 때문에 부패·비리 정치인의 척결을 사회정화의 일차적인 작업으로 착수했다고 발표했다. 5·17조치와 동시에 국민의 의혹을 받고 있던 권력형 부정축재자들을 검거한 것도 바로 이러한 이유 때문이라는 것이다. 국보위는 부정축재자들이 정화의지에 순응, 모두 853억여 원의 재산을 국가에 자진 헌납할 것을 다짐했고 모든 공직에서 스스로 사퇴했다고 밝혔다. 이와 동시에 국가발전과 민주정치의 토착화를 위해 제거해야 되는 정치적 비리와 부패행위에 연관됐다는 전직 장관, 여야 중진 국회의원들의 명단을 발표하면서 구시대의 잔재를 일소하고 낡은 질서를 청산함으로써 새롭고 참신한 정치풍토의 기틀을 굳건히 다지게 됐다고 주장했다.[90]

이처럼 당사자들의 반론기회를 박탈하고[91] 국보위의 주장만 일방적으로 발표한 채, 전두환은 국보위의 활동은 국민의 열렬한 지지와 전폭적인 성원을 받았다고 주장했다. 그리고 국보위가 설정한 4대 목표는 "새 사회의 도래와 새 질서의 형성을 확고히 하기 위하여 지속적으로 추구되어야 할 성질의 것"[92]이라고 단언함으로써 정당구도를 재편하고 신군부가 중심이 된 새로운 권력구조를 구축할 것임을 분명히 했다.

정당구도 재편이라는 신군부의 의도가 최초로 가시적으로 나타난 것

---

90) 이들의 명단 및 혐의내역은 國家保衛非常對策委員會, 『國保委白書』, 32-33쪽.
91) 金鍾泌의 한 측근은 국익과 좋은 목적을 위해 남에게 해를 끼치지 않는 한에서 협조받은 것을 부정축재로 낙인찍는 것은 인격을 매도하는 지나친 형벌이라고 신군부를 비판했다. 金永雄, 『雲庭 金鍾泌의 어제와 오늘』, 93-97쪽 참조. 당시 신군부에 의해 정치비리·부패 등 국가기강을 문란케 했다고 발표된 金龍泰·崔烱佑·金東英도 자신들의 회고록에서 혐의사실을 모두 부인했으며, 불순세력과 내통해 시위와 폭력을 조장하고 민중봉기로 정권을 탈취하려 했다고 발표된 金大中도 후일 혐의사실을 부인했다.
92) 全斗煥, 『새 歷史와 自主民主國家』, 61쪽.

은 김종필의 공화당 총재직 사퇴였다. 1980년 6월 24일 공화당 탈당계와 함께 총재직 사퇴서를 우송함으로써 정당구도 재편의 신호탄을 올렸다. 김종필에 이어 8월 13일에는 김영삼 신민당 총재가 야당총재로서 소임을 다하지 못한 모든 책임을 지고 정계에서 은퇴한다는 성명을 발표했다.[93] 김대중의 구속에 이어 김종필과 김영삼 두 사람의 정계은퇴가 발표됨으로써 기존 정당구도에 대한 해체작업이 본격적으로 이루어지고 있음이 드러났다.

정치권의 교체와 궤를 같이해 8월 16일에는 최규하의 대통령직 사임 성명이 발표됐다. 성명에서 그는 국보위가 효율적으로 기능을 발휘해 정치·사회풍토의 정화와 서정의 개혁과 쇄신 등 국가기강을 확립하고 있으며 정부와 계엄군당국도 제반 임무와 시책을 착실하게 집행하고 있다고 치하하고, 국가적 위기를 극복하고 질서와 안정을 되찾은 시점에서 국가발전을 위한 재도약을 설계해야 할 전환기라고 주장했다. 그는 이러한 인식하에서 불신풍조를 없애고 국민 모두가 심기일전해 화합과 단결을 다지며, 시대적 요청에 따라 새로운 사회를 건설하는 역사적 전기를 마련하기 위해 대통령직에서 물러나기로 했다고 발표했다.[94]

최규하의 사임으로 대통령권한대행을 맡게 된 국무총리서리 박충훈

---

[93] 김영삼은 정치지도자로서 광주의 불행을 막지 못한 책임을 통렬히 느꼈고 야당총재의 자리를 유지하고 있는 것 자체가 죄악이라는 생각이 들었다고 말하고, 총재직을 사임하고 정계를 은퇴하는 것이 국민에 대한 사죄의 뜻이자 쿠데타에 대한 저항의사를 나타낼 수 있는 유일한 수단이라는 생각이 들어 은퇴성명을 낸 것이라고 주장했다. 김영삼, 『김영삼회고록』 2, 206쪽. 이에 대해 김옥두는 1980년 7월 30일 전두환의 지시를 받은 보안사 대공처장 이학봉이 정계은퇴를 종용해 이뤄진 것으로 기록하고 있다. 김옥두, 『다시 김대중을 위하여』, 248쪽.

[94] 대통령직 사임에 대해 최규하 자신은 역사적 전환기를 마련하기 위해 임기 전이라도 대국적 견지에서 평화적 정권교체의 선례를 남기는 것이라고 의미를 부여했다(玄石崔圭夏大統領八旬記念文集發刊委員會, 『玄石片貌』, 226쪽). 전두환도 과도기적 상황을 단축시킴으로써 국민적 염원인 '민주복지국가'의 창조를 앞당기려는 뜻에서 용퇴를 단행한 것으로 국내외에 깊은 감명을 주었다고 높이 평가했다. 全斗煥, 『새 歷史와 自主民主國家』, 62쪽.

은 국가원수의 궐위기간을 최소한으로 단축시켜 영도자의 공백에서 오는 혼란과 국가기능의 정체를 막겠다고 밝히고, 이를 위해 "현행법 절차에 따라 빠른 시일 내에 새 국가지도자를 선출"할 것임을 밝혔다. 철폐됐어야 할 유신헌법의 진가가 다시 한번 발휘되는 순간이었다. 이로써 국보위 설립과 동시에 형성됐던 이원적 권력구조가 해체되고 전두환을 정점으로 하는 단일적인 권력구조가 형성되게 됐다.[95]

6. 맺 음 말

10·26사태는 국민의 민주역량이 성장함에 따라 권위주의적인 정당구도가 더 이상 작동될 수 없다는 것을 분명히 보여준 하나의 사건이었다. 민주적인 절차와 관행을 무시한 채 정권연장에만 급급했던 박정희의 피살로 민주화는 어느 누구도 거스를 수 없는 추세로 받아들여졌고, 이에 따라 정치권도 유신체제의 해체를 당연한 것으로 여기고 변화의 모색에 나섰다.

여야관계를 떠나 기존 정치제도와 정당구도가 국민의 의사를 반영할 수 없다는 데 정치권이 인식을 같이한 것이다. 그러나 이 과정에서 정치권이 통합을 이루지 못하고 분열을 거듭하는 바람에 신군부집단에게 권력을 탈취당하는 일이 발생했다.

정치권 전체의 통합은 제쳐놓더라도 여야 각 진영이 내부적으로 통합

---

[95] 김영삼은 최규하가 실권이 없었다고 지적하고 그의 사임으로 신군부의 '추악한 집권 시나리오'는 완성됐다고 주장했다. 김영삼, 『김영삼회고록』 2, 207쪽. 최규하의 사임에 대해 전두환은 군에서 최규하를 대통령으로 밀어 대통령에 취임했으나, 9개월을 하고 보니 군에 대해서 모르는 데다 경제가 망해 가고 있었기 때문에 도저히 못하겠으니 자신더러 하라고 해서 취임한 것이라고 주장했다. 金聲翊, 『全斗煥 육성증언』(朝鮮日報社, 1992), 531쪽.

을 이루기만 했더라도 사태는 달라졌을 텐데, 그렇지 못함으로써 스스로 몰락을 재촉하고 만 것이다.96) 여권의 경우 공화당과 유정회로 양분돼 있는 상태인 데다 공화당마저 내분에 휩싸여 원내 제1당으로서의 역량을 발휘할 수 없었다. 총재로 선출된 김종필을 중심으로 당의 결속이 이루어지지 않았기 때문이다. 통합을 이루지 못하기는 야권도 마찬가지였다. 김영삼과 김대중이 제각기 갈라서는 바람에 신민당이 두 동강이로 나누어지는 사태가 일어났고, 이로 인해 재야세력마저 둘로 나누어져 어느 편도 정국을 주도해 나갈 수 있는 진용을 갖출 수 없었다.97)

기성 정치권이 이처럼 내분과 갈등으로 역량을 집결하지 못하고 있는 것과는 반대로, 신군부집단은 전두환을 중심으로 굳게 결집돼 있었다. 기득권을 유지하려는 수구집단을 포함해 동원 가능한 모든 역량을 결속해 놓고 권력탈취의 기회만 노리고 있었던 것이다. 한국정치의 특징인 '위기와 통합의 정치'가 그대로 나타날 수밖에 없는 상황이 또다시 도래한 것이다. 12·12 이후 신군부의 권력탈취가 예견되고 있었음에도 불구하고 정치권이 이를 저지하지 못한 것은 바로 이러한 이유 때문이었다. 사분오열된 정치권이 통합된 신군부집단을 상대로 권력투쟁을 벌인다는 것 자체가 무리였던 것이다.98)

---

96) 이는 집권세력이 내부분열로 무력화되고 반유신세력도 분열된 일종의 권력 진공상태에서 조직된 세력이라고는 군밖에 없어 자연스럽게 군이 권력의 진공을 메우게 됐다는 주장을 보더라도 알 수 있다. 허화평, 『굽은 길도 바로 간다』(새로운 사람들, 1989), 68쪽.

97) 이 때문에 아무런 전제조건 없이 야당이 통합해 대선태세를 갖추고 당내경선으로 후보를 결정하자는 방안이 다른 계파에 의해 받아들여졌더라면 신군부에게 쿠데타의 빌미와 시간적 여유를 안 줄 수도 있었고, 설사 신군부가 무모하게 정권을 잡는다고 하더라도 단시일 내에 민주화가 이루어졌을 것이라는 주장이 설득력을 갖는 것이다. 서석재, 『영원한 촌놈』, 170쪽.

98) 전두환은 민정당 간부와 만난 자리에서 10·26 이후 공화당과 유정회가 최규하 대통령을 굳게 뒷받침했으면 군이 거사를 했겠느냐고 반문했다. 공화당과 유정회가 대통령을 뒷받침하지 않고 따로 놀고, 최규하도 따로 놀아 신군부가 권력을 잡게 되었다는 것이다. 남재희, 『언론·정치 풍속사』(민음사, 2004), 144쪽.

신군부의 의도가 심상치 않음을 느낀 야권은 위기극복을 위해 통합에 나섰다. 분열된 상태로는 권력투쟁에서 승리할 수 없다는 것을 뒤늦게나마 깨달은 결과였다. 그러나 신군부측의 전격적인 행동으로 야권은 물론 정치권 전체가 나락에 떨어져 부패하고 무능한 집단으로 매도되고 말았다. 1980년 5월 17일의 일이었다. 이처럼 기성 정치권의 분열을 기화로 신군부집단이 권력탈취에 나섬으로써 한국의 정당구도는 '위기와 통합의 정치' 속에서 또다시 재편되는 길에 접어들게 된다.

| 제 7 장 |

전두환정부하의 정당구도 분석

1. 머리말

최규하의 대통령직 사퇴로 명실상부하게 정치권력을 장악한 신군부는 전면적인 정당구도 개편에 나섰다. 자신들의 권력장악을 합리화하고 이를 제도적으로 보장하기 위해서였다. 정당구도 개편에서 신군부가 목표로 한 것은 자신들의 집권을 영속화하는 패권정당제의 수립과 정착이었다. 자신들이 창당해 패권을 장악한 거대정당 주위에 작은 규모의 정당 설립을 허용함으로써 외형적으로는 정당 다원주의를 지향했으나, 실질적으로는 정당간 경쟁이 제한되는 제도를 정착시키려고 한 것이다.

그러나 이와 같은 신군부의 의도는 4년 만에 좌절되고 만다. 분열됐던 야권이 통합, 국민의 지지를 얻는 데 성공했기 때문이다. 이 바람에 정국은 신군부의 의도와는 다른 방향으로 전개될 수밖에 없었다. 야당의 반대는 물론이고 국민적 저항에 봉착해 신군부로서는 원래의 목표를 수정하지 않으면 안 되게 됐기 때문이다. 이로써 '위기와 통합'이라는 한국정치의 기본가설은 다시 한번 입증된다고 할 수 있다. 위기에 처한 정당이 통합에 성공할 경우 위기를 극복할 수 있다는 가설은 신군부가 집권한 시기에도 그대로 적용됐기 때문이다. 분열을 거듭하던 야권이 통합을 이루었기 때문에, 정치권 주변부에서 위성정당으로 구조화되는 위기를 타개할 수 있었던 것이다.

야당의 통합과 위기극복은 여당의 위기로 직접 연결될 수밖에 없었는데, 여기서 위기에 처한 여당을 구출해 준 것은 다름이 아닌 야당이었다. 야당이 통합된 상태를 유지하지 못하고 다시 분열의 길로 접어들었기 때문이다. 당시 12·12사태와 5·17조치를 겪었던 야당 지도자들은 분열은 위기로 통하는 지름길이라는 것을 경험적으로 알고 있었다. 이러한 경험 덕분에 통합을 이루었고 위기를 극복할 수 있었다. 그럼에도 불구하고 이들은 위기를 극복한 후에는 통합을 유지하려고 노력하는 대신 분열의 기회만 엿보고 있었다.

결국 13대 대통령선거를 앞두고 야당은 분열되고 말았는데, 이로 인해 야권은 대선에서 패배하게 된다. 분열이 초래한 당연한 결과였고 '통합과 위기의 정치'가 반복되는 순간이었다. 그러나 문제는 야권의 분열이 선거패배와 위기만 낳은 것이 아니라, 지역분열이라는 치유하기 어려운 균열구도를 초래했다는 사실이다. 과거와 달리 야권의 분열이 지역분열로 이어져 모든 선거이슈가 지역문제로 치환되는 구조를 만들어 놓은 것이다.

이로 인해 한국정치는 새로운 균열구도에 처하게 된다. 여권 또는 야권의 내부분열과 지역분열이 겹치는 현상이 나타난 것이다. 이로 인해 '위기와 통합의 정치'도 새로운 양상으로 나타나게 된다. 즉 여야의 대결이 지역대결의 양상으로 전개돼 '위기와 통합'은 지역간의 통합 또는 분열이라는 의미를 지니게 된 것이다. 이처럼 전두환정부하의 정당구도는 정치세력의 통합과 분열양상이 지역의 통합 및 분열양상과 중복되는 측면도 있어 종합적인 분석이 요구된다.

2. 개헌과 정당구도 개편

최규하의 뒤를 이어 대통령에 취임한 전두환은 정부 주도로 추진되던 개헌작업을 마무리해서 공포하고, 국회를 대신해 입법기능을 담당할 국가보위입법회의(이하 입법회의)를 설치했다. 신군부의 권력유지에 필요한 법률을 제정하기 위해서였다. 이 중에는 정치인의 공민권을 제한하는 내용의 법률도 포함돼 있었는데, 이는 여러 측면에서 5·16 이후 기성 정치인의 정치활동을 규제했던 군부의 조치를 그대로 답습한 것이라고 할 수 있다.

1) 전두환의 대통령 취임과 헌법개정

(1) 전두환의 11대 대통령 취임

1980년 8월 27일 통일주체국민회의(이하 국민회의)는 공석이 된 대통령 선출을 위한 보궐선거를 실시했다. 이는 대통령 궐위시에는 3개월 이내에 후임자를 뽑도록 한 유신헌법의 규정에 따른 것인데, 국민회의는 단독으로 등록한 전두환 후보를 11대 대통령으로 선출했다.[1] 전두환의 대통령 취임으로 신군부의 권력장악은 완성단계에 들어선 반면, 분열됐던 기존 정치권은 해체돼 또다시 이합집산을 반복하며 '위기와 통합의 정치'를 답습하게 된다.

전두환은 대통령 입후보와 정권수임이 사전에 계획된 것이 아니며 꿈에도 생각해 보지 못한 일이라고 주장했다. 단지 10·26사태 이후 전개된 망국적인 혼란 속에서 불의 타도와 국가적 위기극복이라는 군인에게 맡겨진 임무에 충실한 결과, 국정 최고책임자의 지위에 오르게 됐다는 것이다.[2] 자신은 위기에 처한 국가와 민족을 신명을 다 바쳐 구해야 한다는 군인정신으로 일관했을 뿐, 사심이라고는 추호도 없었다는 주장이다.

1980년 9월 1일의 취임사에서 전두환은 선동, 비리, 파쟁, 권모, 사술, 부정부패 등과 같은 정치작태에 대해 책임을 져야 할 상당수의 구정치인들을 정리했으며, 이외에도 폐습에 물든 정치인들에게는 정치를 맡길

---

1) 이날 재적 대의원 2,535명 중 2,525명이 출석한 가운데 실시된 선거에서 전두환은 2,524표(무효 1표)를 얻어 대통령에 당선됐다.
2) 全斗煥,『새 歷史와 自主民族國家』(乙酉文化社, 1981), 63쪽.

수 없다는 것이 자신의 소신이라고 밝혔다.3) 이와 같은 소신을 밝힌 배경에는 정치인과 학생이 나라 전체를 돌이킬 수 없는 파국으로 몰고 가는 상황에서 이들의 자제와 이성회복을 기다리기에는 국가적 위기가 너무나도 심각하다는 생각이 깔려 있었다.

이를 구체화하는 작업의 일환으로 그는 국가보위비상대책위원회(이하 국보위)를 설치해 구시대적 지도층을 역사의 무대에서 퇴장시켰으며, 이를 계기로 새로운 가치관을 갖고 있는 청렴하고 양심적인 인사들이 새시대 창조의 역군으로 등장하게 됐다고 주장했다.4) 이처럼 전두환은 정계개편과 세대교체의 불가피성을 역설했는데, 그로서는 극단적인 대립으로 정국을 불안하게 했던 정치적 이견이 정계개편과 세대교체를 통해 중화될 수 있으리라고 생각했기 때문이다. 이에 따라 취임과 동시에 그는 5공화국의 순조로운 출범을 위한 기반구축에 전념했다고 단언했는데, 머지않아 이는 정치풍토쇄신법의 제정 등으로 나타났다.

이와 같이 신군부는 자신들의 집권이 5·16처럼 면밀한 사전계획에 의한 것이 아니라 파국에 처한 나라를 구하기 위한 구국적 결단에서 나온 것이라고 공세적인 논리를 펼쳤다. 그러나 민주화운동이 전개되면서 공세적 논리는 수세적 논리로 변질된다. 자연스러운 현상은 아니지만, 12·12사태에서 제5공화국 출범까지를 쿠데타의 한 과정으로 보는 것은 합당하지 않다는 식의 변명으로 바뀐 것이다.5)

---

3) 全斗煥,『새 歷史와 自主民族國家』, 250쪽.
4) 全斗煥,『새 歷史와 自主民族國家』, 57쪽.
5) 허삼수,『나의 진실』(해냄출판사, 1988), 29쪽. 신군부의 핵심인물 중 한 사람이었던 허화평도 후일 5공정권의 탄생은 자연스러운 것은 아니지만, 국민이 불가피하게 받아들인 것이라고 평가했다. 허화평,『굽은 길도 바로 간다』(새로운 사람들, 1999), 184쪽. 신군부의 이와 같은 논리의 전환과는 별도로 김영삼은 이들의 집권이 신군부의 '추악한 집권시나리오'의 완성이라고 주장했다. 김영삼,『김영삼회고록』2(백산서당, 2000), 207쪽. 한편 金龍泰는 전두환정권을 처음부터 태어나서는 안 될 기형정권이라고 평가했다. 金龍泰,『金龍泰自敍錄』第2卷(集文堂, 1990), 551쪽.

(2) 헌법개정

취임사에서 전두환은 최규하가 보여준 평화적 정권이양의 모범에 대해 깊은 감명을 받았다고 말하고, 민주주의를 토착화하기 위해 헌법절차에 의한 평화적 정권교체의 전통을 반드시 확립할 것이라고 다짐했다. 자신은 내가 아니면 안 된다는 독선적 발상과 아집은 갖고 있지 않으며, 임기가 끝나면 선선히 물러나 무슨 일이 있어도 정권의 평화적 교체만은 기필코 실현시켜 놓고야 말겠다고 주장했다.6) 그리하여 단임제 규정을 비롯해서 신군부가 취한 제반 조치를 합법화하는 조항을 담는 방향으로 헌법의 개정에 나섰다.

헌정사상 8번째로 개정된 헌법초안은 1980년 10월 22일 국민투표에 의해 확정돼 10월 27일 공포됐다. 헌법 공포에 즈음한 담화에서 전두환은 유신헌법은 역사 속으로 사라졌으며, 유신헌법 아래 파생됐던 모든 갈등과 모순도 역사의 물결에 흘려보내야 한다고 주장했다. 그리고 지금까지는 대통령의 장기집권을 가능하게 하는 방향으로 자의적인 개헌이 이루어져 평화적 정권교체의 길이 차단됐다고 비판한 다음, 평화적 정권교체를 요구하는 국민의 염원을 담아 새 헌법을 만들었기 때문에 앞으로 다시는 비생산적인 정쟁과 비리로 귀중한 국가적 정력을 소모하는 일이 없게 됐다고 선언했다.7) 그는 또한 지난날 분열과 반목의 근원이 됐던 모든 쟁점이 새 헌법조문에서 자취를 감추게 됐다고 주장했으나, 8차 개정헌법 역시 문제점이 적지 않았다.

첫째, 8차 개정헌법도 유신헌법과 마찬가지로 대통령간선제를 채택하고 있다는 점을 들 수 있다. 1980년 8월 11일 전두환은 국보위 상임위원장 신분으로 한 회견에서 간선제가 종전 국민회의의 선출방식처럼 특정 후보에 대한 신임투표 같은 것이어서는 국민의 의사를 효율적으로 반영하기 어려울 것이라고 말하면서도, 부작용 때문에 직선제는 피할 것임

---

6) 全斗煥, 『새 歷史와 自主民族國家』, 65쪽.
7) 全斗煥, 『새 歷史와 自主民族國家』, 257쪽.

을 암시했었다. 그 대신 여러 후보가 자유롭게 경쟁해 국민의 의사가 제대로 선거에 반영되게 하는 장치가 마련돼야 한다고 밝혔는데,8) 비록 간선이지만 미국처럼 직선제와 같은 효과를 내도록 하겠다는 것이었다. 이러한 의도를 반영해 새 헌법에는 국민회의를 폐지하는 대신 대통령선거인단을 두어, 선거인단이 정당의 추천을 받은 후보 중에서 대통령을 뽑도록 했다. 이처럼 신군부가 유신헌법의 핵심이라고 해도 과언이 아닌 대통령간선제를 그대로 둔 것은 직선제로는 승리할 수 없다는 것을 시인했기 때문인데,9) 바로 이 점에서 국민적 지지와는 거리가 먼 정권이 출범한 것이라고 할 수 있다.

둘째, 새 헌법의 발효와 동시에 국회를 해산하고 국회의 기능을 대신할 기관으로 입법회의를 설치한 것을 들 수 있다. 국민이 직접 선출한 국민의 대표가 아닌 사람들로 구성된 기관이 입법기능을 수행하도록 한 것은 5·16 직후의 국가재건최고회의와 10월유신 직후의 비상국무회의에 이어 사상 세 번째였는데, 이를 통해 신군부는 자신이 의도하는 대로 법률을 제정할 수 있었다. 입법회의는 각계의 학식과 덕망이 있는 인사 중에서 대통령이 임명한 사람들로 구성한다고 돼 있었지만, 다수가 국보위 출신이거나 신군부와 관련을 맺고 있던 사람들이어서 신군부의 이익을 대변하는 집단에 불과했다. 그리고 입법회의가 제정한 법률과 이에 따른 재판, 예산 및 기타의 처분 등은 효력이 지속되며 헌법이나 기타의 이유로 제소하거나 이의를 제기할 수 없다는 규정을 헌법 부칙에 두어 자신들이 한 행위에 대해서 사실상의 면책특권을 부여해 놓았다.10) 자

---

8) 國家保衛非常對策委員會, 『國保委白書』(國家保衛非常對策委員會, 1980), 236쪽.
9) 허삼수는 당시 신군부 내에 자신을 포함해 5공의 출범은 온 국민이 한결같이 소망하는 대통령직선제로부터 출발해야 한다는 생각에서 직선제를 주장하는 사람도 있었지만, 이에 회의적인 사람이 더 많아 간선제가 됐다고 기록하고 있다. 허삼수, 『나의 진실』, 36-37쪽.
10) 이처럼 국민의 의사를 수렴하는 개헌이 아니라 권력을 장악한 군부가 권력을 유지하고 정당화하기 위한 사후수단으로 헌법을 이용했기 때문에 유신헌법과 마찬가지로 5공 헌법은 정당성의 위기에 빠진 것으로 분석되고 있다. 김태일,

신들의 자의적인 권력행사를 합법화하는 조치를 규정해 놓고서도 신군부는 새 헌법 출범으로 민주복지국가를 이룩하기 위한 굳건한 기초를 마련했다고 자부했다.[11]

셋째, 새 헌법이 소급입법이 가능하도록 함으로써 공민권을 부당하게 제한한 점을 들 수 있다.[12] 신군부가 이처럼 정치인들의 공민권을 제한하는 조치를 취한 것은 5·16 이후 군부가 참신한 정치풍토를 확립한다는 구실로 정치활동정화법을 제정한 선례를 따른 것이었다. 정치활동 규제의 구실로 신군부는 정치풍토 쇄신과 도의정치 구현을 내세웠다. 새 헌법 시행 이전의 정치적·사회적 부패나 혼란에 현저한 책임이 있는 정치인의 정치활동을 규제한다는 전형적인 소급입법이었다. 그러나 정치활동 규제의 근본적인 목적은 기성 정치인 중에서 신군부의 집권에 방해가 되는 정치인을 선별적으로 배제하기 위한 것이었음을 알 수 있다. 이는 규제를 받지 않은 야당 정치인들이 후일 신군부가 주도하는 정당에 참여하거나 위성정당의 창당에 앞장섰다는 데서 극명하게 나타났다. 그리고 신군부에 협조하려 하지 않는 야당 정치인들을 회유하기 위해 온갖 수단과 방법을 동원한 데서도 극명하게 나타났다.[13]

넷째, 기존 정당을 해산하고 국가가 정당의 운영에 필요한 자금을 보조할 수 있도록 한 점이다. 새로운 정치질서의 확립을 기한다는 명목에서 새 헌법은 기존 정당을 해산하면서도 다른 한편으로는 정당에 보조금을 지급할 수 있도록 하는 규정을 두었는데, 이는 상호 모순되는 조치가 아닐 수 없다. 기존 정당을 해산시키면서 정당을 육성하겠다는 것은

"제4공화국과 제5공화국 헌법 비교," 한국정치외교사학회 엮음, 『한국정치와 헌정사』(한울, 2001), 334쪽.

11) 全斗煥, 『새 歷史와 自主民族國家』, 257쪽.
12) 헌법 제6조 4항의 소급입법 조항은 다음과 같다. "國家保衛立法會議는 政治風土의 刷新과 道義政治의 具現을 위하여 이 憲法 施行日 以前의 政治的 또는 社會的 腐敗나 混亂에 현저한 責任이 있는 者에 대한 政治活動을 規制하는 法律을 制定할 수 있다."
13) 최형우, 『더 넓은 가슴으로 내일을』(깊은사랑, 1993), 259-262쪽.

신군부가 중심이 되는 정당구도를 정착시키겠다는 뜻으로 풀이될 수밖에 없기 때문이다. 이러한 의도는 기존 정당의 해산에 이어 정당의 설립을 용이하게 하고 유사명칭의 사용을 금지한 조치에서 그대로 나타났다. 해산된 정당의 명칭과 같은 명칭을 사용하지 못하게 함으로써 유권자로 하여금 기존 정당에 대한 지지를 철회하게 하고 신군부가 창당한 정당과 위성정당을 지지하도록 유도하려는 것이었다. 그리고 이에 대한 물질적 보상의 차원에서 '정치자금에 관한 법률'(이하 정치자금법)을 개정, 위성정당에 국고보조금을 지급했다.14)

정치적으로 이러한 문제점을 지닌 헌법을 마련했음에도 불구하고 신군부는 민주화에 영원히 지워지지 않을 큰 발자취를 남겼다고 자부했다. 잘못한 점도 없지는 않지만 얼룩진 현대사에 최초로 평화적 정권이양이라는 소망스러운 전통을 뿌리내렸기 때문에 이 점에 대해서는 정당하게 평가해야 한다는 것이었다.15)

2) 국가보위입법회의 설치

신군부는 헌법의 부칙 제6조에 각계의 대표로 입법회의를 구성해 국회가 소집될 때까지 존속한다고 규정해 놓았다. 이는 법적인 조치를 통해 자신들의 집권을 공고히 하기 위한 것이었는데, 입법회의는 출범부터 구성과 운영에 이르기까지 기형적으로 이루어진 문제 투성이의 기관이었다.

우선 입법회의법 자체가 마련되지 않은 상황에서 먼저 22명의 입법의원을 임명해 놓은 다음 이들로 하여금 입법회의법을 심의·통과시키도록 함으로써 최소한 법률로서 갖추어야 할 형식적 요건마저 갖추지 않았다는 것을 들 수 있다. 이러한 미비점을 보완하기 위해 부칙에 경과조

---

14) 국고보조금의 문제점에 관해서는 심지연, "정치자금제도의 개선방안," 『한국정당학회보』 2권 1호(2003년 1월), 260-264쪽 참조.

15) 허삼수, 『나의 진실』, 35쪽.

치 규정을 두기는 했지만,16) 적어도 "50인 이상 100인 이내의 의원으로 구성한다"는 요건은 지켜야 했다. 이처럼 자의적으로 법을 만들어 놓고도 이를 지키지 않아 신군부는 출발부터 도덕성과는 거리가 먼 집단이라는 인상을 지우기 어려웠다. 뿐만 아니라 1980년 10월 28일 임명된 81명 중 국보위 출신이 10명이나 돼 "각계의 대표자로 구성"한다는 취지를 무색하게 만들었다.17)

입법회의는 1980년 10월 29일 개회한 후 1981년 4월 10일 폐회하기까지 189건의 법률안을 처리했다. 이 중 정치풍토 쇄신에 관한 특별조치법을 비롯해서 정당법, 정치자금법, 대통령선거법, 국회의원선거법 등 정치와 관계되는 법률이 8건이나 됐는데, 신군부가 이와 같이 법률을 제정하거나 개정한 것은 정당구도를 개편해 자신들이 장악한 권력에 대한 도전을 용납하지 않겠다는 것을 의미했다.

이들이 첫 번째로 개정에 나선 것은 대통령선거법이었다. 그러나 비판의 대상이었던 간선제는 그대로 두고, 선거인의 명칭을 통일주체국민회의에서 대통령선거인단으로 바꾸고 선거인의 숫자를 늘리는 데 그치고 말았다. 이처럼 국민이 대통령선거인을 선거하고 이들 대통령선거인이 대통령을 선출하는 간접선거임에도 불구하고, 제안설명에서는 직접선거와 하등 다를 바 없다는 논리가 전개됐다. 대통령선거인이 이미 특정 후보에 대한 지지를 선언하고 출마하기 때문에 직선과 마찬가지이며, 많은 사람이 한 장소에 모이는 것이 경제적으로 비능률적이라고 판단되기 때문에 지역단위로 나누어서 투·개표를 하도록 한 데 불과하다는 것이었다.18)

---

16) 입법회의법 부칙 제3조(경과조치)는 다음과 같다. "이 法 施行當時의 國家保衛立法會議는 이 法에 의해 設置된 것으로 보며, 이 法 施行當時의 議員은 이 法에 의한 議員의 任命日 前日까지 그 地位를 가진다."

17) 81명의 구성을 보면 정계 20명, 경제계 3명, 학계 13명, 법조계 8명, 종교계 8명, 여성 4명, 노동계 1명, 언론계 3명, 향군 대표 2명, 국보위 대표 10명, 문화사회 등 9명으로 국보위 출신이 12.3%를 차지했다.

대통령선거법에 이어 국회의원선거법도 개정됐는데, 이 역시 신군부에게 유리한 방향으로 이루어졌다. 가장 전형적인 것은 모든 선거구에서 획일적으로 2명의 의원을 뽑는 1구2인제의 유지와 비례대표제의 부활이었다. 유신체제의 골격 중 하나인 1구2인제는 처음부터 지역구 의석의 절반 정도는 여당이 차지하려는 의도에서 고안한 것이었다. 야권이 분열되면 그 반사이익으로 여당후보는 당선이 보장된 것이나 마찬가지였기 때문이다.

지역구 선거가 야권의 분열을 조장하고 여야의 동반당선을 보장하는 의도가 들어 있는 것이라고 한다면, 비례대표제의 부활은 여당이 과반수 의석을 확보하려는 의도가 숨어 있는 것이라고 할 수 있다. 득표비율에 따라 배분되는 전국구 의석의 3분의 2를 제1당이 차지하게 해 놓아 제1당은 자동적으로 전체의석의 과반수 이상을 점유할 수 있게 돼 있기 때문이다. 신군부 주도의 정국안정이라는 기본방향을 설정해 놓고[19] 이에 부합되는 선거제도를 만든 결과였다. 이로 인해 정당의 득표율과 의석점유율간에 차이가 발생, 유권자의 의사가 선거결과에 제대로 반영되지 못하는 왜곡효과가 크게 나타났다.[20]

신군부는 한편으로는 입법회의를 통해 대통령선거법과 국회의원선거법을 개정하면서 다른 한편으로는 정당구도의 개편에 나섰다.[21] 대통령

---

18) 國會事務處, 『國家保衛立法會議』(國會事務處, 1995), 104쪽.
19) 신군부는 선거법개정의 기본방향을 공명선거의 제도적 보장, 과열·타락선거의 방지, 정국의 안정확보, 유능한 인사의 국회진출 기회확대, 그리고 공명선거 보장으로 민주정치 발전에 기여하는 것이라고 보고했다. 國家保衛立法會議 事務處, 『國家保衛立法會議 選擧法等 政治關係法特別委員會 會議錄』 第9號(1981. 1. 22), 1쪽.
20) 선거제도의 왜곡효과에 관해서는 심지연·김민전, "선거제도 변화의 전략적 의도와 결과," 『한국정치학회보』 36집 1호(2002년 봄), 152-154쪽 참조.
21) 개정된 대통령선거법과 국회의원선거법이 여러 가지 많은 문제점을 갖고 있었음에도 불구하고 국회사무처는 민주정치의 발전에 기여하고 국민의 의사에 따른 공정선거를 보장했다고 평가했다. 國會事務處, 『國家保衛立法會議 史料』(國會

당선이 확실하고 원내 안정의석 확보가 가능한 제도를 영속화하기 위해서는 자신들에 대한 도전이 원천적으로 불가능한 구도를 만들어야 했는데, 이와 같은 구도는 정당의 역학관계에 크게 좌우되기 때문이다. 여기에서 신군부가 일차적으로 취한 조치는 새로운 정치질서를 확립한다는 구실로 한 기존 정당의 해산이었다. 정당의 해산은 국가적 위기 속에서 기존 정당이 권력쟁취에만 급급해 정상배 집단처럼 행동했다는 분석에 따른 것이었다.22)

3) 정당구도 개편시도

정당해산에 뒤이어 신군부가 내세운 것은 정치풍토 개혁이었다. 이는 기성 정치인에 대한 불신에서 나온 것이었는데, 여기서 신군부가 지향한 것은 타협과 협조의 정치였다. 타협과 협조로 극한투쟁으로 흐르기 일쑤이고 흥정과 야합이 횡행하는 기성정치의 병폐를 없애야 한다는 것이었다. 이를 실현하기 위한 방안으로 신군부가 제시한 것은 다당제에 입각한 의회정치였다. 다당제에도 결함이 없는 것은 아니지만, 양당제에 따른 극한투쟁과 극한대립의 중화·조절역할을 수행하는 이점을 십분 발휘할 수 있으며, 유권자로 하여금 선택을 용이하게 하고 여론의 변화를 보다 정확하게 반영할 수 있는 장점을 가지고 있다는 것이었다.23)

신군부가 대외적으로 표방한 새로운 정치질서의 확립이나 타협과 협조의 정치라는 선전구호 뒤에는 이처럼 다당제로 정당구도를 개편하려

事務處, 1995), 101 및 126쪽.
22) 全斗煥은 민주공화당을 포함한 구여권의 일부는 유신체제 부인에 몰두하는 자기 모욕적인 처신을 보였으며, 신민당을 비롯한 야권은 자파에게 유리하기만 하다면 온갖 반안보적·반사회적 언동도 서슴지 않아 정국의 불안정과 사회적 혼란을 조성하는 등 기존 정당이 정치적 지도력을 발휘하지 못했다고 비난했다. 全斗煥,『새 歷史와 自主民族國家』, 43-44쪽.
23) 全斗煥,『새 歷史와 自主民族國家』, 112-113쪽.

는 의도가 내포돼 있었다. 이들은 다당제가 붕당의 확산을 가져오기 쉽고 국론의 결집에 어려움을 초래할 수도 있으나, 이러한 결함은 대통령중심제의 권력구조에 의해 보완될 수 있다고 보았다. 이와 같은 판단에서 신군부는 다당제 도입에 나섰고, 이를 위한 기반조성 작업의 일환으로 정치풍토쇄신법 제정과 정당법 및 정치자금법 개정에 착수했다.

(1) 정치풍토쇄신법 제정

신군부는 새로운 양심적인 세대의 등장을 위해서는 구시대 지도층의 퇴장이 불가피하다고 보고, 이를 제도화하는 방안으로 '정치풍토 쇄신을 위한 특별조치법'(이하 정치풍토쇄신법) 제정에 착수했다. 입법회의 법제사법위원회는 이 법안의 심의를 성격상 비공개로 할 것을 결의했는데,24) 이는 위헌적 요소를 갖는 소급입법을 제정하는 것이어서 법사위 소속 위원 어느 누구도 자신의 발언이 공개되는 것을 원하지 않았기 때문이다.

정치풍토쇄신법은 그 목적을 정치적·사회적 부패나 혼란에 현저한 책임이 있는 정치인의 정치활동을 규제함으로써 정치풍토를 쇄신하고 도의정치를 구현해 민주정치의 발전에 기여한다고 정의했다. 처음에는 1980년대에는 정치활동을 하지 못하게 하기 위해 정치활동 금지기간을 1989년 12월 31일까지로 했다. 그러나 그럴 경우 세 임기에 걸쳐 국회의원 입후보를 할 수 없게 되므로, 이를 완화해 두 임기 동안만 입후보를 하지 못하도록 한다는 생각에서 1988년 6월 30일까지로 단축했다고 제안설명에서 밝혔다.25)

---

24) 입법회의 법사위원장 鄭喜澤은 입법회의법 32조 1항의 규정에 의해 회의를 공개하지 않을 것을 선포했다. 國家保衛立法會議, 『國家保衛立法會議 法制司法委員會 會議錄』第2號(1980. 10. 31), 1쪽. 입법회의법 32조 1항은 다음과 같다. "본회의는 공개한다. 다만, 본회의의 의결이 있거나 의장이 국가의 안전보장을 위하여 필요하다고 인정할 때에는 공개하지 아니할 수 있다."

25) 國家保衛立法會議 事務處, 『國家保衛立法會議 會議錄』第3號(1980. 11. 3), 9쪽.

정치풍토쇄신법을 찬성하는 측에서는 지난날의 악순환을 단절하는 일대 개혁이 불가피하다고 볼 때 타락한 정치인에 대한 정치활동 제한은 불가피하다고 주장하고, 동료 정치인의 활동을 제한하는 법을 제정하는 심정은 착잡하나 그렇게 해야만 새싹을 키울 수 있다는 논리를 폈다.26) 한편 반대하는 측에서는 기존 질서 전부를 부정하기보다는 그럴 수밖에 없었던 정치환경에 눈을 돌려 부정적 측면을 너그럽게 이해하고 정치환경의 개선과 제도의 보완에 힘을 기울이는 것이 바람직하다고 주장하고, 정치인에 대한 심판은 국민의 투표로 행하는 것이 옳다는 논리를 폈다.27)

찬반토론에 이어 행해진 표결에서 정치풍토쇄신법은 재석 75인 중 가 66, 부 8, 기권 1로 통과됐다. 신군부는 이로 인해 깨끗한 정치가 실현될 수 있는 합리적이고 제도적인 장치가 마련됐다고 자부했다.28) 그러나 그 이면에서는 10대 국회의원 210명을 포함해 정당간부, 정치인 등 총 835명이 정치활동 규제대상자로 분류돼 정치활동을 하지 못함으로써 공민권을 유린당하는 사태가 벌어졌다.

한편 규제대상자 중 586명이 이의를 제기, 재심을 청구했고, 재심 결과 268명이 정치활동 적격판정을 받아 정치활동 피규제자는 567명으로 줄었다.29) 나머지 249명은 정치활동 규제에 대해 이의를 제기하지 않았는데, 이는 이들이 규제조치에 승복해서 그런 것이 아니었다. 정치인이 정치를 하고 말고는 오로지 국민의 신임에 달려 있는 것이므로 강제로 정치활동을 규제하는 것도 어불성설이지만, "재심을 청구하라니 도대체

---

26) 國家保衛立法會議 事務處,『國家保衛立法會議 會議錄』第3號(1980. 11. 3), 10쪽.
27) 國家保衛立法會議 事務處,『國家保衛立法會議 會議錄』第3號(1980. 11. 3), 14쪽.
28) 全斗煥,『새 歷史와 自主民族國家』, 165쪽.
29) 정치활동쇄신위원회는 적격판정 기준을 국가에 현저한 공로가 있는 자, 10·26 이후 정국혼란 수습에 최선을 다한 자, 스스로 과오를 뉘우치고 정치풍토 쇄신에 기여할 수 있으리라고 확인할 수 있는 자, 민주주의 토착화에 영향을 미치지 않을 것으로 판단되는 자로 했다고 밝혔다. 中央選擧管理委員會,『大韓民國政黨史』제3집(1992), 7쪽.

누가 누구에게 심사를 받는단 말이냐'라는 반문에서 나타나듯이 신군부의 집권 자체를 인정하지 않거나,30) 여러 사람을 묶어 놓고 자기들이 괜찮다고 생각하는 사람을 선별해서 정치를 하라며 풀어 주는 일이 생리에 맞지 않는다는 생각에서 이의를 제기하지 않았다.31)

(2) 정당법 개정

다당제가 바람직하다는 신군부의 판단에32) 따라 입법회의는 정당설립을 보다 용이하게 하는 방향으로 정당법을 개정했다. 제안설명에서 정치관계법 특별위원장은 정당법 개정의 이유와 골자로 세 가지를 들었다. 그는 첫째, 정당의 창당과 존속을 용이하게 함으로써 국민의 정치적 의사형성에 필요한 조직확보를 원활히 할 수 있게 하고, 둘째, 정당에 참여할 수 있는 문호를 대폭 개방함으로써 다원화된 국민의 의사를 국정에 고루 반영할 수 있게 하며, 셋째, 당원자격이 없는 사람의 정당 관여행위를 규제해 새 시대에 부응하는 건전한 민주정치 풍토조성에 기여하려는 것이라고 요약했다.33)

신군부는 창당을 쉽게 함으로써 정치적 의사형성에 필요한 조직확보를 원활하게 하려는 의도에서 법을 개정했다고 설명했지만,34) 그보다는

---

30) 이기택, 『호랑이는 굶주려도 풀을 먹지 않는다』(새로운 사람들, 1997), 163쪽.
31) 辛道煥, 『천하를 준다 해도』(史草, 1991), 382쪽. 최형우의 경우도 정치해금 신청서를 내면 풀어 주기로 돼 있으니 내라고 여러 차례 권유를 받았지만, 정치규제로 묶여 지내는 것이 훨씬 낫다는 생각에서 거부했다고 밝혔다. 최형우, 『더 넓은 가슴으로 내일을』, 270-271쪽.
32) 全斗煥은 다당제가 그 기능을 다하기 위해서는 단순히 정당의 수가 느는 것만으로는 의미가 없고, 각 정당이 국민의 다양한 이익과 의견을 대변할 수 있는 다양한 정책을 개발하고, 그럼으로써 사회 각 계층에 뿌리를 내려 민중적 기저 위에 설 수 있어야 한다고 밝혔다. 全斗煥, 『새 歷史와 自主民族國家』, 113쪽.
33) 國家保衛立法會議 事務處, 『國家保衛立法會議 會議錄』第5號(1980. 11. 19), 1쪽.
34) 창당준비에 필요한 발기인 수를 30인에서 20인으로 줄이고, 법정지구당 수를 국회의원 선거구 3분의 1에서 4분의 1로 줄였으며, 지구당의 법정당원 수를 50인 이상에서 30인 이상으로 낮추었다.

정당의 난립을 유도해 자신들이 주도하는 정당이 패권을 차지하도록 하려는 데 목적이 있었다. 1구2인제하에서는 야권이 분열되면 될수록 여당이 유리하기 때문에 정당 설립요건을 완화했던 것이다. 이는 1980년 10월 27일 새 헌법 발효와 동시에 해산된 정당이 4개인 데 비해, 1981년 3월 25일 실시되는 11대 총선거를 앞두고 12개의 정당이 창당된 것만 보아도 알 수 있다.

또한 창당발기인이나 당원이 될 수 있는 자격의 범위를 완화해 정치·경제·사회·문화적으로 다원화된 의사가 국정에 고루 반영될 수 있는 길을 터 놓았다고 주장했다.35) 그러나 문호개방 역시 문제점이 없지 않았다. 한 입법의원조차 국영기업체나 정부투자기관의 임직원에게는 정당가입을 허용하면서 언론인과 교원은 당원이 될 수 없다는 규정을 두는 것은 이해할 수 없다고 질의할 정도였다.

이에 대한 답변에서 언론인의 직무 자체가 여론형성에 미치는 영향이 지대해 공정성이 결여될 경우에는 특정 정당에 대한 편파적 선전과 지지를 가져올 우려가 있으며, 교원의 경우는 특히 초등학교가 의무교육으로 돼 있어, 정당가입을 허용한다면 정치의 중립성 면에서 문제가 생길 수도 있다고 생각해서 제한한 것이라고 밝혔다.36)

이와 같이 공정성과 중립성을 이유로 언론인과 교원의 정당가입을 금지시켰으면서도 대학 총장이나 교수는 이 조항에서 제외한다는 예외규정을 두었는데,37) 이는 형평의 원칙에 위배되는 것이 아닐 수 없었다. 이에 대해 신군부측은 대부분의 피교육자가 20세에 달하는 학생으로 구

---

35) 여기서 문호를 개방했다는 것은 당원의 자격에 대통령이 정하는 공무원, 교원 및 언론인의 경우를 제외하고는 누구든지 당원이 될 수 있다는 조항을 넣은 것을 말한다.
36) 國家保衛立法會議 事務處, 『國家保衛立法會議 會議錄』 第5號(1980. 11. 19), 5-6쪽.
37) 당시의 정당법 시행령(대통령령 제10093호, 1980년 12월 1일) 제3조는 교원은 당원이 될 수 없다고 하면서도 총장, 학장, 교수, 부교수, 조교수는 제외한다고 규정했다.

성돼 있는 대학은 별 문제가 없다는 식으로 설명했다. 일차로 대학의 교원은 허용하고 초·중·고등학교 교원은 제한하며, 또 일정기간이 지나 민도가 향상되면 고등학교까지도 허용하는 방식으로 신축성 있게 운영하는 것이 바람직하다는 것이었다.38)

교원의 정치활동은 대학부터 허용하고 단계적으로 확대해 나가는 점진적인 자세가 필요하다는 해명이었다. 그러나 이는 신군부의 집권을 합리화하는 논리를 개발하기 위한 필요에서 제시된 유인책에 지나지 않았음이 판명됐다. 교원의 정치활동 허용논의가 그 이상 진전되지 않았을 뿐 아니라, 신군부가 주도하는 정당에 교수 출신이 상당한 비중을 차지하고 있었기 때문이다.

신군부는 창당을 용이하게 하고 정당의 가입문호를 확대하는 조치를 취하면서도, 다른 한편으로는 이와 반대되는 장치를 마련하는 것을 잊지 않았다. 정당등록의 취소사유를 추가했고,39) 당원자격이 없는 사람은 정당에 관여하지 못하도록 했으며,40) 해산되거나 등록 취소된 정당의 명칭을 다른 정당이 다시 사용하지 못하도록 한 것이다.41)

등록취소 사유를 추가한 이유를 묻자, 신군부측은 총선에 참여하지 않는 것은 해산사유가 충분히 될 수 있으며, 국민 100명 중 2명 이상의

---

38) 國家保衛立法會議 事務處, 『國家保衛立法會議 會議錄』第5號(1980. 11. 19), 6쪽.
39) 개정선거법 38조 2항에는 국회의원 총선거에 후보자를 추천하지 않거나 고의로 참여하지 않을 때, 선거에서 의석을 얻지 못하고 총 유효투표의 2% 이상을 얻지 못했을 때에는 정당등록을 취소한다고 규정돼 있다.
40) 개정선거법 42조는 당원의 자격이 없는 자는 정당의 간부, 고문, 기타 이에 준하는 직위 또는 정당결성의 발기나 준비를 위한 직위에 취임하거나 정당활동에 영향을 미치는 행위를 할 수 없다고 규정했다. 그리고 46조에는 이를 어겼을 경우 3년 이하의 징역이나 300만 원 이하의 벌금에 처하도록 했다.
41) 개정정당법 제43조 제2항은 해산 또는 등록 취소된 정당의 명칭과 같은 명칭은 정당의 명칭으로 다시 사용하지 못한다고 규정했다. 이로 인해 해산된 민주공화당, 신민당, 민주통일당 등의 명칭은 사용이 금지됐다. 이 때문에 후일 이들 정당에 소속됐던 정치인들은 신민주공화당, 신한민주당 등의 새 명칭으로 정당을 만들 수밖에 없었다.

지지를 얻지 못하는 정당이라면 새 헌법에서는 정당이라고 볼 수 없다고 답변했다. 그리고 창당요건을 완화했기 때문에 정당의 난립을 막는 조치가 필요하다고 덧붙이고, 특별위원회에서 많은 질의와 토론을 거친 데다 여러모로 검토하고 결론을 내린 법안이므로 이해해 줄 것을 당부하는 것으로 답변을 대신했다.42) 그러나 1980년 11월 17일 정치관계법 특별위원회가 열렸지만 정당법 개정안에 대해서는 아무런 질의와 토론 없이 그냥 통과된 사실만43) 보더라도 정당법은 신군부가 의도하는 방향으로 개정됐다는 것을 알 수 있다.

이처럼 신군부가 정치활동 피규제자의 정당 관여행위를 금지하고 유사명칭의 사용을 금지한 것은 자신들이 취한 제반 조치를 합리화하기 위한 의도에서 나온 것이었다. 정치활동 피규제자의 정당가입을 금지시킴으로써 정치활동 쇄신법의 효력이 손상되는 것을 막고자 했고, 해산된 정당의 명칭과 같은 명칭을 사용하지 못하게 함으로써 기존 정당에 대한 지지를 자신들에 대한 지지로 전환시키려고 했던 것이다.

정당법이 이와 같이 개정됨으로써 신군부가 주도하는 정당은 모든 면에서 기성 정치인이 결성하는 정당보다 유리한 위치를 차지할 수 있었다. 과거와의 단절이 강요된 상태에서 모든 것을 새로 출발해야 하는 기성 정치인들과 달리 정치권력을 이용해 정당결성에 필요한 제반 자원을 동원할 수 있었기 때문이다. 이러한 자원 중의 하나가 정치자금인데, 신군부는 이의 동원을 보다 효율적으로 하기 위해 정치자금법 개정에 나섰다.

(3) 정치자금법 개정

신군부는 정당운영에 필요한 비용을 보조할 수 있도록 한 헌법조항에 따라 보조금의 지급대상과 배분비율 등을 정하기 위해 정치자금법의 전

---

42) 國家保衛立法會議 事務處, 『國家保衛立法會議 會議錄』 第5號(1980. 11. 19), 5쪽.
43) 國家保衛立法會議 事務處, 『國家保衛立法會議 選擧法等 政治關係法 特別委員會 會議錄』 第3號(1980. 11. 17), 1쪽.

면적인 개정에 나섰다. 당비와 후원금, 기탁금 등 모든 정치자금의 적정한 제공을 보장하는 한편, 그 회계를 공개해 정치자금을 양성화함으로써 정치활동의 공명화를 촉진하고 민주정치의 건전한 발전에 기여하도록 한다는 취지에서였다.[44] 그리하여 예산범위 내에서 국고보조금을 지급하되 이를 정당의 운영경비에만 쓰도록 했으며, 특정 정당을 지정해서 정치자금을 기탁할 수 있도록 했고, 정치자금 조달을 위해 정당에 후원회를 둘 수 있게 하는 등의 내용을 골자로 하는 개정안을 제출해 통과시켰다.

맑고 깨끗한 정치풍토를 정착시킨다는 취지에서 개정했다지만, 기존 정당의 해산과 새로운 정당의 결성을 주도하면서 추진한 것이었기 때문에 정치자금법 개정은 실질적으로는 신군부의 패권유지와 밀접한 관계가 있었다고 할 수 있다. 자신들의 패권유지에 필요한 만큼 합법적으로 정치자금을 모으는 한편 정치자금을 지렛대로 사용, 야당으로 하여금 신군부가 설정한 테두리에서 벗어나지 못하게 하려는 의도가 숨어 있었던 것이다. 정당운영에만 사용하도록 한 국고의 경우 1981년도에는 8억 원, 82년부터 87년까지는 10억 원을 예산에 반영해 각 당에 배분했다.[45] 그러나 보조금을 예산에 반영하기 위해서는 국회의 심의를 거쳐야 했고 이 과정에서 반드시 여당의 동의가 필요했기 때문에, 야당으로서는 여당의 협조요구를 받아들이게 되는 구조가 형성됐다.

정치자금 면에서 야당의 여당 의존구조는 비지정기탁금 수탁현황을 보면 분명하게 알 수 있다. 우선 비지정기탁금을 제공한 단체가 집권여당의 요구를 수용할 수밖에 없는 경제단체인 대한상공회의소와 전국경제인연합회, 그리고 한국무역협회뿐이라고 해도 과언이 아니었기 때문이다.[46] 이러한 상황은 1986년까지 지속됐는데, 특정 정당을 지정하지

---

44) 國家保衛立法會議 事務處, 『國家保衛立法會議 會議錄』 第10號(1980. 12. 16), 8쪽.

45) 각 정당별 국고보조금 지급상황은 中央選擧管理委員會, 『大韓民國政黨史』 제3집, 1379쪽 참조.

않은 채 기탁됨으로써 그나마 야당은 규정된 배분방식에 따라 일정액을 받을 수 있었다. 그러나 특정 정당을 지명해 기탁하는 지정기탁금의 경우 여야간의 격차가 문제가 돼 후일 폐지되는 운명에 처하게 된다.47) 예를 들어 1982년도의 경우 지정기탁금은 비지정기탁금의 두 배 가까이 됐는데, 이 중 여당에 지정 기탁된 금액은 전체의 72.8%나 됐다. 지정기탁금의 여당 편중현상은 해마다 높아져 1983년에는 78.6%, 84년에는 81.3%, 85년도에는 93.9%, 86년도에는 94%나 됐다.48)

후원금의 경우 여야간 정치자금의 격차는 더욱 커진다. 각 정당의 후원회가 모금해 정당에 기부한 금액을 보면, 여당의 경우 해마다 2억 원이나 된 반면 야당의 경우 후원회 자체를 구성하지 못한 해도 있었다. 그리고 구성했다 하더라도 금액 면에서 여당과는 비교도 되지 않을 정도로 적은 액수였다.49)

이처럼 정치자금법 개정은 여야간 정치자금의 격차를 더욱 크게 만드는 방향으로 작용했다. 정치자금을 비롯한 제반 자원의 부족으로 야당

---

46) 1982년 경제 3단체에서 낸 비지정기탁금이 9억 원인데 비해, 일반 비지정기탁금은 5만 원에 불과했다. 1983년도에 경제 3단체가 8억 9,500만 원을 비지정으로 기탁했는데, 일반 비지정기탁금은 3만 원뿐이었다. 1984년과 85, 86년에는 그나마 일반 비지정기탁금은 전혀 없었다. 中央選擧管理委員會, 『大韓民國政黨史』 제3집, 1380-1384쪽 참조.

47) 이에 대해서는 심지연, "정치자금제도의 개선방안," 『한국정당학회보』 2권 1호 (2003년 1월), 253-254쪽 참조.

48) 1982년의 비지정기탁금 총액은 9억 5만 원이었는데 지정기탁금 총액은 17억 8,552만 169원이었다. 지정기탁금 중에서 여당인 민주정의당을 지정한 금액은 13억 4만 2,069원으로 72.8%를 차지했다. 中央選擧管理委員會, 『大韓民國政黨史』 제3집, 1380-1384쪽 참조.

49) 민주한국당과 한국국민당의 경우 1983년 들어 후원회를 구성할 수 있었는데, 당시 후원회가 이들 정당에 기부한 후원금은 각각 5억 원과 6억 원이었다. 1984년도에는 11억 7,000만 원과 5천만 원을 각각 기부했는데, 민한당의 경우 선거를 앞둔 시점이어서 후원금 액수가 늘어난 것으로 분석된다. 中央選擧管理委員會, 『大韓民國政黨史』 제3집, 1388쪽.

은 여당과의 경쟁에서 불리한 위치에 놓일 수밖에 없었고, 이것이 야당의 위상을 왜소하게 만들어 정치자금의 조달을 더욱 어렵게 하는 식의 악순환을 구조화한 것이다. 그럼에도 불구하고 신군부측에서는 새 역사 새 시대는 정치풍토의 개선 없이는 이루어질 수 없고, 이러한 의미에서 개정된 정치자금법은 새로운 정치과정에서 하나의 주춧돌이 될 것임을 확신한다고 주장하기도 했다.50) 그러나 결과론적으로 볼 때 정치자금법의 개정은 표면적으로 내건 이유와는 달리 여당의 패권유지와 원활한 정치자금 조달을 목표로 한 것이었다고 할 수 있다.

3. 패권정당제의 추진

대통령선거법과 국회의원선거법, 정당법 및 정치자금법을 비롯한 정치관계법을 자신의 의도대로 정비한 신군부는 기존 정당구도를 패권정당제로 개편하기 위한 작업을 본격적으로 추진했다. 신군부가 주도하는 정당으로 하여금 계속 패권을 장악하게 하고 그 주변에 소규모 위성정당들을 배치함으로써 외형적으로는 정당 다원주의를 지향하는 것처럼 보이도록 한다는 전략이었다. 이는 우리 정당사에서 여야가 어느 정도 세력균형을 이룰 경우 여당은 권력유지가 어려웠다고 하는 경험적 판단에 입각한 것으로 분석된다.51) 그리하여 여당의 압도적인 우위가 지속

---

50) 國家保衛立法會議 事務處, 『國家保衛立法會議 選擧法等 政治關係法特別委員會 會議錄』 第5號(1980. 12. 15), 6쪽.

51) 4대 국회의 경우 자유당은 42.1%의 득표로 126석을, 민주당은 34%의 득표로 79석을 획득해 처음으로 균형을 이루는 모양을 보였으나 4월혁명으로 이어져 자유당은 몰락하고 말았다. 8대 국회의 경우 공화당과 신민당은 각각 47.8%와 43.5%를 득표해 균형상태를 이루었지만, 이 역시 파국으로 이어졌다. 10대 국회의 경우 균형상태를 넘어 야당이 여당보다 1.1%나 많은 득표를 하는 바람에 체제의 붕괴로 이어졌다.

되는 한 체제변동은 있을 수 없다는 확신을 갖게 됐고, 이러한 확신에 따라 자신들의 우위를 지속시킬 수 있는 제도를 모색한 결과 패권정당제가 대안으로 제시됐다.52)

법의 정비가 마무리되고 정당구도의 개편방향이 결정되자, 신군부는 1980년 11월 21일 계엄포고령 15호를 통해 5월 18일 이후 금지됐던 정치활동의 재개를 허용했다. 11월 22일부터 시위나 옥외집회는 금지하되 정당창설과 정당기구 운영을 위한 옥내집회는 개최할 수 있도록 한 것이다. 정치활동이 부분적으로 허용되고 정치활동 규제대상자가 확정됨에 따라 이에서 제외된 구정치인과 정치신인들이 정당결성에 나섰고, 그 결과 20여 개가 넘는 창당준비위원회가 구성돼 경쟁적으로 정당결성 작업에 들어갔다. 이 바람에 정치인들은 한동안 중단됐던 이합집산을 다시 반복, '위기와 통합의 정치'를 연출하게 된다.

1) 패권정당 창당

신군부가 가칭 민주정의당(이하 민정당) 창당에 공개적으로 나선 것은 1980년 11월 28일이었다. 이날 권정달, 이종찬을 비롯한 15명이 창당 발기를 위한 첫 모임을 갖고 창당을 공식 선언했다. 이들은 발기취지문에서 새 시대 새 질서를 창조해 갈 새로운 민족 주도세력의 출현은 역사 발전의 필연적 요청이라고 주장하고, 새 시대의 국가지표를 달성하는데 주도적인 역할을 다하기 위해 새로운 정당을 발족시키기로 했다고 선언했다.53) 그리고 국가관이 투철하고 개혁의지와 신념을 지닌 참신한

---

52) 패권정당은 사실적이든 공식적이든 권력을 둘러싼 경쟁을 허용하지 않는다. 패권정당 이외의 정당은 존재 자체는 허용되지만, 어디까지나 2류의 정당, 즉 인가를 받은 정당으로서만 허용될 뿐이다. 여기서 정권교체는 실제로 일어나지 않을 뿐만 아니라 일어날 수도 없다. 좋든 싫든 패권정당이 계속 권력을 장악하게 되는 제도가 바로 패권정당제이다. Giovanni Sartori, *Parties and Party Systems* (Cambridge: Cambridge University Press, 1976), p.230.

인사와 올바른 가치관을 지닌 깨끗한 인사들을 널리 모아 새로운 정치 주도세력을 형성할 것이라고 밝히고, '정직하고 성실한 새 시대의 정당'으로 국민과 호흡을 같이할 것이라고 다짐했다.

그러나 모든 정치활동을 금지시켜 놓고 자신들만 비밀리에 창당작업을 한 것은 '정직'이나 '성실'과는 거리가 먼 비윤리적 행위라 하지 않을 수 없다.54) 이처럼 출발부터 잘못된 것이었기 때문에 민정당이 내건 '새 시대 새 질서 창조'라는 구호 자체도 공허할 수밖에 없는 운명을 갖게 된다. 이들이 사전 창당작업에 나선 것은 5·16 당시 공화당의 사전조직 선례를 따른 것으로, 먼저 조직을 정비해 놓음으로써 인적자원을 선점하고 선거경쟁에서 유리한 고지를 차지하기 위한 것이었다고 할 수 있다. 기성 정치인에 대한 규제만으로는 모자라 그들보다 앞서 조직과 인원을 정비해 놓고 경쟁에 나서는 전형적인 불공정행위를 감행한 것이다.

민정당의 창당발기인 총회는 1980년 12월 2일 개최됐는데, 이날 신군부는 이재형을 발기위원장으로 선출하고 8명의 부위원장과 3명의 분과위원장을 선임하는 등 정당의 형태를 신속히 갖추어 나갔다. 이들은 12월 4일에는 창당결성대회를 갖고, 결의문을 통해 다시 한번 자신들이 "새 시대의 주역임을 자부"하고, 지난날의 정파에 구애되지 않을 것이므로 각계각층 인사들이 동참해 줄 것을 호소했다.55) 이후 본격적으로 지구당 창당작업에 들어가 1981년 1월 7일에는 전국 77개 지구당의 창당을 완료할 수 있었다. 민정당의 지구당 창당작업이 완료된 지 사흘 뒤인 1월 10일 계엄사는 포고령 16호를 통해 1월 12일부터 정치활동을 위한 옥내외 집회 및 정당의 창설을 허용한다고 발표했다. 계엄사가 민정당의 창당일정에 맞추어 단계적으로 정치활동을 허용하는 조치를 취한 것이다.

---

53) 中央選擧管理委員會, 『大韓民國政黨史』 제3집, 68쪽.
54) 신군부가 1980년 6월부터 비밀리에 추진한 창당작업에 대해서는 具永壽, "民主正義黨硏究"(경남대 정치학 박사학위논문, 1994), 44쪽.
55) 中央選擧管理委員會, 『大韓民國政黨史』 제3집, 70-71쪽.

민정당은 1981년 1월 15일에는 중앙당 창당대회를 가졌는데, 이는 당시 어느 정당보다 앞선 것이었다. 이처럼 민정당이 다른 어느 정당보다 먼저 진용을 갖출 수 있었던 것은 권력을 이용해 정치인이나 정치 지망생들을 사전에 접촉, 동원할 수 있었기 때문이다.56) 창당대회에서 민정당은 초대 총재에 전두환 대통령을 선출하고 동시에 그를 12대 대통령 후보로 추대했다. 민정당은 창당선언문에서 새 시대를 이끌어 갈 민족 주도세력이 한 자리에 모인 것이라고 주장하면서 재삼 자신들이 새 시대의 주역임을 강조했다. 민정당 총재로 선출되고 대통령후보로 추대된 전두환도 이를 기정사실화했다. 후보 수락연설에서 그는 자신이 특정 정당에 소속됐다고 해서 정당적 차원에서 국정을 운영하겠다는 생각은 조금도 없다고 단언했다. 그리고 정권의 평화적 교체는 반드시 실현시킬 것이며 구시대 정치를 철저하게 개혁하는 토대 위에서 새 시대의 주인공다운 패기와 때 묻지 않은 도덕성을 무기로 새 정치를 창조하겠다고 다짐했다.57)

현직 대통령을 총재 겸 대통령후보로 추대함으로써 민정당은 비로소 집권당의 위상을 지닐 수 있게 됐다. 신군부를 중심으로 한 비공식적인 권력집단이 민정당이라는 공식화된 권력집단으로 전환된 것이다. 신군부는 민정당에 주어진 첫 번째 과제는 예측불능 상태에 빠진 사회질서를 회복하고 경제를 본궤도에 올리는 일이라고 생각했다. 이를 위해 여야간 대화와 협상의 폭을 넓혀 나가는 것이 시급하다고 보고, 어렵기는 하지만 국회에서 다양한 욕구를 수렴하기 위해 노력할 것임을 다짐했

---

56) 혁신계로 알려진 尹吉重은 정치활동 금지조치가 해제되기 전인 1980년 10월 27일 李鍾贊으로부터 신당참여 권유를 받고 참여하게 됐다고 회고했다. 그의 회고에 의하면 당시 야당 사람들은 갇혀 있거나 연금돼 정치를 못하도록 묶여 있는 상황이었지만, 신군부의 목표에 희망이 있다고 생각하고 군인들이 무리한 일을 하지 못하게 하기 위해 참여했다고 주장했다. 尹吉重, 『이 시대를 앓고 있는 사람들을 위하여』(호암출판사, 1991), 347-348쪽.
57) 全斗煥, 『새 歷史와 自主民族國家』, 288쪽.

다.58) 그러나 초기에 민정당이 다른 정당을 진정한 협상상대로 간주했는지는 의문이 아닐 수 없다. 패권정당제하에서는 수직적인 여야관계만 존재하기 때문이다.

민정당 출범을 역사의 필연으로 생각한 신군부가 목표로 삼은 것은 단순히 남한 내에서의 패권유지만은 아니었다. 남북한의 대결을 염두에 두고 한반도 전체의 패권을 장악한다는 장기적인 목표를 가지고 있었다. 이는 민정당의 대결상대는 북한의 노동당이며, 남한 내의 다른 정당은 여야관계를 떠나 단지 협력을 유지해 나가는 우당에 불과하다는 것을 공개적으로 천명한 것에서도 잘 나타난다.59) 다른 정당과는 경쟁관계가 아니라 협력관계에 있으며 자신의 상대는 북로당이라고 한 것만을 보더라도 민정당이 목표로 한 정당구도는 패권정당제임을 알 수 있다.

2) 위성정당의 출현

정치활동이 허용되고 이와 동시에 신군부가 의도하는 새로운 정당구도의 윤곽이 드러나자 정치인들의 움직임이 활발해지기 시작했다. 신군부가 주도하는 정당에 대한 도전과 경쟁은 용인되지 않는다 할지라도 다당제를 지향한다는 방침에는 변함이 없었기 때문이다. 해산된 정당을 재건하려는 움직임에서부터 혁신정당을 설립하려는 움직임에 이르기까지 다양한 형태의 모임이 있었지만, 문제는 이러한 모임이 정치인의 자율적 판단과 의지에 입각해서 이루어진 것이 아니라 타율적으로 이루어진 것이라는 데 있다.

기본적으로 신군부의 권위에 도전할 가능성이 있는 정치인들은 정치풍토쇄신법에 의해 정치활동이 금지돼 있었다는 것을 들 수 있다. 신군부는 10대 국회의원 210명을 포함해 정당간부 254명, 기타 371명, 총

---

58) 이종찬, 『민족의 종을 울리며 민주의 탑을 쌓으며』(청호문화사, 1987), 312쪽.
59) 全斗煥, 『새 歷史와 自主民族國家』, 113쪽.

835명을 정치활동 규제대상자로 분류하고 이들의 정치활동을 금지시켰다. 이 중 586명이 재심을 청구해 268명이 정치활동 적격자로 판정돼 정치활동을 재개할 수 있었지만, 나머지 567명은 대통령의 해제조치가 없는 한 정치활동을 할 수 없게 돼 있었다.[60] "정치적 또는 사회적 부패나 혼란에 현저한 책임이 있는 자"라는 것 그 이유였지만, 이보다는 영향력 있는 정치인을 배제하고 체제에 순응할 정치인을 선별한 결과라고 보는 것이 타당하다.[61] 이처럼 신군부의 정국 주도에 지장을 주지 않는 범위 내에서만 정치활동이 허용됐기 때문에 '신유신체제'라는 지적을 받았던 것이다.[62]

여기서 추가할 것은 신군부에 의해 검증된 정치인이라고 해서 자기 마음대로 정당을 창당한 것은 아니라는 점이다. 정치인들이 어느 한 정당에 집중되는 일이 없도록 하기 위해 정보부와 보안사가 사전에 교통정리를 했고 이러한 분류를 거쳐 여러 정당이 결성됐다.[63] 권력에 의해 인가된 전형적인 위성정당이 출현한 것이라고 할 수 있다.

이로 인해 신군부의 각본대로 정계를 해쳐모여 식으로 개편해 관제야당을 만들었다는 비판이 제기됐지만,[64] 당사자들의 생각은 이와 달랐다. 어떤 상황에서건 야당은 반드시 있어야 한다고 믿었고, 활동이 제한되는 가운데서도 존재하면서 민주화노력을 해야 한다는 확신에서 창당에 참여했다는 것이다.[65] 많은 동료 정치인들이 규제된 상태여서 고심과

---

60) 이와 같은 공식적인 발표는 단지 형식에 불과했고, 이를 계기로 그 동안 감추어 왔던 행동이 드러나게 됐다. 이후 해금자들과 관계 정부기관 간부들이 만나 협의를 했는데, 해금자들은 주로 규격화된 이야기를 정부기관 간부로부터 들었고, 대신 아주 구체적인 사항까지 그들에게 알려주면서 정당을 만들었다고 증언하고 있다. 辛相佑, 『고독한 증언』(創民社, 1986), 42-45쪽.
61) 이수인·고성국·정관용, 『한국정치의 구조와 진로』(실천문학사, 1990), 79쪽.
62) 한용원, 『한국의 軍部政治』(大旺社, 1993), 406-408쪽.
63) 具永壽, "民主正義黨研究," 93쪽.
64) 김영삼, 『김영삼회고록』2, 213쪽.
65) 金三雄 編, 『柳致松총재, 人間과 思想』(일월서각, 1984), 77쪽.

번뇌가 없을 수는 없었지만 누군가에 의해 정통야당과 양심세력의 맥은 이어져야 한다고 생각했으며, 역사의 맥을 잇는다는 의미에서 참여의 결단을 내렸다는 논리를 폈다.66)

정치활동 규제대상에서 제외된 유치송, 김은하 등 신민당 출신 10대 국회의원 14명은 1980년 11월 27일 창당주비위원회를 열고 가칭 민주한국당(이하 민한당)을 창당하기로 했다. 이들은 발기취지문에서 정치를 거리에서 방황케 해 민주주의가 표류하는 일이 없도록 하기 위해 의회정치의 상궤를 벗어나지 않을 것임을 천명했는데,67) 여기서 의회정치의 상궤를 벗어나지 않겠다고 한 것은 신군부가 설정한 틀에서 일탈하지 않겠다는 것을 서약한 것이라고 할 수 있다. 이들은 12월 1일 창당발기인대회를 갖고 유치송을 창당준비위원장으로 선출한 다음, 지구당 조직에 주력해 1981년 1월 15일에는 75개의 지구당을 창당했다.

1981년 1월 17일 개최된 민한당 창당대회에서 유치송은 당총재로 추대되고 대통령후보로 지명됐다. 그는 후보지명 수락연설에서 현실의 정치체제나 제도가 모든 요구를 만족시키는 것이라고 생각하지는 않지만, 참여를 통해 현실이 개선될 가능성이 있다고 믿기 때문에 참여했다고 주장했다. 그리고 자신은 대통령에 당선되려는 집념보다는 민주제도 정착 여부에 더 큰 관심을 두고 정국에 임하고 있다고 밝혔는데,68) 이는 정권을 장악하려는 의사가 없다는 것을 명백히 선언한 것으로, 권력에 대한 도전이 용납되지 않는 위성정당의 한계를 극명하게 나타낸 것이라고 할 수 있다.

---

66) 민한당 총재로 선출된 柳致松은 헌정의 일시적 중단과 비리와 역행은 긴 역사적 안목으로 대범하게 수용해야 하고, 역사에서 가장 중요한 일은 맥을 이어가는 것이라고 주장했다. 맥이 끊길 경우 후일 소생의 길이 막힌다는 논리로 그는 자신의 위성정당 창당을 합리화했다. 柳致松, 『柳致松總裁 演說文集: 歷史의 岐路에서』(三省堂, 1983), 30쪽.

67) 中央選擧管理委員會, 『大韓民國政黨史』 제3집, 441쪽.

68) 柳致松, 『柳致松總裁 演說文集: 歷史의 岐路에서』, 79쪽.

1980년 12월 3일 공화당과 유정회 출신 의원들이 모여 한국국민당(이하 국민당) 창당을 결의하고 김종철을 준비위원장으로 선출했다. 국민당은 야당 의원 출신들이 주축을 이룬 민한당과 달리 구여권이 중심을 이루어 크게 대비가 됐다.69) 이를 감안해 이들은 발기취지문에서 과거에 대한 성찰과 아울러 자기쇄신을 약속하고, 국민의 소리를 국정에 반영시키는 건전한 정책정당으로서 소임을 다하겠다고 밝혔다.70) 12월 6일의 발기인총회에서도 자기반성과 겸허한 자세로 새롭게 출발할 것을 다짐하고, 국민 속의 정책정당으로 나갈 것임을 강조했다. 그러나 권력을 쟁취하겠다는 포부는 전혀 밝히지 않았는데, 이는 위성정당의 한계를 감안한 것이었다고 할 수 있다.

국민당은 1981년 1월 23일에는 창당대회 및 대통령후보 지명대회를 열고, 김종철 창당준비위원장을 당총재 및 대통령후보로 추대했다. 수락연설에서 다양한 의사를 수용하기 위한 제도적 장치로서 다당정치의 필요성을 강조한 그는 국민당은 시시비비의 대의정치를 표방하는 참신한 야당의 역할을 충실하게 할 것임을 다짐했다.71) 후보자격으로 선거유세도 하기 전에 '충실한 야당'임을 선언할 정도로 위성정당의 논리에 순응했던 것이다. 국민당은 공화당정권이 잘한 것은 승계하고 못한 것은 그

---

69) 당시 신군부가 당수급들에 대해서는 일일이 간섭한 것이 사실이나 나머지 정치인 개개인에게까지 소속정당을 지정하는 일은 없었고, 단지 자연스럽게 공화당 인사들끼리 모여 하나의 당을 만들고 또 신민당 인사들끼리 모여 다른 정당을 창당하는 것이 전체적인 분위기였다고 李萬燮은 주장했다. 李萬燮, 『證言臺: 청와대 담판과 나의 직언』(문호사, 1989), 161쪽.

70) 中央選擧管理委員會, 『大韓民國政黨史』 제3집, 328쪽.

71) 金鍾哲, 『金鍾哲總裁 演說文集: 民族中興의 횃불』(한국국민당, 1985), 16쪽. 그러나 辛道煥은 金鍾哲이 국민당 총재가 된 것은 본인이 원해서가 아니라 보안사의 강요에 의한 것이었다고 주장했다. 보안사 사람들이 찾아와 소명자료를 내고 정치를 하지 않으면 동생 기업(한국화약)에 어려움이 많을 것이라고 하는 바람에 동생을 생각해서 싫지만 할 수 없이 하는 것이라고 하소연을 했다는 것이다. 辛道煥, 『천하를 준다 해도』, 380-381쪽.

런 일이 없도록 단절한다는 의미에서 '승계와 단절'이라는 논리를 기본 정신으로 삼았다. 그러나 공화당 및 유정회 소속의원 대부분이 규제에서 풀려나지 못하는 바람에 국민당에는 10대 의원 17명밖에 참여할 수 없었는데, 이는 선거에서 여당에 라이벌이 될 만한 정치인은 정치활동 규제자로 묶어 놓았기 때문이다.72)

민한당과 국민당 외에도 민권당,73) 사회당,74) 민주사회당,75) 신정당 등이 신군부의 방조 아래 창당됐다. 그러나 이들 정당은 진정으로 정권을 장악하겠다는 목표를 갖고 창당된 것이 아니라, 다당제의 외형을 갖추어야 한다는 필요성에 부응해서 만들어졌다는 데 문제가 있었다.76) 신군부는 다당제가 유권자의 다원적 선택을 용이하게 하며 여론의 변화를 정확하게 반영하는 장점을 지녔다고 판단했고,77) 이 판단을 구체화하는 차원에서 정당이 급조되는 사태가 초래된 것이다. 이와 같은 분위기였기 때문에 비판적 기능을 상실한 '친여적인 야당',78) 또는 "여당인

---

72) 李萬燮, 『證言臺: 청와대 담판과 나의 직언』, 157쪽.
73) 세간의 좋지 않은 여론을 감안해서인지 민권당은 5공 출범 이후 생겨난 정당 중에서 유일하게 유리관 속에서 만들어진 정당이 아니라 정권에 대항하고 민족의 갈 길을 고뇌하는 선명한 야당이라고 주장했다. 林采洪, 『民主를 위하여, 民權을 위하여』(백양출판사, 1987), 245쪽.
74) 사회당은 창당과정에서 특정기관의 도움을 받은 의심스러운 집단이 위협과 회유, 협잡을 통해 자신들을 분쇄하기 위해 끈질긴 공작을 자행해 상당한 피해를 입었다고 주장함으로써 자신은 위성정당이 아니라는 것을 입증하기 위해 노력했다. 당산김철전집간행위원회, 『堂山金哲全集』 4(해냄출판사, 2000), 360쪽.
75) 高貞勳은 민주사회당의 결성이 "일부 政街에서 떠돈 말과 같이 한갓 政治的 次元에서 취해진 임시변통의 政治 테크닉이 아니라, 轉換期의 歷史발전으로 불가피하게 가져와진 당연하고도 필연적인 '順理'의 귀결"이라고 주장했다. 高貞勳, 『民主社會主義로의 招待』(叡智社, 1985), 35쪽.
76) 楊淳稙은 이들 정당이 야당 본연의 존재목적을 가지고 태어난 정당이라기보다는 신군부가 짜 놓은 구도 속에서 급거 조직된 관제야당이라 규정하고, 이와 같은 정치구도를 '시녀정치'라고 정의했다. 楊淳稙, 『大義는 권력을 이긴다』(에디터, 2002), 246쪽.
77) 全斗煥, 『새 歷史와 自主民族國家』, 113쪽.

민정당의 1중대, 2중대에 불과했다"는79) 비판을 받았던 것이다.

3) 12대 대선과 11대 총선

자신들이 의도했던 대로 법과 제도의 정비가 모두 완료되자, 신군부는 새 헌법절차에 따라 대통령선거와 국회의원선거를 위한 준비에 본격적으로 나섰다. 승리할 수 있는 모든 여건을 다 갖추어 놓았기 때문에 선거에 자신이 있었던 데다, 요식행위에 불과한 것이기는 하지만 대내적으로 선거를 통해 정통성을 확보할 필요가 있었기 때문이다. 이는 또한 선거에서 얻은 국민의 지지를 바탕으로 정부를 구성한 경우에만 대외적으로 합법적인 정권으로 인정받기 때문이기도 했다.

(1) 12대 대선

정부는 1981년 1월 24일을 기해 비상계엄령을 해제하고 대통령선거인 선거는 2월 11일에, 그리고 대통령선거는 2월 25일에 실시한다고 발표했다. 입법회의에서 마련한 대통령선거법은 전국 1,905개의 대통령선거인 선거구에서 총 5,278명의 선거인을 뽑아 선거인 재적 과반수의 득표로 대통령을 선출하는 간접선거를 규정하고 있었다. 그럼에도 정부는 사실상 직접선거와 다름없는 내용이 담겨 있다고 평가하고,80) 신군부측도 제안설명에서 직선제 요소를 최대한 가미했다고 주장했다.81)

---

78) 한용원,『한국의 軍部政治』, 407쪽.
79) 김영삼,『김영삼회고록』 2, 213쪽.
80) 1980년 12월 16일 개최된 입법회의 특별위원회에서 당시 내무부 차관은 답변에서 선거인은 특정 대통령후보를 지지하고 선거에 임하기 때문에, 간접선거지이만 직접선거와 다름이 없다고 주장했다. 國家保衛立法會議 事務處,『國家保衛立法會議 選擧法等 政治關係法特別委員會 會議錄』第6號(1980. 12. 16), 2쪽.
81) 제안설명에서 특위 위원장 金仕龍은 간선제의 장점을 최대한 살려 선거과열과 국론분열을 방지하면서 후보자간 자유경쟁을 보장했고, 직선제 요소를 최대한 가미해 선거의 활성화를 기하고 국민의 참여의식을 충족시켰다고 주장했다. 國

대통령 선거일이 공고됨에 따라 각 정당은 선거체제로 돌입해 대통령 후보 등록과 동시에 대통령선거인 후보등록 독려에 나섰다. 그러나 패권정당제하에서 치르는 선거였기에 선거인 등록부터 그 격차는 극명하게 드러났다. 전두환, 유치송, 김종철, 김의택 총 4명이 대통령후보로 출마한 가운데 등록한 대통령선거인 후보의 과반수 이상이 민정당에 소속된 후보였고 개표결과 이들이 전체 당선자의 69.5%를 점했기 때문이다.82) 이로써 민정당 전두환 후보의 당선은 확정된 것이나 마찬가지였는데, 이러한 결과는 패권정당제하에서는 예견된 것이기도 했다. 선거결과에 대한 예측이 불가능했다면, 신군부는 처음부터 선거를 실시한다는 생각조차 갖지 않았을 것이기 때문이다.

선거승리를 예상하고 있었기에 전두환은 선거연설에서 새 시대는 화합과 신뢰의 연대가 돼야 한다면서 정당이나 정파의 차원이 아니라 국민의 화합과 참여를 실현하는 거국적 차원에서 국정을 운영할 것임을 강조할 수 있었다.83) 그리고 자신이 비록 민정당 당적을 갖고 있지만, 이는 역사적 과업을 수행하고 민주정치를 뿌리내려 가기 위해서는 주도세력이 있어야 한다는 민주주의 원리에 따른 것일 뿐이지 특정 정당 차원에서 국정을 운영하겠다는 것은 아니라고 주장했다. 이처럼 전두환 후보는 주도세력이라는 용어로 민정당 패권유지의 당위성을 강조했다.

이와 반대로 민한당의 유치송 후보와 국민당의 김종철 후보는 선거연설에서 정권장악을 위한 청사진을 펼치기보다는 야당으로서 해야 할 과

家保衛立法會議 事務處, 『國家保衛立法會議 會議錄』 第13號(1980. 12. 26), 15쪽.
82) 선거인후보 등록 마감일인 1981년 1월 29일 현재 9,479명이 등록했으나 선거기간중 사망, 사퇴, 등록무효 등으로 후보는 총 9,283명이 됐다. 이를 각 정당별로 보면 민정당 4,928명, 민한당 1,165명, 국민당 137명, 민사당 1명, 무소속 2,951명으로 민정당이 53.1%나 됐다. 2월 11일 선거결과 선거인 당선자를 정당별로 보면 민정당 3,667명, 민한당 4,11명, 국민당 49명, 민권당 19명, 무소속 1,132명으로 민정당 소속 선거인수가 과반수(2,640)를 1,027명이나 넘었다. 中央選擧管理委員會, 『大韓民國政黨史』 제3집, 10-11쪽 참조.
83) 全斗煥, 『새 歷史와 自主民族國家』, 313쪽.

제를 제시하는 데 더 치중했다. 위성정당 본연의 임무에 충실하겠다는 의사의 표현이었다고 할 수 있다. 유치송 후보는 대통령후보로 입후보하기는 했지만, 지고 이기는 것을 넘어서 의연한 자세로 선거에 임함으로써 민주제도 정착에 기여하려 한다고 주장했다.84) 누가 대통령이 돼야 하느냐를 넘어서 자신은 평화적으로 정권경쟁을 할 수 있는 정치풍토를 만드는 것이 더 중요하다고 생각한다는 것이었다. 김종철 후보도 이에서 크게 벗어나지 않았다. 그는 국민당이 대통령후보를 내는 문제에 대해 상당기간 격론을 벌였고 결론을 내는 데 진통을 겪었다는 말로 승산이 없다는 것을 시인했다.85) 그는 '현실적 애로'라는 말로 선거경쟁이 무의미하다는 것을 간접적으로 표현했는데, 이처럼 미리 패배를 시인하면서도 선거에 임하는 것이야말로 위성정당의 특징 가운데 하나라고 할 수 있다.

1981년 2월 25일 실시된 대통령선거는 야당후보들의 예상대로 전체 유효투표의 90.2%를 얻은 전두환 후보의 승리로 끝났다.86) 이와 같은 득표율은 민정당 소속으로 당선된 선거인수보다도 훨씬 많은 것인데, 이는 무소속 선거인 대부분이 민정당 후보를 지지했기 때문에 나타난 현상이었다. 이처럼 전두환의 대통령 당선은 10·26 이후 여권은 물론이고 반유신세력도 분열된 상태에서 오로지 군만이 유일하게 조직돼 있었기 때문에 가능했다고 할 수 있다.87) 12·12사태를 주도해 군을 장악한 다음 통합된 힘으로 권력의 공백을 메웠고, 이에서 한 걸음 더 나아가 패권정당제를 구축한 결과였다. 이와 반대로 기성 정치권은 분열을 거

---

84) 柳致松, 『柳致松總裁 演說文集: 歷史의 岐路에서』, 89-90쪽.
85) 金鍾哲, 『金鍾哲總裁 演說文集: 民族中興의 횃불』, 22쪽.
86) 각 정당별 득표율 및 대통령선거인 비율

	민정당	민한당	국민당	민권당	무소속
득표율	90.2	7.7	1.6	0.5	
선거인비율	69.5	7.8	0.9	0.4	21.4

中央選擧管理委員會, 『大韓民國政黨史』 제3집, 11쪽.
87) 허화평, 『굽은 길도 바로 간다』, 68쪽.

듭하고 있었기 때문에 위기를 자초한 것이나 다름이 없었다.

이러한 실정을 감안해 1981년 3월 3일의 취임사에서 그는 다양한 의견을 대화로 조정하고 종합하며 갈등과 파쟁보다는 화해와 토론을 통해 총의를 창출하겠다고 주장했다.[88] 그리고 총의의 형성을 방해하거나 외곽에서 방관하는 것은 민족사의 전진을 위해 보탬이 되지 못할 것이라고 단언함으로써 민정당의 패권적 지배에 협조해 줄 것을 강조했다.

(2) 11대 총선

대통령선거에 이어 3월 25일 실시되는 11대 국회의원선거도 민정당의 승리가 예상돼 있었다. 이미 정계개편과 세대교체가 불가피하다는 구실로 경쟁상대가 될 만한 정치인의 정치활동을 금지시킨 데다[89] 민정당이 정치적 자원을 독점하다시피 한 패권정당 구도하에서 치르는 선거였기 때문이다. 개정된 국회의원선거법에 의하면 지역구를 종래 77개에서 92개로 늘리고 한 선거구에서 2명의 의원을 선출하며, 전국구 의원은 지역구 의원수의 2분의 1로 하여 국회의원 수는 모두 276명이 됐다.

선거일이 공고됨에 따라 각 당은 후보자를 공천하는 등 선거준비에 나섰다. 3월 10일 후보등록을 마감한 결과 92개 선거구에 정당추천 529명, 무소속 106명 등 총 635명이 등록해 전국평균 3.4 대 1의 경쟁률을 보였다. 11대 총선에서 가장 특기할 만한 것으로는 이른바 전략지역을 설정해 혁신계 후보의 당선을 유도한 것을 들 수 있다. 이는 혁신계 후보의 의회진출을 통해 혁신정당이 포함된 다당구도를 정착시킨다는 의도에서 나온 것으로, 신군부는 서울 제13선거구인 강남구에는 민한당과 국민당이 후보를 공천하지 못하도록 했다. 그 결과 6명의 후보가 등록했지만, 위성정당이나마 경쟁력 있는 정당은 후보등록을 하지 않았기 때

---

88) 全斗煥, 『새 歷史와 自主民族國家』, 323쪽.

89) 당시 정치활동의 규제기준에 대해 세간에는 "말 잘 듣는 사람은 풀고 뻣뻣한 거물들은 묶었다"는 소문이 나돌 정도였다. 김영배, 『오로지 한길만을』(과학과 사상, 1995), 88쪽.

문에 민정당의 이태섭과 함께 민사당의 고정훈이 당선될 수 있었다.90)

정당별 후보등록 상황을 보면 민정당 하나만이 92개 선거구 전부에 후보를 등록했고, 민한당이 전략지역 한 곳을 제외한 91개 선거구에, 국민당이 75개 선거구에, 민권당이 82개 선거구에 후보등록을 했다. 선거결과 민정당은 지역구에서 90석을 획득해 전국구 61석을 합쳐, 과반수보다 13석이나 더 많은 151석을 확보할 수 있었다. 민한당의 경우 지역구 57석에 전국구 24석으로 81석을 획득해 제1야당이 됐으며, 국민당의 경우 지역구 18석에 전국구 7석으로 25석을 획득했다. 그 밖에 민권당과 신정당, 민사당이 각각 지역구 2석씩을, 민주농민당과 안민당이 각각 지역구 1석씩을 획득했고, 무소속 당선자는 11명이었다.

민정당의 경우 지역구 후보 중에서 2명만이 낙선해 97.8%의 당선율을 보였는데,91) 이는 앞에서도 언급한 바와 마찬가지로 한 선거구에서 두 명을 뽑는 선거제도 때문이었다. 이에 덧붙여 경쟁력 있는 정치인의 출마를 금지시킨 것과 야권의 분열을 유도한 신군부의 전략이 주효했기 때문이다. 이로 인해 민정당은 전체 유효투표의 35.6%만 획득하고도 의석의 54.7%를 차지할 수 있었다. 제1야당이 된 민한당은 1구2인제로 이익을 본 경우에 해당된다. 21.6%의 득표를 하고도 29.3%의 의석을 차지할 수 있었기 때문이다. 이와 반대로 국민당은 13.3%의 득표를 하고도 9.1%의 의석만 차지하는 데 그쳐, 피해를 보았다고 할 수 있다.92)

이처럼 국회의 주도권을 민정당이 장악하게 돼 민정당의 의도대로 제

---

90) 강남구에는 민권당의 李仁秀, 한국기민당의 李彰基, 민사당의 高貞勳, 민정당의 李台燮, 무소속의 白昌鉉, 林吉洙 등이 후보등록을 했다. 이 중 李台燮이 35.9%, 高貞勳이 29.7%를 득표해 당선됐다. 이러한 사실을 입증이라도 하듯이 사회당은 총선을 앞두고 "고정훈이 주동이 되어 창당한 민주사회당은 시초부터 정보기관의 정치공작에 의해 이루어졌다…… 민주사회당의 재정, 사회당 간부 유인 등은 정보기관에 의해서 지원받고 있다"고 민주사회당을 신랄하게 비난했다. 당산김철전집간행위원회, 『堂山金哲全集』 5, 259쪽.
91) 민정당의 낙선후보는 제주의 邊精一, 전남 해남·진도의 任燦得 두 사람이다.
92) 中央選擧管理委員會, 『大韓民國政黨史』 제3집, 15쪽.

반 정책이 결정됨으로써 국민의 의사는 왜곡될 수밖에 없게 됐다. 패권 정당제의 전형적인 특징 중의 하나인 일당지배 현상이 나타난 것이다.93) 10·26 이후 야권이 분열됨으로 인해서 초래된 결과였다.

11대 국회 출범 이후 민정당이 다당구도를 유지하기 위해 공식적으로 한 일은 국고보조금을 정당에 지급한 것이었다.94) 이는 국고지원을 통해 정당의 활동공간을 넓히고, 나아가 정당의 생명을 연장시키는 효과를 지닌 것으로,95) 결과적으로 위성정당의 운영에 필요한 자금을 지원함으로써 민정당이 패권을 유지한다는 것이었다. 위성정당이 위축되지 않고 활동할 수 있도록 재정지원을 함으로써 이들의 소멸을 막고, 이를 통해 신생정당의 출현을 저지하는 동시에 이들 위성정당이 정치인을 흡수·분산시키는 역할을 했기 때문이다.

위성정당에 대한 보조금 지급이 완료되자 민정당은 후원회 조직에 나섰는데, 이 역시 정당사상 처음 있는 일이었다. 이는 방대한 조직의 운영과 유지에 필요한 자금을 조달하기 위한 것으로, 민정당후원회는 개인 65인, 법인 309인 등 모두 374인이 회원으로 등록했다.96) 민정당이

---

93) 비록 민한당이 제1야당이 됐다고는 하지만, 여당인 민정당이 부과한 정치규범으로 인해 "정치행위의 바이탈리티 발휘가 제한되고 있는 것이 민한당의 현실"이라는 지적이 나올 정도로 자율성에 제약을 받고 있었다. 金三雄 編, 『柳致松 총재, 人間과 思想』, 44-45쪽.

94) 중앙선거관리위원회는 1981년 5월 25일 1차로 8개 정당에 4억 원의 국고보조금을 지급했는데, 각 당의 배분비율은 다음과 같다. 민정당 44.11%, 민한당 27.26%, 국민당 14.86%, 민권당 8.4%, 신정당 2.2%, 민사당 1.79%, 민농당 0.8%, 안민당 0.56%. 中央選擧管理委員會, 『大韓民國政黨史』 제3집, 17쪽.

95) 국가로부터 보조금을 받는 정당들은 자기들끼리 이를 독점하기 위해 신생정당의 출현을 저지하려는 경향이 있고, 재정적으로 자립하려고 하기보다는 보조금을 늘리는 방식을 선호하게 되며, 그 결과 상호간에 치열하게 경쟁할 필요성을 느끼지 못해 정당으로서의 기능을 다하지 못하는 폐단을 낳게 된다. Peter Mair, *Party System Change* (Oxford: Clarendon Press, 1997), pp.106-108.

96) 민정당은 '재벌과의 결탁'을 배제하기 위해 주로 건실한 중소기업을 법인회원으로 뽑았으며, 개인회원으로는 탤런트, 코미디언, 스포츠맨 같은 대중스타들도

1981년에 후원회를 결성한 데 비해, 제1야당인 민한당이나 제2야당인 국민당은 2년이 지난 1983년 들어서야 비로소 후원회를 결성할 수 있었다. 이처럼 후원회 결성을 비롯해 패권정당과는 경쟁이 되지 않을 정도로 모든 면에서 열악했던 것이 당시 위성정당이 처한 실상이었다.

4. 패권정당제의 파탄

민정당이 자신의 패권유지를 목표로 해서 추구했던 다당구도는 4년이 채 되지 않아 재편되는 상황에 직면하게 된다. 12대 국회의원 총선거를 앞두고 분열됐던 야권이 민주화추진협의회(이하 민추협) 결성과 신한민주당(이하 신민당) 창당을 통해 통합을 이룸으로써 위기탈출이 가능해졌기 때문이다. 이처럼 민정당으로서는 전혀 예상하지 못한 사태가 전개됨으로써 여당인 민정당이 위기국면에 놓이는 것과 동시에 민정당이 추진한 패권정당제는 파탄을 맞게 된다. 이러한 현상은 민정당이 분열됐기 때문에 나타난 것이 아니라, 그와 반대로 야권이 통합됐기 때문에 나타난 것이라는 점에서 과거 집권당이 처했던 위기와는 다른 성격의 위기라고 할 수 있다. 즉 민정당이 집권당으로서 정국을 주도하지 못하고 결국은 야당에 주도권을 내주는 새로운 사태가 나타난 것이다.

포함시켜 서민적 이미지를 돋보이게 했다고 주장했다. 그리고 후원회에 참여한 회원들은 "대가도 없고 조건도 없는 성금"으로 민정당을 밀고 있으며, 다수회원의 소액기부로 정경유착과 반대급부를 배제하고 있다고 강조했다. 民主正義黨, 『바른 政治 바른 社會: 政策政黨 '82年의 발자취』(民主正義黨 政策調整室, 1982), 200-201쪽.

1) 민주화추진협의회 결성과 신한민주당 창당

(1) 민주화추진협의회 결성

제반 여건의 정비와 아울러 원내 안정의석 확보로 패권유지가 가능해졌다고 판단한 민정당은 국민적 화합의 차원에서 정치활동 피규제자에 대한 해금문제를 고려하기 시작했다. 야당이 중심이 돼서 제기했던 해금문제를[97] 부분적으로나마 수용함으로써 야당의 취약한 입지를 강화해 주는 동시에, 정치적 반대자를 탄압한다는 외부의 비판적 시각을 완화하기 위한 다목적의 의도가 포함된 것이었다.

이를 위한 선행조치로 취한 것이 김대중의 형집행정지 및 출국허용이었다. 1982년 12월 23일 국가보안법과 계엄법 등 위반혐의로 복역중이던 김대중을 석방, 미국 출국을 허용한 데 이어,[98] 12월 24일에는 광주사태 및 '김대중 내란음모사건' 등의 혐의로 구속중이던 47명을 형집행정지로 석방한 것이다.[99]

정치활동 피규제자에 대한 해금조치는 1983년 1월 18일 전두환이 국회에서 행한 국정연설에서 비롯된다. 이날 그는 모든 국민의 슬기와 힘

---

97) 민한당 총재 柳致松은 1981년 정기국회 기조연설에서 국민화합 차원에서 정치규제자들의 해금과 투옥된 인사들의 석방을 요구했다. 柳致松,『柳致松總裁 演說文集: 歷史의 岐路에서』, 157-158쪽.
98) 이에 대해 權魯甲은 全斗煥정권은 국내외 인권단체들의 비등하는 세론과 미국의 강력한 압력을 받아 金大中의 형을 감형하고 미국 망명을 허락하지 않을 수 없었다고 주장하고 있다. 權魯甲,『金大中とともに』(たちばな出版, 2001), 158쪽. 이와 반대로 金泳三은 全斗煥정권의 탄압으로 민주화운동이 질식상태에 놓여 있는데 "김대중이 '정치를 하지 않겠다'는 탄원서를 쓰고 미국으로 떠났다"면서 비판적 입장을 취했다. 김영삼,『김영삼회고록』 2, 230쪽.
99) 민정당은 이 조치가 "舊時代를 청산하고 국민 모두가 和合해 새 歷史 創造에 함께 참여하도록 하기 위한 一大英斷이 아닐 수 없다"고 평가했다. 民主正義黨,『바른 政治 바른 社會: 政策政黨 '82년의 발자취』, 30쪽.

을 결집해 나가기 위해서는 국민적 화합과 총참여가 이루어져야 한다고 주장하고, 그 일환으로 피규제자가 개전의 정이 현저하다고 인정되는 경우 정치활동 금지해제를 검토할 수 있다고 말했다.100) 그리고 우선 1단계 조치를 취하고 나머지 대상자들에 대해서도 화합과 참여를 위해 단계적인 조치를 계속 검토해 나갈 것이라고 밝혔다. 1983년 2월 25일 그는 1단계로 정치활동이 금지된 555명 중 250명에 대한 규제를 해제, 정치활동을 허용하는 조치를 취했다.101)

이에 이어 1년 뒤인 1984년 2월 25일 전두환은 2차 해금조치를 단행, 202명에 대해 정치활동을 허용했다. 2차 조치 역시 국회에서 행한 국정 연설에서 비롯된 것으로, 그는 과거 정치비리 때문에 법에 의해 정치활동이 금지되고 있는 대상자들이 개전의 정을 보인다면 단계적으로 해제 조치를 검토하겠다고 밝혔다. 그리고 이와 같은 조치는 어디까지 안정과 화합에 참뜻이 있는 것이며, 구시대적인 정치비리를 재연시켜서는 안 된다는 것이 국민적 여망이라고 강조했다. 그는 12대 총선을 앞둔 시점에서 불법과 선동으로 평안과 혼란을 조성하는 것을 원하는 국민이 있다고 생각한다면 그것은 큰 오산이 아닐 수 없다고 단언함으로써102) 해제조치가 총선과 관련이 있음을 암시했다. 다당구도의 이완을 초래하지 않는 범위 내에서 정치인들을 해금함으로써 민정당의 패권을 유지하도록 한다는 전략이었다.

그러나 이러한 전략은 1984년 5월 18일 해금된 정치인들이 민주화추진협의회(이하 민추협) 발족을 선언함으로써 차질을 빚게 된다.103) 민추

---

100) 全斗煥은 "現在의 상황을 볼 때 이 法이 당초에 意圖한 政治風土의 刷新과 道義政治의 具現이 國民的 興望 속에서 그 기틀을 다져 가고 있고 또 當事者들의 自肅雰圍氣도 어느 정도 定着돼 가고 있다"고 보았다. 금지조치를 풀어도 패권 행사에는 별다른 지장이 없다고 판단해서 이런 말을 했을 것이라고 분석된다. 大韓民國國會 事務處, 『第115回 國會本會議 會議錄』第1號(1983. 1. 18), 14쪽.
101) 정치활동 피규제자 및 단계별 해금자 명단은 中央選擧管理委員會, 『大韓民國政黨史』 제3집, 1389-1395쪽 참조.
102) 大韓民國國會 事務處, 『第120回 國會本會議 會議錄』, 第1號(1984. 1. 17), 6쪽.

협이 하나의 구심점 역할을 하며 재야세력의 통합에 나서면서 위성정당의 입지가 크게 축소됐고, 이로 인해 다당구도가 동요되기 시작했기 때문이다. 그리고 결성 이후 민주화를 촉구하는 운동을 지속적으로 전개하면서 민한당을 비롯한 기성 정당의 비판에 앞장섰는데,104) 민추협의 이와 같은 활동에 많은 국민들이 지지를 보냈기 때문이다.

발족선언에서 민추협은 민주주의 실현이 국민 모두에게 주어진 사명이며 민주주의는 오직 국민의 투쟁에 의해서만 이룩될 수 있다고 강조했다. 그리고 국민이 자신의 정부를 선택할 수 있고 시민의 참여가 보장되는 민주정부가 수립돼야 한다고 주장했다. 이를 위해 9개 항의 투쟁결의를 발표했는데, 이 중에는 신군부의 패권유지를 위해 도입된 선거제도와 비민주적 법률의 개정을 요구하는 내용도 들어 있었다.105) 발족을 선언한 이후 민추협은 간부 인선 및 사무실 확보 등 준비작업을 거쳐 1984년 6월 14일 결성대회를 가졌다.

민추협 결성을 계기로 80년 '서울의 봄' 이후 분열됐던 김대중계와 김영삼계는 다시 통합하는 쪽으로 나아갔다. 이 과정에서 적지 않은 우여곡절이 있었지만, 양측이 단합해 민주화투쟁에 적극 참여한다는 데 합의를 본 것이다.106) 이처럼 양측이 민추협의 운영과 조직 모든 면에서

---

103) 민추협은 金大中, 金泳三 두 사람이 군부독재 청산과 민주화를 위해 함께 투쟁하기로 한 1983년 8월 15일의 공동성명에 따라 광주민주화운동 4주년 기념일에 맞추어 결성됐다. 민추협 결성의 경위와 그 활동에 대해서는 具滋鎬 編,『民推史』(民主化推進協議會, 1988), 88-105쪽 참조.

104) 김상현은 민한당을 가리켜 "제도권 내에서 제도권을 대변하는 위장적인 야당"이라고 비판했다. 김상현,『믿음의 정치를 위하여』(학민사, 1992), 36쪽.

105) 민추협이 발표한 '민주화 투쟁선언' 제3항은 다음과 같다. "현정권의 존속을 위한 선거제도 등 규격화된 정치제도와 반민주적 법령이 민주적 방향으로 개선되지 않는다면 선거는 오직 요식행위에 지나지 않을 뿐이다. 우리는 국민의 참정권 보장을 위해서 투쟁한다." 具滋鎬 編,『民推史』, 82쪽.

106) 처음에 金大中계 일부는 金泳三에게 이용당할지도 모른다고 해서 반대한 데다, 양측의 상호불신이 깊고 그것이 재야까지 파급돼 예춘호는 민추협은 단일조직이 아니고 양김씨계 정치인의 2원적 협의기구라는 내용의 합의서를 써 주기

계파를 초월해 활동하기로 하고, 이에 재야세력까지 적극적인 지지를 나타냄에 따라 민추협은 민주화운동의 중심부에 위치할 수 있었다. 이와 반대로 위성정당의 위상은 더욱 위축돼 갔는데, 이는 통합의 효과가 나타나기 시작했기 때문이다.

(2) 신한민주당 창당

민추협의 발족과 결성으로 11대 총선 이후 정착돼 가던 패권정당제가 도전을 받게 되자 민정당은 야권통합 저지에 적극 나섰다. 여기서 나온 것이 1984년 11월 30일 단행된 3차 해금조치였다. 선거를 불과 70여 일 앞둔 시점에서 15명을 제외한 84명에 대해 정치활동을 허용했는데, 이는 야권의 대여 전열에 혼선을 주기 위해서였다. 규제대상 정치인들을 시차를 두고 단계적으로 해제함으로써 이들이 한 정당으로 규합되는 것을 막으려 했고,[107] 김대중, 김영삼, 김종필 3인은 계속 묶어 둠으로써 강력한 구심점이 별도로 형성되는 것을 막고자 한 것이다.

이러한 조치와는 별도로 민한당과 국민당에 대한 재정적 지원을 대폭 늘렸다. 이는 재정지원을 통해 위성정당이 활발하게 활동할 수 있는 여건을 조성해 주려고 한 것으로, 일차로 경제단체들로부터 기탁금을 많

까지 했다. 보다 자세한 내용은 예춘호, 『서울의 봄, 그 많은 사연』(언어문화, 1996), 242-245쪽 참조.

[107] 金東英도 일시에 해금할 경우 민한당과 별도의 투쟁적 정치세력을 형성할까 봐 이를 꺼려해서 여러 차례로 나누어 해금한 것이라고 주장했다. 먼저 해금된 정치인들이 기성 정당에 흡수된 다음, 나머지 정치인들에 대한 해금을 함으로써 야권의 분열을 유도했다는 것이다. 金東英, 『타오르는 民主聖火』(形成社, 1986), 51쪽. 이에 대한 증거로 2차 해금된 조세형과 정대철이 최형우를 찾아와 민한당 입당을 집요하게 권유한 사실을 들고 있다. 최형우, 『더 넓은 가슴으로 내일을』, 270쪽. 한편 全斗煥은 12대 총선 6개월 전에 풀어 주려고 했는데, 민정당 지도부가 겁을 먹고 한 달 전에 푸는 것이 좋겠다고 해서 그대로 했기 때문에 민정당이 고전했다고 증언했다. 페어플레이가 아니라 더티플레이라는 인상을 국민에게 주었기 때문에 국민이 민정당을 좋지 않게 보아 고전했다는 것이다. 金聲翊, 『全斗煥 육성증언』(朝鮮日報社, 1992), 410쪽.

이 받아 배분한 것을 들 수 있다.108) 이외에도 민한당과 국민당은 후원회를 통해서도 정치자금을 확보할 수 있었는데, 민한당의 경우 1984년에는 전년도보다 두 배나 많은 후원금을 받았다. 이는 민한당이 제1야당인 점을 감안해 신당 출현을 견제하는 선봉적 역할을 민한당에 맡기기 위해 집중적으로 지원했기 때문인 것으로 판단된다.

위성정당에 대한 지원을 통해 패권정당제를 유지하려 한 민정당의 전략은 민추협을 중심으로 양김씨 세력이 결집되고, 이를 모체로 해서 더 많은 정치인들이 통합의 대열에 합류함으로써 파국을 맞게 된다. 초보적 수준의 통합에 불과했지만, 민추협이 결성됨으로써 민정당의 분할통치가 더 이상 힘을 발휘할 수 없게 되고 만 것이다.

12대 총선 참여문제를 놓고 처음에는 민추협 내부에서 분열의 조짐이 나타나기도 했다. 민추협 결성과 별도로 김영삼계는 총선참여를 강력하게 주장한 반면, 김대중계는 총선불참을 주장했기 때문이다.109) 당시 재야와 학원가에서도 선거를 반대하고 있었는데,110) 이러한 견해차이로

---

108) 1983년의 기탁금 총액이 24억 2,883만 4,420원이었던 데 비해, 1984년에는 33억 93만 원으로 무려 36% 가까이 증가했다. 이로 인해 민한당과 국민당은 전년도보다 각각 54%와 24%나 많은 금액을 지급받았다. 中央選擧管理委員會, 『大韓民國政黨史』 제3집, 1383-1384쪽 참조.
109) 불참을 주장하는 측은 총선은 5공의 정통성을 확보하기 위한 요식행위이며, 현행 불합리한 선거제도 아래서 교묘한 선거부정으로 민주세력이 참패했을 때 대내외적으로 민주세력 약세라는 오인을 불러일으킬 것이라는 논리를 폈다. 참여를 주장하는 측에서는 총선거부가 선언적 의미 이상의 것이 되지 못하고, 적극적으로 참여하는 것이 민주화투쟁의 전술적 효과를 가져다주며, 참여를 하면 재야뿐만 아니라 제도정치권 내에도 강력한 교두보를 구축할 수 있다는 논리를 제시했다. 金東英, 『타오르는 民主聖火』, 51-52쪽. 당시 金大中계가 통일된 행동을 보인 것은 아니다. 權魯甲을 주축으로 하는 동교동 직계는 총선참여가 金大中의 생각과는 다르다고 인식하고 불참한 반면, 金相賢을 중심으로 하는 세력은 정치현실을 인정하고 총선참여를 주장했다. 이 바람에 金大中계는 현실정치에 뿌리를 내리려는 金相賢계와 이념적 목표에 충실하려는 동교동 직계로 나누어지게 됐다. 김태랑, 『우리는 산을 옮기려 했다』(하서출판사, 2002), 166쪽.

인해 민추협은 한때 분열 일보 직전까지 가기도 했다. 그러나 당시 민한당이 제1야당으로서 국민의 민주화의지를 대변하지 못하기 때문에 민주화운동의 대변세력을 만들 필요가 있고, 또 군사독재 종식을 위해 선거투쟁을 전개해야 한다는 데 가까스로 합의가 이루어져111) 통합은 탄력을 받게 됐다. 이와 같은 민추협 운영위원회의 합의를 토대로 1984년 12월 11일 김영삼, 김대중, 김상현 3인의 이름으로 민추협의 총선참여 및 신당창당이 공식적으로 발표됐다.

이에 따라 민추협은 본격적으로 신당 창당작업에 나섰고, 가능한 한 많은 수의 정치인들이 참여하는 것이 바람직하다는 판단에 따라 민추협에 소속되지 않은 정치인들에게도 동참을 권유했다. 그 결과 민추협과 비민추협이 5 대 5로 참여하는 정당이 창당되게 됐다. 여기서 민추협은 김영삼계와 김대중계가 합친 것이었고, 비민추협은 이철승계, 신도환계, 김재광계가 합친 세력을 의미하는 것으로 내부적으로 복잡한 분포를 보였다.

그러나 이들 모두 다시는 분파작용을 해서는 안 된다는 생각을 갖고 있었기 때문에 거대 규모의 통합신당이 결성될 수 있었다. 신당 출현을 하루 앞둔 1984년 12월 19일 서석재, 박관용, 홍사덕을 비롯한 민한당 의원 8명이 기자회견을 갖고 탈당, 신당참여를 선언했다.112) 통합정당의 위력이 나타나기 시작한 것이다. 신당은 명칭을 신한민주당(이하 신민당)으로 정했다. 이는 과거 유신에 맞서 싸웠던 '신민당'을 계승한다는 의

---

110) 이들은 全斗煥정권이 엄존하는데 총선에 참여하면 그것은 제도권에 참여하는 것이고, 결과적으로 그것은 全斗煥정권을 인정하는 것이기 때문에 총선 보이콧이 민주화투쟁의 합당한 방법이라고 주장했다. 김상현, 『믿음의 정치를 위하여』, 36쪽.
111) 具滋競 編, 『民推史』, 122쪽.
112) 徐錫宰는 자신이 민한당에 참여한 것은 민주화를 위해 최선을 다하라는 金泳三 총재의 가르침을 받아 한 것이며, 김총재가 신민당을 창당하자 그 뜻을 받들어 민한당 약화운동에 박차를 가하기 위해 신민당에 입당했다고 주장했다. 서석재, 『영원한 촌놈』(문학사상사, 1995), 167-168쪽.

미와 함께 약칭으로도 신민당이 되기 때문에 국민들에게 쉽게 다가갈 수 있다고 생각해서 택한 이름이었다.113)

1984년 12월 20일 열린 신민당 창당발기인대회에 김영삼은 연금을 당해 참석할 수 없었는데, 이는 그가 정치활동을 할 수 없는 정치활동 피규제자의 신분이었기 때문이다. 118명의 발기인이 참석한 이날 이민우를 창당준비위원장으로 선출하고, 5개 항의 결의문 및 국민에게 드리는 메시지를 채택했다. 이들은 결의문에서 정치풍토쇄신법 폐지와 김영삼, 김대중 등 모든 인사에 대한 전면적인 해금을 요구했고, 결의문에서 신민당이 모든 민주세력의 총집결체이며 민주회복의 중심이라는 것을 강조했다.

신민당은 1985년 1월 18일 창당대회를 개최하고 이민우를 총재로 선출했다. 이민우는 인사말에서 독재가 민주를 위장하고 불의가 정의로 행세하는 기만 속에서 대변적 역할을 담당해야 할 정당들은 들러리로 전락하고 만 것이 오늘의 정치현실이라고 비판했는데,114) 이는 패권정당제의 폐단을 분명하게 지적한 것이라고 할 수 있다. 이어서 그는 신민당은 국민의 여망인 민주화를 위해 창당한 것이라고 주장했다. 민주세력의 집결체임을 자부한 신민당에 지금까지 분열됐던 정치세력이 집결함으로써 민정당을 중심으로 한 다당구도는 동요하지 않을 수 없었다.

2) 12대 총선과 패권의 붕괴

신민당이 창당대회를 개최한 1985년 1월 18일 정부는 국무회의를 열고 12대 총선일자를 1985년 2월 12일로 확정지었다. 신민당에 시간적 여유를 주지 않음으로써 민정당을 중심으로 하는 패권정당제를 그대로 존속시키려는 의도에서였다. 새롭게 출발해야 하는 신민당으로서는 가능

---

113) 김영삼, 『김영삼회고록』 2, 197쪽.
114) 中央選擧管理委員會, 『大韓民國政黨史』 제3집, 637쪽.

한 한 많은 시간을 필요로 했지만, 체제정비를 비롯해서 총선준비를 마친 민정당과 기존 정당의 입장은 달랐다. 경쟁상대인 신민당이 준비가 덜 된 상태에서 선거를 치르는 것이 자신들에게 유리했기 때문이다. 이러한 분위기를 감안해 신민당은 창당발기인대회에서 기회균등과 자유경쟁 원칙을 무시한 조기선거를 철회하고, 선거 실시시기를 연기할 것을 요구하는 결의문을 채택하기도 했다.[115]

1월 28일 마감된 후보등록 결과 지역구는 정당추천 411명, 무소속 29명 등 총 440명이 등록해 전국 평균 2.4 대 1의 경쟁률을 보였고, 전국구는 7개 정당에서 모두 171명이 등록했다. 신민당의 창당으로 초래된 가장 큰 변화로는 이른바 전략지역이 없어진 것을 들 수 있다. 11대 총선에서는 위성정당의 후보등록을 금지하는 전략지역을 설정할 수 있었던 데 반해, 12대 총선에서는 이것이 원칙적으로 불가능해진 것이다.[116] 신민당의 출현 자체가 패권에 대한 도전이었는데, 이는 신민당이 기존의 위성정당과 달리 통합을 통해 출현한 정당이었기 때문에 가능했다.

또 하나의 특이한 현상으로는 신민당의 복수공천을 들 수 있다. 1구2인제하에서는 1명만 공천하는 것이 후보의 당선 가능성을 가장 높이는 것임에도 불구하고, 신민당이 복수공천을 한 것은 계파간 조정이 이루어지지 않았기 때문이다. 이러한 현상은 유신 치하의 두 번째 선거인 10대 총선에서도 나타났다. 당시 신민당은 4곳에 복수공천을 했는데, 후보를 4명이나 더 많이 공천한 결과 신민당은 공화당보다 1.1%나 더 많은 표를 얻을 수 있었다. 이 여파로 유신체제는 종말을 고하게 됐는데, 이와 유사한 현상이 다시 나타난 것이다.

5공화국 출범 이후 두 번째 선거인 12대 총선에서 민정당과 민한당은 전국 92개 선거구에 1명씩 공천한 반면, 신민당은 복수공천 두 곳을 포함해 91개 선거구에 93명을 공천했다.[117] 복수공천이 권력구조를 개편

---

115) 中央選擧管理委員會, 『大韓民國政黨史』 제3집, 632쪽.
116) 11대 총선에서 전략지역이었던 서울 강남구에 출마해 당선됐던 高貞勳은 전략지역이 소멸되면서 12대 총선에서는 낙선의 고배를 마셨다.

한 이후 실시되는 두 번째 선거에서 나타났다는 점과, 이것이 결과적으로는 새로운 제도를 모색하지 않을 수 없게 만들었다는 데서 유신체제와 패권정당제의 결함이 유사하게 나타난 것이다.

1985년 2월 12일 실시된 12대 총선에 전체 유권자의 84.6%가 투표, 5·16 이래 최고로 높은 투표율을 보였다. 선거결과 지역구에서 민정당 87명, 신민당 50명, 민한당 26명, 국민당 15명, 신정사회당 1명, 신민주당 1명, 무소속 4명이 각각 당선됐다. 민정당은 35.25%의 득표로 제1당이 돼 전국구의석까지 합쳐 148석으로 원내 안정세력 확보에는 성공했다.[118) 그러나 문제는 위성정당인 민한당의 몰락과 신민당의 거대야당으로의 부상이었다. 이는 유권자들이 위성정당에 대한 지지를 철회한 결과 나타난 현상이라고 할 수 있는데, 신민당은 서울, 부산, 인천, 대전, 광주 등 대도시에서 후보 전원이 당선됨으로써 제1야당으로 부상할 수 있었다.[119) 29.26%를 얻은 신민당에 비해 민한당은 19.68%를 얻는 데 그쳤고, 국민당은 9.16%밖에 득표하지 못했다. 이와 같은 위성정당의 부진으

---

117) 신민당은 경북 제5선거구(구미, 군위, 칠곡, 선산)에는 공천을 하지 못했고, 전남 제6선거구(금성, 광산, 나주)와 경남 제1선거구(마산)에는 2명씩 복수공천을 했다. 신민당이 복수공천을 한 것은 공천과정에서 계파별 안배원칙을 철저하게 지킨 결과였다. 우선 창당시의 합의에 따라서 민추협과 비민추협의 공천비율을 5 대 5로 정했고, 민추협은 金泳三계와 金大中계가 다시 반반씩 공천하기로 했다. 이 때문에 막판까지 공천문제로 계파간에 복잡한 조정을 해야만 했는데, 이로 인해 어느 한 계파에서 양보하지 않을 경우 복수공천은 불가피했던 것이다. 辛道煥, 『천하를 준다 해도』, 389쪽.

118) 민정당은 득표율 38%, 후보 전원 1등 당선을 목표로 하고 선거에 임했었다. 中央選擧管理委員會, 『大韓民國政黨史』 제3집, 168쪽.

119) 신민당은 12대 총선이 사상 유례없는 부정·불법선거였지만 민중의 민주화 열망을 막을 수 없어 신민당이 승리한 것이라면서 "2·12총선은 진실로 투표를 통한 위대한 민중혁명"이라고 주장했다. 新韓民主黨, 『2·12總選不正眞相』(新韓民主黨, 1985), 13쪽. 그러나 李鍾贊은 12대 총선이 역사상 가장 공정한 선거였다고 주장했다. 이종찬, 『민족의 종을 울리며 민주의 탑을 쌓으며』(靑湖文化社, 1987), 313쪽.

로 패권정당제는 붕괴될 수밖에 없었다.[120]

　패권정당제 붕괴를 알리는 최초의 징표는 1985년 3월 6일 단행된 정치활동 피규제자에 대한 전면적인 해금조치로 나타났다. 12대 총선결과 정치활동 규제가 실질적으로 아무런 효과도 없는 무의미한 것으로 판명됐기 때문이다. 해금조치가 취해져 마지막까지 정치활동 피규제자로 남아 있던 김영삼, 김대중, 김종필 등 14명은 자유롭게 정치활동을 할 수 있게 됐다. 이들의 정치활동 재개로 민한당은 결정적으로 몰락의 길을 걸었고, 이의 영향을 받아 패권정당제는 붕괴되고 말았다. 이들이 민정당의 분할통치가 불가능한 정치환경을 조성해 갔기 때문이다.

　김영삼, 김대중 두 사람은 1985년 3월 15일 회담을 갖고 신민당을 중심으로 야권통합이 이루어져야 한다는 것을 분명히 밝히고, 민추협의 조직을 확대하기로 하는 데 원칙적인 합의를 보았다. 총선패배 이후 지도부를 개편한 민한당 역시 야당통합추진 수권위원회를 구성하고 야권통합에 나서기로 결의함으로써 야권의 통합은 누구도 거스를 수 없는 대세를 형성하게 됐다.[121]

　이처럼 통합논의가 무성한 가운데 민한당 간부들이 대거 민한당을 탈당해 신민당에 입당하는 사태가 발생했다. 4월 3일과 4일 이틀에 걸쳐 민한당 의원 30명과 원외 지구당위원장 21명, 중앙상무위원 7명 등이 신민당에 입당한 것이다. 이 밖에도 국민당 의원 3명, 신민당과 신정사회당 의원 각 1명, 그리고 무소속 의원 1명이 신민당에 입당했다. 이로써 신민당은 재적의원의 3분의 1이 넘는 103석의 의석을 확보함으로써

---

120) 이와 같은 현상에 대해 민한당에 참여했던 辛相佑는 선거라는 형식을 통해 나타난 것이 아니라면 하나의 혁명이라고 할 수 있다고 회고했다. 辛相佑,『고독한 증언』(創民社, 1986), 348쪽.
121) 민한당 총재로 선출된 趙尹衡은 민한당을 신민당에 조건 없이 합당시키고자 한다고 선언했으나, 일부는 임시전당대회 소집을 요구하는 등 통합에 반대했다. 결국 1985년 4월 30일 소집된 임시전당대회에서 趙尹衡은 제명 처분됐다. 中央選擧管理委員會,『大韓民國政黨史』제3집, 30쪽.

단독으로 국회를 소집할 수 있는 거대야당으로 급성장했고, 정국은 다시 양당구도로 전환됐다. 다당구도를 정착시켜 패권을 유지한다는 민정당의 계획은 민한당이 몰락하고 야권이 통합되는 바람에 4년을 넘기지 못하고 파탄을 맞을 수밖에 없었다.122)

3) 6·29선언과 직선제개헌

통합으로 거대야당이 된 신민당이 개헌을 통해 정권교체를 추진한다는 전략이었던 데 반해, 민정당은 호헌을 통해 정권교체를 막고 계속 정권을 장악한다는 전략이었다. 양당의 이러한 견해차이는 국회 개원협상에도 영향을 미쳐 12대 국회의 개원이 한 달 이상 늦어지는 사태가 발생하기도 했다. 신민당이 개원의 전제조건으로 김대중의 사면·복권과 구속자석방을 주장한 데 반해, 민정당은 개원에 전제조건은 있을 수 없으며 국회를 구성한 다음 모든 문제를 원내에서 논의하자고 주장했기 때문이다.

당시 신민당은 대통령간선제는 신군부가 정권탈취를 위해 도입한 제도라고 생각하고 있었을 뿐만 아니라, 간선제 자체가 신군부 집권의 상징성을 지니고 있는 것이라고 인식하고 있었기 때문에 전제조건을 내세운 것이었다. 이러한 전략의 연장선상에서 신민당 총재 이민우는 대표연설에서 민주제도의 정착을 역설했고, 이를 위한 과업으로 대통령직선제로 개헌할 것을 주장했다.123) 이와 반대로 민정당은 개헌은 국론을

---

122) 金東英은 민한당의 몰락은 국민으로부터 외면당하는 정치집단의 말로를 보여준 것으로, "군소정당을 난립시켜 다수 야당제를 확립함으로써 야당 정치세력의 구심력을 약화시키려던 자신의 음모가 좌절되어 버린 것"이라고 분석했다. 金東英, 『타오르는 民主聖火』, 56쪽.

123) 그는 개헌은 "國民에게 政府選擇權을 되돌려주는 憲法의 正常化이며 國民的 合意의 實現"이며, 간선제하에서 정권교체는 신기루와 같은 것이라고 주장했다. 大韓民國國會 事務處, 『第125回 國會本會議 會議錄』 第7號(1985. 5. 20), 3쪽.

분열시키고 평화적 정권교체의 확실한 담보마저 깨뜨려 버릴지 모르는 극히 위험한 발상과 주장이라 생각하고 있었다. 그렇기 때문에 민정당 대표 노태우는 대표연설에서 이미 국민에게 확약한 바대로 호헌을 통한 평화적 정권교체 실현에 만전을 기할 것이라고 강조했다.[124)]

국회에서의 논의와는 별도로 민추협의 김영삼과 김대중은 1985년 6월 17일 공동성명을 통해 1985년 가을중 개헌에 관해 여야간 합의가 이루어지지 않을 경우 86년 봄 이후에는 정국에 예기치 않은 불행한 사태가 일어날 수도 있다고 경고했다. 이후 민정당을 중심으로 한 호헌세력과 신민당·민추협을 중심으로 한 개헌세력이 첨예하게 대치하는 상태가 지속됐는데,[125)] 이와 같은 대치상태는 1986년 2월 12일에는 직선제개헌 1천만 서명운동 추진선언을 계기로 본격화돼 1987년 6월 29일까지 지속된다.

직선제개헌을 요구하는 측에서는 현행 헌법은 절차에서 비민주적이고 정통성을 결여하고 있을 뿐만 아니라 내용에서도 문제라고 지적했다. 현행 헌법은 첫째, 유신헌법과 마찬가지로 사실상 평화적 정권교체가 불가능한 선거인단에 의한 간접선거로 대통령을 뽑게 돼 있고, 둘째, 대통령은 3권 위에 군림하는 독재체제의 구조를 갖고 있으며, 셋째, 대통령의 임기가 7년이라 국민의 신임을 상실했을 경우에도 장기집권이 가능하며, 넷째, 대통령 자신은 불신임받는 제도가 없음에도 불구하고 일방적으로 국회를 해산할 수 있는 권한을 갖고 있다는 것 등을 이유로 들었다.[126)]

이와 반대로 민정당은 직선제가 불가능한 이유를 네 가지 들었다. 첫째, 86아시안게임과 88올림픽 같은 대규모 국제적인 행사를 앞두고 대

---

124) 그는 "直選制는 地域感情과 選擧의 浪費要因, 그리고 極限의 對決 등의 폐단을 동반해 한 번도 民主發展에 도움이 되지 못했다"고 주장했다. 大韓民國國會事務處, 『第125回 國會本會議 會議錄』 第6號(1985. 5. 18), 3쪽.
125) 양측의 대치상황에 대해서는 金東英, 『타오르는 民主聖火』, 61-63쪽 참조.
126) 具滋鎬 編, 『民推史』, 822쪽.

통령선거로 인해 국력을 낭비하는 것은 바람직하지 못하며, 둘째, 국민이 진정으로 원하는 것은 대통령직선제가 아니라 1인 장기집권 방지와 평화적 정권교체이며, 셋째, 이미 현행 헌법을 준수해 대통령 7년 단임제 전통의 확립을 국민들에게 공약했기 때문에 이를 성실히 지켜야 할 의무가 있으며, 넷째, 개헌을 하려고 해도 국민의 의사를 한 가지로 묶을 수 없으며 어떤 대안을 내놔도 국민적 합의를 보기 어렵기 때문에 선거가 끝난 후 재론하는 것이 옳다는 것이었다. 이와 동시에 직선제개헌을 하면 민정당이 이길 수 없으니까 개헌에 반대하는 것이라고 야당이 주장하고 있는데, 집권당이 국민투표에서 패배한 적이 없듯이 직선제에서도 결코 패배하지 않는다고 주장했다.[127]

양측은 1986년 6월 25일 타협안을 도출하기 위해 국회 내에 헌법개정특별위원회를 구성하기로 하고 이를 만장일치로 통과시켰다. 45명으로 구성된 개헌특위는 여러 차례 회의를 갖고 의견을 절충했으나 합의에는 이르지 못했다. 양측 모두 자신의 입장과 논리를 합리화하는 내용의 개헌안을 제출하고 상대방의 제안은 결코 수용하려 하지 않았기 때문이다.[128] 이로 인해 개헌특위는 파행을 거듭해 유명무실한 기구로 전락했고, 이 바람에 국회도 공전되는 사태가 빚어졌다.

당시 국회 공전사태와는 반대로 원외에서는 개헌논쟁이 매우 치열하게 전개됐는데, 이 과정에서 신민당의 내분과 서울대생 고문 치사사건이 발생했다. 신민당 내분사태는 개헌을 둘러싸고 발생한 당내 온건파와 강경파의 대립을 말하는 것으로, 이러한 대립은 당권경쟁 및 선명성 경쟁과 직결돼 강경파는 일체의 타협을 거부한 채 투쟁 일변도로 나아갔다. 신민당 내 강경파의 투쟁 일변도 노선은 서울대생 고문 치사사건으로 정부와 민정당이 정당성과 도덕성을 상실하는 바람에 국민적 지지

---

127) 民主正義黨, 『우리 憲法: 그 改憲 主張과 護憲의 論理』(民主正義黨, 1985), 7-10쪽 참조.

128) 당시 각 당이 제출한 개헌안의 비교분석은 中央選擧管理委員會, 『大韓民國政黨史』 제3집, 37-39쪽 참조.

를 받을 수 있었다. 이를 바탕으로 직선제개헌은 대세로서 탄력을 갖게 돼 대학생은 물론 중산층마저 직선제개헌을 요구하는 시위에 적극 참가하는 사태가 발생했다.

직선제개헌을 요구하는 시위가 전국 각지에서 치열하게 전개되고 있음에도 불구하고 전두환은 1987년 4월 13일 국론을 분열시키고 국력을 낭비하는 개헌논의를 지양할 것을 선언했다. 그는 자신의 임기중에는 개헌이 불가능하다고 판단되므로 현행 헌법에 따라 후임자에게 정부를 이양할 것이라고 밝히고, 부질없는 개헌파쟁에만 골몰해 불법과 폭력으로 사회혼란을 조성하고 국민생활을 불안하게 하는 일은 단호하게 대처하겠다고 강조했다.129) 현행 헌법을 고수하겠다는 내용의 '4·13호헌조치'가 발표되자 각계는 크게 반발, 1987년 5월 27일에는 정치권과 종교단체, 재야세력, 노동계 등이 모여 민주헌법쟁취국민운동본부(이하 국민운동본부)를 발족시켰다.

국민운동본부는 '4·13조치'의 무효를 선언하고 직선제개헌을 관철시키기 위한 투쟁을 본격적으로 전개했다. 당시 이와 같은 대규모 투쟁이 가능했던 것은 통합이 정치권 내부에서만 이루어진 것이 아니라 국민적 차원에서 이루어졌기 때문이다. 이처럼 직선제개헌에 대한 국민적 공감대가 확산된 가운데 1987년 6월 9일 직선제개헌을 요구하며 시위중이던 연세대생이 최루탄을 맞고 사망하는 사건이 발생했다. 이로써 정부와 민정당은 더 이상 호헌논리를 고집할 수 없게 됐다. 시위진압을 구실로 경찰력을 동원할 수 없게 됐을 뿐만 아니라 국민통합의 위력을 실감했기 때문이다.

이와 같은 위기상황을 극복하기 위해 민정당은 야권이 주장하는 직선제개헌을 전격적으로 수용했다.130) 민정당 대표 노태우가 1987년 6월

---

129) 全斗煥은 개헌논의 지양의 이유로 평화적 정부이양과 서울올림픽이라는 양대 국가대사를 성공적으로 치르기 위해서라고 밝히고, 두 가지 국가적 대사를 완수한 후 충분한 시간을 두고 다시 생각한다면 백년대계를 위한 좋은 방안이 마련될 수 있을 것이라고 주장했다.

29일 직선제개헌 수용, 김대중 사면·복권 등 시국수습 8개항을 담은 '국민대화합과 위대한 국가로의 전진을 위한 특별선언'을 발표한 것이다.131) 이러한 내용의 '6·29선언'은 전두환의 구상을 노태우가 대신 발표한 것에 불과하다는 주장도 나오고 있으나,132) 진위 여부를 떠나 이를 계기로 국민이 직접 대통령을 선출하는 방향으로 개헌이 이루어진 것만은 사실이다. 그리고 이를 시발점으로 한국정치가 민주주의로 이행하는 과정을 밟은 것만은 어느 누구도 부인할 수 없는 사실이라고 할 수 있다.133)

---

130) 민정당 대표 盧泰愚는 1987년 들어서 직선제를 고려하고 있었으며, 6월 10일 이후부터는 직선제를 수용하고 金大中을 사면·복권할 수밖에 없다는 생각을 확고히 했다고 주장했다. "盧泰愚 육성회고록," 『月刊朝鮮』(1999년 6월), 215쪽.
131) 8개 항으로 된 6·29선언의 골자는 첫째, 여야 합의로 직선제개헌, 둘째, 공정한 경쟁이 보장되는 방향으로 대통령선거법 개정, 셋째, 국민적 화해와 대단결을 위해 金大中의 사면·복권, 넷째, 국민의 기본권 강화, 다섯째, 언론자유의 창달을 위한 관련제도의 개선, 여섯째, 사회 각 부문의 자치와 자율의 최대한 보장, 일곱째, 대화와 타협의 정치풍토 마련, 여덟째, 밝은 사회 건설을 위한 과감한 사회 정화조치 강구 등이었다. 그리고 이러한 제안이 받아들여지지 않을 경우 민정당 후보와 당 대표직을 포함한 모든 공직에서 사퇴할 것이라고 밝혔다.
132) 全斗煥은 직선제를 해도 민정당이 질 염려는 전혀 없으므로 이를 받아들일 것을 盧泰愚에게 권고했다고 증언했다. 직선제를 받는 것이 직선제를 하지 않음으로 해서 야기되는 혼란보다는 적을 것이므로 盧泰愚가 이를 건의하는 식으로 하도록 했다는 것이다. 金聲翊, 『全斗煥 육성증언』(조선일보사, 1992), 425-433쪽.
133) 최형우는 6·29선언을 노태우의 항복문서라고 주장했다. 최형우, 『더 넓은 가슴으로 내일을』, 304쪽. 그러나 최장집은 6·29선언은 약화된 권력블록과 최대한으로 팽창한 민주화연합간 힘의 교착상태의 한 결절점을 구체화한 것이기 때문에, 어느 한편의 일방적 승리가 아니라 양자의 최대 요구가 타협을 강요받는 조건에서 합일점을 찾은 것으로 분석했다. 崔章集, 『韓國現代政治의 構造와 變化』(까치, 1989), 295쪽.

5. 야권의 분열과 패배

 분열됐던 야권은 신민당 결성을 계기로 통합을 이루었기 때문에 패권정당제를 분쇄할 수 있었다. 이 여세를 몰아 야권은 국민적 통합에 성공할 수 있었고, 최종적으로는 직선제개헌을 쟁취할 수 있었다. 그러나 이 과정에서 야권은 다시 분열되는 사태를 맞이했다. 통합으로 위기를 극복했다고 자부하는 순간 내부적으로 주도권문제를 둘러싸고 대립과 갈등이 발생했기 때문이다. 이로써 야권은 구심점을 상실하게 됐고, 그 결과 통합과는 반대되는 해체의 길로 들어설 수밖에 없었다. 이로 인해 민정당은 위기로부터 벗어날 수 있는 기회를 포착하게 됐는데, 민정당의 위기극복은 곧바로 야권의 패배를 의미하는 것이었다. 통합됐던 야권이 다시 분열되는 바람에 초래된 현상이었다.

1) 야권의 분열

 통합을 이루었던 야권은 통합의 위력이 절정에 달하는 바로 그 순간 해체되는 운명을 맞이했다. 직선제개헌을 성취한 이상 더 이상 통합할 필요가 없다고 생각했기 때문이다. 야권의 분열은 단계적으로 일어났는데, 일차로 신민당에서 통일민주당이 떨어져 나왔고, 이차로 통일민주당에서 평화민주당(이하 평민당)이 갈려 나갔다. 여기에 구 공화당 출신 인사들을 중심으로 한 신민주공화당이 창당됨으로써 다당구도가 재현되는 양상을 빚게 된다. 그러나 이때의 다당구도는 야권 내부의 주도권 경쟁의 부산물이라고 하는 점에서 신군부가 의도적으로 도입했던 다당제와는 본질적으로 다른 것이었다.

(1) 야권의 1차 분열: 통일민주당 창당

직선제개헌을 추진하는 과정에서 신민당은 내부적으로 노선상의 대립을 겪게 되는데, 이는 신민당이 안고 있는 이중적인 권력구조에서 비롯되는 측면이 적지 않았다.134) 당의 의사결정과정이 명목상의 지도자인 이민우와 실질적인 지도자인 김영삼·김대중의 양김으로 이원화됨으로써 당론의 집약과 형성이 왜곡되는 사태가 벌어졌기 때문이다. 이와 같은 이중구조 현상은 신민당 결성시 김영삼은 정치활동 피규제자의 신분이었고 김대중은 미국에 체류중이어서 두 사람 모두 참여할 수 없었기 때문에 나타난 것이었다. 이들은 그 대신 이민우를 총재로 내세우고 그를 통해 끊임없이 당에 영향력을 행사했다. 이러한 구조로 인해 이민우는 전당대회에서 총재로 선출되기는 했지만 형식적인 권한을 행사하는 것으로 만족해야 했다. 이로 인해 아무리 명목상의 총재라고는 하지만 총재에 대한 간섭이 지나치다고 생각했기 때문에 갈등이 발생할 소지가 생겨나게 된 것이다.135)

양측의 갈등이 최초로 표출된 것은 1986년 12월 24일 이민우가 개헌에 관한 구상을 독자적으로 밝히면서부터였다. 이날 그는 7개 항의 민주화조치를 요구하는 이른바 '이민우구상'을 발표하고, 정부와 여당이 이를 수용할 경우 내각제개헌도 긍정적으로 받아들일 수 있다고 밝혔다.136) 이에 대해 민정당과 국민당이 긍정적인 반응을 보였으나, 신민당

---

134) 이중적인 권력구조란 선출된 지도자가 있기는 하지만 형식에 불과하고, 실권은 배후에 있는 다른 지도자가 행사하는 구조를 말하는 것인데, 이는 민주적인 정당으로 위장하기 위해 취하는 방식의 하나이다. Maurice Duverger, *Political Parties* (London: Methuen & Co. Ltd., 1967), p.146.

135) 辛道煥은 신민당 정무회의는 형식상 총재가 주재하고 있었지만 그 뒤에 金泳三과 金大中이 앉아 조정하는 희한한 회의이며, 총재가 정무위원의 의견을 수렴하는 것이 아니라 두 사람의 말만 듣는다고 비난했다. 辛道煥, 『천하를 준다 해도』, 404-405쪽.

136) 1986년 12월 24일 李敏雨는 정부와 여당이 지방자치제 실시, 언론 및 집회·결사의 자유 등 기본권 보장, 공무원의 정치적 중립확보, 국민에 뿌리내린 2개

내에서 '이민우구상'은 대통령직선제 당론을 위배한 것이라는 비판이 강력하게 제기되는 바람에 이민우는 자신의 구상을 철회하는 수밖에 없었다.137)

이로써 신민당의 갈등은 수습되는 듯했다. 그러나 이철승을 비롯한 당내 비주류세력이 내각제 지지를 선언하고 나섬으로써 당내갈등은 다시 확대됐다.138) 그 동안 직선제개헌이라는 명분에 밀려 침묵하고 있던 비주류측이 이민우구상을 계기로 자신의 목소리를 내기 시작했고,139) 이민우도 이에 합류하려는 움직임을 보였기 때문이다. 상황이 이에 이르자 양김진영은 이민우가 자진해서 총재직을 사퇴하는 것만이 직선제 개헌을 쟁취하는 유일한 길이라고 보고 이를 추진했으나, 이민우는 총재직 사퇴에 동의하지 않았다.

이처럼 전혀 예기치 않은 문제가 발생하자 김영삼, 김대중 두 사람은 1987년 2월 21일 만나 1987년 5월로 예정된 전당대회에서 김영삼을 총재로 추대하기로 합의했다. 이민우를 총재직에 그대로 두었다가는 어떤 사태가 벌어질지 모른다고 의심하고 있었고, 또 김영삼 자신이 총재가 되기를 원했기 때문에 그와 같은 결정을 내렸던 것이다.140) 그러나 이 결정에 이민우가 분명한 태도를 취하지 않았을 뿐더러 당내 비주류측이

이상의 정당제도 정착, 공정한 국회의원선거법, 용공분자를 제외한 구속자 석방, 사면·복권 등 민주화를 위한 7대 청사진을 제시할 경우 내각제 개헌안을 긍정적으로 받아들일 수 있는 계기가 마련될 것이라고 밝혔다.

137) 당시 민정당이 李敏雨에게 만일 내각제를 받아들일 경우 상징적인 자리인 대통령으로 옹립하겠다고 회유했기 때문에 '李敏雨구상'이 나왔다는 주장도 제기되고 있다. 김영배,『오로지 한길만을』, 114쪽.

138) 비주류들은 金泳三과 金大中의 간섭이 지나치기 때문에 李敏雨 총재가 뚝심을 발휘해 자신의 구상을 내놓은 것이고, 자신들은 총재의 생각이 옳다고 생각했기 때문에 지지한 것이라고 주장했다. 辛道煥,『천하를 준다 해도』, 408-409쪽.

139) 1987년 1월 10일에는 이택돈, 이철승, 이택희 등 신민당 의원 9명이 '민주연합'을 결성해 '李敏雨구상'을 적극 지지지하며 兩金을 비난하는 성명을 발표했다. 최형우,『더 넓은 가슴으로 내일을』, 299쪽.

140) 김영배,『오로지 한길만을』, 114쪽.

당사를 점거하는 등 강력하게 반발하자 양김진영은 분당하는 길 외에는 달리 방법이 없다는 결론을 내렸다. 이들은 또한 신민당의 내분이 결코 당 내부만의 문제가 아니라 공작정치의 소산이라는 인식을 가지고 있었다.141)

통합한 지 2년 3개월 만인 1987년 4월 8일 양김은 신당창당을 선언함으로써 신민당의 내분은 분당으로 막을 내리고 말았는데, 당시 신민당 소속의원 90명 중 78명이 탈당했다. 이들은 당명을 통일민주당으로 정하고 4월 9일 창당주비위원회 결성, 4월 13일 창당발기인대회 개최, 5월 1일 창당대회 개최 등의 일정으로 신당을 만들었다. 여기서 당내 비주류 일부가 창당작업을 방해하기 위해 폭력배를 동원해 20여 곳의 지구당 창당대회에서 폭력사태가 빚어지기도 했지만,142) 이들은 이에 개의치 않고 창당작업을 서둘렀다.

발기인대회 결의문에서 통일민주당은 "김대중·김영삼 두 지도자의 창당 지도노선을 전폭적으로 지지하며 철통같이 결속하여 국민의 열망에 충실할 수 있는 수권정당을 창당"할 것과 직선제개헌을 관철할 것을 다짐했다. 한편 창당대회에서 총재로 선출된 김영삼은 국민의 민주화의지를 정직하게 받들어 투쟁할 선명하고 강력한 야당이 전열을 가다듬어 새롭게 출발하는 것이라고 선언하고, 현행 대통령 선거제도는 국민의 선택권을 보장하는 제도가 아니라 박탈하는 제도이므로 인정할 수 없다는 것을 분명히 했다.143)

이와 같은 노선과 목표를 갖고 통일민주당은 양김의 주도 아래 정부와 민정당의 호헌논리에 맞서 직선제 개헌운동을 전개했다. 이에 많은 국민들이 공감을 표함으로써 16년 만에 국민이 직접 대통령을 선출하는

---

141) 中央選擧管理委員會,『大韓民國政黨史』제3집, 727쪽.
142) 이것이 이른바 '용팔이사건'으로, 이러한 폭력행위의 배후에는 안기부 등 정보기관의 공작정치가 있었음이 후일 밝혀졌다. 최형우,『더 넓은 가슴으로 내일을』, 301쪽.
143) 김영삼,『김영삼회고록』, 2, 339쪽.

방식으로 개헌이 이루어질 수 있었다. 그러나 다른 한편으로 이들의 분당행위는 전반적으로 야권의 약화를 초래한 것도 사실이다. 그리고 또 하나의 분열을 예고한 것이라는 측면에서 볼 때 '선명한 야당'의 출범은 결과적으로 애초에 의도했던 국민적 통합과는 거리가 먼 방향으로 나아가는 단초가 됐다고 할 수도 있다.

(2) 야권의 2차 분열: 평화민주당 창당

6·29선언 이후 양김은 "야당의 승리를 위해서는 반드시 단일후보를 내야 한다"고 자주 소감을 피력했다. 마치 자신이 양보를 해서라도 기필코 후보를 단일화하겠다는 뜻으로 들릴 만큼 무게가 실린 말이었다. 80년 '서울의 봄'이 바로 자신들의 분열 때문에 무산됐다고 하는 사실을 양김은 뼈저리게 느꼈으리라고 생각했던 국민들은 이 말을 듣고 진정으로 후보단일화가 이루어질 것이라고 믿었다. 그러나 후보단일화라는 말의 진심은 단일후보를 내야 하는 만큼 반드시 상대방이 양보해야 한다는 것을 의미하는 것이었기 때문에, 야권은 또다시 분열의 소용돌이에 휩싸이게 됐다.

노태우의 6·29선언을 수용해 전두환은 1987년 7월 10일 김대중에 대해 사면·복권조치를 취했다. 이러한 조치로 자유로운 정치활동이 가능해진 김대중은 7월 11일 김영삼과 만나 통일민주당에 입당하기로 합의했다. 양김이 5 대 5의 지분으로 창당하기로 하고 지역구와 모든 당직을 정확하게 반반씩 차지하고 있었기 때문에 그의 입당은 당연한 것이었다. 그럼에도 불구하고 김대중 진영의 일부는 시기상조론을 펴며 반대했고,[144] 그의 입당이 늦어지는 것에 대해 김영삼 진영은 의구심을 표하기도 했다.[145] 이와 같은 분위기는 8월 8일 김대중의 통일민주당 입당

---

144) 통일민주당을 5 대 5로 창당했지만, 金泳三측은 전국 92개 지역구 중 46개 모두를 채운 반면 金大中측은 4, 5개 지역구를 채우지 못한 불균등한 상태에 있었기 때문에, 전당대회에서 후보를 선출할 경우 金大中이 불리할 수밖에 없다고 해서 반대의견이 나온 것이다. 김영배,『오로지 한길만을』, 159-160쪽.

으로 바뀌게 되고, 이를 계기로 후보단일화가 이루어지는 것처럼 보였다. 그러나 국회에서 개헌협상이 타결되면서 양 진영의 갈등은 다시 표면화되기 시작했다.146) 두 사람 모두 상대방의 양보를 통해 자신이 대통령후보가 되기를 원했기 때문이다. 반드시 자신이 대통령후보가 돼야 한다는 당위론과 아집의 노예가 돼 사사건건 이 문제를 놓고 신경전을 벌인 것이다.147)

김대중은 9월 8일의 광주집회, 9월 12일의 대전집회 등을 통해 자신에 대한 지지를 확인해 갔고, 이를 통해 자신이 단일후보가 돼야 한다는 것을 암시하는 전략을 취했다.148) 반면 김영삼은 전당대회에서 후보경선을 하면 틀림없이 당선될 것이라는 확신을 갖고 있었기 때문에 당조직을 강화하는 방향으로 나아갔다.149) 이처럼 두 사람 모두 자기중심적으로 생각하는 것에 대해 당내 일부에서 우려를 표하고, 후보단일화를 촉구하는 서명운동을 전개하기도 했다. 후보단일화만이 군부정권을 종식시킬 수 있는 가장 확실한 길이며, 이것만이 국민에게 희망을 주고 민주진영을 단합시키고 지역감정을 해소하는 방안이라고 확신했기 때문이다.150) 그러나 후보단일화 주장은 양 진영의 논리에 밀려 성과를 거둘 수 없었다.

김영삼 진영의 경우 세 가지 이유를 들어 김대중의 양보를 기대하고

---

145) 입당의사를 밝힌 다음 金大中은 불출마선언을 번복해 당황케 만들었지만, 입당함으로써 "우리 모두의 환영을 받았다"고 김영삼 진영은 기록하고 있다. 최형우,『더 넓은 가슴으로 내일을』, 304쪽.
146) 국회 개헌특위는 9월 1일 헌법 전문과 본문 130개 조문을 확정지었고, 9월 2일에는 盧泰愚와 金泳三이 만나 개헌안의 9월 10일 국회 발의, 10월 초 국회 통과와 10월 말 국민투표 실시, 12월 20일 이전 대통령선거 실시 등 5개 항에 대해 합의를 보았다.
147) 楊淳稙,『大義는 권력을 이긴다』, 297쪽.
148) 최형우,『더 넓은 가슴으로 내일을』, 305쪽.
149) 김영배,『오로지 한길만을』, 163쪽.
150) 김상현,『믿음의 정치를 위하여』, 41-42쪽.

있는 것으로 분석됐다. 첫째, 비토세력 문제로, 김대중을 정치지적으로 박해했던 쪽에서 보복을 당할까 봐 두려워해서 쿠데타를 일으킬지도 모르며, 둘째, 노태우 쪽에서 지역감정을 유발할 우려가 있으며, 셋째, 시기상의 문제로 김영삼이 먼저 대통령이 되고 다음에 김대중이 하는 것이 사회안정, 경제성장, 통일에의 접근 등을 이루는 데 도움이 된다는 것이었다.[151]

이에 대해 김대중 진영은 재야운동을 망라하는 조직의 평가나 대학 총학생회를 중심으로 한 모의투표, 그리고 중앙일보의 여론조사 등에서 압도적으로 우세하다는 것을 들었다. 그리고 천주교 사제단을 비롯한 각 종교단체와 대학교수, 문인들도 김대중을 지지한다고 주장하면서 국정을 수행할 수 있는 후보로서의 자질, 민주화투쟁에 대한 공헌도, 국민적 지지기반의 우세 등의 이유에서 그런 것이라고 강조했다.[152]

이와 같이 서로 상대방의 약점을 지적하면서도 단일화를 성사시키기 위해 양 진영의 대표가 협상을 벌이기도 했고, 어떤 때는 두 사람이 직접 만나기도 했으나 끝내 합의에 이르지는 못했다. 결국 1987년 10월 10일 김영삼이 대통령선거 출마를 선언한 데 이어, 10월 28일 김대중이 출마를 선언함으로써 후보단일화는 성사될 수 없었다. 이처럼 두 사람이 갈라섬으로써 통일민주당은 분열될 수밖에 없었고 이로 인해 통일민주당에 속해 있던 의원과 당원들은 어느 한편을 선택해야만 했다. 통일민주당 창당을 위해 신민당을 탈당한 지 6개월 만에 다시 대규모 탈당사태가 벌어지게 된 것인데, 이 여파로 영·호남의 분열이라는 비극적인 사태가 초래됐음을 지적하지 않을 수 없다.[153]

출마선언 이후 김대중 진영은 모임을 갖고 신당의 명칭을 평화민주당(이하 평민당)으로 정하고 10월 29일에는 창당주비위원회를 구성했으며, 10월 30일에는 창당발기인대회를 개최했다. 이들은 11월 12일 창당대회

---

151) 김영배, 『오로지 한길만을』, 161-162쪽.
152) 김옥두, 『다시 김대중을 위하여』(살림터, 1995), 341-342쪽.
153) 김영배, 『오로지 한길만을』, 164쪽.

겸 대통령후보 지명대회를 열고 김대중을 총재 겸 대통령후보로 추대했
다. 후보 수락연설에서 그는 자신이 야당의 단일후보는 아니지만 재야
민주세력이 지지하는 유일한 후보라고 주장하고 승리를 확신한다고 천
명했다.154) 그는 또한 평민당을 창당하고 대통령후보로 출마한 것은 국
민과 역사에 대한 포기할 수 없는 사명감에서 연유한 것이라고 밝혔
다.155)

 김대중 진영이 탈당하자 당조직 정비를 마친 통일민주당은 11월 9일
임시전당대회를 열고 김영삼을 대통령후보로 공식 지명했다. 그는 후보
수락연설에서 역사는 군부독재를 종식시키고 평화적으로 민주주의혁명
을 완수할 것을 요청하고 있다고 주장했다. 그리고 민주주의혁명이 역
사적 요청이라면 정통 민주세력의 결집체인 통일민주당의 집권은 당연
한 역사의 순리라고 단언했다.156)

 별도로 출마하면서도 김영삼, 김대중 모두 승리를 확신하고 있었는데,
이는 객관성이 결여된 것이라고 하지 않을 수 없다. 12대 총선에서의 신
민당 돌풍이 통합에 기인한 것이었음을 실감했으면서도, 이 사실을 망
각하고 승리의 전제조건이나 마찬가지라고 할 수 있는 통합을 거부했기
때문이다. 이와 같은 사태를 마치 예측이나 한 것처럼 노태우는 야당의
분열을 지적하고 국민의 안정심리를 부추기는 전략을 구사했다. 유세
때마다 그는 "안정이냐, 혼란이냐"라는 주제를 갖고 야당의 분열을 수권

---

154) 이낙연, 『80년대 정치현장』(東亞日報社, 1989), 61쪽.
155) 金大中은 당시 후보단일화를 요구하는 측근에게 오히려 4파전이 돼야 이길
  수 있다면서 자신이 "기도를 드리는데 하나님이 이번 기회에 국민 앞에서 큰 뜻
  을 이뤄야한다는 계시가 있었습니다"라고 말했다. 楊淳植, 『大義는 권력을 이긴
  다』, 301쪽. 이영석도 金大中이 출마한 것은 4자 필승론을 믿었기 때문이라고
  분석했다. 즉 金泳三이 盧泰愚의 표밭인 영남권 표를 쪼개 주고, 金鍾泌이 충청
  도의 보수적인 여당성향 표를 어느 정도 잡아 주면, 호남권 몰표와 재야권의 표
  를 몽땅 쓸어 담게 돼 반드시 승리한다고 계산했다는 것이다. 이영석, 『야당, 한
  시대의 종말』(成正出版社, 1990), 292쪽.
156) 김영삼, 『김영삼회고록』 3, 118쪽.

능력 부족 및 혼란과 연결시켰다.157)

이와 같은 민정당의 전략은 이미 6·29선언 이전에 수립된 것으로 분석된다. 양김이 서로 믿지 않는 철천지원수 사이이기 때문에 단일화가 성사되기 어렵다고 판단했고, 설사 단일화가 이루어진다고 할지라도 열심히 도와주는 것이 아니라 서로 당선되지 못하게 할 것이라고 확신하고 있었기 때문이다.158) 이러한 확신이 있었기 때문에 김대중의 사면·복권을 단행하고 야당이 요구한 직선제를 수용할 수 있었던 것이다. 당시 후보단일화를 추진했던 측에서는 전두환이나 노태우가 어떻게 양김씨의 분열을 확신할 수 있었는지 석연치 않았다는 의문을 제기하기도 했다.159) 그러나 지나치게 승리를 확신한 나머지 통합의 필요성을 느끼지 못했고, 이로 인해 이들은 다시 위기에 처하게 된다.

(3) **새로운 분열: 신민주공화당 창당**

1985년 3월 6일 정치활동 규제에서 풀린 이후에도 김종필은 외부와의 접촉을 피한 채 정국을 관망만 하고 있었다. 이와 같은 태도는 6·29선언이 나온 이후에도 별다른 변화가 없었는데, 1987년 9월 16일 국회 개헌특위에서 개헌안 협상이 종료되자 바뀌게 된다. 9월 28일 그는 기자회견을 갖고 정계복귀를 공식 선언했다. 이날의 회견에서 그는 지난날 못 다한 일에 대한 책임감을 느낀다고 전제하고, 이 기회에 정계에 복귀해 나름대로 민주화에 기여하고 물러날 결심이라고 밝혔다.160)

---

157) 中央選擧管理委員會, 『大韓民國政黨史』 제3집, 301-302쪽.
158) 金聲翊, 『全斗煥 육성증언』, 451-452쪽.
159) 洪思德, 『나의 꿈 나의 도전』(햇빛출판사, 1988), 149쪽.
160) 金鍾泌은 회견에서 과거 공화당정권의 치적에 대한 국민의 정당한 심판을 받기 위해, 참다운 민주화의 추진력이 되기 위해, 나라의 안정과 지속적인 성장을 뒷받침하기 위해, 땀 흘려 일하는 침묵하는 다수에게 보람을 안겨주기 위해, 조국의 근대화와 통일의 길잡이가 되기 위해 그 동안 쌓아 온 지혜와 경험, 그리고 심혈을 다 바쳐 남은 정열을 불태울 것을 다짐하면서 정치현장에 복귀한다고 선언했다. 中央選擧管理委員會, 『大韓民國政黨史』 제3집, 909쪽.

정계복귀 선언 이후 김종필은 신당 추진작업에 박차를 가해 10월 5일에는 신민주공화당(이하 공화당) 창당발기인대회를 개최했다. 창당준비위원장으로 선출된 그는 인사말에서 정당의 일차적 목표는 정권획득에 있으므로 출발부터 수권정당의 태세를 갖추어 나가야 할 것이라고 강조함으로써 대통령선거에 출마할 것임을 강력히 시사했다. 구 공화당 시절의 각료·의원 출신과 유정회 출신이 주로 참여한 가운데 공화당은 10월 30일 창당대회를 개최했는데, 이들은 창당대회에서 6·29선언은 5·17 자체가 원천적으로 무효이며 신군부에 의해 붕괴된 조국 근대화세력의 소생과 재결집이 당연한 역사적 귀결임을 말해 주는 것이라고 선언했다. 그리고 공화당의 빛나는 이념과 전통을 이어 새로운 근대화의 주도세력이 될 것임을 다짐하고 앞으로 민주화 지도세력을 지향, 공화당을 창당한다고 밝히고 정책정당, 봉사정당으로 거듭 태어날 것을 기약했다.161)

이날 총재 겸 대통령후보로 선출된 김종필은 후보 수락연설에서 1980년대 초 국민들의 민주화열망을 짓밟은 5·17세력이 민주화주체의 탈을 쓰고 다시 국민 앞에 나타나고 있다고 비난했다. 또한 그는 이번에도 그들을 가려낼 줄 모른다면 우리 국민은 민주주의를 누릴 자격도 없는 국민이 될 것이라고 주장하면서 자신에 대한 지지를 호소했다.

이와 같은 김종필의 정계복귀 선언과 출마는 결과적으로 야권의 새로운 분열을 의미하는 것인 동시에 여당의 승리를 담보해 주는 다당구도의 재현이라고밖에 달리 해석할 길이 없다. 기존의 통일민주당과 평민당에 이어 공화당이 대통령 출마를 위해 새로 결성됨으로써 마치 세포분열 하는 것처럼 야권은 분열을 거듭했고, 이와 반대로 여권은 통합된 상태를 유지하고 있었기 때문이다. 어느 모로 보나 분열된 야권은 통합된 여권의 경쟁상대가 될 수 없었음에도 불구하고 통합을 거부하고 있었기 때문에 그와 같은 해석이 가능한 것이다. 여기서 5·17 이후의 다당구도가 신군부의 의도에 의한 인위적인 것인 데 반해 6·29선언 이후의

---

161) 『東亞年鑑』 1988(東亞日報社, 1988), 677쪽.

다당구도는 야권 스스로 자초한 것이었다고 하는 면에서 차이가 있을 뿐, 여당의 승리를 확고하게 해 주었다는 면에서는 하등의 차이도 없었다고 할 수 있다.

2) 13대 대선: 여당의 승리와 야권의 위기

개헌협상을 마무리지은 여야는 1987년 9월 24일부터 대통령선거법 협상에 들어가 10월 19일 협상을 타결했다. 이로써 16년 만에 대통령선거가 부활하게 됐는데, 정부는 13대 대통령 선거일을 12월 16일로 공고했다. 13대 대통령선거에 모두 8명의 후보가 등록했으나, 3명의 후보가 중도에 사퇴하는 바람에 민정당의 노태우, 통일민주당의 김영삼, 평민당의 김대중, 공화당의 김종필, 한주의통일한국당의 신정일 등 5명의 후보만 남게 됐다.162) 그러나 경쟁력을 갖춘 후보는 노태우, 김영삼, 김대중, 김종필 4명으로 이들은 선거기간에 대규모로 청중을 동원하면서 자신의 세를 과시했다.

과열현상은 청중동원뿐만이 아니었다. 엄청난 양의 불법 선전벽보가 첨부됐고 각종 흑색선전과 인신공격이 난무했다. 또 일부 지역에서는 폭력사태가 발생, 유세가 중단되는 불상사까지 일어나 지역감정을 심화시키기도 했다. 이와 같이 과열되고 혼탁한 양상은 16년 만에 선거가 실시된 탓도 있었지만, 야권분열로 인한 야권 내부의 대립과 반목도 적지 않게 작용했기 때문인 것으로 분석된다. 이로 인해 야당이 여당과의 싸움보다는 서로 제살 깎아먹기 경쟁에 여념이 없었으므로 선거결과는 너무도 당연하다는 비판이 제기됐다.163) 야권분열은 선거에 그대로 반영돼 나타났다. 개표결과 민정당의 노태우 후보가 전체 유효투표의 36.6%를 얻어 13대 대통령에 당선된 것이다. 김영삼과 김대중은 각각 28%와

---

162) 사회민주당의 洪淑子와 무소속의 白基玩 후보는 金泳三 후보 지지를 선언하며 사퇴했고, 일체민주당의 金善積 후보는 盧泰愚 후보를 지지하며 사퇴했다.

163) 金在光, 『里程標: 어둠을 헤치고』(東亞政經研究會, 1991), 59쪽.

27.1%를 얻는 데 그치고 말았는데, 후보단일화를 이루었다면 55.1%의 득표로 당선되고도 남았을 득표율이었다.[164]

당선 직후 가진 기자회견에서 노태우는 역사적 과제와 시대적 명령에 따라 안정 속의 민주화, 개혁 속의 발전, 화해 속의 단결을 이루는 데 혼신의 힘을 기울이겠다고 다짐하고, 각계 인사로 구성되는 민주화합추진본부를 만들어 대립과 갈등을 근본적으로 해소해 나가겠다고 밝혔다. 이와 반대로 김영삼과 김대중은 13대 대선을 '원천적인 부정선거'로 규정하고 선거 무효화투쟁 전개를 선언하면서 자신들의 패배를 인정하지 않았다. 이들은 관권의 전면 개입, 선거자금 독점, 전국적인 매수, 야당 후보에 대한 비방 등으로 원천적인 부정선거였다고 주장하고, 부재자투표와 일반개표에서도 온갖 부정이 자행됐다고 비난했다.[165]

당시 부정선거 문제에 보다 집착한 쪽은 평민당으로 평민당은 부정선거 백서까지 발간했다. 김대중은 발간사에서 야권이 단일화를 이루지 못한 것은 크게 잘못된 일이고 책임져야 할 일이라고 생각하지만, 부정선거를 자행해 국민의 결정을 왜곡시킨 '국민주권의 말살행위'는 반역적인 범죄행위라고 규탄했다.[166] 그는 또한 컴퓨터 부정선거에 대해서도 자세하고 엄청난 증거를 머지않아 제시할 것이라고 밝혔지만 이를 객관적으로 입증할 만한 자료는 제시하지 못했다.[167]

부정선거를 이유로 패배를 인정하지 않자, 정치권은 둘이 힘을 합해도 모자랄 텐데, "제각각 전라도로 경상도로 돌아다니며 떠들어대 군정

---

164) 이러한 현상에 대해 박관용은 민주화가 진전될 결정적 계기가 왔는데도 각자 출마해 군부세력에 권력을 다시 헌납한 것이라고 지적했다. 박관용, 『나의 삶, 나의 꿈 그리고 통일』(중앙M&B출판, 2003), 72쪽.
165) 中央選擧管理委員會, 『大韓民國政黨史』 제3집, 56쪽.
166) 평화민주당, 『제13대 대통령선거 부정백서: 조작된 승리를 고발한다』(평화민주당, 1988), 2쪽.
167) 평민당 부총재 자격으로 선거운동에 참여했던 楊淳稙은 극성스런 지지자를 제외하고는 컴퓨터 부정을 받아들이는 국민은 없었다고 주장하고 있다. 楊淳稙, 『大義는 권력을 이긴다』, 305쪽.

이 종식될 리도 없었고 정권이 교체될 리도 없었다"168)며 강하게 비판했다. 언론에서도 "정권교체가 실패한 가장 큰 원인은 양김씨의 후보단일화 실패"169) 때문이라고 계속 지적하자 이들은 비로소 자신을 돌이켜보게 됐다. 12월 19일 김영삼은 신문광고를 통해 '국민 여러분께 드리는 말씀'이란 제목으로 사과성명을 냈다. 여기서 그는 "야권후보 단일화를 이룩하지 못한 부덕의 소치에 대하여 국민 여러분께 죄송한 마음을 금할 길 없으며, 깊이 자성하고 사과드리는 바"170)라고 야권분열이 잘못된 것이었음을 시인했다. 후일 김대중 진영도 나름대로 이유가 있었지만 결국 단일후보를 바라는 국민의 희망에 부응하지 못한 형태가 된 것은 부인할 수 없었다고 반성했다.171)

통합을 이루지 못했기 때문에 선거에서 졌다는 것을 뒤늦게 각성한 야권은 13대 국회의원 총선거에 대비해 다시 통합을 모색했다. 대선패배로 인해 초래된 위기로부터 탈출하기 위해서는 반드시 야권이 통합해야 한다는 것은 언론의 지적을 받고 깨달은 것으로,172) 먼저 행동에 나선 쪽은 통일민주당이었다. 양당이 모두 위기의식을 느꼈지만, 통일민주당이 평민당보다 상대적으로 패배의 충격이 적었던 데다 그 밖에는 달리 길이 없다고 확신했기 때문이다. 국민의 기대를 외면한 결과가 무엇인지 알고 먼저 행동에 나선 것이다.

1988년 2월 8일 가진 기자회견에서 김영삼은 야권통합을 성사시키기 위해 통일민주당 총재직을 사퇴하고 평당원으로 백의종군하겠다고 밝혔다. 이로써 통합에 새로운 전기가 마련되는 것처럼 보였다. 이를 계기로

---

168) 辛道煥,『천하를 준다 해도』, 419쪽.
169)『東亞年鑑』1988, 56쪽.
170) 김영삼,『김영삼회고록』, 3, 132쪽.
171) 權魯甲,『金大中とともに』, 179쪽.
172) 당시 <동아일보>와 <조선일보>를 비롯해 많은 언론들이 야권통합을 유도해 통합이 하나의 대세로 굳어졌다. 그리하여 야권통합 없이는 민주화도 군정종식도 없다는 생각을 갖게 된 것이다. 최형우,『더 넓은 가슴으로 내일을』, 316쪽.

통일민주당과 평민당의 대표들이 모여 야권통합추진위원회를 구성하고 야권의 대통합원칙을 비롯해 4개 항에 합의하는 성과를 올리기도 했다.[173] 그러나 소선거구제에 대한 양당의 입장차이 및 통합신당의 대표 선출문제에 관한 견해차이로 통합은 완전히 무산되고 말았다. 위기를 인식했고 또 이를 극복하기 위한 최선의 방안을 알고 있었음에도 불구하고 이를 실현하지 못한 것이다. 이로써 야권의 위기는 더욱 심화돼 갔고, 이를 해결하기 위한 차선책으로 택한 것이 지역감정이었다. 이로 인해 13대 총선은 지역감정에 의존해 지지를 호소하는 전근대적인 방식으로 진행됐던 것이다.

6. 맺음말

지금까지 살펴본 바와 같이 전두환정부하에서도 '위기와 통합'의 정치는 그대로 재현됐다. 정치권으로서는 자신들의 분열이 신군부 등장의 계기가 됐다는 것을 너무나도 잘 알고 있었음에도 불구하고 이를 지양하는 데 거듭 실패함으로써 위기를 자초한 측면이 없지 않았다.

이는 야권의 경우에 더욱 해당되는 것으로 통합을 이루기만 하면 위기를 극복할 수 있다는 것을 경험적으로 체득하고 있었음에도 불구하고 결정적인 순간에 갈라서는 일을 반복함으로써 야권은 다시 위기에 놓이고 말았다. 민추협의 결성에서 신민당의 창당까지, 신민당에서 통일민주

---

173) 1988년 2월 13일 양당의 통합추진위원회 합동회의에서 합의한 4개 항은 다음과 같다. ① 양자는 야권대통합의 원칙에 합의한다. ② 통일민주당은 소선거구제를 수용한다. ③ 합동 의원총회를 2월 15일에 개최, 원내대책을 논의한다. ④ 통합의 세부적 내용을 결정하기 위해 필요한 기구를 구성하되 그 구성과 인원에 대해서는 양당 위원장에 위임한다. 中央選擧管理委員會, 『大韓民國政黨史』 제3집, 4쪽.

당으로의 분열을 거쳐 다시 평민당으로의 재분열에 이르는 과정이 이를 입증하고 있다.

12대 대선과 11대 총선, 그리고 12대 총선과 13대 대선에서 '위기와 통합'의 정치가 그 이전과 마찬가지로 반복적으로 나타났다는 것은 어떤 의미에서는 야권의 한계인 동시에 한국정치 전반이 안고 있는 문제라고 할 수도 있다. 여야를 불문하고 이와 같은 틀에서 벗어나지 못하고 끊임없이 이합집산을 거듭했기 때문에 정당은 자신의 정체성을 확립할 수 없었고 일반국민들은 정당일체감을 형성할 수 없었는데, 이는 정치발전과 직결되는 것이어서 시급히 해결하지 않으면 안 되는 문제가 됐다. 이따금 정치권이 안정을 유지한 경우도 없지는 않았다. 그러나 이는 일시적인 조정에 불과한 것이었을 뿐이고 새로운 이슈를 찾아 쉬지 않고 모였다가 헤어지는 일은 전두환정부 아래서도 변함이 없었다.

1980년과 87년 두 번에 걸쳐 통합을 거부했던 야권은 노태우정부 아래서 실시되는 첫 번째 선거인 13대 총선을 앞두고 또다시 통합을 시도했다. 그러나 이 역시 무위로 그치고 말았다. 통합이 무산되자 통일민주당과 평민당은 책임을 서로 상대방에게 전가하기에 바빴는데, 이는 자신이 분열의 원인을 제공하지 않았다는 일종의 명분축적용 변명에 불과한 것이었다.

책임전가와 동시에 야권은 지역감정에 호소하는 것을 잊지 않았는데, 이는 분열로 인해 패배가 확실해진 상황에서 야권이 자신의 책임을 회피하면서 유권자를 효율적으로 동원할 수 있는 최대의 무기가 지역감정이었기 때문이다. 그리고 이미 13대 대선에서 그 효과가 입증됐기 때문에 그에 대한 유혹을 떨쳐버리지 못했던 것이다. 이와 같은 맥락에서 노태우정부하에서의 정당구도는 지역감정과 연결되고, 통합에 지역문제가 새로운 변수로 등장하게 된다고 할 수 있다.

| 제 8 장 |

노태우정부하의 정당구도 분석

1. 머 리 말

　1987년 12월 16일에 실시된 13대 대통령선거 역시 한국정치의 구조적 특징의 하나인 '위기와 통합의 정치'가 그대로 나타난 선거였다고 할 수 있다. 야권이 분열됨으로써 여당인 민주정의당(이하 민정당)의 노태우 후보가 36.6%의 지지를 얻어 무난히 당선될 수 있었기 때문이다.
　야권 내부에서 후보단일화를 이루기 위한 협상이 여러 차례 있었지만 통합을 이루지 못한 결과 초래된 현상이었다. 이로 인해 야권은 1961년 군사쿠데타 이래 26년간이나 지속된 군부통치를 청산하고 문민통제를 확립할 수 있는 기회를 놓치고 말았는데, 이는 1980년 '서울의 봄'에 이어 제도정치권의 성숙 없이 밑으로부터의 열망만 갖고는 민주주의의 진전을 기대할 수 없다는 것을 극명하게 보여준 사례라고 할 수 있다.
　야권의 분열은 민주화열망에 찬물을 끼얹었을 뿐만 아니라 지역감정을 촉발했다는 점에서도 비판의 대상이 됐다. 선거기간에 영·호남 사이의 대립은 폭력사태로까지 확대돼 전례 없이 심각한 양상을 나타냈으며, 새삼스럽게 충청지역에서도 지역감정이 표출됐기 때문이다.
　이러한 현상은 해묵은 지역정서가 선거과정에서 자연스럽게 나타난 것이라고 할 수도 있겠지만, 야권분열로 인해 나타난 것이기도 하기 때문에 문제가 된다. 영·호남을 기반으로 한 후보들이 유권자의 지지를 동원하기 위해 경쟁적으로 지역감정에 호소함으로써 대립의 폭을 심화시켰기 때문이다.
　야권분열과 지역감정은 이처럼 대통령선거에서 야권에 패배를 안겨주었지만, 13대 국회의원선거에서는 여당의 과반수 확보를 저지하는 기제로 작용했다는 점에서 또 다른 측면을 지닌다. 대선에 이어 총선에서 지역감정이 다시 등장함으로써 헌정사상 처음으로 여당이 원내 소수파로 전락하는 사태가 빚어졌기 때문이다. 이로 인해 노태우정부는 안정적인 정국운영을 위해서는 야당의 협력을 필요로 하게 됐고, 그 결과 여야관계가 극한적인 대립에서 선의의 경쟁과 협력관계로 변할 수 있는 계기가 생겨나기도 했다.
　이처럼 13대 총선은 13대 대선에서 나타난 지역감정이 증폭돼 앞으로 누가 집권한다고 하더라도 이의 극복 없이는 민주주의의 정착은 어렵다는 것을 보여준 선거였다. 그럼에도 불구하고 노태우는 대통령에 당선된 후 선의의 경쟁과 국민적 화합을 모색하기보다는 지역감정을 활용해 권력을 강화하는 방향으로 나아갔고, 야권 일부가 이에 동조하는 바람에 지역감정이 더욱 심화되는 현상이 나타났다. 1990년 1월 22일 3당합당을 통한 민주자유당의 창당이 바로 그것이었다.
　이로써 국회의석의 3분의 2를 넘는 거대여당이 출현하게 됐는데, 이를 토대로 여당은 14대 대통령선거에서 쉽게 승리할 수 있었다. 3당합당에 대한 역사적 평가와는 별도로 통합을 이룬 측이 선거에서 이긴다는 가설이 다시 한번 입증됐다고 할 수 있다. 이처럼 노태우정부하에서도 '위기와 통합의 정치'는 그대로 나타났는데, 이 장에서는 이와 같은 현상이 어떠한 과정을 거쳐 발생했고 그것이 한국정치에 미친 영향은 무엇인지 살펴보고자 한다.

2. 선거법개정과 13대 총선

 13대 대선 직후 선거무효를 주장하며 대여 강경투쟁을 벌였던 야권은 총선참여 방침을 밝히고 여당과 선거법개정 협상에 임했다. 그러나 각 당이 선호하는 선거제도가 달라 결론을 내릴 수 없게 되자, 여당은 소선거구제를 골자로 하는 개정안을 단독으로 상정해 통과시켰다. 그 결과 13대 총선에서는 대선과 달리 집권여당이 과반수에 미달하는 여소야대 현상이 선거사상 처음으로 나타났는데, 이러한 현상은 대선의 영향을 받아 지역감정이 극도로 고조된 상태에서 선거가 치러졌기 때문인 것으로 분석된다.

1) 선거법개정

 1988년 1월 13일 만난 민정당의 노태우와 통일민주당(이하 민주당)의 김영삼 두 사람은 국회의원선거법 개정을 위한 협상기구 설치에 합의했다. 이를 계기로 국회에서 선거법개정 협상이 본격화됐는데, 선거법개정의 중요쟁점은 선거구조정 문제였다. 당시 민정당이 1구 1~4인을 선출하는 혼합선거구제를 당론으로 확정하자,[1] 민주당은 기존의 당론이었던 소선거구제를 인구비례에 따라 2~4인을 뽑는 중선거구제로 바꾸었다.[2]

---

[1] 민정당은 인구 25만 미만에는 1인, 25~50만 미만에는 2인, 50~75만 미만에는 3인, 75만 이상은 4인을 선출하는 것을 골자로 하는 국회의원선거법 개정안을 高建 의원 외 158인의 명의로 발의했다. 大韓民國國會 事務處, 『第138回 國會內務委員會 會議錄』 第1號(1988. 1. 26), 19쪽.

[2] 민주당은 인구비례에 의한 중선거구제 원칙하에 92개 선거구를 110개로 늘리고 인구 15만에서 45만 사이는 2명씩, 45만에서 65만 사이는 3명씩, 65만 이상은

한편 평화민주당(이하 평민당)은 철저한 소선거구제를 주장했다.3) 이에 대해 당 소속 일부 의원들은 당선 가능성 등을 고려해 중선거구제를 택할 것을 건의하자, 김대중은 중선거구제는 "여당과 동반 당선되겠다는 유신시대의 사고발상"이라며 반대했다.4)

이처럼 각 당의 이해관계가 엇갈려 결론을 내리지 못하는 가운데 1988년 2월 23일 김대중과 만난 김영삼은 소선거구제를 수용하겠다는 방침을 밝혔다. 후일 김영삼은 야권통합을 반드시 실현시키겠다는 생각에서 평민당에서 주장하는 소선거구제를 수용한 것이라고 주장했으나,5) 평민당의 분석은 이와 달랐다. 끝까지 민주회복을 주장하는 평민당에 반해, 민주당은 민정당과 야합했다는 비난이 쏟아질까 두려워해 민주회복이라는 명분으로 돌아서 소선거구제를 받아들였다는 것이다.6)

민주당과 평민당이 소선거구제에 합의하자, 민정당은 기왕에 제출했던 개정안을 폐기하고 1개 지역구에서 선출하는 의원정수는 1인으로 하는 것을 골자로 하는 대안을 1988년 3월 8일 새벽 본회의에 상정해 통과시켰다. 민정당은 제안설명에서 "지역대표성과 인구비례성을 존중하는 1구1인제를 채택하여 민주정치 발전을 구현코자"7) 한다고 밝혔는데, 이에 대해 야당측은 민정당, 민주당, 평민당이 소선거구제에 합의했음에

4명씩을 뽑아 모두 235명의 지역구 의원을 선출하도록 했다. 한편 전국구는 지역구 정수의 3분의 1인 85명을 뽑아 의원 총수는 338명이 되도록 규정했다. 中央選擧管理委員會, 『大韓民國政黨史』 第3輯, 818쪽.

3) 평민당은 인구 15만을 기준으로 하한선 7만에서 상한선 23만까지로 하는 지역구 의원 302명과, 지역구의 5분의 1인 61명의 전국구 의원을 두어 의원 총수를 363명으로 할 것을 주장했다. 中央選擧管理委員會, 『大韓民國政黨史』 第3輯, 894쪽. 당시 민정당은 소선거구제로는 안정의석을 확보할 수 없다고 보고 중·대선거구제를 밀어붙이려 했고, 민주당과 공화당도 비슷한 책략을 갖고 있었다고 金元基는 주장했다. 김원기, 『믿음의 정치학』(중앙기획, 1993), 98쪽.

4) 東亞日報社, 『東亞年鑑』 1988, 77쪽.

5) 김영삼, 『김영삼회고록』 3(백산서당, 2000), 142쪽.

6) 김영배, 『오로지 한길만을』(과학과 사상, 1995), 175쪽.

7) 大韓民國國會 事務處, 『第140回 國會本會議 會議錄』 第3號(1988. 3. 8), 1쪽.

도 불구하고 기습적인 수법으로 처리한 것은 무효라고 주장했다. 특히 제1당에 전국구 의석의 절반을 무조건 배분토록 하고 나머지를 지역구 의석에 따라 배분토록 규정한 것은 유신적 발상이라고 비판했지만,[8] 소선거구제가 채택됐다는 사실로 만족해야 했다.

당시 민정당의 서울 및 부산, 호남출신 의원들이 강하게 반대했음에도 불구하고,[9] 왜 소선거구제로 당론을 바꾸었는지에 관해서는 정확하게 알려진 바 없다. 민정당이 거의 자동적으로 과반수의석을 획득할 수 있는 혼합선거구제를 버리고 소선거구제를 택한 것은 단지 개헌선인 3분의 2 이상의 의석을 획득해 5년 단임제의 굴레에서 벗어나려고 했던 것인데, 이런 예측이 빗나가 여소야대가 됐다는 추측만 있을 뿐이다.[10] 대선 승리의 여세를 몰아 총선에서 개헌선을 확보한다는 전략이었으나 차질이 빚어졌다는 것이다.

선거법개정에 따라 소선거구제가 채택됨으로써 지역구의 수는 1구2인제의 92개에서 224개로 늘어났고, 전국구 75석까지 합쳐 의원정수는 12대의 276명에서 299명으로 늘어났다.

2) 13대 총선

13대 총선이 1988년 4월 26일 실시키로 확정되자 각 당은 본격적인 선거준비 체제로 전환했다. 민정당은 3월 10일 공천심사위원회를 구성하고 지역구 후보자와 전국구 후보자의 공천심사에 들어갔고, 3월 14일과 15일에는 민주당과 평민당이 각각 공천심사특별위원회와 조직강화특별위원회를 구성해 공천작업에 들어갔다. 그러나 민정당이 224개 지역구 전체에 후보자를 공천한 데 반해, 민주당은 호남지역에서, 평민당은

---

8) 大韓民國國會 事務處,『第140回 國會本會議 會議錄』第3號, 3쪽.
9) 中央選擧管理委員會,『大韓民國政黨史』第3輯(中央選擧管理委員會, 1992), 348쪽.
10) 서석재,『영원한 촌놈』(문학사상사, 1995), 178쪽.

영남과 충청지역에서 후보자를 내지 못했고, 신민주공화당(이하 공화당)
도 호남지역에서 거의 공천자를 내지 못해 야권의 후보공천은 극심한
지역편중 현상을 보였다.[11] 대통령선거에서 표출됐던 지역감정이 그대
로 남아 상대 지역에서는 후보자조차 내지 못할 정도로 악화된 것이다.

후보자등록 마감 결과 지역구 후보는 정당추천 935명, 무소속 111명
등 총 1,046명이 등록해 평균 4.7 대 1의 경쟁률을 보였다. 이는 2.4 대 1
이었던 12대 총선의 경쟁률에 비해 두 배나 치열해진 것으로, 지역에 기
반을 둔 정당이 늘어남에 따라 생긴 현상이라고 할 수 있다. 각 당이 지
역에 근거를 두고 있었음에도 불구하고 전국정당을 지향해서 당선 가능
성이 낮은 지역에도 후보를 공천한 결과였다.

선거운동 과정에서 여당후보들은 안정세력 구축을, 야당후보들은 견
제세력의 필요성을 역설했다. 그러나 후보등록 상황에서 알 수 있듯이
각 당은 지지기반이 확실한 지역에 당의 역량을 집중하는 선거전략을
취했다. 민주당의 경우 호남지역을 포기하다시피 했고, 평민당의 경우
호남지역과 서울지역에서 당선되기 위해 노력했으며, 공화당의 경우 충
청지역에 총력을 경주했다. 이는 대선 당시 극심하게 나타났던 지역별
몰표현상이 고스란히 남아 있다고 파악한 각 당이 이러한 지역정서를
활용하려고 했기 때문인 것으로 분석된다.

선거결과 민정당은 지역구에서 87석, 전국구에서 38석 등 총 125석을
얻는 데 그쳐 의정사상 최초로 집권여당이 과반수에 미달하는 여소야대
현상이 나타났다. 평민당은 호남지역에서의 절대적인 우세로 지역구에

11) 각 정당의 지역별 후보 등록 및 미등록 상황

	전체	미등록	호남(37)	영남(66)	충청(27)	서울(42)	경기(35)	강원(14)	제주(3)
민정당	224	0	0	0	0	0	0	0	0
민주당	202	22	17	2	3	0	0	0	0
평민당	168	56	0	38	10	1	3	4	0
공화당	181	43	17	15	0	0	7	3	1

中央選擧管理委員會, 『大韓民國政黨史』 第3輯에서 작성.

서 54석, 전국구에서 16석을 획득해 제1야당으로 부상했다. 반면 민주당은 지역구에서 46석, 전국구에서 13석을 얻어 제2야당으로 밀려났고, 공화당은 지역구에서 27석, 전국구에서 8석을 획득했다. 이로써 지역에 기반을 둔 4개의 정당이 출현했는데, 이는 지역감정에 힘입어 여당 견제에 성공하는 역설적인 현상이 벌어진 것이라고 할 수 있다. 지역구도로 인해 어느 정당도 전국적으로 고른 당선자를 내는 것이 원천적으로 불가능해진 것이다.

민정당의 득표율은 33.96%였는데, 이는 12대 총선의 35.25%에 비해 1.29%나 낮은 것이었다. 낮은 득표율에도 불구하고 민정당은 전국구의석 75석의 절반이 넘는 38석을 차지해 결과적으로 전체의석의 41.8%를 점유할 수 있었다. 이는 득표율과 관계없이 제1당에 2분의 1을 배분하는 개정된 선거법의 규정 때문이었는데, 이로 말미암아 민정당은 득표율보다 7.84%나 많은 의석을 차지하게 됐다.

평민당의 경우 19.26%의 득표율을 획득했으나, 호남지역의 석권과 수도권에서의 약진으로 지역구의석의 24.1%에 해당하는 54명의 당선자를 냈다. 그리고 지역구의석 비율로 전국구의석을 배분하도록 한 규정에 따라 평민당은 전국구에서 16석을 차지, 전체의석의 23.4%를 점유할 수 있었다. 이 역시 득표율보다 상대적으로 높은 의석을 차지한 것으로 4.14%의 보너스율을 기록한 것이다.

반면에 민주당은 23.83%를 득표하고도 19.26%를 얻은 평민당보다 적은 46명의 당선자를 내는 데 그쳤다. 이는 지역구의석의 20.5%에 불과한 것이었고, 13석이 배정된 전국구 의석까지 포함할 경우 민주당은 전체의석의 19.7%밖에 차지하지 못했다. 이처럼 민주당은 민정당과 평민당에 비해 상대적으로 불이익을 보았는데, 공화당의 경우도 불이익을 보기는 마찬가지였다. 공화당은 15.59%를 득표했지만, 지역구의석은 27석인 12.1%에 그치고 말았다. 전국구의석 8석을 합칠 경우 35석으로 전체의석의 11.7%에 불과, 의석률 면에서 3.49%나 손해를 본 것이다. 전국구 의석을 득표율에 따라 배분하지 않고 지역구 의석에 따라 배분하는 방식으로 인해 민정당과 평민당이 이익을 보고 민주당과 공화당이 불이익을 본 것이다.

각 당의 당선자 분포를 보면 지역적으로 얼마나 심한 편차를 보였는지 알 수 있다.12) 민정당은 대구의 8개 지역구 전체에서 당선자를 내고 경북의 21개 지역구에서 17명의 당선자를 낸 반면, 총 37명을 선출하는 호남지역에서는 단 한 명의 당선자도 내지 못했고 부산 15개 지역구에서도 단 한 명의 당선자만 냈을 뿐이다. 평민당의 경우 지역편차는 더 심해 광주와 전북의 전 지역에서 후보자가 당선됐고, 전남 18개 지역구 중 한 곳을 제외한 전 지역에서 당선자를 냈다. 반면에 영남지역 66개 지역구에서는 단 한 명도 당선자를 내지 못했다.

민주당과 공화당도 지역적으로 큰 편차를 나타냈다. 민주당은 부산 15개 지역구 가운데 14개 지역에서 당선자를 냈지만, 충청지역 27개 지역구에서는 2명의 당선자를 냈을 뿐이고 호남지역은 전멸한 상태였다. 공화당의 경우 지역구 당선자의 절반 이상인 15명이 충청지역에 출마한 후보들이어서 상대적으로 충청지역에서 강세를 나타냈다.

각 당의 득표율도 지역에 따라 극심한 편차를 보였는데,13) 이와 같이 지역별로 득표율이 다르게 나타난 현상은 제3공화국과 유신시대에도 있

---

12) 각 정당의 지역별 당선자 수

	전체	서울	부산	대구	인천	광주	경기	강원	충북	충남	전북	전남	경북	경남	제주
민정당	87	10	1	8	6	0	16	8	7	2	0	0	17	12	0
평민당	54	17	0	0	0	5	1	0	0	0	14	17	0	0	0
민주당	46	10	14	0	1	0	4	3	0	2	0	0	2	9	1
공화당	27	3	0	0	0	0	6	1	2	13	0	0	2	0	0

中央選擧管理委員會, 『大韓民國政黨史』 第3輯에서 작성.

13) 각 정당의 지역별 득표율(%)

	전체	서울	부산	대구	인천	광주	경기	강원	충북	충남	전북	전남	경북	경남	제주
민정당	33.93	26.2	32.1	48.2	37.5	9.7	36.1	43.6	43.6	30.2	28.8	22.9	51.0	40.2	36.0
평민당	19.3	27.0	1.9	0.7	14.1	88.6	15.9	4.0	0.4	3.8	61.5	67.9	0.9	1.0	19.3
민주당	23.8	23.4	54.3	28.4	28.3	0.4	22.9	21.6	16.0	15.0	1.3	0.8	24.5	36.9	27.1
공화당	15.6	16.1	6.8	13.2	15.5	0.6	18.2	20.2	33.3	46.5	2.5	1.3	16.0	10.3	3.4

中央選擧管理委員會, 『大韓民國政黨史』 第3輯에서 작성.

었지만, 과거와는 질적으로 전혀 다른 것으로 분석됐다. 과거의 지역주의는 후보자 차원에서 나타났을 뿐 이것이 정당수준으로 이어지지는 않았다. 그리고 과거의 지역주의가 일시적이고 강도도 약했던 데 비해, 1987년 이후 나타난 지역주의는 장기적이고 정당제의 변동을 주도하는 적극적인 역할을 담당하고 있다는 것 등이 차이점으로 지적됐다.14)

3) 제1차 여소야대와 여당의 위기

여소야대 현상으로 인해 13대 국회는 개원문제부터 진통을 겪게 됐다. 의정사상 최초로 집권당이 과반수를 넘지 못했기 때문에 의장단과 상임위원장단의 정당별 배분문제가 발생한 데다, 야당이 개원과 함께 과거청산을 위한 특별위원회의 구성을 강력히 요구했기 때문이다.15) 이에 대해 민정당은 먼저 원구성을 위한 국회를 연 다음 별도의 국회를 조속히 열어 특위를 구성하자고 제안했는데, 이 제안을 야당이 받아들여 13대 국회 개원식이 1988년 5월 30일 열릴 수 있었다.

개원식에서 노태우 대통령은 치사를 통해 1인 장기집권 시대는 종언을 고하고 국민을 분열시킨 체제논쟁과 정통성 시비는 말끔히 씻어졌다고 주장하고, 독재냐 민주냐 하는 흑백논리 또한 해소됐다고 단언했다. 이와 동시에 수적 우위에 의한 집권당의 일방적인 독주와 강행이 통용되던 시대도, 소수당의 무조건 반대와 투쟁의 정치가 합리화되던 시대도 지나갔다고 말하고, "새 공화국의 정부와 국회는 바로 국민이 바라는 바와 나라를 위한 과제들을 함께 해결하는 동반자"16)라고 강조했다. 이

---

14) 이갑윤, 『한국의 선거와 지역주의』(오름, 1998), 37-38쪽.
15) 당시 야 3당이 요구한 특별위원회는 제5공화국 비리조사특별위원회, 광주사태진상규명특별위원회, 비민주악법 개폐특별위원회, 양대선거 부정조사특별위원회, 지역감정 해소특별위원회, 국회법개정특별위원회 등 6개였다. 야당이 이러한 특위의 구성을 요구한 것은 1988년 5월 18일 金大中, 金泳三, 金鍾泌 3인 회담의 합의에 따른 것이다. 東亞日報社, 『東亞年鑑』 1989, 128쪽.

에 앞서 국회의장으로 선출된 김재순은 4당 병립의 분포야말로 한국정치사에서 대화와 타협정치의 확고한 전통을 세우게 된 황금분할이었다고 기록될 수 있도록 모두의 지혜와 정성을 바치자고 제안했다.17)

동반자관계나 황금분할이라는 대외적 표현과 달리 여야관계는 긴장의 연속이었는데, 이는 상임위원장의 정당별 배분과 각종 특별위원회의 명칭과 위원장 배분문제 등이 복잡하게 얽혔기 때문이다. 상임위원장 배분은 국회법을 고쳐 상임위원회를 종래 13개에서 16개로 늘려 민정당, 평민당, 민주당, 공화당이 7대 4대 3대 2로 나누기로 합의하는 선에서 마무리지었다. 한편 7개 특위의 명칭과 위원장을 선출하는 문제를 놓고도 진통이 계속됐다. 특위의 명칭은 조사대상의 성격규정 때문에, 위원장 배분은 특위 운영의 주도권 때문에 각 당이 양보하지 않으려고 해서 충돌이 발생한 것이다.

13대 국회에 임하면서 각 당마다 5공비리 척결과 광주문제 해결을 주장했으나, 그 처방에 있어서는 상당한 입장의 차이를 노출했다. 특히 전두환, 최규하 두 전직 대통령에 대한 조사 여부가 여야 사이에 가장 큰 쟁점이 돼 13대 국회의 난항을 예고했다. 이와 같은 여야의 입장차이로 말미암아 대통령이 제출한 정기승 대법원장 임명동의안이 부결되는 사태가 발생했다.18) 대법원장 임명동의안 부결은 사법사상 처음 일어난 일로, 13대 국회 들어 처음 있은 표대결에서 수적 열세로 여당인 민정당이 패배한 것이다.

---

16) 大韓民國國會 事務處, 『第141回 國會本會議 會議錄』 開會式(1988. 5. 30), 7쪽.
17) 大韓民國國會 事務處, 『第141回 國會本會議 會議錄』 開會式, 3쪽.
18) 민주당의 金光一은 의사진행발언을 통해 사법부의 장을 정하는 데 사법부 안에 있는 많은 사람들이 여러 가지 논의를 분분하게 하고 있다는 등의 문제점을 지적했다. 당시 민주당과 평민당 의원은 기표소에 들어가지 않는 방법으로 기권을 했는데, 민정당은 이를 공개투표라고 비난했다. 표결결과 295명 중 가 141, 부 6, 기권 134, 무효 4로 임명동의안은 과반수의 찬성을 얻지 못해 부결됐다. 의사진행발언 내용은 大韓民國國會 事務處, 『第142回 國會本會議 會議錄』 第14號(1988. 7. 2), 1-4쪽 수록.

대법원장 임명동의안 부결에 이어 야 3당이 공동으로 제안한 '국정감사 및 조사에 관한 법률안'과 '국회에서의 증언・감정 등에 관한 법률개정 법률안'이 국회에서 통과되는 바람에 민정당은 수적 열세를 다시 한 번 느끼지 않을 수 없었다. 야 3당은 제안설명에서 전자는 국민의 대표기관인 국회가 국정감사 및 조사의 기능을 효율적으로 수행하기 위한 것이며, 후자는 국정감사 제도의 부활과 청문회제도의 도입 등으로 법률을 개정할 필요가 있다고 주장했다.[19] 법안 심사과정에서 재적 3분의 1 이상의 찬성으로 국정조사가 발동되도록 한 것과 증인이 정당한 이유 없이 2회 이상 출석하지 않거나 동행을 거절했을 때 위원회의 의결로 법원에 증인의 구인을 요구할 수 있도록 한 것이 쟁점이 됐는데, 이에 대해 민정당은 헌법정신에 위배되거나 증인의 인권을 침해할 수 있다는 등의 이유를 들어 반대했다.[20]

민정당의 반대에도 불구하고 2개 법안이 표결에서 통과되자 노태우는 거부권을 행사했다. 야 3당은 대통령의 거부권행사를 비난했으나 이를 번복하는 데 필요한 의결정족수인 3분의 2에 미달됐기 때문에, 두 법안은 폐기되는 운명에 놓이고 말았다. 이에 여야는 협상을 통해 쟁점이 되는 부분을 수정해 1988년 7월 23일 만장일치로 통과시켰다.[21]

이 밖에도 여소야대 국회는 각종 특위가 가동되면서 더욱 위력을 발휘하기 시작했는데, 그 중에서도 가장 위력을 발휘한 것은 1988년 8월 3일 야 3당이 전격 제안한 전두환 전 대통령 등 16명의 출국금지 요청안이 통과된 일이다. 야당의 제안을 저지할 수 없었던 여당은 의사일정에 없던 안건을 기습적으로 제의해 처리를 강행한 것은 절차를 무시한 것이라고 반발하며 표결에 참여하지 않았다.

---

19) 大韓民國國會 事務處, 『第142回 國會本會議 會議錄』第20號(1988. 7. 9), 7-8쪽.
20) 大韓民國國會 事務處, 『第142回 國會本會議 會議錄』第20號, 8-13쪽 수록.
21) 여야는 '증인 구인제'를 '동행 명령제'로 바꾸었고, 국정조사 발동권도 3분의 1 이상 요구로 발동하되 본회의 일반 의결정족수에 의한 승인을 얻도록 합의해서 통과시켰다. 東亞日報社, 『東亞年鑑』 1989, 130쪽.

여당이 불참한 가운데 야당만의 참석으로 안건을 통과시킨 것은 의정사상 처음 생긴 일로, 이는 국회운영의 앞날에 파란을 예고하는 것으로 받아들여져 민정당으로서는 크게 위기의식을 느끼지 않을 수 없었다. 정국이 여소야대 구도가 됨으로써 대법원장 임명동의안이 부결된 데 이어, 야 3당의 공조체제에 밀려 여당은 국회운영을 비롯한 정국의 운용과 각종 특위에서 수동적으로 계속 끌려 다니는 신세를 면할 수 없게 됐기 때문이다.22)

이와 같은 위기상황에서 벗어나기 위해 민정당 일부에서는 내각제로의 전환을 제의하기도 하고 연립정부의 필요성을 역설하기도 했다.23) 당시 이러한 발언은 정국운용의 주도권을 상실한 민정당이 장기적인 포석에서 계산을 가지고 띄워 본 것으로 분석됐다.24) 그러나 대통령이 정치적·사회적 갈등을 풀어 나갈 정치력을 보여주지 못할 경우 정치군인 세력들이 쿠데타를 통해 제2의 박정희나 전두환으로 전면에 등장하지 않으리라는 보장이 없다고 우려하고 있던 김영삼으로25) 하여금 정당구도의 재편에 나서게 하는 하나의 구실이 됐던 것만은 사실이다.

여소야대 현상을 제외하고도 대통령과 민정당에 커다란 부담으로 작용한 것은 중간평가 문제였다. 1987년 12월 12일 유세에서 노태우는 자신이 대통령에 당선되면 국민들에게 신임을 묻는 중간평가를 받겠다는 공약을 발표했는데, 대통령에 당선된 후 이를 어떻게든 실현해야 한다는 내외의 압력을 받고 있었다. 이 문제와 관련해서 김대중, 김영삼, 김

---

22) 東亞日報社, 『東亞年鑑』 1989, 133쪽.
23) 필리핀을 방문중이던 尹吉重 민정당 대표는 1988년 8월 2일 의원내각제로의 대전환이 필요하다고 역설했다. 그는 내각제는 우리의 특수한 정치현실에 가장 잘 적응하는 제도라는 것이 자신의 신념이라고 밝히고, 앞으로 거국내각을 구성하는 大聯政이든 일부 정당과 연합하는 小聯政이든 그런 생각을 해 봐야 할 시기가 다가올 것이라고 강조했다. 尹吉重, 『이 시대를 앓고 있는 사람들을 위하여』(호암출판사, 1991), 349쪽.
24) 東亞日報社, 『東亞年鑑』 1989, 134쪽.
25) 김영삼, 『김영삼회고록』 3, 154쪽.

종필 3인은 1989년 3월 4일 만나 공동보조를 취한다는 입장을 확인했다. 이들은 중간평가는 대통령이 약속한 대로 신임을 묻는 국민투표 형식으로 해야 하고, 그 시기는 5공청산 및 민주화실천 등 국민이 평가할 만한 실적을 올린 후여야 하며, 그런 실적 없이 중간평가를 강행할 경우 야 3당은 노정권의 퇴진을 위해 적극 투쟁할 것이라고 다짐했다.26)

그러나 이러한 다짐과는 정반대로 1989년 3월 10일 회동한 노태우와 김대중 두 사람은 중간평가를 유보하기로 한다는 데 합의했다.27) 이를 바탕으로 3월 20일 노태우는 중간평가 실시유보를 선언했고,28) 그로부터 3개월 뒤에는 중간평가를 실시하지 않겠다는 뜻을 분명히 했다. 이처럼 평민당과의 일시적인 제휴로 민정당은 중간평가를 실시하지 않아도 될 수 있었다.29)

그러나 중간평가 문제가 해결됐다고 해서 여소야대 구도 자체가 해소된 것은 아니라는 데 민정당이 처한 위기의 본질이 있었다. 4당구도가 지속되는 한 민정당은 구조적으로 소수일 수밖에 없는 한계를 안고 있었고, 이로 인해 민정당의 국정장악 능력은 현저히 저하될 수밖에 없었

---

26) <東亞日報>, 1989년 3월 5일.
27) 盧泰愚와 만난 金大中은 중간평가가 신임을 연계한 국민투표로 실시된다면 이는 헌법정신에 어긋난다고 하는 입장을 밝힌 것으로 알려졌다. 東亞日報社,『東亞年鑑』1990, 97쪽. 한편 崔炯佑는 金泳三은 중간평가 문제에 대해 비교적 적극적이었는데, 盧泰愚가 金大中의 도움을 받아 중간평가를 유보했다고 비판했다. 최형우,『더 넓은 가슴으로 내일을』(깊은사랑, 1993), 332쪽.
28) 盧泰愚는 담화를 통해 중간평가가 그 본래의 뜻과 달리 민주질서의 정착을 위태롭게 하고 나라를 위기상황으로 몰아갈 위험까지 드러내고 있다고 주장하고, 결과 여하를 떠나 나라와 국민에게 부담과 불안을 줄 수는 없다고 생각해 중간평가를 실시하지 않기로 했다고 발표했다. 東亞日報社,『東亞年鑑』1990, 620쪽.
29) 金元基는 여권이 국민투표제의 맹점을 이용해 중간평가를 정면으로 돌파함으로써 민주화의 대세를 되돌려 놓으려 한다고 파악하고, 국민이 만들어 준 여소야대 4당체제의 인위적 붕괴는 민주개혁의 붕괴를 뜻하는 것이라고 생각했기 때문에 민정당과 협상을 통해 중간평가를 유보시킨 것이라고 주장했다. 김원기,『믿음의 정치학』(중앙, 1998), 132-135쪽.

기 때문이다. 이 때문에 노태우로서는 민정당의 한계를 극복하고 정국을 안정적으로 운영하기 위해서는 야당의 협조를 절실히 필요로 했다.

한편 김영삼은 사회혼란이 지속되면 민주화라는 시대적 과제도 실종될지 모른다는 우려에서 노태우의 협조요청에 응하지 않을 수 없었다고 밝혔으나,30) 민주당 역시 자신의 한계로부터 벗어날 필요가 있었다. 중간평가 유보선언에서 나타난 것처럼31) 제1야당인 평민당이 정국을 주도할 경우 제2야당인 민주당의 입지가 없어질지도 모른다는 위기의식을 느끼고 있었기 때문이다. 여기서 민정당과 민주당이 협력할 수 있는 정치적 공간이 형성됐고, 이것이 합당으로 이어져 정당구도 재편이 일어나게 한 것이다.

3. 3당합당과 정당구도 재편

13대 총선결과 형성된 4당구도와 여소야대 현상에 대해 총선 직후부터 여당은 물론이고 야당 내에서도 개편의 필요성이 꾸준히 제기됐다. 4개 지역을 대표하는 4당구도는 지역갈등을 심화시키고 정국의 안정을 기할 수 없다는 것이 그 이유였다. 특히 5공청산 과정에서 있었던 마찰과 극심한 노사분규로 인한 경제적 불안이 가중되면서 정계개편의 필요성은 더욱 강조됐다.32)

---

30) 김영삼,『김영삼회고록』3, 205쪽.
31) 金泳三은 중간평가 유보를 국민에 대한 기만행위로 규정한 뒤 盧泰愚정권 타도를 선언하고 당시 정국을 '1노3김'이 아닌 '1김3노'라고 표현했다. 김영삼,『김영삼회고록』3, 174쪽. 그러나 이상수는 중간평가 공약이 처음 약속한 의미대로 행해지지 않고 다른 목적으로 악용되기 때문에 형식적인 단순논리에 얽매여 따라갈 것이 아니라, 신임문제와 연계해서 실시하려는 중간평가를 막기 위해 노력해야 한다고 주장했다. 이상수,『사람값과 사람대접』(청한, 1997), 74쪽.
32) 東亞日報社,『東亞年鑑』1990, 82쪽.

여당으로서는 소수의 한계를 극복한다는 차원에서, 야당으로서는 정국의 주도권을 확보한다는 차원에서 정당구도 재편의 필요성을 절감하게 된 것이다. 이와 같이 여야가 공통적으로 필요성을 느꼈기 때문에 3당합당이 이루어진 것이다.

1) 여권의 재편: 민주자유당 창당

13대 국회 개원 직후 각 당은 대표연설을 통해 당의 정책방향과 여소야대 현상에 대한 입장을 밝혔다. 이들은 여당의 독주가 불가능해진 마당에 대화와 타협을 통해 민주주의를 정착시켜야 한다는 데 의견을 같이했다. 이는 대통령제하에서 행정부를 장악한 정당과 입법부를 장악한 정당이 일치하지 않는, 이른바 분점정부가 탄생할 경우[33] 어떤 문제가 일어날 것인지에 관해서는 전혀 고려하지 않고, 단순히 여소야대의 순기능적 측면만 강조한 것이어서 지나치게 이상론에 치우친 주장이었던 것으로 분석된다.

일차로 대표연설에 나선 민정당의 윤길중은 4당구도는 4당이 합심 협력해 정치다운 정치를 기필코 이룩하라는 국민적 명령이라고 정의하고, 소신이 결단으로 통하는 시대도 지나갔고 대화와 타협을 거부하는 것이 선명으로 통하는 시대도 지나갔기 때문에 서로 마주앉아 토론하는 것이 중요하다고 주장했다.[34] 평민당의 김대중도 국민이 어느 정당에도 과반수 의석을 주지 않은 것은 대화와 타협에 의한 화합의 정치를 실현할 것을 요구하고 있기 때문이라고 분석했다.[35] 민주당의 김영삼 역시 정치를 '전투와 공작의 차원'에서 해방시켜 '대화와 참여의 차원'으로 끌어올려야 한다고 강조,[36] 대화와 타협의 중요성을 환기시켰다. 공화당

---

33) 분점정부의 현상과 그 문제점에 관해서는 김용호,『한국 정당정치의 이해』(나남출판, 2001), 475-498 참조.
34) 大韓民國國會 事務處,『第142回 國會本會議 會議錄』第10號(1988. 6. 28), 2쪽.
35) 大韓民國國會 事務處,『第142回 國會本會議 會議錄』第11號(1988. 6. 22), 2쪽.

의 김종필도 4당체제는 대화와 타협, 견제와 균형의 기조 아래 민주화를 실현하라는 국민의 지상명령이므로 경건하게 받아들여야 한다고 주장했다.37)

이처럼 대화와 타협을 강조하던 개원 초기의 분위기는 시간이 갈수록 바뀌게 된다. 1989년 들어 대학가에서 이전과 마찬가지로 시위와 농성이 빈발하고 대형 사업장에서 노동쟁의가 급증했으며,38) 급진적인 통일 논의에 이어 방북사건이 발생하는 등 정치적·사회적 혼란이 가중되면서 여소야대의 순기능보다 역기능이 두드러졌기 때문이다. 이와 같은 사회현상을 반영해 1989년 10월 정기국회에서 각 당은 4당구도로 인해 파생되는 문제점을 지적하기 시작했다.

민정당은 4당구도가 정치화합과 경제발전, 사회안정에 기여할 것으로 기대했으나 그렇지 못해, 이에 대한 국민의 시선은 따갑기만 하다고 주장했다. 그리고 현단계에서 "4당의 공존공영이냐, 아니면 대결과 갈등이라는 과거로의 회귀냐"를 선택하지 않으면 안 된다고 주장하며 4당구도의 문제점을 지적했다.39)

야 3당도 모두 4당구도에 대해 국민의 불만이 있음을 인정하고 무엇인가 변화가 있어야 한다고 주장했다. 평민당은 여야를 불문하고 모든 정당에 대한 지지율도 좋은 형편은 아니라는 사실을 지적했고,40) 민주당은 90년대의 정치는 달라져야 한다면서 대통령의 결단을 촉구했으며,41) 공화당은 여소야대를 이유로 혼란의 책임을 야당에 전가하려 하나 야당은 정부를 비판하는 일밖에는 아무 것도 할 수 없는 한계가 있

---

36) 大韓民國國會 事務處, 『第142回 國會本會議 會議錄』 第12號(1988. 6. 30), 3쪽.
37) 大韓民國國會 事務處, 『第142回 國會本會議 會議錄』 第13號(1988. 7. 1), 2쪽.
38) 1989년 들어 노사분규는 과격화 및 장기화되는 양상을 나타냈으며, 학생운동은 급진성과 과격성을 띠는 것으로 분석됐다. 이에 관해서는 東亞日報社, 『東亞年鑑』 1990, 190-192쪽 참조.
39) 大韓民國國會 事務處, 『第147回 國會本會議 會議錄』 第4號(1989. 10. 11), 3쪽.
40) 大韓民國國會 事務處, 『第147回 國會本會議 會議錄』 第4號(1989. 10. 11), 10쪽.
41) 大韓民國國會 事務處, 『第147回 國會本會議 會議錄』 第5號(1989. 10. 12), 2쪽.

다고 반박했다.42)

　대화와 타협으로 민주주의를 실현하겠다고 강조하던 개원 직후의 분위기는 이처럼 1년여 만에 정당구도에 변화가 있어야 한다는 식으로 입장이 바뀌고 말았다. 입장변화와 동시에 정계개편을 위한 각 당의 모색이 본격화됐는데, 그 결과 민정당, 민주당, 공화당 3당이 민주자유당(이하 민자당)으로 합당하게 된 것이다.

　합당문제에 대해 김영삼은 여야 합의에 의해 5공청산이 일단락된 이상 미래를 내다보는 대(大)정계개편이 필요하며, 그 대상으로 민정당을 생각했다고 밝혔다. 민주당과 민정당이 합쳐 원내 과반수의석이 돼야 실질적인 정국안정을 이룰 수 있고, 야당분열로 인한 군정연장을 다시 되풀이하지 않기 위해서도 비상한 정치적 결단이 필요하다는 것이었다. 이와 같은 생각에서 그는 1990년 1월 5일 4당체제는 국민에게 불안만 가중시키고 나라의 장래를 불확실하게 하고 있으므로 고쳐야 한다고 역설했다.43)

　1990년 1월 12일 노태우와 김영삼 두 사람이 만난 자리에서 노태우는 정책연합을 제의한 반면, 김영삼은 정책연합은 또 다른 정국불안의 요소가 될 것이라면서 신당으로의 합당을 주장했다. 철저한 지역성에 기초한 4당체제는 국민에게 정치불안과 불확실성을 안겨주고 있으므로 구국적 차원에서 개편을 생각할 때라는 것이었다. 그는 쿠데타정권의 재등장을 막고 영원한 문민정부를 세우기 위해서는 그 길밖에 없으며, 그것만이 '현재와 미래의 민주주의'로 이끌 수 있는 유일한 길이라는 결론에서 이렇게 주장했다고 밝혔다.44)

　노태우와 김영삼의 합의에 김종필도 동의해 1990년 1월 22일 노태우, 김영삼, 김종필 3인은 9시간에 걸친 회의 끝에 3당의 통합을 선언했다.45) 이로써 원내 3분의 2 이상의 의석을 확보한 거대여당이 출현하게

---

42) 大韓民國國會 事務處,『第147回 國會本會議 會議錄』第5號(1989. 10. 12), 8쪽.
43) 김영삼,『김영삼회고록』3, 237쪽.
44) 김영삼,『김영삼회고록』3, 241쪽.

됐는데, 이들 3인은 온건중도의 민족·민주세력의 통합을 통한 새로운 국민정당으로서 민자당을 창당한다는 등 5개 항의 합의사항을 담은 공동선언을 발표했다.46) 선언에서 이들은 당파적 이해관계를 초월해 시대적 과제를 함께 풀기 위해 중대한 결단을 내린 것이라고 역설했지만, 민자당의 출현은 '위기와 통합'이라는 한국정치의 가설이 그대로 적용되는 또 하나의 사례라고 할 수 있다. 객관적으로 볼 때 민자당에 합류한 3개 정당 모두 위기상황에 처해 있었기 때문이다.

합당을 적극 추진한 김영삼은 합당은 서독 브란트 당수 휘하의 사민당을 참조한 것이라고 밝혔다.47) 이는 통합을 통해 위기를 극복하고 정권을 장악하겠다는 의지를 나타낸 것이라고 할 수 있는데, 김영삼과 행동을 같이한 최형우의 회고에서도 이를 읽을 수 있다. 최형우는 많은 사람들이 4당체제를 황금분할이라고 칭송하지만, 겉보기와 달리 어려움이 많고 정국을 주도할 수도 없었다고 솔직히 말했다. 형편이 그러므로 그는 야당과 통합이 안 되면 여당과라도 통합해야 한다고 김영삼에게 건의했고, 어떤 모습으로든 정계개편이 있어야 정권을 잡을 수 있다는 생각에서 민정당의 김윤환에게도 같은 제의를 했다고 밝혔다.48) 제2야당으로서 민주당이 처한 위기를 통합으로 극복해야 한다는 논리였다.

합당 반대파도 동기의 순수성은 인정하지 않았지만 합당은 권력장악을 위한 것이라는 데는 의견을 같이했다. 김영삼과 같은 민주당 소속으로 합당에 반대한 이기택은 동상이몽일망정 저마다의 이해관계에 따라 통합을 추진했다고 분석했다.49)

---

45) 3당합당 선언 당시 의석은 민정당 127, 민주당 59, 공화당 35로 이들이 모두 합류할 경우 의석은 총 221석이 되는 것으로 계산됐다. 그러나 합당에 반대해 합류하지 않은 의원이 있어 민자당은 216석으로 출범했다.
46) 공동선언 전문은 東亞日報社, 『東亞年鑑』 1990, 653-654쪽 수록.
47) 김영삼은 1966년 브란트 당수가 기민당과 대연정을 구성해 정권에 참여한 후 1969년에는 자민당과의 연정으로 정권을 잡아 서독 정치·경제의 발전에 기여한 것을 참조해서 합당한 것이라고 밝혔다. 김영삼, 『김영삼회고록』 3, 250쪽.
48) 최형우, 『더 넓은 가슴으로 내일을』, 332-333쪽.

평민당도 합당이 권력을 장악하기 위한 것임을 지적한 다음 내각제개헌이나 지역분할 의도가 들어 있는 것이라고 비판했다. 김대중은 1989년 12월 노태우가 자신에게 합당을 제의했지만 국민의 동의 없이 여당에 갈 수 없다며 거부했다고 주장했다. 합당은 민주주의를 크게 후퇴시키고 정치윤리를 망치며 나아가 나라를 망치는 길이기 때문에 만류했는데도, 듣지 않고 3당합당을 했다는 것이다.50) 김영배와 김원기는 합당은 내각제로 정부형태를 바꾸려는 음모에서 비롯된 것이라고 비난했다.51) 한편 김옥두는 3당합당은 호남 대 비호남의 지역분할 구도를 고착시키고 집권당의 프리미엄을 통해 권력을 잡겠다는 속셈이라고 비판했다.52)

이처럼 합당의 동기와 의도에 대해서는 입장에 따라 각기 달리 분석했지만, 3당 모두 자신이 처한 위기를 극복하기 위해 통합한 것이라는 데 대해서는 의견이 일치했다. 민정당의 경우 대통령제하에서 더 이상의 집권은 불가능했기 때문에 집권세력으로 존속해 나가려면 내각제로 헌법을 고치는 수밖에 없다고 생각해 합당을 추진한 것이었고, 민주당

---

49) 李基澤은 합당을 야합이라고 비판했다. 그에 의하면 盧泰愚는 여소야대의 불안한 정국을 돌파하고 정치적 주도권을 장악하려는 속셈에서, 金泳三은 4당구조로는 차기 대선에서 승리할 가능성이 없다고 보고 호랑이를 잡으려면 호랑이 굴로 가야 한다는 명분을 내세운 것이며, 金鍾泌은 제3야당이라는 형편없는 지위를 떨쳐 버리고 집권여당의 핵심인물로 부상하고 싶은 욕구에서 각각 합당한 것이라고 분석했다. 이기택,『호랑이는 굶주려도 풀을 먹지 않는다』(새로운 사람들, 1997), 198쪽.

50) 김대중,『새로운 시작을 위하여』(김영사, 1993), 71쪽.

51) 金允塔는 민정당이 여소야대에 대해 고통스럽고 정신적 부담을 느끼고 있었고, 대통령직선제를 고수할 경우 국민의 지지를 얻어 정권을 재창출할 역량 있는 인물이 없어 내각제로 헌법을 고치는 수밖에 없다고 생각해서 합당을 추진한 것이라고 주장했다. 김영배,『오로지 한길만을』, 219쪽. 金元基는 1990년 1월 초 여당 핵심인사로부터 제휴를 타진받았으나 민심을 방치한 채 이루어지는 인위적인 통합은 불안과 분쟁만 발생시킬 뿐이라고 경고한 바 있다고 주장했다. 김원기,『믿음의 정치학』, 161쪽.

52) 김옥두,『다시 김대중을 위하여』(살림터, 1995), 366쪽.

의 경우 제2야당의 위상으로는 정국을 주도할 수 없다고 생각했기 때문에 합당을 제의한 것이었으며, 공화당의 경우 군소정당으로의 전락을 모면하기 위해 합당을 받아들인 것이었다고 할 수 있다.

민정・민주・공화 3당은 1990년 2월 임시국회 이전에 창당등록을 마친다는 계획하에 합당을 위한 준비를 서둘렀다. 그리하여 1월 30일에는 민주당이, 2월 1일에는 민정당이, 2월 5일에는 공화당이 합당을 위한 당 해체를 각각 결의했고, 2월 9일에는 합당대회를 개최했다. 그리고 2월 15일에는 중앙선거관리위원회에 정당등록을 하고 국회에도 단일 교섭단체로 등록, 합당작업을 마무리지었다.

합당 후 민자당 대표로 선출된 김영삼은 국회에서 첫 대표연설을 통해 기존의 정당구도로는 당면한 문제를 풀 수 없기 때문에 하루속히 바꾸어야 했다고 단언했다. 그리고 우선적으로 요구되는 초미의 과제는 정국의 안정이라고 말하고, 이를 이루기 위해서는 사회의 다수를 이루면서도 제각기 흩어져 힘을 분산시키고 있는 온건중도 민주세력의 대결집이 시급하다고 역설, 민자당 창당의 시대적 당위성을 강조했다. 이어 그는 민자당 창당에 대한 평가는 가까이는 1992년의 선거를 통해 나타날 것이고 길게는 후일의 역사가 평가할 것이라고 주장했다.[53] 이러한 발언은 15대 대선을 겨냥한 것이라고 분석되지만, 이에 대해서는 민주당 내외에서의 반발도 적지 않았다.

우선 민주당 내에서 합당에 대해 이기택은 "친일파가 이승만의 권력 창출에 힘을 보태면서 졸지에 독립투사로 둔갑했던 현대사의 비극을 다시 보는 듯했다"[54]고 비판하며, 정통야당의 가시밭길을 선택한 것에 대해 자긍심을 갖는다고 주장했다. 한편 평민당의 김대중은 "무슨 말을 해도 3당통합은 반민주적이고 반국가적이고 반역사적"[55]이라고 주장했다. 그는 4당체제가 민주주의를 한 단계 높인 것이라고 했던 사람들이 태도

---

53) 大韓民國國會 事務處, 『第148回 國會本會議 會議錄』 第2號(1990. 2. 26), 2쪽.
54) 이기택, 『호랑이는 굶주려도 풀을 먹지 않는다』, 207쪽.
55) 大韓民國國會 事務處, 『第148回 國會本會議 會議錄』 第3號(1990. 2. 27), 1쪽.

를 바꾸어 이를 악의 근원인 것처럼 말하는 것에 큰 충격을 받았다면서, 13대 국회는 여야간 대화와 타협으로 과거 어느 국회 못지않게 많은 일을 했다고 자부했다. 이어 그는 통합의 성격은 보수와 수구 반동세력의 야합으로, 정경유착으로 기득권을 지키려는 것이라고 비판했다.

2) 야권의 재편: 민주당 창당

거대여당인 민자당이 출현하자 야권도 활로를 모색하는 차원에서 통합을 추진했다. 3당합당에 대한 비판만으로는 국민적 관심을 끌 수 없었고, 분열된 상태로는 민자당에 효율적으로 대처하기 어렵다고 생각했기 때문이다. 바로 이런 의미에서 '위기와 통합의 정치'는 야권에도 적용됐다고 할 수 있다.

여기서 일차적으로 행동에 나선 것은 민자당에 합류하지 않은 민주당 의원과 무소속 의원들이었다. 이들은 국민이 만들어 준 여소야대 정국구도가 기형적으로 바뀐 것은 국민에 대한 배신행위라고 비난하고,[56] 1990년 2월 7일 이기택 주도하에 신야당 추진 결의대회를 가졌다. 그리고 2월 27일에는 가칭 민주당 창당발기인대회를 개최했는데, 이들은 궤멸상태에 빠진 민주당을 다시 세우고 선거를 통한 평화적 정권교체를 이룩할 민주세력을 결집하기 위해 창당한다고 창당목적을 밝혔다. 6월 15일 창당대회를 개최한 민주당에 참가한 현역의원은 8명으로, 민자당이나 평민당에 비해 의원수가 적어 '꼬마민주당'으로 불리기도 했다.[57]

'꼬마민주당'이 출범하면서 평민당과의 통합운동이 가시화되기 시작했는데, 양당의 통합협상이 순조롭게 진행된 것만은 아니었다. 김대중이 단식투쟁에 들어가는가 하면, 이기택이 총재직을 사퇴하는 일이 발생하기도 했을 정도로 우여곡절이 많았다. 통합협상에 진전이 없자 평민당

---

56) 이기택, 『호랑이는 굶주려도 풀을 먹지 않는다』, 210쪽.
57) 이기택, 『호랑이는 굶주려도 풀을 먹지 않는다』, 212쪽.

은 차선책으로 재야와의 통합을 모색해 1991년 4월 9일에는 신민주연합당(이하 신민당)이라는 명칭으로 통합전당대회를 개최하기도 했다.58) 호남당의 이미지가 강한 평민당이 신민당이라는 새로운 명칭으로 출범한 것은 취약한 영남 및 중부권에 지지기반을 확보하겠다는 의도와 밀접하게 연관돼 있었다고 할 수 있다.59)

양당 모두 통합의 필요성을 느끼고는 있었지만 통합 후 가능한 한 많은 지분을 차지하기 위해 이처럼 경쟁적으로 세력확대에 나선 결과 별도의 새 정당이 출현한 것이다. 1년 이상 끌던 양당의 협상은 1991년 9월 10일 김대중, 이기택 두 사람이 통합에 합의함으로써 결실을 맺게 되는데, 이날 두 사람은 기자회견을 갖고 민주화와 개혁을 지향하는 시대적 소명과 범민주세력의 통합을 요망하는 국민의 여망을 받들어 통합수권야당의 결성을 선언한다고 밝혔다.60) 이들은 당명을 민주당으로 하기로 했다고 발표했는데, 민주당이라는 명칭이 너무 많아 혼돈이 일자 일부에서는 '꼬마민주당'과 차별성을 두기 위해 '통합민주당'으로 부르기도 했다.

'통합민주당'의 탄생경위에 대해 양측은 해석을 달리했다. 이기택은 야권통합을 가로막는 가장 결정적인 어려움은 김대중의 거취문제였다고 주장했다. 당내에 그가 2선으로 물러나지 않는 한 합당은 있을 수 없다고 주장하는 세력이 적지 않은 데다,61) 이기택도 한 인물이 너무 오래 권력을 장악하고 있으면 갖가지 폐해가 나타나게 마련이라고 생각하고

---

58) '꼬마민주당'의 경우 민주연합과 합당하면서 민주당이라는 명칭을 그대로 썼고, 평민당의 경우 결성 준비중인 신민주연합당과 합당해 신민주연합당으로 명칭을 바꾸었다. 이에 관해서는 김현우, 『한국 정당통합 운동사』(을유문화사, 2000), 665-672쪽 참조.
59) 김원기, 『믿음의 정치학』, 181쪽.
60) 東亞日報社, 『東亞年鑑』 1992, 57쪽.
61) 朴燦鍾과 金光一 두 의원은 합당은 민주당의 창당이념인 체질개선과 세대교체를 포기하고 金大中 총재의 1인 지배체제에 흡수·통합되는 것이라고 비난하고 합당에 참여하지 않겠다는 성명을 발표했다. <東亞日報>, 1991년 9월 10일.

있었으나, 차마 김대중을 지칭해서 물러나라고 요구할 수 없었기 때문에 협상이 길어졌다고 했다.62) 이에 대해 김옥두는 원내분포에서 67 대 8이라는 절대 우세한 구조임에도 불구하고 김대중이 '당대당 통합, 공동대표제' 등 파격적인 양보조건을 제시해 통합이 성사된 것이라고 주장했다. 김대중의 헌신적인 노력으로 당시 모든 사람이 불가능하다고 믿었던 야권통합이 이루어졌다는 것이다.63)

양측의 입장차이는 결국 김대중·이기택 공동대표제로 지도부를 구성키로 함으로써 해소될 수 있었는데, 이로써 4당체제는 4년 만에 다시 양당체제로 재정립되게 됐다. 전혀 가망이 없어 보이던 야권의 통합이 성사된 가장 큰 요인은 1991년 6월 20일에 실시된 지방의회선거에서 야권의 참패를 들 수 있다. 민자당은 41% 득표에 566명이 당선, 65%의 의석을 차지한 반면, 신민당은 22% 득표에 165명이 당선되는 데 그쳤고, 민주당은 14%를 득표하고도 21명밖에 당선되지 못한 것이다.64)

이처럼 야권의 분열이 민자당 승리에 결정적으로 기여한 것으로 드러나자, 김대중과 이기택 모두 공멸의 위기감을 느끼지 않을 수 없어 합당에 임했던 것이다. 분열된 상태를 유지한 채 14대 총선을 치른다면 야권은 공멸할지도 모른다는 위기의식이 작용한 결과라고 할 수 있다.65) 여기에서 '위기와 통합'이라는 가설은 야권에도 그대로 적용됐다고 할 수

---

62) 이기택,『호랑이는 굶주려도 풀을 먹지 않는다』, 220-221쪽.
63) 김옥두,『다시 김대중을 위하여』, 369쪽. 이에 대해 金太郞는 14대 총선을 앞두고 金大中은 지역당 이미지에서 벗어나는 것이 시급했고, 李基澤은 제1야당과 합당함으로써 정치적 입지를 키우려는 야망이 있어 합당했다고 주장했다. 김태랑,『우리는 산을 옮기려 했다』(하서출판사, 2002), 256쪽.
64) 東亞日報社,『東亞年鑑』1992, 56쪽.
65) <東亞日報>, 1991년 9월 7일. 李基澤도 3당합당으로 생긴 거대여당에 대한 위기감을 공유하고 있었기 때문에 통합이 이루어진 것이라고 회고했다. 이기택,『호랑이는 굶주려도 풀을 먹지 않는다』, 222쪽. 楊淳稙도 지방자치 선거결과 민자당이 압승하자 위기감을 느낀 나머지 합당한 것이라고 주장했다. 楊淳稙,『大義는 권력을 이긴다』(에디터, 2002), 314쪽

있다.

　야당통합을 이룬 후 소집된 정기국회에서 김영삼은 통합에 대해 환영의 뜻을 표했다. 3당통합이 정치적 안정을 확보하는 데 결정적 기여를 했다고 자부한 그로서는 그 연장선상에서 야당통합을 평가한 것이다. 그는 야당통합을 계기로 정치가 더욱 성숙해지고 국민들에게 신뢰를 줄 수 있는 새로운 기회가 마련되기를 바란다고 주문하고, 그리고 건전한 야당이 있어야 건전한 여당이 있다면서 여야 합의정국을 이루어 나가도록 하겠다고 다짐했다.66)

　한편 야당통합에 대해 이기택은 통합으로 야권은 정통성과 도덕성을 회복하고 명실상부한 수권정당으로 재탄생했다고 주장하고, 이를 계기로 지역갈등이 화합으로 바뀌게 됐다고 주장했다.67) 여소야대를 파괴한 3당합당은 국민의 여망인 청산과 개혁을 무산시켰을 뿐 아니라 집권세력으로 하여금 1당지배의 망상을 갖게 한 것임에 반해, 야당통합은 그와 달리 자기혁신을 통해 새 정치를 구현하기 위한 것이라고 단언했다.

4. 통일국민당 창당과 14대 총선

　의정사상 최초로 여소야대를 초래한 4당구도는 민자당이 결성되고, 또 14대 총선을 앞두고 야권이 민주당으로 통합되면서 양당구도가 정착될 것으로 전망됐다. 그러나 1992년 1월 통일국민당이 창당됨으로써 정국은 새로운 국면을 맞게 된다. 야권의 분열이 다시 가시화됐을 뿐 아니라 정치권에 몸담지 않았던 기업인이 정당을 만들었다는 사실로 인해 정당구도가 어떻게 바뀔지 모르는 상황이 조성됐기 때문이다. 이러한

---

66) 大韓民國國會 事務處, 『第156回 國會本會議 會議錄』 第3號(1991. 10. 7), 3쪽.
67) 大韓民國國會 事務處, 『第156回 國會本會議 會議錄』 第4號(1991. 10. 8), 8쪽.

여건하에서 치러진 14대 총선은 '위기와 통합의 정치'라는 가설을 입증하는 또 하나의 새로운 시험장으로서 의미가 있다고 할 수 있다.

1) 통일국민당 창당

현대그룹 명예회장 정주영은 1992년 1월 3일 본격적인 정치활동에 나서기 위해 경영일선에서 퇴진한다고 선언했다. 자신이 정치를 하려는 것은 정치가 제대로 되지 못하고 있기 때문이라고 정치참여의 동기를 밝힌 그는, 지난 5년 동안 나라를 어지럽게 만들어 놓은 민자당에 또다시 정권을 맡길 수 없다는 판단에서 현실정치에 투신하게 됐다고 주장했다. 그리고 시대가 절실히 요구하고 있는 새 정치를 구현해서 국민의 염원인 통일을 성취하고 국민의, 국민에 의한, 국민을 위한, 진정으로 정치다운 정치를 펼치겠다고 자신의 포부를 밝혔다.[68]

이처럼 정치와는 거리가 먼 기업인이 정계진출을 선언하자 두 개의 상반된 입장이 대두됐다. 한편에서는 재벌정치와 정경유착이 시작된다고 보고 이에 비판의 초점을 맞추는가 하면, 다른 한편에서는 현실정치와 경제파탄에 염증을 느낀 상당수의 국민들이 기대와 호기심을 갖고 일단 지켜보자는 현상이 나타난 것이다.[69]

정주영이 추진한 통일국민당(이하 국민당)은 1992년 1월 10일 창당발기인대회를 갖고, 발기취지문에서 시대가 절실히 요청하는 새로운 정치를 구현하기 위해 궐기했다고 주장하고, 근로자, 농어민, 기업인 등 모든 국민에게 꿈을 갖게 함으로써 국민의 역량을 결집시키겠다고 다짐했다. 국민당은 이날 창당이념으로 합리주의, 민주주의, 공개주의, 책임주의를

---

68) 鄭周永, 『시련은 있어도 실패는 없다』(현대문화신문사, 1992), 226쪽.
69) 東亞日報社, 『東亞年鑑』 1993, 79쪽.

내세우고 금융실명제와 토지공개념 등의 정책을 추진해 경제정의를 구현하겠다고 밝혔다.[70] 이와 같은 이념을 내세운 것은 기업을 성공적으로 운영했던 경험을 바탕으로 국가경제를 일으켜 세우겠다는 의지가 강력하게 작용한 것으로 볼 수 있다.

국민당은 기회가 있을 때마다 민자당정권이 5년간 더 지속되면 이 나라와 이 민족은 몰락해 선진국이 되는 꿈은 영원히 사라지고 말 것이며, 야당 또한 민자당정권을 대체해서 깨끗하고 밝은 정치를 할 생각을 하지 않고 있기 때문에 새로운 정치가 이루어져야 한다고 강조했다. 그리고 참신하고 양심적이며 정의감에 불타는 애국동지들을 규합해 국가를 위기에서 구출하고자 하는 일념에서, 부패한 여당이 부패한 야당과 공존하는 정치형태를 청산하겠다는 신념에서 새로운 정당을 출범시키려는 것이라고 밝혔다.[71]

그러나 민자당과 민주당의 벽을 넘고 기존 정치권의 반발과 견제 속에서 재벌당의 이미지를 불식시켜야 하는 상황에서 발표된 152명의 발기인 명단에 대해서는 기대했던 것보다 참신한 인물이 적다는 관측이 지배적이라는 평가를 받았다.[72]

발기인대회를 마친 국민당은 정당등록에 필요한 48개 지구당 창당을 1992년 2월 10일까지 끝낸다는 목표 아래 창당작업에 박차를 가하는 한편, 김동길을 준비위원장으로 창당을 준비하고 있던 새한당과 통합을 추진했다. 그 결과 2월 7일 양당의 창당준비위원장인 정주영과 김동길은 공동으로 기자회견을 갖고 양당은 통합키로 했으며 당명은 국민당으로 하기로 했다고 밝혔다. 이들은 구국의 일념으로 정치를 한다는 목적과 취지가 같기 때문에 무조건 당을 합치기로 했다고 주장했으나,[73] 새한당 내 일부는 통합에 반대해 국민당에 불참하고 별도의 정당을 만들

---

70) <東亞日報>, 1992년 1월 10일.
71) 정주영, 『새로운 시작에의 열망』(울산대학교 출판부, 1997), 211-212쪽.
72) <한국일보>, 1992년 1월 11일.
73) <한겨레>, 1992년 2월 8일.

기도 했다.

국민당은 1992년 2월 8일 창당대회를 개최하고 정주영을 대표최고위원에, 김동길과 김광일을 최고위원에 각각 선출했다. 국민당은 창당선언문을 통해 권위주의적 통치방식을 일소하고 정당의 사당화·지역정당화를 배제하며 깨끗하고 정직한 정치를 실천하겠다고 다짐하고, 당의 이념으로 자유민주주의, 민족통일, 세계평화에의 기여, 경제정의 실현, 복지사회 구현 등을 내걸었다. 한편 정주영은 대표최고위원 수락연설을 통해 정치, 경제, 사회, 문화 등 모든 분야에서 신선하고 창의적인 정책을 개발하겠다고 밝히고, 새롭고 바르고 깨끗한 정치를 구현해 어렵게 살아가는 모든 국민을 활기차고 풍요롭게 만들겠다고 역설했다.[74]

국민당 창당에 대해 민자당은 기존 정당의 공천경쟁에서 밀려난 함량미달의 정치인이 대거 참여했기 때문에 기성 정당을 위협할 만한 참신성이나 도덕성이 결여돼 있다고 폄하했고, 민주당은 권력의 비호를 받은 재벌 형성과정을 잘 아는 국민들이 국민당에 호응하리라고 생각하는 것은 잘못이라고 비판했다.[75]

이러한 외부의 비난과 달리 국민당에 참여했던 양순직은 국민당 내에 인재도 있고 좋은 사람도 있다고 반박했다. 단지 불필요하게 충성하는 사람이 있는 것이 문제이나, 이는 신생정당이 갖는 소소한 문제로 충분히 바꾸어 놓을 수 있을 것이라고 주장하고, 정말로 문제는 국민당이 현대 출신 당직자들에게 너무 많이 의존하는 것이라고 지적했다.[76]

이와 같은 정치권의 판단과는 별도로 국민당 출범은 정당사적 측면에서 볼 때 또 하나의 야권분열이라는 의미를 갖는다. 거대여당인 민자당의 출현에 대응하기 위해 야권이 민주당으로 통합을 이룬 마당에 제3의 정당이 창당됨으로써 야권의 분열을 초래하는 결과를 빚었기 때문이다. 국민당으로서는 기존 정치권에 식상한 유권자들의 지지를 집결하겠다는

---

74) <한국일보>, 1992년 2월 8일.
75) <서울신문>, 1992년 2월 9일.
76) 楊淳稙, 『大義는 권력을 이긴다』, 323쪽.

의도를 가지고 출범했다고 하지만, 현실적인 측면에서 볼 때 국민당에 주어진 역할은 야당 외의 것일 수는 없었다. 이러한 맥락에서 볼 때 국민당의 출범은 야권분열로 비칠 수밖에 없었다.

이외에도 정주영에 의해 창당되고 그의 대통령 출마를 위한 정치 지원조직의 성격을 가졌으며, 조직과 자금, 인적 구성 역시 현대그룹과 정주영에 전적으로 의존한 '정주영 개인의 정당'이라는 평가에서 벗어날 길이 없었다는 점도 국민당이 극복하지 않으면 안 되는 한계로 지적됐다.77) 과거 집권여당이 일방적으로 권력자에 의존한 결과 권력자와 운명을 같이할 수밖에 없었던 것과 마찬가지로, 국민당도 정주영 한 개인에 지나치게 의존하고 있기 때문에 당의 운명이 개인의 의지에 좌우될 수밖에 없는 구조를 갖게 됐다는 것이다.

2) 14대 총선과 제2차 여소야대

1992년 3월 24일 전국 평균 71.9%의 투표율을 보인 가운데 실시된 14대 총선은 '민자당 참패, 민주당 승리, 국민당 약진'이라는 언론의 분석처럼 민자당은 크게 부진을 면치 못했다.78) 3분의 2를 초과하는 의석을 갖고 있던 민자당의 의석이 과반수에 미치지 못하는 149석에 그쳐 13대 총선에 이어 사상 두 번째로 여소야대 현상이 발생한 것이다.79)

---

77) 강원택,『한국의 선거정치: 이념, 지역, 세대와 미디어』(푸른길, 2003), 141쪽.
78) 14대 총선의 득표율 및 의석수 (지역구/전국구)

	민자당	민주당	국민당	신정·기타	무소속
득표율(%)	38.5	29.2	17.3	3.5	11.5
의석수(지역/전국)	116/33	75/22	24/7	1	21
의석률(지역)	48.9	31.6	10.5	0.4	8.9
의석률(전체)	49.8	32.4	10.4	0.3	7.0

79) 이에 대해 무소속과 국민당의 진출이 곧바로 야당의 강화로 이어지지는 않을 것이기 때문에 13대 총선 이후 나타난 여소야대와는 상황이 다를 것이라는 전망이 제시되기도 했다. 具範謨, "14代 總選의 政治社會學的 意味"『選擧와 韓國

반면에 민주당은 개헌저지선에 육박하는 97석을 확보했으며, 국민당의 경우 지역구만으로도 원내교섭단체를 구성할 수 있는 24석을 획득했다. 이처럼 민자당이 총선에서 부진을 면치 못하게 된 원인으로 언론은 민자당에 대한 견제심리와 기성 정치권에 대한 불신, 그리고 민자당 지도부의 독선적인 당 운영,[80] 또는 민자당의 공천실패[81] 때문인 것으로 분석했다.

이와 달리 김영삼은 총선 전에 차기 후보를 결정하지 않은 것이 패배의 직접적인 원인이 됐다고 주장했다.[82] 유권자들에게 예측 가능한 미래를 제시하지 못하면 유권자로부터 전폭적인 지지를 이끌어 내기 어렵기 때문에 총선 전에 민자당의 대통령후보를 결정해야 한다고 제의했음에도 불구하고, 이 제안이 받아들여지지 않아 과반수 획득에 실패했다는 것이다. 그로서는 총선이 자칫 당내 계파의 대결장으로 변질해 당의 화합과 승리에 장애물이 될 것이라는 점을 들어 총선거가 실시되기 전에 후보 가시화를 주장했던 것인데, 이를 묵살해 놓고서 총선실패 책임론을 내세워 자신에게 총선패배의 모든 책임을 뒤집어씌우려 한다고 반발했다. 한편 민주당은 민자당이 국민의 지지를 상실한 것은 3당야합에 대한 국민의 심판 때문이라고 분석했다.[83]

이와 같은 분석은 어느 정도 적실성이 있기도 하지만, 미시적인 분석에 치우친 감이 없지 않다. 한국정치의 흐름이라는 거시적인 안목에서 접근할 때 다른 설명도 가능하기 때문이다. 이 경우 한국정당사를 일관하는 '위기와 통합의 정치'라는 가설에 입각해서 살펴보는 것도 하나의

政治』(한국정치학회, 1992), 6쪽.
80) <東亞日報>, 1992년 3월 25일.
81) <朝鮮日報>, 1992년 3월 25일.
82) 김영삼, 『김영삼회고록』 3, 298쪽.
83) 김영배는 13대 총선 때 민정·민주·공화 3개 정당의 총득표율은 73.5%였는데, 14대 총선에서 민자당은 38.5%밖에 얻지 못했기 때문에 35% 이상의 지지를 상실한 것이라고 주장했다. 김영배, 『오로지 한길만을』, 281쪽.

대안일 수 있다.

이에 따라 분석한다면 민자당은 일차적으로 불완전한 통합 때문에, 부차적으로는 김대중과 이기택의 통합 때문에 패배했다고 볼 수 있다. 3당이 민자당으로 통합을 이루기는 했지만, 단순히 외형적이고 물리적인 결합에 그치고 말아 통합됐을 때 나타나는 시너지효과를 발휘하지 못했기 때문에 선거에서 승리하지 못한 것이다. 그리고 부분적인 것이기는 하지만 민주당의 통합이 효과를 발휘해 민자당의 패인으로 작용했다고 볼 수 있다.

통합 이후 민자당은 '한 지붕 세 가족'이라는 지적을 받을 정도로 결속된 모습을 보여주지 못한 것을 선거패배의 일차적인 원인으로 들 수 있다. 대외적으로 그와 같은 현상은 여러 차례 나타났지만, 가장 전형적인 것은 내각제각서 파동사건이었다. 각서사건은 노태우, 김영삼, 김종필 3인이 내각제개헌에 합의한다고 자필로 서명한 각서가 1990년 10월 25일 언론에 보도되면서 표면화됐는데,[84] 이를 계기로 민자당은 한때 분당위기를 맞기도 했다.

결론적으로 이 사건은 전당대회를 앞두고 민정계와 공화계는 의원내각제를 당의 공식입장으로 확인하고 싶어한 반면, 김영삼은 실현 가능성이 없다고 생각하고 내각제개헌을 반대한 데서 비롯됐다. 사정이 이렇게 되자 당시 대통령 비서실장인 노재봉과 민자당 사무총장인 박준병이 번갈아 김영삼을 찾아가 각서는 단지 3개 파의 통합을 위해 필요한 것이며 절대로 공개하지 않는다고 설득했다. 이 바람에 통합에 도움이 된다면 서명해도 무방하다는 생각에서 서명한 것이었는데 언론에 보도

---

84) 盧泰愚, 金泳三, 金鍾泌 3인이 1990년 5월 6일자로 자필 서명한 내각제 합의각서의 내용은 다음과 같다. "역사적인 민주자유당의 제1차 전당대회를 앞두고 우리 3인은 신뢰와 협조 아래 국가와 당의 발전을 위해 합당정신에 입각, 헌신할 것을 다짐하며 다음과 같이 합의한다. ① 의회와 내각이 함께 국민에 책임지는 의회민주주의를 구현한다. ② 1년 이내에 의원내각제로 개헌한다. ③ 이를 위해 금년중 개헌작업에 착수한다." 東亞日報社, 『東亞年鑑』 1991, 78쪽.

됐다는 것이 김영삼의 주장이었다.[85]

　김영삼으로서는 통합을 논의하는 과정에서 내각제개헌 문제가 잠시 언급됐지만 자신이 반대해 더 이상 논의되지 않았으나, 3개 파의 융화를 위해 그와 같은 형식이 필요하다고 해서 단순히 서명했다는 것이다. 그러나 민자당의 강령 제1조에 "의회와 내각이 함께 국민에게 책임지는 의회민주주의를 구현한다"는 구절을 내세우고 있는 것으로 보아, 단순히 '3개 파의 융화'를 위해 서명했다는 김영삼의 주장을 글자 그대로 받아들이기는 어려운 측면도 있다.[86]

　각서가 공개되자 민자당 내 3개 계파간의 갈등은 걷잡을 수 없이 노골화됐다. 민정계와 공화계는 김영삼과 민주계에 대해 서명까지 한 정치적 합의를 배신했다고 공격하며 내각제개헌을 공론화하려는 움직임을 보였다.[87] 이에 맞서 김영삼은 합당의 목적이 내각제개헌이 아니라는 점을 강조하고 각서의 공개를 공작정치라고 비난하며 당무를 중지하는 한편 분당도 불사하겠다는 뜻을 밝혔다.[88]

　이처럼 민주계의 탈당과 이로 인한 민자당의 분당이 가시화되자 노태우는 사태수습에 나서 내각제개헌 포기의사를 김영삼에게 전달했다. 이로써 각서를 둘러싸고 일어났던 파동은 일단락됐다. 그러나 민자당 내 계파간 갈등과 불신은 치유불능의 상태로 증폭되는 결과를 낳았고, 당권과 대권을 둘러싼 계파간 암투는 더욱 치열해지는 원인을 제공한 셈이 됐다.[89] 이 때문에 민자당은 당의 모든 역량을 결집시킬 수 없었고,

---

85) 김영삼,『김영삼회고록』3, 276-277쪽.
86) 민정당 대표였던 朴泰俊은 대통령제가 국력을 하나로 결집시키고 책임정치를 이룩하는 데 문제점을 안고 있기 때문에, 그러한 제도를 바꿀 필요가 있다는 공통의 인식을 바탕으로 민자당이 탄생한 것은 분명하다고 주장했다. 조용경 엮음,『각하! 이제 마쳤습니다: 靑巖 朴泰俊 글모음』(한송, 1995), 341쪽.
87) 東亞日報社,『東亞年鑑』1991, 78쪽.
88) 각서가 공개되자 민주계는 민정계의 정보정치로 민주계가 고사할지도 모른다는 위기감이 들어 적극 분당을 주장했다. 최형우『더 넓은 가슴으로 내일을』, 342쪽.

구심점을 형성하지 못한 가운데 치러진 총선에서 소기의 성과를 거둘 수 없었던 것이다. 이를 볼 때 실질적 통합을 이루지 못한 것이 민자당이 패배한 근본적인 원인이었다고 할 수 있다.

김대중과 이기택이 통합에 합의해 민주당을 결성한 것 역시 민자당의 패인으로 작용했다.90) 호남지역에서의 압승은 물론이고 서울에서도 전체 44석 중 25석을 획득해 낙승했고 중부권에서도 13석을 획득해 약진하는 모습을 보였는데, 이는 비록 부분적인 것이기는 하지만 야권이 통합한 결과라고 할 수 있다. 이는 13대 총선에서 평민당이 강원, 충북, 충남지역에서 단 한 석도 얻지 못했던 것만 보더라도 알 수 있다.91)

한편 민자당은 14대 국회 개원 이전부터 원내 안정의석 확보를 위해 총선이 끝나자마자 무소속과 국민당 소속의원 영입에 적극 나섰다. 과반수의석을 확보해 여소야대 현상을 타파하고 국회운영의 주도권을 잃지 않겠다는 전략에 따른 것이었다.

야당의원들의 탈당 및 무소속의원의 민자당 입당에 대해 민주당과 국민당은 야당을 와해시키려는 공작이라고 비난했지만,92) 의원의 이동을

---

89) 민주당의 金元基마저 민자당은 한시도 조용한 날 없이 치고받는 권력다툼을 벌이는 바람에 1992년 1월이 돼서야 총선준비에 뛰어들었다고 분석할 정도였다. 김원기, 『믿음의 정치학』, 194쪽.
90) 민주당측은 여론조사 발표를 인용해 야권통합으로 여당에서 야당 지지로 선회한 비율은 서울 16.2%를 비롯해 대도시지역 11.5%, 전국평균 7.3%로 민주당에 대한 국민의 신뢰와 지지가 급격히 확신되고 있음이 입증됐다고 주장했다. 민족공동체연구소 편집위원회 편, 『신金大中 1993』(민족공동체연구소, 1992), 153쪽.
91) 평민당(13대)과 민주당(14대)의 지역별 당선자/전체의석 수 비교

	서울	부산	대구	인천	광주	대전	경기	강원
평민당	17/42	0/15	0/8	0/7	5/5		1/28	0/14
민주당	25/44	0/16	0/11	1/7	6/6	2/5	8/31	0/14
	충북	충남	전북	전남	경북	경남	제주	전체
평민당	0/9	0/18	14/14	17/18	0/21	0/22	0/3	54/224
민주당	1/9	1/14	12/14	19/19	0/21	0/23	0/3	75/237

92) <東亞日報>, 1992년 5월 28일.

막을 수 있는 제도적 장치가 없는 상황이어서 민자당의 노력은 나름대로 결실을 맺었다. 그리하여 149명의 당선자밖에 내지 못했음에도 불구하고 교섭단체 등록은 과반수를 넘긴 158명으로 할 수 있었다.93) 이처럼 개원 이전에 민자당이 과반수 확보에 성공함으로써 분점정부 현상은 나타나지 않게 됐다.

5. 후보경선과 14대 대선

총선이 끝난 후부터 민자당과 민주당 및 국민당은 1992년 12월 18일에 실시될 14대 대통령선거 준비에 나섰다. 여기서 한 가지 특기할 만한 사실은 민자당이 대통령후보 경선제도를 도입한 것을 들 수 있다. 후보 선출을 위한 경선은 집권여당으로서는 처음 실시하는 것이어서 부작용과 잡음이 없지도 않았다. 민자당에 이어 민주당도 경선을 통해 대통령후보를 선출했으나, 국민당의 경우 경선 없이 후보를 선출했다. 이처럼 3개 주요정당이 후보를 선출하고 대선에 임했지만, 선거는 '위기와 통합'의 가설을 한번 더 입증하는 것으로 종결됐다. 후보가 분열된 야권과는 반대로 여권은 총선 이후 구심점 형성에 성공함으로써 통합된 힘을 발휘할 수 있었기 때문이다.

1) 민자당의 대통령후보 경선

민자당 내에서 선거패배 책임론이 대두되자 김영삼은 선거가 끝난 지 사흘 만인 1992년 3월 27일 대통령후보 지명을 위한 전당대회에 후보로 나서겠다고 선언했다. 이는 당의 분위기를 반전시키려는 의도에서 나온

---

93) <京鄕新聞>, 1992년 7월 5일.

것이었는데,94) 이러한 전략이 적중해 민자당은 본격적인 대통령후보 지명 경쟁국면에 돌입하게 됐다.

민자당은 대통령후보 지명을 위한 임시전당대회를 1992년 5월 19일 개최하기로 하고 후보등록에 들어갔다. 여기서 총선 직후 경선출마를 선언한 민주계의 김영삼을 제외하고, 누가 민정계를 대표해서 출마할 것인가를 놓고 박태준과 이종찬 사이에 치열한 신경전이 벌어지기도 했다.95) 그러나 4월 17일 박태준이 돌연 경선포기 입장을 밝힘으로써 민정당의 경선은 새로운 국면을 맞게 됐다.96)

이로써 민자당의 경선은 김영삼과 이종찬 두 사람으로 좁혀졌지만, 외압에 의한 박태준의 불출마선언으로 민자당의 '완전 자유경선' 이미지는 크게 훼손됐을 뿐 아니라,97) 그의 출마포기는 경선구도 자체에도

---

94) 책임론으로 시간을 끌 경우 당은 만신창이가 될 것이라는 생각에서 대통령후보 출마를 선언한 것이라고 주장했는데, 그보다는 총선패배에 대한 책임론을 잠재우기 위한 전략적 사고에서 출마를 선언한 측면이 더 크다고 할 수 있다. 이것이 적중해 민자당 분위기가 반전됐음을 金泳三 자신도 인정했다. 김영삼, 『김영삼회고록』 3, 301쪽.

95) 朴泰俊은 우리나라가 더 이상 나락에 떨어지지 않고 각 분야의 질서를 바로 세우기 위해서는 정치, 경제, 사회 각 분야에서 흔들림 없이 나라를 이끌어 갈 주도세력이 꼭 필요한 시점이라고 주장하고, 민자당이 국민의 뜻과 희망을 가장 잘 반영해 줄 수 있는 정당이 되도록 자신부터 노력하겠다고 다짐했다. 조용경 엮음,『각하! 이제 마쳤습니다: 靑巖 朴泰俊 글모음』, 373-374쪽. 李鍾贊은 구태의연한 정치의 낡은 틀을 깨고 새로운 정치문화를 건설하는 것이 정치인이 이룩해야 할 과업이며 사명이라고 주장하고, 새롭게 태어날 정치를 위해 선봉에 설 것을 다짐했다. 이종찬『새로운 시대를 열어야 한다』(갑인출판사, 1992), 3쪽.

96) 경선출마 포기를 선언하기 하루 전인 4월 16일 오후 朴泰俊은 李相淵 안기부장과 2시간 가까이 만나 대담했다. 이 자리에서 출마를 포기하라는 대통령의 뜻이 안기부장을 통해 朴泰俊에게 전달된 것으로 알려졌다. <東亞日報>, 1992년 4월 17일. 이처럼 盧泰愚가 朴泰俊의 출마를 막은 이유는 金泳三이 탈당의 배수진을 치며 반발한 것과 자신이 주도한 3당합당이 깨지고 경선구도가 파괴되는 것을 싫어했기 때문인 것으로 분석됐다. <東亞日報>, 1992년 4월 18일.

97) 박태준이 민자당 경선에 나서려 하자 김영삼이 '제한 경선론'으로 노태우에게

영향을 미칠 수 있는 소지를 만들어 놓았다. '불공정경선' 시비가 바로 그것이었다.

이와 같은 상황에서 이종찬은 경선이 자유롭게 치러지지 않을 경우 정권재창출은 불가능하다고 전제하고, 외압설이 나오고 있는데 자신은 모양만 갖춘 경선에는 단호하게 대처할 것이라고 선언했다.98) 그는 또한 대의원들이 정확히 후보를 선별할 수 있도록 하기 위해 합동연설회와 TV토론을 갖자고 제의했으나, 김영삼측은 인신공격의 난무와 과열 혼탁분위기를 확산시킬 우려가 있다는 이유로 반대했다.99)

자신의 합동연설회 개최 제의가 받아들여지지 않고 김영삼측이 당내 모든 계파를 망라한 추대위원회를 공식 발족시키자,100) 이종찬은 경선 자체가 불공정하게 진행되고 있다며 반발하고, 이것이 시정되지 않으면 심각한 결론을 내리겠다고 단언했다.101) 겉으로만 자유경선일 뿐 실제로는 외압과 불공정 속에서 진행되고 있다는 것이었다.

이에 대해 김영삼측은 세불리를 만회하기 위한 정치공세의 일환이라고 일축했으나, 이종찬은 외압이 존재한다는 주장을 굽히지 않았다. 그리고 "대통령의 '엄정중립' 언급과 실제 집행 사이에 차이가 나는 것도 시정해야 하며, 모양 갖추기 경선으로 전락한다면 단호히 대처하겠다"

'땡깡'을 부리며 자신의 경선 출마를 막았다고 박태준은 회고했다. <중앙일보>, 2004년 8월 5일.

98) <朝鮮日報>, 1992년 4월 26일.
99) 합동연설회를 거부한 것에 대해 언론은 국민에 대한 홍보의 차원이나 계도의 시각에서 경선의 의미를 해석할 것을 주문하고, 민자당 수뇌부가 인식을 바꾸어 합동연설회를 수용하는 것이 바람직하다고 주장했다. <東亞日報>, 1992년 4월 28일.
100) 金鍾泌은 한 달 만의 장고 끝에 金泳三을 추대하기로 하고 추대위의 명예위원장으로 취임했다. 현실적으로 金泳三밖에 없다는 판단과 그를 반대할 경우 합당 자체가 원인무효로 된다는 판단에서 金泳三을 지지한 것으로 분석됐다. <朝鮮日報>, 1992년 4월 28일.
101) <東亞日報>, 1992년 4월 29일.

고 선언했다.102) '불공정경선' 주장이 제기되자 대통령은 정무수석비서관을 경질하는 등의 조치를 취했으나, 이종찬은 대통령의 중립성에 의문을 제기하면서 3개 항의 조건을 제시하고 이것이 받아들여지지 않을 경우 중대결심을 선언할 가능성을 비쳤다.103)

이에 김영삼측이 합동연설회는 받아들일 수 있으나 '외압 관계자 추가문책'과 '추대위 해체'는 받아들일 수 없다고 최종 입장을 정리하자, 이종찬은 경선거부로 맞섰다. 자유경선의 본질을 훼손하며 강행되는 전당대회는 원천적으로 무효라는 주장이었다.104)

이종찬의 경선거부에도 불구하고 민자당 전당대회는 예정대로 1992년 5월 19일 개최됐는데, 이날 김영삼은 전체 투표자의 66.3%의 지지를 받아 민자당의 대통령후보로 선출됐다. 후보 수락연설에서 김영삼은 3당통합의 결실을 바탕으로 민주주의 완성, 선진경제 실현 및 민족통일 성취라는 국가목표를 향해 매진할 것이라면서 당의 단합을 호소했다.105) 그리고 의견을 달리하는 사람이나 반대의견을 가진 사람을 모두 포용할 생각이라며, 당의 단합과 대통령선거 승리가 민자당의 목표인 만큼 단합을 위해 최선을 다하겠다고 밝혔다.

한편 33.2%의 지지를 획득한 이종찬은 경선의 원인무효와 후보선출 불인정 방침을 재확인하고, 당에 남아 있으면서 투쟁할 생각이라고 밝혔다.106) 민자당의 경선이 파행적으로 치러진 것에 대해 "어설픈 자유

---

102) <東亞日報>, 1992년 4월 29일.
103) 李鍾贊은 5월 13일 기자회견을 통해 자유경선의 본질을 훼손시키고 막바지 '매표'까지 획책하고 있는 김후보 추대위원회의 즉각 해체, '노심'을 팔면서 자유경선의 본질을 파괴시킨 장본인들에 대한 문책, 전당대회 정견발표가 어렵다면 18일 서울에서 전 대의원들을 대상으로 하는 합동연설회 개최 등 세 가지 요구사항을 제시하고, 이에 대해 15일까지 답변해 줄 것을 노태우 대통령과 김영삼 후보에게 촉구했다. <朝鮮日報>, 1992년 5월 14일.
104) <世界日報>, 1992년 5월 18일.
105) <朝鮮日報>, 1992년 5월 20일.
106) 자신에 대한 징계 움직임에 이는 데 대해 李鍾贊은 "경선거부는 원천적 불공

경선이 부른 파국"이라는 비판도 제기됐지만,[107] 김영삼을 중심으로 민자당 내 각 계파가 단합을 이루는 계기를 마련했다는 점에서 후보경선은 나름대로 의미가 있었다고 할 수 있다. 이후 김영삼을 중심으로 민자당의 결속은 눈에 띄게 증대됐기 때문이다.

2) 국민당과 민주당의 대통령후보 선출

원내교섭단체를 구성한 3개 정당 가운데 가장 먼저 대통령후보를 선출한 곳은 국민당이었다. 후보등록 마감 결과 정주영 한 사람만 등록을 마침으로써 국민당은 5월 15일 임시전당대회를 개최하고 그를 대통령후보로 추대했다.[108] 후보 수락연설에서 정주영은 오늘의 시대는 분단에서 통일로, 권위주의에서 민주주의로 넘어가는 변화의 소용돌이가 낡은 정치를 무너뜨리고 있다고 진단하고, 이러한 시대적 흐름에 부응해 분단극복과 선진경제 창출이라는 민족사적 과업을 달성하겠다고 다짐했다.[109]

후보선출에 이어 국민당은 '국민에게 드리는 글'을 채택, 경제에 활기를 불어넣고 성실과 정직이 존중되고 부패와 술수가 자취를 감추는 사

정사례들을 파헤쳐 완전 자유경선을 실현하기 위한 구당행위였기 때문에 징계는 전혀 수용할 수 없는 것"이라고 주장했다. <東亞日報>, 1992년 5월 20일. 민주계는 李鍾贊의 경선거부를 일종의 제스처로 간주했고, 경선에 패배했을 때 승복했어야 했는데, 그렇게 하지 않아 차기의 가능성을 박차 버렸다고 주장했다. 최형우, 『더 넓은 가슴으로 내일을』, 363쪽.

107) <東亞日報>, 1992년 5월 19일.
108) 楊淳稙은 국민은 새로운 인물이 필요하다고 보았고 鄭周永이 그 대안이 되기에는 부족하다고 생각했음에도 불구하고, 그가 후보가 되는 것을 막지 못했다고 회고했다. 처음에는 그것이 어느 정도 가능성이 있었지만, 시간이 지나면서 당내 역학구도가 불가능한 상황으로 흘러갔다는 것이다. 楊淳稙, 『大義는 권력을 이긴다』, 324-325쪽.
109) <東亞日報>, 1992년 5월 15일.

회를 만들겠다면서 국민당에 대한 지지를 호소했다. 이와 동시에 새로운 정치와 지역감정 타파, 경제회복을 위한 정책과 공약의 마련에 나서는 한편 새로운 인물의 영입에 적극 나섰다.110)

한편 민주당은 3개 정당 중 가장 늦은 5월 25, 26 양일에 걸쳐 전당대회를 개최, 최고위원과 대통령후보를 선출하기로 했다. 여기서 대통령후보 경선출마를 먼저 선언한 것은 이기택으로, 그는 5월 8일 지역분할주의를 청산하고 세대교체와 새 정치 구현을 위해 출마를 결심했다고 밝혔다. 출마선언을 통해 이기택은 "민주화투쟁에 앞장선 분들의 공적을 높이 평가하지만, 이제 그 역할은 시대적 변천에 따라 마감하고 새 시대의 새로운 선택에 적합한 리더십을 창출하는 것이 세대교체의 참된 정신"111)이라고 주장했다.

이로써 민주당의 후보경선은 출마가 기정사실화돼 있는 김대중과 이기택 2인의 대결로 압축됐는데, 이에 대해 과연 실질적인 경선이 이루어지겠느냐는 회의적인 시각도 없지 않았다. 어느 모로 보더라도 김대중이 선출될 것이 불을 보듯 뻔했기 때문이다.112) 이와 같은 내외의 회의적 시각을 감안해 민주당은 실질적인 경선의 모양새를 갖출 필요가 있었다. 그리하여 서울, 중부, 호남, 영남 등 4개 권역별로 개인연설회를 치르고, 경선에 앞서 합동연설회를 갖는 등의 계획을 세워 놓았다.

민주당의 후보경선은 5월 16일 김대중이 출마를 공식 선언함으로써 본격화됐다. 그는 나라의 운영에는 깊은 철학과 경륜이 있어야 하며 많은 경험과 국정관리 능력이 있어야 한다고 주장하면서, 자신은 모든 것

---

110) 언론은 鄭周永 후보가 극복해야 할 문제점으로 첫째, 대통령 출마의 동기를 보다 긍정적인 차원에서 설명할 것, 둘째, 재산 형성과정과 사생활에 관한 의혹 해소, 셋째, 재벌당이라는 이미지 불식, 넷째, 경제정책 집행에 있어 공정성 확보 등 네 가지를 들고 이에 대해 국민이 납득할 만한 설명이 있어야 한다고 지적했다. <東亞日報>, 1992년 5월 16일.
111) <東亞日報>, 1992년 5월 8일.
112) <東亞日報>, 1992년 5월 8일.

을 다 바쳐 마지막 결전을 감행, 정권교체의 꿈을 성취하겠다고 말했다.113) 출마선언문을 통해 그는 민자당정권은 정치, 경제, 사회 모든 분야에서 실패했으므로 정권교체는 필연이라고 주장하고, 경제 재도약과 통일시대 개막을 차기 정권담당자의 2대 과제로 제시하며, 이를 슬기롭게 극복해 낼 자신이 있다고 공언했다.114)

5월 25일의 합동연설회에서 두 사람은 상호 비방 없이 각각 자신의 정견을 발표했다. 이날 김대중은 다음 대통령은 군출신이나 군사정권에 협력한 사람이 돼서는 안 되며 군사세대에서 민주세대로 바뀌는 진정한 의미의 세대교체가 돼야 한다고 강조하고, 지역감정의 최대 피해자인 자신이야말로 '용서와 화해의 정치'를 해낼 수 있는 사람이라고 주장했다.115) 뒤이어 정견발표에 나선 이기택은 14대 총선에서 민주당에 내린 국민의 명령은 지역당의 한계를 극복하라는 것이었다면서, 이의 실천 여부에 민주당과 민족의 미래가 달려 있다고 주장했다. 그는 대선승리를 위한 후보의 조건으로 부패한 정치권의 세대교체를 이루고 지역갈등을 해소할 수 있는 인물이 돼야 한다고 함으로써 김대중과의 차별화를 시도했다.116)

정견발표 다음날인 26일 열린 대회에서 민주당은 김대중을 대통령후보로 선출했다. 그는 총 유효투표의 60.4%를 얻어 39.6%를 획득한 이기택을 제치고 후보로 당선됐다. 후보 수락연설에서 그는 "반드시 정권교체의 주역이 되어 당원과 국민들에게 보답하겠다"117)고 다짐하고, 민주당이 집권할 경우 각계각층, 지역, 모든 정당이 참여하는 거국내각을 구

---

113) 金大中은 군사세대에서 민주세대로의 세대교체 적임자, 경제를 살릴 자신, 통일 추진을 위한 적임자, 정치보복 없는 용서하는 정치, 승리할 수 있는 자신감 등 10가지의 출마이유를 제시했다. <東亞日報>, 1992년 5월 16일.
114) <朝鮮日報>, 1992년 5월 17일.
115) <東亞日報>, 1992년 5월 25일.
116) <朝鮮日報>, 1992년 5월 26일.
117) <朝鮮日報>, 1992년 5월 27일.

성할 것이라고 밝혔다. 그리고 인사차별 철폐를 통한 지역감정 타파, 국민이 용납할 수 없는 특별한 사람을 제외한 정치범 석방, 물가안정 및 투기방지 등 분야별 정책대안을 밝혔다.[118]

이로써 김대중은 1971년과 87년에 이어 세 번째로 대통령선거에 임하게 됐는데, 그는 이를 감안해 모든 것을 걸고 승리하겠다는 다짐에서 '마지막'이라는 전제를 여러 차례 달았다. 그리고 정치인은 물러날 때를 잘 알아야 하는데, 이번 대선이 바로 그 시점이라고 생각한다면서 자신에 대한 부정적 시각을 씻기 위해 노력했다.[119] 한편 경선에서 패배한 이기택은 경선결과에 승복하며 민주당의 대선승리를 위해 노력하겠다고 다짐, 민자당의 이종찬과는 차별성을 나타냈다.[120]

3) 14대 대선

민자당과 민주당, 국민당이 각각 대통령후보를 선출하고 후보를 중심으로 당체제를 전환함에 따라 정국은 본격적인 선거국면으로 접어들게 됐다. 14대 대선은 선거 6개월 이전에 경쟁후보가 확정됐고, 14대 국회의 개원 및 운영과도 맞물려 있었으며, 3당이 모두 당의 내분을 조기 수습해야 하는 숙제를 안고 있는 가운데 시작됐기 때문에 치열한 경쟁이 예상됐고, 경우에 따라서는 정계가 재편되는 현상까지 빚어질 것으로 관측됐다.[121]

여기서 가장 국민의 관심이 집중된 곳은 민자당이었다. 왜냐하면 경선에 불복한 이종찬이 탈당하고 신당창당에 나선 데다[122] 당총재인 대

---

118) <朝鮮日報>, 1992년 5월 27일.
119) <東亞日報>, 1992년 5월 26일.
120) 金元基는 민자당의 경선이 국민을 우롱한 '정치쇼'로 폭로됐음에 반해 민주당의 "완전한 자유경선은 우리 정치문화 수준을 한 단계 질적으로 제고시킨 역작"이라고 주장했다. 김원기, 『믿음의 정치학』, 194-195쪽.
121) <東亞日報>, 1992년 5월 27일.

통령마저 탈당을 선언했기 때문이다.[123] 노태우가 탈당하자 민자당에는 탈당 도미노현상이 나타났다. 당 최고위원인 박태준을 비롯해서 당고문인 채문식과 윤길중이 탈당했고, 현역의원으로 박철언, 김용환, 이자헌, 장경우, 유수호 등 5명이 탈당했으며, 뒤를 이어 민정계 지구당위원장들이 탈당하는 사태가 일어났다.

이와 같은 연쇄탈당이 일자 김영삼은 1992년 10월 13일 국회 대표연설을 통해 자신의 심경을 밝혔다. 그는 노태우의 탈당으로 중립내각이 구성된 것은 민자당의 자기희생과 자기혁신의 각오로 이루어진 것이라고 주장하고, 권위의 붕괴, 사회기강 해이, 경제침체, 정치불신, 부정부패, 지역·계층간의 갈등과 같은 한국병을 극복하기 위해 신한국을 창조하는 운동을 벌여 나가겠다고 다짐했다. 이와 동시에 의원직사퇴 의사를 밝혔는데,[124] 이는 14대 대선을 40년 가까운 정치생활을 총결산하

---

122) 8월 17일 李鍾贊은 3당합당 이후 민자당은 당내 권력투쟁으로 개혁은 뒷전으로 밀려났으며, 자신이 걸었던 기대는 많은 국민들이 지적한 대로 오판임이 드러났다면서, "우리 모두를 시들게 하는 지역 패권주의와 낡은 정치문화를 더 이상 방기해서는 안 된다는 일념으로 민주 대장정의 밑거름이 되고자 민자당을 탈당한다"고 선언했다. <東亞日報>, 1992년 8월 17일.

123) 9월 18일 盧泰愚는 민자당 탈당의사를 밝혔고 10월 5일에는 민자당사를 방문, 탈당계를 공식 제출했다. 관권시비 분위기를 바꾸고 중립내각을 구성해 공명선거를 국민에게 약속하기 위해서 탈당한다고 盧泰愚는 설명했지만, 金泳三은 자신의 당선이 두려워서 이를 방해하기 위한 의도에서 탈당한 것이라고 주장했다. 김영삼,『김영삼회고록』3, 317-318쪽. 金泳三과 달리 金大中과 鄭周永은 노태우의 탈당을 높이 평가했다. 金大中은 "참으로 용기 있고 현명한 救國의 決斷"이라면서 대통령에게 진심 어린 격려의 말씀을 드린다고 말했다. 大韓民國國會 事務處,『第159回 國會本會議 會議錄』第6號(1992. 10. 14), 2쪽. 한편 鄭周永은 "黨籍까지 포기하면서 잘못된 選擧風土를 改善하려고 하시는 盧大統領의 憂國衷情에 경의를 표하는 바"라고 말했다. 大韓民國國會 事務處,『第159回 國會本會議 會議錄』第7號(1992. 10. 15), 1쪽.

124) 대표연설에서 그는 집권여당의 후보로서 부정한 선거를 통해 대통령이 될 생각이 없었기 때문에 집권여당 후보의 기득권을 포기한다는 전제 아래 중립내각을 제안했다고 주장하고, "大統領候補로서 혼신의 힘을 다하기 위해서는 國會議

는 기회로 삼고 여권이 갖고 있는 모든 기득권을 포기하고 원점에서 국민의 심판을 받겠다는 생각에서 나온 것이라고 그는 주장했다. 완전하고 깨끗한 경쟁을 했다는 전통을 헌정사에 남기겠다는 의미에서 의원직 사퇴의 결단을 내렸다는 것이다.125)

한편 민자당을 탈당하고 새정치국민연합을 결성했던 이종찬은126) 민자당 탈당파를 중심으로 새한국당 창당에 나섰다. 그러나 창당과정에 동참했던 일부가 국민당과 통합을 선언하고 정주영을 후보로 추대하는 바람에127) 별도로 창당대회를 개최하는 수밖에 없었다.

1992년 11월 17일의 창당대회에서 대통령후보로 선출된 이종찬은 반드시 대선에서 승리해 '새 정치'의 기적을 구현하겠다고 다짐했으나,128) 선거를 엿새 앞둔 12월 12일 후보직을 사퇴하고 정주영 지지를 선언했다. 김영삼 후보의 집권을 막기 위해 후보직을 사퇴하는 것이 정치적으로 합리적인 것이라고 판단했기 때문에 사퇴한 것이라고 주장했지만,129) 민자당 탈당 이후 자주 진로를 변경한 데 대한 비판적 시각이 없지 않았다.130)

員으로서의 責任과 義務를 다할 수 없으므로 國會議員職을 辭任하고자" 한다고 선언했다. 大韓民國國會 事務處, 『第159回 國會本會議 會議錄』 第5號(1992. 10. 13), 5쪽.
125) 김영삼, 『김영삼회고록』 3, 337쪽.
126) 李鍾贊은 '국민에게 드리는 글'을 통해 심각한 정치불신은 우려할 만한 단계에 이르렀다고 지적하고, 구태의연한 기성 정당질서를 극복하고 새 정치의 깃발을 높이 들기 위해 새정치국민연합을 출범시키게 됐다고 밝혔다. <東亞日報>, 1992년 9월 3일.
127) 鄭周永과 새한국당 창당준비위원장인 蔡汶植은 11월 16일 기자회견을 갖고 양당의 통합을 공식 선언했다. 이들은 통합선언문에서 "새 질서를 형성하고 책임 있게 국정을 이끌어 갈 정치세력의 '하나된 결집'을 바라는 국민여망을 받들어 양당을 통합"한다고 밝혔다. <世界日報>, 1992년 11월 17일.
128) <한국일보>, 1992년 11월 18일.
129) <東亞日報>, 1992년 12월 12일.
130) 언론은 '이종찬씨의 방황'이라는 제목의 사설에서 한 달이 멀다 하고 변신에

선거 종반 이종찬의 정주영 지지선언으로 분위기가 고조된 가운데, 국민당은 부산지역 기관장들이 모여 김영삼의 당선을 위해 대책회의를 가졌다는 사실을 폭로하고 이들의 대화내용을 녹음한 테이프를 증거물로 제시했다. 국민당은 이것이 관권개입과 중립내각의 허구성을 입증하는 것이라며 정부와 민자당을 공격했고,[131] 김대중도 이 사건으로 인해 지역감정에 종지부를 찍을 것이라 생각하고 더욱 승리를 확신했다.[132]

그러나 일반국민의 여론은 국민당이나 민주당의 예상과는 정반대로 움직였다. 기관장들이 대책회의를 갖고 선거에 개입했다는 것보다 불법적으로 도청했다는 사실이 더 사회적인 이슈로 등장했기 때문이다. 관권개입 규탄이라는 국민당의 기대나 지역감정 선동이라는 민주당의 비난과 달리 도청의 도덕성문제에 초점이 맞추어짐으로써 김영삼 지지자들의 결속을 강화하는 방향으로 작용한 것이다.[133]

81.9%의 투표율을 보인 12월 18일의 대통령선거 결과 민자당의 김영

변신을 거듭하는 모습과 정치적 소신을 알 수 없을 만큼 무원칙한 행동을 서슴지 않아 국민을 실망시키고 있다고 비판했다. <朝鮮日報>, 1992년 12월 15일.

131) 국민당의 선거대책위원장 金東吉은 12월 15일 기자회견을 갖고 12월 11일 아침 7시 부산 시내 소재 초원복집에서 부산시장, 부산경찰청장, 안기부 부산지부장, 부산지역 기무부대장, 부산교육감, 부산지검장, 부산상공회의소회장 등 7명이 金淇春 전 법무부장관이 주재한 회의에서 金泳三 후보의 당선을 위해 지역감정을 부추기며 민간단체들의 인원동원에 적극 나서야 한다는 등에 의견을 같이 하고 이를 위해 적극 노력키로 했다고 폭로했다. <朝鮮日報>, 1992년 12월 16일. 민주당도 이 사건은 자유당정권의 관권개입을 훨씬 능가하는 것으로 盧대통령이 표방해 온 중립의지가 한갓 위장술에 불과했다는 것을 여실히 보여주었다고 주장했다. 김옥두, 『다시 김대중을 위하여』, 389쪽.

132) 김대중, 『새로운 시작을 위하여』(김영사, 1993), 21-22쪽.

133) 민주당도 金泳三 후보에게 악재가 되리라고 생각했던 사건이 오히려 분산되려던 영남표를 응집시키는 호재로 작용했음을 시인했다. 김태랑, 『우리는 산을 옮기려 했다』, 234쪽. 이에 대해 崔炯佑는 비정상적인 폭로전으로 민심을 조작하던 시대는 지나갔으며, 오히려 수단과 방법을 가리지 않는 선거전략에 대한 비난여론이 확산되는 계기가 됐다고 주장했다. 최형우, 『더 넓은 가슴으로 내일을』, 370쪽.

삼 후보가 41.4%를 얻어 대통령에 당선됐다. 민주당의 김대중과 국민당의 정주영은 각각 33.4%와 16.1%를 얻는 데 그쳐 패배하고 말았는데, 패인에 대해 민주당은 영남지역에서 막판 지역감정의 고조와 국민당의 부진을 든 반면, 국민당은 지역 고정표가 없는 점과 부당한 금권선거 시비를 들었다.134) 양당이 공통적으로 지적한 지역감정135) 외에도 용공음해 때문에 패배했다는 주장도 제기됐다.136)

그러나 보다 근본적인 원인으로는 3당합당 이후 민자당이 김영삼을 중심으로 결속강화에 성공함으로써 통합된 힘을 최대한 발휘할 수 있었던 반면, 야권은 그에 상응할 만한 통합을 이루지 못했다는 것을 들 수 있다. 일차적으로 민주당과 국민당으로 나누어져 야당성향의 표가 분산된 데다, 양당이 추구했던 통합 또한 제한적인 것이어서 효과가 크지 않았던 것이다.

민주당의 경우 야권통합을 통해 창당됐지만 규모 자체가 민자당의 통합과는 비교가 되지 않을 정도로 작은 것이었고, 야권분열에 일조한 국민당도 선거 막판에 새한국당과 통합을 이루기는 했지만 정치적 파급효과는 미미한 수준의 것이었다. 이처럼 14대 대선은 통합된 여권과 분열된 야권의 대결로 집약된 선거였기 때문에 민자당의 승리로 막을 내리게 된 것이다.

승리가 확정되자 김영삼은 기자회견을 갖고 안정 속에서 변화와 개혁을 바라는 국민 모두의 승리라고 규정하고, 신한국 창조를 위해 고통분

---

134) 東亞日報社, 『東亞年鑑』 1993, 68쪽.
135) 국민당의 楊淳稙은 영남에서 鄭周永을 밀었다가는 金大中이 된다고 생각하는 여론 때문에 鄭周永의 표가 적게 나왔다고 주장, 민주당과는 다른 차원에서 지역감정 문제를 제기했다. 楊淳稙, 『大義는 권력을 이긴다』, 326쪽.
136) 金令培는 선거 당시 안기부가 북한이 金大中을 지지하라는 방송을 했다는 사실무근의 허위사실을 발표하고, 金泳三이 직접 金大中을 용공으로 몰았기 때문에 패배했다고 주장했다. 김영배, 『오로지 한길만을』, 286쪽. 權魯甲도 지역감정과 매카시즘적 용공음해의 벽을 뚫지 못해 패배했다고 주장했다. 권노갑, 『누군가에게 버팀목이 되는 삶이 아름답다』(살림, 1999), 228쪽.

담을 호소한다고 소감을 밝혔다.[137] 패배를 확인한 김대중은 의원직을 사퇴하고 정치일선에서 은퇴하겠다는 내용의 성명서를 발표했다. 여기에서 그는 국민의 신임을 얻는 데 실패한 것을 부덕의 소치로 생각하고 패배를 겸허한 심정으로 받아들인다면서, 김영삼 후보가 대통령으로서 성공해 민주발전과 조국통일에 기여하기를 바란다고 언명했다.[138] 한편 정주영은 선거결과를 겸허히 받아들이겠다면서 김영삼 후보의 당선을 축하한다고 발표한 후 칩거에 들어갔다.[139]

6. 맺음말

지금까지 살펴본 바와 같이 노태우정부하에서도 '위기와 통합의 정치'는 그대로 나타났는데, 그 가장 전형적인 것은 14대 총선과 대선이었다. 14대 총선의 경우 민정당과 민주당, 공화당 3당이 민자당으로 통합되기는 했지만, 내부적인 결속을 이루지 못하고 선거를 치르는 바람에 참패를 면하지 못했다. 내각제각서를 둘러싸고 민정계와 민주계가 분당 일보 직전까지 갈 정도로 갈등의 골이 깊었기 때문에 전 당원이 합심 협력해서 총선에 임할 수 없었고, 이로 인해 득표율이 급락하는 사태를 맞았다. 이와는 반대로 14대 대선의 경우 일부 이탈이 있기는 했지만, 후보를 중심으로 각 계파가 결속하는 바람에 압도적인 표차로 승리할 수 있었다.

의정사상 최초로 여소야대를 초래한 13대 총선의 경우도 '위기와 통

---

137) <朝鮮日報>, 1992년 12월 20일.
138) 金大中의 성명서 전문은 <朝鮮日報>, 1992년 12월 20일 수록.
139) 후일 鄭周永은 자신이 낙선한 것은 자신의 실패가 아니라 金泳三을 선택한 국민의 실패이며, 자신은 단지 선거에 나가 뽑히지 못했을 뿐이라고 주장했다. 정주영, 『이 땅에 태어나서』(솔출판사, 1998), 423쪽.

합'이라는 가설로 설명이 가능하다. 13대 대선에서 민정당이 승리하기는 했지만, 선거과정에서 크게 영향력을 발휘한 지역주의의 벽을 넘을 수 없었기 때문에 13대 총선에서 패배한 것이다. 민정, 민주, 평민, 공화 4개 정당이 지역적으로 할거하고 있는 상황에서 지역간 제휴나 연합 없이는 어느 정당도 단독으로 과반수를 차지할 수 없는 구조적인 한계가 있었기 때문이다. 이와 같은 구조적 한계로 인해 정국을 주도할 수 없게 된 민정당이 위기를 극복하기 위해 제의해서 성사된 것이 3당통합이었다. 그러나 내각제각서 파동으로 인한 내분 때문에 통합효과를 발휘하지 못하고 패배하고 만 것이다.

  13대 대선을 앞두고 야권이 분열되는 바람에 민정당의 노태우는 대통령에 당선될 수 있었다. 그러나 대선에서 승리한 후 통합을 이루지 못함으로써 13대 총선에서 패배, 위기국면에 처하게 된다. 이러한 위기에서 벗어나기 위해 노태우는 3당통합을 했고, 그 결과 정국의 안정을 기할 수는 있었다.

  그러나 총선을 앞두고 빚어진 민자당의 갈등으로 14대 총선에서 다시 패배하게 된다. 야권의 통합으로 초래된 패배가 아니라 여권의 분열로 인해 일어난 패배였다. 이 사실을 간파한 민자당이 당의 결속을 강화한 결과 14대 대선에서 김영삼이 승리할 수 있었다. 이로써 '위기와 통합의 정치'는 김영삼정부로 이어지게 됐다.

| 제 9 장 |

김영삼정부하의 정당구도 분석

1. 머 리 말

　14대 대선에서 민자당 김영삼 후보의 당선이 확정된 직후인 1992년 12월 19일 민주당 후보였던 김대중의 정계 은퇴선언이 있었고,[1] 뒤를 이어 1993년 2월 9일 국민당 후보 정주영도 경제계로 복귀한다면서 정계은퇴를 선언했다.[2] 이로써 정치권은 크게 재편되는 양상을 보였으나, 재편된 정계 역시 '위기와 통합의 정치'라는 틀로 설명이 가능하다는 데 한국정치의 특징이 있다. 정치권 내에서 통합과 분열이 복합적으로 작용해 김영삼이 당선된 것과 마찬가지의 현상이 이후에도 그대로 나타났

---

[1] 김대중은 "다시 돌아올 뜻을 감추고 작전상 은퇴한 것이 아닙니다. 은퇴하는 사람이 그런 생각을 한다면 국민을 속이고 역사를 속이는 것에 불과합니다"라면서 추한 모습은 보이지 않겠다고 단언했다. 김대중,『새로운 시작을 위하여』(김영사, 1993), 29-30쪽. 그러나 김대중의 측근인 권노갑은 정계복귀를 예상하고 준비를 했다. 그는 김대중의 은퇴가 여론의 집중적인 조명을 받고 그에 대한 관심과 애정이 갑자기 쏠리는 것으로 보아, 반드시 국민이 다시 불러 줄 날이 있을지도 모른다고 생각하고 김대중의 사상과 이념을 계승할 것을 다짐했다. 권노갑,『누군가에게 버팀목이 되는 삶이 아름답다』(살림출판사, 1999), 230쪽.
[2] 정주영의 경우 김대중과 달리 어느 누구도 정계복귀를 예상하지 않았다는 점에서 차별성을 보였다. 이런 점에서 양순직은 정주영이 은퇴를 선언하자 진퇴를 분명히 한 점에 대해 속으로 박수를 보내 주었다고 회고했다. 楊淳稙,『大義는 권력을 이긴다』(에디터, 2002), 327쪽.

기 때문이다.

 김영삼의 문민정부 출범과 더불어 위기에 처한 쪽은 야권으로, 그 중에서도 위기의식을 가장 뼈저리게 느낀 사람은 김대중이었다. 정계은퇴 번복과 정계복귀 선언으로 야권이 분열된 상태에서 치른 15대 총선에서 패배함으로써 야당은 명분과 실리를 모두 잃었기 때문이다. 이와 같은 위기상황에서 벗어나기 위해 김대중은 민자당을 탈당한 김종필과 연합하기 위해 적극 노력했다. 통합을 통해 자신과 당이 처한 위기를 극복한다는 전략이라고 할 수 있는데, 이는 때마침 발생한 여당의 분열과 맞물려 크게 효과를 보았다. 이 덕분에 김대중은 15대 대선에서 승리할 수 있었다.

 이처럼 김영삼정부하에서도 정당정치는 '위기와 통합'의 틀을 벗어나지 않고 그 테두리 안에서 전개됐는데, 이로 인해 개별 정치인은 물론이고 각 정당의 행태도 이 가설에 의해 설명이 가능하다. 김영삼정부 5년 동안 한 차례 실시된 국회의원선거에서 여당은 야권의 분열로 인해 승리할 수 있었지만, 대통령선거에서는 그와 반대되는 현상으로 인해 여당이 패배한 것으로 분석할 수 있기 때문이다.

 여기서 한 가지 특이하다고 할 만한 것은 노태우정부하의 통합이 영남권과 충청권이 제휴하는 형식으로 이루어진 것인 데 반해, 김영삼정부하에서의 통합은 호남권과 충청권이 제휴해 영남권을 배제하는 형식으로 나타났다는 사실이다. 지금까지 통합과정에서 크게 주목받지 못했던 충청권이 결정적인 역할을 하는, 일종의 캐스팅보트를 쥐는 현상이 새롭게 생겨난 것이다.

 이와 같은 점에 유의해서 이 장은 한국 정당정치의 특징이라고 할 수 있는 '위기와 통합의 정치'가 김영삼정부하에서 어떠한 양상으로 전개됐는지, 그 결과 한국정치에 어떠한 변화가 초래됐는지를 살펴보려는 의도에서 출발한다. 그리고 '위기와 통합의 정치'가 그 이후 한국의 정치현실과 정당정치에 미친 영향은 무엇인지를 분석하려고 한다.

2. 민주당과 민자당의 분열

영원히 정치를 하지 않을 것이라고 단언하며 출국한 김대중이 귀국 후 현실정치에 개입하기 시작하자, 민주당 내에서 권력의 중심이 당대표인 이기택에게서 김대중으로 이동하는 현상이 발생했다. 권력이동에 대해 이기택이 반발하자, 김대중은 별도의 정당을 만들어 본격적인 정치활동에 들어갔다. 이로 인해 민주당은 분열의 길을 밟게 되는데, 분열은 민주당에서만 일어난 것이 아니었다.

민자당 전당대회를 얼마 남겨 놓지 않은 시점에서 당내 민주계 일부가 당 지도체계 개편이라는 명목으로 김종필의 출당을 요구하는 사건이 발생한 것이다. 이에 반발한 김종필이 탈당해 신당을 결성함으로써 민자당 역시 분열되는 사태를 맞이했다. 이처럼 대통령선거가 끝난 지 2년여 만에 정치인의 이합집산 현상이 재발함으로써 '위기와 통합의 정치'가 지속되게 됐다.

1) 민주당의 분열: 김대중의 정계복귀와 새정치국민회의 창당

대선패배 후 정계은퇴를 선언한 김대중은 1993년 1월 26일 영국으로 출국했다. 출국 인사말을 통해 그는 자신은 정치를 떠났으며, 앞으로도 영원히 정치는 하지 않을 것이라고 잘라 말했다.[3] 그가 출국한 목적은 영국 케임브리지대학에 적을 두고 책을 읽으며 새로운 인생의 길을 모색하기 위한 것이라고 측근은 밝혔다.[4]

---

3) <朝鮮日報>, 1993년 1월 27일.
4) 권노갑,『누군가에게 버팀목이 되는 삶이 아름답다』, 231쪽.

이를 반영하듯 영국에서 김대중은 독일을 네 번 방문해 독일의 통일과정을 자세히 관찰하고, 포르투갈에서 열린 세계지도자회의 등 많은 모임에 참석했고, 벨기에, 프랑스 등을 방문해 유럽통합의 현장을 확인하면서 한국의 통일방안에 대해 연구했다고 전해진다. 6개월 가까운 기간 동안 그의 "뜨거운 향학열은 마치 고3 수험생을 방불할 정도였다"고 말할 만큼 한국의 살길에 대한 연구에 열중했다는 것이다.5)

김대중 출국 이후 민주당은 조직을 정비하기 위한 전당대회를 3월 11일 개최하기로 했다. 이는 김대중의 정계은퇴로 빚어진 정치적 공백을 메우고 새 대표를 선출하기 위한 것이었는데, 대표경선에 이기택, 김상현, 정대철 3인이 출사표를 던졌다. 대회가 임박하자 영국에 있던 김대중은 자신의 측근들에게 지난 선거 때 이기택을 밀기로 약속한 바 있기 때문에, "그 약속을 지키는 것이 정치적인 도리이며 이제 그 약속을 지켜야 할 때"라면서 이기택을 지원할 것을 지시했다.6) 김대중의 지원을 받은 이기택은 2차투표까지 가는 접전 끝에 가까스로 김상현을 제치고 민주당 대표로 당선될 수 있었다.7)

대표로 선출된 이기택은 정통야당의 지도자로서 화합과 단결을 통해 수권정당의 기틀을 닦는 데 최선의 노력을 다할 것이라고 당선소감을 밝혔다. 그러나 과연 그가 확고한 정치력과 리더십을 발휘하며 민주당에 부여된 제반 과제들을8) 성공적으로 수행해 나갈 수 있을지에 관해서

---

5) 김옥두, 『다시 김대중을 위하여』(살림터, 1995), 422쪽. 이에 대한 반론도 적지 않다. 김영삼은 김대중이 자신의 부끄러운 과거 행적이 밝혀지는 것을 두려워해서 출국한 것이라고 주장했다, 김영삼, 『김영삼대통령 회고록』 하(조선일보사, 2001), 92쪽. 한편 이기택은 김대중이 영국에 있으면서도 리모콘으로 가신들을 원격 조종하면서 민주당에 대한 수렴청정을 계속했다며 반론을 제기했다. 이기택, 『호랑이는 굶주려도 풀을 먹지 않는다』(새로운 사람들, 1997), 231쪽.

6) 김태랑, 『우리는 산을 옮기려 했다』(하서출판사, 2002), 239쪽.

7) 1차투표 결과 이기택 2,743표, 김상현 1,928표, 정대철 944표였고, 2차투표 결과 이기택 2,896표, 김상현 2,549표였다. <朝鮮日報>, 1992년 3월 12일.

8) 민주당에 주어진 과제로는 첫째, 당내 결속, 둘째, 지역성 탈피, 셋째, 정책정당

는 회의적인 견해가 적지 않았다. 자신의 힘으로 당선된 것이 아니라 김대중의 지원으로 승리했다는 사실 자체가 이기택의 한계로 작용할 것이라는 지적이 바로 그것이었는데,9) 이는 김대중의 귀국과 동시에 현실로 나타났다. 김대중은 정치를 하지 않겠다고 재차 단언했지만,10) 민주당의 당내 기류는 그와 반대방향으로 움직였기 때문이다.

본인의 의지 여하를 떠나11) 김대중을 정계로 복귀하게 만든 민주당의 기류는 크게 두 가지로 정리할 수 있다. 하나는 민주당의 리더십 부재현상이었고, 다른 하나는 동교동계의 유인이었다. 이와 같은 당내 기류가 김대중에게 어느 정도의 영향을 주었는지 정확하게 측정할 길은 없다. 그러나 그와 같은 기류가 없었다면 그의 정계복귀는 이루어지지 않았으리라는 것은 짐작하고도 남음이 있다.

리더십 부재문제는 3월의 민주당 전당대회에서 집단지도체제를 채택한 것과 연관이 있다고 볼 수 있는데, 집단지도체제는 출발과 동시에 많은 문제점을 나타냈기 때문이다. 당직 배분을 놓고 중진들이 치열한 각축을 벌여 당 운영이 마비되다시피 한 데다, 의사결정과정에서 지리멸렬한 모습을 보여 당원들 사이에 "이래서는 안 되겠다"는 위기감이 팽배했는데, 이러한 분위기가 은퇴한 김대중을 다시 정계로 끌어냈다고 볼 수 있다.12)

으로서 수권능력 제고, 마지막으로 개혁에의 동참 등이 제시됐다. <朝鮮日報>, 1993년 3월 13일.
9) <東亞日報>, 1992년 3월 12일.
10) 영국 체류를 마치고 1993년 7월 4일 귀국한 김대중은 귀국인사를 통해 "일부에서는 내가 정치를 다시 할지 모른다는 억측을 하고 있으나, 이미 밝힌 바대로 절대로 정치는 하지 않겠다"고 말했다. <東亞日報>, 1993년 7월 6일.
11) 이기택은 민주당의 분열과 갈등의 배후에는 항상 김대중이 있었다고 해도 지나친 말은 아니라고 강조하고, 당의 운영을 일시적으로 위탁했다고 여기며 등 뒤에서는 정계복귀 계획을 진행했다고 주장했다. 이기택,『호랑이는 굶주려도 풀을 먹지 않는다』, 231-232쪽.
12) 김태랑,『우리는 산을 옮기려 했다』, 240-241쪽.

이와 동시에 "어려운 일에 부닥칠 때마다 김대중 선생에게 자문을 구했습니다"라는 회고에서 알 수 있듯이, 민주당을 장악하다시피 한 동교동계의 행태 또한 그의 복귀를 유인했다고 할 수 있다. 그의 측근은 그가 정계를 은퇴했다고는 하지만 당원의 신분을 유지하고 있었기 때문에 그의 자문을 받는 것은 당연하다는 논리에서 수시로 그의 견해를 묻고 따랐다고 했는데, 이와 같은 행태의 근저에는 대통령의 "자질을 갖춘 지도자는 김대중 선생 한 사람뿐"이라는 생각이 있었기 때문이다.[13]

이러한 당내 기류에 영향을 받았음인지 김대중은 정계복귀를 위한 첫 단계 조치로 1994년 1월 27일 '아시아·태평양평화재단'(이하 아태재단)을 설립했다. 아태재단을 설립해 민족통일 연구에 본격적으로 매진함으로써 정계은퇴 이후의 인생을 새롭게 출발하려는 것이라는 분석도 있었으나,[14] 이는 사실이 아닌 것으로 판명됐다. 그보다는 여론과 민심의 동향 때문에 정치 일선에 복귀하는 대신 우회적으로 정치에 참여하기 위해 비정치단체를 설립해 디딤돌로 삼기 위한 의도에서 만들었다는 것이[15] 더 정확한 분석이라고 할 수 있다. 아태재단은 설립 이후 지방으로도 조직을 확대해 나갔는데, 이로 인해 민주당의 무게중심이 아태재단으로 옮겨가는 모습이 나타나면서 당 대표인 이기택과의 갈등이 심화되기 시작했다.

두 번째 단계로 취한 조치는 6·27지방선거 지원유세였다. 김대중은 1995년 6월 27일 실시되는 지방선거에 출마한 민주당 후보의 당선을 위해 지원유세에 나섰다. 34년 만에 부활된 지방자치의 중요성이 너무나 크고, 앞으로 민주주의와 각 지역의 등권을 실현하며, 통일기반 조성에 필수적인 요건이라고 판단되기 때문에 지원유세에 나설 수밖에 없다는 것이 그 이유였다.[16] 그러나 이는 한낱 명분에 불과하며 정계복귀를 위

---

13) 권노갑, 『누군가에게 버팀목이 되는 삶이 아름답다』, 241-242쪽.
14) 東亞日報社, 『東亞年鑑』 1994, 64쪽.
15) 김태랑, 『우리는 산을 옮기려 했다』, 245-246쪽.
16) 권노갑, 『누군가에게 버팀목이 되는 삶이 아름답다』, 260쪽. 이에 대해 김영삼

한 징검다리로 지방선거를 이용한 것일 뿐이라는 반론이 이기택으로부터 제기됐다.[17]

정계복귀의 세 번째 단계로 취한 조치는 민주당에 대한 비판이었다. 1995년 7월 12일 김대중은 민주당 소속의원 26명을 불러 민주당을 강하게 비판하면서 정계복귀 의사를 밝혔다. 이날 참석한 대부분의 의원이 신당창당보다 민주당을 개혁하는 것이 좋겠다는 의견을 제시했으나, 김대중은 민주당의 구조적 생리가 개혁이 될 수 없게 돼 있으므로 신당을 창당하지 않을 수 없다고 주장했다. 이 바람에 참석자들도 그를 따라 신당을 창당하는 쪽으로 견해를 바꾸고 말았다.[18] 다음날인 7월 13일 그는 내외문제연구소에서의[19] 발언을 통해 자신의 정치재개는 국민과의 약속을 못 지키는 것이고 이에 대해서는 어떠한 변명도 하지 않겠다고 말하고, 일시적으로 비판을 받더라도 국정혼란과 마비된 제1야당의 정당기능을 바라볼 수만은 없다고 주장하면서 신당창당 의사를 분명히 했다.[20]

은 김대중의 지역등권론은 자신이 여전히 전라도의 맹주임을 재확인시킴으로써 이를 통해 정계복귀의 명분을 찾으려는 것이었다고 비판했다. 김영삼, 『김영삼 대통령 회고록』 하, 93쪽.

17) 이기택, 『호랑이는 굶주려도 풀을 먹지 않는다』, 231쪽.
18) 김영배, 『오로지 한길만을』(과학과 사상, 1995), 380쪽. 이와 반대로 김옥두는 민주당 의원 대부분은 지금처럼 파벌의 집합체 형식이 돼서는 안 되므로 신당 창당이 불가피하다는 견해를 제시했다고 주장하고 있다. 김옥두, 『다시 김대중을 위하여』, 454-455쪽.
19) 내외문제연구소는 1964년 김대중이 만든 연구소로 1971년 이후에는 별반 활동을 하지 못하고 있었다. 그러나 1995년 권노갑이 김대중의 정치사상과 철학을 계승해 나간다는 목표하에 조직을 대규모로 확대하고 그의 정계복귀를 대비하는 바람에 내외문제연구소는 민주당 내 최대 세력으로 부상했다. 권노갑, 『누군가에게 버팀목이 되는 삶이 아름답다』, 238-240쪽.
20) 김대중의 발언 전문은 東亞日報社, 『東亞年鑑』 1996, 610-611쪽 수록. 문희상은 김대중의 행동은 말을 바꾼 것이 아니라 주어진 상황과 시대적 변화에 대해 유연하게 대응한 것뿐인데, 편견에 사로잡힌 사람들이 그 깊은 의미를 이해하지 못하고 말을 바꾼 것으로 오해하고 있다고 주장했다. 문희상, 『생각을 바꾸면 세상이 바뀐다』(팍스코리아나 21연구소, 2000), 76쪽.

마지막 단계는 신당창당의 공식선언이었다. 1995년 7월 18일 그는 기자회견을 갖고 자신의 정계은퇴 당시 기대했던 대로 정부와 민주당이 할 일을 다 하고 있었다면 다시 정계에 복귀할 엄두도 낼 필요가 없었을 것이라며, 은퇴 번복에 대해 해명하고 신당창당의 불가피성을 역설했다.[21] 이로써 민주당은 창당 3년 9개월 만에 분열되는 운명을 맞게 됐는데, 이에 대해 민자당과 이기택을 비롯한 민주당 잔류세력들은 "개인적인 권력욕을 성취하기 위하여 국민과 역사를 저버린 행위"라고 강력히 비난했지만, 자민련은 "누구도 막을 수 없는 문제"라며 당연하다는 입장을 보였다.[22]

은퇴 2년 7개월 만에 정계복귀를 선언한 김대중은 본격적인 창당작업에 나서 1995년 8월 11일에는 새정치국민회의(이하 국민회의) 발기인대회를, 9월 5일에는 창당대회를 개최했다. 창당대회에서 총재로 선출된 김대중은 국민회의의 창당이야말로 "96년과 97년의 승리를 위해 절대적으로 필요한 조치였다"고 주장하고, 수평적 정권교체의 필요성을 강조했다.[23]

민주당 소속으로 국민회의에 참여한 현역의원은 65명이었지만, 교섭단체 등록은 53명에 불과했다. 12명은 전국구였기에 의원직 보유를 위해 민주당에 잔류토록 했기 때문이다. 이처럼 몸은 민주당에, 마음은 국민회의에 있는 의원들에 대해 민주당은 의원직 사퇴를 요구했다. 그러나 국민회의는 이들을 민주당에 계속 잔류시켰는데,[24] 이는 김대중이 복귀선언에서 강조한 새 정치와는 거리가 먼 행태라고 하지 않을 수 없었다.

---

21) 그는 민주당의 개혁이 불가능한 이유로 첫째, 당 지도부가 당을 잘못 이끌면서도 책임을 지지 않으며, 둘째, 현상태로 전당대회를 치르면 파벌 이기주의와 금력에 의한 매수가 판을 칠 것이며, 셋째, 지금처럼 나눠 먹기식으로는 참신하고 역량 있는 인재의 영입이 불가능하다는 것 등을 들었다. <東亞日報>, 1992년 7월 19일.
22) <東亞日報>, 1992년 7월 19일.
23) <한겨레>, 1992년 9월 6일.
24) 東亞日報社, 『東亞年鑑』 1996, 119쪽.

국민회의의 창당과 원내교섭단체 등록으로 민주당은 완전히 분열됐고, 소속의원 39명의 소규모 정당으로 전락하고 말았다.25) 14대 총선에서 97명의 당선자를 낸 민주당은 원구성 당시 96명으로 교섭단체 등록을 했고, 무소속 의원의 영입으로 의원수는 한때 99명에 이르기도 했다. 그러나 국민회의 창당으로 당이 분열되는 바람에 1995년 말에는 의석률 13.45%밖에 안 되는 원내 제3정당이 되고 말았다.

2) 민자당의 분열: 김종필의 탈당과 자유민주연합 창당

1994년 말부터 민자당 내에서 김종필 대표체제는 개혁과 세계화의 추진에 걸림돌이 된다는 주장이 민주계를 중심으로 일기 시작했다. 민자당 안에 김종필에 대해 부정적 견해를 가진 사람들이 많은 것은 사실이었는데, 이는 기본적으로 그가 'YS 후계' 혹은 '내각제를 통한 포스트 김영삼' 의지를 버리지 않고 있다고 간주됐기 때문이다.26) 차기 논의의 한복판에 그가 서게 될 것을 우려한 측에서 지도체제 개편문제를 제기한 것이었는데, 이는 민자당 내의 권력투쟁과 관련이 있는 것으로 분석되기도 했다.27)

당대표인 김종필의 교체문제는 당시 내무장관인 최형우에 의해 처음으로 공식 제기됐다. 1994년 12월 13일 그는 국민은 개혁을 원하고 새 인물을 원하고 있는 만큼 당대표도 새 인물로 바꿔야 한다면서, 1995년 2월로 예정된 전당대회에서 지도체제에 변화가 있을 것임을 암시했다.28) 이 말은 세계화와 개혁을 위해 김종필의 2선후퇴가 불가피하다는

---

25) 이와 같은 민주당의 분열에 대해 이기택은 정권교체를 해 보자고 야권을 통합해 민주당을 만들어 놓고, 끝없이 분란을 일으키다가 자신의 대권욕만을 위해 통합된 당을 쪼갠 것이라고 비판했다. 이기택, 『호랑이는 굶주려도 풀을 먹지 않는다』, 240쪽.
26) 김영삼, 『김영삼대통령 회고록』 하, 30-31쪽.
27) <한겨레>, 1994년 12월 14일.

뜻으로 해석돼 당내에서 커다란 논란을 불러일으켰다.29)

'2선후퇴'를 비롯해서 자신의 거취문제가 공론화되는 것에 대해 불편한 심정을 여러 차례 나타냈던30) 김종필은 1995년 1월 19일 민자당 대표직 사퇴를 선언했다. 김종필은 사퇴 직전 김대중에 대한 고소를 취하했으며,31) 사퇴 이후에는 구여권 인사 및 충청권 정치인들과 빈번히 접촉하며 신당창당 작업에 적극 나섰다.32) 이로 인해 5년 가까이 유지돼 온 민자당의 3당합당 체제는 사실상 막을 내리게 된다.

대표직을 사퇴한 김종필은 1995년 2월 9일 기자회견을 갖고 민자당 탈당과 신당창당 방침을 밝혔다.33) 이 자리에서 그는 구국의 결단인 3

---

28) <朝鮮日報>, 1994년 12월 14일.
29) 지도체제 개편문제가 공론화되면서 그 파장이 커지게 되자 김종필은 청와대 고위관계자에게 "더 이상 이런 얘기가 나오지 않도록 정리해 달라"고 공식 요청했고, 이를 받아들여 김영삼은 최형우에게 '자의적인 해석'을 하지 말라고 질책했다. <東亞日報>, 1994년 12월 15일.
30) '2선후퇴' 문제가 제기되자 김종필은 "조용히 그만둘 수 있게 내버려 두라"고 자신을 퇴진시키려는 민주계 일부의 움직임에 대해 강력히 반발했다. <東亞日報>, 1994년 12월 17일.
31) 1991년 6월 광역의회의원 선거 당시 김종필이 6억 원의 공천헌금을 받았다고 김대중이 주장하자, 김종필은 그를 명예훼손 혐의로 고발했다. 그러나 대표직을 사퇴하기 하루 전인 1995년 1월 18일 김대중에 대한 고소를 취하하자, 두 사람이 연대하는 것이 아닌가 하는 관측이 떠돌았다. <東亞日報>, 1995년 1월 24일.
32) 김종필은 1995년 1월 27일 박준규 전 국회의장과 만나 충청지역과 대구·경북 지역을 기반으로 내각책임제를 표방하는 '자유민주연합'이란 조직을 만들고 이를 신당으로 발전시켜 나가기로 합의했으며, 공화계 출신 사무처 요원들에게 창당 실무작업을 지시했다. <東亞日報>, 1995년 1월 29일.
33) 김종필이 2월 9일을 탈당 날짜로 잡은 것은 민자당 전당대회가 끝난 직후라는 점을 감안한 것으로, 민자당의 새 대표가 지명되고 당직개편이 이루어진 결과 탈당과 신당창당이 불가피했다는 사실을 부각시키려는 전략이었다고 할 수 있다. <東亞日報>, 1994년 2월 9일. 한편 김영삼은 김종필이 탈당할 것이라고는 전혀 생각하지 못했으며, 그를 설득하기 위해 노력했으나 끝내 탈당하고 말았다고 주장했다. 그리고 그의 탈당은 자신의 정치역정 가운데 가장 아쉽게 생각하는 사건 중의 하나라고 회고했다. 김영삼, 『김영삼대통령 회고록』 하, 33쪽.

당합당의 정신이 소멸되고 정치적 약속과 신의가 지켜지지 않는 상황에서 탈당은 불가피했으며, 국민의 기대에 부응하는 정당을 만들어 자유민주주의 체제로 이루어질 조국통일에 대비하고 21세기를 이끌어 나갈 젊은 세대를 위한 정치적 토대를 마련하겠다고 주장했다. 그리고 대통령중심제는 독선과 독단의 위험성을 갖고 있기 때문에 내각제를 실시해 권력의 과도한 집중과 전횡을 제도적으로 시정해야 한다고 말함으로써 신당의 목표가 내각제 추진이라는 것을 분명히 했다.[34]

김종필이 주도하는 신당은 명칭을 자유민주연합(이하 자민련)으로 정하고 1995년 2월 21일 창당발기인대회를 개최했다. 자민련 발기에는 9명의 현직의원과[35] 35명의 전직의원이 참여했는데, 이들은 발기선언문에서 절대권력의 독선과 독단, 오만과 전횡 앞에 민주대의는 여지없이 무너졌다면서 김영삼정부를 문민독재로 규정했다.[36]

자민련은 3월 30일에는 창당대회를 개최하고 김종필을 총재로 추대했다. 취임사에서 그는 정부의 실정을 신랄하게 비판하면서 대안으로 내각제 추진을 역설했다. 그리고 현정권은 스스로 '문민정부'라고 규정하고 있지만 정치행로는 정반대의 길을 가고 있다면서, "대통령제의 중단과 내각제의 도입이 있어야 정치체제의 개혁이 가능하다"고 주장했다.[37]

자민련은 1995년 5월 16일 신민당과 통합을 성사시킴으로써 민자당, 민주당에 이어 원내 제3당으로 자리를 잡을 수 있었고,[38] 무소속 의원들을 계속 영입해 1995년 7월 15일에는 22명의 의원으로 원내교섭단체 등록을 마칠 수 있었다. 이후 국민회의의 창당으로 자민련은 원내 제4당

---

34) <한겨레>, 1995년 2월 10일.
35) 김종필과 함께 민자당에서 동반 탈당한 현역의원은 鄭石謨, 李鐘根, 具滋春, 趙富英, 李肯珪 등 5명이었고, 무소속 의원으로 金龍煥, 劉守鎬, 鄭泰榮, 金鎭榮 등 4명이 합류했다.
36) <한겨레>, 1995년 2월 22일.
37) <朝鮮日報>, 1995년 3월 31일.
38) 신민당과의 통합으로 金復東, 韓英洙, 朴九溢, 金東吉, 文昌模, 楊淳植, 曺駙鉉, 姜富子, 玄慶子 의원 등이 자민련에 합류했다.

이 됐으나, 충청권을 기반으로 4당체제의 한 축을 형성하며 나름대로 정치적인 영향력을 발휘할 수 있었다. 민자당의 분열과 자민련의 출범은 정치사적으로 볼 때 내각제개헌 문제를 공론화하는 계기를 만들고, 정당의 지역할거 현상을 더욱 심화시켰다는 의미를 지닌 것으로 평가됐다.39)

한편 1995년 2월 7일 개최된 민자당 전당대회에서 총재로 재추대된 김영삼은 연설에서 김대중과 김종필을 겨냥해 국민을 지역과 계층, 세대와 이념으로 나누어 반목케 하는 것은 낡은 정치라고 지적하고, "특히 지역을 볼모로 삼아 국민을 분열케 하는 정치는 결코 되풀이되어서는 안 된다"고 강조했다.40)

이어 김영삼은 김종필의 사퇴로 공석이 된 당의 새 대표로 민정계 출신의 이춘구를 지명했는데, 이춘구의 기용은 당내 최대 계파인 민정계를 달래고 김종필의 이탈로 적신호가 켜진 충청권 정서에 대한 배려 차원에서 이루어진 것으로 분석됐다.41) 이춘구는 대표 수락연설에서 역사적 과제인 통일된 복지국가 실현은 개혁과 세계화로 가능할 것으로 확신한다고 말하고, 단합된 힘으로 6월의 지방자치 선거에서 승리를 쟁취하자고 강조했다.

김종필의 탈당과 자민련 창당으로 민자당은 분열된 상태에서 1995년 6월 27일 지방선거를 치를 수밖에 없었는데, 이로 인해 민자당은 지방선거에서 참패하게 된다. 전국 15개 광역자치단체장 선거에서 5명, 230개 기초자치단체장 선거에서 70명, 875개 광역의회의원 선거에서 286명을 당선시키는 데 그쳤기 때문이다.

전남·북의 경우 민주당이, 충남·북의 경우 자민련이 싹쓸이하다시피 했으며, 특히 서울시장 선거에서 민자당의 정원식은 20.7%의 득표율

---

39) <東亞日報>, 1995년 3월 31일.
40) <한겨레>, 1995년 2월 8일.
41) <東亞日報>, 1995년 2월 8일. 김영삼은 이춘구를 당대표로 지명한 이유에 대해 "4선 의원으로서 원칙에 철저한 데다가 정치적 사심이 없고 깨끗한 인물이었기 때문"이라고 설명했다. 김영삼, 『김영삼대통령 회고록』 하, 34쪽.

로 민주당의 조순(42.4%), 무소속의 박찬종(33.6%)에 이어 3위를 차지하는 수모를 겪었다. 이외에도 민주당은 서울의 기초자치단체장 25명 중 23명, 광역의원 133명 중 122명을 당선시킬 정도로 압승을 거두었는데, 이는 민자당이 통합을 유지하고 못하고 분열됐기 때문에 가능했다고 할 수 있다.

이처럼 지방선거만을 놓고 보더라도 '위기와 통합'의 가설은 충분히 입증된다고 할 수 있다. 분열된 상태로 선거에 임할 경우 패배해 위기에 처하게 된다는 가설은 34년 만에 실시된 지방선거에도 그대로 적용될 정도로 구조화돼 한국정치의 특징으로 자리잡게 된 것이다.

3. 신한국당 창당과 15대 총선

6·27지방선거에서 참패한 민자당은 당직자를 교체한 후 당명 개정작업에 들어가 1995년 12월 6일 당무회의에서 신한국당으로 명칭을 바꾸었다. 이로써 민자당은 1990년 1월 22일 3당합당으로 출범한 지 5년 10개월 13일 만에 역사 속으로 퇴장하고 말았는데, 이는 자유당, 공화당, 민정당에 이어 대통령이 직접 만든 네 번째 정당이 된다.

15대 총선에서 신한국당은 기대 이상으로 좋은 결과를 얻었는데, 이는 여권의 통합보다는 야권의 분열 때문인 것으로 분석된다. 민주당의 분열로 야당성향의 표가 분산된 데다 자민련마저 야당표를 잠식하는 바람에 신한국당이 선전할 수 있게 된 것이다.

1) 신한국당 창당

1995년 10월 정기국회에서 전직 대통령의 비자금문제가 폭로되면서 11월 16일 노태우가 검찰에 의해 구속되는 사건이 발생했다. 예기치 못한 사태가 전개되자 김영삼은 민자당의 당명 변경 등 명실상부한 당의 환골탈태 방안마련과 함께 '역사바로세우기' 차원에서 12·12사태와 5·17쿠데타를 조사하기 위한 특별법 제정을 당에 지시했다. "성공한 쿠데타는 처벌할 수 없다"는 검찰의 논리를 무색하게 만든 지시였다.

이러한 조치에 전두환이 크게 반발했지만,42) 김영삼은 어떤 방식으로든 군사정권과의 연결고리를 끊지 않으면 안 된다고 생각했다. 민자당이라는 명칭에 함축돼 있던 3당합당 구도를 청산하고 새로운 집권세력으로 출범한다는 의미에서 그와 같은 지시를 했던 것이다.43)

김영삼의 지시에 따라 1995년 12월 6일 당무회의 결의를 통해 이름을 바꾼 신한국당은 새 당명과 더불어 새로운 의지로 국민 앞에 나설 것을 다짐했다. 당명 변경을 계기로 잘못된 과거의 관행과 단절하고 깨끗한 정치, 대화합의 정치를 구현함으로써 '통일된 21세기 일류국가'를 건설하는 데 혼신의 힘을 다하겠다는 것이었다.44) 당명 변경은 3당합당의 잔재를 청산하고 새로운 간판으로 새로운 출발을 하겠다는 각오에서 취한 조치였다. 그러나 5·18특별법 제정과 전두환과 노태우 구속에 따른 당내의 동요를 얼마나 극복해 낼 수 있느냐 하는 문제가 해결해야 할 과제로 남게 됐다.45)

---

42) 전두환은 검찰소환을 앞두고 발표한 담화문에서 13대 국회의 청문회와 장기간의 검찰수사를 통해 12·12와 5·17에 대해 이미 조사한 바 있고, 적법절차에 따라 종결된 것임에도 불구하고 수사를 재개하려 하는 것은 정치적 필요에 의한 것이기 때문에 소환에 응하지 않겠다면서 김영삼정권을 강하게 비난했다. 담화문 전문은 <한겨레>, 1995년 12월 3일.
43) 김영삼,『김영삼대통령 회고록』하, 185쪽. 이와 같은 조치는 '깜짝쇼'를 통해 1992년 대선자금에 대한 국민적 반발을 차단하고 정국 주도권을 장악하려는 노림수라는 비판을 국민회의로부터 받았다. 김옥두,『든든해요 김대중』(나남출판, 1998), 28쪽.
44) 신한국당이라는 명칭은 21세기 일류국가로서의 발전비전이 응축된 당명으로, '신한국'은 민족 전체가 추구해야 할 공동선이며, 통일된 선진 민주국가를 향한 국민적 희망을 상징하는 것이라고 孫鶴圭 당 대변인은 설명했다. <東亞日報>, 1995년 12월 7일.

신한국당은 1996년 2월 6일 당명 변경을 위한 전당대회를 개최했다. 이날 치사에서 김영삼은 "개혁 없는 안정은 정체요, 안정 없는 개혁은 혼란"이라면서 안정세력과 개혁세력의 대동단결 속에서 태어난 신한국당만이 개혁과 안정을 동시에 이룰 수 있다고 주장하고, 임기중 어떠한 형태의 개헌에도 반대한다고 밝혔다.46) 김영삼은 또한 나라를 지역으로 가르는 정치는 종식돼야 한다면서 안정의석 확보를 위해 신한국당을 지지해 줄 것을 호소했는데, 이처럼 그가 개헌불가 방침을 천명한 것은 당시 내각제개헌 음모설을 제기하며 개헌저지선 확보를 주창하는 국민회의의 김대중을 의식했기 때문이다.

신한국당은 이날 전국 253개 선거구의 공천자 전원이 참석한 가운데 총선필승 전진대회를 가졌는데, 김영삼은 당총재로서 총선의 중요성을 감안해 새로운 인물의 발탁에 많은 노력을 기울였다고 회고했다. 공천 전 과정을 하나하나 꼼꼼히 챙겼으며, 당에서 추천한 복수후보 명단을 놓고 한 사람 한 사람씩 최종 결정을 했고, 심지어는 단일후보마저 바꿀 정도로 직접 인선에 간여했다는 것이다.47) 이를 계기로 신한국당은 명실상부한 대통령의 당으로 출범할 수 있게 됐지만, 다른 한편으로 신한국당 역시 구조적으로 역대 여당과 마찬가지로 권력과 진퇴를 같이할 수밖에 없는 운명에 처하게 됐다.

---

45) 당대표인 金潤煥은 두 명의 전직 대통령이 구속된 마당에 두 대통령을 보좌했던 사람으로서 당의 대표직을 수행하기 어렵다는 이유로 사퇴의사를 밝혔지만, 김영삼의 만류로 철회하는 일도 발생했다. 東亞日報社,『東亞年鑑』1996, 119쪽.
46) <朝鮮日報>, 1996년 2월 7일.
47) 당시 신한국당 공천 실무작업은 사무총장인 姜三載와 정무수석인 李源宗이 했는데, 김영삼은 姜三載와는 1주일에 한 번 이상 만났고 하루에도 몇 차례씩 전화로 공천과정에 대해 논의했다. 김영삼,『김영삼대통령 회고록』하, 198-199쪽.

2) 15대 총선

　15대 총선을 2년여 앞둔 1994년 2월 15일 국회는 정치관계법심의특별위원회(이하 정치특위)를 구성하기로 결의했다. 정치특위는 공직선거 및 선거부정방지법(이하 통합선거법)을 제정하고 지방자치법 및 정치자금법을 개정키로 여야가 합의함에 따라 설치된 것으로, 국회는 2월 28일 16인의 위원을 선임하고 이를 출범시켰다.

　통합선거법 제정은 각종 선거를 개별법에서 따로 규율하고 있는 관계로 제도가 복잡하고 이를 관리하는 데도 어려움이 많기 때문에 하나의 선거법으로 통합하는 것을 목적으로 한 것으로,[48] 이에 대해서는 민자당과 민주당이 이미 법안을 발의해 놓은 상태였고 중앙선관위도 입법의견서를 제출해 놓고 있었다. 이들 모두 역대 선거에서 고질적으로 지적된 선거의 과열과 타락, 불법으로 얼룩진 선거풍토의 일신, 깨끗하고 돈 안 드는 선거를 실현함으로써 공정한 선거문화를 정착시키는 것을 목표로 하고 있었다. 그러나 구체적인 내용 면에서는 적지 않은 차이가 있었기 때문에 정치특위는 양당이 제출한 법안을 중심으로 협의, 1994년 3월 4일 하나의 법안으로 성안해 본회의에 상정했다.[49]

　정치특위가 상정한 통합선거법안은 그 날짜로 본회의에서 만장일치

---

[48] 大韓民國國會 事務處,『제166回國會 政治關係法審議特別委員會 會議錄』第2號 (1994. 3. 4), 1쪽.

[49] 공직선거법의 주요 골자는 별개의 선거법 체계로 돼 있던 대통령선거법, 국회의원선거법, 지방의회의원선거법 및 지방자치단체장선거법을 하나의 법으로 통합해 모든 선거에 통일적으로 적용토록 한 것과 임기만료에 의한 선거일을 법정화한 것, 전국구의 의석은 정당의 득표율에 따라 배분하되 전국구 의원이 당적을 변경할 경우 의원직을 사퇴하도록 한 것, 선거사무장 또는 회계책임자가 징역형을 선고받은 때 및 후보자의 직계 존·비속 등이 징역형을 선고받은 때에도 후보자의 당선을 무효로 한 것 등이다. 大韓民國國會 事務處,『제166回國會 政治關係法審議特別委員會 會議錄』第2號(1994. 3. 4), 1-3쪽.

로 통과됐는데, 언론은 이의 통과로 선거문화 혁신의 전기가 이루어질 것으로 예측했다.50) 통합선거법 제정으로 과거 정략적인 필요에 따라 자의적으로 결정하던 선거일이 법정화됨으로써 15대 총선일자는 1996년 4월 11일로 결정됐다.

총선 승리를 위해 신한국당과 국민회의 양당 모두 공천에 많은 관심과 정성을 기울였다. 신한국당의 경우 당총재인 김영삼이 개혁성과 참신성을 기준으로 직접 최종적인 인선을 할 정도였고,51) 국민회의의 경우 여성의 공천비율을 늘리고 선거 때마다 제기되는 김대중에 대한 '색깔논쟁'을 피하기 위해 군 장성출신 인사의 영입에 많은 비중을 둘 정도였다.52)

제3당과 제4당인 민주당과 자민련도 당세 확장을 위해 총선에 많은 노력을 기울였지만, 일반의 관심은 신한국당과 국민회의에 집중될 수밖에 없었다. 양당 모두 내부의 분열적인 요소로 인해 과거와의 단절을 선언하고 새로 창당한 후 처음 치르는 선거였기 때문이다. 15대 총선은 또한 1997년 12월 18일로 확정된 대통령선거에 커다란 영향을 미칠 것으로 예상되고 있어 더욱 그러했다.53)

총선을 앞두고 각 당 지도부는 기자회견을 갖고 유권자들에게 지지를

---

50) <朝鮮日報>, 1994년 3월 4일. 김영삼은 정치관계 법안의 통과로 자신이 열정적으로 추진해 온 정치개혁의 법적·제도적 장치가 완비됐다고 주장하고, 이들 법안은 우리의 선거·정치문화를 근본적으로 바꾸어 놓을 것이라고 단언했다. 김영삼,『김영삼대통령 회고록』상, 252쪽. 한편 협상과정에서 배제된 민주당은 후일 통합선거법 개정을 논의하는 회의석상에서 표의 등가성 원칙이 지켜지지 않았으며, 정당명부식 비례대표제를 채택하지 않아 직접선거 원칙에 위배되고, 선거구획정에서 게리맨더링 현상이 나타나고 있다고 비판했다. 大韓民國國會事務處,『제178回國會 本會議會議錄』第2號(1996. 1. 27), 14-15쪽.
51) 김영삼,『김영삼대통령 회고록』하, 198쪽.
52) 김태랑,『우리는 산을 옮기려 했다』, 258쪽.
53) 15대 총선은 김영삼의 국정운영에 대한 중간평가적 성격과 함께 6·27지방선거 이후 계속돼 온 차기 대권을 향한 전초전의 종결이라는 의미를 동시에 지니고 있는 것으로 분석됐다. <한겨레>, 1996년 4월 11일.

호소했다.54) 신한국당은 여소야대 정국이 되면 지역·정파간 갈등이 심화돼 예측 불허의 혼란을 가져올 것이라며 안정론을 호소했고, 국민회의는 국정을 더 이상 파국으로 몰아가지 못하도록 국민회의에 3분의 1 이상의 의석을 달라고 호소했다. 한편 민주당은 총선이 낡은 3김정치의 지속이냐, 아니면 새로운 희망의 정치를 가꾸느냐를 가르는 역사적 분수령이 될 것이라면서 지지를 역설했고, 자민련은 흔들리는 나라를 지켜 내고 독재권력을 견제하기 위해서는 여소야대 정국을 만들어야 한다고 강조했다.

전국 평균 63.9%가 참가한 15대 총선의 결과는 일반의 예측과55) 반대로 신한국당이 크게 선전한 것으로 나타났다. 신한국당은 34.5%의 득표율로 지역구 121석, 전국구 18석을 얻어 총 139석을 차지한 반면, 국민회의는 25.3%의 득표율로 지역구 65석과 전국구 13석으로 78석을 얻는 데 그치고 말았다.

한편 자민련의 경우 16.2%의 득표율로 지역구 41석에 전국구 9석을 더해 50석을 확보했고, 민주당은 11.2%의 득표율로 지역구 9석과 전국구 6석으로 원내교섭단체 요건에도 미치지 못하는 15석밖에 차지하지 못했다. 특히 신한국당은 전통적으로 야당세가 강했던 서울과 수도권에서 예상 밖의 약진을 한 반면 국민회의는 목표치를 크게 밑도는 부진을 면치 못했다.56)

---

54) <朝鮮日報>, 1996년 4월 11일.
55) 당시 김영삼 지지율의 급격한 하락으로 신한국당은 총선에서 부진한 성적을 낼 것으로 예상했으며(東亞日報社, 『東亞年鑑』1997, 33쪽), 신한국당 내에서조차 6·27지방선거에서 야당의 충청과 호남지역 석권을 근거로 승리를 확신하지 못했다고 김영삼은 회고했다. 김영삼, 『김영삼대통령 회고록』하, 204쪽. 이회창도 신한국당은 80~110석 정도를 차지할 것이라는 게 가장 일반적인 예측이었다고 기록하고 있다. 이회창, 『아름다운 원칙』(김영사, 1997), 215쪽.
56) 소속정당별 지역구 당선 현황

	합계	신한국당	국민회의	자민련	민주당	무소속		합계	신한국당	국민회의	자민련	민주당	무소속
전체	253	121	66	41	9	16	강원	13	9	0	2	2	0

이와 같이 국민회의가 기대에 미치지 못한 결과를 낸 것은 무엇보다 민주당과의 분열 때문이었다고 할 수 있다.57) 신한국당과 국민회의 모두 분열을 거치면서 새로운 정당으로 출범했지만, 신한국당과 비교할 때 국민회의가 상대적으로 분열의 폭과 파장이 컸기 때문에 선거에서 지고 만 것이다. 단순히 탈당한 의원의 숫자만을 놓고 보더라도 김종필의 탈당에 동조해 민자당을 떠난 의원은 5명에 불과했다. 반면에 김대중의 신당에 참여하기 위해 민주당을 탈당한 의원은 53명에 달했고, 탈당계를 제출하지는 않았지만 심정적으로 그에 동조한 의원까지 합하면 65명이나 될 정도로 민주당은 크게 분열돼 있었던 것이다.

　이처럼 국민회의는 신한국당과는 비교가 되지 않을 정도로 분열된 모습을 나타냈기 때문에 유권자의 신뢰를 받을 수 없었고, 이것이 국민회의의 패배로 이어진 것이다.58) 이를 보면 정당이 분열을 극복하지 못할

서울	47	27	18	0	1	1	충북	8	2	0	5	0	1
부산	21	21	0	0	0	0	충남	13	1	0	12	0	0
대구	13	2	0	8	0	3	전북	14	1	13	0	0	0
인천	11	9	2	0	0	0	전남	17	0	17	0	0	0
광주	6	0	6	0	0	0	경북	19	11	0	2	1	5
대전	7	0	0	7	0	0	경남	23	17	0	0	2	4
경기	38	18	10	5	3	2	제주	3	3	0	0	0	0

57) 여론조사 결과 14대 총선에서 민주당을 지지했던 유권자의 60.5%는 15대 총선에서도 국민회의에 투표했으나, 15.9%는 신한국당으로 이탈했으며, 13.8%와 6.8%는 민주당과 자민련으로 각각 분산됐다. 한편 14대 총선에서 민자당을 지지했던 유권자 가운데 15대에 다시 신한국당을 지지한 유권자는 58.1%였으며, 자민련으로 옮긴 유권자는 14.6%였고, 국민회의와 민주당으로는 각각 11.3%와 12.0%가 옮겨갔다. 민자당에서 자민련으로 옮겨간 14.6%는 대세에 큰 영향을 미치지 않은 반면, 14대 때의 민주당 지지자 중에서 신한국당으로 옮긴 15.9%와 민주당으로 옮긴 13.8%가 국민회의에 결정적인 타격을 미친 것으로 분석됐다. <한겨레>, 1996년 4월 14일. 김옥두는 신한국당이 3분의 1 의석을 겨우 넘길 정도로 참패가 예상되는 선거였지만, 호남을 제외한 거의 모든 지역에서 부정선거를 자행해 국민회의가 예상목표치인 100석을 달성하지 못한 것이라고 주장했다. 김옥두,『든든해요 김대중』, 33-40쪽. 그러나 이한동은 신한국당 승리의 요인으로 야당의 분열을 지적했다. 이한동,『이한동의 나라살리기』(신원문화사, 1997), 116쪽.

경우 위기에 처하게 된다는 '위기와 통합'의 가설은 15대 총선에서도 그대로 적용됐다는 것을 알 수 있다.

의원수로만 볼 경우 신한국당은 과반수를 넘지 못해 사상 세 번째로 여소야대 정국을 맞은 집권당이 됐다고 할 수 있다. 그러나 선거결과에 대해 김영삼은 "무소속 당선자 상당수가 입당의사를 밝혀 왔기 때문에 여소야대로 볼 수 없다"고 주장했고,59) 언론에서도 일단은 안정적인 정국운영을 할 수 있는 기틀을 마련한 것으로 분석했다.60) 야당의 비난에도 불구하고 신한국당은 총선 직후부터 과반수의석 확보를 위해 무소속 당선자에 대한 개별적인 영입에 나섰는데,61) 이와 같은 영입작업이 성공을 거두어 신한국당은 151명으로 원내교섭단체 등록을 할 수 있었다.

4. DJP연합과 15대 대선

15대 총선의 부진으로 위기에 처한 국민회의는 이를 극복하기 위한 전략의 일환으로 자민련과 통합을 모색했다. 통합을 이루어 15대 대선에서 승리를 쟁취하겠다는 발상에서 나온 전략이었는데, 그러한 노력이 결실을 맺어 김대중과 김종필의 연합이 이루어졌다. 국민회의의 통합전

---

58) 김대중은 신한국당이 과반수를 달성하지 못했고 국민회의도 3분의 1 이상을 획득하지 못했기 때문에 승자가 없는 선거라고 주장했다. 국민회의는 선거대책위원회 대변인 명의의 성명을 통해 선거결과를 겸허히 받아들이겠다고 하면서도 "현정권이 TV와 검찰, 경찰, 금권을 동원해 관권 부정선거를 자행했다"고 강력히 비난했다. <한겨레>, 1996년 4월 13일.
59) 東亞日報社, 『東亞年鑑』 1997, 33쪽.
60) <東亞日報>, 1996년 4월 12일.
61) 신한국당 선거대책위원장인 李會昌은 4월 12일 신한국당을 주축으로 정국을 운영할 것이라고 정국주도 의사를 밝히고 당의 기조에 동조하는 사람을 얼마든지 수용할 방침임을 천명했다. <東亞日報>, 1996년 4월 13일.

략은 신한국당의 분열과 궤를 같이함으로써 효과를 발휘하게 된다. 이인제가 신한국당 대통령후보 경선결과에 불복, 탈당함으로써 신한국당이 분열되는 사태가 발생했기 때문이다.

한마디로 15대 대선은 통합된 정당인 국민회의와 분열된 정당인 신한국당의 대결이었기 때문에 선거결과는 예상된 것이나 다름이 없었다. '위기와 통합'의 가설이 적용되는 한국의 정치현장에서 이루어지는 권력경쟁에서 승리의 여신은 언제나 통합된 측의 손을 들어 주었기 때문이다. 이런 의미에서 김대중의 승리는 통합의 승리이고, 이회창의 패배는 분열의 패배였다고 할 수 있다.

1) DJP연합과 후보단일화

국민회의를 창당한 김대중은 자민련의 김종필과 제휴를 모색했다. 보수세력의 대표로 간주되는 김종필과 힘을 합쳐 정권교체를 이룬다는 생각에서 나온 것이었는데, 이러한 시도가 어느 정도 성과를 거두어 국민회의와 자민련은 '한시적·한정적 공조체제'를 구축하기로 합의하게 됐다.[62] 이와 같은 공조체제는 후일 후보단일화로까지 발전해 대통령선거를 승리로 이끄는 원동력이 됐다.

양당의 공조체제는 원래 6·27지방선거를 계기로 논의되기 시작한 것으로, 선거기간에 민주당과 자민련은 강원도지사 선거를 위해 공동선거대책본부를 구성해 연합전선을 펴기도 했고, 서울시장 선거에서 자민련은 막바지에 민주당 후보를 공식 지지하기도 했다.[63] 순탄하게 작동돼 지방선거에서 커다란 성과를 올렸던 공조체제는 국민회의의 창당으로 4당체제가 형성되면서 한때 이완되는 조짐을 보이기도 했다.

지방선거 기간에 내각제에 호의적인 반응을 보였던 김대중이 대통령

---

62) 한광옥, 『가슴이 넓은 사람 이야기』(삼연출판사, 1998), 107-109쪽.
63) 東亞日報社, 『東亞年鑑』 1996, 123쪽.

중심제와 소선거구제를 명기한 당헌당규를 채택하자, 김종필이 내각제 개헌을 주장하며 독자적인 행보를 취했기 때문이다. 이와 동시에 선거 승리에 따른 자신감이 김종필로 하여금 김대중과의 차별성을 강조하는 방향으로 작용한 것도 하나의 원인으로 들 수 있다. 지방선거에서 승리한 자신감에서 김종필은 16대 총선 승리를 장담하고, 나아가 1997년 대선에 대비하겠다는 포부를 내비치기도 했는데,64) 이러한 심리상태가 그로 하여금 대통령제를 고수하려는 김대중과 거리를 두게 만든 것이다.

공조체제는 15대 총선 이후 다시 복원되는 방향으로 나아갔는데,65) 이는 총선에서 신한국당이 승리하는 바람에 야권 전체가 위기에 처하게 되자, 대비책을 마련하지 않으면 안 됐기 때문이다. 야권이 통합을 이루지 못하고 분열된 상태로 있는 한 15대 대선에서 승리를 기대하기 어렵다는 것이 분명해진 터여서 양당 모두 공조체제 복원에 이의가 있을 수 없었던 것이다.

통합으로 위기를 극복한다는 대전제 외에도 국민회의와 자민련이 대여투쟁을 공동으로 전개한 데는 두 가지 이유가 있다고 양당은 주장했다. 첫째, 정부와 여당이 총선사범 수사과정에서 일방적으로 야당후보들을 탄압하고 있으며, 둘째, 야권 당선자들을 협박해 신한국당 입당을 강요하고 있기 때문에 이에 맞서기 위해서 공조가 불가피하다는 것이었다.66)

공조체제 복원은 1996년 5월 4일 김대중, 김종필의 회동을 통해 가시적으로 나타나기 시작했다. 이날 두 사람은 여당의 부정선거 시인 및 책임자 처벌, 과반수 확보를 위한 야권 당선자 영입작업 중단 및 부정선거

---

64) 이를 반영해 자민련은 김종필이 반드시 집권해야 한다고 주장하고, 그가 승리하는 이유를 15가지로 설명하는 책자를 발행하기도 했다. 자유민주연합, 『나라를 살리자, JP를 대통령으로』(자유민주연합, 1997).

65) 15대 총선의 패인이 야권분열에 있다고 판단한 이강래는 15대 대선전략으로 야권을 하나로 묶고 여권을 쪼개야 한다고 생각해 김종필과의 연대를 반드시 성사시켜야 한다고 김대중에게 건의했고, 이 건의가 채택돼 DJP연합이 성사됐다는 것이다. 한겨레 정치부, 『김대중 집권비사』(한겨레신문사, 1998), 40쪽.

66) 東亞日報社, 『東亞年鑑』 1997, 108쪽.

방지를 위한 제도적 장치의 보장 등을 요구하고, 이러한 요구가 받아들여지지 않을 경우 국회 원구성 거부 등 중대결단을 내리겠다는 내용의 합의문을 채택했다.67) 그리고 이들은 앞으로 필요할 경우 다시 만나기로 하고, 야권 공동보조를 추진하기로 합의했다.

공동보조의 일환으로 국민회의와 자민련은 5월 26일 보라매공원에서 '4·11총선민의 수호결의대회'라는 명칭으로 장외집회를 공동으로 개최, 신한국당을 압박했다. 이로써 양당의 공조체제는 더욱 굳건해졌는데, 이 자리에 나란히 참석한 김대중과 김종필 두 사람은 정부와 여당의 인위적인 여대야소 조성은 총선민의를 무시한 야당 파괴행위라고 규탄하는 연설을 했다.

이날 양당은 또한 부정선거에 대한 대국민 사과와 편파수사 중단, 여당 불법 당선자에 대한 당선무효 조치, 여당 입당자 전원의 원상복귀, 선거부정 재발방지를 위한 관계법 개정 등을 요구하는 결의문을 채택했다.68) 이후 양당은 각종 현안에 대해 공동보조를 취했고 서울 노원구청장 보궐선거와 경기도 오산시장 재선거에는 단일후보를 내서 승리를 거두는 성과를 올리기도 했다.

양당의 공조가 후보단일화로 보다 구체화되기 시작한 것은 1996년 11월 28일 "내년 대통령선거에서 반드시 수평적 정권교체를 이뤄야 하며, 그러기 위해서는 야권의 후보가 단일화되어야 한다"69)는 김종필의 발언이 나오면서부터였다. 당시 전주를 방문한 그는 국민회의와 자민련은 정책공조에 그치지 않고 대선에서 힘을 합쳐 정권교체를 이룩할 것이라고 말했는데, 그가 후보단일화로 공조하겠다고 밝힌 것은 이것이 처음이었다.

이후 양당 실무자들 사이에서 후보단일화를 위한 협상이 1년 가까이 진행됐는데, 그 과정이 순탄하지만은 않은 것으로 기록되고 있다.70) 단

---

67) <朝鮮日報>, 1996년 5월 5일.
68) <朝鮮日報>, 1996년 5월 27일.
69) <東亞日報>, 1996년 11월 29일.

일화에 대한 양당 내외의 비판적인 시각과 언론의 회의적인 보도를 극복해야 했고,71) 합의가 도출돼도 양당의 내부사정이나 의견조정을 거치는 과정에서 결론을 내리지 못하는 경우도 적지 않았기 때문이다.72)

실무자들이 산적한 난제와 난관을 헤치고 구체적인 사안들을 점검하며 양당의 생각을 하나로 묶는 작업이 끝나 최종 합의문이 채택된 것은 1997년 10월 31일이었다. 합의문의 골자는 대선후보를 김대중으로 단일화하고, 집권하면 양당 공동정부를 구성해 총리는 자민련이 맡는다는 것과 1999년 말까지 내각제개헌을 완료하기로 하되 차기 대통령이 개헌안을 주도적으로 발의하며, 15대 국회 임기 내 개헌을 대선공약으로 내걸도록 하는 것 등이었다.73)

합의문을 채택한 국민회의와 자민련은 1997년 11월 3일 '야권 후보단일화 합의문 선언 및 서명식'을 가졌다. 양당은 이날 김대중을 단일후보로 추대할 것을 공식 선언함으로써 사상 처음으로 야권후보 난립현상을 극복하고 진정한 의미의 야권통합을 이룰 수 있었다. 서명식이 끝난 후 김대중은 "야권의 후보단일화는 지금까지 우리를 짓눌러 온 지역적 대립, 계층간 대립에 종지부를 찍는 계기가 될 것"이라고 말하고, 기적과 같은 일을 해냈다고 자신의 소감을 밝혔다.74)

서명식 다음날인 11월 4일 박태준이 DJP연대에 합류함으로써 김대중,

---

70) 김대중의 한 선거참모는 1992년의 지지율을 근거로 분석할 때 김대중으로 단일화돼야 야권후보가 승리할 수 있다고 주장했다. 이영작, 『이영작 리포트: 1997 김대중 선거전략 보고서』(나남출판, 2002), 270쪽.

71) 이에 대해서는 金仁坤, 『偉大한 選擇: DJP, 愛國衷情의 單一化秘史』(전일실업출판국, 1999), 118-124쪽 참조.

72) 한광옥, 『가슴이 넓은 사람 이야기』, 110쪽.

73) 합의문 전문은 金仁坤, 『偉大한 選擇: DJP, 愛國衷情의 單一化秘史』, 240-246쪽 수록.

74) <朝鮮日報>, 1997년 11월 4일. 김대중은 여권이 분열하거나 야당후보가 단일화되면 대선은 반드시 승리할 수 있다는 견해를 여러 차례 밝힌 바 있다. 김옥두, 『든든해요 김대중』, 68쪽.

김종필, 박태준 3자 연대가 자연스럽게 이루어지게 됐다. 이들 세 사람은 국민대통합으로 지역분열을 막고 수평적 정권교체를 실현하기 위해 3자가 지역을 나누어 역할을 분담하기로 합의했는데, 박태준은 대구·경북 등 영남지역과 경제계 인사들을 합류시키는 역할을 맡은 것으로 알려졌다.75) 박태준의 합류로 야권 후보단일화는 더욱 탄력을 받게 됐고, 이로 인해 선거에서 통합된 힘을 발휘할 수 있게 됐다. 과거의 분열됐던 양상과는 달리 통합된 상태에서 선거에 임하는 것이었기 때문에 야권의 승리 가능성은 그 어느 때보다도 높았다고 할 수 있다.

2) 신한국당의 경선과 분열

신한국당 내에는 1997년의 대통령선거를 준비하는 이른바 '대선 예비후보'들이 15대 총선이 끝난 직후부터 자신의 지지기반 확대를 위해 활발하게 활동을 전개하고 있었다. 이들 예비후보들은 총선 직전에 입당한 영입파와 그 이전부터 당원이었던 당내파로 나누어지는데, 박찬종, 이수성, 이홍구, 이회창 등이 영입파에 해당됐고 당내파에 해당되는 인물로는 김덕룡, 이인제, 이한동, 최병렬 등이 있었다.

당총재인 김영삼의 대권논의 자제지시에도 불구하고 이들이 '대권후보 조기 가시화론,' '당대표·총리 복지부동론,' '대통령 대선유세 허용 반대' 등 자신의 목소리를 높여 나가자, 김영삼은 1996년 8월 19일 이를 강력히 경고했다. 그는 정당생활은 단체생활이며 단체생활의 최대 덕목은 구성원이 언행을 통일하는 것이므로 돌출발언을 한다든지 당의 목표를 저해하는 발언을 해서는 안 된다면서, "독불장군에게는 미래가 없다"는 말로 대권에 관한 논의 자체를 봉쇄했다.76) 이처럼 그가 대권에 관

---

75) <국민일보>, 1997년 11월 6일. '산업화세력과 민주화세력의 화해, 영남과 호남의 화합'을 역설했던 박태준은 1997년 9월 29일 동경에서 김대중과 만난 후 DJP 단일화를 위해 협조하겠다고 약속했다. <중앙일보>, 2004년 8월 6일.
76) <한겨레>, 1996년 8월 20일.

해 일체의 논의를 금지시킨 것은 예비후보들의 경쟁적인 발언과 활동을 방치할 경우 집권 후반기 권력누수 현상이 앞당겨질 수 있다는 판단에 따라 내려진 처방인 것으로 분석됐다.77)

8명의 예비후보가 겨루는 신한국당의 경선구도는 갈수록 혼전양상을 띠었는데, 1997년 6월 18일 이홍구가 경선포기를 선언함으로써 7명으로 압축됐고, 7월 19일에는 박찬종도 경선후보 사퇴를 선언했다. 이홍구는 당의 단합과 국민의 선택을 돕는 길이라고 생각해서 불출마를 결심했다고 밝혔다.78) 한편 박찬종은 이회창측에서 대의원을 상대로 금품 및 향응을 제공했다고 비난하고, 자신에 대한 국민들의 지지가 제대로 반영되지 않고 있는 '신한국당 경선의 역리적·병리적 현상'을 고발하기 위해서 후보직을 사퇴한다고 선언했다.79) 이로써 최종적으로 경선후보는 김덕룡, 이수성, 이인제, 이한동, 이회창, 최병렬 6명으로 좁혀졌다.

경선과정에서 민주계 의원들이 중심이 돼 절반이 넘는 지구당위원장들을 모아 정치발전협의회(이하 정발협)를 발족시키자, 이에 맞서 민정계 원내외 지구당위원장들도 나라회를 결성하는 일이 일어났다. 이처럼 신한국당이 양대 세력으로 나뉘어 상호 반목하고 있는 시점에서 당내 최대 세력인 정발협이 7월 2일 특정 후보를 지지하지 않기로 결의함으로써 사실상 와해되고 말았다. 이는 지지후보를 둘러싸고 내부에서 의견의 불일치가 생겼기 때문인데,80) 이를 계기로 민정계의 중심인물인 김윤환이 지원하고 있던 이회창이 경선 초반부터 선두로 나설 수 있었다.

이와 같은 이회창의 독주를 막기 위해 경선 전날인 7월 20일 김덕룡, 이수성, 이한동, 이인제 등 4명의 경선후보가 모임을 갖고 자신들 중에

---

77) 東亞日報社,『東亞年鑑』1997, 106쪽.
78) <한겨레>, 1997년 6월 19일.
79) <東亞日報>, 1997년 7월 20.
80) 정발협은 일차로 김덕룡을 배제하고 지지후보 선정에 들어갔으나, 이인제 지지파와 이수성 지지파로 나누어지면서 결국 지지후보를 선정하지 못했다. 정발협이 무기력하게 와해된 것은 한보사태 이후 김영삼의 정국 장악력이 급속도로 떨어진 데 기인한 것으로 분석됐다. 東亞日報社,『東亞年鑑』1998, 107쪽.

서 1차투표에서 2위를 한 후보를 결선투표에서 밀어 주기로 전격 합의하는 사건이 일어났다. 이로 인해 판세변화가 생기는 것 아니냐는 관측이 일기도 했으나 불발로 그치고 말았는데, 이는 후일 신한국당 분열의 원인(遠因)으로 작용하게 된다. 1997년 7월 21일 1만 2천여 명의 대의원이 참석한 가운데 열린 신한국당 대통령후보 선출을 위한 전당대회에서 이회창이 전체 유효투표의 60%인 11,544표를 얻어, 40%인 4,622표를 얻는 데 그친 이인제를 누르고 대통령후보로 선출됐다.[81]

신한국당 경선은 집권여당으로서 사실상 첫 자유경선이었다는 점에서 적지 않은 의미를 지녔으나, 다른 한편으로 한계를 드러낸 것이기도 했다. 집권당의 대통령후보가 대의원들의 자유투표로 뽑혔다는 것은 중앙집중적이고 권위주의적인 정당구조의 변화를 유도하는 촉매제가 될 수 있었다는 점에서 높이 평가할 수 있다. 반면 후보선출에 일반국민의 참여가 원천적으로 봉쇄돼 유권자의 의사가 전혀 반영되지 않는 제도적인 결함을 드러냈다는 점에서 개선의 여지가 많다고 할 수 있다. 이러한 맥락에서 볼 때에는 박찬종의 경선후보 사퇴나[82] 이인제의 탈당은[83] 어느 정도 예견된 것이기도 했다.

후보로 선출된 이회창은 함께 경선에 나선 후보들과 힘을 합쳐 당의 화합과 단결을 통해 반드시 정권재창출을 이루겠다고 다짐했고, 신한국

---

81) 이에 앞서 있었던 1차투표 결과는 이회창 4,955(41.1%)표, 이인제 1,774(14.7%)표, 이한동 1,766(14.7%)표, 김덕룡 1,673(13.9%)표, 이수성 1,645(13.7%)표, 최병렬 236(2.0%)표였다. 1차에서 누구도 과반수를 얻지 못함에 따라 이회창, 이인제를 놓고 결선투표가 실시됐다.
82) 대중적 지지도는 줄곧 1, 2위를 달려왔으면서도 당내 지지도는 바닥권인 현실에 대해 "그럴 수 있느냐"는 심경을 여러 차례 토로했던 박찬종은 막바지에 경선후보를 사퇴했다. <東亞日報>, 1997년 7월 20일.
83) 이인제는 경선 사흘 전 여론조사에서 자신이 1위를 했음에도 불구하고 당내 경선에서는 패배했다면서, "당심을 결정하는 대의원의 구성이 민심을 결정하는 유권자의 지지를 반영할 수 없는 상황에서 경선은 무의미하다"고 주장했다. 이인제, 『출발선에 다시 서서』(따뜻한 손, 2003), 31쪽.

당도 이회창 후보를 중심으로 정권재창출에 앞장설 것을 다짐하는 결의문을 채택했다.84) 그러나 결선투표에서 2위를 차지한 이인제가 대선을 두 달 가량 앞둔 9월 13일 신한국당을 탈당하고 대선출마를 선언하는 바람에 신한국당은 '화합과 단결'보다는 '분열'에 직면하지 않을 수 없었다.85) 경선 후유증으로 집권당의 분열이 가시화되는 일이 사상 처음 발생한 것이다.86)

이인제는 경선불복이라는 비난에도 불구하고 출마를 결심한 가장 큰 동기는 정치의 명예혁명을 완수해 국민정치 시대를 열어야 한다는 소명감 때문이라면서, 세대교체만이 30년의 낡고 병든 3김정치 구조를 청산, 깨끗하고 신뢰받는 생산적인 정치의 틀을 창조할 수 있다고 주장했다.87) 이인제의 출마선언으로 그를 지지하는 지구당위원장들의 탈당이 잇달아 신한국당의 분열은 본격화됐다. 신한국당을 탈당한 이들은 11월 4일 국민신당을 창당하고 이인제를 대통령후보로 선출했다.88)

---

84) <한겨레>, 1997년 7월 22일.
85) 김영삼은 이인제의 동요를 막기 위해서는 이회창이 직접 나서 그를 포용하는 것이 무엇보다 중요하다고 보고, 이회창에게 이인제를 직접 찾아가라고 설득했으나 끝내 가지 않아 이인제가 탈당했다고 회고했다. 김영삼『김영삼대통령 회고록』하, 329-330쪽. 이인제는 민심수습을 위한 당 개혁안을 만들어 제출했으나 우회적인 방법으로 이를 묵살하고 오히려 비주류를 탄압하므로, 1주일간의 고뇌 끝에 국민의 현명한 심판을 받기로 결심해서 탈당한 것이라고 주장했다. 이인제,『출발선에 다시 서서』, 32-38쪽.
86) 신한국당 경선 때부터 이인제를 지지했던 지구당위원장 13명이 9월 26일 탈당한 이래 10월 31일에는 김운환, 한이헌 의원이, 11월 3일에는 이만섭, 박범진, 이용삼, 김학원, 원유철 의원 등이 이인제 진영 합류를 선언했다. 東亞日報社,『東亞年鑑』1998, 108쪽.
87) <東亞日報>, 1997년 9월 14일. 이와 같은 주장에 대해 신기남은 개혁의 핵심은 단순한 세대교체가 아니라 정권교체야말로 개혁의 첫 걸음이라고 반론을 폈다. 신기남,『은빛 날개 비행기는 슬피 우는 백조인가』(늘봄, 1999), 216쪽.
88) 이인제는 후보수락 연설에서 세대교체를 통해 진정한 세대통합과 국민통합을 이룩하겠다면서, DJP연대의 내각제개헌 음모는 성공하지 못할 것이라고 주장했다. <東亞日報>, 1997년 11월 5일.

국민신당이 창당되자 신한국당과 국민회의는 청와대가 개입해 국민신당에 조직과 자금을 제공했다는 의혹을 강하게 제기했으나, 청와대와 국민신당 모두 사실무근이라고 주장했다.[89] 이인제의 출마와 국민신당 창당으로 신한국당의 분열은 더욱 가속화될 수밖에 없었는데, 이러한 양상은 통합된 야권의 모습과는 크게 대비되는 것이었다.

3) 15대 대선

대선이 한 달도 채 남지 않은 상황에서 신한국당은 민주당과 통합해 한나라당을 출범시켰다. 이는 DJT연대에 맞서 범여권의 통합을 모색하기 위한 전략에서 나온 것이었으나, 신한국당 시절부터 내재돼 있던 분열적인 요소를 미처 극복하지 못한 상황에서 이룬 것이었기 때문에 소기의 성과를 거두지 못했다. 이와 반대로 국민회의는 통합효과를 극대화하기 위해 상대방의 분열을 확대하는 전략을 취함으로써 승리할 수 있었다.

(1) 한나라당 출범

신한국당은 분열로 위기에 처하게 되자 이를 극복하기 위한 방안을 적극 모색했고, 그 일환으로 민주당과의 통합을 추진해 성사시켰다. 15대 총선에서 소수정당으로 전락한 민주당은 1997년 9월 11일 임시전당대회를 열고 조순을 대통령후보로 추대하고 나름대로 대선을 준비하고 있었다.[90] 그러나 승산이 높지 않은 상태였기 때문에 조순은 자신을 포함해 이회창, 이인제와의 3자연대를 통해 민주당의 진로를 탐색했다. 그

---

89) <한겨레>, 1997년 11월 5일.
90) 후보수락 연설에서 조순은 "나라를 이 지경으로 만든 집권당에 또다시 나라를 맡겨서는 안 되며, 정경유착과 보스정치의 구습에 젖은 직업정치인에게도 나라를 맡길 수 없다"고 하면서 기존 후보들을 강하게 비판했다. <東亞日報>, 1997년 9월 12일.

일환으로 그는 1997년 10월 31일 세 사람이 힘을 합쳐 대선 승리를 확고하게 하는 것이 중요하다고 강조하고, 힘을 합치면 누가 후보가 돼도 승리할 수 있다면서 후보단일화를 제의했다.[91]

3자연대를 제의했던 조순은 11월 5일 다시 이회창과의 연대의사를 표명했다. 3자연대가 불투명하므로 이는 단계적으로 추진하기로 하고, 먼저 이회창과 2자연대를 하는 것이 바람직하다는 것이었다.[92] 조순의 이러한 발언이 있은 지 이틀 만인 11월 7일 이회창과 조순이 만나, 신한국당과 민주당의 '당대당 통합'과 대통령후보 단일화를 선언했다. 이들은 "낡고 부패한 3김정치 시대를 청산하고 정치혁신을 주도하기 위하여 서로 뜻과 힘을 모으기로 하였다"고 밝히고 구국적 견지에서 '상호양보의 원칙'에 입각해 대선에 임할 것이라는 내용의 합의문을 발표했다.[93]

이와 같은 합의에 따라 신한국당과 민주당 양당은 1997년 11월 21일 합당 전당대회를 개최하고 한나라당을 공식 출범시켰다. 이날 대회는 이회창을 한나라당의 대통령후보 겸 명예총재로 추대하고 조순을 총재로 선출했다. 후보수락 연설에서 이회창은 "집권하면 최우선 과제로 물가를 잡고 금융과 외환시장을 안정시키겠다"고 밝혔다.[94]

민주당과의 합당 및 후보단일화 성사로 한나라당의 이회창도 통합을 이루었다고 할 수 있다. 그러나 국민회의의 김대중과 비교할 때 몇 가지 면에서 분열적인 요소가 더 두드러지게 나타나고 있었던 것 또한 사실이다. 첫째로 들 수 있는 것은 김영삼과의 관계악화로 인해 발생한 분열이었다. 1997년 10월 21일 검찰이 DJ비자금 수사유보를 발표하자,[95] 이

---

91) <한겨레>, 1997년 11월 1일.
92) 조순의 측근은 "한 사람은 당내 경선에서 선정된 사람이고, 다른 사람은 패배하고 나온 사람"이므로 이회창과 먼저 연대하는 것이 민주주의 원칙으로 볼 때 명분이 크기 때문이라고 그 이유를 설명했다. <東亞日報>, 1997년 11월 6일.
93) 합의문 요지는 <朝鮮日報>, 1997년 11월 8일 수록.
94) <한겨레>, 1997년 11월 22일.
95) 신한국당은 선거를 2개월 앞두고 김대중의 비자금을 폭로하고 검찰에 수사를 요청했는데, 이를 수사할 경우 김대중의 구속은 불가피하고 그 여파로 전라도는

회창은 김영삼의 탈당을 요구했고 11월 1일로 예정돼 있던 그와의 회동마저 거부했다. 이에 김영삼이 11월 7일 탈당했고[96] 상당수 비주류 인사들도 당을 떠나는 사태가 발생했다. 이에 덧붙여 선거를 열흘 앞둔 12월 8일 김영삼을 비난하는 광고를 신문에 게재함으로써 김영삼과의 관계는 극도로 악화됐는데, 이로 인해 김영삼을 지지하던 유권자들이 이회창에게 등을 돌린 것이다.[97]

또 하나의 분열적인 요소로 들 수 있는 것은 이회창과 함께 경선에 참여했던 후보들의 미온적인 태도 또는 적대적인 행동이었다. 가장 먼저 행동에 나선 사람은 이수성이었다. 경선이 끝난 지 사흘 만인 1997년 7월 24일 그는 김대중을 방문했고, 25일에는 김종필을 방문한 후 미국으로 떠났다. 출국에 앞서 "나라와 민족을 위해 어떻게 하는 것이 좋은지 고민하겠다"고 밝힌 그는 7월 27일 미국에서 "지역감정 해소를 위해서는 호남 출신 대통령이 탄생하는 것이 필요하다"고 주장했다.[98] 이처럼 그는 이회창이 아닌 김대중의 승리를 공개적으로 지지함으로써 신한국당의 선거전략에 막대한 타격을 주었다.

이한동 역시 한때는 미온적인 태도를 견지했다. 경선패배 후 박태준, 김종필 등을 만났던 그는 이회창 후보 아들의 병역문제를 거론하는가 하면, 비주류의 후보 교체론에 가까운 입장을 보이기도 했다.[99] 이러한 태

물론 서울에서도 폭동이 일어날 것이라는 생각에서 수사중단을 지시했다고 김영삼은 주장했다. 김영삼, 『김영삼대통령 회고록』 하, 343쪽.
96) 대통령의 탈당으로 신한국당은 '집권여당'에서 원내 제1당인 '다수당'으로 바뀐 점을 감안, 청와대와 정부에 대한 관계를 비판적으로 재정립하면서 정부가 초래한 경제난 등 각종 실정에 대한 비판을 강화해 나가기로 했다. <東亞日報>, 1997년 11월 8일.
97) 이에 대한 근거로 김영삼은 부산·경남에서 이인제가 30%나 득표한 것을 들고, 자신을 대통령후보로 만들어 준 사람을 비방하는 것이 득표에 도움이 된다고 생각했다면 이는 국민의 정서를 전혀 이해하지 못한 것이라고 지적했다. 김영삼, 『김영삼대통령 회고록』 하, 371-372쪽.
98) <朝鮮日報>, 1997년 7월 28일.

도는 신한국당의 대표로 취임한 후에는 당의 화합을 이루어 정권을 재창출하겠다는 식으로 바뀌었지만, 그의 정치행보에 대해서는 "계속 알 듯 모를 듯하다"고100) 평가될 정도로 당의 통합에 적극성을 보이지 않았다.

박찬종은 한나라당을 탈당하고 국민신당에 합류함으로써 이회창에게 가장 큰 타격을 가한 경우에 해당된다. 선거를 불과 열흘밖에 남겨두지 않은 시점인 12월 8일 국민신당에 입당한 그는 부산에서 기자회견을 갖고 "국가부도사태 극복을 위해 이인제 후보가 기수가 되어야 한다"면서 전국에서 세대교체 바람을 일으키기 위해서 뛰겠다고 밝혔다.101) 입당 후 그는 선거대책위원회 의장으로 추대됐는데, 당시 그의 입당은 부산·경남지역에서 이인제의 지지를 끌어올리는 데 일정부분 역할을 할 것으로 관측됐다.102)

(2) '통추'의 합류와 국민회의의 승리

DJT연대를 성사시킨 데 이어 김대중은 1997년 11월 11일 국민통합추진회의(이하 통추)의 국민회의 합류를 이끌어 냄으로써 통합의 외연을 한 차원 더 넓혀 나갔다.103) 국민회의 창당에 참여하지 않고 민주당에 잔류했던 의원들을 중심으로 결성된 통추는 15대 총선에서 거의 대부분 낙선해 김대중에 대한 감정이 나쁠 수밖에 없었다. 그럼에도 불구하고 통추가 김대중의 요청에 부응해 국민회의에 합류한 것은 50년 만에 처

---

99) 이한동은 "명분이 권력을 지켜 주지 못한다"면서 적법절차를 거친 후보가 승리 가능성이 희박할 때는 무작정 명분에만 집착할 수는 없다고 말했다. <朝鮮日報>, 1997년 10월 29일.
100) <東亞日報>, 1997년 11월 2일.
101) <한겨레>, 1997년 12월 9일.
102) 박찬종의 국민신당 입당은 이인제의 당락과 관계없이 대선 이후 부산·경남 지역의 맹주를 겨냥한 것이라는 분석도 제기됐다. <東亞日報>, 1997년 12월 9일.
103) 통추 멤버 중 김원기, 김정길, 노무현, 박석무, 유인태, 원혜영 등은 11월 13일 국민회의에 입당했고, 제정구, 이부영, 이철, 김원웅, 홍기훈 등은 한나라당으로 합류했으나, 성유보는 어느 쪽도 선택하지 않았다.

음 온 정권교체 기회의 가능성을 막는 쪽에 설 수 없다는 생각에서였다고 통추 대표인 김원기는 밝혔다.[104] 야권분열의 비판을 받았던 김대중으로서도 통추와 손을 잡음으로써 그러한 비판에서 벗어날 수 있게 돼 상징적 의미가 매우 큰 통합이었다.

국민회의는 통추의 합류가 정치적으로는 범야권 후보단일화를 의미한다면서 이들의 활약을 크게 기대했다. DJT연대가 김대중의 보수성향을 부각시키는 데는 도움을 주었지만 그와 반대로 20, 30대 개혁성향의 유권자들의 반발도 만만치 않았는데, 통추 입당자들이 개혁성향 유권자들의 마음을 돌리는 데 도움을 줄 것이라고 분석했기 때문이다.[105] 특히 부산 출신인 김정길, 노무현은 국민회의의 취약지역이라고 할 수 있는 부산·경남지역에서 득표활동을 할 예정인 것으로 알려져 있었다.

통합의 외연을 확대해 나간 국민회의와 자민련은 11월 14일 공동선거대책회의 발대식을 거행했다. 이날 김대중, 김종필, 박태준 세 사람이 나와 정권교체를 주장하며 지지를 호소했는데, 이종찬은 선거전략의 두 가지 기본축은 김대중 후보의 '준비된 지도자상'과 국민회의, 자민련, 통추간의 '연합정권론'이라고 강조했다.[106]

지지세력의 통합과 함께 국민회의가 크게 신경을 쓴 것은 반김대중 성향 유권자의 분열이었다. 김대중을 지지하지 않는 유권자가 한편으로 쏠리지 않도록 하는 것이었는데, 한마디로 말하면 이인제의 지지율을 끌어올리는 것으로 요약된다. 이인제가 중도 포기할 경우 이회창으로 지지표가 몰려 김대중의 승산은 거의 없었기 때문에, 이인제의 지지도가 일정한 수준을 유지할 수 있도록 엄호사격을 했다는 것이다.[107]

---

104) 한겨레 정치부, 『김대중 집권비사』, 227쪽.
105) <東亞日報>, 1997년 11월 14일.
106) <東亞日報>, 1997년 11월 15일.
107) 국민회의는 15대 대선을 4 : 4 : 2 구도(이회창, 김대중, 이인제)로 보았고, 이인제가 사퇴하면 5.5 : 4.5의 구도(이회창, 김대중)가 되어 김대중이 승리할 가능성이 없는 것으로 보았다. 이 때문에 한나라당은 이인제를 사퇴시키기 위해 노

자기 진영의 통합과 상대 진영의 분열이라는 국민회의의 '이이제이' 전략이 이인제의 완주에 어느 정도 영향을 미쳤는지 계량적으로 측정할 길은 없지만, 이인제는 사퇴하지 않고 끝까지 선거에 임했다. 그 결과 김대중은 전체 유효투표의 40.3%인 1,032만 6,275표를 얻어 대통령에 당선될 수 있었다. 이회창은 김대중보다 39만여 표 뒤진 993만 5,718표로 38.7%를 획득했고, 이인제의 경우 19.2%의 득표율에 492만 5,591표를 얻는 데 그쳤다.108)

김대중 승리의 원인은 일차로 자민련이 국민회의에 합류하고, 선거 막판에 통추가 다시 합류하는 식으로 통합의 외연을 확대한 데서 찾을 수 있다. 단계적으로 통합을 확대해 나감으로써 지지기반을 넓힐 수 있었고, 이것이 그에게 승리를 가져다준 것이다. 이회창의 경우 김대중과는 반대의 길을 걸었기 때문에 패배했다고 할 수 있다. 이인제를 끌어안지 못함으로써 분열의 길로 들어섰고, 김영삼의 탈당을 요구함으로써 다시 분열을 자초하고 말았다.109) 선거 종반에 민주당과 통합을 이루는

력했고, 국민회의는 이인제가 사퇴하지 않도록 노력한 것으로 분석됐다. 한겨레 정치부, 『김대중 집권비사』, 225쪽. 국민회의의 전략이 그랬기 때문에 박찬종의 이인제 진영 합류를 "선거전략상 결코 싫지 않은 일"로 국민회의는 생각했다. 김옥두, 『든든해요 김대중』, 199쪽.

108) 이인제의 출마 때문에 이회창이 낙선했다는 주장에 대해 이인제는 국민신당 창당과 맞물려 이회창의 지지율이 반등했다는 사실을 예로 들면서, 그와 같은 주장은 패배의 원인을 호도하기 위한 책임전가이자 터무니없는 논리의 비약이라고 반박했다. 이인제, 『출발선에 다시 서서』, 41쪽.

109) 후보별 대구·경북 및 부산·울산·경남 득표율(%)

	대구	경북	TK평균	부산	울산	경남	PK평균
김대중	12.5	13.7	13.1	15.3	15.4	11.0	13.9
이회창	72.7	61.9	67.3	53.3	51.4	55.1	53.3
이인제	13.1	21.8	17.5	29.8	26.7	31.3	29.3

부산·경남에서 이인제의 표가 30% 가까이 나왔는데, 이는 이회창이 김영삼을 비난했기 때문에 김영삼을 지지하는 유권자들이 이회창을 찍지 않고 이인제를 찍은 것이라고 분석하고, 이 때문에 이회창이 패배했다고 주장했다. 김영삼, 『김영삼대통령 회고록』하, 371-372쪽. 국민회의도 이회창이 부산·경남에서 대구·경북만큼 표를 얻지 못했기 때문에 패배했다고 김영삼과 유사한 분석을 했

데 성공했지만 거듭되는 분열로 인해 대세를 돌이킬 수 없었고, 이것이 이회창의 패인으로 작용한 것이다.110)

5. 맺 음 말

이상의 분석에서 알 수 있는 것처럼 김영삼정부하에서도 '위기와 통합의 정치'는 그대로 반복되었음이 드러났다. 통합을 통해 대선에서 승리했음에도 불구하고 김종필을 배제함으로써 6·27지방선거에서 김영삼은 패배하고 말았다. 이와 반대로 15대 총선에서는 김대중의 정계복귀로 인한 야권분열로 신한국당은 부진을 면할 수 있었다. 여당이 통합됐다기보다는 야당이 분열됨으로써 여당인 신한국당이 상대적으로 어부지리를 본 것이다. 이와 같이 야당의 분열은 야당의 패배로 이어졌고, 야당의 패배는 여당의 승리를 의미한 것이나 마찬가지의 현상이 15대 총선에서 나타났다.

분열로 인한 총선패배를 거울삼아 김대중은 대선에 대비해 통합을 적극 모색했는데, 그 일차적인 대상은 김영삼과 결별한 김종필이었다. "적의 적은 친구"라는 명제에 맞게 두 사람이 내각제개헌을 고리로 연대에 합의함으로써 국민회의와 자민련은 통합의 선순환에 돌입할 수 있게 됐

다. 김태랑,『우리는 산을 옮기려 했다』, 277쪽.
110) 조기숙은 이인제의 표가 전통적으로 여당표이고, 김대중의 표가 전통적으로 야당표임을 증명해야 하는데, 이를 증명하는 것이 쉽지 않기 때문에 선거결과를 놓고 "여는 분열하고 야는 연합하여 야가 승리했다"고 단순 도식적으로 해석하는 것은 가장 큰 오류라고 지적했다. 조기숙,『지역주의 선거와 합리적 유권자』(나남출판, 2000), 229쪽. 이러한 지적은 유권자들이 여야 성향에 입각해서 투표를 한다는 것을 전제로 출발한 것인데, 이는 유권자의 지역주의 투표를 합리적 선택으로 분석한 자신의 주장과도 모순되는 것이라고 할 수 있다. 조기숙,『지역주의 선거와 합리적 유권자』, 88-89쪽.

다. 이를 바탕으로 박태준과 연대했으며 통추의 합류를 끌어내 야당분열의 원죄에서 벗어나 선거를 승리로 이끌 수 있었다.

반면에 이회창은 통합의 추진에 별다른 적극성을 보이지 않았다. 경선에 참여했던 후보들을 감싸안으려 하기보다는 거리를 두었는데, 이로 인해 이들의 협조는커녕 반발에 직면했다. 가장 대표적인 것으로 이인제의 탈당을 들 수 있는데, 그를 포용하는 데 실패함으로써 이회창은 분열의 악순환에 빠지고 말았다. 그후 김영삼의 탈당과 함께 신한국당 내 민주계의 동요가 뒤따랐고, 최종적으로는 박찬종이 이인제와 합류하는 사태까지 발생했다. 뒤늦게 통합의 중요성을 인식하고 민주당과의 통합으로 한나라당을 출범시켰지만 과거의 분열을 만회할 수는 없었다.

통합을 이룬 김대중은 승리한 반면, 분열을 겪은 이회창은 패배하고 만 것이 바로 15대 대선이었다. 위기를 극복하기 위해 통합을 모색하고 이를 성사시킨 결과 김대중은 대통령에 당선될 수 있었다. 이처럼 6·27 지방선거와 15대 총선 및 15대 대선의 결과를 놓고 볼 때 김영삼정부하에서도 '위기와 통합'의 가설은 다시 입증됐다고 할 수 있다.

그러나 여기서 한 가지 지적하지 않으면 안 되는 것은 김대중의 통합전략이 선거를 승리로 이끄는 데 결정적인 기여를 한 것은 사실이지만, 다른 한편으로는 지역주의를 심화시켰다는 비판으로부터 자유로울 수 없다는 점이다. 김종필과의 통합이 13대 대선에서 본격적으로 나타난 지역주의적 투표행태를 부활시키는 방향으로 작용했기 때문이다.[111] 결과론적으로 볼 때 DJP연합은 영남의 상대적 고립을 토대로 한 호남과 충청의 연합형태로 구체화됨으로써 또 다른 차원에서 지역감정 문제를 야기했다. 이러한 의미에서 김대중정부하에서의 정당구도는 지역을 기초로 전개될 것으로 관측됐다.

---

111) 김영삼은 김대중이 대통령이 되기를 바란 사람은 아니지만, 그의 당선이 해묵은 지역감정을 해소하는 데 도움이 되기를 바라는 심정에서 결과적으로 잘된 일인지도 모른다고 평가했다. 김영삼,『김영삼대통령 회고록』하, 373쪽.

| 제 10 장 |

김대중정부하의 정당구도 분석

1. 머 리 말

　15대 대선의 가장 큰 특징이라고 한다면 김대중의 경우 통합을 통해 50년 만에 여야간 평화적인 정권교체를 이룬 반면, 이회창의 경우 내부분열을 극복하지 못하고 패배했다는 것을 들 수 있다. 이 또한 '위기와 통합'의 가설이 극명하게 드러난 사례라고 할 수 있는데, 이와 같은 현상은 김대중정부하에서도 그대로 재현되는지 여부를 밝히려는 의도에서 이 장은 출발한다.

　정당이 분열할 경우 위기에 처하게 되며, 통합을 이룰 경우 이를 극복할 수 있다는 '위기와 통합의 정치'가 김대중정부하에서도 재현된다면, 이는 한국정치의 구조적인 특징으로 정착됐다고 할 수 있는데, 결론적으로 말해 역대 정부와 마찬가지로 김대중정부하에서도 이러한 현상은 그대로 나타났다. 통합의 연장선상에서 치른 지방선거에서 국민회의와 자민련은 공동정권의 위력을 유감없이 발휘해 만족할 만한 성과를 거둔 반면, 공조파기를 공식 선언하고 난 후 치른 총선에서는 기대 이하의 부진한 결과를 거두었고 대선에서도 통합을 이룬 측의 승리로 끝났기 때문이다.

　국민회의와 자민련의 공조기간에 양당은 여소야대 현상 타파를 위해 한나라당 소속의원들의 영입에 적극 나섰다. 공동정권 출범 초기 김종필의 총리 인준과정에서 겪은 소수파의 한계를 극복하기 위해서였는데,

이 과정에서 국민회의는 국민신당을 흡수하는 부수적인 성과를 올리기도 했다. 이에서 한 걸음 더 나아가 국민회의는 자민련과의 합당으로 신당을 창당한다는 구상을 밝히기도 했으나, 자민련이 반발하는 바람에 독자적인 신당창당에 나설 수밖에 없었다. 이로 인해 초래된 양당의 감정악화는 결국 공조파기로 이어졌고, 이것이 다시 총선에서 악재로 작용함으로써 한나라당이 제1당을 고수할 수 있었던 것이 바로 16대 총선이었다.

공조파기가 총선결과의 부진으로 이어지자 양당은 위기의식을 느낀 나머지 다시 관계개선에 나섰다. 그리하여 한때 공조복원을 선언할 정도로 협력하기도 했으나 이 역시 오래가지는 못했다. 내각제 개헌문제로 양당이 갈등을 빚은 데 이어 이념문제로 자민련이 한나라당에 동조, 통일부장관 해임건의안에 찬성표를 던졌기 때문이다. 양당의 공조가 붕괴된 이후 한나라당은 각종 재·보선에서 승리할 수 있었는데, 이는 한나라당이 분열하지 않고 통합을 유지한 덕분이었다.

이처럼 자민련과의 공조붕괴에 이어 유력 경선후보의 탈당 및 김대중의 탈당으로 민주당은 위기에 처하기도 했다. 그러나 대통령선거를 한 달도 채 남겨놓지 않은 시점에서 새로운 정치세력인 국민통합21과 제휴에 성공함으로써 민주당은 위기를 극복할 수 있었다. 민주당의 노무현 후보와 국민통합21의 정몽준 후보가 여론조사를 통한 후보단일화에 합의했고, 여기서 더 많은 지지를 받은 노무현이 단일후보가 돼서 선거에서 승리했기 때문이다.

이를 보더라도 김대중정부하의 정당구도 역시 '위기와 통합'의 가설로 설명과 분석이 가능하다고 할 수 있다. 위기를 극복하기 위해서는 통합을 이루어야 하고, 통합에 성공했을 경우 선거에서 승리할 수 있다는 '위기와 통합의 정치'는 이제 한국정치의 구조적 특징으로 자리 잡은 것이다.

2. 공동정권 출범과 6·4지방선거

　DJP연합으로 대통령에 당선된 김대중은 '민주주의와 시장경제의 병행발전'을 국정목표로 제시하고, 김영삼의 '문민정부'와 차별성을 나타내기 위해 '국민의 정부'라는 명칭을 사용했다. 김대중은 김종필을 포함해서 6명의 자민련 출신을 각료로 임명함으로써 명실상부한 공동정권을 출범시켰는데, 이러한 통합이 효과를 보아 1998년 6월 4일 실시된 지방선거에서 국민회의와 자민련은 수도권을 포함해 광역자치단체 10곳을 석권할 수 있었다. 이와 반대로 한나라당은 여권의 공세와 소속의원들의 이탈로 위기에 처하게 됐다.

1) 공동정권의 출범과 여대야소 추진

　김대중은 1998년 2월 23일 '국민의 정부' 초대 총리에 김종필을 지명하고 대통령 취임식 직후 소집된 임시국회에서 인준절차를 거치는 대로 공동정권을 출범시킨다는 계획을 수립했다. 그러나 이 계획은 한나라당의 비협조로 수정하지 않을 수 없게 됐다. 한나라당이 임시국회에 불참했을 뿐만 아니라, 3월 2일의 총리 임명동의안 표결에서 여권으로 하여금 실력행사에 나서지 않을 수 없는 상황을 만들었기 때문이다.[1] 투표

---

1) 한나라당은 본회의 발언을 통해 김종필의 총리 임명동의안이 부결돼야 하는 이유로 첫째, 김대중과 김종필의 사전합의에 의한 임명이기 때문에 통합선거법 위반에 해당되고, 둘째, 내각제개헌을 준비하기 위한 첫 단계이며, 셋째, 국민대통합과 정보화사회를 준비하는 데 적합하지 않다는 것 등 세 가지를 들었다. 그리고 정부와 여당이 야당의원을 회유해 총리 임명동의를 얻어내려 한다고 비난하고, 백지투표로 부결의사를 표시한 전례가 있으므로 이를 허용해야 한다면

용지를 받은 한나라당 의원들은 기표소에 들어가지 않고 그냥 투표함에 넣거나 기표도 하지 않고 나오는 등 반공개적으로 백지투표를 함으로써 자민련과 국민회의 의원들로 하여금 투표를 중단시키게끔 하는 빌미를 제공한 것이다.

투표중단 사태로 김종필에 대한 총리 임명동의안이 처리되지 못하자 김대중은 일단 총리서리 체제로 가기로 하고, 3월 3일 김영삼정부의 마지막 총리인 고건의 제청을 받는 형식으로 해서 17개 부처의 조각을 단행했다. 임명동의안 처리가 무산되는 바람에 비정상적인 방식으로 각료 제청을 받은 것이다. 이로 인해 정국은 급속 냉각될 수밖에 없었는데, 이것이 계기가 돼 국민회의는 한나라당 의원에 대한 영입작업을 본격적으로 추진했다.

이는 야당의원을 빼내서라도 여소야대를 여대야소로 바꿔야 한다는 김대중의 생각이 반영된 것으로, 1998년 5월 10일에 있었던 '국민과의 대화'에서 그는 "국민여론에 따라 여당을 다수로 만드는 노력을 안 할 수 없다"는 말로 야당의원 영입을 합리화했다.2) 그에 의하면 15대 총선에서 신한국당은 139석에 불과했으나 야당에서 의원들을 끌어내 과반수를 넘겼기 때문에, 국민회의가 의원을 영입하는 것은 '원상회복'에 불과하다는 것이었다.3)

한나라당 의원 영입에 이어 국민회의는 1998년 8월 29일에는 국민신당을 당대당 통합형식으로 흡수했다. 통합에 대해 국민신당은 "지역정당의 벽을 허물고 전국적 국민정당을 건설하기 위하여 노력한다는 것이 유일한 합당조건"이라고 밝혔으나,4) 합당 논의과정에서는 국민회의에

서 공공연하게 백지투표를 던지라고 선동했다. 大韓民國國會 事務處,『第189回 國會本會議 會議錄』第1號(1998. 3. 2), 2-3쪽.
2) <朝鮮日報>, 1998년 5월 11일.
3) <한겨레>, 1998년 5월 11일.
4) 이인제는 과반수에 미치지 못하는 집권당에 힘을 몰아주어 IMF사태를 탈출하는 데 일조하자는 결론에 도달해 합당하기로 결심했다고 주장했다. 이인제,『출

20%의 지분을 요구해 진통이 있었던 것으로 알려졌다.[5]

여권은 한나라당의 반발에도 불구하고 추가영입에 나섰고, 이를 위해 정치권에 대한 사정과 경제청문회 등의 방법을 동원한다는 계획을 수립했다.[6] 정치자금법을 위반한 정치인에 대한 선별적인 소환을 통해 정치권에 대한 사정을 지속적으로 추진함으로써 야당을 압박하고, 이와 동시에 경제위기를 초래한 원인을 규명하는 경제청문회를 개최함으로써 정치적으로 같은 효과를 얻는다는 전략을 세워 놓고 있었던 것이다.[7] 이처럼 야당의 분해를 가속화함으로써 정당구도의 근본적인 변화를 꾀한 결과, 국민회의는 1998년 초 78석에 불과하던 의석을 그 해 말에는 105석으로 27석이나 늘릴 수 있었다.

국민회의뿐 아니라 자민련도 한나라당 의원 영입에 적극 나섰다. 공동정권의 한 축을 형성하고 있는 것을 무기로 한나라당을 상대로 개별적인 교섭에 들어가 모두 9명의 의원을 영입하는 데 성공했다.[8] 이에 힘입어 43석에 불과하던 의석을 53석으로 10석이나 늘릴 수 있었다. 이후 자민련은 주로 한나라당의 대구·경북지역 출신 의원을 대상으로 당세확장에 나섰으나, 이 지역에서 반여당정서 확산으로 인해 그 이상의 성과는 거두지 못했다.[9]

국민회의와 자민련의 경쟁적인 야당의원 빼내오기로 이들은 15대 대

발선에 다시 서서』(따뜻한 손, 2003), 48쪽.

5) <한겨레>, 1998년 8월 29일.
6) <朝鮮日報>, 1998년 8월 29일.
7) 한나라당 총재로 선출된 趙淳은 경제실정 문제를 조사하는 것은 야당을 압박해 정계개편을 시도하고 지방선거에 이용하려는 것이라고 비판했다. <한겨레>, 1998년 4월 14일.
8) 9명의 명단과 그들의 선거구는 다음과 같다. 김기수(강원 영월·평창), 김종호(충북 괴산), 김학원(서울 성동을), 노승우(서울 동대문갑), 박세직(경북 구미갑), 오장섭(충남 예산), 이완구(충남 청양·홍성), 이택석(경기 고양·일산), 차수명(경남 울산 남갑).
9) 연합뉴스,『연합연감』1999, 325쪽.

선 당시 122석에 불과하던 의석을 1998년 9월에는 과반수가 넘는 153석으로, 그리고 12월에는 158석으로 만들 수 있었다. 여소야대가 1년도 채 안 되는 사이에 여대야소로 바뀐 것이다. 반면에 한나라당은 같은 기간 165석에서 137석으로 28석이나 감소, 당세가 크게 위축되고 말았다. 이로써 여권은 모처럼 정국을 주도할 수 있는 계기를 맞았지만, 내각제개헌에 관한 견해차이로 그 기회를 충분히 살리지 못하고 말았다.

2) 6·4지방선거

1998년 6월 4일 실시된 지방선거에서 국민회의와 자민련은 DJP연합의 여세를 몰아 전국 16개 시·도지사 가운데 서울, 경기, 인천 등 수도권 3곳을 차지한 것을 비롯해서 모두 10개 지역에서 승리했다. 반면 한나라당은 텃밭이라고 할 수 있는 영남권 5곳과 강원도를 포함해 모두 6곳에서 승리해 숫자상으로는 여권의 10곳과 비교해서 크게 뒤지지 않는 성과를 거두었다.

그러나 내용상으로 볼 때는 패배한 것이나 다름이 없었다. 지역주의 투표현상이 강하게 나타나고 있는 상황에서 텃밭이나 마찬가지인 영남 지역에서의 승리는 당연한 것으로 간주됐기 때문이다. 따라서 지역색이 다른 곳보다 비교적 약한 수도권에서 누가 승리하느냐 하는 문제가 국민적 관심사로 등장할 수밖에 없었는데, 국민회의와 자민련이 연합공천으로 이곳 모두를 석권함으로써 통합의 효과를 최대한 거두었다고 할 수 있다.

선거에 앞서 국민회의와 자민련은 전국 16개 광역자치단체에 절반씩 후보를 공천하기로 했다. 그리하여 국민회의는 자신의 근거지라고 할 수 있는 광주, 전북, 전남을 포함해 서울, 부산, 경기, 경남, 제주에 후보를 공천했고 자민련은 근거지인 대전, 충북, 충남 외에 인천, 대구, 울산, 강원, 경북에 후보를 냈다. 양당이 당선이 확실시되는 지역 3곳씩을 제외하고 정확히 반으로 나누어 각각 공천한 것이다. 한나라당의 경우 국민회의와 자민련의 당선이 확실시되는 대전, 광주, 전북, 전남을 제외한 전국 12곳에 후보를 공천했다.

전국적으로 평균 52.7%의 낮은 투표율을 보인 가운데 국민회의는 호남지역 3곳 외에 서울과 경기 및 제주에서, 자민련은 충청지역 3곳 외에 인천에서 당선자를 냈다. 특히 양당의 텃밭을 제외한 지역에서 연합공천으로 당선된 후보들 모두 50% 이상의 득표율을 보였다고 하는 점에서 DJP연합의 위력이 막강하다는 것을 알 수 있다.10) 그러나 강원도의 경우 양당의 연합공천에도 불구하고 한나라당 후보가 당선됐다. 이곳은 다른 지역과 달리 국민회의와 자민련의 공조가 제대로 이루어지지 않았기 때문에 패배한 것으로 분석돼 공동정권의 한계라는 지적을 받기도 했다.11)

선거결과 표의 동서지역 분할현상이 나타남으로써 15대 대선판도가 그대로 재현되고 있음을 알 수 있다. 국민회의와 자민련이 수도권과 충청, 호남, 제주 등 서부 10개 광역자치단체를 석권한 반면, 한나라당은 강원도에서 영남으로 이어지는 동부 6개 지역에서 승리를 거두었기 때문이다. 이러한 현상은 15대 대선에서 김대중과 이회창이 각각 1위를 차지한 우세지역과 정확히 일치하는 것이어서, 양당의 통합구도가 유지되는 한 한나라당의 당세는 위축될 수밖에 없다는 것을 예고하는 징표이기도 했다. 바로 이 때문에 한나라당은 수도권지역 의원들의 동요를 걱정해야 하는 상황에 처하게 됐고,12) 이 점에 착안해 국민회의는 수도권에서의 승리를 바탕으로 한나라당 수도권 의원 영입작업에 박차를 가한

---

10) 이들의 소속과 득표율은 다음과 같다. 국민회의: 高建(서울, 53.5%), 林昌烈(경기, 54.3%), 禹瑾敏(제주, 52.8%). 자민련: 崔箕善(인천, 53.5%).

11) 강원도의 경우 국민회의는 李相龍을, 자민련은 韓灝鮮을 공천할 것을 주장했으나, 강원도가 자민련 지분으로 분류돼 자민련이 추천한 韓灝鮮이 공천을 받았다. 그러나 공천에서 탈락한 李相龍이 무소속으로 출마하는 바람에 한나라당의 金振筅이 어부지리로 당선될 수 있었다. 이들의 득표율은 다음과 같다. 金振筅 39.3%, 韓灝鮮 33.8%, 李相龍 26.9%.

12) <東亞日報>, 1998년 6월 5일.

다는 방침을 세워놓고 있었다.13)

　양당의 공조는 수도권의 광역자치단체장 선거에만 영향을 미친 것이 아니라 이 지역의 기초자치단체장 및 광역의원 선거에도 큰 영향을 끼친 것으로 나타났다. 수도권 66개 기초자치단체장 선거에서 국민회의는 48곳, 자민련은 4곳에서 승리해 모두 52명(78.7%)의 당선자를 낸 반면, 한나라당은 11곳(16.6%)에서만 당선자를 내는 데 그쳤기 때문이다. 한편 국민회의는 호남권 41곳 중 29곳(70.7%)에서, 자민련은 충청권 31곳 중 21곳(67.7%)에서, 한나라당은 영남권 72곳 중 49곳(68.1%)에서 승리함으로써 그 지역이 각 정당의 근거지임을 다시 한번 입증했다. 광역의원의 경우 국민회의는 서울의 94석 중 78석, 인천 26석 중 20석, 경기 88석 중 61석을 차지할 정도로 압도적인 우세를 보임으로써 국민회의로서는 정계개편의 발판을 마련한 것으로 자부할 수 있게 됐다.14)

3) 한나라당의 체제정비와 이회창의 복귀

　야당으로 전락한 한나라당은 1998년 4월 10일 전당대회를 개최해 지난 15대 대선 전에 전격적으로 이루어졌던 신한국당과 민주당의 합당절차를 마무리하고 당체제를 정비한다는 계획을 수립했다. 그러나 전당대회를 앞두고 단행된 일부 의원의 탈당과 당헌개정 문제를 놓고 발생한 당권파와 비당권파의 갈등으로,15) 이러다간 당이 분열되는 것이 아니냐는 관측까지 나올 정도였다.16) 이와 같은 관측은 기우에 그치고 말았지

---

13) <東亞日報>, 1998년 6월 6일.
14) <朝鮮日報>, 1998년 6월 6일.
15) 당의 지도체제와 관련해서 단일지도체제냐, 집단지도체제냐 하는 문제가 제기됐고, 총재선출과 관련해서는 경선이냐, 추대냐 하는 문제로 대립하는 양상을 보였다. 여기서 조순을 중심으로 한 당권파는 단일지도체제와 총재추대를 주장했고, 김윤환을 중심으로 한 비당권파는 집단지도체제와 경선에 의한 총재선출을 주장했다. 연합뉴스, 『연합연감』 1999, 326쪽.
16) 이러한 실정을 감안해 김종필은 "3~5개 정도의 정당구조로 정계가 정돈되어

만 탈당사태는 그후에도 계속돼 당세는 크게 위축됐다.17)

전당대회는 조순을 총재로 재추대하고 집단성 단일지도체제를 택하기로 결의함으로써 내분을 잠정 봉합하고, 6월 4일에 있을 지방선거를 대비했다. 총재로 재추대된 조순은 "당리당략을 넘어선 큰 정치가 필요하다"고 역설하고, 어느 한 계파에 치우치지 않고 공정하게 당을 운영해 나가겠다고 말했다.18) 전당대회는 이회창을 명예총재로 추대했는데, 이로써 그는 정계복귀를 위한 발판을 마련한 셈이 됐다.

6·4지방선거에서 한나라당은 영남지역 5곳과 강원도에서 승리를 거두었는데, 이는 15대 대선 당시 우세를 보였던 지역과 일치하는 것이었다. 이를 보더라도 대선 이후 어느 정당도 지역적인 한계를 극복하는 데 성공하지 못했다는 것을 알 수 있다. 이와 같은 결과에 대해 당내 일부에서 "만족스럽지는 않지만 선전한 것으로 평가해야 한다"는 주장이 나오기도 했지만,19) 비주류측은 수도권에서의 패배를 지적하며 지도체제 개편을 위한 전당대회 소집을 공론화했다. 이에 당권파도 당내갈등을 해소하기 위해 조기 전당대회가 필요하다는 데 동의, 한나라당은 8월 말에 전당대회를 소집해 지도부를 재선출하기로 했다.

대선패배 이후 한나라당의 무력감은 1998년 8월 3일에 있었던 국회의장 선거에서 극명하게 드러났다. 당시 과반수가 넘는 151석을 보유하고 있었으므로, 한나라당은 의장직을 반드시 차지해야 한다는 각오로 의장선거에 임했지만 패배했기 때문이다.20) 분석결과 소속의원 10명 이상이

야 한다"고 말해, 한나라당의 분열 가능성을 언급했다. <朝鮮日報>, 1998년 6월 3일.
17) 1998년 한 해 동안 27명의 한나라당 의원이 국민회의나 자민련으로 탈당해 연말에는 의원수가 137명으로 줄어들고 말았다. 탈당한 의원들의 명단은 연합뉴스, 『연합연감』 1999, 327쪽 참조.
18) <東亞日報>, 1998년 4월 11일.
19) <東亞日報>, 1998년 6월 5일.
20) 한나라당의 吳世應과 자민련의 朴浚圭가 경합한 의장선거에서 최종적으로 149표를 얻은 박준규가 139표를 얻은 오세응을 누르고 당선됐다. 1차투표에서 박준

이탈한 것이 판명되자,21) 이에 대한 책임을 지고 총재단과 당 3역 등 당 지도부는 전원 사의를 표명했다. 한편 한나라당 의원의 이탈을 유도해 국회의장직을 차지한 여권이 안정적인 원내 과반수의석 확보가 필수적이라는 것을 명분으로 내걸고 정계개편을 시도할 가능성이 높아질 것으로 전망됐다.22)

침체된 분위기의 쇄신과 새로운 지도부를 구성하기 위한 한나라당 전당대회는 1998년 8월 31일 개최됐는데, 이날 이회창이 총재로 선출됐다. 일반의 예상과 달리 압도적인 표차로 1차투표에서 그는 당선됐다.23) 취임사에서 그는 정부여당의 실정을 바로잡겠다고 강조하고, 야당의원을 빼내 정계개편을 하겠다는 여당의 비민주적인 발상부터 바꿔야 한다고 강하게 비판했다.24)

총재에 선출됨으로써 이회창은 대선패배 8개월 만에 다시 정계 일선에 복귀, 대권에 재도전할 수 있는 기반을 마련할 수 있었다. 그는 자신을 중심으로 당의 조직과 체제를 정비하며, 여권의 압박공세에 대해서는 강경하게 대응하나 국정의 동반자로 대우한다면 적극 협조한다는 전략을 세워 놓았다.25) 그러나 한나라당이 내외적으로 풀어야 할 과제가 적지 않아 대권에 대한 재도전이 그리 순탄치만은 않은 것으로 알려졌

규 147, 오세응 137, 기권 5, 무효 6표였으며, 2차투표에서 박준규 146, 오세응 141, 기권 6, 무효 2표로 두 차례 모두 재적 과반수(150) 득표자가 없어 다수 득표자를 당선자로 정하는 3차투표까지 이어졌다.

21) 한나라당의 이탈은 1998년 8월 17일의 김종필 총리 임명동의안 처리에서는 대규모로 나타났다. 투표결과 가 171, 부 65, 기원 7, 무효 12표로 한나라당 의원의 상당수가 찬성했음을 알 수 있는데, 이에 대해 김종필은 "한나라당 의원들이 그래도 많이 동조했다. 고맙게 생각한다"고 말했다. <東亞日報>, 1998년 9월 18일.
22) <한겨레>, 1998년 8월 4일.
23) 이회창, 이한동, 김덕룡, 서청원 모두 4명이 총재경선에 출마했는데, 1차투표에서 이회창은 55.7%인 4,083표를 얻어 총재로 선출됐다. 이한동은 1,554(21.2%)표, 김덕룡은 1,283(17.5%)표, 서청원은 392(5.4%)표를 각각 차지했다.
24) <朝鮮日報>, 1998년 9월 1일.
25) <한겨레>, 1998년 9월 1일.

다. 외부적으로는 국민의 신뢰와 지지를 얻어 여당을 견제할 수 있는 건전한 야당으로 거듭나야 하고, 내부적으로는 정권재창출 실패에 따른 패배주의의 극복과 여권으로의 이탈을 막고 당의 단합을 유지해야 했기 때문이다.26)

3. 새천년민주당 창당과 16대 총선

내각제를 고리로 맺어진 국민회의와 자민련의 공조관계는 개헌 가능성이 줄어듦에 따라 점차 긴장관계로 바뀌게 된다. 이를 타개하기 위해 국민회의는 자민련과의 합당을 모색했으나 여의치 않자 신당창당으로 방향을 선회했다. 여기서 내각제 실현의지가 없다고 판단한 자민련이 공조파기를 선언함으로써 양당 사이에 균열이 발생했는데, 이것이 시기적으로 16대 총선과 겹치게 된다. 이처럼 여권이 분열한 가운데 선거가 치러졌으므로 여권의 패배는 예견된 것이나 다름이 없었는데, 이는 선거결과에 그대로 나타났다. 여권의 분열로 인해 여소야대가 재현된 것, 이것이 바로 16대 총선이었다.

1) 내각제개헌 갈등

공동정권 출범 이후 자민련은 기회가 있을 때마다 내각제 개헌문제를 제기하며 국민회의를 압박했다.27) 이는 양당이 대선공약으로 내건 개헌

---

26) <東亞日報>, 1998년 9월 1일.
27) 1998년 11월 12일 국회 본회의 대표연설에서 자민련 총재 박태준은 개헌문제를 공식 제기했다. 그는 대통령의 자의적인 권력의 폐단을 막고 민주적인 책임정치를 이루기 위해 자민련과 국민회의가 국민 앞에 내각제를 약속했고 그 토대 위에서 수평적 정권교체가 이루어진 것이라 주장하고, 국민에게 약속한 그대

시한(1999년 말)이 가까워질수록 더욱 그러했는데, 양당간의 시각차이와 야당의 반대 등 각종 변수가 산적해 있어 일정대로 추진될 수 있을지에 관해서는 어느 누구도 장담할 수 없었다. 그럼에도 불구하고 자민련은 이의 관철을 위해 총력을 기울였다.

자민련에서 이 일에 앞장선 사람은 수석부총재인 김용환이었다. 그는 '내각제 전도사'를 자처하면서, 대학 특강이나 지구당 개편대회 연설 등을 통해 내각제 공론화를 위해 혼신의 노력을 기울였다.[28] 그는 경제가 저점을 벗어났다는 국내외의 평가를 감안할 때 "1999년 이른 봄 적당한 시점에 내각제개헌 공론화작업을 착수해야 한다"고 말한 데 이어,[29] 1998년 12월 1일에는 "연말까지 당내 준비를 끝내고 99년 초부터 공론화를 시작해 99년 말에는 개헌을 완료할 것"이라고 주장했다.[30] 그는 또한 "정치개혁은 내각제로 시작해서 내각제로 끝나는 것"이라면서 "개헌일정은 합의문에 나와 있는 대로 하면 된다"고 강조했다.[31]

내각제개헌에 관한 양당의 입장에 뚜렷한 시각차가 그대로 드러난 것은 12월 18일 정권교체 1주년 기념식 치사에서였다. 이날 김대중은 내각제개헌을 이야기할 때가 아니라면서 자신과 김종필 두 사람이 결자해지 차원에서 풀어 갈 것이라고 밝힌 반면, 김종필은 공동정권의 도덕적 기반은 신의이며 신의를 잃으면 공동정권은 존재할 수 없다면서 내각제개헌의 당위성을 강하게 주장했다.[32] 경제위기 극복의 필요성을 내세워 내각제 조기 공론화에 반대한다는 입장과 1년 이내에 개헌을 마무리하기 위해서는 조기에 공론화해야 한다는 입장이 정면 충돌한 것이다.

    로 내각책임제를 할 것이라고 단언했다. 大韓民國國會 事務處,『第198回 國會本會議 會議錄』第6號(1998. 11. 12), 20쪽.
28) 연합뉴스,『연합연감』1999, 323쪽.
29) <東亞日報>, 1998년 11월 28일.
30) <朝鮮日報>, 1998년 12월 2일.
31) <朝鮮日報>, 1998년 12월 18일.
32) 내각제에 관해 두 사람이 언급한 바의 요지는 <朝鮮日報>, 1998년 12월 19일 참조.

이로 인해 "공동정권 1주년 기념식이 마치 내각제전쟁 선전포고식처럼 보였다"거나 "내년 정국이 순탄치만은 않을 것"이라는 논평도 나왔는데,33) 이것이 곧 현실로 나타났다. 자민련이 1999년 1월 15일 대전에서 내각제 출정식을 방불케 하는 대규모 집회를 열고 "현정권은 내각제 합의를 반드시 이행하라"는 결의문을 채택하자,34) 대통령비서실장은 경제가 어려운 때이므로 시기를 조정해야 한다고 응수했다.35) 현상황에서 내각제를 공론화하면 모든 국론이 내각제논쟁에 빠져들 것이므로 연기해야 한다는 김대중의 생각이 비서실장을 통해 공개된 것이다.

김대중의 '내각제 연기론'에 아랑곳하지 않고 자민련이 내각제개헌 의지를 굽히지 않자, 국민회의는 자민련과의 합당을 추진했다. 양당이 합당할 경우 내각제문제는 자연스럽게 가라앉을 수 있고, 16대 총선에서 인재난을 해소할 수 있으며, 야당의원 영입에 흡입력을 발휘할 수 있는 이점이 있다는 것이었다.36) 국민회의가 제기하는 통합론의 골자는 합당을 통해 내각제의 목소리를 잠재운 뒤 거대여당으로서 한나라당 영남권 의원들을 흡수, 전국정당을 만든다는 것이었다. 이러한 국민회의의 기류는 자민련 내 비충청권 의원들 사이에도 확산됐으나, 충청권 의원들의 강한 반발에 부딪쳐 현실화되지 못했다.

이처럼 내각제문제나 합당문제가 아무런 성과 없이 소모적인 논쟁만 일으키게 되자 김대중과 김종필은 1999년 7월 17일 만나 연내 개헌을 유보키로 한다는 데 합의했고,37) 다시 7월 21일에는 김대중, 김종필, 박태준 3인이 만나 연내 내각제개헌 유보를 공식 선언함으로써 내각제논의에 종지부를 찍었다. 경제개혁과 남북문제 해결 등 내각제 공약 당시와 사정이 너무나도 많이 달라져 개헌을 연기하지 않을 수 없다는 것이

---

33) <한겨레>, 1998년 12월 19일.
34) <東亞日報>, 1999년 1월 16일.
35) <한겨레>, 1999년 1월 18일.
36) 연합뉴스, 『연합연감』 1999, 324쪽.
37) <한겨레>, 1999년 7월 21일.

었다.38) 이들은 양당 실무자로 구성되는 8인위원회에서 내각제 추진문제를 논의키로 했다고 발표했다. 그러나 그후 아무런 논의도 이루어지지 않은 것으로 보아, 양당의 갈등이 심화되는 것을 막기 위한 차원에서 내각제 유보라는 미봉책을 제시한 데 불과한 것으로 판명됐다.

2) 새천년민주당 창당과 DJP공조 파기

내각제개헌이 공식 유보되자 국민회의는 1999년 7월 23일 각계 전문가, 엘리트들을 대거 영입해 전국정당과 개혁정당을 근간으로 하는 신당을 창당하겠다고 발표했다. 국민회의가 신당을 창당하기로 한 것은 현체제로는 16대 총선에서 지역당 탈피는 고사하고 과반의석 확보도 힘들다고 판단했기 때문이다.39) 호남과 수도권에 집중된 의원의 분포를 전국으로 넓히고, 개혁성향의 인물을 영입해 정치권에 염증을 느끼는 유권자들의 지지를 끌어낸다는 의도에서 신당창당에 나선 것이다.

신당창당 전략은 김대중의 구상에서 나온 것으로 그는 현재의 정당으로는 21세기를 대비할 수 없다는 인식 아래 신당창당을 통해 정치권의 변화를 이끌어 내겠다는 생각을 갖고 있었다. 그는 신당의 정치노선은 개혁과 복지, 인권 세 가지라고 밝히고, '개혁적 보수세력'과 '건전한 혁신세력'을 아우르는 정당을 만들어 소외돼 온 서민층과 중산층을 대변하겠다고 주장했다.40) 그리고 8월 30일 개최된 국민회의 중앙위원회에 참석, 치사를 통해 신당의 성격을 "개혁적인 국민정당과 21세기를 지향할 미래정당"으로 규정했다.41) 이후 창당작업은 속도가 붙어 9월 10일에는 국민회의 19명, 외부 19명 등 총 38명으로 창당발기인을 구성했고 11월 25일에는 신당창당준비위원회를 발족시켰다.42)

---

38) <朝鮮日報>, 1999년 7월 23일.
39) <세계일보>, 1999년 7월 24일.
40) <한겨레>, 1999년 8월 16일.
41) <東亞日報>, 1999년 8월 31일.

신당을 추진하면서 국민회의는 자민련도 이에 합류할 것을 제의했다. 통합을 이루지 못하면 위기에 처할지도 모른다는 생각에서 제의한 것이었으나43) 자민련의 거부로 성사되지 않았다. 자민련의 이와 같은 방침은 12월 22일 김대중과 김종필의 만남에서도 재확인됐는데,44) 자민련이 합당하지 않기로 함에 따라 양당은 독자적으로 총선준비에 돌입했다.45)

국민회의는 신당의 명칭을 새천년민주당(이하 민주당)으로 정하고 2000년 1월 20일 창당대회를 개최, 당대표로 서영훈을 선출했다.46) 이로써 창당된 지 4년 4개월 만에 국민회의는 간판을 내리고 민주당에 그 자리를 내주고 말았는데, 민주당은 정당사적으로 볼 때 단순히 권력기반 강화를 목적으로 대통령에 의해 창당된 여섯 번째의 집권당이 되는 동시에, 김대중이 주도해서 만든 여섯 번째의 정당이기도 했다.47) 이처

---

42) 이날 김대중은 치사를 통해 신당은 민주주의, 시장경제, 생산적 복지의 3대 원칙을 추구해야 할 것이라고 제의했다. <東亞日報>, 1999년 11월 26일.

43) 국민회의는 양당이 합당하지 않으면 수도권에서 전멸할 가능성도 있다면서 '2여1야' 구도에서 선거를 치르면 백전백패라고 우려하며 합당을 제의했다. <東亞日報>, 1999년 12월 21일.

44) 이들이 만남이 끝난 후 "국민회의와 자민련은 합당하지 않기로 합의했으며 국민회의와 자민련이 내년 총선을 협의하여 치르기로 했다"는 발표문이 나왔다. <한겨레>, 1999년 12월 23일.

45) 합당이 무산되자 국민회의의 한 당직자는 어려운 여건에서 선거를 치르게 됐다고 우려한 반면, 한나라당은 '2여1야' 구도가 긍정적인 효과가 있을 것이라고 기대했다. 자민련의 경우 충청권 의원들은 반긴 반면, 대구·경북출신 의원들은 탈당명분이 없어진 것을 서운하게 여겼다. <朝鮮日報>, 1999년 12월 23일.

46) 김대중이 徐英勳을 대표로 지명한 데 대해 당을 가장 잘 알고 실질적으로 관리해 온 사람을 뒤로 물리고 당 밖에서 정치와 상관없는 일을 해 오던 '유명인사'를 영입했다고 지적하고, 그런 인사가 들어와 당을 제대로 추스르고 제 기능을 발휘케 한다면 기적일 것이라고 우회적으로 비판했다. 김태랑, 『우리는 산을 옮기려 했다』(하서출판사, 2002), 323-324쪽.

47) 동교동계가 참여해서 만든 신한민주당을 제외하고, 그가 주도적으로 창당한 정당으로는 통일민주당, 평화민주당, 신민주연합당, 민주당, 새정치국민회의가 있었다.

럼 권력 장악자 개인의 의사에 따라 집권당이 창당되는 것이 관례처럼 됐으므로, 민주당 역시 관례에 따라 권력과 진퇴를 같이할 수밖에 없는 운명을 구조적으로 지니게 된 것이다.

창당대회에 앞서 자민련은 민주당이 국민회의의 후신이기 때문에 내각제 약속을 지켜야 한다고 주장했지만, 민주당은 강령에 내각제를 넣지 않겠다고 발표했다.48) 강령에서 내각제를 배제한 데 이어 대표로 선출된 서영훈도 내각제개헌 약속을 재검토할 뜻임을 밝히자,49) 김종필은 정강정책에 내각제를 포함시키지 않는 것은 공조를 그만두자는 이야기라며 강력히 반발했다.50)

내각제강령 배제에 이어 시민단체가 발표한 공천 부적격자 명단에51) 김종필을 비롯해서 자민련 지도부가 포함된 것도 민주당과의 관계를 크게 악화시키는 방향으로 작용했다. 시민단체의 발표에 앞서 민주당은 시민단체들이 합리적 기준에 따라 자격이 없는 정치인을 가려내 국민에게 알리는 일이 필요하다고 밝혔는데,52) 그후 발표된 부적격자 명단에 자민련 지도부가 대거 포함됐기 때문이다. 이를 근거로 자민련은 음모론적 시각에서 명단공개가 청와대와 민주당의 치밀한 각본에 의한 것으로 보았고, 또 이를 '명백한 자민련 붕괴 시나리오'로 간주했다.53) 그리

---

48) <朝鮮日報>, 2000년 1월 17일.
49) 徐英勳은 창당대회 후 가진 기자회견에서 자민련과의 내각제개헌 약속은 그 주체가 국민회의였으며, 민주당이 창당된 만큼 민주당에 새로 합류한 당원들을 포함해서 내각제개헌에 대한 당원들의 뜻을 재확인해야 한다고 말했다. <朝鮮日報>, 2000년 1월 21일.
50) 김종필은 내각제강령 제외에 대해 민주당을 정면 비판하면서 "민주주의를 떠드는 사람일수록 지키지 않는다. 두고 보면 안다"고 공조의 붕괴를 예고하는 발언을 했다. <東亞日報>, 2000년 1월 22일.
51) 2000년 1월 24일 총선시민연대는 부패행위, 선거법위반, 헌정파괴 및 반인권 경력 등을 기준으로 66명의 공천 부적격자 명단을 발표했는데, 그 중에는 김종필, 박준규, 박철언, 이건개, 이동복 등 16명의 자민련 중진이 포함돼 있었다. 총선시민연대가 밝힌 공천 부적격 사유는 <한겨레>, 2000년 1월 25일 참조.
52) <朝鮮日報>, 2000년 1월 21일.

하여 2000년 2월 16일 민주당과 차별성을 강조하며 김대중을 비난한 데54) 이어 2월 24일에는 민주당과의 공조를 공식 파기하는 내용의 대국민 선언문을 발표했다.55) 이로써 1997년 11월 3일 'DJP연합' 공식출범 이래 2년 3개월여 동안 유지돼 오던 양당의 공조체제는 공식적으로 막을 내리게 됐다.

3) 16대 총선

16대 총선을 앞두고 국민회의와 자민련은 중선거구제를 주장한 반면 한나라당은 소선거구제 유지를 주장했다. 소선거구제를 그대로 유지할 경우 전국이 여러 개의 지역당으로 갈라져 국론이 분열되고 국정의 안정과 개혁이 불가능하기 때문에 중선거구제를 채택해야 한다는 논리에 대해, 한나라당은 여권의 중선거구제 집착은 취약지역에서 의석을 확보해 장기집권을 꾀하려는 저의가 깔려 있는 것이라고 반론을 폈다.56)

중선거구제 채택을 전제로 국민회의와 자민련은 1999년 10월 14일 1구3인을 원칙으로 하고 1구2~4인의 선거구를 가미하여, 의원정수를 270명(지역구 180, 비례대표 90)으로 하는 선거법 개정안을 확정했다.57)

---

53) 2000년 1월 20일 徐英勳은 시민단체들이 합리적 기준에 따라 정치인을 가려내 국민에게 알리는 일이 필요하다고 밝혔는데, 이 발언이 있은 지 나흘 만에 낙천자 명단이 발표되자 자민련은 청와대와 민주당에 의혹의 눈길을 보냈다. <東亞日報>, 2000년 1월 25일.
54) 김종필은 자민련 중앙위원회 임시대회에서 "실정법 위반을 두둔하고 부추기는 세력이 존재하는 오늘의 상황은 심히 걱정스럽지 않을 수 없다. 이것이 민주국가냐, 이것이 과연 의회민주주의이고 국민으로부터 수임받은 정부냐"라며 김대중을 겨냥해 맹렬히 비난했다. <한겨레>, 2000년 2월 17일.
55) 자민련 총재 李漢東은 "오늘부터 자민련은 공동여당의 길을 완전 포기하고 독자적인 야당으로 새로 태어나고자 한다"며 민주당과 결별, 공조관계를 공식 파기한다고 발표했다. <東亞日報>, 2000년 2월 25일.
56) <중앙일보>, 1999년 12월 8일.
57) 양당은 정치개혁 8인위원회를 열고 비례대표 선출을 위해 전국을 8개 권역으

이에 대해 한나라당은 표의 결집도가 높은 국민회의 지지자들의 특성 때문에 중선거구제로 하면 한나라당이 참패할 가능성이 있다고 보고, 소선거구제를 고수하기로 방침을 세웠다. 이처럼 한나라당의 입장이 완강해 중선거구제 관철이 어렵다고 판단한 양당은 한때 복합선거구제를 검토하기도 했으나, 이 역시 한나라당의 반대에 부딪쳐 채택될 수 없었다.58)

이처럼 선거법개정 논의가 있을 때마다 중선거구제가 여권에 의해 제기돼 소선거구제를 고수하려는 야당과 갈등을 겪었으나, 명분과 여론에 밀려 실현되지 못했다. 이는 기본적으로 중선거구제는 유신시대 또는 전두환정부 시절 1구2인제의 연장이라는 인식을 떨치지 못했기 때문인데, 상황이 이렇게 된 것은 여권의 자업자득적인 측면도 없지 않았다.59) 이 때문에 소선거구제가 지역주의를 지속시키며 현역의원의 재선에 유리하게 작용하는 불합리한 측면이 있다고 분석되고 있음에도 불구하고60) 이를 근본적으로 대체하는 방안을 마련하지 못한 채 각 당은 16대 총선에 임했다.61)

    로 나누며, 지역구의 경우 특별시·광역시 및 제주도를 제외한 8개 도에 2석씩 우선 배분한 뒤 164석은 인구비례에 따라 나누기로 했다. <중앙일보>, 1999년 10월 15일.

58) 이처럼 입장이 바뀐 것은 국민회의가 자민련의 비충청권 의원을 끌어들이면서 중선거구제가 채택되면 좋고, 안 돼도 한나라당을 압박하려는 의도에서 중선거구제 카드를 빼들었기 때문인 것으로 분석됐다. 조기숙, "한국 선거제도의 개선 논의," 박찬욱 편, 『비례대표 선거제도』(博英社, 2000), 297쪽.

59) 민주당 역시 야당시절 중선거구제는 유신 독재정권이 자행하던 나눠먹기 정치라고 비판하며, 이를 군부독재의 안정적 집권을 노리는 여야 동반당선 음모라고 비난하는 규탄대회를 열기도 했다. 中央選擧管理委員會, 『大韓民國政黨史』 第3輯, 894쪽. 이와 같은 논리에서 배격했던 중선거구제를 민주당이 집권했다고 해서 논리변경에 대한 배경설명이나 해명 없이 그대로 도입하려고 했기 때문에 명분이 취약할 수밖에 없었다.

60) 이갑윤, 『한국의 선거와 지역주의』(오름, 1998), 305쪽.

61) 소선거구제를 유지하기로 함에 따라 선거구획정위원회는 "인구 9만 미만은 통

2000년 4월 13일 실시된 16대 총선은 국민회의와 자민련의 공조가 파기된 상태로 치러졌다는 데서 여권의 부진이 어느 정도 예상되는 선거였다. 6·4지방선거 때와 달리 양당이 독자적으로 총선을 준비하기로 함에 따라 여권성향의 표는 분열될 수밖에 없었던 반면, 야권성향의 표는 한나라당으로 비교적 단일화돼 있었기 때문이다. 선거운동 과정에서 민주당은 안정 속의 지속적인 개혁을 표방하며 안정 희구세력의 지지를 얻기 위해 노력한 반면, 한나라당은 정부·여당의 독선과 독주를 막을 수 있는 견제의석 확보를 내세우며 지지를 호소했고, 자민련은 총선 후 있을 정계개편에서 캐스팅보트를 행사할 수 있는 힘을 달라고 호소했다.[62]

전국평균 57.2%의 투표율을 보인 가운데 한나라당은 지역구 112, 전국구 21로 총 133석을 확보함으로써 원내 제1당의 자리를 고수하는 성과를 올릴 수 있었다. 이는 비록 1석이기는 하지만 국민회의의 115석(지역구 96, 전국구 19)과 자민련의 17석(지역구 12, 전국구 5)을 합한 132석보다 많은 것이어서 여권의 분열로 인해 한나라당이 상대적으로 이익을 본 것이라고 할 수 있다.[63] 2000년 초 34.4%였던 국민회의의 의석률은 42.1%로 나타나 크게 약진한 것으로 나타난 반면, 자민련은 55석(18.4%)이던 것이 17석(6.2%)으로 대폭 줄어들었다. 분열로 인해 초래된 여권의 위기가 자민련에 집중된 것이다.

지역적으로 볼 때 한나라당이 영남 65석 중 64석을 차지했고 민주당은 호남의 29석 중 25석을 차지한 반면, 상대 지역에서는 단 1명도 당선

폐합하고 인구 35만 이상은 2개 선거구로 분할하며, 동일 행정구역에서 분구된 갑·을 선거구간의 인구배분이 불균형한 선거구의 인구는 조정한다"는 기준을 정했다. 선거구획정위원회, 『국회의원 지역선거구획정위원회 보고서』(2000), 20쪽. 이와 같은 원칙에 의거, 획정위원회는 253개 지역구를 227개로 줄일 것을 건의했고, 이것이 받아들여져 16대 총선은 26석이 감축된 지역구 227, 전국구 46 등 총 273명을 선출하게 됐다.

62) 연합뉴스, 『연합연감』 2000, 236쪽.
63) 정당별 득표율, 의석수 및 의석률

시키지 못함으로써 지역대립 구도가 여전히 강하게 작동하고 있었음을 알 수 있다.64) 그러나 충청권의 경우 한나라당과 민주당의 잠식으로 자민련의 영향력이 크게 위축되면서 지역구도 완화의 가능성도 엿보이는 것으로 분석됐다.65) 총선결과 2000년 초 34.4%였던 국민회의의 의석률은 42.1%로 나타나 크게 약진한 것으로 나타났다. 그러나 과반수에는 미치지 못했기 때문에 다른 정당과 공조를 모색하지 않을 수 없게 됨으로써 일차로 6.2%의 의석률을 점유한 자민련을, 이차로 의석률 0.7%인 민주국민당(이하 민국당)을 대상으로 공조를 위한 협상에 나섰다.

4. DJP공조의 복원과 붕괴

16대 총선결과 다시 여소야대 현상이 나타남에 따라 민주당은 과반수 확보가 시급하다고 보고 자민련과의 공조복원에 나섰다. 과반수를 확보하지 못할 경우 정국 주도권의 상실은 물론 정권재창출도 어려울지 모른다는 우려 때문이었다. 교섭단체 구성요건을 채우지 못하게 된 자민련으로서도 대책을 마련하지 않는 한 군소정당으로 전락할지 모르는 상

	득표율(%)	지역구의석	전국구의석	계	의석률(%)
한나라당	39.0	112	21	133	48.7
민주당	35.9	96	19	115	42.1
자민련	9.8	12	5	17	6.2
민국당	3.7	1	1	2	0.7
한국신당	0.4	1	0	1	0.4
무소속	9.4	5	0	5	1.8

64) 16대 총선에서도 15대 대선과 비슷한 수준으로 지역주의 투표현상이 나타난 것은 소선거구제하에서 양당제가 정착돼 가면서 생긴 필연적인 현상이라고 조기숙은 분석했다. 조기숙, 『16대 총선과 낙선운동』(집문당, 2002), 153쪽.
65) 충청지역 전체 24석 중 한나라당 4, 민주당 8, 자민련 11, 한국신당 1석으로 최종 집계돼 자민련이 독주하던 15대 총선과는 판이한 양상을 나타냈다.

황에 처했기 때문에 공조복원의 필요성을 절실히 느끼고 있었다. 이렇게 양당이 필요성을 절감함에 따라 공조는 복원될 수 있었으나, 이념적인 간극을 좁히지 못하는 바람에 공조는 다시 붕괴됐다. 이로 인해 김대중정부는 집권 후반기 많은 어려움에 처했다.

1) DJP공조의 복원과 자민련의 교섭단체 등록

총선이 끝난 2000년 4월 17일 김대중은 대국민담화를 발표했다. 단독으로 안정의석 확보에 실패한 민주당으로서는 자민련과의 공조복원이 무엇보다 절실했는데, 이 점을 감안해 그는 "자민련과의 공조체계는 불변이라는 입장을 갖고 있다는 것을 다시 한번 밝힌다"고 강조했다.[66] 공조가 파기됨으로써 초래된 여소야대 정국에 대처하기 위해서는 공조복원이 무엇보다 시급하다고 생각했기 때문이다. 그는 또한 여야가 국정의 파트너로서 상호 존중하고 대화와 협력으로 큰 정치를 해 나가자고 제의했는데, 이는 제1당이 된 한나라당의 협조 없이는 원만한 국정운영이 어렵다고 보았기 때문이다.

담화 발표 후 그는 비서실장을 김종필에게 보내 공조관계를 유지해 나가자는 입장을 전달했고, 한나라당에게는 가까운 시일 내에 영수회담을 가질 것을 공식 제의했다. 공조복원의 첫 조치로 김대중은 재산파동으로 물러난 박태준 총리의 후임에 자민련의 총재인 이한동을 임명했다.[67] 이한동의 총리지명은 김종필의 추천에 의해 이루어진 것으로 알려졌는데,[68] 이로써 총선과정에서 파기됐던 공조관계를 복원할 수 있는 계기가 어느 정도는 마련됐다고 할 수 있다.

---

66) <한겨레>, 2000년 4월 18일.
67) 임명장을 받는 자리에서 그는 경제를 안정시키고 남북 정상회담이 성사된 것에 대해 대통령에게 경하를 드린다고 말하고, "신명을 바쳐 나라와 대통령에게 충성하겠다"고 다짐했다. <朝鮮日報>, 2000년 5월 24일.
68) <한겨레>, 2000년 6월 23일.

자민련과 공조를 복원하기 위한 두 번째 조치로 민주당은 교섭단체 구성요건을 완화하는 내용의 국회법 개정에 착수했다. '소속의원 20인 이상'으로 돼 있는 교섭단체 구성요건을 '소속의원 10인 이상'으로 고쳐 자민련에게 교섭단체 지위를 부여하려고 시도한 것이다.69) 이를 위해 민주당과 자민련은 한나라당의 반대에도 불구하고 교섭단체 구성요건을 낮추는 국회법 개정안을 운영위원회에서 날치기로 처리했다. 이를 한나라당은 적법절차가 무시된 원인무효로 규정하고 본회의 통과를 강력 저지하기로 하고 본회의장 농성에 들어갔다.70) 이러한 극한적인 대치상태로 정국이 급속 냉각되자 이만섭 국회의장은 개정안의 날치기 통과 거부의사를 분명히 밝혔다.71) 이로 인해 국회법 개정안은 본회의에서 통과될 수 없었고, 양당의 공조 복원노력은 돌파구를 찾지 못한 채 연말까지 소강상태를 거듭했다.

공조복원을 위한 마지막 시도로 민주당은 소속의원을 자민련에 입당시키는 이른바 '의원임대' 방식을 고안해 냈다. 자민련이 교섭단체로 등록할 수 있도록 교섭단체 구성에 필요한 수만큼 민주당 의원을 자민련에 입당시킨다는 것이었다. 이는 2000년 12월 18일 야당과의 협력이 중요하다고 한 김대중의 발언이 나온 후 추진됐고,72) 12월 29일 당대표인 김중권이 양당의 공조가 복원됐다고 밝힘으로써 구체화됐다.73) 이를 신

---

69) 자민련은 2000년 7월 21일 의원총회를 열고 교섭단체를 구성할 수 있도록 국회법 개정이 이루어질 때까지 모든 표결에 불참한다는 당론을 재확인하고, 민주당에 더 이상 속지 않기 위해 한나라당과의 협력방안도 모색해야 한다면서 민주당을 압박했다. <한겨레>, 2000년 7월 22일.
70) 한나라당은 이를 국회법 날치기 미수사건으로 규정하고 대통령의 사과와 국회법 개정저지 등 4개 항을 결의했다. <東亞日報>, 2000년 7월 25일.
71) 李萬燮은 교섭단체 구성요건 완화문제는 여야의 협상에 맡겨 처리토록 해야 한다면서 날치기로 개정안을 통과시키도록 하자는 민주당의 요구를 거부했다. <朝鮮日報>, 2000년 7월 26일.
72) 이날 김대중은 김종필과 만나 자민련과 관계 재조정문제를 협의하겠다고 밝힌 바 있다. <朝鮮日報>, 2000년 12월 20일.

호탄으로 민주당 의원 3명이 자민련의 교섭단체화를 위해 자민련으로 당적을 바꾸는 일이 발생했고 이에 반발하는 자민련 의원 대신, 민주당 의원 1명이 추가로 당적을 바꿈으로써 자민련은 2001년 1월 10일 교섭단체로 등록할 수 있게 됐다.[74]

교섭단체 등록에 고무된 자민련은 민주당과 관계개선에 나섰고, 2001년 1월 8일 김종필도 김대중과의 회동을 통해 공조복원을 공식 선언했다.[75] 이날 김종필이 대통령 임기말까지 공조를 계속하겠다는 뜻을 밝힘으로써 민주당은 비로소 안정적인 정국운영을 위한 기반을 마련할 수 있었다. 이로써 양당은 공조파기 이후의 갈등관계를 청산하고 집권 초기 못지않은 공조체계를 과시할 수 있었다. 그러나 다른 한편으로 '의원임대'에 대한 비난과 아울러 이념적 정체성이 상반되는 두 정당간에 생산적인 정책공조가 이루어질 수 있을지에 대해서는 회의적인 시각이 정치적 부담으로 대두된 것 또한 사실이었다.[76]

자민련과의 공조에서 한 걸음 더 나아가 민주당은 민국당과 제휴를 추진, 2월 22일에는 민주당, 자민련, 민국당 3당이 국정운영에서 공동보조를 취하는 정책연합에 합의하는 성과를 올렸다. 3당의 정책연합으로 공동여권은 16대 총선 이후 처음으로 과반수의석을 확보, 안정적인 정국운영의 물리적인 기반을 구축할 수 있게 됐다.[77] 김대중과 김종필은

---

73) 신임 당대표로 임명된 金重權은 12월 22일 김종필을 방문하고 협조를 당부했는데, 여기서 공조가 필요하다는 데 합의한 것으로 알려졌다. <東亞日報>, 2000년 12월 30일.
74) 민주당 裵基善, 宋錫贊, 宋榮珍 3명의 입당에 대해 자민련 姜昌熙는 2001년 1월 4일 "정도를 벗어난 교섭단체는 찬성할 수 없다"며 교섭단체 등록날인을 거부했다. 이에 자민련은 姜昌熙를 제명했고, 그 공백을 메우기 위해 민주당 張在植이 추가로 입당함으로써 자민련은 20명을 채울 수 있게 됐다.
75) 김종필은 1997년 정권교체 당시의 초심으로 돌아가 임기말까지 최선의 공조를 하겠다고 강조한 것으로 알려졌다. <朝鮮日報>, 2001년 1월 9일.
76) <東亞日報>, 2001년 1월 9일.
77) 민주당(115석), 자민련(20석), 민국당(2석) 3당의 정책연합으로 공동여권의 의

3월 2일에도 다시 만나 공조를 통한 정치, 경제의 안정을 다짐, 공조복
원을 재확인했다.[78]

2) 임동원 해임건의안 통과와 DJP공조 붕괴

민주당과 자민련의 공조복원과 함께 민국당도 정책연합을 하기로 함
에 따라 2001년 3월 26일 단행된 개각에는 자민련 현역의원 3명과 민국
당 출신 1명도 입각하게 됐다.[79] 이로써 공조체계의 순항과 함께 여권
이 추구하는 '강한 정부'와 '강한 여당' 전략도 무리 없이 추진될 것으로
예상됐다. 그러나 노선상의 차이를 극복하지 못함으로써 공조가 붕괴되
고 말아 '강한 정부'나 '강한 여당' 전략도 차질을 빚을 수밖에 없었다.

공조복원이 단계적으로 이루어진 것과 마찬가지로 공조붕괴 역시 몇
개의 사건이 중복돼서 일어났는데, 일차적으로는 4·26 재·보궐선거 공
천에서 비롯된다. 논산시장 후보 공천을 놓고 자민련은 자당 후보의 연
합공천을 주장한 반면, 민주당은 양당이 별도로 후보를 내자고 주장했
다.[80] 공천문제에 이어 민주당의 인기하락을 자민련과의 공조 탓으로
돌린 민주당 당직자의 발언 역시 문제가 됐다.[81] 이에 대해 자민련은

석은 137석이 돼 전체의석(273석)의 과반수가 됐다. 이러한 정책연합은 민국당
의 김윤환이 제안해서 성사된 것으로 알려졌다. <東亞日報>, 2001년 2월 22일.
78) 양당은 2001년 4월 26일로 예정된 기초자치단체장 재·보궐선거에 연합공천
을 하기로 하고, 민주당은 전북 임실과 서울 은평구 등에, 자민련은 충남 논산과
부산 금정, 경남 사하 등에 후보를 내는 방향으로 논의를 진행했다. <東亞日報>,
2001년 3월 3일.
79) 자민련 의원으로 입각한 사람은 張在植(산업자원부), 吳長燮(건설교통부), 鄭宇
澤(해양수산부)이고 민국당 출신으로는 韓昇洙(외교통상부)이다.
80) <朝鮮日報>, 2001년 3월 21일. 공천문제 조정을 위해 민주당의 李仁濟는 김종
필에게 면담을 제의했으나, 김종필이 "만날 일이 없다"며 거절하자(<東亞日報>,
2001년 3월 17일), 李仁濟도 "만남에 연연하지 않겠다"는 뜻을 밝혔다(<한겨레>,
2001년 3월 19일).
81) 민주당 총무 李相洙는 지구당 개편대회에서 "민주당의 인기가 떨어진 이유가

공조를 파기하겠다는 저의가 있는 발언이라며 크게 반발함으로써 균열의 조짐이 보이기 시작했는데, 그 결과는 6·13지방선거와 8·8재·보선에서 한나라당의 승리로 나타났다.82)

양당의 공조에 이상기류가 본격적으로 생긴 것은 2001년 8월 15일 평양에서 개최된 8·15남북공동행사를 둘러싸고 일어난 사회적 갈등 때문이었다.83) 이를 계기로 자민련은 각종 정치현안에 대해 한나라당과 사안별로 협조하겠다는 방침을 밝혔다. 민주당과 공조는 유지하지만 무조건 민주당에 추수하지 않고, 언론사 세무조사라든지 국가보안법, 금강산관광 등 국가의 기간을 흔들 만한 사안에 대해서는 자민련의 노선과 입장을 분명히 하겠다는 것이었다.84)

자민련이 한나라당과 사안별 협조를 밝힌 데 이어 김종필이 참된 의미에서 민주당과 공조가 이루어지지 않았다고 강한 불만을 토로하는 일이 발생했다. 김대중이 8·15경축사에서 제의한 여야 영수회담에 대해 한나라당이 즉각 수용의사를 밝힘에 따라, 여야관계에 변화가 올 수도 있다고 판단한 김종필이 사전협의 없이 영수회담이 제의된 데 대해 불편한 심기를 드러낸 것이다.85) 공동정권이므로 모든 문제를 세세하게 협

인적·제도적·법적 청산이 어려운 자민련과의 공조 때문"이라고 말했다. <한겨레>, 2001년 5월 31일.
82) 6월 13일 실시된 지방선거에서 한나라당은 전국 16개 광역자치단체 중 11곳을 석권했고, 8월 8일 실시된 재·보선에서는 11곳에서 승리했다. 이를 바탕으로 한나라당은 16대 후반기 국회의장을 배출하는 등 원내 주도권을 장악, 張裳·張大煥 총리후보 지명자에 대한 임명동의안을 잇달아 부결시킬 수 있었다.
83) 당시 남한 대표단의 일부가 조국통일 3대헌장 기념탑 앞에서 열린 개막식에 참석한 것과, 만경대 김일성 생가에 비치된 방명록에 "만경대정신 이어받아 통일위업 이룩하자"는 글귀를 쓴 것을 놓고 진보진영과 보수진영 사이에 이념대립이 크게 일어 사회적인 문제로 등장했다. 한나라당은 이러한 사태가 발생하자 대표단의 방북을 허가해 준 통일부장관을 해임하라고 주장했다. <한겨레>, 2001년 8월 21일.
84) <한겨레>, 2001년 8월 17일.
85) <한겨레>, 2001년 8월 18일.

의한 뒤 야당하고 이야기하는 것이 정도라는 생각을 갖고 있었기 때문이다.

이처럼 양당 사이에 감정의 앙금이 쌓여 있는 상황에서 한나라당이 2001년 8월 26일 통일부장관에 대한 해임건의안을 제출하자,86) 통일부장관의 자진사퇴를 촉구했던 자민련은 이에 동의하지 않을 수 없다는 견해를 밝혔다. 이에 청와대가 유감을 표명했지만 자민련은 통일부장관이 자진 사퇴해야 한다는 입장을 굽히지 않았다.87) 자민련의 동조로 9월 3일 통일부장관 해임건의안이 예상했던 대로 국회 본회의에서 통과되자,88) 자민련으로 이적했던 4명의 민주당 의원은 "공조가 깨졌으므로 더 이상 자민련에 남아 있을 이유가 없다"며 탈당을 선언했고, 자민련 소속 장관들도 즉각 사의를 표명했다.89) DJP공조 복원을 선언한 지 8개월 만에 공조가 붕괴된 것인데, 이로 인해 민주당은 정국운영에 적지 않은 제약을 받았고 자민련은 교섭단체의 지위를 상실하고 말았다.90)

---

86) 한나라당은 林東源 통일부장관 해임건의안에 대한 제안설명에서 친북자들의 노골적인 이적행위가 예상되고 있음에도 불구하고 방북불허를 방북허용으로 결정했을 뿐만 아니라 공안당국의 이적단체 소속 간부들에 대한 방북불허 요청도 묵살해 국가 전체를 남남갈등으로 갈가리 찢어 놓았다고 주장했다. 大韓民國國會 事務處, 『第225回 國會本會議 會議錄』第2號(2001. 9. 3), 2쪽.
87) 청와대 대변인은 "공조의 정신은 좋을 때나 나쁠 때나 돕는 것이고, 특히 어려울 때는 더욱 그러한 정신이 필요하다"며 통일부장관의 책임을 묻는 것은 옳지 않다고 주장했다. 이에 대해 김종필은 그가 자진 사퇴하지 않을 경우 표결에 임하는 수밖에 없다고 밝혀 해임건의에 동조할 것임을 분명히 했다. <朝鮮日報>, 2001년 9월 1일.
88) 통일부장관 해임건의안은 재석 267에 가 148, 부 119로 가결됐다.
89) <朝鮮日報>, 2001년 9월 4일.
90) 공조가 붕괴됐음에도 불구하고 자민련 몫으로 총리에 임명된 李漢東은 김대중의 요청에 따라 자민련에 복귀하지 않고 총리직을 계속 수행하겠다고 발표했다. 이에 대해 김종필은 "인간이라면 그럴 수 없다"며 강력하게 총리직 사퇴와 자민련 복귀를 요구했다. <朝鮮日報>, 2001년 9월 7일.

5. 16대 대선

　16대 대선을 앞두고 정치권은 다시 한번 이합집산의 소용돌이에 휩쓸렸다. 민주당과 한나라당 모두 내부적으로 한국정치 특유의 '통합과 분열의 정치'가 재현됐기 때문이다. 민주당 내에서는 동교동계의 분화가 있었고, 유력한 후보로 거론되던 이인제의 탈당이 있었으며, 소장파의 당정 개혁요구에 김대중이 총재직 사퇴에 이어 탈당하는 사태마저 발생했다. 한나라당에서도 비주류로 분류되던 박근혜의 탈당과 복당이 있었고, 자민련 소속의원과 단체장을 영입하는 등 통합작업에 박차를 가했다. 이러한 통합과 분열의 과정에서 가장 극적인 것은 민주당과 국민통합21의 후보단일화 합의였다. DJP연합에 비견될 정도로 선거 직전 통합에 성공함으로써 민주당 노무현 후보가 승리한 것 이것이 바로 16대 대선이었다.

1) 민주당 경선

　잇단 재·보선 패배와 권력형비리의 발생, 여권 내부의 갈등 등으로 당에 대한 지지가 바닥에 머물자, 민주당은 특단의 조치를 취하지 않고는 정권재창출이 불가능하다고 생각했다. 그리하여 당내에 '당 발전과 쇄신을 위한 특별대책위원회'(이하 특대위)를 설치하고 당 쇄신방안 마련에 착수토록 했다. 특대위가 마련한 쇄신안은 당 총재직 폐지 및 당권·대권 분리와 국민참여 경선제 도입 등을 골자로 했는데, 민주당은 국민경선제는 "대통령후보 선출권을 국민에게 되돌려준 최초의 시도"라고 의미를 크게 부여했다.[91] 대의원들만 참여해 후보를 선출하는 기존의 방식으로는 국민적 관심과 지지를 모을 수 없다는 판단에 따라 대의원

1만 5천 명, 당원 2만 명, 일반국민 3만 5천 명을 지역별 인구편차, 성별, 연령별로 분할해 경선에 참여토록 한 것이다.

이러한 방식의 도입은 민주당이 직면하고 있던 위기에 대한 인식에서 나온 것으로 "국민들에게 더 다가가지 않으면 안 된다"는 생존의 몸부림을 보여주는 것으로 분석되기도 했지만,92) 새 제도는 처음부터 언론과 전문가 및 시민의 뜨거운 관심을 불러일으킴으로써 절반의 성공을 거두었다고 할 수 있다. 민주당의 대통령후보 지명 직후 그에 대한 지지가 전국적으로 60%가 넘었다는 사실만 보더라도 이를 확인할 수 있다.

민주당 경선에는 김근태, 김중권, 노무현, 유종근, 이인제, 정동영, 한화갑 등 모두 7명이 참여했는데, 2002년 3월 9일 첫 경선지인 제주도에서 당시 대세론에 힘입어 1위가 유력시되던 이인제를 제치고 한화갑이 1위를 차지함으로써 파란을 예고했다. 이어 3월 10일 울산 경선에서는 노무현이 1위를 차지했고, 3월 16일 광주 경선에서 노무현이 다시 1위를 차지함으로써 이른바 노풍(盧風)을 불러일으켰다.93) 광주 경선에 앞서 최하위를 기록한 김근태가 후보사퇴를 공식 선언했고, 뒤를 이어 유종근, 한화갑과 김중권이 사퇴함으로써 민주당 경선은 사실상 노무현과 이인제 두 후보의 대결로 압축됐다.

그러나 노무현이 이인제의 텃밭이라고 할 수 있는 대전과 충남, 충북을 제외하고 각 지역에서 계속 1위를 달리자 이인제는 부산 경선을 3일 앞둔 4월 17일 "민주당 대통령후보가 되겠다는 꿈을 접기로 했다"면서 후보사퇴를 선언했다. 의미 없는 경선을 더 이상 계속할 필요가 없다는

---

91) <東亞日報>, 2002년 1월 8일.
92) <朝鮮日報>, 2002년 1월 10일.
93) 李仁濟는 제주와 울산 경선을 1주일 앞두고 실시된 여론조사에서 자신이 1등으로 나왔는데, 현장에서 연청이 조직적으로 움직이면서 자신을 배척했을 뿐만 아니라 언론도 盧武鉉을 일제히 보도하기 시작했고, 자신에 대한 박해가 있었다고 주장하고, 민주당 경선을 '거꾸로 가는 경선'이라고 비난했다. 이인제,『출발선에 다시 서서』, 61-63쪽.

생각에서 사퇴한 것이었는데, 여기에는 김대중에 대한 배신감이 강하게 베어 있었다.94) 이인제의 사퇴선언으로 노무현은 대통령후보로 확정된 것이나 다름이 없게 됐다. 2002년 4월 27일 후보로 지명된 그는 후보 수락연설에서 불신과 분열의 시대를 넘는 개혁과 통합의 정치로 대통령선거에서 승리하겠다고 다짐하고, 경쟁력 있는 나라, 골고루 잘사는 나라, 동북아 중심국가 건설 등의 집권 청사진을 제시했다.95)

노무현의 지명으로 막을 내린 국민참여 경선제는 한국정당사상 처음 시도된 것이었음에도 불구하고, 국민참여 유도와 대표성 확보라는 측면에서 민주당이 원래 의도했던 목표에 근접하는 성과를 거둔 것으로 분석됐다.96) 184만에 달하는 유권자들이 국민경선 선거인단에 참여했으며, 이 과정에서 노사모를 비롯해서 자발적으로 나선 다수의 시민들이 적극 참여하고 공명선거를 위한 감시에 나섰다는 것은 환영할 만한 변화라고 할 수 있기 때문이다. 한편 12월 1일 민주당을 탈당한 이인제는 자민련에 입당한 후 총재권한대행에 취임했는데,97) 그는 노무현을 겨냥해서 "아주 과격하고 급진적인 노선이 등장하면 나라에 큰 불행이 닥친다고 믿고 있다"고 비판했다.98)

---

94) 李仁濟는 "철저하게 이용만 당하고 결국은 팽인가," "노회한 웃음에 속았구나" 등의 표현을 써 가며 김대중을 비난했다. 이인제, 『출발선에 다시 서서』, 68쪽.
95) <한겨레>, 2002년 4월 29일.
96) 장훈, "16대 대선과 후보 선출과정: 정당개혁의 경쟁," 김세균 편, 『16대 대선의 선거과정과 의의』(서울대학교 출판부, 2003), 15-16쪽.
97) 민주당을 탈당하면서 李仁濟는 "내가 참여하여 만든 정당에서 정치공작의 희생양이 되었다"고 말하고, 김대중정권은 정치공작과 불법도청의 전모를 국민 앞에 밝히고 사죄해야 한다고 주장했다. <한겨레>, 2002년 12월 4일.
98) 이인제는 2002년 12월 6일 盧武鉉에 대한 비판과 아울러 1997년 신한국당 대선후보 경선불복에 대해 사과함으로써 간접적으로 이회창을 지지했다. <朝鮮日報>, 2002년 12월 7일.

2) 한나라당 경선

민주당이 당 쇄신안을 마련하며 국민에게 한 걸음 더 다가서는 모습을 보이자, 이에 자극을 받은 한나라당 내의 비주류도 강력하게 당의 체질개혁을 요구했다.[99] 비주류의 요구에 이어 당내 소장파 지구당위원장 모임인 미래연대도 집단지도체제 도입과 당권·대권 분리, 상향식 공천 등을 주장했는데, 이러한 개혁안에 대해 주류측은 거부입장을 분명히 했다. 이는 이회창이 대선 전에는 총재 중심의 단일지도체제를 유지해야 한다고 생각하고 있었기 때문이다.[100]

주류측이 비주류가 요구하는 당 개혁을 거부하자, 박근혜는 2002년 2월 28일 한나라당을 탈당했다.[101] 박근혜의 탈당으로 영남지역이 동요하고 이회창 대세론이 흔들리는 등 큰 정치적 타격을 받을 것으로 전망되자,[102] 이회창은 국민경선제 도입 등 비주류가 요구하는 개혁안을 수용하는 방향으로 나갔다. 그는 또한 총재직을 폐지하고 최고위원들이 당을 운영하는 집단지도체제를 도입하는 데도 동의했다.[103]

한나라당의 국민경선제는 민주당 방식과 유사한 것으로 전국 12개 권

---

99) 金德龍, 朴槿惠, 李富榮 등이 한나라당의 비주류로 분류됐다. 한편 朴槿惠는 미래연대 회원들과의 간담회에서 "현재의 경선방식으로는 줄세우기식 구태가 재연될 수밖에 없다"며 국민이 직접 참여하는 국민경선제 도입을 주장했다. <한겨레>, 2002년 1월 26일.
100) 李會昌이 총재직을 고수하려는 것은 1997년 아들 병역문제 파문으로 자신이 곤욕을 치를 때, 당시 당직자들이 사태진화에 나서기보다는 후보교체론을 흘리며 내분사태를 즐겼다고 생각하고 있기 때문이라고 측근들은 설명했다. <東亞日報>, 2002년 3월 21일.
101) 朴槿惠는 자신의 개혁요구가 받아들여지지 않아 한계를 느껴 탈당한다고 탈당배경을 설명했다. <東亞日報>, 2002년 3월 1일.
102) <한겨레>, 2002년 3월 1일.
103) 李會昌은 집단지도체제를 받아들이고 자신은 최고위원 경선에는 출마하지 않겠다고 선언했다. <東亞日報>, 2002년 3월 27일.

역에서 당원(20%)과 대의원(30%), 일반유권자(50%)가 참여하는 선거인단을 구성하고 선거인단이 후보를 선출하도록 했다. 그러나 민주당과 달리 한나라당 경선은 처음부터 끝까지 이회창이 경쟁자인 최병렬과 이부영, 이상희 등을 압도적인 표차로 누르고 1위를 기록하는 바람에 국민의 참여와 관심을 끌지 못했다. 민주당에 비해 유권자의 선거인단 참여도 낮았을 뿐만 아니라, 선거인단의 투표참여율도 높지 않아 "통과의례로 치러진 맥빠진 행사였다는 평가"가 나올 정도였다.104)

2002년 5월 9일 마지막으로 열린 서울지역 경선에서도 이회창은 1위를 차지, 한나라당의 대통령후보로 공식 선출됐다.105) 후보지명이 확정된 후 이회창은 인사말에서 "화합과 단합으로 반드시 정권교체를 이룰 것"이라면서 "안정되고 합리적인 개혁과 변화로 국민이 바라는 새로운 조국, 처음 보는 가장 깨끗하고 유능한 정부, 서민과 호흡을 같이하는 정부를 보게 될 것"이라고 말했다.106)

한나라당의 경우 민주당이 경선을 실시하기 전까지는 정당개혁에 적극적으로 나서지 않았는데, 이는 민주당에 비해 위기감이 상대적으로 약했기 때문이다.107) 뿐만 아니라 민주당의 경우 김대중의 총재직 사퇴로 당권이 이행되는 시기에 있었지만,108) 한나라당의 경우 이회창의 리더십이 확고부동했기 때문에 주류측은 지도체제 변화가 초래할지도 모르는 개혁에 대해 거부감을 가지고 있었다. 그러나 박근혜가 탈당하고109) 내부에서 개혁을 요구하는 목소리가 커지고, 또 민주당의 지지율

---

104) 연합뉴스, 『연합연감』 2003, 281쪽.
105) 최종 집계 결과 李會昌은 전체 유효투표의 68%를 획득했고, 이어 崔秉烈(18.3%), 李富榮(11.4%), 李祥羲(2.4%)의 순서였다.
106) <朝鮮日報>, 2002년 5월 10일.
107) 김영태, "16대 대선후보 선정 및 후보 단일화과정에 대한 분석," 『2002년 대선평가와 차기 행정부의 과제』(한국정치학회, 2002), 14쪽.
108) 2001년 11월 7일 김대중이 '국정 전념'이라는 표현으로 민주당 총재직 사임 의사를 밝히자, 민주당은 각 계파별로 전당대회 개최문제를 놓고 본격적인 힘겨루기에 들어갔다. <東亞日報>, 2001년 11월 9일.

이 상승하는 경향을 보이자, 민주당과 유사한 국민경선제 도입을 결정할 수밖에 없었다.

3) 국민통합21 창당과 후보단일화

민주당 후보로 선출된 후 여러 가지 악재로 노무현의 지지율이 하락하는 시점에서 무소속의 정몽준이 대통령선거 출마를 위한 준비에 나섰다. 월드컵을 유치해 성공적으로 대회를 개최했던 여세를 몰아 '국민통합을 위한 대통령후보'라는 이미지를 부각시킨다는 복안을 갖고 있던 그는110) 대선을 3개월 앞둔 2002년 9월 17일 출마를 공식 선언했다. 그는 말뿐이었던 정치개혁에 몸을 던져야겠다는 소명의식에서 출마를 결심했다면서, "지역감정에 의존하지 않는 국민화합의 정치," "과거 집착이 아닌 미래지향의 정치"를 하겠다고 밝히고 창당작업에 착수했다.111)

당의 명칭을 국민통합21(이하 통합21)로 정한 정몽준은 10월 16일 창당발기인대회를 개최했다. 통합21은 발기취지문에서 한국정치의 혁명적 변화를 이루기 위해 깨끗한 정치, 참신한 정치를 기치로 내걸고 지역감정 타파와 국민통합, 1인지배 정치구조의 배격과 대화·타협의 민주주의 정착, 4강외교 강화와 평화통일 기반구축, 부정부패 근절과 국가경쟁력 강화 등을 주요정책으로 제시했다.112) 통합21은 11월 5일 창당대회를 열고 정몽준을 대통령후보 겸 당대표로 선출했다. 그는 후보 수락연설에서 "새 시대 새 정치는 새로운 역사관과 정치관을 가진 젊은 지도

---

109) 朴槿惠는 탈당한 지 9개월 만인 2002년 11월 19일 한나라당에 복당하면서 "대선에서 한나라당으로 정권을 교체해 진정으로 국민을 위한 정부가 탄생할 수 있도록 최선을 다하겠다"고 다짐하고, 정치개혁을 위해 솔선수범하겠다고 밝혔다. <東亞日報>, 2002년 11월 20일.
110) <한겨레>, 2002년 9월 4일.
111) <한겨레>, 2002년 9월 18일.
112) <東亞日報>, 2002년 10월 17일.

자가 열어야 한다는 게 시대적 요청"이라고 주장하고, 정치혁명을 통해 '젊은 대한민국의 꿈'을 이루겠다고 다짐했다.[113]

정몽준이 통합21의 후보로 확정됨으로써 민주당 노무현과의 후보단일화 협상은 본궤도에 오르게 됐다. 양당 지도부는 단일화협상에 총력을 기울여 11월 15일 단일화를 추진하기로 전격 합의했는데, 이는 '1강2중 구도'로는 한나라당 이회창 후보에 필패한다는 인식을 공유했기 때문이다.[114] 단일화를 이루지 못한 상태에서 두 후보 모두 출마할 경우 어느 누구도 결코 승리할 수 없다는 것을 깨달은 것이다. 양당의 단일화 추진단은 두 후보가 TV 합동토론을 갖고 여론조사에서 높은 지지를 받는 쪽으로 단일화하기로 합의했다.[115] 이에 따라 11월 22일 두 후보의 TV토론이 이루어졌고 이를 토대로 24일에는 여론조사가 실시됐는데, 여기서 높은 지지를 얻은 노무현이 단일후보로 확정됐다.[116]

출마를 선언한 지 70일 만에 정몽준이 퇴장하고 노무현이 단일후보로 결정되자 단일화에 회의적이었던 한나라당은 크게 긴장했다.[117] 분열됐던 두 후보가 하나로 통합돼 전혀 안심하고 있을 수 없는 상황이 새로 조성됐기 때문이다. 한나라당이 분열된 것이 아니라 상대적으로 민주당과 통합21이 후보단일화 형태로 통합을 이루는 바람에 이를 우려하지 않을 수 없게 된 것이다. 이러한 단일화는 노무현과 정몽준이 이회창 대세론을 극복하기 위해 정략적으로 타협한 결과 성사된 것이었지만,[118] 기본적으로 노무현을 승리로 이끈 원동력이었다.

단일후보 확정 이후 양당의 선거공조가 본격적으로 가동됨으로써 노

---

113) <東亞日報>, 2002년 11월 6일.
114) <한겨레>, 2002년 11월 16일.
115) 후보단일화 추진단의 합의문 전문은 <東亞日報>, 2002년 11월 18일 수록.
116) 여론조사 기관에서 조사한 결과 盧武鉉 대 鄭夢俊은 한 곳에서는 46.8% 대 42.2%, 다른 한 곳에서는 38.8% 대 37.2%로 나타났다.
117) <한겨레>, 2002년 11월 25일.
118) 김영태, "16대 대선후보 선정 및 후보단일화 과정에 대한 분석," 19쪽.

무현의 지지도는 상승세를 타기 시작했고,[119] 이러한 추세는 선거 때까지 그대로 이어졌다.[120] 그리하여 12월 19일 실시된 16대 대선에서 통합을 이룬 노무현이 48.9%를 얻어 46.6%를 얻은 이회창을 제치고 대통령에 당선될 수 있었다. 15대 대선의 80.7%에 비해 70.8%라는 낮은 투표율이기는 했지만, 통합의 효과가 또다시 입증되는 순간이었다. 이로써 분열과 통합으로 점철된 16대 대선은 노무현의 참여정부를 수립하는 것으로 막을 내리게 됐다.

6. 맺음말

지금까지 살펴본 바와 마찬가지로 김대중정부하에서도 '위기와 통합'의 가설은 그대로 적용됐다고 할 수 있다. 분열하면 위기에 처하게 되고 위기에서 벗어나기 위해서는 통합을 이루어야 하는데, 민주당의 행태에서 그것이 가장 전형적으로 나타났기 때문이다. 16대 대선만을 놓고 보더라도 후보지명 이후 민주당의 내분으로 노무현 후보의 지지율은 10%대로 추락한 때도 있었으나, 정몽준과 후보단일화를 이룸으로써 이를 극복할 수 있었다. 비록 당대당 통합의 형식은 아니었지만, 후보단일화를 통해 민주당은 그 이상의 효과를 거두었던 것이다.

한나라당도 이에 맞서 자민련과의 통합을 시도했지만 김종필의 반대

---

119) 李會昌에게 뒤지던 盧武鉉은 단일후보 결정을 위한 TV토론 이후에는 오히려 李會昌을 앞서기 시작했다. 두 후보의 지지도 추세는 안부근, "16대 대선의 지지도 변화와 투표결과," 김세균 편, 『16대 대선의 선거과정과 의의』(서울대학교 출판부, 2003), 91쪽 참조.
120) 선거전 마지막 날인 18일 밤 10시 통합21의 鄭夢俊은 盧武鉉에 대한 지지를 전격 철회했는데, 이것이 오히려 盧武鉉 지지층의 결속을 재촉한 것으로 분석됐다. 연합뉴스, 『연합연감』 2003, 191쪽.

로 통합을 이루지는 못했다. 한나라당이 분열된 것은 아니었으나, 민주당이 통합을 이루는 바람에 상대적으로 위축될 수밖에 없었던 것이다. 이처럼 통합이 주는 시너지효과가 그대로 득표율에 반영돼 민주당의 승리로 귀결된 것이 16대 대통령선거였다. 15대 대선에서 나타난 것처럼 지역적으로 호남과 충청지역에서 민주당을 적극적으로 지지한 측면도 간과할 수는 없지만, 보다 근본적인 것은 후보단일화의 형식으로 통합을 이루었다는 것이다.

  이에 앞서 있었던 6·4지방선거나 16대 총선, 그리고 6·13지방선거 역시 '위기와 통합의 정치'가 그대로 재현된 선거였다. 정책과 대안의 제시가 전혀 의미가 없는 것은 아니었지만, 선거를 앞두고 통합을 이룬 정당이 이겼고 분열한 정당이 패배했기 때문이다. 이와 같은 '위기와 통합의 정치'는 비단 김대중정부에 국한되지 않고 해방 이후 지속적으로 나타났으므로, 한국정치의 구조적 특징으로 자리잡았다고 할 수 있는 것이다.

| 제 11 장 |

노무현정부하의 정당구도 분석

1. 머리말

　새천년민주당(이하 민주당)의 후보 노무현(盧武鉉)은 16대 대선을 앞두고 국민통합21의 후보 정몽준(鄭夢準)과 통합을 이룸으로써 선거에서 승리할 수 있었다. 선거 개시 8시간 전에 정몽준이 지지를 철회하는 돌발변수가 발생하기는 했지만, 이미 노무현이 단일후보로 확정된 후였기 때문에 투표에는 별다른 영향을 미칠 수 없었기 때문이다. 한국정치의 특징 중 하나인 '위기와 통합의 정치'가 다시 재현된 것인데, 이러한 특징은 노무현정부 시절에는 어떠한 양상으로 전개되었는지를 살펴보고자 한다.
　이미 앞에서 여러 차례 강조한 것처럼 해방 직후부터 현 정부 출범에 이르기까지 정당이 내외적으로 당면한 위기를 극복하기 위해 통합을 이루었을 경우 선거에 반드시 승리하며, 이와 반대로 통합에 실패했을 경우 패배한다는 공식이 그대로 적용되는지를 살펴보려는 것이다. 미리 결론부터 이야기하자면, 이러한 '위기와 통합의 정치'는 노무현정부에서도 아무런 변함없이 그대로 나타났다고 할 수 있다. 정당과 정치인의 이합집산이 지속되는 한, 그리고 이들 사이에 권력을 장악하기 위한 투쟁이 지속되는 한, 앞으로도 이와 같은 현상은 반복되어 나타날 것으로 생각된다.
　노무현의 당선으로 민주당은 정권 재창출에는 성공했다. 그러나 대선 이후 신주류와 구주류의 힘겨루기에서 비롯된 내분으로 결국은 분당사 태를 맞았고, 이로 인해 민주당은 17대 총선에서 참패를 맛보지 않을 수 없었다. 민주당의 패배는 일부에서 주장하듯 대통령 탄핵이라는 변수가 작용했기 때문이라고 할 수도 있다. 그러나 탄핵 자체가 그 근원을 찾고 보면, 민주당의 내분에서 비롯된 것임을 감안할 때 내분으로 인해 민주 당이 총선에서 패배한 것만은 틀림없는 사실이라고 할 수 있다. 내분의 결과 분당이 초래되었고, 이것이 더 나아가 탄핵으로 발전했으며, 탄핵 은 다시 총선에서 민주당의 패배를 가져왔다는 것이다.

내분으로 인한 선거 패배는 민주당만 겪은 것은 아니었다. 민주당을 뛰쳐나온 열린우리당(이하 우리당)도 똑같이 민주당의 전철을 밟아 내분 때문에 패배를 맛보았다. 안으로는 실용파와 개혁파로 나뉘어 각종 법안 을 놓고 충돌했으며, 밖으로는 권력 분점이라는 명분 아래 대통령과 우 리당이 각종 정책을 놓고 대립하는 양상을 보일 정도로 창당 이후 우리 당은 내분이 끊이지 않았다. 이처럼 안팎으로 당면한 내분을 성공적으로 극복하지 못하고 분열됨으로써 우리당은 각종 재·보궐선거는 물론 제4 회 지방선거에서 패배할 수밖에 없었다. 통합에 실패함으로써 위기에 빠 졌고, 마침내는 정당의 존립마저 소멸되는 운명에 처하고 말아 17대 대 선에서의 승리는 기대도 할 수 없는 상태가 되고 만 것이다. 창당 시 내 건 '백년 정당'이라는 기치가 무색하게 되는 순간이었다.

내분을 거듭한 민주당이나 우리당과는 반대로 한나라당의 경우 분열 되지 않고 통합되어 있었기 때문에 각종 재·보궐선거와 지방선거에서 연이어 승리할 수 있었다. 이에서 더 나아가 치열하게 전개되었던 대통 령 후보 경선 이후에도 이명박(李明博)과 박근혜(朴槿惠), 두 사람은 분열 되지 않았기 때문에 유권자의 지지가 분산되지 않았던 것이다. 이처럼 두 사람이 분열되지 않음으로써 한나라당은 대선에서 승리할 수 있었다. 경선 불참을 선언한 손학규(孫鶴圭)가 한나라당을 탈당하는 사건이 있기 도 했지만, 그로 인해 당이 분열되는 사태까지는 일어나지 않았다. 당내 어느 누구도 그에 동조하여 탈당하지 않았기 때문에, 그의 탈당은 당원한 명이 당을 떠난 것에 불과한 사건이 되고 말았다.

17대 대선은 이처럼 분열을 반복한 상태에서 후보가 된 우리당의 정동영(鄭東泳)과 처음부터 통합을 유지한 상태에서 후보가 된 한나라당의 이명박이 경쟁하는 구도였기 때문에 승부는 일찌감치 정해진 것이나 마찬가지였다. 이 과정에서 뒤늦게 이회창(李會昌)이 무소속 후보로 선거에 참가하기는 했지만, 이는 이명박의 당선에 영향을 미칠 정도의 변수가 되지는 못했다. 그의 노력에도 불구하고 박근혜가 당을 떠나지 않았고, 이로 인해 한나라당이 분열되어 위기에 처하는 일은 발생하지 않았기 때문이다. 이 같은 사실을 놓고 볼 때 노무현정부 하에서도 '위기와 통합의 정치'는 지속되었다고 할 수 있으며, 이는 한국정치의 구조적인 특징이라고 보아도 무리는 아니라고 생각한다.

2. 새천년민주당의 분열

노무현은 당선 직후 가진 기자회견에서 새로운 정치의 주역이 되기 위해 민주당은 전면적인 환골탈태를 통해 새롭게 태어나야 할 것이라면서 민주당에 대한 본격적인 개혁에 착수할 것이라고 말했다.[1] 그는 또한 민주당 개혁을 시발로 정치권 전반을 변화시키겠다는 생각을 밝히고, 취임 전에 이에 대한 가시적인 성과를 끌어내겠다고 말함으로써 정계개편에 대한 의지를 강하게 나타냈다. 이어 2003년 2월 25일 거행된 대통령 취임식에서 그는 "개혁은 성장의 동력이고 통합은 도약의 디딤돌"[2]이라는 표현을 써 가며 개혁과 통합을 강조했다. 우리 사회가 건강하고 미래 지향적인 사회가 되기 위해서 필요하다는 것이었다.

---

1) <朝鮮日報> 2002년 12월 21일.
2) <朝鮮日報> 2003년 2월 26일.

취임사에 나오는 개혁과 통합은 두 가지 의미를 지닌 것으로 분석된다. 하나는 '개혁 드라이브'라는 말이 나올 정도로 파워 엘리트의 교체를 포함하여 사회 전체 권력관계의 변화를 추구하기 위한 것이었고,[3] 다른 하나는 여소야대라는 국회 내의 세력분포를 감안하여 야당인 한나라당과의 관계를 원만하게 하기 위한 것이었다.[4] 그러나 노무현이 의도했던 것과는 반대되는 현상이 취임 다음날부터 발생하여, 취임사에서 천명한 개혁과 통합 작업은 숱한 난관에 봉착하고 말았다. 한나라당이 제출한 대북송금특검법안의[5] 국회 통과를 계기로 대선 직후부터 민주당 안에서 내연하고 있던 분열이 가시화되었기 때문이다.

1) 민주당의 내분과 대북송금특검법 공포

(1) 인적 청산

민주당의 환골탈태가 필요하다는 당선자의 회견이 있은 직후부터 민주당은 당 개혁과 지도부의 거취문제를 놓고 신주류와 구주류로 나뉘어 일종의 권력투쟁 양상을 보였다. 민주당의 신·구주류는 당 후보인 노무현의 본선 경쟁력을 의심해 중도에 다른 후보로 교체하려 했느냐, 아니면 일관되게 그를 대통령후보로 지지했느냐 여부로 구분된다. 당내 경선에서 노무현이 후보로 선출되었음에도 불구하고 당권을 장악하고 있던 중진들은 정몽준(鄭夢俊)이 대선 출마를 선언하자 후보 단일화를 요구하며 직·간접으로 노무현의 사퇴를 요구했다.[6] 이들 정몽준을 지지

---

3) 연합뉴스, 『연합연감』 2004, 149쪽.
4) 2002년 12월 말을 기준으로 한나라당 의원은 151명으로, 한나라당은 모든 상임위에서 과반수를 차지하는 절대 과반수의 의석을 가진 거대 야당이었다.
5) 한나라당이 제출하여 2003년 2월 26일 통과된 대북송금특검법의 정식 명칭은 '남북정상회담 관련 대북 뒷거래 의혹사건 등의 진상규명을 위한 특별검사 임명 등에 관한 법률'이다. 이하 대북송금특검법 또는 특검법으로 약칭.
6) 연합뉴스, 『연합연감』 2003, 191쪽.

했던 민주당 내 중진 일부와 동교동계 등 후보단일화추진협의회(이하 후단협)를 구성했던 이른바 반노(反盧)그룹이 대선 이후 구주류로 분류되고, 후보 교체를 반대하며 끝까지 노무현의 당선을 도왔던 집단인, 이른바 친노(親盧)그룹이 신주류로 분류된다.

양측의 내분은 대선이 끝나자마자 점화되었다. 당 개혁이 필요하다는 노무현의 말에 따라 정동영, 신기남(辛基南), 천정배(千正培) 등 친노그룹 의원 23명은 민주당의 발전적 해체를 주장하며 소속 의원들의 서명을 받기 시작했다. 이들 서명파는 노무현의 당선은 민주당의 정권 재창출이 아니라, 한나라당과 민주당이 주도해 온 낡은 정치의 청산을 요구하는 국민의 승리라면서 동교동계와 후단협 멤버들을 정면으로 겨냥하며 인적 청산을 요구했다.[7] 이러한 흐름에는 당선자인 노무현을 포함하여 김원기(金元基), 정대철(鄭大哲) 등 당 중진들도 가세한 것으로 알려졌다.[8] 이들 신주류는 구주류가 자진 사퇴할 뜻을 보이지 않자, 조기 전당대회를 개최하여 한화갑(韓和甲) 대표와 정균환(鄭均桓) 총무를 비롯한 당 지도부의 교체를 관철시키기로 했다.

이에 맞서 동교동계 등 구주류는 당직 개편은 당헌·당규에 따라 순리대로 처리되어야 한다면서 실력대결도 불사한다는 각오를 다짐할 정도였다. 이들은 대선 승리를 이루어 낸 정당에서 인적 청산 주장이 나오는 것은 세계 어느 나라 정당에서도 유례를 찾아볼 수 없다며 불만을 토로했다.[9] 사퇴 압력에 대해 한화갑은 2002년 12월 26일의 기자회견에서 조기 전당대회를 수용하고 차기 당권에 도전하지 않는다는 의사를 밝혔다. 그리고 자신은 "2004년까지 임기를 보장받은 대표인데, 일부에서 그만두라고 하는 것은 혁명적 발상으로 절대로 용납하지 않겠다"고 단언했다.[10] 대표 자리에 연연해서 그러는 것이 아니라, 자신의 사퇴가 당

---

7) <朝鮮日報> 2002년 12월 23일.
8) <朝鮮日報> 2002년 12월 26일.
9) <朝鮮日報> 2002년 12월 26일.
10) <朝鮮日報> 2002년 12월 27일.

개혁과 당선자에게 도움이 되지 않기 때문에 사퇴를 거부한다는 것이었다.[11]

이처럼 명시적으로 사퇴 거부의사를 밝혔음에도 불구하고 신주류의 사퇴 압력이 거세지자, 한화갑은 독재라는 표현을 써 가며 신주류를 비판했다. 즉 개혁이라는 이름 아래 '개혁독재'를 할 염려가 있으며, 대통령 취임식이 며칠 남지도 않았는데 당은 축제 분위기가 아니고 당원끼리 미워하고 비난하는 분위기가 있다는 것이었다.[12] 그는 또한 한 월간지와의 인터뷰에서 당을 떠날 사람은 떠나라고 공개적으로 비난했다.[13] 인위적인 정계개편에 대해서는 국민들이 식상해한다고 단언한 그는 신당을 하겠다는 사람들끼리 나가서 당을 만들라는 최후통첩을 보낼 정도로,[14] 민주당 내의 신주류와 구주류는 서로 상대를 적대 세력으로 간주하는 지경에까지 이르렀다.

한화갑이 완강하게 사퇴를 거부하자 신주류는 "취임 전에 사퇴한다고 해 놓고 왜 안 하는지 모르겠다"며 임시 지도부를 구성하기 위해서는 반드시 그가 대표직을 사퇴해야 한다고 주장했다.[15] 이처럼 사퇴 압력이 가중되자 한화갑은 결국 2003년 2월 23일 당 대표직을 사퇴했다. 기자회견에서 그는 새롭게 등장한 역사의 주역들에게 당 발전에 기여할 기회를 주기 위해 대표직을 떠난다면서, "개혁은 합리적이고 함께 가는 개혁이어야 하며, 개혁 주체의 외연을 넓히고 개혁의 대상을 분명히 해

---

11) <朝鮮日報> 2003년 1월 10일.
12) <朝鮮日報> 2003년 2월 18일.
13) 인터뷰에서 韓和甲은 지구당위원장제 폐지 주장은 새 지도체제를 구성해 당을 접수하고 공천 때 구주류를 제거해 신주류가 당권을 장악하겠다는 의도라고 강력히 비난하고, 민주당을 "해체하라 마라 할 이유가 없다. 그런 사람끼리 나가서 당을 만들면 된다. 분란을 일으키지 말고 당을 떠나라"고 요구했다. 윤길주, "노무현 당선자와 측근들을 향한 한화갑의 분노," 『월간 중앙』 2003년 3월, 165쪽.
14) 윤길주, "노무현 당선자와 측근들을 향한 한화갑의 분노," 168쪽.
15) <朝鮮日報> 2003년 2월 22일.

야 국민들도 함께 갈 수 있다"16)는 말로 신주류의 편협한 태도를 비난했다. 한화갑의 대표직 사퇴로 정대철이 당헌에 따라 대표직을 승계함으로써 민주당의 인적 청산문제는 일단 수면 아래로 가라앉았다.

(2) 대북송금특검법

인적 청산문제를 놓고 이처럼 민주당의 신주류와 구주류가 갈등을 겪고 있던 중인 2003년 2월 4일 한나라당은 대북송금특검법안을 국회에 제출했다. 이 법안은 다음날인 2월 5일 법사위에 회부되었고, 2월 17일 법사위의 1차 심사를 거쳤으며, 2월 19일에는 법사위를 통과하여 노무현의 대통령 취임식 다음날인 2003년 2월 26일 국회 본회의에 상정되었다. 민주당 의원들은 의사진행 발언으로 국무총리 임명동의안을 먼저 처리하고 특검법 표결을 늦춰 이를 무산시키려 했다. 그러나 다수당인 한나라당이 이에 응하지 않음으로써 민주당의 의사일정 병경 시도는 무위로 끝나고 말았다. 이로써 민주당의 내분은 인적 청산문제에 이어 제2라운드로 들어가게 된다.

법안의 논의과정에서 민주당 의원, 특히 동교동계 의원들은 특검제 도입을 강하게 반대했다. 이들은 남북관계에서 아주 중요한 대북송금 문제는 모든 것을 다 공개해도 좋은 정보만 있는 게 아니며, 남북관계가 화해와 협력의 시대로 발전되는 단계에서 만일 잘못되면 한반도 상황이 비상사태에 돌입할 것이라는 이유에서,17) 그리고 특별검사를 통해 대북송금 문제를 파헤치게 되면 결과적으로 국론이 분열되고 남북화해만 붕괴될 뿐이며, 햇볕정책이 근시안적인 정쟁의 희생물로 저당 잡혀서는 안 된다는 등의 이유에서 특검법을 반대하는 논리를 폈다.18)

이와 반대로 한나라당은 남북문제는 국가와 민족의 명운이 걸린 문제

---

16) <朝鮮日報> 2003년 2월 24일.
17) 國會事務處, 『國會本會議會議錄』 第236回 國會 第8號(2003년 2월 26일), 8쪽.
18) 國會事務處, 『國會本會議會議錄』 第236回 國會 第8號(2003년 2월 26일), 11-12쪽.

로 국회의 동의와 여야의 협의 등 국민적 공감대를 형성해 가며 적법하고 투명하게 접근해야 하는 사안이기 때문에 특검제 도입이 불가피하다고 역설했다. 현대그룹이 산업은행에서 불법적으로 대출받은 거액의 현금과 회사를 위해 써야 할 자금을 대북 비밀 뒷거래에 사용했으며, 정부는 기업의 일탈된 행위를 감독·시정하지 않고 오히려 비밀송금을 지원하여 경제불안을 야기했기 때문에, 이에 대한 진상을 철저히 규명하고 관련자를 처벌함으로써 국민적 의혹을 해소하고 국가운영의 투명성과 합법성을 확보할 필요가 있다는 이유에서였다.19)

표결 결과 특검법이 국회를 통과함으로써 김대중(金大中)정부가 6·15선언을 발표하며 야심차게 추진했던 햇볕정책은 도마 위에 오르게 되었다. 그러나 이보다 더 일반의 관심을 끈 문제는 특검법에 대한 대통령의 거부권 행사 여부였다. 왜냐하면 민주당은 특검법을 검토한 결과 절차와 내용에 심각한 문제가 있으므로 대통령이 이를 거부해야 한다고 주장한 반면, 한나라당은 민의의 전당인 국회에서 의결된 법안에 대통령이 거부권을 행사한다면 더욱 강력한 대여(對與)투쟁에 나설 것이라고 선언했기 때문이다.20)

노무현으로서는 자신을 대통령으로 만들어 준 민주당을 따를 것인지, 국정운영에 협조를 구해야만 하는 한나라당을 따를 것인지, 두 정당 중 하나만을 선택해야 하는 문제이기도 했다. 특검법이 통과된 후 그는 국회의 결정을 존중은 하겠지만 외교관계와 국익을 생각해서 여야가 타협해 줄 것을 바란다고 말한 바 있었다.21) 그러나 특검법을 놓고 여야 간 타협이 이루어지지 않자, 2003년 3월 14일 그는 특검법을 공포함으로써 사실상 한나라당 편을 들었다. 대통령 취임 후 국회에 대한 첫 번째 의사표시로 거부권을 행사하는 것을 부담스럽다고 느꼈을 뿐만 아니라, 집권 초부터 대야(對野)관계를 파국으로 몰고 갈 수 없다고 판단한데 따

19) 國會事務處, 『國會本會議會議錄』 第236回 國會 第8號(2003년 2월 26일), 16쪽.
20) <朝鮮日報> 2003년 3월 1일.
21) <朝鮮日報> 2003년 2월 28일.

른 것이었다.22)

특검법이 공포되자 민주당은 충격에 휩싸였다. 신주류 일부를 포함하여 민주당 의원 대부분이 반대했음에도 불구하고, 당내 여론을 무시하고 대통령이 한나라당에 대해 유화적인 태도를 취한 것으로 간주했기 때문이다. 특검법이 공포된 이후 민주당 구주류는 망연자실하는 분위기에서 상실감과 배신감마저 표시할 정도였고, 이들의 반발로 인해 신주류가 추진하는 당 개혁작업은 탄력을 잃게 될 것이라는 전망이 제시되기도 했다.23) 이를 볼 때 대통령의 특검법 공포는 구주류에 대한 인적 청산에 이어 당 내분의 직접적인 요인으로 작용했다고 분석된다.

민주당 내에서도 가장 큰 충격을 받은 쪽은 김대중의 분신이라고도 할 수 있는 한화갑, 김옥두(金玉斗) 등 동교동계인데, 이들은 신주류의 책임론까지 제기할 정도였다. 이들은 앞으로 신주류와 구주류가 사사건건 대립하게 될 것이라면서 "이렇게 되면 당을 쪼개자는 것이 아니냐"는 격한 반응을 보이기도 했다.24) 이와는 대조적으로 신주류는 책임론을 일축했다. 이 중 이상수(李相洙)는 특검법 공포를 야당과 "상생의 정치를 하겠다는 대통령의 뜻"으로 받아들여야 한다고 말하고, 당내 화해 분위기를 조성하는 것이 급선무라고 주장할 정도였다.25)

이처럼 특검법 공포는 민주당 내 신·구주류 사이에 감정의 골을 깊게 만들었다. 이로 인해 민주당 내에서는 "17대 총선을 한 지붕 아래서 치르기 힘든 것 아니냐"는 말이 나오기도 했는데,26) 이 말은 몇 달 지나지 않아 사실로 판명되었다. 재·보궐선거를 거치면서 신·구주류의 갈등이 돌이킬 수 없을 정도로 악화되었기 때문이다.

---

22) <朝鮮日報> 2003년 3월 15일.
23) <朝鮮日報> 2003년 3월 15일.
24) <朝鮮日報> 2003년 3월 17일.
25) <朝鮮日報> 2003년 3월 17일.
26) <朝鮮日報> 2003년 3월 19일.

(3) 4·24재·보궐선거

민주당 신주류와 구주류는 2003년 4월 24일 실시될 재·보궐선거 후보 공천문제를 놓고 세 번째로 충돌했다. 경기도 고양·덕양갑과 의정부, 서울 양천을, 모두 세 곳에서 실시되는 재·보선에 신주류는 개혁국민정당(이하 개혁당)의 유시민(柳時民)을 연합 공천하자고 주장한 반면, 구주류는 집권당의 자존심이 걸린 문제라면서 연합공천을 반대했다. 신주류는 개혁당이 16대 대선에서 민주당과 공조했으므로 우군(友軍)이며 당이 외연을 확대할 때 우선적으로 합칠 수 있는 세력이기 때문에 민주당은 후보를 내지 말아야 한다는 입장인 반면, 구주류는 개혁당과 민주당이 어떤 관계인지 불분명하기 때문에 민주당으로서는 공천을 포기할 수 없다는 입장이었다.27)

2003년 3월 28일 열린 민주당 당무회의에서도 연합공천 문제에 대해서는 결론을 내리지 못했으며,28) 후보등록을 1주일 앞둔 시점에서도 견해차이로 후보를 확정짓지 못할 정도였다. 신주류와 구주류 어느 한쪽도 양보하려 하지 않으면서 같은 논리만을 반복했기 때문이다. 신주류는 양당이 동시에 후보를 내면 반드시 패배하므로 개혁당 후보를 밀자고 한 반면, 구주류는 민주당 후보가 개혁당 후보보다 경쟁력이 떨어지지 않으므로 양보할 수 없다고 반발하는 바람에 의견의 일치를 볼 수 없었다.29)

이처럼 민주당이 후보를 확정짓지 못하고 있는 가운데 신주류가 기획

---

27) 구주류가 개혁당과의 연합공천을 반대한 또 하나의 이유 중 하나는 신주류의 독주를 방치할 경우 17대 총선에서 자신들의 공천이 불투명하다는 불안감 때문이었다.<朝鮮日報> 2003년 3월 28일.

28) 이 날 신주류는 민주당과 개혁당이 각자 후보를 내면 승리한다는 보장이 없으며 다음 총선을 대비해서라도 개혁당을 껴안을 필요가 있다고 주장했고, 구주류는 지구당에서 독자후보를 선출했기 때문에 상향식 공천 취지에도 맞고 어려울 때일수록 원칙으로 해야 한다면서 연합공천에 반대했다.<朝鮮日報> 2003년 3월 29일.

29) <朝鮮日報> 2003년 4월 1일.

하고 주도한 대통령선거 백서가 출판되었다.30) 백서는 16대 대선에서 후보 단일화를 요구했던 후단협의 활동을 후보 교체를 시도한 파렴치하고 기회주의적인 정치 행각이라 비판하고, 민주당의 강도 높은 개혁과 함께 인적 청산의 필요성을 역설했다.31) 이로써 구주류는 연합공천을 반대할 수 없게 되고 말았다. '낡은 정치집단'으로 매도되는 데다 "노무현 후보를 민주당의 흔들기에서 지켜내 국민후보로 추대하는 일을 성공적으로 수행했다"고32) 평가받는 개혁당 후보를 거부할 하등의 명분도 없었기 때문이다. 결국 민주당은 후보 공천을 포기했고, 지역구 당원들이 상향식으로 추대하여 무소속으로 나서려던 민주당 후보마저 출마를 포기함으로써 민주당과 개혁당은 사실상 연합공천이 이루어진 셈이 되었다.

유권자의 25.3%만 투표한 재·보선의 개표 결과, 민주당은 개혁당과 연합공천을 한 고양·덕양갑 한 곳에서만 당선자를 냈고, 나머지 두 곳은 한나라당에 내주고 말았다.33) 16대 총선에서 세 곳 모두 민주당 후보가 당선된 지역이어서 민주당으로서는 참패한 셈이 되었음에도 불구하고 당내 신주류는 '불행 중 다행'으로 선거결과를 받아들였다. 자신들이 지원한 유시민 후보의 당선이 당내 개혁에 추진력으로 작용할 것이라는 기대감 때문이었다. 이 때문에 단기적으로 볼 때는 여당이 패배한 선거지만 정치발전이라는 장기적 측면에서 볼 때는 긍정적인 면이 있다고 분석하고,34) 당내 개혁에 더욱 박차를 가하려고 했다.

---

30) 백서는 李相洙 사무총장을 발간위원장으로 하여 金景梓, 金泳鎭, 김한길, 金希善, 辛基南, 李海瓚, 林采正, 鄭東泳, 丁世均, 趙誠俊, 趙舜衡, 秋美愛 등 신주류 의원들이 주로 발간위원으로 참여했다.
31) 새천년민주당 제16대 대통령선거 백서발간위원회 편, 『제16대 대통령선거 백서』(2003), 59-60쪽.
32) <朝鮮日報> 2003년 4월 2일.
33) 선거 결과 재적 272석 중 한나라당은 151석에서 153석으로 늘었고, 민주당은 101석으로 변함이 없었으며, 개혁당은 2석이 되었다.
34) <朝鮮日報> 2003년 4월 25일.

고양·덕양갑 외에도 4·24재·보선에서 민주당은 후보를 낸 7곳에서35) 전패했다. 내분으로 당의 모든 역량을 동원할 수 없는 상태에서 치러진 선거였기에 민주당의 패배는 당연한 것이기도 했다. 선거에 즈음하여 구주류는 서울의 양천을과 의정부에 주력한 반면, 신주류는 고양·덕양갑을 집중적으로 지원하는 양상을 보였다.36) 이처럼 당이 통합을 이루지 못하고 분열되어 제각각 선거에 임했기 때문에 패배가 초래된 것임에도 불구하고 구주류와 신주류는 각각 달리 해석했다.

구주류는 민주당이 패배한 것은 기본적으로 대통령 측근과 신주류의 독선 때문이라고 분석, 신주류에 선거 패배의 책임을 돌렸다. 일부 대통령 측근이라고 자칭하는 사람들이 독선적으로 밀어붙이고 운영했기 때문에 당이 분열되었고, 덧셈정치를 해야 하는데 뺄셈에만 신경을 써 당 통합도 실패하고 국민들도 실망시켰기 때문에 패배했다는 것이었다.37) 이에 덧붙여 구주류는 신주류를 겨냥하여 개혁하겠다고 하면서 독선적이고 반민주적인 방향으로 나아간다고 비판했다.

이와 반대로 신주류는 민주당이 패배한 것은 당 개혁이 지지부진해서 국민이 실망했기 때문이라고 패배의 책임을 구주류에 돌렸다. 이들은 재·보선이 민주당에 대한 사형선고 정도가 아니라 사형집행을 한 것이라고 말하며, 투표율이 낮은 가운데서도 유시민 후보가 당선된 것은 변화만이 희망이라는 것을 보여준 것이라고 주장했다.38) 이들 신주류는 인적 청산과 개혁이 필요하다고 보고 이를 추진할 준비를 했다. 그러나 구주류의 강력한 반발에 부딪혀 별도의 방안을 모색하지 않으면 안 되게 되었다.39)

---

35) 민주당은 국회의원 3곳 중 2곳(의정부, 서울 양천을)과 기초자치단체장 2곳(충남 공주시, 경남 거제시)과 광역의원 3곳(전남 진도 1선거구, 경기 수원 권선구, 충남 아산시) 모두 7곳에 후보를 냈으나, 전부 패배했다.
36) <朝鮮日報> 2003년 4월 25일.
37) <朝鮮日報> 2003년 4월 26일.
38) <朝鮮日報> 2003년 4월 26일.

대선 과정에서 빚어진 민주당의 내분은 위에서 살펴본 것처럼 세 단계를 거치면서 확대되어 갔다. 대선 과정에서 불거진 후보 단일화 문제로 비롯된 감정상의 대립은 당 지도부에 대한 인적 청산문제가 제기되면서 처음으로 공개적으로 표출되었으며, 두 번째로 대통령의 특검법 공포를 계기로 전선이 대폭 확대되었고, 세 번째 단계인 재·보궐선거 공천문제에 이르러서는 돌이킬 수 없을 정도로 악화되었다. 이러한 내분으로 인해 민주당은 재·보선에서 참패했으며, 양측은 결국 별도의 살림을 차릴 수밖에 없게 된 것이었다.

2) 신당추진모임 발족

내분을 거듭하던 민주당 신·구주류는 재·보선이 끝난 후 당을 같이 할 수 없다는 점에서는 의견의 일치를 보았다. 이 같은 정서는 구주류보다는 정권 창출에 성공했다는 자신감에 충만한 신주류 측이 더 강했는데, 이는 자신들이 당 개혁에 앞장서야 한다고 생각했기 때문에 나타난 현상이었다. 또한 이들 신주류는 변화와 개혁이 시대정신에 부응하는 것이라는 확신에서 이를 수행하는 것을 일종의 사명감으로 받아들였는데, 이러한 기류에는 청와대 핵심 관계자들도 공감하고 있는 것으로 알려졌다.[40]

---

39) 처음에 신주류는 지구당 폐지와 6개월간 당비를 납부한 당원의 총선후보 선출 등 당 개혁안 통과에 온 힘을 쏟았다. 이럴 경우 盧武鉉 지지그룹이 당원의 중심세력이 되어 구주류는 자연 물갈이가 될 것이라고 내다보았기 때문이다. 그리고 만일 이러한 개혁이 좌절된다면 신주류는 탈당하여 신당을 창당한다는 계획을 갖고 있었다. 이에 반해 구주류는 호남을 근거로 호남정서에 호소하며 독자생존을 모색한다는 전략이었다. 신주류가 자신들을 몰아내면 호남신당을 만들고, 신주류가 탈당하면 자신들은 민주당에 남아 호남을 지킨다는 구상에서 절대로 자신들이 먼저 당을 떠나지는 않겠다는 각오를 가지고 있었다.
40) 이른바 '천신정'으로 대변되는 千正培, 辛基南, 鄭東泳 등 신주류 소장파는 수시로 신당 추진논의를 공식 제기했으며, 청와대 측도 민주당 갖고는 안 된다는

정권 창출에 성공했다는 자신감과 개혁을 수행해야 한다는 사명감에
충만한 민주당 신주류 의원 22명은 2003년 4월 28일 모임을 갖고 합의
문을 발표했다. 이들은 합의문에서 신당을 창당하기 위해 신당추진위를
당내에 구성하며 민주당을 발전적으로 해체할 것이라고 선언했다.[41] 기
득권을 포기하고 민주당 내외의 개혁세력 및 국민통합에 동의하는 모든
세력이 참여하는 신당을 만들겠다는 신주류의 창당 계획 발표에 대해
구주류는 정치적 신의를 헌신짝처럼 버리는 행위라고 강력히 비난했다.
신당 창당은 민주당원에 대한 배신행위이자 당의 갈등을 유발하는 분열
행위라는 것이었다.[42]

상황이 이에 이르자 민주당 양 파는 세 확산에 주력할 수밖에 없었는
데, 2003년 4월 30일에는 신주류와 구주류가 별도의 모임까지 갖는 사태
가 발생했다. 이 날 신주류 측 의원 25명은 모임을 갖고 민주당의 발전
적 해체를 전제로 신당을 창당하기로 결의한 반면, 구주류 측 의원 20명
은 민주당의 법통을 수호하기로 하는 모임을 구성했다.[43] 이후 양측은
수시로 별도의 모임을 갖고 진로문제를 논의했다. 그러나 당을 같이할
수 없다는 기존의 입장에는 아무런 변화도 없었다.

신주류는 모든 기득권을 포기하며 민주당의 역사성을 계승하는 신당
을 만들어야 한다는 입장이었고, 구주류는 모든 쇄신논의는 당 공식기
구에서 민주적으로 논의·수렴되어야 한다면서 신당 창당 움직임에 제동
을 걸었기 때문이다. 여기서 구주류는 신주류가 강조하고 있는 '기득권
포기'란 당권을 장악한 동교동계 및 구주류에게 백의종군을 요구하는
인적 청산을 의미하는 것으로 받아들였기 때문에 신주류의 논리에 반대
할 수밖에 없었다.[44]

것이 재·보선에서 확인된 민심이며 "민주당이 깨지면 한나라당도 깨지지 않을
수 없을 것"이라고 말했다고 보도되었다. <朝鮮日報> 2003년 4월 28일.
41) <朝鮮日報> 2003년 4월 29일.
42) <朝鮮日報> 2003년 4월 29일.
43) <朝鮮日報> 2003년 5월 1일.

양측의 대립이 격화되는 가운데 구주류가 신당 창당을 '쿠데타적 발상'이라고 비난하자,45) 신주류는 구주류와의 결별을 기정사실화했다. "신당을 만들겠다는 사람들은 떠나라"는 통첩에 이어 '쿠데타적 발상'이라는 비난까지 나오자, 신주류는 "선혈이 낭자할 정도로 싸워야 한다"는 말까지 하며 어떤 경우든 신당을 한다는 공감대는 형성되었다고 단언했다.46) 이 같은 단언 그대로 신주류는 2003년 5월 16일 '정치개혁과 국민통합을 위한 신당추진모임'(이하 신당추진모임)을 발족시키고, 김원기를 이 모임의 의장으로 추대했다. 신당추진모임은 결의문에서 소모적인 논쟁에서 탈피하고 본격적으로 신당 창당을 추진할 것이라고 밝혔다.47) 대선 과정에서 빚어진 신주류와 구주류의 상호 불신에48) 이어 신당추진모임이 출범함으로써 민주당은 분열의 길에 들어선 것이나 마찬가지였다.

신당추진모임이 구성됨으로써 신당을 창당하겠다는 신주류의 일차적인 목표는 대선이 끝난 지 5개월 만에 달성된 셈이 되었다. 2차로 신주류는 당무회의를 소집하여 당내에 신당추진위원회를 정식 발족시킨다는 계획 아래 중도파와 구주류에 대한 설득작업에 나섰다. 그러나 구주류의 반대가 워낙 완강했기 때문에,49) 신주류가 의도했던 방향으로 사태가 전개되지는 않았다. 신당추진기구 구성문제를 당무회의와 전당대회, 둘 가운데 어디에서 처리하느냐 하는 문제를 놓고 양측이 또다시 첨예

---

44) <朝鮮日報> 2003년 5월 5일.
45) <朝鮮日報> 2003년 5월 7일.
46) <朝鮮日報> 2003년 5월 13일.
47) <朝鮮日報> 2003년 5월 17일.
48) 이후 신주류와 구주류는 "이 사람에게 붙었다, 저 사람에게 붙었다 했다." '뻐꾸기 신당론' 등 서로 상대방의 인격을 원색적으로 비난하는 설전을 벌였다. 이에 대해서는 <朝鮮日報> 2003년 5월 17일 참조.
49) 구주류의 중심이라고 할 수 있는 韓和甲은 신당은 '노무현당'이며 이런 신당은 3류 정치의 전형이라 규정하고, 대통령의 친위정당은 반드시 실패한다고 못 박았기에 당무회의 통과는 기대하기 어려웠다.<朝鮮日報> 2003년 5월 26일.

하게 대립했기 때문이다. 여기서 신주류는 당무회의에서 결정할 것을 주장한 반면, 구주류는 전당대회에서 결정할 것을 주장했다.50) 이처럼 신당 추진기구 구성 권한의 소재를 놓고 각각 당무회의와 전당대회를 거론한 것은, 신주류는 자신들이 당무회의의 다수를 차지했다고 믿었던 반면, 구주류는 전당대회에서 다수 확보를 자신했기 때문이었다.51)

이처럼 양측 모두 자신이 유리한 환경에서 신당 추진문제를 결정하려 했기에 물리적인 충돌로 이어질 수밖에 없었는데, 이러한 우려는 곧 현실로 드러났다. 2003년 6월 9일의 당무회의에서 신당추진기구 구성안 상정문제를 놓고 소동이 벌어진 데 이어, 6월 13일의 당무회의에서도 고성이 오가는 험악한 분위기가 연출되었으며,52) 6월 16일의 당무회의에서는 몸싸움과 주먹다짐이 오가는 상황까지 발생했다.53) 이와 같이 민주당 당무회의가 욕설과 폭력으로 점철되어 아무런 결정도 내리지 못하는 가운데, 한나라당 의원 5명이 한나라당을 탈당하고 신당 합류를 선언함으로써54) 신주류의 신당 창당 움직임은 더 탄력을 받게 되었다.

---

50) 신주류는 당무회의가 전당대회로부터 일반 당무를 처리하는 권한을 위임받았기 때문에 당무회의에서 처리해야 한다는 입장이었는 데 반해, 구주류는 당의 해산과 같은 중대한 문제는 전당대회에서 결정해야 한다는 입장이었다.
51) <朝鮮日報> 2003년 6월 10일.
52) 이 날 열린 당무회의에서 구주류는 신당문제는 다루지 말고 정국문제만 다루자고 주장한 반면, 신주류는 신당문제를 빨리 매듭지어야 한다고 주장했다. 이 과정에서 상대방을 비난하는 고성이 오가는 등 험악한 분위기가 빚어졌다. <朝鮮日報> 2003년 6월 14일.
53) <朝鮮日報> 2003년 6월 17일.
54) 이른바 '독수리 5형제'로 불리는 이들 한나라당 의원 5명(李富榮, 李佑宰, 金富謙, 安泳根, 金榮春)은 신주류가 추진하는 신당에 참여하기 위해 한나라당 탈당을 선언했다. <朝鮮日報> 2003년 6월 30일.

3. 열린우리당 창당

　경선 및 대선과정에서 배태된 민주당 신·구주류 사이의 갈등은 대선 이후 더 확대되어 마침내 민주당의 분열과 열린우리당의 창당으로까지 발전했다. 신주류는 16대 대선에서 노무현의 당선으로 한국사회의 변화에 대한 욕구와 역동성이 입증되었기 때문에 이를 반영하는 새로운 정치질서의 창조가 필요하며, 이의 실현을 위해 개혁적인 정당을 창당해야 한다는 논리에 입각해 신당 창당에 모든 노력을 기울였다. 그러나 구주류는 신주류의 이러한 시도를 개혁이라는 구실로 당을 장악하고 자신들을 제거하기 위한 음모라고 확신했기 때문에, 무슨 수를 써서든지 당을 사수해야 한다는 입장을 견지했다.
　신·구주류의 입장이 이처럼 엇갈렸기 때문에 신당문제를 논의하는 민주당 당무회의에는 고성이 오가고 폭력이 난무하는 사태가 발생하기도 했다. 폭력사태 발생으로 여론이 악화되자 신주류는 민주당을 떠나 신당을 만드는 쪽으로 방침을 바꾸었다. 그리하여 한나라당을 탈당한 의원과 함께 별도의 원내 교섭단체를 등록하고 신당 창당에 나서 우리당을 출범시켰다. 여기에 대통령이 민주당을 탈당하고 입당함으로써 우리당은 여당의 위상을 지닐 수 있게 되었다. 그러나 낡은 정치문화를 바꾸겠다는 의도와 달리 권력자의 의도에 맞추어 정당을 새로 만들고 정계개편을 시도했다는 점에서 우리당 역시 구태정치를 답습했다는 비판에서 결코 자유로울 수 없었다.

1) 국민참여 통합신당 등록

　민주당 신주류는 2003년 7월 3일 신당 창당을 공식화했다. 이는 5월

16일 신당추진모임을 발족시킨 지 48일 만의 일이었는데, 공식적으로 창당을 선언하면서 신주류는 구주류와 합의할 가능성도 있다고 밝혔다.55) 그러나 구주류는 이를 해당(害黨)행위로 규정하고, 광주에서 당을 사수하기 위한 대규모 군중집회를 개최한 데 이어 다른 지방에서도 군중대회를 강행하기로 했다.56) 이로써 신·구주류 사이에 본격적인 세력대결이 불가피해졌고, 이를 계기로 양측은 상호 경쟁적으로 중립적인 의원들을 포섭하기 위한 작업에 나섰다.

창당을 공식 선언한 민주당 신주류는 한나라당 탈당파 및 시민단체 관계자 등과 함께 3자 연대를 이뤄 가며 신당 창당작업에 나섰다.57) 그러나 창당작업은 이들이 예상했던 것만큼 순탄하게 진전되지는 않았다. 민주당 구주류가 완강하게 반발한 것 외에도 창당에 적극적이었던 신주류의 핵심으로서, 당 대표직을 승계한 정대철이 불법 정치자금을 수수한 혐의로 검찰의 소환을 받게 되어 본인은 물론 신주류의 도덕성이 크게 손상된 데다,58) 신당 추진에 호의적이지 않은 여론59) 등으로 동력이 크게 떨어졌기 때문이다.

---

55) <朝鮮日報> 2003년 7월 4일.
56) 민주당 구주류가 광주에서 개최한 공청회에는 4천 명에 가까운 군중이 참석하여 민주당 사수를 결의했다. <朝鮮日報> 2003년 7월 3일.
57) 민주당이 추진하는 신당에 동조하는 일부 재야와 시민단체 세력들은 2003년 7월 7일 개혁신당 추진연대회의(이하 신당연대) 창립대회를 가졌다. 이 날 신당연대는 "11월 말까지 민주당 신당파, 한나라당 탈당파 의원 등 제 정파가 모두 참여하는 신당을 창당할 것"이라고 밝혔다. <朝鮮日報> 2003년 7월 8일.
58) 서울 동대문 인근에 신축 예정인 복합 쇼핑몰의 사업주로부터 민주당 대표인 鄭大哲이 대선 전에 억대에 달하는 정치자금을 받은 사실이 드러나, 부패한 과거 정치세력과의 단절이라는 신당 추진명분 자체가 의심을 받는 사건이 발생했다. <朝鮮日報> 2003년 7월 11일.
59) 민주당 대의원을 상대로 조사한 결과 대의원의 56%는 17대 총선을 민주당 간판으로 치르는 것이 유리하다고 응답했으며, 신당 추진 방식으로는 신주류가 주장한 '통합신당'보다는 구주류가 주장한 '리모델링'을 선호하는 것으로 나타났다.<朝鮮日報> 2003년 8월 6일.

이러한 상황을 감안하여 신주류는 신당 추진방식에 대해 구주류와 다시 협상에 임했으나, 별다른 진전은 볼 수 없었다. 기존의 논리 그대로 신주류는 '민주당 해체 후 신당 창당'을 주장한 데 반해, 구주류는 '민주당 틀 유지 속의 내부개혁'을 주장했기 때문이다.60) 구주류가 신당 창당을 반대한 것은 기본적으로 '노무현 신당'보다는 민주당으로 17대 총선을 치르는 것이 더 유리하다고 판단했고,61) 이 같은 판단에 따라 물리력을 동원해서라도 당무회의에서의 표결을 반드시 저지하겠다는 자세를 취했기 때문이다.62)

최종적인 결론을 내기 위해 2003년 9월 4일 소집된 당무회의가 구주류의 방해로 표결이 불가능하게 되자, 이 날로 신주류는 민주당을 떠나 독자신당 추진을 선언했다. 구주류의 반발로 민주당의 전면적 쇄신을 통한 신당 추진 의도가 좌절되어 분당을 통해 신당을 추진할 수밖에 없는 상황에 봉착했기 때문이다. 그리하여 신주류는 신당추진모임을 창당 주비위원회 체제로 전환시키고 주비위원장으로 김원기를 선출했다. 김원기는 더 이상 당내 논의에 연연하지 않고 신당 창당을 추진하겠다고 밝혔다. 여기에 민주당 소속 의원 31명과 원외 위원장 30여 명이 동의하여 탈당 신고서를 작성한 것으로 알려졌다.63) 이후 신주류는 중도파 의원들에 대한 설득과 외부인사의 영입을 동시에 추진하면서 별도의 원내 교섭단체를 구성하기로 했고, 이로써 민주당 분당은 기정사실로 되었다.

민주당이 분당 국면을 맞은 상황에서 노무현은 사실상 신당을 지지하는 내용의 발언을 함으로써 신당 추진은 단연 활기를 띠게 되었다. 그는

---

60) <東亞日報> 2003년 7월 30일.
61) <朝鮮日報> 2003년 8월 15일.
62) 구주류는 신주류가 당무회의에 신당 추진안건을 상정하는 것을 막기 위해 물리력 행사도 불사했고, 신주류도 이에 맞서 당원과 당직자를 동원했다. 이로 인해 민주당 당무회의는 고성과 욕설이 오가고 몸싸움이 벌어져 '무법천지'를 연상케 했다고 보도되었다.<朝鮮日報> 2003년 9월 4일.
63) <朝鮮日報> 2003년 9월 5일.

2003년 9월 17일 광주·전남지역 언론과 가진 간담회에서 자신은 민주당의 분당을 바라는 것이 아니라 민주당이 개혁되기를 바란다고 말했다. 그리고 민주당이 "분당으로 힘이 약해지는 측면이 있지만 차제에 새로운 정치질서로의 변화의 동기가 될 수 있다"고 분당을 긍정적으로 평가했다.64) 그는 또한 구주류를 겨냥하여 지역감정만 부추기면 표가 모이는 방향으로 사태를 호도하는 사람들이 문제라고 비판했다. 이에 대해 구주류는 "대통령으로 만들어 준 민주당에 대한 배신"이라며 노무현을 직설적으로 비난했다.65)

대통령의 지지 발언에 크게 고무된 신주류는 창당작업에 박차를 가했다.66) 이들은 새 원내 교섭단체 명칭을 '국민참여 통합신당'(이하 통합신당)으로 정했으며, 9월 19일에는 김근태(金槿泰)를 원내대표로 선출하고, 다음날인 9월 20일에는 민주당을 정식으로 탈당하여 교섭단체 등록을 했다. 통합신당은 한나라당을 탈당한 의원 5명을 포함하여 모두 41명의 의원이 참가했다고 밝혔다.67)

2) 대통령의 민주당 탈당과 열린우리당 창당

노무현은 2003년 9월 17일의 발언에 이어 9월 23일과 9월 24일에도 민주당 분당사태가 민주세력의 분열을 의미하는 것은 아니라면서 신당을 긍정적으로 평가하는 발언을 했다. 신당 창당은 민주주의 발전을 저

---

64) <朝鮮日報> 2003년 9월 18일.
65) 구주류는 "대통령에 당선되자마자 민주당 해체를 추진하는 것은 성공하자마자 고생한 조강지처를 버리고 새장가를 가는 격"이라며 "더구나 조강지처가 자녀들과 살고 있는 집인 민주당까지 기어이 허물려고 하는데, 일찍이 이렇게 잔인하게 추진된 신당은 없었다"면서 정권만 바뀌면 대통령당을 만드는 악습은 국민의 심판을 면치 못할 것이라고 단언했다. <朝鮮日報> 2003년 9월 19일.
66) 통합신당은 대통령의 지지발언으로 관망하던 의원들이 대거 신당에 참가할 것으로 기대했다. <朝鮮日報> 2003년 9월 19일.
67) <朝鮮日報> 2003년 9월 20일.

해하는 왜곡된 정치구조를 새로운 구조로 바꾸기 위해 일부 질서를 해체하는 과정이라거나,[68] 정치권의 또 하나의 분열이나 싸움으로만 볼 것이 아니라 새로운 질서를 준비하는 과정으로 보아야 한다는 것이었다.[69]

이에 대해 민주당은 노무현의 민주당 탈당을 촉구하는 한편,[70] 국회 표결에서 감사원장의 임명동의안에 반대함으로써 노무현의 리더십에 타격을 주었다.[71] 민주당의 비협조로 임명동의안이 부결되자, 노무현은 9월 29일 통합신당 창당과 민주당 탈당을 새 질서를 창조하기 위한 '창조적 파괴'와 '창조적 와해'로 각각 그 의미를 부여하고 민주당을 탈당했다.[72] 자신을 추종하는 신당이 출범하는 상황에서 자신에게 적대적인 태도를 취하고 있는 민주당의 당적을 더 이상 가지고 있을 필요가 없다고 생각했기 때문이다.

노무현이 민주당을 탈당하자 창당주비위원장 김원기는 대통령과 신당은 개혁의지가 같으며 신당은 대통령의 당선을 위해 전력을 다한 정당이라고 단언하고, 대통령의 민주당 이탈은 지금의 정치상황에서 볼 때는 불가피하다고 적극 옹호했다.[73] 이로써 노태우(盧泰愚), 김영삼(金泳三), 김대중(金大中)에 이어 헌정사상 네 번째로 현직 대통령이 탈당하는

---

68) <朝鮮日報> 2003년 9월 24일.
69) <朝鮮日報> 2003년 9월 25일.
70) <朝鮮日報> 2003년 9월 24일.
71) 국회에서 9월 26일 있었던 감사원장 임명동의안은 과반수의 지지를 얻지 못해 부결되고 말았다. 이는 盧武鉉의 신당 지지발언에 반감을 갖고 있던 민주당 의원 절반 정도가 반대표를 던졌기 때문에 부결된 것으로 분석되었다. <朝鮮日報> 2003년 9월 27일.
72) <朝鮮日報> 2003년 9월 30일.
73) 金元基는 "후보를 뽑아 놓고 여론이 일시 가라앉았다고 자기 당 후보를 낙마시키기 위해 해선 안 될 일을 한 사람들이 현재 민주당의 지도적 위치에서 핵심을 차지하고 있다"고 말하고, 민주당 잔류세력은 기득권 보호를 위해 대의명분을 저버렸다고 비판했다. <朝鮮日報> 2003년 10월 1일.

사태가 발생했다. 그러나 노무현의 탈당은 대통령에 당선된 지 불과 7개월 만에, 그리고 통합신당이 출범한 지 9일 만에 발생한 일이어서, 앞선 세 차례의 대통령 탈당과는 근본적으로 성격을 달리하는 것이었다.[74]

노무현의 민주당 탈당과 신당 지지발언에 고무된 통합신당은 창당작업에 박차를 가해, 2003년 10월 22일에는 운영위원회를 열고 당명을 열린우리당(이하 우리당)으로 정했으며,[75] 10월 27일에는 창당준비위원회 결성대회를 갖고 본격적으로 창당활동에 돌입했다. 우리당 창당과 보조를 맞추어 김원웅(金元雄)과 유시민이 중심이 되어 범개혁신당 결성을 추진했던 개혁당은 10월 27일부터 5일간 '온라인' 전당대회를 열어 찬성 3,962표(77.98%)와 반대 955표(18.80%)로 우리당 참여를 결정했다.[76]

이로써 우리당의 국회의원 수는 46석으로 늘어났으나,[77] 149석의 한나라당이나 60석의 민주당에 비해 소수에 불과해 국정현안을 처리하는 데 야권의 협조를 얻지 못할 경우 큰 어려움을 겪을 것으로 예상되었다.[78] 우리당에는 개혁당과 신당연대 외에도 '노무현을 사랑하는 사람들의 모임'(이하 노사모)을 비롯하여 부산지역의 노무현 지지자들 및 노무현정부의 고위관료 출신들이 참여할 것으로 알려졌다.[79]

---

74) 앞의 세 대통령의 탈당은 모두 대통령선거를 앞두고 야당 등 정치권의 요구를 수용하거나 선거의 공정관리와 중도적 국정운영 의지를 보이기 위해 임기 말에 자의반 타의반으로 이루어진 것이었다. 이에 반해 盧武鉉은 자신을 따르는 신당에 입당하기 위해 임기 초반에 탈당했다는 점에서 차별성을 나타냈다.
75) 우리당의 홍보기획단장 鄭東采는 '참여(열린)와 통합(우리)을 아우르는 의미'에서 당명을 그렇게 정했다고 밝혔다.<朝鮮日報> 2003년 10월 23일. 통합신당이 당명을 열린우리당으로 바꾸고, 약칭을 우리당으로 한 것에 대해 민주당과 한나라당은 국민에게 혼란을 주는 당명이라면서 수정을 요구했다. 이들은 약칭을 수정할 때까지 한나라당은 '열우당', 민주당은 '노무현당'으로 부르겠다고 말했다. <朝鮮日報> 2003년 10월 25일.
76) 연합뉴스, 『연합연감』 2004, 229쪽.
77) <朝鮮日報> 2003년 10월 28일.
78) <朝鮮日報> 2003년 11월 2일.
79) <朝鮮日報> 2003년 10월 29일.

우리당은 2003년 11월 11일 올림픽공원 체조경기장에서 '개혁적 국민통합정당'을 기치로 하여 지역정치 타파를 통한 '전국정당'과 '원내 제1당' 실현을 목표로 내세우며 중앙당 창당대회를 개최했다.[80] 이 날 우리당은 김원기, 이태일(李太一), 이경숙(李景淑) 3인을 임시 지도부로 선출했고, '새로운 정치, 잘사는 나라, 따뜻한 사회, 한반도 평화' 등 4대 강령과 100대 기본정책을 채택했다. 한편 노무현은 우리당 창당대회에 보낸 축하 메시지를 통해 특정 정당이 특정 지역을 독식하는 잘못된 정치구도에 종지부를 찍고 국민통합의 정치시대를 열어가야 한다면서 우리당이 "국민통합과 깨끗한 정치를 이끄는 견인차가 되어 줄 것"을 당부했다.[81] 이로써 우리당은 여당으로서의 위상을 지닐 수는 있었으나, 소수 여당의 한계를 어떠한 방식으로 극복할 것인지 하는 문제가 정치권의 관심사로 등장했다.

창당대회를 마친 우리당은 당의장 선출을 둘러싸고 당내 소장파와 중진 사이에 긴장관계가 조성되기도 했다. 당을 실질적으로 이끌어 나갈 당의장을 대의원의 직선으로 뽑을 것인지, 아니면 간선으로 뽑을 것인지 하는 문제를 놓고 내부에서 의견이 엇갈렸기 때문이다. 김원기를 비롯한 당 중진들은 여당 조직을 소장파가 이끄는 것은 무리가 있다면서 대화과정에서 직선제가 간선제로 바뀔 수도 있다는 희망사항을 피력하며, 지도부 선출은 간선제가 맞는 것이라고 주장했다.[82] 이와 반대로 정동영을 비롯한 소장파는 "정치개혁을 명분으로 출발한 신당이 간선으로 당 대표를 뽑자는 발상은 어처구니없는 것"이라면서 직선제만이 당의 활력과 국민의 공감을 보장할 수 있다고 주장했다.[83] 이러한 갈등은 한나라당이나 민주당도 간선제로 당의장을 뽑지 않는다는 명분론에 밀려 직선제로 뽑기로 함으로써 종식되고 말았는데, 소장파가 직선제를 밀어

---

80) <朝鮮日報> 2003년 11월 12일.
81) <朝鮮日報> 2003년 11월 12일.
82) <朝鮮日報> 2003년 11월 19일.
83) <朝鮮日報> 2003년 11월 21일.

붙인 배경에는 청와대가 관련된 것이 아니냐는 관측이 돌기도 했다.[84]

우리당은 2004년 1월 11일의 당의장 선거를 앞두고, 2003년 12월 28일 후보등록을 마감했다. 총 13명이 출마한 가운데 2003년 12월 29일 실시된 예비경선에서 8명의 후보가 선출되었고,[85] 2004년 1월 11일 개최된 전당대회에서 정동영이 당의장으로 선출되었다.[86] 당선 수락연설에서 정동영은 17대 총선에서 우리당을 1등으로 만드는 실천에 들어가겠다고 선언했다.[87] 이로써 대선 이후 노무현을 중심으로 한 새로운 여당이 공식 출범한 셈이 되었는데, 이는 자유당, 민주공화당, 민주정의당, 민주자유당, 신한국당, 새천년민주당에 이어 권력자의 의향에 따라 창당된 여섯 번째의 정당으로 기록된다.

신당파들이 탈당하자 민주당은 2003년 11월 28일 새로운 지도체제를 선출하는 임시 전당대회를 개최했다. 조순형(趙舜衡), 추미애(秋美愛), 김경재(金景梓) 3인이 출마한 가운데 치러진 선거에서 조순형이 민주당의 새 대표로 선출되었다.[88] 당선 후 가진 기자회견에서 그는 17대 총선은 분당의 책임이 민주당에 있는지, 아니면 노무현 대통령과 신당에 있는지를 심판받는 것이며, 설사 공멸하는 위기가 오더라도 그 심판을 받아야 한다고 분명하게 말함으로써[89] 우리당과는 첨예한 대결을 벌일 것으로 전망되었다.

---

84) <朝鮮日報> 2003년 11월 21일.
85) 2003년 12월 28일 후보 등록을 마감한 결과 金斗官, 李美卿, 劉在建, 金元雄, 金太郎, 許雲那, 崔民, 辛基南, 李炯錫, 李富榮, 鄭東泳, 金正吉, 張永達 13명이 등록했다. 중앙위원 173명 중 161명이 참가해 1인 3표씩 던지는 방식으로 진행된 예비선거에서 金正吉, 辛基南, 李美卿, 李富榮, 張永達, 鄭東泳, 許雲那 8명이 전당대회에 출마할 후보로 최종 확정되었다. <朝鮮日報> 2003년 12월 30일.
86) 서울올림픽 펜싱경기장에서 개최된 전당대회에는 총 8,338명의 대의원이 참석, 1인 2표씩 행사했는데, 鄭東泳이 5,307표를 얻어 의장으로 선출되었다. 연합뉴스,『연합연감』 2004, 230쪽.
87) <朝鮮日報> 2004년 1월 12일.
88) 趙舜衡은 5,046명의 대의원이 투표한 가운데 3,119표(31.03%)를 얻었으며, 秋美愛는 2,151표(21.4%)를 얻어 2위에, 金景梓는 1,199표(11.94%)를 얻어 3위에 그쳤다. <朝鮮日報> 2003년 11월 29일.

4. 대통령 탄핵과 17대 총선

　노무현의 신당 지지발언과 민주당 탈당에 대해 극도의 배신감을 느낀 민주당은 한나라당과 공조, 반노무현 전선을 구축했다. 이 같은 움직임이 첫 번째로 가시화된 것은 2003년 11월 10일로, 이 날 양 당은 대통령 측근의 비리를 조사할 목적으로 특별검사를 임명하자는 내용의 특검법안을 통과시켰다.[90] 16대 대선을 전후하여 대통령 측근들이 불법적인 정치자금을 수수했기 때문에 특검을 통해 이를 조사해야 한다는 한나라당의 주장에 민주당이 동조한 것이다. 대통령이 특검법을 거부하자 양 당은 2003년 12월 4일 국회에서 이를 재의결함으로써 노무현의 거부권을 무력화시켰다.
　한나라당과 민주당의 공조는 이에서 그치지 않았다. 17대 총선에서 우리당이 개헌저지선을 확보하게 되기를 바란다는 식으로 노무현이 우리당을 지지하는 발언을 계속하자, 공무원의 선거중립 의무를 위배했다는 이유를 들어 양 당은 2004년 3월 9일 대통령 탄핵안을 공동으로 제출했다. 국회의장의 질서유지권이 발동된 가운데 3월 12일에 있었던 표결에서 탄핵안이 통과됨으로써 56년의 헌정사상 처음으로 대통령이 탄핵되는 사태가 발생했다. 탄핵안의 통과로 대통령의 직무가 정지되고 국무총리가 대통령 직무를 대행하는 초유의 사태가 발생한 가운데 실시된 17대 총선에서 우리당은 과반수를 넘기는 승리를 거두었다. 대통령 탄핵에 위기를 느낀 여권이 하나로 통합을 이루었을 뿐만 아니라, 우리

---

89) <朝鮮日報> 2003년 11월 29일.
90) 한나라당이 제출한 특검법의 정식 명칭은 '노무현 대통령의 측근 최도술·이광재·양길승 관련 권력형 비리사건 등의 진상규명을 위한 특별검사 임명 등에 관한 법률'이었다(이하 특검법).

당 지지자를 비롯한 일반 유권자들이 한나라당과 민주당의 처사가 지나치다고 생각했기 때문이다.

1) 대통령 탄핵안 가결

(1) 재신임 발언과 특검제 도입

노무현은 통합신당이 가시화되는 시점에서 자신의 측근이 불법자금을 수수한 혐의로 검찰의 조사를 받게 되자, 2003년 10월 10일 긴급 기자회견을 가졌다. 이 자리에서 그는 불미스러운 일이 생긴 데 대해 책임을 지려 한다면서 그 동안 축적된 국민들의 불신에 대해 재신임을 묻겠다고 예기치도 않던 말을 했다.91) 이로 인해 대통령의 재신임문제는 신당 창당문제와 더불어 정치권의 새로운 관심사로 등장했다. 왜냐하면 구체적인 절차나 방법도 없는 상태에서 재신임을 묻겠다고 밝혔기 때문이다. 이에 대해 한나라당과 민주당은 신당에 대한 지지율이 바닥을 기는 상황에서 측근비리로 도덕성에 타격을 받게 되자 나온 정치적 음모가 개재된 것으로 파악하고 경계를 늦추지 않았다.92)

노무현은 다음날인 10월 11일에도 기자회견을 갖고 재신임문제를 거론했다. 그러나 도덕적으로 책임을 지겠다는 것이 아니라, 국정혼란에 대한 책임의 상당 부분이 국회에 있으므로 국회가 책임을 져야 한다고 말을 바꾸었다. 국회는 정책으로 옳고 그름을 따지는 곳이지 대통령을 길들이거나 흔드는 곳이 아니라면서 국회를 비판한 것이다. 이처럼 측

---

91) 盧武鉉은 자신의 핵심 측근인 崔導術 전 청와대 총무비서관이 SK로부터 불법적으로 자금을 수수한 데 대해 수사결과가 어떻든 국민에게 재신임을 묻겠다고 승부수를 띠웠다. <朝鮮日報> 2003년 10월 11일.
92) 한나라당은 대통령 스스로 재신임을 받겠다고 한 이상 피해 갈 수 없으며 국민투표도 법리상 문제가 없다는 견해를 밝혔고, 민주당은 계속되는 국정혼란과 대선자금 비리, 측근비리를 덮기 위해 국민을 볼모로 한 정치도박이자 검찰수사에 영향을 미치려는 행위라고 반박했다. <朝鮮日報> 2003년 10월 11일.

근의 비리에 대해 도덕적 책임을 회피하지 않겠다는 의도에서 재신임문제를 거론했다가 국정혼란의 책임이 국회에 있다는 식으로 노무현이 입장을 바꾼 것은, 재신임이라는 '승부수'가 먹혀들 기미가 있다고 판단했기 때문이다.93) 그로서는 재신임문제를 계기로 정국의 주도권을 쥐어야겠다는 생각에서 수세에서 공세로 돌아선 것이었다.

이 같은 노무현의 공세적인 자세는 2003년 10월 13일의 국회 시정연설에서도 그대로 나타났다. 그는 2003년 12월 15일에 재신임을 묻는 것이 좋겠다고 말했다. 여소야대의 국회 환경, 비우호적인 언론과 지역정서 등을 열거하며 국민투표를 통해 재신임을 묻는 것이 필요하다는 것이다. 그리고 자신이 불신임되었을 경우에는 2004년 2월 15일경에 대통령직을 사임하고, 2004년 4월 15일에 17대 총선과 함께 대통령선거를 하는 것이 적당하다고 생각한다고 말했다.94) 이처럼 재신임문제를 대통령직 사임과 대통령선거 및 국회의원선거와 구체적으로 연관시킨 것은 자신의 취약한 지지기반을 극복하고 정치개혁의 동력을 얻기 위한 의도에서 승부수를 띠운 것으로 분석된다. 이는 통합신당이 재신임투표 공고일로 예정된 11월 27일 이전에 창당작업을 완료하고 재신임운동과 선거운동에 돌입하겠다는 전략을 세운 것에서도 입증된다.95)

재신임문제 제기를 계기로 통합신당이 주도권을 장악하는 쪽으로 정국이 전개되자, 한나라당과 민주당, 자민련 3당은 모임을 갖고 공동으로 이 문제에 대처하기로 했다. 이와 동시에 노무현 측근의 비리에 대한 진상규명에 총력을 기울이기로 하고, 검찰의 조사가 미흡하면 국정조사와 함께 특검제 도입을 검토하기로 했다.96) 야권으로서는 정부가 국민투표에서 패배한 전력(前歷)이 없다는 것과 취임한 지 열 달밖에 되지 않는 대통령을 국민투표를 통해 끌어내리는 것에 대한 심리적 부담감에서 별

---

93) <朝鮮日報> 2003년 10월 13일.
94) 國會事務處, 『國會本會議會議錄』 第243回 國會 第6號(2003년 10월 13일), 3쪽.
95) <朝鮮日報> 2003년 10월 14일.
96) <朝鮮日報> 2003년 10월 15일.

도의 수단을 강구하지 않을 수 없게 되었기 때문이다.97)

재신임 국민투표 문제로 정국이 교착상태에 빠지자, 이를 해결하기 위해 각 정당 대표와 연쇄적인 접촉에 나선 노무현은 2003년 10월 26일에는 한나라당 대표 최병렬(崔秉烈)을 만났다. 이 날 최병렬은 먼저 특검제를 도입하여 대통령 측근의 비리를 규명한 다음에 국민투표를 실시하자고 주장한 반면, 노무현은 특검보다는 검찰의 수사가 우선되어야 하며 재신임 국민투표 철회는 정치권의 합의가 있어야만 한다며 반대했다.98)

국민투표 문제에 대해 대통령과 합의를 보지 못하게 되자, 다음날인 10월 27일 최병렬은 기자회견을 갖고 여야 대선자금 및 대통령 측근비리 의혹에 대한 무제한 전면적인 특검을 실시할 것을 제의했다.99) 그는 또한 한나라당으로서는 특검법을 국회에 제출하여 단독으로라도 처리할 뜻이 있음을 분명히 밝혔다. 이로써 정국은 재신임정국에서 특검정국으로 급속히 전환될 수밖에 없었다. 노무현이 재신임문제를 제기하여 정국을 역전시킨 것을 다시 반전시키려는 의도에서 최병렬은 노무현을 겨냥한 특검제 도입을 주장한 것이었다.100) 이는 여소야대의 상황에서 야권이 공조할 경우에는 통과될 가능성이 높아졌기 때문에 특검법을 유효한 카드로 활용한 것이라고 볼 수 있다.

한나라당이 제출한 특검법안에 대해 우리당은 이는 다수당의 횡포로,

---

97) 盧武鉉이 국민투표를 통해 정면돌파 전략을 취한 데 대해 야 3당의 입장은 조금씩 차이가 났다. 한나라당은 여론이 5 대 5로 팽팽한 것으로 파악하고 국민투표로 갈지, 탄핵 발의로 갈지를 신중하게 판단해야 한다는 입장이었다. 민주당은 盧武鉉을 지지해 달라고 호소했던 마당에 다시 유권자에게 불신임하자고 호소할 명분이 없다는 고민에 빠져 있었고, 자민련은 국민투표를 당의 존재를 알릴 절호의 기회라고 판단하고 있었다. <朝鮮日報> 2003년 10월 17일.
98) <朝鮮日報> 2003년 10월 27일.
99) <朝鮮日報> 2003년 10월 28일.
100) 崔秉烈은 특검의 대상으로 '여야의 대선자금'과 노무현 대통령 측근비리'로 규정했으나, 대부분이 노무현과 연관된 것이었다. <朝鮮日報> 2003년 10월 28일.

대선자금 수사를 피하기 위한 방탄특검이자 총선을 겨냥한 정략특검이라고 지적했다.[101] 그러나 한나라당은 최고권력자가 관련된 사건에 한해서는 검찰수사가 불가능하고 또 은폐되기 때문에 특검은 불가피하다고 반박했다.[102] 2003년 11월 10일의 표결에 앞서 민주당이 특검법안을 찬성하기로 당론을 정함으로써 이 법안은 재석 192, 찬성 183, 반대 2, 기권 7로 가결되었다. 이 날 얻은 찬성 183표는 대통령의 거부권도 무력화시킬 수 있는 재적 3분의 2 선인 182표를 초과한 것으로, 야권의 공조 덕분에 특검법은 통과될 수 있었다.

특검법이 통과되자, 노무현은 거부권을 행사할 것임을 시사했다. 검찰에서 현재 수사하고 있고 수사가 종료되지 않은 사건이기 때문에 특검이 수사에 착수하는 것이 적절하지 않다는 이유에서였다.[103] 이처럼 그가 특검법을 거부하기로 입장을 정리한 것은 검찰수사권 보호라는 명분 외에도 총선을 앞두고 한나라당과 한판 승부가 불가피하다는 판단도 작용한 것으로 분석되었다.[104] 그리하여 11월 25일 국무회의에서 그는 "특검은 검찰이 수사를 회피하거나 수사결과가 미진했을 때 예외적으로 보완, 보충한다는 원리에 따라 허용되는 것"이라면서 정치적 부담과 불편이 따르더라도 검찰수사권을 지키기 위해 국회에 재의결을 요구하겠다고 밝혔다.[105]

대통령의 거부권 행사로 인해 2003년 12월 4일 재의에 부쳐진 특검법안은 재석 266에 찬성 209표, 반대 54표, 기권 1표, 무효 2표로 가결되었다. 이는 재의결에 필요한 출석의원 3분의 2인 178표보다 31표가 더 많은 것인데, 이로써 대통령의 거부권은 무력화되고 말았다. 처음부터 재의결 정족수를 넘는 찬성으로 국회를 통과한 특검법에 대해 거부권을

---

101) 國會事務處,『國會本會議會議錄』第243回 國會 第17號(2003년 11월 10일), 2쪽.
102) 國會事務處,『國會本會議會議錄』第243回 國會 第17號(2003년 11월 10일), 3쪽.
103) <朝鮮日報> 2003년 11월 13일.
104) <朝鮮日報> 2003년 11월 25일.
105) <朝鮮日報> 2003년 11월 26일.

행사한 것이었기에 대통령으로서의 권위가 크게 실추된 것이다. 대통령의 거부권이 국회 재의결로 무력화된 것은 헌정사상 49년 만에 처음 있는 일이어서,106) 노무현으로서는 커다란 타격이 아닐 수 없었다. 이 때문에 야권은 "그 동안 대통령의 통치행태에 대한 사실상의 탄핵"이라고까지 주장할 수 있었다.107)

(2) 탄핵안 상정 및 가결

특검법이 재의결되자, 노무현은 이는 한나라당이 집중적으로 자신을 깎아내리고 식물인간 상태로 만들어 국정을 제대로 수행하지 못하도록 하기 위해 한 것이라고 생각했다. 한나라당에 대한 이러한 반감 때문에 그는 17대 총선이 한나라당과 우리당이 대립하는 구도로 치러지기를 바랐고, 이와 같은 의도에서 그는 총선에 출마하기 위해 청와대를 떠나는 전직 비서관들과 함께한 자리에서 "내년 총선에서 민주당을 찍는 것은 한나라당을 도와주는 것"이라는 취지의 말까지 했다.108)

이에 대해 민주당과 한나라당은 대통령이 중립을 지키지 않고 노골적으로 선거에 개입한 것이라고 비난했는데, 그 중에서도 더 민감하게 반응한 것은 민주당이었다. "민주당을 찍는 것은 한나라당을 도와주는 것"이라는 발언을 '민주당 죽이기'로 받아들였기 때문이다. 그리하여 민주당은 "대통령이 선거운동을 하겠다고 나서는 것은 헌법과 법률을 정면으로 위반한 것이기 때문에 탄핵사유가 된다는 것을 분명히 경고해 둔다"고 지적했다.109) 민주당은 또한 총선과 재신임을 연계시키는 것은

---

106) 李承晩 대통령은 국회에서 의결한 형사소송법 일부에 대해 거부권을 행사했으나, 의원들은 국회에서 1년 동안이나 심의해서 만장일치로 결의한 것을 거부한 것은 부당하다고 생각했다. 형사소송법안은 1954년 3월 19일 표결 결과 재석 149, 찬성 120, 반대 27, 기권 1, 무효 1로 재석 3분의 2인 100표를 훨씬 넘는 찬성표를 얻어 가결되었다. 이에 대해서는 國會事務處, 『國會本會議會議錄』 第18回 國會 第37號(1954년 3월 19일), 6-8쪽 참조.
107) <朝鮮日報> 2003년 12월 5일.
108) <朝鮮日報> 2003년 12월 25일.

우리당을 지지하지 않으면 대통령을 그만두겠다는 식의 대(對)국민 협박이기 때문에 당의 명운을 걸고 대응하지 않으면 안 된다면서, 대통령이 총선과 재신임을 연계할 경우 탄핵을 추진하겠다고 말했다.110) 노무현에 대한 탄핵 추진 가능성을 처음으로 공론화한 것인데, 이로써 정국은 특검정국에서 다시 탄핵정국으로 바뀌게 되었다.

민주당이 탄핵 추진 가능성까지 언급해 가며 총선과 재신임의 연계를 반대했음에도 불구하고 우리당은 "총선에서 정당지지율 1등을 하면 대통령을 재신임 받는 것과 같다"고 말함으로써,111) 총선과 재신임을 연계시킬 뜻을 분명히 했다. 재신임을 물을 만한 마땅한 방법이 없기 때문에 총선에서의 승리는 곧 재신임을 의미한다고 단정한 것이다. 이 같은 인식이었기에 노무현은 신년 기자회견에서 우리당에 대해서는 자신이 "지지하는 정당이라 입당하고 싶다"고 애정을 표시한 반면, 민주당에 대해서는 "개혁에 거부감을 가진 세력"이라고 표현했다.112) 그리고 총선을 계기로 정치권에 지각변동이 생길 것이며, 이러한 변화의 흐름은 거스를 수 없는 시대적 대세가 되었다고 단언했다.

한나라당과 민주당은 노무현의 이러한 일련의 발언이 의도적으로 총선에 개입하려는 것으로 간주하고, 대통령을 탄핵할 수도 있다고 다시 경고했다. 2004년 2월 4일 한나라당 최병렬은 국회 교섭단체 대표연설에서 노무현정부가 대대적인 불법·관권선거를 획책하고 공작정치를 계속한다면 총선은 정상적으로 치를 수 없다고 주장했다. 그리고 이 같은 상황이 계속된다면 대통령 탄핵을 포함하여 취할 수 있는 모든 조치를 심각하게 검토하지 않을 수 없다고 단언했다.113) 민주당의 조순형도 탄핵을 언급하기는 마찬가지였다. 그는 2월 5일의 대표연설에서 대통령

---

109) <朝鮮日報> 2004년 1월 6일.
110) <朝鮮日報> 2004년 1월 9일.
111) <朝鮮日報> 2004년 1월 13일.
112) <朝鮮日報> 2004년 1월 15일.
113) 國會事務處, 『國會本會議會議錄』 第245回 國會 第1號(2004년 2월 4일), 7-8쪽.

이 국민분열을 부추기고 민주당 죽이기와 불법·관권선거를 계속한다면 헌정사상 초유의 대통령 탄핵사태에 직면할 것임을 엄중히 경고한다고 말했다.114) 야권의 이러한 움직임에 대해 우리당의 정동영은 2월 6일 대표연설에서 야당이 탄핵을 들먹거리는 것은 안정을 해치고 혼란을 부추기자는 것 외에 아무 것도 아니라고 반박했다.115)

이처럼 탄핵문제가 정국의 핵심적인 관심사로 등장한 가운데 노무현은 경기·인천지역 언론과 가진 합동회견에서 우리당에 입당한 후 정치활동을 하고 총선까지 마무리 지었으면 좋겠다고 말하고, 총선을 자신에 대한 하나의 평가로 보겠다고 밝혔다. 그리고 개헌저지선까지 무너지면 그 뒤에 어떤 일이 생길지 모르므로 우리당이 최소한 의석수의 3분의 1은 얻어야 한다고 말하고, 이를 위해 직접 선거운동도 할 수 있음을 암시하기도 했다.116) 민주당은 노무현의 이 발언이 총선을 재신임과 연계하겠다는 것으로 보고 강하게 반발하고, 개헌저지선을 운운한 것은 국민에 대한 협박이며 총선을 재신임으로 몰고 가겠다는 사전 포석이라고 비난했다.117)

민주당의 잇단 경고와 비판에도 불구하고 노무현은 우리당을 지지하는 발언을 계속했다. 2004년 2월 24일의 기자회견에서 그는 국민들이 우리당을 압도적으로 지지해 줄 것으로 기대한다고 말하고, "대통령이 잘해서 우리당에 표를 줄 수 있는 일이 있으면 합법적인 모든 것을 다하고 싶다"는 말까지 덧붙였다.118) 민주당은 이를 대통령의 불법 선거운동이라고 비난하고, 노무현의 불법자금에 대한 정상적인 사법절차가 진행되지 않는다면 탄핵의 방법밖에는 없다고 단정적으로 잘라 말했다.119)

---

114) 國會事務處, 『國會本會議會議錄』 第245回 國會 第2號(2004년 2월 5일), 3쪽.
115) 國會事務處, 『國會本會議會議錄』 第245回 國會 第3號(2004년 2월 6일), 4쪽.
116) <朝鮮日報> 2004년 2월 19일.
117) <朝鮮日報> 2004년 2월 20일.
118) <朝鮮日報> 2004년 2월 25일.

민주당과 한나라당의 반발에도 불구하고 노무현은 이처럼 여러 차례 반복적으로 우리당을 지지하는 발언을 했다. 이에 대해 2004년 3월 3일 중앙선거관리위원회는 전체위원회를 열고 노무현의 발언을 검토한 끝에 그의 발언은 공무원의 선거중립 의무를 규정한 선거법 9조 위반이라는 결론을 내렸다. 대통령은 행정부의 수반으로 공무원의 정치적 중립을 독려하고 모범을 보여야 함에도 불구하고 특정 정당에 대한 지지를 유도하는 발언을 함으로써 중립성을 훼손했다는 것이다.[120] 민주당은 선관위의 이와 같은 결정을 근거로 대통령 탄핵을 추진키로 하고, 대통령이 2004년 3월 7일까지 선거법 위반에 대해 사과하지 않으면 탄핵을 발의하겠다고 밝히고 의원 서명작업에 돌입했다.[121]

대통령이 선거중립 의무를 위반했다는 선관위의 결정에 대해 청와대는 납득하기 어렵다는 반응을 보였다. 선진 민주사회에서는 대통령의 광범위한 정치적 활동이 보장되며 대통령의 정치적 의사표시를 선거개입 행위로 재단하는 일은 없다고 비판하고, 현행 선거법이 시대에 뒤떨어졌다는 식으로 문제를 제기한 것이다.[122] 청와대는 또한 야권의 탄핵 추진은 노무현정부를 원천적으로 인정하지 않겠다는 대선 결과에 대한 불복에서 비롯된 것으로 판단했다. 그리고 "헌정질서 혼란을 볼모로 삼아 오로지 총선에서 어떻게든 이겨 보자는 정략일 뿐"이라고 비난하며 야권의 사과 요구를 일축했다.[123] 노무현 자신도 설사 선거법을 위반했다고 하더라도 '아주 경미한 것'이므로, "이를 이유로 대통령직을 중단하라는 것은 지나친 처사"라고 반박했다.[124]

민주당이 추진 중인 탄핵안 발의에 대해 한나라당은 처음에는 신중한

---

119) <朝鮮日報> 2004년 2월 25일.
120) <朝鮮日報> 2004년 3월 4일.
121) <朝鮮日報> 2004년 3월 6일.
122) <朝鮮日報> 2004년 3월 5일.
123) <朝鮮日報> 2004년 3월 8일.
124) <朝鮮日報> 2004년 3월 9일.

자세를 취했다.125) 그러나 2004년 3월 8일에는 신중론을 접고 당론으로 이를 추진하기로 하고 소속의원들을 상대로 서명작업에 돌입했다.126) 탄핵안에는 한나라당의원 108명과 민주당 의원 51명을 포함 모두 159명이 서명함으로써 헌정사상 처음으로 대통령에 대한 탄핵발의가 이루어지게 되었다.127) 대통령 탄핵소추안이 3월 9일 국회에 상정되자,128) 우리당은 이를 '내란 음모에 준하는 의회 쿠데타'로 규정했다.129) 그리고 탄핵안을 무산시키겠다고 공언하고, 탄핵안 표결 자체를 막기 위해 국회 본회의장을 점거하고 농성에 들어갔다.

우리당 의원들의 본회의장 농성으로 탄핵안에 대한 표결이 불가능해지자, 투표를 진행시키기 위해 박관용(朴寬用) 국회의장은 2004년 3월 12일 질서유지권을 발동했다.130) 몸싸움과 고성이 오가는 가운데 국회 경

---

125) 한나라당의 수도권 초·재선 의원들은 여론이 좋지 않다는 이유를 들어 탄핵 발의에 반대했다. 한편 당 소속 의원 전체를 상대로 입장을 조사한 결과 50명 정도가 신중한 자세를 취하는 것이 좋겠다고 응답했다. <朝鮮日報> 2004년 3월 6일 및 3월 8일.

126) 한나라당이 당론으로 탄핵안 발의에 동참하기로 하자, 수도권 초·재선 의원들은 "이것은 망하는 길"이라며 반대입장을 밝혔고, 한 초선 의원은 "죽는 길로만 가는구나"라며 탄식하기도 했다. <朝鮮日報> 2004년 3월 10일.

127) 역대 국회에서 대통령에 대한 탄핵발의가 이루어진 것은 처음 있는 일로, 대통령을 제외하고 대법원장과 검찰총장에 대해 모두 8차례 탄핵소추안이 발의되었으나 모두 부결되거나 폐기되었다.

128) 민주당 趙舜衡 의원은 탄핵소추안 제안설명에서 노무현 대통령이 줄곧 헌법과 법률을 위반했으며, 자신과 측근들의 권력형 부정부패로 인해 국정을 수행할 수 있는 도덕적·법적 정당성을 상실했으며, 국민경제와 국정을 파탄시켜 민생을 도탄에 빠뜨림으로써 국민에게 극심한 고통과 불행을 안겨주고 있다고 주장했다. 탄핵소추안 제안설명 전문은 國會事務處, 『國會本會議會議錄』 第246回 國會 第2號(2004년 3월 12일), 5-10쪽에 수록.

129) <朝鮮日報> 2004년 3월 10일.

130) 朴寬用은 자신은 질서유지권을 발동한 것이지 경호권을 발동한 것은 아니라고 주장하고, 이 두 가지 사항을 언론이 혼돈해서 경호권을 발동했다고 보도했다고 주장했다. 박관용, 『다시 탄핵이 와도 나는 의사봉을 잡겠다』(아침나라,

위들의 보호 아래 이루어진 표결 결과 총 투표수 195표 중 가 193표, 부 2표로 탄핵소추안은 가결되었다.131) 탄핵안이 가결되자 국회는 국회의장 명의의 '탄핵소추 의결서' 등본을 청와대에 전달했고, 그 순간부터 노무현의 대통령 권한은 정지되고 말았다.132) 이로써 국무총리 고건(高建)은 헌법재판소의 결정이133) 내려질 때까지 '대통령 권한대행'으로서 업무를 시작하게 되었는데, 그때가 2004년 3월 12일 오후 5시 15분이었다.

2) 17대 총선과 여대야소

(1) 17대 총선의 의미

대통령 탄핵안이 통과되자 한나라당과 민주당은 이를 '의회민주주의의 승리'로 반기면서도 탄핵이 정국에 미칠 영향에 촉각을 세우며 대책 마련에 부심한 반면, 우리당은 탄핵안 통과를 '의회 쿠데타'로 규정하며 투쟁에 돌입할 것을 선언했다.134) 이로 인해 정국은 한 치 앞도 내다보

2005), 28쪽.
131) 朴寬用은 노무현이 탄핵의 파국을 막을 수 있었음에도 불구하고 "탄핵을 다가올 총선에 연계하여 이벤트로 활용하겠다는 속마음"을 가지고 있었다고 주장했다. 즉 노무현과 우리낭이 "탄핵사태를 볼리의 반전을 도모한다"는 시나리오를 쓰고 연출했다는 것이다. 박관용,『다시 탄핵이 와도 나는 의사봉을 잡겠다』, 19-20쪽.
132) 1948년 정부 수립 이후 대통령이나 총리 등 국가·행정수반의 권한이 임기 중 중단된 경우는 헌정사에서 네 차례 있었다. 4·19혁명으로 李承晩 대통령이 사퇴했고, 5·16으로 張勉 총리가 사임했으며, 朴正熙 대통령이 피살됨으로써 유고사태를 맞았고, 崔圭夏 대통령이 중도에 자진 사퇴함으로써 헌정중단 사태를 맞았다.
133) 대통령 탄핵소추안을 헌법재판소가 "이유 있다"고 하여 받아들일 경우 곧장 대통령이 파면되어 60일 이내에 대통령을 다시 뽑는 선거가 실시되며, "이유 없다"고 판단하여 기각할 경우 탄핵으로 인해 정지되었던 대통령의 권한은 회복된다.

기 힘든 상황이 되고 말았는데, 이는 2004년 4월 15일 실시될 총선이 각 당으로서는 당의 사활이 걸린 '중대선거'(critical election)였기에 더욱 그러했다.135) 우리당으로서는 총선을 대통령에 대한 재신임과 연계하며 '의회 쿠데타'로 인해 초래된 국정중단의 책임을 야당에 물어 원내 제1당으로 부상한다는 적극적인 태도로 선거에 임했다. 반면 한나라당과 민주당은 탄핵안 통과를 '의회민주주의의 승리'로 규정하면서도, 그로 인한 역풍을 우려하여 탄핵의 불가피성을 호소하며 지지층을 다시 결집한다는 소극적인 자세로 임했다.

이처럼 탄핵문제를 계기로 총선에 임하는 여야의 전략이 제로섬(zero-sum)적인 성격을 띠고 있는 가운데 국회는 정치개혁특별위원회를 구성하여 공직선거법과 정당법, 정치자금법 3개 정치관계법 개정안을 제출하여136) 2004년 3월 9일 이를 통과시켰다. 국회가 이와 같이 신속

---

134) 한나라당 의원들은 탄핵안 가결이 국정혼란으로 이어질 경우 역풍이 불 수 있다는 점을 우려했고, 민주당 의원들도 환호하는 분위기는 아니었다. 우리당은 '헌정수호와 국가안정비상대책위원회'를 열고 항의투쟁을 계속할 것이라고 밝혔다. <朝鮮日報> 2004년 3월 13일.

135) 16대 총선이 중요한 선거이기는 하나, V. O. Key가 정의한 '중대선거'는 아니라는 주장도 제기되었다. 이준한·임경훈, "과연 '중대선거'인가?," 박찬욱 편,『제17대 국회의원총선거 분석』(푸른길, 2005), 237-239쪽.

136) 정치관계법 개정의 주요 골자는 다음과 같다. 공직선거법 개정안은 소선거구제를 유지하되 의원수를 273명(지역구 227, 비례대표 46)에서 299명(지역구 243, 비례대표 56)으로 증원하고, 유권자가 지역구 후보와 지지 당에 대해 각각 투표를 하도록 하여 정당득표율에 따라 비례대표 의석을 배분하는 1인2표제를 도입했으며, 출마를 원하는 사람은 선거 120일 이전에 예비후보로 등록하여 선거운동을 할 수 있도록 했다. 정당법에서는 지구당을 폐지하고 정당의 유급 사무원도 그 수를 제한했으며, 여성의 정치참여 확대를 위해 비례대표 후보자의 50% 이상 여성 추천을 의무화하고, 지역구 총수의 30% 이상을 여성후보로 공천할 경우 국고보조금을 추가로 지급하도록 했다. 정치자금법에서는 정치자금 수입과 지출의 내역은 물론 연간 120만 원 이상의 고액기부자는 명단을 공개하도록 했고, 법인과 단체는 일체 정치자금을 기부할 수 없도록 했다. 國會事務處,『國會本會議會議錄』第245回 國會 第11號(2004년 3월 9일), 55-57쪽.

하게 정치관계법을 개정한 것은 16대 대선과정에서 여야 모두 불법 정치자금 문제로부터 자유롭지 못해 이에 대한 여론의 비난과 불신이 거셌기 때문이다. 이 문제를 개혁하지 않고서는 정치권에 대한 국민의 불신과 무관심을 해소할 방도가 없었기 때문에 국회에서 정치관계법 개정안을 통과시킨 것이다.137) 여기에 개혁을 강조한 노무현이 당선된 것도 정치권으로 하여금 정치개혁에 나서지 않을 수 없게 만든 하나의 요인으로 작용했다.

17대 총선은 이처럼 대통령 탄핵과 개혁이라는 두 가지 이슈가 중첩된 가운데 치러진 선거였는데, 이러한 이슈를 선점한 것은 우리당이었다. 우선 탄핵안 가결에 대한 역풍현상이 분명해진 것을 들 수 있는데, 이는 각종 여론조사에서 우리당에 대한 지지도가 10% 포인트 이상 수직 상승한 것에서도 나타났다.138) 이에 크게 고무된 우리당 지도부는 탄핵문제를 총선 승리로 연결시키기 위해 '국정 안정'이라는 구호를 내걸었으며 개혁 이미지를 앞세워 한나라당을 '수구 정당', '차떼기 정당'으로 매도하는 전략으로 임했다.

이와 반대로 한나라당과 민주당은 탄핵안 가결에 대한 여론의 거센 비판에 당혹감을 감추지 못했다. 특히 한나라당은 여론조사 결과 전 지역에서 우리당에 큰 차이로 뒤지는 것으로 나타나자, 당내에서조차 개헌 저지선인 100석 확보도 어렵지 않겠느냐는 걱정까지 나오는 실정이었다.139) 예상했던 것보다 강한 비판여론에 부담을 느낀 양 당은 탄핵을 주도한 지도부의 교체를 비롯하여 당이 환골탈태하는 모습을 유권자에게 보여줌으로써 위기를 극복하려는 소극적인 전략으로 나가는 수밖

---

137) 국회 표결에서 공직선거법 개정안은 재석 169 중 찬성 116, 반대 31, 기권 22로 통과되었고, 정당법 개정안은 재석 170 중 찬성 165, 반대 4, 기권 1로 통과되었으며, 정치자금법 개정안은 재석 169 중 찬성 160, 반대 3, 기권 6으로 통과되었다.
138) <朝鮮日報> 2004년 3월 15일.
139) <朝鮮日報> 2004년 3월 19일.

에 없었다.

(2) 여야 지도체제의 변화

당 대표인 최병렬이 탄핵 역풍에 대한 책임을 지고 퇴진하자 한나라당은 새 대표를 선출하여 총선에 임하기로 했다. 이는 탄핵국면을 총선국면으로 전환하기 위한 것으로, 새로운 대표를 뽑는 전당대회에는 권오을(權五乙), 김문수(金文洙), 박근혜, 박진(朴珍), 홍사덕(洪思德) 모두 5인이 출마했다. 3천여 명의 대의원이 참석한 가운데 2004년 3월 23일 실시된 선거에서 박근혜는 1차 투표에서 과반수 이상을 얻어 대표로 선출되었다. 박근혜가 예상과 달리 1차 투표에서 다른 후보들을 제치고 압도적인 표차로 당선된 배경에는 대의원들의 위기의식이 크게 배어 있었고 그만큼 당의 사정이 절박했던 것으로 분석되었다.140) 당시 남자는 누가 나가도 생채기가 나서 끌려 내려올 판이고 "박근혜 외에는 대안이 없다"는 분위기가 지배적이었기 때문이라는 주장까지 나올 정도로,141) 한나라당의 사정은 긴박했던 것이다.

박근혜는 대표로 선출된 후 한나라당이 부패정당, 기득권정당에서 벗어나 새롭게 출발할 것임을 선언하고, 안정세력이 급진적인 모험세력을 견제할 수 있게 해 달라고 호소했다.142) 이처럼 한나라당을 안정세력으로, 우리당을 급진세력으로 분류한 것은 탄핵 역풍을 피하기 위해 보수적인 유권자들의 지지를 결집하기 위해서였다고 분석된다. 대표로 선출된 다음날 박근혜는 기존의 한나라당 당사를 떠나 여의도 공터에 천막을 가설하고 이를 당사로 사용, 당이 안고 있는 부정적 이미지를 벗기

---

140) 朴槿惠는 전체 투표의 51.8%인 2,614표를 얻어 28.8%인 1,453표를 얻은 2위의 洪思德을 큰 표 차이로 누르고 대표로 선출되었다. 한편 金文洙는 12%인 607표를 얻어 3위를 했고, 朴振은 4.2%인 210표를 얻어 4위를 했고, 5위인 權五乙은 3.2% 160표를 얻는 데 그쳤다.<朝鮮日報> 2004년 3월 24일.
141) 강창희,『강창희 정치 에세이: 열정의 시대』(중앙북스, 2009), 365-366쪽.
142) <朝鮮日報> 2004년 3월 24일.

위해 노력했다. 이른바 '천막당사' 생활을 시작한 것인데, 그가 중심이 되어 선거운동을 전개한 덕분에 한나라당은 전국적으로 지지세가 확산되어 선거운동 초반과는 달리 시간이 갈수록 여유를 찾은 것으로 분석되었다.143)

박근혜를 정점으로 지도체제를 정비하고 선거운동에 나선 한나라당과 달리, 민주당은 지도체제를 둘러싸고 내분을 겪는 바람에 선거운동을 체계적으로 할 수 없었다. 민주당은 2004년 3월 22일 중앙위원회를 열고 추미애를 단독 위원장으로 하는 선거대책위원회를 발족시키기로 결정했다.144) 탄핵을 주도했던 당 대표 조순형은 지역구에 전념하는 형태를 취하도록 하고, 대신 추미애를 전면에 내세워 그로 하여금 선거에 관한 실질적인 권한을 갖게 한다는 의도에서 나온 것이었다. 그러나 추미애는 이에 만족하지 않고 당 지도부 전원의 사퇴와 상당수의 공천을 다시 할 것을 요구했다. 추미애의 요구가 지나치다고 생각한 민주당 중앙위원회는 조순형을 중심으로 선대위를 다시 구성하기로 결정했다. 그러자 일부 현역 의원과 신인 공천자의 상당수가 이에 반발, 공천권 반납 서명운동을 전개하겠다는 항의를 하기도 했다.145)

이처럼 추미애과 조순형이 지도체제 개편문제에 대한 견해를 달리했기 때문에146) 민주당의 선대위 구성은 난항에 빠지고 말았다. 심지어는 당에서 공천한 후보를 선대위원장이 취소하는 일이 발생하여, 한 지역구에 민주당 후보 2명이 동시에 등록을 시도하는 것이 아니냐는 관측이

---

143) <朝鮮日報> 2004년 4월 9일.
144) <朝鮮日報> 2004년 3월 23일.
145) 이러한 현상은 趙舜衡을 중심으로 한 당권파와 秋美愛를 중심으로 한 소장파 사이의 권력투쟁에서 비롯된 것으로 분석되었다. <朝鮮日報> 2004년 3월 25일.
146) 趙舜衡은 자신이 퇴진하면 탄핵을 추진한 것이 잘못이라고 자인하는 셈이 되기 때문에 물러날 수 없다면서 사퇴요구를 거부했다.<朝鮮日報> 2004년 3월 26일. 이에 대해 秋美愛는 대통령은 헌재 결정이 날 때까지 직무가 정지되어 있으므로, 趙대표도 헌재 결론이 날 때까지 스스로 직무를 정지하고 사퇴해야 한다고 주장했다. <朝鮮日報> 2004년 3월 27일.

나오기도 했다.147) 이들의 대립은 그렇지 않아도 위기에 처한 민주당의 존립을 더욱 위태롭게 만들었다. 이 때문에 항간에서는 민주당이 다시 분당될지 모른다는 우려가 제기되기도 했고, 이로 인한 지지율 저하로 민주당 공천자들이 실제로 공천을 반납하고 출마를 포기하는 사태가 발생하기도 했다.148) 이처럼 민주당은 내분의 여파로 당의 역량을 집결할 수 없어 위기 극복은커녕 당 차원의 체계적이고 통합적인 선거운동조차 할 수 없었다.

우리당은 탄핵안 가결 후의 정국을 '쿠데타세력 대 안정·개혁세력의 대결'로 규정하고, 야당을 체제 전복세력으로 몰아가며 안정을 위해 자신을 지지해 달라는 전략으로 선거운동에 임했다.149) 이는 우리당을 급진세력으로 규정한 박근혜의 인식과는 정반대되는 것으로, 안정을 표방함으로써 보수층의 이탈을 막겠다는 의도에서 나온 것으로 분석된다. 이의 연장선상에서 우리당은 '노사모'와 시민단체에 탄핵 무효를 주장하는 촛불시위를 자제해 줄 것을 요청하고 당원들에게는 시위 참석을 자제해 달라는 여유를 보이기도 했다.150) 지지율이 급상승 곡선을 그리며 순항하고 있었기 때문이다. 이 같은 지지율 상승에 고무되어 당 의장인 정동영은 정치지형이 완전히 바뀌는 계기가 될지도 모른다는 발언을 할 정도로 자신감을 드러내기도 했다.151)

---

147) 선대위원장인 秋美愛가 朴相千, 金玉斗, 劉容泰, 崔在昇 4명의 공천을 취소하겠다고 발표하자, 당 대표인 趙舜衡은 자신이 직접 공천장을 주겠다고 반박하는 일이 발생하기도 했다. 결국 양측은 공멸을 피하기 위해 선대위의 공천 취소 조치를 무효화하는 선에서 갈등을 봉합하기로 했다. <朝鮮日報> 2004년 4월 1일.
148) 민주당 공천을 받은 221명 중 출마를 포기한 후보자는 39명이나 되었다. <朝鮮日報> 2004년 4월 2일.
149) <朝鮮日報> 2004년 3월 15일.
150) <朝鮮日報> 2004년 3월 16일.
151) 鄭東泳은 17대 총선은 정치권이 대대적으로 재편되어 정치지형이 완전히 바뀌는 정계재편(realignment)이 될 수도 있다고 주장했다. <朝鮮日報> 2004년 3월 18일.

우리당은 여론조사 결과 지지율 1위라는 사실에 기초하여,152) 그리고 "국민의 80%가 탄핵이 잘못됐다고 생각하고 있다"는 분석에 근거해서 총선에서 '과반수 의석' 또는 '과반에 조금 미달하는 의석' 확보를 낙관했다.153) 그러나 정동영이 유세과정에서 노인을 폄하하는 발언을 한 사실이 뒤늦게 알려지자 크게 당황하는 모습을 보였다.154) 노년층의 반발로 인한 지지도 하락으로155) 당의 득표전략에 차질이 초래되었기 때문이다. 예상치 못한 이른바 '노풍'(老風)이 분 것인데, 이로 인한 지지도 하락과 판세 변화의 책임을 지고 정동영은 선거를 사흘 앞둔 2004년 4월 12일 당의 선대위원장직과 비례대표 후보직을 사퇴했다. 말실수로 당에 피해를 준 것에 대해 책임을 진다는 의미에서 사퇴한 것이다.156) 이로써 한나라당과 민주당, 우리당 3당이 모두 선거과정에서 지도체제의 변화 또는 선거 사령탑이 바뀌는 초유의 사태를 맞았다.

(3) **여대야소**

2004년 4월 15일 실시될 선거를 앞두고 우리당과 한나라당, 민주당 3당은 '원내 제1당', '개헌 저지선 확보', '교섭단체 구성' 등 각 당 나름대로 승패의 기준을 세워 놓고 선거운동에 임했다.157) 17대 총선은 그

---

152) 2004년 3월 17일 실시한 여론조사에서 우리당은 전 지역, 전 연령층에서 압도적인 1위를 차지한 것으로 나타났다. <朝鮮日報> 2004년 3월 18일.
153) <朝鮮日報> 2004년 4월 1일.
154) 鄭東泳은 2004년 3월 26일 대구에서 가진 인터뷰에서 "최근에 변화가 왔고 촛불집회의 중심에 젊은이들이 있다. 미래는 20대, 30대들의 무대"라고 주장하고, "그런 의미에서 한 걸음만 더 나아가서 생각해 보면 60대 이상 70대는 투표 안 해도 괜찮다"고 말했다. 이어 그는 "그 분들은 어쩌면 이제 무대에서 퇴장하실 분들이니까…… 그 분들은 집에서 쉬셔도 되고……"라는 말을 했다. <朝鮮日報> 2004년 4월 2일.
155) 2004년 4월 2일 대한노인회와 노년유권자연맹 등 노인단체 회장단은 鄭東泳의 발언을 규탄하여 그의 정계은퇴를 촉구하는 기자회견을 가졌다. <朝鮮日報> 2004년 4월 3일.
156) <朝鮮日報> 2004년 4월 13일.

결과가 헌법재판소의 대통령 탄핵소추안 심리에 크게 영향을 미칠 것으로 예측되어 국민들은 커다란 관심을 보였다. 전국 243개 지역구에 1,175명이 후보등록을 마쳐 평균 4.8 대 1의 경쟁률을 보인 17대 총선에, 16대보다 3.4% 포인트나 높은 60.6%의 유권자가 투표를 했다. 이로써 비록 일시적이기는 하지만 지속적으로 나타났던 투표율 하락추세를 멈추게 만들었다.158)

개표 결과159) 우리당은 152명, 한나라당은 121명, 민주노동당(이하 민노당)은 10명, 민주당은 9명, 자민련은 4명이 당선되었다. 이로써 우리당은 여소야대 현상을 뒤엎고 원내 과반수 의석을 점유할 수 있게 되었는데, 이에 고무되어 노무현은 총선 닷새 후인 4월 20일 우리당 지도부를 청와대로 초청하여 만찬을 가진 자리에서 우리당 입당원서를 썼다. 여당이 다수당이 된 것은 16년 만의 일로, 총선 전 47석에 불과했던 우리당의 이 같은 약진은 임기가 한 달밖에 남지 않은 국회가 임기 4년을 남긴 대통령을 탄핵한 데 대한 국민의 반발 정서와 새로운 정치에 대한 국민의 기대에 기인한 것이라는 분석이 나오기도 했다.160)

그러나 개혁에 대한 갈망 못지않게 중요한 요인으로는 우리당에 참가한 다양한 정치세력이 통합하여 탄핵에 대한 국민적 심판을 이끌어 낸다는 목표를 향해 조직적으로 나아간 것을 들 수 있다. 민주당을 탈당한 의원과 정치인, 한나라당을 탈당한 의원, 개혁당 의원과 각종 시민단체

---

157) <朝鮮日報> 2004년 4월 15일.

158) 12대부터 17대까지 역대 총선 투표율은 다음과 같다.

12대	13대	14대	15대	16대	17대
84.6%	75.8%	71.9%	63.9%	57.2%	60.6%

159) 17대 총선 각 정당별 의석현황

	열린우리당	한나라당	민주노동당	새천년민주당	자유민주연합	기타
지역구	129	100	2	5	4	3
비례대표	23	21	8	4	0	0
합 계	152	121	10	9	4	3

160) 연합뉴스, 『연합연감』 2004, 163쪽.

및 재야세력 출신인사, 그리고 노무현의 대통령 당선에 커다란 공을 세웠던 '노사모' 등 다양한 세력과 집단이 우리당의 기치 아래 통합을 이루었고, 이들이 탄핵안 통과로 초래된 위기를 극복하기 위해 모든 역량을 규합하는 데 성공했기 때문이라고 할 수 있다.

총선 승리로 인한 여대야소 현상에 자신감을 얻은 우리당은 국회가 탄핵한 대통령을 국민이 재신임한 것으로 해석하고 개혁을 가속화해 나갈 채비를 했다. 그리하여 탄핵문제를 정치적으로 해결할 것을 한나라당에 주문했다. 탄핵안이 헌법재판소에서 기각될 것이 분명하며, 기각될 경우 국회의 권위 손상이 크므로 국회 스스로 탄핵을 철회하는 것이 낫다는 판단에서였다.161) 그러나 한나라당은 헌재의 결정을 기다리고 존중하면 된다며 이를 일축했다. 사법부에서 진행하는 일을 중간에 국회가 간섭하는 것은 바람직하지 않다는 논리에서였다.

한나라당의 경우 총선 최대의 승부처라고 할 수 있는 수도권에서는 부진했지만,162) 텃밭이나 마찬가지라고 할 수 있는 영남지역에서는 비교적 좋은 실적을 거두었다. 탄핵이 총선의 주요 이슈였음에도 불구하고 동서분할의 정치구도가 계속됐기 때문인데,163) 이 바람에 애초 목표로 했던 개헌저지선을 21석이나 초과하는 의석을 획득할 수 있었다. 그러나 지역구도 외에도 한나라당이 전반적으로 선전(善戰)할 수 있었던 원인으로는 박근혜를 중심으로 한 단일 지도체제 아래 당이 분열되지 않고 통합되어 있었기 때문인 것으로 분석된다. 이처럼 당이 통합되어 있었기 때문에 모든 역량을 발휘하여 전통적인 지지층을 동원할 수 있었던 것이다.

---

161) <朝鮮日報> 2004년 4월 17일.
162) 전국 243개 지역구의 44.8%인 109개가 걸린 서울·경기·인천지역의 개표 결과, 민주당은 76명의 당선자를 낸 데 반해 한나라당은 33명의 당선자를 내는 데 그쳤다.
163) 한나라당은 대구·경북과 부산·울산·경남지역 68개 지역구 중 60곳을 차지했고, 우리당은 호남과 충정지역 55개 지역구 중 44곳에서 당선자를 냈다.

선거과정에서 공천권문제를 놓고 내분을 겪은 민주당은 교섭단체조차 구성하지 못할 정도로 참패하고 말았다. 탄핵문제로 인해 호남지역의 전통적 지지층이 우리당으로 이탈한 데다, 내분으로 당의 역량을 집결하지 못했기 때문이다. 위기를 극복하기 위해서는 당이 통합되어야 하는데 그렇게 하지 못한 결과, 당 대표와 선대위원장마저 낙선하는 일까지 생긴 것이다. 그리하여 16대 국회 개원 당시 119석이던 의석은 2003년 분당사태를 거치면서 61석으로 축소된 데 이어, 17대에 국회에 들어서는 9석의 군소정당으로 몰락하고 말았다. 이 때문에 민주당은 "국민의 지지를 얻는 데 실패했다"는 것을 자인하고 원점에서 새롭게 출발하겠다는 각오를 다져야만 했다.164)

민노당의 경우 선거법 개정으로 이익을 가장 많이 본 정당으로, 새로 도입된 1인2표제 덕분에 제3당으로 부상할 수 있었다. 정당투표제로 인해 후보를 내지 않은 지역에서도 유권자의 지지를 받을 수 있게 되었기 때문이다. 이는 우리당이나 한나라당, 민주당이 지역구 득표율보다 낮은 정당득표율을 보인 반면, 민노당의 경우 지역구 득표율보다 정당득표율이 높은 데서 잘 나타난다.165) 이러한 현상은 부촌으로 분류되는 서울 강남지역에서도 나타났는데, 이 지역의 지역구 득표는 2.8%에 그친 반면 정당득표율은 9%나 됐다. 이는 기성 정치에 혐오를 느낀 중산층에 가까운 유권자들이 정당투표제를 이용하여 진보적 이념을 표방한 민노당 지지로 돌아선, 일종의 저항투표적 특성을 지닌 것이라고 할 수 있다.166)

---

164) <朝鮮日報> 2004년 4월 16일.
165) 각 정당의 득표율 비교 (정당득표율/지역구 득표율)

우리당	한나라당	민노당	민주당	자민련
38.3/41.9	35.8/37.9	13/4.3	7.1/7.9	2.8/2.6

이현우, "정당투표제 도입의 정치적 효과," 한국정치학회, 『17대 총선분석 특별학술회의 논문집』(2004. 4), 103쪽.
166) 강원택, "제17대 총선에서 민주노동당 지지에 대한 분석," 박찬욱 편, 『제17

3) '4대 개혁법안' 입법 추진과 열린우리당의 갈등

총선에서 승리한 우리당은 국정운영 방향을 놓고 노선상의 대립을 보였다. 탄핵심판을 위해 우리당이라는 기치 아래 통합되어 있던 다양한 정치세력이 그 목표가 달성되자마자 본래의 목소리를 내기 시작했기 때문이다. 결과적으로 우리당은 선거를 위해 일시적으로 결합된 조직에 불과한 것이 되었고, 이로 인해 자신이 갖고 있는 역량도 제대로 발휘하지 못하는 상태가 되고 말았다. 우리당 내에서 전개되는 다양한 논쟁은 기본적으로 '개혁이냐, 실용이냐' 하는 문제로 귀결된다. 실용파는 "경제와 민생을 우선하자"는 입장이고 개혁파는 "정치·사회분야의 개혁을 서둘러야 한다"는 입장인데, 당내 역학구도로는 개혁파가 우위를 점하는 것으로 분석되었다.[167]

이러한 상황에서 보안법은 폐지되어야 하며 개혁을 우선해야 한다는 노무현의 발언에 추동되어,[168] 우리당은 이른바 '4대 개혁법안'의 추진에 전력을 기울이기로 했다. 그리하여 국가보안법(이하 국보법) 폐지안과 과거사기본법안(이하 과거사법)·사립학교법(이하 사학법) 개정안, 언론관계법안 4개 법안을 국회에 제출한다는 방침을 세웠다.[169] 이에 따라 우리

대 국회의원총선거 분석』, 272쪽.
167) 실용파에 속하는 인물은 당 의장인 鄭東泳과 총선 때 영입한 전문가집단, 그리고 대통령 측근들로, 이들은 "소리 나는 개혁보다 민생문제를 중심으로 대통령을 도와야 한다"고 생각했다. 개혁파에 속하는 인물로는 재야 및 386운동권 출신과 柳時民 등 개혁당 출신, 親盧단체 출신들인데, 이들은 "우리당의 정체성과 총선의 민의는 개혁에 있다"고 주장했다. <朝鮮日報> 2004년 5월 13일.
168) 2004년 9월 5일 盧武鉉은 MBC 대담 프로그램에 출연하여 국보법은 낡은 유물로 칼집에 넣어 박물관으로 보내는 것이 좋겠다고 말하고, 보안법을 없애야 대한민국이 문명국가로 간다고 할 수 있다고 주장했다. <朝鮮日報> 2004년 9월 6일.

당 원내대표 천정배는 2004년 10월 26일 대표연설을 통해 강한 어조로 개혁법안을 관철시킬 것임을 밝혔다. 그는 개혁이야말로 성장과 도약을 위해 반드시 필요하다고 말하고, 자신들이 추진하는 개혁입법은 우리 사회의 후진적인 기득권 질서와 불공정한 관행을 타파하려는 것이라고 주장했다.170)

이에 대해 한나라당 박근혜는 대표연설에서 우리당이 추진하는 4개 법안은 국민을 편 가르기하고 국론분열을 조장하는 것이라며 강하게 반대했다. 특히 국보법이 폐지되면 거리에 인공기가 날려도 막을 수 없고 북한의 돈을 받고 친북활동을 해도 죄가 되지 않기 때문에, 국보법 폐지 반대의 선봉에 서지 않을 수 없다고 단언했다.171) 법조계 일부도 4대 입법은 정략적인 것에 지나지 않으며 언론관계법과 사학법은 위헌성이 다분하다는 견해를 피력했다.172)

개혁의 명분 아래 추진하는 4대 입법에 대해, 특히 국보법 폐지에 대해서는 한나라당뿐만 아니라 여론도 부정적인 것으로 나타나자, 우리당 내에서 이의 처리문제를 놓고 강온 양론이 대립하게 되었다. 4개 법안 중에서도 국보법은 반드시 연내에 처리해야 한다는 강경파의 주장에 대해,173) 실용·중도 성향의 의원들은 온건론을 펴며 법안 처리가 "한두 달 늦춰져도 국민과 함께 해야지 일방적인 것은 안 된다"며 제동을 걸었다. 개혁파와 실용파로 분류되던 노선상의 대립이 4개 법안의 처리를

---

169) 우리당은 국보법을 폐지하는 대신 형법을 보완하거나 별도의 특별법을 만들고, 언론관계법은 3개 신문사의 시장점유율이 전체 시장의 60%가 넘으면 제재하며, 과거사법은 대통령 직속의 과거사 규명기구를 설치하여 한국전쟁 전후 저질러진 양민학살사건 등을 조사하며, 사학법은 재단이사의 3분의 1은 외부인으로 채우도록 의무화하려고 준비했다.<朝鮮日報> 2004년 10월 12일.
170) 國會事務處, 『國會本會議會議錄』 第250回 國會 第5號(2004년 10월 26일), 6쪽.
171) 國會事務處, 『國會本會議會議錄』 第250回 國會 第6號(2004년 10월 27일), 2-3쪽.
172) <朝鮮日報> 2004년 11월 9일.
173) <朝鮮日報> 2004년 10월 11일.

놓고 강경파와 온건파로 재분류되는 양상을 보인 것이다.

한나라당의 반대와 부정적인 여론에 이어 우리당 내에서조차 국보법 폐지안의 일방적인 처리에 반대하는 견해가 대두되자, 우리당 내 강경파 의원 30여 명은 "4개 법안을 연내에 처리하라"며 국회에서 농성에 들어갔다. 이들은 농성장에 "국가보안법 폐지와 민생개혁 입법 연내 처리에 앞장서겠습니다"라는 플래카드를 내걸었는데, 이에 맞서 한나라당 일부 의원도 "국보법 폐지 즉각 철회하라"는 플래카드를 걸고 농성에 들어갔다.174) 강경파가 농성하며 우리당 지도부에 국보법 연내 폐지를 압박하는 가운데, 노무현은 국보법 폐지는 여야 협의로 '천천히 차근차근하게' 풀어 가는 것이 좋겠다고 말하며 온건파의 편을 들었다.175)

'여야 협의'라는 노무현의 주문에 따라 한나라당과 협상에 나선 우리당 지도부는 국보법을 폐지하고 대체입법을 마련한다는 데 잠정적으로 합의했다. 그러나 강경파가 이에 반대하는 바람에 우리당 의원총회는 '국보법 폐지 당론'을 재확인하는 수밖에 없었다.176) 우리당 내 강경파가 이처럼 대체입법을 거부한 것은 타협보다는 국보법 폐지가 좌절되는 것이 나을 수도 있다고 생각했기 때문이다. 타협 대신 폐지라는 명분을 고수하면 내년에 다시 국보법 폐지 불씨를 살릴 수 있다고 판단한 것인데, 이에 대해 온건파는 "완전 폐지가 어려울 바에는 다른 법으로 대체하는 것이 낫다"는 입장이었다.177)

이처럼 우리당은 4개 법안, 특히 국보법 폐지문제를 놓고 개혁파와 실용파, 즉 강경파와 온건파가 첨예하게 대립했다. 총선이 끝난 지 한 달도 채 되지 않아 4개 법안 처리문제를 포함하여 국정운영의 기본방향을 둘러싸고 나타나기 시작한 대립과 갈등으로, 우리당은 1년 동안 3차례나 당 의장이 바뀌는 사태를 맞을 수밖에 없었다.178) 이로 인해 우리

---

174) <朝鮮日報> 2004년 12월 21일.
175) <朝鮮日報> 2004년 12월 25일.
176) <朝鮮日報> 2004년 12월 31일.
177) <朝鮮日報> 2004년 12월 31일.

당은 당내 역량을 효율적으로 결집할 수 없었고, 이는 곧 당세(黨勢)의 약화로 이어져 위기국면에 봉착하지 않을 수 없게 되는 것이다.

5. 재·보궐선거와 제4회 지방선거

앞서 살펴본 것처럼 우리당은 정책노선이나 4개 법안의 처리문제를 둘러싸고 개혁파와 실용파로 나뉘어 대립하고 반목했기 때문에 당의 역량을 집결하는 데 어려움을 겪지 않을 수 없었다. 그 결과 우리당은 노무현이 헌법재판소의 탄핵기각 결정으로 대통령직에 복귀한 이후 실시된 각종 재·보궐선거에서 참패하고 말았다. 탄핵 이후 다양한 정치세력의 통합을 통해 17대 총선에서 승리했음에도 불구하고, 당에 승리를 안겨 준 요인인 통합을 유지하지 못했기 때문에 위기에 처하고 만 것이다.

재·보궐선거 패배로 국회에서 여소야대의 의석분포가 재현되자, 이를 타개하기 위한 방안의 하나로 노무현은 한나라당에 연정(聯政)을 제의했다. 한나라당과의 연정으로 원내 다수의석을 확보하여 집권 후반기를 안정적으로 운영하려는 의도에서 제의한 것인데, 한나라당은 이를 반대했다. 한나라당만 반대한 것이 아니라 우리당의 일부도 이에 반대했고, 이 바람에 연정론은 우리당에 새로운 갈등요인만 안겨 준 셈이 되고 말았다. 이처럼 노선상의 대립으로 인한 재·보궐선거 패배와 연정론에 대한 당내 반발 등으로 우리당은 내분에 처하게 되었고, 그 결과 제4회 지방선거에서 우리당은 패배를 맛보지 않을 수 없었다.

---

178) 2003년 11월 11일 창당된 이래 우리당의 의장은 鄭東泳, 辛基南, 李富榮으로 바뀌었는데, 국보법 폐지 좌절의 책임을 지고 李富榮이 사퇴하자 우리당은 林采正을 4번째 의장으로 뽑았다.

1) 재·보궐선거와 여소야대 재현

 2004년 6월 5일 4개 광역단체와 19개 기초단체에서 실시된 자치단체장 재·보궐선거에서 우리당은 참패를 했고, 한나라당과 민주당은 승리를 했다. 한나라당은 부산과 경남·제주 등 3개 시·도지사 선거에서, 민주당은 전남지사 선거에서 승리한 반면, 우리당은 단 한 곳에서도 당선자를 내지 못했다. 한편 기초자치단체장 선거에서 우리당은 충청권 3곳(대전 동구/대덕구, 충남 당진)에서만 당선자를 낸 데 불과했을 뿐인데, 한나라당은 수도권 5곳(서울 중구/영등포구/강동구, 경기 부천/평택))을 포함하여 영남 5곳(부산 해운대구, 대구 동구/북구, 경남 창원/양산)과 제주 1곳(제주시) 등 호남을 제외한 전국에서 골고루 당선자를 낼 정도로 승리를 거두었다.

 우리당의 이 같은 참패는 노무현의 대통령 복귀 이후 우리당의 국정운영에 대해 유권자들이 이를 높이 평가하지 않았기 때문인 것으로 분석되었다.[179] 여권의 자만과 정책노선을 놓고 벌인 당내의 대립과 갈등, 그리고 거대여당에 대한 견제심리 등이 복합적으로 작용한 것이다. 그러나 우리당의 패배는 이것으로 끝난 것이 아니라 이제 막 시작된 것에 불과하다는 데 더 큰 문제가 있다고 할 수 있다. 2004년 10월 30일에 치러진 5곳의 기초단체장 재·보궐선거에서 우리당은 1곳(강원 철원)에서만 승리하는 데 그친 반면, 한나라당은 2곳(경남 거창, 경기 파주)에서, 민주당 역시 2곳(전남 강진/해남)에서 승리했다. 이는 민심이 그만큼 이반되었다는 것을 나타내 주는 증거라고 할 수 있는데, 그럼에도 불구하고 우리당은 재·보선에 큰 정치적 의미를 두기는 어렵다면서 선거의 의미를 애써 축소했다.[180]

---

179) <朝鮮日報> 2004년 6월 7일.
180) <朝鮮日報> 2004년 11월 1일.

2차례에 걸친 자치단체 재·보선에서의 패배에 이어 2005년 4월 30일 실시된 국회의원 재선거 및 자치단체 재·보선에서도 우리당은 충격적인 패배를 겪었다. 6곳의 국회의원 재선거와 7곳의 시장·군수·구청장 선거, 10곳의 광역의원 선거 등 정당공천이 이루어진 23곳에서 우리당은 단 한 곳도 이기지 못한 것이다. 이에 반해 한나라당은 국회의원 5곳(충남 아산, 경기 성남 중원/포천/연천, 경북 영천, 경남 김해 갑)과 자치단체장 5곳(부산 강서, 경기 화성, 경북 영천/경산/영덕), 그리고 광역의회 8곳에서 승리함으로써 사실상 선거를 석권한 것이나 마찬가지였다. 민주당은 기초단체 1곳(전남 목포)에서 승리한 데 불과했으나, 그 승리가 호남지역에서 거둔 것이었기 때문에 당은 부활 가능성이 높은 것으로 간주하고 만족해했다.

4·30재·보궐선거가 지니는 근원적인 의미는 16년 만에 구축한 여대야소의 의석 판도를 불과 1년 만에 다시 여소야대로 돌려놓았다는 데 있다. 17대 총선 당시 152석이던 우리당은 의석이 146석으로 줄어든 반면, 121석에서 125석으로 늘어난 한나라당을 포함한 야 4당과 무소속은 153석이 되었기 때문이다. 이로써 여당의 영향력이 줄어들고 야당의 목소리가 커질 것이라는 관측이 나왔는데,[181] 이런 상태는 우리당으로서는 일종의 위기였다고 할 수도 있다.

우리당의 패인은 전반적으로 낮은 투표율에서 찾기도 하나,[182] 보다 근원적인 데서 원인을 찾아야 한다고 생각한다. 이는 대통령의 국정운영에 대한 평가가 높을수록 여당의 득표율이 높아지는 것이 우리나라 재·보궐선거의 대표적인 특징 중 하나였음을 감안할 때[183] 더욱 그러

---

181) <朝鮮日報> 2005년 5월 2일.
182) 한나라당이 압승한 2002년 8월과 2003년 4월 재·보선 투표율은 각각 29.6%와 29.5%인 데 반해, 투표율이 각각 70.8%와 60.6%로 비교적 높은 16대 대선과 17대 총선에서는 여당에 패배한 것을 들어, 4·30재·보선의 투표율이 33.6%로 낮았기 때문에 한나라당이 승리했다는 것이다. <朝鮮日報> 2005년 5월 3일.
183) 신두철, "4·30재·보궐선거의 특징과 정치적 의미: 국회의원 재선거를 중심으

하다. 노무현의 국정운영 평가가 그 어느 때보다 높게 나타났음에도 불구하고[184] 모든 선거구에서 우리당이 완패했다는 것은 낮은 투표율만으로는 설명이 되지 않기 때문이다. 따라서 우리당의 패배는 노선상의 대립으로 통합을 이루지 못해 우리당이 자신의 역량을 결집시키지 못한데서 찾아야 한다고 생각한다.

2) 연정론과 여권의 내분

우리당이 잇단 재·보궐선거에서 패배해 위기에 처하게 되자, 노무현은 한나라당과의 연정을 통해 이를 극복하려고 했다. 2005년 6월 24일 그는 '12인 회의'로 불리는 여권 수뇌부와의 비공개 모임에서 연정에 대한 자신의 구상을 설명했는데, 이러한 구상의 일부가 언론에 공개됨에 따라 정치권은 또다시 논쟁에 휩싸이게 되었다. 이를 계기로 그는 연정을 공론화하고 실현하기 위해 노력했다. 첫 번째 시도로 노무현은 2005년 7월 7일 언론인과 가진 간담회에서 지역주의를 완화할 수 있는 선거제도를 국회가 도입한다면, 자신은 권력을 내놓을 수도 있다고 말했다. 연정이 부도덕하다는 분위기는 바뀌어야 한다면서 그는 지역구도를 해소할 수 있는 선거제도를 마련하기 위해 한나라당과 협상할 용의도 있으며, 다수당이나 다수파 연합에 내각의 구성권을 완전히 넘길 수도 있다고 밝혔다.[185]

자신이 제안한 연정론에 대해 한나라당이 큰 관심을 보이지 않자, 그는 2005년 7월 28일 당원들에게 보낸 장문의 편지에서 연정의 필요성을 다시 역설했다. 한나라당과 우리당이 대연정(大聯政)을 실현하고, 한나라당에 권력을 이양하는 대신 지역주의를 극복할 수 있도록 선거제도를

로"(한국정치학회 2005년 춘계학술회의 발표논문), 198쪽.
184) 盧武鉉의 국정운영에 대한 평가 여론조사에서 48%가 잘한다고 응답해 그 어느 때보다 높게 나타났다. <世界日報> 2005년 3월 29일.
185) <朝鮮日報> 2005년 7월 8일.

고치자는 것이었다.186) 이러한 내용의 연정론을 제의한 것에 대해 학계는 이를 부정적으로 평가했으며,187) 한나라당은 물론이고 우리당의 반응 역시 호의적이지는 않았다. 우리당 내에서는 지역구가 호남이어서 민주당과 합당을 원하던 의원들의 반발이 특히 심했는데, 이들 중 일부는 공공연하게 탈당을 거론하기도 했다.188) 한나라당의 박근혜는 기자회견을 갖고 한나라당은 대연정 제안을 단호히 거부한다고 밝혔다.189)

한나라당이 공개적으로 거부했음에도 불구하고 노무현은 대연정 구상을 포기하지 않았다. 2005년 8월 30일 우리당 의원들과 가진 만찬에서 그는 "대연정 제안은 전략전술 차원이 아닌 역사적 성찰과 깊은 고민 끝

---

186) 200자 원고지 52장 분량 편지의 요지는 다음과 같다. "여소야대는 정상적 정치구조가 아니다. 세계 어디에도 여소야대로 국정을 운영하는 사례가 없다. 그래서 연정 얘기가 나온다. 열린우리당이 주도하는 대연정이라면 한나라당이 응할 리 없다. 대연정이라면 한나라당이 주도하고 열린우리당이 참여하는 것이다. 이는 내각제 수준의 권력을 갖는 연정이라야 성립 가능하다. 이 연정은 대통령의 권력을 여당에 이양하고 동시에 여당이 다시 이 권력을 한나라당에 이양하는 것이다. 그 대신 지역구도 해소를 위해 선거제도를 고치자. 대통령은 정권을 내놓고, 한나라당은 지역주의라는 기득권을 포기하자. 결코 무슨 이익을 취하자는 게 아니다. 정권을 내놓겠다는 것이다. 어떤 속임수도 없다." <朝鮮日報> 2005년 7월 29일.

187) 연정 제의에 대해 학계는 지역구도 타파 의도는 평가할 만하지만 위기 돌파 내지는 국면을 전환하기 위해 나온 것이라거나, 국정운영 자신감 상실 또는 정치개혁 업적에 집착해서 나온 것이라고 분석했다. <朝鮮日報> 2005년 7월 30일.

188) 우리당의 전남 고흥・보성의 申仲植은 탈당 가능성을 비쳤으며, 전남도당위원장인 柳宣浩는 "연정 제안이 당의 정체성 논란을 가중시킨다면 대통령에게 연정 제의를 거둬 줄 것을 건의해야 한다"고까지 말했다. <朝鮮日報> 2005년 7월 30일 및 8월 1일.

189) 회견에서 朴槿惠는 "대통령 말 한마디로 나눠주는 권력은 결코 국민이 부여한 권력이 아니기 때문에 받을 의사조차 없다"고 말하고, "지역구도 극복은 선거법 하나 고친다고 해소되는 것이 아니라, 여・야가 정책정당으로 거듭날 때 해소될 수 있다"며 지역구도 극복을 위해 연정이 필요하다는 노무현의 논리를 반박했다. <朝鮮日報> 2005년 8월 2일.

에 대통령직을 걸고 제기한 것"이라며 또다시 대연정의 필요성을 역설했다. 그리고 우리당 의원 3분의 2가 연정에 반대한다는 말을 듣고, 논란이 많은 것은 당연하다면서 대연정의 목표는 "역사를 바꾸기 위해 정치를 바꾸자는 것"이라고 설명하며 의원들의 협조를 구했지만,[190] 우리당은 오히려 대통령의 탈당을 요구할 정도로 냉담했다. 대통령이 탈당해도 당으로서는 큰 영향은 없을 것이라는 발언이 바로 그것이었다.[191]

이처럼 노무현이 연정을 강조하면 할수록 우리당 내에는 연정을 하려면 대통령이 탈당해야 한다는 식으로 반발하는 분위기가 확산되었고, 이를 계기로 우리당은 내분이 격화되기 시작했다. 유시민을 비롯한 친노 직계와 노무현의 후원회장이었던 이기명(李基明)은 "사람들이 대붕(大鵬)의 뜻을 너무 모른다"며 연정론 비판을 반박한 반면, 소장파 의원과 김근태(金槿泰) 복지부장관을 비롯한 재야출신 의원들은 노무현의 연정 제안에 대해 비판적이었다.[192] 연정론에 대해서는 특히 호남출신 의원들이 강력히 반발했는데, 마치 이를 반영이라도 하듯 2005년 9월 21에는 신중식(申仲植) 의원이 우리당을 탈당했다.[193]

우리당 내에서 이와 같이 연정론에 대한 반발이 구체화되고 있던

---

190) 이 날 盧武鉉은 "새로운 정치문화와 새로운 시대를 열어 갈 수 있다고 전제된다면 2선 후퇴나 노무현 시대를 마감하고 새 시대를 시작할 수도 있다는 의지와 결단도 생각해 봤다"고 말하며, 자신은 지역구도 해소와 대통령직 중 하나를 택하라면 지역구도 해소를 선택하겠다고 말했다. <朝鮮日報> 2005년 8월 31일.
191) 盧武鉉이 2005년 8월 30일 호남에서 손해를 볼 것 같아 탈당하겠다는 의원이 있는 모양인데 "차라리 내가 나갈 수도 있다'고 말하자, 광주 광산구가 지역구인 우리당의 金東喆은 "탈당은 개인적인 소신으로 큰 의미를 두지 않는다"고 말했다. <朝鮮日報> 2005년 9월 2일.
192) <朝鮮日報> 2005년 9월 7일.
193) 전남 고흥·보성 출신의 申仲植은 대통령이 "한나라당은 반민주적 지역주의 정당이기 때문에 해체되어야 한다고 하더니, 어느 날 갑자기 권력이양 얘기를 했다"면서 연정 이야기로 당원들에게 절망감을 주었기 때문에 탈당한다고 밝혔다. 이로써 우리당 의석은 145석에서 144석으로 줄었다. <朝鮮日報> 2005년 9월 22일.

2005년 10월 26일 4곳(대구 동을, 울산 북구, 경기 부천 원미갑, 경기 광주)에서 실시된 국회의원 재선거에서 우리당은 또다시 전패하는 수모를 겪었다. 4·30재·보선에서 0대 23으로 참패한 데 이어 한 곳에서도 이기지 못하고 만 것이다. 반면 한나라당은 4곳 모두에서 당선자를 냄으로써 의석수를 127석으로 늘렸는데, 이는 연정론에 대한 견해차이로 우리당이 지지자를 결집하고 동원하는 데 실패했기 때문이다.

기대와 달리 연정론이 부작용만 초래하자, 여권은 한나라당과 연정을 추진하는 대신 국회에서 선거구제를 개편하는 쪽으로 정국 운용계획을 바꾸었다. 상황이 바뀌었다는 분석에서였다.194) 이후 여권 일부는 한나라당 대신 민주당과의 통합을 추진해야 한다는 주장을 하기도 했고,195) 김대중도 여권의 결집을 당부하는 의미에서 우리당 지도부에 "정통적인 지지표를 복원해야 한다"는 말을 하기도 했다.196) 이에 대해 노무현은 "창당 초심으로 돌아가야 한다"며 부정적인 시각을 드러내며 민주당과의 통합에 제동을 걸었다.197) 이를 계기로 우리당은 민주당과 통합해야 한다는 세력과 민주당과의 통합에 부정적인 세력으로 나뉘어 대립하는 내분상태에 돌입하게 되었다.

3) 제4회 지방선거와 한나라당 승리

2006년 5월 31일 실시된 제4회 전국 동시 지방선거에서 우리당은 집

---

194) 우리당의 文喜相은 한나라당의 거부로 연정론은 그 수명을 다했기 때문에 선거구제 개편을 전제로 한 대통령의 2선 후퇴나 임기단축은 없으며, 더 이상 연정 제안이 나오는 일은 없을 것이라고 단언했다. <朝鮮日報> 2005년 10월 11일.
195) 우리당 廉東淵 의원은 2006년 지방선거 이전에 민주당과 통합을 추진할 공식 기구를 당내에 설치해야 한다고 주장했다. <朝鮮日報> 2005년 11월 3일.
196) 金大中은 2005년 11월 8일 신임 인사차 찾아온 우리당 지도부에 "어려운 것을 하려 하지 말고 쉬운 것부터 하라"고 한나라당과의 연정보다는 민주당과의 제휴를 권했다. <朝鮮日報> 2005년 11월 9일.
197) <朝鮮日報> 2005년 11월 16일.

권여당 사상 최악의 참패를 한 반면,198) 한나라당은 호남을 제외한 전국에서 승리하는 실적을 거두었다. 한나라당은 전국 16개 시·도지사 중 서울, 경기, 인천 3곳에서 이긴 것을 비롯해 12곳에서 당선자를 내 광역단체장을 석권한 것이나 마찬가지였다. 우리당은 전북 한 곳에서만 당선자를 냄으로써 전남과 광주 2곳에서 당선자를 낸 민주당에도 지고 말았다. 230명을 뽑는 기초단체장의 경우도 한나라당의 초강세가 이어져, 한나라당은 서울 25개 구청장을 석권하는 등 전국 155곳에서 승리를 거두었다. 우리당은 기초단체장 19곳에서만 당선자를 내는 데 그쳐 20명의 당선자를 낸 민주당에도 뒤지는 패배를 겪었다.

광역의원과 기초의원도 한나라당이 석권하기는 마찬가지였다. 총 733명의 광역의원과 2,888명의 기초의원 가운데 한나라당은 광역의원 557명과 기초의원 1,621명의 당선자를 내 각각 52명과 630명의 당선자를 낸 우리당을 압도했다. 한나라당의 우세는 시·도의원 비례투표에 나타난 정당득표율에서도 그대로 드러났는데, 한나라당은 전국 평균 54.3%를 얻어 정당투표제가 도입된 이래 최고 득표율을 기록했다. 우리당의 득표율은 21.2%에 불과해 한나라당의 절반에도 미치지 못했다.

특히 서울의 경우 시장, 구청장 전원과 함께 96명의 지역구 시의원까지 한나라당이 독식한 것으로 나타났고, 정당득표율도 57.2%를 얻어 21.3%밖에 얻지 못한 우리당을 압도했다. 이처럼 서울에서 구청장과 지역구 시의원 모두를 한 정당이 독차지한 경우는 지방선거사상 처음 있는 일이었다. 우리당은 31명의 기초단체장을 뽑는 경기도에서도 전멸한 것이나 다름없었다. 경기도 구리시 한 곳에서만 당선자를 낸 것에 비해, 한나라당은 27명이나 당선자를 냈다. 108명을 선출하는 경기도 도의원도 한나라당이 108석 모두를 석권했고, 우리당을 비롯해 민주당, 민노당, 민주당은 단 한 명도 당선자를 내지 못했다. 10명의 구청장을 선출하는 인천에서는 한나라당이 9곳에서 승리한 반면, 우리당과 민주당은 한 명

---

198) 연합뉴스,『연합연감』2007, 145쪽.

의 당선자도 내지 못했다. 이처럼 선거 결과가 한나라당 일색으로 되다 보니, 지방선거가 지역사회에 존재하는 다양한 이해관계나 요구를 지방 정치에 반영하고 지역주의 극복에 기여할 것이라는 논리와는 정반대의 결과를 초래했다는 주장이 나오기도 했다.[199]

한나라당의 석권과 우리당의 참패라는 지방선거 결과는[200] 본격적인 정치권의 재편 움직임을 가져올 것으로 전망되었다. 우리당은 집권여당 사상 최악의 선거 참패로 상당 기간 혼란에서 벗어나기 어려울 것으로, 그리고 당의 진로를 놓고 각 계판 간 노선투쟁이 본격화될 것으로 분석되었다.[201] 한나라당에 효율적으로 대항하기 위해 우리당으로서는 민주당과의 통합으로 활로를 모색하는 수밖에 없었는데, 이에 대해서는 노무현이 부정적 입장을 취했기 때문이다.

우리당의 노선투쟁은 2006년 7월 26일 실시된 국회의원 재·보궐선거에서 전패함으로써 그 가능성은 더욱 높아졌다. 4곳의 재·보선에서 한나라당이 3곳(서울 송파갑, 경기 부천·소사, 경남 마산갑)에서 민주당이 1곳(서울 성북을)에서 승리한 데 반해, 우리당은 전멸했다. 특히 탄핵을 주도했던 민주당의 조순형이 당선됨으로써 탄핵에 준하는 경고를 대통령에게 보낸 것으로 분석되어[202] 정계개편론은 더욱 탄력을 받게 되었다. 이로써 우리당이 정계개편의 주체가 아니라 객체로 전락할지도 모

---

199) 고선규, "지방선거에서 중선거구제 도입과 선거운동의 변화"(2006년 한국정치학회 하계학술회의 발표논문), 67쪽.
200) 제4회 지방선거 당선자 현황

구분	합계	한나라당	우리당	민주당	민노당	국민중심당	무소속
광역단체장	16	12	1	2	0	0	1
기초단체장	230	155	19	20	0	7	29
광역의원	733	557	52	80	15	15	14
기초의원	2888	1621	630	276	66	67	228

201) <朝鮮日報> 2006년 6월 1일.
202) 당선이 확정되자 趙舜衡은 "탄핵의 정당성이 입증됐다"고 말했다. <朝鮮日報> 2006년 7월 27일.

른다는 분석이 더욱 설득력을 갖게 되었다.

우리당은 2006년 10월 25일 국회의원 2곳과 시장·군수 4곳을 포함하여 모두 9군데서 치러진 재·보선에서, 그리고 2007년 4월 25일 실시된 재·보선에서도 역시 단 한 명의 당선자도 내지 못했다. 반면 10·25재보선에서 한나라당은 인천(남동 을)에서, 민주당은 전남(해남·진도)에서 각각 1명씩 당선자를 냈다. 이로써 우리당은 2005년 4월 이후 실시된 국회의원 및 지방선거 등 4차례의 재·보선에서 '0 대 40'의 전패를 기록하는 수모를 당했는데, 민주당은 호남에서의 승리로 호남지방에서 우리당에 대한 우위가 확실해진 것으로 분석했다.[203]

10·25재·보선에 이어 국회의원 3인과 시장·군수 6명 등을 뽑는 4·25재·보선에서도 우리당은 당선자를 내지 못했다.[204] 이는 재·보선에서 우리당은 단 한 명의 국회의원이나 자치단체장 또는 광역의원도 당선시키지 못했다는 것을 의미하는 것이다. 이를 보더라도 우리당에 대한 유권자의 지지가 어느 정도였는지 알 수 있는 근거가 된다.

이처럼 우리당은 17대 총선 이후 실시된 각종 재·보궐선거에서 연달아 패배함으로써 정계개편을 주도할 수 있는 동력을 잃고 말았다. 창당 이후 4개 법안의 처리문제를 놓고 지속된 노선투쟁으로 당의 역량을 한 곳으로 집결할 수 없었던 데다, 한나라당과의 연정 추진문제로 내분에 가까울 정도로 당 소속 의원들의 이해관계가 나뉘었기 때문이다. 이와 같은 노선투쟁과 내분은 당의 역량 와해와 정체성 훼손으로 이어져 유권자의 지지를 동원하는데 지장을 초래했고, 이로 인한 재·보궐선거 패배로 우리당은 위기에 직면한 것이다.

---

203) 민주당의 대표 韓和甲은 "민주당을 중심으로 정계개편을 하라는 국민의 명령"이라고 주장했고, 申仲植은 "여당 의원들의 대탈출이 곧 시작될 것"이라고 단언했다. <朝鮮日報> 2006년 10월 26일.
204) 한나라당은 경기 화성에서, 국민중심당은 대전 서구을에서, 민주당은 전남 무안·신안에서 한 명씩 국회의원을 당선시켰다.

6. 열린우리당 소멸

앞서 살펴본 것처럼 우리당은 재·보궐선거와 지방선거에서 연달아 패배함으로써[205] 정국을 주도해 나갈 동력을 상실했다. 17대 총선에서 우리당은 원내 과반수 의석을 확보할 정도로 승리를 거두었지만 노선상의 대립과 갈등으로 통합과는 거리가 먼 행태를 보였다. 이로 인해 우리당은 당의 역량을 집결하는 것도, 당의 정체성을 확보하는 것도 쉽지 않았다. 이와 동시에 개혁을 명분으로 여론과 괴리된 정책을 추진하고 인사문제와 연정 추진문제로 당과 청와대가 갈등을 겪는 바람에 유권자의 지지를 동원하는 데도 큰 어려움을 겪었다. 이러한 요인이 복합적으로 작용하여 우리당은 재·보선에서 한나라당에, 심지어는 민주당에조차 연패를 당하고 만 것이다.

연이은 선거 패배로 위기의식을 느낀 우리당 일부는 통합신당 창당으로 활로를 모색하려고 했다. 그러나 노무현의 반대로 이 작업이 난관에 봉착하자 신당파는 우리당을 탈당했다. 우리당 일부는 선거 패배와 지지율 저하가 노무현 때문이라고 보고 노무현의 탈당을 요구하기도 했다. 이에 노무현은 자신의 존재가 걸림돌이 된다면 더 이상 당에 머물 명분

---

205) 盧武鉉정부 시절 우리당의 재보선 실적은 다음과 같다.

	전체	우리당 승리	우리당 패배
2004년 6월 5일(도지사, 시장, 군수)	23	3	20
2004년 10월 30일(시장, 군수)	5	1	4
2005년 4월 30일(국회의원, 시장, 군수)	13	0	13
2005년 10월 26일(국회의원)	4	0	4
2006년 7월 26일(국회의원)	4	0	4
2006년 10월 25일(국회의원, 시장, 군수)	9	0	9
2007년 4월 25일(국회의원, 시장, 군수)	9	0	9
종합	67	4	63

이 없다면서 우리당을 탈당했으나, 그의 탈당에도 불구하고 우리당 의원들의 탈당사태는 끊이지 않았다. 우리당에 미래가 없다는 이유에서였다. 이후 통합문제를 놓고 탈당파와 잔류파 사이에 백가쟁명식의 논쟁이 벌어지기도 했으나 결국은 미래창조대통합민주신당(이하 대통합민주신당)에 합류하기로 함으로써, 우리당은 당의 간판을 내리고 한국정당사에서 소멸되고 말았다.

1) 여권의 갈등과 대통령 탈당

(1) 여권의 갈등과 위기

여권의 갈등은 크게 인사문제와 신당 창당문제 두 요인이 중첩되어 발생한 것이지만, 어떤 의미에서 이 문제는 우리당이 출범할 때부터 안고 있었던 것이라고 할 수 있다. 47명에 불과했던 의원수가 총선을 거치면서 152명으로 급증하는 과정에서 동질성을 찾기 어려운 정치인들이 우리당 간판 아래 단지 '탄핵 심판'이라는 구호를 내걸고 갑작스럽게 뭉친 것이어서, 구조적으로 정책이나 노선의 통일을 기할 수 없었기 때문이다. 이로 인해 개혁파와 실용파, 또는 강경파와 온건파로 나뉘어 대립했던 것인데, 이러한 대립은 재·보선 패배로 더욱 증폭되어 결국 우리당은 위기에 처하고 만 것이다.

인사문제의 갈등은 장관 임명을 놓고 우리당과 노무현 사이의 견해차이에서 발생한 것으로 유시민 의원의 장관 임명에서 비롯되었다고 할 수 있다. 2006년 1월 2일 유시민의 보건복지부장관 내정설이 전해지자, 우리당 일부는 그의 입각이 가져올 부정적 이미지와 지방선거에 미칠 악영향을 언급하며 그의 입각은 바람직하지 않다고 말했다.[206] 우리당 의원들의 반대에도 불구하고 노무현이 유시민의 장관 임명을 강행하자 의원들은 공개적으로 유감을 표시하는 한편,[207] 책임 있는 관계자의 해

---

206) <朝鮮日報> 2006년 1월 3일.

명을 요구하기까지 했다.208) 이처럼 인사문제로 갈등이 빚어지자, 이를 수습하기 위해 노무현과 당 지도부는 모임을 갖고 당·정·청 관계 재정립을 위한 TF를 구성하기로 하는 선에서 일단 봉합을 했다.209) 그러나 아무런 후속조치가 없었기에 갈등이 재발할 소지를 그대로 남겨둔 셈이 되었고, 이것이 현실로 나타난 것이다.

인사문제를 놓고 발생한 두 번째의 갈등은 김병준(金秉準)의 교육부총리 임명에서 비롯되었다. 우리당은 사전에 여러 경로를 통해 그의 입각을 반대한다는 뜻을 전했는데, 이는 그가 청와대 정책실장 때 주도했던 '세금폭탄'으로 회자되는 부동산정책으로 인해 우리당이 지방선거에서 참패했다고 생각했기 때문이다.210) 당의 반대에도 불구하고 노무현이 2006년 7월 4일 그를 교육부총리로 지명하자 우리당 내에는 노무현에 대한 불만이 누적될 수밖에 없었다.211) 이 상황에서 그가 교수시절에 발표한 논문들이 표절시비에 휘말리자,212) 우리당은 학자로서의 자질

---

207) '한 계층의 대변자'인 柳時民이 내각에 들어와 일할 기회를 갖는 것이 필요하다는 청와대의 입장표명에 대해, 우리당 의원 18명은 청와대에 유감을 표명하는 의견서를 내고 그의 장관 내정에 반대하는 내용의 서명운동을 추진했다. <朝鮮日報> 2006년 1월 5일.

208) 우리당 초·재선 의원 33명은 2006년 1월 9일 모임을 갖고 柳時民을 보건복지부 장관으로 임명한 것에 대해 대통령 면담과 총리의 해명을 요구했다. <朝鮮日報> 2006년 1월 10일.

209) <朝鮮日報> 2006년 1월 12일.

210) 2006년 6월 30일 열린 우리당 의원 워크숍에서 의원들은 "지방선거 때 표 까먹는 데 일등공신 역할을 했던 사람을 어떻게 부총리로 기용하느냐"며 공개적으로 金秉準의 교육부총리 임명에 반대했다. <朝鮮日報> 2006년 7월 3일.

211) 당의 반대에도 불구하고 盧武鉉이 金秉準을 임명한 것은 여론에 밀려 후퇴할 경우 '식물 대통령' 상태가 되는 상황을 우려했기 때문인데, 이에 대해 우리당 일부 의원은 자포자기의 심정에서 대통령과 우리당의 결별은 결국 시간문제일 뿐이라고 주장했다. <朝鮮日報> 2006년 7월 4일.

212) 金秉準이 1988년 6월 『행정학회보』에 게재한 "도시재개발에 대한 시민의 반응: 세입자를 중심으로"라는 논문의 내용이 제자의 박사학위 논문과 유사하다는 의혹이 제기되어 표절시비가 일었고, 그 밖에도 그는 여러 편의 논문을 중복 게

문제를 제기한 여론에 편승하여 그의 사퇴를 공개적으로 요구했다.[213] 당의 반발 기류와 부정적 여론에 부담을 느낀 노무현은 자진사퇴 형식으로 그를 경질했는데, 이로 인해 우리당과 청와대는 서로 상대를 믿지 못하는 상호 불신관계로 접어들게 되었다.[214]

세 번째 갈등은 헌법재판소장 지명을 놓고 생긴 것인데, 이는 소장에 지명된 전효숙(全孝淑) 개인 때문이 아니라 절차상의 문제로 인해 경색된 정국을 해결하는 과정에서 노무현과 우리당 사이의 조율 부족으로 발생한 것이어서 더욱 문제가 되었다. 헌재 소장으로 지명된 전효숙의 국회 인사청문회가 2006년 9월 6일 개최되었는데, 이 날 조순형은 그의 '편법지명' 문제를 제기했다.[215] 예기치도 않던 절차문제가 지적되는 바람에 청문회는 파행을 거듭했고, 결국 그의 임명동의안 처리는 무산되고 말

재했다는 비판을 받았다. <朝鮮日報> 2006년 7월 25일.
213) 우리당 의장 金槿泰는 2006년 7월 28일 金秉準을 만나 "억울해도 어느 한계점을 넘었다면 결단할 때는 결단해야 한다"며 金秉準의 사퇴를 요구했다. <朝鮮日報> 2006년 7월 31일.
214) 청와대와 우리당은 물과 기름처럼 양자 사이에 의견을 조율할 수 있는 시스템도 없고 신뢰관계도 형성되지 않아, 상호 인식차이와 정서적 거리감만 확인했다는 것이 언론의 분석이었다. <朝鮮日報> 2007년 8월 3일.
215) 全孝淑은 2006년 8월 16일 헌재 소장 지명을 통보받은 후 청와대의 권유대로 8월 25일 재판관직을 사퇴했다. 그는 2003년 헌법재판관이 되었기 때문에 만일 재판관직을 사퇴하지 않고 헌재 소장에 임명된다면 잔여 임기 3년 동안 헌재 소장을 하게 되나, 재판관직을 사퇴하고 새로 헌재소장에 임명된다면 임기 6년이 보장된다. 이러한 문제점은 언론에서 이미 지적한 바 있었다. 그러나 보다 근본적으로는 "헌법재판소의 장은 국회의 동의를 얻어 재판관 중에서 대통령이 임명한다"는 헌법 제111조 4항에 위반되는 것이었는데, 趙舜衡이 이 문제를 지적한 것이다. 그는 헌법재판관직을 사퇴한 全孝淑을 소장으로 지명한 것은 "대통령과 행정부가 편법으로, 편의 위주로 절차를 생략한 것"이라 지적하고 헌법재판관으로 재임명해서 국회에 동의를 요청하는 정당한 절차를 밟을 것을 요구했다. 그의 발언 전문은 國會事務處, 『憲法裁判所長(全孝淑)任命同意및憲法裁判所裁判官(睦榮埈·李東洽)選出에관한人事聽聞特別委員會會議錄』 第262回 國會 第3號(2006년 9월 6일), 2-3쪽 수록.

았다. 이에 우리당이 의장의 직권상정으로 임명동의안을 처리하려 하자 한나라당은 이를 저지하기 위해 본회의장을 점거했고, 이로 인해 정국은 급속도로 냉각되었다.216)

전효숙의 임명동의안 처리가 불가능해지고 이로 인해 정국이 경색되자, 노무현은 헌재소장 인준 등 여·야 간 입장이 다른 정치현안과 일반 정책현안을 타결하기 위해 우리당과 한나라당, 그리고 정부가 참가하는 여·야·정 정치협상회의를 하자고 제의했으나, 한나라당은 거부했다.217) 한나라당의 거부로 정치협상회의가 무산되자 노무현은 정치협상회의 대신 우리당 지도부에 만찬을 제의했지만, 우리당이 사전에 한마디 상의조차 없었다며 거부하는 바람에 만찬은 무산되고 말았다.218) 우리당이 만찬 초청을 거부하며 자신에게 반기를 들자 노무현은 탈당과 중도사퇴 가능성까지 언급했고, 이에 대해 우리당은 "정치는 당에 맡기고 책임 있는 자세로 국정에만 전념해 달라"고 공개적으로 요청했다.219) 이처럼 인사문제로 인해 우리당과 노무현 사이의 갈등은 첨예해질 대로 첨예해졌고, 급기야는 노무현이 탈당 가능성까지 비침으로써 양자 사이의 관계는 파국으로 치닫는 위기가 조성된 것이다.

(2) 신당 창당 논의와 대통령 탈당

2006년 10월 25일 실시된 재·보선에서도 패배하자, 우리당은 신당 창당을 통한 정계개편을 모색했다. '0 대 40'이라는 재·보선 전패(全敗)

---

216) 한나라당은 임명과정이 위헌·위법이므로 원천무효를 주장한 반면, 우리당은 일부 절차상의 잘못은 있지만 청와대가 이를 시정했으므로 동의안을 처리해야 한다고 주장했다. <朝鮮日報> 2007년 11월 15일.
217) <朝鮮日報> 2007년 11월 27일.
218) 우리당은 "대통령이 여당에는 한마디 상의도 없이 여·야·정 정치협상회의를 제의하고, 한나라당이 이를 거부하자 또 여당 지도부와 밥을 먹자고 했다"며 "이게 상식으로 이해할 수 있는 행동이냐"고 강한 불만을 토로했다. <朝鮮日報> 2007년 11월 28일.
219) <朝鮮日報> 2007년 11월 29일.

기록에서 나타나듯이 우리당 간판으로는 어떤 선거에서도 이기기 힘들다는 것이 사실로 드러났기 때문이다. 이로 인해 당의 활로는 신당 창당 밖에 없다는 인식이 당내에 확산되기 시작했고, 이러한 분위기를 반영해 당 전략기획위원장 이목희(李穆熙)는 "재창당을 위한 실천 프로그램을 곧 제시하고 중도개혁세력 통합에 나서겠다"고 밝혔다.220) 당내 분위기가 민주당과의 합당을 통한 신당 창당 쪽으로 기울자, 청와대는 우리당에서 거론하는 신당에 합류하지 않겠다는 뜻을 분명히 밝혔다. 이를 계기로 노무현을 포함한 친노그룹과 우리당은 결별 수순에 들어간 것이나 다름이 없었다.221)

　노무현과 친노그룹의 반대에도 아랑곳하지 않고 우리당은 2006년 10월 29일 비상대책위원회를 열고 당을 사실상 해체하고 신당을 만드는 방안에 대해 협의했다. 회의에서 당 지도부를 포함한 다수는 우리당으로는 2007년도 대선에서 이길 가능성이 없으므로 민주당 등과 통합해야 한다고 주장한 것으로 알려졌다.222) 이에 당 내외의 친노그룹은 "창당 주역들이 개인적 욕심으로 신당 창당 같은 황당한 주장을 하고 있다"며 강력하게 반발했으나, 신당 창당 추세를 막을 수는 없었다. 이는 우리당의 실패를 일부 시인하고 지킬 것과 버릴 것을 가려내 다시 시작하자는 김한길의 국회 대표연설에서도 그대로 드러났다.223)

---

220) <朝鮮日報> 2006년 10월 26일.
221) 청와대 대변인 尹太瀛은 "대통령은 지역 분할구도를 강화하는 방향의 논의에 찬성하지 않을 것"이라고 말했다. <朝鮮日報> 2006년 10월 27일.
222) 우리당 창당 주역인 鄭東泳은 "열린우리당은 성공하지 못했다"고 말했고, 千正培도 "열린우리당이 국민의 신뢰를 상실했음을 인정하지 않을 수 없다"고 말했다. 이처럼 창당 주역들은 우리당의 실패를 고백하면서 신당 창당에 나섰다. <朝鮮日報> 2006년 10월 30일.
223) 우리당 원내대표 김한길은 2006년 11월 7일 교섭단체 대표연설에서 "열린우리당의 창당은 우리 정치사에 크게 기록될 만한 정치실험이었다고 생각합니다. 하지만 이제는 정치실험을 마감하고 지켜 가야 할 것과 버리고 가야 할 것이 무엇인지를 가려내서 또 한 번 다시 시작하는 아침이 필요하다고 생각합니다"라

우리당 원내대표까지 신당 창당의 필요성을 공론화하는 상황에 이르자, 노무현은 이는 "말이 신당이지 지역당을 만들자는 것"이라고 폄하하고 "신당을 하려면 나가서 하라"고 반박했다.224) 당 소속 의원 대부분이 추진하는 신당을 지역당으로 규정하며 비난하자, 당 의장 김근태는 "당원은 당의 결정을 존중해야 한다"며 노무현을 비판했다.225) 김근태의 비판을 반박하는 의도에서 노무현은 당원들에게 편지를 보내, 신당이 당 지도부의 구상대로 추진되는 것을 좌시하지 않겠다는 뜻을 분명히 밝혔다.226) 이후 노무현과 친노파를 한 축으로 하고 우리당 지도부와 신당 창당파를 다른 축으로 하는 두 세력, 즉 '당 사수파'와 '통합신당파'는 자신들의 노선을 관철시키기 위해 온갖 노력을 다 기울이게 된다.

그러나 2006년 12월 27일 오후에 소집된 우리당 의원 워크숍에서 '열린우리당 사수'를 외친 친노그룹은 열세를 느끼지 않을 수 없었다. 수적으로 신당파가 다수를 차지해 "통합신당을 추진해야 한다"는 주장이 관철되었기 때문이다.227) 이를 바탕으로 김근태와 정동영은 "신당은 어느

고 말해, 우리당 창당이 실패했음을 시인하고 신당 논의를 사실상 공식화했다. 國會事務處, 『國會本會議會議錄』 第262回 國會 第9號(2006년 11월 7일), 1쪽.

224) 盧武鉉은 "당적을 유지하는 것이 당을 지키는 데 도움이 된다면 그렇게 할 것이고, 탈당하는 것이 당을 지키는 데 도움이 된다면 그렇게 할 것"이라고 말했다. 이는 신당 추진파들이 탈당을 통해 창당을 추진할 경우에는 우리당에 남을 것이지만, 이들이 전당대회에서 당 해산을 거쳐 통째로 신당에 합류하려 할 경우에는 탈당하겠다는 뜻으로 해석되었다. <朝鮮日報> 2006년 12월 1일.

225) 대통령을 당원의 하나로 취급한 金槿泰의 발언에 대해 청와대 비서실장 李炳浣은 "개별적 정치입지 확대를 위해 대통령과 차별화하겠다는 구시대적인 전략"이라고 비판했다. <朝鮮日報> 2006년 12월 2일.

226) 盧武鉉은 신당 창당 움직임에 대해 "통합신당이 무엇을 지향하는지, 어떤 세력이 새롭게 참여하는지 들어 보지 못했다"면서 민주당이 통합의 대상으로 거론되는데, 이는 '구 민주당으로 회귀'라며 지역당은 안 된다고 거듭 말했다. <朝鮮日報> 2006년 12월 5일.

227) 워크숍을 끝낸 후 우리당은 "2월 전당대회에서 대통합에 나설 수 있도록 결의한다," "전당대회에서 당의 진로에 대한 논란이 종식될 수 있어야 한다"는 등

누구의 영향권에서도 벗어나 자율적 독립적으로 만들어져야 한다"는 데 합의했다.228) 신당 창당과정에 개입하려는 노무현에 대해 일종의 정치적 결별을 선언한 것이라고 해석할 수 있는데, 이를 계기로 통합신당파는 본격적인 대세 몰이에 나섰다. 반면 세(勢)가 위축된 사수파 당원 일부는 법원에 "지도부의 월권을 막아 달라"는 가처분신청을 내는 것으로 만족해야 했다.229)

이처럼 신당 창당이 공론화되고 구체화되어 가는 시점인 2007년 1월 9일 노무현은 담화문을 발표하고 '대통령 4년 연임제'를 골자로 하는 개헌안을 발의하겠다고 밝혔다.230) 다음날인 1월 10일에도 그는 개헌안 발의를 강행할 뜻을 비쳤는데, 국회를 통과할 가능성이 거의 없는 상황에서 그가 '개헌 카드'를 던진 것은 개헌안 통과보다는 우리당의 분당을 막기 위한 정치적 의도 때문인 것으로 분석되었다.231) 왜냐하면 한나라당을 비롯한 야당이 전부 개헌에 반대하고 여론조사에서 60%가 넘는

의 합의사항을 발표했다.<朝鮮日報> 2006년 12월 28일.
228) <朝鮮日報> 2006년 12월 29일.
229) 우리당 의원 139명 가운데 80% 가량이 신당 창당에 동조하고 있고, 그 규모도 갈수록 늘어날 전망이어서 당 사수파의 위축은 불가피했다. 전당대회의 표 대결에서 승산이 없게 되자, 이들은 당헌 개정권이 당 중앙위원회에 있음에도 불구하고 이를 무시하고 비상대책위원회가 불법으로 당헌을 개정한 것은 월권이자 원천무효라며 서울 남부지원에 가처분신청서를 냈다.<朝鮮日報> 2006년 12월 30일. 그러나 2007년 1월 19일 남부지원은 사수파가 낸 '당헌 개정 무효 가처분신청'을 받아들였고, 이로 인해 우리당은 2007년 1월 29일 중앙위원회를 열어 기간당원제 폐지를 골자로 하는 당헌 개정안을 다시 통과시켜야 했다. <朝鮮日報> 2007년 1월 30일.
230) 담화에서 盧武鉉은 "단임제는 대통령의 책임정치를 훼손하고 임기 후반에는 책임 있는 국정운영을 더욱 어렵게 만들어 국가적 위기를 초래하기도 한다"며 4년 연임제는 "국정의 책임성과 안전성을 제고하고 국가적 전략과제에 대한 일관성과 연속성을 확보하는 데 크게 기여할 것"이라고 말했다. <朝鮮日報> 2007년 1월 10일.
231) <朝鮮日報> 2007년 1월 10일.

국민이 반대하는 것으로 나타나는 상황에서 개헌을 논의하는 것 자체가 민심을 외면한 것이었기 때문이다.

개헌안 제의에 정치적 복선이 있다고 생각한 우리당 일부 의원은 노무현의 탈당을 요구했다.232) 이는 그가 탈당할 경우 신당 추진이 탄력을 받을 것이라는 생각에서였다. 신당파가 "대통령이 당적을 정리하는 것을 진지하게 검토할 필요가 있다"고 건의했음에도 불구하고, 노무현은 탈당 요구에 응하지 않았다. 이에 신당파 일부는 개인적으로 탈당하기 시작했고, 이것이 탈당 도미노현상으로 이어질 기미를 보이자 노무현은 신당파에 협상을 제의했다.233) 그러나 신당파는 신당 추진이 대세로 굳어졌으며 "우리당이라는 '상품'의 유통기한은 끝났다"고 생각했기에 노무현의 제의를 거절했다.234)

신당을 논의하는 과정에서 우리당 창당의 주역이었던 의원들의 개별 및 집단 탈당이 이어지고235) 대정부질문에서 우리당 의원들이 공개적으로 대통령의 탈당을 요구하자,236) 노무현은 당을 떠나지 않을 수 없게

---

232) 우리당의 崔在千은 "언론이나 정치권은 대통령의 정치적 제안에 귀를 기울일 필요가 없다"면서 "노 대통령은 열린우리당 당적을 과감하게 포기하라"고 주장했다. <朝鮮日報> 2007년 1월 11일. 원내대표 김한길도 개헌 제안이 진정성을 갖기 위해서는 당적을 정리해야 한다고 말했다. <朝鮮日報> 2007년 1월 12일.
233) 우리당의 林鍾仁, 崔在千, 李啓安 등 3명이 탈당한 이후 우리당 의원들은 몇 갈래로 집단 탈당 움직임을 보이자, 盧武鉉은 신당파가 추진하는 통합신당에 동의할 수 있으며 자신의 탈당이 통합의 조건으로 제기된다면 탈당도 할 수 있다고 밝혔다. <朝鮮日報> 2007년 1월 26일.
234) <朝鮮日報> 2007년 1월 27일.
235) 2007년 1월 27일 千正培가, 1월 30일에는 廉東淵이 탈당했으며, 2월 6일에는 김한길, 康奉均 등 23명이 집단으로 탈당했다. 이들은 우리당으로는 아무런 희망이 없기 때문에 일단 당을 깨야 한다는 생각에서 탈당하는 것이라고 분석되었다. 이로써 우리당은 의석수가 111석으로 줄었다. <朝鮮日報> 2007년 1월 31일.
236) 2007년 2월 8일 우리당의 閔丙梧는 본회의 질문에서 개헌의 진정성을 보여주기 위해 "대통령의 거취를, 당과의 관계를 정리하는 것이 보다 합리적이고 현명

되었다. 그리하여 2007년 2월 22일 우리당 지도부를 초청한 가운데 탈당 의사를 공식 표명했고,237) 2월 28일에는 우리당에 사람을 보내 탈당계를 제출했다.238) 이로써 그는 노태우, 김영삼, 김대중에 이어 네 번째로 여당을 탈당하는 대통령이 되었고, 개인적으로는 2003년 9월 29일 자신을 대통령후보로 선출해 준 민주당을 탈당한 데 이어 우리당도 탈당함으로써 임기 중 두 번이나 여당을 탈당하는 기록을 세웠다.

2) 대통합민주신당으로 흡수

김한길, 강봉균(康奉均) 등 우리당을 집단 탈당한 의원 23명은 2007년 2월 12일 '중도개혁 통합신당 추진모임'(이하 통합신당모임)이라는 명칭으로 교섭단체 등록을 했다. 이를 계기로 우리당은 사실상 분당 사태를 맞았는데,239) 이들에 앞서 탈당한 천정배 등 7명은 '민생정치 준비모임'을 결성하여 별도로 세력 확대에 나섬으로써 탈당파끼리도 분화될 조짐을 보였다. 한편 우리당은 2007년 2월 14일 전당대회를 개최하여 정세균(丁世均)을 대회 이후 열 번째의 당 의장으로 선출하고,240) 통합신당을 추

하다"고 주장했고, 같은 당의 文炳浩는 "대선관리의 공정성 제고를 위해서 대통령이 조건 없이 탈당해서 중립내각을 구성하는 것이 바람직하다"고 주장했다. 國會事務處, 『國會本會議會議錄』第265回 國會 第4號(2007년 2월 8일), 36쪽 및 46쪽.

237) 盧武鉉은 "일부라도 내 존재에 부담을 느낀다면 그것도 갈등의 소지가 될 수 있다"며 탈당 의사를 밝히고, 정치문화의 구조적인 한계를 극복하지 못해 탈당하게 되었다고 말했다. <朝鮮日報> 2007년 2월 23일.
238) 盧武鉉의 탈당신고서에는 "본인은 열린우리당 당적을 정리하고자 합니다"라는 짧은 문장만 쓰여 있었다. <朝鮮日報> 2007년 3월 1일.
239) 이들의 탈당으로 우리당 의석수는 110석으로 줄어들어 원내 제2당이 됐고, 127석의 한나라당은 제1당이 됐다. 17대 총선 이후 2년 10개월 만의 일이었다.
240) 丁世均은 의장 수락연설에서 "대통합은 민주개혁세력의 역사적 소명"이라 말하고, "일체의 기득권을 버리고 낮은 자세로 대통합 신당을 추진하겠다"고 밝혔다. <朝鮮日報> 2007년 2월 15일.

진할 것과 신당 추진에 대한 전권을 의장에게 부여할 것 등을 결의했다. 이로써 여권은 우리당과 통합신당모임, 민생정치 준비모임 3개 집단으로 분화되었고, 이들이 통합신당 창당의 주도권을 놓고 치열한 경쟁을 벌이는 양상을 띠게 되었다.

통합신당 창당에는 범여권뿐만 아니라 민주당도 많은 관심을 기울였고,241) 김대중도 '범여권 통합'을 주문한 것으로 알려졌다.242) 그럼에도 불구하고 가시적인 성과가 보이지 않자 우리당 내에는 2차 집단 탈당설이 대두되었고,243) 통합신당의 추진 속도를 놓고 전·현직 지도부가 설전을 벌이는 등 다시 내분 상태에 휩싸이기도 했다.244) 한편 2007년 4월 3일의 전당대회에서 민주당 대표로 선출된 박상천(朴相千)이 중도개혁 세력을 통합하여 강력한 중도정당으로 출범하겠다고 밝힘으로써,245) 통합 문제는 범여권 내부만의 문제가 아니라 민주당까지 포함된 정치권의 문제로 되고 말았다.

이처럼 한나라당을 제외한 정치권 전체가 통합문제를 놓고 백가쟁명식의 주장을 펴는 가운데 통합신당모임의 김한길은 분열상을 방치하는 것은 결과적으로 한나라당에 좋은 일만 시켜 주는 것이므로 우선 신당을 창당하겠다고 말하고,246) 민주당과 통합협상을 벌였다. 그러나 여러

---

241) 민주당의 韓和甲은 여권통합의 필요성을 강조하고 "민주당 원외 인사들이 통합을 계속 거부할 경우 원내가 결집해 처리하면 된다"고 말했다. 범여권 통합이 원외의 반발에 묶일 경우 민주당 의원들이 탈당해서 통합하는 방법도 적극 고려해야 한다는 취지였다. <朝鮮日報> 2007년 2월 28일.
242) <朝鮮日報> 2007년 3월 5일.
243) 우리당의 文學振 의원 등 6명은 2007년 3월 15일 당 지도부의 통합신당 추진 의지가 약하다고 비판하면서 당 해체를 촉구하는 기자회견을 가졌다. <朝鮮日報> 2007년 3월 16일.
244) 鄭東泳은 당 지도부가 통합에 진정성을 가지고 노력했는지 실망스럽다고 말했고, 金槿泰도 통합이 늦어지는 것에 대해 지도부에 불만을 표시했다. 이에 대해 원내대표 張永達은 당 요직을 했던 사람들이 당을 흔들면 자가당착이라고 반박했다. <朝鮮日報> 2007년 3월 17일.
245) <朝鮮日報> 2007년 4월 4일.

차례의 협상에도 합의를 보지 못하게 되자,247) 통합신당모임은 2007년 5월 7일 독자로 '중도개혁통합신당(이하 중도신당)'을 창당하여 김한길을 대표로 선출했다. 김한길은 기자회견에서 중도신당 창당은 벽을 쌓는 게 아니라 대통합의 전진기지와 큰 그릇이 될 것이라 주장하고, 민주당을 포함한 정치권과 통합 노력을 통해 정치권의 빅뱅을 이루겠다고 밝혔다.248)

한편 통합에 적극성을 보이지 않는다는 비판을 받았던 우리당 의장 정세균은 대통합 신당의 성공을 위한 어떠한 노력도 지지하겠다고 밝혔다.249) 그러나 정동영과 김근태는 우리당 해체를 요구하고 여의치 않을 경우 탈당해서 통합신당을 만들겠다는 생각을 비쳤고, 이에 청와대가 반박함으로써250) 우리당의 제2차 분당 사태는 기정사실이 되고 말았다. 이처럼 범여권 모두가 통합을 주장하고는 있지만 내용은 제각각이어서 혼란만 드러내는 가운데, 2007년 6월 3일 민주당과 중도신당이 합당하여 중도통합민주당(이하 통합민주당)을 창당하기로 합의했다.251) 창당을

---

246) 이 모임을 주도한 김한길은 여러 세력과 통합신당을 추진해 보았지만 여의치 않았다면서 만족할 만한 수준이 아니더라도 일단 신당을 만들어야 한다고 말하고, 이 당이 대통합의 출발점 역할을 할 것이라고 주장했다. <朝鮮日報> 2007년 4월 9일.
247) 민주당과 중도신당모임은 여러 번 협상을 벌였으나 당 대표직과 지분문제 등에서 이견을 좁히지 못하는 바람에 1차 합당협상은 결렬되고 말았다. <朝鮮日報> 2007년 4월 21일.
248) <朝鮮日報> 2007년 5월 8일.
249) <朝鮮日報> 2007년 4월 16일.
250) 鄭東泳과 金槿泰가 우리당의 해체를 요구하자, 청와대 정무특보는 이들에 대해 "노선과 가치관도 없는 사람들," "구멍가게도 맡길 수 없는 사람들"이라며 격렬하게 비난했다.<朝鮮日報> 2007년 5월 4일. 盧武鉉도 이들의 정치행태를 '구태정치'라고 지적하고 "깨끗하게 정치를 그만두는 게 국민에 대한 도리"라고 비판했다. 이에 대해 鄭東泳은 "지금은 국민에게 무의미한 당 사수론을 주장할 때가 아니다"고 응수했고, 金槿泰는 "우리당의 창당정신은 盧 대통령에 의해 부정되고 좌초됐다"고 반박했다.<朝鮮日報> 2007년 5월 8일.

선언한 통합민주당 역시 우리당 해체를 요구했고 이에 대해 우리당의 정세균은 양 당의 합당은 '총선용 소통합'에 불과하다고 응수했지만,[252] 우리당 의원들의 탈당 추세를 막기에는 역부족이었다.[253]

통합민주당은 2007년 6월 27일 대회를 갖고 박상천·김한길 2인을 공동대표로 선관위에 등록하고 공식 출범했다. 출범 후 가진 기자회견에서 두 사람은 범여권 통합과 대선후보 선출에 대해 각각 다른 방법을 제시함으로써 통합민주당의 앞날이 그다지 순탄치는 않을 것이라는 예감을 느끼게 했다.[254] 이러한 예감은 합당한 지 채 한 달도 되지 않아 현실로 나타났다. 2007년 7월 24일 범여권의 신당창당준비위원회가 발족되자, 이에 합류하기 위해 김한길이 또다시 통합민주당 탈당을 선언했기 때문이다.[255]

우리당 의원들이 주축이 된 범여권 신당창당준비위원회는 2007년 8

---

251) 민주당의 朴相千이 특정 인사를 배제해야 한다고 주장하자, 金大中은 '특정 인사 배제론'에 동의하지 않는다는 것을 시사했다. 이를 볼 때 양 당의 합당에는 金大中이 가장 영향력을 발휘했다고 볼 수 있다. <朝鮮日報> 2007년 6월 4일.
252) <朝鮮日報> 2007년 6월 5일.
253) 우리당 의원은 2007년 6월 8일에 16명, 6월 14일에 15명, 6월 15일에 17명이 각각 탈당했다. 이 같은 집단 탈당으로 우리당 의석은 78석으로 줄어들었다. <朝鮮日報> 2007년 6월 16일.
254) 朴相千은 독자후보를 먼저 낸 다음 대선에 임박하여 후보 단일화를 추진하겠다는 입장인 데 반해, 김한길은 우리당을 이탈하는 사람들을 더 모아 통합민주당의 틀 안에서 경선을 치르겠다고 말했다. <朝鮮日報> 2007년 6월 28일.
255) 김한길은 범여 신당에 "당장 들어가자"고 주장했고, 朴相千은 "신당이 만들어지면 당 대 당 합당을 하자"고 주장했다.<朝鮮日報> 2007년 7월 24일. 朴相千과 의견의 일치를 보지 못하자 김한길은 탈당했다. 이로써 그는 2007년 2월 6일 우리당을 탈당하여 5월에 '중도개혁통합신당'을 창당했고, 민주당과 합당으로 '중도통합민주당'을 출범시켰다가, 다시 범여권 신당에 참여하기 위해 탈당했다. 그로서는 盧武鉉정부 출범 이후 3번째, 2007년 들어 2번째 탈당이며, 2007년에만 3번째 盧武鉉정부 들어서는 4번째 창당작업에 나선 것이다. 이에 대해 그는 "쉽지 않은 결정이었지만 대통합의 밀알이 되기 위해 동참키로 했다"고 말했다. <朝鮮日報> 2007년 7월 25일.

월 5일 창당을 목표로 세력 확대에 나섰다. 이들은 "우리당 간판으로는 승산이 없다"는 판단에서 범여권 통합에 나선 것이었기 때문에 신당 지도부의 50%는 시민·사회단체 세력이 주축이 된 미래창조연대에 양보하기로 하고,256) 신당의 명칭도 '미래창조대통합민주신당'(이하 대통합민주신당)으로 정했다.257) 대통합민주신당에는 우리당 탈당파와 한나라당을 탈당한 손학규(孫鶴圭) 지지모임인 '선진평화연대', 통합민주당 탈당파, 그리고 미래창조연대 등이 참여했는데, 이처럼 범여권을 통합한 신당이 출현하게 된 데는 김대중의 주문이 크게 작용한 것으로 알려졌다.258)

2007년 8월 5일 창당대회를 마친 대통합민주신당은 약칭을 '민주신당'으로 정하고259) 우리당에 합당을 제안했다. 이 제안에 우리당이 응함

---

256) 미래창조연대를 구성한 시민·사회단체 사람들은 "기성 정치권에 정치를 맡길 수 없다"며 출범한 조직이었다. 현역의원 한 명도 없는 단체에 지분의 절반을 준 것은, 우리당 의원이 78명이 신당에 참여하고 있는데, 이는 전체 참여 의원 83명의 94%를 차지하는 것이어서 '도로 열린우리당'이라는 내외의 비판이 나왔기 때문이다. 이러한 비판을 피하기 위해서는 이들 단체의 참여가 필수적이라는 고육지책에 따른 결과였다. <朝鮮日報> 2007년 7월 24일 및 25일.
257) 명칭이 11자나 될 정도로 길어진 것은 "신당에 참여한 여러 정파의 이해관계를 모두 집어넣다 보니 당명이 길어졌다"고 설명했다. 미래창조연대의 '미래창조'와 우리당 탈당파 그룹이 만든 대통합추진모임의 '대통합'에다, 민주당을 의식해서 '민주'를 넣다 보니 길어졌다는 것이다. <朝鮮日報> 2007년 7월 28일
258) 金大中은 기회가 있을 때마다 한나라당과 대결할 수 있도록 양당구도를 만들라고 주문했기에 범여권에서는 "이번 신당은 DJ가 직접 감독·제작한 작품"이라는 말도 나왔다.<朝鮮日報> 2007년 7월 25일. 金大中은 또한 '당 대 당' 통합에 부정적인 朴相千에 압력을 가하기 위해 전략공천으로 당선된 자신의 아들 金弘業을 탈당시켜 신당에 참여하도록 했고, 광주시장 朴光泰 및 전남지사 朴晙瑩으로 하여금 민주당을 탈당하게 한 것으로 알려졌다.<朝鮮日報> 2007년 7월 26일.
259) 대통합민주신당은 당의 약칭을 '민주신당'으로 정했고 언론도 그 명칭을 사용했다. 그러나 통합민주당은 '민주신당'이라는 명칭이 자신들의 약칭으로 쓰는 명칭인 '민주당'과 비슷하다며 서울 남부지원에 '유사당명 사용금지 가처분신

에 따라 양당은 합당을 위한 협상에 착수했다. 합당협상에서 양당은 8월 20일까지 합당하며, 합당은 대통합민주신당이 우리당을 흡수하는 방식으로 하기로 했다. 양당이 합당하기로 함에 따라 통합민주당을 제외한 범여권이 다시 모이게 되었다. 이로써 지난 6개월여 동안 범여권에서 끊임없이 있어 왔던 탈당과 합당·입당 사태는 진정되었고, 의원수도 늘어나 대통합민주신당은 다시 원내 제1당의 지위를 차지할 수 있게 되었다.260)

우리당은 2007년 8월 18일에 전당대회를 열고 대통합민주신당과의 합당을 공식 결의했고, 이를 토대로 양당은 2007년 8월 20일에는 국회에서 '통합수임기구 합동회의'를 열고 합당에 서명했다.261) 이로써 창당 당시 '100년 가는 정당'을 자임하며 "대한민국 정치사에 기록될 것"이라던 우리당은 3년 9개월 만에 간판을 내리고 "한국 정당사에서 소멸되는 기록"만 남기고 말았다.262) 그러나 대통합민주신당 의원 143명 중 138명이 우리당 출신이어서 내부에서는 '도로 열린우리당'으로 돌아가는 것에 대한 반발이 나오는 등 비판이 끊이지 않았다.263) 이 때문에 대통

청'을 냈는데, 법원이 이 신청을 받아들여 대통합민주신당은 '민주신당'이라는 명칭을 쓰지 못하게 됐다. 이로 인해 대통합민주신당은 7자에 달하는 당명을 모두 쓰지 않을 수 없게 되었다. <朝鮮日報> 2007년 9월 4일 및 8일.
260) 대통합민주신당은 합당선언문에서 "중산층·서민의 민생안정, 양극화 해소, 지속 가능 발전, 평화체제 전환, 남북 경제공동체 건설 등을 중점적으로 추진한다"고 밝혔는데, 이 모두는 노무현 정부와 우리당이 국정목표로 내세웠던 문구들이었다. <朝鮮日報> 2007년 8월 11일.
261) 이 날 민주신당이 우리당의 당원명부와 자산을 승계하는 흡수합당을 하기로 결정했다. <東亞日報> 2007년 8월 21일.
262) 盧武鉉의 초대 비서실장으로 우리당 창당에 앞장섰던 文喜相은 대통합을 통한 정권 재창출이 역사의 역류를 막는 유일한 방법이라고 확신했기 때문에, 100년 정당의 약속을 지키지 못하고 대통합 신당 추진을 결의했다고 주장했다. 문희상, 『문희상이 띄우는 희망 메시지: 동행』(팍스코리아나연구원21, 2007), 119-120쪽.
263) 민주신당에 盧武鉉이나 우리당과는 아무런 관계가 없는 진정한 외부인사는

합민주신당은 최고위원과 정책위의장 등 주요 당직자는 우리당 출신은 가급적 제외하고 당의 상징색도 우리당이 쓰던 노랑·연두색에서 주황으로 바꾸는 등 우리당 색깔을 빼기 위해 노력했다.264)

그러나 그에 대한 평가는 그다지 호의적이지 않았다. 왜냐하면 범여권이 규합하여 대통합민주신당을 출범시키기는 했지만, 오랫동안 당의 노선과 정책을 둘러싸고 대립과 갈등을 일으켰던 요인들을 그대로 안고 감으로써 통합의 의미를 살릴 수 없었기 때문이다. 대부분이 "우리당으로는 안 되겠다"는 생각에서 탈당과 합당을 반복했던 경력의 소유자였고, 이들이 결국은 시민·사회단체를 앞장세워 다시 한 곳에 모임으로써 단순히 당명만 바꾼 데 불과한 정당이 되고 말았기 때문이다. 갈등적인 요소를 극복하고 진정한 의미에서 통합을 이룬 것이 아니라 대선을 대비하여 정략적으로 뭉친 것이어서, 대통합민주신당은 "국정실패(國政失敗) 세력이라는 과거를 세탁하기 위한 정치 쇼"라는 비판에서 벗어나기 어려웠던 것이다.265)

7. 17대 대선

2007년 12월 19일 실시된 제17대 대선은 한나라당과 대통합민주신당의 대결이었다고 할 수 있다. 통합민주당과 창조한국당, 민노당 등도 후보를 내기는 했지만, 한나라당이나 대통합민주신당과는 어느 면으로도 비교나 경쟁이 되지 않았기 때문이다. 이 대결에서 탈당과 창당·합당을 거듭하며 극도의 분열상을 나타낸 대통합민주신당은, 일찌감치 이명

孫鶴圭와 金弘業 정도였기에 민주신당은 '열린우리당의 복사판'이라는 지적을 받았다. <朝鮮日報> 2007년 8월 11일
264) <朝鮮日報> 2007년 8월 20일.
265) <朝鮮日報> 2007년 8월 11일.

박을 후보로 선출하고 그를 중심으로 굳게 통합된 한나라당에 필적할 만한 상대가 되지 못했다. 바로 이 점에서 '위기와 통합의 정치'가 반복되어 나타났다고 할 수 있다.

한나라당의 경우 유력 후보 가운데 하나였던 손학규가 탈당한 이후 경선과정에서 이명박과 박근혜 사이에 발생한 대립과 갈등이 심상치 않아 "이러다 당이 깨지는 것 아니냐"는 관측도 있었다. 그러나 일반의 예상과 달리 경선에서 패배한 박근혜가 탈당하지 않고 후보로 선출된 이명박의 당선을 도움으로써 한나라당은 분열되지 않고 통합을 유지할 수 있었다. 반면 대통합민주신당은 노선상의 차이로 탈당했던 사람들이 단지 대선을 앞두고 한 정당 안에 모인 것에 불과한 상태였던 데다 통합민주당과도 합당을 성사시키지 못했기 때문에 진정한 의미의 통합을 이루었다고 보기 어려웠다. 이처럼 대통합민주신당은 통합에 성공하지 못하는 바람에 유권자의 지지를 동원할 수 없었고, 이로 인해 대선에서 패배한 것이라고 할 수 있다.

1) 한나라당 경선

한나라당은 2007년 2월 1일 대통령 후보 경선의 방식과 시기 등을 결정할 경선 준비기구인 '2007 국민승리위원회'를 출범시키고 본격적인 대선 준비에 나섰다. 김수한(金守漢)을 위원장으로 하여 총 15명으로 구성된 한나라당 경선준비위원회는 경선시기를 당헌상의 규정대로 6월 22일 이전에 실시하는 것으로 정하려 했으나,[266] 손학규가 현행 규정대로 경선이 실시될 경우 중대 결심을 할 수밖에 없다며 반발하는 바람에 경선 규정과 시기를 결정할 수 없었다.[267]

---

266) 한나라당 당헌 '제5장 대통령후보자의 선출' 제85조(후보자의 선출시기)에는 "대통령후보자의 선출은 대통령 선거일 120일까지 하여야 한다. 다만 선출된 대통령후보자에게 사고가 있을 때에는 그러하지 아니하다"고 규정되어 있다.

267) 孫鶴圭 진영은 추석(9월 25일) 이후 100만 명 이상 국민선거인단이 참여하는

경선규정 협상이 난항에 처하자 한나라당 대표 강재섭(姜在涉)은 2007년 3월 18일 '8월 21일 이전, 20만 명'이라는 중재안을 제시했고,268) 이를 이명박과 박근혜 측이 수용함으로써 확정되게 되었다. 그러나 손학규는 자신의 요구가 반영되지 않았다고 반발하며 다음날인 3월 19일 한나라당을 탈당했다. 그는 "낡은 수구와 무능한 좌파의 질곡을 깨고 새로운 대한민국을 위한 새 길을 창조하기 위해 한나라당을 떠나기로 했다"고 선언했다.269) 그러나 이 선언은 과거 탈당 가능성에 대한 질문을 받고 "한나라당 안에서 내가 주인이고 (앞으로) 강자가 될 텐데, 왜 나가는가"라고 했던 이전 발언과 배치되는 것이어서 크게 설득력이 없었다.270) 그와 함께 한나라당을 탈당한 의원은 한 명도 없는 것에서 한나라당에 대한 파급효과는 없었다는 것은 확인된 것이나 마찬가지라고 할 수 있다.271)

이명박 진영과 박근혜 진영은 경선의 방식과 시기 등 경선규정의 큰 틀에서는 합의를 보았으나, 여론조사 방식을 놓고는 이견을 보였다.272)

방식으로 경선을 실시해야 하며, 이 방안이 수용되지 않을 경우 "경선 불참이 현실화될 것"이라고 말했다. <朝鮮日報> 2007년 3월 13일.
268) 중재안의 주요 내용은 8월에 선거인단 20만 명으로 경선을 치르기로 하고 대의원 : 당원 : 일반국민 : 국민 여론조사 비율을 2 : 3 : 3 : 2로 반영하기로 한 것이다.
269) <朝鮮日報> 2007년 3월 20일
270) <朝鮮日報> 2007년 2월 10일
271) 孫鶴圭의 탈당에 대해 한나라당은 "아쉬울 뿐"이라는 공식 논평만을 냈다. <朝鮮日報> 2007년 3월 20일. 그러나 盧武鉉은 자신에게 불리하다고 탈당하는 것은 민주주의 원칙에 맞지 않는다면서 "보따리장수 같이 정치를 해서 나라가 제대로 되겠느냐"고 孫鶴圭를 강하게 비판했다. <朝鮮日報> 2007년 8월 11일.
272) 李明博 진영은 경선에서 실질적인 국민참여 비율이 50%가 되어야 한다고 주장했고, 朴槿惠 진영은 정해진 규정을 바꿀 수 없다며 맞섰다. 당원의 참여율보다 일반국민의 참여율이 낮을 경우 여론조사도 이에 연동하여 국민참여 비율이 50%가 되도록 해야 한다는 것이 李明博 진영의 주장이었다. <朝鮮日報> 2007년 5월 4일.

이는 서로 경선을 자기들에게 유리하게 치르기 위한 것으로 여론조사에서는 이명박이 앞서지만, 당원과 대의원의 지지에서는 박근혜가 앞서고 있기 때문에 나타난 현상이었다. 이에 강재섭이 양측의 입장을 절충하여 중재안을 내놓았으나, 박근혜의 거부로 합의를 보지 못했다.273) 이로써 한나라당의 분당설이 기정사실화되는 것 아니냐는 관측까지 나오는 상황이었으나, 이명박이 강재섭의 중재안 중 여론조사 반영비율 조항을 조건 없이 양보하겠다고 밝힘으로써 경선방식을 놓고 극한 대결로 치닫던 한나라당 내 갈등은 해소될 수 있었다.274)

이명박과 박근혜 양 진영이 경선규정에 합의함에 따라 한나라당은 2007년 5월 21일 전국위원회를 열고 "8월 21일 이전에 231,652명의 선거인단이 전국 동시투표를 통해 후보를 선출한다"는 내용을 골자로 한 당헌·당규 개정안을 확정지었다. 이 날 이명박, 박근혜, 원희룡(元喜龍), 고진화(高鎭和) 4명의 후보는 경선결과 승복은 물론 승자에 대한 협력을 다짐하여 한나라당의 경선체제는 정상적으로 출범할 수 있게 되었다.275)

---

273) 姜在涉은 선거인단 수를 20만 명에서 231,652명으로 늘리고, 일반국민의 투표율이 낮더라도 투표율을 66.7%(3분의 2)로 간주해 여론조사로 계산하여 이를 표의 반영비율에 적용하는 중재안을 냈다. 이에 대해 李明博은 수용했으나, 朴槿惠 진영은 그렇게 할 경우 당헌의 규정보다 여론조사 반영비율이 늘어난다며 당헌·당규에 어긋나는 경선방식을 수용할 수 없다고 거부했다.<朝鮮日報> 2007년 5월 10일. 朴槿惠가 반대하자 姜在涉은 자신의 중재안이 수용되지 않을 경우 2007년 5월 15일 상임전국위원회(79명) 표결과 5월 21일의 전국위원회(900명) 표결에 붙이겠다고 했다. 그러나 전국위 의장인 金學元은 "두 대선주자들 간에 합의되지 않은 중재안을 표결에 붙이면 당이 쪼개질 것이 뻔하다"면서 회의도 소집하지 않고 개정안도 상정하지 않겠다고 함으로써 한나라당은 양분될 위기에 놓였다.<朝鮮日報> 2007년 5월 10일.

274) 李明博은 5월 14일 가진 긴급 기자회견에서 姜在涉의 중재안 중 "여론조사 반영 인원을 산출할 때 국민선거인단 투표율이 67%에 미달하면 투표율을 67%로 간주해서 여론조사 반영 인원을 인위적으로 늘리도록 한" 조항을 양보하겠다고 말했다. 이에 대해 朴槿惠 진영은 약속과 원칙을 지킨다는 의미에서 잘 판단한 것이라고 말했다.<朝鮮日報> 2007년 5월 15일.

2007년 6월 13일 마감된 한나라당 예비후보 등록에는 앞의 4명 외에 홍준표(洪準杓)도 등록하여 모두 5명이 후보 등록을 마쳤는데, 이로 인해 이들은 탈당한다고 하더라도 공직선거법 규정에 따라 대선에 출마할 수 없게 한 규정의 적용을 받게 되었다.[276] 이로써 한나라당은 분당 위기를 또 한 차례 넘겼다고 할 수 있다.

한나라당 5명의 예비후보는 2007년 6월 19일 대전을 필두로 전국을 돌며 정책토론회를 개최했고, 7월 1일부터는 시·도별 합동유세를 개시하는 등 본격적인 선거운동에 나섰다. 한나라당 경선은 중도에 고진화가 경선 불출마를 선언하는 일도 있었고,[277] 이명박·박근혜 양 진영이 8월 19일 오후에 실시되는 여론조사 문항을 놓고 첨예하게 대립하는 일도 있었다.[278] 그러나 전반적으로는 커다란 문제없이 잘 마무리를 지었다고 할 수 있다. 선거운동 과정에서 상대방에 대한 비난과 흑색선전 등이 있기도 했지만, 경선 자체를 무산시킬 정도는 아니었고 경선결과에 모두가 승복했기 때문이다.

2007년 8월 20일 개최된 한나라당 전당대회에서 선거인단 선거와 여

---

275) 이 날 朴槿惠는 "경선이 끝나면 그 날부터 우리 모든 후보들은 오직 한 사람, 당의 대선후보를 위해 싸우게 될 것"이라고 말했고, 李明博은 "우리 후보들은 모두가 함께 승리할 것이며, 단합된 모습으로 앞장설 사람을 밀어줘야 한다"고 말했다. <朝鮮日報> 2007년 5월 15일.
276) 현행 공직선거법 제57조의 2항에는 "정당이 당내 경선을 실시하는 경우 경선후보자로서 당해 정당의 후보자로 선출되지 아니한 자는 당해 선거의 같은 선거구에는 후보자로 등록될 수 없다"고 규정되어 있어, 경선후보는 탈당하더라도 출마할 수 없게 되어 있다.
277) 高鎭和는 지난 1년간 정책경쟁이 아닌 계파싸움만 했다며 "당내 계파 줄 세우기와 세력정치, 사당화가 극에 달하고 있다"고 말하고 경선 불출마를 선언했다. <朝鮮日報> 2007년 7월 21일.
278) 여론조사 문항을 李明博 진영은 선호도 방식을 주장한 반면, 朴槿惠 진영은 지지도 방식으로 할 것을 주장했다. 이에 경선관리위원장 朴寬用은 지지도와 선호도를 절충하여 "한나라당 대통령후보로 누구를 뽑는 게 좋다고 생각하십니까"로 최종 확정했다. <朝鮮日報> 2007년 8월 14일.

론조사 결과를 집계한 결과 이명박이 박근혜를 누르고 당선되었다. 이명박이 선거인단을 대상으로 한 투표에서는 432표 뒤졌으나, 여론조사 득표율을 투표수로 환산한 결과 2,884표 앞서 대통령후보로 확정된 것이다. 실제 투표에서는 뒤졌으나 여론조사에서 앞섰기 때문에 이명박이 승리한 것인데,279) 박근혜가 이에 승복함으로써 한나라당 경선은 성공적으로 끝났다고 할 수 있다.

특히 경선에서 승리한 이명박이 박근혜에게 정권교체를 위해 중심적인 역할을 해 줄 것을 당부했고, 패배한 박근혜가 결과에 승복한다면서 이명박 대선후보를 돕겠다고 선언함으로써, 경선불복과 탈당이 전통처럼 굳어진 한나라당 대통령후보 경선사상 새로운 이정표를 세웠다는 평가를 받았기 때문이다.280) 후보들 사이의 경쟁이 과열되어 한때 분당을 우려하기도 했으나, 경선을 계기로 오히려 통합이 가속화되는 양상을 보여 한나라당은 위기를 극복했다고 할 수 있다.

2) 대통합민주신당 경선

한나라당이 2007년 2월부터 경선을 준비한 것과 달리 대통합민주신당은 8월 들어서야 가까스로 당을 정비하고 경선 준비에 착수할 수 있었다. 그만큼 출발이 늦어진 것인데 이로 인해 경선 준비도 소홀해져 경선과정에서 많은 문제점을 드러내기도 했다. 대통합민주신당의 경선관리위원회는 2007년 8월 15일 선거인단과 일반인을 대상으로 각각 여론

279) 한나라당 대통령후보 경선 결과

	이명박	원희룡	박근혜	홍준표
여론조사 득표수(율)	16,868(51.55)	1,079(3.30)	13,984(42.73)	793(2.42)
선거인단 득표수(율)	64,216(49.06)	1,319(1.01)	64,648(49.39)	710(0.54)
총 득표수(율)	81,084(49.56)	2,398(1.47)	78,632(48.06)	1,503(0.92)

* 선거인단 총수: 131,086명. 투표율: 70.8%. 유효투표수: 130,893. 여론조사 표본수: 5,490명.

280)<朝鮮日報> 2007년 8월 21일.

조사를 실시하여 이를 50%씩 반영하기로 하고, 선거인단 모집은 8월 20일부터 시작하며 예비경선은 9월 3일부터 4일까지 실시하여 5일에 그 결과를 발표하기로 결정했다.[281)]

8월 27일에 대통합민주신당은 예비경선을 위한 첫 후보토론회를 열었는데, 토론회에는 9명이 참석하여 서로 자신이 한나라당의 이명박 후보에 맞설 수 있는 후보라며 논쟁을 벌였다.[282)] 9명의 후보를 5명으로 압축하기 위해 실시된 예비경선에서 손학규는 전체 유효투표 18,856표 중 4,667표를, 정동영은 4,613표를 얻어 각각 1위와 2위로 예선을 통과했으며, 이해찬, 유시민, 한명숙이 각각 3, 4, 5위로 예비후보로 확정되었다.[283)] 이들 5명의 후보가 9월 15일 제주・울산을 시작으로 10월 14일까지 전국을 순회하며 경선을 실시하기로 했으나, 순위 발표에서 4위와 5위가 바뀌어 후보들이 경선자료 공개를 요구하는 등 후유증이 적지 않았다.[284)] 이에 대해 당 대표가 공식 사과를 했지만, 당 최고위원회는 일부 후보들이 요구한 재검표와 자료 공개에는 응하지 않기로 했다.[285)]

---

281) 대통합민주신당 경선관리위원회의 李穆熙 부위원장은 설문 문항은 "대통합민주신당 대통령후보로 누구를 지지하십니까? 두 명을 선택해 주십시오"로 정했다고 발표했다. <朝鮮日報> 2007년 8월 16일.
282) 이 날 참석한 9명은 孫鶴圭, 辛基南, 韓明淑, 李海瓚, 千正培, 鄭東泳, 秋美愛, 柳時民, 金斗官이었다.
283) 이들 5인의 득표수와 득표율은 아래와 같다.

	손학규	정동영	이해찬	유시민	한명숙
득표수	4,667	4,613	2,709	1,913	1,776
득표율	24.8	24.5	14.4	10.1	9.4

* 예비경선은 국민선거인단 1만 명(일반 7,000명, 당원 3,000명)과 일반인 2,400명을 대상으로 여론조사를 실시해 각각 50%씩 반영하는 방식으로 치러졌다.
284) 9월 3일과 4일 실시된 예비경선에서 본인 확인이 안 되는 '유령 선거인단'과 무응답, 무투표가 무더기로 나왔고, 선거인단이 전북 호남지역에 편중된 것으로 나타났다. 이에 대해 孫鶴圭, 李海瓚, 柳時民 등은 예비경선 결과를 재검표하고 여론조사 자료를 전면 공개하라고 요구했다. <朝鮮日報> 2007년 9월 6일 및 7일.
285) 이처럼 물의를 빚자, 당 대표인 吳忠一은 "우리 사회에 엄청난 충격을 준 중

예비경선 부실 관리문제로 내분을 겪은 대통합민주신당은 후보 경선에 여론조사 도입문제를 놓고 다시 갈등을 겪었다. 문제는 2007년 9월 9일 당 지도부가 대선후보 경선에 여론조사를 10% 반영키로 하고 당헌을 바꾼 것에서 비롯되었는데,[286] 손학규와 정동영 양측이 당 지도부의 제안을 수용한다는 입장을 밝힘으로써 일단은 봉합되었다.[287] 한편 친노 성향의 이해찬과 한명숙은 9월 14일에는 여론조사 결과에 따라 이해찬을 단일후보로 결정했고,[288] 9월 15일에는 유시민이 후보를 사퇴하고 이해찬 지지를 선언했다. 이로써 경선은 손학규와 정동영, 이해찬의 3자 구도로 치러지는 것으로 되었지만, 국민적 무관심 때문에 대통합민주신당 내부만의 경선으로 축소될 수밖에 없을 것이라는 전망이 나오기도 했다.[289]

이처럼 국민적 관심이 낮다 보니 대통합민주신당의 경선은 자연 조직선거, 동원선거로 치러지는 정황이 곳곳에서 드러났고, 이로 인해 당내 게시판에는 이를 비판하는 글들이 쏟아지기도 했다.[290] 또 하나의 문제

대한 실수"라고 사과했다. 한편 당 경선관리위원회는 "재확인 작업을 했지만 별 문제가 없다는 결론을 냈다"면서 자료공개 등 추가조치는 하지 않을 것이라고 발표했다. <朝鮮日報> 2007년 9월 8일.
286) 여론조사 10% 반영 외에도 당 지도부는 휴대전화 투표제도를 도입하기로 했다. 여론조사 도입에 대해 鄭東泳은 "국민경선으로만 후보를 뽑도록 한 당헌 113조에 위반된다"고 반발했고, 孫鶴圭는 "당헌에는 없지만 당규에는 여론조사를 할 수 있도록 돼 있다"며 물러서지 않았다. <朝鮮日報> 2007년 9월 10일.
287) <朝鮮日報> 2007년 9월 11일.
288) 이들은 9월 12일과 13일 이틀간 여론조사를 전격적으로 실시했는데, 이에 柳時民은 참여하지 않았다. 후보 단일화에 대해 孫鶴圭 진영은 "국민과 선거인단에 대한 신의를 어긴 편법적인 정치공학"이라고 비판했고, 鄭東泳 측도 "총리와 장관 한 사람이 '표 모으기 쇼'를 하고 있다"고 말했다. <朝鮮日報> 2007년 9월 15일.
289) <朝鮮日報> 2007년 9월 17일.
290) 예를 들어 충북 경선에서는 보은·옥천·영동 3개 군의 투표자는 4,872명이었는데, 이는 충북 전체 투표자의 40%가 넘는 것이었다. 3개 군의 충북 내 인구

점은 선거인단에 대통령을 비롯하여 현직 장·차관들이 선거인단으로 등록되는, 이른바 '유령 선거인단' 문제였다.291) 조직동원이 문제로 되자 손학규는 이를 항의하는 의미에서 한때 경선 일정을 취소하고 칩거에 들어갔다가,292) 다시 경선에 복귀하기도 했다.293) 또 경선이 중반에 접어든 시점인 9월 30일에는 부산에서 치러진 경선에서 손학규 진영과 정동영 진영은 조직동원 문제로 몸싸움을 벌이며 충돌하는 사태를 빚기도 했다.294)

경선이 과열되면서 여러 가지 문제점이 드러나자, 손학규와 이해찬은 10월 2일 새벽 긴급 회동하고, 당 지도부에 경선일정을 중단해 줄 것을 요구했다.295) 조직 동원이 판치는 현 상태로는 정상적인 경선일정을 진행할 수 없다는 이유에서였다.296) 10월 3일 당 지도부는 이 요구를 받아들여 이틀간 경선일정 중단 조치를 내린 후 '원샷 방식'으로 10월 14일

비율이 9.5%인 것에 비해 4배 이상 많은 선거인단이 몰린 것이다. <朝鮮日報> 2007년 9월 18일.

291) 이는 각 후보 진영이 경선 선거인단을 경쟁적으로 마구 끌어 모으는 과정에서 과거 우리당 당원명부를 통째로 베낀 결과일 것이라고 분석되었다. <朝鮮日報> 2007년 9월 18일.

292) 2007년 9월 19일 孫鶴圭는 "이런 식으로 가면 더 할 수 없을 것 같다"며 TV 토론 등 모든 일정을 취소하고 칩거에 들어갔다.<朝鮮日報> 2007년 9월 20일.

293) 48시간의 칩거를 끝내고 경선에 복귀한 孫鶴圭는 "낡은 정치와 조직동원 선거의 뿌리를 없애겠다"며 자신의 선거대책본부를 해체하고 여의도의 선거사무실을 폐쇄하겠다고 말했다. <朝鮮日報> 2007년 9월 22일.

294) 孫鶴圭 측은 鄭東泳 지지자 3백여 명이 차량 2백여 대를 동원하여 선거인단을 실어 나르기 위해 준비를 하다가 적발되었다고 주장했다. 이에 대해 鄭東泳 측은 지지자들이 자발적으로 모임을 가진 것뿐이며 차량 동원계획을 세운 일은 없다고 반박했다. <朝鮮日報> 2007년 10월 1일.

295) 두 후보 진영은 10월 1일 당 지도부를 찾아가 "불법선거의 진상을 낱낱이 밝히라"며 鄭東泳의 후보자격 박탈까지 요구했다. <朝鮮日報> 2007년 10월 2일.

296) 경선 중단 요구에 대해 鄭東泳은 "경선에서 판을 깨려는 어떠한 시도도 옳지 않고 상식을 벗어난 일"이라며 "국민이 용납하지 않을 것"이라고 말했다.<朝鮮日報> 2007년 10월 3일.

서울, 경기, 전북 등 남은 8곳의 경선을 한꺼번에 치르기로 결정했다.[297]

당 지도부의 '원샷 경선'에 부정적이었던 정동영은 대승적 차원에서 받아들이겠다고 선언했다.[298] 이에 정동영의 사퇴까지 요구했던 손학규와 이해찬이 방송토론에 참여하겠다는 입장을 밝히면서 1주일 이상 파행되었던 경선은 일단 정상화되었다. 그러나 각 진영 간 고소·고발은 끊임없이 이어짐으로써[299] 심각한 후유증을 남길 것으로 분석되었다.

대통합민주신당은 경선에 국민적 관심을 집중시키기 위해 처음으로 휴대전화 투표제도를 도입했는데, 2007년 10월 9일 실시된 1차 투표에서 손학규가 1위를 차지한 데 이어 10월 11일 치러진 2차 휴대전화 투표에서도 1위를 차지했다.[300] 휴대전화 투표에서 손학규가 연승함으로써 경선의 판세는 혼전양상으로 접어들었고 이것이 국민의 관심을 끌어들이는 요소로 작용하자, 당 지도부는 크게 반색하는 모습을 보이기도 했다.[301] 그러나 10월 14일 실시된 8개 시·도 경선 결과 정동영이 압승을 거둠으로써 사실상 그가 대선후보로 확정된 것이나 다름이 없게 되었다.

예상대로 정동영은 2007년 10월 15일 대통합민주신당의 지명대회에서 대통령후보로 선출되었다. 그는 전날 실시된 '원샷 경선'에서 55%에 가까운 득표율을 기록함으로써 34%를 얻은 손학규를 누르고 승리한 것이다.[302] 그는 후보 수락연설에서 "그 동안의 상처와 분열을 치유하고

---

297) <朝鮮日報> 2007년 10월 4일.
298) 鄭東泳은 경선 도중에 룰을 바꾸는 것은 나쁜 전례이나, 당을 위해 자신을 버리기로 했다면서 '원샷 경선'을 수용했다. <朝鮮日報> 2007년 10월 6일.
299) <朝鮮日報> 2007년 10월 9일.
300) 1차, 2차 휴대전화(모바일) 투표 결과는 다음과 같다.

	손학규	정동영	이해찬
1차 투표수(득표율)	7,649(36.5)	7,004(32.6)	6,285(30)
2차 투표수(득표율)	21,359(38.4)	19,288(34.6)	15,035(27)

* 2차 투표의 투표율은 74.9%로, 1차 때의 70.6%보다 4.3%포인트 높았다.
301) <朝鮮日報> 2007년 10월 12일.

통합해 하나가 되자"고 말하고, 자신은 참여정부에 이어 '통합의 정부'를 만들겠다고 다짐했다.303) 창당과정에서 그리고 후보 경선과정에서 누적되었던 분열적인 요소를 극복하고 통합해 나가겠다는 의미였다. 이러한 정동영의 다짐에 대해 손학규와 이해찬은 경선결과에 승복하고 대선 승리에 힘을 보태겠다고 말했다.304)

3) 17대 대선

한나라당과 대통합민주신당의 대통령후보 지명에 이어 2007년 10월 16일 통합민주당도 이인제(李仁濟)를 대통령후보로 지명함으로써, 17대 대선은 주로 이들 3명의 후보가 경쟁하는 구도가 될 것으로 예측되었다. 그러나 한나라당 대선후보를 두 번이나 지낸 바 있던 이회창(李會昌)이 2007년 11월 7일 갑자기 출마를 선언하는 바람에,305) 대선 판세는 전혀 예측이 불가능한 상태가 되고 말았다. 이회창 말고도 이미 8월 23일 출마를 선언한 창조한국당의 문국현(文國現)과306) 9월 15일의 민노당 경선

302) 대통합민주신당의 후보별 최종 득표수

	정동영	손학규	이해찬
지역선거인단 득표수	130,996	81,243	54,628
여론조사 환산 득표수	21,859	17,525	10,216
휴대전화 득표수	62,138	70,031	45,284
총 득표수(득표율)	216,984(43.8)	168,799(34.0)	110,128(22.2)

* 총 유효투표수 495,911표
303) <朝鮮日報> 2007년 10월 16일.
304) <朝鮮日報> 2007년 10월 16일.
305) 李會昌은 2007년 11월 7일 가진 기자회견에서 국가 정체성이 불분명하며, 한나라당 후보에 대해 국민은 불안하게 생각하고 있고, "한나라당 후보의 모호한 대북관으로는 북한 재앙을 막을 수 없다"고 지적했다. 그리고 제대로 된 정권교체를 할 수 있는 후보는 자신뿐이라며 출마를 선언했다. <朝鮮日報> 2007년 11월 8일.
306) 전 유한킴벌리 사장이었던 文國現은 2007년 10월 14일 창조한국당 발기인대회에서 "이제는 창조적 발상과 공동체에 대한 책임감을 갖고 '사람 중심의 진짜

결선투표에서 후보로 확정된 권영길(權永吉)307) 등이 있었지만, 이들은 경쟁력 면에서 이회창과는 비교가 되지 않았기 때문이다.

17대 대선은 대통합민주신당이 BBK 주가조작 사건에 이명박 후보가 관련되었다는 의혹을 강하게 제기하고 이에 대한 공세를 대대적으로 펴는 바람에, 그 어느 때보다 네거티브 캠페인이 극에 달한 느낌을 주는 선거였다. 그러나 이명박의 도덕성을 검증하는 BBK문제는 이미 한나라당 경선에서 여러 차례 거론된 주제였기에 정치권에서 보인 관심만큼 유권자들이 관심을 기울이지 않아 크게 영향을 미치지 못한 데다,308) 검찰의 무혐의 발표로 별다른 변수로 작용하지 못했다.309)

따라서 BBK문제보다는 오히려 후보들 간의 제휴나 연대 또는 정치세력 간의 통합 여부가 선거에 큰 영향을 미치는 요인이었다고 할 수 있는데, 17대 대선의 경우 두 차원에서 이 문제를 접근할 수 있다. 하나는 경선 후유증으로 한나라당이 분열되느냐 하는 차원이고, 다른 하나는 한나라당을 견제하려는 범여권이 통합을 이룰 수 있느냐 하는 차원의 접근이다. 여기서 한나라당은 통합을 유지했던 반면 범여권은 분열되었기 때문에 한나라당은 승리할 수 있었다.

뒤늦게 출마를 선언한 이회창은 한나라당 경선에서 패배한 박근혜를 자기편으로 끌어들이기 위해 많은 노력을 기울였다. 경선 이후 이명박

경제'로 가야 한다"고 말하고, "5%의 특권층만 행복한 국가시스템을 전면 혁신할 것"이라고 주장했다. <朝鮮日報> 2007년 10월 15일.

307) 민노당 대통령후보 경선 결선투표에서 權永吉은 19,109표(52.74%)를 얻어, 17,122표(47.26%)를 얻은 沈相奵을 누르고 후보로 지명되었다. 후보로 선출된 權永吉은 "대선 본선에서 반드시 승리, 진보적 정권 교체를 이루겠다"고 다짐했다. <朝鮮日報> 2007년 9월 17일.

308) 대선을 사흘 앞둔 2007년 12월 16일 이명박 후보 자신이 BBK를 설립했다고 말하는 동영상이 공개되었지만, 유권자들의 투표에는 영향을 미치지 못했다는 여론조사 결과가 대선 이후 발표되었다. 이를 볼 때 BBK문제는 선거의 주요 변수가 되지 못했다는 것을 알 수 있다. <朝鮮日報> 2007년 12월 20일.

309) 연합뉴스, 『연합연감』 2008, 21쪽.

의 당선을 돕겠다고 선언한 박근혜가 이명박의 측근 중 하나인 이재오 (李在五)의 발언으로 '폭발 일보 직전'의 상태에 있었기에,310) 이회창으로 서는 박근혜가 자신을 도와줄 수도 있다고 생각했기 때문이다. 그리고 만일 박근혜가 도와준다면 대선에서 승리할 가능성이 높다고 판단했기 때문이다.311) 예기치 않은 사태가 발생하자 이명박은 이재오를 자진사 퇴 형식으로 최고위원직에서 물러나게 했고,312) 기자회견에서 자신은 '국정의 동반자'로 박근혜와 함께 나아가겠다고 말하는 등313) 한나라당 의 통합을 위해 노력했다.

이명박의 기자회견 다음날인 2007년 11월 12일 박근혜는 이회창의 출 마는 정도가 아니라면서 이명박 후보에 대한 지지 입장을 표명했다.314) 이후 박근혜는 이회창의 계속되는 지원 요청에 전혀 응하지 않고 전국

---

310) 李在五는 "박 전 대표도 반성해야 한다," "이 후보를 당 후보로 인정하지 않는 세력이 있다"는 등의 발언을 하며 朴槿惠를 계속 우회적으로 비판했다.<朝鮮日報> 2007년 10월 31일. 이에 대해 朴槿惠는 "오만의 극치"라며 반발했다.<朝鮮日報> 2007년 11월 2일.
311) 朴槿惠가 李會昌을 지지할 경우 李明博과 李會昌 두 후보의 지지율 차이는 4% 포인트밖에 되지 않아 李明博은 당선을 낙관할 수 없었다. 바로 이 때문에 李會昌은 "나라를 구하기 위한 방향과 신념에 있어서 나와 박 전 대표는 크게 다르지 않다고 생각한다"고 말하며 朴槿惠의 지원을 요청했다. <朝鮮日報> 2007년 11월 8일.
312) 李在五는 2007년 11월 8일 한나라당 최고위원직과 대선 선거대책위원회 부위원장직을 전격 사퇴하고 백의종군하겠다고 밝혔다. <朝鮮日報> 2007년 11월 9일.
313) 李明博은 2007년 11월 11일 기자회견을 갖고 "박 전 대표와 함께 정권을 창출하고, 정권 창출 후에도 주요한 국정현안을 협의하는 정치적 파트너, 소중한 동반자로서 함께 나아가겠다"며 '소통의 정치', '마음의 정치'를 펼치겠다고 밝혔다. <朝鮮日報> 2007년 11월 12일.
314) 朴槿惠는 자신의 말에 책임지는 사람이라면서 한나라당으로 정권을 교체하는 데 李會昌의 출마는 정도가 아니라고 생각한다는 견해를 밝혔다. 이어 그는 경선에 진 사람으로서 깨끗이 승복하고 조용히 지내는 것이 후보를 도와주는 것이라고 말했다. <朝鮮日報> 2007년 11월 13일.

을 돌며 유권자들에게 "한나라당 이명박 후보를 선택해 달라"고 호소했다. 비록 자신은 후보가 되지 못했지만 이명박에게 기회를 주면 잘못된 나라를 바로잡을 수 있을 것이라며 지지를 당부한 것이다.315) 박근혜가 적극적으로 이명박 선거운동을 한 것 외에도 2007년 12월 3일에는 무소속의 정몽준(鄭夢俊)이 이명박 지지를 선언하고 한나라당에 입당하는 일이 발생했다. 이처럼 한나라당은 박근혜의 참여로 끝까지 통합을 유지할 수 있게 되었을 뿐만 아니라, 정몽준의 입당으로 한나라당이 추진해 온 '이명박 대세론'은 더욱 탄력을 받게 되었다.316)

대통합민주신당의 경우 기본적으로 범여권의 분열을 극복하기 위해 노력했지만 아무런 성과도 거두지 못했다고 할 수 있다. 범여권 통합으로 후보를 단일화해야 한다는 점에서는 어느 정도 공감대가 형성되어 있었기에 협상에 임했지만, 그 방법론에서는 각 주체마다 생각이 달랐기 때문이다.

범여권 통합에서 일차적으로 필요했던 것은 대통합민주신당의 후보 정동영과 대통령 노무현의 화해, 그리고 대통합민주신당 내부의 통합이었다. 노무현은 우리당 창당에 핵심적 역할을 했던 정동영이 신당 창당을 주도하는 것에 대해 매우 비판적인 입장이었기 때문에, 정동영으로서는 신당 창당과정에서 빚어진 둘 사이의 갈등을 해소하는 것이 급선무였다. 그러나 정동영의 화해 제스처에 대해 청와대 측은 소극적인 반응을 보임으로써317) 정동영과 노무현의 관계 회복은 기대하기 어렵게 되었고, 이로 인해 범여권 통합은 첫 단추부터 차질을 빚었다. 한편

---

315) <朝鮮日報> 2007년 12월 11일.

316) <朝鮮日報> 2007년 12월 4일.

317) 李海瓚이 대통합민주신당의 대통령후보로 선출되기를 바랐던 청와대 측은 "열린우리당 해체 및 경선과정에서 생긴 갈등과 상처가 먼저 풀리고 화해가 이루어지고 난 뒤에 정 후보 측이 요청한다면 검토할 계획"이라고 말했다. 이는 경선과정에서 鄭東泳이 취했던 盧武鉉에 대한 비판적 입장의 공개 철회를 요구한 것으로 해석되었다. <朝鮮日報> 2007년 10월 17일.

대통합민주신당의 내부적인 통합에서는 경선을 함께 치렀던 손학규와 이해찬은 정동영의 선거유세에 나서는 등 힘을 합쳤지만, 그들 진영에 있던 인사들은 별다른 움직임을 보이지 않았다. 이로 인해 "정동영 후보 혼자만 뛴다"는 말이 나돌 정도로318) 당 내부는 통합되지 않았던 것이다.

범여권 통합의 두 번째 단계는 대통합민주신당과 통합민주당의 후보단일화 추진이었다. 양 당의 후보단일화 협상은 대통합민주신당의 정동영 후보와 대표 오충일, 통합민주당의 후보 이인제와 대표 박상천 등 4명 사이에 있었다. 이들은 2007년 11월 12일 만나 '당 대 당 통합'으로 하며 TV토론 후 여론조사를 통해 후보를 단일화하기로 결정했다.319) 그러나 이 같은 합의에 대해 대통합민주신당의 친노그룹과 중진들은 '당내 의견 수렴 부족'과 "통합민주당과의 통합으로는 대선 승리가 어렵다"는 이유를 들어 집단적으로 반대했다.320) 이후 양 당은 통합을 위해 재협상을 벌였으나 지분문제로 합의를 보지 못해 결국은 결렬되고 말았다.321) 이로써 범여권 통합으로 지지율을 높이려던 정동영의 전략은 차질을 빚었다.

통합민주당과의 통합이 여의치 않게 되자, 세 번째 단계로 정동영은 창조한국당의 문국현 후보에게 후보단일화를 제의했다. 그는 문국현을 "반(反)부패, 좋은 성장, 가족 행복의 가치를 함께 공유할 수 있는 후보"라며 대선후보 등록 이전에 통합방안을 마무리하자고 제의했다.322) 이

---

318) 연합뉴스, 『연합연감』 2008, 23쪽.
319) <朝鮮日報> 2007년 11월 13일.
320) 이들이 통합에 반대한 것은 총선 공천권 절반을 통합민주당에 주면 현역 의원 상당수가 공천에서 탈락할 것이라는 위기감이 크게 작용했기 때문인 것으로 알려졌다. .<朝鮮日報> 2007년 11월 14일.
321) 대통합민주신당은 "140석과 8석이 합치는데 5 대 5가 말이 되느냐"며 당 지분을 '7 대 3'으로 하자고 수정 요구했다. 이에 대해 통합민주당은 "이미 합의한 걸 왜 고치냐. 한 자도 고칠 수 없다"고 맞섬으로써 협상은 결렬되었다. <朝鮮日報> 2007년 11월 20일.

에 문국현은 정동영이 먼저 백의종군할 것을 요구했고,323) 이 바람에 문국현과의 단일화 협상도 아무런 진전을 볼 수 없었다.

범여권의 통합이 이처럼 하등의 진전을 보지 못하자, 김대중은 진보성향의 문화·예술인들이 마련한 행사에 참석, 정권교체에 대한 우려를 표명하면서 후보단일화를 요구하기도 했다.324) 전직 대통령까지 나서면서 자신에 대해 후보단일화 압력을 가하자, 문국현은 정동영과 TV토론 후 여론조사로 단일화하기로 합의했다.325) 그러나 선관위가 공식 선거운동 기간에는 단일화 TV토론과 여론조사를 할 수 없다고 함에 따라 정동영과 문국현의 단일화는 결국 무산되고 말았다.

이처럼 단일화가 불가능한 상황임에도 불구하고 백낙청(白樂晴)을 비롯한 시민사회·종교계 인사 7인은 대선을 불과 9일 앞둔 12월 10일 문국현의 사퇴를 압박하는 성명을 내기도 했지만,326) 문국현은 완주 의지를 굽히지 않았다.327) 대선 하루 전날인 12월 18일에도 정동영은 단일

---

322) <朝鮮日報> 2007년 11월 19일.

323) <朝鮮日報> 2007년 11월 21일.

324) 2007년 11월 22일 金大中은 "우리가 위축되고 패배의식에 사로잡혀 기력을 내지 못하고 있다"면서 잘못하면 전쟁의 길로 갈 수도 있으므로 우선 후보를 단일화해야 한다는 요지의 말을 했다. <朝鮮日報> 2007년 11월 23일.

325) 文國現은 범여권 단일화 요구에 대해 "무책임하고 무능한 세력이 반성하고 백의종군하는 결단을 내려야 한다"며 鄭東泳을 압박했다.<朝鮮日報> 2007년 12월 3일. 그러나 자신에게 단일화 압력이 가중되자, TV토론 후 여론조사를 거쳐 단일화하는 쪽으로 입장을 바꾸었다.<朝鮮日報> 2007년 12월 4일.

326) 김현, 박영숙, 백낙청, 유재경, 이돈명, 청화, 함세웅 등 7인은 '민주개혁 세력의 자기쇄신과 단합'을 호소하고 文國現을 겨냥하여 "하나의 오만이요 정치적 무능력으로 규정될까 우려"하지 않을 수 없다고 선언하며 사퇴를 압박했다. "시민사회, 문국현 재압박: 또 하나의 오만," http://www.ohmynews.com(2007년 12월 10일).

327) 사회 인사 7인이 작은 이해관계에 매달려 단합을 저해하고 있다며 단일화를 압박하자, 文國現은 "아무리 어려운 일이 있어도 새로운 시대를 열자고 나온 것이므로, 나는 국민과 함께 있을 것"이라고 말하며 단일화 압력을 거부했다. <朝鮮日報> 2007년 12월 11일.

화를 시도했으나, 문국현은 이에 응하지 않았다. 이로써 범여권은 통합을 이루지 못하고 분열된 상태에서 선거를 치를 수밖에 없었다.

17대 대선은 이처럼 통합을 이룬 이명박 후보와 통합을 이루지 못한 정동영 후보의 대결이었기에 승패는 이미 확정된 것이나 마찬가지였다. 그렇기 때문에 방송 3사는 다 같이 2007년 12월 19일 오후 6시 선거가 종료됨과 동시에 이명박 후보가 50% 이상 득표로, 정동영 후보를 24~26% 포인트 차이로 누르고 압승할 것이라고 예측할 수 있었던 것이다. 선관위가 최종 집계한 결과, 이명박은 1,149만 2,389표를 얻어 48.7%를 기록했으며, 정동영은 26.1%인 617만 4,681표를 얻는 데 그치고 말았다.[328] 이로써 위기에 처했을 때 통합을 이룬 정당이 통합을 이루지 못한 정당을 누르고 승리한다는 가설이 또다시 입증되었다.

8. 맺음말

지금까지 살펴본 것에서 알 수 있는 것처럼 노무현정부 아래서도 '위기와 통합의 정치'는 그대로 나타났다고 할 수 있다. 통합을 이룬 덕분에 노무현은 대통령에 당선될 수 있었고, 탄핵이라는 변수도 작용하기는 했지만 그 연장선상에서 우리당이 과반수를 넘는 의석을 차지할 수 있었다. 그러나 17대 총선 이후 이념과 노선상의 차이를 극복하지 못하고 분열하는 쪽으로 나아갔기 때문에, 우리당은 잇단 재·보궐선거와 지방선거에서 패배하고 말았다. 이와 같은 연패(連敗)로 인해 우리당은 끝내는 '100년 정당'을 자처했던 당의 간판마저 내리지 않으면 안 되게

---

328) 주요 후보별 득표수와 득표율

	이명박	정동영	이회창	문국현
득표수	11,492,389	6,174,681	3,559,963	1,375,498
득표율	48.7	26.1	15.1	5.8

되었다. 당이 위기에 닥쳤을 때마다 통합을 위해 노력하기보다는 상대방과 편을 가르고, 상대방을 배제하는 데 치중한 결과였다.

이와 반대로 한나라당은 위기가 닥쳤을 때마다 이의 극복을 위해 구성원들의 통합에 모든 노력을 경주했으며, 그 결과 실질적인 통합을 이루었다. 이를 토대로 한나라당은 당의 역량을 집결시켜 재·보궐선거에서 승리할 수 있었고, 나아가서는 대선에서도 승리할 수 있었다. 탄핵의 여파로 당이 위기에 처하자 새로운 당 대표를 선출하여 분열을 막았으며, 후보 경선과정에서 있었던 분열적인 요소도 후보들의 양보와 타협으로 극복했다. 그리고 몇 차례 고비가 있기는 했지만 이러한 통합을 대선이 끝날 때까지 유지함으로써 10년 만에 정권을 되찾을 수 있었다. 한나라당이 대통합민주신당에 승리할 수 있었던 요인이 바로 여기에 있었던 것이다.

이를 볼 때 '위기와 통합의 정치'는 노무현 정부 하에서도 그대로 나타났으며, 한국정치의 구조적인 특징으로 자리 잡아 가고 있다고 할 수 있다. 위기에 처했을 때 분열적인 요소를 극복하여 통합에 성공한 정당은 선거에서 승리하며 그렇지 못한 정당은 패배한다는 가설이 역대 어느 정부보다 개혁을 강조했던 노무현 정부 아래서도 재현되었다고 하는 것은 어느 면에서는 하나의 아이러니라고 할 수도 있다. 개혁과 통합을 기치로 내세우며, 정략적 차원에서 이루어지는 정치인의 이합집산 현상을 종식시키고 사회통합을 이루겠다는 의도에서 우리당을 창당했음에도 불구하고, 통합보다는 분열에 치중했고 이합집산에 몰두했기 때문이다. 결과적으로 우리당은 통합보다 분열을 조장한 셈이 되어 한국정당사에서 당 자체가 소멸되는 운명에 처하고 만 것이다.

| 제 12 장 |

이명박정부하의 정당구도 분석

1. 머리말

　17대 대선에서 한나라당은 통합을 유지했기 때문에 갈등과 분열을 거듭했던 대통합민주신당의 정동영(鄭東泳) 후보를 누르고 이명박(李明博) 후보를 당선시킬 수 있었다. 한나라당의 경우 유력 후보 중 하나였던 손학규(孫鶴圭)가 탈당하는 바람에 분열의 위기에 처한 일도 있었지만, 또 다른 유력 후보였던 박근혜(朴槿惠)가 잔류함으로써 한나라당은 통합을 유지한 채 선거에 임할 수 있었다.

　분열의 위기를 극복한 한나라당과는 반대로 대통합민주신당의 경우 다양한 세력과 손을 잡았지만 통합과는 거리가 먼 상태였다. 여권 내부의 반목과 갈등을 충분히 해소하지 못한 채 선거에 임했고, 이로 인해 선거에서 승리할 수 없었다. 통합을 이루지 못했기 때문에 지고 만 것이다.

　이처럼 노무현정부 하에서 실시된 17대 대선에서 나타났던 '위기와 통합의 정치'가 이명박정부 아래서는 어떠한 양상으로 전개되었는지를 살펴보려는 것이 이 글의 목적이다. 종래와 마찬가지로 같은 양상이 나타났는지, 아니면 다른 양상으로 전개되었는지를 분석하고자 하는 것이다. 결론적으로 말해, 2012년 12월 19일 실시된 18대 대통령선거 역시 정부 수립 이후 지속적으로 나타났던 '위기와 통합의 정치'라고 하는 한국정치 특유의 구조적인 특징이 그대로 나타난 선거라고 할 수 있다.

　기본적으로 이명박정부 5년 동안 여야 모두 종전에 했던 것과 마찬가지로 이합집산을 거듭하며 통합을 극대화하기 위한 노력을 아끼지 않았다. 이러한 양상은 특히 대통령선거를 앞두고 가장 활발하게 나타났는데, 17대 대선에서 패배한 야권의 경우가 특히 더 그러했다. 분열로 인해 정권을 놓친 17대 대선을 거울삼아 18대 대선에서는 통합을 이루어 승리를 쟁취하고자 했기 때문이다.

이의 단적인 사례가 통합의 효과를 극대화하기 위해 마련된 안철수(安哲秀) 후보와의 단일화 협상이었다. 그러나 여러 차례에 걸친 협상에도 불구하고 이른바 '아름다운 단일화', 즉 통합을 이루지는 못했다. 그 결과 통합민주당은 선거에서 패배했고 위기에 처하게 되었는데, 바로 이 점에서 '위기와 통합의 정치'가 극명하게 드러났다고 할 수 있다.

새누리당의 경우 일찍부터 박근혜를 중심으로 하여 제반 분열적인 요소를 극복하고 체제를 정비하여 통합을 이룬 채 선거에 임함으로써 승리할 수 있었다. 이와 반대로 민주통합당은 내부적으로는 후보 선출과정에서부터, 그리고 문재인(文在寅)을 후보로 선출한 이후에도 친노(親盧)와 비노(非盧)의 부조화를 안고 있던 데다, 외부적으로는 안철수 캠프와 통합을 이루지 못한 채 선거에 임함으로써 패배하고 말았다.

이로써 18대 대선은 분열을 극복하고 통합을 이룬 정당이 통합을 이루지 못한 정당을 이긴 선거였다는 점에서 이명박정부 하에서도 '위기와 통합'이 그대로 작용하고 있었다는 것을 알 수 있다. 이는 비단 대통령선거에서만 나타난 것이 아니라, 18대 총선과 19대 총선 두 차례의 국회의원선거와 각종 재·보궐선거 및 지방선거에서도 나타났다고 할 수 있다. 지난 5년간 내분을 수습하여 통합을 이룬 측이 내분을 봉합하지 못한 측을 누르고 승리를 쟁취했다는 것이다.

이 과정에서 기성 정치권에 대한 비판과 불만이 집약되어 안철수로 대표되는 '안철수 현상'이라는 새로운 정치현상이 나타나 정치판을 뒤흔들기도 했다. 그러나 아무리 '새 정치'를 내세운다고 해도 그 내용이 민주주의와 대의정치를 부정하는 것이 아닌 한, 유권자의 지지를 획득해야 하는 선거과정 자체를 무시하거나 대체할 수는 없는 것이다. 더 많은 유권자를 동원해야 하는 대의정치의 이와 같은 속성 때문에, 그렇게 많은 지탄과 비판을 받아 왔음에도 불구하고 기회가 있을 때마다 개혁과 새로운 정치를 내세웠던 모든 정당과 정치인들이 이합집산의 유혹을 떨쳐 버리지 못했던 것이다. 이 때문에 '새 정치' 역시 이합집산의 프레임에서 벗어나기 어려울 것이라고 생각된다.

'새 정치'를 내세웠음에도 불구하고 새로운 정치현상과는 거리가 먼 이합집산이라는 종래의 낡은 정치현상에서 벗어나지 못하는 이유가 바로 대의정치의 속성에 있다는 것이다. 그러나 '새 정치'가 '위기와 통합'이라는 거대한 패러다임에 흡수되었다고 해서, '새 정치' 역시 권력을 지향하는 또 하나의 명분으로 전락해 버렸다고 단언하려는 것은 아니다.

한국정당사에서 '새 정치'는 이제 막 시험 단계에 들어섰을 뿐이며, 또 많은 유권자들이 '새 정치'가 '위기와 통합의 정치'를 종식시켜 주기를 바라고 있기 때문에 실험은 계속되어야 한다고 본다.

2. 18대 총선

2008년 4월 9일에 실시된 18대 총선은 여당인 한나라당으로서는 이명박정부가 출범한 지 두 달도 채 되지 않는 시점에서 치르는 선거라는 점에서, 야당인 대통합민주신당으로서는 17대 대선 패배의 후유증이 채 가시지도 않은 시점에서 치러야 하는 선거라는 점에서 여·야 모두 당의 명운이 걸렸다고 해도 과언이 아닌 선거였다. 따라서 양측 모두 최선을 다해 통합을 이루어 선거에 임해야 했지만, 그러하지 못했다. 내부적으로 분열적인 요소를 안고 있었기 때문이다.

한나라당의 경우 친이(親李)와 친박(親朴)으로 나뉘어 후보 공천과정에서 이른바 '공천 학살'이라는 말이 나올 정도로 박근혜 지지자들이 대거 공천을 받지 못하는 사태가 발생했으며, 친이계도 대통령의 친형인 이상득(李相得)의 거취 문제를 놓고 내부적인 갈등이 있었다. 이처럼 총선을 앞두고 한나라당은 친이와 친박의 내분에 친이계 내부의 갈등까지 겹쳐 이중으로 위기에 처하기도 했다.

대통합민주신당의 경우 17대 대선 패배의 충격을 극복하기 위한 방안의 일환으로 한나라당 출신의 손학규를 새 대표로 추대했다. 대표로 취임한 손학규는 민주당과의 통합을 통해 통합민주당을 창당하여 총선에 임했다. 그러나 손학규 체제에 불만을 느낀 이해찬(李海瓚)을 비롯한 친노(親盧) 세력의 일부가 탈당을 단행한데다 공천과정에서 '개혁 공천'이라는 구호가 무색할 정도로 '나눠먹기'라는 말이 나와, 위기에 처하기는 마찬가지였다.

이처럼 여야 모두 내분의 위험성을 안고 치른 총선에서 한나라당은 과반수의 의석을 차지했다. 이는 한나라당이 통합민주당보다는 상대적으로 통합을 유지했기 때문이라고 할 수 있다. 일부의 이탈에도 불구하고 당의 유력 후보였던 데다 상당한 추종세력을 갖고 있던 박근혜가 당을 떠나지 않아, 분열을 최소화하는 구심점으로 작용했기 때문에 그런 결과를 낸 것이라고 분석된다.

1) 정당구도

한국정당사에서 가장 괄목할 만한 것은 17대 대선에서 여당이 된 한나라당이 당명을 그대로 유지한 채 18대 총선을 치렀다는 점이다. 선거에서 당선된 대통령이 자기 세력 위주로 새로운 여당을 만드는 관례가 이명박 정부 들어 처음으로 깨진 것이다. 이와 달리 대통합민주신당은 종전과 마찬가지로 이합집산 과정을 거쳐 당의 이름을 바꾸고 선거에 임하는 모습을 보였다. 여당의 경우 화장을 바꾸지 않은 채 선거에 임한 것이라면, 야당의 경우 본질은 그대로 둔 채 화장만 바꾸고 선거에 임한 것이라고 할 수 있다.

여야의 이와 같은 상반된 태도가 장기적으로 선거에 어떠한 영향을 미칠지 알 수는 없다. 그러나 정당구도의 측면에서 볼 때, 새 대통령이 새로운 당을 만들지 않았다는 것은 발전이라고 할 수 있다. 이는 동일한 명칭을 유지함으로써 정당의 입장에서는 정체성 확립을 위한 시간적·심리적 여유를 갖게 되었고, 유권자의 입장에서는 정당의 정체를 파악할 수 있는 기본적인 자료를 갖게 되었다는 점에서 그러하다. 잦은 명칭 변경으로 당원과 유권자의 혼란을 초래하는 일은 피할 수 있게 한 것만으로도 정당정치의 발전을 위해 크게 기여했다는 것이다.

(1) 한나라당

대통령에 당선된 이명박은 새로운 여당을 만들지 않고 한나라당이라는 기존의 명칭을 그대로 두었다. 이는 일단 대통령이 된 이상 당을 완전히 장악했다는 확신에서 의도적으로 그런 것이었건, 의도하지 않은 우연의 결과였건, 아니면 의도는 했지만 실천에 옮기지 못했기 때문이었건 간에 현직 대통령이 주도하는 새로운 여당은 출현하지 않았다. 이 때문에 친이와 친박의 내부적인 권력투쟁과는 별도로 한나라당은 제도적으로, 즉 존재론적으로는 안정되었다고 할 수 있다.

이러한 행태는 역대 대통령이 취임 이후 여당의 개편에 나섰던 과거의 사례와는[1] 전혀 다른 것으로, 정당정치의 제도적 안정을 기하는 효과는 있는 것으로 분석된다. 민주화 이후에도 새로운 정당을 만드는 관례는 계속되었는데, 이는 신임 대통령이 자신의 권력기반을 공고히 하기 위해, 그리고 공직후보자 추천이라든지 국정운영 등의 분야에서 전횡을 원했기

---

[1] '민주정의당' 후보로 당선되어 1988년 2월에 취임한 盧泰愚대통령은 3당합당을 추진, 취임 2년 되는 1990년 2월 29일 '민주자유당'을 창당했다. '민주자유당' 후보로 당선되어 1993년 2월 취임한 金泳三대통령은 취임 3년 되는 1996년 2월 26일 '신한국당'으로 명칭을 바꾸었으며, '새정치국민회의' 후보로 당선되어 1998년 2월에 취임한 金大中대통령은 취임 2년이 채 안 되는 2000년 1월 20일 '새천년민주당'을 창당했다. '새천년민주당' 후보로 당선되어 2003년 2월에 취임한 盧武鉉대통령의 경우 같은 해 11월 11일 '열린우리당'을 창당했다.

때문이었다. 그럼에도 불구하고 대외적으로는 언제나 구시대의 관행과 낡은 정치의 청산이라는 구실을 내걸었다. 이러다 보니 보수나 진보를 불문하고 자신을 대통령으로 만들어 준 정당의 역사와 전통마저 청산의 대상으로 폄하하고 부인하는 아이러니가 빚어졌던 것이다.2)

이처럼 집권여당조차 끊임없이 자신의 과거를 부정하는 상황에서 유권자는 물론이고 당원마저도 당의 정체를 제대로 파악할 수 없을 정도로 당의 명칭이 자주 바뀌는 것이 한국 정당정치의 현실이다. 정당의 정체성 확립이라는 것은 하루아침에 이루어지는 것이 아니라 시간을 요하는 것인데, 정당이 하나의 제도로서 미처 정착도 하기 전에 새로운 정당으로 바뀌는 양상이 반복되다 보니 정체성 없는 정당이 양산되고 만 것이다.

결과적으로 대부분의 정당이 역사가 짧다 보니 정당으로서의 정체성을 확립할 시간적 여유가 없었다. 이 뿐만 아니라 당원의 입장에서도 소속 정당이 언제 바뀔지 모르니 정체성을 확립하려는 노력을 기울일 필요가 없었고, 유권자의 입장에서도 당명보다는 1번 · 2번과 같은 번호만 기억하면 되게 되었다. 이와 같은 여건에서 정책투표란 상상도 할 수 없는, 먼 나라의 일처럼 간주될 수밖에 없었다. 당의 노선이나 정책을 살펴본 후

---

2) 민주자유당은 창당사에서 "오랫동안 우리 정치사를 얼룩지었던 갈등과 반목의 기억을 역사의 대하 속에 흘려보내고…… 대화와 타협을 통해 참다운 민주발전을 이룩하는 정치"를 실현하겠다고 다짐하고, "영구히 민족과 함께할 믿음직한 국민정당"을 출범시키겠다고 함으로써 기존 민주정의당의 행태를 비판했다. 신한국당으로 출범하는 자리에서 金泳三대통령은 치사를 통해 "국민을 지역으로 가르고 분열시키는 정치, 사회를 혼란시키는 정치, 나라 발전을 가로막는 정치를 국민은 더 이상 용납하지 않을 것"이라고 말해 자신을 대통령으로 선출해 준 민주자유당을 부인했다. 金大中대통령은 총재 취임사에서 '새천년민주당은 정치를 살리기 위한 신당', '나라를 살리기 위한 새로운 정당'이라고 규정함으로써 자신이 만든 새정치국민회의마저 부인했다. 盧武鉉대통령은 열린우리당 창당대회에 보낸 축사에서 국민은 '투명한 정치, 깨끗한 정치'를 바라고 있다면서 "정치개혁과 국민통합의 기치를 내걸고 출범하는 열린우리당이 국민통합과 깨끗한 정치를 이끄는 견인차가 되어 줄 것을 믿는다"고 말함으로써 새천년민주당의 전통과 단절을 선언했다.

자신의 이념에 부합되는 투표를 하기보다는 정당의 기호나 후보자의 출신지를 보고 투표하는 편의주의적인 현상이 나타날 수밖에 없었다.

바로 이와 같은 맥락에서 17대 대선 경선과정에서부터 18대 총선에 이르기까지 친이계와 친박계가 치열하게 다투었음에도 불구하고, 한나라당이 분당에 이르지 않은 것은 정당사적으로는 매우 의미 있는 일이라고 할 수 있다. 보수가 되었건 중도를 표방했건 간에, 한나라당으로서는 나름대로 정체성을 확립할 수 있는 심리적인 여유를 가질 수 있게 되었고, 이를 토대로 총선에 임할 수 있었기 때문이다.

(2) 대통합민주신당

대선 패배로 10년 만에 야당으로 전락하게 된 대통합민주신당은 2008년 1월 10일 개최된 중앙위원회에서 한나라당을 탈당하고 입당한 손학규를 당대표로 추대했다. 대표 수락연설에서 그는 국민은 '반성과 쇄신과 변화'를 요구하고 있다면서, 과거에 얽매이지 않고 국민을 보고 나아가야 한다고 강조했다.3) 그리고 외부의 유능한 인재를 영입하기 위해 인재영입위원회를 구성하겠다고 말했는데,4) 이는 당의 과거를 부인하는 동시에 대대적인 인적 쇄신을 통해 총선에 대비하겠다는 구상을 밝힌 것이라고 할 수 있다.

손학규의 대표 취임에 대해 일부는 한나라당 출신이 당의 간판이 된 데 따른 '정체성 혼란'을 이유로 탈당했다.5) 이해찬(李海瓚)이 가장 대표적인 경우로, 그는 손학규의 대표 선출 직후 탈당을 선언했다. 인간의 존엄성이나 성숙한 민주주의, 그리고 한반도 평화공동체의 가치는 법률이 아닌 정신과 정체성에 있는 것이므로 더 이상 당에 남아 있을 수가 없다고 말하

---

3) <東亞日報>, 2008년 1월 11일.
4) <東亞日報>, 2008년 1월 12일.
5) 孫鶴圭는 실용주의노선을 표방하며 당의 이념적 좌표로 '제3의 길'을 제시했는데, 이 여파로 鄭東泳을 비롯한 의원들이 탈당 움직임을 보이기도 했다. 연합뉴스, 『연합연감』 2009, 86쪽.

고, 한나라당 출신이 대표가 됨으로써 "어떠한 정체성도 없이 좌표를 잃은 정당으로 변질"될 것이기 때문에 당을 떠난다고 그는 말했다.6) 이해찬의 뒤를 이어 대표적인 '친노 인사'라고 할 수 있는 유시민(柳時敏)도 2008년 1월 16일 당을 떠났다.7)

손학규의 대표 취임에 반대하여 일부가 당을 이탈하자, 한나라당을 견제하기 위해서는 무엇보다도 민주당과 통합해야 한다는 요구가 당 내외에서 제기되었다.8) 이에 대해 손학규는 "민주당과의 통합은 민주개혁 세력, 특히 호남지역 국민의 여망인 만큼 이 여망을 받아들이겠다"고 화답했다.9) 당에서 이탈한 친노세력을 보완할 필요가 있었던 데다 대선 패배로 위기에 처한 상태에서 민주당과 통합하지 않고 분열된 채로는, 총선에서 승산이 없다는 것을 충분히 알고 있었기 때문이다.

합당의 필요성이 제기된 후 여러 차례 협상을 가진 끝에 양당은 총선을 58일 앞둔 2008년 2월 11일 통합민주당이라는 명칭의 단일 정당을 구성하기로 합의했다.10) 대통합민주신당과 민주당의 당 대 당 통합은 2003년 9

---

6) <東亞日報>, 2008년 1월 11일.

7) 柳時敏은 "대선을 앞두고 분열해서는 안 된다는 대의명분 때문에 대통합민주신당까지 함께 왔지만 지금 신당에는 좋은 정당을 만들겠다는 꿈을 펼칠 공간도 남아 있지 않다"면서, "당원임이 자랑스럽지도 않고 좋은 정당이라는 확신도 없는 당에 계속해서 몸을 담는 것이 어떤 대의를 위한 것인지 자문하지 않을 수 없다"고 말하며 탈당했다. <東亞日報>, 2008년 1월 17일.

8) 대통합민주신당 원내대표 金孝錫은 "민주당과 통합을 해 단일대오로 총선에 임해야 한다"고 주장했으며, 사무총장 申溪輪도 "할 수만 있다면 총선 전에 하나로 뭉치는 노력을 해야한다"고 말했다(<東亞日報>, 2008년 1월 18일). 한편 민주당 대표 朴相千은 기자회견에서 한나라당의 독주를 견제하기 위해 양당이 통합하여, "강력한 중도개혁 통합정당을 결성"할 것을 제의했다(<東亞日報>, 2008년 1월 23일).

9) <東亞日報>, 2008년 1월 23일.

10) 대통합민주신당과 민주당은 2008년 2월 13일 각각 최고위원회와 중앙위원회를 열고, 통합민주당 창당을 위한 당 대 당 합당 합의를 추인했으며, 2월 17일에는 양당 통합수임기구 합동회의를 열고 통합을 의결했고, 2월 18일 중앙선거관

월 20일 열린우리당 창당을 주도했던 새천년민주당 내 신당파가 '국민참여통합신당'으로 국회에 별도의 교섭단체 등록을 함으로써 분당된 지 4년 5개월 만에 이루어진 것이었다.11) 분열로 인해 패배했던 17대 대선에서 교훈을 얻은 결과 통합을 성사시킨 것이라고 할 수 있다.

통합민주당은 손학규와 박상천(朴相千) 두 사람을 공동대표로 하는 투톱 체제로 운영하며 전통적인 지지층을 결집, 전국 정당으로 당세를 확장한다는 전략을 세웠다. 그러나 비록 양당이 결합하여 통합민주당으로 출범하기는 했지만, 물리적인 재결합을 넘어 화학적 결합을 이루어 향후 공천 과정에서 야기될 수 있는 갈등 요소를 해결해야 하는 과제를 안고 있었다고 할 수 있다.12)

(3) 기타 정당

한국의 정당정치에서 '위기와 통합'은 비단 거대 정당에서만 나타난 것은 아니었다. 이러한 현상은 소수 정당에서도 나타났는데, 대표적으로 민주노동당과 자유선진당의 행태에서 그 실례를 찾아볼 수 있다. 자유선진당의 경우 국민중심당과 통합하는 전략을 취해 당세의 확장을 꾀한 반면, 민주노동당의 경우 당내의 노선대립으로 분당의 길을 걷게 됨으로써 당세가 위축되는 위기상황에 처하고 말았다.

① 민주노동당

17대 대선에서 3%의 득표로 참패한 민주노동당(이하 민노당)은 2007년 12월 27일 최고위원회를 개최, 당 지도부 총사퇴를 전제로 심상정(沈相奵)을 비상대책위원회(이하 비대위) 위원장으로 추천했다. 심상정은 기자회견을 갖고 당이 통일운동과 노동운동에 대한 제한된 인식으로 진보진영에

리위원회에 합당 신고를 완료함으로써 합당 절차를 마무리했다.
11) 이로써 통합민주당은 141명(대통합민주신당 135명, 민주당 6명)의 의원을 갖게 되어 원내 제1당으로 복귀할 수 있었다.
12) <東亞日報>, 2008년 2월 13일.

서조차 고립됐다면서 당내 패권주의와 친북주의를 공개적으로 비판하고, 이에 대한 책임을 추궁할 것임을 내비쳤다.[13]

이를 계기로 당내 양대 계파인 평등파(PD)와 자주파(NL) 사이의 노선투쟁은 표면화되었다. 노선투쟁은 2007년 12월 29일 민노당이 비대위 구성 방안을 마련하기 위해 개최된 중앙위원회가 이념논쟁의 격화로 비대위 구성에 실패한 것에서도 여실히 드러났는데,[14] 이를 계기로 민노당의 양 계파 사이에 감정의 골은 더욱 깊어지게 된다. PD계열이 NL계열을 친북(親北) 세력으로 지목하고 대선 패배의 책임이 친북세력에 있으므로 이들과 결별해야 한다고 비판한 것에 대해, NL계열이 크게 반발했기 때문이다.

이후 민노당은 '종북주의 청산'과 '총선체제 구축' 문제를 놓고 여러 차례 회의를 가진 끝에, 분당만은 막아야 한다는 공감대가 형성되어 2008년 1월 12일 가까스로 심상정을 비대위원장으로 선출할 수 있었다. 분당은 공멸이라는 위기감에서 나온 타협안이었다.[15] 그러나 이는 잠정적인 것에 불과했고 시간이 지날수록 양측의 대립은 격화되어 갔다.

왜냐하면 심상정이 패권주의와 종북주의 등 많은 쟁점을 성역과 편견 없이 평가하겠다고 한 비대위원장 수락 연설에 이어,[16] 1월 14일의 회견에서는 민노당이 친북당이라는 이미지와 단절하고 책임 있는 평화정당으로 거듭나겠다고 밝히며 자주파의 노선을 비판했기 때문이다.[17] 그리고 비대위원 인선에서 자주파를 배제하고 평등파를 중용함으로써 자주파의 반발을 산 데다,[18] 이러한 조치와는 별도로 자주파에 반대하는 당원들로

---

13) <東亞日報>, 2007년 12월 28일.
14) 이날 있었던 민노당 중앙위원회 토론 과정에서 PD 일부가 당의 종북주의·패권주의 청산문제를 제기하자, NL 관계자가 당 수습문제를 제쳐놓고 이념문제를 꺼내는 것 자체가 수습 의지를 의심케 하는 행위라고 반발함으로써 아무런 결론도 내지 못했다. <한겨레>, 2007년 12월 31일.
15) <한겨레>, 2008년 1월 14일.
16) <東亞日報>, 2008년 1월 14일.
17) <東亞日報>, 2008년 1월 15일.
18) <한겨레>, 2008년 1월 17일.

구성된 '새로운 진보정당준비위원회'가 신당 창당 작업에 착수했기 때문이다.19)

양측의 갈등은 2008년 2월 3일 개최된 임시 당 대회에서 절정을 맞았다. 이날 비대위가 친북행위를 당헌·당규 위반행위로 규정하고 '일심회' 사건 관련자들의 제명을 골자로 하는 혁신안 통과를 추진했기 때문이다.20) 그러나 혁신안은 당내 다수를 점하고 있는 자주파가 반대하는 바람에 부결되고 말았다.21) 당 혁신안이 부결되자, 심상정은 낡은 질서가 당을 지배한다면서 비대위원장직에서 물러났다.22)

이로써 평등파와 자주파의 갈등은 되돌릴 수 없게 되어 분당은 초읽기에 들어간 것이나 마찬가지였다. 여기서 노회찬(魯會燦)이 먼저 탈당 의사를 밝혔고,23) 뒤를 이어 심상정도 당을 떠나 새로운 길을 개척하겠다고

---

19) 이들은 2008년 2월 1일 "현재의 민노당으로는 당 혁신이 불가능한 상황"이라면서 민노당을 탈당했다. <東亞日報>, 2008년 1월 28일.
20) 민노당 내 자주파와 평등파의 갈등은 2000년 1월 창당 때부터 내재하던 것이었다. 창당 이후 친북 성향이 상대적으로 짙은 자주파가 줄곧 당권을 장악해 왔으며, 상대적으로 소수인 평등파는 인권 등 북한의 여러 문제점을 당 지도부가 외면하는 것을 비판해 왔다. 즉 민노당이 대북정책에 발목이 잡히면서 '친북당'이라는 이미지가 굳어졌다고 비판한 것이다. 단적인 예로 북한의 핵실험을 놓고 평등파는 "북한 핵실험을 인정할 수 없다"는 입장인 반면, 자주파는 자위론을 펴며 '미국 책임론'을 주장했다(<東亞日報>, 2008년 1월 31일). '일심회 사건'이란 민노당원 중 일부가 북한에 국가기밀을 넘긴 혐의로 2006년 12월 기소되어 실형을 받은 사건이다(<東亞日報>, 2008년 2월 5일).
21) 자주파는 양심의 자유와 진보적 가치를 내세웠다. 즉 국가보안법 위반으로 실형을 받은 '일심회' 관련자들을 제명할 경우, 국가보안법 철폐를 주장하는 자신들의 '평화통일 신념'에 어긋나고 존립의 명분 자체를 흔든다는 이유에서 이들의 제명에 반대했다. <東亞日報>, 2008년 2월 4일.
22) 비대위 대표직을 사퇴한 沈相奵은 2월 4일 "국가보안법 사건에서는 진보운동의 상식과 이성이 마비된다는 사실을 확인했다"면서, 북한과 음성적으로 개별적으로 관계하는 것이 용인되어야 하는지에 대해 자주파는 분명히 답을 해야 한다고 주장했다. <東亞日報>, 2008년 2월 5일.
23) 魯會燦은 민의에 귀를 기울이지 않는 오만과 결별하겠다면서, 창당정신을 복

발표했다.24) 이들 두 의원은 2008년 2월 21일 기자회견에서 신당 창당 계획을 발표했다. 이들은 민노당과의 관계 설정에 대해 진보진영이 위기인데 분열하면 더 어렵게 된다는 우려도 있지만 진보신당 창당은 오히려 진보정치세력의 재편을 위한 분화의 과정이라고 주장하고, 민노당과 부득이 경쟁하는 상황도 있겠지만 경쟁의식을 갖지는 않겠다고 말했다.25)

진보신당은 2008년 3월 2일의 발기인대회에서 민노당은 당내 민주주의가 실종돼 당원들이 당의 주인이 아닌 손님으로 전락했다고 비판하고, 자기혁신을 통해 새로운 진보정치를 열겠다고 다짐했다.26) 그리고 3월 16일의 창당대회에서 진보신당은 민노당과 차별되는 새로운 진보정당으로 출범하여 총선에서 승리해 노동자와 서민에게 희망을 주는 진보신당을 만들어 나가겠다고 선언했다.27)

이처럼 평등파가 탈당하여 진보신당을 만듦으로써 민노당은 완전히 분열되고 말았다. 공교롭게도 진보신당이 발기인대회를 개최하는 그 날에 민노당은 분당사태 등을 반성하는 대국민 사과 메시지를 발표했고, 진보신당이 창당대회를 개최하는 날인 3월 16일에는 총선에 출마할 비례대표 10명을 확정·발표했다. 이로써 민노당은 대선 패배로 인해 초래된 위기에서 벗어나지 못하고 더 큰 위기에 처하게 된다. 민노당 내 자주파와 평등파 두 세력이 통합하지 못해 위기 극복에 실패한 데 따른 결과였다.

② 자유선진당

17대 대선에서 15%의 득표로 3위를 했던 이회창(李會昌)은 2008년 들어

원하는 새로운 진보정당 운동을 전개하겠다고 말하며 탈당할 뜻을 밝혔다. <東亞日報>, 2008년 2월 6일.
24) 沈相灯은 고통스럽고 안타깝지만 현 민노당 틀로는 진보정치의 희망을 만들어 가는 데 한계에 도달했다는 것을 고백하지 않을 수 없다고 말하고, 새로운 진보정당을 설립할 계획이라고 말했다. <東亞日報>, 2008년 2월 18일.
25) <한겨레>, 2008년 2월 22일.
26) <한겨레>, 2008년 3월 3일.
27) <한겨레>, 2008년 3월 17일.

국민 모두가 자부심을 느끼며 나라를 위해 가치를 추구할 수 있도록 하는 '품격 있는 정당'을 만들겠다고 말하며,28) 보수신당 창당에 적극 나섰다. 신당은 자기 분야에서 묵묵히 직분을 다하는 사람들이 함께하는 대중정당, 시민정당으로서의 면모를 갖추겠다는 포부를 밝히고,29) 당명을 가칭 자유신당으로 확정했다.

자유신당은 2008년 1월 10일 창당발기인대회를 갖고 본격적인 창당작업에 나섰다. 이 날 이회창은 개인의 능력 발휘를 국가와 사회 발전의 원동력으로 삼아 최고의 품격 있는 국가로 만들겠다고 말하고, 신당은 좌우가 대치하는 극단적인 상황을 조정해 나가는 균형자적 역할을 할 것이라고 덧붙였다.30) 그러나 창당 의사를 밝힌 지 얼마 되지 않아 자유신당이라는 명칭이 대통합민주신당과 혼동할 우려가 있다고 하여 당명을 자유선진당(이하 선진당)으로 바꾸기로 했다. 두 당 모두 신당이라는 명칭을 약칭으로 사용하는 바람에 대통합민주신당에 부정적인 다수 유권자들에게 자유신당도 외면 받는 부작용이 발생할 가능성이 높다는 이유에서였다.31)

선진당은 2008년 2월 1일의 창당대회에서 만장일치로 이회창을 총재로 선출했다. 그는 총재 수락 연설에서 "시대착오적인 좌파 이념을 배격하고 실용이라는 이름으로 잘못된 철학이나 이념과 적당히 타협하고 절충하려는 움직임도 좌시하지 않을 것"이라고 강조했다. 창당과 동시에 선진당은 충청 지역을 기반으로 한 국민중심당과 당 대 당 통합을 추진했는데, 이역시 '위기와 통합의 정치' 논리에 따라 통합으로 당세를 확장하려는 의

---

28) <東亞日報>, 2008년 1월 5일.
29) 신당 창당기획위원 崔漢秀는 명망가를 중심으로 하는 정당은 지도부의 공천권 독점 등으로 부패할 우려가 있기 때문에 지양해야 하며, 시민정당으로서 엘리트와 대중을 순환하는 과정에서 참신한 인물을 배출하겠다고 말했다. <東亞日報>, 2008년 1월 9일.
30) <東亞日報>, 2008년 1월 11일.
31) <東亞日報>, 2008년 1월 27일.

도에서 비롯된 것이었다.

자유선진당과 국민중심당 양당 모두 소수정당의 한계에서 벗어나기 위해 통합에 나서지 않을 수 없었던 것으로, 양당은 2월 12일 통합수임기구를 개최하고 합당에 합의했다. 이로써 선진당은 8석의 의원을 갖게 되었으며, 2006년 1월 7일 창당된 국민중심당은 창당 2년 만에 해소되고 말았다.

2) 공천과정

18대 총선 공천과정에서 나타난 가장 큰 특징으로는, 여야를 불문하고 대부분의 지역에서 경선을 치르지 않거나 형식적으로만 치른 채, 하향식으로 공천이 이루어졌다는 것을 들 수 있다.[32] 이로 인해 각 당 내에서 공천 후유증이 심각하게 나타났다. 한나라당의 경우 공천에서 탈락한 친박계 후보의 무소속 출마가 줄을 이었고, 통합민주당의 경우 '호남 물갈이'라는 여론에 직면하여 호남 출신 의원이 대거 낙천하여 반발하는 사태가 발생한 것이다.

이러한 현상은 상향식으로 치러진 17대 총선의 공천방식에서 크게 후퇴한 것으로, 비례대표 공천에서도 적지 않은 문제가 있었다. 한나라당의 경우 친박계가 소외되고 친이계 위주로 공천이 이루어져 박근혜가 반박 성명을 내는 일이 발생하기도 했으며, 통합민주당의 경우 대통합민주신당과 민주당이 공천 지분을 나누어 가짐으로써 여론의 비판을 받기도 했기 때문이다.

(1) 한나라당

2008년 1월 29일 열린 한나라당 공천심사위원회는 부정부패 정치인을

---

32) 이 때문에 18대 공천의 가장 특이한 점은 '상향식 공천의 몰락'이라고 지적되었다. 김현진, "후보 공천과정의 민주화와 정당연합의 변동"(2008년 한국정치학회 하계학술회의 발표논문), 6쪽.

공천에서 배제한다는 당규를 원칙대로 적용한다는 방침을 정했다. 당헌·당규에는 부정부패와 관련된 법 위반으로 최종심에서 형이 확정된 경우 공직후보 신청 자격을 불허한다고 명시되어 있기 때문이라는 것이었다. 이에 대해 당 대표인 강재섭(姜在涉)은 정치라는 것이 당헌·당규를 떠나 신의를 지키는 것이 중요하며, 이런 식으로 하면 한나라당은 자멸하게 될 것이라고 우려를 나타내기도 했다.33)

이 같은 당의 방침에 대해 친박계 의원들은 정치보복이라면서 탈당도 불사하겠다는 뜻을 밝혔고, 박근혜도 입맛에 맞게 공천심사를 하게 되면 국민도 납득할 수 없을 것이라고 말함으로써34) 공천을 둘러싼 양측의 갈등은 고조되었다. 이처럼 공심위가 공천의 기준으로 당헌·당규를 내세운 것은 친이계가 공천 물갈이를 통해 한나라당을 '이명박 당'으로 만들고자 했기 때문이다.35) 즉 자신의 뜻을 잘 아는 세력이 국회에 다수 진출해야만 국정을 안정적으로 운영할 수 있겠다는 대통령 당선인 이명박의 희망사항을 친이계 위주로 구성된 공심위가 그대로 반영하려고 한 것이었다.36)

공천을 둘러싸고 양측의 갈등이 표면화된 가운데 완료된 지역구 출마자 공천의 내역을 보면 친이계는 157명이, 친박계는 44명이 공천된 것으로 나타났다.37) 공천에서 탈락한 친박계 의원들은 곧바로 한나라

---

33) 姜在涉의 발언은 공천심사위 결정이 그대로 유지될 경우 공천 갈등이 심각해질 수 있다는 위기감을 반영한 것으로 분석된다. <東亞日報>, 2008년 1월 30일.
34) <東亞日報>, 2008년 1월 31일.
35) 당시 친박계로 공천심사위원으로 참여했던 姜昌熙는 공천 신청자들이 골머리를 앓아 가며 100쪽에 가까운 서류를 제출했지만 심사 과정에서 심사위원들이 본 것은 학력과 경력 및 범죄사실 정도였다고 말하고, "공천의 당락에 더 결정적인 것은 그 사람의 계파였다"고 주장했다. 강창희, 『열정의 시대』(중앙books, 2009), 390쪽.
36) 安剛民을 위원장으로 한 공천심사위원회는 친이와 친박이 8 대 2로 구성되어 공천이 구조적으로 친이의 의도대로 결정될 수밖에 없게 되어 있었다. <東亞日報>, 2008년 2월 2일.

당을 탈당하여 일부는 '친박 무소속연대'를, 또 다른 일부는 '친박연대'를 발족시켜 총선에 임했다.38) 친박계가 이처럼 대거 공천에서 탈락하자, 박근혜는 2008년 3월 23일 기자회견을 가졌다. 회견에서 그는 한나라당 공천은 "한마디로 정당정치를 뒤로 후퇴시킨 무원칙한 공천의 결정체"였다면서, "저도 속고, 국민도 속았다"며 당 지도부의 책임을 공식 제기했다.39)

한나라당의 공천 후유증은 이것으로 그친 것이 아니었다. 친이·친박의 갈등과는 별도로 친이계 내부에서 이명박의 친형 이상득의 공천 문제를 놓고 당내 소장파들이 이의를 제기했기 때문이다. 한나라당 친이계 소장파 의원 55명은 2008년 3월 23일 청와대와 당 지도부의 사과, 그리고 이상득의 총선 불출마를 촉구하는 성명을 발표했다.40) 이는 '공천 개입설', '청와대 인사 개입설' 등이 끊이지 않은 데 대한 당 내외의 비판을 의식한 결과였지만, '친이계 이너 서클의 헤게모니 다툼 과정'에 불과하다는 분석도 제기되었다.41)

---

37) 연합뉴스,『연합연감』2009, 84쪽. 공천 결과가 이렇게 나타난 것에 대해 "총선 공천은 친박계 인사를 고사시키고, 그 자리에 친이계의 씨를 뿌리는 과정"이라는 지적이 나왔다. 송국헌, "MB계의 박근혜계 '씨 말리기' 전말,"『新東亞』2008년 3월, 119쪽.

38) 이들은 예상대로 '박근혜 죽이기'가 시작됐다면서, 이는 公薦이 아니라 私薦이며 '박근혜계 대학살'이라고 비판했다(<한겨레>, 2008년 3월 14일). 한편 공천 탈락 의원들에 대해 박근혜는 신당 창당을 만류하고 "살아서 돌아와 달라"고 말하며, 무소속 출마를 권유했다(<한겨레>, 2008년 3월 15일).

39) 이날 朴槿惠는 17대 총선은 공천권을 당원과 국민에게 돌려주고 경선을 원칙으로 했는데, 18대 공천에서 상향식 공천은 사라지고 경선은 한군데서도 이루어지지 않았으며, 당헌·당규는 무시되었고 당권·대권 분리도 지켜지지 않았다고 비판했다(<東亞日報>, 2008년 3월 24일). 그 이전인 3월 6일에 박근혜는 친박계 핵심 의원 2명이 탈락한 데 대한 항의 표시로, '표적 공천'이라고 강력히 비난하며 서울 지역 후보 사무실 개소식 및 필승 결의대회 참석 등 공식 일정을 거부한 채 자택에서 칩거한 바 있었다(<東亞日報>, 2008년 3월 7일).

40) <한겨레>, 2008년 3월 24일.

친이·친박 갈등 외에 친이계의 내분 양상마저 나타나자, 강재섭은 당의 화합을 위해 자신은 총선에 출마하지 않겠으니 더 이상 공천 결과를 놓고 시비하는 일이 없도록 하자고 말했다.42) 친이계의 내분을 막기 위한 조치로 강재섭이 불출마를 선언한 것이었는데, 이를 계기로 총선 이후 친이계는 분화되고 권력투쟁은 본격화할 것이라고 관측되었다.

한편 비례대표 후보 명단 50명에 친박계 인사로는 엄밀히 말해서 2명 밖에 포함되지 않은 것으로 분석되었다. 그것도 당선 가능성에서 끝이 난 것과 마찬가지인 21번과 22번을 받은 것에 불과하자,43) 박근혜는 비례대표 공천에 대해서도 문제를 제기했다. 자신은 당 대표의 개인적 친분관계에 따라 임명하던 오랜 관행을 끊고 정책정당을 만들기 위해 전문가들을 영입하도록 공심위에 100% 맡겼는데, 이와 달리 현 공심위는 불공정한 공천을 했다는 것이었다. 그 예로 "당 대표가 비례대표 영입에 대해 대통령에게 칭찬받았다고 공개적으로 자랑하는 일까지 있었다"는 것을 들고, '과거의 밀실공천으로 후퇴'했다고 강하게 비판했다.44)

(2) 통합민주당

통합민주당은 2008년 2월 19일 12명으로 구성된 공천심사위원회를 출범시키며45) 총선 준비에 착수했다. 한편 당 최고위원회는 공천심사 기준을 '정체성, 기여도, 의정활동 능력, 도덕성, 당선 가능성' 5가지로 정하고, 공천권을 공심위에 대폭 위임하는 내용의 공천 규정을 의결했다.46) 2월 23일

---

41) 송국건, "이상득계 인사 독식에 이재오계·정두언계 '55인 선상반란'," 『新東亞』(2008년 5월), 139쪽.
42) <한겨레>, 2008년 3월 25일.
43) 강창희, 『열정의 시대』, 392쪽.
44) <東亞日報>, 2008년 3월 24일.
45) 공천심사위는 외부에서 朴在承 위원장 등 7명, 당내에는 대통합민주신당 몫 2명, 민주당 몫 3명, 도합 12명으로 구성되었다. <한겨레>, 2008년 2월 20일.
46) 이 외에도 최고위원회는 지역구 공천 30%, 비례대표 상위 순번 30%의 전략 공천은 孫鶴圭, 朴相千 두 공동대표가 공심위원장과 합의해서 추천하도록 했다.

공천신청이 마감되자 공심위는 다음날인 2월 24일 첫 회의를 갖고 심사 작업에 나섰다. 본격적인 활동에 앞서 공심위는 호남 현역 의원 '최소 30% 물갈이' 방침을 정했는데, 이는 호남 지역이 타 지역과 달리 공천만 받으면 당선으로 직결되는 기득권 지역으로 간주되었기 때문이다.47)

공천 기준의 문제를 놓고 통합민주당 내에서는 "부정·비리 연루자를 배제하자"는 '원칙론'과 "예외 규정을 두어 구제하자"는 '유화론'이 맞서는 것으로 알려졌다.48) 공심위는 금고형 이상 부정·비리 전력자는 공천 심사에서 원천적으로 배제한다는 원칙론을 고수했는데, 이는 국민의 열망을 최고의 가치로 하고 "민주 발전의 기제인 견제와 균형의 장치를 복원시키는 차원"에서 공천심사를 하겠다는 공심위원장의 의지가 반영된 것으로 분석된다.49)

이와 반대로 최고위는 개인적인 비리가 아닌 경우 선별적으로 구제해야 한다는 유화론을 견지했는데, 이는 선의의 피해자나 억울한 사람에 대해서는 개별적으로 심사할 수 있도록 해야 한다는 것이었다.50) 이로 인해 통합민주당은 공심위와 최고위가 대립하는 양상을 빚기도 했는데, 공심위의 결정을 최고위가 추인함으로써 박지원(朴智元)을 비롯한 주요 정치인들이 공천심사에서 배제되게 되었다.51)

공심위는 또한 현역 의원 평가를 위한 구체적인 기준으로 여론조사 50%, 발의 법안 통과 15%, 국회 출석률 20%, 의총 참석률 10%, 당직 등 가점 5%를 제시하고 이를 근거로 큰 폭으로 현역 의원을 교체한다는 방침을 정했었다.52) 그러나 호남을 제외하고 수도권을 포함한 다른 지역은

  이로 인해 통합민주당 공천은 '나눠먹기'라는 비판에서 자유롭지 못했다. <한겨레>, 2008년 2월 23일.
47) <한겨레>, 2008년 2월 27일.
48) <한겨레>, 2008년 2월 29일.
49) <한겨레>, 2008년 1월 31일.
50) <한겨레>, 2008년 3월 5일.
51) 이 외에도 공천이 배제된 정치인은 金弘業, 李龍熙, 李相洙, 安熙正, 李浩雄, 申溪輪, 金民錫, 薛勳, 李正一, 辛建 등으로 알려졌다. <한겨레>, 2008년 3월 6일.

인물난 탓에 10~20%의 낮은 교체율에 머물러 현역 물갈이는 용두사미에 그치고 말았다는 지적을 받았다.53)

통합민주당은 지역구 후보자 공천 문제를 놓고 공심위와 최고위가 1차로 대립한 데 이어, 2차로 비례대표 후보자 추천 문제를 놓고도 대립했다. '금고형 이상의 전력자'로 공천 심사 대상에서 배제된 인사 두 명을 최고위가 비례대표 후보 심사위원으로 선임하자 공심위가 강하게 반발한 것이다.54)

그러나 선거를 앞두고 갈등이 장기화되는 것은 당에 해롭다는 판단에서 양측은 '원칙에서 후퇴 없는 공천'에 합의함으로써 갈등은 수습되는 국면에 접어들었고,55) 3월 24일에는 40명의 비례대표 명단을 확정지을 수 있었다. 그렇지만 선정된 비례대표 후보들의 특징은 손학규·박상천 두 공동대표와 가까운 사람들에 대한 계파 안배와 영남권 배려로 요약되어 '싸늘하다'는 당 내외의 평가가 나올 정도로 '계파별 지분 나눠먹기'라는 비판을 받았다.56)

3) 총선 결과

한나라당과 통합민주당 양당 모두 공천과정에서 내부적인 갈등과 대립이 적지 않았으나, 총선을 앞두고 당이 나뉘는 분당 사태는 발생하지 않

---

52) <한겨레>, 2008년 3월 10일.
53) 민주통합당의 평균 교체율은 21.9%이며 지역별 현역 교체율은 다음과 같다. △수도권 13% △호남 32% △충청 27% △강원·제주·영남 12.5%. <한겨레>, 2008년 3월 19일.
54) 공심위는 공천심사 절대 배제 기준에 속하는 인사가 비례추천위원에 선임되는 것을 받아들일 수 없다며 申溪輪, 金民錫 두 위원의 사퇴를 요구했다. 이에 대해 최고위는 공천 배제가 정치권에서 영원한 퇴출을 의미하는 것은 아니며, 이들을 비례대표로 시키려는 게 아니라고 주장했다. <한겨레>, 2008년 3월 20일.
55) <한겨레>, 2008년 3월 22일.
56) <한겨레>, 2008년 3월 25일.

앉다. 공천을 받지 못해 무소속으로 출마하는 경우는 있었지만, 갈등이 신당 창당으로까지 확대되지는 않은 것이다.

이의 전형적인 예로 한나라당을 들 수 있다. 친박계의 대거 탈락이 있었지만, 박근혜는 이들의 신당 창당을 만류했다. 이들에게 "살아서 돌아와 달라"고 위로하며 무소속 출마를 권유했을 뿐인데, 그래야만 자신이 간접적으로 지원을 하고 도울 명분이 있다는 판단에서였다. 그리고 현실적으로 총선이 임박한 시점이어서 신당 창당이 쉽지 않았을 뿐만 아니라, 분당 책임론의 역풍을 맞을 수도 있었기 때문이다.[57]

통합민주당의 경우도 공천 후유증은 있었지만, 이러한 사태가 분당으로까지 이어지지는 않았다. 대통합민주신당과 민주당이 총선을 두 달 정도 앞두고 통합하여 출범한 상태에서 분당을 거론하는 것 자체가 유권자를 기만하는 행위로 비쳐질 수 있어 성립될 수 없었기 때문이다. 이와 같은 상황에서 통합민주당은 수도권에서 한나라당의 내홍으로 인한 반사이익을 기대하거나, '유일 견제 야당'론과 연계시키는 방침에 의존하는 전략을 수립하고 총선에 임했다.[58]

선진당의 경우 박근혜의 지원 유세 거부로 충청권에서 위협 요소가 사라져, 선진당 후보들의 당선 가능성이 높아질 것으로 예측했다. 한나라당의 내홍을 보고 실망한 유권자들이 선진당을 지지할 것이라고 기대한 것인데, 이와는 반대로 민주노동당과 진보신당은 영남권에서 친이·친박의 세력다툼이 지역주의 확산으로 이어져 진보진영의 득표율 저하를 초래할 가능성이 있다는 우려를 나타냈다.[59] 개표 결과 이들의 기대나 우려가 사실로 나타나 '위기와 통합의 정치'가 소수 정당에도 적용되고 있음을 알 수 있다.

2008년 4월 9일 실시된 18대 총선 투표율은 총선 사상 가장 낮은 46.1%

---

57) <한겨레>, 2008년 3월 15일.
58) 통합민주당은 수도권에서 친박연대 후보들이 여권 성향의 표를 분산시킬 경우 당선 가능 의석이 20석을 넘을 것으로 예측했다. <한겨레>, 2008년 3월 25일.
59) <한겨레>, 2008년 3월 25일.

를 기록했는데, 이는 2004년 17대 총선의 60.6%보다 14.5%포인트나 떨어진 것이어서 충격을 주었다. 이처럼 투표율이 낮은 것은 절차적 민주화의 완성 외에[60] 정당들의 잦은 이합집산, 분당, 창당, 등 정당 해체적 현상에 따른 정치 불신과 정치적 무관심이 팽배한 데 그 원인이 있었던 것으로 분석되었다.[61]

총 245개 선거구에 1,113명의 후보자가 출마하여 4.5대 1의 경쟁률을 보인 총선에서 한나라당은 153명(지역 131, 비례 22)의 당선자를 냈는데, 이는 통합민주당의 81명(지역 66, 비례 15)에 비해 두 배 가까이 많은 숫자였다.[62] 이는 공천 과정에서 내홍이 있었음에도 불구하고 한나라당이 통합민주당보다는 더 통합된 모습을 보였기 때문이라고 할 수 있다.

내부적으로는 한나라당이 '공천 학살'의 여파로 분열의 위기에 처했지만 박근혜가 당에 남아 있었고, 공천 탈락자의 무소속 출마를 권유하기는 했지만 신당 창당만은 만류한 결과였다. 그가 한나라당에 잔류하여 당을 하나로 묶는 구심력으로 작용함으로써 원심력으로 인한 당의 분열을 막을 수 있었던 것이다.

통합민주당의 경우 물리적으로 합쳐 단일 정당으로 선거에 임하기는 했다. 그러나 2003년 열린우리당으로의 분당 과정에서 생긴 앙금이 충분히 해소되지 못한 상태에서 다시 결합함으로써 통합의 시너지를 발휘할 수 없었다. '나눠먹기'라는 평가가 나오는 것 자체가 두 당이 화학적으로 통합되지 못했음을 나타내는 증거라고 할 수 있다.

선진당의 경우 비록 소규모이기는 하지만 통합의 효과를 톡톡히 보았

---

60) <한겨레>, 2008년 4월 10일.
61) 유재일, "18대 총선의 과정과 결과, 그리고 정치적 의미," 한국정당학회, 『18대 총선 현장리포트』(푸른길, 2009), 34쪽.
62) 당선자 수를 각 정당별로 보면 다음과 같다. *괄호 안은 출마자 수.

	한나라당	통합민주당	자유선진당	민주노동당	창조한국당	친박연대	무소속	총계
지역구	131(245)	66(197)	14(94)	2(103)	1(12)	6(50)	25(124)	245
비례대표	22	15	4	3	2	8	0	54
총계	153	81	18	5	3	14	25	299

다고 할 수 있다. 기존 의석(7석)에 비해 2배 이상 많은 18석을 확보하는 성과를 거두었기 때문이다. 이와 정반대로 진보진영의 경우 통합 대신 분열의 길을 걸음으로써 크게 위축되고 말았다. 민노당의 경우 10석에서 5석으로 절반이나 줄었고, 진보신당의 경우 단 한 석도 얻지 못하는 결과를 냈기 때문이다.

한편 한나라당을 탈당한 의원들이 주축이 된 친박연대는 14석을 확보했고, 무소속들의 모임인 친박 무소속연대도 12명이나 당선되었다. 박근혜가 한나라당에 잔류했음에도 불구하고, 한나라당 밖에서 그의 이름을 내세워 당선된 숫자가 26명이나 되었다는 것은 17대 대선 경선 과정에서 박근혜의 영향력이 크게 증대했다는 것을 나타낸다.

그렇기 때문에 만일 그가 탈당하여 신당 창당에 나섰더라면 한나라당은 과반수는커녕 원내 제1당도 차지하기 어려웠을 것이고, 이는 역설적으로 '위기와 통합'을 반증해 주는 것이라고 할 수 있다. 박근혜의 잔류로 한나라당은 분당의 위기를 극복하고 통합을 유지할 수 있게 되었고, 이것이 화학적 결합을 이루지 못한 통합민주당을 패배로 몰아넣고 한나라당의 승리를 견인한 원동력이 된 것이다.

3. 지도체제 개편과 2009년 재·보궐선거

18대 총선 이후 여야의 지도부 개편이 잇달았다. 한나라당의 경우 2008년 7월 3일 개최된 전당대회에서 박희태(朴熺太)가 당 대표로 선출되었으며, 통합민주당의 경우 7월 6일의 전당대회에서 정세균(丁世均)을 당 대표로 선출했다. 이와 같은 여야의 지도부 개편은 총선에서 표출된 민심을 수렴하여 당의 진로를 재정립한다는 의미와 함께, 선거로 인해 이완된 지도체제를 정비하여 국정의 주도권을 장악하겠다는 의도가 내포되어 있는 것이라고 할 수 있다.

한나라당의 경우 체제 정비를 통해 이명박 정부의 국정 비전을 실현해야 하는 과제를 안고 있었고, 통합민주당의 경우 대선과 총선 패배를 딛고 거대 여당을 견제하여 정국의 한 축으로 도약해야 하는 과제를 안고 있었다. 이와 동시에 새로운 지도부는 내부적으로 풀어야 할 과제도 갖고 있었다. 한나라당은 친이와 친박의 화합을 모색해야 하는 과제를, 통합민주당은 분열 구도의 봉합과 야권 세력의 결집이라는 과제를 해결해야 했던 것이다.

지도체제를 개편한 여야는 2009년 들어 재·보궐선거를 치렀는데, 두 차례 실시된 선거에서 여당인 한나라당은 연패함으로써 위기에 처했다. 총선 이후 한나라당은 친박연대 복귀의 문제와 세종시 문제를 놓고 양 파의 대립과 갈등이 계속된 반면, 통합민주당은 노무현·김대중 두 전직 대통령의 사망으로 전통적인 지지층을 재집결하는 데 어느 정도 성공했기 때문이다.

1) 여야의 지도체제 개편

2008년 7월 3일 한나라당은 새로운 지도부를 선출하는 제10차 전당대회를 개최했다. 6명의 출마자 중에서 세간의 관심은 친이계의 박희태와 17대 대선 직전에 입당한 정몽준(鄭夢準) 둘 중에서 누가 대표최고위원이 되느냐로 집중되었는데,63) 개표 결과 박희태가 1위를 차지했다. 정몽준은 2위에 그쳤고, 그 뒤로 친박계의 허태열(許泰烈)이 3위를 했다.64)

---

63) '화합과 소통'을 강조했기에 朴熺太가 선출될 경우 친박 인사들의 복당 문제가 해결될 것으로 전망되었으나, 원외라는 정치적 위상으로 지도력은 한계를 가질 수밖에 없는 것으로 분석되었다. 반면 당내에 기반이 별로 없는 鄭夢準이 선출될 경우 독자적 생존 공간을 마련하기 위해 청와대와 다른 목소리를 내, 정국의 중요한 변수로 작용할 것으로 분석되었다. <한겨레>, 2008년 7월 3일.
64) 이 날 참석 대의원 7,554명의 1인 2표 투표와 일반 국민 2,000명을 상대로 한 여론조사를 각각 7 대 3의 비율로 합산한 결과는 다음과 같다. △朴熺太 6,129표 (29.7%) △鄭夢準 5,287표(25.6%) △許泰烈 3,284표(15.9%) △孔星鎭 2,589표

박희태는 대표 수락연설에서 "정부가 국민의 신뢰를 상실한 게 혼란의 원인"이라면서 당 대표로서 당내에는 화합을, 국민에게는 신뢰를 쌓도록 노력하겠다고 말했다.65) 그러나 대표 취임 직후 화합과는 반대로 대권·당권을 엄격하게 분리해 놓은 당헌·당규를 개정하겠다는 뜻을 비침으로써 정몽준과 친박계의 반발을 불러일으켰다. 특히 친박계는 친이계가 당 장악력을 높이기 위해 당헌개정 공론화에 나선 것이 아니냐는 의혹을 제기하며 강하게 반발했다.66)

이는 외면적으로는 집권여당의 책임성 강화를 위해 당정(黨政) 일체가 되어야 한다는 논리에 대해, 3권 분리원칙이 훼손되어서는 안 된다는 논리로 맞선 것이다. 그러나 내면적으로는, 친이계의 당 장악 시도에 친박계와 정몽준이 일시적으로 연합하여 반대한 것이었다. 이처럼 친이계가 전당대회에서 당권을 장악하자마자 당헌·당규 개정 문제를 제기함으로써 한나라당의 내홍은 다시 재연되는 양상을 빚게 되었다.

통합민주당은 2008년 7월 6일 당 지도부를 선출하는 전당대회를 개최했다. 당 대표 경선에는 정대철(鄭大哲), 추미애(秋美愛), 정세균 3인이 나섰는데, 정세균 대세론에 맞서 정대철과 추미애 두 사람은 대회를 이틀 앞둔 7월 3일 1차 투표를 마친 후 후보 단일화를 추진하기로 합의했다.67)

(12.5%) △金晟祚 2,454표(11.9%) △朴順子 891표(4.3%). <한겨레>, 2008년 7월 4일.

65) <한겨레>, 2008년 7월 4일.
66) 친이계는 현행 당헌·당규는 한나라당이 야당으로 있어 당 출신 대통령이 없을 때 만든 것으로, 당·청 소통을 강화하기 위해서는 당권·대권 분리 조항을 철폐해야 한다고 주장했다. 이에 대해 친박계는 야당일 때는 분리할 대권이 없었지만, 집권당이 됐기 때문에 당권·대권 분리가 더 필요하다고 주장했다. <한겨레>, 2008년 7월 5일.
67) 鄭大哲과 秋美愛가 후보단일화에 합의하자 丁世均은 이질적인 두 후보의 단일화는 감동을 주기 어려운 '구태정치'라면서 성과가 없을 것이라고 평가 절하했다. 이에 대해 鄭大哲, 秋美愛 두 사람은 현실 안주 세력을 극복해야 미래가 있다는 '구당(救黨) 정신'으로 단일화에 합의했고, 선거 후에도 변화와 개혁을 위해 협력할 것이라고 반박했다. <한겨레>, 2008년 7월 4일.

그러나 전체 대의원 12,194명 중 9,540명이 참가한 투표에서 정세균은 유효투표의 57.6%인 5,495표를 얻어 1차 투표에서 대표로 당선됨으로써 후보 단일화는 성사되지 못하고 말았다.

전당대회는 또한 변화 추진력을 높이기 위해 대표의 권한을 크게 강화한 단일 지도체제를 채택했으며, 당의 정식 명칭도 민주당으로 바꾸었다. 이러한 조치는 대선과 총선 패배로 인해 침체된 당의 분위기를 일소하고 당의 이미지를 일신하여 강력한 야당으로 출발하기 위한 것이었다.

정세균은 대표 수락 연설에서 재벌대기업 등 1%만을 위한 고환율 성장정책의 책임을 물어 경제팀을 교체하라고 요구했다. 그리고 대통령까지 포함하여 '국정 정상화를 위한 여·야·정 원탁회의'를 구성할 것을 제안하면서 "총체적 난국을 풀기 위해 국민 및 야당과 함께 머리를 맞대고 지혜를 모으자"고 촉구했다.[68]

민주당의 새 지도부에 주어진 첫 번째 과제는 당의 정체성 회복과 지지층 복원이었다. 이는 당의 정책과 노선을 정립하고 적실성 있는 대안 제시를 통해 국민의 신뢰를 회복하여 '수권정당'으로 발돋움하는 것이라고 할 수 있다. 이와 동시에 당 내부에 존재하는 분열과 반목의 골을 메우는 과제 역시 시급히 해결해야 하는 과제였다. 이러한 점에 착안하여 대표로 선출된 직후 정세균은 "민주당을 완벽히 하나로 단결시켜 강력한 야당, 실천 정당을 만들겠다"고 다짐했다.[69]

2) 2009년 재·보궐선거

여야의 새로운 지도부는 전열을 정비하여 2009년 들어 두 차례 실시될 재·보궐선거에 대비해야 했다. 선거를 앞두고 한나라당의 경우 친이와 친박의 갈등이 종식되기는커녕 확대되는 양상을 보인 반면, 야당인 민주

---

68) <한겨레>, 2008년 7월 7일.
69) <한겨레>, 2008년 7월 7일.

당의 경우 일부의 탈당을 제외하고는 비교적 단합된 모습을 유지하고 있었다. 이로 인해 한나라당은 당의 역량을 결집하는 데 있어 민주당보다 불리한 상황에 놓일 수밖에 없었고, 그 결과 패배하게 된다.

분당으로 치달을지도 모른다는 분석이 나오는 상태에서 선거를 치름으로써 한나라당은 재·보궐선거에서 연달아 패배하는 수모를 당한 것이다. 이와 달리 민주당은 갈등요인이 그다지 크지 않았다. 공천 탈락에 반발하여 정동영과 신건(辛建)이 탈당하기는 했지만, 분당을 거론할 정도는 아니었기에 수도권에서 승리할 수 있었다. 이를 볼 때 '위기와 통합의 정치'는 전국적인 규모의 선거에서뿐만 아니라, 지역 차원에서도 나타나고 있음을 알 수 있다.

(1) 4·29재·보궐선거

18대 총선 이후 친박계를 포함, 박근혜는 지속적으로 친박계 의원들을 복당시킬 것을 요구해 왔다.[70] 이에 대해 한나라당 새 대표로 선출된 박희태는 2008년 7월 6일 친박계의 복당은 시간을 끌 문제가 아니고 신속히 해결해야 한다며 복당 방침을 밝혔고, 7월 10일 최고위원회는 공천 탈락에 반발해서 탈당했던 친박계 의원 전원의 무조건 일괄 복당을 허용키로 결정했다.[71] 이로써 외형적으로 한나라당 계파문제는 일단락되는 모습을 보였다.

그러나 진정성 문제를 놓고 양 계파 간 반목과 불신은 여전해 '한 지붕 아래 두 가족이 존재'한다는 느낌을 지울 수 없었다. 당내 갈등을 근본적으로 해소하고자 하는 움직임이 여러 차례 있었지만, 아무런 효과도 내지 못하고 오히려 오해와 갈등만 증폭되는 양상을 빚고 말았기 때문이다.[72]

---

70) 朴槿惠는 李明博 대통령과의 청와대 회동을 앞두고 친박 인사의 일괄 복당을 요구할 것이라고 공개적으로 말한 데 이어(<한겨레>, 2008년 5월 10일), 5월 11일에는 이들의 복당 문제를 5월 말까지 해결해 줄 것을 요구했다(<한겨레>, 2008년 5월 12일).

71) 연합뉴스, 『연합연감』 2009, 84쪽.

한나라당 친이와 친박의 갈등은 공천 문제를 놓고 더욱 증폭되었는데, 양측의 이해관계가 가장 첨예하게 대립된 지역은 4월 재·보궐선거가 실시되는 5곳 가운데 경북 경주 한 곳이었다.[73] 18대 총선에서 공천을 받았지만, 친박연대 김일윤(金一潤) 후보에 패배한 친이계 정종복(鄭鍾福)을 당이 다시 후보로 공천했기 때문이다.[74] 친박계의 정수성(鄭壽星)이 여론조사에서 25%포인트 앞섰음에도 불구하고 여론조사에서 뒤진 정종복을 공천한 것에 대해 친박계는 '이미 예견했던 공천 결과'라고 냉소를 보내며, 박근혜가 당 후보를 지원하는 선거 유세에 나서지 않을 것이라고 전망했다.[75]

한나라당을 탈당하고 무소속 출마를 선언한 정수성은 2009년 3월 31일 가진 기자회견에서 이상득이 측근을 통해 후보직 사퇴를 권유했다고 밝힘으로써[76] 양 계파의 갈등은 더욱 깊어질 수밖에 없었다.[77] 친박 후보

---

[72] 2008년 5월 10일 청와대 회동 자리에서 朴槿惠의 친박 인사의 일괄 복당 요구에 대해 李明博은 긍정적인 반응을 보이지 않았다(<한겨레>, 2008년 5월 12일). 이 날의 만남에서 李明博이 당 대표직을 제안했다는 청와대 발표에 대해 朴槿惠 측이 금시초문이라고 반발하는 바람에 양측의 신뢰관계는 더욱 회복되기 어려워졌다. 그리고 2008년 7월 7일의 개각과 2009년 1월 19일의 개각에서 "탕평·화합 차원에서 친박 인사가 중용될 것"이라는 설이 있었지만, 실현되지 않아 진정성에 의심을 받았다(연합뉴스,『연합연감』 2009, 85쪽).
[73] 재·보선이 실시된 지역은 △인천 부평을, △울산 북구, △경주, △전주 덕진, △전주 완산갑 5곳이다.
[74] 18대 총선에서 당선된 친박연대 후보 金一潤은 선거법 위반 혐의로 당선 무효형을 받았기 때문에 경주 재선거가 실시되게 된 것이다.
[75] <한겨레>, 2009년 3월 31일.
[76] 기자회견에서 鄭壽星은 李相得의 측근이 "자신이 출마하면 친이·친박 갈등이 더 깊어지며, 그럴 경우 박근혜도 대권에의 길에서 멀어진다"면서 출마 문제를 "다시 생각해 보라"고 말했다고 밝혔다. 이에 대해 李相得은 육군대장 출신에게 압박이 되겠느냐며 "사퇴 압박은 말이 안 되는 얘기"라고 일축했다. <한겨레>, 2009년 4월 1일.
[77] 李相得은 자신의 측근인 鄭鍾福이 낙선할 경우 당내에서 책임론이 나올 수밖에 없기에 이를 막으려고 무리하게 '막후 정치'를 시도했을 가능성이 높은 것으

에 대한 불출마 종용 문제에 대해 박근혜는 '우리 정치의 수치'라면서 강한 불쾌감을 표시했고, 친박계 의원들도 격앙된 반응을 보였다.78)

친박계의 공천 탈락과 불출마 종용에 대해 불편한 감정을 숨기지 않은 박근혜는 선거를 나흘 앞둔 4월 25일에 경주와 가까운 대구를 방문할 예정인 것으로 알려졌고, 이는 무소속 후보인 친박의 정수성을 내면적으로 지원하는 행보로 간주되어 친이계의 불만을 샀다. 이에 대해 친이계는 "선거를 앞두고 오해의 소지가 있는 행보는 하지 않는 것이 좋다"며 불편한 심기를 내비치기도 했다.79)

이처럼 박근혜가 당의 공식 후보를 제치고 친박계 후보를 지지할 정도로 양파의 갈등은 최고조에 달했다. 이와 같은 상태는 4월혁명 후 실시된 1960년 7·29선거에서 민주당의 구파와 신파가 별도로 후보를 내고 공공연하게 자파 후보를 지원한 양상과 유사한 것으로, 이로 인해 한나라당은 당의 모든 역량을 결집하여 선거에 임할 수 없었다. 그리고 이러한 분위기는 그대로 선거결과에 반영되어 재·보선이 실시된 5개 선거구 전역에서 참패를 당하고 말았다.80)

민주당의 경우 대선 패배 후 미국으로 떠났던 정동영의 4월 재·보선 출마 문제를 놓고 당내 주류와 비주류 사이에 의견이 크게 엇갈렸다.81) 공천 문제를 놓고 정세균을 포함한 당 지도부가 새로운 인물을 공천하여 변화 의지를 보이는 것이 필요하다며 정동영의 공천 불가 방침을 밝혔음

로 분석되었다. <한겨레>, 2009년 4월 1일.
78) 당 사무총장 安炅律이 경주 지원 유세를 朴槿惠에 요청할 생각이라고 하자, 친박계는 '적반하장도 유분수'라며 "무슨 염치로 지원유세를 운운하느냐"고 비판했다. <한겨레>, 2009년 4월 2일.
79) <한겨레>, 2009년 4월 22일.
80) 경주에서 한나라당 鄭鍾福 후보는 친박계 무소속 후보인 鄭壽星에게 패배했다.
81) 2009년 3월 30일 개최된 민주당 긴급 의원총회에서 비주류는 "덧셈 정치를 해야지 뺄셈 정치를 해서는 안 된다"며 당 지도부에 반기를 들었고, 주류는 "특정인 명분을 위해 우리 당이 가면, 4월과 10월 내년 지방선거 패배로 간다"며 鄭東泳의 출마를 반대했다. <한겨레>, 2009년 3월 31일.

에도 불구하고, 비주류는 정동영의 무소속 출마를 막기 위해 그를 공천해야 한다는 입장을 견지했기 때문이다.[82] 2009년 4월 6일 열린 민주당 최고위원회는 최종적으로 정동영을 공천하지 않기로 결정했는데, 이에 대해 비주류는 강하게 반발했다.[83]

민주당이 공천을 배제하기로 결정하자 정동영은 무소속으로 출마하기 위해 2009년 4월 10일 민주당 탈당을 선언했다. 탈당 회견에서 그는 "경제적으로 고통 받는 국민과 위기에 처한 한반도, 어려움에 빠진 당에 작은 힘을 보태려고 귀국했으나 지도부는 당원과 지지자의 뜻을 거스르는 결정을 했다"면서, "반드시 돌아와 민주당을 살려 내겠다"고 복당 의지를 거듭 피력했다.[84] 그의 탈당이 민주당의 분당으로 이어질 가능성은 낮지만, 선거 결과가 좋지 않을 경우 지도부 책임론이 제기될 것으로 관측되었다.[85]

정동영의 민주당 탈당에 이어 민주당 공천을 신청했다가 낙천한 신건도 무소속 출마를 선언하고 민주당을 탈당했는데, 공교롭게도 무소속 출마를 선언한 이들 두 후보의 선거구는 같은 전주로 바로 이웃해 있었다.[86] 이들은 '무소속 연대'를 결성하고 4월 21일 공동 기자회견을 갖고, "민주당 현 지도부는 무정체성, 무정책, 무리더십으로 당원과 지지자에게 절망을 주고 있다"고 지적했다.[87] 그리고 당선되면 반드시 복당해서 민주

---

82) <한겨레>, 2009년 4월 3일.
83) 민주당 최고위원회는 결정문에서 일관되게 추진해 온 전국 정당화 노력에 비추어 鄭東泳이 전주 덕진에 출마하는 것이 적절치 않다고 판단해서 그를 공천하지 않기로 했다고 밝혔다. 이에 대해 비주류는 당 지도부의 독단적인 공천 배제 결정을 비난하며, 이로 인해 야기되는 모든 문제에 대해 전적으로 책임을 져야 한다고 지도부를 비난했다. <한겨레>, 2009년 4월 7일.
84) <한겨레>, 2009년 4월 9일.
85) <한겨레>, 2009년 4월 9일.
86) 鄭東泳의 선거구는 '전주 덕진'이었고, 辛建의 선거구는 덕진 바로 옆에 있는 '전주 완산 갑'이었다.
87) <한겨레>, 2009년 4월 22일.

당을 강력한 수권정당으로 만들겠다고 다짐했다.

신건이 무소속 출마를 선언하자, 같은 선거구에 공천 신청을 했던 민주당의 오홍근(吳弘根)과 김대곤(金大坤)도 탈당을 선언하고 신건 지지를 선언했다. 이로 인해 전주에는 일종의 무소속 연대가 형성되어 민주당에 대항하는 구도가 형성되었다. 공천에서 탈락하여 위기에 처한 무소속 후보들이 연대라는 형식을 빌려 통합을 이루어 선거에 임한 것이다.

여기에 대선 후보로 출마했던 정동영의 대중성이 보태짐으로써 민주당의 텃밭임에도 불구하고 당의 공천을 받은 후보들이 고전하는 양상이 나타났다. 결국 전주 2개 선거구에서 무소속 연대를 이룬 정동영과 신건이 당선됨으로써 이들은 개인적인 차원에서 통합의 효과를 보았다고 할 수 있다. 이를 볼 때 지역 차원에서뿐만 아니라 개별 선거구 차원에서도 통합이 위력을 발휘한 것이라고 할 수 있다.

민주당은 전주에서 당선자를 내지 못하고 말았다. 그러나 최대 승부처라고 할 수 있는 수도권인 부평 을에서 민주당 후보 홍영표(洪永杓)가 한나라당 후보 이재훈(李載勳)을 누르고 승리했으며, 국회의원에 버금가는 정치적 의미를 지닌 경기도 시흥시장 선거에서도 민주당 후보가 한나라당 후보를 누르고 당선되는 결과를 거두었다. 공천 탈락에 반발하여 일부가 탈당하기는 했지만, 당이 분열상을 보이는 일은 없었기에 수도권에서 승리를 이끌어 낼 수 있었던 것이다.

한편 울산 북구에서는 민주노동당과 후보단일화를 이룬 진보신당의 조승수(趙承洙) 후보가 한나라당의 박대동(朴大東) 후보를 누르고 당선되었다. 18대 총선을 앞두고 분열되었던 진보진영이 비록 통합에까지 이르지는 못했지만, 재·보선에 대비하여 후보단일화를 이룸으로써 해당 선거구에서 승리하게 된 것이다.

4·29재·보선 역시 분열상을 보인 정당보다는 통합을 유지한 정당이 승리한 선거였다고 할 수 있다. 한나라당의 경우 내분이 극에 달해 당의 공식 후보보다 자파 후보를 지원하는 양상을 보였기에 선거에서 패배한 반면, 민주당의 경우 분열상을 보이기는 했지만 수습 가능한 차원이었기

에 승리할 수 있었다. 후보 단일화를 성사시킨 진보신당의 경우도 마찬가지로 진보진영의 역량을 결집시킴으로써 승리한 것이라고 할 수 있다.

(2) 10·28재·보궐선거

2009년 10월 28일에 실시되는 재·보선 승리를 위해 여야 모두 긴장의 끈을 놓지 않았다. 특히 한나라당의 경우 4월의 참패를 만회하기 위해 노력했으나, 재·보선이 실시된 5곳[88] 가운데 2석밖에 얻지 못할 정도로 결과는 좋지 않았다. 친이와 친박 사이의 갈등이 악화일로를 치달아 당의 역량을 결집시킬 수 없었기 때문이다. 그러나 민주당의 사정은 이와 정반대였다. 4월 재·보선에서 승리한 여세를 몰아 지도체제의 안정을 이룸과 동시에 통합을 유지할 수 있었다. 이 때문에 민주당은 기존 1석을 지켰을 뿐만 아니라 2석을 추가하는 좋은 성적을 낼 수 있었다.

4월 재·보선 이후 내연 상태에 있던 한나라당의 갈등이 밖으로 다시 표출된 것은 2009년 9월 3일의 개각에서 대통령이 세종시 수정론자인 정운찬(鄭雲燦)을 국무총리로 지명했기 때문이다. 총리로 지명되자, 정운찬은 세종시 건설에 대해 "원점으로 돌리기는 어렵지만 원안대로 한다는 것도 쉽지는 않은 일"이라며 세종시를 수정해서 추진하겠다는 뜻을 밝혔다.[89] 이에 대해 야권은 세종시의 원안 추진과 그의 총리 지명 철회를 요구하며 반발했다.[90]

친박계도 세종시 원안 추진이라는 점에서는 야권과 마찬가지였지만, 정운찬에 대해 느끼는 반감과 긴장의 강도(强度)는 더 심했다. 잠재적인 대선 주자로 거론되는 그를 총리로 지명한 것은 박근혜를 견제하려는 친이

---

88) 재·보선이 실시되는 5곳은 △경기 수원 장안, △경기 안산 상록을, △강원 강릉, △충북 증평·진천·괴산·음성, △경남 양산이다.
89) <한겨레>, 2009년 9월 4일.
90) 민주당은 세종시를 원안대로 추진하지 않을 경우 인사청문회에서 인준 반대는 물론 강력하게 투쟁할 것이라고 반발했고, 선진당 역시 경제적 효용만으로 원안 추진이 어렵다고 하는 것은 무책임하다고 비판했다. <한겨레>, 2009년 9월 5일.

계의 의도가 내재된 것이라고 생각했기 때문이다. 이로 인해 여권 내의 차기 경쟁 구도에서 우위를 점해 온 박근혜와의 경쟁이 가열될 전망인 데다, 대통령이 차기 대선후보 결정에 영향력을 행사하겠다는 뜻을 분명히 한 것으로 분석되었다.[91]

청와대와 친이계가 세종시 원안 불가 방침을 고수하며 정운찬 카드로 박근혜 견제를 본격화하고 있다고 판단한 친박계는 '대통령과의 차별화'에 나서는 것 외에는 달리 대안이 없다고 생각했다.[92] 이와 같은 상황에서 재·보선 출마를 위해 2008년 9월 7일 대표직을 사임한 박희태의 후임으로 2008년 당 대표 경선 차점자인 정몽준이 대표직을 승계하자 친박계는 또다시 긴장했다. 정몽준이 대표직을 발판 삼아 대선 경쟁에 나설 것으로 예측한 데다,[93] 그의 대표 취임 바로 다음날 청와대서 조찬회동이 이루어졌기 때문이다. 대통령이 정몽준을 배려하는 모습을 보인 것을 그에게 힘을 실어 주려는 것으로 판단한 것이다.[94]

세종시 수정론자인 정운찬의 총리 지명과 정몽준의 청와대 조찬회동에 이어, 친이계는 세종시를 무력화(無力化)하기 위한 조치에 나섰다. 수도권 발전을 명분삼아 세종시 계획을 축소하는 내용의 법안을 발의한 것이다.[95] 친박계는 이러한 일련의 조치가 세종시 원안을 고수하는 박근혜를 견제하거나 압박하기 위한 우회적인 행보로 파악했다.

이러한 분위기를 간파했기에 박근혜는 친이계의 재·보선 지원유세 요청을 단호하게 거절했다.[96] 그리고 세종시 문제에 대해 "국민과의 약속은

---

91) <한겨레>, 2009년 9월 4일.
92) <한겨레>, 2009년 9월 5일.
93) <한겨레>, 2009년 9월 7일.
94) <한겨레>, 2009년 9월 10일.
95) 국가경쟁력 강화라는 명분으로 '수도권 정비계획법'을 폐기하고 수도권에 대규모 개발사업을 허용하는 '수도권 계획과 관리에 관한 법률안'을 발의한 한나라당 수도권 의원 44명은 주로 친이계 의원들이었다. <한겨레>, 2009년 9월 9일.
96) 당의 지원유세 요청을 친박계는 "이명박 정부에 대한 중간평가적 성격이 있는 재·보선의 부담을 박근혜에게 떠넘기려는 술책"으로 파악했다. 이에 대해 친이

지켜져야 한다"고 주장하며, 국회에 계류 중인 '세종특별 자치시 설치법'을 원안대로 통과시켜야 한다는 입장을 견지했다.97)

갈등국면이 지속됨으로 인해 4월에 이어 10월 재·보선에서도 친박계의 협조를 기대할 수 없게 되어, 한나라당은 당이 가진 역량의 절반밖에는 발휘할 수 없는 상태가 되고 말았다. 이로 인해 한나라당은 민주당의 후보가 없는 강원 강릉과 한나라당 텃밭이나 마찬가지라고 할 수 있는 경남 양산 두 곳에서만 승리할 수 있었다.98) 분열로 인해 선거에서 졌고, 이것이 다시 위기로 이어지는 또 하나의 사례를 보여준 것이라고 할 수 있다.99)

민주당의 경우 4월 재·보선에서 당선된 정동영의 복당 문제를 놓고 내부적으로 계파 간의 반목과 갈등이 있었다.100) 그러나 10월 재·보선을 앞두고 강원도에 칩거 중이던 손학규가 당에 복귀하여 지원유세에 적극 참가함으로써 외부적으로는 단합된 모습을 보일 수 있었다. 특히 그는 수원 장안에 출마하라는 당의 제의에 대해 자신의 측근인 이찬열(李燦烈)을 추천하고 백의종군함으로써 당 내외에서 좋은 평을 받았다.

개표 결과 민주당은 아예 후보조차 내지 못한 강원 강릉과 한나라당의 텃밭인 경남 양산을 제외하고 3곳에서 승리했다.101) 수도권에서 민주당

계는 "대통령이 중도 실용노선으로 변화를 모색하고 관계개선 의지를 보였는데도 재보선에 거리를 두고 대통령과 각을 세우는 건 너무 야박한 처신"이라고 비판했다. <한겨레>, 2009년 9월 12일.
97) <한겨레>, 2009년 10월 16일.
98) 경남 양산은 당 대표직을 사퇴하고 출마한 朴熺太 후보가, 강원 강릉은 權性東 후보가 당선되었다.
99) 민주당은 '이명박 정권 심판론'을 내세워 수도권 2곳과 충청 지역에서 승리했다. 이를 계기로 한나라당은 지도부 교체론 제기 등 내홍이 격화될 것으로 전망되었다. <한겨레>, 2009년 10월 29일.
100) 연합뉴스, 『연합연감』 2010, 74쪽.
101) 경기 수원은 李燦烈 후보가, 경기 안산 상록 을에는 金榮煥 후보가, 충북 증평·진천·괴산·음성에는 鄭範九 후보가 각각 당선되었다.

의 승리는 정국의 주도권을 확보할 수 있는 터전을 잡은 것으로 평가되었으며, 충북에서의 승리는 세종시 문제를 둘러싼 한나라당의 내분 때문인 것으로 분석되었다.102)

민주당은 손학규의 합류로 당이 통합된 힘을 발휘할 수 있게 되었을 뿐만 아니라, 경기도지사를 지낸 그가 지원유세에 나섬으로써 경기 지역 유권자의 지지를 효율적으로 동원할 수 있었다. 한편 세종시 원안 추진을 요구하는 충청 지역 유권자의 지지를 이끌어 내기 위해서는 세종시 원안 고수를 주장하는 박근혜의 지원유세가 필수적이었다. 그럼에도 불구하고 그가 내부갈등으로 지원유세를 거부함으로써 한나라당은 세종시를 원안대로 추진할 것을 요구하는 충청 지역 유권자의 지지를 이끌어 낼 수 없었다.

결과적으로 민주당의 경우 당의 역량을 통합함으로써 승리할 수 있었다. 반면 한나라당의 경우 분열됨으로써 패배하고 위기에 처하게 된 것이다.103) 이로써 4월 재・보선에 이어 10월 재・보선에서도 '위기와 통합의 정치'가 재현되었다고 할 수 있다.

4. 제5회 지방선거와 7·28재・보궐선거

2009년 두 차례 실시된 재・보궐선거에 이어 여야는 2010년 들어 실시될 지방선거와 재・보선에 대비해야 했다. 2010년 6월 2일 다섯 번째로 실시되는 지방선거와 7월 28일로 예정된 재・보선이 바로 그것이었다.

---

102) <한겨레>, 2009년 10월 29일.
103) 재・보선 패배를 계기로 한나라당 개혁 성향 의원들의 모임인 '민본21'은 위기의식을 느껴, 대통령이 국정운영의 기조를 바꾸고 당을 쇄신해야 한다는 내용의 성명을 발표했다. 이들은 당과 정부가 반성하고 진정한 쇄신에 나서야 2010년 6월의 지방선거를 기약할 수 있다고 주장했다. <한겨레>, 2009년 10월 30일.

한나라당의 경우 내분으로 인해 두 차례나 패배한 전철을 밟지 않기 위해 노력했다. 그러나 친이·친박 간 갈등이 지속됨으로 인해 한나라당은 지방선거에서 소기의 성과를 거둘 수 없었다. 세종시 문제와 더불어 차기 대권의 향방을 놓고 양 계파 간의 대립과 반목이 해소될 전망이 보이지 않아, 통합을 이루지 못했기 때문에 일어난 현상이었다.

　　민주당의 경우 2009년 재·보선에서 두 차례나 승리한 여세를 몰아 지방선거 승리를 위해 야권 후보 단일화를 추진했다. 선거에서 거대여당에 이길 수 있는 유일한 길은 야권 후보의 난립을 막고 단일화를 이루는 것이라고 판단했기 때문이다. 야권이 하나의 정당으로 통합하는 것이 현실적으로 어렵기에 우선 후보만이라도 단일화하여 선거에 임하겠다는 것이었다. 민주당의 이 전략은 결과적으로 성공하여 좋은 결실을 맺을 수 있었다.

　　지방선거가 끝난 후 여야는 50여 일 앞으로 다가온 재·보궐선거 준비에 나섰는데, 이번에는 여야의 당내 분위기가 바뀌어 선거의 결과도 지방선거와는 반대로 나타났다. 여당인 한나라당의 경우 세종시 문제가 국회에서 종결됨과 동시에 내분을 수습하고 화합을 모색하는 방향으로 나아갔다. 이로 인해 한나라당은 재·보선에서 비교적 좋은 성적을 낼 수 있었다.

　　이와 달리 민주당은 공천과정에서 발생한 후유증에 당 지도부와 단체장 사이의 불화가 겹쳐 기존의 당 조직이 제대로 가동되지 않는 사태에 직면했다. 지방선거 승리에 안주하여 지분을 챙기는 과정에서 분열상을 나타내는 바람에 패배한 것이다. 선거에서 이와 같은 저조한 성적으로 인해 민주당은 거센 후폭풍에 휩싸여 위기에 봉착하게 되었다.

1) 제5회 지방선거

　　지방선거를 앞두고 한나라당은 선거 승리를 위해 당의 역량을 결집하려고 했다. 그러나 세종시 문제에 대한 이명박과 박근혜의 견해차이로 당의 모든 역량을 동원하는 데 실패함으로써 한나라당은 2009년 재·보선에서와 같은 전철을 밟고 말았다. 효율성을 앞세운 세종시 수정안에 대해 신뢰성을 내세워 원안 사수를 주장하는 바람에, 친이·친박의 통합을 이루지 못한 것이다. 이로 인해 한나라당은 선거에서 좋은 성적을 낼 수 없었다.

민주당의 경우 지방선거 승리를 위해 내외적으로 통합을 모색했다. 외부적으로는 다른 야당은 물론 시민단체들과도 연대를 구성하여 선거에 임했고, 내부적으로는 당 지도부와 소원했거나 비판적이던 인사들을 포섭하는 등, 모든 역량을 동원하여 선거에 임했다. 이로써 민주당은 지방선거에서 좋은 결과를 낼 수 있었다. 한나라당에 소속되지 않은 모든 세력을 통합하는 데 성공한 결과라고 할 수 있다.

(1) 한나라당

2010년에 들어서도 한나라당 내 친이와 친박 사이의 갈등은 진정될 기미를 보이지 않았는데, 이는 정부가 세종시 수정안을 공식 발표했기 때문이다. 2010년 1월 11일 정부는 9부 2처 2청의 행정부처를 세종시로 이전하는 원안을 백지화하고, 그 대신 기업과 대학 등 자족 기능을 확대하는 내용의 수정안을 발표했다.

수정안을 설명하는 자리에서 이명박은 "지역 특성에 맞춘 차별화된 발전과 지역 성장, 나아가 국가경쟁력을 제고하기 위한 것으로 정치 현안과는 구분해서 생각해야 한다"고 주장했다.[104] 이에 대해 박근혜는 원안 추진 약속을 여러 번 해놓고도 이를 수정하겠다고 함으로써 "결국 국민한테 한 약속을 어기고 신뢰만 잃게 됐다"고 비판했다.[105]

이를 계기로 한나라당의 내분은 더욱 격화되었다. 특히 친이계는 "당을 같이 할 수 없다"거나, "그런 식으로 하려면 탈당할 생각하고 하는 것이

---

104) <한겨레>, 2010년 1월 12일.
105) <한겨레>, 2010년 1월 13일.

옳다"면서 박근혜를 비난했다.106) 친이계의 비난에 대해 박근혜는 세종시 문제는 "원안 이외에는 대안이 없다"고 재반박함에 따라107) 당내 양계파의 대치 상태는 계속 이어졌고 갈등은 심화되어 갔다. 대정부 질문에서도 양측의 시각이 그대로 드러남으로써 한나라당은 두 쪽이 난 거나 마찬가지였다는 지적을 받았다.108)

세종시 문제를 놓고 양측은 극단적인 감정싸움을 벌이기도 했다. 싸움의 발단은 2010년 2월 9일 충청북도 업무보고를 받는 자리에서 대통령이 "잘되는 집안은 강도가 오면 싸우다가도 멈추고 강도를 물리치고 다시 싸운다"면서 세종시 수정안에 반대하는 박근혜를 우회적으로 비판한 데서 비롯되었다. 밖에서 강도가 들어왔는데 집안 식구끼리 싸운다면 둘 다 피해를 입을 수밖에 없다는 이명박의 지적에 대해 박근혜는 "백번 천번 맞는 말이지만, 집안사람이 마음이 변해 강도로 돌변하면 그때는 어떡해야 하느냐"고 응수했다.109)

'집밖 강도'론을 '집안 강도'론으로 되받아친 것에 대해 청와대가 '대통령을 강도로 지칭'했다며 공식 사과를 요청했지만, 박근혜는 이를 일축했다. 여론의 반대로 세종시 수정안이 좌초될 위기에 처하자, 먼저 거친 말로 자극해서 원인을 제공해 놓고 사과를 요구하는 것은 적반하장이라는 것이었다.110)

이후 한나라당은 해결책을 모색하기 위해 의원총회를 열기도 했고, 중진회의를 구성하여 논의하기도 했다. 그러나 어떠한 중재안이나 해결책도 찾을 수 없을 정도로 양측의 주장이 평행선을 달리는 바람에 갈등은

---

106) <한겨레>, 2010년 1월 19일.
107) <한겨레>, 2010년 1월 21일.
108) 친박계 의원들은 鄭雲燦 총리에 대한 질문에서 세종시 수정안의 문제점을 조목조목 따진 반면, 친이계 의원들은 '수도 분할 망국론'을 앞세워 수정안을 두둔했다. <한겨레>, 2010년 2월 5일.
109) <한겨레>, 2010년 2월 11일.
110) <한겨레>, 2010년 2월 12일.

더욱 격화되어 갔고, 이로 인해 지방선거 승리를 위한 당내 역량 결집은 전혀 꿈도 꿀 수 없는 상태가 되고 말았다.

세종시 수정 문제로 당이 두 조각나다시피 했지만, 한나라당 지도부는 박근혜가 지방선거를 지원해 주기를 바랐다. 대중적 인기가 높은 박근혜의 선거 지원은 '백만 원군'을 얻은 것이나 다름없다고 생각했기 때문이다.111) 그리하여 당 사무총장은 지방선거에서 당에 큰 도움을 주리라고 생각한다면서 이를 위한 환경을 조성하겠다는 견해를 밝히기도 했다.112)

이에 대해 친박계는 부정적인 견해를 연달아 내비쳤고,113) 최종적으로는 박근혜 자신이 "선거는 당 지도부 위주로 치르는 게 맞다"고 부정적인 입장을 피력했다.114) 당 지도부의 거듭되는 지원 요청에도 불구하고 '지방선거 지원 불가' 입장을 공식화하자, 친이계는 지원 요청을 외면하는 것은 자연스럽지 않다고 지적했다.115) 이러한 분위기를 반영하듯 당의 선거캠프는 부산한 반면, 박근혜 주변은 '조용하기만 하다'고 보도되기도 했다.116)

박근혜의 지원 거부로 지방선거는 당의 모든 역량과 자원을 동원하지 못한 가운데서 치를 수밖에 없었고, 그 결과는 한나라당의 패배로 나타났다.117) 광역단체장 6석을 건지는 데 그쳐 7곳에서 승리한 민주당에 비해

---

111) <東亞日報>, 2010년 4월 19일.
112) <東亞日報>, 2010년 4월 21일.
113) 친박계의 李貞鉉과 金在原은 朴槿惠가 지원유세에 나서지 않을 것이라고 말하고(<東亞日報>, 2010년 4월 23일), 許泰烈 역시 "당을 책임지는 사람들이 선거를 이끌어 가는 게 당연하다는 것이 朴槿惠의 입장"이라고 밝혔다(<東亞日報>, 2010년 4월 30일).
114) <東亞日報>, 2010년 5월 8일.
115) 친이계 鄭斗彦은 "전국적으로 후보들이 박근혜의 지원을 바라는데 이에 응하지 않는다면 후보들의 실망이 클 것"이라면서, 이를 외면하는 것은 부자연스럽다고 말했다. <東亞日報>, 2010년 5월 11일.
116) <東亞日報>, 2010년 5월 18일.
117) 조기숙은 한나라당의 지방선거 패배는 당의 분열 때문이 아니라, 현직 대통령이나 집권당에 대한 회고적 투표의 결과 때문이라고 주장하고 있다. 조기숙,

사실상 '완패'한 것이나 마찬가지였다.118) 수도권 3곳에서는 서울과 경기에서 승리했지만, 세종시 수정 논란으로 충청권 3곳은 모두 야당에 내주었고, 텃밭이라고 간주했던 강원과 경남마저 내주고 말았기 때문이다. 기초자치단체장 228개 선거구에서도 한나라당은 82곳의 승리에 그친 반면, 민주당은 92곳에서나 승리했다. 서울 25개 구청장 선거에서도 한나라당은 강남, 서초, 송파 3석과 중랑구 1석, 도합 4석만 얻었을 뿐이다.

예상 밖의 부진한 성적이 나오자, 한나라당 지도부는 선거 결과를 겸허히 받아들이겠다면서 총사퇴를 결의하고, 비상대책위원회로 하여금 지도부를 대체토록 했다. '분당론'까지 나올 정도로 친이와 친박의 갈등이 격화됨으로 인해 빚어진 현상이었다. 한나라당으로서는 선거 승리를 위해 가능한 모든 역량을 동원해야 함에도 불구하고 통합하지 못하고 분열상만을 노출한 결과 지도부가 교체되는 위기에 봉착하게 된 것이다.

(2) 민주당

지방선거를 앞두고 민주당을 포함한 5개 야당은 4개 시민단체들과 함께 '6·2지방선거 범야권연대'를 구성하기 위한 논의에 착수했다.119) 이들 정당·사회단체 대표들은 2010년 1월 12일 민주주의의 후퇴를 막고 국민 모두의 삶의 질을 보장하기 위해 협력하며, 지방선거에 공동으로 대응하는 구체적인 방안을 모색하기로 합의했다.120) 이는 한나라당에 개별적으

"'정당 지지' 선거 예측모형: 19대 총선을 중심으로"(2013 한국정치학회 춘계학술회의 발표논문), 31쪽.
118) 연합뉴스, 『연합연감』 2011, 83쪽.
119) 이들 5개 야당은 민주당, 민주노동당, 진보신당, 창조한국당 및 국민참여당이며, 4개 시민단체는 '희망과 대안', '2010연대', '민주통합시민행동' 및 '시민주권' 등이다. 국민참여당(이하 참여당)은 친노 그룹 내 신당파가 주도한 것으로 이들은 2009년 11월 15일 창당준비위원회를 결성하여 활동하다가 2010년 1월 17일 창당하여 참여정부 통일부장관을 지낸 李在禎을 초대 대표로 선출했다. 참여당은 참여민주주의와 시민주권, 지역주의 정치 극복과 개방적 정치연합 등을 강령으로 내걸었다(<한겨레>, 2010년 1월 18일).

로 맞서기보다는 각 당이 연대하여 선거에 임하겠다는 것으로,[121] 전형적인 '위기와 통합'전략이라고 할 수 있다.

이들은 1월 16일 '2010지방선거 공동승리를 위한 야 5당 협상회의'라는 공식 기구를 발족시키고, 정책연합과 선거연대를 위한 논의를 본격적으로 시작했다. 공식 기구가 출범은 했지만 각 정당의 정치적인 셈법이 달라 협상이 여러 차례 난관에 봉착하자,[122] 시민사회 '원로'들이 민주당 의원들을 만나 연대를 성사시킬 것을 적극 당부하기도 했다.[123] 후보 단일화를 위한 야권과 시민단체의 노력은 결실을 거두었다. 이 같은 당부에 힘입어 2010년 5월 13일에는 경기지사 후보로 참여당의 유시민을, 5월 14일에는 서울시장 후보로 민주당의 한명숙(韓明淑)을 각각 결정함으로써 전국적으로 후보 단일화 작업을 완료할 수 있었다.[124]

민주당은 이처럼 대외적으로는 후보 단일화를 위한 야권연대를 추진함

---

120) <한겨레>, 2010년 1월 13일.
121) 연대의 형식과 내용을 놓고 민주당 내 비주류들은 별도로 '비주류 연대' 구상을 밝히기도 했고(<한겨레>, 2010년 1월 18일), 참여당의 柳時敏은 '구동존이 연대론'을 주장하기도 했다(<한겨레>, 2010년 1월 19일). 한편 민주당 주류는 '서울시장의 경우 민주당 후보로의 단일화'를 주장하기도 했다(<한겨레>, 2010년 1월 22일).
122) 이는 "어느 지역에 누구를 단일후보로 내세울 것인가" 하는 문제와 "어떤 식으로 정책연합을 할 것인가" 하는 문제에 대한 각 정당의 계산이 달랐기 때문이다(<한겨레>, 2010년 2월 17일). 이로 인해 진보신당이 협상 이탈을 선언하는가 하면, 민주당 지도부는 협상단의 합의안 추인을 보류하기도 했으며(<한겨레>, 2010년 3월 17일), 경기지사 후보 선출 방식을 놓고 민주당과 참여당의 이견으로 단일화 협상이 한때 결렬되기도 했다(<한겨레>, 2010년 3월 22일).
123) 이들은 白樂晴(서울대 명예교수), 김상근(목사), 朴英淑(전 한국여성재단 이사장), 白承憲(민주사회를 위한 변호사모임 회장) 등이다. <한겨레>, 2010년 4월 8일.
124) 지방선거를 이틀 앞두고 각급 선거 단위에 출마한 후보 100명(광역단체장 3명, 기초단체장 28명, 광역의원 13명, 기초의원 44명, 교육감 7명, 교육위원 5명)이 사퇴 및 등록무효 등의 사유로 중도하차했다. 사퇴 사유는 대부분 야권 및 무소속 후보 간의 단일화였다. <東亞日報>, 2010년 6월 1일.

과 동시에 내부적으로는 당의 통합을 모색했다. 4·29재·보선에서 공천 배제에 반발하여 민주당을 탈당한 정동영과 신건의 복당 신청을 받아들였을 뿐만 아니라,[125] 당 대표직 사퇴 후 2년 가까이 칩거해 온 손학규를 복귀시키기 위한 노력도 기울였다.[126] 이들을 공동선대위원장으로 추대하여[127] 후보 지원에 나서도록 한다는 방침을 세운 것이다.

이로써 민주당은 한나라당과 달리 2010년 5월 9일에는 주류·비주류가 통합된 중앙선거대책위원회를 발족시킬 수 있었다. 이는 당의 모든 역량을 집결하여 총체적인 지방선거 지원체제로 전환할 수 있게 되었다는 것으로, 그 결과 민주당은 재도약의 발판을 마련했다는 평가를 받았다.[128] 비록 수도 서울 탈환에는 실패했지만, 텃밭인 호남 3곳(광주·전남·전북)을 비롯하여 인천과 강원, 충남·북 등 광역단체장 선거 7곳에서 승리했기 때문이다. 또한 부산에서도 40% 가까운 득표율을 기록했고, 야권 단일후보인 무소속의 김두관(金斗官)이 경남지사로 당선되어 영호남 지역주의의 벽을 어느 정도 허문 것으로 분석되었기 때문이다.

민주당은 지방선거 승리를 '국민의 승리'라고 규정하고,[129] 내각 총사퇴와 세종시 수정안 철회 등을 요구하며 대여 공세에 돌입했다. 선거에서 드러난 정권 견제심리를 바탕으로 정국의 주도권을 장악하겠다는 것인데, 이는 민주당이 당내 모든 역량의 통합으로 위기를 극복한 결과라고 할 수 있다.

---

125) 鄭東泳이 탈당을 사과하는 복당 소명서를 제출함에 따라, 민주당 당원자격심사위원회는 2010년 2월 5일 비공개회의를 열고 그의 복당 신청을 수용하기로 했다. 이 날 鄭東泳과 함께 복당을 신청한 辛建의 복당도 결정됐는데, 이로써 이들은 탈당 10개월 만에 복당했다. <한겨레>, 2010년 2월 6일).
126) 2010년 4월 26일 丁世均은 孫鶴圭와 만났다. 지방선거 공동 선대위원장직을 맡아달라는 丁世均의 제의에 대해, 孫鶴圭는 야권 단일화를 먼저 이룰 것을 당부했다. <東亞日報>, 2010년 4월 27일.
127) 민주당의 공동선대위원장은 孫鶴圭, 鄭東泳, 金槿泰, 韓光玉, 張裳 5인이다.
128) <東亞日報>, 2010년 6월 3일.
129) <東亞日報>, 2010년 6월 4일.

2) 7·28재 · 보궐선거

내부 갈등 때문에 지방선거에서 패배했다는 것을 뒤늦게 파악한 한나라당은 친이·친박의 해묵은 갈등을 해소하기 위해 노력했다. 그렇게 하지 않고서는 당이 처해 있는 위기국면에서 벗어날 길이 없다고 생각했기 때문이다. 그 일환으로 이명박은 세종시 수정안의 국회 표결을 요청했다. 국회 표결을 통해 세종시 문제를 종결짓고 당의 화합을 도모하는 일종의 출구전략을 수립한 것이다.

세종시 수정안은 국회 표결에서 친박계와 야당의 반대로 부결되고 말았는데,130) 이로 인해 이명박과 박근혜 사이를 갈라놓은 장벽 하나가 제거되어 결과적으로 출구전략은 성과를 거두었다고 할 수 있다. 세종시 원안 고수라는 소기의 목적을 달성한 박근혜로서는 더 이상 친이계와 각을 세울 필요가 없는 환경이 조성되었기 때문이다.

민주당의 경우 지방선거에서 승리한 여세를 몰아 정부·여당의 실정을 비판하는 한편, 재·보선에서도 승리한다는 각오를 다졌다. 그러나 외부 인사 영입에 대한 당내 반발과 공천과정에서 빚어진 갈등으로 적극적인 선거운동을 하지 못했고, 이로 인해 예상과 달리 저조한 성적을 내고 말았다.

지방선거 승리에 따른 자축 분위기가 재·보선 패배로 이어지고 만 것인데, 이는 민주당이 통합을 통해 승리했음에도 불구하고 공천과정에서 통합을 유지하는 데 실패했기 때문이다. 선거 패배를 빌미로 비주류는 지도부 책임론을 제기했고, 그 결과 민주당은 지도부 총사퇴라는 위기에 처하게 된다. 이로써 민주당은 지방선거 후의 한나라당과 마찬가지로 비대

---

130) 2010년 6월 14일 李明博은 세종시 수정안의 국회 표결을 요청했다. 수정안은 6월 22일 국토해양위에서 부결되었지만, 친이계는 "상임위에서 부결된 의안도 의원 30인의 요구가 있을 경우 본회의에 부의할 수 있다"는 국회법을 원용해 6월 29일 본회의에 부의했으나, 이 역시 부결되고 말았다.

위 체제로 전환하게 되었다.

(1) 한나라당

지방선거 패배의 책임을 지고 정몽준 대표를 비롯한 지도부가 총사퇴함에 따라, 한나라당은 전당대회에서 새 지도부가 선출될 때까지 당을 운영할 비상대책위원회를 2010년 6월 10일 구성했다. 계파와 지역, 선수(選數)를 안배하여 14명으로 꾸려진 비대위는 7월 14일에 전당대회를 개최하기로 결정했다.131)

계파별로 이해득실이 엇갈린 가운데 실시된 전당대회에서 대표로 선출된 친이계의 안상수(安商守)는 당선 인사말에서 이제는 당내에 친이고 친박이고 없다고 선언하고, 모두가 단결해서 선거 현장으로 달려가 국민에게 도움을 요청하도록 하겠다고 말했다.132) 7월 28일로 예정된 재·보선 승리를 위해 당의 통합을 추진하겠다는 것이었다. 또한 이 날의 전당대회에서 한나라당은 미래희망연대(옛 친박연대)와의 합당을 공식 선언함으로써 18대 총선에서 갈라선 친박 진영과의 물리적 결합을 이룰 수 있게 되었다.

이로써 한나라당은 기존의 168석에서 미래희망연대의 8석을 추가하여 176석으로 의석이 늘어나게 되었으며, 합당 선언을 계기로 당 전국위원장은 "진정한 화합을 이루게 되었다"고 자부할 정도였다.133) 한편 당 대표로 선출된 안상수는 적절한 시기에 이명박과 박근혜 두 사람이 당의 화합을 위해 회동하기로 합의했다고 밝혔다.134) 친이·친박의 통합을 이루어

---

131) 비대위는 金武星 원내대표와 高興吉 정책위원장, 그리고 원내에서 친이계 의원 5명(安炅律, 李秉錫, 金起炫, 金榮宇, 安亨奐)과 친박계 의원 5명(洪思德, 金映宣, 金鶴松, 陳永, 金善東)에, 원외에서 충청 및 호남 출신 1명씩을 포함했다. <한겨레>, 2010년 6월 11일.
132) 총 11명이 출마한 경선에서 安商守는 여론조사와 대의원 현장투표를 합쳐 20.3%로, 18.1%를 얻은 洪準杓를 제치고 1위를 차지했다.
133) <한겨레>, 2010년 7월 15일.
134) 2010년 7월 17일 가진 기자회견에서 安商守는 7월 16일 朴槿惠를 만났으며, 17일에는 李明博과 조찬회동을 가진 사실을 공개하면서, 상호 협력문제를 논의

선거에 임하겠다는 전략의 일환이었다.

재·보선이 실시되는 8곳 가운데 애초 한나라당이 차지하고 있던 지역은 강원 원주 한 곳뿐이어서,135) 한나라당으로서는 상대적으로 재·보선에 대한 부담이 적었다. "한 곳에서만 승리해도 최소한 체면치레는 하는 것"이어서, 공연히 목표치를 높일 필요가 전혀 없었다.136) 선거를 앞두고 친이와 친박의 화해 분위기를 조성한 데 이어 심리적인 여유마저 갖게 된 한나라당은 야당에 '정권심판'이라는 빌미를 주지 않기 위해 선거를 중앙당 차원이 아닌, 철저히 지역 차원의 선거로 치른다는 전략을 세웠다.137)

이처럼 한나라당은 재·보선을 앞두고 친이와 친박의 화합을 적극 도모함으로써 두 달 전 실시된 지방선거에서와 달리 당의 모든 역량을 재·보선에 집중할 수 있게 되었다. 그리하여 선거를 4주 앞둔 시점에서 광주를 제외한 7곳의 공천을 사실상 마무리하고, 일찌감치 지방선거에서의 패배를 만회하기 위해 노력했다. 이와 같이 한나라당은 분열을 극복하고 화합을 모색한 결과 5곳에서 승리하는 성과를 올릴 수 있게 되었다.138)

재·보선 승리 이후 친이와 친박의 화합 무드는 2010년 8월 21일 이명박과 박근혜의 청와대 회동 이후 진전되는 양상을 띠었다. 이명박 정부의 성공과 정권 재창출을 위해 두 사람이 협력하기로 약속했기 때문이다. 이

하는 자리를 갖자는 데 둘 다 동의했다고 말했다. <東亞日報>, 2010년 7월 18일.
135) 선거가 실시되는 지역은 △서울 은평을, △인천 계양을, △강원 철원·화천·양구·인제, △강원 원주, △강원 태백·영월·평창·정선, △충남 천안 을, △충북 충주, △광주 남구 8곳이다. 이 중에서 강원 원주(한나라당), 서울 은평 을(창조한국당), 충남 천안 을(자유선진당) 3곳을 제외한 나머지 5곳은 모두 민주당이 갖고 있던 지역이었다. 이 중 강원 원주는 한나라당 의원 李季振의 강원지사 출마로 인해 보궐선거가 실시되게 된 곳이다.
136) <한겨레>, 2010년 7월 15일.
137) <東亞日報>, 2010년 7월 14일.
138) 한나라당 당선자 5인은 다음과 같다. 李在五(서울 은평 을), 李商權(인천 계양 을), 金昊淵(충남 천안 을), 韓起鎬(강원 철원·화천·양구·인제), 尹鎭植(충북 충주).

로 인해 이 날의 회동은 과거 어느 회동보다도 성공적인 만남이었다는 평가가 나오기도 했다.139) 재·보선 승리는 지방선거 패배로 인해 초래된 위기를 통합으로 극복한 전형적인 사례라고 할 수 있다.

(2) 민주당

지방선거에서 승리한 민주당은 전당대회 개최 시기를 놓고 주류와 비주류 사이의 의견 불일치로 갈등이 깊어 갔다. 주류는 8월 말로 예정된 전당대회를 7·28재·보선 이전으로 앞당기자고 주장한 반면, 비주류는 공정한 전당대회를 치르기 위해서는 현 지도부가 사퇴하고 임시 지도부를 꾸려야 한다고 주장했기 때문이다.140) 이처럼 전당대회 개최 시기 문제로 갈등이 빚어지는 바람에 선거를 4주 앞두고도 민주당은 주류와 비주류의 갈등으로 6곳은 전략공천, 2곳은 경선을 한다는 원칙만 정했을 뿐 공천자를 확정짓지 못할 정도였다.141)

재·보선을 앞두고 2010년 7월 4일 당내 비주류는 '민주희망쇄신연대'를 출범시켰는데, 이들은 민주주의 강화를 위해 당 혁신기구의 조기 구성이 필요하다는 명분을 내세웠다.142) 이들은 민주당이 추구하는 가치와 정체성이 무엇인지 모호하며 당내 민주주의가 묵살되어 왔다고 주장했다. 이에 대해 주류 측은 "재·보선 승리는 안중에 없고 당권 경쟁에만 집착, 정 대표 흔들기에 나서고 있다"고 비판했다.143)

다양한 성향의 비주류들이 연합하여 현 지도부의 재집권을 차단하기 위해 '반 정세균' 연합전선을 결성한 것인데, 이처럼 재·보선을 앞두고도 당권 경쟁에 몰입하느라 민주당은 공천 작업에 속도를 낼 수 없었다.144) 결국 복잡한 내부 갈등으로 의견 조율이 늦어지는 바람에 민주당

---

139) 연합뉴스, 『연합연감』 2011, 84쪽.
140) <한겨레>, 2010년 6월 21일.
141) <한겨레>, 2010년 7월 2일.
142) <한겨레>, 2010년 7월 5일.
143) <東亞日報>, 2010년 7월 5일.

은 한나라당보다 1주일이나 늦은 7월 9일에야 공천을 마무리할 수 있었다. 후보 공천 외에도 민주당으로서는 야권연대를 통한 야권 후보단 일화도 추진해야 했는데, 단일화 작업 또한 순탄치 않아 민주당으로서는 효율적인 선거운동을 할 수 없었다.145)

이와 같은 요인이 복합적으로 작용한 결과, 민주당은 강원도의 원주와 태백·영월·평창·정선, 그리고 광주 남구 3곳에서만 승리했는데,146) 이는 한나라당의 5곳에 비해 극히 저조한 실적이라고밖에 할 수 없었다. 기존에 의석을 가지고 있던 지역 가운데 3석을 한나라당에 내주어야 했기 때문이다.147)

민주당으로서는 본래 자신의 '영토'로 간주했던 인천 계양 을과 충북 충주를 잃었는데, 이곳은 해당 지역구 의원들이 단체장인 인천시장과 충북지사로 출마하는 바람에 보궐선거가 치러지게 된 곳이어서 패배의 충격은 더 클 수밖에 없었다.148) 서울 은평 을의 경우 한나라당 후보와 '1

---

144) 공천 작업이 특히 난항을 겪은 지역은 서울 은평 을과 충북 충주였다. 이들 지역에 민주당 지도부는 외부인사 영입을 추진했으나, 일부의 반발과 비주류 연합체인 '쇄신연대'의 반대로 공천 방식조차 확정짓지 못하고 있었다. <한겨레>, 2010년 7월 7일.

145) 민주노동당은 서울 은평 을이나, 광주 남구에서 민주당의 양보를 요구했으며, 참여당 역시 서울 은평 을의 양보를 요구했다. <한겨레>, 2010년 7월 12일. 광주의 경우는 끝까지 후보 단일화를 이루지 못했고, 서울은 7월 26일에서야 후보 단일화가 이루어졌다.

146) 민주당의 당선자 3인은 다음과 같다. 崔鍾元(강원 태백·영월·평창·정선), 朴宇淳(강원 원주), 張秉浣(광주 남구).

147) 인천 계양 을(宋永吉), 충북 충주(李始鍾), 강원 철원·화천·양구·인제(李龍三) 3곳은 민주당이 의석을 차지하고 있던 지역이었는데, 한나라당에 빼앗기고 말았다. 강원 태백·영월·평창·정선, 강원 원주의 경우 원래 민주당이 차지하고 있던 지역으로 수성에 성공한 곳이다. 광주 남구는 민주당 의원 姜雲太의 광주시장 출마로 인해 보궐선거가 실시된 지역이었다.

148) 인천 계양 을의 경우 지역 연고가 없는 인사가 공천됐으며, 최대 승부처라고 할 수 있는 서울 은평 을의 경우 외부 영입도 하지 못하고 지역을 지켜 온 지역위원장도 선택하지 못하다가 아무 연고도 없는 후보를 공천했다. 이에 대해 민

대 1 구도'를 만들지 않고서는 승산이 없다는 판단에서 후보 단일화 작업을 추진했다. 그러나 불과 선거를 이틀 앞둔 시점에 가서야 단일화를 이루는 바람에 단일화 효과조차 볼 수 없었다.149)

이처럼 7·28재·보선은 내부 갈등으로 인해 공천 작업이 순탄치 않았고, 그 결과 당력을 총집결할 수도 없었다. 선거 승리보다는 당권 경쟁에 더 몰두했기 때문이다. 재·보선 결과가 참패로 나타나자, 민주당 내에서 지도부 총사퇴를 요구하는 목소리가 높아졌다. 통합을 이루지 못한 채 선거에 임함으로써 당이 위기에 처한 것임에도 불구하고, 전적으로 당 지도부에만 책임을 전가한 것이다.

특히 비주류 연합체인 '쇄신연대'는 성명을 내고 지방선거 승리에 도취되어 제대로 된 전략과 정책도 없이 재·보궐선거에 임했다면서 지도부의 '책임 있는 결단'을 촉구했다.150) 이로 인해 민주당은 다시 당 대표가 사의를 표하는 위기에 처하게 되었다. 민주당으로서는 분열로 인한 선거 패배가 당 대표의 사퇴를 초래했고, 이것이 다시 비대위 체제로 이어지는 위기의 악순환에 처하게 된 것이다.

2010년 10월 3일 개최된 민주당 전당대회에는 총 8명의 후보가 출마했는데, 2년 가까이 칩거하던 손학규가 최다 득표로 새 대표로 선출되었다. 2008년 총선 패배 뒤 대표직에서 물러났던 그는 "2007년 대선에서 잃었던 600만 표를 되찾겠다"고 선거운동을 했는데, 이와 같은 정권 탈환 의지가 당원들의 마음을 파고든 것으로 분석되었다.151) 그러나 한나라당 출신인

주당 개혁의원 모임은 자기 사람을 심으려는 욕심 때문에 경쟁력 있는 인사를 공천하지 못했다고 지적하고, "당사자들의 작은 이익 앞에 지도부는 무능했다"고 비판했다. <한겨레>, 2010년 7월 30일.
149) 은평 을의 경우 후보 난립으로 단일화 작업은 '바늘구멍'이라는 평가가 나오기까지 했다(<한겨레>, 2010년 7월 13일). 2주 이상 단일화 협상을 벌인 끝에 민주노동당, 참여당, 민주당 야 3당은 7월 25일과 26일 전화면접 여론조사를 갖고 민주당의 張裳을 단일후보로 확정했다. <한겨레>, 2010년 7월 27일.
150) <한겨레>, 2010년 7월 30일.
151) <한겨레>, 2010년 10월 4일.

그가 과연 당내 화합을 이룰 수 있을지에 대해서는 의문이 제기되기도 했다.152)

5. 4·27재·보궐선거와 서울시장 보궐선거

2011년 4월과 10월의 재·보선은 19대 총선과 18대 대선을 1년가량 앞둔 시점에서 실시되어 여론의 추이를 어느 정도는 가늠할 수 있는 것이었기에, 여야는 총력을 기울여야 했다. 재·보선 승리의 여세를 몰아 총선에서 승리하고, 총선 승리를 활용하여 대선에 임하는 것이 정권 장악의 확실한 지름길이었기 때문이다.

이를 위해서는 무엇보다도 여야 모두 당이 갖고 있는 역량을 총동원하는 통합 작업을 선행해야 했다. 그러나 한나라당의 경우 민주당보다 여건이 좋지 않았다. 정부가 동남권 신공항 건립 백지화 방안을 발표하는 바람에, 친이·친박의 갈등에 수도권과 영남권의 갈등이 겹쳐 역량 결집이 불가능했기 때문이다. 갈등으로 좋은 성적을 낼 수 없었던 한나라당과 달리, 민주당의 경우 상대적으로 분열적인 요소가 적었다. 따라서 통합의 틀을 유지하면서 선거운동에 임할 수 있게 되어 비교적 좋은 결과를 얻을 수 있었다.

이와 같이 정치권이 시대의 아픔이나 고통과 무관하게 '위기와 통합'의 틀 안에서 이합집산을 거듭하는 것에 대해 정치에 비교적 무관심하던 젊은 세대가 반발하기 시작했다. 이들의 눈에는 정치권의 모든 행태가 여야를 떠나 자신의 기득권 유지를 위한 담합으로밖에는 보이지 않았기 때문이다. 이른바 '안철수 현상'으로 대변되는 '새 정치'에 대한 욕구가 활화산처럼 분출하기 시작한 것인데,153) 이 현상은 타성에 젖어 있던 정치권

---

152) <한겨레>, 2010년 10월 5일.

에 커다란 충격을 주었다. 그리하여 여야 모두 기성 정치를 반성하며 기득권을 포기하는 내용의 정치 개혁안을 앞 다투어 제시하기도 했다.

'안철수 현상'은 서울시장 보궐선거를 앞두고 안철수가 시민운동가 박원순(朴元淳)에게 시장 후보를 양보하고, 그 덕분에 박원순이 서울시장에 당선됨으로써 절정을 이루었다. 이를 기점으로 정치권에 변화의 바람이 거세게 불기 시작했는데, 이러한 변화의 바람은 한때 '위기와 통합의 정치'를 압도하는 것처럼 보이기도 했다. 그러나 '새 정치'도 '위기와 통합의 정치' 앞에서는 그 위력을 발휘할 수 없었다. '새 정치'를 실현하기 위해서는 권력을 장악하거나 다수당이 되어야 하는데, 우리의 정치 현실에서 '위기와 통합'의 틀을 떠나 다수당이 된다거나 권력을 장악한다는 것은 구조적으로 불가능에 가깝기 때문이다.

권력의 뒷받침이 없는 '새 정치'는 이상주의자의 공허한 외침에 불과한 것이 되기 십상이어서, '새 정치'를 부르짖으면서도 권력투쟁에 나서지 않을 수 없는 이유가 바로 여기에 있는 것이다. 의도하지 않았음에도 불구하고 기본적으로 우리의 정치 현실이 '새 정치'를 '위기와 통합의 정치' 속으로 몰아넣고 있는 것이다. 이로 인해 대선을 앞두고 '새 정치'도 결국은 '위기와 통합의 정치'로 수렴되는 양상을 띠게 되었다.

1) 4·27재·보궐선거

2011년 4월 27일의 재·보선은 3명의 국회의원(성남 분당을, 전남 순천,

---

153) '안철수 현상'은 정당정치에 대한 비판에서 가능했으며, 이는 "아직도 한국정치가 제도화의 단계에서 흔들리고 있음을 반증"하는 것이라고 분석되었다. 강명세, "18대 대통령 선거의 정치경제: 복지국가, 의회중심제,그리고 한국의 정치재편," 『동북아 연구』 제17권(2012), 10쪽. 한편 조기숙은 '안철수 현상'의 이면에는 다양한 원인이 공존하나, 그 핵심은 "노무현 정신과 촛불 정신의 연장선상에 있다"고 분석했다. 조기숙, 『문재인이 이긴다』(리얼텍스트, 2012), 120쪽. '안철수현상'에 대해서는 '19대 대선'에서 상세히 언급할 예정.

경남 김해 을)과 1명의 도지사(강원도), 그리고 6곳의 기초단체장, 5곳의 광역의원, 23곳의 기초의원을 뽑는 선거였다. 여야는 4·27재·보선이 2012년에 있을 총선과 대선의 향방을 가르는 아주 중요한 지표라고 생각했기에 최선을 다해 선거에 임했다. 한나라당으로서는 이명박의 레임덕 방지와 정권 재창출을 위해, 민주당으로서는 빼앗긴 정권을 탈환하기 위해 반드시 승리해야 하는 선거였기에 총력을 기울인 것이다.

이와 동시에 취임한 지 얼마 되지 않은 여야 지도부로서는 재·보선 승리로 자신의 리더십을 확고히 해야 하는 개인적인 과제도 안고 있었기에 최선을 다해야만 했다. 이는 한나라당의 경우가 특히 더 그러했다. 선거 패배는 친이계의 패권 상실로 이어질 것이고, 이는 곧 이명박의 레임덕을 초래할 것이기 때문이었다.

한나라당의 경우 안상수의 노력에도 불구하고 분열적인 요인으로 인해 선거에 패배함으로써 친이계는 당의 패권을 내주게 된다. 민주당의 경우 분열적인 요소가 나타나지 않아 상대적으로 좋은 성적을 낼 수 있었고, 이로 인해 손학규의 리더십은 안정될 수 있었다.

(1) 한나라당

4·27재·보선을 한 달가량 앞둔 2011년 3월 30일 정부는 더 이상 새로운 공항 건설을 추진하지 않기로 했다고 발표했는데,[154] 이로 인해 한나라당은 다시 분열에 휩싸이게 된다. 이명박의 30대 핵심적인 대선공약 중 하나인 동남권 신공항 건설 백지화 발표가 잠재해 있던 한나라당 내의 갈등을 다시 점화시킨 것이다.

신공항 건설 백지화가 발표되자, 일차적으로 신공항을 유치하기 위해 노력했던 의원들이 크게 반발했다.[155] 이들은 격앙된 지역 민심을 반영하

---

154) 동남권 신공항은 입지평가에서 인천공항 위축, 주변 기반시설 부족, 유동적인 수요예측 등의 문제로 현실성이 없는 부적합한 것으로 정부는 최종 결론을 내렸다. <한겨레>, 2011년 3월 31일.
155) 신공항 유치를 놓고 경쟁을 벌인 부산지역 의원들(가덕도 지지)과 영남권 의

여 '대통령 탈당'까지 주장할 정도였는데, 신공항 백지화는 이들이 이명박을 떠나 박근혜계에 합류하는 하나의 명분으로 작용하게 되었다.156) 이와 동시에 박근혜도 신공항 백지화를 강하게 비판했다. 이명박을 겨냥하여, 지금은 경제성이 없더라도 장차 필요한 것이라면서 국민과의 약속을 어겨 유감스럽다고 비난한 것이다.157) 그가 대통령을 비난하자 친이계는 크게 반발했다.158)

이처럼 신공항 건설 백지화로 인해 한나라당은 다시 분열상을 노출하고 말았다. 영남권 의원들과 수도권 의원들의 대립에 친이와 친박의 갈등이 중복되었기 때문이다. 이러한 갈등국면은 이명박의 신공항 백지화 사과와 친박계의 자제로 봉합되는 쪽으로 나아갔지만,159) 한나라당이 분열의 위기에 처한 것만은 틀림없었다. 이는 2011년 4월 6일 열린 당 최고위원·중진 연석회의에서 위기론이 분출된 것을 보아도 충분히 알 수 있다.160)

이와 같은 분열상을 미처 극복하지 못한 채 한나라당은 재·보선에 출마할 후보로 성남 분당 을에 강재섭(姜在涉), 김해 을에 김태호(金台鎬), 강

원들(경북 밀양 지지)은 출신 지역에 관계없이 정부의 건립백지화 발표에 다 같이 반발했다.

156) <한겨레>, 2011년 3월 31일.
157) 기자들과 만난 朴槿惠는 李明博의 '약속 위반'을 거론하며, 동남권 신공항 건설을 2012년 대선에서 공약으로 내세울 것이란 점을 분명히 했다. <한겨레>, 2011년 4월 1일.
158) 친이계의 鄭斗彦은 국가 지도자라면 지역의 열망이 있더라도 국가 전체의 틀에서 국민의 이익에 맞는 입장을 펼쳐야 한다면서 "자기 안방을 지키려다가 전체 국민을 잃는 소탐대실의 우를 범하고 있다"고 朴槿惠를 비판했다. 다른 친이계 의원도 "정부 발표 때까지 기다렸다 뒷북치는 발언을 하는 건, 책임은 안 지고 과실만 챙기겠다는 것"이라고 朴槿惠를 비난했다. <한겨레>, 2011년 4월 1일.
159) <한겨레>, 2011년 4월 2일.
160) 이 날 金武星은 "큰 위기가 엄습해 오고 있다"고 지적했고, 鄭夢準은 공천이 "반듯한 후보를 뽑는 과정이었는지, 권력투쟁의 과정이었는지, 국민의 걱정이 많다"고 비판하면서 당이 위기에 처했다고 말했다. <한겨레>, 2011년 4월 7일.

원도에 엄기영(嚴基永)을 각각 공천했다. 분열된 상태로 선거에 임하게 된 것인데, 이는 선거운동 과정에서도 그대로 드러났다. 분당 을의 경우 승리하기 위해서는 박근혜의 지원이 절실한 것으로 나타났음에도 불구하고 전과 마찬가지로 그는 지원을 거절했다.161)

이처럼 당의 모든 역량을 동원하지 못하는 상황에서 치르는 선거였기에 한나라당으로서는 좋은 실적을 기대하는 것 자체가 무리였다고 할 수 있다. 이는 1승 2패라는 선거 결과가 그대로 입증해 주었다. 분당 을과 강원도에서 패배했고 김해 을 한 곳에서만 승리했는데, 김해 을도 사실상 야권 후보의 분열로 인해 어부지리를 본 측면이 강하다고 할 수 있다. 이로 인해 한나라당은 '공황상태'에 빠지고 말았다.162)

재・보선 패배가 총선과 대선으로 그대로 이어질지도 모른다는 위기의식에서 한나라당 지도부는 총사퇴를 결의했다. 그러나 위기를 극복하기 위한 방안을 놓고 격론을 벌일 정도로 계판 간의 이해관계는 엇갈렸는데, 가장 첨예하게 대립된 문제는 2011년 5월 2일로 예정된 원내대표 경선 일정에 관한 것이었다.163) 논란 끝에 한나라당은 5월 6일에 원내대표 경선을 실시하고, 비상대책위원회를 구성하여 6월 말에서 7월 초 사이에 전당대회를 개최하여 새 대표를 선출하기로 했다.164)

2011년 5월 6일 치러진 원내대표 경선에서 중도 성향의 황우여(黃祐呂)가 친이계의 안경률을 제치고 당선되었다. 그는 화합을 강조하며 주류와 비주류의 벽을 없앨 것이라고 말하고, 박근혜는 당의 중요한 자산으로 일

---

161) 치열한 접전을 벌이고 있는 姜在涉 측에서 선거 지원을 요청했지만, 朴槿惠는 "선거는 약속을 책임질 수 있는 당 지도부가 맡아 치르는 것"이라면서 응하지 않았다. <한겨레>, 2011년 4월 20일.
162) <한겨레>, 2011년 4월 28일.
163) 경선을 일정대로 실시할 것인지, 연기할 것인지를 놓고 주류와 비주류, 친이와 친박의 의견이 복잡하게 얽혔다. 친이 주류 측은 예정대로 실시할 것을 주장한 반면, 비주류 측은 세대교체론을 펴며 경선을 미루자고 주장했다. <한겨레>, 2011년 4월 29일.
164) <한겨레>, 2011년 4월 30일.

할 수 있는 여건을 만들어야 한다고 자신의 소감을 밝혔다.165) 이로써 당의 패권을 장악하고 있던 친이계는 급속히 약화될 것으로 전망되었다.166) 재·보선 패배로 당이 위기에 처하게 된 것은 결국 당의 화합을 이루지 못한 친이계 때문이라는 '친이계 책임론'이 당내에 공감대를 이룬 결과라고 할 수 있다.

(2) 민주당

한나라당과 달리 재·보선을 앞두고 민주당은 상대적으로 분열적인 요인을 갖고 있지 않았다. 정권 탈환 기치를 내걸어 대표로 선출된 손학규가 한나라당 텃밭인 분당 을에 직접 출마하는 승부수를 던짐으로써 당의 역량을 결집시키는 계기를 만들었기 때문이다. 또한 민주당은 당내 역량의 결집뿐만 아니라 후보 단일화를 성사시켜 야권의 모든 역량도 결집한다는 전략을 세웠다. 통합된 힘으로 승리를 쟁취하겠다는 것이다.

이를 위해 민주당은 우선 전남 순천의 무공천을 선언했는데, 이것이 토대가 되어 민주당, 민주노동당, 진보신당, 국민참여당 야 4당의 재·보선 공조를 이끌어 낼 수 있었다. 선거 승리를 위해 야 4당이 2011년 4월 13일 후보 단일화에 최종 합의한 것이다.167) 4·27재·보선 후보 단일화를 계기로 야권연대가 성사되자, 민주당은 이를 2012년 총선과 대선까지 이어 가겠다는 장기적인 전략을 세웠다.168)

그러나 단일화 작업이 마냥 순탄하게 이루어진 것만은 아니었다. 경남 김해 을의 경우 민주당과 참여당 사이에 단일화방식을 놓고 여러 차례 설

---

165) <한겨레>, 2011년 5월 9일.
166) 1차 투표에서 黃祐呂, 安炅律, 李秉錫 3인 중 李秉錫이 탈락했고, 2차 투표에서 黃祐呂가 90표를 얻어 64표를 얻은 安炅律을 누르고 원내대표로 선출되었다. <한겨레>, 2011년 5월 7일.
167) 야 4당이 단일후보로 확정한 후보는 다음과 같다. ( ) 안은 소속 정당. 성남 분당을: 孫鶴圭(민주당), 경남 김해: 李鳳洙(참여당), 전남 순천: 金先東(민주노동당), 강원도: 崔文洵(민주당).
168) <한겨레>, 2011년 4월 14일.

전을 벌이기도 했으며,169) 전남 순천의 경우 후보 단일화에 반대하는 민주당원들이 대거 무소속으로 출마하는 일이 생기기도 했기 때문이다.170)

그렇지만 후보 단일화 효과는 선거에서 그대로 나타났다. 한나라당 강세 지역으로 분류된 분당 을과 여권 지지기반이 탄탄한 강원도에서 민주당 후보가 승리했기 때문이다. 비록 민주당 후보는 아니었지만 전남 순천에서도 단일후보가 승리함으로써 야권연대의 덕을 단단히 보았다고 할 수 있다.

단일화를 이루었음에도 김해 을에서는 한나라당 후보에게 패배하고 말았는데, 이는 야권, 특히 민주당의 적극적인 협조를 이끌어 내지 못했기 때문인 것으로 분석되었다.171) 야권연대가 제대로 작동하지 않은, 숙성되지 않은 단순 연대는 승리를 보장하지 못한다는 것을 보여준 사례라고 할 수 있다.172) 후보 단일화만 이루면 무조건 승리한다는 등식이 처음으로 깨진 것인데, 제대로 된 통합을 이루지 못했기에 패배한 것이라고 할 수 있다.173) 단일화라는 형식에 얽매여 내용을 충실히 하지 못한 결과였다.

재・보선 승리의 견인차 역할을 한 손학규는 이러한 점을 감안하여 '야권연대'보다는 '야권통합'이 더 바람직하다고 주장했다. 정당 내에는 이념적인 차이가 있을 수 있으므로, 모든 가능성을 다 열어 놓고 통합의 길로 나아가는 것이 승리의 원동력이 된다는 것이다.174) 그러나 민주당 내 일부는 이에 동의하지 않고 '야권연대'를 주장했다.175) 이로 인해 민주당

---

169) <한겨레>, 2011년 4월 5일.
170) <한겨레>, 2011년 4월 19일.
171) <한겨레>, 2011년 4월 28일.
172) <한겨레>, 2011년 4월 29일.
173) 이러한 '무니만 연대'는 뒤에 나올 文在寅과 安哲秀의 단일화 협상에서처럼 단일화만 되면 승리한다는 등식이 깨지는 선례가 되었다.
174) <한겨레>, 2011년 5월 4일.
175) 민주당 朴智元은 "야권연대를 통해 1 대 1 구도를 만들면 내년 총선과 대선에서 승리할 수 있다는 희망을 갖게 됐다"고 주장했다. <한겨레>, 2011년 5월 12일.

은 내부적으로 '야권통합'과 '야권연대'를 놓고 노선상의 혼선을 드러내기도 했다.176)

2) 여야의 체제 정비와 서울시장 보궐선거

4월 재·보선 패배로 적지 않은 충격에 빠진 한나라당은 위기 극복을 위해 전당대회를 개최하여 홍준표를 대표로 선출하고, 10월에 있을 재·보선 준비에 돌입했다. 이에 앞서 실시된 원내대표 경선에서 친이계 후보가 중도 성향 후보에 패배함으로써 친이계는 당의 패권을 잃고 말았다. 한편 상대적으로 여유를 갖게 된 민주당은 손학규 대표 체제로 재·보선 준비에 들어가, 그 일환으로 야권통합에 적극 나섰다. 4월 재·보선 승리의 경험을 살려 후보 단일화에 승부를 건 것이다.

이처럼 여야 모두 2011년 10월 26일에 실시될 재·보선 준비에 몰두하는 과정에서 서울시 주민투표라는 전혀 예상치도 않던 변수가 나타나, 선거 판도는 새로운 국면에 접어들게 된다. 무상급식 실시 여부를 주민투표에 부친 서울시장 오세훈(吳世勳)이 주민투표에서 패배하자, 시장직을 사퇴함으로써 예정에 없던 서울시장 보궐선거도 실시하게 되었기 때문이다.

이로 인해 10·26재·보선은 갑자기 판이 커지게 된 데다,177) 안철수라는 제3의 인물이 '새 정치'를 표방하고 나타남으로써 정치 판도는 크게 요동쳤다. 기존의 정치 상황과는 전혀 다른 새로운 현상이 초래된 것이어서, 여야는 종래의 전략을 크게 수정하지 않으면 안 되게 되었다.

---

176) 당 지도부가 야권통합을 주장한 것과 달리, 의원 대부분은 통합이 현실적으로 어렵기 때문에 야권연대에 방점을 찍고 있는 것으로 보도되었다. <한겨레>, 2011년 6월 3일.

177) 10·26재·보선은 기초자치단체장 11곳(△서울 양천구청장 △부산 동구청장 △대구 서구청장 △강원 인제군수 △충북 충주시장 △충남 서산군수 △경북 칠곡군수 △경북 울릉군수 △경남 함양군수 △전북 남원시장 △전남 순창군수)과 광역의원 11곳, 그리고 기초의원 19곳만을 뽑는 선거였다. 그러나 吳世勳의 사퇴로 서울시장 보궐선거도 포함되게 되었다.

(1) **여야의 체제정비**

4·27재·보선 패배의 충격으로 지도부가 총사퇴한 한나라당은 정의화(鄭義和)를 위원장으로 하는 비상대책위원회를 구성하고, 12차 전당대회를 2011년 7월 4일 개최키로 결정했다. 이 과정에서 전당대회를 며칠 앞두고 친이계 일부가 경선 규정 개정을 주장하기도 했으나,178) 바람직하지 않다는 중론에 밀려 논란이 종식되기도 했다.179)

7월 4일 개최된 한나라당 전당대회에서 계파색이 비교적 덜한 홍준표가 대표로 선출되었는데,180) 이는 2012년의 총선을 앞두고 한나라당 내 위기감이 표출된 결과로 분석되었다.181) 대표로 선출된 직후 가진 회견에서 홍준표는 계파 없이 당을 운영하겠다고 밝히고, 박근혜를 포함하여 당의 유력 대선주자들이 상처를 입지 않도록 보호하겠다고 선언했다.182) 원

---

178) 元喜龍을 지지하는 친이계 일부는 '선거인단 21만명의 투표 결과 70% + 여론조사 30% 반영'이라는 경선조항이 상대적으로 인지도가 떨어지는 후보에게 불리하다고 판단, "선거인단이 21만 명이나 되는데 여론조사를 30%나 반영하는 것은 표의 등가성에 문제가 있다"며 경선규정의 개정을 주장했다. <東亞日報>, 2011년 6월 30일.

179) 朴槿惠는 '당권·대권의 분리'를 규정한 현행 당헌 개정에 반대하며, 친이계가 주장한 '당 대표·최고위원 분리선출안'에 대해서도 반대한다는 입장을 새 원내대표에 밝힌 바 있다(<한겨레>, 2011년 5월 20일). 이에 대해 鄭夢準과 金文洙는 현행 당헌을 유지하자는 것은 변화를 거부하는 것이라고 비난했다(<한겨레>, 2011년 5월 21일).

180) 선거인단투표와 여론조사를 취합한 결과는 다음과 같다. △洪準杓; 41,666 △劉承旼; 32,157 △羅卿瑗; 29,722 △元喜龍; 29,086 △南景弼; 14,896 △朴珍; 8,956 △權寧世; 6,906.

181) 친이계는 후보가 여럿으로 분산되어 표가 응집될 수 없었던 반면, 단일 후보를 낸 친박계는 두 번째 표를 洪準杓에게 몰아준 것으로 분석되었다. 이는 비대위 상황까지 초래된 사태에 책임이 큰 친이계가 과거처럼 결집했을 때 불어올지도 모를 '역풍 우려'로, 친이계 핵심인 李相得과 李在五가 철저히 중립을 지킨 결과라고 할 수 있다. <東亞日報>, 2011년 7월 5일.

182) <東亞日報>, 2011년 7월 5일.

내대표 선거 패배에 이어 당 대표선거에서 패배함으로써 한나라당 내의 권력 지형은 친이에서 친박으로 이동하게 되었는데, 이로 인해 친이계는 크게 충격을 받은 것으로 알려졌다.183)

전당대회를 통해 지도체제를 개편한 한나라당의 영향을 받아 민주당을 포함한 야권도 총선과 대선을 앞두고 통합이나 연대를 통한 전열 재정비를 모색했다. 야권의 재정비 움직임은 민주당과 시민단체, 두 갈래로 추진되었다. 전열 재정비를 둘러싸고 일종의 주도권 경쟁이 전개되는 것 같은 양상을 보인 것이다.

손학규 대표 등장 이후 야권통합을 강조해온 민주당 지도부는 2011년 7월 10일 민주노동당·진보신당·국민참여당에 야권통합문제를 논의하기 위해 '야 4당 통합특위 연석회의' 구성을 공식 제의했다. 즉, 10월까지 연석회의에서 통합의 원칙과 방법을 합의하고 연말까지 법적 절차를 마무리한 뒤 총선을 치르자는 것인데, 이에 대해 다른 야당은 적극적인 반응을 보이지 않았다.184) 한편 민주당 내에서도 통합의 리더십을 놓고 상호 견제하는 구도여서 통합논의가 지지부진하다는 비판이 제기되자,185) 이를 의식한 듯 8월 20일 손학규는 야 4당에 공식적으로 통합을 제의하기도 했다.186)

시민단체의 경우, 민주당과는 별도로 야권정비에 나섰다. 이들은 먼저 정치인을 포함해 각계 인사들이 참여하는 원탁회의를 소집하고, 그 다음 단계로 각 정파의 대표들이 참여하는 '야권 통합 및 연대 논의를 위한 연석회의'를 구성한다는 계획을 수립했다.187) 그리하여 2011년 7월 26일에

---

183) <한겨레>, 2011년 7월 5일.
184) <한겨레>, 2011년 7월 11일.
185) <한겨레>, 2011년 7월 28일.
186) 孫鶴圭는 민주진보진영이 총선과 대선에서 승리하기 위해서는 진보정신의 대통합이 이루어져야 한다고 주장했다. <한겨레>, 2011년 8월 22일.
187) 시민사회, 종교계, 문화예술계 등이 참여하는 원탁회의에 정치인으로는 文在寅, 李海瓚, 金斗官 등이 참가할 것으로 알려졌다. <한겨레>, 2011년 7월 12일.

는 '희망 2013, 승리 2012 원탁회의'를 열고 정권교체를 위한 야권의 통합 및 연대를 촉구하는 성명을 발표했다.188)

이처럼 총선과 대선을 대비하여 한나라당은 원내대표와 당 대표 선거를 통해 지도부를 개편했으며, 민주당을 포함한 야권은 전열재정비를 추진했다. 이와 동시에 여야는 10·26재·보선 준비에 나섰다. 그러나 이 과정에서 초·중학생 무상급식문제를 놓고 서울시와 서울시의회가 대립하는 바람에 서울시 주민투표라고 하는 새로운 정치현안이 발생했고, 이것이 정치권의 모든 이슈를 빨아들이는 돌발변수로 작용했다.

⑵ 서울시장 보궐선거

서울시의회가 서울 시내 초등학생과 중학생에 대한 전면 무상급식 실시를 추진하겠다고 밝히자, 서울시장 오세훈은 2011년 6월 16일 이에 반대하는 주민투표를 청구하겠다고 말했다. 그는 성장과 복지의 균형 없이 무조건 퍼주기만 하면 표가 된다고 생각하는 정치권의 인기영합주의에 경종을 울려야 한다면서, 주민투표는 "나라의 미래를 권력쟁취의 하위 개념으로 삼는 정치세력들과 승부를 가르는 역사적인 주민투표가 될 것"이라고 단언했다.189)

정치권이 주민투표에 대한 대응책 마련에 부산한 가운데, 오세훈은 2011년 8월 1일 무상급식 반대 주민투표를 강행할 뜻을 밝혔다. 이에 대해 일부에서 '대권을 의식한 행보'라는 비판을 제기하자, 8월 12일에 그는 무상급식 주민투표와 관계없이 차기 대선에 출마하지 않겠다고 공식 선언했다.190) 그리고 8월 21에는 이에서 더 나아가 주민투표가 실패하면 시

---

188) 이들은 한나라당과 1 대 1 구도를 만들어야 하며, 민주진보진영이 과반 의석을 만들면 정권교체의 가능성이 더욱 확실하다고 주장했다. <한겨레>, 2011년 7월 27일.
189) <東亞日報>, 2011년 6월 17일.
190) 야권에서 주민투표가 吳世勳의 '대선 놀음'이라고 공격하자, 그것이 아니라는 점을 분명히 하기 위해서 吳世勳은 불출마 선언을 한 것으로 분석되었다. <한겨

장직에서 물러나겠다고 선언했다.191) 상황이 이에 이르자 한나라당은 투표 독려에 나서게 되었고, 민주당은 투표 불참운동을 전개했다.192)

그러나 2011년 8월 24일 실시된 주민투표는 유효투표율 33,3%에 못 미치는 25.7%에 그쳐, 주민투표는 결국 무산되고 말았다. 이로써 주민투표 성사에 시장직을 걸었던 오세훈이 사퇴할 처지에 놓이자, 한나라당은 서울시장 선거가 재·보선과 총선에 미치는 영향이 적지 않다는 점에서 그의 사퇴를 만류하기도 했다.193) 한나라당의 만류에도 불구하고 그는 8월 26일 "과잉복지의 최대 희생자는 평범한 시민, 바로 내가 될 것이란 사실을 가슴에 새기길 바란다"면서 시장직 사퇴를 선언했다.194)

오세훈의 사퇴로 여야가 예정에 없던 서울시장 후보 선출 준비에 나선 상황에서 시민운동가 박원순이 서울시장 출마를 적극 검토하고 있는 것으로 알려졌고, '청춘콘서트'라는 명칭으로 전국을 순회하며 대학생을 상대로 강연을 하던 안철수도 출마를 고심하는 것으로 보도되었다. 이러한 가운데 안철수가 박원순 지지를 밝히고 불출마를 선언함으로써,195) 정치권에 큰 파장을 불러일으켰다.196)

'안철수 현상'이 나타난 것인데, 이로 인해 여야는 재·보선 전략을 새

레>, 2011년 8월 13일.
191) <한겨레>, 2011년 8월 22일.
192) 투표율이 33.3%를 넘길 경우 주민투표가 성립되나, 그렇지 못할 경우 성립되지 않기 때문에 주민투표에 대한 여야의 입장은 정반대였다. 주민투표가 성립되지 못해, 吳世勳이 사퇴할 경우 한나라당은 서울시장 보궐선거에서 이길 자신이 없었기 때문에 투표 참여를 적극 독려했다. 민주당은 이와 반대 입장이었기에 투표하지 말자는 캠페인을 전개했다.
193) <한겨레>, 2011년 8월 26일.
194) <한겨레>, 2011년 8월 27일.
195) 2011년 9월 6일 安哲秀는 朴元淳을 만나, 지지를 표명하고 자신은 아무런 조건 없이 출마하지 않겠다고 말했다. <한겨레>, 2011년 9월 7일.
196) 한나라당은 "며칠간 국민을 혼란시킨 강남 좌파 안철수 파동은 단일화 쇼로 막을 내렸다"고 원색적으로 비난한 반면, 민주당은 "야권통합을 위한 큰 진전"이라면서 安哲秀의 양보와 朴元淳의 출마를 반겼다. <한겨레>, 2011년 9월 7일.

로 짜야만 했다. '안철수 현상'이 기득권에 안주하고 국민의 의사와 상관없이 정파에 따라 편을 가르는 기성정치에 대한 반발에서 나온 것이어서, 여야 정치권으로서는 책임을 져야했기 때문이다. 높은 지지율에도 불구하고 안철수가 박원순에 양보하며 불출마를 선언했다는 점에서,197) 정치권은 더욱 큰 위기의식을 느끼지 않을 수 없었던 것이다.

한나라당은 기성정치에 대한 국민의 불신이 표출된 것이라고 진단하며 위기의식을 나타내고, 이에 대해 자성해야 한다는데 의견을 모았다.198) 이와 같은 당내 분위기를 반영, 한나라당은 야권의 후보단일화에 맞서 '범보수진영 후보단일화'를 추진했다. 야권의 후보단일화를 '정당정치의 근간을 훼손하는 야합'이라고 비판해왔던 입장에서 벗어나, 보수진영도 선거승리를 위해 후보단일화가 필요하다는 입장으로 선회한 것이다.199)

이에 따라 한나라당은 자당의 서울시장 후보로 확정한 나경원과 보수진영의 시민후보로 나선 이석연(李石淵)의 단일화를 추진한다는 방침을 세웠으나, 이석연의 불출마 선언으로 후보단일화는 무산되고 말았다.200)

민주당은 서울시장 후보 선출방식에서 당내경선과 통합경선, 두 가지를 놓고 계파 간 이해관계로 인해 의견의 일치를 보지 못했다. 당내경선을 통해 먼저 민주당 후보를 선출한 다음 통합에 나서자는 주장에 대해, 야권 후보들이 전부 참여하는 단 한 차례의 통합경선으로 후보를 선출하자는 주장이 맞선 것이다.201)

여러 차례 논의 끝에 민주당은 당내경선을 통해 선출된 각 당의 후보들이 참여하는 통합경선에서 후보를 선출하기로 결정했다.202) 민주당은

---

197) 후보 양보 당시 安哲秀의 지지율은 55%였으며, 朴元淳의 지지율은 9%에 불과했다. <朝鮮日報>, 2011년 9월 7일.
198) <朝鮮日報>, 2011년 9월 9일.
199) <朝鮮日報>, 2011년 9월 21일.
200) 李石淵은 한나라당의 단일화 제안을 받았지만, 정치적 쇼나 흥행에 끼어들 생각이 없다면서 불출마를 선언했다. <朝鮮日報>, 2011년 9월 29일.
201) 鄭東泳·千正培 등은 먼저 당내경선을 실시할 것을 주장한 반면, 孫鶴圭·丁世均 등은 통합경선을 주장했다. <한겨레>, 2011년 9월 1일.

2011년 9월 25일의 서울시장 후보선출대회에서 박영선(朴映善)을 선출했으나,203) 10월 3일의 통합경선에서 박원순에게 패배함으로써,204) 후보를 내지 못하는 처지가 되고 말았다.205)

이로써 서울시장선거는 한나라당의 나경원과 무소속의 박원순의 대결로 압축되었는데, 2011년 10월 26일 투표 결과 박원순이 당선되었다.206) 박원순의 당선은 기본적으로 통합효과라고 할 수 있다. 후보단일화를 이루지 못한 보수진영과 달리, 민주당·민노당·국민참여당·진보신당 등 전 야권이 통합경선에 참여했을 뿐만 아니라, '안철수 현상'으로 인해 무소속 유권자들의 지지를 동원할 수 있었기에 승리할 수 있었던 것이다.207) 이는 한나라당을 제외한 전체 야권과 무소속이 통합한 것이나 마찬가지라고 할 수 있는데, 이렇게 통합한 결과 박원순이 당선된 것이다.

박원순의 당선은 여야 정치권에 큰 충격을 주었다. 한나라당은 상징성이 큰 서울에서 참패함으로써 당을 쇄신하지 않고서는 총선과 대선에서 또다시 유권자의 심판을 받게 될지도 모른다는 위기의식에 휩싸였다. 민

---

202) 민주당은 9월 25일 당원들만 참여하는 현장투표 결과 50%, 국민을 대상으로 한 여론조사 결과 50%를 각각 반영하여 후보를 뽑기로 했다. <한겨레>, 2011년 9월 9일.
203) 민주당 서울시장 후보로는 朴映善 秋美愛 千正培 申溪輪 4명이 출마했다.
204) 2011년 10월 3일 열린 '서울시장 야권단일후보 선출 국민참여경선'에서 朴元淳은 총 52.15%를 얻어 45.57%를 얻은 민주당 朴映善을 제치고 선출되었다. 민노당의 최규엽은 2.28%를 얻었다. <朝鮮日報>, 2011년 10월 4일.
205) 이로써 민주당은 2010년 6·2지방선거 경기지사 후보경선에서 참여당의 柳時敏에 패배했고, 2011년 4·27지방선거 김해을 국회의원 후보경선에서 참여당의 李鳳洙에 패배한데 이어, 세 번째로 서울시장 후보경선에서 무소속의 朴元淳에 패배했다.
206) 최종투표율 48.6%를 보인 서울시장 보궐선거 결과 朴元淳이 53.3%를 얻어, 46.3%를 얻은 羅卿瑗을 7%포인트로 누르고 당선되었다.
207) 서울시장 보궐선거를 이틀 앞둔 2011년 10월 24일 安哲秀는 朴元淳의 선거사무실로 가서 지원의사를 밝히면서, 누가 과거가 아닌 미래를 말하고 있는지를 묻는 선거가 되어야 한다는 메시지를 전달했다. <朝鮮日報>, 2011년 10월 25일.

주당은 박원순의 승리에 환호하기는 했지만, 제1 야당으로 서울에서 후보조차 내지 못한 충격으로 침울한 분위기에 사로잡혀 있었다. '안철수 현상'으로 인해 한나라당과 민주당이 동시에 위기에 처하고 만 것이다.

10·26재·보선에서 한나라당은 서울시장 보선을 제외하고 후보를 낸 8곳의 기초단체장 선거에서 모두 승리했는데,[208] 이에 비해 민주당은 후보를 낸 7곳 중 2곳서만 승리하는데 그쳤다.[209] 이 때문에 한나라당 홍준표는 '이겼다고도 졌다고도 할 수 없다'고 말할 정도였지만,[210] 내부적으로 위기의식을 느끼기는 민주당과 마찬가지였다.

한나라당으로서는 서울에서 참패했기에 위기에 처한 것이고, 민주당으로서는 텃밭을 제외하고는 전패했기에 위기에 처했다고 할 수 있다. 따라서 10·26재·보선은 기득권에 안주하던 정치권이 유권자의 기대에 부합되는 자기쇄신의 모습을 보여주지 않을 경우, '안철수 현상'으로 대표되는 제3 세력에 자리를 내줄 수도 있다는 것을 보여준 선거라고 할 수 있다. 한나라당이나 민주당 모두 위기 극복방안을 마련하지 않으면 안 되는 상황에 놓인 것이다.

3) 여야의 지도체제 개편

10·26재·보선은 여야를 불문하고 정치권 전체에 커다란 충격을 주었다. 정치권에 대한 국민의 불신이 조직적으로 나타나, 대대적인 개혁과 쇄신을 하지 않고서는 미래를 담보할 수 없다는 위기감이 급속도로 확산된

---

208) 한나라당후보가 당선된 기초단체 8곳은 다음과 같다. △서울 양천구 △부산 동구 △대구 서구 △강원 인제 △충북 충주 △충남 서산 △경북 칠곡 △경남 함양.
209) 민주당후보가 당선된 기초단체장 2곳은 다음과 같다. △전북 남원 △전북 순창.
210) 한나라당 대표 洪準杓의 이 같은 발언은 자신에게 돌아올 책임론에 미리 선을 그은 것으로 분석되었다. <한겨레>, 2011년 10월 27일.

것이다. '새 정치'에 대한 국민의 열망을 더 이상 방치할 경우, 정치권 전체가 공멸할지도 모르는 상황에 처하게 되자, 위기의식을 느낀 여야는 거의 동시에 지도체제의 개편에 나섰다.

한나라당은 홍준표가 대표직을 사퇴한 후 박근혜를 위원장으로 하는 비상대책위원회 체제로 당을 개편했으며, 민주당은 시민통합당 및 한국노총과 통합하여 민주통합당으로 재출범했다. 한편 진보진영도 통합에 나서, 민노당과 국민참여당 등을 합쳐 통합진보당으로 새롭게 출발했다.

이처럼 지도체제를 개편하는 과정에서 각 정당 별로 내부에서 반발이 일기도 했으나, 위기극복을 위해서는 과감한 개혁이 필요하다는데 다수가 공감했기에 개편작업에 나서지 않을 수 없었던 것이다.

(1) 한나라당: 박근혜 비대위체제 출범

서울시장 보궐선거 패배 후 한나라당은 2011년 10월 28일 의원총회를 개최했다. 이 자리에서 서울지역 의원들을 중심으로 갖가지 쇄신론이 나왔는데, 홍준표는 '당명도 바꿀 수 있다'는 각오로 쇄신을 추진하겠다고 말했다.[211] 이를 계기로 한나라당 내에서 백가쟁명식의 위기 극복방안이 제시되는 가운데, 개혁성향의 초선의원 모임인 '민본 21'은 2011년 11월 6일 대통령의 사과와 검찰개혁 등을 요구하는 서신을 청와대에 전달하기도 했다.[212]

봇물처럼 쏟아져 나온 쇄신안 가운데는 친박계를 중심으로 한 '박근혜 신당론'도 들어있었다. 이에 대해 박근혜는 분열을 초래하는 일은 없을

---

[211] 서울지역 의원들은 '당명 변경' '당 해체' '지도부 퇴진' '현역의원 50% 교체' 등의 쇄신론을 제시했다(<朝鮮日報>, 2011년 10월 28일). 한편 보궐선거에서 나타난 지역별 득표현황에 입각하여 분석할 경우 지금 당장 총선을 치르면, 한나라 서울지역 의원 40명 중 용산과 강남 3구를 제외한 33명은 낙선하는 것으로 나타났다(<한겨레>, 2011년10월 28일).

[212] 이들은 '대통령의 진정성 있는 사과' '747공약 폐기' '인사 쇄신' '비민주적 통치행위 개혁' '검찰개혁' 등 다섯 가지 쇄신을 요구했다. <朝鮮日報>, 2011년 11월 7일.

것이며, 신당 창당을 검토한 적도 없다고 단호하게 부인했다. 신당 창당과 같은 정치공학적 접근보다는 정책개발을 통해 국민의 쇄신요구에 부응하는 것이 선거에 더 도움이 된다는 판단에서였다.213)

한나라당은 또다시 쇄신을 주제로 2011년 11월 29일에는 국회의원·원외 당협위원장 연석회의를 개최했다. 이날 회의에서 홍준표가 재신임을 묻자, 참석자들은 홍준표 체제를 유지하면서 전면적인 쇄신작업을 추진하는 것으로 의견을 모았다.214) 이로써 당의 쇄신논의는 일단락되는 듯이 보였다.

그렇지만 10·26재·보선 당시 한나라당 의원의 수행비서가 중앙선관위 홈페이지에 대한 디도스 공격을 한 것으로 2011년 12월 2일 밝혀지자, 한나라당 의원들의 위기의식은 절정에 달했다.215) 이에 위기감을 느낀 일부 최고위원은 최고위원직을 사퇴하며 당 지도부 해체와 전면적 쇄신을 주장했음에도 불구하고,216) 홍준표는 공천절차를 완료하고 재창당 하겠다는 요지의 쇄신안을 제시하며 사퇴를 거부했다. 홍준표가 제시한 쇄신안이 공천권을 행사하겠다는 사욕(私慾)을 드러낸 것이라는 비판이 제기되자,217) 그는 12월 9일 대표직을 사퇴했다. 취임 5개월 만에 대표가 물러남

---

213) <한겨레>, 2011년 11월 15일.
214) 洪準杓 교체 및 朴槿惠 조기 등판론이 화두로 떠오르는 것을 의식한 洪準杓는 인사말에서 '대다수의 뜻이 박근혜가 대표로 복귀해서 총선을 지휘해야 한다고 의견이 모아지면 대표직에서 물러나겠다'고 밝힌 뒤 자리를 떠났다. <한겨레>, 2011년 11월 30일.
215) 선관위 홈페이지 공격이 한나라당과 관련이 있는 것으로 밝혀질 경우, 젊은 층의 민심 이반이 더욱 두드러져 총선과 대선에 적지 않은 영향을 미칠 것이기 때문이었다. <한겨레>, 2011년 12월 3일.
216) 劉承旼 元喜龍 南景弼 3인의 최고위원은 12월 7일 "지도부의 한 사람으로서 존망의 위기에 처한 당을 구하지 못한 책임을 지고 물러난다"고 사퇴의사를 밝혔다. <한겨레>, 2011년 12월 8일.
217) 의원들은 洪準杓 쇄신안의 핵심은 '공천권을 무기로 의원들의 입에 재갈을 물리는 것' '공천과 대선 주자 교통정리 작업까지 다하는 비상대권을 쥐겠다는 것'이라고 비판했다. <朝鮮日報>, 2011년 12월 9일.

으로써 한나라당은 비상대책위원회 체제로 들어가게 되었다.

2011년 12월 12일 개최된 한나라당 의원총회는 박근혜가 전권을 갖는 비상대책위원회를 구성하고, 그 비대위에 당의 공식 지도부인 최고위원회와 같은 권한을 부여하자는데 공감대를 형성했다. 그리고 이에 필요한 당헌·당규 개정을 위해 12월 19일에 전국위원회를 열기로 했다. 그러나 '재창당이 필요하냐' 하는 문제를 놓고 친박계와 쇄신파가 대립하는 과정에서 쇄신파 일부가 탈당하는 사태가 발생하기도 했다.[218]

이에 문제의 심각성을 느낀 박근혜는 12월 14일 쇄신파 의원들을 만나 '재창당을 뛰어넘는 개혁'을 하기로 합의함으로써, 당내 갈등은 봉합되는 수순을 밟았다.[219]

한나라당은 2011년 12월 15일 의원총회를 열어 비대위에 전권을 맡기는 당헌 개정안을 발의하고,[220] 위원장에 박근혜를 추대했다. 12월 19일에 개최된 전국위원회는 당헌 개정안을 통과시키고 박근혜를 비대위원장으로 선출했다. 이로써 박근혜는 2006년 6월 당 대표직에서 물러난 지 5년 5개월 만에 당의 전면에 등장하게 되었다. 비대위원장 수락연설에서 그는 "혼신의 힘을 다해 정치를 바로잡고 한국을 바로 세우겠다"고 말했

---

218) 쇄신파는 '재창당 요구가 받아들여지지 않으면 비대위 구성에 반대하겠다'는 입장인 반면, 친박계는 '재창당을 전제로 한 비대위원장은 받을 수 없다'고 주장했다(<朝鮮日報>, 2011년 12월 13일). 친박계가 재창당을 거부하자, 쇄신파의 金成植과 鄭泰根은 '소통 불능'을 지적하며, 12월 13일 한나라당을 탈당했다(<한겨레> 2011년 12월 14일).
219) 朴槿惠는 南景弼 具相燦 權泳臻 黃永哲 등 쇄신파 의원 7명과 만나 "당을 뼛속까지 바꾸자. 재창당을 뛰어넘는 쇄신과 개혁을 이뤄내겠다"고 말했고, 쇄신파 의원들도 그와 뜻이 다르지 않다는 것을 확인했다고 밝혔다. <한겨레>, 2011년 12월 15일.
220) 당헌 개정안은 "대통령 후보 경선에 출마하고자 하는 자는 1년 6개월 전에 당 선출직을 사퇴해야 한다"는 규정에 '비대위원장 및 비대위원은 예외로 한다'는 규정을 신설했다. 이는 朴槿惠가 비대위원장을 맡더라도 대선 후보로 출마할 수 있는 길을 터놓는 조항으로 '위인설법' 성격이 짙은 것으로 분석되었다. <한겨레>, 2011년 12월 16일.

다.221) 한나라당은 12월 27일 상임전국위원회를 열고, 박근혜가 이끌게 될 비대위원 10명의 선임안을 만장일치로 통과시켰다.222)

이처럼 한나라당은 10·26재·보선 패배 후 2달 만에 비대위 체제를 출범시킴으로써 비로소 통합을 이룰 수 있었다. 17대 대선 이후 지속되었던 당내의 대립과 갈등이 박근혜의 비대위원장 선출을 계기로 봉합되는 측면에 들어선 것이다. 비록 소수의 이탈과 소규모의 이견이 있었으나, 박근혜를 중심으로 통합하는 것이 차기 총선과 대선을 대비하는 최선의 방안이라는 데 어느 정도 공감대가 형성된 결과였다.

(2) 민주당: 민주통합당으로 합당

서울시장 보궐선거에서 야권 단일후보가 당선되었다고는 하지만, 민주당으로서도 위기의식에 휩싸이기는 한나라당과 마찬가지였다. 서울시장 후보경선에서 무소속후보에 패배해 후보조차 내지 못한데다가, 10·26재·보선에서 성적이 좋지 않아 당의 위상이 급격히 위축되는 사태가 초래되었기 때문이다. '새 정치'를 요구하는 시민정치세력의 부상으로 기성 정치권, 특히 야당의 존립 자체가 위협받는 상황이 전개된 것이다.

이 같은 위기상황에 처한 민주당 지도부는 12월로 예정된 전당대회를 통합전당대회로 치른다는 계획을 수립했다. 위기극복을 위한 방안으로 통합을 모색한 결과였다. 그리하여 민주당 주도하에 모든 야당 및 정치에 참여하지 않은 노동계와 시민단체까지 참여하는 야권통합을 이루겠다는 계획을 발표했다.223) 야권통합은 민주당 외에 '혁신과 통합'도 이를 추진

---

221) <한겨레>, 2011년 12월 20일.
222) 10명의 비대위원 명단은 다음과 같다. 金鍾仁, 이준석, 趙東成, 李相敦, 李亮喜, 조현정, 金世淵, 朱光德, 黃祐呂, 李柱榮. 비대위원 인선을 통해 朴槿惠가 보여주고자 한 것은 '당 노선의 중도화와 脫이명박' '2030세대와 반대파 끌어안기' '고용과 취약계층 중심의 정책 개발' '안철수를 겨냥한 맞춤 인선' 등으로 요약되었다. <朝鮮日報>, 2011년 12월 28일.
223) <한겨레>, 2011년 10월 31일.

했는데,224) 이로 인해 양측은 통합의 주도권을 놓고 경쟁하는 양상을 보이기도 했다.225)

여기서 선수를 친 것은 민주당으로 2011년 12월 3일 당 대표 손학규는 "민주진보 세력의 대통합은 시대정신이며 국민의 명령"이라면서 '민주진보 통합정당'을 발족시키기 위해 각 정당 및 정파 대표자 연석회의를 열자고 제안했다.226) 그리고 민주당 내에 통합추진위원회를 구성하고, 11월 말까지 통합정당 추진기구를 발족시키며, 12월말까지 통합정당을 결성한다는 일정을 제시했다. 이에 대해 진보진영은 일방적인 제안이라며 부정적인 반응을 보였으나,227) '혁신과 통합'은 환영의 뜻을 표하면서도 시민이 주도하는 통합이 되어야 한다고 주장했다.228)

한편 민주당 내에서 통합문제를 놓고 통합전당대회를 한 번에 치르자는 주장과 전당대회를 먼저 치른 후 통합을 추진하자는 주장이 맞서는 가운데,229) 민주당 최고위는 통합전당대회를 개최키로 결정했다.230) 일부가 반대했지만,231) 독자적인 전당대회를 열지 않고 야권통합에 동의하는

---

224) '혁신과 통합'은 야권통합을 위해 2011년 9월 6일 발족한 단체로 金斗官, 南仁順, 文盛瑾, 文在寅, 李庸瑄, 李海瓉 6인을 상임대표로 선출했다. <한겨레>, 2011년 9월 7일.
225) <한겨레>, 2011년 11월 3일.
226) <한겨레>, 2011년 11월 4일.
227) 민노당과 참여당, 그리고 진보신당을 탈당한 인사들은 진보진영 재통합을 추진하고 있었기에, 민주당이 제안하는 야권통합을 일방적이라고 비판했다. <한겨레>, 2011년 11월 4일.
228) <한겨레>, 2011년 11월 7일.
229) '선 전당대회 후 통합론'을 주장하는 측은 기존 정치세력의 이합집산으로는 국민의 신뢰를 얻지 못하므로 쇄신이 필요하며, 통합 추진의 권한을 새 지도부에 넘겨야 한다고 주장했다. 통합전당대회를 주장하는 측은 전당대회를 먼저 치를 경우 민주당 '독자 생존론'이 강해질 수 있는데다가, 시간적인 여유도 없으며 통합과 쇄신은 동시에 있는 것이라고 주장했다. <한겨레>, 2011년 11월 8일.
230) <한겨레>, 2011년 11월 10일.
231) 朴智元은 "야권 대통합은 반드시 필요하지만, 의견 수렴 없이 당헌·당규를

모든 세력이 모두 참여하는 이른바 '원샷 통합경선'을 통해 지도부를 뽑기로 한 것이다. 이에 따라 11월 20일 민주당과 '혁신과 통합' 한국노총 등이 '민주진보 및 시민노동 통합정당 출범을 위한 대표자 연석회의'를 구성함으로써 통합정당은 순탄하게 발족하는 것처럼 보였다.

그러나 2011년 11월 23일 열린 민주당 중앙위원회에서 이견이 표출되는 바람에 통합방식의 수정이 불가피해졌다.[232] 결국 통합전당대회를 먼저 치르고, 나중에 지도부를 구성하기로 하는 선에서 정치적 타협을 찾는 중재가 이루어졌다.[233] 중재안에 따라 열린 12월 11일의 민주당 임시 전국대의원대회에서 통합이 의결되자, 일부 대의원은 강하게 이의를 제기하며 반발했다.[234]

이날 통합에 반대하는 대의원들과 당직자 사이에는 물리적 충돌까지 발생했는데, 이들 대의원은 대회 결과에 불복해 소송도 불사하겠다는 입장이었다.[235] 민주당에 앞서 '혁신과 통합'은 12월 7일 시민통합당을 창

무시한 채 속전속결로 사실상 '소통합'만 이뤄진다면 또 다른 야권분열의 불씨를 만들 수 있다"며 반대했다. <한겨레>, 2011년 11월 14일.
232) 2011년 11월 23일 열린 중앙위원회에서 '원샷 통합경선'과 '선 민주당 독자 전당대회' 주장이 6시간 넘게 평행선을 달려 아무런 결론도 내지 못했다. 그러나 보다 근본적으로는 민주당 인사들과 '혁신과 통합' 인사들이 함께 창당준비위원회를 만든 뒤 민주당과 합당 방식으로 통합한다는 시나리오는 민주당 인사들의 이중 당적 때문에 불가능한 것으로 판명이 났기 때문이다. 그리고 기존 정당과 창당준비위가 합쳐, 신설 합당한 전례가 없는 것도 문제점으로 등장했다. <한겨레>, 2011년 11월 24일.
233) <한겨레>, 2011년 11월 26일.
234) 이날 전체 대의원 10,562명 중 과반(5,282)이 넘는 5,820명의 대의원이 참석 등록을 했으나, 통합 찬반투표에는 절반이 안 되는 5,067명만 참석하여, 4,427명이 찬성하고 640명이 반대했다. 이에 대해 당 지도부는 출석자의 절반 이상이 투표에 참석해 정족수를 채웠다고 주장했다. 한편 독자전대를 주장하는 쪽은 국회법 등에 비추어 실제 투표자를 출석자로 보아야 하며, 이 경우 정족수 미달로 투표 자체가 무효라고 주장했다. <한겨레>, 2011년 12월 12일.
235) 통합에 반대하는 원외 지구당위원장 20여명은 12월 12일에 만나 전당대회 통합결의 무효소송을 내기로 의견을 모았으며(<한겨레>, 2011년 12월 13일), 이들

당함으로써, 통합을 위한 준비를 마쳤다.

민주당 일부의 반발에도 불구하고 민주당과 시민통합당이 합당하고 한국노총이 결합하는 통합정당인 민주통합당은 2011년 12월 16일 출범했다. 이날 민주통합당은 '특권 없는 법치주의'와 '공정한 시장경제'를 명시한 강령을 발표했으며, 2012년 1월 15일 전당대회를 개최하고 새 지도부를 구성할 때까지 민주당의 원혜영(元慧榮)과 시민통합당의 이용선이 공동대표를 맡기로 했다.236)

위기극복을 위해 통합을 모색한 민주당은 야권 일부를 민주통합당으로 합당하는 데는 성공했다. 그러나 통합의 효과를 제대로 내기 위해서는 통합과정에서 발생한 내부적인 반발을 봉합하고 모든 역량을 결집해야만 하는데, 민주통합당이 과연 그와 같은 과제를 완벽하게 수행할 수 있을지에 관해서는 의문이 제기되었다. 기본적으로 진보진영이 참여하지 않아 야권 전체의 통합이 아니라는 문제점을 안고 있었기 때문이다. 이밖에도 친노 인사들이 민주통합당 출범행사를 주도했을 뿐만 아니라, 원혜영·손학규를 제외하고 기존 민주당의 다른 대선 주자들에게는 발언의 기회조차 주어지지 않았기 때문이다.237)

(3) 진보진영의 통합: 통합진보당 출범

민주당 주도의 야권통합에 비판적이었던 진보진영은 별도로 통합을 추진했다. 이 역시 분열된 상태로는 원내 진입이 어렵다는 경험에서 나온 것으로 진보진영의 통합에는 민노당과 참여당, 그리고 진보신당 탈당파로 구성된 '통합연대'가 동참했다.238) 이들은 몇 차례의 모임 끝에 12월 중으로 통합진보정당을 출범시키기로 의견을 모았고, 이를 위한 세부적

　은 12월 14일에 전당대회 효력정지 가처분 신청을 냈다(<한겨레>, 2011년 12월 14일).
236) <朝鮮日報>, 2011년 12월 17일.
237) <朝鮮日報>, 2011년 12월 19일.
238) <한겨레>, 2011년 11월 12일.

인 사항을 지속적으로 논의하기로 했다.239)

통합진보정당의 출범 결정에 대해 진보신당은 진보대통합의 원칙을 훼손한 것으로 매우 안타까운 결정이라고 지적했다.240) 진보신당은 선거연대와 관련하여 '유연한 전략으로 대응할 것'이라고 밝혔지만, 실제로는 진보정치의 선명성을 강조하면서 독자생존을 모색할 가능성이 높은 것으로 분석되었다. 그 일환으로 진보성과 대중성을 갖춘 비례대표 후보 영입에 공을 들이고 있는 것으로 알려졌고, 새 대표로 홍세화(洪世和)를 선출했다.241)

통합에 참여한 진보진영 대표 3인은 2011년 11월 20일 기자회견을 갖고 "새로운 통합진보정당을 건설해 수권능력을 갖춘 진보 집권시대를 열어나가겠다"며 통합진보정당 건설을 공식화했다.242) 이들은 또한 일하는 사람들이 정당하게 대우받는 복지국가와 환경과 생태가 보존되는 공동체를 건설하고, 남북의 화해와 교류를 통해 자주적 평화통일을 성취하겠다고 포부를 밝혔다.

이들은 2011년 12월 5일 수임기관 합동회의를 열고 합당을 공식 결의함으로써 진보진영은 통합진보당이라는 명칭으로 새롭게 출범하게 되었다.243) 통합진보당은 19대 총선에서 20석을 얻어 원내교섭단체를 구성하는 것을 1차적인 목표로 삼았다. 그러나 진보신당이 '원칙의 훼손'을 이유

---

239) 이들은 3인의 공동대표를 선출하며, 경선방식은 50인(민노당 55%, 참여당 30%, 통합연대 15%)으로 구성되는 전국운영위원회에서 결정하기로 했다. <한겨레>, 2011년 11월 18일.
240) 진보신당은 그동안 자신들이 신자유주의 세력이라고 비판해 온 참여당을 진보진영 통합에 참여시킨 것은 진보원칙의 훼손이라고 말하고, 沈相奵 魯會燦 趙承洙 등 탈당한 전 지도부에 대해서도 "당원을 존중하지 않고 붕당정치를 하고 있다"고 비판했다. <한겨레>, 2011년 11월 18일.
241) <한겨레>, 2011년 11월 26일.
242) 이들 3인은 민노당 대표 李正姫, 참여당 대표 柳時敏, 통합연대 대표 魯會燦이다. <한겨레>, 2011년 11월 21일.
243) 통합진보당은 李正姫・柳時敏・沈相奵 3인의 공동대표 체제로 운영하기로 했다. <한겨레>, 2011년 12월 6일.

로 참여를 거부함으로써 진보세력이 완전히 결집했다고는 할 수 없었다.

6. 19대 총선과 18대 대선

　19대 총선과 18대 대선을 대비하여 지도체제 정비에 나섰던 여야는 2012년 들어 선거승리를 위해 본격적인 준비체제에 돌입했다. 총선과 대선이 같은 해에 치러지는 것이었기에 총선 승리의 여세를 몰아 대선까지 승리한다는 각오로 선거준비에 나선 것이다. 이를 위해 여야 모두 동조세력의 결집에 나섰는데, 이 과정에서 여당은 상대적으로 대통합을 이룬데 반해, 야당은 소규모의 통합밖에는 이루지 못했다. 이로 인해 여당은 총선과 대선에서 승리할 수 있었고, 야당은 선거에 패배하여 위기에 처하고 말았다.
　여당인 한나라당의 경우, 총선을 앞두고 새누리당으로 당명을 바꾸고 박근혜를 중심으로 당 쇄신작업에 나서는 한편, 옛 친박연대인 미래희망연대와의 합당절차를 마무리 지음으로써 보수진영의 통합을 이룰 수 있게 되었다. 야당인 민주통합당의 경우, 전당대회에서 한명숙을 대표로 선출하고 공천작업에 나서는 한편, 총선 승리를 위해 야권연대를 추진했다. 그러나 공천과정에서 일부가 이탈하는 바람에 완전한 통합을 이룰 수 없었고, 그 결과 총선에서 새누리당에 과반의석을 빼앗기는 패배를 맛보게 되었다.244)

---

244) 현직 대통령 임기 중반에 치러지는 선거에서 집권당이 불리함에도 불구하고 그렇지 않은 것은 12월로 예정된 대통령선거를 의식해서 투표했기 때문이라고 강원택은 주장했다. 강원택, "왜 회고적 평가가 이뤄지지 않았을까: 2012년 국회의원선거 분석,"『한국정치학회보』46집 4호(2012년 9월), 144~145쪽. 장승진도 "잠재적 대선 후보에 대한 유권자의 정서적 태도가 유권자 선택의 중요한 기준으로 등장했다"고 강원택과 유사한 주장을 하고 있다. 장승진, "제19대 총선의

통합의 효과는 총선뿐만 아니라 대선에도 영향을 미쳤는데, 박근혜 후보의 당선이 이를 입증한다고 할 수 있다. 새누리당의 경우 선진통일당을 합당하는 등 보수진영의 통합에 성공한 반면, 민주통합당의 경우 그렇지 못했다. 문재인 후보가 무소속의 안철수 후보와 '아름다운 단일화'를 이루지 못함으로써, 결과적으로 통합에 실패한 셈이 되어 선거에서 패배한 것이다.

결국 총선과 대선을 치르는 과정에서 통합을 이룬 새누리당은 두 차례 선거 모두 승리하여 위기를 극복할 수 있었는데 반해, 통합을 이루지 못한 민주통합당은 선거 패배로 위기에 처하고 말았다. 이로써 '위기와 통합의 정치'는 이명박정부 하에서도 변함없이 지속되었다고 할 수 있다.

1) 19대 총선

18대 총선 이후 친이·친박의 갈등과 내분으로 당의 역량을 결집하지 못해 재·보선에서 연달아 패배한 전철을 밟지 않기 위해 한나라당은 비대위원장 박근혜를 중심으로 당 내외의 역량을 통합하는데 주력했다. 그 일환으로 청년·여성을 비롯한 취약계층을 대변할 수 있는 인물들을 비대위원으로 영입하는 한편, 미래희망연대와 한나라당의 합당을 성사시켰다.

또한 박근혜는 기득권에 안주하고 있는 이미지를 불식하기 위해 정강·정책을 바꾼데 이어, 당명도 새누리당으로 바꾸었다. '안철수 현상'으로 대변되는 '새 정치'에 맞서, 정치쇄신과 정치개혁 이슈를 빼앗기지 않으려는 전략적 판단에서였다. 한편 박근혜 중심으로 당을 개편하는 과정에서 불거진 '편파 공천' '불공정 공천' 논란이 김무성의 백의종군 선언으로 무리 없이 진정되는 바람에 당은 분열의 위기를 모면할 수 있었고, 이

투표선택: 정권심판론, 이념투표, 정서적 태도," 『한국정치학회보』 46집 5호 (2012년 12월), 116쪽.

것이 총선 승리의 밑거름이 된 것이다.245)

한명숙을 대표로 선출한 민주통합당은 총선에 대비하여 인적 쇄신과 공천혁명에 나섰다. 그러나 공천을 둘러싸고 갈등과 잡음이 지속되는 등 내홍을 겪는 과정에서 당 사무총장이 사퇴하는 일이 발생했고, 이로 인해 당 지지율도 새누리당에 역전당하는 상황에서 별다른 수습책을 제시하지 못했다는 비판을 받았다.

이와 동시에 시민·사회단체의 알선과 성원에 힘입어 민주통합당은 통합진보당과 야권연대를 추진했다.246) 야권 후보의 단일화를 성사시켜 여러 차례 재·보선에서 승리했던 전력이 있었기 때문이다. 그러나 후보단일화를 위한 협상이 몇 차례 타결시한을 넘기는 등 과정이 매끄럽지 못했을 뿐만 아니라, 전략공천으로 출마한 후보의 '막말파문'에 미숙하게 대처하는 바람에 통합의 효과를 보지 못하고 말았다.

한편 통합진보당은 민주통합당과 야권연대를 성사시킴으로써 원내교섭단체를 구성할 수 있으리라는 기대를 갖고 선거에 임했다. 그러나 후보단일화 과정에서 여론조사 결과를 왜곡할 소지가 있는 사건이 일어나 여론이 악화되는 바람에, 후보가 사퇴하는 일이 발생했다. 이로 인해 민주통합당은 애초의 기대에 미치지 못하는 결과에 머물러야 했다.

---

245) 19대 총선 결과는 다음과 같다.

	새누리당	민주통합당	통합진보당	자유선진당	무소속	합계
지역구	127	106	7	3	3	246
비례대표	25	21	6	2		54
합계	152	127	13	5	3	300

246) 야권연대의 추진은 2011년 7월에 결성된 '희망 2013, 승리 2012 원탁회의'(이하 원탁회의)가 막후에서 중재하고 조율에 힘입은 바 크다고 할 수 있다. 이는 白樂晴 咸世雄 朴在承 김상근 등 야권 '원로' 21명이 '2012년 총선에서 이겨 2013년에 정권을 교체하자'며 만든 단체이다. 여기에는 文在寅 李海瓚 金斗官도 참여했으며, 이들 가운데 文在寅과 李海瓚 등은 '혁신과 통합'을 만들어 민주통합당 창당에 주도적인 역할을 했다. <朝鮮日報>, 2012년 3월 12일.

(1) 새누리당

　총선을 앞두고 한나라당 내부에 인적 쇄신문제를 놓고 일부 비대위원과 친이계 의원 사이에 갈등이 발생했다. 비대위원이 정권 실세의 용퇴론을 제기한데 대해, 친이계 의원이 이에 맞서 이들 비대위원의 퇴진을 요구했기 때문이다.247) 인적 쇄신문제로 파장이 일자 박근혜는 모두가 쇄신의 주체도 될 수 있고 쇄신의 대상이 될 수도 있다면서 파문의 진화에 주력하는 한편,248) 자신을 포함해 "한나라당 구성원이 가진 기득권 일체를 배제하겠다"고 말했다.249) 당을 쇄신하여 총선에 임하겠다는 뜻을 밝힌 것인데, 이를 반영하듯 당 비대위에 소속된 외부 비대위원 6명 전원은 총선 불출마를 선언하기도 했다.250)

　박근혜는 2012년 1월 17일 열린 의원총회에서 일부의 재창당 요구를 거부하고, 새 출발을 한다는 차원에서 당명은 개정할 수 있다고 말했다.251) 이를 뒷받침하듯, 한나라당 싱크탱크인 여의도연구소는 당 소속 의원과 원외 당협위원장에게 당명 개정에 대한 찬반 의견을 물은 결과, 찬성 의견이 더 많았다는 발표를 하기도 했다.252)

---

247) 한나라당 비대위원 李相敦이 "이명박정부 공신이나 물의 발언을 일삼은 당 대표, 대구·경북 의원들은 물러나야 한다"고 주장하자, 金鍾仁은 일반 국민들이 그렇다고 생각한다"며 동조했다(<한겨레>, 2011년 12월 30일). 이에 대해 친이계의 張濟元은 이들이 비리에 관련되어 있거나, 천안함 폭침을 부정하는 발언을 했다면서 퇴진을 요구했다(<朝鮮日報>, 2012년 1월 3일).
248) <朝鮮日報>, 2011년 12월 30일.
249) <朝鮮日報>, 2012년 1월 4일.
250) <朝鮮日報>, 2012년 1월 13일.
251) 이날 또한 朴槿惠는 민주통합당 韓明淑이 모바일 투표제도 도입을 제의한 것에 대해 개방형 국민경선제를 도입할 것을 역으로 제의했다. 경선을 여야가 동시에 실시하지 않을 경우, 역선택을 하는 부작용을 방지하기 위한 차원에서 국민경선제 도입을 위한 선거법 개정논의에 착수하자는 것이다. 그러나 야권으로서는 국민경선제를 실시할 경우, 야권연대 자체가 무산될 것이라는 판단에서 모바일 국민경선제를 주장했다. <朝鮮日報>, 2012년 1월 18일.
252) <朝鮮日報>, 2012년 1월 25일.

이와 동시에 비대위는 보수적인 당의 이미지를 바꾸기 위해 강령에 민생과 복지를 강조하는 조항을 넣고,253) 정부의 적극적인 시장개입을 명문화하는 의미에서 경제민주화 조항을 넣기로 결정했다.254) 확정된 새 정강·정책은 복지와 일자리·경제민주화를 핵심축으로 하고 '국민행복'을 전면에 내세웠는데, 이는 총선과 대선을 겨냥해 중도정책 기조로 전환한 것이라고 할 수 있다.255)

2012년 1월 26일에 비대위는 한나라당이라는 이름 자체가 국민에게 쇄신의 대상으로 비치고 있다는 판단에서 당명을 바꾸기로 결정했다. 이는 '한나라당 간판으로는 총선을 치르기 어렵다'는 의원들의 요구를 일부 반영한 것이었지만, 보다 근본적으로는 당명 개정을 계기로 한나라당의 '박근혜당(黨)화'를 가속화한다는 의미가 내포되어 있었다.256) 이를 입증하듯 공직자후보추천위원회의 구성도 '친박 색채가 너무 짙다'는 지적이 나올 정도였다.257)

한나라당은 2월 2일 당명을 '새누리당'으로 정하고 이를 2월 13일 열리는 전국위원회 의결을 거쳐 확정짓기로 했다.258) 이날 또한 미래희망연대와의 합당을 공식화했는데, 이로써 의석수는 166석에서 174석으로 늘어나게 되었다.259) 미래희망연대에 이어 새누리당은 보수진영의 통합에 나서 자유선진당과 접촉하기도 했지만, 선거협력에 대한 양측의 견해 차이

---

253) <朝鮮日報>, 2012년 1월 26일.
254) <朝鮮日報>, 2012년 1월 28일.
255) <朝鮮日報>, 2012년 1월 31일.
256) <朝鮮日報>, 2012년 1월 27일.
257) 鄭烘原 위원장을 포함하여 총 11명으로 구성된 공천위에 대해 비주류 의원들은 '사실상 박근혜 1인 공천 시스템과 다를 바 없다'고 비판했다. <朝鮮日報>, 2012년 2월 1일.
258) '새누리'는 '새로움'과 나라보다 더 큰 의미인 '누리(세상)'을 합친 것으로 새로운 세상, 새로운 나라를 뜻한다고 당 대변인은 설명했다. 이로써 한나라당은 14년 3개월만에 역사 속으로 사라지고 말았다. <朝鮮日報>, 2012년 2월 3일.
259) <한겨레>, 2012년 2월 3일.

로 성사되지는 못했다.260)

　새누리당 공천자의 윤곽이 드러나면서 공천탈락자 또는 보류자 중 73.9%가 친이계로 판명되어, 박근혜의 당권을 공고히 하기 위한 공천을 한 것이라는 지적이 나오기도 했다. 이에 대해 '쇄신 앞에 친이와 친박은 없다는 것이 공천심사의 대원칙'이라는 반론이 제시되었으나,261) '지나치게 친박에 호의적인 공천이 이루어지고 있다'는 비판을 피할 수 없었다.262)

　친박 위주의 공천은 김무성의 공천 탈락에서 절정을 이루었다고 할 수 있다. 그러나 그는 탈당할 것이라는 일반의 예상과 달리, '우파 분열의 핵이 되어서는 안 되므로 백의종군 하겠다'고 선언했다.263) 이로써 새누리당 공천에 불만을 가진 정치인들이 모여 비박(非朴)연대를 결성하려는 움직임은 제동이 걸리고 말았다.

　공천탈락자들이 부산 지역에서 영향력이 큰 김무성의 합류를 전제로 신당을 결성하여 총선에 출마하려던 계획을 세웠는데, 이것이 무산된 것이다. 이로써 새누리당은 박근혜를 중심으로 통합된 상태로 선거에 임할 수

---

260) 양당의 협력문제를 논하는 자리에서 새누리당은 합당을 선호한 반면, 자유선진당은 선거연대에 더 관심을 두었기에 원만한 합의를 이룰 수 없었다. <朝鮮日報>, 2012년 2월 24일.
261) 鄭夢準은 "박근혜 위원장에게 비판적이었던 의원들을 배제하기 위한 것이라면 당 지도부는 큰 실수를 하는 것"이라고 비판했다. 이에 대해 당 부대변인은 "친이계가 차지했던 수도권 지역을 먼저 발표했기 때문에 그렇게 보인 것"이라고 반박했다(<朝鮮日報>, 2012년 3월 6일). 李在五도 밀실자료가 반대자를 겨냥한 살인병기가 되어서는 안 된다고 말하면서 반발했다(<朝鮮日報>, 2012년 3월 7일).
262) <朝鮮日報>, 2012년 3월 8일.
263) 2007년 대선 당시 친박 좌장 역할을 하다가 非朴으로 돌아선 金武星은 우파의 분열이 바람직하지 않다는 생각에서 당 잔류를 선언했다(<朝鮮日報>, 2012년 3월 13일). 그는 선거를 닷새 앞둔 2012년 4월 6일 기자회견을 갖고 "급진 진보는 연대해서 후보를 단일화하는데 우파는 왜 단일화하지 못 하는가"라며 우파의 결속을 또다시 당부했다(<한겨레>, 2012년 4월 7일).

있었는데, 바로 이것이 총선에서 좋은 성적을 내는 원동력으로 작용한 것이다. 새누리당 단독으로 과반을 넘는 152석의 의석을 확보했기 때문이다.

(2) 민주통합당

2012년 1월 15일 개최된 민주통합당 지도부 선출을 위한 전당대회에서 최고 득표를 얻어 새 대표로 선출된 한명숙은 "온몸을 던져 이명박 정권이 박근혜 정권으로 이어지는 것을 막겠다"고 다짐했다.264) 이에 따라 민주통합당은 새 지도부를 선출한 바로 다음날 총선전략을 가동, 통합진보당과 선거연대를 위한 논의에 착수했다.

총선 승리를 위해 한나라당에 반대하는 모든 세력과 개인의 힘을 모으는 작업을 해나가겠다는 것인데,265) 이는 통합으로 위기를 극복한다는 전략에 입각한 것이라고 할 수 있다. 그리고 전략공천 30%를 최대한 활용해서 참신하고 좋은 인물을 내세우고, 구체적인 정책을 마련해서 서민생활에 반영될 수 있도록 하겠다는 총선전략을 밝히기도 했다.266)

민주통합당은 2012년 2월 3일에는 주로 진보단체에서 활동한 경력이 있는 인사들로 외부 공천심사위원을 임명하는 등 공심위 구성을 완료했는데,267) 이에 대해 일부는 통합의 정신을 찾을 수 없다며 공심위의 재구

---

264) 이날 대의원 현장투표(30% 반영)와 시민·당원선거인단 투표(70% 반영)를 합산한 결과, 韓明淑은 전체의 24.05%를 득표하여 16.68%를 얻은 文盛瑾을 7.37%포인트 차이로 이겼다. 3위는 15.74%를 얻은 朴映宣이, 4위는 11.97%를 얻은 朴智元이 5위와 6위는 李麟榮(9.99%)과 金富謙(8.09%)이 각각 차지했다. 盧武鉉정부 하에서 총리를 지낸 韓明淑과 '노사모'의 대부 격인 文盛瑾이 경선에서 1·2위를 차지한 것은 친노 세력의 부활을 뜻하는 것으로 분석되었다(<朝鮮日報>, 2012년 1월 16일). 민주통합당은 1월 20일 한국노총위원장 李龍得과 여성운동가 南仁順을 노동계와 여성계 몫의 최고위원에 임명했다.
265) <朝鮮日報>, 2012년 1월 17일.
266) 당 사무총장으로 임명된 任鍾晳은 총선전략으로 '공천개혁'과 '손에 잡히는 정책' 두 가지를 제시했다. <朝鮮日報>, 2012년 1월 25일.
267) 韓明淑은 姜哲圭 공천심사위원장 외에 여성운동가 출신의 조은(동국대 교수)과 최영애(전 국가인권위 사무총장), 문미란(변호사), 趙善姬(전 한겨레신문 기

성을 강하게 요구하기도 했다.268) 공심위 구성에 대한 이견이 제기되어 야권과의 선거연대보다 당내 통합이 더 시급한 문제로 부상하자, 한명숙은 공천과정에서 통합의 정신을 살리도록 하겠다는 말을 하기도 했다.269)

민주통합당은 또한 통합진보당과 선거연대에도 나섰는데, 통합진보당의 유력 후보가 있는 지역구는 민주통합당이 양보할 가능성이 있는 것으로 전망되었다.270) 이를 반영하듯 한명숙은 당의 공천결과보다 야권연대가 우선이라는 것을 분명히 했는데, 이로 인해 해당 지역 예비후보들은 집단적으로 반발하는 일이 발생하기도 했다.271) 이처럼 공심위 구성과 야권연대 우선문제를 놓고 민주통합당 내부에서 분열적인 요인이 표출되기 시작한 상황에서 통합진보당이 민주통합당에 전국 30곳 이상의 지역을 양보해달라고 요구함으로써, 선거연대 협상이 한때 난관에 처하기도 했다.272)

민주통합당은 한편으로 통합진보당과 선거연대 협상을 하면서도, 다른 한편으로 2월 24일에는 수도권과 충청·강원 등 54개 지역구 공천자를 확정지었다. 이날 확정된 수도권 공천자 33명 중 32명이 열린우리당 출신임

자)등을 외부 공심위원으로 임명했다. <朝鮮日報>, 2012년 2월 4일.
268) 최고위원인 文盛瑾은 공심위에 시민통합당 출신이 한명도 포함되지 않자, 야권통합의 정신을 찾을 수 없다면서 공정한 공천심사가 이루어질 수 있도록 전면적으로 재구성할 것을 주장하며 회의장을 나갔다. 호남 지역에서도 특정 계파와 특정 지역만을 위한 공심위 구성이라는 비판이 나왔다. <朝鮮日報>, 2012년 2월 4일.
269) <朝鮮日報>, 2012년 2월 4일.
270) 통합진보당의 李正姬(서울 관악을), 沈相奵(고양 덕양갑) 魯會燦(서울 노원병) 등이 출마하는 지역은 민주통합당이 양보할 가능성이 크다고 분석되었다. <朝鮮日報>, 2012년 2월 9일.
271) 이는 야권연대 협상에서 통합진보당에 양보하는 지역으로 결정되면 민주통합당은 공천을 하지 않을 것이라는 의미로 해석되었는데, 해당지역 예비후보들은 "통합진보당이 노골적인 지분 나눠먹기를 요구해 민주당의 민주주의 수호의지를 무참히 짓밟고 있다"고 비판했다. <朝鮮日報>, 2012년 2월 21일.
272) <朝鮮日報>, 2012년 2월 22일.

이 드러나자,273) 구 민주당 출신 인사들이 집단적으로 반발하는 움직임을 보였다.274)

공천에 대한 반발은 공천탈락자들뿐만이 아니었다. 공심위원장이 당 지도부의 공천과정 개입에 반발하여 공천심사를 거부하는 사태가 발생하는가 하면,275) 민주통합당의 한 축이었던 한국노총도 공천결과에 반감을 나타냈고,276) 최고위원인 박영선도 공천에 원칙이 없으며 보이지 않는 손이 공천을 흔들고 있다며 비판의 대열에 가세하기도 했다.277)

이처럼 공천문제를 놓고 내외적으로 분열적 요인이 나타남으로 인해, 민주통합당은 역량 결집에 차질을 빚을 수밖에 없는 상황에 처하고 말았다. 바로 이러한 상황에서 엎친 데 덮친 격으로, 총선에 부정적인 영향을 미칠만한 돌발적인 사태가 서울에서 두 건이나 발생했다. 하나는 민주통

---

273) <朝鮮日報>, 2012년 2월 25일.
274) 이들은 '구 민주계에는 경선 기회도 주지 않고 친노·시민단체 중심으로 공천이 이루어졌다고 비판하며(<朝鮮日報>, 2012년 2월 29일), 집단탈당한 뒤 '민주동우회'라는 모임을 만들어 총선에 출마하는 방안을 검토했다(<朝鮮日報>, 2012년 3월 1일). 이에 동조하여 호남향우회도 기자회견을 갖고, 호남 배제 공천을 계속한다면 총선에서 민주통합당을 찍지 않고 기권할 것이라고 말했다(<朝鮮日報>, 2012년 3월 3일.). 민주통합당을 탈당한 韓光玉 金德圭 등은 3월 12일 '정통민주당' 창당을 선언했다(<한겨레>, 2012년 3월 13일.).
275) 공심위원장 姜哲圭는 공심위 내부 논의가 외부로 공천 발표 기자간담회가 취소된 것은 공당으로서는 있을 수 없는 일이라며 공천심사를 거부하고 회의장을 떠났다(<朝鮮日報>, 2012년 3월 1일). 이에 대해 韓明淑이 공심위의 지적을 수용하고 공심위원장의 조언을 겸허히 받아들이겠다고 유감을 표함으로써 공천심사는 재개될 수 있었다(<朝鮮日報>, 2012년 3월 2일.).
276) 한국노총위원장인 李龍得은 "노동·시민사회 세력과 함께 한다는 통합정신이 실종됐고, 한노총을 배려하는 마음 없이 자기들끼리 지분 나누기에 혈안이 됐다"고 말하고 최고위원직 사퇴는 물론 한국노총의 민주통합당 탈퇴까지 고려하고 있다는 뜻을 비쳤다. 이는 한국노총 지분으로 비례 2석과 지역구 2~3곳을 요구했는데, 받아들여지지 않아 발생한 것으로 보도되었다. <朝鮮日報>, 2012년 3월 5일.
277) <朝鮮日報>, 2012년 3월 22일.

합당과 통합진보당의 후보단일화를 위한 경선과정에서 여론조사 결과를 왜곡할 소지가 있는 사건이 발생한 것이고,[278] 다른 하나는 민주통합당의 전략공천을 받은 후보가 과거에 했던 발언으로 빚어진 '막말 파동'이었다.[279]

분열을 초래하는 당 내부의 갈등에 이어 '막말 파동'과 야권연대과정에서 발생한 '여론조작사건'으로 인해, 민주통합당은 총선에서 좋은 성적을 낼 수 없었다. 내부적으로 당이 분열된 데다가, 시민·사회단체의 지원에 힘입어 야권연대를 이루기는 했으나 이는 외형적으로만 통합한 것에 불과했기 때문이다. 공천전략의 부재로 인한 내분 분열과 '막말 파동', 그리고 형식적인 야권연대로 인한 지지세력 결집 실패가 총선 패배로 이어진 것이다.[280]

총선에서 127석으로 기대에 미치지 못하는 결과가 나오자, 한명숙은 "새로운 변화를 향한 국민의 열망을 제대로 받들지 못한 데 대해 무한 책임을 지겠다"면서 4월 13일 대표직을 사퇴했다.[281] 한명숙의 사퇴로 당은 문성근 대행 중심의 비상체제로 운영되는 위기에 처하고 말았는데, 이는 통합에 실패한 결과 초래된 현상이었다.

---

[278] 통합진보당의 李正姬와 민주통합당의 金熙喆 간 후보단일화를 위한 경선이 실시되는 서울 관악을에서 李正姬의 보좌관이 당원들에게 여론조사 전화가 올 경우 '다른 나이로 응답하라'고 지시한 사실이 드러났다.

[279] 민주통합당의 전략공천으로 노원 갑구 후보가 된 김용민이 과거 '나꼼수'방송에 출연하여 '술자리 사담에서도 하기 힘든 얘기'를 한 것이 뒤늦게 밝혀졌다. 이러한 내용의 발언은 사회적인 금도를 깨는 심각한 수준이라고 하여, 보수 언론의 집중적인 공격의 대상이 되었다. 韓明淑과 당의 관계자들은 그의 발언이 다른 지역 선거에도 악영향을 미칠 것을 걱정하여 전전긍긍했다. <朝鮮日報>, 2012년 4월 5일.

[280] 4·11총선을 분석한 민주통합당의 자체평가에서도 계파 중심으로 공심위가 구성되었으며, 체계적인 공천이 이루어지지 못했고, 야권연대가 필요충분조건이 아님에도 불구하고 '야권연대=총선승리'의 등식에 과도하게 경도되어 패배했다고 지적했다. 민주정책연구원, "4·11 총선 평가와 과제"(2013년 1월 22일), 16~18쪽.

[281] <朝鮮日報>, 2012년 4월 14일.

(3) 통합진보당

통합진보당은 총선에서 20석 이상을 확보하여 원내교섭단체를 결성한 다는 목표를 갖고 있었기에,[282] 민주통합당과의 선거연대를 위한 협상에서 최대한 유리한 결과를 얻으려고 노력했다. 협상 결과 최종적으로 통합진보당 몫으로 단일화가 된 지역은 16곳이며, 76곳은 단일화 경선을 치르기로 결정되었다.[283]

그러나 단일화를 위한 여론조사를 하는 과정에서 통합진보당의 이정희 후보 진영에서 조사결과를 왜곡할 소지가 있는 행위를 함으로써 민주통합당 후보가 크게 반발하는 사건이 발생했다. 이뿐만 아니라, 청년 비례대표 경선 결과가 조작됐을 가능성도 제기되어 경선에 따른 파문은 더욱 커져만 갔다.[284] 이와 같은 사건이 발생하자 민주통합당은 야권연대와 총선 판세 전체에 큰 부담으로 작용하고 있다면서 후보사퇴 압박을 가했고, 이에 굴복하여 2012년 3월 23일 이정희는 후보를 사퇴했다.[285]

이정희가 후보를 사퇴한 후 민주통합당과 통합진보당은 공동선거대책위원회를 구성, 본격적인 선거체제에 들어갔다. 공동선대위 출범 자리에서 한명숙은 "깊은 성찰과 반성을 토대로 다시 시작하겠다"고 말했고, 이

---

[282] 통합진보당 대변인은 지역구에서 20곳 안팎, 비례대표에서 10석 이상을 확보해 안정적 원내교섭단체가 되는 것이 목표라고 말했다. <朝鮮日報>, 2012년 3월 10일.

[283] 통합진보당 몫으로 분류된 16곳은 다음과 같다. △경기 성남 중원 △경기 의정부 을 △경기 파주 을 △인천 남구 갑 △광주 서구 을 △부산 영도 △부산 해운대·기장 갑 △울산 동구 △울산 남구 을 △경남 산청·함양 △경북 경주 △경북 경산·청도 △대구 달서 을 △충남 홍성·예산 △충북 충주 △대전 대덕. 한편 단일화 경선이 치러지는 76곳은 통합진보당 李正姬 沈相灯 공동대표가 출마하는 △서울 관악 을과 △경기 고양·덕양 갑, 魯會燦 千皓宣 공동대변인이 출마하는 △서울 노원 병과 △ 서울 은평 을 등이다. <朝鮮日報>, 2012년 3월 12일.

[284] <朝鮮日報>, 2012년 3월 21일.

[285] 李正姬가 사퇴한 지역에 진보통합당은 李相奎를 단일후보로 냈다. 야권연대로 통합진보당은 총 34명의 야권 단일후보를 낼 수 있었다. <朝鮮日報>, 2012년 4월 7일.

정희는 "많은 역경을 딛고 야권연대가 정상적으로 복원돼 본궤도에 올랐다"고 말했다.[286]

그러나 경선과정에서 발생한 '조작사건'으로 민주통합당의 전통적인 지지층이 선뜻 통합진보당 후보 지지로 옮겨오지 않고 있다는 분석이 나왔다.[287] 이로 인해 통합진보당으로서는 야권연대라는 통합의 효과를 크게 볼 것으로 예측되지는 않았는데, 개표 결과 이것이 사실로 드러났다.

통합진보당은 젊은 층의 투표율이 총선 결과를 좌우할 것이라고 보고, 선거를 하루 앞두고 이들의 투표 참여를 집중적으로 호소하기도 했다.[288] 그러나 선거 결과 통합진보당은 서울·수도권과 호남에서 선전했으나,[289] 진보진영의 전통적 강세지역이라고 할 수 있는 울산과 경남에서는 참패함으로써 통합 효과를 보지 못한 것으로 나타났다.[290] 이는 통합이 나름대로 효과를 보기 위해서는 어느 정도의 형식과 도덕성은 갖추어야 한다는 것이 처음으로 드러난 것이라고 할 수 있다.

2) 18대 대선

4월 총선이 끝난 후 여야는 12월 대선을 대비하여 지도체제 정비에 나

---

286) <朝鮮日報>, 2012년 3월 26일.
287) <朝鮮日報>, 2012년 4월 7일.
288) 통합진보당 공동대표 李正姬는 "낡은 의회권력을 교체하기 위해서는 통합진보당이 원내교섭단체가 돼야 한다"면서 젊은 청년들께 특별히 호소한다고 말했다. <朝鮮日報>, 2012년 4월 11일.
289) 통합진보당의 지역구 당선자는 다음과 같다. △魯會燦(서울 노원 병) △李相奎(서울 관악 을) △沈相奵(경기 고양·덕양 갑) △金美希(경기 성남 중원) △吳秉潤(광주 서구 을) △金先東(전남 순천·곡성) △姜東遠(전북 남원·순창). 이들 지역의 경우 통합의 효과를 본 것으로 드러났지만, 통합에도 불구하고 그 밖의 지역은 별다른 효과를 보지 못했다.
290) 이로 인해 통합진보당은 노동자를 대변한다는 정당으로서의 자격과 능력에 의심을 받는 상황에 몰렸다는 게 당 안팎의 평가였다. <한겨레>, 2012년 4월 13일.

섰다. 새누리당과 민주통합당은 일차적으로 원내대표를 선출하고, 뒤를 이어 전당대회를 개최하여 당대표를 뽑았으며, 마지막으로 경선을 거쳐 대통령후보를 지명하는 순서로 체제정비를 해 나갔다. 이후 여야 모두 자신을 지지하는 세력을 규합하기 위한 작업에 주력했는데, 이 과정에서 '새 정치'로 상징되는 '안철수 현상'이 나타나 정치권에 커다란 충격을 주기도 했다.

새누리당의 경우, 원내대표 경선과 전당대회 과정에서 박근혜를 중심으로 하는 지도체제가 완성됨으로써 박근혜는 무난하게 대통령후보로 지명될 수 있었다.291) 체제정비를 마친 새누리당은 친이계를 포함하여 내부 역량의 통합을 이룬 다음, 외부세력과도 통합에 나섰다. 그리하여 선진통일당과 합당을 성사시킨 데 이어, 각종 보수인사들은 물론 일부 민주통합당 출신 정치인들의 지지를 이끌어 냄으로써 성공적으로 통합을 이루었다고 할 수 있다.

민주통합당의 경우, 대선을 대비한 지도체제 정비를 앞두고 담합론의 소용돌이에 빠져들어 역량 결집에 차질을 빚는 사건이 발생했다. 친노진영과 비노진영이 각각 당대표와 원내대표를 맡기로 합의한 데 대해, 당내에서 거센 비판이 제기되었기 때문이다. 내부 갈등은 지도체제 정비과정에서뿐만 아니라, 경선과정에서 모바일투표와 결선투표 문제를 놓고도 발생함으로써 민주통합당은 경선 후보들의 적극적인 지원을 기대할 수 없는 여건에 처하고 말았다.

새누리당이 보수진영의 통합에 나서자, 민주통합당은 무소속 후보로 나선 안철수와 후보단일화를 추진했다. 그러나 단일화협상과정에서 발생한 이견으로 인해 안철수가 일방적으로 후보사퇴를 선언함으로써, '아름다운 단일화'를 이룰 수 없었다.

결과적으로 2012년 12월 19일의 18대 대선은 새누리당 후보 박근혜와

---

291) 새누리당 당협위원장 비율은 총선을 거치면서 친박 대 비박이 7 대 3의 판도가 된 것으로 분석되었다. <朝鮮日報>, 2012년 5월 2일.

민주통합당 후보 문재인의 대결로 압축되었는데, 여기서 성공적으로 통합을 이룬 박근혜가 그렇지 못한 문재인을 누르고 승리한 선거라고 할 수 있다. 총선에 이어 대선에서도 '위기와 통합의 정치'가 나타나는 구도로 전개된 것이다.292)

(1) 여야의 체제개편

2012년 4월 총선이 끝나자마자, 여야는 19대 국회 원내대책 수립과 다가올 대선 준비를 위해 지도체제 정비를 서둘렀다. 새누리당은 2012년 5월 9일 원내대표를 선출한 데 이어, 5월 15일에 전당대회를 개최하고 당 대표를 선출했다.

한편 민주통합당은 2012년 5월 4일 원내대표를 선출했고, 6월 9일에 전당대회를 개최하여 당대표를 선출했다. 통합진보당의 경우, 비례대표 후보 선출과 현장투표과정에서 부정의혹이 있었다는 폭로가 이어져, 결국은 분당사태에 이르고 말았다.

① 새누리당

원내대표와 정책위의장이 러닝메이트가 되어 동반 출마하는 구도로 되어있는 새누리당의 경우, 3파전으로 선거가 치러졌다. 원내대표에는 남경필·이주영·이한구 3인이 출마했는데, 이들은 각각 김기현·유일호·진영을 러닝메이트로 하여 득표전에 나섰다.293) 2012년 5월 9일 치러지는 원내대표·정책위의장 선거 판세는 어느 한편의 우위를 점치기 어려운

292) 대통령선거 개표 결과

박근혜	문재인	박종선	김소연	강지원	김순자	무효	합계
15,773,128	14,692,632	12,854	16,687	53,303	46,107	126,838	30,721,459
51.55%	48.02%	0.04%	0.05%	0.17%	0.15%	0.41%	

293) 새누리당 원내대표 경선에 나선 3인은 득표를 고려하여 모두 수도권 + 영남권의 조합을 만들었다. 南景珌(경기 수원)의 경우 金起炫(울산)을, 李柱榮(경남 창원)의 경우 柳一鎬(서울 송파)를, 李漢久(대구)의 경우 陳永(서울 용산)을 정책위의장 러닝메이트로 하여 출마했다.

'안갯속'이라는 게 당내의 대체적인 분위기였다.

이러한 상황에서 선거를 하루 앞둔 5월 8일 박근혜가 이한구의 러닝메이트로 나선 진영의 지역구인 서울 용산의 노인종합복지관을 방문하고 봉사활동을 함으로써, 우회적으로 이한구·진영 조(組)를 지원한 것이 아니냐 하는 분석이 나돌았다.294) 이와 같은 지원이 효과가 있었는지 이한구·진영 조는 1차 투표에서는 2위에 그쳤으나, 2차 투표에서 1위를 차지하여 남경필·김기현 조에 역전승을 거두었다.295) 이한구·진영 조의 당선으로 새누리당은 박근혜 친위체제가 더 강화되었다는 분석이 나오는 가운데, 박근혜의 사당화(私黨化) 논란은 더욱 커질 것이라는 우려도 제기되었다.296)

새누리당 당대표 경선에는 황우여를 비롯해서 이혜훈·심재철·정우택·원유철·홍문종·김태흠·유기준·김경인 등 총 9명이 출마를 선언했는데, 이중 7명이 친박계로 알려졌다. 당대표 경선규칙은 일반국민 3천명을 대상으로 여론조사를 하는 한편, 당원(200,725명)·일반국민 중 청년(5,499명) 선거인단 투표를 실시하고, 전당대회의 대의원(8,934명) 투표를 종합해서 선출하도록 되어있다. 여기서 당원·청년·대의원 투표 70%, 여론조사 30%를 반영하여 최다 득표자를 당대표로, 2위부터 5위까지의 득표자를 최고위원으로 선출하는 것이다.

2012년 5월 15일의 전당대회에서 황우여가 선거인단 투표와 여론조사 결과를 합산한 결과 당대표로, 이혜훈과 심재철·정우택·유기준이 각각 최고위원으로 선출되었다.297) 선거 결과 새누리당 지도부 7명 중 6명이

---

294) <한겨레>, 2012년 5월 9일.
295) 이날 1·2차 투표 결과는 다음과 같다. △1차 투표: 李漢久·陳永 57, 南景弼·金起炫 58, 李柱榮·柳一鎬 26. △2차 투표: 李漢久·陳永 72, 南景弼·金起炫 66.
296) <한겨레>, 2012년 5월 10일.
297) 총 유효투표수 97,902표 가운데 이들이 얻은 득표수는 다음과 같다. △黃祐呂 30,027(30.7%)   △李惠薰 14,454(14.8%)   △沈在哲 11,500(11.7%)   △鄭宇澤 11,205(11.4%)   △兪奇濬 9,782(10%).

친박인 데다가,298) 사무총장도 최대 계파인 친박계가 맡을 가능성이 커서 전당대회를 계기로 박근혜 체제는 완성되었다고 할 수 있다.

대표로 선출된 황우여는 당의 화합을 첫 번째 과제로 삼겠다면서 "국민 눈높이에 맞춰 당 쇄신을 해가겠다"고 소감을 밝혔다.299) 당대표 선출을 계기로 비대위원장직에서 물러난 박근혜는 "국민의 경고를 안일하게 생각하고 어물쩍 넘어갈 수 있다고 생각한다면, 우리에게 다시는 기회가 주어지지 않을 것"이라고 말하고, 경선 캠프 구성 구상에 돌입했다.300)

② 민주통합당

원내대표 경선을 앞두고 박지원은 원탁회의의 백낙청·함세웅 등이 친노와 비노가 싸우는 형태로 당이 운영되어서는 안 되므로, 이해찬과 박지원이 역할분담을 통해 협력해야 한다면서 자신의 원내대표 출마를 권유했다고 밝혔다.301) 원탁회의에서 이해찬이 당대표를 맡고, 박지원은 원내대표를 맡는 방향으로 정리를 했다는 것이다.302)

이해찬·박지원 연대에 대해 비노측이 "정치적 담합이자 구태"라고 강력하게 비난한 데 반해, 문재인은 이는 담합이 아니라 단합이며 "바람직한 모습"이라고 적극 옹호하는 발언을 했다.303) 문재인의 옹호발언에도 불구하고 '담합'이라는 비판이 당 내외에서 강하게 일자, 박지원은 절차적 하자를 범한 데 대해서는 사과한다고 발언했다.304)

---

298) 黃祐呂를 포함하여 李惠薰 鄭宇澤 兪奇濬이 친박이며, 의원총회에서 원내대표와 정책위의장으로 선출된 李漢久 陳永도 친박이다. 이외에도 새누리당은 지명직 최고위원으로 호남과 강원을 배려하여 李貞鉉과 김진선을 내정했다.

299) <한겨레>, 2012년 5월 16일.

300) <朝鮮日報>, 2012년 5월 16일.

301) <朝鮮日報>, 2012년 4월 26일.

302) 이에 대해 원탁회의 관계자는 "그런 적도, 그럴 권한도 없다"며 강력히 부인했고, 보도자료를 통해 "전혀 사실무근"이라고 주장했다. <朝鮮日報>, 2012년 5월 1일.

303) <朝鮮日報>, 2012년 4월 27일.

2012년 5월 4일 원내대표 선거에서 박지원은 당내 최대계파인 친노와 호남세력의 지원을 받아 원내대표로 선출되었다.305) 원내대표는 6월 9일 전당대회에서 새 지도부가 선출될 때까지 비상대책위원장을 겸직하며 당을 운영하게 되었기에, 박지원의 원내대표 취임으로 이해찬의 당대표 당선은 무난할 것으로 분석되었다. 이에 대해 민주통합당 일부는 "친노와 DJ세력의 화학적 결합"이라고 안도했지만, 다른 한편에서는 과거 김대중·노무현 두 정권의 부정적 유산이 함께 할 경우 "미래세력으로 자리매김하기 쉽지 않다"며 불안감을 나타냈다.306)

　원내대표 경선에 이어 실시될 당대표 경선에 친노진영을 대표하여 이해찬이 출마를 결심한 것으로 알려진 가운데,307) 김한길·추미애·강기정·이종걸·우상호·조정식·문용식 등 총 8명이 출마를 선언했다. 새누리당과 달리 대의원 30%, 당원·일반시민 70% 비중으로 치러진 당대표 경선에서 대의원 투표에서는 김한길이 앞섰으나, 모바일 투표에서 패배함으로써 이해찬이 당대표로 선출될 수 있었다.308)

　이해찬이 0.5%포인트 차로 김한길에 역전승을 거둔 데는 모바일 투표

---

304) 朴智元은 "백낙청 서울대 명예교수, 함세웅 신부 등 원탁회의 분들이 동의하고 권유했다"고 말하고, "3당합당처럼 새누리당과 무슨 일을 도모했다면 모르지만 우리가 정권교체를 위해 뭉쳤다고 하면 좋은 일"이라고 주장했다. <朝鮮日報>, 2012년 5월 1일.
305) 민주당 원내대표 투표결과는 다음과 같다. △1차 투표: 朴智元 49, 柳寅泰 35, 田炳憲 28, 李洛淵14. △2차 투표: 朴智元67, 柳寅泰 60.
306) <朝鮮日報>, 2012년 5월 5일.
307) 李海瓚은 "김대중·노무현 세력의 결합을 통해 제3기 민주정부를 출범시켜야 하며, 이를 위해 강한 리더십이 필요하다"는 의도에서 출마를 결심한 것으로 알려졌다. <朝鮮日報>, 2012년 5월 10일.
308) 수도권을 제외한 전국 권역별 대의원 투표에서 金한길은 8 대 2로 李海瓚에 앞섰으며 수도권과 정책대의원 투표에서도 앞섰지만, 모바일 투표에서 지고 말았다. 각 후보별 득표는 다음과 같다. △李海瓚 24.3%(67,658) △金한길 23.8%(61687) △秋美愛 14.1% △姜琪正 10% △李鍾杰 8.4% △禹相虎 7.5% △趙正湜 6% △文龍植 5.9%.

가 결정적으로 작용했는데, 이를 감안하여 이해찬은 당선 직후 가진 회견에서 대선후보 경선에서는 모바일 선거인단 300만 명을 모을 것이라고 밝혔다.309) 이로써 민주통합당은 모바일 선거인단이 대선후보를 결정할 가능성이 높을 것으로 분석되어, 이해찬을 공개적으로 지지했던 문재인은 상대적으로 고무된 분위기에 휩싸였다.310) 모바일 투표제 확대로 대선후보 경선에서 일단 유리한 고지를 점령한 것이나 마찬가지였기 때문이다.

③ 통합진보당

총선이 끝난 후 통합진보당은 비례대표 후보 '경선 부정' 논란에 휩싸였다. 2012년 3월 14일부터 18일까지 치른, 청년 선거인단 선거와 당 비례대표 후보 선거과정에서 현장투표와 온라인투표 모두 부정이 있었다는 제보가 들어왔기 때문이다.311) 비례대표 '경선 부정' 의혹이 제기되자, 통합진보당은 자체적으로 진상 조사에 나섰다. 조사 결과 수법을 공개하기 민망할 정도로 불법이 확인된 것으로 알려졌는데, 이로 인해 비례대표 당선자는 사퇴해야 한다는 비판이 당 내외에서 제기되었다.312)

비례대표 경선에 총체적 부정이 있었다는 조사 결과에 대해, 구당권파와 신당권파의 반응은 극명하게 갈렸다. 경기동부연합과 광주·전남연합

---

309) 이처럼 당심과 민심이 일치하지 않은 결과가 나타나자, 金한길은 "당심과 민심을 왜곡한 결과가 우려스럽다"고 소감을 밝혔다. <朝鮮日報>, 2012년 6월 11일.
310) 문재인은 "지역이나 계파를 넘어 당이 하나 돼, 대한민국의 새로운 미래를 만드는 일에 저를 던질 것"이라고 말함으로써 대선후보로 나설 뜻임을 밝혔다. <한겨레>, 2012년 6월 11일.
311) 경선은 당원들을 대상으로 온라인투표와 현장투표를 합산하는 방식으로 실시되었는데, 온라인투표의 경우 누군가 소스코드를 열어봤다는 의혹이 제기되었으며, 현장투표에서는 부실한 투표함 관리와 대리투표 및 이중투표 의혹 등이 제기되었다. <한겨레>, 2012년 4월 21일.
312) 비례대표 '경선부정' 의혹을 조사한 趙俊虎 진상조사위원장은 경선은 '총체적 부실·부정선거'라며 "정당성과 신뢰성을 잃었다고 판단하기에 충분하다"고 말했다. 비례대표 중에서도 특히 2번인 李石基와 3번인 金在姸이 사퇴해야 한다는 것이 핵심이었다. <朝鮮日報>, 2012년 5월 3일.

을 중심으로 한 구당권파는 자신들을 겨냥한 부실조사라고 강력하게 반발한 반면, 참여당과 진보신당 탈당파 및 인천연합을 중심으로 하는 신당권파는 부정선거에 대한 책임을 지고 비례대표가 총사퇴해야 한다고 주장했기 때문이다.313) 이로써 통합진보당의 권력투쟁은 계파 간 정면충돌 양상으로 치달았다.

경선 부정시비에 휩싸이자, 통합진보당의 지지기반인 민주노총과 전국농민회총연맹 등은 통합진보당에 재창당 수준의 고강도 쇄신을 단행할 것을 촉구하기도 했다.314) 이에 통합진보당은 수습방안을 마련하기 위해 2012년 5월 12일 중앙위원회를 소집했으나, 회의는 정상적으로 진행되지 못했다. 구당권파 당원들이 의장석을 점거하는 바람에 회의가 '무기한 정회'되었기 때문이다.

이처럼 중앙위원회가 폭력사태로 얼룩짐으로써 통합민주당은 사실상 분당 상태에 들어간 것이나 마찬가지였다.315) 두 개의 비상대책위원회가 구성되어 별도로 활동하는 데까지 이르렀기 때문이다.316) 이러한 상황에서 6월 29일 치러진 당대표 경선에서 승리한 기세를 몰아 신당권파는 당기위원회를 열어 이석기·김재연 두 의원에 대한 제명안을 의결했다. 그러나 제명안은 7월 26일 열린 제명 의원총회에서 부결되고 말았다.317)

---

313) 연합뉴스, 『연합연감』 2013, 171쪽.
314) <朝鮮日報>, 2012년 5월 5일.
315) 폭력사태로 회의가 무산되는 사태까지 발생하자, 민노총은 더 이상 통합진보당을 지지할 수 없다며 지지를 철회 방침을 시사했다(<한겨레>, 2012년 5월 14일). 그리하여 5월 17일에는 민노총 중앙집행위원회를 열고 통합진보당 비례대표 2번과 3번 당선자가 사퇴하지 않는 한, 통합진보당에 대한 지지를 철회하기로 결정했다(<朝鮮日報>, 2012년 5월 18일).
316) 姜基甲을 위원장으로 한 혁신비상대책위원회는 비례대표 사퇴를 거부한 李石基와 金在姸을 제명하려고 한 반면(<朝鮮日報>, 2012년 5월 18일), 吳秉潤을 위원장으로 한 당원비대회는 "허위와 날조로 가공된 진상조사보고서를 반드시 폐기하겠다"고 맞섰다(<朝鮮日報>, 2012년 5월 21일).
317) 의원을 제명할 경우 소속 의원 과반수 찬성이 있어야 한다는 정당법 33조에 따라 소집된 통합진보당 의원총회에서 재적의원 13명 가운데 7명이 표결에 참

두 의원에 대한 제명이 실패하자 신당권파는 본격적인 분당 및 창당 작업에 착수했다.318) 즉, 이들 신당권파 측은 2012년 9월 7일 의원총회를 열고, 비례대표 의원 4명에 대한 제명안을 상정하여 의결한 것이다.319) 당적 이탈로 의원직을 유지하기 위한 고육지책에서 스스로 제명 처분을 내린 것이다.

제명처분을 통해 분당작업 절차를 끝낸 신당권파 측은 10월 7일 진보정의당 창당 발기인대회를 가졌다. 그리고 10월 21일 창당대회 겸 대선출정식을 갖고 심상정을 대통령후보로 선출했다.320) 이로써 통합진보당은 창당 9개월여 만에 다시 분당되고 말았다.

(2) 여야의 후보경선

지도체제의 정비를 끝낸 새누리당과 민주통합당은 대선 준비작업에 나섰다. 이 과정에서 경선규칙을 놓고 양당 모두 만족할만한 합의를 보지는 못했으나, 경선이 파탄될 정도의 큰 차질은 빚어지지 않았다. 새누리당의 경우, 일부 후보가 경선규칙에 대한 불만으로 경선 불참을 선언하기도 했으나, 박근혜를 선출한 결과에 불복하여 경선 후보가 탈당하는 일은 발생

여했는데, 찬성 6명 기권 1명으로 제명안은 부결되었다. 자신에 대한 제명안이 부결되자 李石基는 "진실이 승리하고 진보가 승리했다"고 말했다. <朝鮮日報>, 2012년 7월 27일.

318) 혁신비대위원장 姜基甲은 "진보정치의 재건을 위해 남은 길은 통합진보당을 뛰어넘는 새로운 대중적 진보정당의 건설뿐"이라고 말하며 신당 창당에 나섰다. <朝鮮日報>, 2012년 8월 7일.

319) 통합민주당 의원 중 신당권파는 7명으로(지역구 沈相奵·魯會燦·姜東遠 3명, 비례대표 朴元錫·徐基鎬·鄭鎭玕·金悌男 4명) 과반을 넘었기 때문에, 비례대표 4인에 대한 제명안은 통과될 수 있었다. 이에 대해서 구당권파 측은 제명 정족수를 3분의 2로 개정한 중앙위 결정에 위배된다면서 불법이라고 주장했다 (<朝鮮日報>, 2012년 9월 8일). 이후 지역구 의원 3인은 통합진보당을 탈당하고, 진보정의당 창당대열에 합류했다.

320) 대선 후보로 선출된 沈相奵은 "땀의 정의를 세우는 대통령이 되겠다"고 다짐했다. <한겨레>, 2012년 10월 22일.

하지 않았다. 민주통합당의 경우, 결선투표제와 모바일투표를 놓고 한때 경선이 중단되는 사태가 발생했으나, 그렇다고 해서 문재인 선출에 대한 불만으로 당이 분열되는 사태로까지 확대되지는 않았다.

① 새누리당

대선후보 경선을 앞두고 새누리당 내 일부는 완전국민경선제 도입을 주장했다. 이는 주로 당내 비박계 주자라고 할 수 있는 김문수·정몽준·이재오가 요구하는 것으로, 이들의 대리인 3인은 2012년 6월 4일 공동기자회견을 갖고 완전국민경선 논의를 위한 기구를 당내에 설치할 것을 촉구하기도 했다.[321] 이 같은 요구에 대해 박근혜는 일체 대응하지 않았다. 그러나 그의 한 측근은 현행 경선규칙에도 국민경선제 요소가 50%정도 도입되어 있다고 말해, 수용할 뜻이 전혀 없음을 내비쳤다.[322]

비박 주자 3인은 자신들의 요구사항이 관철되지 않자, 경선 보이콧을 시사하며 압박을 가했다. 이들은 2012년 6월 10일 발표한 공동성명에서 "완전국민경선제도는 이 시대 정치개혁의 핵심과제이며 새누리당의 재집권을 위한 필수요건"이라고 말하고, "경선 룰의 사전 협의는 당의 화합과 경선 승복을 위해 당이 줄곧 지켜온 민주적 관행"이라고 주장했다.[323]

이에 대해 친박계는 경선이 무산되면 어느 정도 타격이 있겠지만, 그렇다고 원칙을 포기할 수는 없다고 말하고 완전국민경선제가 정치개혁의 상징인 것처럼 말하는 것은 곤란하다며, 이들의 주장을 수용할 뜻이 전혀 없음을 밝혔다.[324]

---

321) 이들의 대리인 申志鎬·安孝大·權宅起 3인은 회견에서 자신들의 요구가 관철되지 않는다면 "경선 불참 등 중대결단을 내려야 할 시점이 다가올 것"이라고 경고했다. <朝鮮日報>, 2012년 6월 5일.
322) 새누리당의 경선 룰에는 전당대회 대의원 20%, 당원 30%, 일반국민 선거인 30%, 여론조사 20%를 반영하게 되어있기 때문에, 완전국민경선제를 하게 되면 당원의 존재이유가 없어진다는 것이 박근혜의 생각이라고 밝혔다. <朝鮮日報>, 2012년 6월 9일.
323) <朝鮮日報>, 2012년 6월 11일.

이들 3인은 자신들의 요구가 받아들여지지 않자, 6월 19일 공동 보도자료를 통해 '대선후보 원탁회동'을 제안했다. 당내 모든 대선 주자들이 직접 만나 경선 룰을 논의하자는 것이다. 이에 대해서도 친박 측은 경선 룰은 후보들이 정하는 것이 아니라, 당에서 정하는 것이라며 부정적인 반응을 보였다.325) 이 같은 상황에서 김문수 측은 자체 경선으로 '비박 주자간 단일화 경선'을 제안했으나, 다른 주자들은 경선 룰 변경을 위해 단일화 경선을 한다는 것은 명분이 약하다는 반응을 보임으로써 원탁회의는 무산되고 말았다.326)

원탁회의 제안이 다른 비박주자들에 의해 받아들여지지 않자, 김문수는 '포스트 박근혜'의 선두 주자로서의 입지를 굳히기 위해 경선에 참여하느냐, 아니면 국민경선제 관철을 위해 끝까지 싸울 것이냐를 놓고 고민하는 것으로 알려졌다.327) 이처럼 경선 룰의 변경문제를 놓고 주자들 간에 견해가 엇갈리자, 당대표 황우여는 이해당사자들의 입장이 달라 현행 당헌·당규대로 갈 수밖에 없다고 밝혔다.328)

이 같은 방침에 따라 당 최고위원회는 2012년 6월 25일 현행 경선 룰대로 8월 20일에 대선후보 선출을 위한 전당대회를 개최하기로 결정했다.329) 국민경선제가 받아들여지지 않자 정몽준과 이재오는 경선불참을 선언한 반면,330) 박근혜는 2012년 7월 10일 공식으로 출마를 선언했으며

---

324) <朝鮮日報>, 2012년 6월 12일.
325) <朝鮮日報>, 2012년 6월 20일.
326) <朝鮮日報>, 2012년 6월 21일.
327) <朝鮮日報>, 2012년 6월 22일.
328) <朝鮮日報>, 2012년 6월 25일.
329) <朝鮮日報>, 2012년 6월 26일.
330) 鄭夢準은 "이런 상황에서 경선에 참여하는 것은 새누리당이 권위주의시대로 회귀하는 것을 묵인하고 방조하는 일"이라며 불참을 선언했고, 李在五는 "현재의 모습이 과연 국민으로부터 신뢰를 받을 수 있고, 차기 정권을 감당할 지지를 받을 수 있는지 겸허히 반성해야 한다"고 에둘러 비판했다. <朝鮮日報>, 2012년 7월 10일.

뒤이어 김태호와 김문수·임태희·안상수(安相洙)도 출마를 선언했다.331)

새누리당 대선후보 경선은 8월 19일 전국 각 시·군·구에 마련된 251개 투표소에서 사전에 확정된 선거인단의 투표와, 8월 20일 초청된 대의원과 당원의 현장투표, 그리고 사전에 실시된 여론조사 결과를 합산하여 후보를 결정하는 방식이었다. 이와 같은 방식으로 진행된 투표 결과, 박근혜가 전체 유효투표의 84%인 86,589표를 얻어 새누리당의 대통령후보로 확정되었다.332)

새누리당의 대통령후보로 확정되자, 박근혜는 "국민 대통합의 시대를 열어가겠다"고 말하고 "100% 대한민국을 만들겠다"고 다짐했다. 한편 경선에 낙선한 후보 4인을 포함하여 정몽준과 이재오도 당원으로서 대선 승리를 위하여 최선을 다할 것이라며, 진정으로 제안이 온다면 승리를 위해 도울 뜻이라고 밝혔다.333) 이로써 새누리당은 경선 룰을 확정하는 과정에서 발생했던 이견과 갈등을 해소할 수 있었다.

② 민주통합당

전당대회가 끝난 후 민주통합당 대선 후보들 사이에는 당대표 선출과정에서 결정적인 영향을 미쳤던 모바일 선거인단의 구성과 반영비율문제를 놓고 의견이 엇갈렸다. 모바일 투표 결과가 당 대의원들의 생각(黨心)은 물론 국민들의 생각(民心)과도 다를 가능성이 있기 때문인데, 이에 대해 일부에서 70% 비중을 차지하는 모바일 선거인단의 반영비율을 낮추어야 한다는 주장을 제기하기도 했다.334)

---

331) 朴槿惠는 "국정운영의 패러다임을 국가에서 국민으로, 개인의 삶과 행복을 중심으로 확 바꿔야한다"고 역설했다(<朝鮮日報>, 2012년 7월 11). 한편 金台鎬는 낡은 정치의 세대교체를 선언한다며 출사표를 던졌고(<朝鮮日報>, 2012년 7월 12일), 金文洙는 복지보다 일자리를 우선하며 지더라도 몸을 바쳐 돕겠다며 출마선언을 했다(<朝鮮日報>, 2012년 7월 13일).
332) 후보별 득표수는 각각 다음과 같다. △朴槿惠; 86,589(84%) △金文洙; 8,955(8.7%) △金台鎬; 3,298(3.2%) △任太熙; 2,676(2.6%) △安相洙; 1,600(1.6%).
333) <朝鮮日報>, 2012년 8월 21일.

대선 경선을 앞두고 이른바 '룰의 전쟁'이 시작된 것이다. 발단은 문재인을 제외한 손학규·정세균·김두관 3인의 캠프 대표자들이 2012년 7월 15일 공동기자회견을 갖고, 결선투표제 도입을 요구함으로써 시작되었다.335) 이들 3인의 주자가 '경선불참 검토' 운운까지 하며 결선투표제 도입을 요구하자, 문재인은 7월 17일 이를 수용하겠다고 밝혔다.336) 결선투표제 도입이 확정된 상황에서 실시된 여론조사에서는 문재인이 선두를 달리고 있지만, 당원이나 대의원 사이에서는 손학규가 강세를 보이는 것으로 나타났다.337)

선거인단 모집에 들어간 2012년 8월 8일부터 시작된 민주통합당의 본격적인 대선 후보 경선에서 각 캠프는 모두 자신의 우위를 주장했다.338) 그렇지만 전국순회경선을 열흘 앞둔 시점에서 문재인 후보가 선두를 달리고 있는 가운데, 손학규 후보가 추격하는 양상으로 전개되고 있는 것으로, 그리고 김두관 후보의 경우 기대와 달리 정체현상을 벗어나지 못하고 있는 것으로 분석되었다.339)

---

334) <朝鮮日報>, 2012년 6월 12일.
335) 이들은 경선에서 1위를 차지한 후보가 50% 이상을 얻지 못할 경우, 1·2위 간 결선투표를 통해 후보를 결정하는 '결선투표제'와 1,000~2,000명으로 구성되는 배심원단을 구성하고, 배심원단 앞에서 토론회를 가진 뒤 투표하는 '배심원단 제도' 도입을 주장했다. <朝鮮日報>, 2012년 7월 16일.
336) 文在寅 캠프는 결선투표제를 받더라도 충분히 승산이 있다는 판단에서 이를 수용했을 거라고 민주통합당 관계자는 분석했다. <朝鮮日報>, 2012년 7월 18일.
337) <朝鮮日報>, 2012년 8월 2일. 한편 의원 21명으로 구성된 민주통합당의 '민주평화국민연대'는 7월 31일 경선에 나선 후보 4인(文在寅·孫鶴圭·丁世均·金斗官)의 정견을 들은 후 표결에 부쳤는데, 여기서 孫鶴圭가 1위를 차지한 것으로 나타났다. <朝鮮日報>, 2012년 8월 1일.
338) 文在寅은 "여론조사 격차가 더 벌어지고 있다"며 "대세론이 흔들린다는 것은 유언비어"라고 주장한 반면, 孫鶴圭는 "정치권에서 대세론이 끝까지 간 적이 한 번도 없다"며 대세론을 주장하는 것은 "재앙의 씨앗"이라고 반박했고, 金斗官과 丁世均은 "문재인 대세론이 깨지고 있다"고 말했다. <朝鮮日報>, 2012년 8월 10일.

순탄하게 진행될 것으로 예상된 순회경선은 첫 번째 경선지인 제주지역 경선을 하루 앞둔 2012년 8월 24일 밤 모바일 선거인단 개표 프로그램에 오류가 있는 것이 발견되어,340) 일시 위기를 맞기도 했다. 이러한 프로그램 오류에 대해 일부 후보 진영은 원천 무효를 주장하며 정밀 검증을 요구했으나, 문재인·손학규 진영은 이것이 경선일정에 차질을 빚을 정도는 아닌 것으로 판단했다.341)

이로써 제주지역 경선은 예정대로 실시될 수 있었으나, 모바일 투표 공정성 시비로 후보 경선은 다시 중단될 위기를 맞았다. 손학규·김두관·정세균 3인은 제주에서 자신의 지지자들이 투표 후 중간에 전화를 끊는 바람에 대거 '불참표'로 되었다며, 다음 경선지인 울산지역의 경선에 불참을 선언했기 때문이다.342)

이와 같은 문제 제기에 대해 당 선관위는 모바일 투표방식을 변경했고, 후보 3인이 이를 받아들임으로써 8월 28일로 예정된 강원지역 경선은 예정대로 실시할 수 있게 되었다.343) 모바일 투표과정에서의 오류는 8월 31

---

339) <朝鮮日報>, 2012년 8월 15일.
340) 민주통합당 관계자는 투표를 집계하는 과정에서 오류가 있었는데, 이는 "朴暎瑩 후보의 사퇴로 후보가 5명에서 4명으로 줄면서 발생한 문제"라고 해명했다. <朝鮮日報>, 2012년 8월 25일.
341) <朝鮮日報>, 2012년 8월 25일.
342) 이들 3인은 7월 26일 "7,000명 안팎의 제주 모바일 투표자가 '후보 4명의 이름을 다 듣지 않고 너무 빨리 응답 버튼을 눌렀다'는 이유로 무더기 '투표 불참' 처리됐다"고 의혹을 제기하며 울산지역 경선에 불참했다. 이에 대해 당 선관위 관계자는 "절차상 문제가 없다"고 울산의 투·개표를 강행했다. 3후보의 불참으로 울산에서의 후보 연설은 무산되었다. <朝鮮日報>, 2012년 8월 27일.
343) 민주통합당이 제주 모바일 투표 재검표를 실시한 결과 중간에 전화를 끊어 '불참 처리'가 된 표가 599표로, 제주 모바일 투표의 유효투표수의 3.1% 수준에 불과한 것으로 확인되면서 이 문제를 집중 제기해 온 비 文在寅 진영 후보들은 곤혹스러운 처지가 됐다. 상황이 이와 같이 된 것은 모바일 투표 도입의 역사가 짧은데다가, 공정성을 담보할 표준절차가 없기 때문에 작은 하자가 발생해도 투표 일정 전체가 흔들릴 수밖에 없는 구조적 문제를 안고 있기 때문이다. <朝鮮

일 전북·인천지역에서도 나타났는데, 이로 인해 투표가 잠시 지연되기도 했다.344)

모바일 투표에 대해서는 비 문재인 후보 진영에서 지속적으로 문제를 제기함으로써, 경선은 또다시 중단될 위기를 맞았다. 손학규·김두관이 모바일 투·개표의 전면 중단과 현재까지 실시된 모든 모바일 투·개표 결과에 대한 조사 및 검증을 요구한 것이다. 이에 대해 당은 긴급 최고위를 열고 아무런 문제가 없다는 결론을 내렸다.345) 그럼에도 불구하고 손학규 진영은 모바일 투표의 문제점을 다시 제기했다. 이들은 9월 14일 "모바일 투표 선거인단 관리업체가 명부를 허술하게 관리했고, 업체 대표가 선거인단 명부를 수시로 열어본 것으로 확인됐다"면서 명부 유출 의혹을 제기한 것이다.346)

이처럼 모바일 투표를 놓고 잡음이 끊이지 않은 가운데 9월 16일 열린 서울지역 경선에서 문재인 후보가 최종적으로 대통령후보로 선출되었다.347) 후보로 확정된 그는 "소통과 화합, 공감과 연대의 리더십으로 공평과 정의의 국정운영을 통해 국민의 고통과 아픔을 치유하는 힐링 대통

日報>, 2012년 8월 28일.

344) 모바일 투표자들이 본인 인증과정에서 주민등록번호를 입력하지 못하는 상황이 벌어져, 450명이 20분 가까이 투표를 하지 못했다. 당 선관위는 이들에게 다시 전화를 걸어 투표기회를 주었다고 밝혔다. <朝鮮日報>, 2012년 9월 1일.

345) 민주통합당이 제주와 울산의 모바일 투표를 재검증하는 과정에서 총 3,653명의 선거인단에게 투표기회를 제대로 보장하지 않은 사실이 드러났다. 모바일 투표 시 유권자의 사정으로 전화를 받지 못할 경우를 대비하여 총 5회의 통화 시도를 하도록 당헌·당규에 규정하고 있는데, 이들 3,653명은 4회 이하의 전화만 받았다는 것이다. <朝鮮日報>, 2012년 9월 6일.

346) 이에 대해 당 선거관리위원회는 선거인단 명부가 유출된 것은 아니라고 주장했다. <朝鮮日報>, 2012년 9월 15일.

347) 총 13회의 현장투표와 합동연설회, 8번의 TV 토론을 치르면서 文在寅은 단 한 번도 1위를 내주지 않았다. 그 결과 56.5%의 득표율로 결선투표를 거치지 않고 대선 후보로 확정될 수 있었다. 2위는 22.2%를 얻은 孫鶴圭가, 3위는 14.3%를 얻은 金斗官이, 4위는 7.0%를 얻은 丁世均이 차지했다.

령이 되겠다"고 다짐했으며, 경선에서 패배한 3인은 "결과에 승복하며 문재인 후보가 승리할 수 있도록 돕겠다"고 말했다.348) 새누리당에 이어 민주통합당도 대선후보를 선출함으로써 본격적인 대선 국면에 돌입하게 되었다.

(3) '안철수 현상'과 18대 대선

새누리당과 민주통합당을 비롯한 기성 정치권이 체제 정비와 아울러 대선 후보 선출을 위한 준비를 하고 있는 동안, 다른 한편에서는 기성 정치권의 제반 행태에 대한 국민적 불신을 자신의 정치적 자산으로 하여 정치권에 진입하려는 움직임이 생겨났다. 국민의 기대를 저버리고 정쟁에 몰두하며, 정치적 독과점 구도 속에서 기득권 집착에 담합하는, 구태의연한 정치권에 준엄한 심판을 내려야 한다는 목소리가 안철수라는 개인을 중심으로 의인화되는 현상, 즉 '안철수 현상'이 나타난 것이다.349)

'안철수 현상'의 출현으로 큰 충격을 받은 정치권은 각종 개혁안을 제시하며 정치쇄신에 앞장서겠다고 다짐했다. 민주통합당의 경우가 특히 더 그러했는데, 이는 '안철수 현상'으로 당의 존재이유가 해소될지도 모른다는 우려 때문이었다.350) 그리하여 민주통합당은 문재인과 안철수의

---

348) <朝鮮日報>, 2012년 9월 17일.
349) 민주통합당 일부는 '안철수 현상'의 본질은 "정치적 비주류(political outsider)의 대두"라고 파악하고, 이러한 현상은 민주주의 국가 대부분의 나라에서 어느 정도 존재하기 마련이라고 분석했다. 그리고 정치적 비주류의 효시로 鄭周永을 예로 들었으며, 盧武鉉・李明博・朴元淳・鄭夢準・文國現 등을 정치적 비주류현상의 일부분이라고 주장했다. 민주통합당 민주정책연구원, "'안철수 현상'의 이해와 민주당의 대응 방향" (미출간, 2013년 1월 22일), 1~2 및 25쪽 참조. 한편 민주통합당 대선 평가위원회는 '안철수 현상'이 "일차적으로 87년체제를 통해서 등장한 카리스마적 지도자 운동이 안철수를 통해서 나타난 형태"라고 정의했다. 그리고 이 현상의 '한 축은 기존정치에 대한 불신을 반영하는 반정치의 경향이고, 다른 한 축은 기존 정당체제를 개혁하려는 능동적 경향'이라고 분석했다. 민주당 대선평가위원회, 『새로운 출발을 위한 성찰: 제18대 대선평가보고서와 자료』(민주당, 2013), 343쪽.

후보단일화를 위해 노력했으나, '아름다운 단일화'를 이루지 못했다. 통합의 효과를 볼 수 없었다는 것인데, 이 때문에 민주통합당은 새누리당에 패배했다고 할 수 있다.

① '안철수 현상'

2011년 9월 서울시장 보궐선거 출마기회를 박원순에 양보한 바 있는 안철수는 2012년 들어 현실정치 참여를 반(半) 공식화했다. 2012년 2월 6일 그는 자신의 주식 절반을 기부하여 안철수재단(가칭)을 설립하겠다는 계획을 밝혔다.351) 이 자리에서 그는 "우리 사회의 발전적 변화에 어떤 역할을 하면 좋을지 계속 생각 중이며, 정치도 그중 하나일 수 있다"고 말했는데,352) 이 발언 이후 그는 정치참여 쪽으로 발언의 수위를 단계적으로 높여 나갔다.353)

안철수는 2012년 5월 24일에는 본격적인 정치행보의 일환으로, 자신의 정치 메시지를 관리하기 위해 대변인을 영입했다.354) 그리고 7월 19일에

---

350) 민주통합당은 정당별로는 민주통합당 지지자의 대다수와 무당파의 절반 이상이 安哲秀를 지지한다고 분석했다. 민주통합당 민주정책연구원, "'안철수 현상'의 이해와 민주당의 대응 방향," 9~10쪽.

351) 그러나 2012년 8월 13일 중앙선거관리위원회가 '안철수재단 명의로 기부를 하면 선거법 위반'이라는 유권해석을 내놓음에 따라(<朝鮮日報>, 2012년 8월 14일), 안철수재단은 이사회를 열고 재단 이름을 바꾸지 않는 대신 대선 이후에 본격적인 활동을 하기로 결정했다(<朝鮮日報>, 2012년 8월 17일).

352) <朝鮮日報>, 2012년 2월 7일.

353) 安哲秀는 2012년 3월 27일 서울대 강연에서 "사회의 긍정적 발전을 일으킬 수 있는 도구로 쓰일 수만 있다면 설령 정치라도 감당할 수 있다"고 주장하고, 정치인들이 정치를 잘하면 자신이 나설 이유가 없다고 말했다(<朝鮮日報>, 2012년 3월 28일). 그는 또한 19대 총선을 앞둔 4월 3일에는 광주에서, 4일에는 대구에 가서 대학생들을 상대로 강연을 했다. 그리고 총선 직전에는 유투브로 만일 투표율이 70%를 넘으면 "짧은 치마를 입고 춤을 추며 노래를 부르겠다"며 투표를 적극 독려하기도 했다(<한겨레>, 2012년 4월 10일).

354) 安哲秀는 노무현정부에서 춘추관장을 지낸 柳敏永을 자신의 언론담당 창구역

는 현 체제를 '낡은 정치'로 규정하고 여야를 동시에 비판하는 대담집『안철수의 생각』을 펴냈다.355) 그는 책 출간에 맞춰 방송 예능프로그램에 출연, 대선에 나갈 의향이 있음을 시사하기도 했다.356)

'낡은 정치'를 대체하는 개념으로 '새 정치'를 내세운 것인데, 이처럼 그의 대선 출마가 기정사실로 되어갈 즈음, 새누리당이 안철수의 대선 불출마를 종용했다는 내용의 폭로성 기자회견이 열리기도 했다.357) 이는 안철수가 권력의 부당한 탄압을 받고 있다는 인상을 주기에 충분한 사건으로, 이를 폭로한 것은 그가 정치탄압에 결코 굴복하지 않겠다는 의사를 간접적으로 표시한 것이라고 할 수 있다.

이를 입증하듯 2012년 9월 19일 그는 '국민통합을 향한 정치쇄신'을 구호로 내걸고 대선 출마를 공식 선언했다. 이날의 기자회견에서 그는 국민이 자신을 통해 정치쇄신에 대한 열망을 표현해 주었다면서 어떠한 어려움과 유혹이 있더라도 흑색선전과 같은 낡은 정치는 하지 않겠다고 다짐했다. 그리고 자신에게 주어진 '시대의 숙제'를 감당하려 한다면서 정치쇄신에 대한 국민의 열망을 실천해내는 사람이 되겠다고 말했다.358)

안철수가 출마를 선언하자, 박선숙(朴仙淑)에 이어 송호창(宋皓彰)이 민주

으로 선임했다.
355) 安哲秀는 세명대학교 저널리즘스쿨대학원 제정임 교수와 대담형식으로 국정 전반에 대한 자신의 생각을 밝혔다. 여기서 그는 정치경험이 없지 않느냐는 지적에 대해 "'낡은 체제'와 결별해야 하는 시대에 '나쁜 경험'이 적다는 것은 오히려 다행 아닌가"라고 반문하며, "장점이 될 수도 있다고 생각한다"고 말했다. <朝鮮日報>, 2012년 7월 20일.
356) <한겨레>, 2012년 7월 24일. 安哲秀는 책을 내기 하루 전날인 7월 18일에는 SBS 예능 프로그램인 '힐링캠프'에 출연해 녹화를 마쳤는데, 이 프로그램은 7월 23일에 방영되었다.
357) 安哲秀 캠프의 琴泰燮은 2012년 9월 6일 새누리당 대선기획단의 공보위원 鄭溣吉이 "(안원장이) 대선에 출마하면 뇌물과 여자 문제를 폭로하겠다는 협박을 받았다"고 밝혔다. 이에 대해 새누리당은 순전히 개인적인 일이며, "대선기획단과는 무관한 일"이라며 당과의 연계를 부인했다. <한겨레>, 2012년 9월 7일.
358) <한겨레>, 2012년 9월 20일.

통합당에 탈당계를 제출하고 안철수 캠프에 합류했으며,359) 총선 전에 이미 새누리당을 탈당하고 무소속으로 출마한바 있는 김성식도 캠프의 선대본부장으로 합류했다. 정치판의 '새판 짜기' 신호탄이라고도 할 수 있는데, 송호창의 탈당에 대해 민주통합당은 정치도의에 어긋나는 일로 "그런 방식으로 새로운 정치가 가능할 것이라고 생각할 수 없다"며 강력 반발했다.360)

한편 민주통합당에서 후보단일화를 실현하기 위한 의도에서 '무소속 대통령 불가론'을 펴자, 안철수는 무소속 대통령이 국회를 존중하고 양쪽을 설득해 나가면 국정운영이 충분히 가능하다며 무소속 불가론을 반박했다.361) 이와 같은 반박에도 불구하고 민주통합당이 계속 '정당 후보론'을 강조하며 입당을 요구하자, 안철수는 어처구니없다고 강하게 비판했다. 정당 스스로가 고통스러울 정도로 쇄신해서 국민이 믿을만하다고 할 경우, 국민은 입당을 권유할 것이라면서 자신은 무소속으로 남아 완주할 것이라고 말했다.362)

---

359) 민주통합당의 선거대책본부장으로 18대 총선을 총괄했던 朴仙淑은 9월 20일 安哲秀가 내디딘 새로운 걸음이 국민에게 정당이 신뢰받고 거듭나는 출발점이 될 거라 믿는다면서, 자신의 결정이 "민주주의와 민생, 평화라는 큰길에서 벗어난 것이 아니길 바라고 또 노력할 것"이라고 말했다(<한겨레>, 2012년 9월 21일). 민주통합당의 공천을 받아 경기 의왕·과천에서 당선된 宋皓彰은 10월 9일 "우리 아이들의 미래를 낡은 정치세력에게 맡긴다는 것은 상상할 수 없다"면서 安哲秀는 "정권교체와 새로운 변화를 감당할 수 있는 가장 적합한 후보"라고 주장했다(<朝鮮日報>, 2012년 10월 10일).

360) <朝鮮日報>, 2012년 10월 10일.

361) 민주통합당 대표 李海瓚은 무소속 대통령은 국정운영이 불가능하다고 주장했고, 후보 文在寅은 정당에 기반을 둘 때 성공적인 국정운영을 이룰 수 있다고 주장했다. 이에 대해 安哲秀는 현 시점에서 여당이 대통령이 되면 밀어붙이기로 진행할 것 같고 야당이 대통령에 당선된다면 여소야대로 임기 내내 시끄러울 것이므로, 차라리 대통령이 무소속으로 남아 여야를 설득하면 국정운영을 더 잘 할 수 있다고 반박했다. <한겨레>, 2012년 10월 10일.

362) 安哲秀는 10월 11일 대학 강연에서 '지난 10년간 국민이 대통령이 다수당이

② 18대 대선

2012년 8월 20일과 9월 16일 새누리당과 민주통합당이 박근혜와 문재인을 각각 대선 후보를 선출한데 이어, 9월 19일 무소속의 안철수가 출마를 선언함으로써 18대 대선은 크게 3파전으로 전개되는 양상을 띠었다.363) 그러나 문재인과 안철수 사이에 단일화가 추진되는 바람에 최종적으로는 2파전으로 좁혀지고 말았다.

이로 인해 18대 대선은 여야 후보 사이의 경쟁이 치러지는 것과 동시에, 야권에서 후보단일화를 위한 경쟁이 여야의 그것 못지않게 치열하게 진행되는 복층적인 구도로 전개될 수밖에 없었다. 이 과정에서 여야 모두 '위기와 통합의 정치'를 적나라하게 나타냈다.

ⅰ) 여권의 통합

새누리당의 경우 기본적으로 보수 대통합이라는 목표를 세우고 이의 실현을 위해 많은 노력을 기울였는데, 그러한 노력이 첫 번째로 결실을 맺은 것이 김대중정부에서 비서실장을 지낸 한광옥의 영입이었다. 그는 2012년 10월 5일 "지역과 계층 간 갈등, 세대 간 갈등 해소를 근간으로 대탕평책을 실현시켜 국민대통합의 바탕 위에서 남북통일을 이루는 과업에 한 몸 헌신하기 위해 이 길을 선택했다"며 새누리당 입당을 선언했다.364) 그의 뒤를 이어 전직 민주당 의원 20명이 박근혜 지지를 선언하며 새누리당에 입당했으며,365) 대선을 2주 앞둔 12월 3일에는 전 새천년민주

되도록 힘을 밀어주었더니, 같은 정당 안에서 오히려 패가 갈리고 대통령더러 탈당하라고 해서 정당 대통령을 스스로 무소속으로 만들었다'고 비판했다. <朝鮮日報>, 2012년 10월 12일.
363) 이 외에도 2012년 9월 25일 통합진보당의 李正姬가 대선 출마를 선언했으며, 10월 21일에는 진보정의당이 沈相奵을 대선 후보로 선출했다.
364) 韓光玉의 영입에 대해 새누리당의 정치쇄신특위원장 安大熙는 "무분별한 비리인사 영입은 정치쇄신특위로서는 납득할 수 없다"며 비판적인 입장을 취했다. <한겨레>, 2012년 10월 6일.
365) 安東善 李允洙 등 20명의 전직 의원들은 2012년 10월 15일 입당 기자회견에

당 대표 한화갑(韓和甲)이 박근혜 지지를 선언할 것이라고 밝혔다.366) 이처럼 김대중 전 대통령을 중심으로 뭉쳐왔던 '동교동계' 일부가 박근혜를 지지함으로써, '동교동계'는 분화되고 말았다.367)

통합을 위한 노력의 두 번째 결실은 새누리당과 선진통일당(이하 선진당)의 합당을 성사시킨 것을 들 수 있다.368) 2012년 10월 25일 거행된 합당발표 기자회견에서 양당은 "선진통일당 대표와 국회의원은 백의종군을 하고, 새누리당 지도부와 당원은 위국헌신의 자세로 승리의 장정에 나설 것"을 다짐했다.369) 선진당과의 합당으로 새누리당은 의석수 149석에서 153석으로 원내 과반을 점하게 되었다.

이에 대해 세간에서는 '보수 대통합이 위력을 발휘할 것'이라는 평가와, 이와 반대로 '합당 효과보다 잃는 게 더 많다'는 엇갈린 평가가 나왔다.370) 그러나 세종시 원안고수에 이어 충청권을 지지기반으로 한 선진당

서 자신들은 유신반대를 위해 격렬하게 투쟁했던 사람들이지만, 대한민국의 미래와 국민대통합을 위해 朴槿惠 후보 지지를 선언한다고 말했다. <東亞日報>, 2012년 10월 16일.

366) 韓和甲은 2012년 12월 3일 TV조선과 가진 인터뷰에서 "대통령 후보들의 면면을 보니 그래도 순수하게 애국적인 차원에서 볼 때 박 후보가 가장 준비된 후보라는 결론을 내렸다"고 말하고, "며칠 내로 박근혜 새누리당 후보에 대한 지지 선언을 할 것"이라고 밝혔다. <朝鮮日報>, 2012년 12월 4일.

367) 동교동계 좌장이라고 할 수 있는 權魯甲은 이에 대해 "故 金大中 전 대통령의 뜻에 반하는 길"이라고 비판했다. <朝鮮日報>, 2012년 12월 5일.

368) 자유선진당은 19대 총선에서 5석을 얻는 초라한 성적을 얻는데 그쳐 총선 패배의 책임을 지고 沈大平 총재가 사퇴하자, 2012년 5월 29일 전당대회를 개최하여 당명을 선진통일당으로 바꾸고 李仁濟를 대표로 선출했다. 선진당이 새누리당과 합당하자, 權善宅·柳根粲·林榮鎬 등 선진당 전직 의원은 이에 반발하여 민주통합당에 입당했다. 연합뉴스『연합연감』 2013, 172쪽.

369) 새누리당 대표 黃祐呂는 정체성과 가치관을 공유하는 정당과 정당의 합당이며, '건전한 정당 통합'이라고 말했다. 선진당 대표 李仁濟는 야권의 후보단일화는 정권을 잡기 위한 편법적이고 전략적인 것으로, 새누리당과 선진당 '두 당의 통합과는 차원이 다르다'고 비판했다. <朝鮮日報>, 2012년 10월 26일.

370) <한겨레>, 2012년 10월 26일.

과의 합당은 '위기와 통합'의 측면에서 볼 때 충청권에서 새누리당 박근혜의 지지세를 넓히는데 도움이 될 것이 분명했고, 개표 결과 이는 사실로 드러났다.371)

호남지역을 기반으로 한 동교동계 일부의 영입과 선진당 합당에 이어, 대통합을 위해 새누리당이 세 번째로 나선 대상은 보수진영의 인사들이었다. 이중 대표적인 인물이 자유선진당 전 총재 이회창과 한반도선진화재단 이사장 박세일(朴世一)이었다. 3차례 대선에 출마한바 있는 이회창은 11월 23일 박근혜 지지 기자회견을 갖고 대선에서 승리하기 위해서는 보수세력 결집만이 아니라, 중도·중간층의 통합 또한 매우 중요하다면서 "온 힘을 다해 박 후보가 승리할 수 있도록 최선을 다하겠다"고 말했다.372) 19대 총선을 앞두고 '국민생각'을 창당한바 있던 박세일도 새누리당에 애증(愛憎)은 있지만, "이번 대선에서는 박근혜 후보를 지지하고자 한다"며 지지를 선언했다.373)

이외에도 새누리당은 김종필 전 자민련 총재와 김영삼 전 대통령을 중심으로 한 '상도동계' 인사들이 주축이 된 민주동지회 등의 지지를 받음으로써 보수 대통합을 이루었다고 할 수 있다. 새누리당 박근혜 후보의 당선을 위해 대선 사상 처음으로 보수진영의 통합을 이룬 것이라고 할 수 있는데, 이로써 대선 기간에 있었던 여러 가지 악재에도 불구하고 민주통합당 후보와의 경쟁에서 박근혜는 승리할 수 있었다.

ii) 야권의 통합

야권의 경우 가장 관심의 대상으로 떠오른 것은 민주통합당 문재인 후보와 무소속 안철수 후보와의 단일화문제였다. 민주통합당은 안철수가 출마할 경우 야권표가 분산될 것이라는 우려에서 그의 민주통합당 입당

---

371) 대선 개표 결과 대전·충청지역에서 朴槿惠/文在寅 두 후보의 득표 비율은 다음과 같다. △대전: 49.95/49.70 △충남: 56.66/42.79 △충북: 56.22/43.26.
372) <朝鮮日報>, 2012년 11월 26일.
373) <朝鮮日報>, 2012년 12월 6일.

을 지속적으로 요구했다. 이에 대해 안철수는 출마선언에서 야권 후보 단일화에 필요한 조건으로 '정치권의 진정한 변화와 혁신' 그리고 '국민의 동의' 두 가지를 제시했다.374)

안철수의 출마선언 이후 문재인은 "단일화가 안 되면 정권교체가 어려울 수 있다"고 말하며, 민주통합당 중심으로 단일화를 이루어야 한다고 강조했다.375) 그는 또한 "개인이 어떻게 나라를 이끌어 가느냐"고 반문하고, 기본적으로 정당을 떠난 대의민주주의는 성립하지 않는다며 안철수를 압박했다.376) 민주통합당이 이처럼 무소속후보의 약점을 부각시키며 단일화를 제의하자, 안철수 캠프는 단일화 논의보다는 후보와 정책을 알리는 게 먼저라는 입장을 고수하며 대응을 자제했다.377)

단일화방식에 대해 문재인은 안철수에게 자신이 기득권을 내려놓을 테니 민주통합당에 입당하라고 권유했다. 입당 후 단일화하는 것이 가장 쉬운 단일화방식이라는 제의에 대해, 안철수는 민주통합당 중심의 단일화로 끌어들이려는 정치공세적 성격이 강하다며 이를 거절했다.378) 그러나 국민이 단일화를 원할 경우에는 단일화협상에 응할 것이라고 말하고, 단일화가 되든 안 되든 끝까지 완주할 것이라고 강조했다.379)

단일화문제는 2012년 10월 22일 문재인 후보측이 정치혁신안을 발표하

---

374) <朝鮮日報>, 2012년 9월 20일.
375) 文在寅은 또한 安哲秀가 "박근혜 후보에게 어부지리를 안겨주는 선택을 하지 않으리라 믿는다"며 단일화 압박을 가하기도 했다. <한겨레>, 2012년 9월 25일.
376) <朝鮮日報>, 2012년 9월 29일.
377) 安哲秀 캠프로서는 단일화 논의를 하면 할수록 '단일화 블랙홀'에 빠져들어 '후보 안철수'가 부각되지 않을 수 있다는 판단에서 단일화 문제에 전략적으로 침묵한 것이라고 분석되었다. <朝鮮日報>, 2012년 10월 3일.
378) 文在寅은 가급적 빨리 단일화문제를 매듭짓기를 원해 적극적으로 나온 반면, 安哲秀는 유동적인 젊은 층의 결속 시간이 필요했기에 서두를 필요가 없다고 생각했다. <朝鮮日報>, 2012년 10월 15일.
379) 이는 인적 쇄신을 포함한 민주당의 쇄신을 전제로 국민이 원할 경우 단일화에 응하되, 文在寅 후보에게 이기겠다는 뜻이라고 분석되었다. <朝鮮日報>, 2012년 10월 20일.

고, 안철수 후보측이 국민이 단일화과정을 만들어 주면 그에 따를 것이라고 말함으로써 본격적으로 공론화되기 시작했다.380) 이후 민주통합당은 후보 단일화의 대상을 '안철수 개인'이 아니라, '안철수 세력'으로 변경했다. 이는 두 세력의 융합 없는 단일화는 제반 개혁을 제대로 추진할 수 없다는 판단에 따른 것으로, 재야인사들의 모임인 원탁회의도 "후보들만의 결합이 아닌, 세력의 통합과 지지기반의 확대가 필요하다"고 주장했다.381) 이외에도 여러 곳에서 단일화를 촉구하는 성명을 발표하며 후보단일화를 압박했다.382)

두 후보 사이의 단일화경쟁은 먼저 단일화시기를 놓고 전개되었다. 문재인 후보측은 후보 등록 전 단일화를 마치려면 11월 중순까지는 절차가 진행되어야 하므로 11월 초부터 구체적인 협상을 진행해야 한다는 입장인 반면, 안철수 후보측은 자신들의 정책공약 발표가 끝나는 11월 10일 이후에 시작한다는 입장을 고수했다. 이는 자신들에 유리한 단일화방식을 관철하기 위한 복선이 깔려있는 것이라는 지적이 나왔는데, 단일화시기 논란은 결국 단일화방식 싸움으로 이어질 수밖에 없는 것으로 관측되었다.383)

단일화 국면에서 소극적인 입장을 견지하던 안철수는 2012년 11월 5일 광주에서 단일화문제를 논의하기 위한 회담을 문재인에 제안했다.384) 이

---

380) 文在寅 후보측은 '정치혁신' 경쟁에서 주도권을 잡기 위해 '새로운 정치위원회'를 발족하고 독일식 권역별 비례대표제 도입, 책임총리제 등 1차 정치·정당 혁신안을 발표했다. 한편 安哲秀 후보측은 대선에서 이길 수 있는 후보가 반드시 선출되어야 한다고 주장했다. <朝鮮日報>, 2012년 10월 23일.
381) 이는 "단일화 이후 표의 누수를 방지하기 위해서는 안철수 후보가 상징하는 중도 무당과 세력의 실체를 인정하지 않을 수 없다"는 판단에서 비롯된 것이다. <朝鮮日報>, 2012년 10월 26일.
382) 소설가 黃晳暎을 비롯하여, 성공회대 교수 우석훈, 진보정의당 대표 魯會燦, 서울대 교수 曺國 등은 기자회견이나, 성명, 페이스북 등을 통해 단일화를 촉구했는데, 사실상 이는 安哲秀에 대한 압력이라고 할 수 있다. <朝鮮日報>, 2012년 10월 29일.
383) <朝鮮日報>, 2012년 10월 31일.
384) 安哲秀는 "새누리당의 집권연장에 단호하게 반대한다"고 말하고, 정권교체와

에 따라 11월 6일 만난 문재인·안철수 두 후보는 '후보 등록 전 단일화'를 포함한 7개 항에 합의했다.385) 그리고 그 다음날 '새정치 공동선언문'을 위한 실무팀까지 구성함으로써,386) 단일화작업은 순탄하게 진행될 것으로 관측되었지만 현실은 그렇지 않았다. 후보 단일화 결정방식을 놓고 의견이 엇갈린 데다가,387) 11월 14일 안철수 후보측에서 단일화협상을 잠정적으로 중단하겠다고 선언했기 때문이다.388)

단일화협상이 시작된 지 단 하루 만에 협상이 중단되자, 두 후보는 11월 18일 다시 만나 협상을 재개하자는 데 합의했다. 이날 회담에 앞서 문재인은 단일화의 신속한 타결을 위해 단일화 방안을 안철수에게 일임하겠다고 밝혔다.389) 이른바 '통 큰 양보'를 한 것으로 알려졌지만, 실무진의 협상과정에서는 그렇지 않았다. 여론조사와 함께 실시할 국민 참여방

정치혁신의 과제를 혼자만의 힘으로는 해낼 수 없다면서 가치와 철학을 공유하고 정치혁신에 대한 합의안을 내놓자며 회동을 제안했다. <한겨레>, 2012년 11월 6일.

385) 이들은 공동발표문에서 '대선 승리와 정권교체를 위한 단일화' '가치와 철학이 하나되는 단일화' '미래를 바꾸는 단일화'의 원칙 아래, "새 정치와 정권교체에 동의하는 양쪽의 지지자들을 크게 모아내는 국민연대가 필요하고 그 일환으로 정당혁신의 내용과 정권교체를 위한 연대의 방향을 포함한 '새정치 공동선언'을 두 후보가 우선적으로 국민 앞에 내놓기로 했다"고 선언했다. "문재인·안철수 후보단일화 공동선언문," 민주통합당,『제18대 대통령선거 백서』(2013), 625쪽.

386) 공동선언문 작성을 위한 양측의 실무팀 3은 다음과 같다. △文在寅 후보측: 丁海龜·金賢美·尹昊重 △安哲秀 후보측: 金成植·沈之淵·金旼甸.

387) 安哲秀 후보측은 새누리당에 이기는 단일화를 해야 한다며 '경쟁력을 묻는 여론조사방식'의 단일화에 무게를 둔 반면, 文在寅 후보측은 안정적인 국정운영 능력을 보여줄 수 있어야 한다며 '후보 적합도 평가방식'에 중점을 두었다. <朝鮮日報>, 2012년 11월 13일.

388) 安哲秀 후보측은 지방에서 민주당을 중심으로 '안철수 양보론'과 같이 '안 후보가 양보하기로 했다'는 내용이 널리 퍼지고 있다면서 "진정으로 정권교체를 원하고 있는지 의문"이라며 책임 있는 조치가 취해질 때까지 당분간 협상을 중단한다고 밝혔다. <朝鮮日報>, 2012년 11월 15일.

389) <朝鮮日報>, 2012년 11월 19일.

안에 대한 양측 실무진 간의 이견으로 합의를 보지 못했으며,390) 그 다음 날도 심야까지 협상을 벌였지만 결실을 맺지 못한 것이다.391)

상황이 이에 이르자 11월 22일 오전에는 두 후보가 직접 만나 담판을 벌이기도 했고,392) 특사 담판을 갖기도 했으나 이들 역시 기존 입장을 고수하는 바람에 협상은 아무런 성과 없이 끝나고 말았다. 이처럼 후보 등록일을 이틀 앞둔 시점에서도 서로 자신에게 유리한 방안을 고집하며 단일화방식에 대한 합의를 보지 못하는 사태가 발생하자, 안철수는 2012년 11월 23일 "정권교체를 위해 후보직을 내려놓고 백의종군하겠다"며 단일화 시한을 이틀 앞두고 대선 후보 사퇴를 선언했다.393)

안철수의 후보 사퇴는 양측이 합의한 절차와 방식에 따라 승부를 가린 것도 아니고, 사전에 합의된 양보도 아니었다. 단지 협상 결렬에 따른 일방적인 후보 사퇴였기 때문에, 문재인으로의 단일화는 단일후보 추대와 같은 '세레머니'도, 결과 승복(承服)에 따르는 감동도 없는 단일화가 되고

---

390) 安哲秀 후보측이 여론조사 외에 국민 참여가 보장되는 방안을 포함시키기 위해 '公論조사식 배심원제'를 실시하자고 제안하자, 文在寅 후보측은 이는 도저히 공론조사라고 하기 힘들고 '안 후보에 절대적으로 유리한 방안'이라며 반대했다. <朝鮮日報>, 2012년 11월 20일.

391) 文在寅 후보측은 '박근혜 후보와 경쟁할 후보로 누가 더 적합하냐'고 묻는 방식을 제안한 반면, 安哲秀 후보측은 양자 대결 경쟁력을 비교하는 방안을 제시한 것으로 알려졌다. <朝鮮日報>, 2012년 11월 21일.

392) 이날 文在寅은 '야권 단일후보 적합도'를, 安哲秀는 '박근혜 후보와의 양자 대결 시 경쟁력'을 거듭 주장함으로써 이견을 좁히지 못했다. <朝鮮日報>, 2012년 11월 23일.

393) 2012년 9월 19일의 출마 선언 이후 66일 만에 安哲秀는 긴급 기자회견에서 "단일화방식을 놓고 더 이상 대립하는 것은 국민에 대한 도리가 아니며 옳고 그름을 떠나 새 정치에 어긋나고 국민에게 더 많은 상처를 드릴 뿐"이라면서 후보 사퇴를 선언했다(<朝鮮日報>, 2012년 11월 24일). 2013년 5월 29일 기자와의 회견에서 安哲秀는 후보 등록 전에 단일화를 이루겠다고 국민에게 약속한 상황에서 文在寅이 단일화가 안 되면 후보등록을 하고 3자 대결로 가겠다고 말하며 합의를 깨겠다는 식으로 나왔기 때문에, 국민과의 약속을 지키기 위해서는 자신이 사퇴하는 수밖에 없었다고 말했다(<중앙일보>, 2013년 7월 29일).

말았다.394)

애초 목표로 했던 "국민의 박수와 축복 속에서 인정받는 단일화를 이루고, 이를 통해 정권교체를 이루는 데 하나가 되자"는, 이른바 '아름다운 단일화'를 이루지 못한 것이다.395) 이로 인해 야권은 선거에서 통합의 효과를 보기 어려웠고, 이는 투표결과에 그대로 나타났다.396)

iii) 대통합과 소통합

새누리당과 민주통합당 모두 대선을 앞두고 지지층 확대를 위해 통합에 나섰는데, 이 과정에서 새누리당은 비교적 단기간 내에 성공적으로 보수진영의 통합을 이룰 수 있었다. 대통합을 이룬 것인데, 이와 달리 민주통합당은 안철수와의 단일화를 매끄럽게 마무리 짓지 못함으로써 박근혜 후보를 지지하지 않는 유권자들을 충분히 결집할 수 없었다. 결국 소통합에 그치고 만 것이다.

비록 진보정의당의 심상정 후보가 문재인 지지를 선언하며 후보등록을 포기했지만,397) 통합진보당의 이정희는 대선에서 진보의 바람을 일으키

---

394) 이에 대해 민주통합당 대선평가위원회는 아름다운 단일화는 실패했으며, "문재인·안철수 단일화 협상은 DJP 현상이나 노무현·정몽준 단일화 협상에 비해 여러 측면에서 모자란 측면이 눈에 띤다"면서 "결과적으로 협상에서 쌍방이 무능력했다"고 평가했다. 민주당 대선평가위원회, 『새로운 출발을 위한 성찰: 제18대 대선평가보고서와 자료』, 382~383쪽.

395) 安哲秀 지지층의 43% 정도가 朴槿惠를 지지하거나 부동층으로 옮긴 것으로 나타났는데, 이는 그의 사퇴를 단일화라기보다는 '안 후보의 퇴장'으로 받아들였기 때문인 것으로 분석되었다. <朝鮮日報>, 2012년 11월 26일.

396) 투표 후 조사한 결과 安哲秀 지지자 가운데 65.2%가 文在寅 쪽으로 이동한 것으로 나타났다(민주당 대선평가위원회, 『새로운 출발을 위한 성찰: 제18대 대선평가보고서와 자료』, 388쪽). 이를 볼 때 '아름다운 단일화'가 이루어졌다면 그 이상의 安哲秀 지지자가 文在寅 쪽으로 이동했을 것이고, 그럴 경우 선거 결과는 달라졌을 것이라고 충분히 예상할 수 있다.

397) 沈相奵은 "사실상 야권의 대표주자가 된 문재인 후보를 중심으로 정권교체의 열망을 모아내는 계기가 되길 바란다"면서 후보 등록을 포기했다. <한겨레>,

겠다며 후보 등록을 했기 때문이다.398) 그리고 노동계에서도 두 명이 후보 등록을 함으로써,399) 보수진영과 달리 진보진영은 대외적으로 결집되었다는 인상을 주기 어려웠기 때문이다.

'미완의 단일화'로 안철수 지지자 중 일부만이 문재인을 지지하는 것으로 나타나자,400) 문재인 캠프는 국민연대를 구성하여 안철수 캠프와의 연대를 도모하는 방안을 마련했다.401) 그리고 안철수 캠프에서 제시했던 공약을 수용하는 이른바 '정책 단일화'를 적극 추진하는 한편,402) 진보정의당과는 힘을 합쳐 정권교체와 새 정치를 실현한다는 내용의 공동선언을 발표하기도 했다.403)

문재인 후보측으로부터 지원요청을 받은 안철수는 12월 3일 대선캠프 해단식에서 민주통합당 문재인 후보 지지를 당부했으며,404) 나흘 뒤인 12월 7일에는 부산에서 문재인과 첫 공동유세를 가졌다.405) 이후 안철수는

2012년 11월 27일.
398) 후보 등록을 마친 李正姬는 "안철수 후보의 결단으로 정권교체 전망이 한층 밝아졌으나, 한국사회를 확고한 진보의 방향으로 분명하게 이끌고 갈 수 있을지에 대한 전망은 여전히 어둡다"면서 진보적 유권자의 단단한 결집을 이끌어 내겠다고 다짐했다. <한겨레>, 2012년 11월 26일.
399) 노동계에서 김소연(금속노조 기륭전자 분회장 출신으로 '비정규직 없는 세상 만들기 네트워크' 집행위원)과 김순자(민주노총 울산지역연대 울산과학대 지부장)가 후보 등록을 했다. 개표 결과 이들은 각각 16,687표와 46,017표를 얻었다.
400) 여론조사 결과 安哲秀 지지층의 50.7%가 文在寅을 지지하고, 20.5%는 朴槿惠를 지지하는 것으로 나타났다. <한겨레>, 2012년 11월 26일.
401) 文在寅은 국민연대는 사실상 安哲秀 후보 쪽과 시민사회·노동계·학계까지 다 아우르는 대통합의 형태가 될 것이라고 밝혔다. <한겨레>, 2012년 11월 27일.
402) <한겨레>, 2012년 11월 28일.
403) 文在寅과 沈相奵은 시급한 노동현안 해결과 대통령 결선투표제 도입 등 선거제도 개혁에 합의하는 내용의 '정권교체와 새 정치 실현을 위한 공동선언문'을 발표했다. <한겨레>, 2012년 12월 3일.
404) 安哲秀는 "11월 23일 사퇴 기자회견 때 '정권교체를 위해 백의종군하겠다. 단일후보인 문 후보를 성원해 달라'고 말씀드렸다"고 말하며, 文在寅 후보 지지를 당부했다. <한겨레>, 2012년 12월 4일.

공동유세 또는 단독유세를 통해 문재인 지지에 나섰는데, 그의 지지층 64.8%가 문재인을 지지하는 것으로 나타나 그의 유세효과가 탄력을 받는 것으로 분석되었다.406) 안철수의 지원유세에 이어, '상도동계' 일부와407) 전직 총리 정운찬과 이수성이 문재인 지지를 선언했고,408) 문국현과 김현철도 문재인 지지의사를 밝혔다.409)

이처럼 안철수를 비롯하여 유력 정치인들이 문재인 지지를 밝히자, 문재인 캠프는 뒤늦었지만 지지율의 역전도 가능하다고 판단했다.410) 이러한 상황에서 2차례나 TV토론에 참가하며 박근혜 후보를 공격했던 이정희 후보가 선거를 사흘 앞두고 전격적으로 후보사퇴를 선언하는 일이 발생했다.411) 이로써 이정희 후보를 지지했던 유권자들이 문재인 후보 쪽으로 이동하여 판세 결과가 뒤바뀔 수도 있는 것으로 관측되었다.412)

그러나 개표결과 그의 사퇴는 별다른 변수가 되지 못한 것으로 드러났다. 3.53%포인트 차이로 박근혜 후보가 승리했기 때문이다. 일찌감치 대

---

405) 이날 文在寅은 "아름다운 단일화를 완성했다"고 말했고, 安哲秀는 "새 정치 실현을 위해 열심히 노력하겠다"고 화답했다. <한겨레>, 2012년 12월 8일.
406) <한겨레>, 2012년 12월 14일.
407) '상도동계'의 핵심이라고 할 수 있는 金德龍을 비롯한 文正秀·崔箕善·沈完求 등은 87년 체제를 넘어 미래로 가야한다면서 文在寅 지지를 선언했다.
408) 鄭雲燦은 동반성장 가치를 공유할 수 있다는 생각에서, 李秀成은 합리적 보수까지 포괄하는 개혁연합 복원의 필요성에 공감한다면서 文在寅 지지의사를 밝혔다. <한겨레>, 2012년 12월 12일.
409) 文國現은 새 정치 실현과 일자리 창출을 위한 노력에 감사와 성원을 보낸다면서, 金賢哲은 민주세력이 이겨야 한다면서 文在寅을 지지했다. <한겨레>, 2012년 12월 13일.
410) <한겨레>, 2012년 12월 15일.
411) 李正姬는 12월 16일 가진 기자회견에서 "정권교체를 실현하라는 국민의 열망을 이루어 내기 위해 사퇴한다"고 밝혔다. <朝鮮日報>, 2012년 12월 17일.
412) 12월 12일의 시점에서 李正姬의 지지율은 1.7%였다. 지지율을 득표율로 환산할 수는 없지만 1%면 대략 28만 표, 2%면 56만 표가 이동하는 것으로 분석되었다. <한겨레>, 2012년 12월 17일.

통합을 이루어 선거에 임한 후보가 선거에 임박해서 뒤늦게 소통합을 이 룬 후보를 이긴 것이다.

7. 맺 음 말

지금까지 살펴본 결과 대선과 2차례의 총선, 그리고 지방선거와 다섯 차례 재·보선을 치르는 과정에서 이명박정부 하에서도 '위기와 통합의 정치'는 그대로 반복되고 있음을 알 수 있다. 역대 정부에서와 마찬가지로 이명박정부 아래서도, 여야를 불문하고 어느 한 정당이 내부적인 대립과 갈등으로 분열되어 있을 경우 선거결과가 좋지 않았던 반면, 당의 모든 역량을 결집할 수 있을 정도로 통합되었을 경우 좋은 성적을 거두었다는 것이다.

새누리당의 경우 19대 총선을 앞두고 당을 박근혜 중심으로 개편함으로써 일차적으로는 내부적인 통합을 이루었고, 이를 바탕으로 외부 인사들을 영입하거나 다른 정당과 합당에 성공함으로써 보수진영의 대통합을 이룰 수 있었다. 당을 개편한 후 총선 후보를 하향식으로 공천했고 민주적인 절차와는 거리가 먼 방식으로 정강·정책을 결정하는 일이 있어 민주주의가 후퇴했다는 비판도 있었다. 그러나 비민주적 정당운영에 반발한 당내 세력이 집단적으로 탈당하거나, 별도의 정당을 만드는 사태는 결코 발생하지 않았다.

민주통합당의 경우는 이와 달랐다. 총선 공천에 불만을 느낀 세력이 탈당하여 별도의 당을 만드는가 하면, 이중 일부는 대선을 앞두고 새누리당에 입당할 정도로 분열상을 나타냈다. 이와 같은 내분으로 인해 당의 역량을 결집할 수 없었고, 그 결과 총선에서 패배하고 말았다. 새누리당이 친이와 친박으로 나뉘어 있는 동안에는 반사이익을 보기는 했지만, 친이·친박의 갈등이 봉합된 후에는 상황이 바뀐 것이다.

이와 동시에 서울시장 보궐선거 이후 나타난 '안철수 현상'은 '양날의 칼'처럼 민주통합당으로서는 상대하기 버거운 존재였다. 안철수로 의인화된 '새 정치'를 갈망하는 층이 새누리당은 반대하나, 그렇다고 민주통합당을 지지하는 것도 아닌 유권자들이 대부분이었기 때문이다. 이들과 연대하기 위해서 당으로서는 살을 깎는 '자기 쇄신'을 해야만 했는데 이럴 경우, 돌아오게 될 당내 반발 또한 만만치 않았다. 그렇다고 당내 반발이 두려워 이들과 연대를 포기할 경우, 승산 없는 선거가 되리라는 것은 누가 보더라도 명약관화했다.

'안철수 현상'의 대두로 민주통합당이 이러한 진퇴양난의 상황에 처했기 때문에 민주통합당은 대선과정에서 안철수와 '아름다운 단일화'를 이루지 못했고, 이것이 결국은 대선 패배로 이어졌다고 할 수 있다. 민주통합당에 불리한 상황이 전개되자, 안철수는 정권교체를 이루어야 한다면서 문재인 지지를 선언하고 공동유세에 나섰지만, 단일화 협상과정에서 아무런 감흥도 감동도 주지 못했기 때문에 통합의 효과를 볼 수 없었다.

진보정의당 후보와 통합진보당 후보가 문재인을 지지하는 일이 있었지만, 이는 단순한 지지에 불과했고 당 대 당 사이의 통합은 아니었다. 민주통합당과는 이념적으로 융합될 수 없는 정당들이었기 때문이다. 그리고 선거 막판에 있었던 일부 정치인들의 문재인 지지 선언도 통합과는 거리가 먼 것이었다. 이들이 당원으로 입당한 것이 아니어서, 구태여 통합의 범주에 넣는다면 소통합에 지나지 않는 것이라고 할 수 있다.

결국 18대 대선은 대통합을 이룬 새누리당의 박근혜 후보가 소통합에 그친 민주통합당의 문재인 후보를 이긴 선거였다. 통합의 실패로 선거에 패배하여 민주통합당은 위기에 처하고 말았는데, 이로써 '위기와 통합의 정치'는 이명박정부 하에서도 그대로 나타났다는 것을 알 수 있다. 그리하여 '위기와 통합'은 이제는 한국정당정치의 구조적인 특징으로 자리잡고 있다고 단언할 수 있게 되었다.

| 제 13 장 |

박근혜정부하의 정당구도 분석

1. 머리말

 이명박정부 5년 동안 여당은 18대 총선 공천과정에서 불거진 '공천학살'이나 세종시 수정안을 둘러싸고 전개된 '강도(强盜) 논쟁' 등을 비롯하여 내부적인 갈등요인이 적지 않았다. 그럼에도 불구하고 분열되지 않고 통합을 유지한 덕분에 18대 대선에서 새누리당은 야당인 민주통합당의 문재인(文在寅) 후보를 누르고 자당의 박근혜(朴槿惠) 후보를 대통령에 당선시킬 수 있었다.
 한편 야권도 선거에 임박해서 통합을 추진, 안철수(安哲秀)의 양보와 이정희(李正姬)의 사퇴로 문재인이 단일후보가 될 수 있었다. 그러나 안철수 후보와의 단일화과정이 '아름다운 단일화'와는 거리가 먼 것이어서 통합의 효과를 거의 거둘 수 없었고,[1] 그 결과 문재인 후보가 선거에 패배한 것이다.
 역대 정부에서 나타났던 '위기와 통합의 정치'가 이명박정부 하에서 재현된 결과 박근혜 후보가 대통령에 당선된 것인데, 공교롭게도 이 같

---

[1] 후일 문재인은 기자와의 인터뷰에서 18대 대선에서 가장 아쉬웠던 것으로 안철수와의 단일화과정이 매끄럽지 못했던 것을 들었다. 그는 "안 후보와 단일화를 이뤘지만, 그야말로 경쟁(경선)을 통한 단일화가 됐다면 훨씬 더 컸을 것"이라고 아쉬움을 표했다. <조선일보>, 2014년 2월 20일.

은 현상이 박근혜정부 아래서도 그대로 나타났음을 알 수 있다. 달라진 것이 하나 있다면 87년 이후 5년 주기로 일어나던 현상이 1년을 앞당겨 4년 만에 나타났다는 것뿐이다. 그러나 이는 대통령 탄핵이라고 하는 헌정사상 초유의 사건으로 인해 초래된 것일 뿐 '위기와 통합'이라고 하는 한국정치의 구조적 특징과는 전혀 차원이 다른 것이라고 생각한다.

본질은 변하지 않고 현상만 1년 앞당겨졌다는 것뿐인데, 정치인들의 행태나 정당의 이합집산 양상은 역시 하나도 변하지 않은 것이다. 결론적으로 말해 박근혜정부 4년간 치러진 크고 작은 모든 선거가 '위기와 통합'의 테두리 안에서 이루어졌다고 할 수 있다. 20대 총선과 4차례의 재·보궐선거, 제6회 지방선거와 19대 대선에서 정당과 정치인들이 보여준 모습은 해방 이후 끊임없이 나타났던 이합집산 행태의 반복이라고 해도 과언이 아니기 때문에, 위기와 통합의 정치는 한국정치의 구조적인 특징으로 자리 잡았다고 할 수 있는 것이다.

2. 4·24재·보궐선거와 여야의 지도체제 개편

대통령선거가 실시된 2012년 12월 19일 오전 투표를 마친 후 개표결과도 알려 하지 않고 미국으로 출국했던 안철수는 2013년 3월 11일 귀국했다. 그의 귀국으로 양당 위주로 전개되던 정당구도는 다당 구도로 재편되어, 또다시 불안정한 양상을 띠지 않을 수 없게 되었다. 4월에 실시될 재·보궐선거를 앞둔 상황에서 이루어진 그의 귀국이 야권을 분열시킬 수 있는 요인으로 작용할 것이 분명했기 때문이다. 대선 패배로 위축될 수밖에 없었던 민주통합당으로서는 지도체제 개편과 동시에 야권의 분열을 막아 재·보궐선거를 대비해야 하는 이중의 부담을 져야하는 상황에 처하고 만 것인데, 이러한 부담은 그대로 선거결과로 나타났다.

안철수의 귀국과 정치활동 재개가 야권에 분열적인 요소로 작용했고,

이것이 4월과 10월 두 차례 치러진 재·보궐선거에 영향을 미쳐 민주통합당이 패배할 수밖에 없었던 것이다. 이와 반대로 새누리당은 대선 승리의 여세를 몰아 통합을 유지함으로써 재·보궐선거에서 무난하게 승리할 수 있었다. 4월 재·보궐선거 승리를 바탕으로 새누리당은 원내지도부 개편에 나섰는데, 이 과정에서 친박근혜 성향의 인물이 원내대표에 당선되었다. 이로써 새누리당은 박근혜를 중심으로 한, 이른바 박근혜 '친정체제'가 구축된 것으로 분석되었다.

정당구도의 재편은 안철수의 재·보궐선거 출마와 통합진보당에 대한 정부의 정당해산 청구로 인해 가속화되는데, 이와 같은 재편과정은 '위기와 통합'이라는 한국정치의 특징을 더욱 구조화하는 방향으로 작용하게 된다. 선거에 패배한 민주통합당의 새로운 지도체제 모색이라든지, 안철수의 새로운 정당 창당선언, 그리고 정의당의 '제2의 창당선언' 등이 위기를 극복하기 위한 차원에서 통합을 모색하는 행위였다고 할 수 있고, 이 과정에서 정당과 정치인들의 이합집산이 또 다시 나타났기 때문이다.

1) 안철수의 귀국과 4·24재·보궐선거

안철수의 귀국으로 새누리당과 민주통합당, 양당 위주로 전개되던 정당구도에 변화의 조짐이 나타나기 시작했다. 그로서는 양당이 중심이 된 기존 정치권이 '새 정치'를 갈망하는 유권자들의 기대를 충족시키지 못하고 있는 현실을 간파했기에, 4월 재·보선을 계기로 자신이 중심이 된 '새 정치'를 실현할 세력을 만들기 위해 귀국한 것이다. 그의 귀국과 재·보선 출마는 새누리당에는 야권 분열에 대한 기대를, 민주통합당에는 야권 분열에 대한 우려를 안겨주었는데, 선거 결과는 새누리당이 바랐던 방향으로 나타났다. 그러한 결과가 안철수가 의도했던 것이건 아니건 간에 그의 귀국은 야권의 재편을 촉발시키는 요인으로 작용했고, 이로 인해 민주통합당은 위기에 직면하게 되는 것이다.

(1) **안철수의 귀국**

대선 후보를 사퇴하고 미국으로 출국한 안철수는 출국 82일 만인 2013년 3월 11일 귀국했다. 공항에서 가진 기자회견에서 그는 여야가 정부조직 개편안 처리를 놓고 극한대치를 하고 있는 상황에 대해 국민의 한 사람으로서 안타깝게 생각한다고 말했고, 지난 대선과정에서 여야가 약속했던 정치쇄신안을 제대로 이행하지 않고 있는 것을 비판했다. 여야를 포함하여 기성정치권 모두를 싸잡아 비판함으로써 자신의 트레이드마크라고 할 수 있는 '새 정치'를 부각시킨 것이다.

이어 그는 국민의 성원과 기대에 못 미쳐 송구스럽다고 말하고, 국민의 열망을 제대로 실현시키지 못한 것에 대해 무한책임을 느낀다면서 "새로운 정치, 국민이 주인이 되는, 국민을 위한 정치를 위해 어떤 가시밭길도 가겠다"[2]고 선언했다. 이어 그는 4월 재·보궐선거 출마를 공식으로 밝혔다. 진보정의당의 노회찬(魯會燦) 의원이 '안기부 X파일 사건'으로 유죄판결이 확정됨에 따라, 의원직을 상실하게 된 지역인 서울 노원병에 출마하여 새로운 정치의 씨앗을 뿌리겠다는 것이었다.[3]

그는 새 정치란 '국민과 소통하는 정치, 화합과 통합의 정치, 민생 해결의 정치'라고 규정하고, 4월 재·보궐선거에서 원내 진출을 통해 본격적인 세력화에 나서겠다고 말했다. 그리고 자신이 당선되면 원내에서 뜻을 같이 하는 정치인들과 함께 일을 하겠다고 말했다. 일차적으로 양극단 대결구도로 가고 있는 한국정치의 구조를 바꾸기 위해 원내에서 먼저 중도 성향의 인사들을 중심으로 세 규합에 나서고, 장기적으로는 신당 창당을 통해 정치개혁에 앞장서겠다고 하는 구상을 밝힌 것이다.[4]

---

2) <동아일보>, 2013년 3월 12일.
3) 안철수가 자신의 고향인 부산에서 출마하지 않고 서울 노원병 보궐선거에 출마하기로 것에 대해, 그는 "노원병은 중산층이 많이 거주하는 대한민국 대표지역이자 관심사인 주거 교육문제가 농축돼 있다"고 말하고, "지역주의를 벗어나 민심의 바로미터인 수도권에서 새로운 정치의 씨앗을 뿌리고자 결심했다"고 밝혔다. <동아일보>, 2013년 3월 12일.

안철수의 귀국은 정계 재편, 특히 야권의 재편에 직접적인 영향을 미칠 것으로 예측되었기에 민주통합당은 착잡한 심정일 수밖에 없었다. 새 정치 실현을 위해 노력하겠다고 한 것을 높이 평가한다고 하면서도, 그가 창당에 나설 경우 야권 지지층을 놓고 경쟁관계에 놓일 가능성이 높아 새누리당에 승리를 헌납할 수도 있기 때문이었다.5) 뿐만 아니라 그가 정치개혁의 불씨를 살려 정국을 주도하게 되는 현상이 나타나는 것에 대해서도 걱정이 되었기 때문이다. 이와 같은 입장이었기에 민주통합당은 그가 새 정치 실현을 위해 노력하겠다고 한 것을 평가한다고 하면서도, 자신들도 "국민의 눈높이에 맞춰 국민에게 희망을 주는 정치혁신의 과정으로 4월 재·보궐선거에 임할 것"이라고 말했다.6)

새누리당은 안철수가 출마의사를 밝히자 야권 분열로 자당 후보의 당선 가능성이 높아질 수도 있다는 기대를 갖고 있었기에, 그에 대해 "야권 후보단일화에 매달리지 않고 정정당당하게 승부하면서 (재·보선에서) 완주할 것인지 주시할 것"7)이라는 논평을 냈다. 그리고 지난 대선 때 후보단일화 과정에서 그가 보여준 행태는 "본인의 이해득실을 따지는 정치공학적인 신경전이었지 국민에게 감동을 주는 새 정치는 아니었다"8)고 지적하기도 했다. 야권의 재편이 어느 정도는 새누리당에도 영향을 미칠게 될지도 모르기 때문에 이를 경계한 것이었다.

(2) 4·24재·보궐선거

2013년 4월 24일에 실시될 재·보궐선거를 앞두고 여야 모두의 움직임은 바빠졌지만, 더 다급한 쪽은 야권이었다. 민주통합당의 경우, 재·보궐선거가 실시되는 3곳 가운데 2곳(부산 영도, 충남 부여·청양)은 여당

---

4) <조선일보>, 2013년 3월 12일.
5) <조선일보>, 2013년 3월 12일.
6) <한겨레>, 2013년 3월 12일.
7) <조선일보>, 2013년 3월 12일.
8) <조선일보>, 2013년 3월 12일.

인 새누리당의 우세지역이기에 선거에 진다고 해도 별반 타격은 없을 것이지만, 무소속의 안철수가 출마를 선언한 곳(서울 노원병)은 단일화의 딜레마로 인해 공천 여부를 결정하기가 어려웠기 때문이다.9) 이밖에도 후보를 내자니 야권 분열로 여당에 어부지리를 줄 것 같고, 그렇다고 후보를 내지 않자니 제1 야당으로서 무기력한 모습만 보여줄 것이기 때문이었다. 한편 진보정의당의 경우, 노회찬 전 의원의 부인인 김지선을 후보로 내세우기는 했지만, 당선 가능성이 높지 않아 야권 후보단일화 압력을 받아 선거운동 기간 내내 부담을 느꼈다.10)

새누리당은 텃밭인 부산 영도와 충남 부여·청양에 김무성(金武星)과 이완구(李完九)를, 안철수가 출마한 노원병은 지난 18대 총선에 출마했던 허준영을 각각 공천했다. 애초 새누리당은 4월 재·보궐선거의 최대 관심지역인 노원병에 안철수에 맞설 거물후보를 영입하여 전략공천을 한다는 방침을 세웠지만, 인물난 때문에 무산된 것으로 알려졌다.11)

한편 새누리당은 국회의원 재·보궐선거와 동시에 실시되는 기초단체장 2곳(경기 가평군, 경남 함양군)과 기초의원 3곳(서울 서대문구, 경남 양산시, 경기 고양시)은 특별한 이견이 없는 한 공천하지 않기로 확정했다.12) 그러나 2014년 지방선거 때까지 정당 공천이 법으로 폐지되지 않

---

9) 민주통합당 내부에서는 안철수 후보와의 관계를 고려하여 공천을 하지 말자는 의견이 우세했다. 그러나 다른 일부가 4월 선거에 후보를 내지 않으면 10월의 재·보선 상황도 녹록치 않을 것이고 2014년에 있을 지방선거에서 수도권 출마자의 이탈이 가속화될 것이라는 우려를 제기하는 바람에, 3월 24일 열린 당 비상대책위원회는 결론을 내지 못했다. <한겨레>, 2013년 3월 25일.

10) 선거 초반 김지선 후보는 15%의 지지율로 출발했으나 종반에는 지지율 10%도 지키기 힘든 것으로 나타났다(<한겨레>, 2013년 4월 22일). 개표 결과 득표율은 5.7%였다.

11) <한겨레>, 2013년 3월 27일.

12) 시장, 군수, 구청장 등 단체장에 대한 정당 공천은 1995년 지방자치 실시 때부터 도입되었고, 기초의회 의원에 대한 정당 공천은 2006년 선거 때부터 도입되었다. 공천을 둘러싼 검은 돈 거래가 끊이지 않고 지방정치가 중앙정치에 휘둘리는 폐해가 커지면서 정치권 안팎에서 정당 공천 폐지문제가 여러 차례 논의

으면 그때 공천 여부를 다시 논의하기로 했다. 이 같은 새누리당의 '무공천' 결정은 대선공약을 지킨다는 명분과 함께 정치개혁 이슈를 계속 선점하려는 의도가 담긴 것으로 분석되었다.13)

　민주통합당은 노원병에 최종적으로 후보를 내지 않기로 결정했다.14) 부산 영도와 충남 부여·청양에서 민주통합당 후보의 당선 가능성이 낮은 상황에서 서울 노원병마저 무공천 결정을 하자, 이렇게 무기력하게 선거에 임하면 당은 기초의회 선거 등 밑바닥부터 기반을 잃을 가능성이 높다는 우려가 나오기도 했고,15) 제1야당이 후보도 내지 못하는 현실이 참담하다는 탄식이 나오기도 했다.16) 뿐만 아니라 민주통합당은 무소속 안철수 후보에 대한 선거 지원 여부문제로 딜레마에 처하기도 했다. 향후 야권 재편과정에서 안철수에 주도권을 빼앗기지 않기 위해서는 그를 적극적으로 도와주어야 하겠지만, 민주통합당의 지원이 안철수 후보에 그다지 도움을 주지 않는 것으로 나타났기 때문이다.17)

　기초의회 공천문제에 대해 민주통합당은 당의 후보를 공천하겠다는 입장을 내세웠다가, 이를 번복하고 각 시·도당에 일임하는 쪽으로 한 발 물러섰다. 이는 새누리당의 무공천 결정을 의식하여, 정치쇄신 공약

　　되었지만, 그때마다 국회에서 선거법 개정은 무산되었다.
13) <한겨레>, 2013년 4월 2일.
14) 민주통합당의 무공천 결정에 대해 안철수 후보는 '바람직하다'는 반응을 보였고, 새누리당은 "공당답지 못한 비겁한 일이고 책임정치에도 어긋난다"고 논평했다. <동아일보>, 2013년 3월 26일.
15) <한겨레>, 2013년 3월 27일.
16) <조선일보>, 2013년 3월 26일.
17) 여론조사 결과 무소속 안철수 후보와 새누리당 허준영 후보의 양자 대결 지지율은 52.8% 대 34.3%로 18.5%p 차이로 나타났다. 그런데 민주통합당 문재인 의원이 안 후보를 적극 지원할 경우를 가상한 후보 지지율은 안 후보가 47.2%, 허 후보가 39.7%로 차이가 오히려 7.5%p로 좁혀지는 것으로 조사되었다. 문재인이 적극 지원할 경우 기존 안 후보 지지층에서는 '안 후보를 계속 지지할 것'이란 응답이 79.3%에 머물렀고, 나머지 20.7%는 오히려 허 후보 지지 또는 부동층으로 바뀌었기 때문이다. <조선일보>, 2013년 4월 1일.

을 실천하지 않는다는 여론의 비판을 피해 가려는 조치로 분석되었다. 후보를 공천하지 않으면 당의 조직기반이 와해될 우려가 있다고 판단한 당 공천심사위원회가 '시·도당이 자체적으로 결정할 일'이라는 식으로 미룸으로써 자신들이 져야 할 책임을 회피한 것이다.[18]

민주통합당이 서울 노원병에 후보를 내지 않기로 함에 따라 예상대로 무소속의 안철수 후보는 당선이 매우 유력한 것으로 나타났는데, 그의 당선은 민주통합당을 중심으로 한 기존의 야권구도를 근본적으로 바꿀 수 있을 것으로 분석되었다. 그가 당선되어 원내 교섭단체 구성에 나설 경우, 민주통합당을 탈당하여 그에 합류할 의원이 상당수 있을 것으로 관측되었기 때문이다.[19]

재·보궐선거를 앞두고 2013년 4월 19일과 20일 선거 사상 처음으로 '사전 투표제'가 도입되었다. '사전 투표제'란 선거가 실시되는 곳의 유권자라면 선거구 내의 어떤 투표소에 가더라도 투표가 가능한 제도로, 중앙선관위 관계자는 사전투표로 투표율 상승효과는 5%p 정도로 추정할 수 있다고 밝혔다.[20]

4월 24일에 실시된 선거 결과, 민주통합당이 후보를 내지 않은 서울 노원병에서 무소속의 안철수가 당선되었고,[21] 예상대로 새누리당의 김무성과 이완구가 각각 부산 영도와 충남 부여·청양에서 당선되었다.[22] 그러나 이들 두 지역이 상대적으로 여당세가 강한 지역이었다고는 하지

---

18) <한겨레>, 2013년 4월 2일.
19) <조선일보> 2013년 4월 4일.
20) 국회의원 재·보궐선거 3곳의 사전 투표율은 다음과 같다. △서울 노원병 8.38% △부산 영도 5.93% △충남 부여·청양 5.62%. <조선일보>, 2013년 4월 22일.
21) 무소속의 안철수는 60.46%를 얻어 32.78%를 얻은 새누리당의 허준영을 큰 표차로 누르고 당선되었다. <한겨레>, 2013년 4월 25일.
22) △부산 영도: 김무성(새누리당) 65.7%, 김비오(민주통합당) 22.3% △충남 부여·청양 이완구(새누리당) 77.4%, 황인석(민주통합당) 16.9%. <한겨레>, 2013년 4월 25일.

만, 표 차이가 너무나도 많이 나는 바람에 민주통합당은 선거패배의 책임론에 휩싸이지 않을 수 없었다.

국회의원 재·보선과 동시에 실시된 기초단체장 2곳과 기초의원 선거 3곳 등 모두 5곳에서 새누리당 성향의 후보가 당선되었는데, 이는 공천을 하지 않은 새누리당이 공천을 강행한 민주통합당보다 불리할 것이라는 예상과는 정반대되는 결과였다. 공천을 하지 않을 경우, 여권 성향 후보의 난립으로 새누리당이 불리할 것이라는 반발이 당 내부에 있었으나, 그와 반대되는 선거 결과가 나오면서 새누리당은 명분과 실리를 모두 챙긴 셈이 되었다. 반면에 민주통합당은 명분과 실리 모두를 잃었다는 비난을 받게 되었다.[23]

이를 볼 때, 4월 재·보선을 앞두고 귀국한 안철수가 취한 독자적인 행보는 야권에 분열적인 요소로 작용했음을 알 수 있다. 그가 민주통합당의 희망과는 반대로 별도의 정치세력화를 추구했기 때문인데, 이는 야권의 통합과는 거리가 먼 것이었다. 이같이 분열된 상태로는 선거에서 승리하기 어렵다는 것을 여러 차례의 경험에서 터득했기에, 민주통합당은 무공천 결정을 내릴 수밖에 없었다. 즉, 노원병 선거구에서 후보 단일화 없이는 여당인 새누리당 후보에 맞서기 어렵다는 판단을 한 것이다. 그리고 이번 기회에 지난 대선에서 후보직을 사퇴한 안철수에 진 빚도 갚을 겸 공천을 하지 않은 것인데, 이것이 선거 패배로 이어져 결과적으로 민주통합당이 위기에 봉착한 것이라고 할 수 있다.

2) 여야의 지도체제 개편

4월 재·보선이 끝난 후 여야는 각각 당의 지도체제 개편에 나섰다. 여당인 새누리당은 집권 1년차를 맞은 박근혜정부의 국정운영을 뒷받침하기 위해 원내 지도부를 강화할 필요 때문에, 민주통합당의 경우 새로

---

23) <한겨레>, 2013년 4월 25일.

운 지도체제를 갖춰 대선 패배의 후유증을 조기에 수습하고 4월 재·보선 패배로 인한 위기로부터 벗어날 필요 때문에 그랬다. 뿐만 아니라 민주통합당은 안철수의 원내 진입으로 인해 초래될지도 모를 야권의 재편 움직임에 적극 대처하기 위해서도 내부의 전열을 시급히 정비할 필요가 있었다.

국회에 입성한 안철수는 자신의 싱크탱크인 '정책네트워크 내일'의 출범을 알리고 새 정치를 선보이겠다면서 세력화에 적극 나섰는데, 그의 이러한 활동은 정치권을 또다시 재편하는 요인으로 작용했다. 한편 통합진보당은 내란음모혐의로 인한 소속 의원의 구속과 일부 단체가 법무부에 낸 정당해산 청원으로 인해 활동이 마비되다시피 하는 사태를 맞았으며, 진보정의당의 경우 4월 재·보선에서 예상 밖의 저조한 득표율로 인해 제2의 창당을 선언하면서 재기를 도모하는 작업에 나섰다.

(1) 새누리당

박근혜정부 초반 국회 운영을 책임질 새누리당의 원내대표 경선에 4선의 이주영(李柱榮)(경남 마산·합포)과 3선의 최경환(崔炅煥)(경북 경산)이 출마 의사를 밝혔다. 2명이 모두 친박(親朴)계지만 정권 출범 초기여서 경선은 대통령의 의중에 따라 결정될 것이라는 관측이 나돌았다.[24] 러닝메이트인 당 정책위의장 후보로 이주영은 예결위원장 출신의 장윤석을, 최경환은 원내 수석부대표인 김기현을 각각 선택하여 치열한 경합을 벌였다.

관례적으로 정권 초기에는 주류 내부의 협의로 원내대표를 정해 왔는데, 이와 달리 주류 내부에서 한 치의 양보도 없이 경쟁을 벌이는 것으로 나타났다.[25] 집권 초기에는 '대통령과 잘 통한다'는 것이 원내대표 선출에 있어 강점으로 작용하는 법인데, 이와 반대로 양측 모두 자신을

---

24) 이주영은 '新친박', 최경환은 '元祖친박'으로 분류되었다. <조선일보>, 2013년 3월 25일.
25) <동아일보>, 2013년 5월 9일.

'청와대를 견제할 사람'으로 선전하고 있는 데서도 이를 알 수 있다. '당이 청와대의 지시만 집행하는 것으로 보여서는 안 된다'든지, '집권당의 쓴 소리가 국정에 반영되어야 한다'든지 하는 발언들이 그 반증이라고 할 수 있다.26) 이는 정부 출범 초기 나타난 인사상의 난맥 등에 대해 여론의 비판이 높아지자, '당의 독자적인 역할이 중요하다'는 분위기가 의원들 사이에 형성되었기 때문인 것으로 분석되었다.27)

2013년 5월 15일에 당 소속 의원 146명이 참석한 가운데 실시된 원내대표 경선에서 최경환은 77표를 얻어, 69표를 얻은 이주영을 제치고 새 원내대표로 선출되었다. 이로써 친박 핵심그룹은 국정운영의 주도권을 확보할 수 있게 되었으나, 표차가 겨우 8표밖에 나지 않아 당내에 친박 핵심그룹에 대한 반감이 만만치 않다는 현실도 보여준 선거였다. 이것만 보더라도 집권 초기 청와대의 국정운영의 난맥상과 당에 있는 친박그룹이 보여준 행태에 대해 의원들의 불만이 매우 높았음을 알 수 있다.

이와 같은 당내 분위기를 간파한 최경환은 당선 소감을 밝히는 자리에서 '위기에 빠진 새누리당을 구하고 박근혜정부를 반드시 성공시키겠다'고 다짐했고, 당이 무기력하다는 세간의 비판에 대해 강력한 집권 여당을 만들어 위기를 돌파하겠다고 말했다.28)

원내대표 선출을 마친 새누리당은 후속 인사에 들어가 사무총장에 3선의 홍문종을, 대변인에는 새선의 유일호를 임명했다. 그리고 대야협상 실무를 총괄할 원내 수석부대표에 윤상현을, 제1사무부총장에는 김세연을 각각 임명했다. 이로써 새누리당은 황우여(黃祐呂) 대표와 최경환 원

---

26) 이주영은 "당이 청와대에 아무 말도 못하고 오더만 집행하는 것으로 보여서는 안 된다"면서 "朴心에만 매달리려고 하면 안 되며, 이제는 계파 초월의 리더십이 필요하다"고 말했다. 최경환은 "신뢰관계가 없는 쓴 소리는 '삿대질'에 불과하다"면서 "정권을 만든 주역들이 책임을 지고 정권을 성공시켜야 한다"고 주장했다. <조선일보>, 2013년 5월 9일.
27) <동아일보>, 2013년 5월 9일.
28) <조선일보>, 2013년 5월 16일.

내대표를 필두로 하여 사무총장과 원내 수석부대표 등 당의 요직에 친박계가 포진하게 되어, 친박 친정체제 구축을 완료할 수 있게 되었다.

(2) 민주통합당

2013년 1월 9일 대선 패배의 후유증 극복을 위해 민주통합당은 국회의원과 당무위원 연석회의를 갖고 5선의 문희상(文喜相)을 비상대책위원장으로 추대했다. 취임 기자회견에서 그는 모든 기득권을 다 버리고 치열하게 혁신하겠다면서, 가능한 빠른 시일 내에 전당대회를 개최하겠다고 말했다.29) 이어 열린 비공개 회의에서 그는 문재인이 당의 혁신을 이끌어주었으면 좋겠다는 뜻을 밝히기도 했는데, 이 발언이 문재인의 조속한 정치복귀를 의미하는 것이 아니냐는 논란이 일자 당의 모든 에너지를 흡수해서 함께 가야 한다는 뜻이었다고 해명하기도 했다.30)

민주통합당은 2013년 5월 4일에 전당대회를 개최하여 새 지도부를 선출하고, 당명을 민주당으로 바꾸기로 결정했다.31) 전당대회에 앞서 열린 4월 12일의 예비경선에서 3명(강기정, 김한길, 이용섭)의 당대표 후보와 7명(신경민, 안민석, 양승조, 우원식, 유성엽, 운호중, 조경태)의 최고위원 후보를 확정지었다.32) 경선 후반에 들어 광주를 지역구로 한 강기정과 이용섭(李庸燮) 두 후보가 단일화에 합의하고 강기정이 사퇴함으로써, 당대표 경선은 김한길(金漢吉)과 이용섭의 대결로 되었다. 이는 주류와 비주류의 대결구도로 재편된 것이라고 할 수 있는데, 비주류 의원들은 전당대회에서 특정 후보를 찍으라고 지시하는 관행을 탈피하자는 내용

---

29) <조선일보>, 2013년 1월 10일.
30) <한겨레>, 2013년 1월 10일.
31) 이로써 2000년 새정치국민회의를 해산하고 새천년민주당을 창당한 이후 분당, 창당, 합당, 당명변경 등으로 인해 8번째로 이름이 바뀐 것이다.
32) 예비경선에는 투표권을 가진 중앙위원 363명 가운데 318명이 참가했다. 이들은 대표의 경우는 1인 1표, 최고위원의 경우는 1인 3표 방식으로 투표했다. 신계륜은 당대표 후보경선에서 탈락했고 장영달·장경태·장하나·황주홍은 최고위원 후보경선에서 탈락했다. <동아일보> 2013년 4월 13일.

의 모임을 가진 반면,33) 이에 합류하지 않은 주류 의원들은 별도의 모임을 갖고 이용섭 후보를 지원하기로 뜻을 모은 것으로 알려졌다.34)

5월 4일의 전당대회에서 김한길은 61.72%를 얻어 38.28%를 얻은 이용섭을 제치고 당대표에 선출되었고, 7명의 최고위원 후보 중에서는 신경민·조경태·양승조·우원식 4명이 선출되었다.35) 김한길의 당선은 비주류 및 중도 성향 당원들의 집중적인 지원을 받아 이루어진 것으로 분석되었다.36) 당선 후 가진 기자회견에서 그는 '계파주의 청산' '중도주의 강화' '강한 야당으로 거듭나기' 세 가지를 강조하고, 원칙 없는 포퓰리즘과 낡은 사고에 갇힌 교조주의와도 결별하겠다고 선언했다. 그러나 당내 기반이 허약한 그가 강력한 리더십을 발휘할 수 있을지는 미지수이며, 그의 당선이 총선과 대선에 패배한 친노 중심의 주류세력을 일단 일선에서 물러나게 해야 한다는 정서에 편승한 것이어서 10월 재·보선에서 안철수 신당에 밀릴 경우 김한길 체제가 흔들릴 수 있다는 예측이 나오기도 했다.37) 자기 세력이 없는 한계로 인해 그의 앞에 놓인 상황이 간단치 않다는 것이었다.

한편 5월 15일에 치러질 원내대표 경선에는 김동철(광주 광산갑), 우윤근(전남 광양·구례), 전병헌(서울 동작갑) 3명이 출마 의사를 밝혔다. 지역적으로는 수도권 1인과 호남 2인이 대립하는 구도이지만, 계파별로는 정세균계와 범주류 그리고 비주류 3자가 경합하는 모양새를 띠었다. 1차 투표에서 과반 득표자가 없어 결선투표까지 치러진 선거에서 전병헌

---

33) 유인태 의원이 주도한 '오더 금지모임'에는 현역 의원과 지역위원장 등 56명이 참가했다. <조선일보>, 2013년 5월 1일.
34) 이해찬 의원 주도로 만난 15명 안팎의 친노 성향 의원들은 이용섭 후보를 지지하기로 했다. <조선일보>, 2013년 5월 2일.
35) 최고위원 경선의 득표율은 다음과 같다. 신경민(17.99%), 조경태(15.65%), 양승조(15.03%), 우원식(15.01%), 유성엽(13.20%), 안민석(13.00%), 윤호중(10.11%). <동아일보> 2013년 5월 6일.
36) <조선일보>, 2013년 5월 6일.
37) <조선일보>, 2013년 5월 6일.

(田炳憲)이 우윤근(禹潤根)을 제치고 당선되었다.38) 그는 원내대표로 선출되자 정부와 여당이 국민의 상식을 벗어나면 단호하게 맞서 견제하겠다고 밝혔다. 이어 그는 안철수가 갖고 있는 생각과 정책의 실현은 민주당의 협력 없이는 불가능하다고 말하고, '그와 민주당은 협력적 동반자 관계'라고 주장했다.39)

당대표와 원내대표 선출에서 나타난 민주당의 지도체제는 김한길을 중심으로 정세균(鄭世均)계와 손학규(孫鶴圭)계가 가세해서 신주류를 형성한 것이라는 분석이 나왔다. 이들은 2012년의 당권경쟁 및 대선 경선 과정에서 친노(親盧) 세력에 고배를 마시고 비주류로 밀려난 공통점이 있기는 하지만, 친노 주류를 당 운영에서 완전히 배제하지는 않을 것으로 알려졌다.40) 왜냐하면 전당대회 이후 정치활동을 재개하며 5년 후 정권교체를 이루겠다고 다짐한 문재인과 친노 세력의 존재를 결코 무시할 수 없었기 때문이다.41)

(3) 정책네트워크 내일 출범

원내 진출에 성공하자 자신의 당선은 개인의 승리라기보다는 새 정치를 바라는 국민의 열망이라고 생각한다는 소감을 밝힌 안철수는 민주당과의 연대나 단일화는 추진하지 않겠다는 방침을 분명히 했다.42) 10월

---

38) 1차 투표에서 우윤근은 50표, 전병헌은 47표, 김동철은 27표를 얻었다. 그러나 결선투표에서는 전병헌 68표, 우윤근 56표를 얻었다. 연합뉴스, 2014 연합연감 (2014), 156쪽.
39) <동아일보>, 2013년 5월 16일.
40) <조선일보>, 2013년 5월 18일.
41) 문재인은 2013년 5월 19일 서울 시청 앞 광장에서 개최된 노무현 4주기 추모 문화제에 참석한 자리에서 "5년 후 반드시 정권교체를 이루자"고 말하고, 지난 대선에서 그것을 이루지 못해 송구스럽다면서 "지금부터라도 차근차근 준비하고 마음을 모아 5년 뒤에는 반드시 (정권을) 바꾸자"고 강조했다. <조선일보>, 2013년 5월 20일.
42) <한겨레>, 2013년 4월 25일.

로 예정된 재·보궐선거에 임박해서 민주당이 단일화나 연대론을 제시하겠지만, 정치공학적인 접근은 하지 않고 독자 세력을 구축하겠다는 것이었다.43) 그리고 '문제는 사람'이라면서 정당과 같은 형식은 나중 문제이므로 사람을 열심히 찾아야 한다고 말했다.44)

이처럼 안철수가 인재 영입의사를 밝힘으로써 10월 재·보선에서 그와 민주당과의 정면 승부는 불가피할 것으로 분석되었다. 그는 사익보다 공익을 추구하며 기득권정치를 청산할 의지가 있는 인물을 영입 대상으로 들고 "소수 엘리트정치가 아니라 헌신·희생으로 통합적인 공생관계를 구축하는 다수의 참여정치가 필요하다"고 강조했다.45) 그리고 국민의 요구가 다양해지고 있는 상황에서 양당제는 맞지 않다고 말함으로써 다당제의 필요성을 암시하기도 했다.46)

안철수의 독자세력화와 인재 영입 구상은 6월로 예정된 싱크탱크 '정책네트워크 내일'의 창립으로 구체화되었고,47) 이를 바탕으로 10월 재·보선 준비와 2014년 3월 신당 창당을 추진하고 있는 것으로 알려졌다. 이렇기 때문에 그의 한 측근은 "민주당이 안 의원을 '경쟁 관계'가 아니라 '연대 대상'으로 보는 것은 잘못 판단하는 것"이라는 지적을 하기도 했다.48)

안철수의 입장이 이처럼 확고함에도 불구하고 민주당 일부는 야권 분열을 우려해서, 교섭단체 요건을 완화하거나 중대선거구제로 개편하는 방안을 제시하며 그에게 러브콜을 보내기도 했다.49) 그러나 민주당의

---

43) <조선일보>, 2013년 5월 11일.
44) <동아일보>, 2013년 5월 14일.
45) <조선일보>, 2013년 5월 18일.
46) <조선일보>, 2013년 5월 25일.
47) '정책네트워크 내일'의 이사장은 최장집 고려대 명예교수가, 소장은 장하성 고려대 교수가 맡게 되었다. 그리고 안철수는 최상용 고려대 명예교수를 자신의 후원회장으로 위촉했다.
48) <조선일보>, 2013년 5월 14일.
49) <조선일보>, 2013년 5월 28일. 이러한 당의 입장과 달리 문재인은 정계재편을

기대와 달리 그가 독자 세력화를 포기하지 않자, 김한길은 "무조건 독자 세력화를 향해 가면 새누리당을 이롭게 하는 어부지리를 줄 수 있다"고 지적하며 "새누리당에서 표창장을 받을 일이 있을지도 모른다"고 비판했다.50)

민주당의 비판에도 아랑곳하지 않고 그는 2013년 6월 9일에는 '정책네트워크 내일'의 사무실 개소식을 가졌다.51) 그리고 6월 19일에는 창립 세미나를 개최하고 지방조직의 확대에 나설 계획임을 밝혔다.52) 이로써 새누리당과 민주당의 양당구도는 재편되는 수순에 접어들게 되었다.

(4) 진보진영

진보정의당과 통합진보당(이후 통진당) 등 진보진영은 4월 재·보궐선거에서 참패한53) 이후 정책토론회 또는 정책대회 등을 열며 생존을 위한 활로 모색에 나섰다. 2012년 통합진보당 비례대표 부정선거 의혹의 여파로 인해 통진당과 진보정의당으로 분열된 상황에서 치러진 선거였기에 진보진영은 소기의 성과를 거두지 못하고 위기에 처하게 된 것이었다.

추구하는 안철수를 겨냥하여 "국민이 바라는 것은 특정 정치집단과 유력 정치인 간 세력 재편이 아니다"고 말했다. <조선일보>, 2013년 5월 16일.
50) <동아일보>, 2013년 5월 31일.
51) 이날 안철수는 한국의 현실을 '민심을 반영하지 못하는 정치시스템, 일자리를 창출하지 못하는 경제시스템, 사회격차를 해소하지 못하는 사회시스템'이라고 진단하고, 한국사회의 격차를 해소하고 궁극적으로 공동체의 복원을 달성하려고 한다고 말했다. <조선일보>, 2013년 6월 10일.
52) 인사말에서 안철수는 세미나를 전국으로 확대하겠다고 밝혔는데, 이는 지역별 세미나를 통해 인재를 발굴하고 이를 기반으로 전국적 세력화에 나선다는 전략이었다. <조선일보>, 2013년 6월 20일.
53) 서울 노원병에서 진보정의당은 5.7%를, 통합진보당은 0.8%를 얻는데 그쳤다. 한편 통합진보당은 부산 영도와 충남 부여·청양에서 진보진영의 단일후보로 나섰음에도 불구하고 각각 12.0%와 5.7%밖에 득표하지 못했다. <한겨레>, 2013년 4월 25일.

진보정의당은 5월 들어 전당적 토론회를 진행하고 당명 변경을 포함한 당내 민주주의 등 혁신과제와 함께 외연 확장을 논의할 예정이며, 여기서 나온 결과를 토대로 7월에는 전당대회를 개최할 계획이라고 발표했다.54) 새로운 비전을 제시하고 낡은 병폐를 씻어내는 제2의 창당 등 진보이념의 업그레이드가 필요하다는 것이었다. 이를 위해 복지국가라는 시대적 과제에 진보적 이슈를 어떻게 구현하느냐를 중심에 두고 논의를 진행할 것으로 알려졌다.55)

　진보정의당은 2013년 7월 21일 전당대회를 개최하여 당명을 정의당으로 바꾸었다. 그리고 참여정부 시절 청와대 대변인을 지냈던 천호선을 당대표로 선출, 제2의 창당작업을 마무리했다. 새 지도체제를 중심으로 10월 재·보선과 2014년 지방선거를 통해 정치적 활로를 모색한다는 전략이었다고 할 수 있다. 천호선은 "이념적 완고함보다는 모두를 위한 복지국가, 평화로운 한반도를 기본방향으로 한 구체적인 대안으로 국가운영계획과 비전을 보여주겠다"고 대표 취임 소감을 밝혔다.56)

　한편 기대 이하의 재·보선 결과로 국민의 냉담한 시선을 확인한 통진당은 5월에 120여 명이 참가한 가운데 당의 진로를 논의하는 모임을 가졌다. 그러나 2013년 8월 28일 국가정보원이 이 모임이 내란을 모의하는 회합이었다고 단정하고 수사를 시작함에 따라 존폐의 기로에 놓이게 되었다. 국정원은 이석기(李石基)를 비롯한 일부 의원과 당지자 등 10명을 형법상 내란음모 혐의가 있다는 이유로 이들의 사무실과 집 등 여러 곳을 압수 수색했다. 국정원의 발표에 따르면 이들이 이른바 '혁명조

---

54) 당이 진로를 모색하려고 노력하는 가운데 2013년 5월 2일 전북 남원·순창을 지역구로 둔 강동원 의원이 "당분간 무소속으로 활동하면서 지역 주민의 의견을 수렴해 정치적 활로를 모색하고자 한다"면서 탈당을 선언했는데, 그는 안철수 신당에 합류할 것으로 알려졌다. 이 바람에 진보정의당 의원수는 5명으로 줄어들었다. <조선일보>, 2013년 5월 3일.
55) <한겨레>, 2013년 4월 29일.
56) <한겨레>, 2013년 7월 22일.

직'(RO: Revolutionary Organization)을 만든 뒤 여러 차례 모임을 갖고 유사시에 철도와 유류저장시설을 장악하는 등 내란을 모의했다는 것이다.57)

국가보안법 위반 혐의를 받은 이석기에 대해 검찰은 사전구속영장을 청구했고, 그에 대한 체포동의서는 2013년 9월 4일 헌정 사상 처음으로 국회에서 가결되었다.58) 이미 2013년 4월과 5월에 몇몇 시민단체들이 법무부에 통진당 해산을 청원했고,59) 이에 대한 법리 검토를 진행 중인 것으로 알려진 가운데 9월 6일 법무부는 '위헌 정당·단체 태스크 포스' 구성을 발표했다.60)

법무부 TF는 통진당의 당헌·당규 및 강령 등을 검토한 결과 현행법이 정하고 있는 기본질서에 위배된다고 판단, 통진당 해산 심판을 헌재에 청구하기로 했다.61) 그리하여 2013년 11월 5일 이를 국무회의에 상정·통과시키고 외유 중인 대통령의 재가를 받아 헌재에 청구했다. 정부의 청구를 받은 헌재는 12월 24일부터 통진당 해산 청구사건에 대한 심리에 착수함으로써, 통진당의 운명은 헌재의 결정에 맡겨지게 되었다.62)

---

57) 이에 대해 통진당은 날조된 것으로 진보세력을 말살하기 위해 국정원이 벌이는 '2013년판 유신독재'라며 강력 반발했다. <한겨레>, 2013년 8월 29일.
58) 무기명 비밀투표에 부쳐진 이석기에 대한 체포동의안은 289명 참석에 찬성 258명, 반대 14명, 기권 11명, 무효 6명으로 통과되었다. 그는 체포동의안이 통과되자, "한국의 민주주의 시계는 멈췄다. 유신시대로 회귀했다고 본다. 한국의 정치는 실종되고 국정원의 정치가 시작됐다. 저와 통합진보당은 국민을 믿고 민주주의 수호를 위해 힘차게 싸워나가겠다"고 말했다. <한겨레>, 2013년 9월 5일.
59) <조선일보>, 2013년 9월 5일.
60) 법무부에 따르면 현행 법규와 제도만으로는 헌법 부정세력의 제도권 활동과 행위를 근본적으로 뿌리 뽑기 힘들기 때문에 TF를 구성했다고 밝혔다. <조선일보>, 2013년 9월 7일.
61) <조선일보>, 2013년 11월 5일.
62) <조선일보>, 2013년 12월 25일.

3) 10·30재·보궐선거

2013년 9월 정기국회가 개회되면서 여야는 10월 30일에 실시될 재·보궐선거 준비에 나섰다. 처음에는 재·보선 지역이 더 많을 것으로 예상되었으나 재판이 늦어지는 바람에 경기 화성갑과 경북 포항남·울릉 2곳에서만 선거를 실시하는 것으로 확정되었다.63) 정기국회를 기점으로 재·보선은 통진당을 제외한 야권이 보조를 맞추어 여당에 대항하는 구도로 치러질 것이라는 관측이 나오기도 했다.64) 야권이 분열된 상태로 선거에 임할 경우 승리를 장담하기 어렵다는 것을 경험적으로 알고 있을 것이기 때문에 선거연대나 최소한 선거공조라도 추진하지 않겠느냐고 추측한 것이다.

보궐선거가 치러지는 경기 화성갑에 새누리당에서는 18대 국회 때 의원직을 중도 상실한 서청원(徐淸源)이 실종된 정치를 복원하겠다면서 2013년 10월 2일 출마를 공식 선언했다. 그는 출마하게 된 이유로 첫째는 당내 화합과 야당과의 소통으로 실종된 정치를 복원하기 위해서이며, 둘째로는 박근혜정부의 성공을 돕기 위해서라고 말했다.65) 이에 새누리당은 10월 3일 '지역 민심에 가장 근접했고 당선 가능성도 가장 유력하다'면서 화성갑 보선 후보로 서청원을 확정했고, 포항남·울릉에는 박명재를 공천했다.66)

민주당은 화성갑에 새누리당이 서청원을 공천함에 따라 전략적으로

---

63) 선거법이나 정치자금법 위반으로 1심이나 2심에서 의원직 상실형을 선고받아 항소심 또는 최종심을 기다리는 지역구 의원은 13명이나 되었으나, 재·보선이 실시되기 위한 조건인 선거일 한 달 전인 9월 30일까지 최종 선고 결과가 나온 곳은 경기 화성갑과 경북 포항남·울릉 두 지역에 불과했다.
64) <조선일보>, 2013년 10월 1일.
65) 그는 또한 "박근혜정부가 성공하지 못하면 대한민국의 정체성은 물론 국가 비전도 흔들린다"고 주장했다. <조선일보>, 2013년 10월 3일.
66) <조선일보>, 2013년 10월 4일.

당 상임고문인 손학규를 공천한다는 방침을 세우고 그의 출마를 적극 설득하기로 했다. 박근혜정부 실정에 대한 심판론을 내세워 그에게 출마를 요청하기로 한 것이다.[67] 당의 출마요청을 받은 손학규는 시간을 갖고 국민의 뜻을 들어보겠다고 유보적인 태도를 취했다.[68] 그러나 그가 후보 등록 사흘을 앞두고 최종적으로 출마하지 않겠다고 함에 따라,[69] 그곳에는 당 지역위원장인 오일용을, 그리고 포항남·울릉에는 허대만을 각각 공천했다.

이로써 두 곳의 재·보선 대진표는 확정되었다. 여야는 재·보선이 끝나는 대로 2014년의 지방선거 준비체제로 돌입한다는 방침이었는데, 민주당은 그 일환으로 국정원 개혁과 민주주의 회복을 위한 범야권연대 구성을 제안했다. 이는 재·보선을 앞두고 2012년 통진당 부정경선 사태 이후 무너졌던 야권연대를 복원하고 이를 바탕으로 2014년 6월 지방선거, 나아가 2017년 12월 대선을 겨냥하는 전략이었다고 할 수 있다.[70]

민주당의 야권연대 제의에 대해 정의당은 환영의 뜻을 밝혔으나, 안철수 측은 야권연대에 참여했다가는 독자적 정체성을 잃을 수 있다는 우려 때문에 유보적인 태도를 취했다.[71] 한편 통진당은 경기 화성갑에 홍성규를, 경북 포항남·울릉에는 박신용을 각각 공천했다.

2013년 10월 30일 33.5%의 낮은 투표율을 보인 가운데 치러진 두 곳의 재·보궐선거는 새누리당의 완승이었다. 화성갑에서는 새누리당 후보가 33.5%p 차이로 민주당 후보를 이겼고, 포항남·울릉에서는 새누리당 후보가 60.1%p나 앞서는 득표로 당선되었다. 선거 결과에 대해 새누

---

67) <조선일보>, 2013년 10월 5일.
68) <조선일보>, 2013년 10월 7일.
69) 손학규는 "대선 패배에 책임이 있는 사람으로서 아무리 생각해도 지금은 나설 때가 아니다"라고 말하며 불출마를 선언했다. 그러나 그의 불출마 결정을 일부에서는 당선 가능성에 대한 우려가 작용했기 때문인 것으로 관측했다. <조선일보>, 2013년 10월 8일.
70) <동아일보>, 2013년 10월 10일.
71) <조선일보>, 2013년 10월 12일.

리당은 '박근혜정부의 성공적 국정운영에 힘을 실어준 결과'라고 평가한 반면, 민주당은 '낮은 자세로 국민의 뜻을 받들겠다'고 말했다.72) 이로써 박근혜정부 출범 이후 5곳에서 치러진 국회의원 재·보궐선거에서 무소속 안철수가 당선된 서울 노원병을 제외한 4곳에서 새누리당이 승리했다. 민주당은 한 곳도 이기지 못했는데, 이는 야권이 분열된 상태에서 선거를 치렀기 때문에 패배했던 것이라고 할 수 있다.

3. 제6회 지방선거와 통합진보당 해산

2013년 실시된 두 차례의 재·보궐선거에서 패배한 야권은 자신들의 분열로 인해 새누리당이 승리한 것이라는 판단에서 통합을 모색했다. 민주당을 포함한 야권 전반이 처한 위기가 분열에서 비롯되었다고 본 것인데, 안철수도 어느 정도는 이러한 시각에 공감하고 있었다. 독자 세력을 구축하기 위해 시도했던 신당 창당이 현실정치의 높은 벽에 부딪혀 여의치 않았기 때문에 그는 민주당의 통합 제의에 응했다. 그 결과 김한길·안철수를 공동대표로 하는 새정치민주연합이 출범할 수 있었다.

통합을 이루었기에 지방선거와 재·보선에서는 새정치민주연합이 승리를 거둘 것으로 예측되었는데, 결과는 그렇지 않았다. 지방선거를 앞두고 기초선거 정당공천제 폐지방침을 놓고 당내의 민주당계와 안철수계가 충돌하는 바람에 통합의 시너지 효과를 낼 수 없었고, 재·보선을 앞두고는 공천문제로 양측이 갈라져 힘겨루기를 하는 바람에 참패를 면하지 못했던 것이다. 통합을 이루기는 했으나 내분이 지속되었기에 정

---

72) <한겨레>, 2013년 10월 31일. 한편 박근혜정부가 출범한 지 8개월밖에 되지 않은 집권 초기에 치러진 선거인데다가, 두 곳 모두 여당 우세지역이어서 정치적으로 큰 의미를 부여하기 어렵다는 분석도 제기되었다. <동아일보>, 2013년 10월 31일.

부·여당의 실정에도 불구하고 선거에 패배한 것이었고, 이것이 지도부 사퇴로 이어지게 되었다.

야권에 비해 상대적으로 통합을 이루었던 새누리당은 지방선거 이후 분열의 조짐을 보이기 시작했다. 정부의 실정과 친박계의 전횡에 반대해 비박(非朴)계가 세를 모으면서 나타난 현상으로, 이러한 현상은 4·24 재·보선에서 당선된 김무성의 당대표 선출에서 가장 전형적으로 드러났다. 이후 새누리당의 친박계와 비박계는 사사건건 대립과 갈등을 반복했고, 이것이 2016년에 실시되는 20대 총선 패배의 직접적인 원인으로 작용하게 된다.

한편 정의당은 지방선거와 재·보선을 통해 당세의 확장을 기했으나, 지방선거에서 단 한 명의 기초단체장도 배출하지 못했고 재·보선에서도 기대에 크게 못 미치는 결과로 인해 고전을 면치 못했다. 그러나 법무부의 해산청구에 맞서 법리다툼을 벌였던 통진당이 헌재에 의해 해산되는 바람에 정의당은 원내의 유일한 진보정당으로 되어, 결과적으로 진보진영의 재편을 주도할 수 있는 위치에 놓이게 되었다.

1) 새정치민주연합 창당

국회의원에 당선된 안철수는 자신의 트레이드마크라고 할 수 있는 새 정치를 추진하기 위한 조직 착수에 들어가, '새정치추진위원회'를 출범시켰다. 독자적인 세력 없이는 자신이 구상하는 새 정치를 실현하는 것이 불가능하다고 생각했기 때문인데, 그가 의도했던 것만큼 독자세력화가 진전되지는 않았다. 독자정당 창당을 위해 '새정치연합'을 출범시키기는 했지만, 인재 영입이 지지부진했던 데다가 현실정치의 벽이 너무나도 높았기 때문이었다.

이 같은 상황에서 안철수 앞에 하나의 돌파구로 제시된 것이 야권연대였다. 평소 야권연대는 패배주의적인 시각에서 나온 것이라며 비판하던 그였지만, 기초선거 불공천을 고리로 한 민주당 김한길의 연대 제의를 거절할 명분도 실리도 없었기에 연대에 응할 수밖에 없었다. 이처럼 그가 독자세력화 대신 야권연대를 택한 결과, 민주당과 새정치연합의 통합이 성사되어 새정치민주연합이 창당되게 되었다.

(1) 새정치연합 발기

4·24 재보선을 통해 원내에 진출한 안철수는 2014년 초에 창당한다는 목표를 정하고, 이 일정에 맞춰 2013년 12월경에는 창당준비위원회를 출범시킨다는 계획을 발표했다. 이를 위해 각 지역별 실행위원 명단을 발표하는 등 조직 작업을 공식화했으나, 2014년 6월 지방선거나 7월 재·보선에 출마할 '중량급' 인사 영입은 큰 성과를 거두지 못했던 것으로 알려졌다.[73] 그럼에도 불구하고 2013년 12월 23일에 그는 창당 준비조직인 새정치추진위원회 사무실 현판식을 갖고 본격적인 창당 정지작업에 들어갔다.[74]

안철수가 신당 창당작업을 본격적으로 추진하며 선거에 나설 후보들을 물색하고 있던 2014년 2월 야권연대론이 거론되기 시작했다. 이는 민주당에서 먼저 제기한 것으로 고위당직자들이 신당과의 지역별 연대 가능성을 언급했고, 독자 세력화를 주장하던 안철수 측이 '연대는 상황을 봐야 안다'고 여지를 두는 발언을 하면서 가시화되었다. 그동안 새정치추진위 측에서는 '야권연대는 없다'면서 연대론에 선을 그어왔으나,[75] 설 이후 그러한 기류에 변화가 생긴 것이다.

창당 작업에 착수한 이래 줄곧 연대론을 부인했던 안철수는 2014년 2

---

73) <조선일보>, 2013년 10월 12일.
74) 이날 안철수는 "정치는 문제를 해결하는 것이어야 하는데 우리 정치는 문제 해결은커녕 도리어 갈등과 분쟁의 원인이 되고 있다"고 비판했다. <조선일보>, 2013년 12월 24일.
75) 안철수는 "연대론은 스스로 이길 수 있다는 자신감이나 의지가 없는 패배주의적 시각"이라면서 야권연대를 반대했고, 김성식은 "자신이 위원장으로 있는 한 야권연대는 없다"고 말했다. <조선일보>, 2014년 2월 4일.

월 7일 민심을 반영하지 못하는 현 정치제도를 고치는 것이 필요하다고 말했다. 그리고 국익과 민생을 위해서라면 누구와 어떤 협력이나 연대도 마다하지 않겠으나, 정치공학적인 선거연대는 없을 것이라고 밝혔다. 그렇지만 그는 지방선거 전까지 제도적으로 뜻을 모으는 정책적 연대는 가능하다고 본다고 밝힘으로써 연대 가능성을 공식화했다.[76)]

이처럼 야권연대의 가능성을 제시하면서도 안철수는 다른 한편으로 신당 창당작업에 박차를 가했고, 2014년 2월 16일에는 신당의 명칭을 새정치연합으로 결정했다. 새정치연합은 발기취지문에서 '민주적 시장경제'를 추구하고, '자유민주적 기본질서에 의한 평화통일의 한반도시대'를 대비하겠다고 기본방향을 밝혔다.[77)] 2014년 2월 17일 개최된 창당발기인대회는 중앙운영위원장으로 안철수를 선출했다. 그는 인사말을 통해 '시대적 과제를 외면하는 낡은 정치를 타파하고 새 틀을 만드는 정치를 지향'하겠다고 말하고, '약속을 지키지 않는 정치가 아니라 희망을 만들어 가는 정치'를 실현하겠다고 밝혔다.[78)]

안철수가 주도하는 신당 창당이 현실화되어감에 따라, 정치권에서는 영·호남을 기반으로 하는 새누리당과 민주당이 1당과 2당을 차지하며 정치를 독점하는 폐해를 없애야 한다는 주장이 나오기 시작했다. 양당이 독점하는 체제를 해체하고 다당제를 정착시키면 여당은 사안별로 야당과 연합하며 정국을 주도할 수 있고 야당도 야권 공조로 여당을 견제할 수 있어, 타협의 정치가 정착되는 계기가 될 수도 있다는 분석이었다.[79)]

---

76) 민주당은 그의 발언이 '선거연대의 명분을 만들기 위해 커다란 조건을 제시한 것'이라고 분석하며 기대를 나타냈다. <조선일보>, 2014년 2월 8일.
77) <조선일보>, 2014년 2월 17일.
78) <조선일보>, 2014년 2월 18일.
79) <조선일보>, 2014년 2월 12일.

(2) 새정치민주연합 창당

안철수 신당의 출현이 가시화되고 있는 가운데 여야는 6·4지방선거에 임하는 전략을 세우기 시작했다. 새누리당은 기존의 불공천 방침을 버리고 광역과 기초를 포함하여 지방선거에 나설 후보 모두를 공천할 것이라고 밝혔는데,[80] 새누리당의 이러한 공천방침에 대해서는 정의당도 지지를 표했다.[81] 민주당의 경우 선거 패배를 자초한다는 현실론에 밀려 결론을 내리지 못하고 있다가,[82] 결국에는 공천제를 유지하는 방향으로 의견을 모았다.[83] 그러나 새정치연합은 국민에 약속한 공천제 폐지를 지키지 못한다면 "새 정치를 할 명분이 없다"고 생각한다면서 기초의회·단체장 선거에 정당 공천을 하지 않겠다고 선언했다.[84]

새정치연합을 제외한 나머지 정당 모두가 기초선거 정당공천제를 유지하기로 한 상황에서 2014년 2월 26일 민주당 대표 김한길은 기초선거 정당공천을 유지하기로 한 당의 방침을 백지상태에서 다시 검토하라고 지시했다. 안철수와 만나 공천문제를 논의하기로 한 때문이었는데,[85] 그의 재검토 지시는 기초선거 불공천을 고리로 하여 야권통합을 모색하려는 의도에서 나온 것으로 판명되었다. 이는 2014년 3월 2일 돌연 김한길과 안철수 두 사람이 공동 기자회견을 갖고 민주당과 새정치연합이

---

80) <조선일보>, 2014년 2월 6일.
81) 정의당 원내대표 심상정은 국회 연설에서 기초의회 정당공천 폐지가 마치 정치개혁의 핵심인 양 오도되고 있다고 말하고, "공천은 정당의 책임이라고 생각한다"고 주장했다. <조선일보>, 2014년 2월 11일.
82) 민주당의 현실론자들은 새누리당이 공천을 하는 마당에 민주당만 공천을 하지 않을 경우 구청장·군수 후보들이 지방선거 무소속 출마를 위해 집단 탈당하고, 이럴 경우 패배 확률이 높아지고 당 조직도 망가질 수 있다고 우려했다. 기초선거 정당공천 폐지라는 명분을 지키다가 선거에 진다면 무슨 의미가 있겠느냐는 것이다. <조선일보>, 2014년 2월 17일.
83) <조선일보>, 2014년 2월 24일.
84) <조선일보>, 2014년 2월 25일.
85) <조선일보>, 2014년 2월 27일.

제3지대에서 신당을 만들어 하나의 정당으로 합치기로 했다고 발표한 것에서 확인되었다.86) 새정치연합과의 통합 논의 자체가 정당공천제 폐지 재검토 발언 없이는 이루어질 수 없는 것이었기 때문이다.

'제3지대 신당' 창당계획이 발표되자 민주당은 표 분산 걱정이 사라졌다면서 긍정적으로 받아들인 반면, 새누리당과 진보당은 이를 강하게 비판했다.87) 특히 새누리당이 비판한 것은 3자구도로 진행되어 오던 선거전이 양자구도로 바뀌어 통합의 시너지를 발휘할 경우, 상당한 바람을 일으켜 새누리당에 크게 불리할 것이라고 생각했기 때문이다.88)

민주당과 새정치연합은 신당 창당을 준비하는 협상기구인 '신당추진단'과 '창당준비위원회'는 물론 신당의 지도부까지 양측이 '5 대 5 원칙'에 따라 구성하기로 합의했다.89) 그리고 신당 창당방식은 '새정치연합과 민주당 일부 인원이 제3지대 신당을 먼저 창당한 뒤 남아 있는 인원의 민주당과 합당하는 방식'으로 하기로 했고, 창당 이후에는 김한길과

---

86) 이들은 공동 기자회견에서 "가장 이른 시일 안에 새 정치를 위한 신당 창당으로 통합을 추진하고 이를 바탕으로 2017년 정권교체를 실현한다"고 발표했다. 이들은 또한 3월말까지 창당작업을 완료하기로 했는데 합당이 아니라 신당 창당이라는 점을 분명히 했다. 김한길은 새정치연합이 아직 정당형태를 갖추고 있지 않기 때문에 제3정당을 만든 뒤 민주당과 새정치연합이 이에 합류하는 이른바 '제3지대 창당방식'을 취한 것이라고 설명했다. <조선일보>, 2014년 3월 3일.
87) 이에 대해 새누리당은 "자립갱생이 불가능하고 급조된 신생 정당과 야권 짝짓기라면 무엇이든지 내던지는 제1야당의 야합"이라고 비난했다. 정의당은 "원래부터 원칙도 내용도 없었던 안철수식 '새 정치'의 종언"을 고한 것이며, "혁파하겠다던 정치 기득권에 스스로 편승해 자신의 정치적 꿈을 이루겠다고 '헌 정치'에 투항한 것"이라고 비판했다. 새정치연합 내에서도 김성식, 윤여준 등은 통합에 반발해 신당 불참을 선언했다. <조선일보>, 2014년 3월 3일.
88) <조선일보>, 2014년 3월 3일.
89) 민주당과 새정치연합의 의석수는 '126 대 2'이지만 '5 대 5 원칙'을 적용하기로 한 것은 '세력 대 세력'의 결합을 강조하기 위한 것인데, 현실적으로 양측의 세력규모와 출마 가능한 인적 자원을 고려하면 지방선거 후보 공천까지 양측이 동일하게 나눌 수는 없을 것으로 분석되었다. <조선일보>, 2014년 3월 4일.

안철수가 공동대표를 맡기로 합의했다.90) 한편 2014년 3월 16일에는 창당 발기인대회를 열고 당명을 '새정치민주연합'으로 결정했고, 그동안 논란이 되어 왔던 정강·정책에 대해서도 대체로 합의했던 것으로 알려졌다.91)

6·4지방선거를 두 달여 앞둔 2014년 3월 26일 민주당과 새정치연합이 통합한 새정치민주연합은 창당대회를 갖고 김한길과 안철수를 공동대표로 선출했다. 대표 수락연설에서 안철수는 "새정치민주연합의 창당은 미래로 가는 새로운 체제의 출발이자 낡은 정치의 종말"이라고 주장했고, 김한길은 "거짓말 정치에 대해 국민이 반드시 표로 심판해야 한다"고 역설했다.92) 공동대표 선출과 동시에 초대 지도부 18명 최고위원 명단을 확정지음으로써 새정치민주연합은 공식 출범하게 되었다.

통합 야당의 출범으로 인해 지방선거는 새누리당과 1 대 1 양당구도로 치러지게 되어 새누리당으로서는 일종의 위기의식을 느끼지 않을 수 없게 되었다. 야권 표의 분산으로 인해 여당으로서 얻을 수 있는 반사이익을 더 이상 기대할 수 없게 되었다고 생각했기 때문이다.

2) 제6회 지방선거와 새누리당의 권력지형 변화

2014년 2월에 들어서면서부터 새누리당과 민주당을 포함하여 여야는 6월 4일 사상 여섯 번째로 실시되는 지방선거에 임하는 전략을 세우기 시작했다. 그 일환으로 여야는 2014년 5월 8일 동시에 의원총회를 열고 원내대표 선출을 마친 후,93) 본격적인 선거준비에 나섰다. 민주당과 새

---

90) <조선일보>, 2014년 3월 8일.
91) 새정치연합 측은 정강·정책에서 6·15선언과 10·4선언, 두 선언이 보수와 진보의 논쟁 대상이 되었다면서 삭제할 것을 요구했다가 민주당이 반대하자 이를 거두어들였다. <조선일보>, 2014년 3월 21일.
92) <조선일보>, 2014년 3월 27일.
93) 원내대표로 새누리당은 이완구를, 새정치민주연합은 박영선을 선출했다. 세월

정치연합은 야권연대를 성사시켜 분산된 야권의 지지자들을 모아 정부·여당의 실정을 심판한다는 전략이었고, 새누리당은 '정권 심판론'에 맞서 '국가 대개조론'을 내세우며 여권 지지층의 결집을 끌어낸다는 방침이었다. 이처럼 여야가 선거에 임하는 전략을 수립했지만, 세월호참사와 이를 수습하는 과정에서 드러난 정부의 무능 등으로 인해 야당이 지방선거에서 압도적으로 승리할 것으로 분석되었다. 그러나 선거 결과 어느 한 쪽도 승리를 주장할 수 없을 정도로 무승부로 끝나고 말았다.

한편 전당대회를 앞두고 새누리당의 친박계와 비박계 사이에 치열한 당권경쟁이 벌어졌다. 친박계 위주의 당 운영방식에 불만을 느껴온 데다가 공천과정에서 앙금이 누적된 비박계가 반기를 든 것인데, 전당대회에서 비박계가 승리하면서 새누리당의 권력지형은 크게 변하게 되었다. 당의 주도권이 친박계로부터 비박계로 넘어감에 따라 통합을 유지해오던 새누리당 내부에 분열의 싹이 트기 시작했다. 이로 인해 생긴 갈등은 후일 새누리당의 분당과 해소 그리고 최종적으로는 대통령의 탄핵과 파면을 초래하는 원인(遠因)으로 작용하게 된다.

(1) 제6회 지방선거

새누리당은 일찍부터 지방선거에서 단체장은 물론 광역·기초의회의원 후보 모두를 경선방식으로 공천하는 방안을 도입하겠다고 발표한 바 있었다.[94] 중앙당이나 시·도당 지도부에서 후보를 지명하는 기존의 하향식 공천관행을 전면적으로 배제하겠다는 취지였는데, 이러한 새누리당과 달리 야권에서는 기초선거 후보자의 정당공천문제가 전면에 부각되는 상황이 전개되었다.

호참사에 대해서 이완구는 "대통령이 진심을 담아 대국민 호소를 하고 대책을 내놓으면 국민 마음이 돌아올 것"이라고 말했고, 박영선은 "진상 규명과 재발방지를 위한 국정조사를 실시하고 특별법을 만들어 재발을 막아야 한다"고 주장했다. <조선일보>, 2014년 5월 9일.

94) <조선일보>, 2014년 2월 6일.

기초선거 불공천을 주장한 새정치연합과 정당공천제를 강조한 민주당이 하나로 합쳐 새정치민주연합으로 출범하면서 당 내에서 공천문제로 갈등이 발생한 것이다. 공천을 둘러싼 새정치민주연합 내부의 갈등요인은 두 가지로 정리할 수 있다. 하나는 기초선거 불공천을 고수할 것인가 하는 문제였고, 다른 하나는 안철수계 인사에 대한 전략공천문제였다.

새정치민주연합 내부에서 합당의 전제조건이었던 기초선거 불공천 방침에 대해 정당 해산까지 거론하며 강하게 반발하는 현상이 나타났다. 기초선거 공천문제에 대해 '전 당원 투표로 다시 의견을 묻는 것이 바람직하다'든지 '공천을 하지 않으려면 차라리 정당을 해산하는 것이 맞다'는 주장이 제기된 것이다.[95] 이로 인해 당은 "약속은 지켜야 한다"는 원칙론과 "여야가 불공정한 게임을 할 수 있다"는 현실론으로 갈려, 분열되는 양상을 보였다. 일부 원칙론자는 '지방선거 보이콧'까지 주장하기도 했으며, 현실론자의 일부는 '정당 해산론'을 언급하기도 했다.[96]

당내에서 불공천 철회 주장이 확산되자 안철수는 전 당원투표와 국민여론조사를 통해 기초선거 불공천 여부를 다시 결정하겠다고 한발 물러섰다. 새누리당이 기초선거 정당공천을 유지하기로 함에 따라, 새정치민주연합 후보 상당수가 선거운동의 어려움을 호소하고 있는 실정을 무시할 수 없었기 때문이다.[97] 2014년 4월 9일 실시된 당원투표와 여론조사 결과 당원은 57.14%, 국민은 49.75%가 기초선거 정당공천을 지지하는 것으로 나타남에 따라 새정치민주연합은 기초선거 불공천 방침을 철회했다.[98] 이로써 불공천문제로 인한 당내 갈등은 진정될 수 있게 되었다.

---

95) 당 최고위원인 신경민 의원은 불공천이 새 정치의 대표 브랜드가 될 수 없다고 주장했다. <조선일보>, 2014년 4월 4일.
96) <조선일보>, 2014년 4월 7일.
97) 민주당은 2013년 7월 기초선거 정당공천 폐지안을 전 당원투표에 부친 바 있는데, 대상자의 51.9%가 참가해 67.7% 찬성으로 폐지안을 가결했다. <조선일보>, 2014년 4월 9일.

그러나 불공천을 전제로 합당을 결정했는데, 합당의 핵심적인 고리가 사라짐으로 인해 안철수의 당내 리더십과 정치력은 상처를 입지 않을 수 없게 되었다.

당내 갈등을 촉발시킨 또 하나의 요인은 안철수계 배려를 위한 전략공천이었다. 당은 우선 광역단체장 경선과 관련, 안철수계 후보가 있는 지역은 당원투표 없이 '여론조사 50% + 배심원제 50%'방안을 확정지었다.99) 안철수계를 배려하여 광역단체장 후보 선출에 당원투표를 배제하기로 한 지도부의 조치에 대해 민주당 출신 경선 후보들은 불만을 나타냈는데,100) 이들이 더욱 반발한 것은 당 지도부가 호남에서 전략공천을 검토하기 시작했기 때문이다.

그러한 조치의 일환으로 광주지역 현역 의원 5명이 안철수와 가까운 윤장현 광주시장 예비후보를 공개적으로 지지한다고 선언했고, 뒤이어 당은 그를 전략공천키로 결정했다.101) 이에 대해 광주시장 예비후보로 등록했던 이용섭 의원과 강운태 광주시장은 탈당하고 무소속 출마를 선언하는 등 당내에 거센 반발이 일었다. 당 지도부는 전국 17개 시·도에서 안철수계 후보는 한 명도 없게 될 가능성이 커진 상황에서 통합의 상징적인 효과를 내고 안철수계를 배려하기 위한 차원에서 취한 조치였다고 말했으나,102) 이로 인한 당내 분란은 피할 길이 없었다.

2.3대 1이라는 역대 최저수준의 평균 경쟁률을 보인 6·4지방선거의103)

---

98) <조선일보>, 2014년 4월 11일.
99) 경기와 호남지역이 경우가 이에 해당되는 것으로 알려졌다. <조선일보>, 2014년 4월 1일.
100) <조선일보>, 2014년 4월 4일.
101) <조선일보>, 2014년 4월 15일 및 5월 3일.
102) <조선일보>, 2014년 5월 6일.
103) 17명의 시·도지사를 뽑는 광역단체장선거에는 60명이 등록해 3.6대 1의 경쟁률을 보였고, 226명을 선출하는 기초단체장선거에는 715명이 출마해 경쟁률은 3.6대 1이었다. 광역의원과 기초의원 경쟁률은 각각 2.5대 1과 2.1대 1이었다. <조선일보>, 2014년 5월 17일.

법정 선거운동 첫날인 5월 22일 새누리당은 충청권에서, 새정치민주연합은 수도권에서 각각 출정식을 가졌다. 지방선거에서 가장 이슈가 된 것은 세월호참사였는데 이와 관련해서 여당은 '반성과 희망'에, 야당은 '슬픔과 분노'에 초점을 맞춰 선거운동을 시작했다. 선거운동 초반 새정치민주연합 문재인은 경남 등 일부 지역에서 통진당과 야권연대의 필요성을 주장했는데,104) 이 발언을 계기로 경남과 수도권 일부에서 암묵적으로 단일화가 확산되는 현상이 나타나기도 했다.105)

지방선거 개표 결과 17개 광역단체장을 기준으로 여당이 8곳, 야당이 9곳에서 승리함으로써 통계상으로는 절묘한 균형을 이루었다고 할 수 있다. 새누리당은 부산, 대구, 인천, 울산, 경기, 경북, 경남, 제주 등 8곳의 단체장을, 새정치민주연합은 서울, 광주, 대전, 세종, 강원, 충북, 충남, 전북, 전남 등 9곳의 단체장을 차지했기에 어느 한 쪽도 자신이 승리했다고 주장할 수 없게 되었다.106)

선거결과가 이처럼 무승부로 나온 것에 대해 민심은 여야 어느 한 편의 손도 들어주지 않은 것이라는 분석이 나왔다. 정부·여당을 심판했지만, 그렇다고 해서 야당의 손을 들어준 것도 아니라는 것이다.107) 그

---

104) 문재인은 안철수와 김한길이 '당 대 당'연대는 곤란하지만, 지역에서 후보들 간 단일화는 반대하지 않기로 했다고 전했다. <조선일보>, 2014년 5월 26일.
105) 경상남도, 울산광역시, 진주시에 이어 경기 성남시, 경기도, 부산광역시 등에 출마했던 통진당 소속 후보들은 "새누리당의 당선을 막아야 한다"며 후보직을 사퇴했다. <조선일보>, 2014년 5월 26일 및 6월 2일.
106) 기초단체장의 경우 전국적으로 새누리당 117명, 새정치민주연합 80명으로 새누리당이 앞섰다. 그러나 서울의 경우 25개 구청 가운데 5곳(서초구, 강남구, 송파구, 중구, 중랑구)을 제외한 20곳을 새정치민주연합이 차지했다. 한편 광역의회의 경우 375대 309로, 기초의회의 경우 1206대 989로 새누리당이 승리했다.
107) 서울에서 승리했기에 새정치민주연합의 김한길·안철수 공동대표체제는 당분간 유지될 수 있을 것으로 관측되었다. 한편 새누리당의 경우 세월호참사라는 대형 악재에도 불구하고 부산을 지켰고 수도권에서 비교적 선전했기에 친박계는 비박계로부터 거친 공세를 받지 않을 것으로 분석되었다. <조선일보>, 2014년 6월 5일.

러나 세월호사고 수습과정에서 적나라하게 드러난 정부의 부실한 대응과 무능력으로 민심이 이반되어 야당이 압도적으로 이길 수밖에 없는 구도임에도 불구하고 승리하지 못한 것은 리더십의 빈곤이라는 것 말고는 달리 설명할 길이 없다는 비판도[108] 적실성 있는 지적이라고 할 수 있다. 그러나 보다 근본적인 요인으로는 기초선거 불공천 논란과 전략공천문제로 당내 민주계와 안철수계 사이의 갈등이 통합의 효과를 반감시켰기에 승리하지 못한 것이라고 할 수 있다.

(2) 새누리당의 권력지형 변화

친박계 위주의 새누리당 운영은 상대적으로 당 운영에서 소외된 비박계나 비주류의 불만을 불러일으킬 수밖에 없었는데,[109] 그 첫 사례가 서울 지역 조직위원장 임명에서 나타났다. 2014년 2월 24일 새누리당 최고위원회가 노원을, 구로갑, 동작갑 세 곳의 조직위원장에 모두 친박계 인사들을 의결하자, 비주류인 서울시당 위원장은 지역활동을 한 경험도 없고 해당지역에 거주하지도 않은 타 지역 사람을 낙하산으로 내리꽂는 것은 "소위 자기 사람 챙겨주기 전횡"이라며 반발한 것이다.[110]

친박계와 비박계는 지도부를 선출하는 전당대회 날짜를 놓고도 이미 대립한 바 있었지만, 그 중간선인 2014년 7월 14일로 합의하는 선에서 마무리 지음으로써 충돌을 피한 적이 있었다.[111] 이후 지방선거 예비경선에서도 자파 후보의 승리를 위해 양측은 한 치의 양보도 없이 치열하

---

108) <조선일보>, 2014년 6월 5일.
109) 친박계는 박근혜 대통령의 청와대 입성 후 구심점이 약해지면서 친박 당권파·서청원 그룹·친박 비주류·대통령 직계 그룹 등으로 분화된 것으로, 비박계나 비주류는 정몽준·김무성·김문수 등과 친분이 깊은 의원들이 중심을 이루고 있는 것으로 분석되었다. <조선일보>, 2014년 2월 14일.
110) 이에 대해 비주류측은 사무총장이 최고위원을 뽑는 전당대회 준비를 위해 자기 사람을 심는 것이라고 비난했다. <조선일보>, 2014년 2월 25일.
111) 주류 친박계는 8월 전당대회 개최를, 비주류는 황우여 대표의 임기가 만료되는 5월 이전 개최를 주장했다. <조선일보>, 2014년 2월 21일.

게 다투었는데, 경선에서 부진한 성적을 보이게 되자 친박계에 비상이 걸리는 상황이 나타나기도 했다.112)

　지방선거 예비경선에서 비박계의 우세에 이어 2014년 5월 23일 실시된 국회의장 경선에서 거둔 비박계의 승리는 당의 주도권이 친박계에서 비박계로 확실하게 넘어가고 있음을 적나라하게 보여준 사건이라고 할 수 있다. 당내 경선에서 비박계의 정의화(鄭義和)가 친박계의 황우여를 무려 101 대 46이라는 압도적인 표차로 누르고 국회의장 후보로 선출됨으로써 친박계의 당 장악력이 약화될 수밖에 없었기 때문이다. 지방선거가 끝나면서 새누리당은 최고위원 5인의 선출을 위한 전당대회 준비에 들어갔는데, 비박계의 우세는 전당대회에서 여지없이 나타났다.

　규정상 전당대회 1위 득표자가 2년 임기의 당대표가 되고, 당대표가 2016년 총선의 공천권을 행사하게 되어 있어 1위 득표를 위한 경쟁은 치열할 수밖에 없었다. 총 9명이 출마를 선언한 가운데,113) 대표 경선은 친박계의 서청원과 비박계의 김무성의 대결구도로 압축되었다. 출마선언에서 김무성은 정당 민주주의의 요체는 권력자로부터 공천권을 빼앗아 당원과 국민에게 돌려주는 것이라면서 "공천권을 내려놓고 오픈프라이머리로 가야 한다"고 주장했고,114) 서청원은 당이 무기력한 자세를 벗어나 청와대를 이끌어 가는 정당이 되어야 하며 "당과 청와대, 당과 정부의 관계를 '수평적 긴장관계'로 재정립"해야 한다고 주장했다.115)

　이와 같은 주장으로 보아 서청원이 이기면 당·청 간 교감을 통한 공천권 행사 쪽으로 방향을 잡아갈 가능성이 있고, 김무성이 승리하게 되

---

112) 새누리당 전국 13개 광역단체장 후보 중 친박계 후보는 부산의 서병수 등 5명에 불과했고, 비박계 후보는 서울의 정몽준 등 8명이나 되었다. <조선일보>, 2014년 5월 24일.
113) 9명은 다음과 같다. 김무성·김상민·김영우·김을동·김태호·박창달·서청원·이인제·홍문종.
114) <조선일보>, 2014년 6월 9일.
115) <조선일보>, 2014년 6월 11일.

면 당의 독자적 공천권 행사가 힘을 받을 가능성이 큰 것으로 분석되었다.116) 당권 경쟁이 계파 다툼과 네거티브 공방양상을 띠면서 과열되자, 당의 초·재선 의원 21명은 기자회견을 갖고 '쇄신 전대 추진모임'을 갖고 전당대회가 당이 죽는 대회가 아니라 살아나는 대회가 돼야 한다고 주장하기도 했다.117)

대통령도 참석한 2014년 7월 14일의 전당대회에서 비박계의 김무성이 8.1%p 차이로 서청원을 제치고 당대표로 선출되었는데, 이는 공천권을 당원과 국민에게 돌려주겠다는 공약이 주효한 것이라고 할 수 있다. 당선 소감을 밝히는 자리에서 그는 주요 당직 인사는 '그동안 당에서 소외받았던 인사들을 중심으로 기용할 생각'이라고 밝혔다. 이는 비박계 중심의 당 운영을 예고한 것이어서 청와대나 친박계와 갈등을 빚을 수도 있다는 분석과 함께 '새누리당이 박근혜 대통령으로부터 벗어나기 시작한 것'이라는 해석이 나왔다.118) 지방선거 예비경선과 국회의장후보 경선 그리고 전당대회를 거치면서 친박계는 분화·퇴조하는 반면, 비박계는 세를 불리는 식으로 새누리당의 권력지형이 변화하는 조짐이 나타났던 것이라고 할 수 있다.

3) 7·30재·보궐선거와 새정치민주연합의 지도체제 개편

기초선거 정당공천제나 특정 후보 전략공천문제 등을 놓고 양 계파가 갈등하는 바람에 지방선거에서 새정치민주연합은 야권연대가 주는 통합

---

116) <조선일보>, 2014년 6월 17일.
117) 이들은 출마한 후보들을 상대로 소모적 네거티브 비방 중지, 의원 줄 세우기 근절, 단체식사를 비롯한 세몰이 금지 등을 요구했다. <조선일보>, 2014년 6월 24일.
118) <조선일보>, 2014년 7월 15일. 한편 전당대회 후보별 득표율은 다음과 같다. 김무성(29.6%), 서청원(21.56%), 김태호(14.2%), 이인제(11.7%), 홍문종(9.3%), 김을동(8.2%), 김상민(2.0%), 박창달(1.8%), 김영우(1.7%).

의 효과를 제대로 보지 못했다. 당 일부에서 '이보다 더 좋은 선거환경은 없을 것'이라는 말까지 나온 선거였음에도[119] 불구하고 무승부로 끝났기 때문이다. 이는 승리하기 위해서는 반드시 통합해야 한다는 강박관념에 쫓겨 갈등을 일으킬 만한 소재를 해결하지 않고 그대로 둔 채 야권연대를 서둘렀기 때문에 생긴 일이었다. 상대방의 전략은 고려하지 않고 정치공학적인 판단만 앞세운 조치였다고 할 수 있다.

급조된 야권연대로 인해 새정치민주연합에 초래된 문제는 지방선거 무승부만은 아니었다는 데 사건의 심각성이 있었다. 그 여파가 7·30재·보선에까지 미쳐 새정치민주연합을 위기로 몰아넣은 것이다. 지방선거 때와 마찬가지로 공천과정에서 양 계파의 갈등이 재현되어 통합의 효과를 반감시킨 것인데, 이로 인해 새정치민주연합은 참패를 면할 수 없었다. 승리를 예상했던 재·보궐선거에서의 참패로 당이 위기를 맞게 되자, 김한길과 안철수 두 공동대표는 패배의 책임을 지고 대표직을 사퇴하는 지경에 이르게 되었다.

(1) 7·30재·보궐선거

지방선거 이후 정치권의 관심은 2014년 7월 30일에 치러질 재·보궐선거에 집중되었다. 현역 의원들이 대거 시·도지사 후보로 출마하여 의원직을 사퇴했거나 당선 무효형으로 의원직을 상실한 지역이 늘어나, 전국 15곳에서 선거를 치러야 해서 '미니 총선'이라고 할 수 있는 환경이 조성되었기 때문이다.[120] 지역적으로는 수도권 6곳, 영남 2곳, 호남 4곳, 대전·충청 3곳에서 치러지게 되었는데, 선거 직전까지 새누리당이

---

119) 연합뉴스, 『2015 연합연감』, 172쪽.
120) 지방선거에 출마하기 위해 의원직을 사퇴한 현역 의원이 10명(△새누리당 7명: 정몽준·서병수·유정복·박성효·김기현·남경필·윤진식. △새정치민주연합 3명: 김진표·이낙연·이용섭)이나 되었고, 대법원에서 유죄판결이 확정되어 의원직을 상실한 의원이 5명(신장용·이재영·성완종·김선동·배기운)으로, 총 15곳에서 선거가 치러지게 되었다.

차지했던 지역은 9곳, 새정치민주연합이 차지했던 지역은 5곳, 통진당이 차지했던 지역은 1곳이었다.[121]

새누리당과 새정치민주연합 지도부는 재·보선 승리를 위해 총력을 기울였는데, 이는 선거가 정국에 미칠 파장이나 당내 리더십 확립에 지대한 영향을 미칠 것이기 때문이었다. 당대표로 선출된 김무성으로서는 친박계의 견제를 배제하고 새누리당을 확실히 장악하기 위해 승리해야만 했고, 새정치민주연합의 김한길과 안철수 두 공동대표로서는 취약한 당내 기반을 확고히 다지기 위해 반드시 승리하지 않으면 안 되었다.

재·보선을 앞두고 공천갈등을[122] 겪던 새정치민주연합 일부는 야권연대설을 제기했다. 서울 등 수도권 재·보선지역에서 진보정당 후보가 출마하면 야권 표가 분산되어 패배할 수도 있기 때문에 이기기 위해서는 연대할 수밖에 없다는 판단에 입각한 것이었다.[123] 야권연대설에 대해 정의당은 이에 응할 의사가 있음을 밝혔다.[124] 이에 대해 새정치민주연합으로서는 연대를 하면 정치공학적이라는 비판에 따른 역풍 가능성이 있는 반면, 연대하지 않으면 야권 표 분산으로 당선이 어려워질 수도 있어 적지 않은 고민에 처했다. 그러나 결국 연대하기로 했는데, 이는 야권 후보의 난립으로 수도권 일부 지역의 여론조사에서 선거판세가

---

121) ○새누리당 9곳: △서울 동작을 △부산 해운대·기장갑 △경기 김포 △경기 평택을 △대전 대덕 △울산 남구을 △경기 수원병 △충북 충주 △충남 서산·태안. ○새정치민주연합 5곳: △경기 수원을 △경기 수원정 △전남 담양·함평·영광·장성 △전남 나주·화순 △광주 광산을. ○통진당 1곳: △전남 순천·곡성.

122) 새정치민주연합이 후보를 낸 12곳 가운데 안철수계가 공천신청을 한 곳은 10곳이나 되었지만, 단 한 명도 공천을 받지 못했다. 이로 인해 그는 지방선거에 이어 재·보선 공천과정에서 민주계로부터는 '자기 사람 챙기기'라는 비판을 받고, 자신을 따르는 인사들로부터는 '사람 귀한 줄 모른다'고 비판받는 등 양측의 협공을 받았다. <조선일보>, 2014년 7월 10일.

123) <조선일보>, 2014년 6월 25일.

124) 정의당 대표 천호선은 '독자적인 완주가 대원칙이지만 제한적인 야권연대는 가능하며 또 필요하다'고 말했다. <조선일보>, 2014년 7월 2일.

새정치민주연합에 불리하게 나왔기 때문이다.

새정치민주연합과 정의당은 지방선거를 엿새 앞둔 2014년 7월 24일 서울 동작을, 경기도의 수원병과 수원정 3곳의 후보단일화에 합의했다. 새정치민주연합은 동작을 후보를, 정의당은 수원병과 수원정 후보를 사퇴시키는 선에서 야권연대를 전격적으로 성사시킨 것인데, 이에 대해 새정치민주연합 내부로부터 반발이 적지 않았다. 특히 동작을의 경우 온갖 무리를 다해가며 전략공천에 전략공천을 거듭한 지역이었음에도 불구하고,[125] 자당 후보를 사퇴시키고 정의당에 양보한 것에 대해 비판이 집중됨으로써 연대의 효과가 상쇄되고 말았다.[126]

새누리당은 일부 후보들이 지도부의 출마권유를 거부하거나, 공천과정에서 지도부의 갈등 등의 문제를 내부적으로 안고 있었다.[127] 그러나

---

[125] 안철수가 허동준 지역위원장을 제치고 자신의 측근인 금태섭을 동작을 지역에 전략공천하려고 하자, 당 소속 의원 31명은 전략적 고려도 중요하지만 지역유권자와 당원의 뜻이 반영되는 공천이 되어야 한다면서 경선을 통한 공천을 촉구하며 반대했다. 당내에 강한 반발이 일자 김한길·안철수 두 공동대표는 금태섭 대신 박원순의 측근으로 광주지역에 공천신청을 했던 기동민을 새로 전략공천했는데, 이에 대해서도 역시 강한 반발이 나왔다. 당 지도부가 전략공천에 대한 반발을 무마하기 위해 취한 조치가 오히려 '이간질 정치' '패륜 공천'이라고 하는 더 큰 비난을 불러일으킨 것이다. <조선일보>, 2014년 7월 1일·2일·5일.

[126] 수원병에 출마한 손학규는 '과연 이 연대가 정책과 이념적인 동질성을 확보하고 미래비전을 위한 것인지 깊이 성찰'해야 한다고 비판했으며, 최고위원인 우원식은 '필요하면 지역에서 알아서 하라는 것은 책임을 안 지려는 비겁한 태도'라고 비난했다. 안철수의 측근 역시 '명분도 원칙도 없고 새 정치는 이제 끝난 것 같다'고 지적했다. 동작을의 전 지역위원장인 허동준도 허탈하다면서 '나도 죽고 기동민 후보도 두 번, 세 번 죽었다'고 비판했다. <조선일보>, 2014년 7월 26일.

[127] 오세훈과 김문수, 나경원은 당 지도부의 출마요청을 거절했으며(<조선일보>, 2014년 7월 3일), 임태희의 전략공천문제를 놓고는 공천위원회와 비대위원장 사이에 갈등을 겪기도 했다(<조선일보>, 2014년 7월 5일). 출마를 고사했던 나경원은 지도부의 요청을 받아들여 동작을에 출마했다.

전략공천과 지방선거 직전 일부 지역에서 성사시킨 야권연대에 대한 비판으로 새정치민주연합이 내분을 겪자, 새누리당 지도부는 야권 후보단 일화 효과를 차단하기 위해 단합된 모습을 보였다.[128] 전당대회를 전후하여 당내 친박계와 비박계 사이에 조성되었던 긴장관계를 일시적으로 해소하고, 선거 승리를 위해 전력을 기울인 것이다.

위에서 살펴본 바와 같이 역대 최대 규모로 치러진 재·보선에서 새정치민주연합은 공천갈등으로 인한 후유증과 야권연대에 대한 당내 비판 등으로 단합된 모습을 보여주지 못한 반면, 새누리당은 공천과정에서 있었던 갈등을 해소하고 단합된 모습으로 임했다. 단합하지 못한 결과 새정치민주연합은 '11 대 4'라고 하는 참패의 늪에 빠졌다.[129] 자신의 텃밭이라고 할 수 있는 전남 순천·곡성을 포함하여, 내외의 반발을 무릅쓰고 야권연대를 성사시킨 2곳(동작을, 수원병)마저 새누리당에 내주고 말았다. 이로써 새누리당 김무성 대표체제는 안착될 수 있게 된 반면, 새정치민주연합은 김한길 안철수 두 공동대표의 사의 표명으로 지도체제를 개편하지 않으면 안 되는 상황에 처하게 되었다.[130]

---

128) 김무성의 당대표 취임 이후 당무를 거부하던 서청원은 야권이 연대하자, 당무에 복귀하여 새누리당 후보를 지원하는 유세를 벌였다. <조선일보>, 2014년 7월 26일.

129) 새누리당이 승리한 11곳은 △서울 동작을(나경원) △부산 해운대·기장갑(배덕광) △대전 대덕(정용기) △울산 남구을(박맹우) △경기 김포(홍철호) △경기 평택을(유의동) △경기 수원병(김용남) △경기 수원을(정미경) △충북 충주(이종배) △충남 서산·태안(김제식) △전남 순천·곡성(이정현)이며, 새정치민주연합이 승리한 4곳은 △광주 광산을(권은희) △경기 수원정(박광온) △전남 담양·함평·영광·장성(이개호) △전남 나주·화순(신정훈)이다.

130) 이들은 선거 다음날인 2014년 7월 31일 재보선 패배의 책임을 지고 사퇴했는데, 이는 공동 지도부가 탄생한 지 4개월 만의 일이다. 김한길·안철수의 사퇴에 이어 손학규는 정계은퇴를 선언했다.

(2) 새정치민주연합의 지도체제 개편

7·30재·보선 참패로 지도부 공백상태를 맞은 새정치민주연합은 2014년 8월 4일 원내대표인 박영선(朴暎宣)을 비상대책위원장으로 추대했다.131) 그러나 세월호특별법 합의과정에서 당 일부와 세월호 유족 및 시민단체 등으로부터 여당에 지나치게 양보했다는 비판을 받은데다132) 외부 인사의 비대위원장 영입작업에 대해 당내의 반발이 잇달아,133) 리더십에 큰 상처를 받자 비대위원장직을 사퇴했다.134) 박영선의 사퇴로 공석이 된 비대위원장에는 5선의 문희상이 다시 추대되었다.

비대위 첫 회의에서 문희상은 당을 정상화하기 전까지는 계파활동을 중단하자고 제안해서 모두의 동의를 받았다.135) 그러나 친노의 입장을 지지하는 내용의 발언이 보도됨으로 해서 그 자신이 계파활동을 촉발시킨 셈이 되고 말았다. 그가 친노 진영이 주장하는 모바일 투표를 도입해도 문제가 없다고 발언했는데, 비노(非盧) 진영이 모바일 투표는 '조직적 동원을 통한 조작'이 가능하다며 이에 제동을 걸었기 때문이다.136)

---

131) 박영선은 비대위원장으로 추대된 직후 "피할 수 있으면 어떻게든 피하고 싶었다"면서 당이 처한 절체절명의 위기에 책임을 피하지 않고 모든 역량을 집중하겠다고 말했다. <조선일보>, 2014년 8월 5일.
132) 새정치민주연합 외원 일부와 시민단체 등은 세월호 특별법에 의해 설치되는 특별검사에 야당이 특검후보 추천권을 가져야 하며 진상조사위원회에 유가족 추천 몫을 늘려야 함에도 불구하고, 원내대표가 이를 관철시키지 못했다면서 재협상과 비대위원장 사퇴를 요구했다. <조선일보>, 2014년 8월 9일, 11일, 20일, 21일.
133) 박영선은 문재인과 상의한 후 새누리당 비대위원 출신인 이상돈과 서울대 명예교수 안경환을 공동 비대위원장으로 내정했지만, 친노 의원들을 중심으로 당내에 강한 반발이 일게 되자 이를 철회했다. <조선일보>, 2014년 9월 12일.
134) 박영선은 비대위원장직 사퇴는 물론, '문재인 의원을 비롯한 당내 중진들의 비겁한 모습'에 실망, 탈당까지도 결심했던 것으로 알려졌다. <조선일보>, 2014년 9월 16일.
135) 비대위원은 문희상과 당연직인 원내대표 박영선 외에 문재인, 정세균, 박지원, 인재근 6명으로 구성되었다. <조선일보>, 9월 22일, 23일.

새정치민주연합의 계파활동은 박영선이 원내대표직을 사퇴하면서[137] 다시 나타나기 시작했다. 10월 9일 실시된 원내대표 선거가 그 전초전이라고 할 수 있는데, 원내대표 경선에서 3선의 우윤근(禹潤根)이 당선되었다. 그는 자신은 계파가 없으며 일방적으로 쏠리지 않게 하겠다고 당선 소감을 밝혔지만,[138] 친노로 분류되는 인물이었기에 전당대회를 앞두고 계파 갈등은 더 커질 것으로 전망되었다.

전당대회를 앞둔 시점에서 새정치민주연합 내의 가장 큰 갈등 요인은 당권과 대권의 분리문제로, 이는 대선 주자가 당대표 선거에 출마할 수 있느냐 없느냐 하는 것으로 요약된다.[139] 사실상 문재인에게 당대표 선거와 대선 출마 중에서 하나만을 선택하라는 요구라고 할 수 있는데, 이 문제를 놓고 양 진영은 첨예하게 대립했다.[140] 이와 별개로 당대표와 최고위원 선거를 함께 하느냐, 아니면 현재처럼 분리해서 따로 뽑느냐

---

[136] 문희상은 언론 인터뷰에서 "친노가 주장하는 네트워크 정당에 대해 반대할 이유가 없으며 모바일 투표도 문제가 있는 게 아니다"라고 말했다. 이에 대해 박지원은 "전당대회 모바일 투표에 문제가 없는 게 아니라 가장 큰 문제"라고 비판했다. <조선일보>, 2014년 9월 24일.

[137] 박영선은 당 소속 의원들에 보낸 이메일에서 "여당에선 원내대표로서의 자격을 의심받았고, 당내 강경파에게선 퇴진 요구를 받았고, 유족들로부터는 불신(不信)이라는 삼중고를 겪었다"라고 자신의 심경을 밝혔다. <조선일보>, 2014년 10월 3일.

[138] 119명의 의원이 참석한 1차 투표에서 우윤근 42표, 이종걸 43표, 이목희 33표였으나, 2차 투표에서는 우윤근를 64표를 얻어 53표를 얻은 이종걸을 제치고 원내대표로 선출되었다.

[139] 비노 진영의 우상호는 당권과 대권은 분리되어야 한다면서 "대선 후보는 전당대회에 출마하지 않는 것이 불필요한 갈등을 유발하지 않고 대표 선출 이후 다른 계파의 오해로부터 자유로워질 수 있다"고 말했다. 이에 대해 친노 진영은 "공정성을 담보할 수 있는 시스템을 만들면 되지 당권과 대권을 분리할 문제는 아니다"고 반발했다. <조선일보>, 2014년 11월 14일.

[140] 비노 진영의 최원식은 당대표가 대선 후보로 출마할 경우 '출마 1년 전'에 대표직을 물러나야 한다는 현행 규정을 '출마 2년 전 사퇴'로 고치자고 제안하기도 했다. <동아일보>, 2014년 12월 3일.

는 논란도 있었다. 그러나 이 문제는 당권·대권 분리문제보다는 상대적으로 갈등 요인이 적었기에 현행 제도를 유지하는 선에서 합의를 볼 수 있었다.141)

새정치민주연합의 당권 경쟁은 2015년 2월 8일로 전당대회 날짜가 결정됨으로써 본격화되었다. 당대표를 뽑는 선거에 문재인과 박지원(朴智元), 정세균 등이 출마 의사를 밝히자, 당 소속 의원 30명은 특정인이 당을 좌지우지하고 있다면서 3명의 동반 불출마를 공식 요구하기도 했다.142) 당내 일부의 반발이 일자 정세균은 불출마를 선언한 반면,143) 문재인과 박지원 두 사람은 출마 입장을 굽히지 않았다.144) 전당대회를 앞둔 1월 7일 실시된 예비경선에서 당대표 후보 3인과 최고위원 후보 8인이 컷오프를 통과해 본선에 진출했다.145)

예비경선이 끝나고 당대표 선출을 위한 경선이 권역별로 진행되고 있는 가운데 정동영(鄭東泳)이 탈당을 선언하는 일이 생겼다.146) 그의 탈

---

141) 문희상 비대위원장이 "전대 준비위는 당헌·당규를 손대지 말고 안정감 있게 예측 가능한 정치를 할 수 있게 해달라"고 함으로써 당대표와 최고위원 중 하나만 선택해서 출마하도록 한 현 제도를 유지하게 되었다. <조선일보>, 2014년 11월 14일.
142) 이들은 주로 김한길과 안철수 계 의원들로 전당대회가 혁신 없는 당내 구조를 확인하는 자리로 변질될지도 모른다는 우려에서 3인의 불출마를 요구했다. <조선일보>, 2014년 12월 22일.
143) 정세균은 "국민의 요구와 당원 동지 여러분의 열망에 부응하고자 2·8전대 대표 경선에 나서지 않겠다"고 말했다. <조선일보>, 2014년 12월 27일.
144) 문재인은 "차기 총선 공천권에는 관심이 없고 우리 당을 근본적으로 변화시키는데 몸을 던지고 싶다"면서 출마하겠다고 말했다. 박지원도 출마 의사를 밝히면서 "당권과 대권을 분리하고 당내 파벌도 없애겠다"고 말했다. <조선일보>, 2014년 12월 23일.
145) 당대표 예비경선에는 문재인·박지원·이인영·박주선·조경태 5인이 출마했으나, 박주선과 조경태는 예선에서 탈락했다. 한편 최고위원 예비경선에는 문병호·박우섭·오영식·유승희·이목희·전병헌·정청래·주승용 8명이 컷오프를 통과했다. <조선일보>, 2015년 1월 8일.
146) 정동영은 당이 '중도 우경화'라는 환상에 사로잡혀' 있으며 '중산층 정당이 아

당 선언이 야권 재편론에 불을 붙인 셈인데, 이로 인해 일부에서는 친노 진영이 당권을 장악할 경우를 상정한 시나리오가 현실화되는 것이 아닌가 하는 우려를 하기도 했다.147) 이와는 별도로 새정치민주연합의 당권 경쟁은 김대중·노무현 두 전직 대통령의 대리전 양상으로 치닫는 현상도 전개되기도 했다.148) 이처럼 전당대회가 가까워지면서 친노와 비노의 갈등이 고조되자, 당내에서는 '어느 한 쪽이 대표가 되든지 갈등을 봉합하기가 쉽지 않을 것'이라는 전망과 함께 '이러다가 분당되는 것이 아니냐'는 우려가 나오기도 했다.149)

2015년 2월 8일 열린 새정치민주연합 전당대회에서 45.3%를 획득한 문재인이 41.78%를 얻은 박지원을 누르고 당대표에 당선되었다.150) 문재인은 권리당원과 당원 여론조사에서는 박지원에 뒤졌으나, 일반 여론조사에서 박지원을 2배 가까이 앞섬으로써 당선을 확정지었다.151) 친노

니라 중상층 정당이 됐다'고 비판하고 일부 재야와 노동계가 주도하는 신당 추진단체인 '국민모임' 참여를 선언했다. <조선일보>, 2015년 1월 12일.

147) 새정치민주연합 정대철 상임고문은 기자들과 만난 자리에서 "전당대회에서 문재인 비대위원이 대표가 되면 내년 7~8월쯤 신당 창당에 나서게 될 것"이라고 말한 적이 있다(<조선일보>, 2014년 12월 4일. 분당론(分黨論)이나 신당론(新黨論)은 선거운동과정에서 박지원이 문재인을 겨냥해 "누가 당대표가 되면 당을 떠나겠다는 이야기가 나온다"는 발언으로 더욱 확대되었다(<조선일보>, 2015년 1월 16일).

148) 문재인이 친노 세력의 지지를 받고 있는 상황에서 김대중 전 대통령 부인 이희호는 박지원 캠프를 방문, 박지원이 당대표가 되기를 바란다면서 지지의사를 밝혔다. <조선일보>, 2015년 2월 2일.

149) <조선일보>, 2015년 2월 4일.

150) 이날 최고위원으로 선출된 5인은 다음과 같다. 주승용·정청래·전병헌·오영식·유승희.

151) 문재인은 대의원 45.04%, 권리당원 39.98%, 일반국민 여론조사 58.05%, 당원 여론조사 43.92%를 획득했다. 한편 박지원은 대의원 42.66%, 권리당원 45.76%, 일반국민 여론조사 29.45%, 당원 여론조사 44.41%를 획득했다. 이처럼 근소한 차이밖에 나지 않는 바람에 후유증이 클 것이라는 말이 나오기도 했지만, 박지원은 경선 결과 수용의사를 밝혔다. <조선일보>, 2015년 2월 9일.

진영이 모바일 투표 도입을 관철시킨 결과, 문재인이 여론조사에서 박지원을 앞설 수 있게 되어 승리한 것이다.

문재인은 집권을 준비하는 대안(代案) 정당을 만들어 정권교체의 희망을 드리겠다는 당선소감을 밝히고 계파 논란을 확실히 없애겠으며 "계파의 'ㄱ'자도 나오지 않도록 하겠다"고 말했다.152) 그는 또한 당의 인사와 운영에서 공정한 모습을 보이고, 투명하고 공정한 공천제도를 확립해서 계파 논란과 갈등의 소지를 근원적으로 없애겠다고 강조했다. 그리고 2015년 2월 13일에는 지명직 최고위원에 추미애(秋美愛)와 이용득(李龍得)을 임명함으로써 재·보선 패배 이후 공백이 된 지도체제 개편을 마무리 지었다.

4) 통합진보당 해산 결정

2013년 11월 5일 정부는 통진당의 활동과 설립 목적이 헌법 질서에 위반된다고 판단하여 헌재에 정당 해산 심판을 청구했다. 정부의 심판 청구를 받은 헌재는 그해 12월 24일부터 심리에 들어가, 2014년 11월 25일 청구인 측인 정부와 피청구인 측인 통진당의 마지막 변론을 듣고 심리를 마쳤다. 이날 황교안(黃敎安) 법무부장관은 통진당은 "대한민국을 내부에서 붕괴시키려는 암적 존재"라고 주장했고, 통진당의 이정희 대표는 "정치적 의견 차이를 적대행위로 몰아붙이는 행위 자체가 민주주의를 무너뜨리는 것"이라며 반론을 폈다.153) 통진당 해산 심판과 관련하여 새정치민주연합은 통진당 해산에 반대한다는 입장을 밝혔다.154)

---

152) <조선일보>, 2015년 2월 9일.
153) <조선일보>, 2014년 11월 26일.
154) 문희상 비대위원장은 "정당 해산 결정은 선진 민주국가에선 그 전례가 없는 것"이라고 말했고, 문재인 비대위원은 "통진당에 대한 정당 해산 청구는 정치적 결사자유에 대한 중대한 제약"이라고 말했다(<조선일보>, 2014년 12월 11일). 문재인은 2014년 11월 25일 외신기자클럽 초청 토론회에서 통진당 일부가 일탈

법무부가 해산 심판을 청구한 지 410일 만인 2014년 12월 19일 헌재는 찬성 8, 기각 1의 다수 의견으로 통진당을 해산하고 그 소속 국회의원은 의원직을 상실한다는 결정을 선고했다.[155] 결정문에서 헌재는 통진당이 북한식 사회주의를 실현한다는 숨은 목적을 가지고 내란을 모의하는 회합을 개최하는 등의 활동을 한 것은 헌법상 민주적 기본 질서에 위배되고, 이러한 실질적 해악을 끼치는 구체적 위험성을 제거하기 위해서는 정당 해산 외에 다른 대안은 없다고 밝혔다.

그리고 통진당에 대한 해산 결정은 비례원칙에도 어긋나지 않고, 위헌(違憲) 정당의 해산을 명하는 비상상황에서는 국회의원의 국민 대표성은 희생될 수밖에 없다고 판단했다. 이와 달리 정당 해산 요건은 엄격하게 해석하고 적용되어야 하며, 통진당 강령에 나타난 진보적 민주주의 등의 목적은 민주적 기본질서에 위배되지 않으며, 기타 활동이 민주적 기본질서에 위배되지 않는다며 해산을 반대하는 의견도 있었으나, 이는 소수 의견에 불과했다.

헌재의 해산 결정에 대해 통진당은 "박근혜정권이 대한민국을 독재국가로 전락시켰다"며 강하게 반발했다.[156] 해산 결정으로 통진당 소속의 비례대표 이석기·김재연과 지역구에서 선출된 김미희(성남 중원), 오병윤(광주 서구을), 이상규(서울 관악을) 등 5명은 의원직을 상실했다. 중앙선관위는 헌재의 결정에 따라 통진당 소속 비례대표 지방의원 6명도 의원직을 상실한다고 밝혔다. 그러나 통진당 소속으로 지역구에서 당선된 기초의원 31명은 무소속 신분으로 의원직 유지가 가능하다고 유권 해석했다. 법무부가 지방의원에 대한 판단을 청구하지 않은데다가, 공직선거

행동을 했다 하더라도 "전체 의사로서 그런 행동이 있었던 것이 아니라면 곧바로 정당 해산 사유가 될 수 있는 것인지 대단히 신중하게 판단해야 한다"는 의견을 이미 밝힌 바 있다(<동아일보>, 2014년 11월 26일).

155) 헌재 결정문 전문은 http://www.ccourt.go.kr 사건번호 '2013헌다1'의 "통합진보당 해산 청구 사건"에 수록.

156) <조선일보>, 2014년 12월 20일.

법과 정당법에는 이에 관한 규정이 없기 때문이라는 것이 그 이유였다.[157)

 이로써 통진당은 창당 3년 만에, 그 전신인 민주노동당까지 합치면 창당 14년 만에, 역사 속으로 사라지게 되었다.[158) 한편 통진당 소속 지역구의원 3명이 의원직을 상실함에 따라 2015년 4월에 보궐선거가 치러지게 되어 선거 결과가 어느 정도는 정국에 영향을 미칠 것으로 전망되었다. 이들 지역이 야권 강세지역이기 때문이었다. 이와 동시에 정의당이 통진당의 지지층을 흡수할 경우, 진보진영의 대표로 부상하여 존재감을 강화할 수도 있다는 관측이 제기되었다.[159) 통진당 소멸로 정의당이 원내의 유일한 진보정당으로 되었기에 진폭을 넓힐 경우 진보진영의 재편을 주도할 수 있게 되었기 때문이다.

4. 4·29재·보궐선거와 20대 총선

 헌재의 해산 결정으로 통진당 의원 3명의 의원직 상실로 2015년 4월 29일에 실시될 국회의원 재·보선 지역이 네 곳으로 늘어나게 되자, 여야는 다시 선거 준비에 나섰다. 새누리당은 이완구 원내대표가 총리로 지명됨에 따라 새 원내대표를 뽑기 위한 절차에 들어가 2015년 2월 2일 유승민(劉承旼)을 원내대표로 선출했고, 새정치민주연합은 2015년 2월 8일 당대표로 선출된 문재인이 중심이 되어 선거 대책 마련에 돌입했다. 이처럼 여야가 당의 지도체제를 정비하고 임한 4·29재보선은 새누리

---

157) <조선일보>, 2014년 12월 23일.
158) 헌재는 2016년 5월 26일 통진당이 낸 정당 해산결정 재심 청구사건에서 재판관 9명 전원일치로 "재심 사유에 해당하지 않는다"며 각하 결정을 내렸다. <조선일보>, 2016년 5월 27일.
159) <조선일보>, 2014년 12월 20일.

당의 승리로 가볍게 끝났다. 이는 선거를 앞두고 새누리당은 내부적으로 이탈이 없었던 반면, 새정치민주연합은 일부의 탈당으로 당의 역량을 결집시키지 못했기 때문에 초래된 결과라고 할 수 있다. 분열되었기에 선거가 실시되는 네 곳 가운데 단 한 곳의 의석도 건지지 못한 것인데, 이로 인해 새정치민주연합은 지도체제 개편문제를 놓고 갈등이 발생하게 되었고, 이 여파로 안철수가 탈당하는 사태에까지 이르렀다.

한편 김무성의 당대표 선출과 유승민의 원내대표 선출 이후 새누리당도 내부적인 갈등이 적지 않았지만, 그럼에도 불구하고 재·보선이 실시되는 동안은 통합을 유지하고 있었다. 그러나 국회법 개정안이 통과된 후 새누리당은 유례가 없을 정도로 심한 분열상을 보여, 원내대표가 사퇴하는 상황까지 발생했다.

당내 분열상은 20대 총선을 앞두고 극에 달하게 되는데, 청와대의 의중을 반영하여 하향식 공천을 주장하는 친박계와 청와대의 개입을 배제하며 상향식 공천을 주장하는 비박계가 정면으로 충돌했기 때문이다. 이는 소속 의원 대부분의 거취와 관련된 문제였기에 종래의 갈등과는 비교도 되지 않을 정도로 치열했고, 그 결과 새누리당은 20대 총선에서 다수당의 지위를 내주는 수모를 겪을 정도로 참패할 수밖에 없었다.

물론 새정치민주연합도 안철수의 탈당으로 분열되기는 했지만, 분열의 강도(强度)나 규모 면에서 새누리당과는 비교도 되지 않는 소규모의 것이었다. 오히려 안철수가 탈당하는 바람에 당내 분파적인 요인이 없어지게 되었고, 이를 계기로 동질성을 강화하고 더불어민주당으로 새롭게 출발할 수 있게 되었다. 새정치민주연합으로서는 동질성을 강화할 수 있었기에 당을 위기에 빠뜨릴지도 모를 분열 요인이 오히려 줄어들게 된 것이다. 이로써 20대 총선에서 더불어민주당은 대규모의 분열상을 나타낸 새누리당을 누르고 크게 승리할 수 있었다.

1) 4·29재·보궐선거

2015년 3월 12일 대법원의 판결로 새누리당 안덕수 의원(인천 서·강화을)이 의원직을 상실함에 따라,160) 4월 29일 재·보선이 실시되는 지역은 통진당 의원 출신 지역 3곳과 합쳐 모두 4곳으로 늘어나게 되었다. 선거가 실시되는 4곳 가운데 3곳이 민심의 향방을 가늠할 수 있는 수도권인데다가, 새누리당의 김무성과 새정치민주연합의 문재인이 당대표로 선출된 후 처음으로 정면 대결하는 것이어서 여야는 당을 선거체제로 전환하며 총력을 기울였다.

새누리당은 조기 공천을 통해 2014년 7·30재·보선에서 검증받았다고 확신한 '지역 일꾼론' 프레임을 이어간다는 전략이었고, 새정치민주연합은 고단한 국민의 삶에 주목하여 '유능한 경제정당'을 내걸고 정책대안 제시로 승부한다는 전략을 세웠다. 그러나 일반적으로 재·보궐선거는 투표율이 낮은데다가 야권 후보가 난립할 가능성이 크기 때문에 새정치민주연합으로서는 쉽지 않은 승부가 될 것으로 분석되었다.161) 한편 정의당과 국민모임 추진위는 재·보선에 공동 대응키로 합의한 바 있었는데,162) 이들은 재·보선을 계기로 진보진영의 통합과 결집에 적극 나설 것으로 전망되었다.

조기 공천을 마치고 선거 준비에 돌입한 새누리당과 달리, 새정치민주연합은 이미 탈당한 정동영과 천정배(千正培)의 출마로 인해 초래될

---

160) 공직선거법 위반 혐의로 기소되어 유죄 판결을 받은 안덕수 의원의 회계책임자가 대법원에 의해 형이 확정되었는데, 공직선거법 265조는 선거사무소 회계책임자가 선거비용과 관련해 징역형 또는 300만 원 이상의 벌금형을 받으면 해당 후보자의 당선을 무효로 하게 되어 있다. 이 조항에 따라 안 의원이 의원직을 상실했다.
161) <조선일보>, 2015년 3월 16일.
162) <조선일보>, 2015년 2월 16일.

야권 지지층의 분열을 우려해야만 하는 상황에 처했다.163) 이들이 출마하게 되면 과거 여러 차례 나타났듯이 야권표가 분산될 것이 분명한데, 이것이 현실로 나타났기 때문이다. 정동영이 '서울 관악을'에, 천정배가 '광주 서을'에 출마를 선언한 것이다.

정동영이 국민모임 추진위 후보로 출마를 선언하자, 새정치민주연합은 야권을 분열시키는 행태라며 크게 반발했다.164) 한편 천정배가 탈당하고 무소속으로 출마한 지역은 호남의 상징과도 같은 곳이어서 이곳에서 패배할 경우 문재인은 리더십에 타격을 입을 수밖에 없기 때문에 새정치민주연합으로서는 최선을 다하지 않을 수 없었다. 이를 반영하듯 문재인은 광주에서 최고위원회를 열고 자당 후보를 지원할 정도였고,165) 동교동계도 초반의 소극적인 자세에서 벗어나 적극적인 선거 지원에 나섰다.166)

동교동계의 지원에 힘입어 새정치민주연합이 4곳 중 2곳의 승리를 장담하고 있는 상황에서 이른바 '성완종 리스트'가 보도되었다.167) 선거를

---

163) 새정치민주연합의 상임고문 권노갑은 정동영과 천정배가 출마 의사를 밝힌 것에 대해 "두 사람 탓에 야권이 갈라져 (4·29재·보선에서) 진다면 그 책임도 져야 할 것"이라며 강하게 비판했다. <조선일보>, 2015년 3월 21일.

164) 관악을 출마를 선언한 정동영은 "이번 선거는 이대로가 좋다는 기득권 정치세력과 이대로는 안 된다는 국민 간 한 판 대결"이라고 주장하며 자신의 승리를 장담했다. 이로써 그는 네 번째 지역구를 변경한 셈이다(△1996년;전주 덕진 △2008년;서울 동작을 △2009년;서울 강남을 △2015년;서울 관악을). 정동영이 출마를 선언하자 문재인은 "국민은 박근혜정권을 심판하고 정권 교체의 발판을 만들자는 것인데 야권을 분열시키는 행태가 지지를 받을 수 있는 지 의문"이라고 비난했다. <조선일보>, 2015년 3월 31일.

165) <조선일보>, 2015년 4월 2일.

166) 선거 초반 동교동계는 문재인을 비롯한 친노가 광주를 홀대한 것에 대한 불만에서 새정치민주연합 후보 지원에 나서지 않았다. 그러나 야권 분열로 새정치민주연합 후보가 어려움에 처하자 논란 끝에 지원에 나서기로 했다. <조선일보>, 2015년 4월 9일.

167) 해외 자원개발 비리로 검찰 수사를 받던 성완종 전 경남기업 회장은 2015년

앞두고 초대형 악재가 터지자 새누리당은 4곳 모두 패배할 수도 있다는 우려로 충격과 당혹감을 감추지 못했다.168) 이와 반대로 새정치민주연합은 재・보선의 흐름을 바꿀 대형 호재로 보고 반격에 나섰다.169)

2015년 4월 29일 국회의원 4개 선거구와 전국 8개 광역 및 기초의원 선거구에서 실시된 재・보선은 새정치민주연합의 기대와 달리 참패하고 말았다. 새누리당이 야당의 텃밭이었던 서울 관악을을 포함해, 인천 서・강화을, 경기 성남 중원 3곳에서 승리한 반면,170) 새정치민주연합은 광주 서을에서 무소속의 천정배에 패배함으로써 단 한 곳에서도 승리하지 못했다. 한편 국회의원 재・보선과 함께 치러진 1곳의 광역의원 선거와 7곳의 기초의원 선거에서도 새누리당은 강세를 보였다.171)

재・보선이 실시된 4곳 가운데 3곳이 19대 총선에서 통진당 후보가 당선된 야권 강세지역이었음을 감안하면, 새정치민주연합이 이곳에서 패배한 것은 야권의 분열 때문이라고 하지 않을 수 없다. 4곳의 선거구 모두에서 야권 성향의 후보들이 2명 이상 나왔기에 야권 지지표가 분산될 수밖에 없었고, 이로 인해 새누리당 후보가 어부지리로 당선된 것이다. 새누리당의 승리로 김무성 대표체제는 20대 총선 때까지 탄력을 받을 것이라는 전망이 나온 데 반해,172) 새정치민주연합 내부에서는 문재

4월 9일 국무총리와 청와대 전・현직 비서실장들을 포함하여 정권 핵심인사들의 이름과 돈의 액수가 적혀 있는 메모, 이른바 '성완종 리스트'를 남기고 스스로 목숨을 끊었다.
168) 성완종 리스트로 인한 여론 악화와 새누리당의 사퇴 압력으로 이완구 국무총리는 2015년 4월 20일 사퇴의사를 밝혔는데, 그의 사표는 4월 27일 수리되었다.
169) <조선일보>, 2015년 4월 11일.
170) 3곳의 새누리당 당선자는 다음과 같다. △서울 관악을(오신환) △인천 서・강화을(안상수) △경기 성남 중원(신상진).
171) 새누리당은 광역의원 재선거(강원도 양구군)에서 승리했으며, 기초의원 재・보선에서는 전체 7곳 중에서 3곳(△서울 성북구 아 △경기 평택시 다 △경기 의왕시 가)에서 승리했다. 새정치민주연합은 2곳(△경기 광명시 라 △전남 곡성군 가)에서 승리했다.
172) <조선일보>, 2015년 4월 30일.

인 대표 사퇴 요구와 함께 책임론이 대두되었다.173)

2) 국회법 개정과 새누리당의 내분

2015년 5월 29일 국회법 개정안 통과를 계기로 새누리당의 내분은 겉잡을 수 없을 정도로 확대되는 국면에 돌입했다. 국회법 개정안 통과에 대한 청와대의 거부반응이 유승민 원내대표에 대한 친박계의 총공세로 나타났고, 이것이 양 계파 사이에 쌓였던 감정의 골을 더욱 깊게 만들어 당을 일종의 내전상태로 몰아넣은 것이다. 청와대로서는 개정안이 삼권분립의 기본정신에 위배된다고 보았기에 이를 통과시킨 원내대표를 불신한 것인데, 비박계가 이에 편승하여 당 운영의 주도권을 장악하려고 하는 과정에서 양측이 충돌한 것이다.

이 여파로 비박계의 지원에 힘입어 원내대표로 선출되었던 유승민이 사퇴하고, 새 원내대표로 추대된 원유철(元裕哲)이 당의 화합을 위해 노력을 기울였지만 소기의 성과를 거두지 못했다. 다가올 20대 총선의 공천문제를 놓고 양 계파가 첨예하게 대립했기 때문이다. 이러한 대립은 청와대와 친박계는 공천에 일정 부분 영향력을 행사하려고 한 반면, 비박계는 이에 맞서 청와대의 입김을 배제하고 당의 자율성을 확대하려고 하는 과정에서 발생한 것이다.

(1) 국회법 개정

국회법 개정안의 주요 골자는 상임위원회가 대통령령, 총리령, 부령 등 행정입법이 법률의 취지 또는 내용에 합치되지 않는다고 판단되는 경우에는 이의 수정 또는 변경을 요구할 수 있도록 하고, 소관 중앙행정기관의 장은 이를 처리해서 그 결과를 소관 상임위원회에 보고하도록 한 것으로,174) 이 안은 2015년 5월 29일 국회 본회의에서 재적 3분의 2

---

173) <조선일보>, 2015년 5월 1일.

이상인 찬성 211표로 통과되었다. 행정입법을 수정할 수 있게 하는 이 개정안은 새정치민주연합이 공무원연금 개혁안 처리의 연계 조건으로 당 차원에서 추진한 것을 새누리당 원내대표가 수용함으로써 통과된 것인데, 삼권분립을 침해할 소지가 있다는 판단에서 반대 또는 기권한 의원도 있었다.[175]

개정안이 통과되자 청와대는 위헌 여부에 대한 법률 검토가 진행 중이며 위헌 해석이 나온다면 거부권을 행사할 가능성이 있다고 밝혔다.[176] 대통령은 "개정안을 받아들일 수 없다"고 직접 말하고, 개정안이 발효되면 국정은 마비상태가 되고 정부는 무기력해질 것이라는 이유를 들어 거부권을 행사할 것임을 시사했다.[177] 당에 대한 청와대의 불만이 표면화된 것으로 이러한 불만은 2015년 5월 31일로 예정된 당·정·청 협의의 연기로 나타났고, 이를 신호로 친박계는 국회법 개정안 처리에 합의를 해준 유승민 원내대표를 공개적으로 비판하기 시작했다.[178] 자신에 대한 비판이 제기되자 유승민은 건전한 당·청 관계를 위한 진통

---

174) 국회, 『제 333회 국회운영위원회회의록』 제1호(2015년 5월 29일), 3쪽.
175) 개정안에 표결에 반대는 22표, 기권은 11표였다. 새정치민주연합의 박범계 의원은 "국회가 국회법으로 시행령 위법 여부를 일반적으로 심사해 수정을 요구하고 정부가 따르게 강제하는 것은 문제가 있어 보인다"면서 기권했고, 새누리당의 여상규 의원은 "위헌·위법인 명령·규칙(시행령 포함) 심사권을 (국회가 아닌) 대법원에 부여한 헌법 107조에 위배될 뿐 아니라 정부의 행정입법권도 침해하는 내용"이라며 반대했다. <조선일보>, 2015년 5월 30일.
176) <조선일보>, 2015년 5월 30일. 정부도 국회가 행정입법까지 관여할 경우 정책집행이 지연되거나 민의가 왜곡되어 국민에게 피해가 돌아갈 것이라고 우려했으나, 새정치민주연합은 그동안 정부의 시행령에 문제가 많았다면서 전면적인 실태 조사를 통해 시행령 개정에 나설 방침인 것으로 알려졌다. <조선일보>, 2015년 6월 1일.
177) <조선일보>, 2015년 6월 2일.
178) 대통령 정무특보인 친박계의 윤상현은 유승민을 향해 '청와대와의 관계를 매번 이렇게 불편하게 만드느냐, 협상력에 문제가 있다'고 비판했다. <조선일보>, 2015년 6월 1일.

으로 생각한다며 대응을 자제했지만,179) 친박계는 지속적으로 그에 대해 책임지는 자세를 촉구한다면서 사퇴론을 제기했다.180)

대통령의 거부권 행사가 예견되자, 정의화 국회의장이 중재에 나서 국회법 개정안의 "국회가 시행령을 수정·변경토록 요구할 수 있고, 기관장은 이를 처리한다"는 문구에서 '요구'를 '요청'으로 바꾸어 6월 15일 정부로 이송했다. 그러나 청와대는 개정안의 자구 수정이 생색내기에 불과하다는 반응을 보여 거부권이 행사될 것임을 예고했다.181)

친박계도 대통령의 거부권 행사가 불가피하다는 입장이었지만, 비박계는 친박계와 달리 거부권 행사를 반대했다.182) 한편 유승민은 개정안 원안도 위헌성이 없었고 더욱 중재안이 반영돼 위헌 시비는 완전히 해소됐다는 입장을 고수함으로써,183) 청와대 및 친박계와의 정면 대결은 불가피해졌다.

2015년 6월 25일 박근혜 대통령은 국회를 비판하며 국회법 개정안에 대해 거부권을 행사했다. 개정안은 "국가 행정체계와 사법체계를 흔들 수 있는 사안으로 여야가 주고받기 식이나 충분한 검토 없이 진행할 사안이 아니"라는 이유에서였다.184) 대통령 거부권이 행사된 후 개최된 새누리당 의원총회서 친박계와 비박계가 '원내대표 책임론'을 놓고 상

---

179) <조선일보>, 2015년 6월 2일.
180) <조선일보>, 2015년 6월 3일.
181) <조선일보>, 2015년 6월 16일.
182) 친박계 이정현 의원은 "개정안은 국회 스스로 헌법에 없는 권한을 갖겠다는, 용납할 수 없는 입법독재"라고 말하고, 대통령은 당연히 거부권을 행사해야 한다고 주장했다. 그러나 비박계 김세연 의원은 "내용을 보더라도 위헌이라고 단언할 수 없고, …… 청와대가 거부권을 행사할 타이밍도 아니라고 본다"고 말했다. <조선일보>, 2015년 6월 17일.
183) <조선일보>, 2015년 6월 23일.
184) 이날 박 대통령은 국무회의 모두 발언에서 '배신의 정치' 등의 단어까지 써가며 "여당의 원내 사령탑도 정부·여당의 경제 살리기에 어떤 국회의 협조를 구했는지 의문"이라고 말했다. 여권에서는 이 말이 유승민 원내대표의 사퇴를 요구한 것이라는 데 이견이 없었다. <조선일보>, 2015년 6월 26일.

반된 주장을 폈으나, 비박계 다수의 주장으로 원내대표는 유임되었다.185)

의원총회의 재신임으로 유임된 유승민은 "박근혜 대통령에게 진심으로 죄송하다"고 사과하는 선에서 사태를 마무리 지으려 했다.186) 당 소속 의원 다수가 자신을 지지하는 마당에 원내대표직을 그만 둘 이유가 없다는 것이다.187) 이처럼 청와대와 친박계를 중심으로 지속된 사퇴 압력에도 굴하지 않던 그는 국회법 개정안에 대한 재의결이 2015년 7월 6일 새누리당의 본회의장 불참으로 '투표 불성립'이 되어 자동 폐기되자, 자신의 거취를 의원총회에 맡기겠다는 뜻을 밝혔다.

2015년 7월 8일 개최된 새누리당 의원총회는 유승민의 '원내대표직 사퇴 권고'를 결의했다. 사퇴 권고라는 의원총회 결과를 통보받은 그는 "평소 같으면 진작 던졌을 원내대표 자리를 끝내 던지지 않았던 것은 자신이 지키고 싶었던 가치가 있었기 때문"이라며, 그 가치는 "법과 원칙, 그리고 정의"라고 밝혔다. 그리고 자신은 "정치생명을 걸고 대한민국은 민주공화국임을 천명한 우리 헌법 1조1항의 지엄한 가치를 지키고 싶었다"고 말하고 사퇴를 선언했다.188)

유승민의 후임으로 새누리당은 7월 14일 의원총회를 열고 유승민의 러닝메이트였던 원유철(경기 평택갑)을, 정책위의장으로는 김정훈(부산 남구갑)을 합의 추대했다. 이로써 유승민의 '거취 파동'은 일단락되고 당의 내홍도 봉합되었지만, 새누리당은 총체적인 무능과 함께 수습할 수 없을 정도로 내분을 드러냈다.

---

185) 이날 '원내대표 책임론'을 주장한 의원은 6명에 불과한 반면, 원내대표가 책임질 일이 아니라고 발언한 의원은 20여 명이나 됐다. <조선일보>, 2015년 6월 26일.
186) 청와대 관계자는 유승민 원내대표가 사과한 것은 "자기 정치에 대한 욕망 때문에 잠시 본심을 감추는 것"이라고 말했다. <조선일보>, 2015년 6월 27일.
187) <조선일보>, 2015년 6월 30일.
188) <조선일보>, 2015년 7월 9일.

(2) 새누리당의 내분

2014년 7월 14일 개최된 새누리당 전당대회에서 김무성이 당대표로 선출되면서 당 내부에 적지 않은 긴장감이 조성되기 시작했다. 당 운영의 주도권을 놓고 친박계와 비박계의 본격적인 힘겨루기가 전개되었기 때문이다. 친박계는 대통령이 국정운영을 원활하게 할 수 있도록 당이 적극 협력해야 한다는 입장이었고, 비박계는 당이 청와대와 대등한 관계에서 국정운영의 한 축을 담당해야 한다는 입장이었다. 청와대와 수직적인 관계를 상정하고 있는 친박계와 달리, 비박계는 수평적인 관계를 선호했기에 대립·충돌하게 된 것이다.

양측이 첫 번째로 부딪힌 것은 개헌문제였다. 중국을 방문한 김무성 대표가 기자간담회에서 오스트리아식 이원집정제 개헌을 검토해야 한다고 말한 것이 친박계의 비위를 건드린 것이다. 친박계는 대통령의 권력누수와 당의 분열로 이어질 것이라고 하여 개헌 논의에 반대한다는 입장을 분명히 했다.[189] 개헌론의 파장이 의외로 커져, 친박계와 비박계의 대결로 확대되는 기미를 보이자 김무성은 개헌을 언급한 것은 불찰(不察)이었다고 사과함으로써 일단락되었다.[190]

두 번째 대립은 당협위원장 선출방식을 놓고 빚어졌다. 김무성 대표는 당협위원장은 여론조사로 결정할 것이라고 이미 밝힌 바 있었는데,[191] 당 회의석상에서 이를 한 번 더 확인하는 발언을 함으로써 충돌한 것이다. 위원장 선정을 여론조사방식으로 할 것인지 아니면 당원조사방식으로 할 것인지 하는 문제로, 양측은 서로 상대방을 향해 "자기들

---

189) <조선일보>, 2014년 10월 17일.
190) 그는 "대통령께서 이탈리아와 아시아·유럽 정상회의에 참석하고 계신데 예의가 아닌 것 같아 죄송하다는 말씀을 드린다"고 사과했다. <조선일보>, 2014년 10월 18일.
191) 김무성은 2014년 12월 30일 기자단과의 송년 오찬에서 "내년에는 당을 민주적으로 바꾸겠다"며 당협위원장 선정과 보궐선거 공천은 전부 여론조사로 하겠다고 말했다. <조선일보>, 2014년 12월 31일.

이 위원장 자리를 주고 싶은 후보에게 유리한 방식으로 하려는 것"이라고 비난했다.[192] 이 갈등은 20대 총선의 예고편 성격이 짙은 것이라고 할 수 있다. 김무성 등 비박계가 상향식 공천을 주장하고 있는 상황에서 공천 탈락에 대한 두려움이 큰 친박계로서는 당협위원장 선출 단계에서부터 제동을 걸어야 할 필요가 있었던 것이다.

세 번째 대립은 원내대표 경선에서 나타났다. 원내대표는 1년간 국회 운영을 총괄하며 선거구 획정을 비롯하여 국회의원 선거에 직·간접적인 영향력을 행사하고 당내 계파구도에도 영향을 미치는 자리여서, 친박과 비박은 이를 차지하기 위해 총력을 기울였다. 원내대표 경선은 이주영과 유승민의 대결 즉, '친박 대 비박'의 대결구도가 더욱 뚜렷해진 가운데,[193] 2015년 2월 2일 실시되었다. 이날 비박의 유승민이 84 대 65로 친박의 이주영을 19표 차이로 누르고 원내대표로 선출되었다. 이로써 친박계는 국회의장, 당대표에 이어 원내대표마저 비박계에 내주어 계파로서 친박계는 사실상 와해되었다는 분석이 나오기도 했다.[194]

네 번째로 당협위원장 교체문제로 양측은 부딪혔다 "전혀 활동하지 않거나 총선 출마의지가 없는 당협위원장은 교체가 필요하다"는 당 사무처의 보고에 친박계가 긴장했기 때문이다. 2014년 말 실시된 당무감사 때 친박계는 김무성 체제가 들어선 이후 편향된 감사로 친박 죽이기

---

192) 당원만 갖고 하면 당이 분열될 우려가 있으므로 주민 전체를 대상으로 여론 조사를 통해 결정하자는 김무성의 발언에 대해, 친박계는 당협위원장은 당의 업무를 하는 사람이기 때문에 당원들이 결정해야 한다면서 반대했다. <조선일보>, 2015년 1월 6일.
193) 원내대표·정책위의장 경선은 이주영(경남 창원 마산합포)·홍문종(경기 의정부을)의원 조(組)와 유승민(대구 동구을)·원유철(경기 평택갑)의원 조(組) 간 양자 대결로 됐다. 친박 성향의 이주영은 '당·청 소통 강화와 당내 화합'을 강조한 반면, 비박 성향의 유승민은 '당이 국정 운영의 중심에 서야 한다'는 것을 강조했다. <조선일보>, 2015년 1월 29일.
194) 새누리당 최고위 구성 8명 가운데 비박 대 친박은 '5 대 3'으로 명실상부한 친박계는 서청원·김을동·이정현 정도만 남게 됐다. <조선일보>, 2015년 2월 3일.

를 하고 있다고 반발했는데,195) 막상 교체 대상지역이 발표되자 충돌한 것이다. 교체 대상지역을 명시한 감사결과에 대해 서청원은 객관적이지 못하다고 지적하며 "지금은 당을 추스를 때이지 사람을 자를 때가 아니다"고 반발했다.196) 친박계가 반발하며 위원장 교체작업을 전면 중지할 것을 요구하자,197) 김무성 대표는 더 고려할 필요가 있다고 말하며 부실 당협위원장 교체 논의를 보류시켰다.198) 이로써 갈등은 일시적으로 중단되었다.

  마지막으로 양측은 공천방식을 놓고 가장 첨예하게 대립했다. 자신들의 정치생명이 걸려 있는 문제였기 때문이다. 발단은 국회의원 후보를 국민이 직접 뽑는 완전국민경선제, 이른바 오픈프라이머리 도입 여부를 놓고 의견이 크게 엇갈린 데서 시작되었다. 오픈프라이머리를 공약으로 내걸고 비박계의 지지로 당선되었기에 김무성 대표로서는 이를 관철해야만 하는 입장이어서 기회가 있을 때마다 이의 도입을 강조했으나,199)

---

195) <조선일보>, 2015년 2월 24일.
196) 교체 대상지역은 △서울 동대문을 △부산 사하을 △인천 부평을 △경기 광명갑 △경기 파주갑 △충북 청주흥덕갑 △충남 공주 △전남 장흥·강진·영암 8곳으로 이들 위원장 중 상당수가 친박계이거나 서청원·이인제 최고위원과 가까운 사이인 것으로 알려졌다. <조선일보>, 2015년 3월 3일.
197) 서청원은 "총선을 1년 앞두고 일부 위원장만 선별적으로 교체하는 것은 설득력을 가질 수 없다"면서 "몇몇 위원장 교체를 밀어붙이는 것은 마치 '리모델링할 건물의 설계도도 없이 서까래부터 뽑아 교체하자'는 엉뚱한 주장"이라고 비난했다. <조선일보>, 2015년 3월 6일.
198) 이 조치에 대해 비박계는 "친박계 물갈이라는 오해가 가시지 않은 상태에서 추진할 경우, 아무리 정당한 조치라도 당에 필요 없는 분란을 키울 수 있다고 보고 보류시킨 것"이라고 말했다. <조선일보>, 2015년 3월 17일.
199) 대표 취임 이후부터 오픈프라이머리 도입을 주장한 김무성은 2015년 4월 2일의 의원총회에서 "지역에서 열심히 활동한 사람이 아무 이유 없이 공천에서 탈락하는 것을 계속 묵인해야 되겠느냐"며 오픈프라이머리 도입 입장을 바꾸지 않겠다고 말했으며(<조선일보>, 2015년 4월 3일), 대표 취임 1주년 기자회견에서는 여야가 동시에 오픈프라이머리를 실시할 것을 야당에 제안했고(<조선일보>, 2015년 7월 14일), 동국대 박사학위 수여식에서는 자신의 정치생명을 걸고

친박계의 생각은 달랐다. 새정치민주연합이 국민공천단 방식을 택함에 따라 오픈프라이머리 도입이 불가능해진 만큼 대안을 내놓아야 한다는 것이다.[200] 자파에 유리한 공천 룰을 도입하기 위한 일종의 공천전쟁이 발발한 것인데, 오픈프라이머리 도입을 저지하기 위해 친박계는 최고회의를 보이콧하기도 했다.[201] 오픈프라이머리 논의는 청와대의 개입으로 더 이상 확대되지는 않았으나,[202] 이를 계기로 양측은 사실상 결별 상태에 들어간 거나 마찬가지였다고 할 수 있다.[203]

3) 새정치민주연합의 분열

새정치민주연합 당대표로 선출된 문재인은 당 체제를 정비하며 4·29 재·보선 승리를 위해 나름대로 노력을 기울였으나, 앞서 살펴본 바와

이를 관철시키겠다고 말했다(<조선일보>, 2015년 8월 20일).
200) 새정치민주연합이 오픈프라이머리 대신 지역구 별 1,000명 이내의 선거인단이 참여하여 후보를 공천하는 국민공천단 방식을 도입하기로 확정하자, 서청원은 야당의 반대로 오픈프라이머리가 어려워진 상황이므로 다른 방안을 내놓아야 한다고 말했다. <조선일보>, 2015년 9월 18일.
201) 친박계 최고위원인 서청원·이인제·김태호는 선거제도를 설명하기 위해 9월 29일 김무성이 소집한 최고위원회의에 불참했다. <조선일보>, 2015년 9월 30일.
202) 오픈프라이머리의 대안으로 김무성이 문재인과 '안심번호 국민공천제'를 도입하기로 합의하자, 청와대는 우려스러운 점이 한두 가지가 아니라면서 문제점을 지적했다(<조선일보>, 2015년 10월 1일). 청와대의 지적을 '공천 개입'이라고 반발하던 김무성이 더 이상 확전은 피하자고 제안함으로써 오픈프라이머리를 둘러싸고 전개된 갈등은 외형상 봉합국면으로 들어갔다(<조선일보>, 2015년 10월 2일).
203) 이에 대해 김형오 전 국회의장은 전략공천이란 이름 아래 자행되는 비민주적인 밀실공천은 당연히 추방되어야 하나, 엉성하고 어정쩡한 상향식 공천제도를 '민주주의의 완성'이니 '국민에게 공천권을 돌려줬다'느니 하는 것은 아무리 정치적인 수사라고 하더라도 지나치다고 지적했다. 김형오, 『누구를 위한 나라인가』(21세기북스, 2016), 247-248쪽.

같이 분열로 인해 전패하고 말았다. 이 바람에 당 주도권을 둘러싸고 친노와 비노의 갈등이 다시 불거졌다. 비노 진영은 재·보선 패배의 책임을 물어 당 지도부 총사퇴를 요구했지만, 문재인을 비롯한 친노 진영이 사퇴를 반대함으로써 갈등이 촉발된 것이다.204) 지도부 사퇴를 둘러싸고 양 진영의 갈등이 표면화된 가운데 새 원내대표를 뽑는 경선이 2015년 5월 7일 치러졌는데, 2차 투표에서 비노와 가까운 이종걸(李鍾杰)이 당선되었다.205)

이종걸이 원내대표로 선출된 것은 당내에서 견제와 균형을 바라는 의원들의 뜻이 반영된 이른바 '문재인 견제론'이 발동된 것이라고 할 수 있는데,206) 이를 입증이라도 하듯 문재인에 대해 대표직 사퇴 요구가 잇달았다. 주승용(朱昇鎔)에 이어 김한길도 사퇴를 요구하자,207) 문재인은 당 쇄신방안을 준비하는 한편 안철수에 인재영입위원장직을 제안했으나 거절당했다.208) 이를 전후하여 비노 진영을 '과거정치·기득권정

---

204) 비노의 박주선은 "선거 패배에 대해 당 지도부가 책임을 져야 한다"며 지도부 사퇴를 주장했다. 이에 대해 문재인은 민심을 대변하지 못해 송구스럽지만, "당을 더 개혁하고 통합하고 단합시켜 잘 하는 정당으로 만드는 것이 책임지는 방법"이라며 사퇴를 거부했다. <조선일보>, 2015년 5월 1일.
205) 1차 투표에서 이종걸은 38표, 최재성(경기 남양주갑)은 33표를 얻었다. 2차 투표에서 이종걸이 66표를 얻어 61표를 얻은 최재성을 누르고 원내대표로 선출되었다.
206) <조선일보>, 2015년 5월 8일.
207) 주승용은 "문재인 대표가 사퇴하든지, 아니면 친노 패권주의 척결방안을 내놔야 한다"고 주장했다(<조선일보>, 2015년 5월 11일). 김한길은 "친노 좌장으로 버티면서 끝까지 가볼 것인지, 아니면 그야말로 야권을 대표하는 주자가 되기 위한 결단을 할 것인지 정해야 한다"고 말하며 문 대표의 사퇴를 요구했다(<조선일보>, 2015년 5월 12일).
208) 문재인은 비노가 '친노 패권주의' 청산을 요구하고 있는데, 결국 인사로 패권주의 청산 의지를 보여줘야 한다고 말하고 20대 총선과 관련하여 김한길·안철수 측과 협업을 고려했고, 그 일환으로 안철수에 인재영입위원장직을 제안했다(<조선일보>, 2015년 5월 13일). 이에 대해 안철수는 지금은 미봉책보다는 당을 살려낼 근본 대책이 필요하다고 말하고 "인재영입위원장은 다소 뜬금없는 것

치 세력'으로 규정한 문재인의 '당원 여러분께 드리는 글'이 공개되자,209) 비노의 반발은 거세졌다.210) 격화되는 당의 분란을 수습하기 위해 그는 당내 모든 계파가 참여하는 혁신기구를 구성하겠다고 발표하고,211) 안철수에게 혁신기구위원장직을 정식으로 제안했으나 이 역시 거절당했다.212)

재·보선 이후 재연된 친노와 비노 간 갈등은 2015년 5월 23일 김해에서 열린 노무현 전 대통령 6주기 추도식을 계기로 폭발 직전의 상황으로 치달았다. '친노와 비노가 더 이상 함께 가기 힘든 것 아니냐'는 우려가 나올 정도로 추도식에 참석한 김한길이나 박지원 등 비노 진영 인사에 대해 야유와 욕설이 쏟아졌기 때문인데,213) 이러한 우려는 당 혁신위원회 출범과 최재성(崔宰誠)의 사무총장 임명 후 더욱 가시화되었다.

김상곤(金相坤)을 위원장으로 하는 혁신위의 구성에 대해 비노 진영은 '혁신위원들은 문재인 대표 전위부대 같다'고 지적하는가 하면, 친노 진

같다"며 거절했다(<조선일보>, 2015년 5월 14일).
209) '당원 여러분께 드리는 글'에서 문재인은 재·보선 패배에 대한 비판을 겸허하게 받아들인다고 하면서도, 비노 쪽 요구는 20대 총선 공천권을 나눠달라는 얘기이고 사심(私心)이 섞인 지도부 흔들기라며 글의 대부분을 비주류 비판에 할애했다. 문재인이 이 글을 발표하지는 않았지만, 누군가에 의해 공개되어 파문을 일으켰다. <조선일보>, 2015년 5월 15일.
210) 비노 측의 박지원, 김한길, 박주선 등은 문재인의 글에 대해 '부적절하다'거나, '책임지는 자세가 전혀 없다' 또는 '계파 해체를 공천 지분문제로 폄하한 것은 제 발 저린 격'이라고 강하게 비판했다. <조선일보>, 2015년 5월 16일.
211) 이처럼 비판이 일자, 문재인과 당 지도부는 당의 쇄신과 단합을 위해 '폭넓은 탕평'차원에서 혁신기구를 구성하여 쇄신안을 마련하겠다고 발표했다. <조선일보>, 2015년 5월 16일.
212) 안철수는 자신이 위원장을 맡는 것은 적절하지 않다면서 거절했다. <조선일보>, 2015년 5월 21일.
213) 박지원은 "왜 추도식에 오느냐고 갖은 욕설을 들었다"고 트위터에 올렸고, 정치인들이 대화하는 과정에서 입에 담기 힘든 욕설까지도 나온 것으로 알려졌다. <조선일보>, 2015년 5월 25일.

영은 '비노는 새누리당원이 잘못 입당한 것'이라는 글을 올려, 갈등이 폭발할 수밖에 없다는 전망이 많이 나왔다.214) 당의 정체성을 내세운 김상곤의 발언이 비노를 내치려는 속셈일지도 모른다고 경계했기 때문이다. 한편 문재인이 총선의 공천 실무를 담당할 사무총장으로 원내대표 경선에서 패배했던, 친노로 분류되는 최재성을 임명한 것에 대해서도215) 비노 진영은 강력 반발했다.216) 공천에서 불이익을 받을지도 모른다고 생각했기 때문이다.

이처럼 갈등의 골이 깊어져 내부로부터 '신당설' '분당설'이 나오고 있는 상황에서 새정치민주연합 실무 당직자 출신 당원 50여 명이 2015년 7월 9일 탈당을 선언했다. 이들은 중도 개혁정치로 야권을 재편하겠다고 다짐하며 '탈당 및 신당 창당 선언'을 발표했다.217) 그동안 호남과 수도권 등에서 '국민희망시대'란 이름으로 활동해왔던 이들이 서민과 중산층을 위한 전국 정당을 만들겠다고 말함으로써, 비노 진영이 친노에 맞서 본격적으로 신당 창당작업에 나설 것임을 암시했다.

이후에도 친노와 비노는 각종 현안을 놓고 대립했는데, 대표적인 것이 혁신안 채택문제를 놓고서였다. 혁신위는 계파별 모임 금지, 최고위원회 폐지, 당대표에 선출직 공직자평가위원회 위원장 임명권 부여 등

---

214) <조선일보>, 2015년 6월 13일.
215) 문재인은 최재성이 '20대 총선 불출마'를 선언했기에 개혁공천을 할 수 있는 인물이라고 판단한데다가, 비노와의 기싸움에서 밀리면 안 된다는 생각을 했기 때문에 최재성을 사무총장으로 임명한 것으로 분석되었다. <조선일보>, 2015년 6월 24일.
216) 최재성 임명이 확정되자 이종걸은 최고위원회 도중 "당을 깨자는 거냐"고 반발하며 퇴장했다(<조선일보>, 2015년 6월 24일). 한편 박지원은 분당의 빌미를 주는 인사가 되지 않기를 바란다면서 "인사를 특정 계파가 독점하고 편한 사람과만 함께 가겠다는 신호탄"이라고 비난했다(<조선일보>, 2015년 6월 25일).
217) 모임의 대표인 정진우 등은 기자회견에서 "문재인 대표가 4·29재·보선 패배 이후에도 책임을 지지 않고 공천개혁이라는 칼자루를 쥐었다"고 비난했다. <조선일보>, 2015년 7월 10일.

을 골자로 한 혁신안을 마련했는데, 이의 채택 여부를 놓고 최고위와 의원총회·중앙위원회 논의과정에서 양측이 다시 충돌한 것이다.218) 혁신안에 대한 논란 외에도 '온라인 당원 가입 시스템'을 구축을 놓고도 양측은 충돌했는데, 비노는 문재인의 이러한 지시를 '친노에 유리한 모바일 투표를 도입하려는 것'으로 받아들였기 때문이다.219)

새정치민주연합은 친노와 비노의 갈등 외에 민주계와 안철수계의 갈등 또한 극복해야 하는 과제를 안고 있었다. 7·30재·보선 패배의 책임을 지고 대표직을 물러난 후 안철수가 인재영입위원장직과 혁신위원장직 제의를 거부하고, '부산 지역 출마 요청'도 거부하는220) 등 문재인에 비협조적인 태도를 견지했기 때문이다. 이밖에도 당명 개정문제를 놓고도 양측은 갈등을 겪었다. 당 홍보위원장이 브랜드 가치 면에서 좋은 이름이 아니라며 당명 개정을 건의하고 당 지도부도 비공개회의에서 당명을 '새정치민주당'으로 고치는 것이 좋겠다는 의견을 냈는데,221) 안철수

---

218) 7월 12일에 개최된 최고위에서는 당대표에 권한이 집중될 수 있다는 비판에서부터 '친노 계파패권' 해소 방안을 내놓지 못했다는 비판에 이르기까지 다양한 불만이 제기되었지만, 친노 진영은 혁신위에 전권을 부여했기 때문에 제지할 수 없다고 맞섰다(<조선일보>, 2015년 7월 13일). 7월 20일에 열린 의원총회와 중앙위원회에서 문재인은 혁신안은 "총선과 대선에서 이기기 위한 혁신 앞에 친노·비노가 어디 있겠느냐"며 자신은 공천권을 행사하지 않고 시스템에 따라 공천하겠다고 말했으나, 비노 측은 문재인 사퇴야말로 최고의 혁신 과제라고 주장했다(<조선일보>, 2015년 7월 21일).
219) <조선일보>, 2015년 7월 28일.
220) 새정치민주연합 부산 지역위원장들과 당원들은 안철수가 "대권 주자로 존재감을 부각시키기 위해서는 부산 출마가 필요하다"는 의견을 냈다. <조선일보>, 2015년 7월 28일.
221) 7월 28일 손혜원 홍보위원장이 새정치민주연합이라는 당명은 "사람들이 읽기 불편해 마케팅 비용이 많이 들어간다"며 당명 개정의 필요성을 처음으로 언급했다(<조선일보>, 2015년 7월 29일). 이에 당 지도부는 8월 19일 비공개 회의를 열고 '새정치민주당'으로 바꾸는 것이 적합하다고 의견을 모았다(<조선일보>, 2015년 8월 20일).

가 부정적인 입장을 취했기 때문이다.222) 안철수는 또한 당의 혁신안이 실패했다거나, 패권주의 리더십이 당을 지배해왔다고 비판하는 등 지속적으로 문재인과 대립각을 세웠다.223)

안철수와 비노로부터 비판이 끊이지 않자, 문재인은 혁신안과 함께 자신에 대한 재신임을 당원과 국민에게 묻겠다고 선언했다. 당의 기강과 원칙을 세우기 위해 대표직 재신임을 묻는 게 불가피하다는 것인데, 이에 대해 안철수와 비노는 반대파를 협박하기 위한 수단에 불과하다며 반대했다.224) 신임투표를 둘러싸고 전개된 당내 갈등은 안철수에 대한 탈당 요구로 이어졌고,225) 혁신안 통과 이후에는 공천문제를 놓고 절정에 이르게 된다.226) 비노 진영은 문재인의 대표 사퇴와 조기 선대위 구성을 주장한 반면, 친노 진영은 이러한 주장은 "공천 물갈이를 모면하려는 구(舊) 정치적 꼼수"라며 반대한 것이다.227)

자신에 대한 사퇴 요구가 계속되자 문재인은 안철수와 박원순 3인이

---

222) 문재인이 "지금 당명이 좀 불편한 것은 사실"이라며 심도 있게 논의해서 당론을 모아야 한다고 말하자, 안철수는 "당의 내용은 바꾸지 않은 채 이름만 바꾸는 게 무슨 의미가 있느냐"며 반대했다. <조선일보>, 2015년 7월 31일.
223) 9월 2일 전북대학교에서 열린 좌담회에서 안철수는 당 혁신안에 대한 국민의 관심과 공감대가 거의 없다면서 "내 편이 아니면 모두 적이라고 생각하는 배타주의와 증오를 버려야 한다"고 비판했다(<조선일보>, 2015년 9월 3일). 이어 그는 9월 6일 기자간담회에서는 낡은 진보 청산이나 당 부패 척결문제는 시대적 흐름과 요구인데도 불구하고 당내 타성과 기득권에 막혀 금기시되어 왔다면서 이를 공론화하는 것이 당 혁신의 첫걸음이라고 주장했다(<조선일보>, 2015년 9월 7일).
224) <조선일보>, 2015년 9월 10일.
225) 혁신위원인 조국 교수는 당 혁신안과 문재인을 비판하고 있는 안철수를 향해 "당헌·당규로 확정된 사항(혁신안)을 지키기 싫다면 탈당해 신당을 만들라"고 했다. 이에 대해 안철수는 "할 말이 없다"며 대응을 자제했다. <조선일보>, 2015년 9월 15일.
226) 현역의원 20% 교체권한을 가진 선출직공직자평가위원장 선임문제를 놓고 친노와 비노는 크게 대립했다. <조선일보>, 2015년 10월 5일.
227) <조선일보>, 2015년 10월 7일.

참여하는 공동 지도부 구성을 제안했으나,[228] 안철수는 새 지도부 선출을 위한 혁신전당대회를 열자고 역(逆)제안을 했다.[229] 광주를 방문한 안철수가 또다시 혁신전당대회 소집을 요구하자, 문재인은 진정성이 없다고 말하고,[230] "이 지긋지긋한 상황을 끝내겠다"며 자신에 대한 사퇴 요구와 전대 개최 요구를 거부했다.[231] 이에 대해 안철수는 전대 거부 결정을 재고해 달라고 최후통첩을 했지만,[232] 문재인은 답변을 보류했다. 문재인은 비주류 당직자들의 사퇴 요구에 대해서는 대표의 권한으로 인적 쇄신과 물갈이를 하겠다는 뜻을 밝히고, 안철수의 전대 요구를 '분열의 길'로 규정했다.[233]

자신의 요구가 받아들여지지 않자 안철수는 2015년 12월 13일 새정치민주연합 탈당을 선언했다. 지금 야당으로는 정권교체의 희망을 만들수 없다고 말한 그는 "정권교체를 만들 수 있는 정치세력을 만들겠다"며 신당 창당을 예고했다.[234] 그의 탈당은 단순히 의원 한 명의 탈당 그 이상의 의미가 있다고 할 수 있는데, 9월 22일 있었던 박주선 의원의 탈당과[235] 달리 그가 표방했던 '새 정치'나 '혁신'이 정치권의 재편을 초

---

228) <조선일보>, 2015년 11월 19일.
229) <조선일보>, 2015년 11월 30일.
230) 문재인은 안철수에 대해 "혁신위의 혁신안조차 거부하면서 혁신을 말하는 것은 진정성을 인정하기 어려울 것"이라고 말했다. <조선일보>, 2015년 12월 1일.
231) 문재인은 "안 의원에게 협력하자고 했는데 안 의원의 전당대회 요구는 대결을 하자는 것"이라며 "총선을 코앞에 두고 당권경쟁으로 날을 샐 수는 없다"고 말했다. <조선일보>, 2015년 12월 4일.
232) 12월 6일 안철수가 회견한 후 그의 측근은 "탈당 등 중대 결심을 앞둔 최후 통첩"이라고 설명했다. <조선일보>, 2015년 12월 7일.
233) 문재인은 12월 8일 관훈클럽 토론회에서 비주류를 강하게 비난했는데, 이는 안철수 및 비주류와의 타협보다는 정면승부를 택한 것으로 분석되었다. <조선일보>, 2105년 12월9일.
234) 안철수는 자신의 "탈당은 야권의 분열이 아니라 기존 여야 양당구도 대신 다당구도로 가는 정치변화의 신호탄이 될 것"이라고 말했다. <조선일보>, 2015년 12월 14일.

래할 정도로 강한 흡인력을 지녔기 때문이다.

안철수가 탈당하자 문재인은 "총선 승리에 이르는 새정치민주연합의 항해는 멈추지 않을 것"이라고 말하고, 정치가 싫어지지만 "호랑이 등에서 내릴 수 없다"고 자신의 심정을 밝혔다.236) 이는 당의 '혁신안'을 예정대로 집행하겠다는 것으로, 안철수의 탈당으로 인해 생긴 지지율의 이탈을 진보진영 강화와 장외 세력 수혈로 보강한다는 방침을 세운 것이라고 할 수 있다. 이를 입증이라도 하듯 그는 스마트폰이나 PC로 손쉽게 입당할 수 있는 온라인 시스템을 오픈하도록 했는데, 그 결과 문재인을 지지하는 야권 성향 네티즌들의 입당 러시가 이어졌다. 안철수 탈당에 대한 대응차원에서 지지층 결집에 나선 것이고, 이 덕분에 '당의 친노 색채'를 더욱 강화할 수 있게 되었다.237)

자신의 뒤를 따라 당 소속 의원들이 탈당하거나 탈당 의사를 계속 밝히자, 안철수는 "내년 초에 창당준비위를 발족하고 가급적이면 2월 설날 전에 신당의 구체적인 모습을 보여드리겠다"고 말했다.238) 2014년 3월 창당한 새정치민주연합이 1년 9개월 만에 분열되게 되자, 문재인은 안철수와의 단절을 보다 확실하게 하기 위해 전부터 추진해왔던 당명 개정을 확정짓기로 했다.239) 최종 후보로 공개 모집한 당명 가운데 5개를 선정했고,240) 12월 28일에는 최고위와 당무위의 의결을 거쳐 새 당

---

235) 박주선은 새정치민주연합은 '친노 패권정당' '강경 투쟁정당' '무능 정당' '불임 정당'으로 "이미 국민으로부터 사망선고를 받았다"고 주장하고, '중도개혁 민생 실용정당'을 만들겠다고 선언했다. <조선일보>, 2015년 9월 23일.
236) <조선일보>, 2015년 12월 14일.
237) <조선일보>, 2015년 12월 17일.
238) 안철수는 새정치민주연합과의 선거 연대 가능성에 대해 "혁신을 거부한 세력과의 통합은 전혀 고려하고 있지 않다"고 말했다. <조선일보>, 2015년 12월 22일.
239) 2015년 12월 2일 전병헌은 여론조사 결과 당명 개정 찬성 의견이 73%로 압도적이라면서 12월 중으로 "당의 역사성과 정체성을 잘 반영하면서도 친숙한 이름으로 개정을 추진할 것"이라고 말했다. <조선일보>, 2015년 12월 3일.

명을 '더불어민주당'으로 확정지었다. 이로써 당명에서 안철수의 흔적은 사라지게 되었다.

4) 진보세력의 결집

2015년 6월 4일 정의당과 국민모임, 노동당, 노동정치연대는 공동 기자회견을 갖고 대중적 진보정당을 위한 공동선언'을 발표했다. 이들 4개 단체는 2015년 안으로 단일 정당을 창당하겠다고 밝히고 "무능과 야합으로 스스로 무너진 제1 야당은 더 이상 대안이 될 수 없다"고 선언했다.[241] 새롭고 대중적인 진보정당 창당으로 한국정치를 근본적으로 바꾸겠다는 것인데, 위축된 진보세력이 나뉘어진 상태로는 진보적 대안정당으로서 최소한의 기능조차 하기 어렵다는 공감대가 진보정당 창당움직임으로 나타난 것이다.[242]

이들은 2014년 말부터 창당을 추진해왔으며, 지향하는 바는 '최저임금 시간당 1만원으로 인상' '비정규직 문제 해결' '보편복지 확대와 조세정의 실현' '재벌체제 개혁' '정당명부식 비례대표제 확대' 등을 과제로 하는 민주주의·민생·복지 정당이었다.[243] 이처럼 '반(反)새누리당·비(非)새정치민주연합' 성격을 띤 신당의 출현이 예상됨에 따라 새정치민주연합은 고민에 빠졌다. 야권 분열의 요소가 커졌기 때문인데, 이를 반영하듯 박지원은 새정치민주연합을 포함한 야권 연대를 주장했

---

240) 당명 공개 모집에 3200여 개가 응모했는데, 이 가운데 '희망민주당' '더불어민주당' '민주소나무당' '새정치민주당' '함께민주당' 5개가 최종 후보로 선정됐다. <조선일보>, 2015년 12월 28일.
241) <조선일보>, 2015년 6월 5일.
242) 국민모임 대변인은 "통진당 해산 사태로 사실상 종료된 '진보정치운동 시즌 1'에 이어 '새정치민주연합으로는 안 된다'는 야권 지지성향 국민들의 목소리를 반영할 좀 더 폭넓은 대중적 진보정당 건설을 목표로 '진보정치운동 시즌 2'를 시작하겠다는 의미"라고 설명했다. <한겨레>, 2015년 6월 4일.
243) <한겨레>, 2015년 6월 5일.

다.244)

정의당은 이처럼 진보세력 결집에 주력하면서도 다른 한편으로는 당대표 선출을 위한 준비에 나섰다. 당대표 경선에는 심상정(沈相汀)과 노회찬, 그리고 청년운동가 조성주 3인이 출마의사를 밝혔다.245) 2015년 7월 12일에 있었던 1차 투표 결과 심상정과 노회찬 2인이 결선에 진출했으며, 7월 19일의 결선투표에서는 심상정이 당대표로 선출되었다. 새 당대표로 선출된 심상정은 총선을 겨냥해서 패배주의를 과감히 털어내고 승리하겠다고 말하고, "서민과 중산층의 진보, 밥 먹여주는 진보, 민생진보로서의 노선을 선명히 걷겠다"고 다짐했다.246)

정의당이 새로운 당대표를 선출하고 체제정비를 마침에 따라 진보정당 창당작업에는 가속도가 붙어, 2015년 11월 22일에는 4개 단체가 통합하여 정의당이라는 명칭으로 출범할 수 있게 되었다. 이날 정의당과 국민모임, 진보결집 더하기, 노동정치연대는 통합 당대회를 열고 인지도를 고려해 당명은 20대 총선까지 정의당을 유지하기로 하고, 심상정·김세균·나경채 3인을 공동대표로 선출했다. 심상정 상임대표는 대회에서 "진보정치가 분열의 시대를 끝내고 마침내 더 크고 강해질 기회를 갖게 됐다"고 말하고 "진보개혁의 확고한 중심이 되어 야권 질서를 재편할 모델을 만들겠다"고 다짐했다.247)

---

244) 박지원은 "4·29재·보선에서 보듯 야권은 분열하면 무조건 패배한다. 총선 승리를 위해선 이들 진보 신당과의 연대가 필수적"이라고 말했다. <조선일보>, 2015년 6월 5일.

245) 심상정은 '밥 먹여주는 진보' '유능한 경제정당' 등을 핵심과제로 제시했으며, 노회찬은 "선거를 의식해 남발되는 작금의 '더 많은 복지' 경쟁을 중단하고 '지속 가능한 복지전략' 수립을 주도하겠다"고 말했다. 한편 조성주는 "지금 우리에게 부족한 것은 민주화운동과 노동운동과 같은 앞선 세대의 경험이 아니다"며 '진보정치의 세대교체'를 주장했다. <조선일보>, 2015년 6월 20일.

246) 이날 온라인투표와 현장투표, ARS 모바일투표 등을 합산한 결과 심상정이 52.5%(3651표)를 획득하여 47.5%(3308표)를 얻은 노회찬을 누르고 당대표로 선출되었다. <조선일보>, 2015년 7월 20일.

이처럼 종래 분산되었던 진보세력의 결집으로 크고 강해진 정의당이 출범함에 따라 20대 총선에서 야권은 새정치민주연합, 정의당, 안철수 신당 3자가 경쟁하는 구도로 치러질 공산이 커졌다.

5) 국민의당 창당과 20대 총선

새정치민주연합을 탈당한 안철수는 자신이 추진하는 신당에 동참해 줄 것을 호소하며 각계 인사들을 만났다. 신당의 명칭을 '국민의당'으로 정한 그는 일차로 새정치민주연합 내에서 '친노 패권주의'를 비판하던 비노 진영과 자신이 발기했던 '새정치연합'에 참여했던 인사들을 영입하기 위해 노력했다. 이러한 노력이 나름대로 성과가 있어, 2016년 2월에는 창당대회를 개최할 수 있었고 3월에는 원내 교섭단체 등록을 마칠 수 있었다.

국민의당 창당으로 인해 초래된 야권의 분열로 여당에 유리한 분위기가 조성될 것으로 예상되던 총선구도는 새누리당의 내분으로 돌변하고 말았다. 20대 총선 공천문제를 둘러싸고 전개된 친박과 비박 사이의 갈등에 청와대가 직접 개입함으로써 갈등이 더욱 확대되어, 당이 분열된 것이나 마찬가지 상태에 놓였기 때문이다. 야권만 분열된 것이 아니라 여당도 야권 못지않게 분열된 것이나 다름없었기에 결코 여당에 유리한 환경이 조성되었다고 보기 어렵게 된 것이다.

친박은 집권 3년차를 맞는 박근혜 대통령의 권력누수를 차단한다는 명분을 내세워 전략공천을 하려 했고, 이와 반대로 비박은 공천권을 당원과 국민에게 돌려준다는 명분에서 이를 차단하려고 했다. 이러다 보니 양측은 공천위원장 선출에서부터 공천 룰 결정에 이르기까지 사사건건 대립할 수밖에 없었고, 심지어는 당대표가 공천장 날인을 거부하며 지방으로 피신하는 '공천파동'이 일어나기도 했다. 이처럼 새누리당은

---
247) <한겨레>, 2015년 11월 23일.

극심한 갈등으로 인해 통합을 유지하지 못하는 바람에 20대 총선에 참패하는 결과를 맞게 되었다.

(1) 국민의당 창당

안철수의 뒤를 이어 더불어민주당의 호남 지역 의원들이 잇달아 탈당하고,[248] 수도권 지역 의원들의 연쇄 탈당도 이루어질 것으로 전망되자 더불어민주당은 물론 여당인 새누리당마저 비상이 걸렸다. 안철수 신당이 수도권에서 새누리당을 위협할지도 모른다고 판단했기 때문이다.[249] 한편 2016년 들어 김한길 전 대표가 탈당대열에 합류하자,[250] 문재인은 새로운 인물들을 영입해서 당의 면모를 일신하겠다고 말했다. 이는 탈당으로 수세에 몰린 상황을 인재 영입으로 반전시키고, 당을 환골탈태하겠다는 것이라고 할 수 있다.[251]

발기인대회에 앞서 가진 기자회견에서 안철수는 "정치가 기본으로 돌

---

[248] 2015년 12월 17일에는 문병호(인천 부평갑)·유성엽(전북 정읍)·황주홍(전남 장흥·강진·영암) 3명의 의원이, 12월 20일에는 김동철(광주 광산갑) 의원이, 12월 23일에는 임내현(광주 북을) 의원이, 12월28일에는 최재천(서울 성동갑)·권은희(광주 광산을) 2명의 의원이 탈당했다.

[249] 새누리당 서울시당 위원장 김용태는 새누리당이 새로운 변화에 대한 유권자의 욕구를 눈치채지 못하고 있는데 "3자 구도면 필승이라는 오만한 태도를 버리고 이제라도 신당 대책을 세워야 한다"고 말했다(<조선일보>, 2016년 1월 2일). 이를 뒷받침하듯 일여다야(一與多野) 구도에서 제3당이 약진할 경우 13대·14대·15대 총선에서 나타난 것처럼 여당은 대부분 과반 의석을 얻지 못했다는 분석이 제시되었다(<조선일보>, 2016년 1월 6일).

[250] 김한길은 2016년 1월 3일 탈당성명에서 '계파의 이익을 위해서라면 물불을 가리지 않는 정치'를 그만두고, '국민이 믿고 의지할 수 있는 정치'로 변해야 한다고 말했다. <조선일보>, 2016년 1월 4일.

[251] 문재인은 김한길의 탈당은 이미 예고되었던 것이라면서 표창원(전 경찰대 교수)·김병관(웹진 이사회 의장)·이수혁(전 국정원 1차장) 등 비운동권 전문가 출신 영입으로 '친노 운동권 정당' 색깔 빼기에 나섰다. <조선일보>, 2016년 1월 6일.

아가야 한다"는 뜻에서 당의 명칭을 국민의당으로 정했다고 밝혔다.252) 국민의당은 '한상진·윤여준 공동 창당위원장' 체제를 확정하고 인재를 광범위하게 영입하여 20대 총선을 기성 정치와 새 정치 대결구도로 만든다는 계획을 수립했다.253) '기성 구태정치 대 새로운 정치' 프레임으로 총선에 임하겠다는 전략이다.

2016년 1월 10일 개최된 창당 발기인대회에서 국민의당은 "시대변화에 뒤처진 낡고 무능한 양당체제, 국민통합보다 오히려 분열에 앞서는 무책임한 양당체제의 종언을 선언"했다.254) 그리고 적대적 공존의 양당 구조 속에서 실종된 국민의 삶을 정치 중심에 세우겠다고 다짐하고, 진보와 보수의 양 날개를 펴면서 합리적 개혁으로 정치를 바꾸고 변화를 이끌어내겠다고 말했다. 국민의당 발기 후 권노갑을 비롯하여 동교동계 인사 10여 명이 희망이 없다며 더불어민주당을 탈당하자, 당 잔류파들은 불안감을 나타내기도 했다.255)

잇단 탈당에도 불구하고 문재인은 "10만 명에 가까운 온라인 입당자는 우리 당의 새로운 희망"이라며256) 자신에 대한 2선 후퇴 요구를 거부했다. 문재인이 책임지는 모습을 보이지 않자, 1월 13일에는 주승용·장병완 두 의원과 김대중 전 대통령 측근 인사들이 탈당했고 박지원도 탈당할 것으로 알려졌다.257) 뒤늦게 사태의 심각성을 깨달은 문재인은

---

252) 안철수는 국민의당은 링컨이 말한 '국민의, 국민에 의한, 국민을 위한 정부'의 줄임말이라고 보면 된다고 말했다. <조선일보>, 2016년 1월 9일.
253) <조선일보>, 2016년 1월 9일.
254) <조선일보>, 2016년 1월 11일.
255) 권노갑 더불어민주당 고문은 "선거 패배에 책임질 줄 모르는 정당, 정권교체의 희망을 주지 못하는 정당으로는 더 이상 희망이 없다는 확신과 양심 때문에 행동한다"며 분열을 막아보려 했지만 더 이상 버틸 힘이 없다고 말했다. <조선일보>, 2016년 1월 13일.
256) <조선일보>, 2016년 1월 13일.
257) 탈당성명에서 주승용(전남 여수을)은 호남 민심은 호남을 이용하려는 패권정치에 등을 돌리고 있다고 말했고, 장병완(광주 남)은 화석화된 야당 체질에 갇

선대위원장으로 김종인(金鍾仁)을 영입하고 선거대책위원회가 구성되면 대표직에서 물러나겠다고 밝혔다. 그는 또한 자신의 사퇴를 계기로 통합 논의가 활발하게 이루어지기를 바라며 야권 연대가 합의되었으면 좋겠다고 말했다.258)

문재인의 야권 연대 제의에 대해 국민의당은 '선거 연대는 없다'며 거부했으나, 일부 의원들은 연대에 대한 미련을 버리지 못했다.259) 총선때 전 지역구에 후보를 낸다는 당의 방침은 이해가 가지만, 호남은 몰라도 수도권에서는 단일화를 하지 못하면 새누리당이 반사이익을 얻을 우려가 있다는 판단에서였다.

문재인의 대표직 사퇴로 더불어민주당 의원의 탈당세가 주춤해지자, 국민의당 안철수는 독자정당을 추진해왔던 국민회의의 천정배와 2016년 1월 25일 만나 연대에 합의, 이를 성사시켰다.260) 이들은 '박근혜·새누리당 정권의 총선 압승 저지'를 양당 통합의 취지로 명시하고, 당명은 국민의당으로 하기로 했다.261) 국민의당은 2016년 2월 2일 대전에서 창당대회를 갖고, 안철수와 천정배를 공동대표로 선출했다. 대표 수락연설에서 안철수는 "2016년 한국정치의 판을 바꾸는 혁명을 시작하겠다"고 말했고, 천정배는 "새누리당의 과반을 저지하고 제1야당으로 자리매김

혀 국민의 기대에 부응하지 못하고 있다고 말했다(<조선일보>, 2016년 1월 14일). 한편 박지원은 1월 22일 "분열된 야권을 통합하고 우리 모두 승리하기 위해 잠시 당을 떠난다"고 말하고 탈당했다(<조선일보>, 2016년 1월 23일).
258) 1월 19일의 기자회견에서 문재인은 선대위가 안정되는 대로 대표직을 내려놓을 계획이라고 밝히고, 야권 통합을 위해 노력할 계획이라고 말했다. <조선일보>, 2016년 1월 20일.
259) 안철수는 '무조건 뭉치면 산다'는 식으로는 희망이 없다며 "양당 기득권 담합체제도 반드시 깨겠다"고 말했다. <조선일보>, 2016년 1월 20일.
260) 무소속 천정배 의원은 독자적으로 '국민회의(가칭)' 창당을 추진하며 안철수와 경쟁적으로 새정치민주연합 의원들을 상대로 영입교섭을 벌였고, 이 과정에서 광주 지역 의원들의 안철수 신당행을 우회적으로 비판했다. <조선일보>, 2015년 12월 19일 및 12월 25일.
261) <조선일보>, 2016년 1월 26일.

하는 것이 이번 총선의 목표"라고 밝혔다.262)

국민의당은 창당 46일 만인 2016년 3월 18일 교섭단체 등록을 했다. 더불어민주당 공천에서 탈락한 의원 2명을 영입, 총 21명의 의원을 확보함으로써 사무처에 교섭단체 등록을 할 수 있게 된 것이다.263) 이처럼 출범하기는 했지만, 국민의당 앞에는 비전과 인물, 야권 연대라는 세 가지 난관이 놓여 있는 것으로 분석되었다. 첫째, 국민의당만이 갖고 있는 명확한 노선과 비전을 제시해야 하고, 둘째, 호남을 중심으로 한 인물 영입을 전국으로 확대해야 하며, 셋째, 더불어민주당 등 야권이 요구하게 될 '야권 연대' 압박을 견뎌내야 한다는 것이었다.264)

(2) 새누리당의 공천파동

새누리당은 기존의 당론이었던 오픈프라이머리가 여야의 견해차이로 사실상 불가능해지자, 공천과 관련된 모든 문제를 논의할 특별기구를 2015년 10월 5일 발족시키기로 했다. 그러나 위원장 인선을 놓고 계파 간 이해가 팽팽히 맞서 갈등만 증폭되는 문제가 발생했다. 친박계와 비박계가 서로 자파가 미는 인물을 특별기구 위원장으로 앉히려고 했기 때문에 합의를 보지 못하다가, 두 달 뒤에 가서야 간신히 출범할 정도로 위원장 인선은 충돌의 소지가 큰 문제였다.265)

위원장 인선문제로 촉발된 양 계파의 갈등은 당헌에 규정된 '우선 추

---

262) <조선일보>, 2016년 2월 3일.
263) 정호준(서울 중구)·부좌현(경기 안산 단원을) 의원의 입당으로 교섭단체 등록을 한 덕분에 국민의당은 19석 때보다 46억원 더 많은 73억원의 국고보조금을 받을 수 있게 되었다. <한겨레>, 2016년 3월 19일.
264) <조선일보>, 2016년 2월 3일.
265) 공천 특별기구 위원장으로 당대표 김무성은 황진하 사무총장을, 친박계는 총선 불출마를 선언한 김태호 최고위원을 주장하는 바람에 합의를 보지 못했다(<조선일보>, 2015년 10월 6일). 이 문제를 해결하기 위해 12월 6일 김무성과 서청원이 만나 친박계의 제안인 결선투표제와 비박계의 황진하 위원장안을 주고받는 식으로 합의함에 따라 출범할 수 있었다(<조선일보>, 2015년 12월 7일).

천지역'에 대한 해석논쟁으로 이어졌다. 당헌에 공천관리위원회는 후보자가 없거나 신청자의 경쟁력이 현저히 낮은 지역을 '우선 추천지역'으로 선정하여 후보자를 추천할 수 있다는 조항이 있는데, 이에 대한 해석이 서로 달랐기 때문이다. 비박계는 이미 경쟁력이 검증된 현역 의원 지역은 대상이 아니라고 현역에 유리하게 해석한 반면, 친박계는 영남이나 서울 강남 등 어느 지역도 예외는 아니라며 현역의 프리미엄을 인정하지 않으려 했다.266) 친박계의 해석대로라면 공천위가 현역 의원 지역도 우선 추천지역으로 선정하여 제3의 후보를 공천할 수 있게 되는 것이다.

이처럼 '우선 추천지역' 해석문제로 양 계파가 서로 맞서고 있는 상황에서 친박계 의원들의 불출마 선언이 이어지자, 친박계가 앞장서서 '현역 물갈이' 분위기를 조성하는 것이 아니냐는 추측이 비박계로부터 나오기도 했다.267) 이를 뒷받침이라도 하듯 11월 10일 박근혜는 국민을 향해 "진실한 사람들만이 선택받을 수 있도록 부탁드린다"고 말했다.268) '총선 심판론'을 제기한 것인데, 이후 새누리당 내에는 '진실한 친박'을 의미하는 '진박(眞朴)'이라는 신조어가 회자되었고 '진박'이라야만 공천을 받는 것이 아니냐는 소문이 돌아 비박계의 불만을 사기도 했다.

박근혜는 2015년 12월 22일에는 개각으로 여의도에 복귀하는 장관들을 상대로 다시 '진실한 사람'을 언급함으로써 물갈이 구상이 헛소문이 아니라는 것을 암시했다. 이 말이 나온 후 대구에서는 '진실한 사람'을

---

266) <조선일보>, 2015년 10월 7일.
267) 강창희·이한구·김태호·김회선 등 친박계의 불출마 선언이 이어지자, 친박계의 불출마를 통해 '비박계에 대한 물갈이를 압박하려는 것'이라는 소문이 새누리당에 떠돌았다. <조선일보>, 2015년 10월 14일.
268) 이날 국무회의 석상에서 박 대통령은 노동개혁과 경제 활성화법 처리에 반대하고 있는 야당과 이에 적극적이지 않은 일부 여당 의원들을 총선에서 심판해 줄 것을 요구했는데, 이는 대통령의 국정운영을 뒷받침하지 않은 여당 의원들에 대한 '물갈이론'에 힘을 실어준 것이라고 해석되었다. <조선일보>, 2015년 11월 11일.

자처하는 예비후보자들의 '박근혜 마케팅'이 노골적으로 벌어지고 있다고 보도되기도 했다.269)

다음으로 갈등의 소재가 된 것은 '험지(險地) 출마론'과 '단수 추천제'였다.270) '험지 출마론'은 지명도 높은 인사들이 솔선수범하여 어려운 지역, 이른바 험지에 출마하라는 것인데 친박계와 비박계는 서로 상대방을 향해 "먼저 험지에 가라"고 목소리를 높였다. 또한 양 계파는 월등한 경쟁력을 가진 후보를 경선 없이 공천하는 '단수 추천제', 사실상의 전략공천에 대해서도 이견을 드러냈다.271)

공천 룰을 정하는 과정에서 새로운 갈등 요소로 떠오른 것은 '현역 의원 평가제'와 '신인 가산점 10% 부여' 문제였다. 의원평가제는 일종의 '컷오프(공천 배제)'로, 현역 의원의 점수를 항목별로 평가하여 기준에 미치지 못하는 의원에게는 공천을 주지 않는 제도이다. 친박계는 의원 평가제 시행을 주장했는데, 이에 대해 비박계는 현역 의원의 교체비율이 높아지고 '공천 학살'로 이어질 가능성이 크다며 반대했다.272) 신인에 가산점을 부여하는 문제는 신인의 범위를 어디까지로 볼 것이냐는 것인데, 이것이 논란거리가 되었다. 선거만 고려하여 '선거에 입후보한 경험이 없는 자'를 신인으로 하자는 친박계의 주장에 대해, 비박계는 이럴 경우 현역 의원보다 더 잘 알려진 장관이나 청와대 대변인도 신인으로 되어 가산점을 받게 된다며 반대했다.273)

---

269) <조선일보>, 2015년 12월 23일.
270) <조선일보>, 2015년 12월 25일.
271) 여러 차례 '전략공천은 없다'는 입장을 밝혀온 김무성은 전략공천으로 평가되는 '단수 추천은 당규에도 없다'고 말했다. 이에 대해 친박계는 당규에도 '단수 추천' 조항은 있으며, 특별기구도 단수 추천제 도입 여부를 논의하기로 했으므로 당대표가 '이래라 저래라'하는 것은 월권행위라고 반박했다. <조선일보>, 2015년 12월 25일.
272) 친박계는 "의정 평가, 공약 이행률, 권역별 당·의원 간 지지율 격차 등을 점수화하여 현역 의원을 평가해야 한다"고 주장한 반면, 비박계는 "기준이 모호해 '인위적 물갈이'로 악용될 수 있다"며 반대했다. <조선일보>, 2015년 12월 28일.

친박과 비박이 이처럼 공천 룰을 놓고 사사건건 대립하며 감정싸움을 하는 바람에, 새누리당은 총선 4개월을 앞두고도 주요 쟁점에 대해서 결론을 내리지 못하는 상황에 처했다. 공천 룰을 협의하는 과정에서 친박계는 서둘러 룰을 정할 필요가 없다는 입장을 취했는데, 비박계는 이것이 가급적 결정을 늦춰 경선을 하기 힘들도록 하려는 전략이라고 비난했다. 양 계파 모두 '총선 승리'를 명분으로 내걸기는 했지만, 친박계는 물갈이 폭을 넓히자는 속내가 있고, 비박계는 이를 막자는 속셈이라고 할 수 있다.274) 상황이 이렇다 보니 더불어민주당과 안철수 신당에 비해 인재 영입이 늦어져 과반수 의석 확보도 어려운 것이 아니냐는 위기감이 새누리당 내에 돌 정도였다.275)

새누리당 양 계파가 가장 치열하게 충돌한 것은 공천을 총괄할 공천관리위원장에 누구를 임명할 것인가 하는 문제였다. 친박계는 '선거 전략에 익숙한 내부 출신 발탁'을 주장한 반면, 비박계는 '공정한 경선을 위해 외부 명망가 영입'을 제안했다.276) 상향식 공천을 강조해온 비박계는 '공정한 관리자' 역할을 강조하고, 전략공천을 주장해온 친박계는 '선거전략가'로서의 역량을 강조한 것이다. 이의 연장선상에서 친박계는 이한구를 위원장으로 밀었는데,277) 김무성은 이를 수용하는 대신 공관위원 구성에 관한 전권을 요구해 논란이 벌어지기도 했다.278)

---

273) <조선일보>, 2015년 12월 29일.
274) <조선일보>, 2016년 1월 4일.
275) <조선일보>, 2016년 1월 7일.
276) <조선일보>, 2016년 1월 23일.
277) 총선 불출마를 선언한 이한구는 친박계로 분류되는데다 여러 차례 공개적으로 상향식 공천의 문제점을 지적하며 전략공천 도입을 주장했기에, 김무성은 그를 공천관리위원장으로 임명하는 데 부정적인 입장을 취했다. <조선일보>, 2016년 1월 27일.
278) <조선일보>, 2016년 1월 29일. 또한 김무성은 2016년 1월 31일 비박계로 분류되는 당 소속 초·재선 의원 50여 명과 만찬 회동을 갖고 "총선에서 반드시 살아 돌아오길 바란다"고 말했다. 이에 대해 친박계는 "당대표가 공천을 앞둔 시

이후 공천을 둘러싼 계파 간 갈등은 당대표 김무성과 공천위원장 이한구를 중심으로 전개되었다. '상향식 공천'을 주장한 김무성과 달리 이한구는 '현역 물갈이'와 '전략공천'을 강조했기 때문이다.[279] 이한구가 현역 의원의 대규모 물갈이를 시사하는 한편 전략공천 방침을 밝히자,[280] 비박계와 김무성은 강하게 반발했다.[281] 결국 두 사람은 내전에 가까운 공방을 벌였는데,[282] 이를 계기로 감정의 골은 더욱 깊어져 돌이킬 수 없을 정도로 악화되었다.[283]

점에서 대규모 계파모임을 한다는 게 말이 되느냐'고 반발했다(<조선일보>, 2016년 2월 1일).

279) 이한구는 상향식 공천은 취지는 좋은데 실천할 수 있는 여건이 되지 않으면 '엉터리 선출'이 일어나며, 경선에 앞서 현역 의원 일정 비율을 탈락시키는 '컷오프'도 불가피하다고 말했다. 이에 대해 김무성은 "국민에게 공천권을 돌려드린다는 약속을 수백 번 하지 않았느냐"며 반발했다. <조선일보>, 2016년 2월 6일.

280) 이한구는 현역 의원을 자격심사단계에서 탈락시켜 경선에서 배제하는 '컷오프'를 시행할 방침을 밝혔는데, 이는 "인위적인 현역 컷오프는 없다"던 김무성의 발언과 배치돼 갈등을 불러일으켰다(<조선일보>, 2016년 2월 13일). '컷오프'에 이어 이한구는 "정치적 소수자를 위해 원칙적으로 전국 17개 모든 광역시·도에서 최소 1곳에서 최대 3곳까지 '우선 추천'방식으로 처리하겠다"고 밝혔는데, 이에 대해 김무성은 "우선 추천제를 전략공천으로 활용할 수 없게 돼있다"며 불만을 표시했다(<조선일보>, 2016년 2월 17일).

281) 비박계는 전략공천은 "상향식 공천의 근간을 흔드는 일"이라며 반발했다(<조선일보>, 2016년 2월 17일). 김무성도 "국민에게 수백 번 약속한 국민공천제는 절대 흔들릴 수 없는 최고의 가치로 그 누구도 흔들 수 없다"고 말하고 "선거에 지는 한이 있어도 받아들일 수 없다"며 격노했다(<조선일보>, 2016년 2월 18일).

282) 김무성은 "이렇게 한다면 공천관리위를 해산할 수도 있다"고 말하고 여러 차례 책상을 내리치며 격정적으로 분노를 표한 것으로 알려졌다. 이에 대해 이한구는 공천과 관련해 당대표는 아무런 권한이 없다고 말하고 "자꾸 저렇게 하면 당헌·당규에 따라서 당대표가 물러나든지 내가 물러나든지 그래야 되지 않겠느냐"고 반박했다. <조선일보>, 2016년 2월 18일.

283) 비박계는 이한구 공관위원장 해임을 위한 의원총회 개최를 검토하는가 하면, 친박계는 의총가 열리면 김무성 대표를 탄핵하는 자리로 만들 계획을 갖고 있

현역 의원 40명 물갈이론이 나온 데다 '살생부' 파동에 이어,[284] '공천심사 중단'사태마저 발생하자,[285] 청와대에서는 "이대로 가면 20대 총선에서 원내 과반은 붕괴할 수밖에 없을 것"이라는 말도 나왔다.[286] 이처럼 계파 간 갈등으로 당이 통합을 이루지 못해 총선에서 패배할지도 모른다는 위기감에 휩싸였으면서도, "선거에서 이길 생각으로 하는 공천이 맞느냐"는 의문이 제기될 정도로 실제 공천에서는 경쟁력이 있는 의원들이 대거 배제되었다.[287]

이의 전형이 바로 유승민에 대한 자진 사퇴 압력이었다. 그를 공천에서 배제하기 위해 공천위는 유승민의 선거구(대구 동을)에 대한 공천 심사를 계속 미루었다.[288] 이한구는 유승민이 스스로 결단 내리기를 기대

었다. <조선일보>, 2016년 2월 19일.
284) 친박계의 핵심 인사가 김무성을 만나 현역 의원 40여 명의 물갈이를 요구했다는 이른바 '살생부' 명단이 있다는 이야기가 정두언 의원으로부터 나오자, 친박은 "김 대표가 정확한 경위를 밝히고 책임을 져야 한다"고 말했다(<조선일보>, 2016년 2월 29일). 이에 대해 김무성은 살생부 파문으로 국민과 당원에 심려를 끼친 점에 대해 사과한다고 말했다(<조선일보>, 2016년 3월 1일).
285) 2016년 3월 10일 비박계는 "이한구 공천위원장의 독선적인 행위와 회의 운영 등을 더 이상 지켜보기 어렵다"고 말하고 공천위 활동 중단을 선언했다(<조선일보>, 2016년 3월 11일). 비박계에 이어 3월 17일에는 친박계가 추천한 외부 공천위원들도 당대표가 공천위 결정에 이의를 제기한 것이 '공천위의 독립성을 침해'한 것이라며 집단 퇴장했다. 이로써 새누리당 공천 심사는 1주일 만에 또다시 중단됐다(<조선일보>, 2016년 3월 18일).
286) <조선일보>, 2016년 3월 12일.
287) 대구와 수도권에서 유승민과 가까운 의원들이 컷오프로 공천에서 탈락된 것에 대해 비박계는 "지역구 몇 곳을 잃더라도 마음에 들지 않는 사람을 당에서 내보내는 게 낫다고 생각하는 것 같다"고 했고, 친박계는 "의석 몇 개보다 정체성을 지키는 게 중요하다"며 "그런다고 해당 지역 선거를 꼭 진다고도 볼 수 없다"고 말했다. <조선일보>, 2016년 3월 17일.
288) 유승민이 원내대표 사퇴 회견에서 "헌법 1조 1항의 지엄한 가치를 지키고 싶었다"고 한 발언이 '정체성'에 걸리느냐가 공천의 핵심 쟁점이었다. 친박계는 이 발언이 결국 '박근혜 정권은 독재정권이라는 것'으로 당의 정체성을 훼손한

하고 있다고 말하고, "본인이 하지 못하면 곧 공천위가 할 것"이라고 하면서도 공천 마감이 임박했음에도 결정을 내리지 않았다.289) 공천위와 최고위가 유승민 불공천에 대한 책임을 서로 지지 않으려고 비겁하다고 할 정도로 결정을 내리지 않자, 유승민은 당적 변경 시한을 1시간 앞두고 탈당했다.290) 후보 등록 개시일인 2016년 3월 24일부터는 당적 변경이 불가능하기 때문에 무소속으로 출마하기 위해 탈당할 수밖에 없었던 것이다.

유승민이 탈당한 다음날인 3월 24일 김무성은 긴급 기자회견을 갖고 공천 의결이 보류된 5개 지역에 대한 최종 의결을 하지 않고, 선관위 후보등록 만료일인 3월 25일까지 최고위도 열지 않겠다고 선언했다. 이날 그는 보류된 5개 지역에 대한 공천위의 결정에 대해서 의결하지 않기로 했다면서 "5곳은 불공천 지역으로 남기겠다"고 말하고 자신의 지역구인 부산으로 내려가 버렸다.291) 5개 지역에 공천을 받은 후보들의 공천장에 당대표 도장을 찍지 않겠다는, 이른바 김무성의 '옥새(玉璽) 투쟁'이 발생한 것이다.

새누리당의 후보 5명의 총선 출마가 불가능하게 되는 사상 초유의 사태가 발생하자,292) 양 계파는 파국을 피하기 위해 협상에 나섰다. 그리

것이라고 주장한 반면, 비박계는 '대통령을 지칭해서 독재자라고 한 것'이 아니라 원내대표로서 자기 행동의 정당성을 설명한 발언일 뿐이라고 주장했다. <조선일보>, 2016년 3월 18일.

289) <조선일보>, 2016년 3월 19일. 유승민 공천문제와 관련하여 당 최고위와 공천위는 서로 상대방이 결정할 문제라며 책임을 떠넘겼다. 이처럼 공천위와 최고위가 '폭탄 돌리기'만 계속하고 있었기에 '집권 여당 지도부의 비겁한 행태'라는 비난을 받았다. <조선일보>, 2016년 3월 22일.

290) 유승민은 탈당선언에서 "지금 이 순간까지 당이 보여준 모습은 정의가 아니고 민주주의가 아니다"라며 "부끄럽고 시대착오적인 정치보복이며, 정의가 짓밟힌 데 대해 분노한다"고 말했다. 새누리당 수도권 의원들은 유승민이 탈당하자, 역풍(逆風)이 불고 있다며 이 여파가 자신들의 선거에 영향을 미칠까 전전긍긍했다. <조선일보>, 2016년 3월 24일.

291) <조선일보>, 2016년 3월 25일.

하여 후보 등록마감 2시간을 앞두고 공천에 탈락해 무소속으로 출마한 이재오·유승민 두 의원 지역은 후보를 내지 않으며 송파을의 경우 공천 결과를 인정하지 않기로 하고, 나머지는 추인하는 선에서 타협을 보았다.293) 김무성의 옥새 투쟁을 정점으로 한 공천파동은 양 계파가 결국 한 발씩 물러남으로써 진정되는 모양새가 나타나기는 했지만,294) '총선 승리'를 위한 당의 통합은 요원하기만 했다. 김무성 스스로 "잘못된 공천으로 민심이 이반되어 수도권 선거가 전멸될 위기상황이었다"고 말할 정도였는데,295) 이는 결국 사실로 드러났다.

(3) 20대 총선

공천파동으로 분열된 것이나 마찬가지 상태인 새누리당과 달리 더불어민주당은 김종인을 영입하여 그에게 전권을 부여하는 조치를 취함으로써 당의 통합을 유지할 수 있었다. 당무위원회를 열어 선거와 관련한 권한 일체를 김종인이 주도하는 비상대책위원회로 이양한 것이 바로 그것이다.296) 김종인은 당을 통합하고 난 다음 여세를 몰아 총선에 승리하기 위해서는 야권이 단합된 모습을 보여야 한다며 국민의당에 통합을

---

292) 김무성이 공천 의결을 보류한 5개 지역은 △서울 은평을 △대구 동을 △서울 송파을 △대구 동갑 △대구 달성이다. 이에 대해 친박은 '김무성의 쿠데타'라고 흥분하고, 그가 "25일 오전 10시까지 돌아오지 않을 경우 권한 대행체제로 갈 수밖에 없다"고 말했다. 이에 비박계는 "친박계가 쿠데타를 일으켜 당권을 탈취하려 한다"고 반발했다. <조선일보>, 2016년 3월 25일.
293) 이로 인해 이재오와 유승민이 무소속으로 출마한 '서울 은평을'과 '대구 동을'에 새누리당 후보로 각각 공천을 받은 유재길과 이재만은 출마를 할 수 없게 됐다. 단수 추천된 유영하(서울 송파을) 역시 출마를 못하게 되었다.
294) 최고위의 합의 결과가 나오자, 황진하 사무총장은 "오늘로 공천과 관련된 당내 갈등은 모두 해소됐다"고 말했다. <조선일보>, 2016년 3월 26일.
295) <조선일보>, 2016년 3월 26일.
296) 일부의 반대가 있었지만, 친노 주류 측에서는 "총선 승리를 위해서는 김 대표 이외에 현재로서는 대안이 없다"며 김종인에 전권을 부여하는 것을 수용했다. <조선일보>, 2016년 3월 1일.

제의했으나, 안철수는 이를 거부했다.297)

'비겁한 정치공작'이라며 김종인의 통합 제의를 '거부한 안철수와 달리, 김한길은 "1당 질주 허용은 막아야 한다"며 연대에 긍정적인 입장을 취했다.298) 이로 인해 국민의당은 야권 통합문제를 놓고 내부적인 갈등을 겪게 되어 당의 통합을 이루기 어려운 상태에 처하고 만다. 야권 연대가 반드시 필요하다는 입장이었던 김한길은 자신의 주장이 받아들여지지 않자 상임 선대위원장직을 사퇴했고,299) 이어 총선 불출마 선언까지 했기 때문이다.300) 이를 볼 때 김종인의 야권 통합 제의는 국민의당을 자중지란에 빠뜨려 당의 통합을 어렵게 했다는 점에서 소기의 성과를 거두었다고 할 수 있다.

3월 25일 마감된 20대 총선 지역구 후보자는 총 944명으로 정당별로는 새누리당 248명, 더불어민주당 235명, 국민의당 173명, 정의당 53명이 출마했는데, 새누리당은 과반인 150석을, 더불어민주당은 120석을,

---

297) 김종인이 야권 통합을 거론한 것은 통합이 성사되면 새누리당과 1 대 1구도를 만들 수 있고, 실패하더라도 더불어민주당으로 야권표 결집 효과를 얻을 수 있다는 계산에서 나온 것이라고 할 수 있다. 이에 대해 안철수는 "한 번도 야권 통합을 생각한 적이 없다"고 말했으나, 김한길은 "깊은 고민과 뜨거운 토론이 필요하다"며 긍정적인 반응을 보였다. <조선일보>, 2016년 3월 3일.

298) 김종인은 개인적인 대권 욕심 때문에 안철수가 야권 통합에 반대하는 것이라고 지적했다. 이에 안철수는 "통합 제안은 국면 전환용이며 국민의당에 대한 정치적 공격"이며 "한 손으로는 협박하고 다른 손으로는 회유하는 비겁한 공작"이라고 비난했다. <조선일보>, 2016년 3월 4일.

299) 야권 연대의 필요성을 느낀 김한길은 3월 11일 "여당에 어부지리를 주지 않으면서 우리가 할 수 있는 일이 어떤 것인지 생각해봐야 한다"며 야권 연대를 강력하게 주장했다. 그러나 안철수의 완강한 반대에 부딪히자 선대위원장직을 물러났다. <조선일보>, 2016년 3월 12일.

300) 3월 17일 김한길은 발표문을 내고 "당 차원의 야권 연대가 필요하다고 주장해왔으나 이를 성사시키지 못한 데에 스스로 책임을 물어 20대 총선에 출마하지 않기로 했다"고 밝혔다. 이에 대해 안철수는 "드릴 말씀이 없다"고만 말했다. <조선일보>, 2016년 3월 18일.

국민의당은 20석을 각각 '마지노선'으로 잡고 선거운동에 돌입했다.301)

이들 3당은 3월 28일 선거대책위원회를 공식 출범시키고 당을 총선체제로 전환했다. 당의 공식 슬로건으로 새누리당은 "뛰어라 국회야"를, 더불어민주당은 "문제는 경제다. 정답은 투표다"를, 국민의당은 "1번과 2번엔 기회가 많았다. 여기서 멈추면 기회는 없다"를 내세우고 선거에 임했다.302) 공식적인 선거운동이 시작되자 야권은 이면적으로 후보 단일화를 추진했다. 더불어민주당과 국민의당 모두 "중앙당 차원의 연대는 없다"고 했지만, 지역별로 야권 후보들 사이에 단일화 논의가 계속 이어졌고 실제로 단일화가 이루어진 곳도 있었다.303)

선거를 하루 앞둔 2016년 4월 12일 각 당은 자체 분석을 통한 예상 의석수를 발표했는데,304) 결과는 예상과 달리 새누리당의 참패로 나타났다. 새누리당이 122석으로 123석을 얻은 더불어민주당에 1석 차이로 제1당의 지위를 내주었기 때문이다.305) 여당인 새누리당은 과반에 훨씬

---

301) <조선일보>, 2016년 3월 28일.
302) <조선일보>, 2016년 3월 29일.
303) 지지율이 앞서는 곳이 많은 더불어민주당이 각 지역별 '각개격파' 형식으로 다른 당 후보를 압박하는 형식으로 단일화가 추진됐는데, 3월 29일 현재 더불어민주당과 국민의당 1곳에서, 더불어민주당과 정의당은 14곳에서 단일화를 했다. 이밖에도 수도권과 대전 강원 등에서도 산발적으로 단일화 논의가 이루어지고 있었다(<조선일보>, 2016년 3월 30일). 후보 단일화에 대해 선관위는 "야권 후보가 한 선거구에서 3명 이상 출마했더라도, 2개 정당 후보가 단일화를 하면 '야권 단일후보'라는 명칭을 쓸 수 있다"는 판단을 내렸다(<조선일보>, 2016년 4월 1일).
304) 각 당이 발표한 예상 의석수는 새누리당 145석, 더불어민주당 100석, 국민의당 35석이었다. <조선일보>, 2016년 4월 13일.
305) 각 당의 의석수는 다음과 같다.

	더불어민주당	새누리당	국민의당	정의당	무소속	계
지역구	110	105	25	2	11	253
비례대표	13	17	13	4		47
계	123	122	38	6	11	300

못 미쳐 2000년 16대 총선 이후 16년 만에 여소야대 정국이 재현되어, 정국의 주도권을 야권에 넘겨줄 수밖에 없는 상황이 초래되었다.

새누리당은 공천을 둘러싸고 친박계와 비박계가 한 치의 양보도 없이 다툰 결과 통합을 이룰 수 없어 선거에 패배하고 만 것이다. '살생부'파동과 '옥새 투쟁'에서 전형적으로 나타난 것처럼 양 계파가 상대방을 배제하기에 혈안이 되어 당이 가진 모든 역량을 결집해서 선거에 임하지 못했기 때문에 선거 참패로 이어진 것이다.[306]

이와 반대로 더불어민주당은 김종인이 중심이 되어 당을 통합하는 데 성공했기에 선거에서 승리할 수 있었다. 그가 리더십을 발휘해 친노와 비노의 갈등을 봉합한 덕분에 당의 역량을 모을 수 있었고, 내부 갈등을 극복하지 못한 새누리당을 이길 수 있었던 것이다. 이로써 통합을 이룬 더불어민주당은 승리할 수 있었고, 통합을 이루지 못한 새누리당은 위기에 빠질 수밖에 없었다. "위기와 통합의 정치"가 20대 총선에서도 그대로 나타난 것이라고 할 수 있다.

5. 대통령 탄핵과 19대 대선

새누리당 친박계와 비박계의 내분으로 인한 총선 패배는 결과적으로 정국의 주도권이 정부·여당으로부터 야권으로 넘어가는 하나의 전기(轉機)가 되었다고 할 수 있다. 리더십 부재로 여소야대 현상을 타개할 수 있는 최소한의 동력조차 발휘할 수 없을 정도로 정부·여당이 무기력해졌기 때문이다.[307] 이로 인해 정부·여당이 역점을 두었던 각종 사

---

306) 새누리당도 "공천 갈등은 결국 국민에게 실망을, 새누리당에는 총선 패배를 불러온 가장 큰 원인"이라고 분석함으로써 계파 갈등으로 통합을 이루지 못해 패배했다는 것을 인정했다. 새누리당, 『국민백서: 국민에게 묻고 국민이 답하다』 (2016), 149쪽.
307) 노태우 정부와 김대중 정부, 그리고 김영삼 정부 역시 총선에서 여소야대 현

업이 야권의 협조 없이는 추진될 수 없는 레임덕 현상이 초래되었을 뿐만 아니라, 누적되어 왔던 박근혜정부의 실정(失政)도 여지없이 드러나고 말았는데 그 전형적인 예가 '국정 농단사건'이었다.

여소야대 정국은 또한 국정 운영에 비선 실세(實勢)인 최순실의 개입이 있었다는 항간의 소문을 규명하게 만들었고, 2016년 12월 9일에는 대통령에 대한 탄핵소추안의 국회 의결을 이끌어 낼 수 있게 했다. 그리고 12월 21일에는 특검을 발족시켜 국정 농단에 대한 수사를 본격적으로 할 수 있게 만들었는데,308) 이 모든 것이 새누리당의 내분과 비박계의 협조 없이는 불가능한 것이었다. 새누리당 일부 의원들의 이탈로 탄핵소추에 필요한 3분의 2 이상 찬성표 확보가 가능해졌기 때문이다.

특검이 발족되자 비박계를 중심으로 한 새누리당 일부 의원은 탈당하여 2016년 12월 27일 별도의 교섭단체를 결성하고 신당 창당준비에 나섰다. 이로써 새누리당은 공식적으로 분열의 길을 걷게 되는데, 남아 있던 의원들은 2017년 2월 13일 당명을 자유한국당으로 바꿈으로써 새누리당은 역사 속으로 소멸되는 운명을 맞고 말았다.

탄핵 심리에 착수한 헌재는 2017년 3월 10일 대통령 탄핵이라는 헌정 사상 초유의 결정을 내렸다. 헌재의 이러한 결정으로 19대 대통령선거는 예정보다 7개월이나 앞당겨진 2017년 5월 9일 실시되게 되었는데, 선거는 결과가 난 것이나 마찬가지라고 할 수 있었다. 총선 참패로 위기에 처했음에도 불구하고 통합보다 분열의 길을 택함으로써 모든 역량을 집결시키지 못한 새누리당과 달리, 더불어민주당은 통합으로 역량을 결집시킬 수 있었기에 승패는 이미 난 것이나 다름없었기 때문이다. 따라서 대통령 탄핵과 새누리당의 대선 패배는 근원을 따지고 보면 새누리당의

상을 맞기는 했지만 합당이나 무소속 영입 등을 통해 사후적으로 여대야소를 만들었다.
308) '박근혜 정부의 최순실 등 민간인에 의한 국정농단 의혹사건 규명을 위한 특별검사'는 2017년 3월 6일 그동안 수사한 결과를 종합하여 "박근혜 정부의 최순실 등 민간인에 의한 국정농단 의혹사건 수사 결과"라는 보고서를 발표했다.

분열과 깊은 연관이 있다는 것을 알 수 있다.

1) 여야의 지도체제 개편

20대 총선이 끝난 후 여야는 각각 지도체제 정비에 나섰다. 기본적으로 국회가 새로 구성되기에 새로운 원내대표를 선출해서 20대 국회를 운영해 나가야 했고, 비상대책위원회 체제로 운영되던 당을 정상화시켜야 했기 때문이다.

새누리당으로서는 총선 참패로 인해 초래된 여소야대 상황에서 야당의 협조를 얻어 원만하게 국정을 이끌어 나갈 수 있는 리더십이 요구되었고, 더불어민주당의 경우 제1당으로 부상하기는 했지만 야당의 한계를 극복할 수 있는 지혜를 갖춘 리더십이 요구되는 상황이었다. 국민의당은 어느 정당도 과반을 차지하지 못한 상황에서 각종 정치 현안에 대해 제3당으로서 캐스팅보트를 유효적절하게 행사할 수 있는 역량을 갖춘 리더십이 필요했고, 정의당의 경우 유일한 진보정당으로서 국회 운영에서 소외되거나 고립되지 않기 위해 정책 개발에 주력하는 리더십이 요구되었다.

새누리당의 경우 총선 참패의 책임을 지고 김무성은 2016년 4월 14일 열린 중앙선대위 해단식에서 대표직 사퇴의사를 밝혔다. 당대표가 사퇴하자 새누리당은 당대표와 원내대표를 새로 뽑아야만 했다. 더불어민주당의 경우도 당의 전권을 장악해 총선을 승리로 이끌었던 김종인 비대위 체제를 대체할 지도부를 구성해야 했기에 대표를 새로 선출해야 했고, 새로운 원 구성에 맞춰 원내대표 경선도 치러야했다. 국민의당은 새 원내대표를 선출하고 20대 국회를 대비하는 시점에서 선거홍보비 리베이트사건으로 인해 안철수·천정배 두 공동대표가 사퇴하는 바람에 다시 비대위 체제로 운영되는 상황에 처하고 말았다. 이들 3당과 달리 정의당은 원내대표를 뽑는 선에서 지도체제 개편을 마무리 짓는 예외를 보였다.

(1) 새누리당

김무성이 사퇴하자 당은 최고위를 개최, 비상대책위원회를 꾸리기로 하고 원유철 원내대표를 비대위원장으로 합의 추대하기로 결정했다.[309] 그러나 비박계 중심의 초·재선 의원들이 만든 새누리당혁신모임(새혁모)이 원유철 비대위 체제 구성에 거세게 반발하고 다른 의원들도 반대 대열에 합류하면서 '원유철 비대위 체제' 구상은 무산되고 말았다. 이를 전후하여 당권 경쟁을 염두에 둔 비박계가 친박계의 '2선 후퇴론'을 강하게 제기했지만, 친박계는 '표 대결'로 들어가면 이길 수 있다는 계산에서 대응을 자제했다.[310] 한편 친박 주도의 새 지도부 구성에 반대해 온 새혁모는 탈당 당선자 7명 전원을 복당시킬 것을 요구하기도 했다.[311]

2016년 5월 3일로 예정된 원내대표 경선을 앞두고 비박과 중도는 물론, 친박 일부도 출마할 의향인 것으로 알려졌다.[312] 그러나 총선 패배의 책임론에 휩싸인 친박계 내부에서 '친박 2선 후퇴론'이 일면서 비박의 나경원(羅卿瑗)과 중도의 정진석(鄭鎭碩) 간 2파전이 될 것이라는 전망이 나왔다. 그러나 친박 유기준(俞奇濬)이 합류하는 바람에 경선은 3파전으로 치러지게 되었다. 이들 세 후보는 모두 자신이 당내 계파 갈등을

---

309) 비대위원장으로 외부 인사를 영입해 당의 체질을 개선에 나서야 한다는 주장도 있었으나, 당을 재건할 만한 리더십과 비전을 갖춘 사람을 찾기 어렵다는 우려가 나오면서 원내대표에 비대위원장을 맡기는 쪽으로 결론을 낸 것으로 알려졌다(<조선일보>, 2016년 4월 15일). 이에 대해 원유철은 자신도 선거 패배에 책임이 있어 사의를 표했으나, "짧은 기간 내에 전당대회를 열고 새 지도부를 구성해야 하는 임무가 있기 때문에 당 상황을 소상하게 아는 내가 합의 추대된 것"이라고 밝혔다(<조선일보>, 2016년 4월 18일).

310) <조선일보>, 2016년 4월 20일.

311) 새혁모는 국민의 선택을 받아 당선된 사람들을 놓고 편을 갈라 싸우는 것은 화합과 새 출발에 적절치 않다는 판단에서 새누리당을 탈당하고 당선된 의원 전원을 복당시키자고 주장했다. <조선일보>, 2016년 4월 22일.

312) <조선일보>, 2016년 4월 26일.

치유할 수 있는 적임자라고 주장하며, 당의 혁신과 통합을 전면에 내세우고 청와대가 당에 일방적으로 지시하는 당·청 관계는 안 된다는 입장을 밝혔다.313)

5월 3일 새누리당 20대 국회의원 당선자 122명 가운데 119명이 참가한 원내대표 경선에서 4선의 정진석이 나경원을 누르고 당선되었다. 정진석은 친박계 상당수의 지원을 받은 것으로 분석되었는데, 그는 인사말에서 "새누리당의 마무리투수 겸 선발투수를 하겠다. 박근혜정부를 잘 마무리하고 새로운 정권의 선발투수가 되겠다"면서 협치와 혁신을 통해 새로운 활로를 열겠다고 밝히고, "국민만 바라보고 가겠다"고 말했다.314)

정진석이 원내대표로 선출되자 새누리당은 2016년 5월 11일 원내 지도부와 중진의원 연석회의에서 차기 전당대회 때까지 원내대표가 위원장을 맡는 비대위를 구성하고, 이와 별도로 혁신위원회를 구성하기로 했다. 비대위는 당의 일상적인 업무 처리와 전당대회 준비를 하도록 하고, 혁신위는 총선 참패의 원인을 규명하고 당 쇄신방안을 마련하도록 하는 '투 트랙' 방식을 취한 것이다.

비대위원장에 내정된 정진석은 임시 지도부 역할을 할 비대위원 10명 중 7명을 비박계로 채우고, 혁신위원장에 비주류의 김용태(金容兌)를 선임하는 인사를 발표했다.315) 그러나 이 인사안은 2016년 5월 17일로 소집 예정된 당 전국위원회를 친박계가 보이콧하는 바람에 정족수 미달로

---

313) <조선일보>, 2016년 5월 2일.
314) 정진석은 69표를 얻어 43표를 얻은 나경원을 26표 차이로 이겼다. 한편 유기준은 7표를 얻는 데 그쳤다. <조선일보>, 2016년 5월 4일.
315) 비대위원 10명은 김세연·김영우·이진복·이혜훈·홍일표·한기호·정운천 7명 외에 당연직으로 원내대표 정진석·정책위장 김광림·사무총장권한대행 홍문표 3명이다. 정진석·김광림·한기호 3명을 제외하고는 모두 비박계로 알려졌다. 혁신위원장에 내정된 김용태는 "혁신위가 내놓는 혁신안에 대해 당내 구성원들의 거센 저항이 있을 수밖에 없겠지만, 뼈를 깎는 각오로 이겨내야 한다"고 소감을 밝혔다. <조선일보>, 2016년 5월 16일.

회의 자체가 무산됨으로써 실현되지 못하고 말았다. 비박계 위주로 꾸려진 비대위와 혁신위를 원점에서 재검토하라고 요구하는 친박계의 조직적인 반대로, 당의 최고 의사 결정기구인 최고위를 대체할 비대위를 구성하지 못해 지도부가 없는 상태가 되고 만 것이다. 회의 불성립으로 비대위와 혁신위 구성안이 무산되자, 혁신위원장에 내정되었던 김용태는 "새누리당의 민주주의는 죽었다"면서 국민에게는 무릎을 꿇을지언정 친박에 무릎을 꿇을 수는 없다고 말하고 위원장직을 사퇴했다.316)

전국위원회 무산을 계기로 새누리당 내에는 분당을 불사할 정도로 전운이 감돌았다. 친박계는 비박계를 향해 "'절이 싫으면 스님이 떠난다'는 말이 있다"면서 비박계의 탈당을 요구했고, 비박계는 "누군가 당을 떠나야 한다면 떠날 사람은 친박계"라고 응수했다. 이를 놓고 당 내에서는 "2007년 쪼개진 열린우리당처럼 이미 새누리당은 '심리적 분당' 상태"라는 분석이 나오기도 했다.317) 이처럼 지도부 공백상태가 40일 넘게 이어지자 정진석·김무성·최경환 3인이 만나 당 정상화 방안에 합의함으로써 당의 갈등은 일단 봉합되는 양상을 보였고,318) 이들이 김희옥(金熙玉)의 혁신비대위원장 추대에 합의함으로써 지도부 공백상태는 막을 내리게 되었다.319)

---

316) <조선일보>, 2016년 5월 18일.
317) <조선일보>, 2016년 5월 19일.
318) 이들은 전당대회 전까지 당을 이끌 임시 지도부로 비대위와 혁신위를 통합한 형태의 혁신비대위를 구성하기로 하고, 혁신비대위원장은 외부에서 영입하되 친박계와 비박계가 모두 동의하는 인사로 선정하기로 했다. <조선일보>, 2016년 5월 25일.
319) 김희옥은 "국가와 사회를 망치는 것은 결국 분열과 갈등"이라면서 "목적이 정당하면 수단과 방법을 가리지 않고 혁신과 쇄신을 해야 한다"고 말하고, "모든 면에서 강하고 획기적인 당 쇄신방안을 마련해 제대로 실현하겠다"고 소감을 밝혔다(<조선일보>, 2016년 5월 27일). 새누리당은 총선 패배 50일 만인 2016년 6월 2일 열린 전국위원회가 혁신비대위 구성안을 통과시킴으로써 임시 지도부 역할을 맡을 혁신비상대책위원회를 출범시켰다. 혁신비대위원 10명은 당내와 당외 각각 5명씩으로 구성됐는데 이들의 명단은 다음과 같다. △당내: 정진

새누리당 혁신비대위는 2016년 6월 12일 회의를 열고 당 대표 등 새 지도부 선출을 위한 전당대회를 8월 9일 개최하기로 결정했고,320) 6월 16일에는 친박계의 반대에도 불구하고 총선과정에서 탈당한 뒤 무소속으로 당선된 유승민 등 7명의 일괄 복당을 허용하기로 했다.321) 85일 만에 당에 돌아온 유승민은 "당의 개혁과 화합을 위해 할 역할이 있으면 하겠다"고 말했는데, 그의 복당으로 비박계의 결집이 예상되자 친박계는 크게 당혹했고 그 여파로 사무총장이 사퇴하는 일이 발생하기도 했다.322)

전당대회를 40여 일 앞두고 당권을 향한 양 계파의 대결이 치열해지자, '계파 청산'을 외치며 시작됐던 새누리당 당대표 선거는 다시 '계파 대결'로 귀결되는 양상을 보였는데, 상황이 이렇게 된 데는 친박계와 비박계 모두 책임이 크다고 지적되었다.323) 친박계는 최경환이 당대표 출마를 거부하자 서청원 추대론을 제안하기도 했는데 그 역시 고사했다.324) 친박계의 대표 주자라고 할 수 있는 두 사람이 당대표 불출마 의

석・김광림・권성동・김영우・이학재 △당외: 오정근・유병곤・정승・민세진・임윤선(<조선일보>, 2016년 6월 3일).

320) 전당대회 날짜를 놓고 8월 9일과 8월 30일로 의견이 반반으로 갈렸지만, 조기에 당을 정상화시켜야 한다는 청와대와 친박계의 의중을 반영하여 김희옥 위원장이 8월 9일로 정한 것으로 알려졌다. <조선일보>, 2016년 6월 14일.
321) 이미 복당 신청을 한 유승민・윤상현・강길부・안상수 4명의 의원은 바로 복당이 승인됐고, 복당 신청을 하지 않은 주호영・장제원・이철규 의원도 신청하면 즉시 받아들이기로 했다. <조선일보>, 2016년 6월 17일.
322) 탈당파의 복당에는 김희옥 위원장의 만류에도 불구하고 외부 비대위원들이 표결에 앞장선 것으로 알려졌다(<조선일보>, 2016년 6월 18일). 탈당파 복당문제를 놓고 표결이 이루어진 것에 대해 친박계가 권성동 사무총장의 사퇴를 요구한 데 이어 위원장이 경질 방침을 밝히자(<조선일보>, 2016년 6월 21일), 권성동은 6월 23일 자진사퇴했다(<조선일보>, 6월 24일). 후임 사무총장으로 2선의 비박계의 박명환이 내정됐다(<조선일보>, 2016년 6월 27일).
323) <조선일보>, 2016년 7월 28일.
324) 최경환은 "당의 화합과 박근혜 정부의 성공, 정권 재창출을 위해 백의종군하

사를 밝힌 것과 달리 친박계로 분류되는 이주영, 이정현(李貞鉉), 한선교(韓善敎) 3인은 출마를 선언했다.325)

한편 비박계는 유력후보라고 할 수 있는 나경원이 출마를 포기한 가운데,326) 김용태가 당권 도전의사를 밝혔고 뒤를 이어 주호영(朱豪英)과 정병국(鄭炳國)이 당대표 출마를 공식 선언했다.327) 비박계 3명이 출마를 선언한 상황에서 후보 등록마감을 하루 앞둔 7월 28일 정병국과 김용태가 여론조사를 통한 후보단일화에 합의했다. 합의에 따라 여론조사에서 앞선 정병국이 후보 등록을 했고, 이로 인해 새누리당 당대표 경선은 이주영·정병국·주호영·한선교·이정현 5파전으로 확정됐다.

겠다"면서 불출마의사를 분명히 했다(<조선일보>, 2016년 7월 7일). 서청원도 주위의 출마 권유에 대해 "나를 왜 이렇게 힘들게 하나"라고 말하며 외부와의 접촉을 자제했다(<조선일보>, 2016년 7월 8일).

325) 이주영은 "가죽을 벗기는 고통으로 당내 계파를 청산하고 화합의 용광로를 이뤄 정권을 재창출해 내겠다"고 출마의사를 밝혔다(<조선일보>, 2016년 7월 5일). 이정현은 "새누리당 대표가 돼서 대한민국 정치를 바꾸겠다"고 말하고 "섬기는 리더십으로 국민을 섬기고 민생을 찾아가는 당을 만들기 위해 당의 구조를 근본적으로 뜯어고치겠다"고 밝혔다(<조선일보>, 2016년 7월 8일). 한선교는 "자신이 당대표가 되면 탕평인사와 양극화 해소를 위한 과감한 정책을 펴 새누리당에 희망을 가져오겠다"고 출마소감을 말했다(<조선일보>, 2016년 7월 25일).

326) 나경원은 보도자료를 통해 "당대표 출마 대신 대한민국의 미래를 준비하는 일에 더욱 매진하겠다"며 불출마 의사를 분명히 했다. <조선일보>, 2016년 7월 21일.

327) 김용태는 "친박패권은 야당의 친노패권과 완벽한 일란성 쌍둥이"라고 지적하고 이들은 전체의 이익보다 당파의 이익을 우선시하며 생각이 다른 사람을 끝까지 추적해 몰살시킨다고 비판했다(<조선일보>, 2016년 6월 30일). 정병국은 50대 소장파가 책임의식을 갖고 당 운영 전면에 나설 때가 됐다면서 "개혁정신으로 '수평사회'를 만들겠다"고 주장했다(<조선일보>, 2016년 7월 22일). 주호영은 자신이 대표가 되면 "당이 역동적이어서 공천에 떨어졌던 사람도 금세 당대표가 될 수 있다는 신선감을 국민에게 줄 수 있다"고 말했다(<조선일보>, 2016년 7월 23일).

후보 등록을 마친 5인은 12일간 TV토론을 비롯하여 각 지방을 순회하며 경선 레이스에 돌입했는데, 경선 6일째인 8월 4일 세(勢) 불리를 느낀 비박계의 정병국·주호영 두 후보가 다시 단일화에 전격 합의하는 일이 생겼다.328) 비박계와 달리 친박계는 단일화에 합의하지 못해 대표경선은 비박계 1명에 친박계 3명의 4파전으로 진행되어 판세를 예측하기 어려운 구도가 되고 말았지만, 8월 9일 치러진 선거 결과는 친박계 이정현의 당선이었다.

이로써 새누리당 내 친박계의 영향력이 다시 한 번 확인되었는데, 이정현은 선거인단 투표와 일반 국민 여론조사를 합산한 결과 총 44,421표(득표율 40.9%)를 획득, 31,946표(득표율 29.4%)를 얻은 주호영을 제치고 1위로 올랐다. 당대표에 당선된 이정현은 "죽어야 산다는 마음으로 새누리당 시스템을 다 바꾸겠다"고 말하고, "집권 여당의 운명공동체로서 일을 제대로 할 수 있도록 당대표 역할에 최선을 다하겠다"고 소감을 밝혔다.329)

당대표 선거와 별도로 1인 2표로 치러진 최고위원 선거에서도 친박계가 다수를 점함으로써 친박계는 총선 패배 책임론에서 어느 정도 벗어나 대선 후보 경선에까지 영향력을 유지할 수 있게 됐다는 평가를 받았다.330) 이처럼 전당대회에서 당대표와 최고위원을 선출함으로써 정상적

---

328) 이들은 4일 오전까지만 해도 단일화에 합의하지 못했으나 오후 들어 친박계 후보들이 앞서 나가는 여론조사가 발표되면서 전격 합의한 것으로 알려졌는데, 이들의 단일화 과정에는 김무성과 가까운 김학용 등이 상당한 역할을 한 것으로 보도되었다(<조선일보>, 2016년 8월 5일). 단일화 여론조사에서 주호영이 앞서자, 정병국은 주호영 지지를 발표하고 후보사퇴를 했다(<조선일보>, 2016년 8월 6일).
329) <조선일보>, 2016년 8월 10일.
330) 이주영과 한선교는 각각 21,614표(19.9%)와 10757표(9.9%)를 받았다. 최고위원 선거에서는 조원진·이장우·강석호·최연혜가 각각 1~4위로 당선됐으며, 청년선거인단이 뽑은 청년 최고위원에는 유창수가 선출되었다. 9일 선출된 새누리당 지도부 6명 중 비박계는 강석호 1명뿐이었다. <조선일보>, 2016년 8월

인 지도체제를 갖추게 되었지만, "도로 친박당이 됐다"는 지적과 함께 지도부 경선에 나선 후보 어느 누구도 위기의식을 갖고 있지 않아 '과연 새누리당이 재집권할 생각이 있는 당인가' 하는 의문이 들 정도라는 비판을 받게 되었다.331) 친박과 비박 모두 당권 장악만 생각하고 국민의 권리나 국가의 미래는 염두에도 두지 않는 행태를 보인 것인데, 새누리당은 머지않아 그 대가를 톡톡히 치러야만 했다.

(2) 더불어민주당

총선에서 제 1당의 지위로 올라선 더불어민주당은 전체 국회의원 당선자 123명 중 8명이 원내대표 출마를 고려하고 있는 것으로 알려졌는데,332) 이 가운데 친(親) 문재인 성향의 의원은 홍영표(洪永杓) 1명뿐이었다. 의원 당선자의 상당수가 친노·친 문재인 성향이고 문재인이 더불어민주당의 차기 대선 주자 1순위로 거론되는 상황이었기에, 원내대표는 비주류나 중도성향의 의원이 맡아야 한다는 주장이 당내에서 힘을 얻고 있었기 때문이다.

2016년 5월 4일 더불어민주당의 원내대표 경선은 123명 당선자 중 120명이 참석한 가운데 실시되었는데, 2차까지 간 결선투표에서 3선의 우상호(禹相虎)가 당선되었다. 우상호는 당선소감을 밝히는 자리에서 "국민에게 제대로 신뢰받는 정당으로 변모해서 집권에 성공하고, 집권 성공한 정권이 민생·민주·남북평화를 도모하는 시대를 열 때까지 손잡고 가자고 호소드린다"고 말했다.333) 그는 또한 새누리당 및 정부와

10일.
331) <조선일보>, 2016년 8월 11일.
332) 원내대표 후보 8명의 이름은 다음과 같다. 노웅래, 민병두, 우상호, 우원식, 홍영표, 강창일, 변재일, 이상민. <조선일보>, 2016년 4월 30일.
333) 1차 투표에서 우원식 40, 우상호 36, 민병두 16, 이상민 12, 노웅래 9, 강창일 8표였는데, 2차 투표에서 우상호는 63표를 얻어 56표를 얻은 우원식을 제쳤다. <조선일보>, 2016년 5월 5일.

도 협력하겠으며 국민의 고통과 불안을 덜어드리는 제1당의 모습을 보여주겠다고 언급했다.

원내대표 경선을 마친 더불어민주당은 2016년 5월 30일 회의를 열고 전당대회를 2016년 8월 27일 개최하기로 했다. 1월부터 당을 이끌며 총선을 치러왔던 김종인 비대위원장의 후임을 뽑기로 한 것인데, 전당대회 날짜가 확정되자 추미애가 처음으로 출마를 공식 선언했다.334) 이외에도 송영길(宋永吉), 김부겸(金富謙), 김진표(金振杓), 이종걸(李鍾杰), 김영춘(金榮春), 신경민(辛京珉), 원혜영(元惠榮) 등도 출마를 검토하고 있는 것으로 알려졌다. 그러나 김진표, 원혜영 등이 불출마를 선언하자 당 내에서는 경선이 추미애, 송영길 양강 구도로 전개되어 '국민의 관심을 끌기 힘들 것 같다'는 우려가 나왔다.335)

더불어민주당의 대표 경선이 유력한 출마 예상자들의 사퇴로 흥행이 우려되는 상황에서 경기도교육감을 지낸 김상곤이 2016년 7월 24일 출마를 선언했고,336) 이종걸도 7월 28일 기자회견을 갖고 출마선언을 했다.337) 이로 인해 당대표 경선은 4파전이 됐는데, 8월 5일 실시된 예비경선(컷 오프)에서 송영길이 탈락함으로써 추미애, 이종걸, 김상곤 후보가 본선에 진출하게 됐다.338) 대표 경선을 앞두고 김종인은 퇴임 인터

---

334) 추미애는 6월 12일 광주에서 토크 콘서트를 열고 "대선 승리를 이끌 '준비된 정당'을 만들어 '새로운 10년'을 열겠다"면서 출마를 선언했다. <조선일보>, 2016년 6월 13일.
335) <조선일보>, 2016년 7월 12일.
336) 김상곤은 "갑질 박근혜정권의 민생 파탄, 안보 불안, 국민 무시를 막아내기 위해서는 우리 당의 모든 성원들이 힘을 모아야 한다"면서 출마선언을 했다. <조선일보>, 2016년 7월 25일.
337) 김종인은 '선거판이 커지면 불필요한 잡음이 생긴다'며 이종걸의 출마를 만류했다(<조선일보>, 2016년 7월 28일). 그러나 원하든 원하지 않든 자신이 비주류의 대표격이 됐다고 생각한 이종걸은 친 문재인계를 겨냥해 "한 집단이 당직과 국회직과 대선 후보를 독차지한다면 '더'민주는 '덜'민주가 될 것"이라고 말하며 출마를 선언했다(<조선일보>, 2016년 7월 29일).
338) 이날의 예비경선에는 국회의원, 지역위원장, 기초자치단체장 등 선거인단

뷰에서 "여야 모두에서 양 극단이 기승을 부리면 그것을 견디지 못하는 세력들이 중간에서 헤쳐모일 것"이라며 중간지대에서 정계개편이 일어나게 될 것이라고 예측했다.339)

당대표 선거에 출마한 후보 3인은 서로 자신이 대표가 되어야 하는 이유를 제시하며 선거운동에 임했는데,340) 전당대회 국면에서 '온라인 당원'의 위력이 확인되고 있는 것으로 분석되었다. 이들은 '문재인을 지키자'는 목표 아래 SNS를 기반으로 조직력과 일사불란함을 무기로 지도부를 선출하는 선거에서 당락을 좌우하는 요소로 떠오른 것으로 분석되었다. 이로 인해 당내에서는 "앞으로 온라인 당원들의 입맛에 맞는 발언을 하는 강경파들만 득세할 것"이라는 우려가 나오기도 했다.341)

2016년 8월 27일 실시된 더불어민주당의 새 당대표로 '친 문재인계'의 지원을 받은 추미애가 당선되었다. 개표 결과 추미애는 유효투표의 54%를 얻어 2위 이종걸(23.9%)과 3위 김상곤(22.1%)을 누르고 당선되었다.342) 추미애의 당선으로 더불어민주당 대선후보 경선에서 일단은 문

363명 중 263명이 참석했다. <조선일보>, 2016년 8월 6일.

339) 이는 새누리당의 친박 지도부 구성과 더불어민주당의 당대표 경선에서 '친문'경쟁을 지적한 것인데, 김종인의 이러한 지적에 대해 추미애는 "당의 자부심을 무너뜨려선 안 된다"고 비판했다. <조선일보>, 2016년 8월 19일.

340) 김상곤은 정권교체를 위해서는 호남 민심을 얻을 수 있는 자신이 당 대표가 되어야 한다고 말하고, 문재인이 후보가 됐을 경우 자신이 확장성을 키워주는 데 도움을 줄 수 있다고 주장했다(<조선일보>, 2016년 8월 23일). 이종걸은 "문심(文心)에 기대고 있는 김상곤·추미애 후보로는 야권을 통합해 정권교체를 이룰 수 없다"면서 전당대회 이후 "친문당이 되면 그건 정당이 아니라 '친문 계파 집단'으로 변질될 것"이라고 지적했다(<조선일보>, 2016년 8월 24일). 추미애는 "분열이야말로 정권교체의 최대의 적"이라고 주장하고, 자신을 계파라는 프레임에 가두지 말아 달라고 주문했다(<조선일보>, 2916년 8월 25일).

341) '온라인 당원의 상당수는 더불어민주당보다는 문재인이 좋아서 들어온 사람들'로 이들은 높은 ARS응답이나 적극적인 투표로 전당대회에서 영향력을 행사하고 있는 것으로 알려졌다. <조선일보>, 2016년 8월 26일.

342) 이러한 득표율은 전당대회에서 대의원(45%)·권리당원(30%) 투표와 당원

재인이 유리한 고지를 점한 것으로 해석되었다. 추미애는 당선소감에서 "이제부터 친문·비문 그런 소리가 나지 않도록 하겠다"면서 "하늘이 두 쪽 나도 반드시 정권교체를 이루겠다는 각오"라고 밝혔다.343) 이로써 문재인이 분당사태의 책임을 지고 2016년 1월 26일 대표직을 사퇴한 지 7개월 만에 더불어민주당은 당의 지도체제를 정상화하게 됐다.

한편 대표 경선과 동시에 실시된 최고위원에 친문 성향의 인물들이 당선됨으로써 전당대회를 계기로 "친문당이 완성됐다" "더민주가 '더친문'이 됐다"는 말이 나왔다.344) 일부 의원들이 이에 대해 "약(藥)이 아니라 독(毒)이 될 수도 있다"는 우려를 표명하기도 했다. 그러나 그에 대한 온라인 당원들의 '악플 세례'가 이어져 우려를 표명한 의원들이 결국 사과의 글을 올리거나 계정을 폐쇄하는 등의 사태가 발생했다.345)

(3) 국민의당·정의당

국민의당은 원내대표를 경선하지 않고 추대하는 형식을 취하기로 했다. 그리하여 2016년 4월 27일 국회의원 당선자 워크숍에서 4선의 박지원을 만장일치로 원내대표로 추대했다. 경선을 통해 원내대표를 뽑기로 한 새누리당이나 더불어민주당과 달리, 경선 없이 박지원을 추대한 것

(10%)·국민(15%) 여론조사를 합산한 것이다. 한편 이종걸은 비주류의 지원을 받고 김상곤은 재야 출신의 지원을 받았지만, '친문'의 지원을 받은 추미애의 벽을 넘지 못했다. <조선일보>, 2016년 8월 29일.

343) <조선일보>, 2016년 8월 29일.

344) 추미애 당대표를 비롯해서 부문별 최고위원인 송현섭(노인), 양향자(여성), 김병관(청년), 전해철(노동) 등이 모두 친문계이며, 16개 시·도위원장 가운데 12곳에서 친문 성향의 인사들이 당선된 것으로 나타났다. <조선일보>, 2016년 8월 29일.

345) 더불어민주당의 '친문 지도부' 구성에 우려를 표했던 일부 친문 의원들이 온라인 당원들의 '집단 댓글 공세'에 눌려 자신의 글을 삭제하거나 사과 또는 계정을 폐쇄했다. 이로 인해 당의 한 의원은 "요즘 의원들 사이에선 'SNS 함부로 했다간 패가망신한다'는 말이 나온다"며 "온라인 당원 파워가 과도하다는 사실을 모두 알지만 다들 쉬쉬하는 분위기"라고 말했다. <조선일보>, 2016년 8월 30일.

이다. 원내대표로 추대된 그는 "국민이 총선을 통해 황금비율의 3당 체제를 만들어 줬다"고 말하고, "선도(先導) 정당의 원내대표로서 진짜 일하는 국회를 만들어 국가와 국민 그리고 국민의당을 살리겠다"고 소감을 밝혔다.346)

이처럼 3개 정당이 나름대로 원내대표를 선출하여 지도체제를 갖춰 국회 운영대책을 마련해 가고 있을 무렵 국민의당 일부 의원 등이 총선과정에서 광고·홍보 관련 하도급업체로부터 불법적으로 사례금을 받았다는 혐의로 검찰의 수사를 받는, 이른바 '총선 홍보비 리베이트 의혹 사건'이 발생했다.347)

의혹사건이 보도되자 안철수는 2016년 6월 29일 기자회견을 갖고 "이번 일에 관한 정치적 책임은 전적으로 제가 져야 한다고 생각한다"며 모든 책임을 지고 대표직을 내려놓겠다고 말했고, 공동대표인 천정배도 책임을 통감하고 대표직을 사퇴한다고 말했다.348) 두 공동대표가 사퇴하자 국민의당은 긴급 최고위원회를 열고 박지원 원내대표를 위원장으로 하는 비상대책위원회 출범안건을 통과시켰다.349) 안철수·천정배 공동대표가

---

346) <조선일보>, 2016년 4월 28일.
347) 국민의 당 박선숙·김민수 의원과 왕주현 사무부총장 등 5명이 검찰의 수사를 받고 기소되었지만, 1심에서 무죄 판결을 받았으며 2016년 6월 15일 2심에서도 무죄 판결을 받았다. 항소심 재판부는 1심과 마찬가지로 "홍보업체들이 브랜드호텔에 준 돈은 정상적인 용역계약에 따른 것으로 보인다"고 판단했다. 무죄 선고가 나자 국민의당은 "리베이트 의혹사건은 정치적 조작임이 확인됐다. 항소심 판결은 검찰권 남용을 엄중하게 경고한 것"이라는 논평을 냈다. <동아일보>, 2017년 6월 16일.
348) 안철수는 "정치는 책임지는 것이며 막스 베버가 책임윤리를 강조한 것도 그 때문"이라면서 자신이 정치를 시작한 이래 책임을 져온 것도 그 때문이라고 밝혔다. 이로써 안철수는 2016년 2월 2일 창당해서 대표에 취임한 지 149일 만에 대표직을 물러나게 됐다. <조선일보>, 2016년 6월 30일.
349) 박지원은 "빠른 시일 안에 당내 의견을 수렴한 뒤 당헌·당규에 따라 15인 이내의 비대위원을 선임하겠다"고 말하고, "당 기강도 확실히 잡아서 당직자들이 모범을 보일 수 있도록 하겠다"고 밝혔다. <한겨레>, 2016년 6월 30일.

동반 사퇴하면서 공교롭게도 원내 교섭단체를 구성한 여야 3당이 모두 비대위 체제로 운영되는 초유의 상황이 발생함으로써, 20대 국회는 당분간 어수선한 분위기에서 의정활동을 하게 됐다고 분석되었다.350)

정의당도 경선을 하지 않고 2016년 5월 3일 당선인 워크숍에서 원내대표로 3선의 노회찬을 합의 추대했다.351) 노회찬은 "20대 국회에선 야권이 분열되면서 원내 협상과정이 더 복잡해질 텐데 유일한 진보정당으로서 야권이 제 구실을 할 수 있도록 정책을 선도하겠다"고 밝히고, 국민이 '경제민주화'에 대한 기대가 큰 만큼 국민들의 생활이 편안해질 수 있도록 정치를 풀어나가겠다고 말했다.352) 한편 원내대표로 노회찬을 추대한 배경에 대해 정의당 대변인은 "당선자들이 원내 4당 체제를 맞아 열정과 경험이 풍부한 3선의 노회찬 당선자가 원내를 이끌 적임자라는 사실에 공감"했기 때문이라고 설명했다.

2) 대통령 탄핵 추진과 새누리당의 분열

이처럼 각 당이 지도체제를 정비하고 20대 국회를 운영해나가고 있는 상황에서 그동안 베일에 가려져 있던 박근혜정부의 비선(秘線) 실세로 알려진 최순실에 의한 '국정농단사건'이 일부 언론을 통해 보도되기 시작했다. 여소야대 현상으로 인해 대통령의 '40년 지기'인 최순실이 미르재단과 K스포츠재단 설립에 부당하게 관여한 사실에 이어, 대통령 연설문을 포함한 청와대 비밀자료가 최 씨에게 유출된 사실 등이 잇달아 언론에 보도된 것이다. 이에 대해 대통령이 기자회견을 통해 사과했지만, 사안의 중대성으로 보아 대통령의 사과로 끝날 일이 아니었다.

야당이 이와 같은 사실을 '권력형 비리'로 규정하여 공세에 나서 특검과 국정조사를 통한 진상규명을 강력히 주장했고, 진보 성향의 시민단

---

350) <조선일보>, 2016년 6월 30일.
351) <조선일보>, 2016년 5월 4일.
352) <한겨레>, 2016년 5월 4일.

체들이 2016년 10월 29일 투쟁본부를 구성하고 정권퇴진을 요구하는 사태까지 이르렀다. 정부·여당의 잇단 실정과 '국정 농단사건'으로 대통령 탄핵 여론이 높아져 가는 상황에서 새누리당이 취할 수 있는 길은 통합 아니면 분열, 두 가지였다. 양 계파가 여당의 입장에서 위기극복을 위해 내분상태를 종식하고 통합의 길을 걸을 것인지, 아니면 별도로 생존방안을 모색하는 분열의 길로 갈 것인지를 택해야만 하는 기로에 놓인 것이다.

여기서 새누리당이 취한 길은 분열의 길이었다. 전당대회 이후 당의 화합을 도모했음에도 불구하고 차라리 갈라서는 것이 낫다는 말이 나올 정도로 상대방에 대한 불신이 해소되지 않았기 때문이다. 이러한 내분상태에서 야당이 추진하는 대통령 탄핵소추안의 국회 표결을 놓고 친박과 비박의 대응은 정반대로 나타났다. 친박은 최순실 개인의 일탈을 빌미로 대통령을 탄핵해서는 안 된다고 주장한 반면, 비박은 대통령이 최종적인 책임을 져야 한다는 입장에서 탄핵에 동조한 것이다.

결국 2016년 12월 9일 탄핵소추안을 놓고 실시된 국회 표결에서 새누리당의 비박계가 찬성표를 던지는 바람에 대통령 탄핵안은 가결되었다. 이로써 박근혜는 2004년 3월 12일 가결된 노무현 탄핵에 이어 대통령직이 정지되는 헌정사상 두 번째 대통령이 되고 말았다. 상황이 이렇게까지 이르게 된 것은 기본적으로 새누리당 친박과 비박 사이의 내분 때문이라고 할 수 있다.

(1) **대통령 탄핵 추진**

여론이 급속도로 악화되고 최순실이 관계한 미르재단과 K스포츠재단에 대한 수사에 착수한 검찰이 수사팀을 확대하며 적극적인 수사의지를 보이자, 박근혜는 사태의 심각성을 뒤늦게 깨달았다. 대통령의 각종 연설문과 발언 자료 등 44건이 최 씨에게 사전 유출됐다는 의혹을 그대로 묻어두기에는 상황이 너무나도 위중했기 때문이다. 그리하여 2016년 10월 25일 박근혜가 직접 나서 사과했으나 사과 내용이 의혹을 해소하기에는 역부족이라는 지적이 제기되자,353) 11월 4일에는 2차 대국민 담화를 통해 특검 수용의사를 밝히고 검찰 수사에 적극 응하겠다고 말했다.354)

한편 새누리당은 2016년 10월 26일 최순실 사태 이후 처음으로 의원총회를 열고 최 씨에 대한 각종 의혹을 해소하기 위한 특별검사를 도입하기로 만장일치로 결정했지만, 지도부 사퇴문제를 놓고는 의견이 엇갈렸다.355) 이정현을 비롯한 당 지도부 사퇴문제를 놓고 친박과 비박 사이에 갈등이 고조되어 "차라리 당을 깨고 새로 시작하는 게 낫다"는 말이 나오기도 했으며,356) 11월 4일의 의원총회에서는 상대방에 대한 욕설과 고성이 오갈 정도로 감정이 악화되었다.357) 총선 패배의 책임소재를

---

353) 박근혜는 자신이 과거 어려움을 겪었을 때 도와준 인연으로 일부 연설문이나 홍보물 표현 등에서 최 씨의 도움을 받은 적이 있다고 밝히고 "국민 여러분께 깊이 사과드린다"고 말했다. 이에 대해 유시민은 "사과 발언이 최순실과 관련된 여러 의혹의 불법성에 대해 전혀 설명이 안 됐다"면서 의혹을 해소하기에는 많이 부족하다고 비판했다. <조선일보>, 2016년 10월 26일.
354) 박근혜는 미르·K스포츠재단 의혹에 대해 "국가경제와 국민의 삶에 도움이 될 것이라는 바람에서 추진된 일이었는데 그 과정에서 특정 개인이 이권을 챙기고 여러 위법행위까지 저질렀다고 하니 너무나 안타깝고 참담한 심정"이라고 말하고, 모든 책임을 지고 검찰 조사에 성실하게 임할 각오임을 밝혔다. <조선일보>, 2016년 11월 5일.
355) 이날의 의원총회에서 주로 비박계는 새로운 당·청 관계 재정립을 요구하며 당 지도부와 청와대를 비판한 반면, 대부분의 친박계는 침묵을 지켰다. <조선일보>, 2016년 10월 27일.
356) 비박계는 이정현 당대표를 비롯한 친박 지도부의 사퇴를 요구했는데 친박계가 이를 거부함에 따라 비박계 일부는 지도부 퇴진 연판장 서명운동을 벌였다. 연판장에는 2016년 11월 2일 현재 50명이 서명한 것으로 알려졌다. 한편 친박계는 "지금은 수습이 우선"이라면서 사퇴 요구를 명확히 거부했다. <조선일보>, 2016년 11월 3일.
357) 소속 의원 129명 중 110명가량 참석한 의원총회는 의총 공개 여부를 놓고 처음부터 욕설과 고성이 오가며 충돌했다. 비박계의 지도부 사퇴 요구에 대해 이정현은 "당을 수습해야 한다"며 "조금만 기회를 달라"고 하며 사퇴를 일단 거부했다. <조선일보>, 2016년 11월 5일.

놓고 촉발된 양 계파의 갈등이 당을 분열의 길로 몰아넣은 것이다.

이처럼 새누리당의 분열이 가시화되어 갈 즈음 더민주와 국민의당, 정의당 등 야 3당 원내대표는 2016년 11월 1일 최순실 사건에 대해 국정조사와 특검을 추진하기로 합의하고, 민심을 전하는 형태를 빌어 대통령의 탄핵과 하야를 거론하기 시작했다.358) 야당의 이와 같은 우회적인 표현은 11월 5일 대통령 하야를 요구하는 대규모 도심 촛불집회가 열린 이후에는 직설적인 표현으로 바뀌게 된다.359) 더불어민주당은 11월 12일 전국당원집회를 열기로 하고 집회의 성격상 "정권퇴진운동 세력과의 합류가 불가피하다"고 말함으로써 정권퇴진운동에 나설 것임을 분명히 했고, 국민의당은 "탄핵도 생각해보지 않을 수 없는 상황이 됐다"고 말한 것이다.360) 이는 야당들이 제도적으로, 정치적으로 문제를 해결하는 대신 사실상 정권퇴진운동을 선택한 것이라고 할 수 있다.361)

이와 같이 더불어민주당과 국민의당이 대통령 퇴진을 당론으로 결정

---

358) 더불어민주당의 우상호는 "마음 같아서는 국민과 함께 탄핵을 외치고 싶다"고 말했으며, 국민의당의 박지원도 "국민은 하야와 탄핵을 외치고 있고 전국에서 촛불을 밝히고 있다"고 말했다. <조선일보>, 2016년 11월 2일.

359) 손호철은 2,300여 시민단체들이 만든 '박근혜정권퇴진 비상국민행동(퇴진행동)'이 광장과 촛불을 정치적으로 조직화하여 박근혜의 퇴진을 지속적으로 요구했는데, 퇴진행동이 보여준 힘이 주저하는 야권과 비박을 견인해 탄핵발의를 강제했다고 분석했다. 이를 그는 "직접민주주의가 폭발한 것"이라고 주장했다. 손호철, 『촛불혁명과 2017년 체제』(서강대학교 출판부, 2017), 85쪽. 한편 장훈은 촛불집회는 "직접적으로는 부패 연루와 더불어 심각한 정당성의 위기에 처한 대통령에 대한 시민들의 심판이고, 간접적으로는 제 역할에 충실하지 못하던 정당과 국회가 대통령 탄핵에 나서도록 대의제도를 압박한 민주주의 혁신운동"이라고 정의했다. 장훈, "촛불의 정치와 민주주의이론: 현실과 이론, 사실과 가치의 긴장과 균형," 한국정당학회, 『한국민주주의의 위기와 도전』(2017년 8월), 9쪽.

360) <조선일보>, 2016년 11월7일.

361) 11월 10일 국민의당은 대통령 퇴진촉구를 당론으로 정했으며, 이날 안철수는 거리에서 대통령 하야를 촉구하는 서명운동을 벌였다(<조선일보>, 2016년 11월 11일). 촛불집회 이후 투쟁 수위를 높여온 더불어민주당은 11월 13일 대통령 하야를 공식 요구했다. <조선일보>, 2016년 11월 14일).

할 무렵에 발생한 새누리당의 내분은 야당으로 하여금 대통령 탄핵 추진을 추동하는 요인으로 작용했다. 야당만으로는 탄핵안의 국회 통과가 극히 불투명한 상황에서362) 새누리당의 비박계가 탄핵에 동참할 가능성이 높아졌기 때문이다. 친박계 지도부의 사퇴 거부로 당이 회복 불능의 상태가 될 바에는 차라리 탈당해서 '따로 살림'을 차려야 한다며 비상시국위원회까지 결성한 비박계의 움직임에 야당이 기대를 건 것이다.363) 야당의 이 같은 기대에 부응하듯 2016년 11월 20일 비상시국회의에 참석한 비박계 의원 35명 중에서 32명이 탄핵에 동의한 것으로 발표되었다.364)

대통령에 대한 탄핵을 추동한 또 하나의 요인으로 들 수 있는 것은 문재인·안철수 등 야권의 대선주자들의 대통령 탄핵 추진 요청이었다. 이들은 11월 20일 만난 후 발표한 입장문을 통해 "박근혜 대통령의 범죄사실이 명백하고 중대하고 탄핵 사유가 된다는 점을 확인하고, 국민적 퇴진운동과 병행해 탄핵 추진을 논의해 줄 것"을 야당과 국회에 공식 요청했다.365)

상황이 이에 이르자 더불어민주당과 국민의당, 정의당은 대통령 탄핵 추진을 당론으로 확정하고, 의결 정족수인 200명만 모이면 탄핵안을 발의한다는 계획을 세웠다. 한편 새누리당 비박계와 중립 성향 의원 61명을 대상으로 한 설문조사 결과 탄핵안이 발의될 경우 찬성표를 던지겠다는 의사를 명확히 밝힌 의원은 29명이라고 보도되어,366) 탄핵안은 통

---

362) 무소속 의원까지 포함해 국회 내 야권 의원은 모두 171명으로, 탄핵안 가결을 위한 200명을 확보하기 위해서는 새누리당에서 최소 29명이 동조해야 했다.
363) 비박계는 11월 16일 비상시국위원회 회의를 열고 당 지도부의 즉각적인 사퇴와 하야, 탄핵 등 대통령의 거취문제도 논의한 것으로 알려졌다. 이날 회의에는 김무성·심재철·김재경·주호영·강석호·권성동·김성태·김세연·김학용·이종구·이학재·황영철·박인숙·오신환·장제원·정양석·김현아·윤한홍 의원 등과 원외의 오세훈·김문수 등이 참석했다. <조선일보>, 2016년 11월 17일.
364) <조선일보>, 2016년 11월 21일.
365) 이날 모임의 참석자는 문재인, 안철수, 박원순, 안희정, 김부겸, 이재명, 심상정, 천정배 등이다. <조선일보>, 2016년 11월 21일.

과될 가능성이 높은 것으로 분석되었다. 이를 확인이라도 하듯 김용태의 탈당을 계기로 새누리당 비주류 의원 20여 명 정도가 탈당을 고민하고 있는 것으로 알려진 가운데,367) 11월 23일 비박계를 이끄는 김무성이 "박근혜 대통령 탄핵에 앞장서겠다"고 밝혔다.368)

탄핵안 통과가 확실시되자,369) 박근혜는 2016년 11월 29일 세 번째로 사과를 했다. 대국민담화에서 그는 거취를 국회에 맡기겠다면서 자신은 "단 한 순간도 저의 사익을 추구하지 않았고 작은 사심도 품지 않고 살아왔다"고 말했지만,370) 야 3당은 탄핵소추안을 12월 3일 발의하고 12월 9일에 표결 처리하기로 했다. 야권의 이 방침에 비박계는 9일의 탄핵표결에 참여하겠다고 말했고,371) 친박계 내에서도 탄핵 찬성 쪽으로 이

---

366) <조선일보>, 2016년 11월 23일.
367) 2016년 11월22일 김용태 의원과 남경필 경기지사가 처음으로 새누리당을 탈당했다. 탈당 후 가진 기자회견에서 남경필은 "새누리당 탈당을 고민하는 분이 20명보다 훨씬 많을 것"이라면서 교섭단체 구성도 가능할 것이라고 말했다. <조선일보>, 2016년 11월 23일.
368) 김무성은 2016년 11월 23일 긴급 기자회견을 갖고 "박 대통령은 국민을 배신하고, 새누리당도 배신했으며, 헌법을 심대하게 위반했다"며 "새로운 보수를 만들고 또 국민에 대한 책임을 지는 의미에서 탄핵 발의에 앞장서기로 했다"고 말했다. <조선일보>, 2016년 11월 24일.
369) 야 3당 원내대표는 모임을 갖고 이르면 12월 2일, 늦어도 12월 9일까지는 탄핵안을 공동 발의하기로 했다(<조선일보>, 2016년 11월 25일). 한편 새누리당 비박계가 주도하는 비상시국위원회는 11월 27일 "여당 의원 40여 명이 박근혜 대통령에 대한 탄핵소추안 발의 시 찬성하겠다고 자필로 서명했다"고 밝혔다(<조선일보>, 2016년 11월 28일). 탄핵안 가결이 확실시되자 정치권 원로들은 11월 28일 "탄핵안이 통과돼 헌법재판소의 탄핵 심판이 시작되면 대한민국은 탄핵 결정 때까지 국론 분열로 무정부 상태에 이를 것"이라며 "박 대통령이 하야를 결단하고 여야 정치권이 이를 받아들이는 게 답"이라고 말했다(<조선일보>, 2016년 11월 29일).
370) <조선일보>, 2016년 11월 30일.
371) 새누리당 비박계 다수는 12월 4일 박 대통령이 7일 오후 6시까지 '4월 퇴진 명확한 2선 후퇴'를 선언하면 표결에 동참하지 않겠다고 했다. 그러나 12월 3일

탈하는 흐름이 뚜렷해지고 있는 것으로 나타났다.372)

2016년 12월 9일 박근혜 대통령에 대한 탄핵소추안에 대한 국회 표결 결과, 찬성 234표, 반대 56표, 무효 7표, 기권 2표로 탄핵안은 가결되었다. 야당과 무소속 의원 172명이 탄핵에 찬성 의사를 밝힌 점을 감안하면 새누리당에서 최소 62명이 찬성표를 던진 것으로 나타난 것이다. 새누리당 친박계와 비박계의 내분이 빚은 결과라고 할 수 있다. 계파 갈등으로 인해 총선에서 패배했음에도 불구하고 당의 화합과 통합을 모색하기보다는 상대방을 배제하고 당권 장악에만 몰두하는 바람에 당은 두 동강이 났고, 그 여파가 대통령 탄핵으로 나타난 것이다.

탄핵안이 통과되자 박근혜는 국무위원 간담회를 갖고 "저의 부덕과 불찰로 국가적 혼란을 겪게 돼 국민 여러분께 송구하다"며 헌법재판소의 탄핵 심판과 특검의 수사에 차분하고 담담한 마음가짐으로 대응해 나갈 것"이라고 말했다.373) 탄핵안 통과로 박근혜의 대통령으로서의 직무는 정지됐고, 황교안 국무총리가 대통령 권한대행으로서 국군통수권, 계엄선포권, 조약 체결·비준권 등 헌법과 법률상의 모든 권한을 위임받아 행사하게 되었다.

(2) 새누리당의 분열과 해소

탄핵안 통과 이후 새누리당 양 계파 간 감정의 골은 더욱 깊어져 이제 당의 분열은 돌이킬 수 없는 지경에 이르게 됐다. 친박계가 2선으로 후퇴할 것이라는 정치권의 예상과 달리 자파 중심으로 구당(救黨)모임을 결성하기로 하고 비박계를 '반란군'이라 부르며 강경모드로 돌아선 반면, 비박계는 친박 핵심들의 탈당을 요구했기 때문이다.374) 이들은 서로

대규모 촛불 집회 개최와 지역구 민심 악화 등을 이유로 "박 대통령이 '4월 퇴진' 입장을 표명하더라도 여야 합의가 없다면 9일 탄핵 표결에 참여하겠다"고 밝혔다. <조선일보>, 2016년 12월 5일.
372) <조선일보>, 2016년 12월 6일.
373) <조선일보>, 2016년 12월 10일.

상대 진영 의원의 실명을 거론하며 공개적으로 비난했는데,375) 이들의 본격적인 세(勢)대결은 2016년 12월 16일의 원내대표 경선에서 이루어지게 됐다.

원내대표 경선은 비교적 중립적이던 정진석이 지도부로서 책임을 느낀다며 원내대표직을 사퇴하는 바람에 치러지게 된 것인데,376) 공석이 된 원내대표직을 차지하기 위해 양 계파는 총력을 기울였다. 친박은 계파 모임을 출범시키며 당권을 지키기 위한 세 규합에 들어갔고, 비박계도 탈당하기보다는 일단 당권장악에 주력하는 쪽으로 가닥을 잡았기 때문이다.377) 결국 원내대표·정책위의장 경선은 친박계의 정우택(鄭宇澤)·이현재(李賢在) 조(組)와 비박계의 나경원·김세연(金世淵) 조의 대결로 치러지게 됐다.

정치권에서는 원내대표 경선이 창당 이후 최대 위기에 몰린 새누리당

---

374) 서청원·최경환 등 친박계 의원 50여 명은 12월 11일 만나 친박 중심의 모임을 만들기로 했다. 이들은 "비주류가 주도하는 비대위 구성을 받아들일 수 없으며 보수 분열을 초래하고 당의 분파행위에 앞장서며 해당행위를 한 김무성·유승민과는 당을 함께 할 수 없다"며 "두 사람은 청산대상"이라고 말했다. 이에 대해 비박계는 "당을 특정인의 사당(私黨)으로 만들고 최순실 국정농단의 방패막이가 됐던 이들은 스스로 떠나야 한다"고 말했고 친박 중심의 당 지도부 퇴진을 위한 의원총회의 소집을 요구하기로 했다. <조선일보>, 2016년 12월 12일.

375) 비박계 의원 40여 명이 참여한 비상시국위원회는 12월 12일 모임을 갖고 서청원·최경환·홍문종·윤상현·이정현·조원진·김진태·이장우 등 8명의 인적 청산을 주장했다. 친박계는 소속 의원 55명이 참가하는 '혁신과 통합을 위한 보수연합'을 발족시키기로 하고 김무성·유승민 두 의원을 "해당행위와 배반·역린의 주인공"이라고 비난했다. <조선일보>, 2016년 12월 13일.

376) 정진석은 대통령 탄핵안이 국회에서 가결된 데 대해 집권당 원내대표로서 책임을 지는 것이 온당하다며 자신은 "보수정치의 본령은 책임지는 자세라고 배웠다"고 말하며 원내대표직을 사퇴했다. <조선일보>, 2016년 12월 13일.

377) 비박계가 탈당에 앞서 당권투쟁을 벌이기로 한 것은 12월 9일의 탄핵 표결 때 새누리당 의원 128명 가운데 찬성표가 최소 62표로 나타나, 친박계로 추정되는 반대표 수(56표)를 넘어섰다는 판단이 작용한 것으로 분석되었다. <조선일보>, 2016년 12월 14일.

이 분당으로 가느냐, 아니면 당 주류 세력 교체를 통한 재창당으로 가느냐의 1차적인 분수령이 될 것으로 전망했다. 원내대표 경선 외에도 이정현을 비롯하여 일괄 사퇴하게 되는 새누리당 지도부를 대신해 새누리당을 이끌게 될 비상대책위원회 구성에도 내외의 관심이 집중되었다. 비대위 구성에 관심이 집중된 것은 비박계의 유승민이 "비대위원장 선출까지 지켜보고 탈당하든 당에 남아 있든 결심하게 될 것"이라고 말했기 때문이다.378)

12월 16일에 실시된 새누리당의 원내대표·정책위의장 선거에서 친박계가 비박계를 62 대 55로 누르고 당선되었다. 탄핵안 표결 시 새누리당에서 최소 62명이 탄핵에 찬성한 것으로 추정되어 원내대표 경선에서 비박계가 우세할 것으로 예상되었으나, 결과는 그와 반대로 나타난 것이다. 친박계가 당을 다시 장악함에 따라 새누리당의 분당 가능성은 한층 커진 것으로 관측되었다. 이러한 관측에도 불구하고 원내대표로 선출된 정우택은 당선소감을 밝히는 자리에서 당이 분열하지 않고 화합과 혁신으로 가는 모습을 보인다면, 보수정권 재창출 목표 달성을 확신한다면서 화합을 강조하는 모습을 보였다.379)

원내대표 경선 후 친박 지도부의 일괄 사퇴로 비대위를 구성해야 하는 상황에 이르자, 정우택은 비대위원장 추천권을 비박계에 넘기겠다고 말하기도 했다.380) 이에 비대위원장 후보로 거론되는 유승민은 전권 행사를 조건으로 비대위원장을 맡을 용의가 있다고 밝히자, 친박계는 유승민의 전권 행사에는 동의하지 않았다.381) '유승민 비대위원장' 카드가

---

378) 그는 친박이 리모컨으로 조정할 수 있는 비대위원장을 선출한다면 당이 파국으로 갈 것이라고 말했다. 이는 친박계가 비대위원장마저 장악해 당권 유지를 시도할 경우 비박계의 집단 탈당을 시사한 것이라고 할 수 있다. <조선일보>, 2016년 12월 15일.
379) 정우택은 "개헌 정국을 주도해 좌파정권이 집권하는 것을 반드시 막아내겠다"고 말했다. <조선일보>, 2016년 12월 17일.
380) <조선일보>, 2016년 12월 19일.
381) '비대위 구성을 포함한 전권 위임'이라는 조건은 친박계가 받기 힘든 것이기

거부되자 비박계는 2016년 12월 20일 모임을 갖고 탈당 의원수를 늘리기 위한 작업에 들어갔고,[382] 다음날인 12월 21일에는 집단 탈당을 통한 분당을 선언했다. 탈당 선언에서 이들은 12월 27일에 탈당을 결행하기로 하고, 정병국·주호영을 창당준비위원장에 선임하여 2017년 1월 중으로 신당 창당 작업을 마무리하겠다고 밝혔다.[383]

비박계의 탈당 선언으로 당의 분열이 현실화되자 친박계는 당의 내분을 수습할 비대위원장으로 인명진(印明鎭)을 내정하고,[384] 비대위 체제를 꾸렸지만 분당사태를 막을 수는 없었다. 2016년 12월 27일 비박계 의원 29명이 탈당을 단행하고 가칭 '개혁보수신당' 창당을 공식 선언했기

때문에 유승민이 사실상 탈당을 위한 마지막 명분 쌓기를 한 것이라는 분석도 나왔다(<조선일보>, 2016년 12월 19일). 비박계가 탈당을 거론하며 전권을 요구하자 정우택은 당의 갈등과 분열을 일으킬 소지가 있는 사람은 안 된다며 유승민의 '전권 행사' 요구를 거부했다(<조선일보>, 2016년 12월 20일).

382) 친박계는 '유승민 비대위원장' 카드에 반대하며 '투사·영웅인 것처럼 행동하는 비박들은 나가려면 나가라'고 말했다. 탈당을 구체화하기 위한 비박계의 모임에는 김무성·심재철·강길부·이군현·주호영·권성동·김성태·여상규·김세연·이종구·홍문표·황영철·오신환·하태경 의원 등이 참석했다. <조선일보>, 2016년 12월 21일.

383) 이날 비박계 의원 34명은 친박계를 '가짜 보수'라고 규정하고, 자신들은 "가짜 보수에 맞서 진짜 보수를 만들 것"이라면서 말했다. 비박계의 탈당 선언에 대해 친박계는 '당을 쪼갠 배신자들'이라고 말했고, 정우택은 "비대위원장에 특정인이 안 된다고, 또 자신과 생각이 다르다고 당을 분열시키고 탈당까지 하는 것은 책임 있는 자세가 아니다"라고 비판했다. <조선일보>, 2016년 12월 22일.

384) 전 한나라당 윤리위원장을 역임했던 인명진은 "당이나 사람과의 관계 등 복잡한 데 얽매이지 않고 국민 눈높이에 맞춰 당을 쇄신하겠다"고 말했다(<조선일보>, 2016년 12월 24일). 인명진은 언론과의 인터뷰에서 서청원·최경환·이정현 등에 대해 "국민이 요구하면 정계 은퇴를 요구할 수 있다"고 말했는데, 그의 인적 청산방침에 대해 친박계는 "마음대로 못할 것"이라고 강력 반발했다(<조선일보>, 2016년 12월 27일). 인적 청산 요구에 대해 이정현은 "전직 당대표로서 모든 책임을 안고 탈당한다"면서 자신의 탈당을 계기로 당이 화합해야 한다는 뜻을 밝혔다(<조선일보>, 2017년 1월 3일).

때문이다.385) 새누리당을 탈당한 이들은 2017년 1월 8일 "따뜻한 보수, 깨끗한 보수를 지향한다는 의미"에서 신당의 명칭을 '바른정당'으로 정하고, 1월 24일에는 중앙당 창당대회를 열고 공식 출범했다.386) 이로써 새누리당은 끝내 통합을 이루지 못하고 분열되고 말았다.

분당으로 당세(黨勢)가 약화된 새누리당은 당의 면모를 일신하고, 인명진 취임 이후 친박 핵심에 대한 인적 청산 요구로 빚어진 당내 갈등을 해소하기 위한 차원에서 2017년 1월 11일 '반성과 다짐, 화합을 위한 새누리당 대토론회'를 개최했다. 이날 친박계 의원들이 불참하고 고성이 오갔음에도 불구하고, 인명진은 인적 청산의지를 강하게 시사했다.387) 이에 따라 1월 18일에는 당 윤리위원회를 열어 20대 총선 공관위원장을 했던 이한구를 제명했고,388) 1월 20일에는 서청원·최경환에 대해서 당

---

385) 이들 29명 의원의 탈당으로 새누리당 의석수는 99석으로 줄어 원내 제1당의 지위를 더불어민주당(121석)에 넘겼고, 국민의당(38석), 개혁보수신당(30석) 등 4당 체제로 국회가 재편됐다. 신당은 의원총회를 열고 원내대표에 주호영, 정책위의장에 이종구를 각각 추대하고 지난 11월에 탈당한 김용태를 포함한 30명으로 교섭단체를 등록했다. 신당은 분당 선언문에서 "새누리당을 허문 자리에 따뜻한 공동체를 실현할 진정한 보수 정당의 새로운 집을 짓겠다"고 밝혔다(<조선일보>, 2016년 12월 28일). 남경필 경기지사가 2016년 11월 22일 탈당한 데 이어 2017년 1월 4일에는 원희룡 제주지사가 탈당했는데, 탈당선언에서 그는 "새로운 당은 보수 울타리 내에서의 적통 승계라는 차원을 뛰어넘어야 하고, 보수라는 과거의 유산에 얽매여서는 안 된다"고 말했다(<조선일보>, 2017년 1월 5일).

386) 이들은 '국민에게 드리는 말씀'에서 "박근혜 대통령의 사당이자 자정 능력을 상실한 새누리당으로는 보수의 미래를 만들 수 없다고 생각했다"며, "보수정치의 전통을 잇고 좌파 패권이 집권하는 것을 막는 것이야말로 애국적 책무라고 생각해 바른정당이 탄생됐다"고 말했다. 바른 정당은 정병국과 주호영을 공동대표로 선출했다. <조선일보>, 2017년 1월 25일.

387) 이날 친박계와 인명진 지지자 사이에 고성이 오가는 등 행사 취지가 무색해지는 일이 발생하기도 했으나, 인명진은 "꼭 필요한 제한적 인적 쇄신은 하겠다"면서 "앞으로 당 화합과 명예를 저해하는 인사는 책임을 물을 것"이라고 말했다. <조선일보>, 2017년 1월 12일.

388) 새누리당 윤리위원회는 "공천과정에서 각종 논란을 일으켜 국민 지탄을 받게

원권 정지 3년, 윤상현에 대해서 당원권 정지 1년의 징계를 내렸다.[389]

바른정당이 창당되자 새누리당은 2017년 1월 26일 당의 명칭을 바꾸기로 했다.[390] 분열해 나간 바른정당에 비해 안보는 물론 경제문제에서도 '보수의 적자'임을 부각시키려는 의도에서 당명 개명과 동시에 정강·정책의 개정에 나선 것이다. 또한 대선을 앞두고 5년 만에 '박 대통령 유산'과의 결별에 나섬으로써 재집권을 도모한 것이라는 분석도 제기되었다.[391] 탄핵을 초래한 '국정 농단사건'과 거리를 둠으로써 보수층을 재집결한다는 전략이라고 할 수 있다. 이를 반영하듯 새누리당은 2017년 2월 8일 의원 연찬회를 열고 새 당명을 보수가 선호하는 단어인 '자유'와 '한국'을 넣은 자유한국당으로 최종 확정지었다. 당초 인명진이 제안한 '보수의 힘'이라는 당명이 유력하게 검토됐으나, 이는 친박계의 반대로 채택되지 않았다.[392]

새누리당은 2017년 2월 13일 상임위원회와 전국위원회를 잇달아 열고 당명을 자유한국당으로 변경하는 당명 개정안을 가결했다. 이로써 한나라당에서 새누리당으로 명칭을 바꾼 지 꼭 5년째 되는 날, 새누리당이라는 명칭은 역사 속으로 해소됐고 자유한국당이 그 자리를 대신하게 됐다.[393] 비박계의 탈당으로 인한 새누리당의 분열이 결국은 새누리당의

한 책임, 이로 인해 총선 참패를 야기하는 등 민심을 이탈케 한 책임" 등을 이유로 이한구를 제명했다고 밝혔다. <조선일보>, 2017년 1월 19일.

389) 새누리당은 서청원·최경환에 대해서는 "계파 갈등을 야기해 당을 분열에 이르게 하는 등 당 발전을 극히 저해하고 민심을 이탈케 한 책임"이, 윤상현에 대해서는 "계파 갈등에 동조하고 부적절한 언행으로 국민의 지탄을 받게 한 책임"이 징계사유라고 밝혔다. <조선일보>, 2017년 1월 21일.

390) 새누리당은 "당명 개정을 계기로 새로운 마음으로 국민과 함께 하겠다"는 각오에서 당명을 공모했고, 최종 후보로 '국민제일당' '새빛한국당' '으뜸한국당' 3개를 확정하고 심사에 들어갔다. 새누리당이란 명칭은 박근혜가 한나라당 비대위원장이던 2012년 2월 13일 전국위원회에서 결정한 것이다. <조선일보>, 2017년 1월 27일.

391) <조선일보>, 2017년 2월 6일.
392) <조선일보>, 2017년 2월 9일.

해소를 초래한 것이라고 할 수 있다.

3) 대통령 파면과 19대 대선

2016년 12월 9일 국회를 통과한 대통령 탄핵소추의결서가 헌법재판소에 제출됨으로써 헌정사상 두 번째로 대통령 탄핵심판이 열리게 되었다. 12년 만에 다시 탄핵심판을 하게 된 헌재는 변론준비절차를 통해 대통령과 국회 양측의 주장을 정리한 다음 2017년 1월 3일 첫 변론을 가졌으며 2월 27일에는 최종변론을 마치고, 3월 8일에는 3월 10일을 선고일로 지정했다.

2017년 3월 10일 헌재는 재판관 8명 전원일치로 대통령의 파면을 결정했다. 대통령의 위법·위헌행위가 국민의 신임을 배반한 행위로 헌법수호의 관점에서 용서할 수 없다는 이유에서였다. 박근혜의 파면으로 인해 조기에 치러지는 19대 대선은 정권 재창출을 도모하는 여권 후보보다는 아무래도 정권교체를 내세운 야권 후보들에 무게추가 쏠리는 선거였다고 할 수 있다.

'국정 농단사건'이 초래한 박근혜정부에 대한 불신, 그리고 친박과 비박의 지속적인 대립·갈등이 초래한 새누리당의 분열과 해소로 보수적 성향의 여권 지지층이 지리멸렬한 상황에서 실시되는 선거인데다가, 민심의 이반 및 여권의 유력 주자로 간주되던 반기문(潘基文) 전 유엔사무총장과[394] 황교안 대통령권한대행의[395] 불출마 선언으로 내부에서 경

---

393) 1990년 3당 합당으로 탄생한 민주자유당 이후 신한국당(1996년), 한나라당(1997년), 새누리당(2012년)을 거쳐 자유한국당까지 다섯 차례 명칭을 바꾼 것이다.

394) "정치를 교체하겠다"는 일성으로 2017년 1월 12일 귀국한 반기문은 대선 캠페인을 시작한지 20일 만인 2월 1일 "일부 정치인의 구태의연하고 편협한 이기주의적 태도도 지극히 실망스러웠고 결국 이들과 함께 가는 것은 무의미하다는 판단에 이르게 됐다"며 불출마를 선언했다. <조선일보>, 2017년 2월 2일.

395) 대통령 권한대행이 된 이후 대선 출마에 대해 명확한 입장을 밝히지 않던 황

쟁력 있는 후보를 찾기 어려웠기 때문이다.

이와 달리 더불어민주당은 추미애의 당대표 취임 이후 야권 원외정당인 민주당과 합당하여 야당 성향의 지지자들을 한 데 묶을 수 있었고, 대선 주자들이 후보 경선과정에서 빚어진 앙금을 털고 문재인 후보를 지지함으로써 통합을 유지할 수 있었다. 이러한 요인들이 복합적으로 작용함으로써 더불어민주당의 문재인 후보가 압도적인 표차로 무난히 대통령에 당선된 것이다.

(1) 대통령 파면

국회로부터 탄핵소추의결서가 접수되자 헌재는 2016년 12월 12일 본격적인 탄핵심판에 앞서 대통령과 국회 양측 간 쟁점을 조정하는 변론기일을 갖기로 하고, 국회와 법무부에 탄핵심판에 대한 의견서 제출을 요구했다.[396] 한편 대통령 변호를 맡게 될 법률대리인단은 12월 16일 탄핵사유가 없으며 탄핵은 기각되어야 한다는 내용의 답변서를 헌재에 제출했다.[397] 헌재는 12월 22일 양측 대리인단이 참석한 가운데 첫 준비기일을 열고, 국회가 탄핵사유로 제시한 9가지 헌법·법률 위반행위를 5가지로 압축했다.[398] 그리고 12월 27일에는 첫 공개변론을 2017년 1월 3일에 열고, 이틀 뒤인 1월 5일에 2차 변론을 갖겠다고 발표했다.[399]

교안은 2017년 3월 15일 임시 국무회의 모두 발언을 통해 "국정 안정과 공정한 대선 관리를 위해 제가 대선에 출마하는 것은 적절하지 않다고 판단했다"며 불출마 뜻을 분명히 했다(<조선일보>, 2017년 3월 16일).

396) 헌재의 요구에 따라 법무부는 국회의 탄핵소추안 가결이 절차상 문제없이 적법하게 이루어졌다는 내용을 담은 의견서를 제출했다고 12월 25일 밝혔다. <조선일보>, 2016년 12월 26일.

397) 대리인단은 헌재에 제출한 답변서에서 "국회가 탄핵소추안에서 주장한 박 대통령의 헌법 위배는 인정되기 어렵고 법률을 위배했다는 부분은 증거가 없다"고 주장했다. <조선일보>, 2016년 12월 17일.

398) <조선일보>, 2016년 12월 23일.

399) 헌재가 1주일에 같은 사안에 대한 재판을 두 차례씩 여는 것은 매우 이례적

헌재는 세 차례의 변론준비절차를 마치고 2017년 1월 3일에 탄핵심판 사건의 첫 공개변론을 열었는데, 이날 피청구인인 박근혜가 출석하지 않아 재판은 9분 만에 종료됐다.[400] 이날 박근혜의 불출석은 탄핵소추 사유와 관련된 각종 의혹을 반박했던 신년 기자간담회 때의 태도와[401] 대조되어 논란이 일기도 했는데, 최후변론을 포함해 총 17차례 열린 변론에 그는 단 한 번도 출석하지 않았다.

제9차 변론이 진행된 2017년 1월 25일 박한철 헌재소장은 "3월 13일까지 탄핵심판을 선고해야 한다"고 말해,[402] 대통령 대리인단의 강한 반발을 사기도 했다. 그로서는 대통령 직무정지에 따른 국정공백을 최소화하기 위해 심판을 서둘러야 한다는 의미에서 한 발언이었다고 하지만, 대통령 대리인단은 헌재가 끝낼 시점을 미리 정할 경우 피청구인의 방어권 행사가 제대로 안 돼 "헌재의 공정성을 의심할 수밖에 없다"며 항의하기도 했다.[403]

인 일로, 헌재 주변에선 이정미 재판관이 퇴임하는 2017년 3월 13일 이전에 결론을 내릴 것이라는 관측에 무게가 실리고 있다고 보도되었다. <조선일보>, 2016년 12월 28일.

400) 박근혜의 불출석에 대해 국회 소추위원은 피청구인이 탄핵심판법정에서 사실을 소상하게 밝히는 것이 예의인데 언론인들을 상대로 법정 밖에서 얘기한 것은 재판부에 대한 예의가 아니라고 말했다. 이에 대해 대통령 대리인단은 탄핵심판은 피청구인의 불출석을 전제로 진행한다고 되어 있다고 반박했다. <조선일보>, 2017년 1월 4일.

401) 2017년 1월 1일 박근혜는 청와대 상춘재에서 기자간담회를 갖고 '삼성 합병 지원 의혹' '세월호 참사 당일 미용시술 의혹' '최순실과의 관계' '문화계 블랙리스트 작성 의혹' 등에 관한 의혹을 반박하고, 특검에서 연락이 오면 성실하게 임하겠다고 밝힌 바 있다. <조선일보>, 2017년 1월 2일.

402) 자신의 임기가 만료되는 2017년 1월 31일 이전에 변론이 끝나는 것이 물리적으로 어렵다고 판단한 박한철은 이정미 재판관의 임기가 끝나는 2017년 3월 13일 이전에는 최종 결정을 내려야 한다고 결론 기일을 못 박았다. <조선일보>, 2017년 1월 26일.

403) <조선일보>, 2017년 1월 26일. 한편 전직 대법관·헌법재판관 등으로 구성된 원로 법조인들은 "헌재는 9명 재판관 전원의 심리 참여가 헌법상 원칙"이라고

박한철이 퇴임함에 따라 3월 13일 퇴임하는 이정미 재판관이 소장 권한대행으로 탄핵심판의 재판장 역할을 맡게 된 헌재는 최종변론에 박근혜가 출석할 경우 그에게 탄핵사유와 관련한 질문을 하고 답변을 요구할 수 있다는 입장을 밝혔다. 그러나 대통령 대리인단은 최후 진술만 하고 별도 심문에는 응하지 않겠다는 입장이어서,404) 박근혜의 최종변론 출석이 불투명한 상황이었다. 이에 헌재는 "(2월) 27일 최종변론을 진행하고 변론을 종결할 것"이라고 발표하고,405) 대통령측 대리인의 연기 요청을 받아들이지 않았다.

박근혜가 불참한 가운데 열린 2월 27일의 최종변론에서 국회 소추인단과 대통령측 대리인단은 탄핵사유의 정당성과 탄핵절차의 합법성 등을 놓고 막바지 공방을 벌였다.406) 헌재는 최종변론 다음날부터 재판관 8인 전원이 참석하는 평의를 열고 대통령 파면 여부에 관한 토론을 계속 벌인 것으로 알려졌다. 한편 대통령 대리인단은 탄핵심판 시기를 이정미 권한대행이 퇴임하는 3월 13일 이후로 연기해달라는 취지의 의견서를 제출했다.407) 그러나 헌재는 이 의견을 받아들이지 않고, 3월 10일에 선고하겠다고 발표했다.408)

말하고, "헌재는 재판을 일시 중지했다가 9명 전원 재판부를 구성한 연후에 재판을 재개하는 것이 공정한 재판 진행절차"라고 지적했다. <조선일보>, 2017년 2월 10일.
404) 헌재 관계자는 "대통령이 최후진술만 하고 난 뒤 질문을 받지 않고 그냥 나가겠다고 하면 이를 제지할 방법은 없다"고 말했다. <조선일보>, 2017년 2월 18일.
405) <조선일보>, 2017년 2월 25일.
406) 국회 소추인단은 "피청구인은 헌법과 법률을 광범위하고 중대하게 위배했다"며 헌재가 탄핵결정을 내려야 한다고 주장했다. 이에 맞서 대통령 대리인단은 "대통령이 명백히 헌법 또는 법률을 위반하였다는 점이 증명되지 않았다"고 주장했다. <조선일보>, 2017년 2월 28일.
407) 의견서에서 대통령 대리인단은 탄핵소추의 사유가 많고 사실관계도 복잡하므로 이정미 권한대행 퇴임 전에 선고하기보다는 사실 인정 및 법리판단에 충분한 시간을 확보해, 선고를 이정미 퇴임 이후로 늦춰달라고 요구했다. <조선일보>, 2017년 3월 4일.

국회가 탄핵소추안을 의결한 지 91일 만인 2017년 3월 10일 헌재는 8명 전원일치의 결정문에서 "피청구인의 위법·위헌행위는 국민의 신임을 배반한 것으로 헌법수호의 관점에서 용납할 수 없는 중대한 법 위배행위"라고 말하고, "피청구인의 법 위배행위가 헌법질서에 미치는 부정적 영향과 파급효과가 중대하므로 피청구인을 파면함으로써 얻는 헌법수호의 이익이 압도적으로 크다"며 "피청구인 대통령 박근혜를 파면한다"는 주문을 발표했다.409)

2017년 1월 3일부터 2월 27일까지 17차례 걸친 공개변론을 연 끝에 헌정사상 처음으로 대통령을 파면한 것이다. 헌재가 파면을 선고한 2017년 3월 10일 오전 11시 2분을 기점으로 박근혜는 대통령직을 상실했고, 이에 따라 황교안 국무총리가 그 직을 대신하게 됐다. 그리고 2017년 12월로 예정된 19대 대통령선거는 '대통령이 궐위된 때 60일 이내에 후임자를 선거한다'는 헌법 68조 2항에 따라 조기에 실시되게 되었다.

(2) 19대 대선

박근혜가 파면된 2017년 3월 10일 당일 발표된 야권 후보 지지율의 합이 65%선에 달해,410) 야권에 유리한 환경이 조성된 가운데 정치권은 사실상 대선 준비에 들어갔다.411) 이 같은 상황에서 자유한국당은 3월

---

408) <조선일보>, 2017년 3월 9일.

409) 헌재 결정문 전문은 http://search.ccourt.go.kr/ 사건번호 '2016헌나1' "대통령(박근혜) 탄핵"에 수록.

410) 이날 발표된 한국갤럽 정기 여론조사에 따르면 문재인·안희정·안철수·이재명·심상정 등 야권 후보들의 지지율을 모두 합하면 65%였다. <조선일보>, 2017년 3월 11일.

411) 더불어민주당은 3월 14일 예비후보들의 TV토론회를 시작으로 본격적인 경선 일정에 들어가 각 지역별로 4차례 순회투표를 실시하여 4월 3일 후보를 확정할 예정이며, 국민의당은 현장투표 80%, 여론조사 20%의 경선 룰을 확정하고 4월 2일~9일 사이에 후보를 확정할 예정이고, 바른정당은 3월 19일 호남을 시작으로 권역별 토론회를 개최하고 3월 28일 당원투표로 후보를 확정할 예정이다. 한

12일 홍준표 경남지사의 '당원권 정지' 징계를 풀어 대선 후보가 될 수 있도록 하는 조치를 취했는데,412) 이 무렵 자유한국당에서 대선 출마를 선언했거나 출마 의향을 가진 인사가 10여 명에 이르는 것으로 알려졌다.413) 국민의당은 안철수·손학규를 비롯해 6명이 예비후보로 등록했고, 3월 8일에 더불어민주당을 탈당한 김종인은 친박과 친문을 뺀 중도에 있는 '제3 지대' 인사들을 하나로 모아 연합정부 추진세력으로 만들겠다는 구상을 밝히기도 했다.414)

이처럼 정치권이 나름대로 대선 준비를 해나가는 상황에서 황교안은 2017년 3월 15일 대선 불출마를 선언하고 대통령선거일을 5월 9일로 확정해 발표했다.415) 10%에 달할 정도로 비교적 지지율이 높은 황교안의 불출마로 그의 지지층이 어디로 가느냐에 따라 대선 구도가 요동칠 것으로 예상되는 시점에서 지상욱이 자유한국당을 탈당하고 바른정당에 입당하는 사건이 발생했고,416) 국민의당과 바른정당 의원들 사이에서는

편 정의당은 2월 16 당원 총투표를 통해 심상정을 후보로 확정했고, 자유한국당은 3월 31일 전당대회를 열고 후보를 확정할 예정이다. <조선일보>, 2017년 3월 11일 및 3월 13일.

412) 홍준표는 '성완종 리스트' 사건에 연루되어 기소되면서 2015년 7월 당원권이 정지돼 대선 후보가 될 수 없었다. 그러나 2017년 2월에 열린 항소심에서 그가 무죄판결을 받자, 자유한국당은 대법원 확정판결이 나올 때까지 그가 정치활동을 할 수 있도록 길을 열어주기로 했다. 이로써 그는 "대선 주자로 나설 자격"을 갖게 됐다. <조선일보>, 2017년 3월 13일.

413) 자유한국당 지지율(11%)이 더불어민주당 지지율(43%)에 크게 뒤지는 상황에서 자유한국당 인사들의 출마가 봇물을 이루는 현상에 대해 정치권은 "대선 이후를 내다본 것 같다"고 분석했다. <조선일보>, 2017년 3월 14일.

414) <조선일보>, 2017년 3월 15일.

415) 2017년 5월 9일이 대선일로 확정됨에 따라 임시 공휴일로 지정됐다. 중앙선관위는 4월 15일~16일 이틀간 후보 등록을 받고 4월 17일부터 5월 8일까지 22일간을 공식 선거운동 기간으로 정하는 한편 4월 25일~30일은 세계 116개국 204개 투표소에서 재외투표가, 5월 1일~4일 사이에는 선상투표가 실시되며, 5월 4일~5일은 사전투표가 진행된다고 발표했다. <조선일보>, 2017년 3월 16일.

416) 지상욱은 홍철호에 이은 두 번째 탈당한 것으로 이를 계기로 자유한국당 의

대선 전 연대를 위한 접촉이 이루어지고 있는 것으로 알려졌다.417)

유승민과 남경필 2명이 출마를 선언한 바른정당의 경우 광주에서의 TV토론을 이틀 앞두고 현역 의원 8명이 남경필 지지를 선언하기도 했다.418) 그럼에도 불구하고 3월 19일 첫 TV토론 후 진행된 호남권역 국민정책평가단을 대상으로 한 전화투표에서 유승민은 183표를 얻은 데 비해, 남경필은 107표를 얻는 데 그쳤다. 호남에 이어 영남권, 충청권, 수도권에서 토론회를 열고 그때마다 국민정책평가단 투표를 진행하고 여기에 당원투표와 일반 국민 여론조사 등을 합쳐 3월 28일 대선 후보를 최종 확정했는데, 유승민은 계속된 지역 평가단 투표에서 남경필을 앞섰다.419) 이어 수도권 토론회 직후 실시한 평가단 투표에서도 유승민이 앞섰는데,420) 예상대로 그는 3월 28일 열린 대통령후보자 선출대회에서 바른정당의 대통령후보로 선출됐다. 후보로 선출된 그는 "새로운 보수의 희망이 되겠다"며 "이번 대선에서 감동의 역전 드라마를 만들어

    원들의 2차 탈당사태가 올 수도 있다는 관측이 제기됐지만, 자유한국당 측은 "추가 탈당은 없고 당은 안정적으로 갈 것"이라고 말했다. <조선일보>, 2017년 3월 16일.
417) 이들은 더불어민주당과 자유한국당 사이의 극단적인 대립을 막기 위해서는 제3의 중도정당이 필요하다는 소신에서 양당의 연대 또는 후보단일화를 검토했다. <조선일보>, 2017년 3월 17일.
418) 3월 17일 김학용·이진복·박순자·홍문표·이은재·장제원·박성중·정운천 의원은 남경필을 "대한민국의 미래를 맡길 수 있는 지도자"라면서 그에 대한 지지를 선언했다. 이들 대부분이 김무성과 가까운 의원으로 분류되어 김무성계와 유승민계의 당 주도권 경쟁이 시작된 것이라고 당내에서는 관측했다. <조선일보>, 2017년 3월 18일.
419) 충청권 토론회 직후 실시한 투표 결과 유승민은 201표, 남경필은 155표를 받았고 영남권에서는 유승민 446표, 남경필 242표를 얻었다. 세 차례의 토론회 투표를 합친 결과 유승민 830표(62.2%), 남경필 504표(37.8%)로 나타났다. <조선일보>, 2017년 3월 25일.
420) 수도권 정책평가단 투표 결과 유승민 777표(57.3%), 남경필 578표(42.7%)를 받았다. <조선일보>, 2017년 3월 27일.

내겠다"는 소감을 밝혔다.421)

3월 17일 '후보자 비전대회'를 연 자유한국당은 18일의 제1차 예비경선에서 6명의 후보를 추렸고,422) 다시 이들을 대상으로 가진 2차 예비경선에서 홍준표(洪準杓)・이인제・김관용・김진태 4명을 추렸다.423) 3월 26일에는 전국 231개 투표소에서 책임당원을 대상으로 현장투표를 실시했는데, 투표 결과가 공개되지는 않았지만 홍준표가 우세를 이어갈 것이라고 분석되었다.424) 자유한국당은 3월 31일에는 대통령 후보 선출을 위한 전당대회를 열었는데, 이날 책임당원과 일반 국민 여론조사를 합산한 결과 54.15%를 얻은 홍준표가 후보로 최종 선출되었다. 후보 수락연설에서 그는 대선에서 좌파정부가 탄생하면 대한민국의 살아날 길이 막막해진다면서 "당당한 대통령이 돼서 나라를 조속히 안정시키고 골고루 잘사는 대한민국을 만들겠다"고 말했다. 또한 그는 탄핵국면이 끝났기 때문에 바른정당 사람들은 돌아와야 한다며 바른정당 유승민 후보와 단일화에 나서겠다는 뜻을 밝히기도 했다.425)

안희정(安熙正)・문재인・이재명(李在明)・최성 총 4명이 후보로 등록한 더불어민주당은 전화・인터넷 등을 통해 경선선거인단을 모집했다. 3월 21일 최종 마감 때까지 신청자는 210만 명에 달할 정도로 성황을

---

421) 선출대회에서 당원 선거인단과 국민정책평가단 투표, 일반 국민 여론조사 등을 합산한 결과 유승민은 36,593표(62.9%)를 얻었다. 남경필은 21,625표(37.1%)를 얻었다. <조선일보>, 2017년 3월 29일.
422) 9명 후보에 대해 책임당원 70%와 일반 국민 30%의 비율로 여론조사를 한 결과, 1차 예비경선을 통과한 후보는 홍준표・이인제・안상수・원유철・김관용・김진태 6명이다. 홍준표는 과반에 육박하는 46%를 득표해 1위를 기록했다. <조선일보>, 2017년 3월 20일.
423) 1차 경선에서 1위를 한 홍준표는 2차 경선에서도 2위 후보를 상당한 격차로 누르고 1위를 차지한 것으로 알려졌다. <조선일보>, 2017년 3월 21일.
424) 자유한국당의 181,473명의 책임당원 가운데 18.7%만 투표에 참가했다. 이날의 투표 결과와 3월 29일~30일 사이에 실시되는 일반 국민 여론조사를 각각 50%씩 최종 후보자 선출에 반영하게 된다. <조선일보>, 2017년 3월 27일.
425) <조선일보>, 2017년 4월 1일.

이루었는데,426) 3월 22일 전국 250개 투표소에서 진행된 후보경선 현장 투표 결과의 일부가 인터넷 등을 통해 유포되기도 했다. 이로 인해 '부정선거' 논란이 일기도 했지만,427) 3월 27일 실시된 호남 지역 경선 결과 고전이 예상되던 문재인은 60.2%의 득표로 1위를 차지함으로써 '문재인 대세론'을 확인시켜 주었다.428) 그는 호남과 충청이 이어 세 번째 순회 경선지역인 영남에서 64.7%의 득표율로 1위를 차지했으며,429) 4월 3일의 마지막 지역 순회경선에서 60.4%를 얻어 1위가 됐다. 이로써 문재인은 전국 누적 득표율 57%로 결선투표 없이 대선 후보로 확정됐는데, 후보 수락연설에서 그는 "분열의 시대와 단호히 결별하고 정의로운 통합의 시대로 나아가겠다"고 말했다.430)

2017년 3월 17일 대선 후보 예비경선에서 박주선(朴柱宣)·손학규·안철수 3인을 선출한 국민의당은 3월 25일부터 지역 순회경선을 시작해 4월 4일에 최종 후보를 선출하기로 했다.431) 이들 세 후보는 3월 18일에 첫 TV토론을 가졌고,432) 3월 20일에 2차 토론을 가졌는데 이날 손학규

---

426) 이 숫자는 2012년 대선 경선 당시 선거인단 숫자 108만여 명에 비해 2배 가까이 많은 것이다. <조선일보>, 2017년 3월 21일.
427) 이날 투표 종료 30여 분 만에 문재인 후보가 상당한 차이로 다른 후보들을 앞섰다는 메모가 나돌자, 나머지 후보들은 "선거 결과가 사전에 유출됐다"며 크게 반발했다. <조선일보>, 2017년 3월 23일.
428) 문재인은 현장 투표, ARS·대의원 투표 등을 합한 236,358표 중에서 142,343표를 받았다. 안희정과 이재명은 각각 47,215표와 45,846표를 얻었고, 최성은 954표를 얻는 데 그쳤다. <조선일보>, 2017년 3월 28일.
429) 총 198,586표 중 문재인은 128,429표, 이재명은 36,780표, 안희정은 32,974표를 각각 얻었다. <조선일보>, 2017년 4월 1일.
430) 문재인의 57%에 이어 안희정이 21.5%로 2위, 이재명이 21.2%로 3위, 최성이 0.3%로 4위를 차지했다. <조선일보>, 2017년 4월 4일.
431) 총 6명이 출마한 예비경선에서 국회의원, 당무위원, 지방의원 등 506명으로 구성된 선거인단 투표 결과 이들 3인이 본선에 진출했다. <조선일보>, 2017년 3월 18일.
432) 손학규와 안철수는 3월 19일 대선 출마를 공식 선언하는 행사를 가졌다. 이

와 박주선은 '연대론'을 안철수는 '자강론'을 주장했다.433) 그러나 호남에서 개최된 첫 경선에서 안철수가 60%가 넘는 득표를 함으로써 국민의당 기류는 '연대론'보다는 '자강론'이 우세한 것으로 분석되었다.434) 4월 2일 열린 수도권 경선에서 안철수는 득표율 86.5%를 기록하며 6연승을 거뒀고, 4일 대전에서 개최된 경선에서 85.4% 득표율로 1위를 차지했다. 이로써 그는 7차례의 전국 순회경선에서 전승을 거둬 국민의당 대선 후보로 지명됐다. 그는 후보 수락연설에서 "국민을 위한, 국민에 의한, 국민의 대통령이 되겠다"며 위대한 국민의 힘으로 과반 지지 대통령을 만들어 달라"고 말했다.435)

이처럼 5개 정당 모두가 대선 후보를 확정함으로써 본격적인 대선국면에 접어들었는데, 문재인이 여론조사에서 계속 선두를 달리고 있었기에436) 19대 대선의 초미의 관심사는 "과연 '문재인 대세론'을 꺾을 수 있는 가장 효율적인 방법은 무엇인가"로 모아졌다. 이와 같은 상황에서

날 안철수는 "대신할 수 없는 미래, 안철수"를 주제로, 손학규는 "믿을 수 있는 변화, 손학규"를 주제로 출정식을 가졌다. <조선일보>, 2017년 3월 20일.

433) 박주선은 "국민의당을 키우고 수권능력을 보이기 위해 합리적 개혁세력과 함께 해야한다"고 주장했고, 손학규도 "반부패·반패권 세력을 함께 모아야만 문재인 세력에 이길 수 있다"고 한 반면, 안철수는 "우리 스스로 자신감을 가져야 한다"며 연대에 반대했다. <조선일보>, 2017년 3월 21일.

434) 제주를 포함한 호남 경선에서 안철수는 64.6%를 얻었다. 이에 비해 손학규와 박주선은 각각 23.5%와 11.9%를 얻는데 그쳐, 안철수 대세론이 굳어지는 계기가 됐다. <조선일보>, 2017년 3월 27일.

435) 전국 순회경선 현장투표(80%)에서 안철수는 133,927표를 얻었고, 손학규와 박주선은 각각 35,696표와 14,561표를 얻었다. 여기에 20%를 차지하는 여론조사 결과를 합할 경우 최종 득표율은 안철수 75%, 손학규 18%, 박주선 6.9%가 된다. <조선일보>, 2017년 4월 5일.

436) 여론조사에서 문재인은 계속 1위를 고수했는데, 문재인·안철수 양자 대결 시 안철수(43.6%)가 문재인(36.4%)보다 오차 범위를 넘어 우세한 것으로 나타났다. 그러나 문재인·안철수·홍준표 3자 대결에서는 문재인(36.6%), 안철수(32.7%), 홍준표(10.7%) 순으로 나타났다. <조선일보>, 2017년 4월 4일.

제기된 것이 기존의 대선 정국에서 나타난 것과 마찬가지로 연대론 또는 후보단일화론이었다.

연대론의 일환으로 반기문을 지지했던 단체인 대한민국국민포럼은 2017년 3월 20일 100인 명의의 성명을 내고 자유한국당·국민의당·바른정당의 연대와 후보단일화를 촉구했다. 성명서에서 이들은 "여러 정당이 협치를 함으로써 동·식물 국회의 딜레마로부터 벗어날 수 있다"며 세 당이 연합전선을 구성해야 한다고 주장했다.437) 이를 전후하여 바른정당의 김무성이 안철수와 홍준표를 잇달아 만나며 3각 연대를 타진한 것으로 알려졌고,438) 김종인도 중도·보수진영 후보단일화를 추진하기 시작했으며,439) 자유한국당도 후보단일화를 추진할 뜻을 비쳤다.440)

이 같은 연대론이나 후보단일화론은 더불어민주당과 '1 대 1' 대결로 치러야만 승산이 있다는 판단이 섰기에 나온 것이었다. 바로 이러한 판단에서 그동안 연대에 소극적이던 박지원도 '3단계 연정론'을 제시하며 연대의 필요성을 언급했지만,441) 실질적인 진전은 없었다. 기본적으로 국민의당 후보인 안철수가 연대를 강하게 반대하고 있는데다가, 당 지

---

437) 대한민국국민포럼은 '대화합 후보단일화 추진위원회 원로회의 100인' 명의의 성명을 냈다. 이들은 친박 탄핵사태를 초래했다고 보고, 친박 핵심 8인의 퇴진을 요구했다. <조선일보>, 2017년 3월 21일.

438) <조선일보>, 2017년 3월 23일.

439) 김종인은 대선 후보 등록이 시작되는 4월 15일을 후보단일화의 '마지노선'으로 예측했다(<조선일보>, 2017년 3월 24일). 한편 김종인·정운찬·홍석현 3인은 3월 29일 만나 공동 정부 구성을 위한 대선 연대문제를 논의하기도 했다(<조선일보>, 2017년 3월 30일).

440) 자유한국당 정우택 원내대표는 "바른정당과 대선 전 '당 대 당' 통합은 어려울 것이지만 후보단일화는 추진될 것으로 본다"고 말했다. <조선일보>, 2017년 3월 28일.

441) '3단계 연정론'에서 박지원은 1단계는 당의 정체성을 분명히 하면서 대선 후보로 선출되는 것이며, 2단계는 후보들이 대선 가도에 무엇이 필요한지 살핀 뒤 연대·연정의 길을 만드는 것이며, 3단계는 대통령이 된 뒤 보혁(保革) 연정으로 함께 갈 수 있다고 말했다. <조선일보>, 2017년 3월 29일.

도부도 외형적인 연대 없이 '안철수 혼자로도 해볼 만하다'는 분위기가 강했다.442) 바른정당 지도부도 자유한국당 홍준표의 "힘을 합치자"는 제의에 대해 '친박이나 먼저 청산하라'고 면박을 주는 실정이어서 연대가 성사되기 어려운 분위기였다.443) 이러한 분위기가 지속되어 연대나 후보단일화는 대선이 끝날 때까지 결코 성사되지 않았는데,444) 이로 인해 이들은 대선에서 패배하여 위기에 처하고 만다.

이처럼 '문재인 대세론'을 꺾기 위한 연대론이 3당 사이에서 논의만 무성한 채 구체적인 성과를 내지 못하고 있는 것과는 반대로 문재인은 통합 행보에 나섰다. 후보로 선출된 후 그는 국립현충원을 찾아 김영삼·김대중 전 대통령 묘역은 물론 이승만·박정희 전 대통령 묘역을 참배하며 '통합'을 내세웠다.445) 또한 당 선거대책위원회 구성과 관련해서도 화합과 통합을 내세움으로써, 통합과는 거리가 먼 행보를 보이고 있는 다른 후보들과 차별성을 보여 주었다. 이로써 더불어민주당과 문재인은 대선 과정에서 나타났던 위기를446) 무난히 극복할 수 있었고, 그

---

442) 국민의당 최고위원 문병호는 "자강이냐 연대냐 논쟁에 휩싸일 필요가 없다"며 "자강이 잘되면 연대가 이뤄질 것"이라고 말해 자강론에 무게를 실었다. <조선일보>, 2017년 4월 4일.
443) <조선일보>, 2017년 4월 4일.
444) 바른정당 유승민이 홍준표와의 단일화를 거부하고 완주할 뜻을 밝히자 바른정당 의원 14명은 홍준표 지지를 선언하며 바른정당을 탈당했다(<조선일보>, 2017년 5월 2일). 그동안 자강론을 펴며 연대를 반대했던 안철수는 김종인에 '개혁공동정부준비위원장'을 제안하고, 안철수·홍준표·유승민 '3자 단일화'를 추진했지만 홍준표 사퇴를 통한 단일화여서 성사되지 못했다(<조선일보>, 2017년 5월 1일).
445) 문재인은 "역대 대통령들은 공과가 있었지만 우리가 알아야 할 역사이고, 공과도 우리가 뛰어넘어야 할 과제"라고 말했다. <조선일보>, 2017년 4월 5일.
446) 김종인이 더불어민주당을 탈당하자 3월 29일 최명길 의원이 김종인의 통합연대를 도울 것이라며 탈당했고(<조선일보>, 2017년 3월 30일), 4월 6일에는 이언주 의원이 "안철수를 도울 것"이라며 탈당을 선언했다(<조선일보>, 2017년 4월 6일).

결과 그는 2017년 5월 9일 실시된 대통령선거에서 압도적인 표차로 이겨 19대 대통령에 당선될 수 있었다.[447]

통합의 중요성을 인식했기에 문재인은 당선이 확정된 뒤 통합을 강조했다. 그리하여 광화문광장에서 "국민 모두의 대통령이 되겠다"며 자신을 "지지하지 않았던 분들도 섬기는 통합 대통령이 되겠다"고 말하기까지 했던 것이다.[448]

6. 맺음말

파면되어 임기를 채우지 못하고 말았지만, 박근혜정부 4년 동안에도 '위기와 통합의 정치'는 반복되었다고 할 수 있다. 지난 정부의 경우라면 5년 동안에 일어났을 일들이 1년 짧은 4년 동안에 일어났다는 사실을 제외하고는 정치권의 행태가 하나도 바뀐 것이 없는 것이다. 역대 정부가 개혁과 혁신을 지속적으로 외쳐왔음에도 불구하고 해방 이후부터 나타났던 구조적인 특징이 똑같이 나타난 것이다. 아니 짧은 기간에 압축적으로 반복되었다고 하는 것이 오히려 더 정확한 표현인지도 모른다.

지금까지 살펴본 바와 같이 18대 대선에서 후보를 사퇴한 안철수가 박근혜의 대통령 취임 12일 만에 귀국하여 정치활동을 재개한 시점부터 19대 대선에서 문재인이 당선될 때까지 있었던 정치권의 행태는 한국정치의 구조적인 특징인 '위기와 통합' 패턴을 그대로 답습했음을 알 수 있다. 안철수의 귀국으로 야권이 분열됨으로 인해 여당인 새누리당이 여러 차례의 재·보궐선거에서 승리한 것이라든지, 친박과 비박의 내분

---

447) 주요 후보의 득표수 및 득표율은 다음과 같다.
△문재인: 13,423,800표(41.8%) △홍준표: 7,852,849(24.03%) △안철수: 6998342(21.41%) △유승민: 2,208771(6.76%) △심상정 2,017,458(6.17%)
448) <조선일보>, 2017년 5월 10일.

으로 인해 새누리당이 20대 총선에서 참패하고 결국은 당마저 해소된 것이 그 단적인 예라고 할 수 있다.

새누리당의 내분은 기본적으로 친박과 비박의 권력투쟁에서 비롯된 것이지만 그에 못지않게 박근혜의 불통과 무능, 독선도 내분의 원인을 제공했다고 할 수 있다. 국회의장 경선이나 당대표·원내대표 경선에서 비박계에 연달아 패할 정도로 당의 권력지형이 바뀌었는데도 불구하고, 친박계와 박근혜는 이를 받아들이려 하지 않고 비박계가 장악한 당권을 탈취하려고 시도했다. 친박계의 이 같은 시도는 박근혜의 동의나 묵인 없이는 이루어질 수 없는 것이어서 비박계의 강한 반발을 초래했는데, 이러한 반발이 결국은 당을 분열과 해소로까지 몰아넣은 것이다.

그러나 문제는 이와 같은 새누리당의 내분이 총선 참패나 당의 해소만으로 끝나지는 않았다는데 있다. 당의 내분은 박근혜정부의 무능과 실정에 대해 여당으로서 마땅히 해야만 하는 견제나 시정(是正) 기능을 작동하지 않게 만들었을 뿐만 아니라, 이를 은폐하거나 호도하는 쪽으로 작용하게 했기에 희대의 '국정 농단사건'마저 생기게 된 것이다. 당권 장악을 위한 투쟁의 여파가 국정농단이라는 전대미문의 사태를 대처하는데 있어 친박계와 비박계로 하여금 정반대의 입장을 취하게 만든 것이다.

새누리당이 보인 이러한 틈새는 야권에게는 둘도 없는 기회를 제공한 셈이 되었다. 대통령 탄핵소추가 바로 그것으로, 이는 새누리당의 내분이 없었다면 상상도 할 수 없는 카드였다. 결국 새누리당의 내분 덕분에 대통령 탄핵안이 가결됐고, 한 걸음 더 나아가 헌재의 대통령 파면 결정까지 나왔다고 할 수 있다. 그리고 그 덕분에 더불어민주당 문재인 후보가 대선에서 승리하게 됐는데, 이는 여당의 분열로 인해 야당이 권력을 쟁취한 전형적인 '위기와 통합'의 사례라고 할 수 있다. 결론적으로 말해 박근혜정부 4년 역시 정당은 통합하면 위기를 극복할 수 있지만, 통합을 이루지 못하고 분열하면 위기에 처하고 만다는 평범한 명제가 그대로 적용된 기간이라고 할 수 있다.

| 제 14 장 |
문재인정부하의 정당구도 분석

1. 머리말

 여당인 새누리당의 분열로 박근혜 대통령 탄핵을 이끌어 냈던 더불어민주당(이하 민주당)은 통합을 유지한 덕분에 대선에서 승리하여 문재인정부를 구성하고 5년 동안 집권할 수 있었다. 5년의 세월 동안 문재인정부는 '적폐 청산'이라는 기치를 내걸고 사회 각 분야의 개혁을 추진해 나갔다. 정부 수립 이래 우리 사회에 누적된 각종 폐단과 부조리를 청산하겠다는 창대한 목표에서였다. 이와 같은 목표에 따라 취임사에서 그는 권위주의적인 대통령문화를 청산하고 통합과 공존의 새로운 세상을 열어갈 것이며, 기회는 평등하고 과정은 공정하며 결과는 정의로울 것이라고 단언하기도 했다.
 문재인을 중심으로 통합을 유지하여 집권에 성공한 민주당과는 반대로 새누리당은 분열되었을 뿐만 아니라 문재인에 맞선 야권의 홍준표, 안철수 두 후보도 통합에 적극성을 보이지 않았다. 야권의 분열로 인해 결국 문재인은 압도적인 표 차이로 승리할 수 있었는데, 이런 의미에서 통합을 이룬 쪽이 그렇지 못한 쪽에 대해 승리한다는 공식, 바꾸어 말하면 '위기와 통합의 정치'가 입증되었다고 할 수 있다.
 이 장에서 다루겠지만 '위기와 통합의 정치'라는 테두리 안에서 출범한 문재인정부 5년 동안 있었던 정당과 정치인들의 행태를 보면, 그 이전 정부와 마찬가지로 역시 '위기와 통합'의 틀을 조금도 벗어나지 못했다는 것을 알 수 있다. 지방선거와 재·보궐선거, 그리고 총선을 전후하여 창당과 합당 등 정계 재편이 반복되었고 정치인의 이합집산이 빈번하게 일어났지만, 결론은 언제나 마찬가지로, 선거를 앞두고 통합을 이룬 정당의 승리로 막을 내렸다는 점이다.

제7회 지방선거의 경우 대통령 탄핵의 여파가 채 가시지도 않은 상황에서 치러진 선거였기에 여당인 민주당의 승리는 어쩌면 당연시되는 것이기도 했다. 그러나 야권이 만일 통합을 이루었다면 참패라고까지는 할 수 없었을 선거가 두 차례나 더 있었다.[1] 이 같은 현상이 반복되자 20대 대선을 앞두고 야권 내부는 위기의식에 휩싸이게 되었다. 분열이 지속되는 한 승리를 쟁취할 수 없겠다는 일종의 자성론(自省論)이 일기 시작했고, 이와 동시에 야권 지지자들도 후보단일화를 강력히 요구했다.

위기의식을 느낀 야권 내부의 자성과 지지자들의 강요가 복합적으로 작용한 결과 대통령선거일을 6일 앞둔 2022년 3월 3일 극적으로 야권 후보의 단일화가 이루어졌다. 국민의당 안철수(安哲秀) 후보가 민주당 이재명(李在明) 후보의 연대 제의를 뿌리치고, 국민의힘 윤석열(尹錫悅) 후보 지지를 선언하며 후보직을 사퇴한 것이다. 선거 막판에 후보단일화가 성사됨으로써 야권은 가까스로 승리할 수 있었다. 이를 보더라도 문재인정부 5년의 정당정치 역시 '위기와 통합'의 틀을 벗어나지 못했다고 할 수 있다.

2. 여·야의 지도체제 개편과 신당 창당

대선에서 승리한 민주당이 문재인정부의 순조로운 출범을 돕기 위해 지도체제를 정비하고 당내 혁신에 나선 것과 달리, 패배한 야권은 위기

---

1) 2016년의 19대 총선, 2017년의 19대 대선, 2018년의 7회 지방선거, 그리고 2020년의 20대 총선에서 더불어민주당이 승리를 거듭으로써 제1야당은 전국 단위의 선거 4연패를 당해, 존폐의 기로에 놓이기도 했다.

에 처해 지도체제 정비가 순조롭지 않았다. 패배의 책임을 물어 대선 후보들이 지도부에 복귀하려는 것에 대해 당 내부에서 반발이 일어났기 때문이다. 이 바람에 당을 재정비하는 과정에서 탈당과 복당, 분당, 그리고 창당이 이어졌다. 야권 전체가 위기에 처했음에도 불구하고 야권은 분열을 극복하지 못해 선거에 패배했고, 패배로 인해 더 큰 위기에 처하게 되어 이합집산이 반복되는 전형적인 '위기와 통합' 양상을 보인 것이다.

야권의 대선 출마자 4명 가운데 제일 먼저 지도부에 복귀한 후보는 자유한국당(이하 한국당)의 홍준표였다. 대선 패배 직후 미국에 건너갔던 그는 한 달도 채 되지 않아 귀국하여 당권 도전에 나서 당대표로 선출되었다. 다음으로 복귀한 후보는 국민의당 안철수였는데, 그 역시 당 내외의 거센 반대에도 불구하고 대표직 도전에 나서 당대표로 당선되었다. 마지막으로 바른정당의 후보였던 유승민이 당권 도전에 나서 당대표로 선출되어 당의 진로를 결정하게 되었다. 그러나 정의당의 후보였던 심상정만은 당직을 맡지 않고 백의종군을 선언했다.

야권 내부에서 지도체제를 개편하는 데 있어 패배한 후보들의 당 지도부 복귀를 환영하는 세력이 있었는가 하면, 이에 반대하는 세력 또한 없지 않았다. 반대하는 세력은 기존의 상태로는 희망이 없거나 새로 구성된 지도부의 노선과 거리를 두려고 했는데, 국민의당과 바른정당 내부에서 이러한 움직임이 강하게 일었다. 야권 일부의 재편이 시작된 것인데, 근본적으로는 위기의식의 발로라고 할 수 있다. 당의 진로에 대한 불확실성 때문에 새로운 길을 모색하려고 한 것인데, 이러한 위기의식이 바른미래당과 민주평화당의 창당으로 이어졌다.

1) 여·야의 지도체제 개편

대선에서 승리한 민주당과 달리 패배한 한국당과 국민의당, 바른정당, 그리고 정의당은 지도체제 개편에 나섰는데 이 과정에서 정의당을 제외하고는 각 당의 대선 후보들이 다시 등장하는 현상이 나타났다. 대선 과정에서 쌓은 지명도와 대중적 지지를 기반으로 이들은 1차 투표에서 무난히 과반수를 득표하여 당 지도부로 복귀할 수 있었는데, 이러한 현상은 당내에 이들을 제외하고는 달리 뚜렷한 대안이 없었기 때문이기도 했다. 당원의 충원이나 유권자의 동원, 그리고 당의 운영이 제도화되지 못했기에 이와 같은 전근대적인 현상이 나타났다고 할 수 있다.

(1) 더불어민주당

민주당은 전임 원내대표인 우상호의 임기가 끝남에 따라 2017년 5월 16일 새 원내대표 선출에 들어갔다. 원내대표 경선에는 우원식과 홍영표 두 의원이 나섰는데, 투표 결과 3선의 우원식이 61표를 얻어 54표를 얻은 홍영표를 누르고 대표로 선출되었다. 당선 인사에서 우원식은 "우리 모두가 문재인이고, 우리 모두가 민주당"이라며 대통령이 통합과 개혁의 길을 열어가는 데 온몸을 바치겠다고 소감을 밝혔다.2) 그리고 여소야대 국회라는 현실을 고려하여,3) 협치가 지금의 시대적 과제이기 때문에 야당과 만나고 야당의 얘기에 귀를 기울이는 일을 가장 먼저 하겠다고도 말했다.

2017년 5월 16일을 기준으로 민주당 의석은 총 120석으로 과반수에서 30석이나 부족한 숫자여서 민주당은 7월 추가경정예산안 처리 과정에서 정족수 부족 사태까지 겪기도 했다. 그러나 박근혜 대통령 탄핵 과정에서 형성된, 국민의당과 바른정당을 포함한 '3당 공조'를 적절히 활용함으로써 정국이 지나치게 경색되는 사태로까지 번지지는 않았다. 그렇지만 여소야대라는 근본적인 한계로 인해 당이 추진했던 고위공직자비리

---

2) <조선일보>, 2017년 5월 17일.
3) 351회 임시국회가 열리는 2017년 5월 29일부터 6월 27일까지 원내 의석 분포를 보면 다음과 같다.
△민주당: 120(40.1%) △자유한국당: 107(35.8%) △국민의당: 40(13.4%) △바른정당: 20(6.7%) △정의당: 6(2.0%) △새누리당: 1(0.3%) △무소속: 5(1.7%). 대한민국 국회, 『국회사 제20대 국회』 (2021), 849쪽.

수사처 설치법이나 국가정보원 개혁법, 검경 수사권 조정과 같은 개혁 입법을 통과시키는 데까지는 진전을 보지 못했다.4)

원내 지도체제 개편을 끝낸 민주당은 2017년 8월 24일 최재성을 위원장으로 하고 15명의 위원으로 구성되는 정당발전위원회를 발족시켰다. 체질 개선을 목표로 당내 혁신기구로 출범한 정치발전위원회는 "혁신을 통해 강한 정당, 100년을 가는 정당의 초석을 놓아야 한다" 등의 구호를 내걸고 부정부패 사안으로 재·보궐선거가 발생할 경우 원인 제공자가 속한 정당은 해당 지역에 공천을 금지하도록 하는 방안 등을 제시했다.5) 그러나 당내 최고 의사결정기구인 최고위원회에서 정당발전위의 혁신안 중 상당수를 받아들이지 않자, 당 혁신 노력이 '찻잔 속의 태풍'으로 끝나는 것이 아니냐는 지적도 나오기도 했다.6)

이처럼 대선에서 승리한 민주당은 야당과 달리 지도체제 개편을 아무런 잡음 없이 끝낼 수 있었다. 단지 원내 의석수 분포에 있어 소수였기에 여소야대의 정국을 어떠한 방식으로 풀어나가느냐 하는 문제가 있었지만, 대통령 탄핵안을 처리하는 과정에서 맺은 일종의 '탄핵연대'를 활용하여 야권과 커다란 충돌 없이 전략적으로 유연하게 대처하는 모습을 보일 수 있었다.

(2) **자유한국당**

새누리당은 탄핵과 분당 사태 등으로 초래된 위기를 극복하고 분위기를 쇄신한다는 목적에서 2017년 2월 13일 당명을 한국당으로 바꾸고, 홍준표를 후보로 선출하여 대선에 임했지만 패배하고 말았다. 패배 3일 뒤인 2017년 5월 12일 미국으로 출국했던7) 그는 23일 만인 6월 4일 귀국

---

4) 연합뉴스, 『연합연감 2018』, 158쪽.
5) https://metroseoul.co.lr/article/2017082400055(2022년 3월 15일 검색).
6) 연합뉴스, 『연합연감 2018』, 159쪽.
7) 출국에 앞서 홍준표는 국민의 선택을 겸허히 받아들이겠다고 말하고, "쇄신으로 국민의 신뢰를 회복하는 데 전력을 다하겠다"고 밝혔다.

했다.8) 미국 체재 중 당권 도전 의사를 밝혔던9) 그는 귀국 후 '대한민국 보수 우파의 재건과 혁신'을 기치로 내걸고 전당대회에 출마했다.

2017년 7월 3일 전당대회에서 선거인단 투표와 일반 국민 여론조사를 합산한 결과 홍준표가 무난히 당대표로 선출되었다. 대표 수락연설에서 그는 "해방 이후 이 땅을 건국하고 산업화를 거쳐 문민정부를 세운 한국당이 몰락한 건 우리의 자만심 때문"이라면서 "앞으로 당을 쇄신하고 혁신해 국민 신뢰를 받을 것을 약속한다"고 말했다.10)

당대표로 선출된 홍준표는 당 혁신에 중점을 두고 연세대 류석춘 교수를 위원장으로 하는 혁신위원회를 출범시켰다. 혁신위는 8월 2일 '신보수주의'를 당의 새로운 가치로 정한 혁신선언문을 발표했는데, 내용 중에 "대의제 민주주의는 광장민주주의와 같은 직접민주주의의 위험을 막고 다수의 폭정에 따른 개인 자유의 침해를 방지"한다는 구절이 있어 당의 정체성을 뉴라이트 역사관에서 찾으려 한다는 지적을 받기도 했다.11)

혁신위는 2017년 9월 13일에는 박근혜 전 대통령과 친박계의 중심이었던 서청원·최경환 두 의원에 대해 자진 탈당을 권유하는, 이른바 '친

    https://www.medianpen.com/news/view/265967(2022년 3월 16일 검색).

8) 귀국 인사에서 홍준표는 "지난번에 제가 부족한 탓에 여러분의 뜻을 받들지 못해 죄송스럽게 생각한다"면서 "앞으로 여러분과 함께 자유 대한민국 가치를 지키는 데 함께 하겠다"고 말했다.
    https://www.newdaily.co.kr/site/data/html/2017/06/04/2017060400037.html(2022년 3월 16일 검색).

9) 홍준표는 자신의 2017년 5월 24일 페이스북에 "자유 대한민국의 가치를 다시 세운다는 일념으로 다시 시작하겠다"는 글을 올림으로써 7월 3일로 예정된 전당대회에 출마할 뜻이 있음을 밝혔다.
    https://www.sedaily.com/NewsView/1OG1QEF2QG(2022년 3월 16일 검색).

10) 이들의 득표수는 다음과 같다. △홍준표: 5만 1,891표(65.74%) △원유철: 1만 8,125표(22.96%) △신상진: 8,914표(11.3%). 이날 같이 있었던 최고위원 경선에서는 이철우, 류여해, 김태흠, 이재만, 이재영 5명이 당선되었다. <조선일보>, 2017년 7월 4일.

11) <한겨레>, 2017년 8월 3일.

박 청산'을 공식 발표했다. 혁신위 발표에 대해 홍준표는 3인에 대한 징계 여부는 박근혜에 대한 1심 재판 구속기간이 끝나는 10월 중순 이후 최고위원회의 논의를 거쳐 결정하기로 방침을 세웠다.12)

이와 같은 결정에 대해 친박계는 강하게 반발했지만,13) 2017년 11월 3일 홍준표는 제명을 강행했다. 그는 3인을 출당키로 한 결정에 대한 모든 책임은 자신이 지겠다고 했는데,14) 이는 바른정당 일부 의원들의 복당을 염두에 둔 것이었다. 왜냐하면 3인을 출당 조치한 지 엿새 만인 11월 9일 김무성을 비롯한 바른정당 의원 8명이 한국당에 복당했기 때문이다.15) 이로써 기존의 주류세력이었던 친박은 당내 입지가 크게 축소될 수밖에 없게 되었고, 이러한 역학관계는 원내대표 경선에서 그대로 나타났다.

2017년 12월 12일 실시된 한국당 원내대표 경선에는 3명의 후보가 출마했는데, 바른정당에서 복당한 3선의 김성태가 친박계의 홍문종, 중도계의 한선교 두 의원을 누르고 대표로 선출됐다. 당선 소감에서 그는 야당으로서 잘 싸우는 길에는 너와 내가 있을 수 없다면서 "대여 투쟁력을 강화해 문재인정권의 독단과 전횡, 포퓰리즘을 막아내는 전사로 서겠다"고 말했다.16) '친박 청산' 후 바른정당 의원 일부를 받아들인 한국

---

12) <조선일보>, 2017년 9월 14일.
13) 서청원은 "박 전 대통령 출당 조치는 한국 정치사의 큰 오점으로 기록될 것이며 당원들의 큰 저항을 불러일으킬 것"이라고 말했고, 최경환도 "홍 대표는 법적 정치적 책임을 져야 할 것"이라며 강하게 반발했다. <조선일보>, 2017년 11월 4일.
14) 당내 친박 의원들의 반대에도 불구하고 홍준표는 "한국당이 보수 우파의 본당으로 거듭나기 위해 '박근혜당'이라는 멍에에서 벗어나지 않을 수 없다고 판단했다"면서 제명에 대한 모든 책임은 자신이 지겠다고 말했다. <조선일보>, 2017년 11월 4일.
15) 이들의 입당으로 한국당 내 세력 구도는 홍준표와 복당파의 연합세력 대 친박 세력으로 양분되었다고 할 수 있다. <조선일보>, 2017년 11월 10일.
16) 소속 의원 116명 중 108명이 참가한 투표에서 김성태는 55표를 얻어 1차에서 과반수 득표에 성공했다. 홍문종과 한선교는 각각 35표와 17표를 받았다. 김성

당은 원내 지도체제 정비와 동시에 2018년에 있을 지방선거 준비에 나섰다.

⑶ 국민의당

국민의당은 대선 패배의 책임을 지고 당대표 박지원을 비롯한 지도부가 총사퇴한 후 박주선 국회부의장을 위원장으로 하는 비대위 체제로 전환하고, 2017년 5월 16일 신임 원내대표를 선출했다. 원내대표 경선에는 3명의 후보가 출마했는데, 결선투표 결과 4선의 김동철이 선출되었다.[17] 기자회견에서 그는 민주당이 실력으로 국민의 신임을 얻었다기보다는 박근혜 전 대통령의 국정농단으로 인한 실책과 과오에 힘입어 반사적으로 승리한 면이 있다면서 문재인정부는 겸손하게 야당과 협치하며 국정을 이끌어가야 한다고 강조했다.

당 지도체제를 개편하는 과정에서 국민의당이 대통령 선거운동 기간 중 제기했던 문재인 후보의 아들 문준용의 취업 특혜 의혹의 내용 중 일부가 조작된 것으로 드러나자, 2017년 7월 12일 안철수는 기자회견을 열고 제보 조작 파문에 대해 정치적·도의적 책임을 지겠다고 대국민 사과를 하기도 했다.[18] 대국민 사과 발표 이후 정치권은 안철수가 일정 기간 자숙하는 모습을 보여줄 것으로 예측했으나, 예상과 달리 그는 8월 3일 전격적으로 당권 도전을 선언했다. 8월 27일에 치러질 전당대회에서 당대표 선거에 출마하겠다고 밝힌 것이다.

출마의 변에서 안철수는 당을 살려야겠다는 절박감 때문에 물러나 있

  태의 당선을 위해 당대표 홍준표와 복당한 김무성이 지원한 것으로 알려졌다. <조선일보>, 2017년 12월 12일.

17) 1차 투표 결과 김동철 14표, 김관영 13표, 유성엽 12표로 과반수 득표자가 없자 2차 투표에서 과반을 득표한 김동철이 원내대표로 선출되었다. <조선일보>, 2017년 5월 16일.

18) 책임을 지겠다는 발언이 정계 은퇴 가능성을 시사하는 것이냐는 기자들의 질문에 안철수는 "정계 은퇴는 고려하고 있지 않다"고 말했다. <조선일보>, 2017년 7월 13일.

는 것만으로 책임질 수 있는 처지가 못 된다는 것을 깨우쳤다면서 자신의 미래보다는 당의 생존이 더 중요하다고 말했다. 그리고 "국민의당이 무너지면 거대 양당의 기득권 정치가 부활해 민생은 뒷전이 될 것"이라면서 "당을 살리고 대한민국 정치를 살리는 길로 전진하겠다"고 다짐했다.19) 그가 출마를 선언하자 호남 출신 의원들은 크게 반발했고, 동교동계 일부는 탈당을 결의하기도 했다.20)

당내 반대를 무릅쓰고 출마한 안철수는 전당대회에서 정동영, 천정배 등 다른 후보들을 가볍게 누르고 대선 패배 후 3개월여 만에 당대표로 복귀했다. 대표 수락연설에서 그는 문재인정부와 민주당을 강하게 비판하면서 "결연한 심정으로 제2 창당의 길, 선명한 대안 야당의 길에 나서겠다"고 다짐했다. 이에 대해 정치권은 그가 2018년의 지방선거를 앞두고 제3지대 중도 개혁정당의 필요성을 강조하면서 정계 재편에 나설 것으로 전망했다.21)

정치권의 예상대로 안철수는 바른정당과의 중도통합론으로 승부수를 띄웠고, 그 일환으로 양당 소속 중도 성향 의원들의 정책연대인 '국민통합포럼'을 2017년 9월 20일 공식 출범시켰다. 포럼에는 국민의당 의원 15명과 바른정당 의원 9명이 참여했는데, 국민의당에서는 대체로 안철수계로, 바른정당은 유승민계로 분류되는 의원들이 주로 참여한 것으로 알려졌다.22) 이후 국민의당 지도부가 바른정당과의 통합을 추진해 나가자 박지원, 정동영, 천정배 등 호남계 중진 의원들은 정책이나 선거연대 수준이 아니라 통합까지 추진하는 것은 받아들일 수 없다며 강하게 반

---

19) <조선일보>, 2017년 8월 4일.
20) 권노갑, 정대철 두 상임고문은 탈당을 결의했고, 고문단 20여 명도 더 이상 안철수와 부끄러운 국민의당을 함께할 수 없다고 말한 것으로 보도되었다. <조선일보>, 2017년 8월 4일.
21) 각 후보의 득표는 다음과 같다. △안철수: 2만 995표(51.09%) △정동영: 1만 6,151표(28.36%) △천정배: 9,456표(16.5%) △이언주: 2,251표(3.95%). <조선일보>, 2017년 8월 28일.
22) <조선일보>, 2017년 9월 21일.

대했다.[23]

　당내의 반대에도 불구하고 안철수는 당의 생존을 위해 외연 확장에 나서야 한다면서 통합의 뜻을 굽히지 않았다. 당내 갈등이 증폭되자 그는 바른정당과의 통합 추진 여부와 당대표직 재신임 여부를 묻는 당원투표를 실시할 것을 제안했다. 이에 통합반대파는 '나쁜투표거부운동본부'를 구성하고, 법원에 투표 정지 가처분신청을 내기도 했다.[24]

　2017년 12월 31일 실시된 당원투표 결과 찬성 74.6%(4만 4,706표), 반대 25.4%(1만 5,205표)로 당대표 신임안이 통과되자, 그는 합당 추진을 공식 선언했다. 이에 대해 합당 반대파는 낮은 투표율(23.0%)은 당대표에 대한 불신임의 표시라고 말하고, 당대표 사퇴를 촉구하기도 했다.

　당원투표 결과 합당 추진안이 통과되자 안철수는 좌고우면하지 않고 통합으로 전진할 것이라면서 "합리적 진보가 추구하는 개혁, 새로워지려 노력하는 보수가 함께하는 '범개혁 정당'을 만들겠다"고 말했다.[25] 이는 바른정당과 통합을 의미한 것이었는데, 이후 그는 2018년 1월 중으로 전당대회를 열고 통합을 추진한다는 방침을 분명히 했다.

(4) 바른정당

　새누리당의 비박계가 집단으로 탈당하여 창당한 바른정당은 반기문 전 유엔 사무총장을 영입하기 위해 총력을 기울였으나 불발로 그쳤다. 이에 바른정당은 당대표 유승민을 대통령 후보로 내세워 선거운동에 임했다. 그러나 대선 1주일을 앞두고 2017년 5월 2일에는 소속 의원 13명이 보수 단일화를 통해 정권을 창출하겠다는 명분을 내걸고 바른정당을 탈당, 한국당 홍준표 후보 지지를 선언하는 사태가 발생했다.[26] 이로 인

---

23) 연합뉴스, 『연합연감 2018』, 162쪽.
24) '나쁜투표거부운동본부'는 기자회견을 열고 "안 대표가 일방적으로 추진하는 보수 적폐 야합을 저지한다"면서 "우리 당을 보수 적폐 복원에 동원하려는 안 대표는 자격을 잃었다"고 주장했다. <조선일보>, 2017년 12월 27일.
25) <조선일보>, 2018년 1월 1일.

해 대선을 앞두고 당이 쪼개지는 위기를 맞기도 했다. 대선에서 바른정당은 4위에 그쳤음에도 불구하고, 자당 후보가 대선을 완주했다는 데 의미를 부여했다.

소속 의원 13명의 탈당으로 바른정당은 간신히 교섭단체를 유지할 수 있을 정도로 당세가 위축되었는데, 위기는 그 후로도 계속되었다. 당의 진로 문제를 놓고 내부에서 보수 대통합을 외치는 '통합파'와 스스로 힘을 키워야 한다는 '자강파' 간의 대립으로 갈등이 싹트고 있었기 때문이다.[27] 이와 같은 상황에서 2017년 6월 26일 치러진 전당대회에서 자강론자인 이혜훈이 하태경, 정운천, 김영우 등을 누르고 당대표로 선출되었다.[28]

자강파 이혜훈이 당대표로 선출됨으로써 바른정당은 독자노선 강화를 통해 활로를 모색할 것으로 알려졌다. 이를 반영하듯 그는 당선 소감에서 진영을 뛰어넘는 국익을 위한 정치에 공감하는 인사들을 바른정당의 날개 아래 모두 품겠다면서 "보수의 대수혈에 앞장서겠다"고 말했다.[29] 당대표 취임 후 그는 당내에 21개의 민생특위를 설치하고 정책개발에 매진했다. 그러나 그는 선출된 지 74일 만에 금품수수 의혹에 휩싸여 낙마함으로써 바른정당은 2차 위기를 맞이했다.[30]

바른정당의 위기는 이것으로 끝이 아니었다. 2017년 11월 6일 한국당

---

26) 이들은 기자회견에서 보수 대통합을 요구하는 국민의 염원을 외면할 수 없다며 유승민 후보에게 단일화를 촉구했으나 받아들여지지 않았기에 탈당한다고 말했다. <조선일보>, 2017년 5월 3일. 이들의 탈당으로 바른정당 의원은 20명으로 줄어들었다. 대한민국국회, 『국회사 제20대 국회』, 849쪽.
27) 연합뉴스, 『연합연감 2018』, 163쪽.
28) 각 후보의 득표는 다음과 같다. △이혜훈: 1만 6,809표(36.9%) △하태경: 1만 5,085표(33.1%) △정운천: 8,011표(17.6%) △김영우: 5,701표(12.5%). <조선일보>, 2017년 6월 27일.
29) <조선일보>, 2017년 6월 27일.
30) 이혜훈은 한 사업가로부터 편의 제공의 대가로 수천만 원의 금품을 받은 것으로 보도되었으나, 이혜훈은 다 갚았다고 주장했다. <조선일보>, 2017년 9월 1일.

과 통합을 주장한 김무성 등 의원 9명이 탈당하고 한국당에 복당함으로써31) 3차 위기를 맞은 것이다. 이들의 탈당으로 소속 의원이 11명밖에 되지 않아 바른정당은 교섭단체 지위마저 무너져,32) 국고보조금이 대폭 삭감되어 재정난까지 겹치게 되었다.33)

이와 같이 위기에 처한 상황에서 바른정당은 차기 지도부를 다시 구성하지 않을 수 없었는데, 여기에 대선 패배 이후 백의종군하던 유승민이 "죽음의 계곡을 건너겠다"면서 당대표 도전에 나섰다. 전당대회에서 당대표로 선출된 그는 기자회견에서 12월 중순까지 중도 보수통합 논의의 성과를 내자는 합의가 있었다고 말하고, 국민의당과 연대와 협력 내지는 통합 논의를 많이 해왔다고 밝혔다.34)

당이 위기에 처하게 되자 유승민으로서는 위기 극복을 위해 통합에 나서지 않을 수 없게 된 것이다. 유승민이 당대표로 선출됨에 따라 안철수가 당대표로 있는 국민의당과 바른정당의 통합 논의는 급물살을 타게 됐다.

---

31) 2017년 11월 9일 바른정당 탈당 의원들의 입당식에서 홍준표는 "좌파 정부가 폭주 기관차를 몰고 가는데 이제는 힘을 합쳐 저지할 수밖에 없다"고 말했고, 김무성은 "보수 대통합 대열에 참여하게 된 것을 의미 있게 생각한다"고 복당 소감을 밝혔다. <조선일보>, 2017년 11월 10일.
32) 바른정당 의원 9명이 탈당하여 한국당으로 복당하는 바람에 한국당 의석수는 116석이 되었다. 대한민국국회,『국회사 제20대 국회』, 850쪽.
33) 바른정당은 2017년 3분기에는 1,478,762,990원의 국고보조금을 받았는데 4분기에는 604,822,890원만을 받아, 의원수의 감소로 60% 가까이 보조금 액수가 삭감되었다. https://www.vvvvvvvv.tistory.com/2003(2022년 3월 20일 검색).
34) 책임당원 투표(50%)와 일반당원 투표(20%), 그리고 여론조사(30%)를 종합한 결과 유승민은 56.5% 득표로 1위를 차지했고, 그 다음으로는 하태경(23.5%), 정운천(10.3%), 박인숙(4.7%)이 2~4위를 차지했다. <한겨레>, 2017년 11월 14일.

⑸ **정의당**

대선 패배 이후 야권의 다른 후보들이 당대표로 복귀한 것과 달리 정의당 심상정 후보만은 백의종군을 선언하고 당 지도부에 복귀하지 않았다. 지도부 공백을 메우기 위한 당 지도부 선거는 온라인 투표, 현장 투표와 모바일 투표를 거쳐 2017년 7월 11일 최종 결과가 발표되었는데, 개표 결과 이정미 의원이 선출되었다.[35]

이정미는 당대표 수락연설에서 2017년은 당원과 함께 울고 웃었다면서 2018년의 지방선거 승리를 토대로 2020년에는 제1야당을 향해 나아가겠다고 밝혔다. 그리고 평소 정치 바깥으로 밀려난 분들을 정의당의 주역, 한국 정치의 주역으로 교체해 보자고 말하고, 정의당이 "아래로 향할 때 우리 당의 외연은 무한히 확대되고, 집권의 시간은 가까워질 것"이라고 덧붙였다.[36]

2) 신당 창당

2018년에 들어 바른미래당과 민주평화당이 창당되었다. 대선 패배 이후에 초래된 위기를 극복하기 위한 노력의 일환으로 야권 일부에서 이합집산 현상이 일어난 것인데, 그 중심에는 국민의당과 바른정당의 안철수·유승민 두 당대표가 있었다. 한국당과 비교해 볼 때 두 정당이 상대적으로 더 큰 위기의식을 느낀 결과, 통합에 나선 것이다. '위기와 통합'의 전형적인 사례 중 하나라고 할 수 있다.

---

35) 각 후보의 득표는 다음과 같다.
　△이정미: 7,172표(56.05%) △박원석: 5,624표(43.95%).
　https://www.ohmynews.com/NWS_Web/View/at_pg.aspx?CNTN_CD=A0002341622
　(2022년 3월18일 검색)

36) 이정미는 당내 최대 정파인 인천 연합계열의 지지를 받았기에 그는 줄곧 우세한 분위기를 유지한 것으로 알려졌다. https://www.amn.kr/sub_read.html?uid=28685
　(2022년 3월 18일 검색).

(1) 바른미래당 창당

국민의당 안철수 당대표와 바른정당의 유승민 당대표는 2018년 1월 18일 공동 기자회견을 갖고 양당이 힘을 합쳐, "더 나은 세상, 희망의 미래를 열어가는 가치 '통합개혁신당' 창당을 만들겠다"고 선언했다. 이들은 문재인정부의 대북정책과 경제정책 등을 강하게 비판하고, 유능한 대안 정당으로서 "낡고 부패한 구태정치와의 전쟁을 선언한다"고 말했다.37) 이들은 중요 정책으로 한미동맹에 기반을 둔 북핵문제 해결, 자유롭고 공정한 시장경제, 노동·규제·교육 개혁을 꼽았다.

이날의 통합 발표는 2017년 안철수가 국민의당 당대표로 선출된 이후 '외연 확장'을 강조하기 시작하고, 바른정당의 유승민이 당대표로 복귀하여 '중도 보수통합'을 강조할 때부터 예견된 것이었다. 그동안 물밑에서 논의되던 것이 이날 처음으로 공개된 것인데, 통합작업이 순조롭게 진행되지는 않았다. 국민의당 내부에서 호남 출신 중진들을 비롯한 통합반대파가 당원투표를 보이콧할 정도로 격렬하게 반대했기 때문이다. 뒤에 나오겠지만 결국 이들은 별도로 호남지역을 지지기반으로 한 정당을 만들기 위해 탈당하게 된다.

바른정당도 이어지는 의원들의 탈당 사태로 존폐의 기로에 처했기 때문에 대책을 마련하지 않으면 안 되는 처지에 있기는 마찬가지였다. 통합을 위해 바른정당은 2018년 2월 5일 전당대회를 열고 '국민의당과의 합당' 안건을 의결했다. 이날 비교섭단체 대표연설에서 오신환은 "보수가 정권을 잡으면 '종북몰이 시대'가 오고, 진보가 정권을 잡으면 '적폐몰이 시대'가 와서 정치보복이 또 다른 정치보복에 자리를 물려준다"면서 자신들은 '제3의 길'을 가겠다고 말했다.38) 국민의당과의 통합을 의미한 발언이라고 할 수 있다.

양당은 준비작업을 거친 후 2018년 2월 13일 당명을 바른미래당(이하

---

37) <조선일보>, 2018년 1월 19일.
38) <조선일보>, 2018년 2월 6일.

미래당)으로 하여 창당대회를 개최하고 공식 출범했다. 창당대회에서 박주선과 유승민 두 의원이 공동대표로 추대되었고, 안철수는 백의종군 약속에 따라 대표직을 맡지 않았다.[39] 바른미래당은 국민의당 소속 의원 21명과 바른정당 소속 의원 9명을 합쳐 총 30석을 확보하여 교섭단체 자격을 유지할 수 있었다. 그러나 이는 양당이 통합하기 전보다 20석이나 줄어든 것이어서,[40] 당세는 크게 위축되었다고 할 수 있다.

이를 볼 때 위기의식으로 인해 국민의당과 바른정당이 통합했다는 것을 알 수 있다. 미래당의 출범에 대해 민주당은 "명분 없는 이합집산이자 보수 야합"이라고 비판했고, 한국당은 안철수·유승민을 겨냥해 "두 사람 생존을 위한 피난처"라고 비난했다.[41]

(2) 민주평화당 창당

당대표 안철수가 바른정당과의 통합을 추진하는 것에 반대해온 호남 출신 국민의당 의원 14명은 2018년 2월 5일 집단으로 탈당,[42] 다음날인 2월 6일 민주평화당(이하 평화당)을 공식 창당했다. 이들은 창당선언문에서 "최저임금, 비정규직, 청년 실업, 노인 빈곤 등 민생 현안에 집중하겠다"면서 "햇볕정신을 계승하고 남북화해와 한반도 평화를 실현하겠

---

39) 이날 유승민은 "불안하고 무능한 집권 여당과 경쟁해서 승리하는 수권정당이 되고, 자유한국당과 경쟁해서 승리하는 중도 보수 개혁정당이 될 것"이라고 말했고, 박주선은 "지역주의 청산과 동서 화합을 통해 진정한 국민통합정치를 하겠다"고 말했다. 한편 안철수는 "이념과 진영논리에 갇혀 사회발전을 가로막는 '정치 괴물'을 끝장내고 나라를 지키고, 민생을 최우선으로 하는 정치 본연의 일을 하겠다"고 말했다. <조선일보>, 2018년 2월 14일.
40) 양당이 통합하기 전인 2017년 12월 제355회 임시국회 기준으로 국민의당은 39석, 바른정당은 11석이었다. 대한민국국회, 『국회사 제20대 국회』, 850쪽.
41) <조선일보>, 2018년 2월 14일.
42) 바른정당과 통합에 반대하여 2월 5일 국민의당을 탈당한 의원 14명 명단은 다음과 같다. 김경진, 김광수, 김종회, 박지원, 박준영, 유성엽, 윤영일, 장병완, 정동영, 정인화, 조배숙, 천정배, 최경환, 황주홍. 한편 이용주 의원은 미리 2월 1일 탈당했기에 탈당 의원은 모두 15명이 되었다. <조선일보>, 2018년 2월 6일.

다"고 밝혔다.43) 평화당은 당대표에 조배숙 의원을 선출했는데, 그는 "적폐를 청산하고 촛불혁명을 완수할 것"이라고 말했다.

이처럼 평화당은 국민의당을 탈당한 의원들이 주축을 이루었는데, 여기에 국민의당 비례대표 의원 3명이 참가 의사를 밝히기도 했다. 그러나 이들이 의원직을 유지한 채로는 평화당에 합류할 수가 없어 국민의당에 제명해 줄 것을 강하게 요구했지만 받아들여지지 않았다. 평화당에 합류하지 못하는 바람에, 이들 비례대표 의원 3인은 소속이 미래당으로 될 수밖에 없었다.44) 이후에도 이들은 지속적으로 미래당에 출당시켜 줄 것을 요청했지만 거부당하자, 미래당 소속으로 있으면서 평화당 당직을 맡는 행태를 보였다.

평화당은 의석수 부족으로 비교섭단체로 남아 있게 되자, 의석수 6석의 정의당과 함께 교섭단체 구성에 나섰다. 양당의 의석을 합치면 교섭단체 구성 요건인 20석을 갖출 수 있기 때문이었다. 그리하여 양당은 2018년 4월 2일 공동교섭단체인 '평화와 정의의 의원모임' 약칭 '평화와 정의'를 공식 출범시켰다.45)

양당은 각 당의 정체성에 따라 고유의 독자적인 정당 활동은 하되 교섭단체로서 국회의 구성과 운영에 대해서는 공동으로 대응하고, 8대 정책공조 과제 실현을 위해서 노력하기로 합의했다.46) 초대 원내대표로는

---

43) <조선일보>, 2018년 2월 7일.
44) 의원 3인의 이름은 박주현, 이상돈, 장정숙이다. 평화당은 이들에게 당원권을 부여하고 주요 당직도 맡겼는데, 이후에도 3인은 미래당에 줄기차게 출당을 요구하며 사사건건 대립했다. 연합뉴스,『연합연감 2019』, 170쪽.
45) 대한민국국회,『국회사 제20대 국회』, 850쪽.
46) 8대 정책공조 과제는 ▲한반도 평화 실현 ▲개헌과 선거제도 개혁 ▲특권 없는 국회와 합의민주주의 실현 ▲노동존중 사회와 좋은 일자리 만들기 ▲식량주권 실현 및 농축수산업을 미래 생명환경산업으로 육성 ▲골목상권과 중소상공인 보호·육성 ▲검찰과 국정원 등 권력기관 개혁 ▲미투(me too) 법안 선도적 추진 등이다. https://www.yna.co.kr/view/AKR2018032909700001 (2022년 3월 18일 검색)

정의당의 노회찬이 맡기로 했는데, '평화와 정의'가 교섭단체로 공식 등록됨에 따라 원내는 민주당, 자유한국당, 미래당 3개 교섭단체에서 4개 교섭단체 체제로 전환되게 되었다.

3. 제7회 지방선거와 여·야의 지도체제 개편

 2018년 6월 13일 실시된 제7회 지방선거에서 여당인 민주당이 압승을 거둔 것과는 대조적으로 야당은 참패했다. 전국 17개 광역자치단체장 선거에서 여당은 14곳에서 승리했을 뿐만 아니라 지방선거와 동시에 실시된 12곳의 국회의원 재·보궐선거 가운데 11곳에서도 승리를 거두었다. 이로써 문재인정부는 집권 1년차를 화려하게 맞이할 수 있게 되었다.
 이와 반대로 한국당을 비롯한 야권은 대선 패배에 이어 지방선거에서, 그리고 국회의원 재·보궐선거에서도 패배함으로써 크게 위축될 수밖에 없었다. 특히 한국당은 자신들의 텃밭이라고 할 수 있는 대구와 경북 2곳의 광역자치단체장 선거에서만 승리했을 뿐 부산과 울산, 경남에서도 패배했다. 그리고 국회의원 재·보궐선거에서는 단 한 곳에서만 당선자를 냈을 뿐이어서 크게 위기의식을 느끼지 않을 수 없었다.
 미래당이나 평화당도 위기의식을 느끼기는 마찬가지였다. 광역자치단체장 선거는 물론 국회의원 재·보궐선거에서 단 한 명의 당선자도 내지 못했기 때문이다. 이들 두 정당은 위기 극복을 위해 창당된 것임에도 불구하고 지방선거와 재·보궐선거에 참패함으로써, 진로를 재설정해야 하는 사태에 직면했다.
 대선 승리로 중앙권력을 장악한 데 이어 지방권력마저 장악함으로써 여당인 민주당은 명실공히 정권교체의 완성을 이루게 되었다. 이로 인해 민주당은 공약으로 내세웠던 개혁과제의 실천이라든지 대북정책 추진에 자신감이 넘친 나머지 야당과의 협치는 등한시했다.

여당과 달리 야권은 연이은 패배로 당세의 위축이 불가피해졌다. 당세의 위축은 특히 한국당이 더했는데, 광역자치단체 선거는 말할 것도 없고 기초자치단체 선거에서도 열세를 면치 못하는 바람에 홍준표는 패배의 책임을 지고 당대표직에서 물러나는 사태를 맞게 되었다. 미래당 역시 선거 패배의 후폭풍을 피할 수 없었다. 패배의 책임을 지고 유승민이 당대표직을 내려놓은 것이다. 이처럼 선거 패배로 당이 위기에 처함에 따라 야권은 지도체제를 개편하지 않을 수 없는 상황을 맞게 되었다.

1) 제7회 지방선거와 재·보궐선거

제7회 지방선거는 상대적으로 야당에 불리한 지형에서 치러진 선거였다. 2017년 5월 치러진 대선의 여진이 채 가시지도 않은 상태에서 실시되었을 뿐 아니라, 야권은 분열된 상태에 있었기 때문이다. 지방선거에서 여당은 광역은 물론 기초단체까지 석권함으로써 대선 승리 1년여 만에 전국정당으로 발돋움할 수 있게 되었다. 반면에 야당 특히 한국당은 선거 패배로 인해 전국정당의 위상에서 영남을 근거지로 하는 지역정당의 위상으로 후퇴하는 사태를 맞게 되었다.

(1) 제7회 지방선거

제7회 전국동시지방선거는 총 17명의 광역자치단체장, 226명의 기초자치단체장, 824명의 광역의회 의원과 2,926명의 기초의회 의원을 뽑는 선거였다. 지방선거에 출마한 후보자 총수를 보면, 광역단체장에 71명, 기초단체장에 749명, 광역의회 의원 1,886명, 기초의회 의원 5,318명이었고 광역의회 비례대표 의원은 295명, 기초의회 비례대표 의원은 882명이었다.47)

광역단체장 당선자를 정당별로 보면, 민주당이 17곳 중에서 대구와

---

47) 주요 정당별 후보자 출마 현황

경북, 제주를 제외한 14개 지역에서 당선자를 냈다. 이는 6회 지방선거에 비해 5명이나 더 많이 당선된 것이고, 지방선거가 부활된 이후 한 정당이 광역단체장 14명을 당선시킨 것도 처음이어서 여당은 압승을 거두었다고 할 수 있다.48)

한국당의 경우는 대구와 경북 두 곳에서만 겨우 당선자를 냈는데,49) 이는 6회 지방선거에 비교해 볼 때 6석이나 줄어든 것이었다. 특히 텃밭이나 다름없던 부산과 울산, 경남에서 패배했기 때문에 커다란 충격에 휩싸일 수밖에 없었다. 그리고 제주의 경우 한국당 소속이었던 원희룡 지사가 탈당하고 무소속으로 출마하여 당선되었기에 더욱 그러했다. 단 한 명의 당선자도 내지 못한 미래당과 평화당도 충격에 빠지기는 했지만, 충격의 강도 면에서 한국당에 비할 바는 못 되었다.

기초단체장의 경우도 민주당은 완승에 가까울 정도로 크게 승리했다. 226개 기초자치단체 중 67%에 달하는 151개 기초단체장을 차지함으로써 53개를 차지한 한국당을 양적으로 크게 압도했다. 이는 6회 지방선거보다 71명이나 더 많이 당선된 것인데 글자 그대로 압승이었다. 특히 민주당은 서울의 경우 25개 구 가운데 서초구를 제외한 24개 구를, 울산의

	광역단체장	기초단체장	광역의회 의원/비례	기초의회 의원/비례
민주당	17	218	704/77	1705/356
한국당	15	187	611/60	1492/291
바른미래당	14	98	208/40	569/110
민주평화당	2	44	74/15	209/42
정의당	9	15	17/30	133/37

* 중앙선거관리위원회 선거통계시스템 참조.
48) 민주당 출신 광역단체장 당선자는 다음과 같다.
　　△서울: 박원순 △부산:오거돈 △인천: 박남춘 △광주: 이용섭 △대전: 허태정 △울산: 송철호 △세종: 이춘희 △경기: 이재명 △강원: 최문순 △충남: 양승조 △충북: 이시종 △전북: 송하진 △전남: 김영록 △경남: 김경수.
49) 한국당 출신 광역단체장 당선자는 다음과 같다.
　　△대구: 권영진 △경북: 이철우.

경우 5개 구 전체를, 부산의 경우 16개 구 가운데 13개 구를, 경남의 경우 18개 자치단체 가운데 7개 단체를 차지함으로써 크게 고무되었다. 한국당은 53명의 당선자를 내는 데 그쳤는데, 이는 6회 때와 비교해 64석이나 줄어든 것이었다. 미래당은 단 한 명의 기초단체장도 당선시키지 못했지만, 평화당은 5명의 기초단체장을 당선시켰다.

민주당은 단체장 외에도 광역의회와 기초의회도 석권하는 기세를 올렸다. 전체 광역의회 의원 824명 중 79%에 달하는 652명의 당선자를 냈고, 기초의회의 경우 56%에 해당하는 1,638명의 당선자를 냈다. 이에 비해 한국당은 137명의 광역의원과 1,009명의 기초의원만을 당선시켰을 뿐이다. 한편 미래당은 5명의 광역의원과 21명의 기초의원을, 평화당은 광역의원 3명과 기초의원 49명을 당선시키는 데 그치고 말았다.

위의 각종 통계가 보여주듯이 광역단체나 기초단체를 불문하고 단체장은 물론, 지방의회마저 여당의 독무대가 되어 바야흐로 민주당 천하가 도래한 것이나 마찬가지라고 할 수 있다. 이처럼 야당의 부진한 성적으로 인해 제7회 지방선거는 "야당이 사실상 전멸한 선거"라는 분석이 나올 수밖에 없었다.[50]

(2) 국회의원 재·보궐선거

지방선거와 함께 총 12곳에서 실시된 국회의원 재·보궐선거에서도 민주당이 일방적으로 승리를 거둠으로써 국회는 여대야소 구도로 재편될 것으로 예상되었다. 한국당이 승리한 한 곳을 제외하고는 11곳에서 민주당 후보가 당선되었기 때문이다.[51] 현재 의석수 119석에 11석을 더

---

50) <조선일보>, 2018년 6월 14일.
51) 한국당 당선자 1명(경북 김천: 송언석) 외에 민주당 당선자 11명은 다음과 같다. △서울 노원병: 김성환 △서울 송파을: 최재성 △부산 해운대을: 윤준호 △인천 남동갑: 맹성규 △광주 서갑: 송갑석 △울산 북구: 이상헌 △충북 제천·단양: 이후삼 △충남 천안갑: 이규희 △충남 천안병: 윤일규 △전남 영암·무안·신안: 서상석 △경남 김해을: 김정호.

하면 130석으로 늘어나게 되고, 여기에 친여 성향을 띠는 '평화와 정의' 20석에 미래당 내 이탈파 3석과 일부 무소속이 연대하게 되면 과반수 의석을 충분히 확보할 수 있을 것으로 예상되었기 때문이다.

민주당은 2016년 19대 총선에서 제1당이 되었고 2017년 대선에서 승리하기는 했지만, 국회에서는 여소야대 구도로 정책 주도권을 쥐지 못했었다. 그리하여 인사청문회와 추경 등을 표결 처리할 때 제동이 걸렸고, 야당과의 표 대결에서 밀려 헌법재판소장 후보자 임명동의안이 본회의에서 부결되는 일을 겪기도 했다.[52] 이로 인해 민주당 내 일부는 여소야대 국면을 돌파하기 위한 노력을 하지 않을 수 없다면서 일차적으로 '입법연대' 정도의 느슨한 형태의 논의나, 연합정부 구성 또는 의원 영입의 필요성을 제기하기도 했다.[53]

결론적으로 민주당은 선거 결과 종래 불모지나 다름없던 부산과 울산, 경남 등에서도 국회의원 당선자를 냄으로써 지역주의를 타파할 수 있다는 희망을 갖게 되었다. 그리고 단체장 진출에 이어 국회의원마저 당선시킴으로써 "동진(東進)의 발판을 마련했다"는 자신감으로 인해[54] 문재인정부는 지난 1년간 추진해온 '적폐 청산'과 '남북 평화공존' 정책에 더 강한 드라이브를 걸 것으로 전망되었다.

2) 여·야의 지도체제 개편

문재인정부 출범 1년여 만에 치러진 지방선거와 국회의원 재·보궐선거에서 민주당이 압승을 거두자 정부와 여당은 국정운영의 주도권을 확보하게 된 반면, 참패를 당한 한국당 등 야권은 대대적인 지도체제 개

---

52) 2017년 9월 11일 야당은 김이수 헌법재판소장 후보자를 '부적격'으로 지목해서 동의안 표결에 반대함으로써 후보자는 인준을 받지 못했다. <조선일보>, 2017년 9월 12일.
53) <조선일보>, 2017년 9월 12일.
54) 연합뉴스, 『연합연감 2019』, 165쪽.

편에 휘말리게 됐다. 한국당의 경우 홍준표 당대표의 퇴진을 요구하는 등 내분이 일었고, 미래당의 당대표 유승민과 전 당대표 안철수도 야당으로서의 존재감을 보여주지 못했다.55) 선거 패배로 정치적 타격을 크게 입어 위기에 처하게 된 것이다. 여당과 달리 이처럼 야권 내에서는 새로 판을 짜야 한다는 요구가 분출하는 등 정치판의 지각변동이 일게 되었다.

(1) 더불어민주당

지방선거를 한 달 앞둔 2018년 5월 11일에 실시된 민주당 원내대표 경선에서 홍영표가 노웅래를 여유 있게 누르고 당선되었다. 당선 소감에서 그는 남북관계만큼은 반드시 야당의 초당적 협력을 이끌어내겠다면서 "초당적 협력체계만 마련되면 나머지 국정현안은 야당에 과감하게 양보할 것"이라고 말했다.56) 그리고 당이 국정을 주도해야 하고 문재인 정부의 개혁과제를 실천하는 견인차가 되어야 한다고 강조하고, 지방선거 준비에 나섰다. 선거를 앞두고 악재가 겹쳤음에도 불구하고,57) 기록적인 압승으로 끝나는 바람에 민주당에 대한 지지율은 57%까지 치솟을 수 있었다.58)

지방선거가 끝난 후 민주당은 전당대회 국면에 돌입, 당대표와 최고위원을 분리해서 선출하는 단일성 집단지도체제를 도입하기로 결정했다. 당대표 경선에는 모두 8명이 출마했는데, 2018년 7월 26일 실시된 예비경선 결과 김진표, 송영길, 이해찬 3인이 컷오프를 통과했다.59) 투

---

55) <조선일보>, 2018년 6월 14일.
56) 경선 결과 홍영표는 78표를 얻어 38표를 얻은 노웅래를 따돌렸다. <조선일보>, 2018년 5월 12일.
57) 선거를 앞두고 안희정 충남지사가 '미투 폭로'로 지사직을 사퇴했으며, 경남지사에 출마한 김경수 후보가 '드루킹 사건'으로 집중적인 포화를 맞았고, 경기지사에 출마한 이재명 후보는 여배우와의 불륜설이 보도되는 등 민주당은 각종 악재로 고전했다.
58) 연합뉴스, 『연합연감 2019』, 165쪽.

표 결과를 놓고 민주당 내에서는 대선 이후 '친문'의 힘이 재확인됐다는 평가가 나왔다. 3인 중 누가 당대표가 되더라도 '친문' 성향인 만큼 2020년 총선에서도 '친문'세가 더 확대될 것이란 전망이었다.[60]

예비경선을 통과한 3인은 전국을 순회하며 선거운동에 나섰는데, 이해찬은 차기 총선 불출마를 선언한 뒤 '강한 여당'을 기치로 내세웠고, 김진표는 '경제 당대표'를 구호로 내걸었고, 송영길은 '세대교체론'을 들고나왔다. 2018년 8월 25일 치러진 대회에서 이해찬이 당대표로 선출되었는데,[61] 당선 소감에서 그는 "2022년 재집권 준비를 시작하겠다"고 말하고 정권 재창출에 모든 것을 바치겠다며 '20년 집권론'을 강조했다.[62] 송영길과 김진표의 낙선에 대해 당내에서는 당의 주류인 "친노·친문의 벽을 넘지 못한 것"이라는 분석이 나왔다.

지방선거 승리의 여세를 몰아 지도체제를 정비한 민주당은 자신감에 가득 차 강한 여당을 천명하며 각종 정책 이슈를 주도해 나갔다. 정례적인 당·정·청협의회를 통해 정책 설계와 집행에 여당이 중심에 서도록 하고, 상임위원회별 당정협의회도 독려하는 등 당이 국정의 중심에 서는 계기를 만들어 갔다. 대선 승리에 이은 지방선거의 승리, 그리고 '친문'의 좌장격인 이해찬의 당대표 취임이 가져온 효과라고 할 수 있다.

(2) 자유한국당

대선 패배로 위기에 처한 한국당은 홍준표 당대표·김성태 원내대표 체제로 지방선거를 치렀으나, 참패하고 말았다. 지방선거를 앞두고 홍준

---

59) 대표 경선에 출마한 민주당 의원 8명의 명단은 다음과 같다.
김두관, 김진표, 박범계, 송영길, 이인영, 이종걸, 이해찬, 최재성.
60) <조선일보>, 2018년 7월 27일.
61) 전당대회에서 대의원(45%)·권리당원(40%) 투표와 당원(10%), 국민(5%) 여론조사를 합산한 결과는 다음과 같다. △이해찬: 42.9% △송영길: 30.7% △김진표: 26.4%. 당대표 선거와 동시에 치러진 최고위원 선거에서 박주민, 박광온, 설훈, 김해영, 남인순 5인이 선출되었다.
62) <조선일보>, 2018년 8월 27일.

표 체제에 반대하는 친박계 중진 의원들이 반기를 들었을 뿐 아니라,[63] 여론 악화를 이유로 당대표의 지원 유세를 거부하는 한국당 후보들도 적지 않았다.[64] 심지어는 지방선거를 일주일 앞둔 상황에서 당대표가 부산을 방문했을 때 부산시장 후보와 부산 지역 국회의원들이 참석하지 않는 일이 발생하기도 했다.[65] 당대표 홍준표의 인기가 워낙 좋지 않아 선거운동에 도움이 되지 않는다는 불만에서였다.

　7회 지방선거는 이처럼 당내에 분열적인 요소가 팽배한 가운데 치러진 선거였기에 한국당의 패배는 어찌 보면 당연한 것이기도 했다. 이와 같은 상황에서 홍준표는 지방선거 다음날인 6월 14일 선거 패배의 책임을 지고 당대표직에서 물러났다.[66] 그가 대표직을 사퇴하자 한국당은 7월 17일 전국위원회를 열고 김병준을 비상대책위원장으로 추대했다.

　이로써 한국당은 지방선거 패배 34일 만에 비대위체제로 전환됐는데, 김병준은 한국당을 바꾸고 새로 세우겠다고 다짐했다. 취임 연설에서 그는 "한국 정치를 반(反)역사적인 계파논리와 진영논리에서 벗어나게 하는 소망, 미래를 위한 가치 논쟁과 정책 논쟁이 정치의 중심을 이루도록 하는 꿈을 갖고 있다"고 말했다.[67] 이후 7개월간 그는 보수 대통합의

---

63) 홍준표는 "세상이 미쳐가고 있다"고 말할 정도로 4·27 남북정상회담에 비판적인 입장이었지만, 남경필 경기지사와 김태호 경남지사, 유정복 인천시장은 지지하는 입장이었다(<조선일보>, 2018년 5월 1일). 한편 강길부 의원은 홍준표의 당대표직 사퇴를 요구하고 사퇴하지 않을 경우 자신이 탈당하겠다고 말하고, 5월 6일 탈당을 선언했다(<조선일보>, 2018년 5월 4일·7일).
64) 당대표가 선거 기간에 지원 유세를 오지 않았으면 좋겠다는 목소리가 공공연히 나돌자, 홍준표는 한국당 후보 지원 유세를 포기하고 당사에서 대책회의를 주재했다. <조선일보>, 2018년 6월 5일.
65) 연합뉴스, 『연합연감 2019』, 167쪽.
66) 당사에서 소집한 최고위원 회의에서 홍준표는 모든 책임은 자신에게 있다면서 당대표직을 내려놓는다고 밝히고, "국민 여러분의 선택을 존중하고, 당원 동지 여러분이 부디 한마음으로 단합해 국민으로부터 신뢰받는 보수 정당으로 거듭나길 부탁드린다"고 말했다. <조선일보>, 2018년 6월 15일.
67) 김병준은 가치 논쟁과 정책 논쟁으로 가는 것이 중요하다면서 ▲보수 가치 재

초석을 다지기 위해 오세훈 전 서울시장, 황교안 전 국무총리, 원희룡 제주지사 등을 잇달아 만나며 당 정비작업을 진두에서 지휘하다가, 한국당이 2019년 2월 27일 전당대회를 열어 당대표를 선출하기로 결정함에 따라 2월 25일 퇴임했다.[68]

당이 비대위 체제로 운영되는 상황에서 한국당은 2018년 12월 11일 새 원내대표 선출에 들어갔는데, 친박계의 지원을 받은 나경원이 비박계와 복당파의 지원을 받은 김학용을 누르고 당선되었다. 당선 소감에서 나경원은 계파 종식을 선언하고 "문재인정권의 폭주를 막기 위해 하나로 뭉쳐가야 한다"며 통합을 강조했다. 그리고 당이 통합을 이룰 경우 "총선에서 승리하고 정권을 교체할 수 있다"는 희망을 피력했다.[69]

7개월간의 비대위체제를 마감한 한국당은 2019년 2월 27일 전당대회를 개최하여 새 당대표를 선출하기로 했는데, 대회를 앞둔 1월 15일에는 전 국무총리 황교안이 전격 입당했다. 입당 기자회견에서 그는 나라가 총체적 난국인데 문재인정부는 '적폐몰이'만 하고 있다면서 "정권과 맞

정립 ▲인적 쇄신 ▲공천 제도 개혁 ▲정책 혁신 ▲당 조직 개편 ▲당명 변경 등 광범위한 내용이 담긴 '한국당 대(大)혁신안'을 구상하고 있는 것으로 알려졌다(<조선일보>, 2018년 7월 18일.) 비대위원장에 취임한 후 김병준은 조직강화특별위원회를 가동하여, 2018년 12월 15일 전체 253개에 달하는 당협 가운데 173곳에 대해 당협위원장 잔류를 확정하고 나머지 79곳은 위원장을 교체하는 '공모대상 지역'으로 분류했다. 현역 의원 112명 중 21명(친박계 12명, 비박계 9명)이 물갈이 대상에 포함됐는데, 이는 계파 간 갈등을 의식해 어느 정도 균형을 맞춘 것이라는 분석도 나왔다(<조선일보>, 2018년 12월 17일.)

68) 퇴임 기자회견 자리에서 김병준은 극단세력은 절대로 한국당의 주역이 될 수 없다고 말하고, "한국당은 과거에 보였던 극단적인 우경화의 길로 가지 않을 것"이라고 단언했다. 그리고 독선과 내부 갈등이 무엇을 의미하며 그 결과가 얼마나 혹독한지 배웠다고 말함으로써, 당을 위기로 몰아넣은 것은 분열이었다는 것을 암시했다. <조선일보>, 2019년 2월 26일.

69) 103명의 의원이 참가한 가운데 치러진 원내대표 경선에서 나경원은 과반이 넘는 68표를 얻었고, 김학용은 35표를 얻는 데 그쳤다. <조선일보>, 2018년 12월 12일.

서는 강력한 야당이 되는 게 첫 번째 과제"라고 말하고, "정상적이고 반듯한 나라가 되도록 하는 데 집중해야 한다"고 강조했다.70) 이후 오세훈 전 서울시장과 홍준표 전 당대표, 심재철·안상수·정우택·주호영·김진태 의원 등이 전당대회 출마를 선언하기도 했으나, 일부 주자들이 불출마를 선언하는 바람에 당대표 선거는 결국 황교안·오세훈·김진태 3파전으로 치러졌다.

2019년 2월 27일 실시된 한국당 전당대회에서 탄핵 당시 대통령 권한대행이었던 황교안이 새 당대표로 선출되었다. 이로써 문재인정부와 본격적인 대립구도가 형성될 것이라는 관측이 제기됐다. 입당 43일 만에 당대표로 선출된 그는 당선 연설에서 "이 단상을 내려가는 그 순간부터 문재인정권의 폭정에 맞서 국민과 나라를 지키는 전투를 시작하겠다"고 말하고, '원팀'을 강조하면서 "우리가 하나 되면 못 해낼 일이 없다"고 단언했다.71) 원내대표에 이어 당대표를 새로 선출한 한국당은 2019년 4월 3일로 예정된 국회의원 보궐선거 승리를 위해 총력을 경주했다.

(3) 바른미래당

'합리적 진보'를 표방한 국민의당과 '개혁 보수'를 지향한 바른정당의 통합으로 창당된 미래당은 7회 지방선거를 앞두고 창당 주역이자 인재영입위원장인 안철수가 2018년 4월 4일 서울시장 출마를 선언함으로써 재도약의 발판을 마련하려고 했다. 출마 선언에서 그는 "위선과 무능이 판치는 세상을 서울시에서부터 혁파하겠다"고 말했지만,72) 개표 결과 3

---

70) <조선일보>, 2019년 1월 16일.
71) 선거인단 투표와 국민 여론조사를 합친 후보들의 득표수는 다음과 같다. △황교안: 6만8713표(50%) △오세훈: 4만2653표(31.1%) △김진태: 2만5924표(12.5%). 당대표와는 별도로 선출된 최고위원 명단은 다음과 같다. 조경태, 정미경, 김순례, 김광림, 신보라. <조선일보>, 2019년 2월 28일.
72) 안철수는 7년 전 자신에게서 희망을 찾고 싶어 했던 서울시민의 열망에 답하지 못했던 기억이 생생하다면서 "그 죄송스러운 마음까지 되새기고 사과드린다, 다시 시작하겠다"고 말했다. <조선일보>, 2018년 4월 5일.

위에 머무르고 말았다.73) 미래당은 지방선거와 동시에 실시된 국회의원 재·보궐선거에서 단 1석도 건지지 못하는 참패를 당함에 따라74) 유승민, 박주선 두 의원은 공동대표직을 사임했다.

선거 참패로 인한 지도부 공백을 메우기 위해 미래당은 비상대책위원회 체제로 전환하고 원내대표인 김동철을 비대위원장으로 추대한 후 원내대표를 새로 선출했다. 2018년 6월 25일 실시된 원내대표 경선에서 김관영이 이언주를 누르고 당선되었다. 당선 소감에서 그는 민주당은 '기득권에 안주하려는 정당'으로, 한국당은 '구시대 정당으로 판정받은 당'이라고 평하고 이들 정당과는 달라야 한다면서 차별성을 강조했다.75) 2개의 거대정당 사이에서 '캐스팅 보트'를 행사함으로써 대안정당으로서의 면모를 갖추려 한 것이다.76)

미래당은 2018년 9월 2일 지도부를 선출하는 전당대회를 개최했는데, 대회 개최를 하루 앞둔 9월 1일 안철수는 독일로 출국했다. 대회에서 손학규가 새 당대표로 선출됐는데,77) 당대표 수락연설에서 그는 '무능과

---

73) 서울시장 후보별 득표수는 다음과 같다. △민주당 박원순: 2,619,497(52.8%) △한국당 김문수: 1,158,487(23.3%) △바른미래당 안철수: 970,374(19.6%). 중앙선거관리위원회 선거정보시스템 참조.
74) 12곳에서 실시된 재·보궐선거에 바른미래당은 8곳에 후보를 냈으나 당선자를 내지 못했다. 출마자 명단은 다음과 같다. 이준석(서울 노원병), 박종진(서울 송파을), 이해성(부산 해운대을), 김명수(인천 남동갑), 강석구(울산 북구), 이찬구(충북 제천), 이정원(충남 천안갑), 박중현(충남 천안병).
75) <조선일보>, 2018년 6월 26일.
76) 2018년 하반기 이후 원내 의석 분포는 민주당 129석, 한국당 112석, 미래당 30석이어서 미래당으로서는 의안 표결에 있어 '캐스팅 보트'를 쥔 것이나 마찬가지였다. 실제로 미래당은 국회 특활비 폐지를 당론으로 확정해 이를 관철시켰고, 최저임금 지역별 차등 등 주요 정책 이슈를 선도했다. 연합뉴스, 『연합연감 2019』, 169쪽.
77) 예비경선을 거쳐 하태경, 정운천, 김영환, 손학규, 이준석, 권은희 6명이 본선에 진출했는데, 손학규가 당원투표·국민 여론조사에서 27%의 지지를 받아 당대표로 선출되었다. 최고위원에는 하태경, 이준석, 권은희 3인이 당선되었다.

독선의 제왕적 대통령제'와 '승자독식의 양당제'라는 두 개의 괴물을 무너뜨리는 데 자신을 바치겠다면서 1987년 체제를 넘어서 제7 공화국 건설에 나서겠다고 말했다. 그리고 수구적 거대 양당인 민주당과 한국당이 의회정치를 망치고 있다고 강하게 비판했다.[78]

한편 2018년 12월 6일 민주당과 한국당이 선거제도 개혁을 뺀 채 예산안에 합의하자, 손학규는 국회에서 긴급 비상의원총회를 열고 "나를 바칠 때가 됐다"며 선거제 개혁을 위한 무기한 단식을 하겠다고 선언했다. 그는 양당의 합의는 "민주주의, 의회주의의 부정이고 폭거"라며 "선거법이 예산안 처리와 연계되지 않는다면 로텐더홀에서 목숨을 바칠 것"이라고 말했다.[79] 이에 동조하여 정의당 당대표 이정미도 단식에 돌입했으며, 평화당 당대표 정동영은 청와대 앞에서 1인 시위에 나섰다.

당대표 취임 이후 손학규는 국민의당계와 바른정당계 의원들 사이의 갈등을 봉합하기 위해 많은 노력을 기울였다. 그러나 4·27 판문점선언의 국회 동의 문제, 사법농단사건 재판을 담당할 특별재판부 설치 문제 등을 두고 양측이 이견을 보인데다가 선거제도 개혁에 대한 이견 등으로 인해 리더십에 손상을 입었다. 이를 만회하기 위해 그는 4·3 국회의원 보궐선거 승리를 위해 총력을 경주하는 모습을 보였다.

(4) 민주평화당

국민의당을 탈당한 의원 14명이 창당한 평화당은 지방선거 참패 이후 전혀 존재감을 보여주지 못한 상황에서 내부에 갈등 요인이 발생했다. 발단은 평화당 의원 16명 중 10명이 2018년 7월 17일 '제3지대 신당' 창당을 위한 준비모임을 출범시킨 것에 대해 현 체제를 유지하면서 자강(自强)으로 가자는 측이 반발하면서 빚어진 것이다. 양측은 심야 의원총회에서 당의 진로를 놓고 끝장토론까지 했지만, 차이를 좁히지 못하고

---

78) <조선일보>, 2018년 9월 3일.
79) <조선일보>, 2018년 12월 7일.

말았다. 결국 신당파 10명은 '변화와 희망의 대안정치 연대'를 결성하기로 함으로써 평화당은 내분의 싹을 안게 됐다.80)

당내 분란으로 인해 당의 외연을 확대하려는 노력이 기대할 만한 성과를 거두지 못하게 되자, 평화당은 2018년 8월 말로 예정됐던 전당대회를 앞당겨 8월 5일에 실시, 정동영을 새 당대표로 선출했다. 당대표 수락연설에서 그는 "생사의 기로에 있는 평화당을 살리고, 힘 없고 돈 없는 약자 편에 서라고 저에게 기회를 줬다고 믿는다"면서 "평화당에 새로운 희망을 만들고 승리를 견인할 것을 약속드린다"고 말했다.81)

정동영으로서는 당을 추슬러 원내 전략을 수립하고 호남을 지지기반으로 한 당의 지지율을 끌어올리는 것이 선결 과제라고 할 수 있다. 이와 동시에 지방선거 패배 이후 자강론을 둘러싼 당내 분란을 수습해야 하는 과제도 안게 되었다. 그러나 정의당 노회찬 의원의 사망으로82) 정의당과 공동으로 만들었던 '평화와 정의'의 교섭단체 등록이 말소됨으로 인해 평화당은 원내 협상전략에 커다란 차질을 빚게 되었다.

(5) 정의당

의석수 6석의 정의당은 평화당과 공동으로 교섭단체를 구성, 창당 이래 처음으로 교섭단체 활동을 하며 존재감을 드러낼 수 있었다. 교섭단체 구성으로 정의당은 20대 국회 후반기 원 구성 협상에서 정치개혁특별위원회 위원장 자리를 확보하여, 선거제도 개혁과 특수활동비 폐지

---

80) 평화당의 분열은 정동영과 박지원이 당내 패권을 두고 충돌한 때문이라고 분석되었다. <조선일보>, 2018년 7월 18일.
81) 2018년 8월1일부터 5일까지 진행된 당원투표·국민 여론조사에서 정동영은 총 68.6%(1인 2표)의 지지를 얻어 41.5%를 확보한 유성엽을 누르고 당대표가 되었다. 최고위원에는 2~5위 득표자인 유성엽 의원과 최경환 의원(30.0%), 허영 인천시당위원장(21.0%), 민영삼 전 최고위원(20.0%)이 선출됐다. <조선일보>, 2018년 8월 6일.
82) 불법 정치자금 수수 의혹이 불거지자 노회찬 정의당 원내대표는 2018년 7월 23일 투신하여 스스로 목숨을 끊었다.

등 정치제도 개혁에 앞장서는 모습을 보이기도 했다. 이처럼 각종 개혁을 주장하며 당의 지지율을 끌어올리는 데 큰 기여를 했던 노회찬이 드루킹 사건 연루 의혹에 얽히자 스스로 목숨을 끊음으로써 당은 큰 충격에 휩싸였다.83)

    노회찬의 사망으로 평화당과의 공동교섭단체인 '평화와 정의'는 4개월여 만에 붕괴되고 말았다. 그럼에도 불구하고 정의당은 선거제도 개편 논의에 당력을 집중했다. 이의 일환으로 정의당은 미래당, 평화당과 함께 '야 3당' 공조체제를 구축하는 한편 당대표 이정미는 손학규와 함께 연동형 비례대표제 도입을 위해 국회에서 단식농성을 벌이기도 했다.

    정의당 당대표와 미래당 당대표가 국회에서 농성을 계속해 나가자, 여야 5당은 12월 15일 연동형 비례제 도입을 위한 구체적 방안을 적극 검토하고 선거제도 개편과 동시에 권력구조 개편을 위한 '원포인트 개헌' 논의에 착수하기로 했다. 그리고 5당 원내대표는 정개특위 활동 기한을 연장, 합의안을 마련해서 2019년 1월 임시국회에서 처리하기로 합의했다.84) 합의안이 도출되자 이정미와 손학규는 단식농성을 열흘 만에 중단하고 국회의원 보궐선거 준비에 나섰다.

3) 4·3 국회의원 보궐선거

    2019년 4월 3일 경남의 통영·고성과85) 창원시 성산구 두 곳에서 실시되는 보궐선거를 앞두고 여야는 각각 선거체제에 돌입했지만, 선거에

---

83) 노회찬은 유서에서 "모두 4,000만 원을 받았지만 청탁이나 대가를 약속하지 않았다"면서 "참으로 어리석은 선택이고 부끄러운 판단이었다. 잘못이 크고 책임이 무겁다"고 썼다. <조선일보>, 2018년 7월 24일.
84) <조선일보>, 2018년 12월 17일.
85) 경남 통영·고성의 보궐선거는 한국당의 이군현 의원이 2018년 12월 27일 대법원의 징역형 확정으로 의원직을 상실하게 됨에 따라 실시하게 된 것이다. <조선일보>, 2018년 12월 28일.

임하는 여·야의 입장은 달랐다. 여당인 민주당의 경우 보수성향이 강한 영남지역에서 실시되는 선거인데다가 한국당과 정의당이 차지했던 지역이어서 상대적으로 긴박감이 덜해 비교적 느긋한 입장이었다.86) 선거에 지더라도 하등 손해날 게 없었기 때문이다. 이와 반대로 야당의 경우 특히 한국당과 정의당은 의석 확보에 당의 사활이 걸렸다고 해도 과언이 아닐 정도로 긴장하지 않 을 수 없는 처지였다.

한국당은 자당 출신이 차지했던 통영·고성은 물론 정의당이 차지했던 창원시 성산구까지 차지해서 전통적인 지지기반을 회복하고 문재인 정부의 실정을 드러내겠다는 복안을 갖고 있었다. 이와 동시에 황교안도 당대표 취임 이후 처음으로 실시되는 선거였기에 승리해서 자신의 리더십을 확립해야만 했다. 이와 같은 상황이었기 때문에 한국당은 보궐선거가 실시되는 2곳 모두에서 승리하기 위해 총력을 경주했다.87)

정의당의 경우도 선거 승리가 긴요하기는 한국당에 못지않았다. 보궐선거가 실시되는 창원은 대규모 공단이 밀집해 있어 한국노총과 민주노총의 영향력이 막강한 지역으로 정의당으로서는 텃밭으로 간주하는 곳인데다가, 전임자인 노회찬의 후임자를 뽑는 선거였기에 이겨야 하는 선거였다. 노회찬의 명예 회복과 함께 정의당의 존재감 부각을 위해서는 반드시 이겨야만 하는 선거여서 정의당은 자당 후보의 승리를 위해 모든 역량을 집결했다. 당대표 이정미는 물론 심상정까지 창원에 머물면서 선거운동을 할 정도였다.

미래당의 경우 한국당이나 정의당만큼 긴박하지는 않았지만, 손학규는 당대표로서 당내 입지 확보를 위해서도 의미 있는 결과를 거두어야만 하는 선거였다. 이 때문에 미래당은 보궐선거가 두 곳에서 실시됨에도 불구하고 통영·고성에는 후보를 내지 않았다. '선택과 집중' 논리에

---

86) 민주당은 자당 후보가 여론조사에서 뒤지는 상황이어서 불필요하게 힘을 쏟을 필요가 없다는 입장이었다. <조선일보>, 2019년 3월 25일.
87) 한국당은 황교안 당대표는 물론 원내대표와 사무총장까지 창원에서 선거 유세를 펼쳤다. <조선일보>, 2019년 3월 25일.

따라 손학규는 "창원에 다 걸었다"면서 창원 성산구에만 후보를 내고, 자당 후보의 당선을 위해 노력했다.[88]

이처럼 보궐선거에 임하는 각 당의 입장에 커다란 차이가 있는 가운데 하나의 변수가 발생했다. 여론조사에서 2위를 달리고 있는 정의당과 3위권에 머문 민주당이 후보를 단일화하기로 합의했기 때문이다. 처음부터 민주당은 자당 후보의 당선에 큰 기대를 걸지 않고 단지 한국당 후보의 당선 저지를 일차적인 목표로 했기 때문에 여론조사로 후보를 단일화하기로 합의한 것이다.[89] 이에 따른 여론조사에서 정의당 후보 여영국이 앞섬에 따라 민주당은 자당 후보를 사퇴시켰다. 이로 인해 선거는 한국당 후보와 민주당·정의당의 단일후보 간 대결로 압축되었다.

국회의원 선거구 차원에서 통합이 이루어진 것인데, 개표 결과 통합을 이룬 정의당의 여영국 후보가 한국당의 후보 강기윤을 가까스로 누르고 당선되었다.[90] 통합이 없었다면 한국당 후보가 당선되었을 텐데 통합으로 인해 정의당 후보가 승리한 것이다. 이를 보더라도 전국 차원의 선거가 아닌 지역 차원의 선거에서도 '위기와 통합'의 논리가 작동했다고 할 수 있다.

미래당의 경우 당대표 손학규의 총력적인 지원에도 불구하고 지난 총선 때의 득표보다 낮은 득표에 그쳤을 뿐만 아니라,[91] 민중당 후보에게도 밀리는 수모를 겪었다. 이로 인해 사퇴론이 제기될 정도로 손학규의 당내 입지는 크게 위축되었다.

한편 통영·고성의 경우 예상대로 한국당 후보가 당선되었다.[92] 이로

---

88) 손학규는 3월의 개인 일정을 모두 취소하고 창원에 머물면서 바른미래당 후보를 지원했다. <조선일보>, 2019년 3월 25일.

89) <한겨레>, 2019년 3월 25일.

90) 주요 정당 후보의 득표는 다음과 같다. △정의당 여영국: 42,663표(45.75%) △한국당 강기윤: 42,159표(45.21%) △민중당 손석형: 3,540표(3.79%) △미래당 이재환: 3,334표(3.57%). 중앙선거관리위원회 선거통계시스템 참조.

91) 미래당 이재환 후보는 20대 총선에서는 8.27%를 득표했으나, 4·3 보궐선거에서는 3.57%를 득표하는 데 그쳤다. 중앙선거관리위원회 선거통계시스템 참조.

써 4·3 보궐선거는 "범여권과 제1야당인 한국당 사이에 팽팽한 무승부"를[93] 이룬 선거였다고 분석되었다. 이와 동시에 통합을 이룬 측의 후보가 승리했다는 점에서 지역 차원에서도 '위기와 통합' 현상이 나타난 선거였다고 할 수 있다.

4. 선거법 개정과 21대 총선

보궐선거가 끝난 후 국회는 선거법 개정과 고위공직자범죄수사처법(이하 공수처법), 검경 수사권 조정법안 등을 국회법상 패스트트랙(신속처리 대상 안건)으로[94] 지정해서 처리하는 문제를 놓고 정면 대결을 벌였다. 여당인 민주당은 미래당, 평화당, 정의당 등과 함께 이들 법안을 패스트트랙으로 지정하려 했고 한국당은 이에 반대했다. 이 과정에서 몸싸움이 벌어지는 등 극한적인 대치가 이어졌는데, 결국은 군소 정당들이 민주당에 동조함으로써 이들 안건은 신속처리 대상으로 지정되어 본회의에서 통과될 수 있었다.

선거법이 개정되어 정당 득표율만큼 지역구 의석을 확보하지 못한 정당에 비례대표 의석 배분을 골자로 한 연동형 비례대표제가 도입됨에 따라, 군소 정당들은 의석수가 확대될 것이라는 희망에 부풀었다. 그러나

---

92) 주요 정당 후보의 득표는 다음과 같다. △한국당 정점식: 47,082표(59.47%) △ 민주당 양문석: 28,490(35.99%). 중앙선거관리위원회 선거통계시스템 참조.
93) <조선일보>, 2019년 4월 4일.
94) 패스트트랙은 '안건의 신속 처리'를 위해 국회법 제85조 2에 규정된 것으로, 위원회에 회부된 안건을 신속 처리 대상 안건으로 지정하려는 경우 재적의원 5분의 3 이상 또는 안건의 소관 위원회 재적위원 5분의 3 이상의 찬성으로 의결하도록 되어 있다. 이는 2012년 5월 국회법이 개정되면서 법안 심의과정이 지연되는 것을 방지하기 위해 도입된 것으로, 국회 논의 기간이 330일을 넘길 경우 상임위원회의 심의·의결을 거치지 않아도 본회의에 자동 상정되도록 해놓았다.

민주당과 한국당이 총선 직전 위성정당을 만들어 비례 의석 대부분을 차지하는 바람에 선거법 개정 취지가 무색해지고 마는 사태가 발생했다. 결론적으로 이들 군소 정당들은 민주당의 들러리 역할만 한 셈이었다.

21대 총선을 앞두고 야권은 또다시 재편의 소용돌이에 휩싸였는데, 이는 외연을 확대하는 과정에서 또다시 정치권의 이합집산이 발생했기 때문이다. 미래통합당과 국민의당 재창당, 그리고 미래당의 분열과 평화당의 분열이 바로 그것이었다. 민주당의 경우 20대 총선과 7회 지방선거 승리 이후 통합을 굳건히 유지해온 것과는 반대로 야권은 통합을 이루지 못하고 내분과 분열을 거듭해 왔다. 이러한 상황에서 21대 총선이 치러졌기에 여당인 민주당의 승리는 어찌 보면 당연했다고도 할 수 있다.

1) 선거법 개정과 위성정당 출현

연동형 비례대표제는 정당 지지율에 비해 지역구 당선자가 적은 군소 정당에 유리한 제도이기에 미래당과 정의당은 이의 도입을 끊임없이 요구해왔고, 급기야 미래당 당대표 손학규와 정의당 당대표 이정미가 자신들의 요구를 관철하기 위해 국회에서 단식농성을 벌이기도 했다. 이에 민주당과 한국당을 포함한 여·야 5당은 연동형 비례제 도입을 위한 구체적인 방안을 마련하기로 합의까지 했지만, 구체적인 방안을 놓고는 의견이 엇갈렸다.

한국당의 강한 반대로 몸싸움까지 벌어져 국회의장이 경호권을 발동하는 사태가 일어나는 등 우여곡절 끝에 선거법이 개정되었지만, 민주당과 한국당이 위성정당을 만들어 비례대표 의석을 독점하다시피 함으로써 연동형 비례제의 도입 취지는 크게 퇴색되고 말았다. 이로 인해 민주당에 동조하여 의석수를 늘여보려고 했던 군소 정당, 특히 정의당은 한동안 '민주당 2중대'라는 비판을 감수해야만 했다.

(1) 선거법 개정

2018년 12월 15일 여·야 5당은 연동형 비례대표제 도입에 합의한 바 있었다.[95] 이에 따른 구체적인 방안을 논의하는 자리에서 민주당은 의원정수 300명은 유지하되 지역구와 비례대표의 의원정수를 각각 200명과 100명으로 하고 비례대표는 권역별로 선출하며 석패율제를 병용하는 것 등을 골자로 하는 안을 제시했고, 미래당·평화당·정의당은 의원정수를 330명으로 증원하고 지역구와 비례대표의 의원정수를 각각 220명과 110명으로 하는 안을 제시했다.[96] 이에 대해 한국당은 의원정수의 300명 동결에는 찬성하지만, 지역구 의석을 200석으로 축소하는 것은 현실성이 없는 실현 불가능한 제안이라고 반대함으로써,[97] 선거제도 개혁을 1월 중에 처리한다는 합의는 지켜지지 못했다.

선거법 개정 협상에 진전이 없는 상황에서 민주당을 비롯하여 미래당·평화당·정의당이 포함된 4당 대 한국당이 대치하는 전선이 형성되었다. 한국당으로서는 민주당이 제안한 사법제도 개혁과 선거제도 개혁에 반대했는데, 이를 처리하려는 민주당은 연동형 비례제 도입을 원하는 군소 정당과 이해관계가 맞아떨어져 사법개혁 법안과 선거법 개혁안을 패스트트랙으로 지정해서 추진하기로 하는데 합의한 결과, 그러한 대치

---

[95] 2018년 12월 15일 5당은 다음과 같은 합의문을 발표했다.
1. 연동형 비례대표제 도입을 위한 구체적인 방안을 적극 검토한다.
2. 비례대표 확대 및 비례·지역구 의석비율, 의원정수(10% 이내 확대 등 포함해 검토), 지역구 의원 선출 방식 등에 대하여는 정개특위 합의에 따른다.
3. 석패율제 등 지역구도 완화를 위한 제도 도입을 적극 검토한다.
4. 선거제도 개혁 관련법안은 1월 임시국회에서 합의 처리한다.
5. 정개특위 활동시한을 연장한다.
6. 선거제도 개혁 관련 법안 개정과 동시에 곧바로 권력구조 개편을 위한 원포인트 개헌논의를 시작한다.

[96] 국회사무처,『정치개혁특별위원회의록』 제366회 제8호(2019년 1월 24일), 2쪽.

[97] 국회사무처,『정치개혁특별위원회의록』 제366회 제8호, 3쪽.

전선이 형성된 것이다.

민주당은 군소 정당이 원하는 쪽으로 선거법을 개정하고, 군소 정당은 민주당이 원하는 사법제도 개혁에 찬성하는, 이른바 바터제 형식의 야합이 성립한 것이다. 이를 반영하듯 민주당 이해찬 당대표는 선거제 개편을 합의 처리하기 위한 노력이 한계에 온 것 같다면서 한국당을 제외한 여·야 4당이 공조해 패스트트랙으로 처리해야 하지 않을까 생각한다고 말하기까지 했다.98)

선거법 개정논의 과정에서 한국당의 반대로 합의안을 도출하지 못하게 되자 한국당을 제외한 여·야 4당은 '지역구 225석, 비례대표 75석에 권역별 연동형 비례제 도입'을 골자로 한 선거제 개혁안에 합의하고 한국당을 압박했다.99) 4당의 압박에도 불구하고 한국당의 입장에 아무런 변화가 없자. 4당은 2019년 4월 22일 선거법 개정안을 신속처리 대상 안건으로 지정하는 안을 정개특위에 상정하여 4월 23일 새벽 한국당 의원들이 전원 퇴장한 가운데 통과시켰다.100)

한국당을 뺀 여야 4당은 선거법 개정안을 패스트트랙으로 지정한 데에 이어, 4월 26일에는 '고위공직자범죄수사처 설치 및 운영에 관한 법률안' 역시 패스트트랙으로 지정하여 4월 29일에 통과시켰다.101) 이 과

---

98) 이에 대해 한국당 나경원 원내대표는 "의회민주주의를 하지 않겠다는 것"이라고 비판했다. <조선일보>, 2019년 2월 20일.

99) 연합뉴스『연합연감 2020』, 71쪽.

100) 정치개혁특위 위원장 심상정은 패스트트랙 지정은 정치를 바꾸라는 국민의 열망에 "선거제도 개혁을 이루자는 여야 4당의 의지의 산물"로 생각한다면서, "패스트트랙으로 지정되어서 최장 330일이 걸리지만 선거 일정을 감안해서 연내에 최종 처리될 수 있도록" 노력하겠다고 말했다. 국회사무처,『정치개혁특별위원회회의록』제368회 제10호(2019년 4월 30일), 9쪽.

101) 사법개혁특위 위원장 이상민은 회의장이 불법적으로 봉쇄되어 회의 진행이 안 되는 불행한 일이 있었다면서 "신속처리 기간 내에 치열한 논의를 거쳐서 아주 바람직한 법률안을 탄생시킬 것"이라고 다짐했다. 국회사무처,『사법개혁특별위원회회의록』제368회 국회 제11호(2019년 4월 29일), 16쪽.

정에서 의원들 사이에 몸싸움이 발생하여 국회의장이 의안과에 경호권을 발동하는 일도 있었고, 한국당 당대표 황교안이 단식투쟁을 벌이고 한국당 의원들은 필리버스터를 하며 안건 처리에 반대하기도 했다. 그러나 민주당과 야 3당을 합치면 의결 정족수 확보가 가능해서 법안은 사실상 처리 수순에 들어간 것이나 마찬가지였다.

민주당과 군소 정당을 포함한 여야협의체는 2019년 12월 23일 현행 지역구 253석과 비례대표 47석을 그대로 유지하는 선거법 개정에 최종 합의했는데, 개정안은 12월 27일 국회 본회의에서 통과됐다.[102] 지역구 의석수 유지는 민주당 내에서 지역구 축소에 반발하는 의원이 많아 종전대로 그 숫자를 유지하기로 했기 때문인데, 이로 인해 군소 정당은 '결과적으로 민주당 2중대 역할만 했다는 비판'을 받게 되었다.[103]

개정안은 또한 연동형 비례대표제도의 비례 의석을 일부(연동률 50% 적용과 연동률 캡 30석)에만 적용하기로 했고, 석패율제는 아예 도입하지 않기로 했다. 이로써 그동안 여권이 내세웠던 '사표 방지, 지역주의 완화'를 위한 선거법 개정이라는 말이 무색해졌고, 단 한 석이라도 더 얻기 위해 "꼼수에 무리수, 편법까지 동원한 누더기법이 탄생했다"는 지적이 나왔다.[104]

(2) 위성정당 출현

연동형 비례대표제 도입이 가시화되자 한국당은 '비례한국당'을 창당하겠다고 공식 발표했고, 민주당도 내부적으로 '비례민주당'을 만드는

---

102) 한국당은 선거법 개정안을 무기명 투표방식으로 실시하자고 제안했으나 표결 결과 부결(재석 162인, 찬성 10인, 반대 142인, 기권 10인)되어, 전자투표 방식으로 표결이 이루어져 통과(재석 167인, 찬성 156인, 반대 10인, 기권 1인)되었다. 국회사무처,『국회본회의회의록』제373회 제1호(2019년 12월 27일), 4·5쪽.
103) <조선일보>, 2019년 12월 24일.
104) 한국당은 "선거법 수정안은 지난 4월 신속 처리 안건으로 지정한 원안과 비교하면 완전히 다른 법안"이라고 강하게 반발했다. <조선일보>, 2019년 12월 24일.

방안을 검토하고 있는 것으로 알려졌다.105) 한국당과 민주당이 모두 지역구 후보는 내지 않고 오로지 비례대표만을 내는 위성정당을 만들어 군소 정당에 할당될 연동형 비례대표 의석을 가져오겠다는 뜻을 드러낸 것이다.

위성정당을 만드는 과정에서 한국당은 애초 명칭을 '비례한국당'으로 하려고 했으나 이미 그 명칭이 선관위에 등록된 것이어서 차선책으로 '비례자유한국당'으로 확정했다. 그러나 선관위가 정당 명칭에 '비례'라는 용어 사용을 불허하는 결정을 내리자 크게 반발했다.106) '비례자유한국당'이라는 명칭을 사용하지 못하게 됨에 따라 한국당은 2020년 1월 17일 위성정당의 명칭을 '미래한국당'으로 변경 신청했다. 미래한국당은 차기 총선 불출마를 선언한 한국당 의원들을 중심으로 하여 2월 5일 창당대회를 개최했는데, 선거자금 확보를 위해 현역 의원들을 최대한 많이 이적시킨다는 계획을 세웠다.107)

민주당은 한국당이 위성정당인 미래한국당을 창당하기로 함에 따라, 대책을 마련하지 않을 경우 원내 1당의 지위를 빼앗길 우려가 있다는 구실로 위성정당 창당에 나섰다. 한국당이 전체 구도를 깨뜨리고 있는 마당에 방어대책을 세울 필요가 있다는 논리에서 비례대표용 정당인 '더불어시민당'을 만들기로 한 것이다.108) 그리고 비례대표 선거 투표용지의 앞 순위를 차지하기 위해 출마하지 않는 민주당 의원들에게 당적을 더불어시민당 소속으로 옮길 것을 독려하기도 했다.109)

---

105) 위성정당을 만들지 않으면 한국당이 비례대표를 독식할 수 있다는 우려에서 민주당도 위성정당을 만들기로 했다. <조선일보>, 2019년 12월 25일.
106) 처음에 선관위는 당명에 '비례'를 사용할 수 있다는 입장이었으나, 민주당이 유권자들에게 혼란을 준다며 비례 명칭 사용을 불허해 줄 것을 선관위에 공식 요청함에 따라 불허하는 쪽으로 선회한 것으로 알려졌다. <조선일보>, 2020년 1월 9·14일.
107) 미래한국당은 한선교 한국당 의원을 대표로 선출했다. <조선일보>, 2020년 2월 6일.
108) <조선일보>, 2020년 3월 9일.

민주당이 더불어시민당을 만들 무렵 민주당 공천에서 배제된 정봉주 전 의원이 비례대표 정당인 '열린민주당'을 창당하겠다고 선언했다. 그는 미래한국당의 비례대표 독점을 막기 위해 지역구 후보를 내지 않고 비례대표만을 내겠다고 말했다.110) 그리고 총선에서 끝까지 완주할 것이고, 더불어민주당이 주도하는 비례정당과는 별개로 독자노선을 걸으며 여권 성향의 표를 가져오겠다고 밝혔다.111)

이처럼 민주당과 한국당 양대 정당이 비례대표용 위성정당을 창당함에 따라 세간에는 창당 열풍이 분다고 할 정도로 비례대표용 정당들이 많이 출현했다. 2020년 3월 16일 현재 선관위에 등록을 마친 정당이 47개나 됐고 등록 준비 중인 정당이 31개나 되는 것으로 알려졌는데,112) 이는 선거법 개정이 초래한 기현상 중의 하나였다.

2) 야권의 재편과 21대 총선

선거법 개정안이 통과되자 여·야는 21대 총선 준비에 나서게 되는데, 여당인 민주당과 달리 야권은 재편과정을 밟게 된다. 특히 한국당의 경우 지방선거 패배 후유증이 가시지도 않은 상황에서, 연동형 비례제 도입을 명분으로 군소 정당들을 회유하며 선거법 개정에 박차를 가하는 민주당에 맞서기 위해서는 외연 확대가 불가피했기에 통합에 나섰다.

한편 미래당은 보궐선거 패배 이후 손학규의 당대표직 사퇴문제를 놓고 전개된 계파 간 갈등으로 당이 분열되는 사태까지 이르렀고, 평화당 역시 당권파와 비당권파의 내분으로 당이 분열되는 사태를 맞았다.

---

109) <조선일보>, 2020년 3월 25일.
110) <조선일보>, 2020년 2월 29일.
111) <조선일보>, 2020년 3월 18일.
112) <조선일보>, 2020년 3월 21일. 이들 정당 가운데 실제로 비례대표 후보를 낸 정당은 35개였고, 당선자를 낸 정당은 5개(미래한국당, 더불어시민당, 정의당, 국민의당, 열린민주당)에 불과했다. 중앙선거관리위원회 선거통계시스템 참조.

재편과정에 처한 야권과는 달리 여당인 민주당은 '2020년 총선 압승과 2022년 정권 재창출'을 거듭 강조하며 내부 결속을 다져 나갔다. 이와 동시에 청와대 출신 인사들이 총선 준비를 위해 민주당에 들어오면서 여권의 무게 중심이 당으로 옮겨져, 여권 내 분란의 소지를 차단하는 효과를 거두기도 했다.

총선을 전후해서 여·야가 처한 상황이 이처럼 크게 대비가 되었기에, 선거는 구조적으로 여당에 유리할 수밖에 없었다고 분석된다. 분열되지 않고 통합을 유지한 민주당과 달리 야권은 분열상을 드러냈기 때문이다.

(1) 야권의 재편

민주당은 군소 정당과 여야협의체를 구성하며 선거법 개정에 임하는 동안에도 총선기획단을 꾸려 선거대책위원회 출범을 준비해 나갔다. 이에 앞서 친문(親文)의 김경수 경남지사와 비문(非文)의 이재명 경기지사의 만남을 공개함으로써 당내 갈등을 봉합하고 민주당 지지층 내의 분열 요소를 차단하면서 당이 '원팀'임을 대외적으로 과시했다.[113]

민주당은 또한 외부 인재 영입과 함께 '총선 역할론'을 제기해온 이낙연 총리를 민주당으로 복귀시켜 총선에 대비했다.[114] 당의 외곽에서는 '진보 어용 지식인'을 자처해온 유시민이 유튜브 방송을 통해 민주당의 총선 준비를 측면에서 지원했다.[115] 이처럼 민주당은 총선에 대비하여 당 내외의 모든 자원을 총동원함으로써 분열의 소지를 사전에 차단하고 통합을 유지하는 전략을 펴나갔다.

---

113) <조선일보>, 2019년 10월 30일.
114) 2020년 1월 15일 6년 만에 민주당으로 복귀한 이낙연은 당과 상의하며 자신이 할 수 있는 일을 하겠다고 말했는데, 그는 당의 중앙선거대책위원회가 출범하면 공동 선대위원장을 맡아 이해찬 당대표와 함께 총선을 지휘할 것으로 알려졌다. <조선일보>, 2020년 1월 16일.
115) 연합뉴스, 『연합연감 2020』, 165쪽.

총선을 앞두고 민주당이 통합전략을 취한 것과 달리 야권은 분열을 거듭하는 모습을 보였다. 한국당의 경우 친박계가 당 중진의 용퇴를 주장하는가 하면 지도부 용퇴론까지 제기하는 등 분열적인 양상이 나타나기도 했는데, 이의 극복을 위한 방안으로 '보수 대통합론'이 점화되어 미래통합당이 출범하게 되었다.

4·3 보궐선거 참패 이후 미래당은 당권파와 비당권파의 갈등이 극도에 달해, 당은 내분에 휩싸였다. 결국 당원들의 집단 탈당으로 분열되어 일부는 한국당과 국민의당으로, 다른 일부는 민생당으로 당적을 옮겨가는 바람에 미래당은 해체되는 운명을 맞이하고 말았다. 평화당도 당의 진로를 놓고 당권파와 비당권파의 갈등을 극복하지 못하고 비당권파가 탈당하여 대안신당을 창당하는 통에 해체되고 말았다.

① 미래통합당 출범

2019년 8월 이래 보수진영의 대통합을 외쳤던 한국당 당대표 황교안은 11월 6일 "총선 승리를 위해 자유 우파의 대통합을 본격 추진할 것"을 선언하고 당 내외에 통합기구를 만들자고 제안했다. 이에 미래당을 탈당해 새로운보수당(이하 새보수당)을 창당한 유승민은 진정성 있는 자세로 대화에 임하겠다고 화답했다.116)

총선이 임박하자 위기를 느낀 보수진영에서 통합의 운을 띄우기 시작한 것이다. 이에 새보수당의 책임대표로 선출된 하태경도 보수 대통합을 위한 대화를 시작하겠다고 밝힘에 따라,117) 한국당은 혁신통합추진위원회를 발족시키고 통합 논의를 진행했다.118)

보수 대통합 추진과 동시에 한국당은 일반 국민을 대상으로 공천관리

---

116) <조선일보>, 2019년 11월 7일.
117) 대표 수락연설에서 하태경은 새로운보수당은 "젊은 층이 주도하는 정당, 자유·반공을 넘어 공정의 가치를 우뚝 세우고 그 공정을 대한민국 곳곳에 뿌리내리게 하는 정당"이라고 말했다. <조선일보>, 2020년 1월 6일.
118) <조선일보>, 2020년 1월 14일

위원장 후보 추천을 받은 후 공관위원장 추천위원회를 구성하고, 2020년 1월 16일 김형오 전 국회의장을 공관위원장으로 임명했다. 김형오 공관위원장은 좋은 사람이 들어올 수 있도록 "한국당을 확 바꿀 것"이라고 말해 대대적인 물갈이를 예고하고, 총선에서 무조건 보수가 통합되어야 한다면서 황교안이 추진하는 보수통합론에 힘을 보탰다.[119]

한국당 주도의 통합 논의에는 미래당을 탈당하고 '미래를 향한 전진당 4.0'(이하 전진당)을 창당한 이언주도 참여 의사를 밝혔다.[120] 이로써 보수진영의 정당을 망라하는 통합운동이 가시화됐는데, 탄핵에 앞장섰던 새보수당의 유승민이 2월 9일 총선 불출마를 선언하고 한국당과 합당을 추진하겠다고 말함으로써 통합은 급물살을 타게 됐다.[121]

그 결과 2020년 2월 17일 범보수 세력은 "2020 국민 앞에 하나"라는 이름으로 미래통합당(이하 통합당) 출범식을 가질 수 있었다. 총 7개 정당이 통합당이라는 당명 아래 모인 것인데, 이날 황교안은 서로 양보하지 않았다면 불가능한 일이었을 것이라면서 "통합의 기세를 몰아 문재인정권을 반드시 심판하자"고 말하며 '정권 심판론'을 강조했다.[122]

② 바른미래당의 분열

보궐선거 참패 이후 미래당은 손학규 당대표 사퇴론과 호남 신당 창

---

119) <조선일보>, 2020년 1월 17일.
120) 전진당 대표로 추대된 이언주는 "전진당이 판갈이의 상징이 되겠다"면서 "86세대가 아닌 97세대가 전면에 나서야 한다"고 강조했다. <조선일보>, 2020년 1월 20일.
121) 유승민은 "보수가 힘을 합치고 다시 태어나 총선과 대선에서 권력을 교체하고 망국의 위기로부터 구해내라는 국민의 명령에 따르겠다"고 말했다. 그리고 "공천권, 지분, 당직에 대한 요구를 일절 하지 않겠다"면서 '탄핵의 강을 건너자' '개혁 보수를 하자' '새집을 짓자' 등 자신이 제안했던 3원칙만 지켜달라고 요구했다. <조선일보>, 2020년 2월 10일.
122) 7개 정당은 '한국당', '새보수당', '전진당', '국민소리당', '브랜드뉴파티', '같이오름', '젊은보수' 등이다. <조선일보>, 2020년 2월 18일.

당론으로 내분에 휩싸였다. 당내 유승민계와 안철수계가 공동으로 선거 패배의 책임을 물어 손학규의 당대표직 사퇴를 요구하자, 평화당은 손학규에게 "집을 새로 짓자"며 '러브콜'을 보냈기 때문이다.[123] 이를 놓고 당 의원총회에서는 "제3지대에 빅텐트를 쳐서 중도·민생정치를 하려는 사람들을 규합해야 한다"는 주장과 "당의 분열을 조장하는 민주평화당과의 합당을 반대한다"는 주장이 맞서는 사태가 발생했다. 이에 손학규는 거대양당 체제의 극복이 중요하나 지금은 때가 아니라는 말을 하며 단합을 호소했다.[124]

내분이 지속되는 상황에서 2019년 5월 15일 단행된 원내대표 선거에서 바른정당계 오신환의 당선으로 제3지대론이 일단 소강상태에 들어감에 따라,[125] 당은 내분 수습과 총선 준비 등을 위한 혁신위원회를 구성했다. 혁신위원장에 취임한 주대환은 "위기에 몰린 당을 살리는 큰 발전 전략부터 수립할 것"이라고 포부를 밝혔다.[126] 그리고 8명의 혁신위원 전원을 40세 이하로 구성하며 의욕적으로 활동했으나 혁신위가 "손학규 당대표 등 당 지도부에 대한 재신임을 여론조사에 부치겠다"는 혁신방안을 의결하자, 취임 열흘 만인 7월 11일 사퇴했다.[127]

미래당의 당권파와 비당권파의 갈등은 2019년 7월 22일의 최고위원회와[128] 8월 5일의 최고위원회에서도[129] 재연됐다. 손학규는 8월 20일에

---

123) <조선일보>, 2019년 4월 12일.
124) <조선일보>, 2019년 4월 19일.
125) 오신환은 전체 24표 중 과반인 13표를 얻어 김성식을 누르고 원내대표로 선출됐다. 그는 손학규 당대표가 물러나야 당이 지속 가능한 당이 될 수 있다면서 "당을 만든 장본인인 유승민·안철수 두 분이 다시 건강한 시너지를 만들어야 할 때"라고 말했다. <조선일보>, 2019년 5월 16일.
126) <조선일보>, 2019년 7월 2일.
127) 5대 4로 혁신방안이 의결되자, 주대환은 혁신위 활동 기간 동안 자신이 본 것은 '계파 갈등의 재연'이라며 사퇴했다. <조선일보>, 2019년 7월 12일.
128) 이날 당대표의 재신임을 묻겠다는 혁신안의 상정을 손학규가 거부하며 퇴장하자 욕설과 고성이 오고 갔다. <조선일보>, 2019년 7월 23일.

"새로운 정치, 제3의 길을 수행하기 위한 새 판 짜기에 들어가겠다면서 자신에 대한 퇴진 요구를 거듭 일축했다.130) 이후에도 미래당은 당권파와 비당권파 사이에 대립과 갈등이 이어졌는데, 조국 법무부장관 임명 철회 문제,131) 하태경 최고위원에 대한 징계 문제132) 등이 당내 갈등을 초래한 전형적인 요인이었다.

결국 양측은 같은 시간 다른 장소에서 각각 최고위원회와 긴급 의원총회를 개최하며 별개의 정당처럼 행동했다. 비당권파는 9월 30일에는 '변화와 혁신을 위한 비상행동'(이하 변혁)을 출범시키고 독자적인 행동에 나섰다.133) 이에 미래당 윤리위원회는 비당권파에 대해 당원권 1년 정지의 중징계를 내림으로써 양측은 결별 수순에 돌입했다.134) 결국 변혁은 2020년 1월 3일 미래당을 탈당하고 1월 5일 새보수당을 창당한 후, 한국당과 합쳐 통합당으로 출범했다.

한편 독일로 출국했다가 귀국한 안철수가 비대위 구성을 요구하며 손

---

129) 손학규는 유승민을 향해 한국당으로 가려면 혼자 가지 미래당을 끌고 갈 생각은 버리기 바란다면서 바른정당계가 자신의 퇴진을 요구하는 이유가 분명해졌다고 말했다. 이에 유승민은 허위 사실이므로 사과하라고 말했다. <조선일보>, 2019년 8월 6일.
130) <조선일보>, 2019년 8월 21일.
131) 손학규 등 당권파는 '조국 임명 반대투쟁'을 주장하면서도 한국당과의 연대는 반대했던 데 반해, 비당권파는 한국당과의 연대투쟁도 가능하다는 입장을 취했다. <조선일보>, 2019년 9월 16일.
132) 미래당 윤리위는 손학규에게 "나이 들면 정신이 퇴락한다"는 발언을 했던 하태경 최고위원에게 직무정지 6개월 중징계를 확정했다. 이에 유승민은 정치를 이렇게 추하게 할 줄 몰랐다면서 손학규의 당대표직 사퇴를 요구했다. <조선일보>, 2019년 9월 20일.
133) 2019년 9월 30일 미래당 소속 국회의원 15명(유승민계+ 안철수계)이 '변화와 혁신을 위한 비상행동'을 결성했는데, 12월 4일에는 명칭을 '변화와 혁신'으로 바꾸고 12월 19일에는 공식 당명을 '새로운보수당'으로 정했다. 2020년 1월 3일 소속 국회의원 8명이 미래당을 공식 탈당하고 2020년 1월 5일 중앙당을 창당해서 하태경을 책임대표로 선출했다.
134) 연합뉴스, 『연합연감 2020』, 169쪽.

학규의 당대표직 사퇴를 요구하자, 손학규는 이를 거부했다. 이에 안철수가 신당 창당 의사를 밝히고 미래당을 탈당하자, 미래당 비례대표 의원 9명은 의원총회를 열고 스스로 제명을 결의하고 당을 떠났다.[135] 지역구 의원 4명도 일단 잔류는 했지만 곧 탈당할 예정이어서,[136] 미래당은 사실상 손학규의 '1인 정당'으로 전락하게 됐다.

유승민계에 이어 안철수계 의원들의 탈당으로 미래당은 창당 주역들이 거의 다 떠나 사실상 해체 수준에 접어든 것이나 마찬가지였다. 결국 손학규는 2020년 2월 24일 대안신당, 평화당과 함께 민생당으로 합당하기로 결정한 뒤 평당원으로 백의종군하겠다고 밝히고 당대표직을 사퇴했다.[137] 이로써 미래당은 2018년 2월 13일 창당된 지 2년여 만에 역사의 뒤안길로 사라지고 말았다.

③ 민주평화당의 분열과 대안신당 출범

정동영의 당대표 취임 이전부터 당내 주도권 문제를 놓고 자강파와 신당파가 대립하던 평화당은 2019년 8월 8일 신당파 의원 10명이 신당 창당을 위해 탈당을 결의하고,[138] 8월 12일 탈당을 단행함으로써 새로

---

135) 이날 참석한 의원 9명의 명단은 다음과 같다. 이동섭, 최도자, 김삼화, 김중로, 심용현, 이태규, 김수민, 임재훈, 이상돈. <조선일보>, 2020년 2월 19일.
136) 지역구 의원 4명의 명단은 다음과 같다. 김동철, 박주선, 주승용, 권은희. <조선일보>, 2020년 2월 19일.
137) 손학규는 정치구조 개혁과 세대교체를 위한 일념 하나로 온갖 모욕을 견디며 당을 지켰다고 말하고, 유승민계 의원들이 한국당에 통합시킬 것임을 알았기 때문에 끝까지 물러나지 않았던 것이라고 말했다. 민생당의 현역 의원은 바른미래당 7명, 대안신당 8명, 평화당 5명 등 총 20명으로 민주당·미래통합당에 이어 원내 제3 교섭단체가 되었다. <조선일보>, 2020년 2월 25일.
138) 신당파의 대표격인 유성엽은 정동영에게 신당 결성을 위해 당대표직을 내려놓고 비대위 체제로 전환하자고 제안했지만, 거부당했기에 탈당을 결의했다고 밝혔다. 탈당 결의에 동참한 의원 명단은 다음과 같다. 유성엽, 천정배, 박지원, 장병완, 김종회, 윤영일, 이용주, 장정숙, 정인화, 최경환. <조선일보>, 2019년 8월 9일.

운 국면에 접어들었다.139) 이들은 '변화와 희망의 대안정치연대'를 만들어 비교섭단체 등록을 함에 따라 야권 전체의 대대적인 정계 개편으로 이어질 가능성도 제기되었다.

탈당파 의원들은 2019년 11월 17일 대안신당 창당준비위원회를 발족하고, 준비위원장으로 유성엽을 선출했다. 비대위원장 유성엽은 기득권 양당정치를 혁파하고 변화와 희망의 새로운 정치를 주도할 대안신당을 창당할 예정이라고 밝혔다.140) 대안신당은 평화당을 탈당한 지 150여 일 만인 2020년 1월 12일 중앙당 창당대회를 열고 공식 출범했다.141) 대안신당이 출범함에 따라 평화당은 1년 반 만에 분열돼, 의원 6명의 미니정당으로 당세가 크게 위축되고 말았다.

그러나 선거법 개정안과 공수처법 처리를 위해 민주당이 한국당을 제외한 야당과 '4+1(민주당·미래당·정의당·평화당·대안신당) 협의체'를 가동함에 따라 대안신당은 민주당의 국정 파트너로서 역할을 계속하며 예산안 처리방침에 합의하여 예산안을 통과시켜 주기도 했다.142) 이처럼 평화당과 대안신당은 민주당 주도의 여야협의체에 참여하여 예산안 처리와 선거법 개정, 공수처법 처리에 보조를 맞춘 데 이어 총선을 앞두고 다시 통합을 모색했다.143)

④ 국민의당 재창당

2018년 9월 독일로 출국했던 안철수는 1년 4개월 만인 2020년 1월 19

---

139) 신당파 10명 외에 김경진 의원이 탈당함에 따라 11명의 의원이 탈당, 평화당은 5명의 의원만 남게 됐다. <조선일보>, 2019년 8월 13일.
140) blog.naver.com/leebangheui/221710335480(2022년 4월 4일 검색)
141) 당대표로 추대된 최경환 의원은 "이 순간부터 대안신당은 제3세력 통합에 나서겠다"고 말했다. <조선일보>, 2020년 1월 13일.
142) 예산안은 한국당을 제외한 재석 의원 162명 중 찬성 156명, 반대 3명, 기권 3명으로 가결됐다. <조선일보>, 2019년 12월 11일.
143) 박지원은 미래당의 호남계와 평화당, 대안신당이 합쳐 호남에서 민주당과 1대1 구도를 만들겠다고 말했다. <조선일보>, 2020년 1월 11일.

일 귀국했다. 이날 그는 기자회견에서 자신은 총선에 출마하지 않겠지만, 진영 정치에서 벗어나 실용적인 정치를 실현하는 중도정당을 만들겠다면서 야권 통합에 참여하는 대신 독자 세력화에 나설 것임을 분명히 했다.[144]

귀국한 후 안철수는 손학규를 만나 당대표직을 사퇴하고 당을 비대위로 전환해 자신에게 비대위원장을 맡길 것을 요구했으나,[145] 손학규는 이 요구를 거절했다.[146] 손학규가 사퇴를 거부하자 안철수는 미래당을 재창당하는 것은 불가능하다며 탈당을 선언하고, 신당 창당 의사를 밝혔다.[147]

2020년 2월 2일 가진 기자회견에서 안철수는 '탈이념·탈진영·탈지역'의 실용적 중도정당 창당을 공식 선언하고, 신당의 명칭으로는 '안철수신당'을 사용하는 방안을 검토 중인 것으로 알려졌다.[148] 그로서는 네 번째 창당이었는데, 선관위가 '안철수신당'이라는 명칭 사용을 불허하는 바람에[149] 2016년 2월 창당했을 때 썼던, 국민의당 명칭을 그대로 쓰기로 결정했다.

안철수가 추진하는 국민의당 재창당이 가시화되자 미래당 의원들은 2월 18일 의원총회를 열고 비례대표 의원 제명에 나섰다. 이날 의총에서

---

144) <조선일보>, 2020년 1월 20일.
145) 안철수가 돌아오면 당권을 넘길 것처럼 말했던 손학규는 1월 27일 비공개 회동을 한 후 사퇴 거부 의사를 밝혔다. 이날 안철수는 ▲비상대책위 전환 ▲손학규 당대표 재신임 투표 ▲조기 전당대회 개최 등을 요구했으나 손학규는 이를 모두 거부했다. <조선일보>, 2020년 1월 28일.
146) 다음날인 1월 28일 손학규는 "개인 회사 오너가 최고경영자를 해고 통보하듯이 일방적으로 했다"며 사퇴를 거부했다. <조선일보>, 2020년 1월 29일.
147) <조선일보>, 2020년 1월 30일.
148) <조선일보>, 2020년 2월 3일.
149) 선관위는 현역 정치인의 이름을 당명에 넣을 경우 "정당활동이라는 구실로 사실상의 사전 선거운동을 하는 것"이라는 이유를 들어 안철수신당 명칭 사용을 불허했다. 이에 대해 안철수신당 측에서는 "헌법과 무관한 과도한 해석으로 정당 설립의 자유를 침해"한 것이라고 비판했다. <조선일보>, 2020년 2월 7일.

비례대표 의원 13명 중 9명이 만장일치로 '셀프 제명'을 함으로써 의원직을 유지할 수 있게 됐다.150) 비례대표 의원이 탈당하면 의원직을 상실하지만 제명되면 의원직을 유지할 수 있기 때문이었다. 이에 따라 미래당의 비례대표 의원들은 의원직을 유지한 채 안철수가 추진하는 신당에 합류할 수 있는 길이 열리게 되었다.

국민의당은 2020년 2월 23일 창당대회를 개최하고 안철수를 대표로 선출했는데, 대표 수락연설에서 그는 다시 태어난 국민의당은 실용적 중도정치의 모습을 보여 줄 것이라고 말했다.151) 이어 그는 "나라의 미래를 위한 길에 공감하는 분들이라면 손잡고 함께 국가 대개혁의 기초를 닦겠다"고 강조했다. 이에 대해 일부에서 통합당과의 연대하는 것 아니냐는 관측이 나오기도 했으나, 안철수는 독자노선을 추구할 것임을 분명히 했다.152)

⑤ 민생당 창당

대안신당의 박지원이 총선을 앞두고 민주당 의원을 제외하고 호남 출신 의원의 통합을 제안한 데는 나름대로 계산이 있었다. 호남 28석 중 민주당 6석을 제외한 나머지 22석은 미래당 5석, 평화당 4석, 대안신당 8석, 새보수당 1석, 무소속 4석 등인데, 여기서 민주당과 새보수당을 뺀 호남 의원 21명이 일단 합친 뒤 민주당과 1대 1로 경쟁하거나 선거연대 또는 통합을 추진하겠다는 입장이었다.153) 대안신당의 연대 제의에 대해서 민주당은 "호남팔이 총선용 정당"이라며 견제에 나섰다.154)

제3정당론을 내세운 대안신당의 통합 제의에 먼저 호응한 곳은 미래

---

150) 이날 참석하지 않은 의원 4명의 명단은 다음과 같다. 박선숙, 박주현, 장정숙, 채이배. <조선일보>, 2020년 2월 19일.
151) <조선일보>, 2020년 2월 24일.
152) <조선일보>, 2020년 2월 25일.
153) <조선일보>, 2020년 1월 11일.
154) <조선일보>, 2020년 1월 14일.

당이었다. 미래당의 당대표 손학규는 2020년 2월 5일 회의에서 대안신당·평화당과 접촉을 해왔다고 밝히고, 이들 정당과 통합을 추진할 것이라고 말했다. 이에 당 안팎에서는 "손 대표가 대표직 유지를 위해 당 재산을 들고 거래하려는 것 아니냐"는 비판이 나오기도 했다.[155]

손학규는 박주선을 통합추진위원장에 내정하고 대안신당·평화당과 통합 논의에 나섰는데, 대안신당과 평화당도 호남 통합에 나서겠다고 화답했다.[156] 순조로울 것 같던 통합은 손학규의 당대표직 사퇴 거부로 무산될 위기에 처하게 되자,[157] 3당 의원들은 손학규를 배제한 채 '민주통합의원모임'이라는 별도의 교섭단체를 구성했다.[158] 상황이 자신에게 불리한 방향으로 나아가자, 손학규는 결국 당대표직에서 물러나는 수밖에 없었다.

손학규가 당대표직을 사퇴한 후 3당의 통합은 일사천리로 진행되어, 2020년 2월 24일 통합을 선언하고 당명을 민생당으로 하여 출범했다. 이 날 공동대표로 추대된 김정화는 "중도 개혁정신을 끝까지 지켜내 총선에서 승리할 것"이라고 말했다. 민생당의 현역 의원은 미래당 7명, 대안신당 8명, 평화당 5명 등 총 20명으로 민주당, 통합당에 이어 원내 제3 교섭단체가 됐다.[159]

---

155) 손학규는 "넓어진 중간지대, 또 국민이 바라는 새로운 길"로 미래당이 나아갈 것이라면서 빠른 시일 내에 가시적인 성과가 있을 것이라고 말했다. <조선일보>, 2020년 2월 6일.

156) 국민의당이 미래당과 평화당으로 분열되고 평화당에서 다시 대안신당이 떨어져 나오면서 호남 정치세력은 분열을 거듭해 오다가, 총선을 앞두고 통합에 나선 것이다. <조선일보>, 2020년 2월 7일.

157) 3당이 통합되면 3당의 현 지도부가 동시에 퇴진하고 공동 지도부를 구성하자고 의견을 모은 상태에서 손학규가 당대표직에서 물러나지 않겠다는 뜻을 밝히자 통합이 무산되는 것 아니냐는 전망이 나오기도 했다. <조선일보>, 2020년 2월 13일.

158) <조선일보>, 2020년 2월 18일.

159) 당대표는 미래당 김정화 대변인과 대안신당 유성엽 의원, 평화당 박주현 의원이 공동으로 맡기로 했다.

(2) 21대 총선과 국민의힘 출범

선거법 개정협상이 마무리되어 국회를 통과함에 따라 각 당은 총선 준비에 나섰다. 이 과정에서 여당인 민주당은 일찌감치 전열을 정비하고 선거에 임했던 반면, 야권은 이합집산의 소용돌이에 휘말려 분열과 통합을 반복하는 행태를 보였다. 그러나 과거에 그랬던 것처럼 새로운 인물의 정치권 진입, 또는 이념이나 노선의 차이에서 갈라지거나 합치는 것이 아니라 인간적인 친소(親疎)관계나 당선의 유불리(有不利)에 따라 이루어진 것이었기에 유권자에게 아무런 감흥도 줄 수 없었다.

야권이 '제3지대'나 '제3의 길' 또는 '중도정당' 등을 표방했지만 뚜렷한 실체를 제시하지 못한 채 분열과 통합을 거듭했기에 전반적으로 야권은 유권자의 지지를 받을 수 없었고, 이것이 야권을 선거 참패의 늪으로 빠뜨린 것이다. 야권의 이러한 행태로 인해 민주당은 180석을 확보하는 '슈퍼 여당'으로 탄생할 수 있었다. 반면에 제1야당인 한국당은 103석으로 개헌 저지선을 간신히 확보한 것으로 만족해야 했고, 이합집산의 근원지였던 다른 군소 정당들의 경우는 존재 이유를 상실했다고 해도 과언이 아닐 정도로 초라한 성적표를 받았다.

절체절명의 위기에 봉착한 야권으로서는 위기 극복을 위해 총력을 기울여야만 했는데, 이 작업에 앞장선 것이 통합당이었다. 선거 참패 후 비대위를 구성하여 비대위원장에게 전권을 부여하고, 당명까지 바꾸면서 환골탈태를 꾀한 것이다. 정의당과 국민의당도 당의 체질을 바꾸기 위해 많이 노력했으나, 군소 정당의 한계로 인해 일반 국민의 피부에 와 닿을 정도로 체질을 바꾸지는 못한 것으로 분석되었다.

① 21대 총선

민주당은 총선 승리로 각종 개혁과제를 완수하고 문재인정부의 성공을 뒷받침해 정권 재창출의 기초를 다진다는 각오로 선거에 임했다. 이를 반영하듯 민주당 총선기획단장 윤호중은 "선거를 통해 문재인정부 성공과 촛불정신, 공정의 가치, 개혁과 민생을 위해 여의도 정치세력의

교체"를 이루겠다고 말했다.160)

총선 승리를 위해서는 공정한 공천이 선행되어야 한다고 생각한 민주당은 불출마를 선언한 원혜영을 공천관리위원장으로 임명했다. 그는 누구를 특별히 배려하거나 대우하는 일은 없을 것이며 경선이 원칙이라고 말했다.161) 그러나 비주류 의원들은 대거 탈락하고 그 자리에 정부나 청와대 출신의 친문 인사들이 주로 공천되었다는 분석이 나왔다.162)

공천을 통해 결과적으로 당내 분열적인 요소를 사전에 제거함으로써 당의 방침에 이의를 제기하지 못하고 무조건 따라야만 하는 구조가 만들어진 것이다. 이로 인해 민주당은 통합을 유지한 상태로 선거를 치러 총선에서 압승할 수는 있었으나, 지시대로만 움직이고 여론에는 귀를 기울이지 않는 경직적인 정당조직으로 변질되고 말았다.

통합당의 경우 정계를 은퇴한 김형오 전 국회의장을 공천관리위원장으로 추대했다. 그는 혁신공천으로 과감한 인적 쇄신과 구태 청산, 청년·여성·신인에 문호개방 3가지 원칙을 내세웠다.163) 공천이 마무리된 지역구 232곳의 현황을 보면 121명의 의원 중 52명이 공천을 받지 못해, 현역 교체율은 43%나 돼 인적 쇄신은 어느 정도 달성했다고 볼 수 있다.

구체적으로 보면 친박 중진의 상당수가 공천에서 배제되거나 불출마를 선언한 반면, 총선을 앞두고 합류한 유승민계와 안철수계 의원들은 선전했음을 알 수 있다.164) 아마도 통합의 차원에서 새보수당과 민생당 출신 의원들을 배려한 것으로 분석되는데, 기본적으로 통합당은 통합의

---

160) <조선일보>, 2020년 1월 1일.
161) <조선일보>, 2020년 1월 10일.
162) 2020년 3월 20일 현재 민주당 후보로 공천을 받은 정부와 청와대 출신 인사는 42명(32.3%)에 달했다. <조선일보>, 2020년 3월 21일.
163) 김형오, 『총선 참패와 생각나는 사람들』 (21세기북스, 2021), 28~29쪽.
164) 새보수당 출신 의원 8명 중 5명(오신환·지상욱·유의동·이혜훈·하태경)이 공천을 받았고, 민생당을 탈당한 안철수계 의원은 4명(김삼화·김수민·김중로·이동섭)이 공천을 받았다. <조선일보>, 2020년 3월 21일.

시너지 효과를 낼 정도로 유권자에게 감동을 주지 못했기에 선거에서 소기의 성과를 거둘 수 없었다.

일차적으로 한국당의 당대표 황교안과 새보수당의 당대표 유승민 간에 물리적·외형적인 통합은 됐어도 화학적·심리적 통합이 되지 않았기에 표로 연결되지 못한 것을 들 수 있다. 뭉치면 이긴다는 생각만 있었고 두 대표 사이에 뜨거운 포옹은 없었다는 것이다.165)

다음으로는 국민의당과의 통합이나 연대를 실현하지 못한 것을 들 수 있다. 안철수계 의원 4명이 공천을 받기는 했지만, 황교안·안철수 두 당대표 모두 중앙당 차원의 통합이나 연대 논의에 부정적인 입장이었다.166) 이로 인해 통합의 상징이라고 할 수 있는 유승민과 안철수를 선거에 적극적으로 활용할 수 없었고, 그 결과 통합당의 패배로 이어진 것이다.167)

선거 패배 후 통합당은 "패배를 딛고 앞으로 나아가기 위해" 백서 제작을 위한 특별위원회를 구성했다. 백서에서 통합당은 "전직 대통령 탄핵 이후에도 국민의 뜻을 제대로 헤아리지 못하고 뚜렷한 대안을 제시하지 못하면서 보수통합과 대정부 투쟁에만 매몰된 채 국민들의 마음을 얻지 못한 것이 아닌가 하는 생각"이 든다고 토로하고, 총선 패배의 10가지 원인을 제시했다.168)

---

165) 김형오, 『총선 참패와 생각나는 사람들』, 33쪽.
166) <조선일보>, 2020년 2월 24일.
167) 강원택 교수는 총선에서 민주당의 압승은 통합당이 애초부터 다수 유권자의 신뢰를 받지 못했기 때문인 것으로, 즉 19대 대선 패배 이후에도 당의 변혁에 둔감했던 통합당의 무능 때문이라고 분석했다. 강원택, 『한국의 선거정치 2010-2020』 (푸른길, 2020), 123쪽.
168) 통합당이 열거한 10가지 패배 원인은 다음과 같다. 1. 대선 이후 중도층 지지 회복 부족, 2. 선거 종반 막말 논란, 3. 최선의 공천 이루어지지 못함, 4. 중앙당 차원의 효과적인 전략 부재, 5. 탄핵에 대한 명확한 입장 부족, 6. 40대 이하 연령층의 외면, 7. 코로나19 방역 호평 대통령 긍정 평가 증가, 8. 강력한 대선 후보군 부재, 9. 국민을 움직일 공약의 부족, 10. 정부·여당의 재난지원금 지급

20명의 의원으로 원내 교섭단체를 구성한 민생당은 호남에서 민주당과 제1당을 놓고 경쟁하겠다는 전략을 세웠으나, 민주당이 제안한 '비례연합정당'169) 참여 문제를 놓고 의견이 엇갈렸다. 민생당 내의 대안신당·평화당계 의원들은 참여하자고 주장한 반면, 미래당계는 독자 후보를 내자고 주장함으로써 의견의 일치를 보지 못했다.170) 결국 민주당이 독자적으로 비례대표용 정당인 더불어시민당을 만들기로 함에 따라 민생당은 내상만 입고 말았다.

정의당 내에서는 어떤 경우에도 비례 연합정당에는 참여하지 않고 정치혁신의 길을 걷겠다는 의견이 있는가 하면, 현실적으로 비례당에 참여할 수밖에 없다는 목소리도 적지 않은 것으로 알려졌다.171) 이로 인해 당 내부에 균열이 생기기도 했는데 민주당이 위성정당인 더불어시민당을 만들자, 심상정은 "국민의 표를 도둑질하는 꼼수정치에 정의당이 몸담을 수 없다"고 비판했다.172)

이처럼 총선을 앞두고 민주당이 제안한 비례 연합정당은 민생당과 정의당에는 내부적인 갈등 요소로 작용했다. 이와 반대로 민주당에게는 비례대표용 위성정당 창당을 기정사실화하는 효과를 제공한 셈이 되어 '꼼수정치'라는 비난에도 불구하고 민주당은 크게 실리를 챙겼다고 할

추진. 미래통합당, 『제21대 총선백서』, 10쪽.
169) 한국당이 비례대표용 정당을 만들기로 하자, 민주당은 한국당이 비례대표 의석을 휩쓰는 것을 막는다는 구실로 민주당도 비례대표용 정당을 만들기로 했다. 그러나 선거법의 개정취지를 훼손한다는 비판을 피하기 위해 민생당과 정의당 등 군소 정당에 공동으로 참여할 것을 타진했다. 이들의 참여를 위해 민주당은 '비례 연합정당'을 만들어 여기에 각 당이 비례대표 후보들을 파견해서 정당별로 의석을 배분하자고 제안했다. <조선일보>, 2020년 3월 2일. 비례 연합정당을 만들 경우 연합정당은 21석을, 만들지 않을 경우 민주당은 7석만을 차지할 것이라는 여론조사 결과를 토대로 7석만 민주당에 배정하고 나머지는 군소 정당에 배분하겠다고 민주당은 제안했다. <조선일보>, 2020년 3월 7일.
170) <조선일보>, 2020년 3월 12일.
171) <조선일보>, 2020년 3월 10일.
172) <조선일보>, 2020년 3월 19일.

수 있다.

한편 국민의당 안철수는 창당 닷새 만인 2020년 2월 28일 기자회견에서 총선에 지역구 후보는 내지 않고 비례대표 후보만 내기로 했다고 발표했다. 지역구 공천을 포기함으로써 통합당의 '연대' 요구를 사실상 수용한 것으로 보도되었으나,173) 실질적인 통합에까지는 이르지 못함으로써 별다른 성과를 거두기는 어려울 것으로 분석되었다.

총선을 앞둔 여야의 상황이 이와 같았기에 민주당의 승리는 어느 정도 예견된 것이기도 했으나 막상 압승으로 판명되자, "야당은 실종되고 민주당의 독주가 시작될 것"이라는 관측이 나왔다.174) 민주화 이후 여당으로서 역대 최대 규모의 압승을 거두었기 때문이다.175)

지역구 의석의 경우 통합당은 전통적 텃밭인 영남과 강원에서만 앞섰을 뿐 호남에서는 전멸하고 수도권에서도 명맥만 유지했을 뿐이다. 당 대표 황교안을 포함해서 오세훈, 나경원 등 대선급 주자들도 낙선함으로써 차기 대선 전망도 어두워졌다. 패배의 책임을 지고 황교안은 당대표직을 사퇴하는 수밖에 없었다. 후보자를 내지 않은 국민의당을 제외하고는 정의당이 겨우 지역구 1석을 차지했을 뿐이고, 민생당은 단 한 명의 당선자도 내지 못했다.

한편 비례대표 의석의 경우 민주당과 통합당의 위성정당이 17석과 19석을 가져 거의 싹쓸이하다시피 했고, 정의당과 국민의당은 각각 5석과

---

173) 안철수 대표는 회견에서 "대한민국이 이대로 가선 안 된다고 생각하는 국민들께선 지역 선거구에서 야권 후보를 선택해 문재인 정권을 심판해주시고, 정당 투표에서는 가장 깨끗하고 혁신적이며 미래지향적인 정당을 선택해 반드시 대한민국의 정치를 바꿔달라"고 말했다. <조선일보>, 2020년 2월 29일.

174) <조선일보>, 2020년 4월 16일.

175) 21대 총선 지역구 및 비례대표 후보자/당선자 현황
  ◆**지역구** △더불어민주당: 253/163 △미래통합당: 236/84 △민생당: 58/0 △정의당: 75/1 △무소속: 116/5. ◆**비례대표** △더불어시민당: 30/17 △미래한국당: 39/19 △정의당: 29/5 △국민의당: 26/3 △열린민주당: 17/3. 중앙선거관리위원회 선거통계시스템 참조.

3석에 그쳐 거대 양당의 나눠먹기가 현실화됐다. 이로 인해 연동형 비례대표 도입 취지는 흔적도 없이 사라지고 말았다. 결론적으로 21대 총선은 분열되지 않은 민주당의 압승으로 끝난 선거였다고 할 수 있다.[176]

② 국민의힘 출범

총선에서 역대급 참패를 당한 통합당은 당을 비상대책위원회체제로 전환하여 김종인 전 총괄선대위원장을 비대위원장으로 영입하기로 하고,[177] 새 원내대표 경선에 들어갔다. 원내대표 경선에서 주호영이 권영세를 누르고 선출되었는데, 이는 거대 여당을 상대로 협상을 벌여야 하는 상황에서 정책 전문성을 지닌 다선 의원이 앞장서야 한다는 표심이 작용한 결과라고 분석되었다.[178] 그는 당선 소감에서 현실을 인정하고 국정에 협조할 것은 과감하게 협조하겠다면서 비대위 출범을 신속하게 매듭짓겠다고 말했다.

비대위원장의 임기 문제를 놓고 논란을 빚던 통합당은 김종인의 요청에 따라 위원장의 임기를 2021년 4월 7일 재·보궐선거까지 하는 것으로 결정했다.[179] 통합당은 비대위체제로의 전환 결정과 동시에 비례용 위성정당인 미래한국당과 5월 29일까지 무조건 합당한다는 결의문도 채택했는데, 이에 호응하여 미래한국당도 통합당과의 합당을 결의했다.[180]

---

176) 이를 반영하듯 투표에 참가했던 유권자에 대한 여론조사 결과 '통합당이 잘못해서'(61%)가 민주당이 잘해서(22%)보다 세 배가량 높은 것으로 나타났다. <조선일보>, 2020년 4월 24일.
177) 통합당 심재철 원내대표는 "20대 국회의원과 21대 국회 당선인 140명을 대상으로 의견을 취합한 결과, 김종인 전 총괄선대위원장이 이끄는 비대위에 다수가 찬성했다"고 말했다. <조선일보>, 2020년 4월 23일.
178) 경선에서 주호영은 59표를 얻었고, 권영세는 25표를 얻는 데 그쳤다. <조선일보>, 2020년 5월 9일.
179) 통합당은 2020년 5월 22일 당선자 워크숍을 열어 '김종인 비대위체제'를 출범시켜 2021년 4월 재·보선 때까지 가기로 했다. <조선일보>, 2020년 5월 23일.
180) <조선일보>, 2020년 5월 23일.

통합당과 미래한국당이 합당하기로 결의함에 따라 양당은 2020년 5월 29일 선관위에 '미래통합당'으로 신고, 법적 합당 절차를 마쳤다.[181] 이로써 통합당의 의석수는 103석이 되었다.

비대위원장에 취임한 김종인은 당협위원장을 상대로 한 특강에서 "변화 없이는 당 생존이 불가능하다"고 말하고, 2022년 3월 대선 때까지 모든 것을 바꾸지 않으면 안 되며 "일반적 변화가 아닌 엄청난 변화만이 대선 승리의 길"이라고 강조했다.[182] 이처럼 변화를 강조한 그는 2020년 8월 19일 광주 5·18 민주묘지를 찾아 무릎을 꿇고 5·18문제와 야당의 잇따른 망언에 대해 공식 사과했다. 또한 자신이 과거 신군부가 설치한 국보위에 참가한 것에 대해서도 사죄한다고 말함으로써 스스로 변화된 모습을 보였다.[183]

이처럼 한국당은 새 원내대표 선출, 미래한국당과 통합, 김종인 비대위체제 출범 등 총선 참패로 초래된 후유증을 극복하기 위해 노력하는 한편, 부정적인 과거와의 단절 및 당 쇄신 차원에서 당명을 바꾸기로 했다. 새 당명과 관련하여 국민을 대상으로 한 공모에서 가장 많이 나온 '국민'이란 단어를 넣어 '국민의힘'을 후보로 선정했다.[184] 통합당은 2020년 9월 2일 전국위원회를 열고 당명을 '국민의힘'으로 교체하기로 결정하고, 중도·실용노선을 대거 반영한 정강·정책 개정안도 공식 채택했다.[185] 이로써 한국당에서 통합당으로 당명을 바꾼 지 7개월 만에

---

181) <조선일보>, 2020년 5월 30일.
182) <조선일보>, 2020년 5월 28일.
183) <조선일보>, 2020년 8월 20일.
184) 통합당은 '국민의힘'이란 명칭은 '국민으로부터 나오는 힘' '국민을 위해 행사하는 힘' '국민을 하나로 모으는 힘' 세 가지 의미를 담고 있다면서 "특정 세력이 아닌 국민의 힘으로 자유민주주의를 실천하는 정당, 모든 국민과 함께 하는 정당, 국민의 힘으로 결집하고 새로운 미래를 여는 정당을 지향하겠다는 뜻"이라고 설명했다. <조선일보>, 2020년 9월 1일.
185) 김종인 비대위원장은 전국위 인사말에서 "우리 당은 시대 변화에 뒤진 정당, 기득권 옹호 정당 등 부정적인 이미지가 강했다"면서 앞으로는 시대 변화를 선

통합당은 다시 당명을 바꾸어 국민의힘으로 공식 출범했다.

5. 서울·부산시장 보궐선거

21대 총선 분위기가 채 가시지도 않은 시점인 2020년 4월 23일 오거돈 부산시장이 긴급 기자회견을 갖고 전격적으로 사퇴하겠다고 발표했다. 시장 집무실에서 부하 여직원을 성추행했다는 게 사퇴 이유였다.[186] 오거돈 부산시장의 성추행사건에 이어, 2020년 7월 10일에는 실종 신고된 박원순 서울시장이 북악산 자락에서 시신으로 발견되었다. 부하 여직원으로부터 성추행 혐의로 피소되자 극단적인 선택을 한 것이다.[187]

민주당은 소속 단체장이 성추문 사태로 물의를 빚은 것은 2018년 안희정 충남지사의 성폭행 사건을 포함하여 세 번째여서 큰 충격에 빠져 대책 마련에 부심했다. 특히 박원순 시장의 경우 성희롱이 범죄에 해당한다는 인식을 끌어낸 당사자인데다가, 성고문 사건 변호에도 참여하는 등 성범죄사건 변호인으로 활발하게 활동했으며, 시장으로 당선된 후에는 성평등위원회를 운영하며 페미니스트를 자처하기까지 했기 때문이다.[188]

통합당은 오거돈 시장 사퇴에 대해 민주당 지도부가 총선에 미칠 파장을 막기 위해 총선 이후에 사퇴하는 쪽으로 조율한 것 같다는 의구심

도하고 약자와 동행하며 국민통합에 앞장서는 정당으로 체질을 바꿔나갈 것이라고 말했다. <조선일보>, 2020년 9월 1일.

186) 오거돈 부산시장은 여직원과 불필요한 신체접촉이 있었다면서 "책임을 지고 사퇴한다"고 발표했다. <조선일보>, 2020년 9월 1일.
187) 박원순 시장의 전직 비서는 2020년 7월 8일 박 시장에게 성추행 피해를 당했다는 내용의 고소장을 서울지방경찰청 여성청소년과에 제출했다. <조선일보>, 2020년 7월 7일.
188) 연합뉴스, 『연합연감 2021』, 53쪽.

을 제기했다.[189] 그리고 박원순 시장 사건에 대해서는 "2차 피해로 갈 가능성"이 있으므로 사건 경위에 대해 명확한 사실관계가 밝혀져야 한다고 말했고, 정의당은 "고위 공직자들이 저지르는 위계에 의한 성폭력에 대한 철저한 진상 파악과 재발 방지대책이 필요"하다고 말했다.[190]

성희롱 사건으로 인해 2021년 4월 7일 서울과 부산 두 곳에서 시장 보궐선거가 치러지게 되었는데, 한국정치에서 두 지역이 갖는 상징성으로 인해 여·야는 승리를 위해 심혈을 기울였다. 대선을 1년 앞둔 시점에서 치러지는 것이었기에 민주당으로서는 정부·여당에 대한 신임 여부를 측정할 수 있는 지표가 되고, 야당에는 정권 탈환의 가능성을 가늠할 수 있는 근거가 되는 것이기 때문이었다.

사건 발생 이후 선거전략을 수립하는 과정에서 민주당은 서울과 부산의 시장 보궐선거에 후보를 공천하는 문제를 두고 당 안팎에서 의견이 엇갈렸다. 이와 반대로 야당은 민주당에 대한 공세를 강화하는 한편, 민주당에 빼앗겼던 시장직을 되찾기 위한 전략을 세우는 과정에서 국민의힘과 국민의당이 공조하기도 했다.

1) 여·야의 보궐선거 전략

민주당 전당대회에서 당대표로 선출된 이낙연은 국민의 반대 여론을 무릅쓰고 당헌을 개정하면서까지 서울·부산시장 보궐선거에 후보를 내는 쪽으로 결정하고 후보를 공천하기로 했다. 한편 국민의당 서울시장 후보인 안철수는 국민의힘의 단일화 제의에 응해 경선 끝에 후보를 사퇴, 국민의힘 후보인 오세훈을 단일후보로 만들어 그가 당선되도록 하는 데 크게 기여했다. 이를 보더라도 지방선거 차원에서도 통합은 효과를 발휘한다고 할 수 있다.

---

189) <조선일보>, 2020년 4월 24일.
190) <조선일보>, 2020년 7월 11일.

선거에 앞서 민주당과 국민의힘은 여성 후보에게는 10%의 가산점을 적용하기로 확정했는데, 이는 보궐선거가 전직 시장들의 성추행으로 치러지는 것과 무관하지 않다는 분석이 나왔다.191) 민주당에서는 대중적 인지도를 갖춘 중소벤처기업부 장관 박영선이, 국민의힘에서는 전 의원인 나경원·이언주 등 여성의 출마가 유력시되는 상황이어서 여성 가산점제를 적용하기로 한 것이다.

(1) **더불어민주당**

2020년 8월 29일 개최된 민주당 전당대회에서 국무총리를 지낸 이낙연이 당대표로 선출되었다. 그는 대표 수락연설에서 통합의 정치에 나서며 혁신을 가속하라는 국민의 명령을 충실히 이행하겠다면서 "기필코 정권을 재창출해 문재인정부를 계승 보완하고 발전시키겠다"고 말했다.192) 그러나 정권 재창출에 앞서 민주당에 주어진 가장 큰 과제는 서울·부산시장 보궐선거에 민주당이 후보를 낼 것인지 여부였다.

이에 대해 이낙연은 "늦기 전에 책임 있게 결정할 것"이라며 답변을 유보했는데,193) 민주당 당헌에는 당 소속 공직자의 잘못으로 재·보궐선거가 실시되는 경우 후보를 추천하지 않는다는 규정이 있기 때문이었다.194)

---

191) <조선일보>, 2021년 1월 9일.
192) 전당대회에서 이낙연은 대의원·권리당원 투표와 당원·국민 여론조사 합산 결과 60.77%를 득표했다. 김부겸은 21.37%, 박주민은 17.85%를 얻었다. <조선일보>, 2020년 8월 31일.
193) <조선일보>, 2020년 9월 1일.
194) 민주당은 2015년 문재인의 당대표 시절 새누리당 소속 하학렬 고성군수가 공직선거법 위반으로 당선무효형을 받아 재선거가 치러지자 고성을 방문해, "재선거의 원인 제공자(새누리당)는 후보를 내지 말아야 한다"고 말했다. 그리고 책임정치를 강화한다는 의미에서 당헌 제96조 2항 "당 소속 선출직 공직자가 부정부패 사건 등 중대한 잘못으로 그 직위를 상실하여 재·보궐선거를 실시하게 된 경우 해당 선거구에 후보자를 추천하지 아니한다"는 규정을 신설했다.

이러한 규정이 있음에도 불구하고 민주당 내에서 후보를 내야 한다는 주장이 강하게 제기되자 이낙연은 의원총회에서 당헌에 따르면 후보를 내는 것이 어렵지만, 이것은 책임 있는 선택이 아니며 "후보 공천을 통해 시민 심판을 받는 것이 책임 있는 공당의 도리"라고 말했다.195) 사실상 후보를 내겠다고 공표한 것이다.

　이에 따라 민주당은 2020년 10월 31일과 11월 1일 이틀간 전 당원을 대상으로 공천을 위한 당헌 개정 여부를 묻는 투표를 실시하기로 했다. 당헌상 후보를 낼 수 없게 돼 있어 후보를 낼 경우는 국민과의 약속을 파기하는 것이기 때문에, 후보 공천 여부에 대해 말을 아껴오다가 당헌을 개정하는 쪽으로 방침을 바꾼 것이다.

　비록 형식적인 절차이기는 하지만 후보를 내기 위한 당헌 개정안은 당원투표에서 통과된 데 이어, 중앙위원회에서도 통과되었다.196) 이로써 '정치개혁'이란 명분을 내걸고 민주당이 도입한 이른바 '중대 잘못 시 무공천'이라는 당헌의 규정은 사실상 폐기됐다. 그러나 투표에 참여한 당원이 전체의 26%에 불과해, 당원투표를 명분으로 내세워 국민에 대한 약속을 뒤집는 것은 책임 회피를 합리화한 것에 불과하다는 비판을 면할 수 없었다.197)

　당헌 개정을 마친 민주당은 보궐선거에 출마할 후보를 접수했다. 그 결과 서울시장 후보 경선은 우상호 의원과 중소벤처기업부 장관을 지낸 박영선 전 의원 2명 사이에, 부산시장 후보 경선은 김영춘 전 국회사무총장과 박인영 전 부산시의회 의장, 변성완 전 부산시장 권한대행 3명 사이에 치러지게 됐다.198) 민주당은 최종 후보를 권리당원 투표와 일반

---

195) <조선일보>, 2020년 10월 30일.
196) 당헌 개정안은 전 당원 투표에서 86%의 찬성률로 통과됐고, 중앙위원회에서 97%의 찬성률로 통과됐다. 이에 대해 야당뿐만 아니라, 시민단체 '교육바로세우기운동본부' 등은 기자회견을 열고 "민주당의 후보 공천은 명백한 3차 가해"라며 철회를 요구했다. <조선일보>, 2020년 11월 4일.
197) <조선일보> 2020년 11월 3일.

시민 여론조사를 각각 50%씩 반영해 선출하기로 했다.

민주당의 서울시장 후보 경선은 서울시 권리당원 18만 명의 온라인 투표 결과 50%와 일반 선거인단 6만 명의 여론조사 결과 50%를 합산해 후보를 결정하기로 했는데, 2021년 3월 1일 최종 집계 결과 박영선이 후보로 선출됐다. 후보로 선출된 박영선은 문재인정부 및 민주당과 '원팀'이 되어 서울시민에게 일상의 행복을 돌려드리겠다고 말했다.[199]

박영선이 민주당 후보로 선출되자, 범여권의 열린민주당 서울시장 후보인 김진애는 2021년 3월 2일 의원직 사퇴 의사를 밝히면서 민주당에 '충실하고 공정한 방식'의 후보단일화를 촉구했다.[200] 이는 야권이 추진하고 있는 후보단일화에 맞불을 놓는 차원에서 제기된 것으로 협상 끝에 박영선과 김진애는 3월 9일 단일화 방식에 합의했다. 이에 따르면 3월 11일과 15일 두 차례 토론을 포함한 여론조사 방식으로 단일화하기로 하고, 3월 17일에는 최종 후보를 선출한다는 것이다.[201]

여론조사 결과는 민주당 박영선의 승리로 나타났다. 민주당과 열린민주당의 서울시장 단일후보로 선출된 박영선은 "MB를 연상시키게 한 낡은 행정으로는 서울 미래를 기대할 수 없고 새 정치를 하겠다며 낡은 정치 전형, 철새 정치를 10년간 해온 후보로는 서울 미래를 기대할 수 없다"며 본선 승리를 다짐했다.[202] 양당은 득표율을 공개하지 않기로 했는데, 민주당 관계자는 단일화 진통을 겪고 있는 야권과 달리 범여권은 순탄하게 마무리 지었다고 강조했다.

한편 3월 6일 치러진 부산시장 후보 경선에서는 김영춘이 후보로 선

---

198) <조선일보> 2021년 2월 6일.
199) 민주당 권리당원 투표는 2월 26일과 27일 이틀간 이루어졌고 2월 28일과 3월 1일에는 일반 여론조사가 진행되었는데, 최종 집계 결과 69.56%를 얻은 박영선이 30.44%를 얻은 우상호를 누르고 선출되었다. <조선일보>, 2021년 3월 2일.
200) <조선일보>, 2021년 3월 3일.
201) <조선일보>, 2021년 3월 10일.
202) <동아일보>, 2021년 3월 18일.

출되었다. 후보 수락연설에서 그는 피를 토하고 **뼈**를 깎는 심정으로 선거에 나섰다면서 "1년을 준비한 국민의힘 후보를 한 달 준비한 김영춘이 따라잡고 있다"면서 대역전극을 보여주겠다고 장담했다.203)

(2) 국민의힘

국민의힘 경선준비위원회는 2020년 9월 29일 회의를 열고 서울·부산시장 보선 후보 경선 때 당원과 국민 비율을 현행 '5대5'에서 2대8 또는 3대7로 바꿔 일반 국민의 참여 비율을 대폭 늘리기로 했다.204) 한편 민주당이 당헌을 바꿔가며 후보를 공천하기로 결정하자, 비대위원장 김종인은 "보궐선거 공천 자체가 피해자에 대한 3차 가해"라며 민주당 지도부가 비겁하게 당원 뒤에 숨어 양심을 버리고 있다고 비난했다.205)

국민의힘은 서울시장 후보로 전 서울시장 오세훈과 전 의원 나경원 등이 출마할 것으로 알려졌는데, 두 사람은 2021년 1월 3일 만나 여론조사에서 선두를 달리고 있는 국민의당 안철수가 만일 국민의힘에 입당해 경선에 임할 경우는 단일화하기로 의견을 나누었다.206)

국민의힘의 두 예비후보가 선거에 승리하기 위해서는 우선 내부에서부터 단일화하는 게 필요하다는 데 의견의 일치를 본 것인데, 김종인도 국민의당 안철수와의 단일화가 필요하다는 것에 대해서는 인정했다.207) 그러나 국민의힘은 후보단일화를 추진하기는 하지만, 우선 자당의 후보를 확정한 후 안철수, 금태섭 등 3자 간 경선을 통해 단일화를 추진한다는 입장이었다.208)

---

203) 김영춘은 67.74%를 얻어 변성완(25.12%)과 박인영(7.14%)을 누르고 부산시장 후보로 선출됐다. <동아일보>, 2021년 3월 8일.
204) <조선일보>, 2020년 10월 30일.
205) <조선일보>, 2020년 11월 2일.
206) <조선일보>, 2021년 1월 5일.
207) KBS와 인터뷰에서 김종인은 "안 대표와 서울시장 후보단일화에 절대 반대하지 않는다"면서도 "최종적으로 후보 등록 직전에 야권이 서로 협의해서 단일화를 할 수 있으면 가장 좋다고 생각한다고 말했다. <조선일보>, 2021년 1월 6일.

국민의힘 서울시장 예비후보는 총 8명이 나와 2021년 1월 29일 백범 김구기념관에서 정책 발표회를 가졌으며,209) 2월 5일에는 이들 가운데 오세훈 등 4명이 예비경선 후보로 발표되었다.210) 한편 총 6명이 예비후보 등록을 한 부산의 경우, 박형준 등 4명이 예비경선 후보로 선출되었다.211) 이들은 한 달간 경선 레이스를 시작했는데, 경선 결과 서울시장과 부산시장 후보로 오세훈과 박형준이 각각 선출됐다.212)

　국민의힘의 서울시장 후보로 오세훈이 선출되자, 안철수는 3월 4일 건설적 협력 방안에 대해 논의하기를 희망한다며 "가급적 빨리 만날 수 있으면 좋겠다"고 제안했다. 그리고 선의의 경쟁을 통한 협력자로 경선 과정이 진행되기를 바란다고 말했다.213) 안철수의 제안을 계기로 국민의힘과 국민의당은 단일화 협상을 진행했으나, 양측은 여론조사 문항과 조사방법 문제를 두고 팽팽한 줄다리기를 벌였다.

　여론조사 문항을 놓고 두 후보의 입장이 전혀 달랐기 때문이다. 오세훈은 "어느 후보가 야권 단일후보로 적합하다고 생각하느냐"고 묻는 방식이 유리하다고 보았고, 안철수는 "더불어민주당 박영선 후보를 상대로 누가 더 경쟁력이 있느냐"는 문항이 유리하다고 판단하고 있었다. 시간이 갈수록 두 후보가 오차범위 내에서 치열한 접전을 벌이는 상황에

---

208) <동아일보>, 2021년 1월 29일.
209) 8명의 예비후보 명단은 다음과 같다. 나경원, 오세훈, 이종구, 오신환, 조은희, 이승현, 김선동, 김근식. <동아일보>, 2021년 1월 30일.
210) 4명의 명단은 다음과 같다. 나경원, 오세훈, 오신환, 조은희. <동아일보>, 2021년 2월 6일.
211) 6명(박민식, 박성훈, 박형준, 이언주, 이진복, 전성하)의 예비후보 중 경선에 오른 4명 명단은 다음과 같다. 박민식, 박성훈, 박형준, 이언주. <동아일보>, 2021년 2월 6일.
212) 서울시장 후보 경선에서 오세훈은 최종 집계 결과 41.64%를 얻어, 36.31%를 얻은 나경원을 제치고 후보로 선출되었다. 부산시장 후보 경선에서 박형준은 54.40%를 얻어 박성훈(28.63%), 이언주(21.54%)를 압도적으로 누르고 후보로 선출되었다. <동아일보>, 2021년 3월 5일.
213) <조선일보>, 2021년 3월 5일.

서 양측은 미세한 문구 하나로 결과가 달라진다고 보고 팽팽하게 맞서자,214) 단일화 협상이 결렬될 수도 있다는 우려가 제기되기도 했다.

이러한 우려를 불식하려는 듯 양측은 3월 17일과 18일 이틀간 여론조사를 통해 단일후보를 선출하고 3월 19일에 후보 등록을 하겠다는 입장에는 변화가 없다고 발표했으나,215) 약속했던 후보 등록일 이전까지 단일화를 성사시키지는 못했다. 협상을 거듭했음에도 여론조사 방식과 문항에 대해 이견을 좁히지 못했기 때문이다. 이에 양측은 우선 후보 등록 마감 시한인 3월 19일 오후 6시까지 각자 '기호 2번 오세훈' '기호 4번 안철수'로 등록한 뒤, 투표용지가 인쇄에 들어가는 3월 29일 이전까지 협상을 이어간다는 데 합의했다.216)

협상을 계속한 결과 3월 19일 양측은 쟁점 사안(여론조사 문항과 방식)에 관해 서로 한 발씩 양보함으로써 합의를 볼 수 있었다. 여론조사 방식과 관련해 오세훈은 '무선전화 100% 조사'를, 문항과 관련해 안철수는 '경쟁력·적합도 조사 합산'을 받아들이기로 합의한 것이다. 이와 같은 합의에 따라 선거운동을 시작하는 3월 25일 이전 단일후보 발표를 위해 여론조사 기관 2곳에서 경쟁력과 적합도 조사를 무선전화로 진행하게 되었다.217)

양측이 합의한 방식으로 여론조사를 한 결과, 3월 23일 국민의힘 오세훈이 국민의당 안철수를 꺾고 서울시장 보궐선거에서 야권의 단일후보로 선출되었다. 야권의 단일후보로 선출된 오세훈은 무능하고 무도한 정권을 심판하는 데 앞장서겠다면서 "단일화로 정권을 심판하고 정권교체의 길을 활짝 열겠다"고 다짐했다. 보궐선거를 '정권 심판' 나아가 '정권교체'를 위한 교두보로 삼겠다는 뜻을 밝힌 것이다.218) 이로써 서울시

---

214) <동아일보>, 2021년 3월 10일.
215) <조선일보>, 2021년 3월 16일.
216) <조선일보>, 2021년 3월 19일.
217) <조선일보>, 2021년 3월 20일.
218) 서울시민 3,200명을 대상으로 실시한 여론조사 결과 오세훈이 승리했다. <조

장 보궐선거는 민주당 후보 박영선과 국민의힘 후보 오세훈 간의 양자 구도로 압축되어 실시되게 됐다.

(3) 국민의당

서울시장 보궐선거를 4개월 정도를 앞둔 2020년 12월 20일 국민의당 안철수는 '야권 단일후보'로 서울시장 보궐선거에 출마하겠다고 선언했다. 그리고 보궐선거에서 문재인정권을 심판하지 않는다면 운동권 정치꾼들이 판치는 암흑의 길로 영원히 들어서게 될 것이라면서 자신은 "정권의 폭주를 멈추는 기관차 역할을 하겠다"고 말했다.219) 안철수가 '야권 단일후보'를 자처하자, 김종인은 국민의힘에 입당해서 경선을 치르도록 하라는 입장을 밝혔고, 정의당은 야권 단일후보라는 표현은 "무례하고 옳지 않다"고 논평하고 자신들은 독자 후보로 보궐선거를 치르겠다고 말했다.220)

이후 야권 내에서는 단일후보를 확정하는 문제를 놓고 여러 가지 방법론이 제기되었는데, 이 가운데 하나가 금태섭이 제안한 제3지대 단일화 경선방식이었다. 1차로 국민의힘 밖인 제3지대에서 범야권 후보끼리 먼저 '1대1' 경선을 치르고, 2차로 3월 초 국민의힘 후보가 정해지면 최종 단일화를 한다는 것이다.221) 이에 안철수는 국민의힘과의 후보단일화를 위한 경선 제안을 철회하고 금태섭이 제시한 '2단계 단일화' 방식을 받아들였는데,222) 국민의힘 지도부도 이 방식은 지지했다.

1단계로 2021년 2월 18일 국민의당 안철수와 금태섭의 첫 TV토론이

선일보>, 2021년 3월 24일.
219) <동아일보>, 2020년 12월 21일.
220) <조선일보>, 2020년 12월 21일.
221) <조선일보>, 2021년 2월 4일.
222) 안철수는 "금태섭 후보뿐 아니라 문재인 정권을 심판하고 정권 교체에 동의하는 모든 범야권 후보들이 함께 모여 1차 단일화를 이룰 것을 제안한다"고 말했다. 1차로 제3지대에서 단일화를 이루고, 2차로 국민의힘 후보와 단일화를 하자는 것이 금태섭이 제안한 '2단계 단일화' 방식이다. <조선일보>, 2021년 2월 4일.

치러졌는데, 이날 토론은 '문재인정부 4년간의 평가와 대안'을 주제로 진행되었다. 토론에서 두 후보는 "문재인정부의 무능과 위선을 심판해야 한다"는 데 대해서는 의견이 일치했다. 그러나 리더십과 소통 문제, 대선이 아닌 서울시장 보궐선거에 출마한 이유 등을 두고는 격돌했다.223)

TV토론 후 실시된 여론조사 결과는 3월 1일에 발표되었는데, 이날 국민의당 안철수가 금태섭을 누르고 야권의 '제3지대 단일후보'로 선출됐다. 제3지대의 단일후보로 확정된 안철수는 입장문을 통해 "반드시 정권교체의 교두보를 만들겠다"고 밝혔고,224) 금태섭은 "누가 야권 단일후보가 되든 당선을 위해 힘껏 돕겠다"고 말했다.225)

이로써 야권의 단일후보는 국민의당 안철수와 국민의힘 오세훈 간의 경쟁으로 압축되었는데, 안철수는 '야권 공멸론'을 꺼내며 조속한 단일화 협상을 압박했다.226) 이후 국민의당과 국민의힘 사이에 단일화 룰 협상을 놓고 지루하다고 할 정도의 공방이 이어진 끝에 양측이 합의한 방식에 따른 여론조사가 실시되었다. 2021년 3월 23일 발표된 여론조사 결과 오세훈이 안철수를 누르고 '야권 단일후보'로 선출된 것으로 나타났다.

경선 패배 후 안철수는 "서울시장 도전은 여기서 멈추지만 저의 꿈과 각오는 바뀌지 않을 것"이라면서 "저 안철수의 전진은 외롭고 힘들더라도 결코 멈추지 않을 것"이라고 밝혔다. 그리고 "졌지만 원칙 있게 졌

---

223) 금태섭은 안철수를 향해 "과거 탈당과 합당을 반복하는 과정에서 줄곧 같이 일해온 이들에게 '소통이 안 된다'는 지적을 받았다"고 지적하자, 안철수는 "사실이 아니다. 혼자 의사결정을 한 적이 없다"고 답변했다. <조선일보>, 2021년 2월 19일.
224) <동아일보>, 2021년 3월 2일.
225) <조선일보>, 2021년 3월 3일.
226) 안철수는 "우리는 국민에게 승리를 약속했고, 그 약속을 지키지 못한다면 야권 전체는 공멸하고 나라는 파탄날 것"이라며 "한 당이 이기는 것이 아니라, 야권 전체가 이기는 선거가 되어야 한다"고 강조했다. <동아일보>, 2021년 3월 5일.

다"고 자명하고, "시대와 국민이 제게 주신 소임을 다해 나갈 것을 약속 드린다"고 말했다. '세대와 국민이 준 소임'이라는 말을 놓고 정치권에서는 "사실상 내년 대선을 위한 행보의 시작을 시사한 것"이라고 해석했다.227)

(4) 정의당

서울·부산시장 보궐선거를 앞두고 정의당의 당대표 김종철은 민주당이 후보를 내면 안 된다고 말했다. 서울과 부산의 보궐선거가 모두 민주당의 귀책 사유로 치러지는 것이기 때문에 민주당은 스스로 한 약속을 지켜야 한다면서 민주당에 후보를 공천하지 말 것을 강력하게 촉구했다.228) 이어 그는 민주당의 당헌 개정에 대해 민주당의 지도부가 스스로 문제를 책임지려 하지 않고 당원들에게 책임을 돌리는 게 바람직한지 의문이고 유감이라고 비판했다.229)

한편 안철수가 서울시장 보궐선거에 야권의 단일후보로 출마하겠다고 밝히자, 정의당은 자신도 야당이라며 '야권 단일후보'라는 표현은 옳지 않다고 반박하는 논평을 냈다. 그리고 누가 안철수를 '야권 단일후보'로 만들어줬다는 건지 안쓰럽다면서 정의당은 독자 후보로 보궐선거와 대선을 치를 입장이라는 것을 분명히 밝혔다.230)

과거에는 선거를 앞두고 독자 후보를 냈던 정의당은 민주당과의 관계를 어떻게 설정할 것이냐를 놓고 내부 갈등이 불거진 경우가 많았다. 정의당 핵심 관계자는 "그동안 선거 때마다 민주당에 후보단일화를 요구하는 등 기생해왔다는 비판이 많았던 게 사실"이라며 이제는 정의당만의 색깔을 내야 할 때라고 말했다. 2020년 10월 새 당대표로 선출된 김종철도 "민주당 2중대는 없다" "단일화도 없다"고 단언했는데, 이를 놓

---

227) <동아일보>, 2021년 3월 24일.
228) <조선일보>, 2020년 10월 13일.
229) <조선일보>, 2020년 10월 30일.
230) <조선일보>, 2020년 12월 21일.

고 민주당의 관계자는 "심상정·노회찬을 축으로 해왔던 노조·운동권 중심의 정의당도 세대 교체 바람이 시작된 것"이라고 분석했다.231)

이처럼 '야권 단일후보'론을 비판하며 독자 후보를 내고 보궐선거를 준비하던 정의당은 2021년 1월 25일 당대표 김종철이 성추행 사실을 인정하고 전격 사퇴함으로써 정의당은 물론 여권과 진보진영 전체가 충격에 휩싸이는 사건이 발생했다. 더군다나 정의당의 성추행 사건은 가해자가 현직 당대표, 피해자가 당 소속 현역 의원이란 점에서 정치권에 큰 충격을 주었다. 이로 인해 지지자들 사이에선 "배신당한 심정이다. 참담하다"는 말이 나왔고, 당 일각에선 "존폐 기로에서 발전적 당 해체를 결단해야 할 시점"이란 말까지 나왔다.232)

성추행에 따른 당대표의 사퇴로 창당 이래 최대의 위기에 직면한 정의당은 "국민께 말로 설명하기 어려운 고통과 좌절을 안겨드렸다"면서 근본적인 변화를 위해 뼈를 깎는 노력을 하겠다고 대 국민 사과를 했다. 그리고 민주당을 향해 "후보 공천을 해서는 안 된다"고 주장한 바 있었기에, 4월 보궐선거 무공천 여부를 검토하기로 했다.233)

결국 정의당은 2021년 2월 3일 전국위원회를 소집해서 서울·부산시장 보궐선거에 후보를 내지 않기로 최종 결정을 했다.234) 전 당대표가 성추행으로 사퇴한 데 대한 책임을 지겠다는 의지에서였다. 정의당으로서는 "후보를 공천하지 않는 것이 책임정치의 대원칙을 지키는 것이자, 공당으로서 분골쇄신하겠다는 대국민 약속을 실천하는 것이라 판단"했다면서 이러한 결정은 또 "당의 무한책임과 전면적 혁신 의지"를 실천

---

231) <조선일보>, 2020년 12월 12일.
232) 진보노선을 표방해온 정의당은 그동안 여성 인권과 양성 평등, 페미니즘을 당의 핵심 가치로 내걸고 거대 양당의 성 비위를 강하게 비판해왔다. <조선일보>, 2021년 1월 26일.
233) <동아일보>, 2021년 1월 27일.
234) 정의당에서는 이미 서울시장 후보로 권수정 서울시의원이, 부산시장 후보로 김영진 부산시당위원장이 등록을 마친 상태였다. <조선일보>, 2021년 2월 4일.

한 것이라고 덧붙였다.235)

이와 같은 결정으로 정의당의 서울과 부산의 시장 후보들은 당의 무공천 결정을 수용하여 출마를 접는 수밖에 없었다.236) 이에 대해 정치권에서는 민주당 소속 박원순·오거돈 전 시장의 성추행사건으로 치러지게 된 선거에서 정의당은 정치적 책임을 지고 후보를 내지 않았는데, 정작 보궐선거를 유발한 장본인인 민주당은 후보를 내겠다고 하니 너무나도 대비된다는 비판이 나왔다.237)

2) 서울·부산시장 보궐선거

2018년 6월에 실시된 7회 지방선거에서 민주당이 서울과 부산을 포함하여 14개 광역자치단체 가운데 12곳의 자치단체장을 석권하는 바람에 야권은 회생이 불가능하다고 할 정도로 코너에 몰려 있었다. 이와 같은 상황에서 아무도 예상치 못했던 성추행사건의 발생으로 민주당이 차지하고 있던 서울·부산시장에 대한 보궐선거가 2021년 4월 7일에 실시되게 되었다.

보궐선거를 앞두고 민주당은 시장직을 빼앗기지 않기 위해 당 내외의 비난에도 불구하고 당헌까지 개정해 가며 선거에 임했고, 야권의 국민의힘과 국민정당은 '정권 심판'을 내세우며 연대를 모색했다. 결국 두 당의 선거연대가 성사되어 '야권 단일후보'가 탄생함으로써 보궐선거는 민주당의 패배로 끝나고 말았다. 정의당의 경우 보궐선거 무공천을 선

---

235) <동아일보>, 2021년 2월 4일.
236) 당이 무공천을 결정함에 따라 부산시장 보선 출마를 준비하던 김영진 정의당 부산시당위원장은 "당의 결정을 엄중하게 받아들인다"며 "비록 출마의 뜻은 접었지만, 당의 전면적인 쇄신 노력과 함께 제가 내세운 '같이 살자, 부산'이라는 슬로건을 실천하기 위해 최선의 노력을 다하겠다"고 말했다. <부산일보>, 2021년 2월 5일.
237) <조선일보>, 2021년 2월 24일.

언함으로써 보궐선거는 민주당과 국민의힘 양당의 대결로 좁혀진 상황이었다.

서울시장 보궐선거의 경우, 국민의힘 후보 오세훈이 국민의당 후보 안철수를 누르고 '야권 단일후보'가 되어 민주당 후보 박영선과 대결하게 되었는데, 개표 결과 오세훈이 승리하여 10년 만에 서울시장직을 탈환했다. 그는 2011년 무상급식 주민투표에 실패해 시장직을 물러나 "보수 궤멸의 단초를 제공했다"는 비난을 떠안고 있었지만,[238] 이번에 선거에 승리함으로써 재기에 성공한 것이다.

오세훈은 총투표수 4,902,630표의 57.5%인 2,798,788표를 얻어서 1,907,336표를 얻은 박영선보다 20%포인트 정도 더 많은 득표를 했다. 정의당이 후보를 내지 않았고 야권이 후보단일화를 성사시켜 통합 효과를 거둠으로써 그가 승리한 것이라고 할 수 있다. 이로써 전국 차원의 선거뿐만 아니라, 지방 차원의 선거에서도 통합을 이룬 측이 승리한다는 명제가 성립된 것이다.

부산시장 보궐선거의 경우 역시 국민의힘 후보 박형준이 민주당 후보 김영춘을 누르고 당선되었는데, 서울보다 표 차이가 더 많이 남으로써 부산지역이 다시 국민의힘 텃밭으로 회귀했다고 할 수 있다. 총투표수 1,546,051표 중에서 박형준은 62.67%인 961,576표를 얻어 528,135표를 얻은 민주당의 김영춘을 30%포인트 정도 여유 있게 따돌리고 당선되었다. 민주당 후보가 참패함에 따라 부산·경남 지방선거 출마자들이 장차 민주당에서 이탈할 가능성이 있는 것으로 분석되었다.[239]

보궐선거 패배 후 민주당은 패배의 원인을 파악하기 위해 외부기관에 용역을 발주했다. 이에 따르면 선거구도에서 민주당 우위의 정치연합이 21대 총선 이후 해체됐으며, 지방선거에서 압도적인 정권심판론이 작동했고, 조국 법무부장관 이슈라든지, 검찰개혁, 부동산 문제, 박원순 시장

---

238) <동아일보>, 2021년 4월 8일.
239) <부산일보>, 2012년 4월 9일.

성추문, 젠더 갈등 등의 요인이 복합적으로 작용해 패배한 것이라고 분석했다.[240]

6. 여·야의 지도체제 개편과 20대 대선

2022년 3월 9일로 예정된 제20대 대통령선거를 앞둔, 이른바 대선(大選)정국의 시점에서 정치권은 또다시 지도체제 개편의 소용돌이에 휩싸였다. 민주당의 경우 이낙연이 대선 출마를 위해 당대표직을 사퇴함으로써 새로 당대표를 뽑아야 했으며, 국민의힘 전당대회에서는 국회의원 경력이 전혀 없는 30대의 이준석이 당대표로 선출되는 이변이 연출됐다. 이뿐만 아니라, 문재인정부와 갈등을 빚던 현직 검찰총장 윤석열이 총장직을 사퇴하고 정치참여를 선언하는 전대미문의 사건도 발생했다.

대선정국에서 발생한 이러한 일련의 사건을 계기로 정치권은 또다시 이합집산의 과정을 거치기 마련이었는데, 이번에도 그 과정에서 벗어날 수 없었다. 그리고 결과는 언제나 마찬가지로 통합을 이룬 측의 승리로 귀결된다는 것도 변함이 없었다. 국민의당 후보 안철수가 민주당 후보 이재명의 연대 제의를 뿌리치고 국민의힘 후보 윤석열과 '원팀'을 이룸으로써 윤석열이 제20대 대통령에 당선된 데서 이를 확인할 수 있다.

1) 여·야의 지도체제 개편

대선이 1년 앞으로 다가오면서 여·야 정당은 지도체제 개편에 나섰다. 지도체제를 정비한 후 대선에 임하기 위해서였다. 이 과정에서 정치

---

240) Hankook Research, "서울시 유권자 대상 포커스 그룹 인터뷰 보고서(2차)" (2021.5.5.) 참조.

권은 다시 한번 이합집산을 겪게 되는데, '위기와 통합' 현상이 재현되었기 때문이다. 이는 통합을 이루었을 경우 승리하고, 그와 반대로 분열하는 경우 패배로 이어졌기에 나타나는 것이라고 할 수 있다.

당 지도체제의 개편은 민주당에서 시작되어 정의당이 뒤를 이었고, 마지막을 국민의힘이 장식했다. 민주당은 당대표 이낙연이 대통령 출마를 선언함에 따라 전당대회에서 새 당대표를 선출해야 했고, 정의당의 경우 성추행 사건으로 당대표가 퇴진함에 따라 새로 지도부를 꾸려야만 했다. 국민의힘은 김종인 비대위원장의 임기 만료로 인한 지도부 공백을 메우기 위해 당대표를 뽑는 전당대회를 개최해야 했다.

그러나 서울시장 보궐선거에서 국민의힘과의 연대로 '야권 단일후보'를 냈던 국민의당은 지도체제를 그대로 유지했다. 국민의당의 인적 자원이 그리 많지 않은데다가 국민의힘과 합당을 위한 협상을 진행 중이었기 때문이다.

(1) 더불어민주당

총리직을 물러나 민주당에 복귀, 서울 종로구에 출마해서 국회의원으로 당선된 이낙연은 2020년 8월 전당대회에서 당대표로 선출되었지만, 20대 대선을 1년 앞둔 2021년 3월 9일 당대표직을 사퇴했다.[241] 당대표로 선출된 지 192일 만에 사퇴한 것인데, 민주당 당헌에 당대표나 최고위원이 대통령에 출마하려면 선거일 1년 전에 사퇴해야 한다는 규정이 있기 때문이었다.[242]

---

[241] 이낙연은 당대표직 퇴임 기자간담회에서 당대표로 복무한 것은 영광스러웠다면서 "앞으로 문재인정부 성공과 대한민국의 발전을 위해 어느 곳에서 무엇을 하든 저의 역할과 책임을 다하겠다"고 말했다. <조선일보>, 2021년 3월 10일.
[242] 2020년 7월 16일 개정된 민주당 당헌 25조 2항은 다음과 같다. "당대표 및 최고위원이 대통령선거에 출마하고자 하는 때에는 대통령선거일 전 1년까지 사퇴하여야 하고, 최고위원이 시·도지사선거에 출마하고자 하는 때에는 시·도지사선거일 전 6개월까지 사퇴하여야 한다."

이낙연의 사퇴로 민주당은 김태년 당대표대행 체제로 운영되었으나, 보궐선거 참패로 선거 다음 날인 2021년 4월 8일 당 지도부 전원이 책임을 지고 사퇴하는 일이 발생했다. 민주당은 이날로 비대위를 구성, 새 원내대표 선출은 4월 16일에 그리고 새 당대표를 뽑는 전당대회는 5월 2일로 앞당겨서 실시하기로 했다. 최대한 빨리 새 지도부를 구성해 당 조직 수습에 나서겠다는 의도에서였다.

　2021년 4월 16일 실시된 원내대표 경선에서 친문으로 분류되는 윤호중이 박완주를 크게 누르고 당선되었다.243) 그는 "더 강한 개혁을 하지 못해 선거에서 진 것"이라면서 검찰개혁과 언론개혁처럼 많은 국민이 원하는 개혁 입법을 흔들리지 않고 중단 없이 추진할 것이라고 말했다. 이에 대해 정치권에서는 재·보선에서 민심의 이반이 확인되었는데도 불구하고 민주당 의원들이 '도로 친문' 지도부를 택한 것이라는 평가가 나왔고, 당 내부에서는 "변화를 바라는 국민 기대와는 거리가 있는 결과"라는 반론이 나오기도 했다.244)

　한편 당대표 경선에는 송영길, 우원식, 홍영표 3명의 후보가 출마했다. 선거는 이들 세 후보를 대상으로 하여 전국대의원·권리당원의 온라인 투표와 당원·국민 여론조사를 합산하는 방식으로 실시되었는데, 5월 2일 온라인 투표와 여론조사를 합산한 결과 "이재명 경기지사와 상대적으로 가깝다는 평가를 받고" 있는 송영길이 선출되었다.245) 당대표 수락연설에서 그는 승리를 향한 변화를 위해 주저 없이 전진해야 할 때라고 강조, 대선에서 정권 재창출을 위해 과감한 쇄신을 단행하겠다는 의지를 나타냈다.

　당 지도부가 친문으로 분류되는 원내대표와 친이재명(이하 친이)으로

---

243) 이날 윤호중은 전체 169표 가운데 과반인 104표를 얻었고, 박완주는 65표를 얻는 데 그쳤다. <동아일보>, 2021년 4월 17일.
244) <조선일보>, 2021년 4월 17일.
245) 세 후보의 득표율은 다음과 같다. △송영길: 35.60% △홍영표: 35.01% △ 29.38%. <조선일보>, 2021년 5월 3일.

분류되는 당대표로 구성됨에 따라 민주당은 대선 준비과정에서 분열적인 요소를 안게 되었다고 할 수 있다. 왜냐하면 당대표 경선에서 2위를 한 '친문 핵심'인 홍영표와 득표율 차이가 0.59%포인트에 불과한데다가,246) 5명의 최고위원도 강경파가 포함된 '친문 일색'이었기 때문이다.

이로 인해 친이의 당대표가 친문에 둘러싸여 당대표로서 뜻을 제대로 펼치기 어렵겠다는 관측도 나왔고,247) 실제로 신임 당대표인 송영길을 견제하는 목소리도 적지 않았다.248) 지도체제를 개편한 민주당은 당을 대선 후보 선출을 위한 경선 준비기구로 바꾸는 작업에 착수했다.

(2) 국민의힘

4·7 보궐선거가 국민의힘의 승리로 끝나자, 선거를 총괄했던 김종인 비대위원장은 재·보선 승리로 자신은 역할을 완수했으니 공언했던 대로 떠나서 당분간 쉬겠다고 말했다. 그리고 "국민의힘이 내년 정권교체를 하기 위해선 국민에게 새로운 희망을 제시할 수 있는 능력을 보여야 할 것"이라고 덧붙였다.249)

김종인의 사퇴로 국민의힘은 전당대회에서 새 당대표를 선출해야 했는데, 이와 동시에 국민의당과 합당하는 문제도 제기되었다. 당대표 권한대행인 주호영이 국민의당과의 공조체제를 합당으로까지 발전시키겠다며 국민의당에 가급적 빨리 의견을 정리해달라고 요청했기 때문이다. 전당대회를 앞둔 상황에서 마냥 기다릴 수 없으므로 "늦어도 이번 주 안에 답이 오지 않으면 새 지도부 선출에 나설 수밖에 없다"는 뜻을 전

---

246) <동아일보>, 2021년 5월 3일.
247) 5명의 최고위원 명단은 다음과 같다. 김용민, 강병원, 백혜련, 김영배, 전혜숙. <조선일보>, 2021년 5월 3일.
248) 강성 당원들은 당대표 송영길이 국립현충원의 이승만과 박정희 전 대통령 묘역을 참배한 것을 두고 "국민의힘 대표인 줄 알았다"고 반발하는가 하면, 2위와의 격차가 1%포인트 미만인 점을 들어 "선거과정을 소상히 밝히라"며 부정선거 의혹을 제기하기도 했다. <조선일보>, 2021년 5월 4일.
249) <조선일보>, 20221년 4월 8일.

한 것이다.250)

그러나 합당 제안이 국민의힘 내부의 의견을 수렴한 후 나온 것이 아니어서 혼선이 빚어졌다. 국민의힘 내에서 합당을 먼저 할 것인지, 전당대회를 먼저 할 것인지를 놓고 의견이 엇갈린 것인데, 합의점을 찾지 못해 국민의힘은 결국 2021년 6월 11일 전당대회를 열어 당대표를 먼저 선출한 다음 합당 문제를 논의하는 방향으로 정리하는 수밖에 없었다.

한편 주호영이 당대표 출마를 위해 원내대표직을 사퇴하는 바람에 국민의힘은 원내대표도 새로 선출해야 했다. 4월 30일 실시된 원내대표 경선에는 모두 4명의 의원이 출마했는데, 김기현·김태흠 2명이 결선투표에 진출한 상태에서 최종적으로 김기현이 선출되었다.251) 그는 정부·여당의 부조리에 싸울 것은 싸우면서 "반드시 국민 지지를 얻어내고 내년 대선에서 이겨서 대한민국 정통성을 살려내겠다"고 말했다.

당대표 선출과 관련해서 국민의힘 전당대회 선거관리위원회는 2021년 5월 18일 회의에서 당원과 일반 국민 절반씩을 대상으로 한 여론조사를 5월 26일과 27일 이틀간 실시, 컷오프를 통해 예비경선을 통해 8명의 후보를 5명으로 줄이기로 했다. 일반 국민 여론조사를 50% 반영키로 함으로써 상대적으로 당내 기반이 약하다고 평가받는 초선 의원과 소장파 인사들의 본선 진출 가능성이 커졌다는 분석이 나왔다.252)

국민의힘 선관위는 2021년 5월 28일 예비경선을 통과한 5명의 후보를 발표했는데, 이준석이 1위를 차지한 것으로 나타나 파장이 커졌다.253)

---

250) <조선일보>, 2021년 4월 13일.
251) 소속 의원 101명 중 100명이 참석한 가운데 열린 원내대표 결선 투표에서 김기현은 66표를 얻어 34표를 받은 김태흠을 제쳤다. 앞서 의원 101명 전원이 참가한 1차 투표에선 김기현 34표, 김태흠 30표, 권성동·유의동은 각각 20·17표를 얻었다. <조선일보>, 2021년 5월 1일.
252) 국민의힘 선관위는 본경선 때는 당원 투표 70%, 일반 여론조사 30%를 합산해 당대표를 선출하는 현행 당헌·당규를 그대로 유지하기로 하고, 예비경선과 본경선 여론조사에 역선택을 막는 설문 문항도 넣기로 했다. <조선일보>, 2021년 5월 19일.

보수정당 사상 처음으로 '30대 당대표'가 선출될 가능성이 높을 것으로 전망되었는데,254) 이 같은 전망 그대로 6월 11일 당원투표와 국민 여론조사를 합산한 결과 새 당대표에 이준석이 선출되었다. 헌정사상 최초의 30대 제1야당 당대표가 탄생한 것이다.255)

이를 놓고 국민의힘 당원과 보수 지지층이 2022년 대선에서 정권 교체를 위해 '전략적 선택'을 한 것이라는 분석이 나왔다. 당선 수락 연설에서 이준석은 국민의힘의 지상 과제는 대선에서 승리하는 것이고 그 과정에서 자신은 다양한 대선 주자들이 공존할 수 있는 당을 만들 것이라고 말했다. 그리고 "문재인정권 심판을 위해서는 변화하고 자강해서 우리가 더욱더 매력적인 정당으로 거듭나야 한다"고 강조했다.256)

새로운 당대표와 원내대표 선출을 통해 지도체제를 개편한 국민의힘은 국민의당과 합당 협상을 추진하는 한편 대선 후보 선출을 위한 제반 준비에 착수했다.

(3) 국민의당

국민의힘 전당대회가 끝나자 국민의당과 국민의힘, 양당은 본격적인 합당 협상에 나섰다. 협상은 2021년 6월 16일 이준석과 안철수가 만나 합당 의사를 재확인하는 것으로 시작되어,257) 7월 13일에는 양당의 실

---

253) 예비경선을 통과한 후보 5명의 득표율 합산은 다음과 같다(당원/일반 국민). △이준석: 41%(31/51) △나경원: 29%(32/26) △주호영: 15%(20/9) △홍문표: 5%(5/5) △조경태: 4%(6/3). <동아일보>, 2021년 5월 29일.

254) 이에 대해 당 내부에선 "정권 교체를 위해선 국민의힘에 변화가 필요하다고 생각하는 야권 지지자들과 당원들이 이 후보를 밀어 올린 것 같다"고 분석했다. <조선일보>, 2021년 5월 29일.

255) 이준석은 국민 여론조사(30%)와 당원투표(70%) 결과를 합쳐 43.8%(93,392표)를 얻어 2위의 나경원(79,151표, 37.1%)을 6.7%포인트 차로 제쳤다. 그는 국민 여론조사에서는 58.8%를 얻어 28.3%를 얻은 나경원을 압도했다. <동아일보>, 2021년 6월 12일.

256) <조선일보>, 2021년 6월 12일.

무협상단 회의가 열려 "당 기구, 대통령 선출 규정에 대한 추가 조정" 등에 합의하기까지 했다.258) 그러나 더 이상의 진전을 보지 못하고 7월 27일 실무협상이 결렬됐는데, 이는 대선 후보의 선출방식에 대해 양당이 의견 차이를 좁히지 못했기 때문이었다.259)

결국 양당의 당대표 2명이 담판 등을 통해 돌파구를 찾지 않는 한 합당은 표류할 가능성이 커진 상황에서, 윤석열 전 검찰총장이 7월 30일 국민의힘에 입당했다. 이로써 양당의 합당은 안철수의 결단 여부에 달리게 되자, 이준석은 연일 안철수를 향해 합당 협상에 응하라고 압박을 가해, 감정싸움으로 번질 가능성마저 대두되었다.260) 이준석이 국민의힘의 대선 경선을 버스에 비유, 안철수를 겨냥해 "버스회사가 돈 더 벌면 좋은 거지만 꼭 요란한 승객을 태우고 가야 하느냐"고 지적했기 때문이다.261)

실무협상에 이어 당대표 간의 담판에도 불구하고 합당 협상에 아무런 진전이 없자, 안철수는 2021년 8월 16일 통합을 위한 노력이 여기서 멈

---

257) 이준석은 취임 인사차 국민의당 안철수를 방문한 자리에서 "사무총장 인선 등 새 지도부가 구성되면 합당 실무협상단이 가동되기 시작할 것"이라고 말했고, 안철수도 "오늘 상견례를 시작으로 조속하게 실무 협의가 이뤄지기를 바란다"고 말했다. <조선일보>, 2021년 6월 17일.

258) <조선일보>, 2021년 7월 14일.

259) 양당의 합당 협상과정에서 가장 큰 쟁점이 된 것은 대선 후보 선출방식이었다. 국민의힘은 당원투표 50%, 국민 여론조사 50%를 합산해 대선 후보를 선출하자고 했는데, 국민의당은 "별도 위원회를 구성해 논의하자"고 맞섰다. 그리고 국민의당이 일반 국민의 의사 반영비율을 현행 50%보다 높여야 한다는 견해를 제시하자, 국민의힘은 "현재 가동 중인 국민의힘 경선준비위원회에 국민의당 인사가 참여해 논의해보자"고 절충안을 제시했으나 합의에 이르지는 못했다. <조선일보>, 2021년 7월 28일.

260) <조선일보>, 2021년 8월 2일.

261) 이준석의 이 말은 국민의당 인사가 자신에 대해 "분수를 모르고 제멋대로 장난질하는 철부지 애송이"라고 한 데 대한 반박에서 나온 것이다. <조선일보>, 2021년 8월 5일.

추게 돼 매우 안타깝다면서 합당 협상 중단을 선언했다. 그는 대선 출마 문제와 관련해서는 "당원, 지지자들과 함께 논의하겠다"며 독자 출마 가능성을 열어놓았는데, 국민의힘과 합당해 대선 경선을 치르기에는 승산이 없다고 보고 독자 출마를 선택했다는 분석도 나왔다262)

국민의힘과의 합당 협상이 결렬됨으로써 국민의당은 별도로 지도체제 개편에 나서지 않아도 되게 되었다. 안철수를 대신해서 당을 이끌어 나갈 정도로 리더십을 갖춘 인물이 국민의당 내에는 없었기 때문이다.

(4) 정의당

정의당은 김종철 당대표가 성추행 문제로 사퇴한 후 당에서 제명된 데 이어, 당대표 대행을 맡은 김윤기 부대표도 2021년 1월 29일 사퇴함으로써 창당 이래 처음으로 지도부가 없는 상태를 맞게 됐다.263) 이로 인해 위기에 빠진 정의당은 당 조직을 수습하고 20대 대선 때까지 당을 이끌어나갈 당대표 보궐선거를 3월 23일 실시했는데, 이날 단독 입후보한 여영국 전 의원이 89.5%의 찬성률로 당대표로 선출됐다.264)

신임 당대표 여영국은 취임사에서 '민주당 2중대'라는 비판을 온전히 극복하지 못했다는 것을 인정했다. 그리고 "민주당은 이제 개혁 정당 이미지보다 기득권 세력으로서의 이미지가 더 강하다. 정의당이 반(反)기득권을 대표해 노선 대전환을 이루겠다"고 말했는데, 이 발언은 김종철 전 당대표 때처럼 범여권 연대보다는 독자노선을 걷겠다는 뜻으로 해석

---

262) 안철수는 정권 교체를 위한 야권 지지층의 확대를 가장 중요한 통합의 원칙이라고 보았지만, 논의 과정에서 국민의당 당원과 지지자들의 마음에 오히려 상처를 입혔다고 말하고, "합당을 위한 합당, 작은 정당 하나 없애는 식의 통합은 결코 바람직하지 않다"고 말함으로써 합당 결렬의 책임을 국민의힘에 떠넘겼다. <조선일보>, 2021년 8월 17일.

263) 정의당 부대표 김윤기는 자신은 "김 전 대표와 가장 가까이에서 일해왔다. 도의적·정치적으로 마땅히 책임져야 할 사람"이라며 사퇴 의사를 밝혔다. <조선일보>, 2021년 1월 30일.

264) <동아일보>, 2021년 3월 24일.

됐다.265)

한편 보궐선거를 이틀 앞둔 2021년 4월 5일 민주당 서울시장 후보 박영선이 정의당 심상정에게 "도와주었으면 좋겠다"며 선거 지원 요청을 하자, 여영국은 "박 후보는 정의당을 입에 올릴 자격도 없다"면서 염치가 있어야 한다고 비난했다.266) 이처럼 정의당이 민주당의 보궐선거 지원요청을 거부한 것은 차기 대선에서 독자 후보를 낼 것임을 분명히 하는 동시에 민주당과의 연대나 후보단일화는 없을 것임을 예고한 것이라고 할 수 있다.

2) 윤석열 검찰총장의 사퇴와 여·야의 후보 경선

문재인 대통령은 2019년 7월 25일 살아 있는 권력도 수사하라며 윤석열 서울중앙지검장을 파격적으로 발탁, 검찰총장으로 임명했다. 박근혜·최순실 국정농단 사건에 대한 특별수사를 담당하는 특검의 수사 4팀장으로 근무할 때 보였던 실력을 인정해서 그를 서울중앙지검장에 임명했고, 다시 2년 후에는 지검장에서 고검장을 거치지 않고 바로 검찰총장으로 발탁한 것이다.

검찰총장 취임 후 윤석열이 조국 법무부장관을 비롯하여 정권 핵심부를 거쳐 청와대까지 겨냥하며 수사하기 시작하자, 문재인정부와 갈등이 깊어지게 됐고 정부·여당으로부터는 사퇴 압력을 받았다. 이로 인해 법적으로 보장된 2년의 임기를 마칠 수 없는 상황이 되자, 윤석열은 사의를 표명했다.

사의를 표명한 지 1시간 15분 만에 사표는 수리되었는데, 윤석열의

---

265) <조선일보>, 2021년 3월 24일.
266) 여영국은 "국민의힘과 기득권 정치 동맹을 공고히 했던 민주당이 그 어떤 반성도 사과도 없이 지금에서야 도와달라니 이게 무슨 염치 없는 것인가"라며 민주당은 지난 총선에서 기만적인 위성정당을 통해 시민의 정치개혁 열망을 가로막았다고 비난했다. <조선일보>, 2021년 4월 6일.

사퇴를 놓고 여권은 정치를 위한 포석을 한다며 매우 불순하다고 비판했다. 그러나 야권은 문재인정부의 비리를 수사한 전력으로 보아 야권의 유력 주자로서 손색이 없다고 판단했기에 그의 사퇴를 전반적으로 반기는 분위기였다.

사퇴 이후 각계 인사를 만나 조언을 듣던 윤석열은 2021년 6월 29일 정권 교체를 이뤄내야 한다면서 정치참여를 공식 선언했다. 그리고 7월 30일에는 국민의힘에 입당하여 본격적으로 대선 후보 경선에 뛰어들었는데, 이때가 마침 여·야 정당의 유력 정치인들이 대선 출마를 선언했거나 선언하려던 시점이었다. 그리고 정당들도 경선 원칙을 점검해가며 대선 준비에 분주하던 시점이었는데, 이 기간 동안 전과 마찬가지로 각 정당 간에 또는 후보들 사이에 연대나 통합을 위한 논의가 빈번하게 오고 갔다.

(1) 윤석열 검찰총장의 사퇴와 대선 출마 선언

취임 후 정권 핵심부 수사로 문재인정부와 갈등을 빚어 사퇴 압력을 받던 윤석열 검찰총장은 민주당이 검찰의 수사기능을 축소하고 중대범죄수사청을 신설하려는 움직임에 반대하여 2년 임기 만료를 142일 앞둔 2021년 3월 4일 사퇴했다. 그는 나라를 지탱해 온 헌법정신과 법치 시스템이 파괴되고 있으며, 그 피해는 고스란히 국민에게 돌아갈 것이라면서 총장직을 사직하려고 한다고 밝혔다. 그리고 우리 사회가 어렵게 쌓아 올린 정의와 상식이 무너지는 것을 더는 두고 볼 수 없으며 검찰에서 자신이 할 일은 여기까지라고 말했다.[267]

윤석열이 총장직을 사퇴한 시점은 대선이 약 1년, 서울·부산시장 보궐선거가 한 달 정도 남은 때여서 정치권에 큰 파장이 일었다. 그가 사퇴를 발표하자, 여야는 상반된 반응을 보였다. 민주당은 그의 사퇴가 '정치적 쇼'로 기획된 '정치 행위'라고 규정하며 앞다퉈 비난했지만,[268]

---

267) <동아일보>, 2021년 3월 5일.
268) <동아일보>, 2021년 3월 5일.

국민의힘은 그와 힘을 합쳐서 대한민국 헌법과 법치주의를 지키기 위한 노력에 최선을 다하겠다고 말했다.269) 민주당이 그를 견제하려는 의도를 보인 것과 반대로 국민의힘과 국민의당은 그를 견인하려는 의도를 숨기지 않았다. 이는 양당이 서로 '우리 편'이라고 주장하며 그를 영입하려고 한 데서 확인할 수 있다.270)

사퇴 후 야권의 유력 대통령 후보로 거론되었지만, 구체적인 정치활동을 하지 않던 윤석열은 지인에게 문재인정부의 문제점을 지적하면서 "민주당 강령에서 자유를 취급하는 것만 봐도 자유를 바라보는 관점이 나와 많이 다르다"고 말하기도 했다.271) 이처럼 민주당과 문재인정부를 비난하던 그는 2021년 6월 29일 "모든 국민과 세력이 힘을 합쳐 반드시 정권교체를 이뤄내야 한다"며 대선 출마를 선언했다.272)

대선 출마를 선언한 윤석열은 7월 30일 국민의힘에 입당했다. 검찰총장직에서 사퇴한 지 117일, 정권 교체를 이루겠다고 선언한 지 31일 만의 일이었다. 국민의힘 당사에서 기자회견을 가진 그는 "정권교체를 위해서는 제1야당에 입당을 해서 정정당당하게 초기 경선부터 시작을 해가는 것이 도리라고 생각했다"며 입당 이유를 밝혔다.273)

윤석열의 입당으로 국민의힘의 경선은 판이 커지고, 국민의 시선이

---

269) <조선일보>, 2021년 3월 5일.
270) 후보단일화를 앞둔 시점이기에 국민의힘과 국민의당은 '윤석열 효과'를 이용, 단일화의 주도권을 장악하려고 했기 때문에 그를 서로 영입하려 했다. <조선일보>, 2021년 3월 6일.
271) <중앙일보>, 2021년 6월 27일.
272) 기자회견에서 윤석열은 "자유민주주의와 법치, 시대와 세대를 관통하는 공정의 가치를 기필코 다시 세우겠다"면서 "문재인 정권은 권력을 사유화하는 데 그치지 않고 집권을 연장하며 계속 국민을 약탈하려 한다"고 주장했다. 그리고 국민은 더 이상 기만과 거짓 선동에 속지 않을 것이라고 말했다. <조선일보>, 2021년 6월 30일.
273) 윤석열은 입당과 관련해 불확실성을 계속 갖고 가는 게 오히려 정권 교체와 정치활동을 해나가는 데 국민에게 많은 혼선과 누를 끼치는 게 아닌가 하는 생각이 들었다고 설명했다. <동아일보>, 2021년 7월 31일.

집중되는 효과를 거둘 수 있게 되었다. 한편 그의 입당에 대해 국민의힘 대선 주자들은 환영과 동시에 견제의 목소리를 함께 낸 데 반해, 여권은 전반적으로 그의 자질과 도덕성을 문제 삼으며 공세 수위를 높였다.274)

(2) 여·야의 대선 후보 경선

대선정국에 접어들면서 각 당은 후보 선출을 위한 경선국면에 돌입했는데, 이 과정에서 민주당과 국민의힘은 내부적으로 갈등을 겪었다. 민주당의 경우 경선 시기를 연기하는 문제를 놓고 친문과 친이 사이에 대립이 있었고, 국민의힘은 여론조사에서 역선택 방지문항을 넣는 문제를 두고 갈등을 겪었다. 경선 초반에 발생한 대립과 갈등은 대화와 타협으로 일시 봉합되는 모습을 보이다가 후반에 접어들어 과열되는 양상을 보였다. 이로 인해 민주당은 심지어 '경선 불복'이라는 말까지 나올 정도였고, 국민의힘은 후보 확정 후 경선에 승복하는 자세를 보여 크게 대비됐다.

정의당의 경우 4명의 후보가 나와 경선을 벌인 끝에 심상정이 후보로 확정되었는데, 그로서는 4번째 출마였다. 그가 민주당과 단일화하지 않고 완주하겠다는 의사를 표시하자, 민주당은 범여권 표가 잠식당할 수도 있다는 우려에서 긴장하는 모습을 보이기도 했다. 국민의당의 경우 안철수는 출마 선언과 동시에 후보로서 활동했다. 별도의 경선 절차 없이 국민의당 대선 후보가 되었는데, 이것이 그에게는 세 번째 출마였다.

---

274) 홍준표는 "윤 전 총장이 국민의힘에 들어와서 경선판이 커졌으면 좋겠다"고 하면서도 치열한 자질, 도덕성 검증을 한 뒤에 탄생하는 후보가 차기 정권 담당자가 될 것이라고 말했다. 원희룡은 "부패하고 무능한 세력의 집권 연장과 국민 약탈을 막아야 한다는 윤 전 총장 생각에 공감한다"면서도 자신이 윤석열보다 정치경력이 앞선다는 것을 내세웠다. 여권은 윤석열의 자질과 도덕성을 문제 삼으며 공세를 늦추지 않았다. 조국은 "윤석열씨가 윤봉길 기념관에서 대선 출마 선언을 하면서 '문재인정부가 이념편향적 죽창가를 부르는 바람에 한일 관계가 망가졌다'고 발언했다"며 "일본정부와 유사한 역사의식에 경악한다"고 비난했다. <조선일보>, 2021년 7월 1일.

① 더불어민주당

당내 친문 성향의 의원들이 경선 연기론을 제기하고 이재명 경기지사 측이 이에 반발하는 사태가 발생하자, 송영길은 "특정 후보를 배제하거나 불리하게 룰을 바꿀 수는 없다"며 일정 연기에 부정적인 입장을 보였다.275) 이 같은 당대표의 부인 발언에도 불구하고 당내에서는 경선을 연기하는 문제를 놓고 갈등이 계속되었다.

친문 진영은 민주당의 집권 전략 측면에서 볼 때 대선 후보 경선 연기를 검토해야 한다면서, 이재명 캠프를 제외하면 소속 의원들이 대체로 공감한다고 주장했다. 이에 이재명 측은 "이재명이 싫어서 친문 후보를 양육할 시간을 벌겠다는 것"이라며, 다른 후보 지지율을 다 합해도 이재명 후보에 미치지 않는 상황인데 국민 눈에 어떻게 비칠지 생각해보라고 반박했다.276) 경선 연기론의 목적이 '이재명 견제'라는 것이었다.

경선 연기 문제로 당내 갈등이 계속되어 내전 양상으로까지 전개되자, 이재명은 원칙대로 하는 게 제일 조용하고 원만하고 합당하다면서 경선 연기를 반대했다. '원칙과 상식에 부합하게 하는 것이 신뢰와 진실을 획득하는 길'이라면서 반대한 것이다.277) 민주당 대선 후보 중에서 경선 연기론에 이낙연과 정세균이 동조하고 이재명은 반대하는 입장이었는데, 이에 대한 통일된 의견을 도출하기 위해 초선 의원들이 모여 토론을 했지만, 결론을 내지 못했다.278)

---

275) 민주당 당헌은 '대통령 선거일 전 180일까지' 대선 후보를 선출하도록 규정하고 있어 2021년 3월 9일의 대선 일정에 맞추기 위해서는 9월 초까지 후보를 선출해야 하므로, 늦어도 6월부터는 경선에 돌입하지 않으면 안 되게 되었다. 그런데 친문 진영을 중심으로 일정을 두 달 정도 늦춰 최종 후보 확정을 11월 초에 하자는 목소리가 나온 것이다. <조선일보>, 2021년 5월 3일.
276) <조선일보>, 2021년 5월 7일.
277) 민주당 초선 의원 일부가 경선 연기를 주장한 데 이어, 권리당원 일부도 기자회견을 갖고 경선 일정 연기를 주장했다. <조선일보>, 2021년 6월 11일.
278) <조선일보>, 2021년 6월 16일.

이 상황에서 최고위원회가 2021년 9월 초 대선 후보를 확정할 예정인 것으로 알려져 친문을 포함한 이낙연과 정세균 측 의원 60여 명이 의원총회 소집을 요구하며 반발하는 일도 발생했다.279) 그러나 2021년 6월 22일 소집된 의원총회에서도 결론을 내리지 못하자, 6월 25일 최고위원회는 당헌대로 9월 초에 후보를 선출하기로 결정했다.

경선 일정의 확정으로 민주당은 본격적인 대선 경선 레이스에 돌입, 2021년 6월 28일부터 30일까지 예비경선 후보 등록을 받기로 했다. 후보 등록이 시작된 6월 28일 정세균과 이광재는 지지율 1위인 이재명과 맞서기 위해 여론조사로 단일화하기로 합의했다. 단일화로 민주당의 적통 후보를 만들겠다는 것인데,280) 여론조사 결과 7월 5일 정세균으로 단일화되었다. 8명의 예비후보를 대상으로 여론조사를 실시한 후 민주당은 7월 12일 6명을 예비후보로 압축했다.281)

이 시점에서 코로나 4차 대유행이 시작되자, 민주당은 대선 후보를 9월에 선출키로 한 결정을 연기하여 10월 10일에 실시하기로 했다. 코로나 창궐에 따른 사회적 거리두기 단계 격상, 올림픽, 그리고 추석 연휴 기간 등을 고려해 경선 일정을 5주 연기한 것이다.282)

6명의 예비후보가 참여하는 민주당의 순회 경선은 9월 4일 대전·충남과 9월 5일 세종·충북을 필두로 시작되었는데, 충청권에서 이재명이 과반인 54,72% 득표율로 1위를 차지했다.283) 충청권에서 자신의 기대치보다 낮은 득표율이 나오자 이낙연은 의원직 사퇴를 선언했다.284) '의원

---

279) <조선일보>, 2021년 6월 18일.
280) <조선일보>, 2021년 6월 29일.
281) 예비경선을 통과한 6명의 명단은 다음과 같다. 추미애, 이재명, 정세균, 이낙연, 박용진, 김두관.
282) 민주당 최고위원은 당 선관위가 각 캠프의 입장을 수렴해 만든 중재안이기 때문에 지도부 내 이견은 크게 없었다고 말했다. <조선일보>, 2021년 7월 20일.
283) 이재명을 제외한 다른 후보의 득표율은 다음과 같다. △이낙연: 28.19% △정세균: 7.05% △추미애: 6.81% △박용진: 2.37% △김두관: 0.87% <조선일보>, 2021년 9월 6일.

직 사퇴'라는 배수진을 쳤음에도 불구하고, 그는 9월 11일 실시된 대구·경북지역 경선과 12일 실시된 강원지역 경선에서 이재명을 이기지 못했다. 한편 정세균은 득표율에서 추미애에 밀려 4위로 떨어지자, 9월 13일 평당원으로 돌아가 백의종군하겠다며 후보직을 사퇴했다.285)

9월 25일의 광주·전남 경선과 9월 26일의 전북 경선에서 이낙연과 이재명은 1승1패를 기록했는데, 이재명은 누적 득표율 53%를 얻어 승기를 굳혀가는 분위기였다.286) 이후에도 이재명은 10월 1일의 제주 경선과 10월 2일의 부산·울산·경남 경선, 10월 3일의 인천 경선까지 모두 이겨 누적 득표율이 54.9%까지 달했으며, 2위인 이낙연은 34.33%에 그쳤다.287) 그리고 10월 9일의 경기 경선에 이어, 10월 10일의 서울 경선에서 얻은 이재명의 최종 득표율은 50.29%로, 과반인 50%를 0.29%포인트 차이로 넘겨 민주당 대선 후보로 최종 선출됐다.288)

민주당 대선 후보로 확정된 이재명은 정견 발표와 후보 수락 연설에서 편을 가르지 않는 통합의 대통령이 되겠다고 말하고, "이번 대선은 부패 기득권 세력과의 최후 대첩"이라며 국정 농단 세력에게 '레드카드'

---

284) 이낙연은 "민주당의 가치, 민주주의의 가치를 지키기 위해 국회의원직을 버리고 정권 재창출에 나서기로 결심했다"며 모든 것을 던져 정권 재창출을 이룸으로써 민주당과 대한민국에 진 빚을 갚겠다고 말했다. <조선일보>, 2021년 9월 9일. 그의 의원직 사퇴안은 9월 15일에 국회 본회의를 통과함으로써 2021년 3월 9일 대선과 동시에 종로구 국회의원 보궐선거까지 치러지게 됐다.

285) <조선일보>, 2021년 9월 14일.

286) 이낙연은 9월 25일 자신의 고향인 광주·전남 지역 경선에서는 47.12%를 득표하며 처음으로 1위를 차지했으며, 이재명은 2위로 46.95%를 얻었다. 9월 26일 전북 경선에서 이재명은 득표율 54.5%로 다시 1위를 차지했고, 이낙연은 38.4%로 2위에 그쳤다. <조선일보>, 2021년 9월 27일.

287) 이들의 뒤를 이어 3위는 추미애(9.14%), 4위는 박용진(1.63%)이다. <동아일보>, 2021년 10월 4일.

288) 경기 경선에서 이재명은 59.29%, 이낙연은 30.52% 득표율을 보였지만 서울 경선에서는 이재명 36.5%, 이낙연 51.45%를 얻었다. <동아일보>, 2021년 10월 11일.

로 퇴장을 명해야 한다고 주장했다.289)

한편 이낙연 캠프는 중도에 사퇴한 정세균, 김두관 두 후보의 표가 무효 처리된 것에 대해 이의를 제기하고 결선투표를 치를 것을 주장했다.290) 이에 민주당은 10월 13일 당무위원회를 소집해 이낙연 후보 측이 제기한 대선 경선 무효표 계산 방식에 대한 이의 제기를 받아들이지 않기로 했다. 결국 이낙연이 경선 결과에 승복함으로써 민주당의 경선 불복 논란은 사흘 만에 봉합되었다. 그러나 표면적으로는 봉합됐지만, 이낙연 캠프 내에서는 당무위 결정에 격분한 인사가 많은 것으로 알려져 '원팀' 기조에 적지 않은 영향을 줄 것으로 관측됐다.291)

② 국민의힘

국민의힘 경선은 민주당보다 두 달 늦은 2021년 8월 30일의 후보 등록으로부터 시작됐는데, 경선을 한 달 앞둔 7월 30일 윤석열이 입당함으로써 국민의힘 경선은 세간의 주목을 받게 되었다. 8월 31일까지 모두 15명이 후보 등록을 했는데, 9월 3일 국민의힘 선거관리위원회는 이 중 3명을 탈락시키고 12명을 예비경선 후보로 결정했다.292)

12명의 후보를 추린 국민의힘 선관위는 경선 여론조사에 역선택 방지 조항을 도입하는 문제를 놓고 논의했는데, 의견이 6대6으로 엇갈렸다. 윤석열·최재형 후보 측은 역선택 가능성을 차단할 것을 주장했지만,

---

289) <조선일보>, 2021년 10월 11일.
290) 이낙연 측 의원 20여 명은 10월 11일 국회에서 기자회견을 열고, 이재명의 최종 득표율은 50.29%가 아니라 49.32%라고 재차 주장했다. 정세균(2만3731표)과 김두관(4411표)이 후보 사퇴 전에 얻은 득표는 전체 모수(母數)에 포함되는 유효표라는 것이다. 이 경우 이재명 후보의 과반 득표가 무산되기 때문에 결선투표를 해야 한다는 것이다. <조선일보>, 2021년 10월 12일.
291) 이낙연은 "당무위의 결정을 존중하고, 경선 결과를 수용한다" 민주당의 대선 승리와 정권 재창출을 위해 노력하겠다고 말했다. <조선일보>, 2021년 10월 14일.
292) 12명의 명단은 다음과 같다. 박진, 박찬주, 안상수, 원희룡, 유승민, 윤석열, 장기표, 장성민, 최재형, 하태경, 홍준표, 황교안.

홍준표·유승민 후보 측이 반대했기 때문이다.293) 이에 당 선관위는 절충안으로 대선 본경선 때 50%가 반영되는 여론조사에서는 민주당 지지층이 조사 결과를 왜곡하는 '역선택'을 최소화하기 위한 장치로 후보의 본선 경쟁력을 조사하는 방안을 적용하기로 했다.294)

국민의힘은 또한 예비경선 후보자 면접을 위한 국민 면접관으로 '진보 논객'으로 알려진 진중권 전 동양대교수와 금태섭 전 민주당의원 등이 참여한다고 밝혔다. 평소 국민의힘에 비판적인 생각을 갖고 있는 면접관들을 통해 민심을 제대로 반영하는 후보를 선출하려는 취지에서 이들을 위촉했다는 것이다.295) 9월 9일·10일의 면접관 면접에 이어, 국민의힘은 9월 13일·14일에는 책임당원과 일반 국민 가운데 2,000명씩 표본조사를 해서 이를 당원 20%, 일반 국민 80% 비율로 변환 합산하여 1차 관문을 통과한 8명의 명단을 발표했다.296)

1차 경선에 이어 2차 경선을 앞두고 국민의힘에 입당하는 당원의 숫자가 눈에 띄게 늘어나는 상황에서,297) 10월 8일 예비후보를 8명에서 4

---

293) 윤석열은 역선택 방지조항은 국민의힘보다 먼저 대선 후보를 선출한 민주당 지지층이 상대하기 쉬운 후보를 고르기 위해 국민의힘 경선 여론조사에 조직적으로 참여해서 역선택에 나설 가능성이 있으므로 도입해야 한다고 주장했다. 민주당 지지층이 국민의힘 후보 선택권을 갖게 되면 국민의힘 후보들이 '정권심판론'을 제기하기 어려워진다는 이유에서였다. 이와 반대로 홍준표는 "미국의 레이건 대통령도 공화당 후보였지만 민주당 지지층의 교차 지원을 대폭 이끌어내 두 번이나 당선됐다"면서 역선택 방지조항을 도입할 필요가 없다고 주장했다. <조선일보>, 2021년 9월 4일.

294) 본경선 때는 여론조사 50%와 함께 당원투표 50%가 반영되는데, 여론조사 대상에서 여권 지지층을 제외하는 설문을 포함하지는 않되, 민주당 후보와 1대1 가상대결을 붙인 결과를 점수로 환산해 반영하는 방안이다. 국민의힘 선관위원장 정홍원은 이 방안에 선관위원 12명이 만장일치로 찬성했다고 밝혔다. <조선일보>, 2021년 9월 6일.

295) <조선일보>, 2021년 9월 9일.

296) 9월 15일 발표된 8명의 명단은 다음과 같다. 안상수, 원희룡, 유승민, 윤석열, 최재형, 하태경, 홍준표, 황교안. <조선일보>, 2021년 9월 16일.

명으로 압축하는 예비경선 결과가 8일 발표됐다. 국민 여론조사 70%, 당원 선거인단 투표 30%를 합산한 결과 원희룡, 유승민, 윤석열, 홍준표 4명이 2차 경선을 통과했다. 국민의힘은 이들 4명의 후보가 11월 5일까지 4주 동안 지방을 순회하며 총 10차례 토론회를 치르도록 했다.298)

한편 국민의힘 선관위는 10월 26일 후보들 사이에 이견을 보였던 여론조사 문항을 확정지었다. 민주당 후보와 국민의힘 후보 4명을 한 번씩 총 4차례 1대1로 불러준 다음에 국민의힘 후보 4명 가운데 가장 '본선 경쟁력'이 있다고 생각하는 후보 한 명을 고르게 하는 방식이었다.299) 이에 대해 유승민은 이의를 제기했으나,300) 당 선관위는 이를 받아들이지 않았다.

경선이 막바지에 이르러 윤석열과 홍준표, 두 후보가 양강 구도를 형성하게 되면서 이들 사이의 경쟁도 매우 치열해졌다. 각종 여론조사에서 상승세를 탄 홍준표는 "민심을 거역하는 당심은 없다"며 '민심 우위'를 내세우며 당원 표심 잡기에 나섰다. 이에 대응해서 윤석열은 정권교체를 바라는 '당심'을 내세워 자신은 "문재인 정권이 가장 두려워하는

---

297) 국민의힘은 5월 31일부터 9월 27일까지 총 26만 5,952명이 입당 원서를 냈는데, 이 중 20-40대가 11만 3979명으로 절반가량 된다고 발표했다. <조선일보>, 2021년 10월 1일.

298) 본경선에서 50%가 반영되는 여론조사는 1·2차 예비경선 여론조사 같은 '적합도' 대신 '경쟁력'을 묻는 방식으로 하기로 결정했다. <조선일보>, 2021년 10월 9일. 한편 2차 예비경선에서 탈락한 최재형은 10월 17일 '확실한 정권교체를 위한 선택'이라며 홍준표 지지를 선언했다. <조선일보>, 2021년 10월 18일.

299) 문항은 '민주당 후보 대 국민의힘 ○○○' 1대1 가상대결 조합을 모두 불러준 뒤, 국민의힘 후보 4명 중 누가 가장 경쟁력 있는 후보인지 묻는 방식인 것으로 알려졌다. 이를테면 민주당 후보와 원희룡, 유승민, 윤석열, 홍준표 후보가 대결한다고 설명하고 "이 중 가장 경쟁력 있는 후보는 누구라고 생각하냐"고 물어 4명 중 1명을 선택하는 방식인 것으로 알려졌다. <조선일보>, 2021년 10월 27일.

300) 이러한 방식의 여론조사에 대해 유승민 측은 "전례 없는 해괴한 방식의 설문"이라며 당 선관위에 이의를 제기했다. <조선일보>, 2021년 10월 27일.

후보"라며 반문(反文) 결집에 나섰다.301)

　양측의 경쟁이 과열되어 상호비방전으로까지 번지자, 한때는 국민의힘에 대한 지지율과 정권심판론이 여론조사에서 동시에 하락하는 현상도 나타났다. 이에 국민의힘 지도부는 후보들에게 공개 경고 메시지를 냈고, 초선 의원들은 기자회견을 열어 "대선 후보로서 품격을 높여 달라"고 주문하는 일도 나타났다.302)

　2021년 11월 1일은 국민의힘의 56만 9,059명 책임당원이 대선 후보 선출을 위해 당원투표를 실시하는 첫날인데, 이날 24만 9,367명이 투표에 참가함으로써 43.82%라는 역대 최고 투표율을 기록했다. 투표 직전까지 윤석열·홍준표 두 후보가 선두 자리를 놓고 접전을 벌이는 것으로 나타나자, 지지층이 대거 투표에 나선 결과 투표율이 높아진 것이다. 전례 없이 높은 당원투표 열기를 놓고 각 후보 캠프는 자신들이 승기를 잡았다며 저마다 유리하게 해석하는 일도 벌어졌다.303)

　국민의힘의 대선 후보 선출 전당대회는 2021년 11월 5일에 개최됐는데, 이날 윤석열이 종합득표율 47.85%로, 41.50%를 얻은 홍준표를 누르고 대선 후보로 선출됐다. 그로서는 6월 29일 정치참여를 선언한 지 4개월 만에 제1야당의 대선 후보가 된 것이다. 그는 후보 수락 연설에서 "경청하고 소통하며 책임지는 대통령, 진정성이 있고 권한을 남용하지 않는 대통령이 되겠다"고 말하고, 반드시 정권교체를 이루어 분열과 분노의 정치, 그리고 부패와 약탈의 정치를 끝내겠다고 다짐했다.304)

　자신의 패배가 확인되자 홍준표는 소감 연설에서 "경선 결과에 깨끗

---

301) <조선일보>, 2021년 10월 28일.
302) <조선일보>, 2021년 10월 29일.
303) <조선일보>, 2021년 11월 2일.
304) 윤석열은 여론조사에서는 37.94%를 얻어 홍준표(48.21%)에 약 10%포인트 뒤졌지만, 당원투표에서 57.77%로 홍준표(34.80%)에 20%포인트 이상 앞서 합산 6.35%포인트 차이로 대선 후보로 선출됐다. 유승민은 7.47%, 원희룡은 3.17% 득표율을 보였다. <조선일보>, 2021년 11월 6일.

하게 승복한다"고 말했다. 그는 또한 경선에서 마지막까지 치열하게 국민적 관심을 끄는 것이 자신의 역할이었다고 말하고 "국민 여러분과 당원 동지 여러분이 합심해서 정권교체에 꼭 나서주도록 당부드린다"고 호소했다. 유승민과 원희룡도 "결과에 깨끗이 승복한다"고 말했다.

이처럼 국민의힘 대선 경선에서 윤석열과 경쟁했던 후보들은 모두 경선 결과에 승복한다는 발언을 했다. 이에 대해 당 관계자들 사이에서는 "민주당 이재명 대선 후보가 선출되자 이낙연 전 대표 측이 한동안 이의를 제기하며 승복하지 않았던 것과 대비되는 훈훈한 마무리"라고 높이 평가했다.[305]

③ 정의당과 국민의당

정의당의 심상정은 2021년 8월 29일 20대 대선은 거대 양당의 승자독식 정치를 종식하는 선거가 되어야 한다면서 대선 출마를 공식 선언했다. 유튜브에 공개한 출마 선언 영상에서 그는 지금까지 양당 정치는 서로 격렬하기만 할 뿐 민생개혁에는 철저히 무능했기에 이제는 34년 묵은 낡은 양당 체제의 불판을 갈아엎어야 한다고 주장했다. 또한 국민의힘과 민주당은 큰 차이가 없으므로 민주당과 후보를 단일화할 아무런 이유가 없다고 말했는데, 이로써 민주당은 크게 긴장한 것으로 알려졌다.[306]

심상정의 출마 선언은 정의당으로서는 8월 23일에 있었던 전 당대표 이정미의 대선 출마 선언에 이어 두 번째 나온 것으로,[307] 이후 8월 31일에는 황순식 경기도당위원장이, 9월 2일에는 김윤기 전 부대표가 출마 선언을 함으로써 정의당은 모두 4명의 후보가 경선을 치르게 됐다.

---

305) <조선일보>, 2021년 11월 6일.
306) 민주당과 단일화가 없다는 심상정의 발언에 대해 민주당 관계자는 "내년 대선은 한 자릿수 퍼센트포인트 차이로 접전이 예상되는데 범여권 단일화 없이 정의당 후보가 선전하면 민주당에는 부담이 될 수 있다"고 말해 불편한 심경을 내비쳤다. <동아일보>, 2021년 8월 30일.
307) <조선일보>, 2021년 8월 30일.

2021년 10월 1일부터 6일까지 진행된 정의당 후보 경선에서 심상정은 총 11,828표 중 5,433표(46.4%)를 얻어 1위에 올랐지만, 과반 득표에는 실패했다. 2위의 이정미는 4,436표(37.9%)를 얻었으며, 다음으로는 김윤기(12.37%)가 3위, 황순식(3.3%)이 4위 순이었다.[308] 이처럼 경선에서 과반 득표자가 나오지 않아 1·2위 후보인 심상정과 이정미 2명이 결선투표를 치르게 됐다.

심상정은 10월 12일에 실시된 결선투표에서 정의당의 20대 대선 후보로 공식 선출됐는데, 이로써 그는 네 번째 대선에 도전하는 후보가 되었다. 10월 7일부터 엿새간 치러진 결선투표에서 그는 전체 11,993표 중 6,044표(51.12%)를 얻어 후보로 선출됐다.

후보 수락연설에서 그는 "번갈아 집권한 양당으로 인해 지금 우리 사회는 극단적 불평등과 차별, 혐오 같은 사회적 위기에 놓여 있다"며 "성별·지역·세대 간 차별을 없애고 민주주의가 강한 인권·노동·젠더 선진국을 만들겠다"고 말했다. 그리고 민주당과 단일화 하지 않고 대선을 완주하겠다고 다시 한번 강조했다.[309]

한편 2020년 8월 16일 국민의힘과 진행하던 합당 협상의 결렬을 선언하고 당세 확장에 전력을 경주하던 국민의당 안철수는 2021년 11월 1일 대선 출마를 공식 발표했다. 그는 국회 앞 광장에서 가진 기자회견에서 '정권 교체'를 넘어서는 '시대 교체'를 이뤄내겠다고 말하면서 20대 대

---

308) 심상정은 경선 결과 발표 후 인사말에서 치열한 경선을 열망한 당원들의 마음이 반영된 것으로 생각한다며 "2차에선 본선에서 당당히 정의당의 승리를 이끌 후보를 선택할 것으로 믿는다"고 말했다. 이정미는 당원들이 정의당에 확실하게 변화를 명령해줬다며 "2022년 대선을 정의당의 시간으로 만들겠다"고 했다. <조선일보>, 2021년 10월 7일.
309) 심상정은 17대 대선에서는 당내 경선에서 노회찬 후보에게 패배했고, 18대 대선에서 진보정의당 후보로 선출됐지만, 당시 민주통합당 후보였던 문재인 지지를 선언하며 중도 사퇴했다. 19대 대선에선 정의당 후보로 완주해 득표율 6.17%를 기록했다. 한편 이정미는 5,780표(48.88%)를 얻었다. <조선일보>, 2021년 10월 13일.

선에 출마하겠다고 선언했다. 그리고 "새 시대의 마중물 역할을 할 대통령, 부패하고 무능한 거대 양당을 깨는 '한국의 마크롱'이 되겠다"고 말했는데,310) 이것이 그로서는 2012년과 2017년에 이은 세 번째 출마 선언이었다.

3) 후보단일화와 20대 대선

20대 대선에는 모두 14명이 출마했지만, 주요 후보로는 민주당과 국민의힘, 정의당, 국민의당의 후보 4명을 들 수 있다. 대선이 막바지에 접어들면서 각 후보 진영은 하나라도 더 많은 표를 얻기 위해 총력을 기울였는데, 이 가운데 가장 효과적인 방법은 통합을 통한 후보단일화였다. 통합을 이루어 후보를 단일화하고 이를 기반으로 해서 보다 더 많은 유권자의 지지를 동원하는 전략이라고 할 수 있는데, 여·야 가릴 거 없이 주요 정당들은 이러한 통합작업에 전적으로 매달렸다.

이 과정에서 통합의 핵심 대상으로 등장한 인물은 국민의당의 후보 안철수로, 민주당의 이재명과 국민의힘 윤석열 두 후보 "모두 안철수 후보에게 단일화 구애를 하기 시작"했다는 분석이 나올 정도였다.311) 안철수 본인은 완주를 다짐했지만, 객관적으로 그럴 만한 여건이 되지 않는다는 분석이었기에 양쪽으로부터 단일화 제의를 받은 것이다.

민주당이나 국민의힘의 입장에서도 후보단일화를 이루지 않고는 누구도 승리를 장담할 수 있는 형편이 되지 못한다고 생각했기에 가능한 국민의당과 통합을 성사시키기 위해 노력하는 수밖에 없었다. 통합만이 위기를 극복하는 확실한 방법이라는 것이 여러 차례 입증되었기 때문이

---

310) 안철수는 최근 여러 조사에서 정권교체 여론은 커졌지만 여·야 주요 주자들에 대한 비호감도도 크다고 말하고 많은 국민이 기득권 양당에 신물을 느끼고 있다면서 "구적폐를 몰아낸 자리에 신적폐가 들어서는 '적폐 교대'의 악순환에서 국민을 탈출시킬 때가 왔다"고 주장했다. <조선일보>, 2021년 11월 2일.
311) <조선일보>, 2022년 1월 1일.

다. 여기서 안철수가 최종적으로 단일화의 대상으로 선택한 후보는 국민의힘 윤석열이었는데, 우여곡절 끝에 윤석열과 안철수는 후보단일화를 이룸으로써 윤석열 후보가 20대 대선에서 승리하게 되었다.

(1) 여·야의 후보단일화

① 더불어민주당

대선을 20여 일 남겨놓은 시점에서 국민의힘이 정권교체를 명분으로 안철수의 후보직 사퇴를 기대하는 상황에서 민주당은 내각제 개헌 등을 고리로 국민의당 후보 안철수에 단일화를 제안한 것으로 알려졌다. 안철수와의 단일화는 지지율 반전을 위한 최후의 카드가 될 수 있다고 판단했기에 후보단일화를 제안한 것이다.312)

민주당으로서는 후보단일화가 성공하면 컨벤션 효과로 막판 뒤집기 가능성이 열리고, 실패하더라도 안철수의 독자 출마를 촉진해 '다자 구도'를 만들어 승리할 수 있다고 분석했기 때문이다. 통합이 안 된다면, 분열이라도 유도해 야권 지지자들의 표를 분산시킨다는 전략이었다.

민주당은 한편으로 안철수와 후보단일화를 추진하면서, 다른 한편으로는 통합정부를 고리로 '반(反)윤석열 연대' 구축에 나섰다. 그 일환으로 이재명은 2022년 2월 14일 정치교체와 국민통합에 동의하는 모든 정치세력과 연대해 국민통합정부를 구성하겠다며 "필요하다면 '이재명정부'라는 표현도 쓰지 않겠다"고 말했다. 또한 다른 정치세력의 실질적 권한을 보장할 방안으로 '국민통합 추진위원회'(가칭) 구성, 총리 국회 추천제 도입, 총리의 각료 추천권 보장 등도 공개적으로 언급했다. 그가 총리의 국회 추천을 언급한 건 처음인데, 야당에 내각 참여 기회를 주겠

---

312) 이재명 후보 측은 정식 제안은 아니지만 내각제 개헌과 여론조사를 통한 후보단일화, 총리 재임 시 헌법상의 각료 제청권 보장 등도 언급한 것으로 알려졌는데, 이는 사실상 권력 분점을 제안한 것이라고 볼 수 있다. <조선일보>, 2022년 2월 10일.

다는 의도인 것으로 분석되었다.313)

　2022년 2월 20일 민주당은 안철수가 윤석열과의 후보단일화협상 철회를 선언하자 "최악의 시나리오는 피한 것 같다"며 안도했다. 협상 철회로 20대 대선이 이재명·윤석열·안철수·심상정 '4자 구도'로 치러질 가능성이 높아진 만큼 야권표 분산을 통해 윤석열과의 격차를 만회할 수 있다는 판단에서였다. 당대표 송영길은 여기서 한 발 더 나아가 안철수를 포함한 통합정부를 구성하겠다는 자세는 항상 열려 있다고까지 말할 정도였다.314)

　그러나 이재명이 희망한 대로 안철수와의 단일화가 이루어지지 않자, 그는 새로운물결의 후보 김동연과 단일화를 추진하여 이를 성사시켰다. 이재명·김동연 두 후보는 2022년 3월 1일 만나 '정치 교체를 위한 공동선언문'을 발표하고, "국정 운영의 동반자로서 집권하면 국민통합정부를 구성한다"는 데 합의했다고 발표했다.315) 이 합의에 따라 대선을 1주일 앞둔 3월 2일 김동연은 이재명과 후보단일화를 선언하며 후보직을 사퇴했다. 김동연은 "오늘 대통령 후보직을 내려놓는다"면서 이재명의 당선을 위해 다시 운동화 끈을 묶겠다고 말했다.316)

　이외에도 민주당은 정치개혁과 통합정부를 고리로 하여 국민의힘 포

---

313) <조선일보>, 2022년 2월 15일.

314) <조선일보>, 2022년 2월 22일.

315) 이재명, 김동연 두 후보는 선언문에서 "무조건적인 '정권 교체'나 '정권 연장'으로는 지금의 구조적 문제들을 해결할 수 없다는 인식하에서, 최우선 과제로 권력구조 개편과 정치개혁을 추진한다"고 밝혔다. 양측은 새 정권 출범 1년 이내에 분권형 대통령제 등을 담은 개헌안을 만들고, 20대 대통령 임기를 1년 단축해 개헌안을 실현하겠다고 했다. 또 연동형 비례대표제 등 선거제도 개편과 국회의원 3선 초과 연임 금지, 의원 면책특권 폐지 등 이른바 '정치개혁' 법안을 차기 대통령 취임 전에 국회에 제출한다는 내용도 포함됐다. <조선일보>, 2022년 3월 2일.

316) 김동연은 3월 1일 이재명과 회동하고, 분권형 대통령제 개헌과 국회의원 면책특권 폐지 등을 주 내용으로 하는 '정치 교체를 위한 공동선언문'을 발표했다. <조선일보>, 2022년 3월 3일.

위 작전에 나섰다. 송영길은 당 소속 정개특위 위원들과 간담회에서 다당제 도입을 위한 정치개혁안에 대해 국민의힘을 제외하고 대부분의 정당이 긍정적인 표시를 했다며 국민의힘 당대표인 이준석에 회동을 제의하기도 했지만,[317] 그의 제안은 결실을 거두지 못했다.

② 국민의힘

국민의힘 내에서 후보단일화론이 처음 제기된 것은 2022년 2월 3일로, 윤상현은 이날 "국민의당 안철수 후보 측과 단일화협상을 시작해야 한다"고 주장했다. 후보 등록인 2월 13일을 열흘 앞둔 시점이었다. 후보단일화를 공개적으로 요구한 것인데, 국민의힘 선거대책본부는 단일화 언급 자체를 반기지 않는 분위기였다.[318]

당내에서 후보단일화문제가 공론화되기 시작하자 윤석열은 자신은 단일화를 배제하지 않는다면서 그 문제는 자신에게 맡겨달라고 했다.[319] 그렇지만 후보단일화에 별다른 진전이 없자, 김형오 전 국회의장 등 전직 국회의원 120여 명은 윤석열·안철수의 단일화를 촉구하는 내용의 성명을 발표하기도 했다.[320]

윤석열 캠프 측이 단일화 협상에 적극성을 보이지 않는 가운데 대선후보 등록 첫날인 2월 13일 후보 등록을 마친 안철수는 윤석열을 향해 여론조사를 통한 후보단일화를 공개적으로 제안했다. 이에 윤석열은 긍

---

317) <조선일보>, 2022년 3월 3일.
318) 윤상현은 섣부른 자신감이 독이 될 수 있으므로 후보를 단일화할 것을 주장했다. 그러나 국민의힘의 한 중진 의원은 "윤 후보 단독으로도 충분히 이길 수 있는 선거이고 그런 자세로 선거를 뛰어야 한다"며 지금은 단일화 얘기를 꺼낼 때가 아니라며 단일화에 반대했다. <조선일보>, 2022년 2월 4일.
319) <조선일보>, 2022년 2월 8일.
320) 성명서는 후보단일화는 '승리의 길이고 통합의 길'이라며 "정권교체를 간절히 바라는 국민의 절체절명의 명령"이라고 강조하고, "현재 안이한 낙관론과 자강론이 나오는 것에 당원과 국민은 불안해한다"면서 단일화 없이는 승리도 없다는 경험을 실패 속에서 배워왔다고 덧붙였다. <동아일보>, 2022년 2월 11일.

정적으로 그의 제안을 평가한다면서도 '담판을 통한 단일화'를 염두에 두고 여론조사를 거부하는 입장을 취했다.321)

윤석열 측의 부정적인 반응에 안철수는 2월 20일 "이제부터 저의 길을 가겠다"며 야권 단일화 제안을 철회한다고 선언했다. 그는 여론조사 방식의 단일화를 제안한 지 1주일이 지나도록 아무런 대답이 없었다면서 "단일화가 성사되지 못한 책임은 제1야당과 윤 후보에게 있음을 분명하게 말한다"고 말했다. 그리고 "저는 제 길을 굳건하게 가겠다"며 완주 의사를 재차 강조하자,322) 국민의힘은 공개적으로 단일화를 요구하기보다 연대 분위기를 조성하는 데 치중할 것으로 알려졌다.323)

안철수가 후보단일화 제안 철회를 선언한 후에도 양측은 이면에서는 계속 협상을 진행해 왔다. 그러나 협상에 별다른 진전이 보이지 않자, 윤석열은 2022년 2월 27일 긴급 기자회견을 했다. 회견에서 그는 이유는 알 수 없으나 "오전 9시 단일화 결렬 통보를 최종적으로 받았다"며 협상이 결렬됐다고 발표했다.324) 그렇지만 국민들의 열망인 정권 교체를 위한 야권 통합에 희망의 끈을 놓지 않겠다며 단일화 가능성을 완전히 닫아 놓지는 않았다.325) 물밑에서 협상을 계속하기 위해서였다.

---

321) 안철수는 단일화의 명분으로 '구시대 종식'과 '국민통합'을 내걸었다. 윤석열 측이 여론조사 경선에 반대하는 것은 현재 두 후보 간 지지율 격차가 서너 배 이상 나기 때문으로, 윤석열 측 관계자는 "오세훈·안철수 단일화 때는 두 사람 간 지지율 격차가 이번처럼 크지 않았다"며 대선에서 여론조사로 단일화를 하면 지지자들이 수긍하기 어렵다고 말했다. 이외에도 윤석열 후보 측에서는 '역선택' 가능성도 우려하고 있는 것으로 알려졌다(<조선일보>, 2022년 2월 14일). 부정적인 반응에도 불구하고 안철수 측이 여론조사를 통한 후보단일화 수용을 거듭 요구하자, 윤석열 측은 여권 지지층의 역선택이 우려된다며 "통 큰 단일화가 필요하다"고 다시 거부했다(<조선일보>, 2022년 2월 15일).
322) <동아일보>, 2022년 2월 21일.
323) <조선일보>, 2022년 2월 21일.
324) 협상 결렬 원인을 놓고 양측은 서로 상대방에게 책임을 전가했다. <동아일보>, 2022년 2월 28일.
325) <조선일보>, 2022년 2월 28일.

그 결과 대선을 엿새 남겨둔 3월 3일 윤석열과 안철수는 새벽 회동을 통해 윤석열로 후보를 단일화하기로 하는 데 전격 합의할 수 있었다. 이 날 안철수는 윤석열 지지를 선언하면서 후보직을 사퇴했는데, 이들은 단일화 공동선언문에서 "더 좋은 대한민국을 만드는 시작으로서의 정권교체, 즉 '더 좋은 정권교체'를 위해 뜻을 모으기로 했다"고 밝혔다.

그리고 '두 사람은 원팀'이라며 "서로 부족한 부분을 메워주며 상호보완적으로 유능하고 준비된 행정부를 통해 반드시 성공한 정권을 만들겠다"고 다짐했다. 대선 사전 투표일(4일·5일)을 하루 앞두고 두 후보가 극적으로 야권의 후보단일화를 성사시킨 것이다.[326]

(2) 20대 대선

2022년 3월 9일에 치러지는 대통령선거에는 모두 14명이 후보 등록을 마쳤다. 등록한 후보들은 기호를 부여받게 되는데 국회에 의석을 가진 정당은 다수의석 순으로 기호를 정하도록 한 선거법 규정에 따라 기호를 배정받았다.[327] 이를 보면 민주당 이재명 1번, 국민의힘 윤석열 2번, 정의당 심상정 3번, 국민의당 안철수 4번 등이었다.

이처럼 후보들의 기호를 정하는 방식이 다수당일수록 앞 순위를 차지하고 소수당이나 의원이 없는 정당은 뒤로 밀려나 불리할 수밖에 없는 구조로 돼 있는데,[328] 이는 반드시 개정이 필요한 부분이라고 생각한다.

---

326) <조선일보>, 2022년 3월 4일.
327) 현행 공직선거법 150조는 국회에 의석을 갖고 있는 정당의 후보, 국회에 의석을 갖고 있지 않은 정당의 후보, 무소속 후보 등 순으로 후보자 기호를 정하도록 명시하고 있다. 의석을 보유한 정당 가운데 5명 이상의 지역구 국회의원을 가진 정당, 직전 대통령선거·비례대표 국회의원 선거·비례대표 지방의회 의원선거에서 유효투표수의 100분의 3 이상을 득표한 당에는 전국적으로 통일된 기호를 부여한다. 정당 순서는 국회의 다수 의석순에 따르고 같은 의석을 가진 당이 둘 이상일 때에는 최근 비례대표 국회의원 선거에서 득표수가 많은 쪽에 앞선 번호가 주어진다. 국회에 의석이 없는 정당은 가나다순, 무소속 후보는 관할 선거구 선거관리위원회에서 추첨해 정해진 차례대로 순서가 정해진다.

그러나 기존 정당들은 기득권 차원에서 이를 양보할 기미를 보이지 않는 실정이다.

이들 4명의 후보는 한편으로는 단일화협상을 진행하면서 다른 한편으로는 TV토론에 참가하며 상대 후보에 대한 공세를 멈추지 않았다. 그러나 2022년 3월 2일 마지막 TV토론이 끝난 직후 만난 윤석열과 안철수 두 후보가 단일화하기로 합의함에 따라, 다음날인 3월 3일에는 윤석열을 단일후보로 발표할 수 있게 되었다. 이보다 하루 앞선 3월 2일에는 이재명과 김동연의 후보단일화가 발표됐다.

그러나 김동연과 안철수의 후보 사퇴가 투표용지 인쇄 시작일인 2월 28일 이후에 이루어진 것이어서 대선 당일 투표용지에는 사퇴로 표기되지 않고 투표소 안에 후보가 사퇴했다는 안내문만 부착되게 됐다.[329]

선거일을 불과 일주일과 엿새 앞둔 시점에서 이들이 후보직을 사퇴함에 따라 이들을 찍은 재외투표자의 표는 무효 처리되는 것으로 발표되었다.[330] 이에 대해 재외국민들의 투표권 보장을 위해 후보를 등록한 후에는 사퇴를 제한하는 일명 '안철수법'을 제정해야 한다는 국민청원이 올라오기도 했다.[331]

---

[328] 7대 국회는 종래 추첨으로 기호를 배정하던 방식을 바꾸어 다수 의석을 기준으로 기호를 부여하도록 했고, 이 방식은 1971년 제8대 총선 때부터 적용되어 오늘에 이르고 있다. 당시 회의록에는 기호 방식을 변경한 이유에 대한 아무런 설명 없이 단지 "정당 후보자에 대한 기호를 과거와 같이 기호에 의한 1, 2, 3으로 하자고 한 것도 채택하지 아니하기로 했읍니다"라는 구절만 나와 있다. 이는 당시 공화당과 신민당이 군소 정당이나 무소속 후보를 고려하지 않고 자기들의 편의만을 위해 취한 조치라고 할 수 있다. 국회사무처, 『내무위원회회의록』 제75회 제18차(1970년 11월 30일), 8쪽.

[329] 투표용지 인쇄일 전에 사퇴한 후보는 기표란에 '사퇴'라는 글자가 붉은색으로 인쇄되지만, 김동연·안철수 두 후보의 사퇴는 인쇄일을 넘겼기 때문에 해당되지 않는다. 그러나 3월 4일과 5일에 실시된 사전투표의 경우는 투표용지가 현장에서 인쇄되기 때문에, 이 투표용지에는 두 후보의 기표란에 '사퇴'라고 표기되었다.

[330] 20대 대선에서 재외투표를 포함하여 무효표는 총투표수의 0.9%인 307,542표였다. 중앙선거관리위원회 선거통계시스템 참조.

선거를 앞두고 두 명의 유력 후보였던 윤석열과 안철수의 통합이 가까스로 성사됨으로써 20대 대선은 국민의힘 후보 윤석열의 승리로 끝날 수 있었다. 그가 총투표수 34,067,853표 가운데 48.56%인 16,394,815표를 얻어, 47.83%인 16,147,738표에 그친 이재명을 0.73%포인트 차이로 누르고 대통령에 당선된 것이다.

당선이 확정되자 윤석열은 "헌법정신을 존중하고 의회를 존중하고 야당과 협치하면서 국민을 잘 모시도록 하겠다"고 말했다. 이어 그는 "이 결과는 저와 국민의힘, 안철수 대표와 함께한 국민의당의 승리라기보다는 위대한 국민의 승리"라면서 "양당이 빨리 합당을 마무리짓고 더 외연을 넓히고 더 넓은 국민의 지지를 받고 국민의 고견을 경청하는 훌륭하고 성숙한 정당이 되도록 함께 노력하자"고 제안했다.[332]

대통령 후보 단일화의 효과는 국회의원 재・보궐선거에도 영향을 미친 것으로 나타났다. 대선과 함께 치러진 서울 종로, 서울 서초갑, 경기 안성, 충북 청주 상당, 대구 중・남구 등 5개 선거구의 국회의원 재・보궐선거에서도 국민의힘 또는 국민의힘 출신 무소속 후보가 모두 당선되었기 때문이다.[333]

5곳에서 선거가 치러졌지만 국민의힘은 대구 중・남구에 후보를 공천하지 않았고, 민주당은 서울 종로와 경기 안성, 충북 상당구 3곳에 후보를 내지 않았다. 양당 모두 사당 출신 의원들의 사퇴 또는 당선무효형을 받음으로 인해 선거가 치러지는 것에 책임을 느껴 해당 지역에 후보를 내지 않은 것이다.[334] 양당 모두가 귀책사유가 있음에도 불구하고

---

331) <한겨레>, 2022년 3월 4일.

332) <조선일보>, 2022년 3월 11일.

333) 국회의원 재・보궐선거가 실시된 5곳의 당선자와 소속 정당은 다음과 같다. △서울 종로구: 최재형(국민의힘) △서울 서초갑: 조은희(국민의힘) △경기 안성: 김학용(국민의힘) △충북 청주 상당구: 정우택(국민의힘) △대구 중・남구: 임병헌(무소속).

334) 공식적으로는 후보를 공천하지 않았지만, 대구의 경우 당선자는 국민의힘을 탈당하고 무소속으로 출마한 것이며, 서울 종로의 경우 민주당 공천으로 당선된

서울·부산시장 보궐선거에 후보를 공천함으로써 비판을 받았던 민주당의 전철을 밟지 않으려고 했기 때문인 것으로 분석된다.

7. 맺음말

지금까지 살펴본 것처럼 탄핵 이후 등장한 문재인정부의 집권 5년 동안에 있었던 정당과 정치인들의 행태 역시 기존의 정당구도와 마찬가지로 '위기와 통합의 정치' 현상에서 벗어나지 못했음을 알 수 있다. 지난 5년간 통합을 이루었거나 분열을 겪지 않은 정당은 선거에 승리했지만, 그렇지 못한 정당은 패배를 피할 수 없었다. 제7회 지방선거와 21대 총선에서 민주당의 승리가 바로 이를 입증했다고 할 수 있다. 이와는 반대의 상태에 있었기에 자유한국당·미래통합당은 패배를 맛보아야 했다.

야당의 연속적인 패배는 서울·부산시장 보궐선거 때부터 다른 양상으로 나타나게 되는데, 이는 야권이 분열적인 요소를 극복했기 때문이었다. 제3지대를 지향하던 국민의당 안철수가 야권의 분열을 지양하기 위해 제1야당인 국민의힘과의 통합을 모색했고, 이것이 효과를 거둔 것이다.

그 결과 서울시장 보궐선거에서는 오세훈 후보가 당선되었고, 20대 대선에서는 윤석열 후보가 당선될 수 있었다. 야권은 분열로 인해 패배의 늪에 빠졌었고 이로 인해 위기가 초래되었다는 것을 알았기에 뒤늦게나마 통합을 추진했고, 이것이 성사되었기에 선거에서 승리할 수 있게 된 것이다.

야권의 후보단일화에 맞서 민주당도 후보단일화를 추진했다. 그러나 야권이 대통합을 이룬 데 비해 여권은 소통합에 불과했다. 통합을 이루기는 했지만, 규모 면에서 야권과는 비교가 되지 않을 만큼 작은 것이어

구청장이 사표를 내고 탈당하여 무소속으로 출마한 것이다.

서 승리에서 멀어질 수밖에 없었다.

통합의 측면에서뿐만 아니라 민주당은 분열적인 요소도 완전히 극복하지 못했다. 경선과정에서 빚어진 '친문'과 '친이'의 갈등이 화학적으로 융합되지 않은 상태에서 치러진 선거였기에 시너지 효과를 내지 못해 이재명 후보는 지고 말았고, 이것이 민주당을 위기에 빠뜨렸다고 할 수 있다.

'위기와 통합의 정치'가 2022년 5월 10일에 출범한 윤석열정부 하에서도 재현될 것인지 아닌지는 5년 뒤에나 알 수 있겠지만, 이와 같은 현상이 지속되는 한 정치발전은 어려울 것이라는 생각이 든다. 선거가 있을 때마다 이합집산이 반복된다면 정치권의 모든 에너지가 통합과 분열이라는 블랙홀로 빨려들어, 민생의 안정과는 거리가 먼 정치가 판을 칠 것이기 때문이다.

도표상에 나타난 우리의 정당 변천사를 보면 유전자지도보다도 훨씬 더 복잡한 형상을 볼 수 있는데, 아마도 이는 세계에서 유례를 찾을 수 없는 기형적인 구조임에는 틀림이 없다고 생각한다. 이처럼 통합과 분열이 수도 없이 반복되는 상황에서는 정당이 정체성을 확립한다는 것 자체가 무리라고 생각되며, 정체성이 없는 상태이기에 정당은 유권자를 동원하는 손쉬운 기제로 지역감정을 동원하는 패턴을 반복하는 것이 오늘날의 현실이다.

새로 출범한 윤석열정부가 '위기와 통합'의 고리를 단번에 끊을 수 있으리라고는 기대하지 않는다. 정부 수립 이래, 더 멀게는 당쟁으로 인한 사화(士禍)로 민생이 도탄에 빠진 이래로 이러한 현상이 지속되어 왔기 때문에 여·야 정당과 정치인 모두가 각고의 노력을 기울이지 않는 한 뿌리를 뽑기는 어렵다는 생각이 들기 때문이다.

다만 분열의 유혹에 빠지지 말고 통합을 깨지 않는 것이 '위기와 통합'의 고리를 깨는 첫걸음이 된다는 것만은 분명하다고 할 수 있다. 또한 이 길은 통합으로 쟁취한 정권을 안정적으로 유지하고 나아가 공고하게 만드는 확실한 길인 동시에 정권을 재창출할 수 있는 전략이라고 하는 것을 강조하고 싶다.

| 제 15 장 |

윤석열정부하의 정당구도 분석

1. 머리말

 20대 대선에서 안철수(安哲秀) 후보와 어렵사리 통합을 이룬 국민의힘 윤석열(尹錫悅) 후보가 승리해서 2022년 5월 10일 대통령직에 취임함으로써 5년 만에 여·야의 정권이 교체되는 상황을 맞이했다. 윤석열은 취임사에서 민주주의의 위기를 반지성주의로 지목하고 '자유, 인권, 공정, 연대의 가치'를 내세웠다. 이는 분열로 인해 여소야대 정국이 초래됐고 그 결과 박근혜에 대한 탄핵으로 이어져 권력을 빼앗긴 전철을 다시는 밟지 않겠다는 각오에서 나온 것으로 풀이된다.
 독선과 독주·독단의 국정 운영으로 분열을 초래하기보다는 협치와 상생으로 국정을 운영하겠다는 의미에서 공정과 연대라는 키워드를 넣은 것으로 보였기에, 윤석열정부에서는 '위기와 통합의 정치'는 종식될 것이라는 기대를 걸게 한 취임사라고 할 수 있다. 적어도 자신이 속한 당에서만이라도 공정과 연대의 가치를 지켜 분열은 초래하지 않을 거라는 기대가 있었다. 이러한 국민적 기대가 있었기에 취임 한 달도 되지 않은 시점에서 치러진 지방선거와 보궐선거에서 여당인 국민의힘은 승리를 거둘 수 있었다.
 그러나 윤석열정부에 대한 이와 같은 기대는 1년 이상을 가지 못했다. 강서구청장 보궐선거 후보 공천을 전후하여 독선과 독주로 국정이 운영되는 조짐이 나타나, 선거에 패배했기 때문이다. 보궐선거 패배로 국민의힘은 혁신위와 비대위를 연달아 출범시켰음에도 이러한 조짐은 중단될 기미를 보이지 않았다. 총선이 임박했음에도 대통령 부인 김건희(金建希)와 관련된 각종 문제를 놓고 대통령과 국민의힘 지도부 사이에 반목 관계가 형성됐고, 대통령과의 바람직한 관계 설정 문제를 놓고도 당내에 갈등이 줄지 않고 증폭되는 사태가 전개되었기 때문이다.

당내의 반목과 갈등을 해소하지 못한 상태에서 총선에 임했기에 국민의힘은 야당인 더불어민주당(이하 민주당)에 참패하고 말았는데, 선거에 참패했음에도 국민의힘은 이를 극복하기 위해 노력하기는커녕 그 반대 방향으로 나아갔다.

김건희 관련 문제 처리를 둘러싸고 대통령과 당대표 사이의 반목이 바로 그것인데, 야당으로서는 여당의 분열상을 내버려둘 아무런 이유가 없었다. 윤석열의 국정 운영에 대한 지속적인 비판과 아울러 특검법을 무기로 김건희 문제를 부각하여 민심의 이반(離反)을 초래하거나, 정부의 실정(失政)을 빌미로 감사원장과 장관·검사 등에 대한 탄핵을 연달아 제기하며 정부를 궁지로 모는 일에 매진한 것이다.

이에 윤석열은 정부에 대한 민주당의 견제와 제동이 대한민국을 '망국의 나락'으로 떨어뜨린다고 보고 2024년 12월 3일 밤 비상계엄령을 선포하는 무리수를 두었지만, 국회의 요구로 해제될 수밖에 없었다. 윤석열의 비상계엄 선포는 결국 야당의 대통령 탄핵소추로 이어졌고, 이에 일부 여당 의원이 동조함으로써 탄핵안은 국회를 통과했다.

박근혜 탄핵 때 나타났던 것과 똑같은 현상이 나타난 것이다. 그리고 헌법재판소는 전원일치로 윤석열에 대한 파면 결정을 내림으로써 윤석열은 임기 5년을 채우지 못하고 물러나게 되어, 국민은 대통령을 새로 뽑는 선거를 치르게 되었다.

이처럼 자당 소속 대통령이 파면되어 실시되는 대선을 앞두고도 국민의힘은 분열을 극복하지도 통합을 실현하지도 못했다. 이런 형국이었기에 국민의힘은 통합을 굳힌 민주당의 상대가 되지 못했다. 결국 김문수 후보가 이재명 후보에 패배하고 말았는데, 이는 위기에 처했으면 통합을 모색해야 함에도 그와 반대 방향으로 나아갔기 때문이다. 이로써 한국정치의 특징이라고 할 수 있는 '위기와 통합의 정치'가 윤석열정부하에서도 그대로 반복되는 현상이 나타나게 되었다.

2017년 3월 10일의 박근혜 파면 사태에서 보듯이 통합이 중요함에도 그에 대한 아무런 반성도 교훈도 얻지 못하고 분열로 치달아, 윤석열 파면 사태까지 이른 것이다. 이로써 국민의힘은 한국정당사에서 두 번이나 임기를 채우지 못하고 권력을 내준 정당이 되고 말았다. 역사의 준엄한 교훈을 잊고 분열을 일삼으며 통합을 소홀히 한 결과 국민의힘은 권력을 잃었고, 윤석열정부는 "무속과 주술에 의탁해 국정을 운영"했다는[1] 평가를 받고 역사 속으로 퇴장하게 된 것이다.

2. 정권 교체와 여·야의 지방선거 대책

윤석열의 대통령 취임식이 치러진 지 한 달도 채 되지 않은 시점에서 지방선거가 치러지게 되자, 여야는 선거 승리를 위해 총력을 기울였다. 지방선거 사상 대선이 치러진 이후 최단기간 내에 실시되는 선거였기에,[2] 선거에 대한 여·야의 각오는 남다를 수밖에 없었다. 여당이 된 국민의힘으로서는 대선 승리의 여세를 몰아 지방선거에서도 이겨 정권의 안정을 도모하겠다는 각오였다. 민주당은 비록 야당으로 전락하기는 했

---

1) <한겨레>, 2025년 4월 26일.
2) 16대 대선 이후 대통령선거일과 전국동시지방선거일

대통령선거일	전국동시지방선거일	시차
16대 2002년 12월 19일	4회 2006년 5월 31일	3년 5개월
17대 2007년 12월 19일	5회 2010년 6월 2일	2년 5개월
18대 2012년 12월 19일	6회 2014년 6월 4일	1년 5개월
19대 2017년 5월 9일	7회 2018년 6월 13일	1년 1개월
20대 2022년 3월 9일	8회 2022년 6월 1일	83일

지만, 선거사상 가장 적은 득표율 차이로 패배했기 때문에3) 이를 설욕하겠다는 각오로 선거에 임했다.

선거를 대비하여 국민의힘은 대통령에 당선된 정치신인 윤석열이 당내에 아무런 기반이 없었기에 그를 중심으로 당의 지도부를 개편하는, 이른바 친윤체제를 구축하기 위한 작업에 나섰다. 그리고 대선과정에서 있었던 윤석열·안철수 후보단일화 작업의 후속 조치로 양당의 합당을 추진했다. 합당은 외형상으로는 양당이 1 대 1 비율의 대등한 형식을 취했지만, 실질적으로는 국민의힘이 국민의당을 흡수하는 선에서 마무리되었다.

민주당은 대선 패배로 5년 만에 정권을 내주게 되자, 송영길(宋永吉) 당대표를 포함한 지도부가 총사퇴하고 비상대책위원회가 출범하는 사태를 맞았다. 그리고 대선 패배의 여파로 당내 계파 갈등이 재연하는 가운데 대선에서 패배한 이재명(李在明)의 재등판 문제가 최대 관심사로 등장했다. 광역자치단체장 선거 출마를 위해 의원직을 사퇴하여 공석이 된 송영길의 지역구에 그가 출마해서 당을 이끌도록 하자는 의견을 이재명 지지자들이 중심이 되어 제기했기 때문이다.

1) 국민의힘

당 밖에서 대통령후보를 영입하여 정권 교체를 이룬 국민의힘은 첫 과업으로 윤석열을 중심으로 당 지도부를 구성하기 위한 작업에 나섰다.

---

3) 제5대 대선에서 박정희 후보와 윤보선 후보와의 표차는 156,026표였으나, 득표율은 46.64%와 45.09%로 박정희 후보가 1.55%p 차이로 승리했다. 제20 대선에서 윤석열 후보와 이재명 후보의 표차는 247,077표로 사상 두 번째로 적은 표차지만, 득표율을 보면 48.56%와 47.83%로 0.73%p 차이여서 실제로는 가장 적은 표차로 기록된다. 5대 대선의 경우 총투표수 12,985,015표였고, 20대 대선의 경우 총투표수 44,197,692표로 5대 대선보다 3.4배나 투표자가 많은 것을 감안하면, 20대 대선이 5대 대선보다도 더 박빙이었다고 할 수 있다.

과반이 넘는 172석의 압도적인 의석을 가진 거대 야당인 민주당을 상대로 국정을 운영해 나가기 위해서는 대통령과 원활하게 소통할 수 있는 지도부가 필요하다는 공감대가 이미 형성된 터여서 원내대표 경선은 친윤(親尹)인 권성동(權性東)의 승리로 막을 내렸다.

국민의힘과 국민의당의 합당은 후보단일화를 선언했을 때 합의했던 사항으로 두 후보가 합당키로 한 지 46일 만인 2022년 4월 18일 마무리되었다. 합당에 이르기까지 몇 차례 우여곡절이 있었지만, 후보단일화 정신을 살린다는 의미에서 갈등을 해소하고 양당은 합당을 성사시켰다. 국민의힘과의 합당으로 안철수는 2012년 9월 18대 대선 출마를 선언하고 정치권에 입문한 이후 3차례의 창당과 2차례 합당 기록을 남긴 셈이 되었다.[4]

(1) 친윤체제 구축

2022년 4월 8일 실시된 국민의힘 원내대표 경선에는 소속 의원 110명 중 102명이 참석했다. 이날 원내대표 경선에 권성동 의원과 조해진(曺海珍) 의원이 출마했는데, 권성동은 정견 발표를 통해 "역대 정부가 실패한 가장 큰 원인은 청와대에 모든 권력이 집중되고 당이 청와대의 여의도 출장소로 전락한 점"이라고 지적하고, 당이 국정 운영의 중심에 서도록 노력하시겠다고 출마의 변을 밝혔다.[5]

경선 결과 권성동이 81표(79.4%)를 얻어 21표를 얻은 조해진을 누르고 당선되었다. 권성동은 당선 인사에서 본인은 '윤핵관'(윤석열 핵심 관계자)이란 표현을 좋아하지 않는다고 말했지만, 윤석열 정부와 국민의힘이 순항하도록 야당과 협치하는 데 더욱더 정력을 쏟겠다고 밝혔다.

---

4) 2016년 '국민의당'을 창당한 안철수는 2018년 2월 유승민이 이끌던 '바른정당'과 합당해 '바른미래당'을 만들었다. 그러나 2020년 1월 유승민의 바른정당계가 탈당해 '새로운보수당'을 창당하자, 안철수는 2월 탈당해서 다시 '국민의당'을 창당했다.

5) <조선일보>, 2022년 4월 9일.

그리고 비록 정권 교체에는 성공했지만, 이는 절반의 성공에 불과한 것으로 생각한다면서 "지방선거에서 의미 있는 결과를 얻어야만 윤석열 정부의 국정 운영 동력이 생긴다고 판단하고 있다"고 강조했다.6) 야당을 상대로 국정을 이끌어 가기 위해서는 54일 앞으로 다가온 지방선거에서 반드시 승리해야 한다는 뜻을 나타낸 것이다.

권성동의 원내대표 당선으로 친윤체제 구축 속도가 빨라질 것으로 분석되었지만, 원내대표로서의 과제는 만만치 않은 것으로 예측되었다. 소수 여당으로 새 정부 출범에 필수적인 국무총리 후보자를 비롯한 18개 부처 장관 후보자에 대한 인사청문회 준비와 민주당이 추진하는 '검수완박'(검찰 수사권 완전 박탈) 관련 법안에 대한 대비책을 포함하여, 당정 관계의 균형을 잡는 업무까지 과제가 산적해 있기 때문이다. 권성동의 원내대표 당선에 대해 민주당은 "여야 협치와 국민통합을 우선하기를 기대한다"고 말하고, 민심을 우선하는 민심 핵심 관계자인 '민핵관'이 되어 줄 것을 주문했다.7)

(2) 국민의당 흡수 합당

국민의힘과 국민의당은 2022년 4월 18일 합당을 공식 선언했다. 대선을 6일 앞둔 3월 3일 윤석열 국민의힘 후보와 안철수 국민의당 후보가 단일화를 선언하며 합당에 합의한 지 46일 만에 합당이 이루어진 것이다. 국민의힘 이준석(李俊錫) 대표와 국민의당 안철수 대표는 이날 오후 국회에서 기자회견을 갖고 "20대 대통령선거에서 선언했던 단일화 정신에 의거, 더 좋은 대한민국을 만들고 공동 정부의 초석을 놓는 탄생을 위해 합당 합의를 선언한다"고 말하고, 당명은 국민의힘을 그대로 쓰기로 했다고 밝혔다.8)

양당은 합의문에 '당 대 당 통합'이라는 점을 명시했지만, 당세(국민

---

6) <동아일보>, 2022년 4월 9일.
7) <경향신문>, 2022년 4월 9일.
8) <동아일보>, 2022년 4월 19일.

의힘 110석, 국민의당 3석)로 볼 때는 흡수 통합이나 마찬가지였다. 그렇지만 합의 정신을 최대한 존중한다는 취지에서 정강·정책 태스크포스(TF)를 공동으로 구성하고 지도부 인선을 포함한 합의사항을 실천해 나가기로 했다. 양당의 합당과정에서 당직자 고용 승계나 국무위원 추천 등을 둘러싸고 잡음이 불거져 한때 합당이 무산될지도 모른다는 관측이 제기되기도 했다.9)

그러나 국민의힘이 국민의당 당직자의 고용을 승계하고, 17억 원에 이르는 국민의당 부채를 부담하며, 당대표는 이준석이 그대로 맡고 국민의당 몫으로 최고위원 2명과 여의도연구원 부원장 등을 주기로 합의하는 선에서 갈등을 봉합해 합당이 성사되었다.10) 합당의 최종적인 절차는 국민의힘의 최고 의결기구인 전국위원회를 거쳐야 하지만, 양당 지도부 간에 합의가 이루어졌기 때문에 사실상 합당은 이루어진 것이나 마찬가지라고 할 수 있다.

한편 국민의당은 국민의힘과의 합당을 끝까지 반대하는 권은희(權垠希) 원내대표를 제명 처분하기로 했다. 이는 비례대표 국회의원인 권은희가 탈당할 경우, 의원직을 상실하도록 한 공직선거법 192조를11) 감안한 조치로 국민의당이 권은희의 의원직 유지를 위해 배려해 준 것으로 풀이된다.12)

---

9) 『연합뉴스 2023』, 132쪽.
10) <동아일보>, 2022년 4월 19일.
11) 국회의원이나 지방의원의 당선 무효를 규정한 공직선거법 제192조 ③항 3은 다음과 같다.
  "비례대표국회의원 또는 비례대표지방의회의원의 당선인이 소속 정당의 합당·해산 또는 제명 외의 사유로 당적을 이탈·변경하거나 2 이상의 당적을 가지고 있는 때(當選人決定시 2 이상의 黨籍을 가진 者를 포함한다)"
12) <경향신문>, 2022년 4월 19일.

2) 더불어민주당

5년 만에 정권을 내준 민주당은 대선 다음날인 2022년 3월 10일 송영길 당대표를 포함한 지도부가 총사퇴하고 비대위를 출범시켰다. 대통령선거 사상 최소의 격차율로 패배한 데다가 지방선거를 석 달도 채 남겨놓지 않은 상황을 들어 당내 일부는 '질서 있는 수습'의 필요성을 제기했다.13) 그러나 민심을 엄중히 수용하는 모습을 보여줄 필요가 있다는 판단에서 지도부 사퇴라는 정공법을 택한 것이다.

비대위 구성을 마친 민주당은 2022년 3월 30일 새로운물결과 합당을 마무리 지었는데, 이는 대선 과정에서 이재명·김동연(金東兗) 두 후보가 단일화에 합의한 데 따른 후속 조치였다. 통합을 통해 대선 패배로 인해 초래된 당의 위기를 극복하고 지방선거를 대비하기 위한 차원에서 취한 조치였다.

(1) 비상대책위원회 출범

대선 패배가 확인되자, 민주당은 투표에서 나타난 국민의 선택을 받아들인다면서 당 지도부가 책임을 지고 총사퇴하고 원내대표인 윤호중(尹昊重)을 위원장으로 하는 비대위 체제로 전환했다. 현 상황에서 외부의 새로운 인물을 비대위원장으로 선임하면 혼란과 분열의 소지가 생길 수 있다는 판단에서 윤호중 비대위체제를 선택한 것이었는데, 이는 "전면적인 쇄신보다는 단합과 회복을 우선시해야 한다"는 의견이 반영된 것으로 분석되었다.14)

그러나 민주당 의원총회에서는 당을 전면적으로 쇄신하는 차원에서 비대위원장을 외부에서 영입해야 한다는 의견이 제시되기도 했다. 그리

---

13) 『연합뉴스 2023』, 135쪽.
14) <조선일보>, 2022년 3월 11일.

고 원내대표인 윤호중이 대선 패배에 책임이 없지 않으며, "곧 새 원내대표가 뽑히는데 기존 원내대표가 계속 비대위를 이끄는 것은 문제가 있다는 지적"도 나온 것으로 알려졌다.[15] 이 외에도 이재명이 비대위원장을 맡아 당을 혁신하고 지방선거를 지휘해야 한다는 견해도 제시되었지만, 당사자인 이재명은 "그런 말은 시기상조"라며 당분간 당무에는 신경을 쓰지 않을 것이라며 고사하는 일도 있었다.[16]

 2022년 3월 13일 윤호중은 26살의 박지현(朴志玹)을 공동비대위원장으로 한 비대위 인선안을 발표했다.[17] 이에 대해 능력이 검증되지 않은 인사들로 '보여주기식' 비대위를 꾸린 것 아니냐는 지적이 나오자,[18] 윤호중은 "각계각층에서 국민 목소리를 전달해 오고 당내에서 다양한 가치를 전달해 온 의원 2명을 포괄해 청년·여성·민생·통합의 원칙으로 비대위를 구성했다"고 반박했다.[19]

 비대위 구성을 마친 민주당은 3월 24일 교황 선출방식인 콘클라베 형식으로 후보 등록을 받지 않은 상황에서 친명(친이재명)계로 알려진 박홍근(朴弘根)을 원내대표로 선출했다.[20] 박홍근은 "개혁과 민생을 야무지게 책임지는 강한 야당을 반드시 만들어 국민 기대에 부응하겠다"고 당선 소감을 밝혔다.[21]

---

15) <동아일보>, 2022년 3월 12일.
16) <조선일보>, 2022년 3월 12일.
17) 윤호중·박지현 외에 비대위원 명단은 다음과 같다. △이소영(현역의원) △김태진(동네줌인 대표) △권지웅(민달팽이주택협동조합 이사) △조응천(현역의원) △배재정·채이배(전 의원). <동아일보>, 2022년 3월 14일.
18) 박지현의 발탁은 20·30대 여성을 적극적으로 끌어들여 이른바 '이대남 공략'에 방점을 둔 국민의힘과 차별화하겠다는 의도로 해석됐다. <조선일보>, 2022년 3월 14일.
19) <경향신문>, 2022년 3월 14일.
20) <경향신문>, 2022년 3월 25일.
21) <동아일보>, 2022년 3월 25일.

(2) 새로운물결 흡수 합당

원내대표를 선출하여 당 체제 정비를 마친 민주당은 2022년 3월 28일 새로운물결에 통합 논의를 개시할 것을 제안했다. 이는 이재명과 김동연 두 후보가 대통령 선거운동 중인 2022년 3월 1일 국정 운영의 동반자로서 집권하면 국민통합정부를 구성하기로 합의한 데 따른 것이다.[22] 2021년 12월 19일 새로운물결을 창당하여 대선후보로 추대되어 출마했던 김동연은 투표일을 8일 앞두고 이재명 지지를 선언한 바 있었는데, 지방선거가 임박해 오자 민주당과 합당키로 한 것이다.

민주당의 합당 제안에 대해 새로운물결 측은 최고위원회의에서 논의가 있을 것이지만 "분위기는 일단 긍정적"인 것으로 안다고 전했는데, 민주당 내에서는 경기지사 후보 경선을 앞두고 합당 문제가 대두되자 김동연에 대한 견제가 본격화한 것으로 분석되었다.[23] 새로운물결의 김동연은 3월 29일 국회 기자회견에서 더불어민주당의 합당 제안을 수용한다고 밝혔다.[24] 합당 논의를 계기로 민주당 내에서는 친명계 의원들이 중심이 되어 그를 경기지사 후보로 거론하고 있는 것으로 알려졌다.[25]

민주당이 새로운물결과 통합하고 김동연을 경기지사 후보로 미는 것

---

[22] 이들은 선언문에서 "무조건적인 '정권 교체'나 '정권 연장'으로는 지금의 구조적 문제들을 해결할 수 없다는 인식하에서 최우선 과제로 권력구조 개편과 정치개혁을 추진한다"라고 밝혔다. 그리고 새 정권 출범 1년 이내에 분권형 대통령제 등을 담은 개헌안을 만들고, 20대 대통령 임기를 1년 단축해 개헌안을 실현하며, 연동형 비례대표제 등 선거제도 개편과 국회의원 3선 초과 연임 금지, 의원 면책특권 폐지 등 이른바 '정치개혁' 법안을 차기 대통령 취임 전에 국회에 제출한다는 내용도 포함했다. <조선일보>, 2022년 3월 2일.

[23] <경향신문>, 2022년 3월 29일.

[24] <경향신문>, 2022년 3월 30일.

[25] 친명계의 한 의원은 "국민의힘에서 유승민 전 의원이 나오면 지금 거론되는 다른 후보들로는 결과를 장담하기 쉽지 않다"면서 유승민 전 의원과 같이 "경제통인 김동연 대표가 좋은 맞수가 될 것"이라고 말했다. <조선일보>, 2022년 3월 30일.

은 수도권에서 선전(善戰)을 통해 선거 연패를 막고, 정국 반전의 모멘텀을 찾겠다는 각오에서 나온 전략이었다. 20대 대선에서 경기도는 이재명이 윤석열보다 462,810표(5.32%p)나 더 많이 득표한 지역이었기에 충분히 싸워볼 만하다고 생각했고, 경기도에서만 이겨도 선거 연패의 고리를 끊었다는 데 대한 의미 부여가 가능하다고 판단했기 때문이다.[26] 위기를 극복하기 위한 차원에서 새로운물결과의 통합을 추진한 것이라고 볼 수 있다.

3. 제8회 지방선거와 국회의원 보궐선거

대선 이후 여·야는 제8회 전국동시지방선거를 대비하여 체제 정비에 나섰다. 여당인 국민의힘은 친윤체제 구축과 함께 국민의당과 합당을 마무리 지었고, 야당인 민주당은 친명(親明)계가 전면에 나선 가운데 새로운물결과의 합당을 성사시켰다. 여·야 모두 20대 대선에서 후보단일화에 합의하면서 합당을 선언한 바 있었는데 선거가 끝나자, 이의 실현에 나선 것이다. 특히 민주당의 경우 지방선거를 앞두고 대선 패배로 초래된 위기를 통합으로 극복하려는 의지가 강하게 작용했다고 볼 수 있다.

지방선거와 동시에 국회의원 보궐선거도 7곳에서 치러졌는데,[27] 일반의 관심의 대상이 된 것은 20대 대선에 후보로 나섰던 이재명과 안철수의 출마였다. 이재명의 경우 서울시장 출마를 위해 의원직을 사퇴하여 공석이 된 송영길의 지역구에 출마를 선언했고, 안철수의 경우 김은혜

---

26) <동아일보>, 2022년 3월 28일.
27) 이는 공직선거법 제53조에 따른 것으로, 53조는 국회의원이 지방자치단체의 장 선거에 입후보하는 경우 선거일 30일 전까지 사퇴해야 한다고 규정하고 있다.

(金恩慧)의 경기지사 출마로 공석이 된 지역구에 출마를 선언함으로써 두 지역은 대선에 버금갈 정도로 세간의 주목을 받는 곳이 되었다.

1) 제8회 지방선거

2022년 6월 1일에 치러지는 지방선거에 여·야 모두 광역단체장 17곳 중 과반 승리를 목표로 선거에 임했다. 선거를 앞두고 국민의힘은 지방권력을 탈환하여 윤석열정부 초기 국정의 동력을 확보한다는 각오를 다짐했고, 민주당은 지방권력을 사수하고 국회 과반 의석과 연계해서 새 정부에 대한 견제에 나서겠다는 각오를 세웠다.[28]

이처럼 여·야 모두 선거 승리를 다짐했지만, 제8회 지방선거 결과는 한마디로 여당인 국민의힘이 승리한 선거였다. 전국 17개 광역단체장 가운데 국민의힘은 서울과 부산을 포함한 12곳에서 승리를 거둔 데 반해, 민주당은 5곳밖에 이기지 못했다.[29] 기초단체장의 경우 국민의힘은 145곳을 차지만 반면, 더불어민주당은 63곳에서 이기는 성적밖에 거두지 못했다. 서울의 경우 25개 구청장 중 국민의힘이 17곳을 차지, 1곳만을 차지했던 4년 전 지방선거와 크게 대비가 됐다. 이처럼 지방권력이 민주당에서 국민의힘으로 이동함으로써 여당은 국정 운영의 주도권을 확보할 수 있게 되었지만, 야당은 위기를 맞았다고 할 수 있다.

대선 이후 여·야 모두 통합에 나섰지만, 통합의 강도 면에서 야당보다는 여당이 강했던 데다가 대선 승리라는 프리미엄이 작용한 결과라고

---

28) <동아일보>, 2022년 5월 13일.
29) 국민의힘과 더불어민주당 후보가 당선된 광역단체와 단체장 명단은 다음과 같다.
   ◆국민의힘: △서울(오세훈) △인천(유정복) △충북(김영환) △충남(김태흠) △세종(최민호) △대전(이장우) △대구(홍준표) △경북(이철우) △부산(박형준) △울산(김두겸) △경남(박완수) △강원(김진태).
   ◆더불어민주당: △경기(김동연) △광주(강기정) △전남(김영록) △전북(김관영) △제주(오영훈).

할 수 있다. 대선에서 이긴 여당의 경우 친윤체제 구축을 통해 당의 결속을 다질 수 있었다. 반면에 야당의 경우 대선 패배의 후유증이 채 가시지도 않은 상황에서 이재명의 재등판 여부를 놓고 내분이 일어 통합효과가 상쇄된 측면이 있었다고 할 수 있다.30)

(1) 국민의힘

국민의힘은 6·1지방선거 공천은 국민의힘 출신 후보와 국민의당 출신 후보를 포함하여 4명 이상이 공천을 신청한 지역은 100% 국민여론조사 예비경선을 통해 3명을 추리기로 했고, 3명 이하인 지역은 100% 국민여론조사로 본경선을 치르기로 했다.31) 이는 서울과 부산 등 주요 광역단체장의 경우 국민의당 출신 공천 신청자가 없었지만, 기초단체장과 시의원·구의원의 경우 국민의당 출신 신청자가 많았기에 불가피하게 취한 조치였다.

국민의힘 공천관리위원장 정진석(鄭鎭碩)은 4월 11일 서울·부산·경북 3곳의 후보를 단수 공천한 데 이어, 4월 21일에는 경선을 거쳐 대전·충남·충북·세종 4곳의 후보를 발표했다. 그리고 4월 22일에는 경기·인천·울산·경남 지역의 공천 결과를, 4월 23일에는 대구·강원·제

전국동시지방선거 결과

	국민의힘	더불어민주당	기타	무소속
광역단체장	12	5	-	-
기초단체장	145	63	1	17
광역의원(지역구)	491	280	3	5
광역의원(비례대표)	49	42	2	-
기초의원(지역구)	1,216	1,218	23	144
기초의원(비례대표)	219	166	1	-
전체	2,132	1,774	30	166

30) 선거가 끝나고 민주연구원이 조사한 바에 의하면, 지도부 갈등이 선거에 영향을 미쳤다는 응답이 74%였고 영향을 미치지 않았다는 응답은 18.7%에 불과했다. 박혁, "6·1 지방선거 평가" (민주연구원, 2022.7), 4쪽.
31) <동아일보>, 2022년 4월 19일.

주 지역의 결과를 발표할 예정이라고 밝혔다. 공관위원장은 "이기는 공천을 해야 한다는 원칙, 공정과 상식이라는 절대 원칙하에 엄정하게 공천관리 작업을 진행"했다고 밝히고, 지방선거에서 압도적인 승리를 거두어 새로운 정부가 성공할 수 있는 토대가 되기를 바란다고 말했다.32)

국민의힘은 17개 광역단체장 중 9~10곳 이상 확보하는 것을 목표로 하고 수도권을 집중적으로 공략한다는 방침을 세웠다. 공동선대위원장(권성동)은 "대선으로 중앙권력은 찾아왔지만, 지방권력의 90%는 민주당이 차지하고 있다"며, 지방에서는 견제와 균형의 원리가 전혀 작동하지 않아 부정과 비리가 속출하고 있다고 지적했다. 그리고 지방선거 승리를 통해 국정 운영의 모멘텀을 확보한다는 각오로 선거에 임하겠다고 밝혔다.33)

최종 확정된 국민의힘 광역단체장 후보 가운데는 홍준표(洪埈杓, 대구 수성을), 김은혜(경기 성남 분당갑), 김태흠(金泰欽, 충남 보령·서천), 박완수(朴完洙, 경남 창원 의창) 4명의 의원이 있었다. 이들은 각각 대구광역시, 경기도, 충청남도, 경상남도에 공천을 받아 의원직을 사퇴함으로써 이들 4개 지역은 6월 1일에 국회의원 보궐선거도 치르게 되었다.

(2) 더불어민주당

민주당 전략공천관리위원장 이원욱(李元旭)은 4월 19일 송영길 전 당대표와 박주민(朴柱民) 의원을 서울시장 후보자 공천에서 배제한다고 발표했는데, 이는 당 지도부가 서울을 전략선거구로 지정하여 전략공천 방침을 밝힌 데 따른 것이었다.34) 그러나 경선에서 배제된 당사자들이 크게 반발하는 데다가, 전략공천으로 내세울 만한 인물을 찾는 것도 어

---

32) <동아일보>, 2022년 4월 22일.
33) <동아일보>, 2022년 5월 13일.
34) 민주당 내에서는 서울시장 후보를 놓고 이낙연(李洛淵) 추대, 박영선(朴映宣) 차출 등으로 혼란이 가중되는 상황이 벌어졌다. <동아일보>, 2022년 4월 20일.

려워 원점에서 다시 출발할 수밖에 없었다.35) 그리하여 후보를 100% 국민경선으로 선출하기로 최종 확정하고, 송영길과 박주민을 공천에서 배제하기로 했던 공관위의 결정도 철회했다. 이로써 당내 혼란만 노출되었다는 지적이 나오기도 했다.36)

결국 서울시장 후보 경선은 송영길·박주민·김진애(金鎭愛) 3파전으로 치러지게 되었는데, 민주당은 4월 26~27일에 1차 경선을 치르고 28일부터 이틀 동안 결선투표를 치러 후보를 확정하는 것으로 결정했다.37) 최종 투표 결과 서울시장 후보로 송영길이 선출되었는데, 그는 윤석열정부의 일방통행 독주를 막을 수 있도록 도와줄 것을 호소했다.38)

서울시장 후보 경선에 앞서 치러진 경기지사 경선에서는 권리당원 투표 50%와 일반 여론조사 50%를 합산한 결과, 김동연이 50.67%의 득표로 후보로 확정됐다. 경기지사 후보 경선에 나선 4명(김동연·안민석·염태영·조정식)은 마지막까지 경기지사였던 '이재명 마케팅'에 주력하며 표심 공략에 나섰으나, 김동연은 1차에 과반을 득표하여 결선투표 없이 무난히 후보가 되었다. 후보로 선출된 김동연은 "이재명 전 경기지사의 성과를 계승 발전시킬 것"을 약속드린다고 밝혔다.39)

한편 민주당은 충북지사 후보로 노영민(盧英敏) 전 대통령비서실장을 단수 추천하기로 확정했고, 강원지사 후보로는 이광재(李光宰) 의원을 전략공천했다.40) 전북지사 후보 경선에서는 김관영(金寬永) 전 의원이 안호영(安浩永) 현역의원을 후보로 선출되었다.41) 더불어민주당 광역단체장 후보로 선출된 현역의원은 송영길(인천 계양을), 이광재(강원 원주

---

35) <조선일보>, 2022년 4월 22일.
36) <동아일보>, 2022년 4월 22일.
37) <동아일보>, 2022년 4월 25일.
38) <동아일보>, 2022년 4월 30일.
39) <동아일보>, 2022년 4월 26일.
40) <동아일보>, 2022년 4월 20일.
41) <동아일보>, 2022년 4월 30일.

갑), 오영훈(吳怜勳, 제주 제주을) 3명이었는데, 이들은 각각 서울특별시, 강원도, 제주도에 공천을 받았다. 국민의힘과 마찬가지로 이들 역시 의원직을 사퇴함으로써 이들의 지역구 세 곳 역시 국회의원 보궐선거를 치르게 되었다.

2) 6·1 국회의원 보궐선거

2022년 6월 1일에는 지방선거와 동시에 국회의원 보궐선거도 7곳에서 치러지게 되자, 언론은 이를 '미니 총선'으로 규정하기도 했다.42) 여·야 지역구 현역의원 7명이 당의 공천을 받아 광역단체장 출마를 위해 의원직을 사퇴했기 때문이다. 사퇴한 의원은 여당이 4명과 야당 3명으로, 여·야는 자당 의원들이 출마한 지역구를 지키기 위해 총력을 기울였다. 지방선거 못지않게 새 정부에 대한 여론의 추이를 알 수 있는 지표가 된다고 생각했기 때문이다.

국회의원 보궐선거에서 가장 관심이 집중된 곳은 국민의힘 김은혜와 민주당 송영길의 의원직 사퇴로 공석이 된 경기 성남 분당갑과 인천 계양을이었다. 분당갑의 경우 대통령직인수위원장인 안철수가 출마를 희망했고, 계양을의 경우 국회 입성으로 재기를 도모하려는 이재명이 출마를 원했기 때문이다. 이들의 출마에 대해 당내 이견이 없지 않았지만, 자신의 정치적 입지를 공고히 하려는 이들의 출마 의지를 막기에는 역부족이었다.

보궐선거 결과 관심을 끌었던 국민의힘 안철수와 민주당 이재명 두 후보는 자당의 텃밭이라고 할 수 있는 지역에서 무난히 당선되었다. 그러나 보궐선거 결과를 종합적으로 놓고 볼 때, 여당인 국민의힘이 기존에 차지했던 네 곳을 지킨 데다가, 민주당 이광재 의원의 사퇴로 공석인 된 곳에서도 당선자를 냄으로써 국민의힘이 승리를 거두었다고 할 수

---

42) <동아일보>, 2022년 4월 26일.

있다.43)

(1) 국민의힘

국민의힘은 지방선거와 함께 치러지는 국회의원 보궐선거 공천관리위원장으로 윤상현(尹相現)을 임명했다. 후보 공천을 앞두고 경기지사 출마를 원하는 김은혜 의원이 안철수 인수위원장을 만나자, 김은혜의 지역구인 성남 분당갑에 안철수 출마할 것이라는 출마론이 대두되었다.44) 안철수의 출마는 대통령 당선인 윤석열의 의사가 반영된 것으로 보도되자, 당 안팎에서는 당의 열세 지역이자 이재명의 출마가 예상되는 인천 계양을에 출마해야 한다는 '험지 차출론'이 나오기도 했다.45)

2022년 5월 6일 대통령직인수위원회 해단식을 마친 안철수는 "수도권 승리를 위해 제 몸을 던질 생각"이라며 분당갑 출마를 공식화했다.46) 안철수는 전략공천을 받을 가능성이 높은 것으로 알려졌는데,47) 예상대로 5월 10일 그는 단수 공천을 받았다.48) 국민의힘은 인천 계양을의 경

---

43) 여·야의 보궐선거 당선자 명단과 지역구는 다음과 같다.
  ◆국민의힘; 안철수(경기 성남 분당갑), 이인선(대구 수성을), 김영선(경남 창원·의창), 박정하(강원 원주갑), 장동혁(충남 보령·서천).
  ◆더불어민주당; 이재명(인천 계양을), 김한규(제주 제주을)
44) 20대 대선에서 윤석열 후보는 경기지역 전체 득표율에서 이재명 후보에 5.32%p 졌지만, 분당구에서는 12.66%p 앞설 정도로 국민의힘 우세 지역이다.
45) <동아일보>, 2022년 5월 3일.
46) <동아일보>, 2022년 5월 7일.
47) 이로써 2021년 서울시장 보궐선거와 2022년 대선에서 연이은 야권단일화로 후보를 사퇴했던 안철수는 대선 두 달여 만에 열리는 보궐선거에 출마하는 것이다. <동아일보>, 2022년 5월 9일. 분당갑에는 안철수 외에도 박민식 전 의원, 장영하 변호사, 정동희 등 3명이 공천을 신청한 상태였다. <조선일보>, 2022년 5월 9일.
48) 안철수 외에 공천을 받은 6명의 명단은 다음과 같다. △이인선(대구 수성을) △장동혁(청남 보령·서천) △김영선(경남 창원 의창) △박정하(강원 원주갑) △윤형선(인천 계양을) △부상일(제주 제주을). <조선일보>, 2022년 5월 11일 및

우, 이재명의 출마를 "역사상 가장 후안무치한 피의자 도주 계획"이라고 강하게 비판한 윤희숙 전 의원을 대항마로 등판시켜야 한다는 의견이 나오기도 했다.49) 그러나 윤희숙 본인이 지역에 별다른 기반이 없어 출마에 부정적인 견해를 밝힌 데다가, "지역 밀착형 후보로 선정하는 게 좋겠다는 전략적 판단"에서 다른 후보를 공천한 것으로 알려졌다.50)

국회의원 보궐선거 후보 공천을 마친 국민의힘은 소속 의원의 지역구였던 4곳을 모두 지켜내고, 민주당으로부터 최소 1곳 이상을 가져오겠다는 목표를 세웠다. 야당 의석을 한 개라도 빼앗아야 야당의 입법 폭주에 제동을 걸 수 있다는 것인데, 이를 위해 국민의힘은 경기지사 후보인 김은혜와 인수위원장이었던 안철수를 나란히 앞세운 '쌍끌이 전략'으로 최대 격전지인 수도권 민심을 공략하겠다는 계획을 세웠다.51) 선거 결과 민주당 이광재 전 의원의 지역구에 당선자를 냄으로써 국민의힘은 기존 109석에서 114석으로 의석수를 늘릴 수 있었다.

(2) 더불어민주당

대선후보였던 이재명의 보궐선거 출마 여부를 놓고 그의 측근 내에서도 찬반 의견이 엇갈리는 가운데,52) 이재명은 2022년 5월 6일 민주당의 텃밭이라고 할 수 있는 인천 계양을 보궐선거 출마를 공식화했다. 이재명의 출마는 비대위의 요청에 따른 것이라고 발표되었지만,53) 이러한 발표와 달리 이재명이 요청해서 이루어진 것이었다.54) 그는 당이 처한

<경향신문>, 2022년 5월 13일.
49) <동아일보>, 2022년 5월 9일.
50) <조선일보>, 2022년 5월 11일.
51) <동아일보>, 2022년 5월 12일.
52) <동아일보>, 2022년 5월 6일.
53) <동아일보>, 2022년 5월 7일.
54) 비대위가 이재명의 공천을 요청한 게 아니라, "이재명 상임고문이 박지현 공동비대위원장에게 공천해 달라고 수 차례 전화"해서 공천이 이루어진 것임이 밝혀졌다. 더불어민주당, 『민주당 반성과 혁신 연속 토론회 22.7.19~22.11.29』,

어려움과 위태로운 지방선거 상황을 외면할 수 없어 출마를 결심했다고 말했는데, 출마 후 당의 총괄상임선대위원장을 맡아 전체 선거를 지휘할 것으로 알려졌다.55)

5월 11일에 거행된 선대위 출범식에서 이재명은 방탄용 출마라는 여당의 공세에 대해 자신은 잘못한 일이 없다고 말하고, 윤석열은 '심판자'이고 자신은 '일꾼'이라면서 "일꾼에게 일할 기회를 달라"고 호소했다.56) 이날 민주당은 이재명을 비롯하여 7명의 보궐선거 후보 공천을 확정하고 7곳 중에서 최소한 3곳 이상에서 승리한다는 목표를 세웠다.57) 그러나 박지현 공동비대위원장의 회견 내용을 놓고 내홍이 이는 바람에 선거에 당의 역량을 총동원하는 일에 차질이 생겼다.

박지현이 2022년 5월 24일 기자회견을 갖고 '86 정치인 용퇴론'을 제기했기 때문이다.58) 이에 대해 윤호중 공동비대위원장과 박홍근 원내대표를 비롯한 비대위원들이 선거를 코 앞에 두고 용퇴론을 언급한 데 대해 강하게 유감을 표해, 내분이 발생했다.59) 당내 용퇴론에 동조하는 의견도 있었지만, 윤호중·박지현 두 비대위원장 사이의 갈등이 깊어지자 '이러다 공멸하는 거 아니냐'는 우려를 표할 정도였다.60) 이에 민주당은 5월 28일 심야에 비대위 간담회를 열고 박지현이 제안한 '정치교체 완

42쪽.
55) <조선일보>, 2022년 5월 9일.
56) <조선일보>, 2022년 5월 12일.
57) 이재명 외에 공천을 받은 6명의 후보 명단은 다음과 같다. △김병관(경기 성남 분당갑) △김용락(대구 수성을) △원창묵(강원 원주갑) △나소열(충남 보령·서천) △김지수(경남 창원 의창) △김한규(제주 제주을)
58) 박지현은 기자회견에서 유세 현장을 돌 때 "민주당이 왜 왜 반성하지 않느냐"는 유권자들의 질책을 많이 들었다면서 민주당이 많이 잘못했다고 사과하고, "86 운동권 용퇴 등을 충분한 논의를 거쳐 금주 중으로 발표하겠다"고 말했다. <조선일보>, 2022년 5월 25일.
59) <동아일보>, 2022년 5월 26일.
60) <조선일보>, 2022년 5월 27일.

수, 당내 성폭력 등 범죄행위 무관용 원칙' 등 혁신 과제를 이행하기로 뜻을 모아 가까스로 갈등을 수습했다.61)

이처럼 당내에 갈등 요소가 생기는 바람에 이재명은 총괄선대위원장이면서도 본인의 선거구인 계양을에 집중하는 모습을 보여, 수도권 일대에 지원 유세를 나서는 안철수와 비교가 됐다. 애초에 그는 텃밭에서 압승을 예상하고 총괄선대위원장직을 맡았으나, 이제는 본인 선거도 장담할 수 없는 지경이라는 분석이 나오기도 했기 때문이다.62) 선거 결과 그는 당선되어 재기에 성공했지만, "상처뿐인 승리를 거두었다"는 지적을 받았다.63) 기존에 확보했던 3석에서 한 석을 빼앗겨 2석으로 줄었기 때문인데,64) 민주당의 의석수는 선거 직전 167석에서 169석으로 2석만 느는 데 그쳤다.

4. 여·야의 지도체제 개편

지방선거·보궐선거가 끝나자 공교롭게도 선거에 이긴 측이나 진 측, 모두 비대위를 구성하고 지도체제 개편 작업에 나섰다. 내부에서 권력투쟁이 발생했기 때문인데, 이는 다음 총선의 공천권이 걸려있기에 나타난 현상이었다. 선거에 승리한 여당의 경우 당대표 교체로 친윤 체제를 공고화하려는 의도에서 지도부 개편에 나선 것이었고, 야당의 경우 패배의 책임을 놓고 친문(친문재인)계와 친명계 사이에 격론이 벌어졌는데 결국은 당권 장악을 위한 것이었다. 선거를 계기로 여·야는 당권 장악을 위한 비대위 출범 경쟁에 돌입한 것이나 마찬가지라고 할

---

61) <동아일보>, 2022년 5월 30일.
62) <조선일보>, 2022년 5월 30일.
63) <동아일보>, 2022년 6월 2일.
64) 이재명 외에 민주당 당선자는 제주 제주을 후보로 출마한 김한규이다.

수 있다.

국민의힘은 당대표 이준석을 둘러싸고 '성 상납 관련 의혹'이 제기되자, 이준석을 축출하기 위한 작업에 착수했다. 윤리위 징계를 통한 이준석 축출이 법원의 가처분 인용으로 여의치 않자, 당헌 개정을 통해 비대위 체제로 전환하는 조치를 취한 것이다. 민주당은 선거 패배 후 계파 간 갈등이 격화되었는데, 이재명을 겨냥하여 친문계가 대대적인 공세를 폈기 때문이다. 친문계의 공격과 친명계의 반격으로 당내 갈등이 격화되는 상황에서 민주당은 위기를 수습하기 위해 비대위를 출범시켰다.

1) 국민의힘

선거가 끝나면서 대통령 윤석열과 당대표 이준석 사이의 갈등이 표면화되었다. 대선 과정 내내 둘 사이에 쌓여 있던 앙금이 터진 것인데, 이를 계기로 친윤계가 중심이 되어 이준석 축출을 위한 작업을 본격적으로 추진했다. 이준석 축출은 세 단계로 이루어졌는데, 첫 단계는 징계를 통한 당원권 정지였고, 두 번째 단계는 비대위의 출범이었으며, 마지막으로 전당대회를 통한 새 당대표 선출이었다. 이로써 국민의힘은 이준석이 당내에 설 수 있는 여지를 완전히 없애버렸다.

(1) 이준석 당대표 징계

2022년 6월 10일 이준석이 당대표 취임 1주년을 앞두고 최재형(崔在亨)을 위원장으로 하는 혁신위원회를 출범시켜 공천 개혁 등 체제 정비에 매진하겠다는 구상을 밝히자,[65] 친윤계 인사들이 혁신위 참여를 꺼리는 현상이 나타났다.

이들은 혁신위를 통해 당대표가 '공천 룰'을 바꿔 다음 총선에서 '친윤 공천'을 하지 못하게 하려는 의도가 있는 것으로 보았기에 견제에 나

---

65) <조선일보>, 2022년 6월 11일.

선 것이다. 이준석이 자기 정치를 위한 사조직처럼 오해받을 수 있는 혁신위를 출범시키려 하는 것으로 파악했기 때문이다.66)

혁신위 출범을 놓고 친윤계와 갈등을 빚은 데 이어, 이준석은 안철수가 국민의당 몫으로 추천한 최고위원 2명에 대해 재고를 요청함으로써 안철수와도 충돌했다. 이준석은 애초에 최고위원 2명을 국민의당에 할당한 취지는 국민의당 측 인사들이 와서 활동할 공간을 만들어주겠다는 것인데, 국민의당 출신이 아닌 의원을 추천한 게 이상하다는 이유를 들어 임명을 거부했다. 이준석은 차기 당대표 도전 의사가 있는 안철수가 윤석열 대통령이나 장제원(張濟元) 의원과 가까운 의원을 지도부에 넣어 이준석 체제를 흔들겠다는 의도가 있다고 보았기 때문이다.67) 이 때문에 이준석과 안철수 사이의 관계는 나빠질 수밖에 없었다.

최고위원 임명을 놓고 안철수와 출동한 데 이어, 이준석은 배현진(裵賢鎭) 최고위원과도 설전을 벌였다. 비공개 최고위원회의에서 한 발언이 언론에 유출된 것을 놓고 상대방에 서로 책임을 전가하며 말싸움을 벌인 것이다. 이준석은 자신의 리더십을 흔들려는 일부 세력이 익명으로 인터뷰하고 비공개 발언을 언론에 전한 것으로 보고 이에 대한 항의 표시로 비공개회의를 금지했는데, 배현진이 이에 반발하면서 발생한 사건이었다.68)

이처럼 이준석이 안철수와 친윤계를 비롯한 당내 인사들과의 관계가 악화 일로를 걷는 상황에서 당 윤리위원회는 6월 22일 '성 상납 증거 인멸 교사' 의혹으로 제소된 이준석에 대해 징계 심의에 착수했다. 때마침 윤리위 심의를 앞두고 대통령과 가까운 사이로 알려진 당대표의 비서실장이 사임하는 일이 발생하자, 항간에는 '윤심(尹心)'이 수면 위로 드러난

---

66) <조선일보>, 2022년 6월 14일.
67) 안철수는 6월 13일 국민의힘 출신 정점식 의원과 김윤 전 국민의당 서울시당 위원장 2명을 최고위원으로 추천했다. <조선일보>, 2022년 6월 15일.
68) 이준석과 배현진의 언쟁이 계속되자, 권성동은 그만하라며 이준석의 마이크를 끄기도 했다. <조선일보>, 2022년 6월 21일.

것'이라는 관측이 나오기도 했다.[69]

심의 결과 당 윤리위는 2022년 7월 8일 이준석에 대해 당원권 정지 6개월 징계 결정을 내렸다. 징계 결정에 대해 이준석은 대표직에서 물러날 뜻이 없다면서 법적 대응을 예고하며 불복 의사를 밝혔다. 그러나 원내대표 권성동은 당원에 대한 징계는 의결 즉시 효력이 발생하므로, 당대표 권한이 정지되고 원내대표가 직무대행을 하는 것으로 해석된다며 자신이 대표직을 대행한다고 선언했다.[70] 당대표에 대한 징계가 내려지자, 당 내부에서는 이준석의 잔여 임기를 채우기 위해 비대위 전환 또는 조기 전당대회 개최 등 여러 의견이 나오기도 했다.[71]

(2) 비상대책위원회 출범

국민의힘은 2022년 7월 11일 의원총회를 열고 당대표 징계 결정 이후 차기 지도부는 원내대표 권성동의 '당대표 직무대행 체제'로 운영하기로 결의했다. 대표 직무대행이 된 권성동은 국민으로부터 신뢰받는 정당, 민생을 챙기는 정당이 되기 위해서는 하나가 되어야 한다며 단합을 강조했는데,[72] 그는 첫 조치로 안철수가 국민의당 몫으로 추천한 최고위원 2명 임명은 합의사항이므로 지켜야 한다고 말했다.[73]

이준석이 대표직에서 물러나자, 윤석열은 권성동에게 '내부 총질'이나 하던 당대표가 바뀌니 당이 달라졌다는 내용의 문자를 보냈다.[74] 문자 공개로 파문이 일자, 국민의힘 내부에서는 권성동의 리더십에 상처가 난 만큼 대행 체제가 아니라 비대위 체제로 가야 한다는 요구가 커

---

69) <조선일보>, 2022년 7월 1일.
70) <조선일보>, 2022년 7월 9일.
71) <조선일보>, 2022년 7월 11일.
72) 의원총회에서 일부 의원은 선거를 승리로 이끈 대표를 '토사구팽'해서는 안 된다는 의견을 제시하기도 했다. <조선일보>, 2022년 7월 12일.
73) <조선일보>, 2022년 7월 13일.
74) 대통령이 보낸 문자가 공개되자, 이준석의 징계에 윤심이 작용한 게 아니냐는 의문이 제기될 수밖에 없었다. <조선일보>, 2022년 7월 27일.

져 결국 당을 비대위로 전환하기로 했다.75) 이에 따라 권성동은 "조속한 비대위 체제 전환에 모든 노력을 기울이겠다"며 당대표 직무대행직을 사퇴했다.76)

국민의힘이 8월 1일에 의원총회를 열고 전국위원회를 소집하여 당의 지도체제를 비대위 체제로 전환하기로 결의하자,77) 이준석은 비대위 출범은 '당원권 정지'보다 높은 징계인 '제명'을 전제로 추진되는 것으로 보고 법적 대응 검토에 나섰다.78)

2022년 8월 9일 국민의힘은 주호영(朱豪英)을 비대위원장으로 추대했다. 주호영은 비대위의 임무는 무엇보다 갈등과 분열을 조속히 수습해 하나 되는 당을 만드는 것이라고 밝히고, 9명의 위원으로 구성된 비대위를 8월 16일에 출범시켰다.79) 당이 비대위 체제로 전환하자 이준석은 법원에 비대위 효력정지 가처분 신청을 내겠다고 밝히고, 기자회견에서 대통령 측근 인사들을 '윤핵관' 또는 '윤핵관 호소인'으로 규정하며 이들이 호가호위하고 있다고 비난하며 각을 세웠다.80)

법원은 8월 26일 이준석이 비대위 전환 효력을 정지해 달라며 낸 가처분 신청을 인용하여 주호영 비대위원장의 직무 정지 결정을 내렸다.81)

---

75) <조선일보>, 2022년 7월 30일.

76) <조선일보>, 2022년 8월 1일.

77) <조선일보>, 2022년 8월 2일.

78) <조선일보>, 2022년 8월 6일.

79) 주호영 외에 8명의 비대위원 명단은 다음과 같다. △엄태영・전주혜(의원) △정양석(전 의원) △주기환 (인수위 전문위원) △최재민(강원도의원) △이소희(세종시의원) △권성동(원내대표) △성일종(정책위의장). <조선일보>, 2022년 8월 17일.

80) 이준석은 권성동・장제원・이철규를 '윤핵관'으로, 정진석・김정재・박수영을 '윤핵관 호소인'으로 규정했다. <조선일보>, 2022년 8월 15일.

81) 재판부는 이준석에 대한 6개월 당원권 정지가 비대위를 설치할 정도로 비상상황은 아니며, "수십만 당원과 일반 국민에 의해 선출되고 전당대회에서 지명된 당대표와 최고위원의 지위와 권한을 상실시키는 것은 정당의 민주적 절차에 반한다"고 판단했다. <조선일보>, 2022년 8월 27일.

비대위가 출범한 지 열흘 만에 좌초되는 사태가 초래되자, 국민의힘은 이준석에 대한 추가 징계를 촉구하고 당헌을 고쳐 새로운 비대위를 구성하기로 했다.82) 그리고 9월 2일에는 상임전국위원회를, 9월 5일에는 전국위원회와 상임위원회를 잇달아 열고 당헌 개정안을 가결했다.83)

국민의힘은 개정 당헌에 따라 주호영 비대위 체제에서 임명된 비대위원 전원이 사퇴한 후 새 비대위원장에 정진석을 내정하고, 9월 8일 전국위원회를 열어 정진석 비대위원장 임명 안건을 의결했다.84) 같은 날 이준석은 변호인을 통해 정진석 비대위원장 직무정지 가처분 신청서를 제출했는데, 법원은 10월 6일 이를 각하했다.85) 이준석의 가처분 신청이 각하된 다음 날 당 윤리위는 이준석에 대한 '당원권 정지 1년'의 중징계를 의결함으로써,86) 이준석은 임기 1년 만에 불명예 퇴진을 하게 됐다.

(3) 김기현 당대표 선출

정진석 비대위 체제의 효력을 법원으로부터 인정받자, 국민의힘은 새 지도부 선출을 위한 전당대회 준비에 들어갔다. 당대표 출마 희망자들의 물밑 경쟁이 치열하게 전개되는 와중에87) 전당대회를 앞두고 비대위

---

82) 개정할 당헌·당규에 비대위 구성 가능 요건으로 '최고위 절반 이상 사퇴'나 '선출직 최고위원들의 사퇴' 등 구체적인 조항을 넣기로 했다. <조선일보>, 2022년 8월 29일.
83) 당헌 개정안에 '선출직 최고위원 5명 가운데 4명 이상이 궐위된 경우 비대위 전환이 가능하다'는 내용이 반영됐다. 개정안은 투표 참여 466명(재적 709명) 중 찬성 415명, 반대 51명으로 가결했다. <조선일보>, 2022년 9월 6일.
84) <경향신문>, 2022년 9월 9일.
85) 재판부는 "정당이 민주적 내부 질서 유지를 위해 당헌으로 대의기관 조직·권한을 어떻게 정할 지는 정당의 자유 영역"이라며 이준석의 가처분 신청을 각하했다. <경향신문>, 2022년 10월 7일.
86) 국민의힘 이양희 윤리위원장은 "당에 대해 지속적으로 모욕적 표현을 사용하고 당내 혼란을 가중시켰다"며 징계 이유를 밝혔다. 이로써 이준석은 총 1년 6개월의 당원권 정지 처분을 받았다. <조선일보>, 2022년 10월 7일.
87) 가장 치열한 경쟁을 벌인 것은 김기현과 안철수로, 김기현은 안철수를 겨냥해

가 '당원 투표 70%, 여론조사 30%'로 당대표를 뽑도록 한 현 규정을 '당원 투표 반영 비율을 100%'로 올리는 규정 개정 작업에 착수하자, 비주류는 크게 반발했다.88)

당내 일부의 반대가 있음에도 비대위는 2022년 12월 19일 규정 개정을 의결, 12월 20일 상임전국위원회를 소집하고 23일에는 전국위원회에서 이를 마무리한다는 계획을 확정했다.89) 비대위는 또한 당 상임고문인 유흥수(柳興洙)를 선관위원장으로 임명하고,90) 2023년 3월 8일 치르는 전당대회에 결선투표제를 도입하기로 했다.

전당대회 날짜가 발표되자 김기현(金起炫)은 2022년 12월 27일 전당대회 출마를 공식 선언했다.91) 황교안(黃敎安)은 이에 앞선 10월 17일 가장 먼저 출마를 선언했고, 안철수는 2023년 1월 9일 출마를 선언했다.92) 유력 후보인 김기현과 안철수가 출마를 선언한 가운데 나경원(羅景垣)이 당대표 출마를 고려하고 있다는 보도가 나오자, 윤석열은 2023년 1월 13

"10년 동안 창당, 합당, 탈당, 또 창당, 합당, 탈당을 반복"했다고 말하며 과도한 변신을 지적하자, 안철수 측은 "인지도와 체급을 높이기 위해" 집중적으로 공격하는 것이라고 해석했다. <조선일보>, 2022년 10월 8일.

88) 유승민 전 의원은 "지난 18년 동안 해 오던 현재 룰을 하루아침에 (바꾸려는) 이유는 저를 죽이려 하는 것"이라고 비난했다. <조선일보>, 2022년 12월 19일. 국민의힘이 룰을 바꾼 것은 차기 당대표 적합도 1위인 유승민의 당선 저지를 위한 조치라는 해석도 나왔다. <문화일보>, 2023년 1월 20일.

89) 정진석 비대위원장은 "이념과 철학 목표가 같은 당원들이 대표를 뽑는 것은 당연하다"고 주장했다. <조선일보>, 2022년 12월 20일.

90) 유흥수는 "사(私)를 버리고 공정한 경선을 치를 수 있도록 준비하는 것이 당과 국가에 기여하는 길이라고 생각한다"고 말했다. <조선일보>, 2022년 12월 26일.

91) 김기현은 출마 선언에서 "2024년 총선 압승과 윤석열 정부의 성공을 뒷받침하겠다"고 말하고, 대통령과 격의 없는 소통을 하면서 공간대를 만들어 당을 화합 모드로 만드는 데 자신이 제일 적격이라며 친윤계 주자라는 점을 거듭 강조했다. <조선일보>, 2022년 12월 28일.

92) 안철수는 출마 선언에서 ""윤석열 정부의 성공에 저보다 절박한 사람은 없다"면서 "윤석열 대통령에게 힘을 보태는 '윤힌 후보'가 되겠다'고 말했다. <조선일보>, 2023년 1월 10일.

일 나경원을 저출산고령사회위원장과 기후환경대사직에서 전격 해임했다. 나경원의 당대표 출마를 놓고 친윤계와 나경원 사이에 갈등이 빚어진 결과였다.93)

2023년 1월 20일 나경원은 대통령에 누를 끼치게 된 것을 사과한다고 말했지만, 출마 여부에 대해서는 밝히지 않고 있다가,94) 1월 25일에 가서야 불출마를 선언했다. 나경원이 친윤계로부터 '거센 불출마 압박'을 받아 불출마를 선언하자,95) 비윤계의 천하람이 2월 3일 당대표 출마를 선언했다.96) 국민의힘 당대표 경선은 총 8명이 등록했는데, 2월 10일 1차로 컷오프를 통과한 김기현, 안철수 천하람, 황교안 4파전으로 치러지게 되었다.97)

2023년 3월 8일 전당대회 결과 친윤계의 전폭적인 지원을 받은 김기현이 득표율 52.93%로 과반을 얻어 결선투표 없이 대표로 확정되었다.98) 이로써 국민의힘은 이준석 전 당대표에 대한 중징계로 당 지도부

---

93) 친윤계는 나경원이 "대통령을 위하는 척 하면서 반윤(反尹)의 우두머리가 되겠다"는 의도가 있다고 보았다. <조선일보>, 2023년 1월 14일. 이에 대해 나경원은 "제2의 진박(眞朴) 감별사가 쥐락펴락하는 당이 총선에서 이기겠느냐"고 맞받았다. <조선일보>, 2023년 1월 16일.
94) <경향신문>, 2023년 1월 22일.
95) <세계일보>, 2023년 1월 25일.
96) 이준석계로 분류되는 천하람은 "과거로 퇴행하는, 뒷걸음질 치는 국민의힘을 다시 앞으로, 미래로 이끄는 당대표가 되겠다"며 당대표 출마를 선언했다. <한겨레>, 2023년 2월 3일.
97) 최고위원 컷 통과 후보자는 13명 가운데 민영삼·조수진·김병민·김재원·정미경·태영호·허은아 8명이 본선에 진출했으며, 청년 최고위원 예비후보 11명 중 김가람·김정식·이기인·장예찬 4명이 본선에 진출했다. <동아일보>, 2023년 2월 11일
98) 다른 당대표 후보의 득표율은 다음과 같다. △안철수(23.37%) △천하람(14.98%) △황교안(8.72%).
  지도부를 구성할 최고위원의 득표율은 다음과 같다. △김재원(17.55%) △김병민(16.10%) △조수진(13.18%) △태영호(13.11%). 청년 최고위원으로는 장예찬(55.16%) 후보가 선출되었다. <동아일보>, 2023년 3월 9일.

가 붕괴된 지 8개월 만에 정식으로 지도부 진용을 갖춘 셈이다. 김기현의 당선은 경선을 앞두고 친윤계 핵심인 장제원과 김-장연대를 전면에 내세워 당심을 집중적으로 공략한 데다 여론조사를 배제하고 '당원 투표 100%'로 치러진 경선 방식도 승리의 요인으로 작용했다는 분석이 나왔다.[99]

김기현이 당대표로 선출되자, 언론은 '윤심 장악력 확인', '윤대통령 직할체제'라는 분석과 함께 '대통령실 출장소'라는 우려도 나왔다.[100] 한편 이준석은 '천아용인'(천하람·하운아·김용태·이기인)을 내세워 일종의 대리 선거운동에 나섰는데, 그가 지원한 천하람이 당대표 경선에서 3위를 차지하자, "화려하게 여의도 정계에 복귀"한 것이라고 분석되었다.[101]

2) 더불어민주당

대선 패배를 수습하기 위해 구성된 비대위 내에서 '86 정치인 용퇴론'을 놓고 윤호중·박지현 두 공동비대위원장 사이에 이견을 빚은 데다가, 친명계와 친문계의 갈등이 해소되지 못하는 바람에 민주당은 지방선거 역시 패배하고 말았다. 대선에 이어 지방선거까지 패배하자, 민주당은 다시 비대위를 구성하고 체제 정비에 나설 수밖에 없었다. 이 과정에서 민주당은 비교적 계파색이 옅다고 알려진 우상호(禹相虎)를 비대위원장으로 선임했다.

비대위는 새 지도부를 뽑기 위한 전당대회 날짜를 2022년 8월 28일로 정했는데, 전당대회 경선 룰 개정 문제를 놓고 친명계와 친문계 사이에 다시 대립이 격화되었다. 친명계가 투표권이 있는 권리당원의 요건을 완화하는 게 이재명의 당선에 유리하다고 보고, 룰 개정을 요구했기 때

---

99) 『연합연감 2024』, 129쪽.
100) <미디어오늘>, 2023년 3월 9일.
101) <헤럴드경제>, 2023년 3월 8일.

문이다. 그러나 전당대회를 앞두고 규정을 바꾸면 혼란이 가중될 것이라는 의견이 주를 이뤄, 양측은 대의원 투표 반영 비율을 높이는 선에서 타협을 보았다. 새로운 경선 룰에 따라 치러진 전당대회에서 예상대로 이재명이 당대표로 선출되었다.

(1) 비상대책위원회 출범

민주당은 2022년 6월 7일 새로운 당대표와 전당대회 규정을 만들고 대회를 관리할 비대위원장으로 4선의 우상호를 선임했는데, 그의 선임은 '혁신형' 비대위보다는 '관리형' 비대위에 초점을 맞춘 것으로 분석되었다.[102] 6월 10일 소집된 중앙위원회에서 92.7%의 찬성으로 비대위원장 선임이 확정되자, 우상호는 당내 인사들과 지속적으로 소통을 계속해서 계파 갈등을 수습하겠다고 말했다.[103]

전당대회가 임박하자, 민주당 친명계와 친문계 사이에 당권 경쟁이 치열하게 전개되었다. 친문계는 지방선거 패배의 책임을 들어 이재명의 당대표 출마가 불가하다는 분위기 조성에 나선 반면, 친명계는 경선 룰을 바꿔 권리당원 투표 반영률을 높이자고 주장했다.[104] 친명계의 룰 개정 요구에 대해 우상호는 전당대회에 출마할 후보들의 합의가 없이는

---

102) <조선일보>, 2022년 6월 8일. 우상호 비대위원장은 대선과 지방선거 패배의 원인을 분석하기 위해 당내에 '새로고침위원회'를 구성하고 보고서를 제출하도록 했다. 보고서는 "전통적 진보·보수 구도 붕괴, 새로운 지지층 확장 필요"하다고 요약했다. 더불어민주당, 『새로고침위원회 미래비전 리포트: 이기는 민주당 어떻게 가능한가』(더불어민주당 새로고침위원회, 2022), 17쪽.

103) <조선일보>, 2022년 6월 11일. 비대위원으로 박홍근 원내대표를 비롯하여 이용우·박재호·한정애 의원과 김현정 원외협의회위원장 등이 합류했다. 『연합연감 2023』, 137쪽.

104) 민주당 당헌·당규는 대의원 45%, 권리당원 45%, 국민 여론조사 10%, 당원 5% 비율로 당대표를 선출하도록 규정하고 있다. 친명계는 권리당원 비율을 50% 이상으로 높이고, 2022년 3월 이후 입당한 '3개월 권리당원(현행 규정은 6개월 권리당원)'에게도 투표권을 주자는 것이다. <조선일보>, 2022년 6월 10일.

바꿀 수 없으므로, 후보들 사이의 "합의가 우선"이라는 입장을 고수했다.105) 이처럼 친명계와 친문계의 갈등이 완화될 기미를 보이지 않자, 당내 일부는 친명과 친문으로 계파 간 일전을 벌이는 식으로 전당대회가 치러진다면, "총선 전 분당 수순을 밟게 될 수도 있다"는 우려를 표하기도 했다.106)

전당대회 경선 룰 개정 문제를 놓고 친명계와 친문계 사이에 격론이 벌어졌고 비대위와 전당대회준비위원회 사이에 이견이 노출되어 안규백(安圭伯) 전준위원장이 사퇴를 표명하는 일도 있었지만, 여러 차례 논의 끝에 양측은 룰 개정에 합의를 보기에 이르렀다. 이를 보면 대의원 투표 반영 비율을 현행 45%에서 30%로 낮추고, 일반 국민투표 반영 비율을 10%에서 25%로 상향하는 것이었다. 결국 대의원 30%, 권리당원 40%, 일반당원 5%, 국민 25% 비율로 전당대회를 치르는 것으로 합의를 보았는데, 이렇게 되면 인지도가 높은 이재명이 유리할 것이라는 분석이 나왔다.107)

(2) 이재명 당대표 선출

경선 룰이 확정되자, 민주당 인사들의 당대표 출마 선언이 이어졌다. 김병원(金炳沅)·박용진(朴用鎭) 의원이 출마를 선언한 데 이어, 강훈식(姜勳植)·박주민(朴柱民) 의원이 출마를 선언할 예정인 가운데 김해영(金海永) 전 의원도 출마를 고려하고 있는 것으로 보도되었다.108) 전·현직 의원들이 출마를 선언하는 상황에서 이재명의 불출마를 촉구하며 당대표 선거 도전을 준비했던 박지현 전 비대위원장은 2022년 7월 15일 국회 정문 앞에서 당대표 출마를 선언했다. 그러나 당 지도부는 당원 가입이 6개월이 되지 않아 출마 자격이 없다는 입장을 고수하는 바람에, 박

---

105) <조선일보>, 2022년 6월 11일.
106) <조선일보>, 2022년 6월 16일.
107) 『연합연감 2023』, 137쪽.
108) <경향신문>, 2022년 7월 1일.

지현의 출마는 무산되었다.[109]

한편 친문계로부터 집중적으로 불출마 압력을 받아오던 이재명은 출마를 결심한 것으로 알려졌다.[110] 2022년 7월 17일의 출마 선언에서 그는 윤석열정부를 3무(무능·무책임·무기력) 정권으로 규정한 뒤 "'민생 실용정당'으로 차기 총선에서 반드시 승리하겠다"고 말하고, 당명만 빼고는 모든 것을 바꾸겠다고 다짐했다. 그렇지만 친문계는 그의 출마 선언은 사법 리스크를 방어하려는 의도가 있는 것으로 분석했다.[111] 이재명이 출마 선언에 대해 친문계는 그의 출마를 비판했고, 이와 반대로 친명계는 적극 환영했다.[112]

2022년 7월 29일 있었던 당대표 예비경선에서 이재명·박용진·강훈식 3명이 컷오프를 통과해 본선에서 맞붙게 됐다.[113] 이날 있었던 최고위원 예비경선에서는 친명계와 비명계가 각각 4명씩 컷오프를 통과했는데,[114] 규정상 이들 가운데 5명만이 최고위원으로 당선되는 것으로 되었다. 민주당 전당대회는 전국을 4개 권역으로 나누어 주말에 순회 경선을 하며, 이를 합산하여 8월 28일 최종 발표하는 형식으로 진행되었다. 이재명은 2022년 8월 7일 합동연설회 이후 발표된 제주와 인천 권리

---

109) <조선일보>, 2022년 7월 16일.
110) 당권 도전 이유에 대해 이재명은 당내의 반대론에 대해 "의견이 다른 것은 존중한다"고 밝혔다. <경향신문>, 2022년 7월 15일.
111) <경향신문>, 2022년 7월 18일.
112) 친문계는 이재명을 향해 "후보로서 대선 패배에 대한 객관적 평가를 해달라, 총괄선대위원장으로서 지방선거 패인을 성찰해달라"고 비판했다. 반면에 친명계와 처럼회는 이재명과 함께하겠다고 말했다. <경향신문>, 2022년 7월 18일.
113) 이들 3인은 토론회에서 정견을 발표했는데, 이재명 후보는 "거대 양당 중심의 여의도 정치를 혁신하고 국민 주권주의에 부합하는 제대로 된 민주당을 만들겠다"고 밝혔다. 반면에 박명진·강훈식 두 후보는 사법 리스크가 전당대회에 미칠 영향을 강하게 우려했다. <경향신문>, 2022년 7월 30일.
114) 친명 성향 4명은 정청래·서영교·박찬대·장경태 의원, 비명 성향 4명은 송갑석·고영인·고민정·윤영찬 의원 등 총 8명이다. <조선일보>, 2022년 7월 30일.

당원 투표 결과 압도적인 표 차이로 두 후보를 제쳐 초반에 기선을 제압했는데,115) 8월 14일에 치러진 충청권 권리당원 투표에서도 다른 두 후보를 압도함으로써 '확대명(대표는 확실히 이재명)'이라는 보도가 나올 정도였다.116) 이재명은 특히 호남권에서 선전(善戰)으로 승리에 쐐기를 박았는데,117) 8월 28일에 거행된 전당대회에서 최종 득표율 77.77%로 당대표로 선출되었다.118)

이로써 민주당의 주류는 친문계에서 친명계로 바뀌게 되었다. 계파 갈등을 해소하고 당내 통합을 이루어야 하는 과제를 지닌 그는 당대표 수락 연설에서 "대한민국의 미래 비전을 준비하는 미래 정당, 유능하고 강한 정당, 국민 속에서 혁신하는 민주당, 통합된 민주당을 만들겠다는 약속"을 반드시 지키고 실현하겠다고 말했다.119)

3) 정의당

정의당 지도부는 지방선거에서 참패하자, 2022년 6월 2일 책임을 지고 총사퇴했다. 지방선거에서 전국 17개 광역단체 가운데 서울, 경기, 인천, 대구, 부산, 경남, 광주 7곳에 단체장 후보를 냈지만, 당선자를 한 명도 배출하지 못하고 광역의원 2명과 기초의원 7명 도합 9명을 배출하는 초라한 성적을 냈기 때문이다.120) 광역·기초를 포함해 지방의원 37명

---

115) 세 후보의 투표 결과(제주/인천)는 다음과 같다. △이재명(70.48% / 75.40%) △박용진(22.49% / 20.70%) △강훈식(7.03% / 3.90%). <경향신문>, 2022년 8월 8일.
116) <경향신문>, 2022년 8월 15일.
117) 이재명 후보는 전북에서는 76.81%, 전남에서는 79.02%, 광주에서는 78.58% 득표를 했다. 『연합뉴스 2023』, 137쪽.
118) 이날 최고위원으로 정청래(25.20%), 고민정(19.33%), 박찬대(14.20%), 서영교(14.19%), 장경태(12.39%) 의원 5명이 선출됐다. 최고위원 중 비명계는 고민정 의원 한 명뿐이다. <조선일보>, 2022년 8월 29일.
119) <경향신문>, 2022년 8월 29일.
120) 경남도지사 후보로 나선 여영국 당대표는 4.01%를 받아 3위에 머물렀다. 이

을 당선시켰던 2018년 7회 지방선거와 비교하면, 당은 존립 위기에 처했다고 할 수 있다. 원외 정당인 진보당이 울산 동구청장 후보를 당선시키고 20명의 지방의원을 배출했기에, 당에 대한 혁신 요구는 더욱 거세질 수밖에 없었다.

이에 정의당은 6월 12일 전국위원회를 열고, 이은주(李恩周) 원내대표를 위원장으로 하는 비대위 구성안을 의결했다.[121] 당을 수습하고 새 지도부를 선출하는 준비를 하기 위해서였다.[122] 한편, 당대표였던 심상정(沈相奵)은 비대위의 요구에 따라 자신이 선거 패배에 큰 책임이 있다고 밝히고, "조국(曺國) 사태와 관련한 당시 결정은 명백한 정치적 오류였다. 이 사건은 제게 두고두고 회한으로 남을 것"이라고 말하기도 했다.[123]

당 쇄신 차원에서 또한 정의당은 '21대 비례대표 국회의원 사퇴 권고 총당원투표'를 진행하기로 했다. 이에 대해 당 대변인은 총당원투표는 "국회의원 사퇴 권고에 대한 찬반을 다투는 수준의 일이 아니라, 원내 정당으로서 국민에게 그 자격을 인정받을 수 있는지, 진보 집권의 전망을 되살릴 수 있는지를 묻는 시험대가 될 것"이라고 덧붙였다.[124] 비례대표 의원 5명에 대한 총사퇴 권고안은 9월 4일 실시되었는데, 총투표 결과 찬성 40.75%, 반대 59.25%로 부결되었다.[125]

정미 인천시장 후보와 권수정 서울시장 후보도 각각 3.17%, 1.21%의 표를 얻는 데 그쳐, 정의당은 선거운동 비용도 보전받지 못하게 됐다. <동아일보>, 2022년 6월 2일.

121) 정의당 대변인은 비대위 구성을 계기로 "진보정당으로서 정의당의 존재 이유를 다시 밝히고 정치적 효능감을 줄 수 있는 정당으로 거듭날 수 있도록 혼신이 노력을 다하겠다"고 말했다. <동아일보>, 2022년 6월 13일.

122) <경향신문>, 2022년 6월 13일.

123) <동아일보>, 2022년 7월 12일.

124) 정의당 비례대표 국회의원은 강은미·류호정·배진교·이은주·장혜영 5명으로, 권고안인 만큼 사퇴에 대한 구속력은 없지만 찬성이 과반이 넘으면, 일괄 사퇴 압박은 거세질 것으로 분석되었다. <동아일보>, 2022년 8월 14일.

125) 정의당 선관위는 8월 31일부터 닷새간 총 17,957명의 당원을 상대로 온라인 투표를 진행했고, 자동 응답전화와 우편투표 결과를 합산해 최종 결과를 발표했

총사퇴 권고안 부결 이후 정의당은 재창당 수준의 혁신을 당원들에게 약속한 대로 새 당대표를 뽑고, 신임 당대표를 중심으로 당 정체성을 확립한다는 각오를 다짐했다. 10월 28일 실시된 결선투표 결과 이정미(李貞味) 전 대표가 63.05%를 얻어 신임 당대표로 뽑혔다.126) 이정미는 당선 소감에서 "입법 기구를 철저히 무시하고 노동자・서민은 더 많이 일하고 빚을 내 경제성장에 이바지하라는 윤석열정부의 거대한 퇴행을 막는 데 모든 것을 바쳐 싸우겠다"고 말했다.127) 그리고 당원과 지지자들의 의견을 들어 당의 노선을 분명히 하고 혼신의 힘을 다해 총선을 치르겠다는 포부를 밝혔다.

5. 강서구청장 보궐선거와 여당의 지도체제 개편

지도부 정비를 마친 여・야는 전당대회 과정에서 노출된 당내 갈등을 봉합하고 2024년 총선을 대비해 지지율을 끌어올리는 작업에 열중했다. 여・야가 지지율 제고에 나선 가운데 정치지형에 지대한 영향을 미친 사건이 발생했는데, 2023년 10월 11일 실시된 강서구청장 보궐선거였다. 이보다 6개월 전인 4월 5일에도 몇 곳에서 재・보궐선거가 있었다.128) 그러나 여당인 국민의힘이 보수색이 짙은 지역에서 패배했기에 자성론

다. 최종 투표율은 42.10%로 개표 요건인 20% 이상을 충족했다. <동아일보>, 2022년 9월 5일.
126) 당대표 후보는 이정미・김윤기・조성주・이동영・정호진 모두 5명이 출마했는데, 과반 투표가 나오지 않아 결선투표를 했다.
127) <조선일보>, 2022년 10월 29일.
128) 민주당 이상직 의원의 실형 선고로 재선거가 치러진 전북 전주을에 민주당이 무공천 방침을 고수하는 바람에 진보당의 강성희 후보가 당선되었다. 4·5 재・보궐선거는 이 외에도 경남 창녕군수를 비롯하여 광역의원 2명과 기초의원 5명을 선출했다.

이 필요하다는 분석과 함께 기존 정치권에 대한 비토 여론이 반영된 선거였다는 식의 평가 이상의 의미가 부여되지는 않았다.129)

그렇지만 10·11 보궐선거의 경우는 달랐다. 서울 강서구 단 한 곳의 기초자치단체장을 뽑는 선거에 불과했지만, 총선을 앞두고 수도권 민심을 파악할 수 있는 마지막 공직선거라는 점에서 그 파장은 매우 컸다. 선거 패배의 여파로 국민의힘은 혁신위를 출범시켰지만, 지도부와 갈등을 빚는 바람에 중도에 종료했고 결국에는 당 지도부가 총사퇴하고 비대위가 들어서는 상황이 초래되었다. 선거 패배가 여당의 지도체제 개편으로 이어진 것이다.

민주당의 경우 이재명에 대한 검찰의 구속영장 청구와 국회에서 체포동의안 가결로 벼랑 끝에 몰리기도 했었다. 그러나 구속영장 기각과 보궐선거 승리로 그의 리더십이 공고화되는 전기를 맞았다.

1) 강서구청장 보궐선거

대법원은 2023년 5월 18일 공무상 비밀누설 혐의로 기소된 김태우(金泰佑) 강서구청장의 상고를 기각하고 징역 1년에 집행유예 2년을 선고한 원심을 확정했다.130) 김태우의 형이 확정됨으로써 예정에도 없던 강서구청장 보궐선거가 2023년 10월 11일 치러지게 되었다. 전국에서 유일하게 치러지는 선거인 데다가, 총선을 6개월밖에 남겨 놓지 않은 시점이었기에 여·야 지도부의 관심은 집중될 수밖에 없었다.

---

129) <경향신문>, 2023년 4월 7일.
130) 검찰 수사관 출신인 김태우는 문재인정부에서 대통령 민정수석실 특별감찰반에 근무하며 취득한 비밀(조국 전 민정수석의 감찰 무마 의혹, 환경부 블랙리스트 작성 의혹, 울산시장 선거개입·하명수사 의혹 등)을 언론 등에 폭로한 혐의로 기소됐다. 김태우는 대법원판결 직후 페이스북을 통해 "공익신고자를 처벌하는 나라가 어디 있느냐"며 "조국이 유죄면 김태우는 무죄라는 게 상식이고 정의"라고 주장했다. <동아일보>, 2023년 5월 19일.

이 같은 상황에서 김태우는 재출마 의지를 밝혔는데,[131] 공교롭게도 그는 사면을 받았다. 정부가 단행한 광복절 특별사면 대상자 2,176명 가운데 형 확정으로 구청장직을 상실한 김태우가 들어간 것이다. 정부는 경제인, 정치인, 기업 임직원 등 "주요 경제인을 사면함으로써 당면 최우선 과제인 경제 살리기에 동참할 기회를 부여"하며, "정치인, 전 고위공직자 등을 사면함으로써 정치·사회적 갈등을 해소"하기 위해 사면을 단행한 것이라고 이유를 밝혔지만,[132] 정치권의 관심은 김태우로 몰릴 수밖에 없었다.

김태우가 사면 대상에 포함되자 여·야는 공천 문제를 놓고 내부적으로 진통을 겪게 되었다. 국민의힘 지도부는 무공천에 무게를 두었지만, 당의 중진 인사들이 "공천을 해야 한다"며 지도부를 압박하고 나섰고 김태우도 선거사무소를 개소하며 독자 행보를 계속했기 때문이다. 민주당은 예비후보 14명을 놓고 면접을 실시하는 가운데 지도부가 전략공천 가능성을 보이자, 예비후보들이 경선을 요구하며 반발하는 일이 발생했기 때문이다.[133]

여·야 모두 공천 문제로 시끄러웠지만 민주당은 경선할 경우, 후유증이 우려될 수 있다는 판단에서 2023년 9월 6일 보궐선거 후보로 진교훈(陳校薰) 전 경찰청 차장을 전략공천했다.[134] 민주당이 전략공천을 하자, 국민의힘도 구청장 후보를 내기로 결정하고 공관위 구성을 의결했다.[135] 공관위는 공천을 신청한 김태우·김진선·김용성 3명의 후보 가

---

131) 그는 자신은 공익신고자이므로 사면되어야 하며, 사면되면 재출마해서 유권자의 심판을 받고 싶다고 주장했다. <조선일보>, 2023년 8월 10일.
132) <동아일보>, 2023년 8월 14일.
133) <동아일보>, 2023년 8월 27일.
134) <동아일보>, 2023년 9월 11일.
135) 국민의힘은 애초 '보궐선거 귀책 사유를 제공했다면 후보를 내지 않는다'는 당헌에 따라 강서구청장 보궐선거에 공천자를 내지 않으려 했다. 무공천 방침에서 공천으로 선회한 것은 민주당의 전략공천과 당 중진들의 주장이 영향을 미친 것으로 알려졌다. <동아일보>, 2023년 9월 5일.

운데 김태우를 최종 후보로 선출했다.136)

2023년 10월 11일 실시된 보궐선거 결과 민주당 후보가 국민의힘 후보를 압도적으로 꺾고 당선되었다.137) 보궐선거에 패배함으로써 국민의힘은 책임론과 쇄신 요구에 휩싸여 지도부가 사퇴하지 않을 수 없게 된 반면, 민주당은 선거 압승으로 당대표 이재명의 사법 리스크에도 불구하고 친명 지도부에 힘이 실리게 되었다.138)

2) 여당의 지도체제 개편

강서구청장 보궐선거에서 예상을 뛰어넘는 격차의 패배로 국민의당 내부에는 당의 체질을 바꾸지 않고서는 22대 총선에서 승리하기 어렵다는 위기감이 팽배했다. 이러한 위기를 극복하기 위해 당은 인요한(印曜翰) 연세대 의대교수를 위원장으로 하는 혁신위원회를 출범시켰지만, 혁신위가 당 지도부와 갈등을 빚는 바람에 조기에 종료되고 말았다. 그러나 당 지도부와 혁신위 간 갈등의 여파는 혁신위 활동 종료에만 그치지 않고 지도부에 대한 불신으로 이어져, 결국은 한동훈(韓東勳)을 위원장으로 하는 비대위 체제가 들어서게 되었다.

(1) 혁신위원회 출범

국민의힘은 선거 패배의 책임을 지는 차원에서 임명직 당직자 8명 전원의 사표를 수리했다.139) 그리고 김기현 당대표를 중심으로 쇄신안을

---

136) 국민의힘 구청장 후보 경선은 9월 15~16일 당원 50%, 일반 유권자 50%로 진행됐다. 김태우가 공천을 받은 것은 대통령이 유죄 확정 후 3개월 만에 김태우를 사면한 것이 결정적이라고 할 수 있는데, 이로써 '윤심은 공천'이라는 말이 나왔다. <경향신문>, 2023년 9월 18일.
137) 투표 결과는 다음과 같다. △민주당 진교훈: 137,066표(56.52%) △국민의힘 김태우: 95,492표(39.37%).
138) <조선일보>, 2023년 10월 12일.
139) 사퇴한 당직자 8명의 명단은 다음과 같다. △이철규(사무총장) △박수영(여의

마련하기로 했는데, 그는 '수도권과 비윤계' 의원들을 중심으로 쇄신 지도부를 꾸려 2024년 총선까지 '질서 있는 변화'를 모색한다는 구상을 밝혔다. 그러나 사무총장을 비롯한 주요 당직이 영남 출신으로 채워지자, 국민의 동의를 받기 어렵겠다는 평가가 나오기도 했다.140)

혁신위원장 인선에 난항을 겪던 국민의힘은 인요한을 위원장으로 선임했다.141) 혁신의 방향에 대해 통합을 강조하며 당의 완전한 변화를 강조한 인요한은 2023년 10월 26일 수도권·여성·청년이 주축이 된 혁신위원 12명을 임명하고 60일 예정으로 활동에 들어갔다.142) 그는 10월 27일 혁신위의 첫 회의에서 1호 혁신안으로 당원권 정지 상태인 이준석 전 대표, 홍준표 대구시장 등에 대한 징계 해제를 김기현 지도부에 건의하기로 의결했다.143)

도연구원장) △박성민(전략기획부총장) △배현진(조직부총장) △박대출(정책위의장) △강민국·유상범(수석대변인) △강대식(지명직 최고위원). <조선일보>, 2023년 10월 16일.

140) 신임 당직자 명단은 다음과 같다. △사무총장: 이만희(경북 영천·청도) 의원 △정책위의장: 유의동(경기 평택을) 의원 △수석대변인: 박정하(강원 원주갑) 의원 △선임대변인: 윤희석(전 서울 강동갑 당협위원장) △여의도연구원장: 김성원(경기 동두천·연천) 의원 △지명직 최고위원: 김예지(비례대표) 의원 △조직부총장: 함 경우(경기 광주갑 당협위원장). <조선일보>, 2023년 10월 17일.

141) 국민의힘은 혁신위원장 후보로 정운찬(전 국무총리), 김한길(국민통합위원장), 김병준(전 자유한국당 비상대책위원장), 염재호(전 고려대 총장), 이양희(전 국민의힘 윤리위원장) 등을 포함하여 정치권 밖에 있는 30대 인사에게도 제안했지만, 가족들의 반대로 성사되지 않은 것으로 알려졌다. <조선일보>, 2023년 10월 23일.

142) 위원장을 포함한 13명 중 여성은 7명이다. 20·30·40대는 8명으로 이들의 명단은 다음과 같다. △박성중(현역의원) △김경진(전직 의원) △오신환(서울 광진을 당협위원장) △정선화(전북 전주병 당협위원장) △정해용(전 대구시 경제부시장) △이소희(세종시의원) △이젬마(경희대 국제대학 교수) △임장미(마이펫플러스 대표) △박소연(서울아산병원 소아치과 임상조교수) △최안나(세종대 행정학과 교수) △송희(전 대구MBC 앵커) △박우진(경북대 농업생명과학대학 학생회장). <조선일보>, 2023년 10월 27일.

인요한 혁신위는 2023년 11월 3일에는 당의 지도부와 친윤 중진 의원들에게 22대 총선 불출마 또는 수도권 험지 출마를 권고한 데 이어,[144] 11월 6일에는 대통령과 가까운 사람이 결단을 내려야 한다며 '총선 불출마'나 '수도권 험지 출마'를 강력히 요구했다.[145]

　혁신위의 '영남 중진 험지 출마' 권고에 대해 김기현은 너무 급발진하고 있는 거 같다며, "급하게 밥을 먹으면 체하기 십상"이라고 반발했다.[146] 그는 또한 "정제되지 않은 발언들이 언론을 통해 보도되고 번복되거나 혼선을 일으키는 모습은 혁신을 위해서도, 당을 위해서도 바람직하지 않다"며 혁신위에 경고하는 등,[147] 혁신위에 전권을 주겠다는 자신의 발언과 배치되는 일도 서슴지 않았다.

　혁신위는 11월 30일 당 지도부와 중진, 대통령 측근 의원들에게 불출마 또는 '험지 출마'를 요구하는 혁신안을 공식 의결하고, 이에 대한 최고위에 답변을 달라고 요구했다.[148] 그러나 혁신위의 권고에 대상자들이 무응답으로 일관하는 데다가, 최고위는 혁신안을 회의 안건으로조차 상정하지 않자, 혁신위는 더 이상의 활동은 무의미하다고 판단했다. 그리하여 혁신위는 출범 42일 만인 2023년 12월 7일 조기에 해산하기로 의결했다.[149] 이로써 혁신위 주도의 당 쇄신 작업은 용두사미로 끝나고 말았다.

---

143) 이에 대해 이준석은 혁신위가 자신에 대한 사면을 1호 안건으로 지도부에 건의한 것에 대해 "혁신위가 첫 단추를 잘못 끼운 것"이라고 맹공했고, 홍준표는 "사면은 바라지 않는다. 김기현 지도부와 '손절'한 지 오래"라며 "너희들끼리 총선 잘해라"라고 썼다. <경향신문>, 2023년 10월 28일.

144) 혁신위의 권고에 대해 당내에서는 "예상보다 강력한 제안이 나왔다"는 평가가 많았는데, 이 때문에 영남이 지역구인 당대표, 원내대표, 사무총장은 물론 대통령 측근 의원들까지 총선을 앞두고 거취를 밝혀야 하는 난처한 상황이 됐다고 분석되었다. <조선일보>, 2023년 11월 4일.

145) <조선일보>, 2023년 11월 7일.
146) <조선일보>, 2023년 11월 10일.
147) <경향신문>, 2023년 11월 15일.
148) <조선일보>, 2023년 12월 1일.
149) <경향신문>, 2023년 12월 5일.

(2) 비상대책위원회 출범

혁신위가 당 지도부와의 갈등으로 아무런 쇄신 성과도 내지 못하고 조기에 종료하자, 국민의힘에 대한 여론은 급속히 악화되었고, 이는 여론조사와 당의 총선 판세 분석에서 그대로 나타났다.[150] 불길한 징후에 대해 의원들과 출마 예정자들이 당 지도부에 수도권 총선 승리를 위한 명확한 비전을 제시하라는 요구와 함께 실명으로 당 쇄신을 요구하는 목소리가 분출했고,[151] 김기현의 사퇴를 공개적으로 요구하기도 했다. 그럼에도 김기현을 비롯한 당 지도부는 "내부 총질을 하지 말라"며 총선 전에 사퇴는 없다는 입장을 고수했다.[152]

그러나 김기현과 당 지도부의 당직 고수 입장은 친윤 핵심이라고 할 수 있는 장제원 의원의 '총선 불출마 선언'으로 더 이상 버틸 수 없게 되고 말았다. 장제원이 2023년 12월 12일 총선 승리를 위해 자신이 가진 것을 내려놓겠다고 말했기 때문이다.[153] 장제원의 불출마 선언으로 김기현에 대한 사퇴 요구가 줄을 잇게 되자,[154] 그는 장제원의 불출마 선언 다음 날인 12월 13일 "당이 처한 모든 상황에 대한 책임은 저의 몫"이라며 당대표직을 사퇴했다.[155] 김기현의 사퇴는 2023년 3월 8일 전당대회에서 그가 당대표로 선출된 지 약 8개월 만의 일이었다.

2023년 12월 20일 지도부 공백을 메우기 위해 모인 국민의힘 상임고문단은 한동훈 법무장관을 비대위원장으로 선임하는 쪽으로 의견을 모았다. 한동훈을 비대위원장으로 세워 당이 처한 위기를 정면으로 돌파

---

150) 국민의힘이 2024년 총선 판세를 자체 분석해 보니 서울 49개 지역구 중 강남갑·을·병, 서초갑·을, 송파을 등 6곳에서만 우세를 보인 것으로 나타났다. <조선일보>, 2023년 12월 8일.
151) <조선일보>, 2023년 12월 9일.
152) <조선일보>, 2023년 12월 11일.
153) <조선일보>, 2023년 12월 13일.
154) 홍준표와 안철수, 김태흠 등을 비롯한 국민의힘 인사들은 대표가 책임을 지고 물러나라고 요구했다. <경향신문>, 2023년 12월 13일.
155) <조선일보>, 2023년 12월 14일.

하자는 의견이 다수를 이뤄, 그를 선임하기로 한 것이다.156) 비대위원장에 선임된 한동훈은 "상식 있는 동료 시민과 함께 대한민국의 미래를 위한 길을 같이 만들겠다. 국민의 상식과 국민의 생각이라는 나침반을 가지고 앞장서겠다"고 말했다.157)

2023년 12월 26일 비대위원장 취임 연설에서 한동훈은 '선민후사를 실천'하겠다고 말하고, 자신은 지역구에도 비례대표로도 출마하지 않겠다고 밝혔다. 그의 불출마 선언은 자신을 둘러싸고 생길 수 있는 공천 잡음을 사전에 차단하고 22대 총선을 진두지휘하겠다는 뜻을 보인 것으로 분석되었다.158)

한동훈은 12월 28일 40대 이하와 비정치인이 주축이 된 비대위 명단을 공개하고 공식 출범했다.159) 그가 임명한 비대위원은 '운동권 정치 청산'을 앞세워 민주당과 각을 세울 인물을 전면에 내세운 것으로 분석되었는데, 이들 비대위원의 평균 연령은 43.75세로 당내에서는 "파격과 쇄신보다 대야 투쟁에 초점을 맞춘 인선 같다"는 지적도 나왔다.160)

---

156) 이날 회의에는 신영균 명예회장을 비롯해 권철현·김동욱·김용갑·김종하·나오연·목요상·문희·신경식·유준상·유흥수·이윤성·최병국·황우여 고문 등이 참석했고, 당에는 윤재옥(당대표 권한대행 겸 원내대표)·이만희(사무총장) 의원이 참석했다. <조선일보>, 2023년 12월 21일.

157) <조선일보>, 2023년 12월 22일.

158) 그는 또한 당 내부로는 '불체포특권 포기' 등 특권을 내려놔야 공천하겠다는 원칙을, 당 밖으로는 '운동권 특권 정치 청산이 시대정신'임을 내세웠다. 이는 '한동훈 대 이재명'의 운동권 심판론으로 총선을 치르겠다는 뜻을 드러낸 것이다. <동아일보>, 2023년 12월 27일.

159) 한동훈이 지명한 비대위원 8명은 평균 43.7세로 이들의 명단은 다음과 같다. △김예지(의원) △민경우(시민단체 길 상임대표) △김경율(경제민주주의21 상임대표) △구자룡(법무법인 한별 변호사) △장서정(돌봄·교육스타트업 대표) △한지아(의정부 을지대병원 교수) △박은식(호남대안포럼 대표) △윤도현(자립준비청년지원 대표). <동아일보>, 2023년 12월 29일.

160) <동아일보>, 2023년 12월 29일.

6. 22대 총선과 여·야의 지도체제 개편

2023년 말에 들어 정치권은 또다시 재편의 소용돌이에 휩싸였다. 신당 창당을 위해 당내 비주류가 탈당하는 일이 발생했기 때문인데, 이러한 현상은 한국정당사에서 총선을 앞두고 늘 나타났던 것으로 '위기와 통합의 정치'를 작동시키는 하나의 요인이라고 할 수 있다. 공천 경쟁에서 불리한 여건에 놓인 당의 비주류로서는 신당 창당 말고는 다른 방도가 없기에 취한 조치였다고 하지만, 이러한 행위가 한국정치의 불안정성을 높이는 원인으로 작용하고 있음은 틀림없는 사실이었다.

총선을 앞두고 늘 나타나는 또 하나의 현상으로는 선거법 개정 협상을 들 수 있다. 인구 변동에 따른 지역구 획정과 함께 비례대표 의원의 배분과 선출 방식을 놓고 선거법을 개정해야 했기 때문이다. 협상 과정에서 여·야의 이해가 첨예하게 대립했지만, 합의를 우선시하는 원칙만은 지켜졌었다. 그러나 민주당이 다수당이 된 이후 합의를 우선시한 종전과 달리 다수당의 의지대로 선거법이 개정되다 보니, 위성정당 출현이 일상화되는 지경에 이르렀다.

선거법 개정 후 실시된 22대 총선의 경우, 분열하면 패배해 위기에 처한다는 '위기와 통합의 정치'가 아주 극명하게 드러난 선거였다. 비대위 출범 이후 발생한 내분으로 국민의힘은 총선에서 참패를 면치 못한 반면, 친명계를 중심으로 통합된 민주당은 압승을 거두는 성과를 거두었기 때문이다. 민주당의 경우 국민의힘 내분으로 총선 승리를 거머쥔 것이다.

총선 패배로 국민의힘은 지도체제 개편에 나서 새 지도부 구성에 나섰는데, 친윤계의 견제에도 불구하고 비대위를 이끌던 한동훈이 결선투표 없이 1차에서 당대표로 선출되었다. 총선에서 승리를 거둔 민주당은 이재명 일극체제라는 말이 나올 정도로 이재명을 중심으로 당이 결속되는 현상이 나타났다.

1) 신당 창당

당원권이 정지된 이준석은 총선이 다가오자, 국민의힘을 탈당하고 신당 창당을 선언했다. 혁신위의 건의로 당원권이 회복은 되었지만, 국민의힘 내에서 자신의 입지는 물론 지지기반 확대가 어렵다고 생각했기 때문이다. 민주당 내에서는 이재명과 후보 경선에서 패배한 이낙연(李洛淵)이 자신의 요구 사항이 받아들여지지 않자, 민주당을 탈당하고 신당 창당에 나섰다. 자녀의 '입시 비리' 문제로 검찰의 수사를 받고 있던 조국도 총선에서 국민의 심판을 받겠다며 신당 창당을 선언했다.

(1) 개혁신당

2023년 12월 10일 이준석은 신당 창당을 위해 12월 27일 국민의힘 탈당을 선언할 예정이라고 밝혔다. 탈당 후 그는 신당 창당준비위원회를 구성하고 당원을 모집하는 등의 창당 작업에 속도를 낼 것으로 알려졌는데, 당 내부에서는 이준석이 신당을 만들어 4%포인트 정도의 지지율만 흡수해도 박빙인 지역에서는 선거 결과가 바뀔 수 있다고 전망했다.[161] 이준석이 탈당을 예고한 12월 27일은 한동훈의 비대위원장 취임일 다음 날이어서 한동훈이 '보수 대연합'으로 갈지, 본인 중심의 보수 재편을 도모할지 당내의 관심이 집중되었다.[162]

이준석은 총선을 100여 일 앞둔 2023년 12월 27일 "국민의힘에 제가 갖고 있던 모든 정치적 자산을 포기한다"며 탈당을 선언하고, 국민의힘 재입당 가능성에 대해 총선 전 재결합 시나리오는 부정한다며 선을 그

---

161) <동아일보>, 2023년 12월 11일.
162) <동아일보>, 2023년 12월 25일.

었다.163) 그리고 중앙선관위에 가칭 개혁신당으로 창당 준비위원회 결성신고서를 제출하고 본격적인 창당 준비에 나섰다. 이준석의 탈당에 이어 비례대표인 허은아 의원도 탈당을 선언하고 개혁신당 합류를 선언했다.164)

개혁신당은 2024년 1월 20일 국회 의원회관에서 창당대회를 열고 이준석을 초대 당대표로 선출했다. 그는 대표 수락 연설에서 "애국자라고 하는 우월감으로는 대한민국의 미래 과제를 해결할 수 없다. 독재와 싸웠던 훈장만으로 정치를 가벼운 선악의 구도로 만들어버리는 사람들은 개혁을 해나갈 수 없다"며 양당 정치인과 지지자를 모두 비판했다. 그리고 "검사의 칼만으로는 세상을 다스릴 수 없단 것을 보여주기 위해 용기있게 나섰다"며 윤석열정부에 특별히 각을 세웠다.165) 이준석은 2024년 1월 24일에는 한국의희망 양향자(梁香子) 대표와 만나 합당을 선언하기도 했다.

(2) 새로운미래

민주당 대선후보 경선 패배 후 미국 유학을 마치고 2023년 6월 24일 귀국한 이낙연은 11월 28일 자신의 싱크탱크인 '연대와공생'이 주최한 모임에서 이재명을 공개 비판했다. 이 자리에서 그는 리더십과 강성 지지자들의 영향으로 면역체계가 무너져 민주당의 도덕적 감수성이 무뎌졌고, 당내 민주주의가 억압되는 '이재명 사당화' 현상이 나타나고 있다고 비난했다.166) 그는 또한 "지금의 절망적 상황을 타개하기 위하여 여

---

163) 이준석이 12월 27일에 탈당을 선언한 것은 2011년 12월 27일 19대 총선을 앞두고 국민의힘 전신인 새누리당 비대위원으로 정치에 입문한 날이었기 때문이다. 그는 2016년 탄핵 정국에서 새누리당을 탈당한 바 있어, 이번이 두 번째 탈당이 되었다. <동아일보>, 2023년 12월 28일.
164) 허은아에 앞서 천하람(전 전남 순천갑 당협위원장)과 이기인(경기도의회 의원)이 국민의힘 탈당과 '개혁신당' 합류를 선언했다. 허은아는 탈당으로 의원직을 상실했다. <동아일보>, 2024년 1월 3일.
165) <경향신문>, 2024년 1월 21일.

러 갈래의 모색"을 하고 있다고 말했는데, 이 발언은 이낙연계의 신당 창당 움직임을 간접 지지한 것으로 풀이되었다.167)

이낙연은 민주당의 문제점을 지적하며 문재인정부에서 총리를 지낸 정세균·김부겸 등 정치권 인사들을 만나며 외연 확장을 모색하면서도 이재명과의 갈등을 봉합하는 모습도 보였으나, 아무런 성과를 내지 못했다. 이낙연과 이재명은 2023년 12월 30일 전격적으로 만났는데, 이날 이재명은 이낙연이 전부터 요구해 온 '이재명의 대표직 사퇴와 비대위 구성' 방안은 수용하기 어렵다며 거부했다. 이에 이낙연은 "제 갈 길을 가겠다"고 선언함으로써 두 사람의 만남은 봉합 대신 '결별 회동'이 되고 말았다.168)

이재명과 결별한 이낙연은 총선 90일 전인 2024년 1월 11일 탈당을 선언하며 "김대중, 노무현의 정신과 가치와 품격은 사라지고 폭력적이고 저급한 언동이 횡행하는 '1인 정당' '방탄 정당'으로 변질했다"고 민주당과 이재명 대표를 정면으로 비판했다.169) 민주당을 탈당한 이낙연은 1월 16일 새로운미래 창당발기인대회를 개최하고 창당 작업에 돌입했다. 발기인대회에서 "정권 앞에 꿇릴 것이 없는 사람들이 윤석열 정권을 당당하게 꾸짖고 대안을 제시하자"고 말한 이낙연은 제3지대를 하나의 당으로 결합하기 위해 인재영입위원장을 맡기로 했다.170)

발기인대회를 마친 새로운미래는 2024년 2월 9일에는 이준석의 개혁신당과 통합하기로 하고 당명도 개혁신당으로 합의까지 했다. 그러나 당직 인선을 비롯한 당 운영의 주도권을 둘러싸고 이준석·이낙연 공동

---

166) <조선일보>, 2023년 11월 29일.
167) <경향신문>, 2023년 11월 29일.
168) <조선일보>, 2024년 1월 1일.
169) 그의 탈당에 대해 민주당 의원 129명은 "단 한 번의 희생 없이 민주당의 이름으로 영광만 누리고 탈당한다"고 비난하는 공동성명을 발표했다. <동아일보>, 2024년 1월 12일.
170) <한겨레>, 2024년 1월 16일.

대표 사이의 견해 차이로 예정된 최고위 회의 무산되자,171) 이낙연은 2월 20일 "부실한 통합 결정이 부끄러운 결말을 낳았다"며 이준석 공동대표와의 결별을 선언했다.172)

제3지대에서 각각 신당 창당을 모색하던 개혁신당과 새로운미래, 원칙과미래, 새로운선택 등이 통합을 선언한 지 11일 만에 무산되고 만 것이다. 통합 무산으로 총선 결과는 기대 이하로 나타났는데, 이 역시 소규모 차원의 '위기와 통합의 정치'에 다름 아니라고 할 수 있다.

(3) **조국혁신당**

2024년 2월 8일 고등법원에서 자녀의 '입시비리' 등의 혐의로 징역 2년과 추징금 600만 원의 실형을 선고받은 조국은 "검찰 독재의 횡포를 막는 일에 나설 것"이라고 말했다. 유죄 선고를 받은 후 그는 "사실관계 파악과 법리 적용에 동의할 수 없어 대법원의 최종 판단을 구하고자 한다"고 밝히고, 총선에 나설 것이냐는 물음에 조만간 입장을 표명할 것이라고 답해 신당을 창당할 의향이 있음을 내비쳤다.173) 2월 12일 노무현(盧武鉉) 묘역을 참배하고 문재인(文在寅)을 예방하며 본격적인 정치 행보를 보인 그는 2월 13일 "무능한 검찰 독재정권 종식을 위해 맨 앞에서 싸우겠다"며 신당 창당을 공식 선언했다.174)

조국은 창당 준비 중인 정당의 명칭을 '조국신당'으로 정하고 중앙선관위에 당명 사용이 가능한지 문의했으나, 선관위는 '조국신당'은 쓸 수 없다고 통보했다. 특정인의 이름이 들어가 정당민주주의에 부합하지 않

---

171) <한겨레>, 2023년 2월 16일.
172) 이낙연은 신당 통합은 정치개혁의 기반으로 필요해서 크게 양보하며 통합을 서둘렀지만, 이준석 쪽이 "특정인을 낙인찍고 미리부터 배제하려 했다. 낙인과 혐오와 배제의 정치가 답습됐다"고 주장하며, 초심으로 돌아가겠다고 말했다. <한겨레>, 2024년 2월 20일.
173) <경향신문>, 2024년 2월 8일.
174) <경향신문>, 2024년 2월 13일.

을 수 있다며 선관위가 불허 판정을 내리자,175) 조국은 당원과 국민 공모를 거쳐 2월 29일 신당의 명칭을 조국혁신당으로 정했다.176)

조국혁신당은 2024년 3월 3일 중앙당 창당대회를 개최하여 조국을 당대표로 추대하고 공식 출범했다. 그는 당대표 수락 연설에서 "지난 5년간 '무간지옥' 속에 갇혀있었다"고 말하고, "피와 땀으로 지켜온 민주공화국의 가치를 파괴하는 윤석열 정권의 역주행을 더는 지켜볼 수 없었다"고 말했다.177) 조국은 민주당과는 협력관계로 설정하여 민주당과 지역구 후보 경쟁을 피하고 비례대표에 집중할 계획인 걸로 알려졌고, 자신도 출마하겠다고 했다.178) "대법원판결로 국회의원직을 중간에 그만두게 되면 저의 동지들이 대신할 것"이라고 말함으로써 확정되지는 않았지만, 비례대표로 나설 가능성이 큰 것으로 보도되었다.179)

2) 선거법 개정과 위성정당 출현

여·야는 총선 예비후보 등록일인 2023년 12월 12일을 한 달 정도 앞두고도 선거법 개정 논의에 전혀 진전을 보지 못했다. 국민의힘은 지역구 의석수와 관계없이 정당 득표율에 따라 비례대표 의석을 배분하는 병립형으로 환원할 것을 주장했지만, 법안 처리의 키를 갖고 있는 민주당이 입장을 정하지 못했기 때문이다.180) 선거법 개정 미합의로 준연동형 비례제로 선거를 치르게 되면, 비례정당의 난립 가능성이 높아지는

---

175) 2020년 21대 총선에서 안철수는 신당을 만들고 '안철수신당'으로 선관위에 신고했으나, 선관위는 불허한 바 있었다. <경향신문>, 2024년 2월 26일.
176) <경향신문>, 2024년 2월 29일.
177) <조선일보>, 2024년 3월 4일.
178) 조국혁신당은 2024년 3월 15일 조국, 황운하, 신장식 등 비례대표 후보자 20명의 명단을 발표하고 이들의 최종 순위는 국민경선을 거쳐 3월 18일 확정하기로 했다. <조선일보>, 2024년 3월 16일.
179) <경향신문>, 2024년 3월 3일.
180) <조선일보>, 2023년 11월 17일.

문제가 있다는 것을 민주당도 알고는 있었다.181) 그러나 민주당의 강력한 지지 세력이라고 할 수 있는 시민단체의 요구를 무시할 수 없었기에 민주당은 준연동형 비례제를 고수하기로 했다.

야당이 준연동형 비례제를 유지하기로 결론을 내리자, 여당 역시 정당방위라는 명분에서 위성정당 창당을 마다할 이유가 없어졌다고 판단했다. 이처럼 준연동형제가 채택되게 됨에 따라 여·야는 물론이고 오로지 비례대표 의석만을 목표로 한 정당이 급조되는 현상이 나타났다. 결과적으로 준연동형제의 도입으로 한국 정당정치의 고질병이라고 할 수 있는 정당들의 이합집산 현상이 뒤따를 수밖에 없게 되었다.

(1) 선거법 개정

2023년 12월 5일 선관위 산하 선거구획정위원회는 22대 총선에 적용할, 선거구획정안 초안을 국회에 제출했다. 획정위 초안을 보면, 인구 하한선인 13만 6,600명에 못 미치는 6곳의 선거구는 통합하고, 인구 상한선인 27만 3,200명을 초과하는 선거구는 6곳을 늘리도록 했다. 6곳이 줄고 6곳이 늘어 253곳 지역구와 47석 비례대표를 합한 300명 의원 정수에는 변함이 없지만, 전국적으로는 서울과 전북에서 각각 1석이 줄어들었고 인천과 경기에서 각각 1석이 늘어난 안이었다. 획정위 안에 대해 국민의힘은 큰 틀에서 동의했지만, 민주당은 반대했다.182)

총선을 100여 일밖에 남겨 놓지 않은 시점에서도 여·야는 선거법 개정 협상을 마무리 짓지 못했다. 결정권이 없는 국민의힘은 병립형 방식

---

181) 21대 총선에서 비례정당이 무려 35개, 투표용지 길이는 역대 최장(最長)인 48.1㎝였고, 비례대표 경쟁률도 20대 총선 3.36 대 1에서 21대는 6.64 대 1로 급증했다.

182) 국민의힘은 "인구 변화에 따른 상·하한 기준에 맞춰 획정된 안이라 큰 틀에서는 동의한다"고 했으나, 민주당은 부산은 그대로 두고 전북을 줄이는 건 납득할 수 없다며 "인구 대표성, 지역 대표성 등의 원칙과 기준에 부합되지 않는다"며 반대했다. <조선일보>, 2023년 12월 6일.

으로 선거를 치르자고 주장한 반면, 결정의 키를 쥐고 있는 민주당이 당의 입장을 정하지 못했기 때문이다. 그러나 민주당이 선거법 개정을 미루는 근본적인 이유는 신당을 창당하려는 세력에게는 비례대표 선출 방식이 최대 관심사일 수밖에 없는데, 룰을 빨리 확정해서 그들에게 준비할 시간을 벌어줄 이유가 없다는 판단에서 나온 것이라는 분석이 나오기도 했다.[183]

애초에 이재명은 자신이 공천권을 행사할 수 있는 병립형으로 돌아가려고 했다.[184] 그러나 당 안팎의 반발로 결정을 내리지 못하는 상태가 지속되었다. 2024년 2월 2일 개최된 비공개 최고위 회의에서도 결정을 내리지 못하게 되자, 최고위는 이재명 대표에 선거제 결정 방식을 포함한 전권을 부여했다.[185] 이에 이재명은 2024년 2월 5일 야권이 연대하는 '민주개혁 선거 대연합'이라는 명분을 내세워 위성정당 창당을 공식화했다. 그가 준연동형제를 유지하고 비례대표 의석 확보에 필요한 위성정당을 만들겠다고 하자,[186] "위성정당 난립은 불 보듯 뻔하다"는 예측이 나왔다.[187]

선거제를 포함한 선거구획정안은 총선을 41일 앞둔 2024년 2월 29일에 가서 비로소 통과되었는데, 이를 보면 비례 의석을 1석 줄이는 대신, 전북 지역 선거구는 현행 10석을 유지하기로 했다. 선관위는 전북에서

---

183) <조선일보>, 2023년 12월 26일.
184) <조선일보>, 2024년 1월 20일.
185) 민주당 내에서 병립형으로 돌아가자는 의견과 현행대로 해야 한다는 의견이 팽팽하게 대립하자, 전 당원투표를 통해 결정하자는 안이 나와 실무 절차에 착수하기도 했다. 그러나 "당이 약속을 뒤집거나 어려운 결정이 필요할 때마다 '전 당원투표'를 동원하면 지도부는 도대체 왜 필요하냐"는 반론이 나와 이재명 대표에 일임하기로 한 것이다. <조선일보>, 2024년 2월 3일.
186) 이재명은 국민적 거부감이 큰 위성정당 대신 '통합형 비례정당'을 추진하겠다고 밝혔다. <조선일보>, 2024년 2월 6일.
187) 실제로 22대 총선 비례대표 투표용지에 38개 정당의 명단이 올랐고, 투표용지 길이는 역대 최장인 51.7㎝나 되었다. <조선일보>, 2024년 4월 6일.

도 1석을 줄이도록 권고했지만, 민주당이 "서울 강남과 부산 등에서도 인구가 줄고 있는데 왜 전북만 줄여야 하느냐"고 반발해 결국 여·야가 자신의 텃밭을 지키는 대신 비례대표를 줄이기로 합의를 본 것이라고 할 수 있다.[188]

(2) 위성정당 출현

민주당이 현행 준연동형제를 유지하는 방향으로 갈 것 같다는 전망이 나오자, 2024년 1월 15일 기본소득당·열린민주당·사회민주당 등 군소 정당들의 연합체인 개혁연합신당은 민주당에 비례연합정당을 만들 것을 제안했다. 21대 총선에서 민주당을 지지하는 유권자들의 표에 편승해서 원내에 진출했던 군소 정당들이 다시 민주당의 위성정당으로 등록해서, 비례대표 의석을 차지하려는 의도에서 한 제안이었다.[189]

민주당이 위성정당 창당을 공식화하자, 야권 군소 정당들이 속속 참여 의사를 밝혔다. 군소 정당의 연합으로 구성된 새진보연합은 민주당의 '민주개혁 선거 대연합'은 자신들이 주장하는 '반윤 개혁 최대 연합'과 같은 의미라며 참여하겠다고 말했고, 구속된 송영길이 주도하는 정치검찰해체당 창당준비위원회도 민주당의 우당(友黨)으로 충심의 노력을 다할 것을 선언하는가 하면, 이재명이 혁신위원장으로 임명했던 이래경을 비롯한 시민단체 인사들도 K정치연합 창당 발기인을 모집하고 민주당에 손을 내미는 실정이었다.[190]

이들 정당·사회단체와 위성정당 창당을 논의한 결과를 바탕으로 민주당은 2024년 3월 3일 더불어민주연합이라는 위성정당을 창당했다. 이 날 축사에서 이재명은 정권의 폭주와 퇴행을 막고, 진보하는 나라임을 증명하기 위해서는 모두가 힘을 합쳐야 한다고 말했다.[191] 이로써 21대

---

188) <조선일보>, 2024년 3월 1일.
189) <조선일보>, 2024년 1월 16일.
190) <조선일보>, 2024년 2월 7일.
191) 더불어민주연합은 비례대표 후보로 총 30명을 배치할 예정인데, 민주당이 20

총선에 이어 22대 총선에서도 위성정당이 속출하는 현상이 나타나게 되었다.

군소 정당들의 비례연합정당 제안에 민주당이 긍정적인 반응을 보이자,192) 국민의힘도 내부적으로 위성정당 창당을 고려하기 시작했다. 민주당이 준연동형을 유지하기로 할 경우 대책을 마련할 수밖에 없다는 판단에서 나온 것으로, 국민의힘은 2024년 1월 26일부터 위성정당인 국민의미래(가칭) 발기인 모집을 시작했다.193) 준연동형제는 "국민도 이해하지 못하는 선거제도, 정확히 말하면 자기들도 이해하지 못하는 선거제도"라고 비난했지만,194) 국민의힘으로서도 '플랜 B'로 위성정당을 창당하지 않을 수 없게 된 것이다.

한동훈은 국민의힘의 비례정당인 국민의미래 대표에 당의 실무자급을 임명하고, 비례정당은 민주당이 "종북 세력 등과의 야합을 위해 유지하기로 한 꼼수 제도에 대응하기 위한 '도구'일 뿐"이라고 비난하며 국민 눈높이에 맞는 비례대표 후보를 선정하겠다고 밝혔다.195) 이를 위해 국민의힘은 2024년 3월 4일부터 7일까지 비례대표 후보 신청을 받기로 했는데, 여성과 청년을 배려할 예정인 것으로 알려졌다.196)

국민의힘은 3월 13일 당 윤리위원회를 열고 위성정당인 국민의미래로 당적을 옮길 비례대표 의원 8명의 출당 안건을 의결했다. 이는 '의원 꿔

명, 새진보연합과 진보당이 각 3명, 시민사회 대표인 연합정치시민회의가 4명을 내기로 했다. <조선일보>, 2024년 3월 4일.

192) <조선일보>, 2024년 1월 20일.
193) 국민의힘은 당직자 중심으로 200명 이상의 동의를 받아 창당준비위원회를 구성하고, 2월 초에 발기인대회를 열 계획을 세웠다. <조선일보>, 2024년 1월 27일.
194) <조선일보>, 2024년 2월 8일.
195) 한동훈은 국민의미래 대표에 국민의힘 당직자인 조철희 총무국장을 내정했는데, 이는 위성정당에 대한 장악력을 높이려는 의도로 해석되었다. <조선일보>, 2024년 2월 22일.
196) <조선일보>, 2024년 3월 1일.

주기'를 통해 비례대표 투표용지에 기재되는 국민의미래 당명이 더불어민주연합에 이어 두 번째 칸인 기호 4번을 받기 위한 의도에서 취한 조치였다.197)

지역구 투표용지의 경우 기호 1번은 민주당(155석), 기호 2번은 국민의힘(114석), 기호 3번은 녹색정의당(6석)이므로, 유권자들이 알기 쉽게 "지역구와 비례대표 용지에 모두 '두 번째 칸'에 찍어 달라"고 유세할 수 있기 때문이다. 이를 위해 국민의힘은 녹색정의당 의석수(6석)보다 많은 수의 현역의원을 위성정당인 국민의미래로 보낸 것이다.

3) 국민의힘의 갈등과 22대 총선

강서구청장 보궐선거에서 참패한 국민의힘은 한동훈을 위원장으로 하는 비대위를 출범시켜 위기를 극복하려고 시도했으나, 소기의 성과를 거두지 못했다. 시국 수습 방안, 특히 대통령 부인 김건희에 대한 사법처리 방안을 놓고 비대위와 친윤, 한동훈과 윤석열 사이에 갈등이 발생했기 때문이다. 이에 더해서 총선 후보 공천을 둘러싸고도 내분이 생겨, 국민의힘은 통합을 이루지 못한 상태에서 총선에 임하게 되었다.

한편, 민주당은 공천 심사에서 비주류 배제로 갈등이 생기기도 했으나, 국민의힘과 달리 이재명을 중심으로 통합을 이룬 상태에서 총선에 임했다. 그 결과 국민의힘은 참패를 면할 수 없었다. 통합을 이룬 정당과 통합을 이루지 못하고 분열상을 노출한 정당의 대결에서 통합한 쪽의 승리는 당연한 것으로, 이는 '위기와 통합의 정치'가 22대 총선에도 그대로 적용된 것이라고 할 수 있다.

---

197) 국민의힘 윤리위는 의원들을 출당시키면서 징계 사유로 '국민의힘이 아닌 국민의미래당을 위해 활동하기 때문'이라고 했다. 출당 조치한 8명은 김근태·김예지·김은희·노용호·우신구·이종성·정경희·지성호 의원이다. <조선일보>, 2024년 3월 14일.

(1) 국민의힘의 갈등

2024년 1월 8일 비대위원 김경율(金經율)은 민주당이 제출한 도이치모터스 주가조작 의혹 수사를 위한 '김건희 여사 특검법'에 대해 여론의 70%가 찬성한다면서 "대통령실과 국민의힘이 납득할 만한 대안을 내놔야 한다"고 말했다. 그동안 국민의힘과 대통령실은 특검법을 '총선용 악법'이라며 수용할 수 없다는 입장을 보여왔는데, 김경율이 "김 여사 리스크를 정면으로 다뤄야 한다"며 처음으로 당과는 결이 다른 목소리를 낸 것이다.198)

김경율의 발언에 이어 한동훈도 2024년 1월 18일 김건희의 '명품 백' 수수 논란에 대해 '함정 몰카'지만 "국민이 걱정하실 만한 부분"이 있으며, "국민 눈높이에서 생각할 문제"라고 말해 김경율의 발언에 공감을 표했다.199) 그리고 자신은 이 때문에 제2부속실과 특별감찰관 문제를 전향적으로 검토할 것을 제안한 것이라며 특별감찰관 임명을 주장했다.

국민의힘 내에서 일종의 금기에 가까운 소재가 공개적으로 거론되어 내홍으로 번질 조짐을 보이자, 비대위원장 한동훈과 원내대표 윤재옥(尹在玉)이 비공개로 회동하며 조율에 나섰다. 그러나 갈등을 완전히 해소할 수 있는 수준까지는 미치지 못했다.200)

이처럼 비대위와 원내대표 사이에 불편한 기운이 조성되었지만, 실제로는 대통령과 비대위원장 사이에 갈등이 표면화된 것에 불과했다. 윤석열이 한동훈을 불신임했다는 보도가 그것인데 이러한 보도에 대해 한동훈은 "국민 보고 나선 길, 할 일 하겠다"는 입장을 내고 윤석열의 사

---

198) 김경율은 "누구나 다 알고 있는 '김건희 리스크'를 지금 말을 하지 못하는 상황"이라면서 이 문제를 풀어야 총선에 이길 수 있다고 덧붙였다. <조선일보>, 2024년 1월 9일.
199) <조선일보>, 2024년 1월 19일.
200) 윤재옥은 1월 19일 열린 의원총회에서 명품 백 사건과 관련해 "사건의 본질은 부당한 정치 공작"이라며 "이 점을 분명히 해달라"고 요청했다. 이에 대해 한동훈은 "국민의힘은 여러 의견을 허용하는 정당"이라고 말해 김건희의 해명이 필요하다는 뜻을 밝혔다. <조선일보>, 2024년 1월 20일.

퇴 요구를 일축했다. 친윤 측이 '줄 세우기 공천'을 한다는 이유를 들어 공관위원장을 겸하고 있는 한동훈의 비대위원장직 사퇴를 요구한 것이지만, 실제로는 김건희 명품 백 의혹 대응 문제에서 둘 사이의 갈등이 본격화된 것이다.201)

윤석열과 한동훈이 정면으로 충돌하면 여권이 공멸할 수밖에 없다는 위기감에서 확전을 자제해야 한다는 목소리가 당 내외에서 나오는 가운데, 2024년 1월 23일 충남 서천시장 화재 현장에서 둘이 만난 후 같이 상경하는 모습이 연출됐다. 이로써 일단 최악의 상황은 피한 모양새라는 분석이 나오고,202) 이후 당·정 갈등을 해소하기 위해 노력하는 모습을 보이기도 했으나 오래 가지는 못했다. 이종섭(李鍾燮)과 황상무(黃相武) 문제로 당정 간에 갈등이 재발했기 때문이다.

당은 '해병대 상병 사망사건'과 관련하여 '수사 외압'으로 고발된 이종섭 전 국방부 장관이 호주 대사로 임명되어 출국하자 즉각 소환할 것을 요구하는 한편, 기자들에게 '정보사 회칼 테러'를 언급하며 막말 논란을 빚은 황상무 시민사회 수석의 자진 사퇴를 요구했다. 당의 이러한 메시지는 수도권과 중도층의 표심 이반을 우려한 한동훈이 직접 낸 것인데, 대통령실은 문제가 없다며 선을 긋는 바람에 당·정 간 갈등을 다시 유발하는 불씨로 작용한 것이다.203)

여권 일부에서는 '명품 백' 대응을 놓고 충돌했던 윤석열·한동훈 갈등이 재연될 수 있다고 우려했고, 정치권은 "공천이 종료된 이후에도 대통령과 여당이 이렇게 갈등하는 것은 이례적 현상"이라고 분석하기도 했다.204) 이를 입증이라도 하듯이 지역구 공천을 끝낸 국민의힘이 위성

---

201) 김경율은 '명품 백'에 대해 언급하면서 프랑스 혁명을 촉발한 '마리 앙투아네트'를 거론한 것이 대통령실과 친윤들을 자극한 것으로 알려졌다. 김건희 사과 주장은 이상민·하태경·이용호 의원 등 여당 의원들로 확산되었다. <조선일보>, 2024년 1월 22일.
202) <조선일보>, 2024년 1월 24일.
203) <연합뉴스>, 2024년 3월 18일.

정당의 비례대표 후보 명단을 발표하자, 친윤이 크게 반발함으로써 갈등이 재연되었다.205)

사태가 이에 이르자 친윤·비윤을 가리지 않고 "이대로 가다간 기록적 패배였던 4년 전 21대 총선 결과가 되풀이될 것"이라며 조속한 해결을 요구하는 지경까지 이르렀다. 당·정 갈등에 이어 공천 갈등까지 겹치는 바람에 총선 결과는 예상 그대로 국민의힘의 기록적인 참패로 끝나고 말았다. 위기가 닥쳤음에도 이의 극복을 위한 통합을 이루지 못한 업보라고 할 수 있다.

(2) 22대 총선

총선이 임박했음에도 국민의힘은 위에서 살펴본 것처럼 내부적으로 김건희와 연관된 '도이치모터스 주가조작 의혹'과 '명품 백' 수수 문제를 둘러싸고 대통령이 비대위원장의 사퇴를 요구하는가 하면, 공천 문제를 놓고 친윤이 공관위를 공개적으로 비난함으로써 통합과는 거리가 먼 양상을 보였다.206) 내부 갈등으로 당의 역량을 총동원하는 데 차질을 빚은 데 이어, 이종섭 출국 사건과 황상무 막말 문제에 대한 대통령의 미온적이고 뒤늦은 대처로 민심이 떠난 상태에서 치러진 선거였기에 야권이 제기하는 '정권 심판론'에 불이 붙을 수밖에 없었다.207)

---

204) <조선일보> 2024년 3월 19일.
205) 당의 인재영입위원장 겸 공천관리위원인 이철규는 3월 19일 페이스북에서 "호남에 기반을 둔 정치인들의 배제와 후순위 배치도 실망의 크기가 작지 않다"고 불만을 표했다. 한동훈과 이철규는 비례 순번을 논의하다 서로 고성을 지르고 이 과정에서 서로 "이럴 거면 관두겠다"는 식의 이야기도 나온 것으로 보도되었다. <조선일보>, 2024년 3월 20일.
206) 이에 대해 국민의힘 조정훈 국민의힘 22대 총선백서특별위원회 전 위원장은 "총선 참패는 윤석열 정부와 한동훈 지도부 5 대 5 잘못"이라고 지적했다. <이데일리>, 2024년 11월 4일.
207) 국민의힘 총선백서특별위원회는 22대 총선 후 발간한 백서에서 "여사의 명품 백 의혹 수수와 호주대사 임명, 시민사회수석 발언 논란, 의대 정원 정책, 대파

민주당도 공천을 둘러싸고 내부적으로 잡음이 없지는 않았다. '밀실에서 소수가 결정하는 과거의 방식'이라거나,208) '친명(親明) 자객에 비명(非明) 횡사'라는 평가도 나왔고,209) "개딸이 주도하는 '이재명의 민주당'이 사실상 완성"됐다는 전망과 함께,210) '친명 횡재(橫財)'라는 자조적인 말이 나오기도 했다.211) 민주당 당원 중 공천 탈락 후 탈당하거나 무소속으로 출마한 경우가 없지 않았다. 그렇지만 국민의힘과 달리 '이재명 일극체제'라는 분석이 나올 정도로 이재명을 중심으로 통합을 이루었다. 게다가 윤석열의 실정으로 민심의 이반이 겹쳐 총선에서 기록적인 대승을 거둘 수가 있었다.212)

민주당의 의석을 보면 지역구 161석과 비례대표(더불어민주연합) 14석을 포함 총 175석이었다. 여기에 조국혁신당의 비례대표 의석 12석과 진보당의 1석, 새로운미래 1석을 포함해 개혁신당의 지역구 1석과 비례대표 2석까지 합치면, 야권은 총 192석에 달했다. 반면 국민의힘은 지역구 90석과 비례대표(국민의미래) 18석을 합쳐 108석을 차지한 데 그치고

논란 등 연이는 이슈가 정권심판론에 불을 붙였지만, 당도 적절하게 대응하지 못했다"고 지적하고, "총선 과정에서 원활하지 못했던 당정관계가 주요 패배 원인"이었다고 분석, 전반적으로 갈등으로 인해 통합을 이루지 못한 것을 패배의 원인으로 지적했다. 국민의힘, 『제22대 총선백서: 마지막 기회』 (국민의힘, 2024.10.28.), 24~25쪽.
208) <동아일보>, 2024년 3월 5일.
209) <동아일보>, 2024년 3월 7일.
210) <동아일보>, 2024년 3월 8일.
211) <동아일보>, 2024년 3월 12일.
212) 22대 총선 결과

	지역구	비례대표	합계
민주당/더불어민주연합	161	14	175
국민의힘/국민의미래	90	18	108
새로운미래	1	0	1
개혁신당	1	2	3
진보당	1	0	1
조국혁신당	0	12	12

말아, 개헌 저지선은 간신히 지켰지만 21대 국회에 이어 '거야의 입법 독주'를 막을 길이 없어지고 말았다.

4) 여·야의 지도체제 개편

4·11총선이 참패로 끝나자, 국민의힘 내부에서는 패배의 책임이 누구에게 있는지를 놓고 상대방에 책임을 전가하는 바람에 긴장 관계가 조성되었다. 비대위를 비롯한 친한계(친한동훈)는 대통령실이 '민심과 다른 오판'을 했다며 윤석열을 겨냥했고, 대통령실을 중심으로 한 친윤계는 '한동훈 책임론'을 제기했다.[213] 긴장 관계가 지속되는 가운에 한동훈이 총선 패배의 책임을 지겠다며 사퇴를 선언함으로써, 국민의힘은 또다시 지도체제 개편에 나서지 않을 수 없게 되었다.

민주당은 8월 전당대회를 앞두고 당헌·당규 개정에 나섰는데, 개정의 주요 내용은 대선 1년 전에 당대표직을 내려놓아야 하는 현 규정의 일부 조항을 삭제하겠다는 것이었다.[214] 이에 최고위는 '당대표 대선 출마 1년 전 사퇴' 규정을 "상당한 사유가 있는 때에는 당무위원회가 사퇴 시한을 달리 정할 수 있다"고 하는 예외 조항을 추가하기로 했다.[215] 이재명은 2024년 8월 18일 전당대회에 다시 출마하기 위해 당대표직을 사퇴했고, 예상대로 그는 역대 최고 득표율로 당대표로 복귀했다.

주요 정당의 비례대표 득표율은 다음과 같다.
△더불어민주연합: 26.69% △국민의미래: 36.67% △녹색정의당: 2.14% △새로운미래: 1.70% △개혁신당: 3.61% △자유통일당: 2.26% △조국혁신당: 24.25%.

213) <동아일보>, 2024년 4월 11일.
214) 당헌·당규 개정은 이재명의 대권 가도를 닦기 위한 맞춤형 개정이라는 당 안팎의 비판에 온라인 게시판을 통해 당원들의 의견을 수렴하겠다고는 했지만, 당무위는 예정대로 의결하겠다는 계획인 것으로 보도되었다. <동아일보>, 2024년 6월 1일.
215) <동아일보>, 2024년 6월 10일.

(1) 국민의힘

2024년 4월 11일 한동훈은 민심은 언제나 옳으며 국민의 선택을 받기에 부족했던 당을 대표해 국민께 사과드린다고 말하고, "선거 결과에 대한 모든 책임을 지고 비대위원장직에서 물러난다"고 밝혔다.216) 총선을 자신이 직접 진두지휘하겠다고 선언한 만큼 그 말에 대한 책임을 지고 사퇴한 것이다. 비대위원장에 취임한 지 107일 만에 한동훈이 물러나자, 국민의힘은 다시 지도부 공백상태를 맞게 되었다.

국민의힘은 2024년 4월 29일에 당선자 총회를 열고 새 비대위원장에 황우여(黃祐呂) 전 당대표를 내정했다. 황우여는 전당대회로 출범할 새로운 지도부가 총선 패배를 뛰어넘고 새출발을 할 수 있도록 준비하는 작업을 하겠다고 말했는데, 비대위 성패(成敗)로 당대표 선출방식 결정이 꼽힐 정도로 당 내외의 관심은 선출 방식에 집중되었다.217)

2024년 5월 2일 공식 출범한 비대위는 당권 주자들을 중심으로 전당대회 룰을 고쳐야 한다는 목소리가 커지자, 황우여는 새 원내대표가 선출된 후218) 새 원내지도부와 의견 수렴 절차를 제대로 거쳐 종합적으로 의견을 수렴해 결정하겠다고 말했다.219)

국민의힘은 당대표를 뽑는 전당대회를 2024년 7월 23일 개최하기로

---

216) <동아일보>, 2024년 4월 12일.
217) 당대표 선출방식에 대해 수도권과 낙선자를 중심으로 민심에 제대로 귀 기울이기 위해서는 국민 여론조사를 30~50% 반영해야 한다고 요구했지만, 친윤계는 '당원 투표 100%' 룰을 유지해야 한다고 주장했다. <조선일보>, 2024년 4월 30일.
218) 2024년 5월 9일 국민의힘 원내대표 경선에서 당선자 108명 중 102명이 투표했는데, 추경호가 70표를 얻어 원내대표로 선출되었다. 이종배는 21표, 송석준은 11표를 받았다. <조선일보>, 2024년 5월 10일.
219) 국민의힘은 윤석열정부가 들어선 이후 당원 투표 100%로 당대표를 선출하도록 룰을 개정했다. 이에 대해 "당심과 민심이 괴리될 수밖에 없는 개정"이라는 비판이 나왔지만, 친윤계의 주도로 국민 여론조사를 없앴다. 여권 관계자는 "국민 여론조사에서 승기를 잡은 이준석 전 대표 같은 사례를 막겠다는 속내였다"고 말했다. <동아일보>, 2024년 5월 3일.

잠정 결정하고, 지도체제는 기존의 단일 지도체제를 유지하기로 의견을 모았다. 이는 당내 비주류 후보들을 견제하기 위한 것이라는 분석이 나왔다.[220] 한편, 당헌당규개정특별위원회는 6월 4일 회의를 열고, 현행 당원투표 비율(현행 100%)을 줄이는 대신 여론조사 30%나 50% 정도 반영하는 방안을 검토했다.[221]

민심을 배제한 전대 룰이 총선 참패 원인이 됐다는 지적과 아울러 당권 주자로 거론되는 나경원·안철수·윤상현 등이 개정을 요구했기 때문이다. "당의 주인은 당원"이라는 친윤계의 반발과 당 지도부의 전대 룰 관련 설문조사 등이 변수가 된 것으로 알려졌다.[222]

전당대회는 한동훈의 출마가 확실시되는 가운데,[223] 그에 맞설 뚜렷한 대항마가 없던 상황에서 원희룡(元喜龍) 전 국토교통부장관이 6월 20일 전당대회 출마를 선언했다. 그는 총선 패배 이후 "당과 정부가 한마음 한뜻으로, 총선을 통해 나타난 민심을 온전히 받드는 변화와 개혁을 이뤄내야 한다는 결론을 내렸다"고 출마 이유를 밝혔다. '당정 일체'를 강조하며 친윤 후보로서의 정체성을 부각하고 나선 것인데, 원희룡의 출마는 친윤계의 강한 설득에 의한 것으로 분석되었다.[224]

원희룡에 이어 6월 21일에는 윤상현이 출마를 선언했다. 그리고 6월 23일에는 나경원과 한동훈이 각각 출마를 선언함으로써,[225] 국민의힘 당대표 경선은 총 4명이 겨루게 되었다.[226]

---

220) <동아일보>, 2024년 6월 4일.
221) <조선일보>, 2024년 6월 5일. 그러나 당대표는 선거인단 투표 80%와 일반 국민 여론조사 20% 비율을 반영해 선출하는 것으로 결정됐다. <동아일보>, 2024년 7월 5일.
222) <동아일보>, 2024년 6월 5일.
223) 한동훈은 5월 11일 도서관을 찾아 독서하는 모습을 노출하고 시민들과 '셀카'를 찍음으로써 차기 전당대회 출마 움직임을 본격화하고 있는 것으로 보도되었다. <동아일보>, 2024년 5월 13일.
224) <동아일보>, 2024년 6월 21일.
225) <동아일보>, 2024년 6월 22일 및 24일.

2024년 7월 23일 전당대회에서 한동훈은 1차 투표에서 62.84%라는 압도적인 득표율로 결선투표 없이 당대표에 당선되었다.227) 당대표 수락 연설에서 그는 민심 이기는 정치는 없으며 민심과 싸우면 안 되고 한편이 돼야 한다고 말했다. 그리고 당·정 관계를 설명하면서도 "민심을 정확히 파악하고, 그때그때 때를 놓치지 말고 반응하자"며 민심의 파도에 올라탈 것을 강조했다.228)

이로써 한동훈은 총선 패배의 책임을 지고 비대위원장을 사퇴한 지 3개월 만에 집권 여당의 당대표가 되었다. 대통령실과 친윤진영의 거센 비토가 있었음에도 그가 당선된 것은 민심은 물론이고 당심에서마저 2023년의 전당대회와 달리 윤석열의 의중, 이른바 '윤심'이 전혀 힘을 쓰지 못한 것으로 풀이되었다.229)

당대표 선출과 동시에 치러진 전당대회에서 선출직 최고위원으로 장동혁·김재원·인요한·김민전·진종오(청년최고위원)가 당선됐다. 5명의 최고위원 중 장동혁과 진종오는 전당대회에서 한동훈과 러닝메이트를 맺었고, 김재원과 인요한은 친윤계로 분류되었다.230)

---

226) 이들은 7월 2일 열린 '5분 비전발표회'에서 자신의 비전을 발표했는데, 한동훈 지금이 변화의 골든타임이라며 변화와 쇄신을 강조했고, 원희룡은 대통령과 싸우면 당은 깨지고 정권을 잃는다고 말했고, 나경원은 국회를 모르면 의회독재에 속수무책이라고 호소했으며, 윤상현은 참패에 반성하지 않는 모습에 분노를 표했다. <동아일보>, 2024년 7월 3일.

227) 한동훈은 당원투표에서 62.69%, 국민 여론조사에서 63.46%로 압승했다. 다른 세 후보의 득표율은 다음과 같다. △원희룡: 18.85% △나경원: 14.58% △윤상현: 3.73%. <조선일보>, 2024년 7월 24일.

228) <동아일보>, 2024년 7월 24일.

229) <동아일보>, 2024년 7월 24일.

230) 한동훈이 선출직 최고위원에 자신의 우군(友軍) 2명을 확보하면서 인위적인 지도부 붕괴 가능성은 차단했다는 평가가 나왔다. <조선일보>< 2024년 7월 24일.

(2) 더불어민주당

22대 총선 공천에서 민주당의 현역 교체율은 42.5%로 21대의 현역 교체율(27.9%)에 비해 14.6%p 상승했고, 국민의힘 현역 교체율(34.5%)보다도 월등히 높은 수치를 보였다. 특히 2023년 이재명에 대한 체포동의안 표결 시 '가결파'로 지목된 의원들이 전부 표적이 된 것으로 분석되었다.[231] 이로 인해 민주당은 총선을 거치면서 '순도 100%' 친명 정당으로 재편됐다는 평가를 받았고, 이에 힘입어 이재명은 본격적으로 당대표직 연임을 검토했다.[232]

예상대로 이재명은 전당대회 때 당대표직에 도전하기 위해 2024년 6월 24일 당대표직을 사퇴했다. 그의 사퇴는 당대표나 최고위원에 출마하려면 후보 등록 전까지 지역위원장을 제외한 모든 당직을 사퇴해야 한다는 민주당 당헌·당규에 따른 것이다. 당대표 출마에 필요한 요건을 맞추기 위해 잠시 물러난 것인데, 이는 당대표직 연임에 도전하기 위한 일시적이고 임시적인 '2선 후퇴'라고 할 수 있다.[233]

2024년 8월 18일 전당대회를 앞둔 민주당은 7월 9일과 10일 당대표·최고위원 후보 등록을 시작으로 본격적인 경선전에 들어갔다. 그러나 최고위원선거에는 10명 이상이 출마 의사를 밝혔지만, 당대표선거에는 이재명 외에 뚜렷한 출마 희망자가 거론되지 않아 흥행에 실패할 것이라는 우려가 나오는 가운데,[234] 7월 9일 김두관(金斗官)과 김지수가 당

---

[231] 민주당 공천은 '족집게'처럼 비명·비주류 진영 인사들을 걸러냈다는 평가를 받았다. 체포동의안 표결 때 원내대표를 지낸 박광온 의원, 친문진영의 홍영표·전해철·강병원·양기대·윤영찬 의원, 비주류 전혜숙·박용진·김한정·이용빈·이용우 의원 등이 친명계 신인이나 영입 인사들과 치른 경선에서 대거 탈락했다. <조선일보>, 2024년 4월 11일.

[232] 친명계를 중심으로 이재명 '합의 추대론'이 거론되고, 친명계 핵심부는 "윤석열 대통령을 상대할 수 있는 사람은 이 대표뿐"이라는 주장이 나오고 있다고 보도되었다. <조선일보>, 2024년 5월 6일.

[233] <조선일보>, 2024년 6월 25일.

[234] 민주당의 몇몇 의원들은 "나와 봐야 질 게 뻔하다"며 출마를 주저하고 있는

대표 선거 출마를 선언했다.235) 민주당 차기 최고위원 후보 예비경선에는 총 13명이 등록한 가운데 8명이 예비경선을 통과했고, 이들 가운데 5명을 선발하게 되었다.236)

민주당 전당대회는 권역별 경선을 통해 당대표와 최고위원을 뽑도록 했는데, 이재명은 2024년 8월 10일 치러진 경기지역 경선에서 93.27% 득표율을, 8월 11일 대전·세종지역 경선에서 각각 90.81%와 90.21%의 득표율을 기록했다. 그 전에 치러진 호남지역 경선에서는 80%대로 득표율이 떨어졌지만, 누적 득표율이 89.21%로 다시 90%에 근접한 반면, 김두관은 대전 경선에서 7.65%, 세종 경선에서 8.22% 득표율을 얻는 데 그쳤다.237)

2024년 8월 18일 개최된 전당대회에서 이재명은 역대 당대표 최고 득표율인 85.40% 득표율로 당대표에 다시 선출됐다. 그는 당대표 수락연설에서 "우리는 더 유능한 민생 정당이 되어야 한다"며, "민주당의 힘으로 멈춰 선 성장을 회복시키고 새로운 기회를 만들겠다"고 말했다.238)

상황에서 박지원은 당대표 선거에 출마할 가능성이 거론되는 김두관에게 나오지 않는 게 좋겠다며 출마를 만류했다고 밝히기도 했다. <조선일보>, 2024년 7월 4일.

235) 김두관은 "민주당은 역사상 유례가 없는 제왕적 당대표, 1인 정당화로 민주주의 파괴의 병을 키움으로써 국민의 염려와 실망 또한 커지고 있다"며, "이 오염원을 제거하고, 치료하지 않은 채 그대로 간다면 민주당의 붕괴는 명확하다"고 말하며 출마를 선언했다. <조선일보>, 2024년 7월 10일.

236) 최고위원 후보 예비경선에서 전현희·한준호·강선우·정봉주·김민석·민형배·김병주·이언주(기호순) 후보가 통과했고, 이성윤·박진환·최대호·김지호·박완희 후보는 탈락했다. <조선일보>, 2024년 7월 15일.

237) 5명을 뽑는 최고위원 경선에선 후보 8인의 각축전이 벌어졌는데, 8월 10일까지 누적 득표율 1위는 김민석(18.03%), 2위는 정봉주(15.63%), 3위는 김병주(14.02%), 4위는 한준호(13.66%), 5위는 이언주(11.56%) 순이었다. <조선일보>, 2024년 8월 12일.

238) 이재명에 도전한 김두관은 합산 득표율 12.12%, 김지수 2.48%를 얻었다. 최고위원선거에서는 김민석(18.23%), 전현희(15.88%), 한준호(14.14%), 김병주

그는 또한 윤석열과 한동훈을 향해 의제의 제한이 없는 양자회담을 공식 제안했는데, 당내에선 이재명의 압도적 승리로 인해 '이재명 2기'에서 일극체제가 더 강화됐다는 해석이 나왔다.239)

7. 비상계엄 선포와 대통령 탄핵

2024년 12월 3일 밤 대통령 윤석열은 긴급 대국민 담화를 통해 헌정질서를 지키기 위해 비상계엄을 선포한다고 발표하고, 밤 11시부로 전국에 비상계엄 포고령을 발포했다. 이에 국회는 포고령 효과 개시 2시간 만인 12월 4일 새벽 1시 본회의를 열고 계엄 해제를 요구하는 결의안을 상정하여 190명의 찬성으로 가결했다. 이로써 계엄령은 해제됐고, 계엄이 해제됨에 따라 국회에 진주해 있던 군 병력은 철수했다.

비상계엄 선포에 대해 야당인 민주당은 물론이고 여당인 국민의힘 내에서도 이를 비판하는 목소리가 높았는데, 당대표 한동훈이 가장 대표적이었다. 한동훈은 질서 있는 퇴진. 즉 대통령 사퇴만이 계엄으로 초래된 혼란한 정국을 수습하고 야당의 탄핵 공세를 피할 수 있는 유일한 방안이라고 보고 윤석열을 만나 자진 사퇴를 요구했다. 그러나 윤석열은 계엄의 정당성을 주장하며 사퇴를 거부, 결과적으로 탄핵을 자초한 셈이 되었다.

윤석열이 사퇴를 거부함에 따라 국회는 민주당 주도로 2024년 12월 14일 탄핵소추안을 발의, 가결했다. 탄핵안 가결로 윤석열의 대통령 직무가 정지되자, 국민의힘 친윤계는 탄핵의 불가피성을 역설했던 한동훈 체제를 붕괴시켰다. 이로써 국민의힘은 또다시 비대위 체제로 회귀하게

(13.08%), 이언주(12.30%) 등 친명계 의원 5명이 선출됐고, 선거전 초반 득표율 1위를 기록했던 정봉주는 6위로 낙선했다. <조선일보>, 2024년 8월 19일.
239) <동아일보>, 2024년 8월 19일.

되었다.

헌법재판소는 국회로부터 대통령 탄핵소추안이 접수되자, 사건을 전원재판부에 회부했다. 헌법재판소는 2025년 1월 14일 변론을 개시하여 2월 25일 변론을 종결하고 38일간 평의를 거쳐 4월 4일 재판관 8인 전원일치로 소추안을 인용, 파면 결정을 내렸다. 이로써 윤석열은 대통령직에서 파면되었는데, 2017년 박근혜에 이어 대한민국 헌정사상 두 번째로 현직 대통령이 파면되는 사태가 빚어졌다.

1) 12·3 비상계엄 선포와 해제

윤석열은 2024년 12월 3일 오후 10시 20분 긴급 담화를 통해 "종북세력을 척결하고, 자유 헌정 질서를 지키기 위해 비상계엄을 선포한다"고 밝혔다. 이는 1979년 10·26사태 이후 45년 만에 선포된 비상계엄으로 담화에서 그는 "비상계엄을 통해 망국의 나락으로 떨어지고 있는 자유 대한민국을 재건하고 지켜낼 것"이며, "지금까지 패악질을 일삼은 망국의 원흉, 반국가 세력을 반드시 척결"하겠다고 말했다.[240] 계엄령이 선포되자, 계엄사령관으로 지명된 박안수(朴安洙) 육군참모총장은 '정치활동 금지' '가짜뉴스, 여론조작, 허위선동 금지' '언론·출판 통제' 등을 골자로 하는 계엄포고령 1호를 발표했다.[241]

---

[240] 윤석열은 또한 정부 출범 이후 22건의 정부 관료 탄핵 소추를 발의하였으며, 22대 국회 출범 이후에도 10명째 탄핵을 추진 중이라면서 "이것은 세계 어느 나라에도 유례가 없을 뿐 아니라, 우리나라 건국 이후에 전혀 유례가 없던 상황"이라고 말했다. 그리고 "판사를 겁박하고, 다수의 검사를 탄핵하는 등 사법 업무를 마비시키고, 행안부 장관·방통위원장·감사원장·국방장관 탄핵 시도 등으로 행정부마저 마비시키고 있다"고 비난했다. <조선일보>, 2024년 12월 4일.

[241] 계엄사령부 포고령 제1호 내용은 다음과 같다.
　1. 국회와 지방의회, 정당의 활동과 정치적 결사, 집회, 시위 등 일체의 정치활동을 금한다.
　2. 자유민주주의 체제를 부정하거나, 전복을 기도하는 일체의 행위를 금하고,

윤석열의 비상계엄령 선포가 방송 속보를 통해 보도되자, 한동훈은 여당 대표로서 이를 반대하는 뉴스가 동시에 떠야 한다고 생각하고 당대표 자격으로 "대통령의 비상계엄 선포는 잘못된 것"이라는 성명을 냈다. "여당 대표가 위헌·위법한 비상계엄에 빠르게 반대 메시지를 내는 것이 이 나라와 국민을 위해 반드시 필요하다"는 확신에서 반대 성명을 낸 것이다.242) 그가 반대 성명을 낸 후 의원들 사이에 국회가 계엄 해제 요구를 결의하는 절차를 밟아 계엄을 막아야 한다는 공감대가 확산, 군과 경찰의 제지를 뚫고 의원들이 본회의장에 집결했다.

의결정족수를 넘긴 국회는 12월 4일 오전 1시 본회의를 열고 비상계엄해제요구결의안을 상정, 190명의 찬성으로 가결했다.243) 국회가 계엄 해제를 결의하자, 윤석열은 오전에 국무회의를 통해 국회의 요구를 수용해 계엄을 해제하겠다는 내용의 대국민 담화를 발표했다. 윤석열의 담화 후 오전 4시 30분에 소집된 국무회의에서 계엄 해제안이 처리됨으로써 6시간에 걸친 비상계엄 사태는 종료되었다.244)

2) 대통령 탄핵안 가결

계엄 해제 결의 후 민주당은 비상계엄 선포는 절차도 요건도 갖추지 못한 명백한 위헌으로 원천 무효라며 대통령 탄핵소추안 발의를 거론하

      가짜뉴스, 여론조작, 허위선동을 금한다.
  3. 모든 언론과 출판은 계엄사의 통제를 받는다.
  4. 사회혼란을 조장하는 파업, 태업, 집회 행위를 금한다.
  5. 전공의를 비롯하여 파업 중이거나 의료현장을 이탈한 모든 의료인은 48시간 내 본업에 복귀하여 충실히 근무하고 위반 시는 계엄법에 의해 처단한다.
  6. 반국가 세력 등 체제전복 세력을 제외한 선량한 일반 국민들은 일상생활에 불편을 최소화할 수 있도록 조치한다.
242) 한동훈, 『국민이 먼저입니다』(메디치, 2025), 23쪽.
243) 표결 당시 민주당 의원은 172명이고 국민의힘 의원은 18명이었다.
244) 계엄해제 요구안 심의를 위한 국무회의는 대통령이 아니라 한덕수 국무총리가 주재했다고 보도되었다. <조선일보>, 2024년 12월 5일.

기 시작했다. 탄핵안이 거론되자, 대처 방안 모색을 위해 2024년 12월 6일 오후 윤석열과 한동훈이 만났지만, 합의를 보지 못했다.245)

한동훈과 회동한 후 윤석열은 자신의 임기를 당에 일임하고 국정 운영에서 손을 떼고 수사에 협조하겠다는 내용의 짧은 담화를 발표했는데, 이 약속은 지켜지지 않았다. 왜냐하면 이 담화는 다음 날인 12월 7일 오후에 있을 예정인 탄핵안 표결에서 국민의힘 의원들의 찬성을 막기 위한 목적에서 발표한 것이었기 때문이다.246)

민주당은 대통령 탄핵소추안 제안 설명에서 "헌법이 부여한 국회의 권한으로 윤석열의 직무를 정지시키는 것이 비상계엄 사태를 수습하고 직면한 위기를 극복할 유일한 길"이라고 주장했다.247) 그러나 국민의힘 소속 의원들이 표결에 불참함으로써 탄핵안은 의결정족수인 3분의 2에 미달, 투표 불성립으로 자동 폐기되고 말았다.248) 표결이 무산되자, 민주당은 탄핵이 될 때까지 탄핵안을 발의해 매주 토요일 표결하겠다고 밝히기도 했다.249)

1차 탄핵안이 부결된 이후 한동훈은 '탄핵보다 더 나은 질서 있는 조기 퇴진 방안'으로 대통령이 퇴진하고 퇴진 전까지 직무집행은 정지되어야 한다는 생각에서 윤석열의 자진 사퇴를 제시했다. 그러나 대통령실은 윤석열이 "하야보다는 탄핵을 감수하고 헌법재판소 재판에 적극

---

245) 이날 윤석열은 국가정보원 1차장이 주장한 '정치인 체포 지시' 논란과 관련해 집중적으로 해명했으며, 한동훈은 대통령의 조속한 직무 집행 정지가 필요하다고 밝혔다. <조선일보>, 2024년 12월 7일.

246) 한동훈, 『국민이 먼저입니다』, 146~147쪽.

247) 대한민국 국회, 『제22대 국회 제418회 제17차 국회본회의 회의록』(2024년 12월 7일).

248) 국민의힘은 확실한 부결을 위해 본회의에 불참하기로 당론을 정하면서 재적 의원 300명 중 민주당 등 야당 의원 192명과 국민의힘 안철수·김상욱·김예지 의원 등 195명만 참석, 의결정족수(200명) 미달로 인한 투표 불성립으로 탄핵안은 자동 폐기되었다. <조선일보>, 2024년 12월 9일.

249) <동아일보>, 2024년 12월 9일.

대응하겠다는 입장"이라고 국민의힘에 전했다.250) 윤석열이 퇴진을 거부하는 상황에서 친윤계는 원내대표 경선에 권성동을 추대했고, 이에 힘입어 12월 12일 그는 원내대표로 선출되었다. 이때부터 권성동의 원내대표 선출은 한동훈을 몰아내기 위한 친윤계의 시나리오라는 소문이 퍼지기 시작했다.251)

2024년 12월 12일 야당 의원 190명이 탄핵소추안을 2차로 발의하자, 윤석열은 담화를 통해 "대통령의 비상계엄 선포권 행사는 사면권 행사, 외교권 행사와 같은 사법 심사의 대상이 되지 않는 통치 행위"라고 주장했다. 그리고 계엄 선포는 "거대 야당의 의회 독재에 맞서 대한민국의 자유민주주의와 헌정질서를 지키려 했던 것"이라고 말하고, 민주당이 "자신의 범죄를 덮고 국정을 장악하려는 것이야말로 국헌 문란 행위 아니냐"고 반박했다.252)

윤석열이 계엄 선포는 통치 행위라고 주장하는 내용의 담화를 발표하자, 원내대표로 선출된 권성동은 대통령 "본인이 비상계엄을 선포할 수밖에 없었던 것에 대한 소명서로 보였다"며 공감을 표했다.253) 그러나 한동훈은 "대통령의 조기 퇴진 의사가 없음이 확인된 이상 즉각적인 직무 정지가 필요하다"며, 당론으로 탄핵을 찬성하자고 제안했다.254) 이에 민주당은 170명 의원 전원 명의의 결의문에서 "윤석열은 시대착오적 극우 사상에 중독돼 있다. 직무를 정상적으로 수행할 수 없는 상태"라며 구속 수사를 촉구했다.255)

2024년 12월 14일의 표결을 앞두고 국민의힘 의원들 사이에 "탄핵안

---

250) <조선일보>, 2024년 12월 11일.
251) 국민의힘 원내대표 경선에서 친윤계는 권성동을 밀었고, 친한계는 김태호를 각각 밀었다. <동아일보>, 2024년 12월 12일.
252) <동아일보>, 2024년 12월 13일.
253) <조선일보>, 2024년 12월 13일.
254) <동아일보>, 2024년 12월 13일.
255) <동아일보>< 2024년 12월 13일.

가결이 불가피하다"는 기류가 퍼졌다. 이러한 기류 변화는 윤석열이 조기 퇴진보다는 탄핵을 당하더라도 헌재에서 심판을 받아보겠다는 생각인 것으로 알려지면서 탄핵을 찬성하는 의원이 늘어났기 때문이었다.256)

탄핵안은 표결 결과 총 투표수 300표 중 가 204표, 부 85표, 기권 3표, 무효 8표로 가결되었다. 국민의힘은 표결에 앞선 의원총회에서 '탄핵소추안 부결'을 당론으로 정했지만, 찬성표와 기권·무효표를 합해 23명이 당론과 달리 탄핵에 찬성표를 던진 것으로 분석됐다.257)

3) 한동훈 대표체제 붕괴

탄핵이 불가피하다는 생각을 한동훈이 굳히자,258) 친윤계는 탄핵소추안이 가결될 경우, 당대표가 정치적 책임을 지고 사퇴해야 한다면서 한동훈을 압박했다. 선출직 최고위원 5명 가운데 4명이 사퇴하면 최고위원회가 해산되고 비대위 체제로 전환되어,259) 결국 한동훈은 축출된다는 시나리오가 그것이었다. 선출직 최고위원 5명 중 김재원·인요한·김민전은 친윤계, 장동혁·진종오는 친한계로 분류되는데, 친한계 최고위원 가운데 한 명이라도 사퇴한다면 한동훈 대표체제가 무너지고 새

---

256) 애초에 국민의힘 의원들은 '질서 있는 조기 퇴진'을 내걸고 탄핵 반대를 당론으로 정했지만, 윤석열이 탄핵 심판에 대비해 법률 대리인단을 꾸리는 등 퇴진 의사를 보이지 않으면서 의원 중 일부가 '탄핵 찬성' 입장으로 선회한 것이다. <조선일보>, 2024년 12월 12일.
257) <조선일보>, 2024년 12월 16일.
258) 한동훈은 윤석열의 12월 12일 담화를 보고 새로운 계엄 같은 극단적인 행동 가능성도 배제할 수 없다는 생각에서 법적으로 가능한 방법은 고통스럽지만 탄핵뿐이란 결론을 내렸다고 회고했다. 한동훈, 『국민이 먼저입니다』, 178~179쪽.
259) 국민의힘 당헌 96조(비상대책위원회) ①항에 "선출직 최고위원 및 청년최고위원 중 4인 이상의 사퇴 등 궐위"가 있을 시에는 비대위를 둘 수 있다고 규정하고 있다.

지도부가 들어서게 되는 구도를 만든다는 것이다.

한동훈이 당대표에서 물러나면 비대위를 꾸려 사태 수습을 맡기겠다는 게 친윤계 구상이었는데,260) 탄핵안이 가결되자 국민의힘 선출직 최고위원 5명 전원이 사퇴하는 일이 발생했다.261) 한동훈은 대표직을 유지하겠다는 뜻을 밝혔었다. 그러나 최고위 해체로 비대위 출범이 불가피해져 그는 물러날 수밖에 없었다. 원내 다수파인 친윤계 의원들을 중심으로 한동훈을 향한 당대표 사퇴 요구와 찬성표를 던진 의원들을 겨냥한 비판이 쏟아졌기 때문이다.

한동훈은 2024년 12월 16일 사퇴를 발표함으로써 당대표로 선출된 지 146일 만에 붕괴되고 말았다. 발표문에서 그는 비상계엄 사태로 고통받으신 모든 국민께 진심으로 죄송하다면서 탄핵이 아닌 이 나라의 더 나은 길을 찾아보려 백방으로 노력했지만 결국 그러지 못했다면서 모두가 자신이 부족한 탓이라고 말했다. 이어 그는 "국민과 함께 앞장서서 우리 당이 배출한 대통령의 불법 계엄을 막아냈다"며 "그것이 진짜 보수의 정신"이라고 주장했다.262)

한동훈의 사퇴로 비대위 체제로 전환되게 되자, 12월 24일 국민의힘은 의원총회를 개최하고 친윤계의 권영세(權寧世)를 비대위원장으로 추대했다. 국민의힘 출범 이후 여섯 번째이자, 윤석열정부 들어서만 다섯 번째 비대위가 출범한 것이다.263) 비대위원장에 추대된 권영세는 당의 화합과 안정, 쇄신이 모두 필요하다며, "국민의 신뢰를 다시 회복하기 위해 무슨 일부터 해야 할지 고민하는 것이 제일 중요하다"고 말했

---

260) <조선일보>, 2024년 12월 13일.
261) 2024년 12월 14일 의원총회가 끝난 후 친한계의 핵심으로 꼽혀온 장동혁이 처음 사퇴 의사를 밝혔다. 이후 친윤계인 인요한·김민전에 이어 친한계 진종오가 사퇴 선언에 동참했고, 김재원은 SNS를 통해 사퇴 의사를 밝혔다. <조선일보>, 2024년 12월 16일.
262) <조선일보>, 2024년 12월 17일.
263) 권영세에 앞서 주호영, 정진석, 한동훈, 황우여 순으로 국민의힘 비대위원장에 추대되었다.

다.264)

권영세가 비대위원장으로 추대되자, 비대위원장과 원내대표 모두 윤석열 후보 선거 캠프에서 핵심적인 역할을 한 데다가, 윤석열정부 출범 후 장관과 주요 당직을 지낸 터라 '계엄옹호당'이란 시선을 벗을 길이 사라졌다는 비판과 함께 '도로 친윤당'이라는 지적도 일각에서 나왔다.265) 국민의 마음이 풀릴 때까지 계속 사과드릴 것이라고 말한 권영세는 2024년 12월 30일 비대위원을 임명하고 공식 출범했다.266)

4) 대통령 파면

2025년 2월 25일 변론을 종결한 헌법재판소는 4월 1일 윤석열 탄핵심판 결과를 4월 4일 오전 11시 선고한다고 발표했다. 국회가 탄핵소추안을 의결한 지 111일 만에, 변론을 종결한 지 38일 만에 선고가 내려지는 것으로 헌재는 2차례 변론 준비 기일과 11차례 변론 기일을 진행했다. 선고 일자가 발표되자, 여·야는 상반된 반응을 보였다. 국민의힘은 기각 또는 각하를 기대한 데 반해, 민주당은 파면을 강력히 요구했다.

국민의힘은 윤석열의 복귀를 전제로 개헌과 정치개혁 추진을 거론했다. 복귀할 경우, "시급한 과제인 미국과의 통상협상, 내수 경제 안정화 이후 임기 단축 개헌 등을 화두로 던질 것"이라며, 원만한 정국 운영을 위해 내각의 전면 개편과 대통령실 핵심 참모 교체 등이 있을 거라고 관측했다.

민주당은 윤석열 파면 선고를 주장했다. 헌재가 윤석열을 파면하지 못하거나 기각하는 결론을 내린다면 국민으로서는 헌재 선고에 불복할

---

264) <조선일보>, 2024년 12월 25일.
265) <동아일보>, 2024년 12월 25일.
266) 권영세는 새 비대위원으로 임이자·최형두·최보윤·김용태 의원을 내정하고, 사무총장에는 3선 이양수 의원을, 부총장직에는 조정훈·김재섭 의원을 지명했다. <데일리안>, 2024년 12월 30일.

수밖에 없다고 말하거나, "각하 또는 기각 의견을 내놓는 재판관은 역사의 반역자, 제2의 이완용"이라고 겁박하기도 했다.267) 대통령실은 탄핵기각이나 각하 가능성을 기대하면서 인용 가능성도 염두에 두고 관련 준비에 들어간 것으로 알려졌다.268)

2025년 4월 4일 헌재는 국회의 탄핵소추 방식과 과정이 적법하지 않다는 윤석열 측의 주장에 대해 "모두 문제없다"고 결론을 내리고 탄핵소추안을 인용, 재판관 8명 전원 일치로 파면을 결정했다. 윤석열은 문형배(文炯培) 헌재 소장 권한대행이 오전 11시 22분 "피청구인 대통령 윤석열을 파면한다"는 주문을 읽는 즉시 대통령직을 상실했다. 비상계엄 선포, 군경을 동원한 국회 활동 방해, 포고령 발령, 선관위 장악 시도, 법조인 위치 확인 시도 등 다섯 가지의 탄핵 사유 모두에 대해 대통령이 헌법과 법률을 중대하게 위반했다고 판단한 것이다.269)

선고 후 문형배는 시간이 조금 늦어지더라도 전원일치를 하는 게 좋겠다는 생각에서 숙고의 시간이 길었다고 말하고, "소수 의견도 최대한 다수 의견으로 담아내기 위해 조율했다"고 밝혔다.270) 이는 재판관 사이에 이견이 있었는데, 전원일치를 만들기 위해 '조율'했음을 시인한 발언으로 "재판관은 헌법과 법률에 의하여 양심에 따라 독립하여 심판한다"는 헌법재판소법 제4조와 배치되는 내용이라고 할 수 있다. 이 조항이 외부는 물론 내부적인 압력으로부터도 독립적이어야 하며, 각자 자

---

267) <조선일보>, 2025년 4월 2일.
268) <조선일보>, 2024년 4월 4일.
269) <조선일보>, 2025년 4월 5일.
270) 문형배는 "재판관 8인의 의견이 일치하지 않으면 극심한 혼란과 분열을 피할 수 없을 것"이라면서 "재판관끼리 이견이 있는 상태에선 국민을 설득하기 힘들다고 생각"했다고 말하고, "만약 몇 대 몇으로 나가면 했는데, 그 소수 의견을 가지고 다수 의견을 공격할 것이기 때문에 조율"한 것이라고 조율했음을 시인했다(<중앙일보>, 2025년 5월 5일). 이러한 발언은 법리적 판단이 아닌 정치적 및 사회적 파장에 대한 고려에서 재판관들 간 조율을 통해 만장일치를 유도했다는 취지로 해석될 수 있다.

신의 법적 신념과 양심에 따라 판단해야 함을 명시했음에도 불구하고 전원일치를 위한 조율을 한 것으로 드러났기 때문이다.

헌재 결정으로 2022년 5월 10일 취임한 윤석열은 5년 임기를 3년도 채우지 못하고 대통령직에서 물러났고, 대통령 직무는 국무총리 한덕수(韓悳洙)가 대행하게 되었다. 윤석열 파면은 한동훈의 비대위원장 취임 이후 김건희와 관련된 제반 문제를 둘러싸고 윤석열·한동훈의 갈등이 빚어낸 결과라고 할 수 있다. 윤석열·한동훈 둘 사이의 갈등이 당의 분열로 이어졌고, 분열로 인해 총선에 참패한 것이다. 그러나 총선 패배 이후에도 분열을 극복하지 못해 종국에는 탄핵으로 윤석열이 대통령직에서 파면되는 사태까지 초래하고 말았다.

헌재의 탄핵 인용으로 조기 대선이 확정됐고, 헌법에 따라 60일 이내에 대선이 치러지게 됨으로써 여·야를 포함한 정치권은 곧바로 대선 준비에 들어갔다.

8. 21대 대선

헌법재판소가 윤석열 대통령 파면 결정을 내림에 따라 정부는 대통령 선거일을 2025년 6월 3일로 확정하고, 이를 발표했다. 이로써 2022년 3월 9일 대선이 실시된 지 3년 3개월 만에 다시 대선이 치러지게 되었다. 대선을 대비해서 국민의힘과 민주당, 민주노동당은 경선 절차를 거쳐 김문수(金文洙)와 이재명, 권영국(權英國)을 각각 후보로 선출했고, 이보다 앞서 개혁신당은 이준석을 일찌감치 후보로 확정했다. 그러나 대선 후보를 중심으로 통합을 이룬 민주당이나 개혁신당과 달리, 국민의힘은 분열상을 노출하는 모습을 보였다.

원팀을 이룬 민주당과 달리, 국민의힘은 선거 기간 내내 통합 논의와 단일화 논의에서 헤어나지 못하는 양상을 보인 것이다. 경선에 나섰던 후보들과 완전한 통합을 이루지 못한 데다가, 친윤이 주축이 된 당 지도부가 대통령 국무총리직을 사퇴하고 뒤늦게 출마를 선언한 한덕수와 단일화를 강요하는 과정에서 김문수 후보와 갈등을 빚었다. 이 갈등의 여파로 권영세가 비대위원장직에서 물러나게 되어 당 지도체제에 균열이 생긴 데다가, 개혁신당 후보인 이준석과 후보단일화를 추진했지만 실현하지 못한 상태에서 선거를 치르는 국면을 맞은 것이다.

이 결과 2025년 6월 3일 실시된 대통령선거는 이재명의 당선으로 막을 내렸다. 국민의힘은 위기에 처했음에도 불구하고 통합을 이루지 못했기에 민주당에 패배할 수밖에 없는 구도였다. 이런 의미에서 한국정치의 특징인 '위기와 통합의 정치'가 21대 대선에서도 그대로 나타났다고 할 수 있다.

1) 여·야의 대선후보 경선

2025년 4월 8일 정부는 한덕수 국무총리 주재로 국무회의를 열어 6월 3일을 조기 대선일로 지정하는 안건을 의결하고 선거일을 임시 공휴일로 지정했다. 선거일이 확정됨에 따라 여·야를 비롯한 정치권은 대선 준비에 돌입했다. 국민의힘은 11명의 후보 가운데 1차로 8명을 추려 경선 후보로 내세운 후 5월 3일 김문수를 최종 후보로 선출했고, 3명의 후보가 출마한 민주당은 4월 27일 이재명을 후보로 확정했으며, 개혁신당은 3월 18일 단독 출마한 이준석을 후보로 뽑았다.

정의당의 경우 진보적인 성향을 띤 녹색당 및 시민단체와 연대회의를 결성하여 대통령선거에 공동으로 대비하기로 합의하고, 2025년 4월 30일 경선을 통해 대선후보를 선출하기로 했다. 경선 결과 정의당 대표 권영국이 후보로 선출되었는데, 선관위에는 정의당이 아닌 민주노동당 후보로 등록했다. 이는 대선 기간에는 정의당이라는 명칭 대신에 민주노동당이라는 명칭을 사용하기로 연대회의 측과 합의한 데 따른 것이었다.

(1) **국민의힘**

　김문수는 대선 출마를 위해 2025년 4월 8일 열린 국무회의에서 고용노동부 장관직 사의를 표명한 후 국민의힘에 입당을 신청하고, 다음 날인 4월 9일 출마를 선언했다.271) 4월 9일에는 또한 안철수가 광화문 이순신 동상 앞에서,272) 인천시장인 유정복은 인천 맥아더 동상 앞에서,273) 이철우 경북지사는 구미의 박정희 전 대통령 생가 앞에서,274) 각각 출마를 선언했다. 4월 10일에는 한동훈이 국회 본관 분수대 앞에서,275) 같은 날 양향자는 개혁신당을 탈당하고 국민의힘에 입당해 후보 경선에 도전하겠다고 선언했다.276) 나경원은 4월 11일 국회 본관 앞 계

---

271) 김문수는 "대통령이 임기 중에 파면되는 것을 보면서 국정을 책임지고 있던 국무위원으로서 비통한 심정과 책임감을 금할 길이 없었다"고 말하고, 자신에게 주어진 국민의 뜻을 받들기로 했다며 출마를 선언했다. <조선일보>, 2025년 4월 10일.

272) 안철수는 국민은 민주당에 정권이 넘어갈까 두려워하므로 이재명에 승리할 수 있는 유일한 후보인 자신을 선택해 달라며, "연금·교육·노동·의료·공공의 5대 개혁을 통해 미래를 준비하겠다"고 말했다. <조선일보>, 2025년 4월 9일.

273) 유정복은 "자유의 가치를 지키고 무너져 가는 대한민국을 바로 세우기 위한 제2의 인천상륙작전을 감행하겠다"고 말하고 분권형 개헌으로 국민주권 시대를 열겠다며 출마를 선언했다. <동아일보>, 2025년 4월 10일.

274) 이철우는 무너져 가는 대한민국을 이대로 볼 수 없어서 박정희 정신으로 대선후보 경선에 나선다고 말하고, "자유 우파, 종갓집, 경북도 종손으로 분연히 일어설 수밖에 없다고 생각했다"고 출마 선언을 했다. <동아일보>, 2025년 4월 10일.

275) 한동훈은 국정의 한 축인 여당을 이끌었던 사람으로서 국민께 진심으로 사과드리고 계엄과 탄핵으로 고통받은 분들의 마음에 깊이 공감한다고 말하고 "정치교체, 세대교체, 시대교체를 이루겠다"고 다짐했다. <조선일보>, 2025년 4월 11일.

276) 양향자는 대내적으로 국민이 잘사는 강한 나라, 대외적으로는 누구도 흔들수 없는 과학기술 패권국가의 소명을 위해 정치권에 들어왔다며 "그 길에 내 쓰임이 있다면 당을 초월해 국가를 위해 일하겠다"고 강조했다. <중앙일보>, 2025년 4월 10일.

단에서,277) 대구 시장직을 사퇴한 홍준표는 4월 14일 여의도 자신의 선거 캠프에서,278) 각각 출마 선언을 했다.

국민의힘은 4월 16일 경선 후보 등록을 한 총 11명 가운데 경선 진출자 8명을 확정, 발표했다. 이들은 김문수·나경원·안철수·양향자·유정복·이철우·한동훈·홍준표 등으로, 출마를 예고했던 오세훈(吳世勳)과 유승민(劉承旼)은 4월 13일 경선 포기 또는 불출마를 선언했다.279) 중도 확장성과 상대적 경쟁력을 평가받았던 이들 2명이 불참함으로써 경선 흥행은 물론 본선 경쟁력에도 영향을 미치는 것이 아니냐는 우려가 당 내부에서 나오기도 했다.280)

당 선관위는 8명의 후보를 4명으로 압축하는 1차 예비경선 결과를 4월 22일에 발표했는데, 김문수·안철수·한동훈·홍준표 4명이 1차로 경선을 통과했다. 이는 일반 국민(국민의힘 지지층과 무당층)을 대상으로 여론조사를 실시, 상위 4인을 추린 것으로 '탄핵 반대' 입장을 견지해 온 김문수·홍준표와 '탄핵 찬성'을 주장해 온 안철수·한동훈이 통과하여 2 대 2 대결 구도가 되었다.

2차 예비경선은 4명의 후보를 2명으로 압축하는 것으로 4월 27일과 28일 양일간 당원투표 50%와 국민 여론조사 50%를 합산해 상위 2명을

---

277) 나경원은 21대 대선은 "자유 대한민국을 지켜낼 것이냐 아니면 반자유·반헌법 세력에 대한민국을 헌납할 것이냐는 제2의 6·25 전쟁이자 건국 전쟁"이라고 말하고, 이재명을 꺾고 승리의 역사를 만들겠다고 말했다. <조선일보>, 2025년 4월 12일.

278) 홍준표는 "나라의 운명이 걸린 이번 대선은 홍준표 정권이냐 이재명 정권이냐의 양자택일 선거"라며 "화려한 전과자 이재명 후보와 풍부한 경륜과 검증된 능력을 갖춘 준비된 대통령 후보 홍준표의 대결이 이번 선거의 본질"이라고 했다. <조선일보>, 2025년 4월 15일.

279) 유승민은 "보수 대통령이 연속 탄핵을 당했음에도 당은 제대로 된 반성과 변화의 길을 거부하고 있다"며 경선 불참을 선언했고, 오세훈은 "우리 당 누구도 윤석열 정부 실패의 책임에서 자유로울 수 없다"며 불출마를 선언했다. <경향신문>, 2025년 4월 14일.

280) <조선일보>, 2025년 4월 14일.

추리는 방식으로 진행되었다. 2차 경선에는 김문수와 한동훈이 통과했는데, 이들은 4월 30일 양자 토론을 거친 후 5월 3일 전당대회에서 최종 후보를 가리는 3차 경선에 임하게 되었다.

국민의힘 후보가 2명으로 압축되어 최종 후보 확정을 하루 앞둔, 5월 2일 한덕수는 국무총리직을 사퇴하고 무소속 신분으로 대선 출마를 공식 선언했다.[281] 한덕수가 사임함에 따라 이주호(李周浩) 부총리 겸 교육부 장관이 대통령권한대행이 되었다.

2025년 5월 3일 실시된 국민의힘 전당대회에서 김문수는 56.53% 득표율로 43.47%를 득표한 한동훈을 누르고 대선후보로 선출됐다. 김문수는 후보 수락 연설에서 낡은 1987년 체제를 바꾸는 개헌을 추진하겠다고 말하고, "민주당 이재명 세력의 집권을 막기 위해서라면, 어떤 세력과도 강력한 연대를 구축할 것"이라면서 민주당이 정권을 잡는다면 끔찍한 독재가 펼쳐질 것이라고 주장했다.[282]

그러나 김문수는 후보로 확정되자, 대선 승리를 위해 후보단일화를 추진하겠다고 22차례나 공언했음에도 불구하고 태도를 바꾸었다. 그는 국민의힘 의원들이 5월 5일 밤 긴급 의원총회를 소집하고 김문수에게 조속히 단일화를 논의하라고 촉구하자, 당 지도부에 "후보의 당무 우선권을 존중하고 중앙·시도당 선거대책위를 즉시 구성하고 당직 인사를 임명해야 후보단일화가 진행될 수 있다"고 말함으로써 단일화에 미온적인 태도를 드러냈다.[283]

김문수와는 반대로 비대위원장 권영세와 원내대표 권성동을 비롯한 당 지도부는 대선 승리를 위해서는 후보단일화가 반드시 이루어져야 한

---

281) 한덕수는 취임 첫해에 개헌안을 마련하고, 2년 차에 개헌을 완료하고, 3년 차에 새로운 헌법에 따라 총선·대선을 실시한 뒤 바로 직을 내려놓겠다며 출마를 선언했다. 이는 '임기 단축'과 '권력 분산형 개헌'을 고리로 대선에서 승리하겠다는 뜻을 밝힌 것으로 분석되었다. <조선일보>, 2025년 5월 3일.
282) <조선일보>, 2025년 5월 5일.
283) <조선일보>, 2025년 5월 6일.

다고 판단했다. 이러한 판단에서 당 지도부는 5월 7일 김문수·한덕수 회동에서 단일화 논의에 아무런 진전이 없자, 5월 7일 밤 비상대책위원회 회의를 개최했다. 이 자리에서 비대위는 김문수의 강한 반대에도 불구하고, 당 경선관리위원회를 재가동해 5월 8일 김문수와 한덕수 양자 토론을 실시하고, 곧바로 당원투표와 국민 여론조사를 한 다음, 5월 9일 당원과 국민이 선호하는 후보를 단일 후보를 확정하기로 의결했다.[284]

5월 8일 김문수·한덕수 2차 회동에서도 단일화에 관한 합의를 보지 못하자, 국민의힘은 두 후보 중 한 명을 단일 후보로 정하기 위해 5월 8일 오후 5시부터 당원과 국민을 대상으로 여론조사에 들어갔다. 5월 9일 오후 4시까지 진행되는 당원·국민 여론조사를 50%씩 합산해서 이긴 사람을 바로 단일 후보로 결정한다는 것이다.

한덕수가 김문수를 이기면 국민의힘 후보를 한덕수로 교체한다는 계획을 비대위가 의결하자,[285] 김문수는 대선후보의 당무 우선권을 주장하며 일방적인 단일화 진행을 중단하라고 요구했다.[286] 단일화 중단 요구에 이어 그는 "국민의힘 대선후보는 김문수이며 그 지위를 다른 사람에게 부여할 수 없다"며 후보 지위 확인을 청구하는 가처분 신청을 서울남부지법에 제출했다.[287]

몇 차례에 걸친 김문수·한덕수의 회동에서 단일화 논의에 진전이 없자, 김문수와 당 지도부가 만나 단일화 문제에 관해 담판을 벌이기도 했

---

284) <조선일보>, 2025년 5월 8일.
285) 국민의힘 지도부가 김문수의 반발에도 불구하고 후보단일화 절차에 돌입한 근거는 당헌 제74조 2항(특례 조항)에 근거한 것으로, 특례 조항에는 "상당한 사유가 있을 때에 대선후보 선출에 관한 사항은 최고위원회(혹은 비상대책위원회) 의결로 정한다'고 되어 있다.
286) 김문수는 일방적인 단일화 진행을 중단하라고 요구하면서 "대통령 후보 자격으로 당무 우선권을 발동한다"고 말했다. 대선 후보에게 당무 우선권이 있는 만큼 국민의힘 지도부의 단일화 절차 진행을 막겠다는 것이다. <조선일보>, 2025년 5월 9일.
287) <조선일보>, 2025년 5월 9일.

으나 합의점을 찾지 못했다.288) 이 상황에서 2025년 5월 9일 서울남부지법은 김문수가 당 지도부를 상대로 낸 '대선후보 확인 및 전국위원회 개최 금지' 가처분 신청을 기각했다.289) 법원 판결로 후보 등록 마감일인 오는 5월 11일까지 후보단일화를 추진한다는 당 지도부의 구상에 법적 걸림돌이 사라지자, 국민의힘은 의원총회를 열고 대선후보 재선출을 위한 권한을 비상대책위원회에 위임했다.290)

의원총회의 위임에 따라 국민의힘 지도부는 대선후보 등록 첫날인 2025년 5월 10일 오전 2시 김문수의 대선후보 자격을 취소했다. 단일화 협상이 결렬되자, 당이 의원총회와 비대위 등을 거쳐 대선후보 교체라는 초유의 카드를 밀어붙인 것이다. 이에 따라 한덕수는 5월 10일 새벽 국민의힘에 입당을 신청하고, 후보 등록 신청까지 마쳤다.291) 그러나 5

---

288) 김문수는 당 지도부의 단일화 절차 돌입에 대해 "강제 후보 교체 시도이자 김문수를 끌어내리려는 작업"이라며 중단을 요구했고, 권영세 비대위원장은 "오늘부터 당 주도의 단일화 과정이 시작될 것"이라면서 이 결정에 따른 모든 책임은 자신이 지겠다고 말했다. <조선일보>, 2025년 5월 9일.

289) 법원은 가처분 신청 기각 이유로 "현재로선 국민의힘은 김 후보의 대통령 후보자 지위 자체를 전면적으로 부인하고 있지는 않아 이 부분 신청을 구할 필요성이 있다고 할 수 없다"고 밝혔다. 후보 지위를 확인할 실익이 없으며, 특례 규정을 통해 전국위를 개최하는 것 자체가 불법은 아니라고 판단했다. <조선일보>, 2025년 5월 19일.

290) 권영세는 2025년 6월 18일 TV조선 인터뷰에서 애초에 한덕수 카드는 없었으나 "김문수 후보가 경선 과정에서 계속 '한덕수 후보와 단일화를 하겠다'고 해 그로 인해 한덕수 후보 카드가 사라지지 않고 지지율은 계속 유지가 됐다"고 말했다. 처음부터 한덕수를 후보로 옹립하려 한 것이 아니라, 김문수가 먼저 한덕수와 단일화를 언급했기에 합당한 절차를 모두 밟았다는 것이다. 그리고 5월 10일 밤 개최된 의원총회에 국민의힘 전체 107명 의원 중 64명이 참석한 가운데 4명이 반대·기권하고 60명이 찬성했다고 밝혔다. <문화일보>, 2025년 6월 19일.

291) 국민의힘 지도부는 5월 10일 새벽 2시쯤 국민의힘 홈페이지에 김문수의 후보 자격 취소를 공고하고 3시부터 1시간 동안 새로운 대선후보 등록 신청을 받았다. 후보 신청자에게 이력서와 자기소개서, 그리고 병역·재산·납세·학력 증명서 등 32건의 서류 제출을 요구했는데, 무소속 예비후보 신분인 한덕수는 오

월 10일 진행된 당원투표에서 한덕수로의 후보 교체에 응답자의 과반이 반대하면서,292) 당 지도부의 대선후보 교체 시도는 무산되고 말았다.

이로써 김문수는 후보 자격을 회복하고 2025년 5월 11일 오전 9시 중앙선관위에 국민의힘 대선후보로 등록할 수 있게 되었다.293) 김문수는 5월 3일 후보로 선출된 지 7일 만에 교체될 위기에서 기사회생했고, 한덕수는 국무총리 사직 후 대선 출마를 선언한 지 8일 만에 퇴장하게 된 것이다. 이처럼 후보 교체 안건이 부결됨에 따라 권영세는 당 비상대책위원장을 사퇴했고, 권영세의 사퇴로 공석이 된 새 비대위원장에 김용태(金龍泰)가 임명됐다.

(2) 더불어민주당

대선 일자가 확정되자 2025년 4월 7일 김두관은 민주당에서 가장 먼저 출마를 공식 선언했다.294) 김두관에 이어 4월 9일에 경기지사 김동연은 미국으로 출장을 떠나면서 인천공항 출국장에서 출마를 선언했다.295) 같은 날 이재명도 민주당 대선후보 경선을 위해 당대표직을 사퇴하고 4월 10일 영상 메시지를 통해 출마를 선언했다.296) 이들에 이어

전 3시 30분쯤 입당 신청관 함께 후보 등록 신청까지 마쳤다. <조선일보>, 2025년 5월 12일.
292) 국민의힘 당원투표 결과를 개봉한 결과 '후보 교체' 반대가 찬성을 근소하게 앞선 것으로 나타났다. <동아일보>, 2025년 5월 12일.
293) 김문수는 후보 등록 직후 기자들에게 "당이 화합하고 외연을 넓혀서 빅텐트를 통해 국민을 하나로 모으는 것이 중요한 과제"라고 말했다. <조선일보>, 2025년 5월 12일.
294) 김두관은 '어대명(어차피 대선후보는 이재명) 경선'으로는 본선에서 승리를 장담할 수 없다며, "중도 확장성이 부족하면 윤석열 같은 후보에게도 패배하는 결과가 나올 수 있다"고 주장했다. <동아일보>, 2025년 4월 8일.
295) 김동연은 "한국 경제가 직격탄을 맞고 있는 상황을 두고 볼 수 없어 직접 나서기로 결단했다"고 말했다. <조선일보>, 2025년 4월 10일.
296) 이재명은 이름만 있는 대한민국이 아니라 진짜 대한민국을 만들고 싶다며 "위대한 대한 국민의 훌륭한 도구, 최고의 도구 이재명이 되고 싶다"고 출마의

김경수(金慶洙)가 4월 13일 마지막으로 세종시에서 출마를 선언했다.297)

김두관·김동연·이재명 등이 출마를 선언한 상황에서 민주당 대선 특별당규준비위는 친명계의 요구에 따라 4월 12일 경선규칙을 '권리당원 투표 50%와 일반 국민 여론조사 50%'로 변경하기로 잠정적인 결론을 내리고, 4월 14일 이를 확정했다.298) 이러한 경선규칙은 국민선거인단을 모집해 경선을 치른 18대와 19대 대선 때보다 권리당원의 비중을 50%나 늘린 것으로, 권리당원 중에는 이재명 지지자가 압도적인 다수여서 비명계는 강하게 반발했다.299) 실제로 김두관은 당의 경선규칙 변경에 반발하며 4월 14일 경선 참여를 거부했다.300) 이로써 민주당 경선은 김경수·김동연·이재명 3파전으로 치러지게 되었다.

민주당의 대선후보 경선은 2025년 4월 19일 충북 청주에서 충청권 합동연설회를 시작으로 4월 20일 영남권, 4월 26일 호남권, 4월 27일 수도권·강원·제주 순으로 전국을 순회하며 개최되었다. 첫 경선지인 충청에서 이재명은 88.15%의 압도적인 득표로 기선을 제압했고, 영남에서는 90.81% 득표로 압승을 거뒀다. 세 번째 경선지인 호남에서 이재명은 88.69%를 득표했고, 마지막으로 열린 수도권 등의 경선에서 91.54%를 얻어 누적 득표율 89.77%로 민주당의 대선후보로 선출되었다.301)

변을 밝혔다. <조선일보>, 2025년 4월 11일.
297) 김경수는 "압도적인 정권 교체로 내란을 완전히 종식시켜야 한다"면서 행정수도를 세종시로 완전히 이전하겠다고 주장했다. <조선일보>, 2025년 4월 14일.
298) <조선일보>, 2025년 4월 12일.
299) 김동연 측은 국민선거인단의 취지와 원칙을 무시하면 경선이 무슨 의미가 있느냐며 캠프 내부의 많은 사람이 격앙돼 있다고 말했다. 김두관도 경선 룰을 결정하는 과정에서 후보자들의 의견을 한 번도 묻지 않고 회의도 한 번 갖지 않았다며 반발했다. <조선일보>, 2025년 4월 12일.
300) 김두관은 "압도적 정권교체를 위해 18세 이상 국민 누구나 참여하는 '완전개방형 오픈 프라이머리'를 주장했는데 당 선관위에서 후보 측과 어떤 설명이나 논의도 없이 '오픈 프라이머리 불가'를 발표했다"며 후보들과 협의 없는 경선 룰은 특정 후보를 추대하는 것과 같다고 비판했다. <동아일보>, 2025년 4월 15일.

민주당 대선후보로 확정된 이재명은 "민주당 후보이자 내란 종식과 위기 극복, 통합과 국민 행복을 갈망하는 모든 국민의 후보"라며 대통령의 제1과제인 국민통합 책임을 다하겠다고 말했다. 후보로 선출된 뒤 첫 일정으로 그는 4월 28일 당 지도부와 함께 서울 동작구 국립서울현충원을 방문해 이승만·박정희·김영삼·김대중 전 대통령 묘역을 차례로 참배했다. 전직 대통령 묘소 참배를 마친 후 그는 박태준(朴泰俊) 전 총리의 묘역도 찾았는데, 보수 출신 전직 대통령과 총리 묘역을 찾은 것은 본선을 앞두고 중도와 보수층으로 외연을 확장하기 위한 행보로 풀이되었다.302)

(3) 개혁신당

개혁신당은 2025년 3월 18일 이준석을 대선후보로 선출했다. 개혁신당은 헌재에서 탄핵 심판 결과가 나오지 않았음에도 불구하고, 탄핵 인용과 조기 대선을 전제로 후보부터 먼저 뽑은 것이다. 개혁신당은 내부에서 "대선 일정조차 확정되지 않은 상태에서 후보부터 뽑는 게 적절하냐"는 지적도 나왔지만, 당 선거관리위원회는 "박근혜 대통령 탄핵 전 일부 정당이 대통령 후보를 정한 선례가 있었다"고 주장했다.303)

개혁신당은 3월 7일부터 12일까지 대선 경선 후보 신청을 받았는데, 유일하게 이준석만 입후보하여 당원을 대상으로 찬반 투표를 실시했다. 투표 결과 투표율 51.6%에 찬성 92.8%, 반대 7.2%로 이준석이 당의 대선후보로 확정되었다. 당 선관위원장은 "작은 정당이지만 큰 선거를 미리 준비하는 게 좋겠다고 생각해 후보를 미리 선출했다"고 말했는데, 만

---

301) 이재명의 89.77%는 역대 최고 득표율로 김대중은 78.04%, 노무현은 72.2%, 문재인은 57.0%의 득표율로 후보로 확정되었다. 이재명은 20대 경선 때는 50.29%로 후보에 오른 바 있다. 김동연과 김경수의 누적 득표율은 각각 6.87%와 3.36%였다. <동아일보>, 2025년 4월 28일.
302) <동아일보>, 2025년 4월 29일.
303) <조선일보>, 2025년 3월 19일.

일 헌재에서 윤석열 탄핵이 기각될 경우, 추후 대선 일정에 맞추어서 대선후보를 다시 뽑을 계획이라고 밝혔다.304)

대선후보로 선출된 이준석은 선거가 없으면 후보도 당연히 취소되는 것이라고 말하고, 대선 준비가 빠른 것이 아니냐는 물음에 탄핵 심판 결정이 이례적으로 길어지고 있는 것이라고 대답했다.305) 이로써 이준석은 대선후보로서 가장 빠르게 출발할 수 있게 되었지만, 당원투표의 구성으로 보아 개혁신당은 '이준석 정당'이라는 한계가 드러났다는 평가를 받았다. 이준석 외에는 후보가 없었고, 찬성 비율도 압도적이었다는 점은 개혁신당이 가진 확장성 문제와 직결된다는 지적이 바로 그것이었다.306)

(4) 민주노동당

정의당은 2025년 4월 12일과 13일 개최된 전국위원회·당대회에서 노동당·녹색당·시민단체 등과 함께 '사회대전환 대선 연대회의'(이하 연대회의)를 구성하고 범진보 단일후보를 선출하기로 결의했다. 단일후보 선출과 보조를 맞추어 정의당은 2025년 4월 27일 열린 정기 당대회에서 잠정적으로 당명을 민주노동당(이하 민노당)으로 바꾸는 안건을 통과시켰다.307)

민노당으로의 당명 변경은 21대 대선을 대비해 연대회의를 결성한 노동당·녹색당 등과 합의에 따른 것이기도 했지만, 이와 동시에 2000년에 창당되어 진보적 의제 설정을 주도하며 대중들의 지지를 얻었었던 민노당이 누렸던 '과거의 영광'을 재현하려는 의지도 어느 정도 반영된 것으로 분석되었다.308) 정의당은 5월 5일 대선 기간에는 임시로 당명을

---

304) <동아일보>, 2025년 3월 19일.
305) <문화일보>, 2025년 3월 19일.
306) <경향신문>, 2025년 3월 19일.
307) <경향신문>, 2025년 4월 30일.
308) 2000년 창당한 민주노동당이 당시 견고한 양당 체제 속에서 처음으로 진보정

민노당으로 변경하는 안을 71.73%의 찬성률로 가결했다.309)

연대회의의 대선후보 경선에는 정의당 대표 권영국과 전 민주노총 위원장 한상균(韓相均) 두 명이 나섰는데, 4월 30일 권영국이 70.5% 득표율로 29.5%를 득표한 한상균을 제치고 대선후보로 선출되었다.310) 권영국은 당선 연설에서 불평등과 차별에 맞설 진보정치를 복원하여 "차별 없는 나라, 우리를 지키는 진보 대통령이 여기 있음을 외치겠다"고 말했다.311) 연대회의의 대선후보로 선출되었지만, 선관위 주최 TV 토론 참여를 위해 권영국은 민노당 후보로 선관위에 등록했다.312)

2) 사법 리스크와 후보단일화 추진

여·야 모두 전당대회를 거쳐 대통령후보를 선출·확정했지만, 선거운동 기간에 발생한 변수로 후보가 바뀌는 일이 발생할지도 모르는 사태를 맞기도 했다. 특히 민주당과 국민의힘이 그러했는데, 민주당의 경우는 이재명의 사법 리스크로 인해, 국민의힘의 경우는 김문수·이준석의 후보단일화 추진으로 인해 후보가 교체될 수도 있다는 전망이 나오기도 했다. 결국 이러한 전망은 기우에 그치고 말아 이재명과 김문수,

---

당의 존재를 인식시켰다는 평가를 받았다. <경향신문>, 2025년 4월 30일.
309) 정의당은 "다양한 정치 세력이 공동으로 참여하는 선거인만큼 새롭고 통합적인 이름으로 대응하는 것이 필요하다는 합의를 이뤘다"고 밝혔다. <경향신문>< 2025년 5월 5일.
310) 4월 27일부터 30일까지 나흘간 진행된 경선투표에 참여한 전체 유권자 수는 7,559명으로 투표율은 85.7%를 기록했다. <경향신문>, 2025년 5월 1일.
311) <경향신문>, 2025년 4월 30일.
312) 권영국이 연대회의 후보가 아닌 민노당 후보로 출마하는 것은 중앙선관위 주최 TV 토론회 초청 자격 요건(이전 전국 규모 선거에서 3% 이상 얻은 정당만이 선관위 주최 TV 토론 참가 가능) 때문이었다. 정의당은 2022년에 실시된 지방선거(광역의원비례대표선거)에서 4.69%를 얻어 관련 규정에 따라 정의당 대선후보는 TV 토론회 참석 대상이 되었다.

이준석은 끝까지 완주할 수 있었다.

(1) **사법 리스크**

공직선거법 위반 혐의로 2024년 11월 15일 1심에서 징역 1년에 집행유예 2년을 선고받은 민주당의 이재명은 2025년 3월 26일 열린 2심에서 무죄를 선고받았다.313) 이로써 이재명은 대선 가도에서 최대의 걸림돌이었던 사법 리스크의 상당 부분을 해소할 수 있게 되었다. 이와 동시에 당내 일부가 이재명의 대선 출마의 부적절성을 부각할 수 있는 명분이 부족해진 대신, 이재명은 민주당의 유력 대선 주자로서 동력을 확보한 것으로 분석되었다.314)

그러나 대법원이 2025년 4월 22일 사건을 전원합의체에 회부하고 곧바로 합의 기일을 진행하는 등 속도를 냄에 따라, 상고심 판결에 명운을 걸어야 하는 상황으로 반전되었다.315) 대법관 전원이 언제, 어떻게 결론을 내리느냐에 따라 향후 대선 국면이 요동칠 수도 있기 때문이다. 이를 반영하듯 대법원은 5월 1일 공직선거법 위반 사건에서 무죄로 판단했던 2심을 깨고 유죄 취지로 파기 환송했다.316) 이에 대해 이재명은 자신의 사건에 대해 대법원에서 기각하는 것으로 전해 들었다고 말해, 대법원

---

313) 1심 재판부는 성남시 분당구 백현동 부지 용도변경과 관련해 "국토교통부의 협박이 있었다"는 발언과 "고 김문기 전 성남도시개발공사 개발사업 1처장과 골프 친 사진은 조작됐다"는 발언을 유죄로 인정했다. 그러나 2심 재판부는 이 두 발언을 포함해 검찰이 혐의를 적용한 모든 발언에 대해 "허위사실 공표죄로 처벌할 수 없다"고 판단하여 무죄를 선고했다. <동아일보>, 2025년 3월 27일.
314) <조선일보>, 2025년 3월 27일.
315) 법조계에서는 대법원이 상고기각, 유죄 취지 파기환송, 파기자판(대법원이 직접 형량까지 정해 최종 판결) 등 세 가지 가능성이 거론되고 있다. <조선일보>, 2025년 4월 30일.
316) 대법원 전원합의체(주심 박영재 대법관)는 5월 1일 오후 3시 상고심에서 "2심이 이 후보 발언 의미를 잘못 해석해 무죄로 판단한 것은 선거법상 허위 사실 공표죄에 관한 법리를 오해한 것"이라며 사건을 서울고법으로 돌려보냈다. 대법관 12명 중 10명이 유죄, 2명이 무죄 의견을 냈다. <조선일보>, 2025년 5월 2일.

에 내통자가 있지 않냐는 지적을 받기도 했다.317)

대법의 파기환송으로 이재명은 다시 고법에서 재판을 받게 되었지만, 파기자판이 아니어서 대선 출마는 가능해졌다. 33일 앞으로 다가온 대선 전에 고법의 확정판결이 나오기가 쉽지 않을 전망인 데다가, 대선 전에 유죄판결을 받더라도 파기환송심 결과에 불복해 재상고를 신청할 가능성이 크다고 보았기 때문이다.318)

서울고법은 대법이 파기환송 판결을 내린 지 하루 만인 5월 2일 이재명의 파기환송심 재판부를 배당하고 5월 15일로 공판 기일을 지정했다. 서울고법이 공판 기일을 지정하자, 이재명은 공판 기일 변경신청서를 제출했다. 이에 고법은 그의 기일 변경 신청을 받아들여 2025년 5월 7일 파기환송심 첫 공판 기일을 대선 이후인 6월 18일로 변경했는데, 이 조치는 재판부가 선거 개입 논란을 피하겠다는 취지로 풀이되었다.319) 이로써 이재명은 사법적인 부담 없이 대선에 임할 수 있게 되었다.320)

---

317) 이재명은 6월 2일 '김어준의 뉴스공장' 유튜브에 출연해 자신은 대법원에서 선거법 위반 사건이 기각으로 무죄가 확정될 것이란 이야기를 전해 들었는데, 대법원은 자기가 전해 들은 것과는 달리 유죄 취지의 판결을 선고해 황당했다는 내용으로 말했다. 이에 대해 김문수는 "대법원에 내통자가 있다는 실토인가"라며 "이 후보와 민주당이 밀어붙이는 대법관 증원도 결국 '개딸 대법관' 만들어 놓고 자기 입맛대로 사법부를 통제하겠다는 것"이라고 지적했다. <조선일보>, 2025년 6월 3일.

318) <동아일보>, 2025년 5월 3일.

319) 서울고법 형사7부(이재권 부장판사)는 5월 7일 "대통령 후보인 피고인에게 균등한 선거운동의 기회를 보장하고 재판의 공정성 논란을 없애기 위해" 재판 기일을 대통령 선거일 후로 변경한다고 밝혔다. <동아일보>, 2025년 5월 8일.

320) 이재명이 대통령에 당선되어 취임하자, 2025년 6월 9일 서울고법 2심 재판부는 6월 18일로 예정됐던 첫 재판을 '추후 지정'으로 변경하면서 다음 재판 일정을 지정하지 않은 채 사실상 재판을 중단시켰다. 재판부는 "대통령은 재직 중 형사상 소추받지 않는다"는 "헌법 제84조에 따른 조치"라고 밝혔다. <조선일보>, 2025년 6월 10일.

⑵ 후보단일화 추진

한덕수와의 후보단일화 추진이 무산되자, 국민의힘은 개혁신당 후보인 이준석에 후보단일화를 제의했다. 권영세 사퇴 후 비대위원장으로 지명된 김용태는 지명되자, 곧바로 개혁신당과 단일화가 필요하다는 물음에 공감을 표했다.[321]

김문수도 이준석을 다른 당이라고 생각하지 않는다며 "헤어져 있지만 하나라고 생각한다"며 후보단일화에 관심을 표명했다. 그렇지만 이준석은 단일화 논의에 관심이 없다는 입장을 계속 견지했다.[322]

한덕수와의 단일화 논의 때와 달리 김문수는 이준석과의 단일화 추진을 위한 분위기 조성에 적극 나서는 한편,[323] '반(反) 이재명 연대'도 본격적으로 추진했다. 그 결과 경선에서 겨뤘던 안철수·나경원·한동훈의 지원 유세를 이끌어냈고, 후보 교체 시도 파동을 겪은 한덕수 측에도 지원 유세를 타진했으며, 전병헌(田炳憲) 새미래민주당 대표를 만나 이재명 집권을 저지하기 위해 협의했다고 밝히기도 했다.[324]

김문수가 이준석과의 단일화에 적극적인 의지를 보였음에도 불구하고, 이준석은 단일화에 부정적인 태도를 전혀 바꾸지 않았다.[325] 이로써

---

321) 김용태는 이준석이 국민의힘 당대표에서 축출될 때 최고위원으로서 당내 민주주의를 확립하기 위해 같이 싸웠기에 단일화 제의에 대한 자신의 진정성을 이준석도 알고 있으리라 생각한다고 말했다. <조선일보>, 2025년 5월 13일.
322) 김문수는 국민의힘이 그동안 이준석에게 잘못했다며 단일화 가능성을 열어 두었다. 그러나 이준석은 보수진영을 규합해 선거를 치러보려는 선의를 의심하지 않지만, 후보단일화는 이길 수 있는 방식이 아니라고 부정적인 견해를 나타냈다. <조선일보>, 2025년 5월 20일.
323) 김문수는 이준석에게 전화를 걸어 5월 18일 첫 후보자 TV 토론에서 이준석이 선전했으며, 이재명 후보를 함께 비판해 줘서 고맙다는 취지의 말을 했다. <조선일보>, 2025년 5월 21일.
324) <조선일보>, 2025년 5월 21일.
325) 김문수는 국민의힘의 여러 문제점 때문에 이준석이 밖에 나가 있는데 "같이 하는 것이 맞지 않나, 계속 노력을 하겠다"며 단일화 추진 의사를 거듭 밝혔지만, 이준석은 5월 20일 후보단일화 추진의 절차 과정 자체가 구태(舊態)스럽게

단일화 1차 시한인 2025년 5월 20일을 넘기게 되자, 국민의힘은 투표용지 인쇄 하루 전인 5월 24일을 2차 단일화 시한으로 잡고 단일화를 위한 노력을 계속하며 후보단일화 성사에 사활을 걸고 추진하는 양상을 보였다.326)

이준석이 지속적으로 단일화 추진에 부정적인 견해를 밝혔음에도 불구하고, 김문수는 '이준석 후보와는 한뿌리'였다면서 단일화 희망을 버리지 않았다.327) 그렇지만 이준석은 대선 투표용지 인쇄가 시작된 5월 25일에도 "단일화에는 전혀 관심이 없다"며 일축했다.328)

사전투표를 앞두고도 김문수・이준석의 단일화 논의에 진전이 없자, 결국 양측은 단일화 없이 완주해 승리하겠다는 뜻을 밝히기까지 이르렀다. 국민의힘은 "투표를 통한 김문수로의 단일화론"을 주장했고, 개혁신당은 "끝까지 싸워 끝내 이기겠다"고 주장했다.329) 이로써 범보수 진영

보일 것이기 때문에 전혀 단일화할 생각이 없다고 단언했다. <조선일보>, 2025년 5월 21일.
326) 김문수는 이준석에 대해 "마지막에 결국 저와 단일화가 될 것으로 기대한다"고 말했고, 김용태는 결국 힘을 합쳐야 한다며 단일화 성사를 위해 "이 후보에게 전화하고 찾아갈 일이 많을 것"이라고 했다. 안철수도 이준석을 직접 찾아가 만나, "필요하다면 김문수 후보와의 만남도 주선하겠다"고 말했다. <조선일보>, 2025년 5월 22일.
327) 김문수는 5월 25일 여러 가지 각도에서 이준석을 만나는 계획을 추진하고 있다면서도 "언제까지 어떻게 된다는 건 말씀드릴 형편이 안 된다"고 말하고, 이준석과 계속 한 뿌리였으니 단일화를 위해 노력하겠다고 말했다. <조선일보>, 2025년 5월 26일.
328) 이준석은 선거 공정성을 의심한 공통의 이력이 있는 "김문수, 이재명, 황교안 후보는 단일화해도 좋다"며 후보단일화 계획은 전혀 없다고 밝혔다. <동아일보>, 2025년 5월 26일.
329) 국민의힘은 단일화가 없더라도 3자 구도에서 김문수가 이길 수 있다는 확신이 있다며 "이재명 독재를 막기 위해서 누가 가장 확실한 후보인지는 많은 시민께서 표로 심판해 주실 것"이라고 말했다. 이준석은 "12·3 비상계엄에 책임이 있는 세력으로의 후보단일화는 이번 선거에 없다"며 단일화를 설득하려는 국민의힘 인사들의 전화를 받지 않았다. <조선일보>, 2025년 5월 28일.

에서 거론되어 온 김문수·이준석의 후보단일화는 무산되고 말았다. 위기 극복을 위해 두 후보의 통합을 모색했지만, 분열상만 드러낸 채 대선에 임하고 만 것이다.330)

(3) 21대 대선

2025년 5월 11일 후보 등록을 마감한 결과, 21대 대선에 이재명·김문수·이준석·권영국·구주와·황교안·송진호 총 7명이 등록을 했다. 그러나 중도에 구주와·황교안 2명 사퇴함으로써 5명이 완주했지만, 선관위가 주최한 3차례의 TV 토론회에는 규정상 이재명·김문수·이준석·권영국 4명만 참가할 수 있었다.331)

선거운동 기간 내내 국민의힘과 김문수는 이준석과의 후보단일화를 위해 온갖 노력을 기울였지만, 실패하고 말았다. 단일화를 이루지 못했을 뿐만 아니라, 국민의힘은 내부적으로도 완전한 통합을 이루지도 못했다. 대표적인 예로 홍준표를 들 수 있는데, 그는 경선에서 탈락하자 탈당을 선언하고 미국으로 출국했다.332) 미국에서 그는 국민의힘과는 거리를 두었고,333) '사실상 이준석 지지'를 선언하는 등 분열적 행태를 보였고,334) 대선 후에는 후보 교체를 시도한 국민의힘을 향해 청산돼야

---

330) 사전투표를 하루 앞둔 5월 29일 이준석은 단일화는 애초에 염두에 둔 적이 없다고 말했고, 국민의힘에서도 협상을 위해 접촉할 국면은 이미 지나갔다고 말했다. <조선일보>, 2025년 5월 29일.
331) 선관위가 주최하는 1차 토론회는 5월 18일 경제분야를 중심으로, 2차 토론회는 5월 23일 사회분야를 중심으로, 3차 토론회는 정치분야를 중심으로 이루어졌다.
332) 홍준표는 권영세 비대위원장과 권성동 원내대표를 겨냥해 "3년 전 두 X이 윤석열 데리고 올 때부터 당에 망조가 들더니 엉뚱한 짓으로 당이 헤어날 수 없는 수렁으로 빠지는구나"라고 비판하고, 국민의힘을 탈당하고 미국행을 예고했다. <동아일보>, 2025년 5월 10일.
333) 홍준표는 "다급하니 비열한 집단에서 다시 오라고 하지만 이젠 정나미 떨어져 근처에도 가기 싫다"며, 국민의힘을 향해 "도저히 고쳐 쓸 수 없는 집단"이라고 표현하기도 했다. <동아일보>, 2025년 5월 14일.

한다고 주장하기도 했다.335) 홍준표 지지자의 모임인 '홍준표와 함께 한 사람들'도 당의 분열을 거들었다. 이들은 자신이 속했던 국민의힘은 자신이 생각했던 보수가 아니라며,336) 이재명 지지를 선언하는 등 당의 통합 대열에 균열을 초래하는 행태를 보였다.

국민의힘의 분열은 이것만이 아니었다. 윤석열 탄핵을 둘러싸고 '친윤'과 '반윤,' '반탄'과 '찬탄'으로 나뉘었다. 대선이 한창인데도 대선 이후를 노리고 당권 경쟁이 가시화되는 상황이 전개되어,337) 당의 선거운동이 조직과 체계를 갖추지 못한 채 통합과는 거리가 먼 양상을 보인 것이다. 최종 경선에서 탈락한 한동훈이 '윤석열 부부와의 단절' 등을 요구하며 당의 공동선대위원장직을 수락하지 않고,338) 김문수와 별도로 유세를 진행한 것이 그 단적인 예라고 할 수 있다.

국민의힘에 분열적인 요소만 있었던 것은 아니었다. 손학규(孫鶴圭)와 이낙연(李洛淵)이 김문수 지지를 표명했고, 황교안(黃敎安)이 6월 1일 대선을 이틀 앞두고 후보를 사퇴하며 김문수 지지를 선언했다. 그러나 이들의 지지는 유의미하다고 할 만한 것은 못 되었다. 어느 정도 상징성은 있었지만, 국민의힘이 총력을 기울였던 이준석만큼 민주당의 이재명 후보를 견제할 수 있을 정도의 득표력을 갖지 못했기 때문이다.

---

334) 홍준표는 국민의힘이 살아남기 어려울 것이라며, "이준석에 투표는 사표(死票)가 아니라 미래에 투자"라며 사실상 이 후보 지지를 선언했다. <동아일보>, 2025년 5월 29일.

335) 홍준표는 국민의힘을 향해 "지금의 잠칭보수 정당은 고쳐 쓸 수 없을 정도로 부패하고 사익만 추구하는 레밍 집단"이라며 청산해야 한다고 말하고, "민주당 독선 정권에 맞서 국익을 우선하는 새로운 세력들이 모여 대한민국의 미래를 만들어야 한다"고 주장했다. <문화일보>, 2025년 6월 8일.
https://www.munhwa.com/article/11510638

336) <동아일보>, 2025년 5월 13일.

337) 당내 친한계 의원들은 전당대회를 염두에 두고 당원 늘리기 운동에 착수했고, 당 지도부는 당내 계파를 용납하지 않는다는 취지의 당헌 개정안을 추진했다. <중앙일보>, 2025년 5월 30일.

338) <동아일보>, 2025년 5월 18일.

국민의힘이 통합을 이루지 못하고 분열상을 노정한 것과는 반대로, 민주당은 일찍이 후보 중심으로 원팀을 이루었다. 원팀을 이루었을 뿐만 아니라, 조국혁신당(이하 혁신당) 및 진보당과 선거 연대를 통해 이재명은 야권의 단일후보로 등장할 수 있었다. 원내 제3당으로 12석의 의석을 확보한 혁신당과 3석의 의석을 가진 진보당이 내란 세력 척결을 내세우며 이재명을 지지했기 때문이다.

혁신당은 2025년 4월 11일 대선에 독자 후보를 내지 않고 "야권 유력 후보를 총력 지원하는 선거 연대를 추진한다"고 밝혔고,[339] 4월 17일에는 당원투표를 통해 독자 후보를 내지 않고 민주당과 선거 연대를 추진하는 방안을 확정했다.[340] 혁신당에 이어 5월 9일에는 진보당 후보 김재연(金在姸)이 불출마를 선언하면서 이재명 지지 의사를 밝혔다.[341]

혁신당과 진보당이 후보를 내지 않거나 불출마를 선언함으로써 이재명은 야권의 단일후보 신분으로 선거에 임할 수 있었다. 대선 과정에서 민주당은 사실상 야권 통합을 이룬 것과 마찬가지였다고 할 수 있다. 따라서 통합을 이루지 못한 채 선거에 임한 국민의힘은 민주당과의 경쟁 구도에서 불리할 수밖에 없었고, 그 결과 선거 패배로 이어진 것이다.

2025년 6월 3일 오전 6시부터 오후 8시까지 치러진 선거는 투표율 79.4%로 1997년 대선 이후 28년 만에 최고치를 나타냈는데, 개표 결과 민주당의 이재명 후보가 전체 투표자의 49.42%를 얻어 41.15%를 득표한 김문수 후보를 꺾고 21대 대통령에 당선되었다.[342] 이를 볼 때 21대 대

---

[339] 조국혁신당은 4월 11일 당무위원회를 열고 "내란 완전 종식과 민주 헌정 수호 세력의 압도적 정권 교체를 위해 독자 후보를 선출하지 않겠다고 선언했다. <동아일보>, 2025년 4월 12일.

[340] 조국혁신당은 민주당과 선거 연대 안건은 당원투표에서 98.03%로 의결됐다. <경향신문>, 2025년 4월 18일.

[341] 김재연은 "진보당 대선후보인 저는 광장의 힘을 내란 세력 청산과 사회 대개혁의 동력으로 모아낼 수 있는 정권 교체를 위해 모든 것을 던지겠다고 말하며 이재명 지지를 선언했다. <조선일보>, 2025년 5월 10일.

[342] 다른 대선후보의 득표율은 다음과 같다. △이준석: 8.34% △권영국: 0.98% △

선은 한국정치의 특징이라고 할 수 있는 '위기와 통합의 정치' 즉, 통합을 이룬 후보가 통합을 이루지 못한 후보를 꺾은 또 하나의 사례를 제시한 선거였다고 할 수 있다.

9. 맺음말

대통령 파면으로 국민의힘은 헌법이 규정한 5년 임기에서 2년이 부족한 3년밖에는 집권하지 못했다. 여러 가지 이유가 있겠지만, 윤석열정부 출범 이후에도 한국정치의 특징이라고 할 수 있는 '위기와 통합의 정치'가 그대로 재현된 결과 나타난 현상이라고 단언할 수 있다.

기본적으로 국민의힘은 윤석열이 '공정과 연대'를 강조했던 집권 초기를 제외하고는 내부적인 갈등과 분열로 통합을 이루지 못했다. 그 결과 총선에서 참패했으며, 이러한 행태가 지속되어 민주당에 정권을 내줄 수밖에 없게 된 것이다.

그렇다고 해서 국민의힘이 계엄령 선포로까지 이어지는 윤석열의 독선과 독주·독단을 시정하려는 의지를 전혀 보이지 않은 것은 아니었다. 한동훈 지도부는 국민적 공분을 산 김건희 관련 문제를 여론에 따라 합리적으로 처리해야 한다고 여러 차례 요구했었다. 그러나 윤석열과 친윤계가 강하게 반발하며 이를 민주당의 공작에 편승하는 행위라고 비난함에 따라, 민심의 이반을 초래했고 이와 동시에 당의 갈등과 분열상을 외부에 노출하는 어리석음을 범하고 말았다.

국민의힘이 이와 같이 갈등과 분열로 각을 세우고 또 총선 공천과정에서 잡음을 일으킨 것과는 반대로, 민주당은 총선 공천과정에서부터 일찌감치 친명계 위주로 공천을 마무리해, '이재명 일극체제'를 견고히

송진호: 0.10%.

했다. 비민주적이고 반민주적이라는 비판을 받기에 이를 정도로 당내에 분열의 소지를 없애버린 것이다. 수단과 방법이 어떠했건 간에 분열을 극복하고 통합을 이루었기에 민주당은 체계적이고 효율적인 선거운동이 가능한 체제를 만들 수 있었고, 그 결과 22대 총선에서 승리할 수 있었다.

21대 대선의 경우도 마찬가지라고 할 수 있다. 통합을 이루지 못하고 분열된 상태에서 선거를 치러 패배한 국민의힘과 달리, 민주당은 야권연대를 통해 후보단일화를 이룬 상태에서 선거에 임했다. 이 덕분에 승리할 수 있었다. 통합으로 승리했기에 이재명은 대통령 취임사에서 '내란 재발 방지'를 맨 앞에 내세웠으면서도 "국민을 크게 통합시키는 대통령의 책임을 결코 잊지 않겠다"며,343) 통합의 의미를 크게 강조했다.

지금까지 살펴본 바와 같이 위기 극복을 위한 노력이 통합으로 이어질 경우는 선거에 승리하지만, 그 반대로 나갈 경우는 패배한다는 '위기와 통합의 정치'는 민주당 이재명 후보의 대통령 당선으로 윤석열정부 하에서도 그대로 적용되었다는 사실을 확인할 수 있다.

현재로서 '위기와 통합의 정치'라는 한국정치의 구조적인 특징이 이재명정부하에서도 재현될지 아니면, 다른 형태로 나타나게 될지 예단하기는 아직 이르다. 그렇지만 정당의 이합집산이 건전한 현상은 아니라고 생각한다. 선거에서 승리하기 위해 정당들이 정치공학적으로 헤어지고 합치기를 반복하는 것은 정치에 대한 국민의 불신을 초래하고 정치불안을 가중시킬 뿐이기 때문이다.

따라서 이합집산을 반복하기보다는 합리적인 정책과 건설적인 대안의 제시를 통해 유권자의 지지를 획득하고, 소통과 협의를 통해 분열을 극복하는 것이 정치적인 안정을 이루고 정치발전에 이르는 길이라고 생각한다.

---

343) <동아일보>, 2025년 6월 5일.

후 기

1.

　한국정치의 흐름을 체계적으로 설명할 수 있는 하나의 이론을 제시해 보겠다는 의도에서 출발했지만, 막상 끝내고 보니 의욕만 앞섰다는 느낌을 떨칠 수 없다. '위기와 통합'이라는 것이 흔히들 이야기하는 "뭉치면 살고 헤어지면 죽는다"는 말을 바꾸어 표현한 것에 불과하다는 인상을 줄지도 모른다는 생각이 들기 때문이다.
　그러나 다른 한편으로 이 평범한 말처럼 정치의 기본원리를 함축적으로 나타내고 있는 구절은 드물다고 생각된다. 정치라는 것이 결국은 누가 국민의 지지를 더 많이 받느냐 하는 문제로 귀결되기 때문이다. 따라서 정당으로서는 가능한 한 많은 유권자를 동원하기 위해 노력하지 않을 수 없는데, 그러기 위해서는 통합을 유지하고 분열을 피해야만 하는 것이다. 정치인으로서도 가능한 한 권력과 근접하려는 의지에 따라 움직이기 때문에 그러한 흐름에 추수할 수밖에 없는 실정이다.
　바로 이와 같은 원리에서 해방 이후 우리의 정당과 정치인들이 행동해 왔다는 것을 경험적으로 증명하고자 하는 의도에서 이 책은 구상됐다. 즉 한국의 정치는 '위기와 통합의 정치'였다고 하는 것을 역대 대통령선거와 국회의원선거를 통해 입증하고자 시도한 것이다. 그리하여 통합을 이루고 유지한 쪽은 선거에서 승리했고, 이와 반대로 분열한 쪽은 패배했다고 하는 역사적인 사실을 밝힘으로써 정치인에게는 그 무엇보다도 통합이 중요하다는 것을 강조하고자 했다. 동서고금을 불문하고 통합을 무시하며 분열을 조장해서 성공한 사례는 극히 드물기 때문이다.

이는 한국 정당정치의 안정을 위해서도 매우 중요하다. 창당돼서 미처 정체성을 확립할 겨를도 없이 다른 정당과 합치거나 갈라서거나 명칭이 바뀌는 상황이 지속되는 한, 지역감정과 선동 외에는 유권자의 지지를 이끌어 낼 방도가 없을 것이기 때문이다. 따라서 지금부터라도 늦지 않았으니 각 정당은 통합을 통한 정체성 확립에 나서야 한다고 생각한다. 현재로서는 그것이 정치발전에 이르는 가장 손쉬운 길이기 때문이다.

2.

한국정치의 구조적인 특징으로 '위기와 통합의 정치'가 자리잡았다고 한다면, 왜 그러한 현상이 나타났는지 하는 것도 반드시 분석의 대상이 돼야 한다고 생각한다. 다른 나라에서는 볼 수 없는 그와 같은 현상이 어찌하여 한국정치에서는 반복적으로 나타나는지를 파악해야 진정한 의미에서 한국정치에 관한 연구는 완성된다고 할 수 있기 때문이다. 이는 현상적으로 나타나는 결과만 놓고 분석할 것이 아니라, 그 원인에 대한 규명작업도 같이 이루어져야 한다는 것을 의미한다.

그러나 이와 같은 작업을 동시에 추진하는 데는 적지 않은 어려움이 있는 데다, 정치학 이외에 심리학과 문화에 대한 깊은 지식이 추가돼야 하는 것이기에 추후의 과제로 남겨두었다. 현상에 대한 분석과 달리 원인에 대한 규명은 보다 깊은 성찰과 식견, 그리고 보다 많은 시간이 요구되는 작업이기 때문이다.

3.

여러 해 전부터 '위기와 통합' 현상의 분석에 매달려 왔지만, 능력의 한계로 중단한 적이 한두 번이 아니었다. 정치현상을 잘못 파악하고 있는 것은 아닌지 하는 우려와 함께 독단으로 흐르고 있지는 않는지, 그리고 이와 같은 작업이 과연 의미가 있는 것인지 하는 회의 때문이었다. 그럴 때마다 필자의 가족을 포함해서 주변 여러분들의 많은 격려와 도움, 조언이 있었고 또 출판사측의 성원이 있었기에 무난히 작업을 마칠 수 있었다.

이처럼 평소 많은 분들로부터 커다란 신세를 졌음에도 불구하고, 고맙다고 하는 감사의 말은 고사하고 시간적으로도 늘 인색하게 굴었기에 이 자리를 빌려 깊이 사과드리며 용서를 구하고 싶다.

연구에 더욱 정진하는 것으로 고마움의 일부라도 보답하겠다는 약속과 함께, 미숙한 처신에 대한 질책과 더불어 미흡한 부분에 대한 지적과 가르침을 겸허하게 기대하는 것으로 후기를 대신하고자 한다.

2004년 10월

찾아보기

(ㄱ)

9대 총선　264
간부정당　114
강경파　541
강기정　710
강봉균　563
강서구청장 보궐선거　955
강재섭　571
강훈식　950
개헌안 발의　561
개혁독재　502
개혁보수신당　803
개혁신당　963, 1001
개혁신당 추진연대회의　514
개혁연합신당　970
개혁파　541
거창양민학살사건　82
건국동맹　29
건국준비위원회　37
경선불복　452
경성콤그룹　40
경제청문회　465
계엄포고령 1호　984
고건　531
고진화　572
공조복원　480
공천 부적격자 명단　474
공천 학살　771
공천관리위원장　772
공천파동　765
공화당 사전조직　179
구국동맹행동대　263

구주류　500
구태회　195
구파공천　131
국가보위비상대책위원회　316
국가보위입법회의　320
국가재건비상조치법　171
국가재건최고회의　165
국군통수권　150
국민공천단　755
국민과의 대화　464
국민당　29, 220
국민대회준비회　38
국민모임　764
국민방위군사건　82
국민신당　452
국민의당　926
국민의 당　188
국민의미래　971
국민의 정부　463
국민의당　826, 883, 894, 908
국민의당 재창당　864
국민의당 창당　766
국민의힘　873, 874, 880, 892, 904, 913
국민참여 경선제　487
국민참여 통합신당　513, 516
국민참여당　625
국민통합21　492
국민통합추진회의　456
국민희망시대　758
국보법 폐지　543
국정 농단사건　780, 794
국회법 개정　748

국회의원 재·보궐선거 838
군사혁명위원회 148
군정법령 제55호 31
군정연장 177
권노갑 767
권력형 부정축재자 308
권성동 925, 943
권영국 992, 993, 1003
권영길 580
권영세 989
권오병 문교장관 해임건의안 211
권오을 534
권은희 927
금태섭 735,880
기동민 735
기초선거 불공천 727
기초선거 정당공천제 723
김건희 여사 특검법 973
김경수 858, 1000
김관영 845, 935
김관용 812
김광일 404
김근태 488
김기현 893, 946
김기현의 사퇴 960
김대중 216
김대중 납치사건 262
김대중의 정계복귀 427
김대중의 정계은퇴 428
김덕룡 449
김동연 912, 930, 999
김동철 711, 845
김동하 181
김두관 904, 981
김두봉 52
김무성 720, 731, 773, 781
김문수 534, 992, 993, 996

김문수·한덕수 2차 회동 997
김문수·한덕수 회동 997
김미희 742
김민전 980
김병로 38
김병원 950
김병준 556, 842
김부겸 789, 965
김상곤 757, 789
김상현 428
김성수 38
김세연 800
김수한 570
김 여사 리스크 973
김영배 397
김영춘 789, 878
김옥두 505
김용태 210, 999
김용환 419, 472
김원기 397, 501
김원웅 518
김윤기 896
김은하 338
김은혜 931
김일성 45, 52
김재규 289
김재연 742
김재원 980
김재춘 180
김정화 867
김정훈 751
김종인 768, 776, 779, 781, 873
김종철 885
김종필 168
김종필의 탈당 433
김준연 38
김지수 981

김진만　195
김진애　879, 935
김진태　812
김진표　789
김태년　891
김태우　955
김태흠　893, 934
김한길　559, 710, 777
김해영　950
김형오　860, 869, 913
김홍일　223
꼬마민주당　399

(ㄴ)

나경원　782, 800, 843, 946, 979
나라회　450
남경필　811
남북 요인회담　65
남북협상론　64
내각제 연기론　473
내각제 전도사　472
내각제 출정식　473
내각제각서 파동사건　408
내각제개헌　471
내부 총질　943
내외문제연구소　431
노동당　1002
노동정치연대　764
노무현　488, 497
노무현을 사랑하는 사람들의 모임　518
노사모　518, 539
노영민　935
노장파　140
노태우　359
노풍　488, 5379
노회찬　702, 793 848
녹색당　1002

녹색정의당　972

(ㄷ)

DJP공조 붕괴　484
DJP연합　445
DJT연대　453
DJ비자금　454
단독선거론　64
단수 추천제　771
단임제　317
당 사수파　560
당풍쇄신동지회　220
당협위원장 교체　753
대북송금특검법　503
대선 후보 교체　998
대선 후보 경선　900
대안신당　864
대안신당 출범　863
대연정　547
대일굴욕외교반대 범국민투쟁위원회　197
대통령 측근비리　524
대통령 탄핵　521
대통령 탄핵 추진　794
대통령 탄핵안　522
대통령 탄핵안 가결　985
대통령 탈당　558
대통령 파면　806, 990
대통령선거인단　321
대통합　643, 654, 687, 679, 687, 688, 697, 695, 697, 698
대통합민주신당　555, 563, 567, 589, 590, 593, 599, 604
대통합민주신당 경선　574
더불어민주당　763, 822, 840, 877, 890, 901, 911
더불어민주연합　970
더불어시민당　856

도로 열린우리당　568
도이치모터스 주가조작 의혹　975
독립촉성중앙협의회　30
독수리 5형제　512
동반당선　260
동원선거　574

(ㅁ)

명품 백　975
모바일 투표　737
문국현　579
문민정부　435
문재인　699, 739, 767, 813
문재인 견제론　756
문재인 대세론　813, 814, 816
문희상　710
미니 총선　733
미래연대　490
미래창조대통합민주신당　555, 567
미래창조연대　567
미래통합당　874
미래통합당 출범　859
미래한국당　856
민관식　195
민국당　80
민권당　340
민노당　569
민생당　866
민생정치 준비모임　563
민의원선거　100
민정당　184
민정이양　166
민족통일총본부　63
민주공화당　160
민주개혁 선거 대연합　969
민주국민당　77, 80
민주노동당　595, 606, 616, 625, 632, 639,
643― 993, 1002
민주당　77, 186, 590, 594, 600, 603, 606,
　　　　611, 625, 628, 673, 683, 687, 690,
　　　　692, 694
민주당 경선　487
민주당 구파동지회　137
민주대동파　92
민주사회당　340
민주신당　567
민주자유당　393
민주정의당　333
민주주의와 민족통일을 위한 국민연합
　　　　287
민주통일당　253, 258
민주통합당　588, 05, 649, 652, 655, 657,
　　　　658, 663, 667, 672, 673, 679, 680,
　　　　683, 687, 694, 697
민주평화당　846
민주평화당 창당　833
민주평화당의 분열　863
민주한국당　338
민주헌법쟁취국민운동본부　361
민주혁신당　104
민주회복국민회의　264
민중당　198
민핵관　926

(ㅂ)

BBK 주가조작 사건　580
바른미래당　844
바른미래당 창당　832
바른미래당의 분열　860
바른정당　803, 828
박관용　522
박근혜　498, 699
박근혜 마케팅　771
박근혜 비대위체제　649

박상천　564
박순천　186
박안수　984
박영선　737, 878
박완수　934
박완주　891
박용진　950
박원순　760, 875
박정희　165
박종규　301
박주민　934, 950
박주선　813
박준규　195
박지원　739, 767, 866
박지현　929, 950
박진　534
박철언　419
박태준　412
박헌영　40
박형준　881
반기문　805
반노(反盧)그룹　501
반당대회　230
반윤 개혁 최대 연합　970
반(反) 이재명 연대　1006
반중앙파　55
반혁명사건　165
발췌개헌안　89
방첩대　181
방탄특검　525
배현진　942
백관수　38
백낙준　202
백낙청　584
백남억　195
백남훈　38
백두진　251

범국민정당　182
범여권 신당창당준비위원회　564
범여권 통합　564
변화와 혁신을 위한 비상행동　862
변화와 희망의 대안정치연대　864
보수 대통합론　859
보안법파동　126
복수공천　355
북로당 창립대회　52
북조선노동당　50
북조선민주주의민족통일전선　46
북조선임시인민위원회　45
분당론　134
분배정치　26
불공정경선　412
비박계　726
비상계엄 선포　984
비상국무회의　238
비상시국위원회　797

(ㅅ)

4대 개혁법안　541
4대 의혹사건　168
사법 리스크　1004
4사5입개헌　91
사상논쟁　191
40대기수론　215
43 국회의원 보궐선거　848
4·30재·보궐선거　546
48인파　55
4월혁명　99
4·29재·보궐선거　745
4·24재·보궐선거　506, 703
4·25재·보선　553
4·27재·보궐선거　634, 635
4·29재·보궐선거　612
4인체제　210

찾아보기___1021

4·11총선민의 수호결의대회 447
4·13호헌조치 361
4자회담 185
사전 투표제 706
4·8성명 178
4·8항명사태 212
사회노동당 55
사회당 146, 340
사회대전환 대선 연대회의 1002
사회대중당 142, 146
살생부 774
3단계 연정론 815
3당합당 392
3민회 197
3선개헌 209
31인파 55
3·1민주구국선언 264
상향식 공천 744
새누리당 588, 657, 660, 669, 670, 676, 677, 683, 687, 688, 694, 697
새누리당의 공천파동 769
새누리당의 권력지형 변화 730
새누리당의 내분 752
새누리당의 분열과 해소 799
새로운물결 930
새로운미래 964
새 정치 588, 589, 634, 635, 649, 658, 669, 685, 692, 693, 695, 698
새정치국민연합 419
새정치국민회의 432
새정치민주연합 723
새정치민주연합의 분열 755
새정치민주연합의 지도체제 개편 737
새정치연합 721
새정치추진위원회 720, 721
새진보연합 970
새천년민주당 475

새천년민주당의 분열 499
새한국당 420
새한당 404
서상일 38
서영훈 475
서울·부산시장 보궐선거 887
서울시장 보궐선거 634, 635, 641, 644, 649
서울의 봄 279
서중석 39
서청원 717, 731, 785
선거 반대투쟁 6
선거공조 493
선거법 개정 853, 968
선진평화연대 567
세금폭탄 556
설의식 38
성 상납 관련 의혹 941
성완종 리스트 746
소련군 사령관 33
소장파 137
소통합 654, 694, 697, 698
손학규 498, 718, 813, 845, 1009
손혜원 759
송영길 789, 891, 924, 935
송요찬 191
송진우 38
쇄신 전대 추진모임 732
수구 정당 533
수평적 정권교체 447
시민회관파 230
신경민 789
신기남 501
신당연대 514
신당추진모임 511
신도성 93
신라회 88

신민당   203
신민당 총재단 직무집행정지 가처분신청
    274
신민주공화당   371
신민주연합당   399
신인 가산점   771
신정당   187, 340
신주류   500
신중식   549
신파공천   131
신풍회   140
신한국당   437
신한당   198, 202
신한민족당   45
신한민주당   351
심상정   764, 908, 953
10·30재·보궐선거   717
10·25재보선   553
10·28재·보궐선거   617
10·2항명사태   225
10대 총선   268
10월유신   235
19대 대선   809
19대 총선   588, 625, 634, 656, 657, 658,
    659, 684, 688, 689, 697
11대 대통령 취임   315
11대 총선   344
12·12사태   288
12대 대선   341
12대 총선   354
13대 대선   373
13대 총선   383
13인소위원회   133
14대 대선   418
14대 총선   406
15대 대선   453
16대 총선   457

17대 총선   531
18대 대선   657, 683, 687
18대 총선   588, 589, 590, 593, 600, 606,
    608, 612, 616, 629, 658
실용파   541

(ㅇ)

아름다운 단일화   699
아시아 태평양평화재단   430
안개정국   279
안규백   950
안철수   699, 781, 792, 813, 909, 926
안철수 현상   588, 634, 645, 658, 669, 683,
    684
안철수법   916
안철수신당   865
안철수의 귀국   702
안호영   935
안희정   813, 875
야권 후보단일화 합의문   448
야권연대론   721
야권의 단일후보   1010
야권의 재편   858
양일동   227
양향자   964, 994
여·야·정 정치협상회의   558
여·야의 후보단일화   911
여대야소   537
여소야대   384, 406
여야의 후보경선   676
여운형   37, 47
연대론   814
연대와공생   964
연동형 비례대표제   852
연정   544
연정론   547
열린민주당   857

열린우리당　518
열린우리당 소멸　554
오거돈　875
오병윤　742
오세훈　880, 995
오신환　861
오영훈　935
5원칙　48
5인회담　185
5·18특별법　438
오충일　583
오치성 내무장관 해임건의안　225
오픈프라이머리　754
옥새(玉璽) 투쟁　775
온건파　543
YH사건　274
완전국민경선제　754
우리당　518
우상호　788, 878, 948
우선 추천지역　769
우윤근　711, 738
원내대표직 사퇴 권고　751
원샷 방식　577
원세훈　38
원유철　748, 751, 782
원혜영　789, 869
원희룡　572, 906, 979
웨어, 알란　25
위기관리정부　291
위성정당　336, 855
위성정당 출현　970
유기준　782
유령 선거인단　577
유성엽　864
유수호　419
유승민　743, 774, 811, 906, 995
유승민 비대위원장　802

유시민　506
유신정우회　241, 247
유엔임시위원단　66
유정복　994
유종근　488
유진산　138
유진오　202
유치송　338
유흥수　946
6·29선언　358
6·4지방선거　466
6·8선거 무효화투쟁위원회　208
6대 대선　205
6·27지방선거　430
6·1 국회의원 보궐선거　936
윤길중　393
윤상현　804, 937
윤석열　889, 897, 943
윤석열 검찰총장의 사퇴　898
윤심 장악력 확인　948
윤여준　767
윤제술　206
윤치영　210
윤핵관　925
윤핵관 호소인　944
윤호중　891
의원임대　482
이경숙　519
이광재　902, 935
이기명　549
이기택　398
이낙연　877, 963, 1009
이명박　498
이명박 대세론　582
이목희　559
이민우　354
이민우구상　365

이범석 75
이부영 491
이상규 742
이상수 505
이상희 491
이석기 715, 742
이수성 449
이승만 30
이시영 71
20대 총선 776, 915
21대 대선 992, 1008
21대 총선 868
22대 총선 975
이언주 845
이영 39
이완구 743
이용득 741
이용섭 710
이원욱 934
이윤영 73
이은주 953
이인 185
이인제 449, 579, 812
이자헌 419
이재명 813, 901, 931, 992, 999
이재명 일극체제 976
이재오 572, 776
이정미 954
이정현 786, 787
이정희 699, 741
이종걸 756, 789
이종섭 974
이주영 708
이주호 996
이준석 889, 893, 926, 992
이준석 당대표 징계 941
이철승 216

이철우 994
이춘구 436
이태일 519
이한구 772, 773, 803
이한동 449
이해찬 575
이현재 800
이홍구 449
이회창 449, 499, 579
이회창의 복귀 468
이효상 194
인명진 802
인민위원회 32
인요한 957, 980
인요한 혁신위 959
1인2표제 540
일치를 위한 조율 992
임동원 해임건의안 484
잉글하트 26

(ㅈ)

자강론 814
자유당 77
자유당 결성대회 85
자유민주당 191
자유민주연합 435
자유민주파 92
자유선진당 595, 598, 599, 600, 630, 661, 662, 688, 689
자유한국당 780, 804, 823, 841
자율정부 수립운동 73
잔류파 555
장경우 419
장덕수 38
장도영 164
장동혁 980
장면정부 119

장병완 767
장안파 40
장제원 942
장제원의 불출마 선언 960
장택상 38
재건국민운동 166
재건파 40
재·보궐선거 545
재야 234
전국구 공천파동 223
전두환 288
전략공천 728, 735, 765
전략지역 344
전병헌 711, 1006
전진한 185
전효숙 557
정구영 194
정권 심판론 975
정균환 501
정기승 대법원장 임명동의안 388
정노식 38
정당공천제 174
정당구도 25
정당등록법 31
정당무용론 84
정당법 173
정당법 개정 326
정당정치 28
정당제도 24
정당체제 24
정당통일간담회 42
정당통일위원회 43
정당투표제 540
정대철 428, 501
정동영 488, 501, 739, 847
정략특검 525
정몽준 492, 497

정백 39
정병국 786
정세균 739, 902, 965
정신적 대통령 192
정안회 140
정우택 800
정읍발언 62
정의당 715, 764, 831, 847, 885, 896, 908, 952
정의화 731, 750
정일형 215
정주영 403
정진석 782, 933
정책네트워크 내일 712
정책연합 405
정치개혁과 국민통합을 위한 신당추진모임 511
정치검찰해체당 970
정치관계법 533
정치발전협의회 450
정치자금법 개정 329
정치풍토쇄신법 제정 324
정치활동정화법 170
제4회 지방선거 550
제3지대 723
제3지대 단일화 883
제3지대 단일후보 884
제5회 지방선거 620, 621
제6회 지방선거 726
제1차 여소야대 387
제2진산파동 223
제3별관 213
제7회 지방선거 836
제8회 지방선거 932
조국 966
조국신당 966
조국혁신당 966

조선공산당　29
조선공산당 북조선분국　33
조선민족당　38
조선민주당　33
조선신민당　33
조선인민공화국　37
조선학술원　21
조순형　520
조직선거　574
조해진　925
좌우합작운동　47
주대환　861
주승용　756, 767
주호영　786, 892, 944
준연동형 비례제　968
준정당　261
중간파　47
중간평가　390
중대선거　532
중도개혁통합신당　565
중도개혁통합신당 추진모임　563
중도신당　565
중도통합론　257
중도통합민주당　565
중선거구제　381
중앙파　55
직선제개헌　359
진교훈　956
진보당　78
진보결집 더하기　764
진보당사건　105
진보당추진위원회　100
진보신당　625
진산체제　214
진산파동　200
진실한 친박　770
진종오　980

진중권　905
질서유지권　521, 530
질서 있는 변화　958
질서 있는 수습　928

(ㅊ)

차떼기 정당　533
참의원선거　100
창조한국당　569, 625
천도교청우당　33
천막당사　535
천아용인　948
천정배　501, 781, 792
천호선　715
촛불시위　536
촛불집회　796
총선 심판론　770
최경환　708, 785
최규하의 사임　309
최병렬　449, 524
최성　813
최순실　780, 793
최영희　284
최용달　39
최익한　39
최재성　757
최재형　904, 941
최종변론　808
최형우　396
추미애　520, 741, 789, 903
친노(親盧)그룹　501
친명계　940, 948, 949
친문계　948, 949
친박계　726
친윤계　977
친한계　977, 988
7·30재·보궐선거　733

7·29선거 131
7대 대선 219
7대 총선 206
7·28재·보궐선거 620, 628

(ㅋ)

컴퓨터 부정선거 374
K정치연합 970

(ㅌ)

탄핵발의 530
탄핵소추의결서 805
탄핵안 상정 52
탄핵정국 527
탈당파 555
탈물질주의 266
태완선 284
통일국민당 403
통일민주당 364
통일사회당 146
통일주체국민회의 237
통합 653
통합민주당 400, 565, 588, 590, 594, 595, 600, 603, 607, 675, 676
통합진보당 해산 741
통합선거법 440
통합신당 516
통합신당모임 563
통합신당파 560
통합정당 창립운동 37
통합진보당 649, 655, 656, 659, 663, 667, 674, 694, 698

(ㅍ)

파네비앙코 27
86 정치인 용퇴론 939, 948
8·15남북공동행사 485

8원칙 48
8차 개정헌법 317
패권정당제 332
평화민주당 367
평화와 정의 848
평화통일론 104

(ㅎ)

하야성명 153
하지 사령관 30
하향식 공천 744
한국국민당 38, 339
한국국민복지회 210
한국민주당 29
한국사회당 143
한광옥 445, 448, 687
한나라당 453
한나라당 경선 500, 570
한동훈 957, 979, 996, 1009
한동훈 대표체제 붕괴 988
한동훈 법무장관 960
한동훈 지도부 1011
한명숙 575
한상균 1003
한상진 767
한선교 786
한화갑 488, 501
함석헌 264
함태영 110
합동수사본부 290
합작 7원칙 49
향보단 67
허은아 964
허정과도정부 122
헌법개정특별위원회 360
헌법기초위원회 68
헌법심의위원회 169

험지 출마론　771
혁명공약　159
혁신당　14
혁신동지총연맹　143
혁신전당대회　761
혁신정당　142
현역 물갈이　770
현역 의원 평가제　771
현오봉　195
협상선거법　125
호헌동지회　92
홍사덕　534

홍영표　788
홍준표　573, 810, 812, 906, 934, 1009
확대명　952
황교안　741, 805, 810, 843, 946
황상무　974
황우여　709, 731, 978
효창동대회파　230
후보단일화 추진　297, 1006
후보단일화협상　493, 583
후보단일화추진협의회　501
휴대전화 투표제도　578

제 5 차 증 보 판

한국정당정치사
— 위기와 통합의 정치 —

```
초판 제1쇄 찍은날:        2004년 11월 10일
증보판 제1쇄 찍은날:      2009년 10월 10일
제2차증보판 제1쇄 찍은날: 2013년  8월 30일
제3차증보판 제1쇄 찍은날: 2017년  9월 30일
제4차증보판 제1쇄 찍은날: 2022년  6월 10일
제5차증보판 제1쇄 찍은날: 2025년  7월 15일
```

지은이: 심 지 연
펴낸이: 김 철 미
펴낸곳: 백산서당

등록: 제10-42(1979.12.29)
주소: 서울 은평구 통일로 885(갈현동, 준빌딩 3층)

전화: 02) 2268-0012(代)
팩스: 02) 2268-0048
이메일: bshj00@naver.com

값 65,000원

ⓒ 심지연 2025

ISBN 978-89-7327-863-3 93340